■2025年度高等学校受験用

専修大学松戸高等学校

収録内容

★この問題集は以下の収録内容となっています。また、編集の都合上、解説、解答用紙を省略させていただいている場合もございますのでご了承ください。

（○印は収録、一印は未収録）

入試問題と解説・解答の収録内容			解答用紙
2024年度	前期17日	英語・数学・社会・理科・国語	○
	前期18日	英語・数学・社会・理科・国語	○
2023年度	前期17日	英語・数学・社会・理科・国語	○
	前期18日	英語・数学・社会・理科・国語	○
2022年度	前期17日	英語・数学・社会・理科・国語	○
	前期18日	英語・数学・社会・理科・国語	○
2021年度	前期17日	英語・数学・社会・理科・国語	○
	前期18日	英語・数学・社会・理科・国語	○
2020年度	前期17日	英語・数学・国語	○

★当問題集のバックナンバーは在庫がございません。あらかじめご了承ください。

●凡例●

【英語】

≪解答≫

〔　〕　①別解

②置き換え可能な語句（なお下線は置き換える箇所が2語以上の場合）

（例）<u>I am</u>〔I'm〕glad〔happy〕to～

（　）　省略可能な言葉

≪解説≫

1，2…　本文の段落（ただし本文が会話文の場合は話者の1つの発言）

〔　〕　置き換え可能な語句（なお〔　〕の前の下線は置き換える箇所が2語以上の場合）

（　）　①省略が可能な言葉

（例）「（数が）いくつかの」

②単語・代名詞の意味

（例）「彼（＝警察官）が叫んだ」

③言い換え可能な言葉

（例）「いやなにおいがするなべにはふたをするべきだ（＝くさいものにはふたをしろ）」

//　訳文と解説の区切り

cf.　比較・参照

≒　ほぼ同じ意味

【数学】

≪解答≫

〔　〕　別解

≪解説≫

（　）　補足的指示

（例）（右図1参照）など

〔　〕　①公式の文字部分

（例）〔長方形の面積〕＝〔縦〕×〔横〕

②面積・体積を表す場合

（例）〔立方体ABCDEFGH〕

∴　ゆえに

≒　約、およそ

【社会】

≪解答≫

〔　〕　別解

（　）　省略可能な語

＿＿　使用を指示された語句

≪解説≫

〔　〕　別称・略称

（例）政府開発援助〔ODA〕

（　）　①年号

（例）壬申の乱が起きた（672年）。

②意味・補足的説明

（例）資本収支（海外への投資など）

【理科】

≪解答≫

〔　〕　別解

（　）　省略可能な語

＿＿　使用を指示された語句

≪解説≫

〔　〕　公式の文字部分

（　）　①単位

②補足的説明

③同義・言い換え可能な言葉

（例）カエルの子（オタマジャクシ）

≒　約、およそ

【国語】

≪解答≫

〔　〕　別解

（　）　省略してもよい言葉

＿＿　使用を指示された語句

≪解説≫

〈　〉　課題文中の空所部分（現代語訳・通釈・書き下し文）

（　）　①引用文の指示語の内容

（例）「それ（＝過去の経験）が　～」

②選択肢の正誤を示す場合

（例）（ア，ウ…×）

③現代語訳で主語などを補った部分

（例）（女は）出てきた。

／　漢詩の書き下し文・現代語訳の改行部分

専修大学松戸高等学校

所在地	〒271-8585 千葉県松戸市上本郷2-3621
電　話	047-362-9101
ホームページ	https://www.senshu-u-matsudo.ed.jp/
交通案内	JR常磐線・地下鉄千代田線　北松戸駅より徒歩約10分 新京成線　松戸新田駅より徒歩約15分

普通科

男女共学

くわしい情報は
ホームページへ

応募状況

年度	募集数	受験数	合格数	倍　率
2024	前期256名	3,006名	1,015名	3.0倍
2023	前期256名	3,007名	1,049名	2.9倍
2022	前期256名	3,215名	1,135名	2.8倍
2021	前期256名	2,799名	1,185名	2.4倍

試験科目　（参考用：2024年度入試）

一般：国語・数学・英語・理科・社会または国語・数学・英語のいずれかを選択
第一志望：国語・数学・英語，面接（グループ）
スポーツ推薦：国語・数学・英語，面接（個人）
※英語はリスニングを含む

沿革

本校は昭和34年４月，松戸市当局ならびに地域社会の強い要望により故川島正次郎専修大学理事長が中心になり開校。専修大学に付属として直結する男女共学・普通科の「学校法人専修大学松戸高等学校」として創立され今日にいたる。

教育方針・教育目標

本校は，報恩奉仕・質実剛健・誠実力行を建学の精神としている。また，教育目標を「広い視野と国際感覚をもち，個性・資質と知識を生かし，世界人類の福祉に役立つ人物の育成」，「虚飾を排し，簡素をたっとび，健康で自主性と行動力をもつ人物の育成」「温かい豊かな心と健全な批判精神をもち，何事も力をつくして行う人物の育成」としている。

これらの点に従い，奉仕活動，生徒会活動，総合研修旅行など多彩な課外活動を実施。さまざまな個性や能力を発揮できる環境を整え，国際社会をになう人間性豊かなリーダーの育成に取り組んでいる。昭和38年より「小さな親切運動」に全校生徒が参加している。

教育の特色

個々の生徒の進路目標に合わせたクラス編成と的確なカリキュラム，バラエティーに富んだバックアッププログラムを柔軟に組み合わせ，総合的，効率的に能力アップをめざす。卒業まで類型ごとにクラス編成を行い，進路希望に合わせたコース，科目を類型ごとに選択する。

全類型を対象に，主要５教科の放課後講座を設け，生徒の能力の伸長を図るとともに，各種検定の推奨，外部模試を導入し，より適正な進路の指針を追求。

また，英語教育環境の充実に努め，ネイティブ講師による英会話講座やランチタイムアクティビティ，国内外での語学研修や姉妹校交流などを通じ，実践的な英語習得とグローバルな視点を育んでいる。

進路　(2024年４月現在)

東京大，京都大，東北大，北海道大，筑波大，東京外国語大，千葉大，東京都立大など国公立大学に58名，早稲田大，慶應義塾大，上智大，東京理科大やＧ－MARCHに449名が合格している。なお，専修大学への優先入学制度がある。

編集部注―本書の内容は2024年5月現在のものであり，変更されている場合があります。正確な情報は，学校のホームページ等で必ずご確認ください。

出題傾向と今後への対策　英語

出題内容

	2024		2023		2022	
	前17	前18	前17	前18	前17	前18
大問数	6	6	6	6	6	6
小問数	39	39	39	39	39	39
リスニング	○	○	○	○	○	○

◎大問６題，小問数40問程度である。放送問題の配点は10点くらいと推定される。

2024年度の出題状況

《前期17日》

1 放送問題
2 長文読解総合－説明文
3 長文読解総合－エッセー
4 適語(句)選択
5 整序結合
6 誤文訂正

《前期18日》

1 放送問題
2 長文読解総合－説明文
3 長文読解総合－物語
4 適語(句)選択
5 整序結合
6 誤文訂正

解答形式

《前期17日》　記　述／**マーク**／併　用

《前期18日》　記　述／**マーク**／併　用

出題傾向

基本的な問題を中心にして総合的な英語力を試す問題構成となっている。出題されるのは，放送問題，長文読解，適語選択，誤文訂正，整序結合である。長文は２題あり，課題文はエッセーや物語，説明文などさまざまである。設問は，知識，読解力，思考力を問うものが多い。

今後への対策

長文読解力が求められるので，まずその基礎となる文法事項を教科書，問題集で確実に身につけ，その後，副読本などで長文に慣れよう。入試問題を解くのも有効である。放送問題はラジオ講座などを利用して，ふだんから耳を慣らしておくとよい。ネイティブの発音で自分の発音イメージを補正すると，力がつく。

◆◆◆◆◆ 英語出題分野一覧表 ◆◆◆◆◆

分野		年度	2022		2023		2024		2025予想※	
			前17	前18	前17	前18	前17	前18	前17	前18
音声	放送問題		●	●	●	●	●	●	◎	◎
	単語の発音・アクセント									
	文の区切り・強勢・抑揚									
語彙・文法	単語の意味・綴り・関連知識									
	適語(句)選択・補充		●	●	●	●	●	●	◎	◎
	書き換え・同意文完成									
	語形変化									
	用法選択									
	正誤問題・誤文訂正		■	■	■	■	■	■	◎	◎
	その他									
作文	整序結合		■	■	■	■	■	■	◎	◎
	日本語英訳	適語(句)・適文選択								
		部分・完全記述								
	条件作文									
	テーマ作文									
会話文	適文選択									
	適語(句)選択・補充									
	その他									
長文読解	内容把握	主題・表題								
		内容真偽	●	●	●	●	●	●	◎	◎
		内容一致・要約文完成								
		文脈・要旨把握								
		英問英答	●	●	●	●	●	●	◎	◎
	適語(句)選択・補充		●	●	●	●	●	●	◎	◎
	適文選択・補充		●	●	●	●	●	●	◎	◎
	文(章)整序		●	●	●	●	●	●	◎	◎
	英文・語句解釈(指示語など)									
	その他(適所選択)		●	●	●	●	●	●	◎	◎

●印：１～５問出題，■印：６～10問出題，★印：11問以上出題。
※予想欄　◎印：出題されると思われるもの。　△印：出題されるかもしれないもの。

出題傾向と今後への対策　数学

出題内容

2024年度

《前期17日》　作 証 グ

[1]，[2]は小問集合で，計10問。[3]は関数で，放物線と直線に関するもの。[4]は平面図形で，円を利用した問題。[5]は空間図形で，立方体を利用した問題。立方体の中にできる図形の面積や体積などが問われている。

《前期18日》　作 証 グ

[1]，[2]は小問集合で，計10問。[3]は関数で，放物線と直線に関するもの。図形の性質を利用する問題もある。[4]は平面図形で，三角形を利用した問題。平行線の性質などの理解が問われる。[5]は空間図形で，円柱について問うもの。

2023年度

《前期17日》　作 証 グ

[1]，[2]は小問集合で，計10問。各分野から出題されている。[3]は関数で，放物線と直線について問うもの。円の性質を利用する問題もある。[4]は平面図形で，平行四辺形を利用した問題。[5]は空間図形で，円錐について問うもの。

《前期18日》　作 証 グ

[1]，[2]は小問集合で，計10問。[3]は関数で，放物線と直線に関するもの。図形の知識も要する。[4]は平面図形で，二等辺三角形と円でできた図について問うもの。相似などの理解が問われる。[5]は空間図形で，正四面体について問う計量題３問。

作…作図問題　証…証明問題　グ…グラフ作成問題

解答形式

《前期17日》　記　述／マーク／併　用

《前期18日》　記　述／マーク／併　用

出題傾向

構成は，大問５題で，小問集合２題，関数１題，図形２題となることが多い。各分野からまんべんなく出題されているが，図形からの出題が約４割とやや高い。基本～標準レベルの問題が中心で，時間をかければ解けそうなものが多いので，ふだんの演習量がかなり影響を及ぼしそうな内容である。

今後への対策

まずは基礎，基本を定着させ，そのうえで標準レベルの問題にできるだけ多く挑戦し，いろいろな解法パターンを身につけるようにしよう。特に，関数，図形を重点的に。できなかった問題は，解説を読んで理解した後，改めて解き直すこと。計算練習もおろそかにしないように。

◆◆◆◆◆ 数学出題分野一覧表 ◆◆◆◆◆

分野		2022 前17	2022 前18	2023 前17	2023 前18	2024 前17	2024 前18	2025予想※ 前17	2025予想※ 前18
数と式	計算，因数分解	●	■	■	■	■	■	◎	◎
	数の性質，数の表し方	★	●	●	●	★	●	◎	◎
	文字式の利用，等式変形								
	方程式の解法，解の利用	■	●	●	●	●	●	◎	◎
	方程式の応用		■	■	■		■	△	◎
関　数	比例・反比例，一次関数		●	●			●	△	△
	関数$y=ax^2$とその他の関数	★	★	★	★	★	★	◎	◎
	関数の利用，図形の移動と関数								
図　形	（平面）計　量	★	★	★	★	★	★	◎	◎
	（平面）証明，作図								
	（平面）その他								
	（空間）計　量	★	★	★	★	★	★	◎	◎
	（空間）頂点・辺・面，展開図								
	（空間）その他								
データの活用	場合の数，確率		■	■			■	△	◎
	データの分析・活用，標本調査	■			■	■		△	△
その他	不 等 式								
	特殊・新傾向問題など								
	融合問題								

●印：１問出題，■印：２問出題，★印：３問以上出題。
※予想欄　◎印：出題されると思われるもの。　△印：出題されるかもしれないもの。

出題傾向と今後への対策 社会

出題内容

2024年度

《前期17日》

地理・日本の諸地域の自然環境，産業に関する問題。地形図の読み取り問題。
・世界の諸地域の自然環境，産業，移民に関する問題。資料の読み取り問題。

歴史・年表や資料，地図等を用いた古代から現代の日本と世界の政治や社会等に関する問題。

公民・選挙や内閣，基本的人権，消費，情報化，財政に関する問題。資料の読み取り問題。

総合・日本の世界遺産を題材とする三分野総合問題。SDGs，ヨーロッパの農業，近畿地方の特徴，年代整序に関する問題。

《前期18日》

地理・日本の領域，日本の諸地域の産業に関する問題。地形図の読み取り問題。
・時差，世界の諸地域の産業や自然環境等に関する問題。資料の読み取り問題。

歴史・年表や資料，地図等を用いた古代から現代の日本と世界の政治や社会等に関する問題。

公民・地方財政，国際連合，人口，市場経済，政治，社会保障制度に関する問題。

総合・サミットを題材とする三分野総合問題。年代整序，為替，日本と世界の諸地域の産業と気候等に関する問題。

解答形式

《前期17日》 記　述／マーク／併　用

《前期18日》 記　述／マーク／併　用

出題傾向

大問８題で，小問数は30～35問程度。分野別に見ると，地理は日本・世界の諸地域の地形や気候のほか，地形図を読み取る問題が出題されている。歴史は古代～現代まで幅広い範囲から問われている。公民は政治や経済に関する問題が多い。また，統計資料から読み取れる内容を選ぶ問題も出題されている。

今後への対策

各分野とも，教科書の基本的な事項を身につけたうえで，地図帳や資料集等を用いた細かい学習をしていこう。

地理は日本の諸地域ごとに気候や産業等をまとめていく。歴史は各時代の出来事の流れを確認する。公民は制度のしくみや法律の目的までしっかりと押さえておくことが大切である。

◆◆◆◆◆ 社会出題分野一覧表 ◆◆◆◆◆

分野	年度	2022		2023		2024		2025予想※	
		前17	前18	前17	前18	前17	前18	前17	前18
地理的分野	地形図	●	●	●	●	●	●	◎	◎
	アジア	人		人			産	△	△
	アフリカ				総		総	△	△
	オセアニア			総		人		△	△
	ヨーロッパ・ロシア					産		△	△
	北アメリカ		地産				産	△	△
	中・南アメリカ					総		△	△
	世界全般	地総	地総	地産	地総	地産	地産	◎	◎
	九州・四国	地	地	産				◎	△
	中国・近畿	地	産			総		◎	△
	中部・関東	総	産人		地			△	◎
	東北・北海道			総	地	地総		◎	△
	日本全般	地	地		地	産人	地産総	◎	◎
歴史的分野	旧石器～平安	●	●	●	●	●	●	◎	◎
	鎌倉	●	●	●	●	●	●	◎	◎
	室町～安土桃山	●	●	●	●	●	●	◎	◎
	江戸	●	●	●	●	●	●	◎	◎
	明治	●	●	●	●	●	●	◎	◎
	大正～第二次世界大戦終結	●	●	●	●	●	●	◎	◎
	第二次世界大戦後	●	●	●	●	●	●	◎	◎
公民的分野	生活と文化					●	●	△	△
	人権と憲法	●	●	●	●	●		◎	◎
	政治	●	●	●	●	●	●	◎	◎
	経済	●	●	●	●	●	●	◎	◎
	労働と福祉		●		●		●	△	◎
	国際社会と環境問題	●		●	●		●	△	△
時事問題								△	△

※予想欄　◎印：出題されると思われるもの。　△印：出題されるかもしれないもの。
地理的分野については，各地域ごとに出題内容を以下の記号で分類しました。
地…地形・気候・時差，　産…産業・貿易・交通，　人…人口・文化・歴史・環境，　総…総合

出題傾向と今後への対策 理科

出題内容

2024年度

《前期17日》

1植物の生殖と遺伝に関する問題。 2日本の気象に関する問題。 3蒸留に関する問題。 4電流と回路に関する問題。 5呼吸と血液の循環に関する問題。 6地層に関する問題。 7電池に関する問題。 8物体の運動に関する問題。

《前期18日》

1脊椎動物と進化に関する問題。 2太陽の動きに関する問題。 3化学変化に関する問題。 4音の性質に関する問題。 5物質の循環に関する問題。 6気象に関する問題。 7状態変化に関する問題。 8電流とその利用に関する問題。

2023年度

《前期17日》

1植物のふえ方に関する問題。 2日本の気象に関する問題。 3気体の発生に関する問題。 4光に関する問題。 5血液の循環に関する問題。 6火山や火成岩に関する問題。 7水溶液とイオンに関する問題。 8電流と磁界に関する問題。

《前期18日》

1花のつくりに関する問題。 2太陽系の天体に関する問題。 3密度に関する問題。 4電子の移動に関する問題。 5進化に関する問題。 6天気の変化に関する問題。 7化学変化と熱に関する問題。 8仕事とエネルギーに関する問題。

作…作図・グラフ作成問題　記…文章記述問題

解答形式

《前期17日》 記　述／**マーク**／併　用

《前期18日》 記　述／**マーク**／併　用

出題傾向

前期17日，18日ともに大問は８題。物理・化学・生物・地学の４分野から各２題の出題。大問１題に小問が４問ついていて，総小問数は32問。

問題は，実験や観察を中心に出題され，基礎力から応用力までを問うものとなっている。

今後への対策

まず，実験・観察の目的や手順，結果，考察についてまとめよう。その際，図や表などを自分で作成すると効果的。その後，標準的な問題集を１冊解くなどして，正確な知識が身についているか，確認すること。確認したら，本校や公立高校の過去問を解いて，総合問題に慣れるとともに，できなかった問題を復習しよう。

◆◆◆◆◆ 理科出題分野一覧表 ◆◆◆◆◆

分野		2022 前17	2022 前18	2023 前17	2023 前18	2024 前17	2024 前18	2025予想※ 前17	2025予想※ 前18
身近な物理現象	光　と　音	●		●			●	◎	◎
	力のはたらき（力のつり合い）							◎	◎
物質のすがた	気体の発生と性質			●				△	△
	物質の性質と状態変化		●		●	●	●	△	△
	水　溶　液		●					◎	◎
電流とその利用	電流と回路		●	●		●	●	◎	◎
	電流と磁界（電流の正体）			●	●		●	◎	◎
化学変化と原子・分子	いろいろな化学変化（化学反応式）	●	●	●	●	●	●	◎	◎
	化学変化と物質の質量	●	●				●	◎	◎
運動とエネルギー	力の合成と分解（浮力・水圧）		●			●		△	◎
	物体の運動					●		◎	◎
	仕事とエネルギー				●			◎	◎
化学変化とイオン	水溶液とイオン（電池）	●		●		●		◎	◎
	酸・アルカリとイオン							◎	◎
生物の世界	植物のなかま	●			●			◎	◎
	動物のなかま						●	◎	◎
大地の変化	火山・地震	●		●				◎	◎
	地層・大地の変動（自然の恵み）					●		◎	◎
生物の体のつくりとはたらき	生物をつくる細胞							△	△
	植物の体のつくりとはたらき		●					◎	◎
	動物の体のつくりとはたらき	●		●		●	●	◎	◎
気象と天気の変化	気象観測・気圧と風（圧力）					●		△	△
	天気の変化・日本の気象		●	●	●	●	●	◎	◎
生命・自然界のつながり	生物の成長とふえ方			●		●		◎	◎
	遺伝の規則性と遺伝子（進化）		●		●	●	●	◎	◎
	生物どうしのつながり						●	△	△
地球と宇宙	天体の動き	●	●				●	◎	◎
	宇宙の中の地球				●				△
自然環境・科学技術と人間									
総　　合	実験の操作と実験器具の使い方	●	●	●	●	●	●	◎	◎

※予想欄　◎印：出題されると思われるもの。　△印：出題されるかもしれないもの。
分野のカッコ内は主な小項目

出題傾向と今後への対策 国語

出題内容

2024年度

《前期17日》

論説文　小説　古文

課題文
一山田剛史「学校って塾と通信教育でもいいよね？」
二早瀬　耕『十二月の辞書』
三『御伽物語』

《前期18日》

論説文　小説　古文

課題文
一今井むつみ・秋田喜美『言語の本質』
二成海隼人『尼崎ストロベリー』
三『大和物語』

2023年度

《前期17日》

説明文　小説　古文

課題文
一齋藤　孝『潜在能力を引き出す「一瞬」をつかむ力』
二砥上裕將『線は，僕を描く』
三兼好法師『徒然草』

《前期18日》

随筆　小説　古文

課題文
一岸見一郎『本をどう読むか』
二蓮見恭子『襷を，君に。』
三『宇治拾遺物語』

解答形式

《前期17日》　記　述／マーク／併　用

《前期18日》　記　述／マーク／併　用

出題傾向

課題文は，現代文・古文ともに分量的に比較的多く，内容的にも高度なものが選ばれている。設問は，二つの現代文にそれぞれ10～12問，古文に８～９問付されており，そのうちの約８割程度が内容理解に関するものである。全体として，かなり分量の多い試験となっている。

今後への対策

論理的文章，文学的文章，古文をマスターしなければならないので，市販の問題集で徹底的に訓練をつむとよい。問題集は，現代文と古文については，比較的レベルの高いものを選んだ方がよいだろう。国語の知識については，語句や文法を中心に復習し，問題集で確認しておくとよい。

国語出題分野一覧表

分野		年度	2022		2023		2024		2025予想※	
			前17	前18	前17	前18	前17	前18	前17	前18
現代文	論説文 説明文	主題・要旨	●	●	●		●	●	◎	◎
		文脈・接続語・指示語・段落関係	●	●	●		●	●	◎	◎
		文章内容	●	●	●		●	●	◎	◎
		表現	●					●	△	△
	随筆 日記 手紙	主題・要旨				●				△
		文脈・接続語・指示語・段落関係				●				△
		文章内容				●				△
		表現								
		心情								
	小説	主題・要旨								
		文脈・接続語・指示語・段落関係	●						△	
		文章内容		●	●	●	●	●	◎	◎
		表現	●		●		●	●	◎	△
		心情	●	●	●	●	●	●	◎	◎
		状況・情景								
韻文	詩	内容理解								
		形式・技法								
	俳句 和歌 短歌	内容理解	●						△	
		技法								
古典	古文	古語・内容理解・現代語訳	●	●	●	●	●	●	◎	◎
		古典の知識・古典文法								
	漢文	(漢詩を含む)								
国語の知識	漢字 語句	漢字	●	●	●	●	●	●	◎	◎
		語句・四字熟語	●	●	●	●	●	●	◎	◎
		慣用句・ことわざ・故事成語				●				△
		熟語の構成・漢字の知識		●		●		●		◎
	文法	品詞	●	●	●	●	●	●	◎	◎
		ことばの単位・文の組み立て	●			●		●	△	◎
		敬語・表現技法								
	文学史									
作文・文章の構成・資料										
その他										

※予想欄　◎印：出題されると思われるもの。　△印：出題されるかもしれないもの。

2024年度 専修大学松戸高等学校（前期17日）

【英　語】（50分）〈満点：100点〉

1　リスニング試験　〈編集部注：放送文は未公表につき掲載してありません。〉

1．それぞれの対話を聞いて，最後の発言に対する最も適切な応答を１つ選び，その番号をマークしなさい。対話はそれぞれ２回放送されます。

(1)　①　That's nice.　I want to try to play cricket with them, too.
　　②　Oh, really ?　Why don't you play with us ?
　　③　Oh, really ?　I didn't know you played baseball very well.
　　④　That's nice.　I haven't played any ball sports.

(2)　①　Yes.　Let's play the video game I bought yesterday.
　　②　No.　We couldn't climb it because it was raining.
　　③　Yes, I do.　I'm planning to see a movie next Saturday.
　　④　Sure.　I think eating lunch on the mountain is very nice.

(3)　①　No, I don't know, but you can get there at about nine twenty.
　　②　No, I don't know, but you can be there by two if you walk.
　　③　Yes, it's ten forty.　So, you can get there at about eleven ten.
　　④　Yes, it's eleven forty-five.　So, you can get there by noon.

2．英文を聞いて，後に続く質問の解答として最も適切なものを１つ選び，その番号をマークしなさい。英文と質問はそれぞれ２回放送されます。

(1)　①　Traditional Japanese things and culture were very popular among foreign tourists.
　　②　It is necessary for foreign tourists to see traditional Japanese things such as *otedama* and *hagoita*.
　　③　If there is more English information about the speaker's city, foreign tourists will feel happy.
　　④　If an English map with useful information for foreign tourists isn't made, the number of those people will become smaller.

(2)　①　The English club did a lot of things to help foreign tourists.
　　②　The *kominka* cafe is one of the examples for the English map.
　　③　*Matcha* cake made Mary happy because *matcha* is very popular in the world.
　　④　The English club members will discuss the map they made.

2　次の英文を読んで，以下の問題に答えなさい。

Dogs are the most popular pets in Japan.　Does your family have a dog ?　Do you want one ?　Maybe if you learn more about them, you will have a better chance of getting one, after you explain to your parents how amazing they are !

It is often said that dogs are "man's best friend."　Dogs are very *loyal to their owners.　They *care about their owners and protect the owners.　But why are they said to be "man's best friend ?"　Because dogs have been spending a lot of time with people for thousands of years.

Maybe you can tell by looking at them, but dogs actually *evolved from *wolves !　Scientists believe that thousands of years ago, wolves followed groups of people and ate their *leftover scraps of food and even garbage. Some of those wolves became so comfortable around the people that they started living with them. These were the first "pet dogs." [①]

*Speaking of eating garbage, sometimes dogs actually will eat garbage, and worse. They don't have a very strong sense of taste like humans have, so in some situations they will eat grass, leftover food, or other things that don't have a good taste. Many people believe this helped them to survive when good food was (1).

(2)
ア. So the world looks a little different to dogs than it does to us.
イ. Another weak point of dogs is their *ability to see color.
ウ. They just see things in blue and yellow, but not red.
エ. Many people think that dogs are color blind, but in fact they are not.

Though they don't see color as well as we do, dogs can see much better and much *farther. They have better *peripheral vision because of where their eyes are, and they can see in the dark more easily, too. It is difficult to say how much better dogs see than people do, because there is such a big difference. People often think of dogs' excellent sense of hearing and smell, but many don't realize how (3) their eyes are.

As I said, one of the most famous abilities of dogs is their hearing. They can hear many things we cannot. They can often sense when a *storm is coming, because they can hear it! Actually, because their hearing is so good, sometimes the sounds of a big storm can hurt their ears. So, many dogs become *upset during a storm. Dogs have 18 muscles they use to move their ears to hear better and understand where sounds are coming from. Not only that, but they use their ears to communicate their emotions, so their ears are very important! [②]

And of course, dogs have a fantastic sense of smell. As you probably know, dogs can smell things that humans and many other animals cannot. So, they are used by police and others to find people or things. Their sense of smell is so good that they can often know if people are sick. Some dogs can detect some types of cancer, too! Another important use for their amazing noses is (4). There are so many stories about dogs that went away from their owners once, but traveled far away and finally returned to their owners.

Dogs can learn and understand about 200 words, so they are very smart. And they are *emotionally intelligent, too. If you are sad or scared, your dog may try to (5). Scientists say tests show that dogs can "love" their owners. But they will also try to *comfort people they don't even know, because they have such a strong ability to understand and share another's feelings.

Many people let their dogs sleep with them on their beds. But did you know that dogs have dreams in the same way that people do? Sometimes they even *bark in their dreams! [③]

As time passed, dogs developed many differences, of course. Dogs are different not only in size, but also in how they look. Different types of dogs are better at different things. Dogs with longer noses smell better, for example. And smaller dogs live a little longer and can hear different sounds. Some dogs run very fast, and some dogs like to be carried by their owners better.

It is said that people who have dogs are happier, healthier, and live longer! Keeping a pet dog can be hard work. Dogs need love and attention, food and water, medical care, and daily walks.

But it is easy to see why many people believe that living with dogs is *worth all the *extra effort!
[④]

*Even if you can't keep a pet dog, you can visit dogs at your local shelter. One type of volunteer work is walking those dogs and spending time with them. It's a nice way to help these animals. But be careful. You may fall in love!

(注) ＊loyal　忠実な　＊care about ～　～を大切にする　＊evolve from ～　～から進化する
＊wolves　wolf の複数形　＊leftover scraps　残り物　＊speaking of ～　～といえば
＊ability　能力(複数形 abilities)　＊farther　もっと遠く　＊peripheral vision　周辺視野
＊storm　嵐　＊upset　動揺した　＊emotionally intelligent　感情的知性が高い
＊comfort ～　～をなぐさめる　＊bark　ほえる　＊worth ～　～の価値がある
＊extra　余分な　＊even if ～　たとえ～でも

問1　空欄(1)に入れるのに最も適切なものを①～④から1つ選び，その番号をマークしなさい。
① found without them　② possible to find
③ hard to find　④ not found with them

問2　[(2)]内のア～エの文を文脈が通るように並べかえたとき，順番として最も適切なものを①～④から1つ選び，その番号をマークしなさい。
① イーアーエーウ　② イーエーウーア
③ エーアーウーイ　④ エーイーアーウ

問3　空欄(3)に入れるのに最も適切なものを①～④から1つ選び，その番号をマークしなさい。
① important　② careful　③ different　④ good

問4　空欄(4)に入れるのに最も適切なものを①～④から1つ選び，その番号をマークしなさい。
① going away from their owners
② traveling for a long time
③ finding their way home
④ finding people or things

問5　空欄(5)に入れるのに最も適切なものを①～④から1つ選び，その番号をマークしなさい。
① make you feel better　② know the reason
③ bark harder　④ touch you more often

問6　次の英文を入れるのに最も適切な位置を，本文中の[①]～[④]から1つ選び，その番号をマークしなさい。

Dogs truly are our good friends.

問7　本文の内容に合うものを①～④から1つ選び，その番号をマークしなさい。
① The writer is sure that you will explain to your parents how amazing dogs are to get one after you know more about them.
② Many senses of dogs are stronger than those of humans, but the sense of taste is not.
③ You must not sleep with your dogs on your beds because some dogs may bark at you while you are sleeping.
④ Many people who have dogs think living with their dogs is often hard because it takes a lot of time and money.

問8　本文の内容について，(1)，(2)の質問に対する答えとして最も適切なものを①～④からそれぞれ1つずつ選び，その番号をマークしなさい。
(1) What is NOT true about dogs?

① They evolved from some wolves living with groups of people a long time ago.
② They can see better than humans even in the dark.
③ When a big storm comes, it may sometimes hurt their ears because they don't keep quiet.
④ They have developed a lot of differences over a long time, so we can see many types of dogs now.

(2) Why have dogs been our good friends ?
① Because they sometimes eat our food that doesn't have good taste and that people can't eat.
② Because their fantastic sense of smell helps us a lot in our daily lives.
③ Because they are so smart that they can understand about two hundred words.
④ Because they are not only very smart, but they also understand and share our feelings.

3 次の英文を読んで，以下の問題に答えなさい。

When I was seven, my brother Joey was fourteen. He was always taking care of me. But he wanted the freedom to do things with boys of his own age and did not want a little brother *holding him back. Joey did not want the *responsibility of taking care of me anymore, and our father understood how he felt. So, our father decided that I should live with my grandparents on their farm during the summer because I had no school for about three months. My brother was happy.

My grandmother always cooked my favorite food. My grandfather worked hard and grew vegetables. He always said, "Your father wanted to become a scientist when he was your age. That was his dream. I wanted him to go to a good college and get a good job as a scientist in the future. I was so happy when his dream of becoming a scientist came true." My grandfather loved his son so much. He also loved me !

My grandfather and father, though, were different types of people. My grandfather was a man who worked hard with his hands every day, *except Sunday. He didn't work on Sunday because that was against his *religion. He had to go to church that day, and rest for the next week. He always said, "A good person has a responsibility to help people." I remember that he always helped people who needed help. He was more interested in people and nature than in science. My father was more interested in using science and technology to make the world a better place, and was less interested in people.

Giving food to the pigs every day was my job, but one day, my grandfather found me sleeping behind the *barn. He *scolded me very *strongly. I remember his words, "If you don't work, people will not respect you in the future." I did not want to make him angry, but I said, "Father said that a man should work with a pencil instead of doing hard work with his hands." Then, he said in a soft voice, "Your father is not sleeping with a pencil. He is working with a pencil. You were sleeping behind the barn. You didn't work with your hands or your pencil. You should *pay attention to how I work in the *fields with my hands, and how your father works in his office with his pencil. If you learn both ways, 【 (1) 】" I understood his words, and I told him I was sorry. I quickly ran back to my job of giving food to the pigs. He had a smile on his face.

My grandfather could always explain things very *simply. He was a simple person, and was always kind to everybody. One day when I was helping him in the fields, the *tractor *broke down. He was using the same tractor for more than twenty-five years, and he depended on "her." He called the tractor "Daisy" because the tractor was very simple like the flowers with the same name. When

Daisy had trouble, he always *fixed her.

One day Daisy broke down. My father *happened to be there that day and explained how the tractor worked and how to fix it for more than forty minutes. My grandfather kept quiet and seemed to listen. Then, my father went somewhere. I looked at my grandfather and said, "I don't think Father's solution will fix Daisy." He agreed. I asked, "So, what are we going to do, Grandpa ?" *In a very calm manner, he said, "Well, you and I have fixed Daisy many times before, and I'm sure 【 (2) 】" He fixed Daisy in less than half an hour. It was amazing. Daisy seemed to know that my grandfather's hands were taking care of her.

My grandfather was one of the hardest working men that I have ever known. There were always many things to do on the farm. He worked *from sunup to sundown. He only stopped to eat, drink some water, or help someone. When I was in school and living at home, my father sometimes did the same thing. When he had an idea, he worked on that idea throughout the day and only stopped to eat, and get some water. Sometimes he worked throughout the night, too. But he always stopped working to help me with my homework when I needed him. I realized that part of my grandfather was also part of my father.

When I became a junior high school student, I stopped going to my grandparents' farm. I wanted to improve my pencil skill, so I stayed home and went to summer school to improve my grades. I have never been able to decide who influenced my life more, my father or my grandfather. They both taught me in their own ways the importance of hard work and helping others.

（注） ＊hold ～ back　～をさまたげる　＊responsibility　責任　＊except ～　～を除く
＊religion　宗教　＊barn　畜舎　＊scold ～　～を叱る　＊strongly　厳しく
＊pay attention to ～　～に注意を払う　＊field　畑　＊simply　簡単に
＊tractor　トラクター　＊break down　壊れる　＊fix ～　～を修理する
＊happen to ～　たまたま～する　＊in a calm manner　落ち着いて
＊from sunup to sundown　朝から晩まで

問1　本文の内容について，(1)～(5)の質問に対する答えとして最も適切なものを①～④からそれぞれ1つずつ選び，その番号をマークしなさい。

(1) Which is the best to put in 【 (1) 】?
① you can work for your father and me.
② you can work on my farm or in your father's office.
③ you will become someone everyone respects.
④ you will become someone who loves people.

(2) Which is the best to put in 【 (2) 】?
① your father will fix her for the first time.
② we can fix her again.
③ you can fix her without my help.
④ we should help your father fix her.

(3) How did Joey feel about taking care of his little brother one summer ?
① He wanted to take his brother to his grandparents' farm to live with them.
② He felt his father should have the responsibility of taking care of his brother.
③ He felt his brother should do things with boys of his own age.
④ He didn't want to spend time taking care of his brother.

(4) What did the writer's grandfather want his son to do when his son was a boy ?

① To go to a good college to look for his dream.

② To work with his hands in the fields.

③ To be a scientist after studying at a college.

④ To get interested in nature more.

(5) Why did the writer's grandfather help people who needed help ?

① Because he thought a good person should do so.

② Because his family told him to do so.

③ Because he was free on Sundays and had enough time to do so.

④ Because he wanted his son to do so like him.

問2 本文の内容に合うものを①～⑧から３つ選び，その番号をマークしなさい。

① Both the writer's grandfather and father were more interested in science than in people to make the world better.

② The writer was scolded because he was sleeping behind the barn instead of giving food to the pigs.

③ All the writer's grandfather's words were said in a strong voice, so the writer told his grandfather he was sorry near the barn.

④ The tractor was named "Daisy" by the writer's grandfather because he liked the name of the flower.

⑤ When Daisy broke down, the writer's father tried to fix her alone, but he finally asked the writer's grandfather to help him.

⑥ The writer's grandfather worked hard from Monday to Saturday and did many things on the farm.

⑦ The writer's grandfather and father were different types of people, but one part of them was the same.

⑧ The writer learned a lot from his grandfather and father, but he has never had a person who influenced him.

4 次の各文の(　)に最も適する語(句)を①～④から１つ選び，その番号をマークしなさい。

(1) I have a dream (　　　) a doctor.

① of becoming　② at becoming

③ on being　④ for being

(2) They have two houses.　One is in Chiba.　(　　) is in Nagano.

① The other　② Other

③ The one　④ Another

(3) (　　) the restaurant was crowded, we were able to find a table.

① If　② Because　③ When　④ Although

(4) I will stay (　　) my aunt for a week during the spring vacation.

① at　② with　③ in　④ to

(5) His grandfather (　　) for four years.

① died　② got death

③ has died　④ has been dead

5 次の各日本文の内容を表すように，(　)内の語(句)を並べかえたとき，空所 [1] ～ [12] に入る語(句)の番号をマークしなさい。ただし，不要な語が１語ずつあります。

(1) いつパーティーが開かれるか聞いた？

Did ______ ______ [1] ______ ______ [2] ______ ?

(① the party　② held　③ hear　④ be　⑤ have　⑥ will　⑦ you　⑧ when)

(2) 昨日，通りで男の人に話しかけられたんだ。

Yesterday ______ ______ ______ [3] ______ [4] ______ the street.

(① a man　② spoken　③ I　④ for　⑤ on　⑥ was　⑦ by　⑧ to)

(3) 部屋を出る前に明かりを消すのを忘れないで。

Don't ______ [5] ______ ______ [6] ______ ______ leave the room.

(① light　② to　③ turning　④ before　⑤ turn　⑥ forget　⑦ off the　⑧ you)

(4) 彼を知っているだれもがその知らせに驚くでしょうね。

Anyone ______ [7] ______ ______ ______ [8] ______ the news.

(① at　② be　③ all　④ knows　⑤ will　⑥ surprised　⑦ who　⑧ him)

(5) この写真を見るとカナダでの幸せな日々を思い出すよ。

This picture ______ [9] ______ ______ ______ [10] ______ Canada.

(① of　② remembers　③ me　④ days　⑤ reminds　⑥ my　⑦ in　⑧ happy)

(6) 彼女は全校生徒の中でいちばん速く泳ぐのよ。

She ______ [11] ______ ______ [12] ______ ______ her school.

(① fastest　② in　③ other　④ faster　⑤ any　⑥ swims　⑦ student　⑧ than)

6 次の各文について，下線を引いた部分に誤りのある箇所をそれぞれ①～④から１つずつ選び，その番号をマークしなさい。ただし，誤りのある箇所がない場合は，⑤をマークしなさい。

(1) ①I lived in China ②for three years ③when I was a child, ④so I can speak Chinese a little.　⑤誤りなし

(2) ①This watch is very important to me ②because my uncle bought it to me ③on my birthday ④last year.　⑤誤りなし

(3) ①Which way ②do you think ③we should choose ④to get to the top of the mountain safer ?　⑤誤りなし

(4) ①Because some of my friends ②are good singing, ③it is great fun ④to go to *karaoke* with them.　⑤誤りなし

(5) ①I will be happy ②to meet you again ③because it is a long time since ④you went to Australia.　⑤誤りなし

(6) ①I would like you ②to hand this report to Mr. Taylor ③when you will see him ④after school.　⑤誤りなし

【数　学】（50分）〈満点：100点〉

（注意）1．問題文中の［アイ］，［ウ］などの［ ］には，特に指示がないかぎり，数値が入ります。これらを次の方法で解答用紙の指定欄に解答しなさい。

(1) ア，イ，ウ，…の一つ一つは，それぞれ1から0までの数字のいずれか一つに対応します。それらを，ア，イ，ウ，…で示された解答欄にマークしなさい。

(2) 分数形で解答が求められているときは，既約分数で答えなさい。例えば，$\dfrac{\boxed{\text{ウエ}}}{\boxed{\text{オ}}}$ に $\dfrac{25}{3}$ と答えるところを $\dfrac{50}{6}$ と答えてはいけません。

(3) 比の形で解答が求められているときは，最も簡単な自然数の比で答えなさい。例えば，2：3と答えるところを4：6と答えてはいけません。

(4) 根号を含む形で解答が求められているときは，根号の中に現れる自然数が最小となる形で答えなさい。例えば，$\boxed{\text{カ}}\sqrt{\boxed{\text{キ}}}$ に $4\sqrt{2}$ と答えるところを $2\sqrt{8}$ と答えてはいけません。

(5) 小数で解答が求められているとき，例えば，［ク］.［ケ］に2.5と答えたいときは，［ク］に2，［ケ］に5をマークしなさい。

2．定規，コンパス，電卓の使用は認めていません。

1 (1) $(\sqrt{24}-4)(5\sqrt{6}+10)-(\sqrt{15}+\sqrt{5})^2$ を計算すると，$-\boxed{\text{アイ}}\sqrt{\boxed{\text{ウ}}}$ である。

(2) x についての2次方程式 $x^2+ax+b=0$ の解が -4 のみになるとき，$a=$［ア］，$b=$［イウ］である。

(3) $a=\dfrac{7}{10}$，$b=-\dfrac{7}{15}$ のとき，$4a^2+9b^2$ の値は，$\dfrac{\boxed{\text{アイ}}}{\boxed{\text{ウエ}}}$ である。

(4) 関数 $y=\dfrac{1}{3}x^2$ について，x の値が $2t$ から $4t$ まで増加するときの変化の割合は6である。

このとき，$t=$［ア］である。

(5) $\sqrt{\dfrac{128n}{27}}$ の値が有理数となる自然数 n のうち，最小の値は［ア］である。

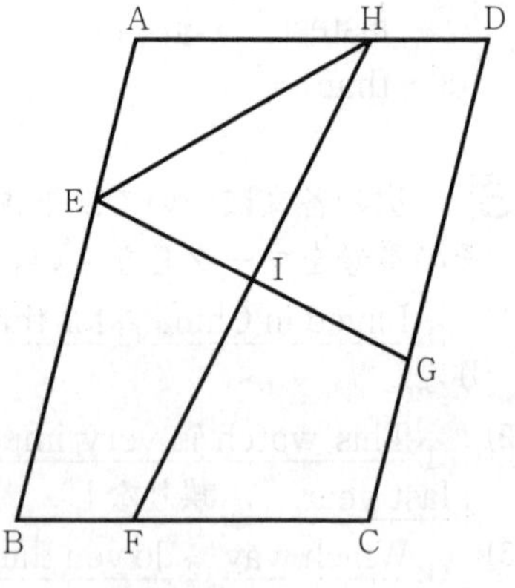

(6) 右図のように，平行四辺形ABCDの辺AB，BC，CD，DA上に，AE：EB＝BF：FC＝CG：GD＝DH：HA＝1：2となる4点E，F，G，Hをそれぞれとり，線分EGと線分FHとの交点をIとする。

このとき，△EHIの面積と平行四辺形ABCDの面積の比は，［ア］：［イウ］である。

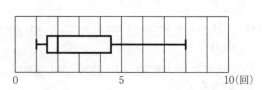

2 (1) 外国人旅行者24人を対象に行った，日本に来た回数の調査結果を箱ひげ図に表した。

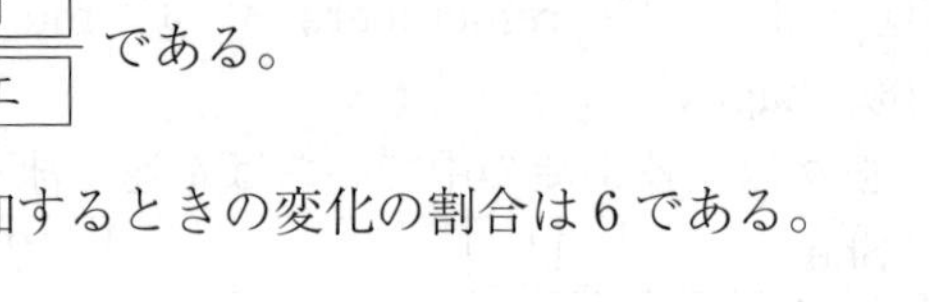

8回と回答した人は1人，7回と回答した人は0人，6回と回答した人は3人であった。

また，最頻値は2回で7人，平均値は3回であった。

① この資料の四分位範囲は，［ア］回である。

② 4回と回答した人数は，［イ］人である。

(2) 2つの自然数 A，B がある。

Aを自然数nで割ったときの商は18，余りは3であり，Bを自然数nで割ったときの商は12，余りは8である。

① AとBの和を10で割ったときの余りは，[ア]である。

② $A-B$の値が49のとき，$A=$[イウエ]，$B=$[オカキ]である。

〔編集部注：学校より「設問に不備があり修正しました」とのコメントがありました。〕

3 右図のように，放物線$y=\frac{1}{2}x^2$のグラフ上に2点A，Bがあり，点Aのx座標は-4，点Bのx座標は2である。

点Cはx軸上の点で，そのx座標は-3である。

また，放物線$y=\frac{1}{2}x^2$のグラフのx座標が2より大きい部分に，△ABPの面積が△ABCの面積と等しくなる点Pをとる。

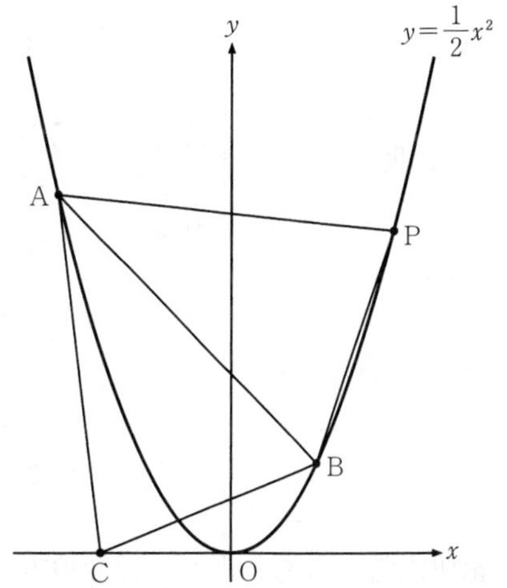

(1) 直線ABとy軸との交点のy座標は，[ア]である。

(2) △ABCの面積は，[イウ]である。

(3) 点Pのx座標は，$-$[エ]$+\sqrt{[オカ]}$である。

4 右図のように，8cmの線分ABを直径とする円Oがある。

円Oの周上に$\overset{\frown}{AC}:\overset{\frown}{CB}=2:1$となる点Cをとり，点Cを通る円Oの接線と直線ABとの交点をDとする。

また，線分CEが円Oの直径となるように点Eをとり，直線DEと円Oとの交点のうち，点Eと異なる点をFとする。

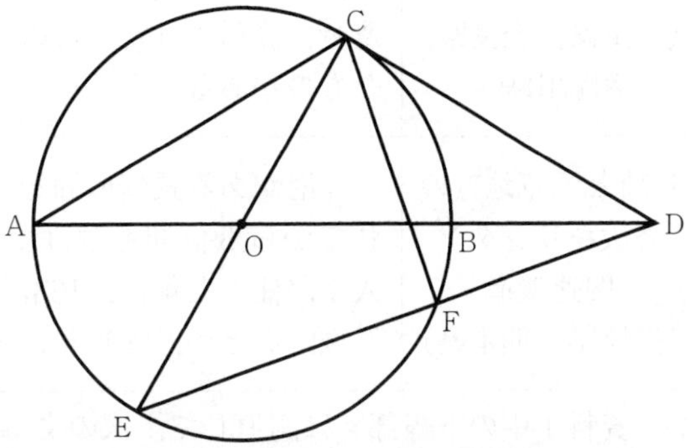

(1) AD=[アイ]cmである。

(2) △CDEの面積は，[ウエ]$\sqrt{[オ]}$cm²である。

(3) $CF=\dfrac{[カ]\sqrt{[キク]}}{[ケ]}$cmである。

5 右図のように，1辺の長さが12cmの立方体ABCD-EFGHがある。

辺AB，AD，AEの中点をそれぞれL，M，Nとし，線分EGと線分FHとの交点をOとする。

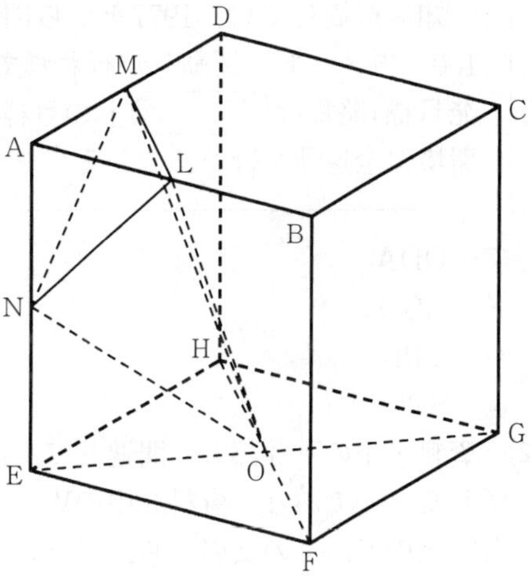

(1) NO=[ア]$\sqrt{[イ]}$cmである。

(2) △LMNの面積は，[ウエ]$\sqrt{[オ]}$cm²である。

(3) 四面体LMNOの体積は，[カキク]cm³である。

【社　会】（50分）〈満点：100点〉

1　社会科の授業で，あきらさんは，「日本の世界遺産」に関するレポートを作成した。次の資料1は，あきらさんが作成したレポートの一部である。これに関して，あとの(1)～(4)の問いに答えなさい。

資料1　あきらさんが作成した「日本の世界遺産」に関するレポートの一部

知床 （北海道）	流氷の影響を受けた海と陸の生態系の豊かなつながりなどが評価され，2005年に世界自然遺産に登録された。この地域周辺では，a環境などに配慮したエコツアー（エコツーリズム）が行われている。
国立西洋美術館 （東京都）	bフランスなどと共同で申請した「ル・コルビュジエの建築作品―近代建築運動への顕著な貢献―」の建築物の一つとして，2016年に世界文化遺産に登録された。
紀伊山地の霊場と参詣道 （三重県，奈良県，和歌山県）	c近畿地方南部の3県に連なる紀伊山地周辺の高野山・熊野三山などの霊場や参詣道，それらを取り巻く文化的な景観などが評価され，2004年に世界文化遺産に登録された。この世界文化遺産の参詣道の中には，古代から使われていたものがある。
長崎と天草地方の潜伏キリシタン関連遺産 （長崎県，熊本県）	d港がある長崎の周辺や天草地方では，江戸時代初めにキリスト教が禁止されてからも信仰を続けた人々がいた。キリスト教の宗教施設や信仰を続けた人々が住んだ集落，1637年に起こった島原・天草一揆の一揆軍が立てこもった原城跡などが，2018年に世界文化遺産に登録された。

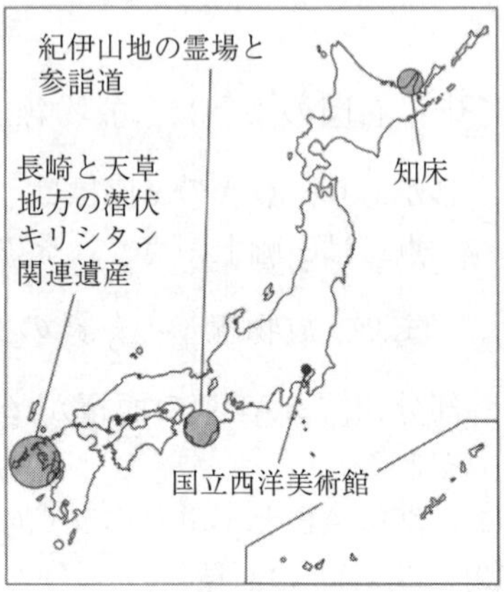

(1)　資料1中の下線部aに関連して，次の文章は，あきらさんが知床の周辺の環境運動についてまとめたものの一部である。文章中の□にあてはまる語として最も適当なものを，あとのア～エのうちから一つ選び，マークしなさい。

> 知床の周辺では，1977年から開拓跡地を寄付金で買い取り，豊かな森林に戻す「しれとこ100平方メートル運動」が行われてきた。また，国際連合の総会で採択された「持続可能な開発目標（略称は□）」の目標11「住み続けられるまちづくりを」などに基づき，知床の環境保全運動が行われている。

ア　ODA
イ　NGO
ウ　TPP
エ　SDGs

(2)　資料1中の下線部bに関連して，次の資料2は，フランスを含むヨーロッパ州周辺の農業分布を示したものである。資料2中のW，Xのうち，フランス南部で行われている農業分布にあたるものと，次のY，Zの文のうち，フランス南部で行われている農業についての説明にあたるものの組み合わせとして最も適当なものを，あとのア～エのうちから一つ選び，マークしなさい。

資料２　ヨーロッパ州周辺の農業分布

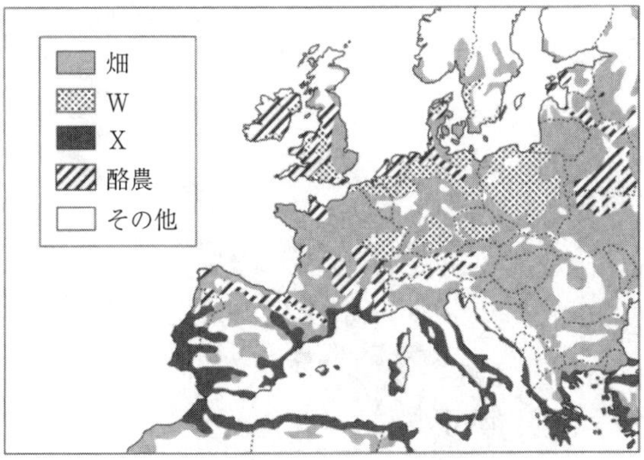

Y　小麦やライ麦などの栽培と，豚などの家畜の飼育を組み合わせて行っている。 Z　夏に乾燥に強いオリーブなどの果実，冬に小麦などの栽培を行っている。

ア　分布：W　説明：Y　　イ　分布：W　説明：Z

ウ　分布：X　説明：Y　　エ　分布：X　説明：Z

(3)　資料１中の下線部ｃに関連して，次の資料３中のア～オは，資料４中の近畿地方のいずれかの府県を示している。①三重県と②和歌山県を示すものとして最も適当なものを，ア～オのうちからそれぞれ一つずつ選び，マークしなさい。

資料３　近畿地方の各府県の人口密度，みかん生産量，海面漁業漁獲量及び輸送用機械出荷額

府県名	人口密度（人/km²）（2021年）	みかん生産量（トン）（2021年）	海面漁業漁獲量（トン）（2020年）	輸送用機械出荷額（億円）（2019年）
ア	356	—	—	1,768
イ	647	—	41,591	17,459
ウ	304	18,500	124,667	27,351
エ	4,622	12,100	14,884	15,699
オ	193	147,800	13,065	198
滋賀県	351	—	—	10,864
京都府	555	—	9,716	4,379

（「データでみる県勢 2023」より作成）

資料４　近畿地方の地図

(4)　資料１中の下線部ｄに関連して，次のⅠ～Ⅲの文は，古代から近世までの港などに関係するできごとについて述べたものである。Ⅰ～Ⅲの文を年代の**古いものから順**に並べたものとして最も適当なものを，あとのア～カのうちから一つ選び，マークしなさい。

Ⅰ　鑑真が，遣唐使の船に乗って九州地方の南部に到着した。

Ⅱ　東北地方の港と大阪の港とを結ぶ西廻り航路が開拓された。

Ⅲ　平清盛が，兵庫の港（大輪田泊）の修築を行った。

ア　Ⅰ→Ⅱ→Ⅲ　　イ　Ⅰ→Ⅲ→Ⅱ

ウ　Ⅱ→Ⅰ→Ⅲ　　エ　Ⅱ→Ⅲ→Ⅰ

オ　Ⅲ→Ⅰ→Ⅱ　　カ　Ⅲ→Ⅱ→Ⅰ

2 右の図を見て，次の(1)～(4)の問いに答えなさい。

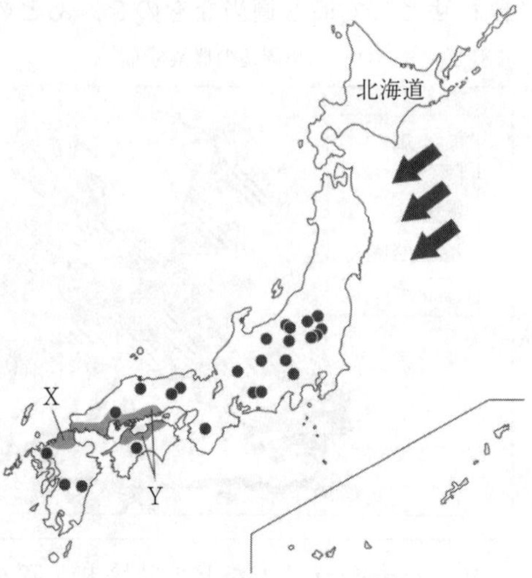

(1) 次の文章は，図中に ➡ で示した風とそれによる被害について述べたものである。文章中の Ⅰ ， Ⅱ にあてはまる語の組み合わせとして最も適当なものを，あとのア～エのうちから一つ選び，マークしなさい。

> 図中に ➡ で示した風は， Ⅰ と呼ばれる。この風が夏に吹き続けると冷害が発生し，東北地方の太平洋側の Ⅱ ，青森県東部などで米の生産量が大幅に減少することがある。

ア Ⅰ：からっ風 Ⅱ：宮城県や岩手県
イ Ⅰ：からっ風 Ⅱ：山形県や秋田県
ウ Ⅰ：やませ Ⅱ：宮城県や岩手県
エ Ⅰ：やませ Ⅱ：山形県や秋田県

(2) 右の資料１は，日本の主な発電の1971年度から2021年度までの発電量の推移を示したものであり，資料１中のア～ウは，水力，火力，原子力のいずれかにあたる。図中に●で主な分布を示した発電所による発電量の推移にあてはまるものとして最も適当なものを，ア～ウのうちから一つ選び，マークしなさい。

資料１ 日本の主な発電の1971年度から2021年度までの発電量の推移

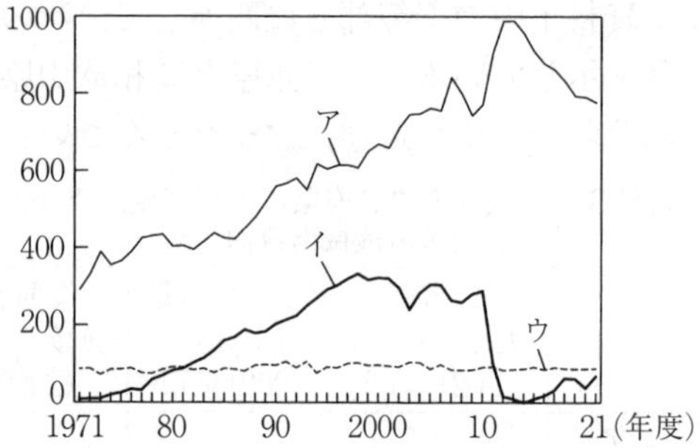

(「日本国勢図会 2023/24」などより作成)

(3) 次の資料２は，図中のX，Yの工業地域の製造品別の出荷額割合を示したものであり，資料２中のあ～お は，化学，機械，金属，食料品及びせんいのいずれかの工業にあたる。あ，え にあてはまる工業の組み合わせとして最も適当なものを，あとのア～カのうちから一つ選び，マークしなさい。

資料２ 図中のX，Yの工業地域の製造品別の出荷額割合 (2020年)

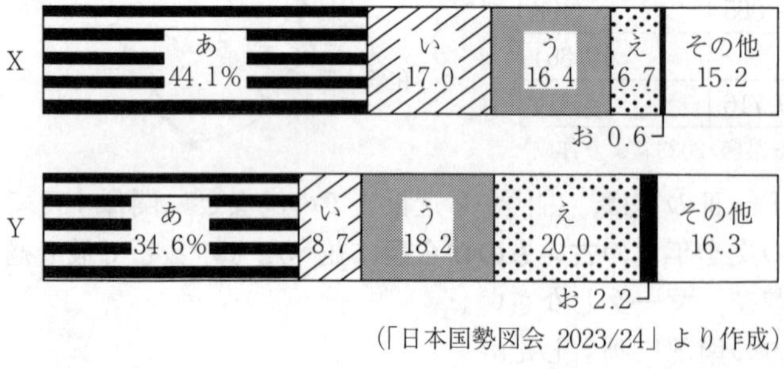

(「日本国勢図会 2023/24」より作成)

ア あ：機械 え：化学
イ あ：機械 え：金属
ウ あ：金属 え：化学
エ あ：金属 え：機械
オ あ：化学 え：機械
カ あ：化学 え：金属

(4)　次の地形図は，図中の北海道のある地域を示したものである。これを見て，あとの①，②の問いに答えなさい。

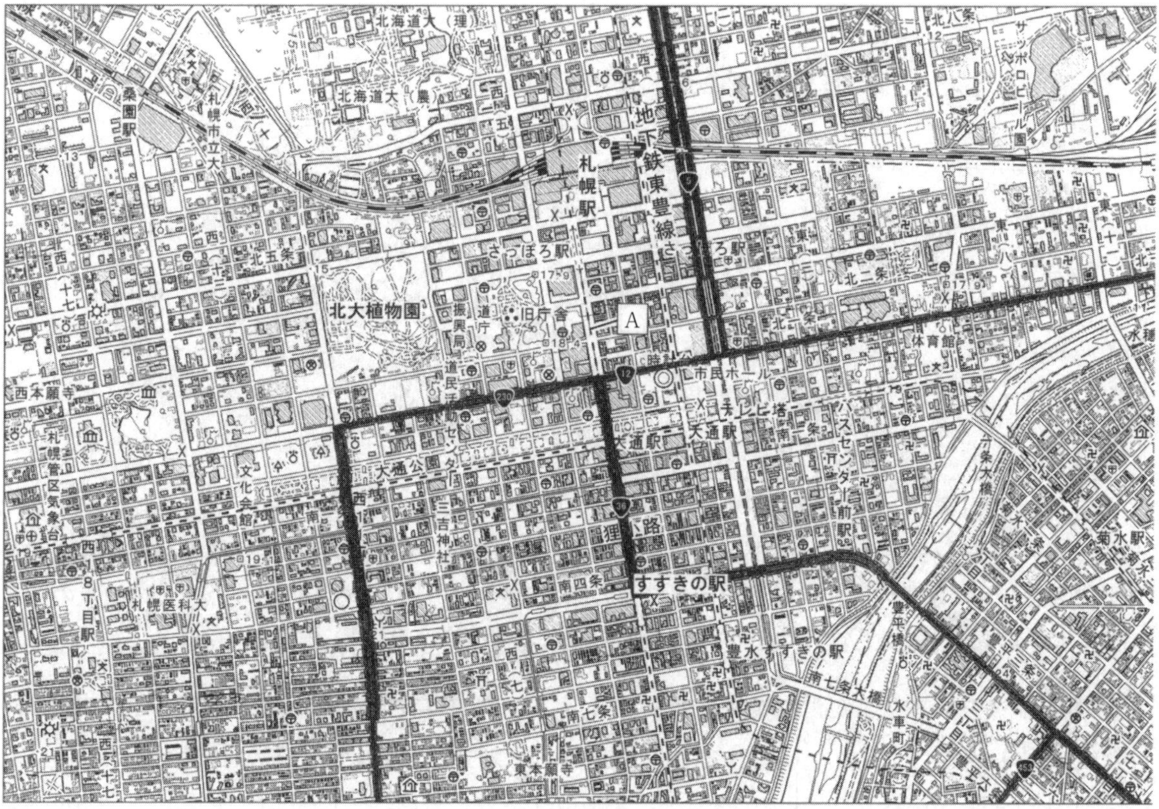

（国土地理院　平成27年発行1：25,000「札幌」原図より作成）

めもり　0　5 cm

①　JR札幌駅から札幌市役所までの実際の直線距離と，それを5万分の1の地形図上で示したときの長さの組み合わせとして最も適当なものを，次のア～エのうちから一つ選び，マークしなさい。

ア　実際の直線距離：約1500m　5万分の1の地形図上の長さ：約1.5cm
イ　実際の直線距離：約750m　5万分の1の地形図上の長さ：約1.5cm
ウ　実際の直線距離：約1500m　5万分の1の地形図上の長さ：約6cm
エ　実際の直線距離：約750m　5万分の1の地形図上の長さ：約6cm

②　次の文章は，くみさんが，上の地形図から読み取ったことがらをまとめたレポートの一部である。文章中の下線部a～cの内容の正誤の組み合わせとして最も適当なものを，あとのア～クのうちから一つ選び，マークしなさい。

> JR札幌駅から見て，北大植物園はおおよそ $_a$南東の方向に位置し，北大植物園には，$_b$果樹園が見られる。Aの道路をJR札幌駅からすすきの駅に向かって進むと，すすきの駅のすぐ先に $_c$警察署がある。

ア	a：正	b：正	c：正	イ	a：正	b：正	c：誤	ウ	a：正	b：誤	c：正
エ	a：正	b：誤	c：誤	オ	a：誤	b：正	c：正	カ	a：誤	b：正	c：誤
キ	a：誤	b：誤	c：正	ク	a：誤	b：誤	c：誤				

3 次の地図を見て，あとの(1)～(4)の問いに答えなさい。

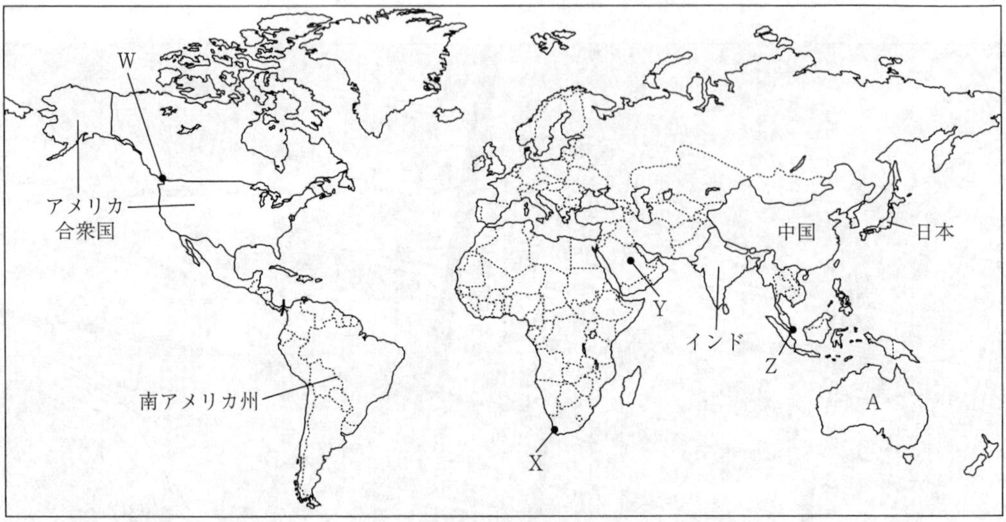

（注） 島等は省略したものもある。また，国境に一部未確定部分がある。

(1) 次のア～エのグラフは，地図中のW～Zのいずれかの地点における年平均気温と年降水量及び月平均気温と月降水量の変化の様子を示したものである。これらのうち，Wの地点，Zの地点のグラフとして最も適当なものを，それぞれ一つずつ選び，マークしなさい。

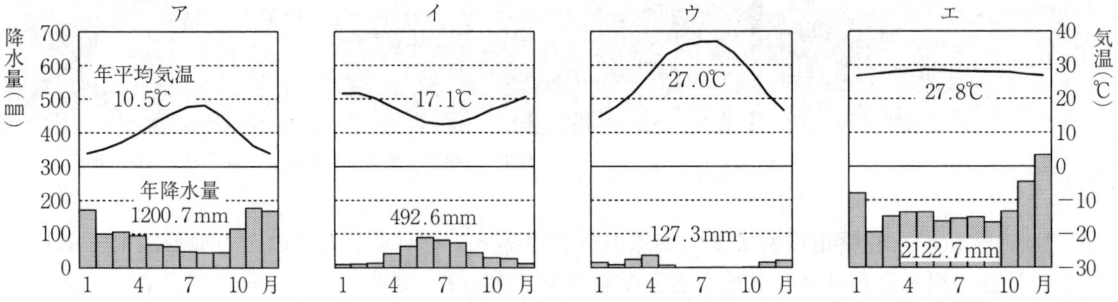

（「理科年表 2023」より作成）

(2) 次のⅠ～Ⅳのうち，地図中の南アメリカ州について述べた文はいくつあるか。最も適当なものを，あとのア～エのうちから一つ選び，マークしなさい。

Ⅰ この州の西部に連なる山脈の高地では，アルパカの飼育が行われている。

Ⅱ この州では，アマゾン川の流域を中心に，森林の伐採などの環境破壊が問題になっている。

Ⅲ この州の西部には，アルプス山脈などを含む造山帯(変動帯)が形づくられている。

Ⅳ この州の国々は，地域の団結を強め，地域の統合をめざす組織であるAUを結成している。

ア 一つ　　イ 二つ　　ウ 三つ　　エ 四つ

(3) 次の文章は，しんじさんが地図中のAの国の移民についてまとめたレポートの一部である。文章中の［Ⅰ］～［Ⅲ］にあてはまる語の組み合わせとして最も適当なものを，あとのア～エのうちから一つ選び，マークしなさい。

> 地図中のAの国には先住民族(先住民)である［Ⅰ］がいるが，国民の大部分は海外からの移民やその子孫である。次の資料1は，1981年と2011年のAの国への移民の州別の割合を示したもので，資料1中の あ～う のうち，あ には［Ⅱ］，い には［Ⅲ］があてはまる。

資料１　1981年と2011年の地図中のＡの国への移民の州別の割合

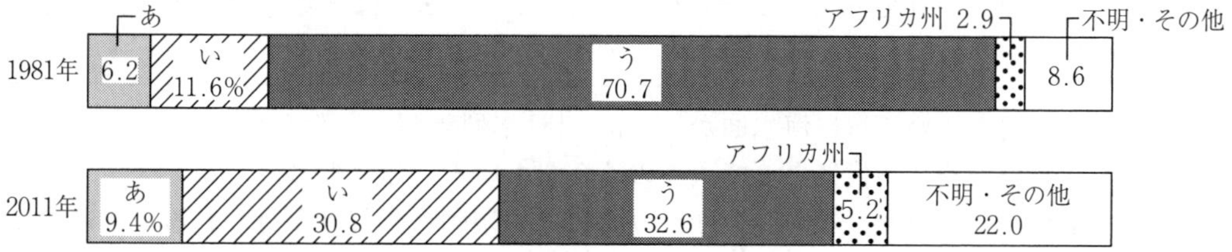

（Ａの国の統計局の資料より作成）

ア　Ⅰ：アボリジニ(アボリジニー)　Ⅱ：オセアニア州　Ⅲ：アジア州
イ　Ⅰ：アボリジニ(アボリジニー)　Ⅱ：ヨーロッパ州　Ⅲ：アジア州
ウ　Ⅰ：マオリ　Ⅱ：アジア州　Ⅲ：オセアニア州
エ　Ⅰ：マオリ　Ⅱ：アジア州　Ⅲ：ヨーロッパ州

(4)　右の資料２は，地図中のアメリカ合衆国，インド，中国及び日本の1970年から2020年までの自動車生産台数の推移を示したものである。次のⅠ～Ⅲの文は，資料２から読み取れることについて述べたものである。Ⅰ～Ⅲの文の正誤の組み合わせとして最も適当なものを，あとのア～クのうちから一つ選び，マークしなさい。

資料２　アメリカ合衆国，インド，中国及び日本の1970年から2020年までの自動車生産台数の推移

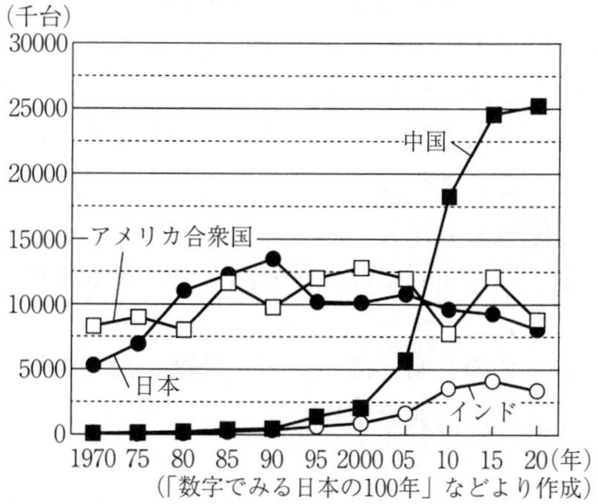

(「数字でみる日本の100年」などより作成)

Ⅰ　資料２中で，2010年における中国の自動車生産台数はアメリカ合衆国の自動車生産台数の２倍以上である。
Ⅱ　資料２中で，2020年のアメリカ合衆国，日本，インドの自動車生産台数の合計は，2020年の中国の自動車生産台数よりも多い。
Ⅲ　資料２中で，中国の自動車生産台数の増加数が５年前と比較して最も多い2010年に，インドの自動車生産台数の増加数も最も多く，アメリカ合衆国と日本の自動車生産台数は減少している。

ア　Ⅰ：正　Ⅱ：正　Ⅲ：正　　イ　Ⅰ：正　Ⅱ：正　Ⅲ：誤　　ウ　Ⅰ：正　Ⅱ：誤　Ⅲ：正
エ　Ⅰ：正　Ⅱ：誤　Ⅲ：誤　　オ　Ⅰ：誤　Ⅱ：正　Ⅲ：正　　カ　Ⅰ：誤　Ⅱ：正　Ⅲ：誤
キ　Ⅰ：誤　Ⅱ：誤　Ⅲ：正　　ク　Ⅰ：誤　Ⅱ：誤　Ⅲ：誤

4　次の略年表を見て，あとの(1)～(5)の問いに答えなさい。

時期・年代	主なできごと
１万数千年前	a 縄文時代が始まる
紀元前3000年ごろ	b メソポタミア文明がおこる
４世紀末～５世紀	c 倭国(日本)が高句麗と戦う
743年	d 朝廷が土地に関係する法令を出す
794年	桓武天皇が都を平安京に移す
	↕ e
1156年	保元の乱が起こる

(1) 略年表中の下線部ａに関連して，次の文章は，ちかさんたちの班が，縄文時代の日本列島について話し合っている場面の一部である。文章中の［Ⅰ］，［Ⅱ］にあてはまるものの組み合わせとして最も適当なものを，あとのア～エのうちから一つ選び，マークしなさい。

> ちかさん：縄文時代の初めごろに海水面が［　Ⅰ　］日本列島ができたんだよね。
> けんさん：そうだね。縄文時代になって人々のくらしもいろいろと変わったね。
> とわさん：大型動物に代わり，イノシシやシカなどの小型動物の狩りが行われるようになったよ。
> ひろさん：ほかにも，食料が安定して得られるようになり，［　Ⅱ　］たて穴住居に住むようになったね。
> ちかさん：図書館の本やインターネットも使って，縄文時代のことをもっと調べようよ。

ア　Ⅰ：上昇して　Ⅱ：床を地面よりも高いところにつくった
イ　Ⅰ：上昇して　Ⅱ：地面を掘り下げて床にした
ウ　Ⅰ：下降して　Ⅱ：床を地面よりも高いところにつくった
エ　Ⅰ：下降して　Ⅱ：地面を掘り下げて床にした

(2) 略年表中の下線部ｂに関連して，次のⅠ～Ⅳのうち，メソポタミア文明について述べた文はいくつあるか。最も適当なものを，あとのア～エのうちから一つ選び，マークしなさい。

Ⅰ　この文明は，右の資料１中のＸの地域でおこり，発達した。
Ⅱ　この文明は，チグリス川(ティグリス川)・ユーフラテス川の流域で発達した。
Ⅲ　この文明では，月の満ち欠けをもとにした太陰暦が発明された。
Ⅳ　この文明では，文明が発達した地域周辺を統一したハンムラビ王が法典を整備した。

ア　一つ　　イ　二つ　　ウ　三つ　　エ　四つ

資料１

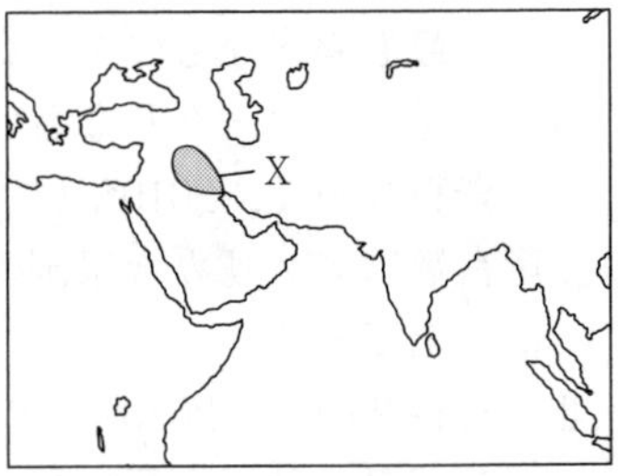

(3) 略年表中の下線部ｃに関連して，倭国(日本)と戦った高句麗の位置として最も適当なものを，右の資料２中のア～エのうちから一つ選び，マークしなさい。

資料２　４～５世紀ごろの朝鮮半島周辺の様子

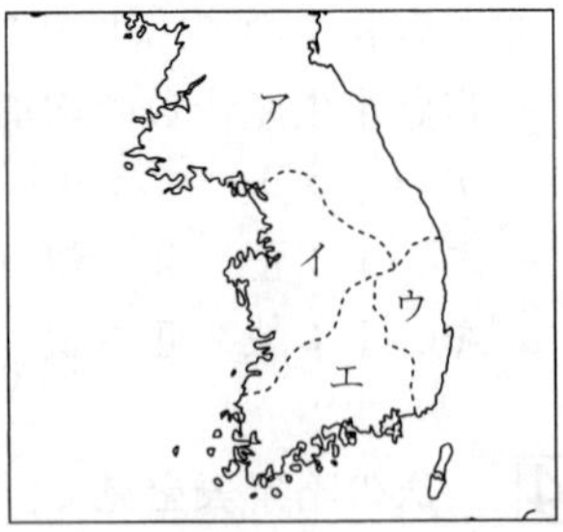

(4) 略年表中の下線部ｄに関連して，次の資料３は，このときに朝廷が出した土地に関係する法令の一部である。あとのⅠ～Ⅲの文は，資料３の法令について述べたものである。Ⅰ～Ⅲの文の正誤の組み合わせとして最も適当なものを，下のア～クのうちから一つ選び，マークしなさい。

資料３　朝廷が出した土地に関係する法令(天平十五年の法令)の一部

> 以前の養老七年の法令では三代という期限が過ぎると，開墾した土地は他の土地と同じく国家に収められることになっている。しかしこのことから人は意欲をなくし，せっかく開墾した土地が再び荒れてしまう。(今回の天平十五年の法令により)今後は開墾した土地をそのまま私財と認め，三代という期限に関係なく国家に収めなくてよい。…(省略)…

Ⅰ　資料３中の「養老七年の法令」では，土地を新たに開墾した人が死ぬと，開墾された全ての土地はすぐに国家に収められることになっていた。
Ⅱ　資料３の法令(天平十五年の法令)が出されたことにより，朝廷が人々に支給した全ての土地は，死んでも国家に収めなくてよいことになった。

Ⅲ　資料３の法令(天平十五年の法令)などが出された背景には，人口の増加などにより口分田が不足していたことがあった。

ア　Ⅰ：正　Ⅱ：正　Ⅲ：正　　イ　Ⅰ：正　Ⅱ：正　Ⅲ：誤
ウ　Ⅰ：正　Ⅱ：誤　Ⅲ：正　　エ　Ⅰ：正　Ⅱ：誤　Ⅲ：誤
オ　Ⅰ：誤　Ⅱ：正　Ⅲ：正　　カ　Ⅰ：誤　Ⅱ：正　Ⅲ：誤
キ　Ⅰ：誤　Ⅱ：誤　Ⅲ：正　　ク　Ⅰ：誤　Ⅱ：誤　Ⅲ：誤

(5)　次のⅠ～Ⅳの文は，略年表中のｅの時期に起こったできごとについて述べたものである。Ⅰ～Ⅳの文を年代の**古いものから順**に並べたものとして最も適当なものを，あとのア～エのうちから一つ選び，マークしなさい。

Ⅰ　藤原純友が，瀬戸内の周辺で朝廷に対して反乱を起こした。
Ⅱ　最澄が天台宗，空海が真言宗をおこした。
Ⅲ　藤原道長が，幼い天皇のかわりに政治を行う摂政になった。
Ⅳ　東北地方の有力者どうしの争いから，後三年合戦が始まった。

ア　Ⅰ→Ⅱ→Ⅲ→Ⅳ　　イ　Ⅰ→Ⅱ→Ⅳ→Ⅲ　　ウ　Ⅱ→Ⅰ→Ⅲ→Ⅳ　　エ　Ⅱ→Ⅰ→Ⅳ→Ⅲ

5　次のカードＡ～Ｅは，社会科の授業で，のりひろさんが，「鎌倉時代から江戸時代までの社会などの様子」について調べ，年代の古い順にまとめたものの一部である。これらを読み，あとの(1)～(5)の問いに答えなさい。

Ａ	鎌倉時代後半にａ荘園などに押し入って年貢を奪い，幕府などに反抗する「悪党」と呼ばれる武士が登場した。
Ｂ	ｂ室町時代半ばに応仁の乱が起こったころから，下の身分の者が実力で上の身分の者を倒し，権力をにぎる下剋上の風潮が広がった。
Ｃ	安土桃山時代のころに織田信長とｃ豊臣秀吉が天下統一を進めるとともにさまざまな政策を行い，近世の社会の基礎が固まった。
Ｄ	江戸時代初めに幕府が鎖国の体制を完成させた後，産業が発達したり都市が繁栄したりした。江戸時代前半の上方では町人たちが力をもち，彼らを担い手とするｄ元禄文化が生まれた。
Ｅ	ｅ江戸時代末に社会不安が広がり，世直しへの期待が高まるなか，「ええじゃないか」の騒ぎが起こった。

(1)　カードＡ中の下線部ａに関連して，次の資料１は，鎌倉時代後半に紀伊国のある荘園の農民たちが，領主に提出した訴え状の一部である。資料１中の□に共通してあてはまる語として最も適当なものを，あとのア～エのうちから一つ選び，マークしなさい。

資料１　鎌倉時代後半に紀伊国のある荘園の農民たちが，領主に提出した訴え状の一部

阿氏(弖)河荘の上村の農民たちが申し上げます。
一　材木の納入が遅れていることについてですが，□が京都に上るとか近所の労役と

かいって，人夫を［　　　］にこき使われますので，納入の余裕がありません。…(省略)…

ア　大目付　　イ　郡司　　ウ　執権　　エ　地頭

(2)　カードＢ中の下線部ｂに関連して，次のⅠ～Ⅲの文は，室町時代に起こったできごとについて述べたものである。Ⅰ～Ⅲの文を年代の**古いものから順**に並べたものとして最も適当なものを，あとのア～カのうちから一つ選び，マークしなさい。

Ⅰ　中国船に乗って種子島に流れ着いたポルトガル人が，日本に初めて鉄砲を伝えた。
Ⅱ　山城国の武士や農民たちが，国一揆を起こして大名を退かせて自治を始めた。
Ⅲ　二つに分裂していた南朝と北朝が統一され，60年近く続いた内乱が終わった。

ア　Ⅰ→Ⅱ→Ⅲ　　イ　Ⅰ→Ⅲ→Ⅱ　　ウ　Ⅱ→Ⅰ→Ⅲ
エ　Ⅱ→Ⅲ→Ⅰ　　オ　Ⅲ→Ⅰ→Ⅱ　　カ　Ⅲ→Ⅱ→Ⅰ

(3)　カードＣ中の下線部ｃに関連して，次のⅠ～Ⅴのうち，安土桃山時代に豊臣秀吉が行ったことについて述べた文はいくつあるか。最も適当なものを，あとのア～オのうちから一つ選び，マークしなさい。

Ⅰ　この人物は安土城を築き，天下統一の拠点とした。
Ⅱ　この人物は，京都の東山の別荘に銀閣や東求堂などを建てた。
Ⅲ　この人物はものさしなどを統一し，支配した地域で太閤検地を行った。
Ⅳ　この人物は刀狩令を出し，百姓たちが武器をもつことを禁止した。
Ⅴ　この人物は，キリスト教の宣教師を日本の国外に追放する命令を出した。

ア　一つ　　イ　二つ　　ウ　三つ　　エ　四つ　　オ　五つ

(4)　カードＤ中の下線部ｄに関連して，次の文章は，のりひろさんが江戸時代前半の元禄文化で活躍した人物についてまとめたレポートの一部である。文章中の［Ⅰ］，［Ⅱ］にあてはまる人物名と語の組み合わせとして最も適当なものを，あとのア～エのうちから一つ選び，マークしなさい。

［　Ⅰ　］は，江戸時代前半に栄えた元禄文化で活躍した人物の一人である。この人物は，弟子とともに東北地方など各地を旅行し，平泉では「夏草や　兵《つわもの》どもが　夢の跡」という俳句(俳諧)をよんだり，右の資料２で示した［　Ⅱ　］を訪ねたりした。この俳句(俳諧)などは，のちに『おくのほそ道(奥の細道)』としてまとめられた。

資料２　平泉にある阿弥陀堂

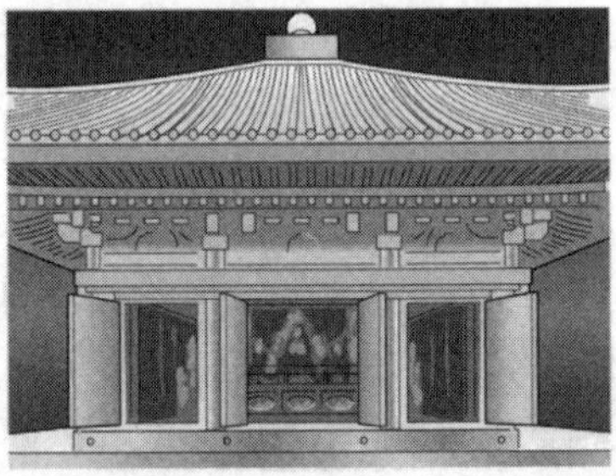

ア　Ⅰ：与謝蕪村　Ⅱ：平等院鳳凰堂　　イ　Ⅰ：与謝蕪村　Ⅱ：中尊寺金色堂
ウ　Ⅰ：松尾芭蕉　Ⅱ：平等院鳳凰堂　　エ　Ⅰ：松尾芭蕉　Ⅱ：中尊寺金色堂

(5)　カードＥ中の下線部ｅに関連して，次のⅠ，Ⅱの文は，江戸時代末に起こったできごとについて述べたものである。Ⅰ，Ⅱの文の正誤の組み合わせとして最も適当なものを，あとのア～エのうちから一つ選び，マークしなさい。

Ⅰ　江戸幕府が欧米諸国との間に日米修好通商条約などを結ぶと，生糸などを日本の主な輸出品とする貿易が横浜などで始まった。
Ⅱ　薩摩藩の藩士が生麦でイギリス人を殺傷する事件を起こすと，翌年にその報復としてイギリス艦隊が鹿児島を砲撃した。

ア　Ⅰ：正　Ⅱ：正　　イ　Ⅰ：正　Ⅱ：誤　　ウ　Ⅰ：誤　Ⅱ：正　　エ　Ⅰ：誤　Ⅱ：誤

6　次のパネルA～Dは，社会科の授業で，やよいさんたちが，「近現代の資料」をテーマに作成したものの一部である。これらを見て，あとの(1)～(5)の問いに答えなさい。

A：地券

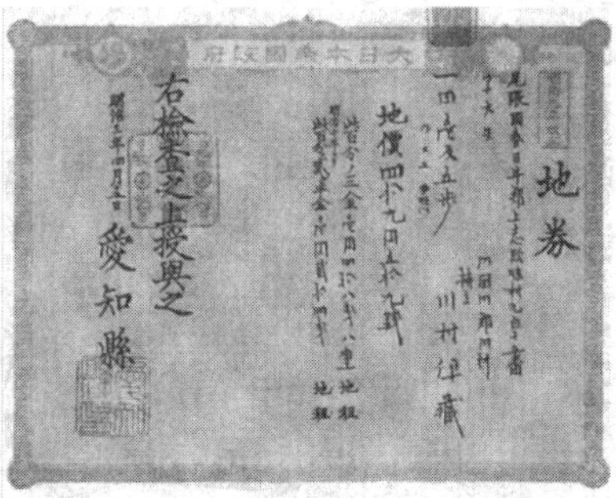

明治時代の1873年，政府は $_a$ 地租改正を行った。土地の所有者には，上の資料で示した地券が交付された。

B：米騒動

大正時代の $_b$ 第一次世界大戦中の1918年に $_c$ 米騒動が発生した。上の資料は，米騒動の様子を示したものである。

C：日中戦争や太平洋戦争中の標語・スローガン

・日本人ならぜいたくは出来ない筈《はず》だ
・欲しがりません勝つまでは
・進め一億火の玉だ
・足らぬ足らぬは工夫が足らぬ
・月月火水木金金

上の資料は，昭和時代前半の $_d$ 日中戦争・太平洋戦争中に使われた標語・スローガンの一部である。

D：『あたらしい憲法のはなし』

（国立国会図書館ウェブサイトより転載）

戦後の1947年に $_e$ 日本国憲法が施行されると，上の資料で示した『あたらしい憲法のはなし』が教科書として発行された。

(1)　パネルA中の下線部aに関連して，右の資料1は，1875年から1910年までの日本政府の租税収入及び租税収入に占める地租の割合の推移を示したものである。次のⅠ，Ⅱの文は，資料1から読み取れることなどについて述べたものである。Ⅰ，Ⅱの文の正誤の組み合わせとして最も適当なものを，あとのア～エのうちから一つ選び，マークしなさい。

資料1　日本政府の租税収入及び租税収入に占める地租の割合の推移

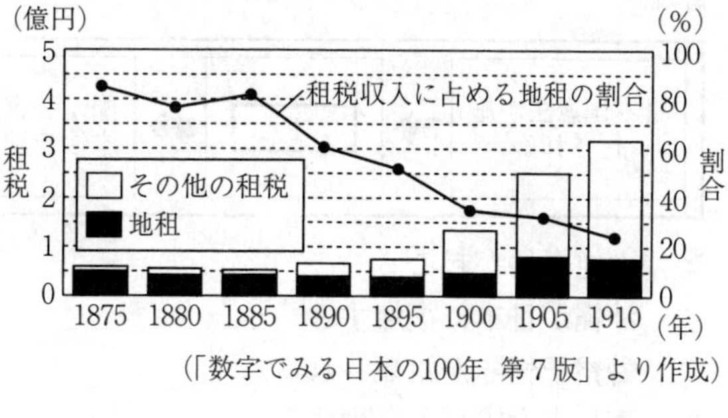

（「数字でみる日本の100年 第7版」より作成）

Ⅰ　日本が韓国併合を行った年，地租による収入額は，5000万円を上回っていた。

Ⅱ　日清戦争が終わって下関で講和会議が開催された年，日本政府の租税収入に占める地租の割合は，60％以上であった。

ア　Ⅰ：正　Ⅱ：正　　イ　Ⅰ：正　Ⅱ：誤
ウ　Ⅰ：誤　Ⅱ：正　　エ　Ⅰ：誤　Ⅱ：誤

(2)　パネルＢ中の下線部ｂに関連して，第一次世界大戦中に海外で起こったできごとについて述べた文として最も適当なものを，次のア～エのうちから一つ選び，マークしなさい。

ア　ドイツでナチス(ナチ党)を率いるヒトラーが首相になり，政権をにぎった。
イ　ワシントン会議が開催され，主要国の主力艦の保有の制限などが決められた。
ウ　アメリカ合衆国で奴隷制などをめぐって対立が深まり，南北戦争が始まった。
エ　ロシアでレーニンらが臨時政府を倒し，世界最初の社会主義の政府が誕生した。

(3)　パネルＢ中の下線部ｃに関連して，次の文章は，やよいさんが1918年の米騒動の発生後の日本の政治の動きなどについてまとめたレポートの一部である。文章中の［Ⅰ］，［Ⅱ］にあてはまるものの組み合わせとして最も適当なものを，あとのア～エのうちから一つ選び，マークしなさい。

> 1918年に米騒動への対応を批判された陸軍出身の首相が辞職した後に，原敬が，陸軍・海軍・外務の各大臣をのぞき，衆議院第一党である［　Ⅰ　］の党員が大臣を務める本格的な政党内閣をつくった。なお，この年において，衆議院議員を選挙で選ぶことができる有権者の資格は［　Ⅱ　］であった。

ア　Ⅰ：立憲改進党　Ⅱ：一定額以上の税金を納める25歳以上の男性
イ　Ⅰ：立憲改進党　Ⅱ：25歳以上の全ての男性
ウ　Ⅰ：立憲政友会　Ⅱ：一定額以上の税金を納める25歳以上の男性
エ　Ⅰ：立憲政友会　Ⅱ：25歳以上の全ての男性

(4)　パネルＣ中の下線部ｄに関連して，次のⅠ～Ⅳのうち，昭和時代前半の日中戦争や太平洋戦争中に日本国内で起こったできごとについて述べた文はいくつあるか。最も適当なものを，あとのア～エのうちから一つ選び，マークしなさい。

Ⅰ　社会主義者たちを取り締まるために，治安維持法が初めて制定された。
Ⅱ　20歳になった男性に兵役の負担をさせる徴兵令が制定された。
Ⅲ　ほとんどの政党や政治団体が解散し，大政翼賛会に合流した。
Ⅳ　関東大震災が発生し，地震や火災などにより大きな被害が出た。

ア　一つ　　イ　二つ　　ウ　三つ　　エ　四つ

(5)　パネルＤ中の下線部ｅに関連して，次の資料２は，日本国憲法の施行以降に起こったできごとを年代の**古いものから順**に左から並べたものである。資料２中の［Ⅰ］，［Ⅱ］にあてはまるできごととして最も適当なものを，あとのア～オのうちからそれぞれ一つずつ選び，マークしなさい。

資料２

［日本国憲法が施行される］ ➡ ［　Ⅰ　］ ➡ ［国が公害対策基本法を制定する］ ➡ ［　Ⅱ　］ ➡ ［国の政治の55年体制が終わる］

ア　大逆事件が起こる
イ　沖縄が日本に復帰する
ウ　警察予備隊が組織される
エ　東日本大震災が発生する
オ　全国水平社が結成される

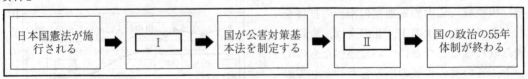

7　次の文章を読み，あとの(1)～(3)の問いに答えなさい。

日本では，国民がa選挙で選出する議員で構成される国会が立法権をもち，国会が指名する内閣総理大臣(首相)が組織するb内閣が行政権をもっている。また，国民のc人権を守るための裁判所が司法権をもち，権力を分けることにより三権が均衡を保っている。

(1)　下線部aに関連して，次の文は，衆議院議員の比例代表選挙における南関東ブロック(定数22名)の架空の投票結果を示した資料について述べたものである。文中の[Ⅰ]～[Ⅲ]にあてはまる語の組み合わせとして最も適当なものを，あとのア～クのうちから一つ選び，マークしなさい。なお，各政党には９人以上の立候補者がいるものとする。

次の資料のような投票結果の場合，ドント式(ドント方式)でA～E党に配分される議席数を求めると，このうちA党は[Ⅰ]，B党は[Ⅱ]，C党は[Ⅲ]になる。

資料　衆議院議員の比例代表選挙における南関東ブロック(定数22名)の架空の投票結果

政党	得票数	÷1	÷2	÷3	÷4	÷5	÷6	÷7	÷8	÷9
A党	200	200	100	66.6…	50	40	33.3…	28.5…	25	22.2…
B党	150	150	75	50	37.5	30	25	21.4…	18.7…	16.6…
C党	100	100	50	33.3…	25	20	16.6…	14.2…	12.5	11.1…
D党	45	45	22.5	15	11.2…	9	7.5	6.4…	5.6…	5
E党	30	30	15	10	7.5	6	5	4.2…	3.7…	3.3…

(注)　得票数などの単位は「万票」である。

ア　Ⅰ：８議席　Ⅱ：６議席　Ⅲ：３議席
イ　Ⅰ：８議席　Ⅱ：６議席　Ⅲ：４議席
ウ　Ⅰ：８議席　Ⅱ：７議席　Ⅲ：３議席
エ　Ⅰ：８議席　Ⅱ：７議席　Ⅲ：４議席
オ　Ⅰ：９議席　Ⅱ：６議席　Ⅲ：３議席
カ　Ⅰ：９議席　Ⅱ：６議席　Ⅲ：４議席
キ　Ⅰ：９議席　Ⅱ：７議席　Ⅲ：３議席
ク　Ⅰ：９議席　Ⅱ：７議席　Ⅲ：４議席

(2)　下線部bに関連して，次のⅠ，Ⅱの文は，日本の内閣について述べたものである。Ⅰ，Ⅱの文の正誤の組み合わせとして最も適当なものを，あとのア～エのうちから一つ選び，マークしなさい。

Ⅰ　内閣を構成する国務大臣の過半数は，必ず国会議員から選出されることになっている。
Ⅱ　衆議院で内閣不信任の決議が可決された場合，内閣は30日以内に衆議院を解散するか，総辞職しなければならない。

ア　Ⅰ：正　Ⅱ：正　　イ　Ⅰ：正　Ⅱ：誤
ウ　Ⅰ：誤　Ⅱ：正　　エ　Ⅰ：誤　Ⅱ：誤

(3)　下線部cに関連して，次のⅠ～Ⅶのうち，基本的人権について述べている日本国憲法の条文の一部を示しているものはいくつあるか。最も適当なものを，あとのア～キのうちから一つ選び，マークしなさい。

Ⅰ　何人も，公共の福祉に反しない限り，居住，移転及び職業選択の自由を有する。

Ⅱ　すべて国民は，法律の定めるところにより，その能力に応じて，ひとしく教育を受ける権利を有する。

Ⅲ　何人も，裁判所において裁判を受ける権利を奪は《わ》れない。

Ⅳ　何人も…(省略)…行政機関の長に対し，当該行政機関の保有する行政文書の開示を請求することができる。

Ⅴ　すべて国民は，法の下に平等であつ《(っ)》て，人種，信条，性別，社会的身分又は門地により，政治的，経済的又は社会的関係において，差別されない。

Ⅵ　何人も…(省略)…平穏に請願する権利を有し，何人も，かかる請願をしたためにいかなる差別待遇も受けない。

Ⅶ　環境の保全は，環境を…(省略)…維持することが人間の健康で文化的な生活に欠くことのできないものであること…(省略)…にかんがみ，…(省略)…適切に行われなければならない。

ア　一つ　　イ　二つ　　ウ　三つ　　エ　四つ
オ　五つ　　カ　六つ　　キ　七つ

8　次の文章を読み，あとの(1)～(3)の問いに答えなさい。

私たちは普段，小売店などで商品を購入し，a消費している。最近はb情報化の進展によりインターネットを通じて商品を購入する機会も増加している。商品を購入するときには消費税を支払うが，その大部分は国の税収になり，c国の予算の元手になる。

(1)　下線部aに関連して，次のⅠ～Ⅴのうち，商品の消費や消費者問題などについて正しく述べた文はいくつあるか。最も適当なものを，あとのア～オのうちから一つ選び，マークしなさい。

Ⅰ　お金を払ってスポーツを観戦することは，財とサービスのうちサービスの消費に分類される。
Ⅱ　商品の購入は，買い手と売り手の間で契約について合意があれば，口頭だけでも成立する。
Ⅲ　日本では，小売店で購入した商品について，一定期間内であれば無条件で返品できる。
Ⅳ　日本ではPL法により，欠陥商品による損害を賠償する責任を製造者に負わせている。
Ⅴ　日本の消費者行政を主に担当する役所として，環境庁が設置されている。

ア　一つ　　イ　二つ　　ウ　三つ
エ　四つ　　オ　五つ

(2)　下線部bに関連して，次のⅠ，Ⅱの文は，情報化などについて述べたものである。Ⅰ，Ⅱの文の正誤の組み合わせとして最も適当なものを，あとのア～エのうちから一つ選び，マークしなさい。

Ⅰ　情報化の進展により，インターネット上に誤った情報が載ることは現在ではほぼない。
Ⅱ　コンピューターに人間と同様の知能のはたらきをもたせたものをAIという。

ア　Ⅰ：正　Ⅱ：正
イ　Ⅰ：正　Ⅱ：誤
ウ　Ⅰ：誤　Ⅱ：正
エ　Ⅰ：誤　Ⅱ：誤

(3)　下線部cに関連して，次の文は，日本の1990年度と2023年度の国の歳出の内訳を示した資料について述べたものである。文中の Ⅰ ～ Ⅲ にあてはまる語の組み合わせとして最も適当なものを，あとのア～カのうちから一つ選び，マークしなさい。

次の資料は，日本の1990年度と2023年度の国の歳出の内訳を示したものであり，資料中のあ には［Ⅰ］，い には［Ⅱ］，う には［Ⅲ］があてはまる。

資料　日本の1990年度と2023年度の国の歳出の内訳（一般会計の当初予算）

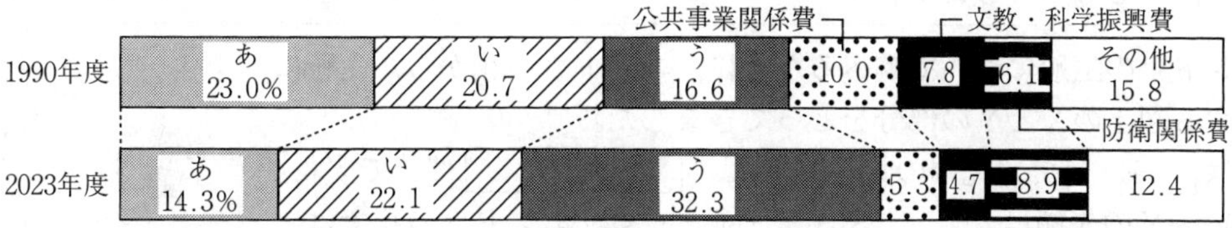

（「日本国勢図会　2023/24」などより作成）

ア　Ⅰ：地方交付税交付金など　Ⅱ：社会保障関係費　Ⅲ：国債費
イ　Ⅰ：地方交付税交付金など　Ⅱ：国債費　Ⅲ：社会保障関係費
ウ　Ⅰ：社会保障関係費　Ⅱ：地方交付税交付金など　Ⅲ：国債費
エ　Ⅰ：社会保障関係費　Ⅱ：国債費　Ⅲ：地方交付税交付金など
オ　Ⅰ：国債費　Ⅱ：地方交付税交付金など　Ⅲ：社会保障関係費
カ　Ⅰ：国債費　Ⅱ：社会保障関係費　Ⅲ：地方交付税交付金など

【理　科】（50分）〈満点：100点〉

1　Sさんは，エンドウの生殖と遺伝について調べました。これに関する先生との会話文を読んで，あとの(1)～(4)の問いに答えなさい。ただし，エンドウの種子の形質は，メンデルが行った実験と同じ規則性で遺伝するものとします。

Sさん：エンドウの生殖について調べるために，エンドウの花から，受粉に関係する図1のXとYの部分をとってきました。

図1

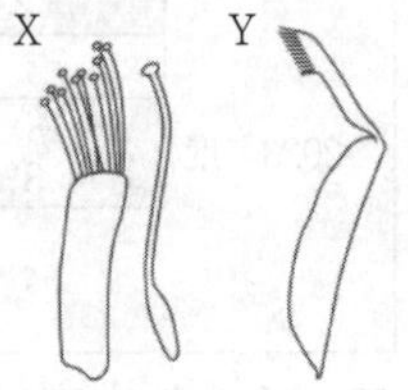

先　生：Xは［　P　］で，先端の［　Q　］は，［　R　］部分ですね。

Sさん：はい。Yの先端は，［　S　］部分です。エンドウの花では，受粉が行われると，花粉から花粉管がのび，その中を精細胞が胚珠《はいしゅ》へ向かって移動していきます。先生，精細胞は受粉の前からずっと花粉の中にあったということでしょうか。

先　生：$_{a}$<u>精細胞</u>は，花粉管の中で行われる細胞分裂によってつくられます。つまり，受粉して，花粉管がのびたところで初めて精細胞ができる，ということになります。

Sさん：わかりました。

先　生：花粉管の中を移動した精細胞は，胚珠に達するとどうなりますか。

Sさん：胚珠の中では，細胞分裂によって$_{b}$<u>卵細胞</u>がつくられています。精細胞の核と卵細胞の核が合体すると，受精卵がつくられ，細胞分裂をくり返して$_{c}$<u>胚</u>となっていきます。

先　生：そうですね。胚珠全体は，やがて種子になります。この種子をまくと，胚がさらに細胞分裂をくり返し，親と同じような$_{d}$<u>個体</u>ができていく，というわけです。

Sさん：エンドウの場合，できる種子には丸形としわ形がありますね。

先　生：そうです。図2のように，丸形の純系としわ形の純系を親として交配すると，子の種子はすべて丸形になります。また，子の種子をまいて育てたエンドウを自家受粉させると，孫の種子では丸形としわ形の両方が現れます。さて，これらのことから，種子の形質や遺伝子の伝わり方について何がわかるでしょうか。

図2

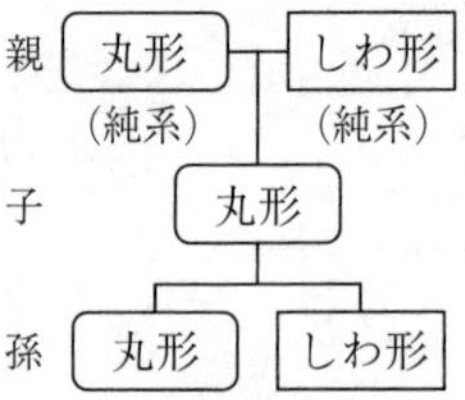

Sさん：形質については，丸形が顕性形質であるということがわかります。遺伝子の伝わり方については，「丸形としわ形の両方の遺伝子をもつ個体では，丸形の遺伝子だけが生殖細胞に入る」といえるのではないでしょうか。

先　生：残念ながら，遺伝子の伝わり方は誤りです。仮にそれが正しいとすると，「［　T　］」ということの説明がつかなくなりますよ。「丸形としわ形の両方の遺伝子をもつ個体では，丸形の遺伝子としわ形の遺伝子が，分かれて別々の生殖細胞に入る」というのが正しいですね。

Sさん：なるほど，確かにそうですね。

(1)　会話文中の［ P ］～［ S ］にあてはまるものの組み合わせとして最も適当なものを，次の①～⑧のうちから一つ選びなさい。

①　P：めしべ　Q：やく　R：花粉がつくられる　S：受粉が行われる
②　P：めしべ　Q：やく　R：受粉が行われる　S：花粉がつくられる
③　P：めしべ　Q：柱頭　R：花粉がつくられる　S：受粉が行われる
④　P：めしべ　Q：柱頭　R：受粉が行われる　S：花粉がつくられる
⑤　P：おしべ　Q：やく　R：花粉がつくられる　S：受粉が行われる
⑥　P：おしべ　Q：やく　R：受粉が行われる　S：花粉がつくられる

⑦　P：おしべ　Q：柱頭　R：花粉がつくられる　S：受粉が行われる
⑧　P：おしべ　Q：柱頭　R：受粉が行われる　　S：花粉がつくられる

(2)　エンドウの体細胞1個に含まれる染色体の数を $2x$ 本と表した場合，会話文中の下線部a～dで，それぞれつくられる細胞1個に含まれる染色体の数として最も適当なものを，次の①～⑥のうちから一つ選びなさい。

①　a：x 本　b：x 本　c：x 本　d：x 本
②　a：x 本　b：x 本　c：x 本　d：$2x$ 本
③　a：x 本　b：x 本　c：$2x$ 本　d：$2x$ 本
④　a：$2x$ 本　b：x 本　c：x 本　d：x 本
⑤　a：$2x$ 本　b：$2x$ 本　c：x 本　d：x 本
⑥　a：$2x$ 本　b：$2x$ 本　c：$2x$ 本　d：$2x$ 本

(3)　会話文中の［T］にあてはまる可能性のある内容をすべて選んだ組み合わせを，あとの①～⑧のうちから一つ選びなさい。

ア　丸形と丸形を親とした交配で，子の種子がすべて丸形になる
イ　丸形と丸形を親とした交配で，子の種子が丸形としわ形になる
ウ　丸形としわ形を親とした交配で，子の種子がすべて丸形になる
エ　丸形としわ形を親とした交配で，子の種子が丸形としわ形になる

①　ア，イ　②　ア，イ，ウ　③　ア，ウ，エ　④　ア，エ
⑤　イ，ウ　⑥　イ，ウ，エ　⑦　イ，エ　⑧　ウ，エ

(4)　図2の子の種子をまいて育て，しわ形の純系と交配させて種子を得た場合，得られた種子における丸形としわ形の個数の割合を最も簡単な整数の比で表すとどのようになるか。［X］，［Y］にあてはまる数字を一つずつ選びなさい。

丸形：しわ形＝［X］：［Y］

2　Sさんたちは，日本の気象について調べるために，次の観測を行いました。これに関して，あとの(1)～(4)の問いに答えなさい。

観測

千葉県のある地点で，3月のある連続した3日間に気象観測を行い，その結果を図1のようにまとめた。図1のA～Cは，気温，湿度，気圧のいずれかの変化を，それぞれ表したグラフである。図2は，この3日間の同じ時刻における日本付近の天気図である。

図1

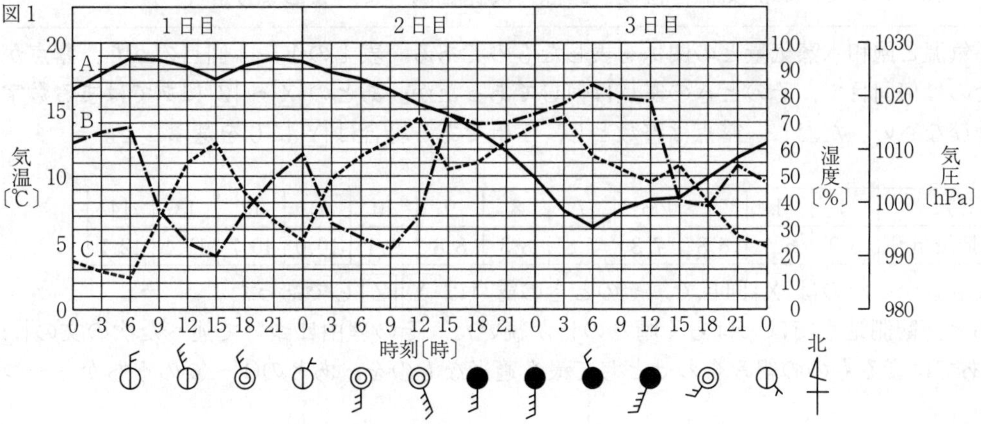

図2

1日目　　2日目　　3日目

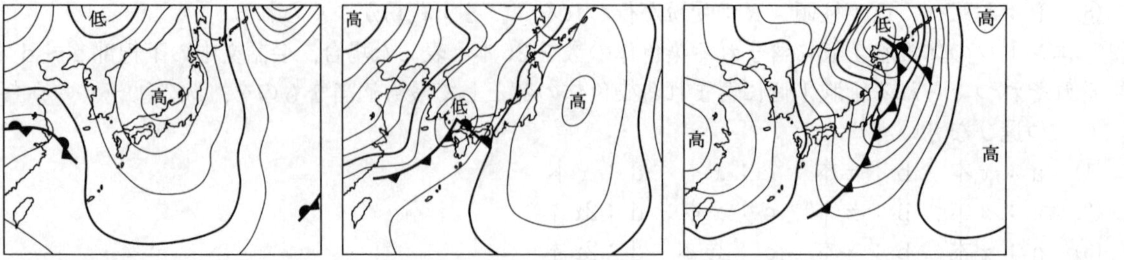

(1) 図1から，1日目の天気について述べた文として正しいものをすべて選んだ組み合わせを，あとの①～⑧のうちから一つ選びなさい。

ア　夜明け前に，1日のうちで最も湿度が低くなった。
イ　昼ごろには，北寄りの風が吹いていた。
ウ　気温は，15時ごろに一度下がり，その後再び上がった。
エ　日中はおおむね晴れていたが，夕方には雲が広がった。

①　ア，イ　　②　ア，イ，ウ
③　ア，ウ，エ　　④　ア，エ
⑤　イ，ウ　　⑥　イ，ウ，エ
⑦　イ，エ　　⑧　ウ，エ

(2) 観測から，3日目の朝に千葉県のあたりを寒冷前線が通過したと考えられる。寒冷前線付近に雨を降らせる雲の名称として最も適当なものを，次の①～④のうちから一つ選びなさい。

①　乱層雲　　②　高積雲　　③　巻層雲　　④　積乱雲

(3) 次の文章は，観測についてのSさんたちと先生の会話である。あとの問いに答えなさい。

先　生：観測中に，何か気づいたことはありましたか。
Sさん：観測は屋外で行っていたのですが，観測を終えて室内に入ると，窓ガラスの内側がくもっていることがありました。冷たい窓ガラスに触れている空気が冷やされて露点に達し，空気中の水蒸気が凝結したのだと思います。
Tさん：それに気づいたときが4回あったので，この4回については，室内の気温と湿度を測定して表1にまとめておきました。
先　生：それはいいですね。気温，湿度，露点の関係を調べてみましょう。

表1

	気温〔℃〕	湿度〔%〕
1回目	12	78
2回目	14	76
3回目	14	85
4回目	11	78

表2は，気温と飽和水蒸気量との関係を表したものである。表1の1～4回目のうち，露点が最も低かったのは何回目で，そのときの露点は何℃であったか。あとの X ～ Z にあてはまる数字を一つずつ選びなさい。ただし，露点は整数とし，1桁である場合は Y に0を選ぶこと。

表2

気温〔℃〕	3	4	5	6	7	8	9	10	11	12	13	14
飽和水蒸気量〔g/m³〕	5.9	6.4	6.8	7.3	7.8	8.3	8.8	9.4	10.0	10.7	11.4	12.1

露点が最も低かったのは X 回目で，そのときの露点は Y Z ℃であった。

(4) 観測のあと，観測地点ではしばらく晴れの日が続いた。その理由について述べた次の文の P ～ S にあてはまるものの組み合わせとして最も適当なものを，あとの①～⑥のうちから一つ選びなさい。

晴れの日が続いたのは，観測地点が， P によって移動してきた Q におおわれたためである。この Q の中心には R へ向かう空気の流れがあり，空気が S ことによって気温が上昇するため，雲ができにくい。

① P：季節風　Q：温帯低気圧　R：地上から上空　S：膨張する
② P：季節風　Q：移動性高気圧　R：上空から地上　S：膨張する
③ P：季節風　Q：温帯低気圧　R：地上から上空　S：圧縮される
④ P：偏西風　Q：移動性高気圧　R：地上から上空　S：圧縮される
⑤ P：偏西風　Q：温帯低気圧　R：上空から地上　S：膨張する
⑥ P：偏西風　Q：移動性高気圧　R：上空から地上　S：圧縮される

3　Sさんたちは，エタノールを用いて，次の実験を行いました。これに関する先生との会話文を読んで，あとの(1)～(4)の問いに答えなさい。

実験

❶　水 12 cm^3 とエタノール 8 cm^3 の混合物をつくった。混合物の半分をビーカーに入れ，残りの半分を，沸騰石とともに枝付きフラスコに入れた。

❷　ビーカーに入れた混合物はそのままにし，枝付きフラスコに入れた混合物は，図1のように，温度を測定しながらガスバーナーで加熱した。

図1

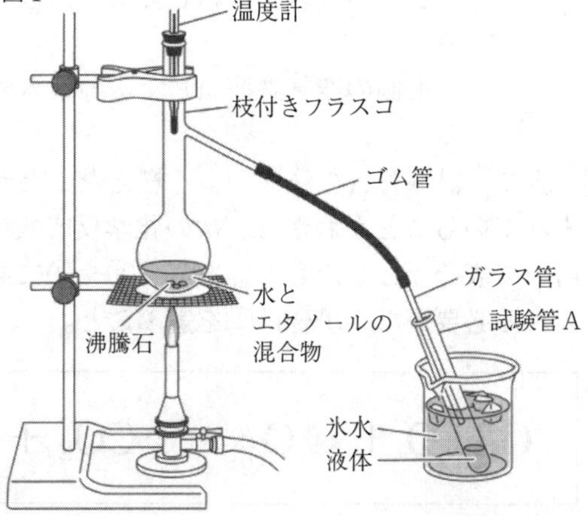

❸　混合物が沸騰すると，発生した蒸気はガラス管から出たところで氷水によって冷やされ，液体として試験管Aにたまった。このとき，液体が試験管Aにたまり始めたときの温度を記録した。

❹　液体が約 2 cm^3 たまったところで試験管Aを試験管Bにかえ，試験管Bにも液体が約 2 cm^3 たまったところで試験管Cにかえた。このとき，試験管Aのときと同様に，液体が試験管B，Cにたまり始めたときの温度をそれぞれ記録した。

❺　❶でビーカーに入れた混合物と，試験管A～Cにたまった液体を，それぞれ少量ずつ蒸発皿に入れ，マッチの炎を近づけたときのようすを調べた。

表は，液体がたまり始めた温度と，液体にマッチの炎を近づけたようすをまとめたものである。

表

	液体がたまり始めた温度〔℃〕	液体にマッチの炎を近づけたようす
ビーカーに入れた混合物	―	火はつかなかった。
試験管Aにたまった液体	79.0	火がつき，よく燃えた。
試験管Bにたまった液体	83.0	火はついたが，すぐに消えた。
試験管Cにたまった液体	90.5	火はつかなかった。

Sさん：実験では，混合物から，水とエタノールを分けて取り出すことができました。

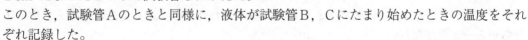

先　生：このような［P］では，混合物に含まれる物質のうち，沸点の［Q］物質のほうが先に気体となるので，それぞれの物質を分けて取り出せるのですよ。
Tさん：実験の場合だと，最初にたまった試験管Aの液体は，水よりも沸点の［Q］エタノールだということですね。
先　生：実際には，この液体は純粋なエタノールではなく，水もわずかに含まれています。試験管Aの液体を枝付きフラスコに入れて，実験と同じように加熱する操作をくり返すと，より純粋に近いエタノールを得ることができますよ。

(1)　実験で，沸騰石を入れた理由をⅠ群の①～③のうちから，ガスバーナーに点火したあとの操作をⅡ群の①～④のうちから，最も適当なものをそれぞれ一つ選びなさい。

Ⅰ群　①　混合物が早く沸騰するようにするため。
　　　②　混合物が急に沸騰するのを防ぐため。
　　　③　混合物が蒸発してしまうのを防ぐため。

Ⅱ群　①　下側のガス調節ねじで炎の大きさを調節した後，上側の空気調節ねじで炎の色を調節する。
　　　②　下側の空気調節ねじで炎の大きさを調節した後，上側のガス調節ねじで炎の色を調節する。
　　　③　上側のガス調節ねじで炎の大きさを調節した後，下側の空気調節ねじで炎の色を調節する。
　　　④　上側の空気調節ねじで炎の大きさを調節した後，下側のガス調節ねじで炎の色を調節する。

(2)　表で，試験管Aの液体がよく燃えたことから，この液体には，有機物であるエタノールが多く含まれていることがわかる。次の化学反応式は，エタノール(C_2H_6O)が燃焼するようすを，化学式を用いて表そうとしたものである。ⓐ～ⓓにあてはまる数字を，一つずつ選びなさい。なお，数字を入れる必要がない場合は①を選ぶこと。

C_2H_6O ＋ ⓐ Oⓑ → ⓒ CO_2 ＋ ⓓ H_2O

(3)　会話文中の［P］，［Q］にあてはまるものの組み合わせとして最も適当なものを，次の①～④のうちから一つ選びなさい。

①　P：再結晶　Q：高い　　②　P：再結晶　Q：低い
③　P：蒸留　　Q：高い　　④　P：蒸留　　Q：低い

図2

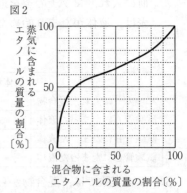

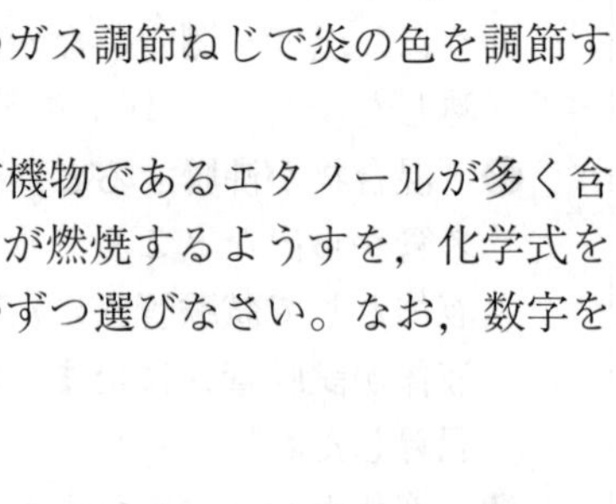

(4)　図2は，混合物に含まれるエタノールの質量の割合と，蒸気に含まれるエタノールの質量の割合との関係を表したものである。試験管Aの液体を実験と同様に加熱し，試験管Dに液体を集めたとき，試験管AとDに，図2の割合のとおりに液体がたまっていたとすると，試験管Dの液体に含まれるエタノールの質量の割合は何%か。最も近いものを，次の①～⑤のうちから一つ選びなさい。ただし，水の密度を$1.0g/cm^3$，エタノールの密度を$0.8g/cm^3$とし，沸騰している間の混合物におけるエタノールの割合は変化しないものとする。また，蒸気を冷やして得られた液

体中に含まれるエタノールの質量の割合は，蒸気に含まれるエタノールの質量の割合と同じであるものとする。

① 65%　② 70%　③ 75%

④ 80%　⑤ 85%

4 Sさんたちは，電流と電圧の関係について調べるため，次の実験1，2を行いました。これに関する先生との会話文を読んで，あとの(1)～(4)の問いに答えなさい。

実験1

❶ 2種類の豆電球XとYを用意し，それぞれについて図1のような回路をつくり，電源装置の電圧を3.0Vにして，それぞれの回路に電流を流した。その結果，豆電球Xのほうが豆電球Yよりも明るく点灯した。

❷ 図2のように，豆電球XとYを直列につないだ回路をつくり，電源装置の電圧を3.0Vにして回路に電流を流した。その結果，豆電球Yのほうが豆電球Xよりも明るく点灯した。

❸ 図3のように，豆電球XとYを並列につないだ回路をつくり，電源装置の電圧を3.0Vにして回路に電流を流した。その結果，豆電球Xのほうが豆電球Yよりも明るく点灯した。

図1

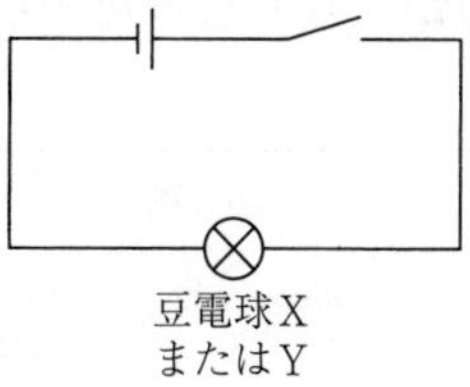

図2

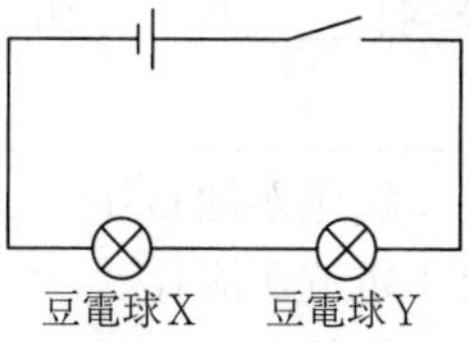

図3

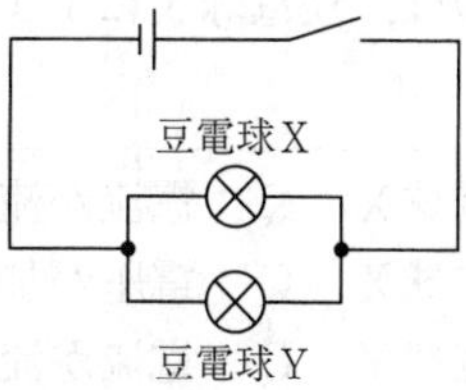

実験2

❶ 実験1で用いた豆電球XとY，6V−18Wと表示のある電熱線Z，ハンドルを回して電流を発生させることのできる手回し発電機を用意した。この発電機は，内部にコイルと磁石が入っており，ハンドルを回すと，電磁誘導によって導線に電流が流れるようになっている。1秒間に一定の回数ハンドルを回すと，回路に一定の電圧が加わる。

❷ 図4のように，豆電球X，電流計，電圧計を手回し発電機に導線でつないで，ある速さでハンドルを回した。このとき，3Vの−端子を用いて接続した電圧計は図5の値を示していた。

図4

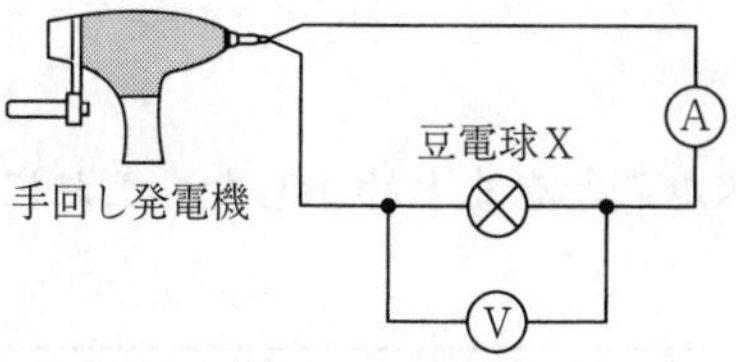

図5

❸ 手回し発電機を豆電球Xにつないだまま，1秒間に一定の回数ハンドルを回し，電流計が示す値と電圧計が示す値を調べた。

❹ ❸の豆電球Xを豆電球Yにかえて，❸と同じ速さで手回し発電機のハンドルを回し，電流計が示す値と電圧計が示す値を調べた。

❺ ❹の豆電球Yを電熱線Zにかえて，❸，❹と同じ速さで手回し発電機のハンドルを回し，電流計が示す値と電圧計が示す値を調べた。このとき，電圧計は1.0Vを示していた。

先　生：図6は，豆電球Xに加わる電圧の大きさと流れる電流の大きさとの関係を，グラフに表したものです。

Sさん：図6から，実験2の❷で豆電球Xに流れた電流の大きさは[a].[b][c]Aだとわかりますね。

Tさん：実験2の❸～❺では，豆電球X，豆電球Y，電熱線Zをそれぞれつないだときで，手回し発電機のハンドルを回す手ごたえが異なっていました。

先　生：手回し発電機のハンドルを回すと，コイルが磁界から力を受けるために手ごたえを感じます。このとき，流れる電流が大きいほど，手ごたえが重く感じます。

図6

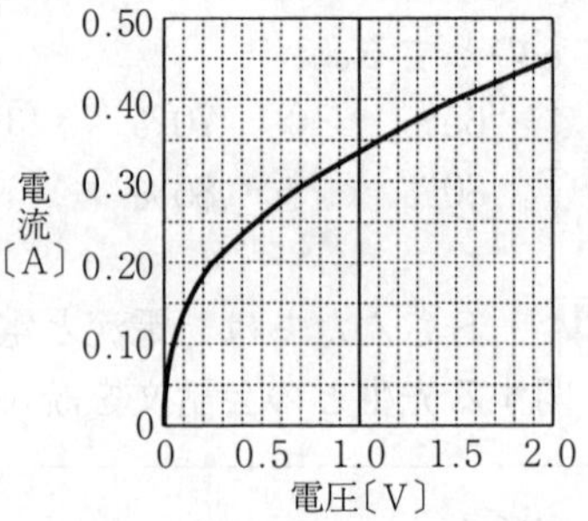

(1)　実験1で，豆電球XとYの明るさが異なっていた理由について述べた次の文の[P]～[R]にあてはまるものの組み合わせとして最も適当なものを，あとの①～④のうちから一つ選びなさい。

> 実験1の❶から，豆電球XとYでは，抵抗の大きさは[　P　]のほうが大きいと考えられる。実験1の❷で豆電球Yのほうが明るく点灯したのは，豆電球YにXよりも大きな[　Q　]，消費電力が大きくなったからである。実験1の❸で豆電球Xのほうが明るく点灯したのは，豆電球XにYよりも大きな[　R　]，消費電力が大きくなったからである。

①　P：豆電球X　Q：電流が流れ　R：電圧が加わり
②　P：豆電球X　Q：電圧が加わり　R：電流が流れ
③　P：豆電球Y　Q：電流が流れ　R：電圧が加わり
④　P：豆電球Y　Q：電圧が加わり　R：電流が流れ

(2)　会話文中の[a]～[c]にあてはまる数字を一つずつ選びなさい。

(3)　実験2の❸～❺で，豆電球X，豆電球Y，電熱線Zを，ハンドルを回す手ごたえが重かった順に並べたものはどれか。最も適当なものを，次の①～⑥のうちから一つ選びなさい。

①　豆電球X，豆電球Y，電熱線Z　　②　豆電球X，電熱線Z，豆電球Y
③　豆電球Y，豆電球X，電熱線Z　　④　豆電球Y，電熱線Z，豆電球X
⑤　電熱線Z，豆電球X，豆電球Y　　⑥　電熱線Z，豆電球Y，豆電球X

(4)　実験2の❺で，電圧計が1.0Vを示すようにしたまま30秒間ハンドルを回し続けた場合，電熱線Zが消費する電力量は何Jか。[d]～[f]にあてはまる数字を一つずつ選びなさい。

[d][e].[f]J

5

Sさんたちは，ヒトが行う呼吸のはたらきについて調べたことをまとめました。これに関して，あとの(1)～(3)の問いに答えなさい。

> 調べたこと
>
> ヒトは，一生を通じて肺で呼吸をしている。図1は，ヒトの胸部のつくりを模式的に表したものである。図1の気管は，肺で枝分かれして気管支となり，その先端に多数の肺胞がある。肺胞のまわりは毛細血管で囲まれていて，酸素と二酸化炭素の交換は，肺胞と毛細血管との間で行われている。図2は肺胞の断面を模式的に表したものであり，矢印Xは血液の流れる向きを，矢印aとbは肺胞と毛細血管との間で気体が移動する向きを表している。

図1

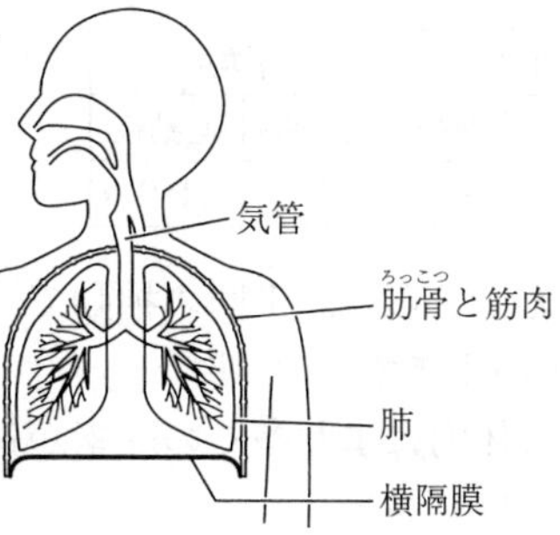

図2

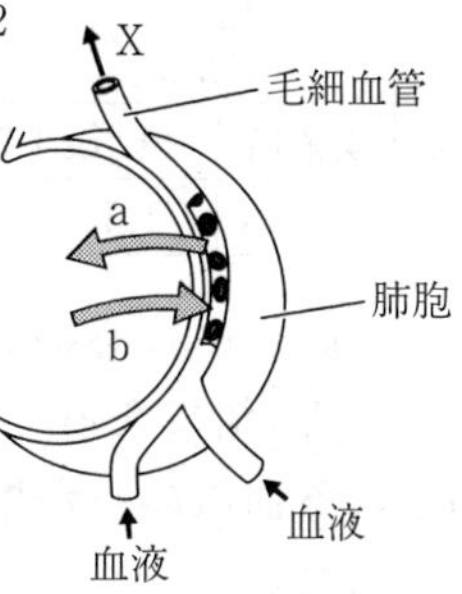

(1) 図1で，息が吸い込まれるときの肺のようすとして最も適当なものを，次の①～④のうちから一つ選びなさい。

① 筋肉によって肋骨が引き上げられ，横隔膜が上がることにより，肺がふくらむ。
② 筋肉によって肋骨が引き上げられ，横隔膜が下がることにより，肺がふくらむ。
③ 筋肉によって肋骨が引き下げられ，横隔膜が上がることにより，肺がふくらむ。
④ 筋肉によって肋骨が引き下げられ，横隔膜が下がることにより，肺がふくらむ。

(2) 図2について述べた次の文の P ～ R にあてはまるものの組み合わせとして最も適当なものを，あとの①～④のうちから一つ選びなさい。

図2で，矢印aは P が移動する向きを，矢印bは Q が移動する向きを，それぞれ表している。図2の矢印Xの向きに流れた血液は， R を通り，心臓へ送られたあと，全身へ送り出される。

① P：酸素　Q：二酸化炭素　R：肺動脈
② P：酸素　Q：二酸化炭素　R：肺静脈
③ P：二酸化炭素　Q：酸素　R：肺動脈
④ P：二酸化炭素　Q：酸素　R：肺静脈

(3) 次の文章は，調べたことについてのSさんたちと先生の会話である。あとの(a)，(b)の問いに答えなさい。

先　生：肺胞で体内に取り入れられた酸素は，血液によって全身の細胞へ送られ，養分を分解してエネルギーをつくり出すという細胞のはたらきに使われます。
Tさん：激しい運動をしたあとに心拍数が多くなるのは，細胞でより多くのエネルギーをつくり出すために，より多くの血液を心臓から送り出して，より多くの酸素を全身の細胞へ送るようにするためですよね。
先　生：よいところに着目しましたね。安静時には，心臓が1回拍動すると約 70cm^3 の血液が送り出されるのですが，運動後には，拍動1回あたりの血液量が増え，1分間に心臓から送り出される血液の量が，安静時の5倍になるそうです。
Sさん：運動をすると，それだけ多くの血液から酸素をとり入れることが必要になるのですね。運動をする前後での心拍数の変化を，実験をして調べてみました。
先　生：どのような方法で実験を行いましたか。
Sさん：まず，安静時と，校庭を5分間走る運動をした直後について，1分間あたりの心拍数を3回測定しました。表は，その結果です。

表

	1回目		2回目		3回目		平均	
	安静時	運動後	安静時	運動後	安静時	運動後	安静時	運動後
心拍数〔回/分〕	73	192	67	187	70	188	70	189

Tさん：表の数値の平均から考えると，運動後には心拍数が増え，さらに，1回の拍動で送り出される血液の量が安静時の約 X.Y 倍になっているといえます。

Sさん：運動をすると心臓から送り出される血液の量が増加し，体内により多くの酸素が送られるのだと確かめることができました。

先　生：よくできました。

(a) 図3は，ヒトの体内で血液が循環する経路を，正面から見て模式的に表したものであり，心臓の①～④の位置には血液の逆流を防ぐための弁がある。心臓から肺へ血液が送り出されるときに開く弁と，肺から心臓へ血液が戻ってくるときに開く弁はどれか。P，Q にあてはまるものを，図3の①～④のうちから一つずつ選びなさい。

心臓から肺へ血液が送り出されるときに開く弁：P

肺から心臓へ血液が戻ってくるときに開く弁　：Q

図3

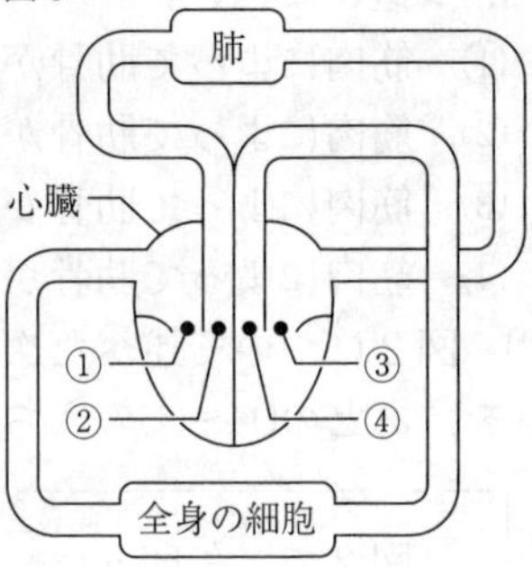

(b) 会話文中の X，Y にあてはまる数字を一つずつ選びなさい。ただし，答えは小数第2位を四捨五入して答えなさい。

6 　Sさんたちは，露頭を見つけ，地層に興味をもちました。これに関する先生との会話文を読んで，あとの(1)～(3)の問いに答えなさい。

Sさん：先生，学校の近くで露頭を見つけたのですが，図1のM－Nのように，a地層が大きくずれている部分が見られました。図1で同じ番号のついている層は，もともとは，それぞれ一続きの層だったそうです。

図1

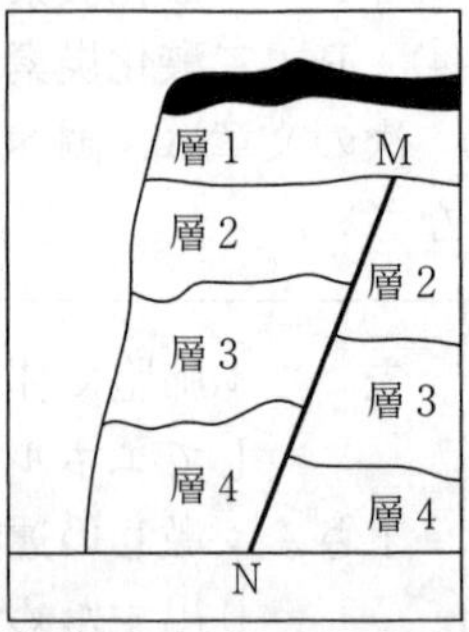

先　生：この露頭のようすから，地層ができる間に，大地に大きな力がはたらいたのだということがわかりますね。地層の重なり方や，地層の中から見つかる化石などは，地層ができた当時のようすを知る資料となるのですよ。

Tさん：地域の郷土博物館へ行ったときに，この地域のある地層から発見されたという図2のような化石や，bボーリング調査で得られた試料をもとにした柱状図を見ました。こういったものも，過去のできごとを知る手がかりになるのですよね。

図2

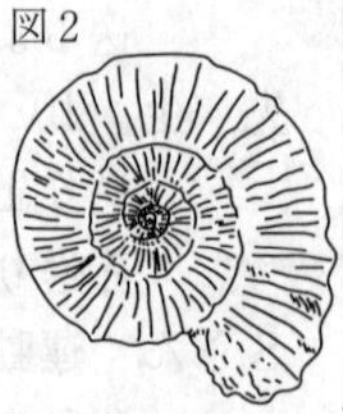

先　生：そのとおりです。図2は，イカや P などと同じ，軟体動物のなかまに分類される生物の化石ですね。

Sさん：郷土博物館には，Q に栄えた生物の化石だと書かれていました。

先　生：そうですね。このような，限られた期間に R 範囲で栄えた生物の化石は，地層が堆積した年代を推定するのに役立ちます。

Tさん：ほかに，地層からわかることには，何がありますか。

先　生：たとえば，凝灰岩の層は，何が堆積してできた岩石ですか。
Ｓさん：火山灰や軽石です。
先　生：そうです。つまり，凝灰岩の層ができたときには，火山の噴火があったと推測することができるのです。また，れき岩，砂岩，泥岩がどのように堆積しているかを調べると，それらの層ができた当時の，海岸からの近さについて考えることができます。
Ｔさん：地層から読み取れることについて，もっと調べてみたいと思います。

(1)　会話文中の下線部ａについて，地層のずれの名称をⅠ群の①～④のうちから，図１のような地層のずれのでき方を表した模式図をⅡ群の①～④のうちから，最も適当なものをそれぞれ一つ選びなさい。ただし，Ⅱ群の①～④で，⇨は大地にはたらいた力の向きを，➡は地層のずれた向きを，それぞれ表しているものとする。

Ⅰ群　①　しゅう曲　　②　隆起　　③　断層　　④　侵食

Ⅱ群

(2)　会話文中の［P］～［R］にあてはまるものの組み合わせとして最も適当なものを，次の①～⑥のうちから一つ選びなさい。

①　Ｐ：アサリ　Ｑ：古生代　Ｒ：狭い　　②　Ｐ：アサリ　Ｑ：中生代　Ｒ：広い
③　Ｐ：アサリ　Ｑ：新生代　Ｒ：広い　　④　Ｐ：クラゲ　Ｑ：古生代　Ｒ：狭い
⑤　Ｐ：クラゲ　Ｑ：中生代　Ｒ：狭い　　⑥　Ｐ：クラゲ　Ｑ：新生代　Ｒ：広い

(3)　図３は，下線部ｂが行われた５地点Ａ～Ｅを地図上に示したものであり，曲線は等高線を表している。また，図４は，このうち地点Ａ～Ｄにおけるボーリング試料をもとにした柱状図における，凝灰岩の層の位置を示したものであり，凝灰岩の層のすぐ下にある層ｗ～ｚは，れき岩，砂岩，泥岩のいずれかである。あとの(a)，(b)の問いに答えなさい。なお，図４の凝灰岩の層は，広範囲にわたって水平に広がっていることがわかっている。

図３
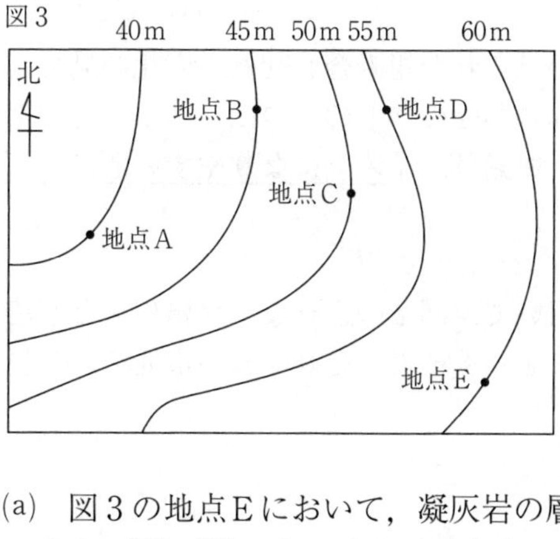

図４
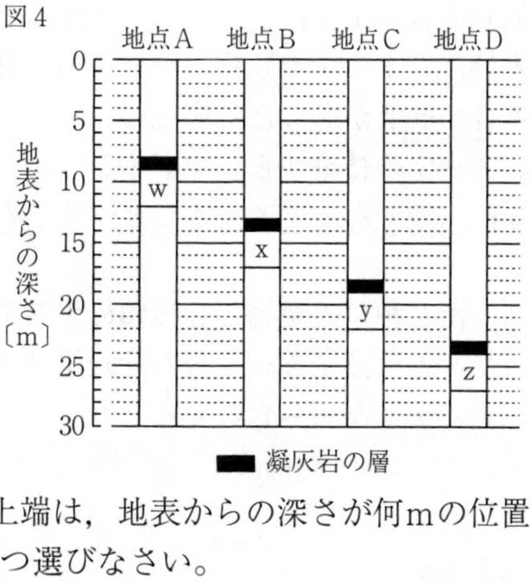

(a)　図３の地点Ｅにおいて，凝灰岩の層の上端は，地表からの深さが何ｍの位置にあると考えられるか。［X］，［Y］にあてはまる数字を一つずつ選びなさい。
［X］［Y］ｍ

(b)　図４の凝灰岩の層ができた当時，図３に示された範囲は，西にいくほど河口から遠くなっていたことがわかっている。図４のｗ～ｚの層について述べた文として正しいものをすべて選んだ組み合わせを，あとの①～⑧のうちから一つ選びなさい。
ア　ｗ～ｚの層のうち，ｚの層に含まれる粒が最も小さい。
イ　ｗの層に含まれる粒は，ｘの層に含まれる粒よりも小さい。

ウ　xとzの層には，同じ大きさの粒が含まれている。
エ　yの層に含まれる粒は，wの層に含まれる粒よりも大きい。

①　ア，イ　　②　ア，イ，ウ
③　ア，ウ　　④　ア，ウ，エ
⑤　イ，ウ　　⑥　イ，ウ，エ
⑦　イ，エ　　⑧　ウ，エ

7　金属のイオンへのなりやすさや電池のしくみについて調べるため，次の実験1，2を行いました。これに関して，あとの(1)～(4)の問いに答えなさい。

実験1

❶　マイクロプレートを用意し，図1のように，その大きさに合わせて台紙に表をかいた。

❷　プラスチックのピンセットを用いて，台紙にかいた表のとおりに，3種類の金属片(マグネシウム，銅，亜鉛)をa～iの部分にそれぞれ入れた。

❸　金属片の上から，台紙にかいた表のとおりに，3種類の水溶液(硫酸マグネシウム水溶液，硫酸銅水溶液，硫酸亜鉛水溶液)を金属片がひたる程度に入れ，金属片と水溶液の組み合わせが9通りできるようにした。

図1

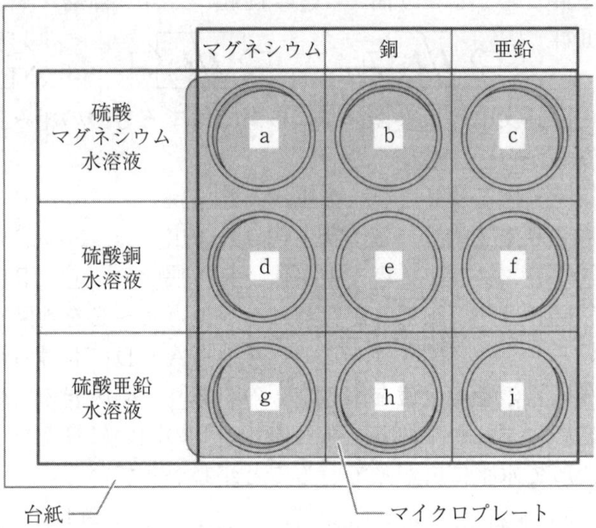

❹　金属片と水溶液のようすを観察したところ，変化の見られた組み合わせと，変化の見られなかった組み合わせとがあった。変化の見られた組み合わせのうちの一つは，図1のgの部分であった。a～iの結果から，マグネシウム，銅，亜鉛は，イオンになりやすい順にマグネシウム，亜鉛，銅であると考えることができた。

実験2

❶　実験1で用いた3種類の金属と3種類の水溶液を用いて，図2のような，金属板Xと水溶液X，金属板Yと水溶液Yを組み合わせた電池A～Cをつくった。それぞれの電池で，金属板と水溶液は表のような組み合わせとした。

図2

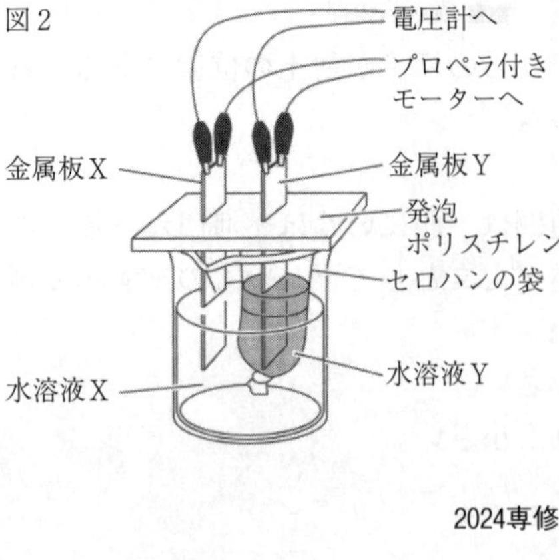

表

	金属板X	水溶液X	金属板Y	水溶液Y
電池A	マグネシウム	硫酸マグネシウム水溶液	銅	硫酸銅水溶液
電池B	マグネシウム	硫酸マグネシウム水溶液	亜鉛	硫酸亜鉛水溶液
電池C	銅	硫酸銅水溶液	亜鉛	硫酸亜鉛水溶液

❷　電池A～Cを，プロペラ付きモーターと電圧計につないだ結果，いずれもプロペラが回転し，電圧計の針が振れた。電圧計の示した値は，電池Aで最大であった。

(1)　実験1で，図1のgで起こった電子の移動として最も適当なものを，次の①～④のうちから一つ選びなさい。

①　水溶液中の亜鉛イオンから放出された電子1個を，マグネシウムが受け取った。
②　水溶液中の亜鉛イオンから放出された電子2個を，マグネシウムが受け取った。
③　マグネシウムから放出された電子1個を，水溶液中の亜鉛イオンが受け取った。
④　マグネシウムから放出された電子2個を，水溶液中の亜鉛イオンが受け取った。

(2)　実験1で，下線部のように考える根拠となった正しい実験結果をすべて選んだ組み合わせを，あとの①～⑧のうちから一つ選びなさい。

ア　b，e，hのうち，bとhでのみ変化が見られた。
イ　c，f，iのうち，cとiでのみ変化が見られた。
ウ　d，e，fのうち，dとfでのみ変化が見られた。
エ　hとiでは，どちらにも変化が見られなかった。

①　ア，イ　　②　ア，イ，ウ
③　ア，ウ，エ　　④　ア，エ
⑤　イ，ウ　　⑥　イ，ウ，エ
⑦　イ，エ　　⑧　ウ，エ

(3)　実験2の電池A～Cにおいて，金属板Xはそれぞれ何極になっていたか。最も適当なものを，次の①～④のうちから一つ選びなさい。

①　電池Aでは＋極，BとCでは－極になっていた。
②　電池Aでは－極，BとCでは＋極になっていた。
③　電池AとBでは＋極，Cでは－極になっていた。
④　電池AとBでは－極，Cでは＋極になっていた。

(4)　実験2の電池について述べた次の文の［P］～［R］にあてはまるものの組み合わせとして最も適当なものを，あとの①～④のうちから一つ選びなさい。

> このような2種類の金属を用いた電池では，2種類の金属のイオンへのなりやすさの差が［P］ほど，大きな電圧が生じる。電流が流れ続けると，＋極となった金属板は質量が［Q］し，－極となった金属板は質量が［R］する。

①　P：大きい　Q：増加　R：減少
②　P：大きい　Q：減少　R：増加
③　P：小さい　Q：増加　R：減少
④　P：小さい　Q：減少　R：増加

8　物体の運動について調べるため，次の実験１，２を行いました。これに関して，あとの(1)～(4)の問いに答えなさい。ただし，物体間にはたらく摩擦や，空気の抵抗は考えないものとします。

実験１

❶　斜面Ｘと，斜面Ｘよりも傾きの小さい斜面Ｙを用意した。

❷　斜面ＸとＹを図１のように組み合わせて水平面上に固定し，斜面Ｘ，Ｙ上の，水平面からの高さが同じである点 x_1 と点 y_1 に，質量の等しい台車ＡとＢをそれぞれ置いて手でおさえた。

図１

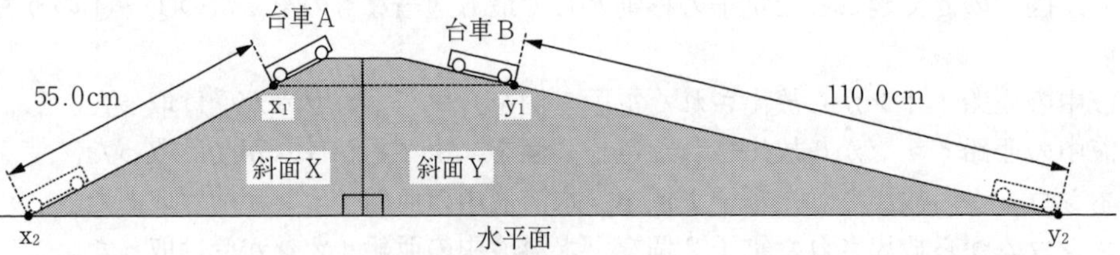

❸　台車ＡとＢから同時にそっと手を離し，それぞれの台車を運動させた。図２は，台車ＡとＢが運動を始めてからの時間と，斜面上を運動する台車の速さとの関係を，グラフに表したものである。斜面を下ったあとは，どちらの台車も，それぞれの斜面の下端の点 x_2，y_2 を通過して水平面上を運動していった。

❹　質量が台車ＡとＢの半分である台車Ｃを斜面Ｘ上の点 x_1 に置き，そっと手を離して運動させ，❸の斜面Ｘ上における台車Ａの運動のようすと比較した。

図２

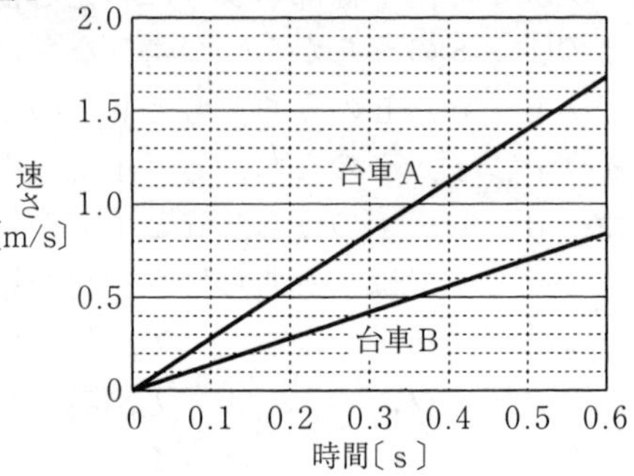

実験２

❶　実験１の斜面ＸとＹそれぞれの上部に，滑車を取り付けた。この滑車にひもをかけ，ひもの両端に，実験１で用いた台車ＡとＢを付けた。

❷　図３のように，斜面Ｘ，Ｙ上の，水平面からの高さが同じである位置に台車ＡとＢを置き，ひもがたるまないようにそれぞれの台車を手でおさえたあと，同時にそっと手を離した。

図３

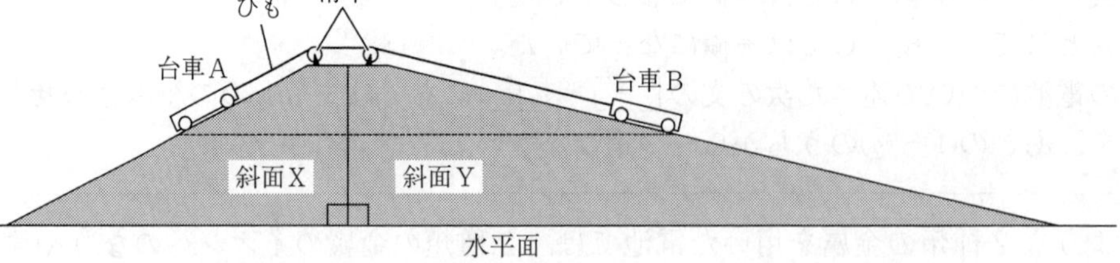

(1)　実験１で，台車ＡとＢが運動を始めてからの時間と，台車ＡとＢがそれぞれの斜面上を移動した距離との関係を表したグラフとして最も適当なものを，次の①～④のうちから一つ選びなさい。

①

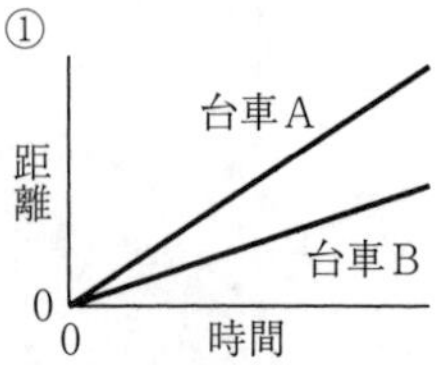

②

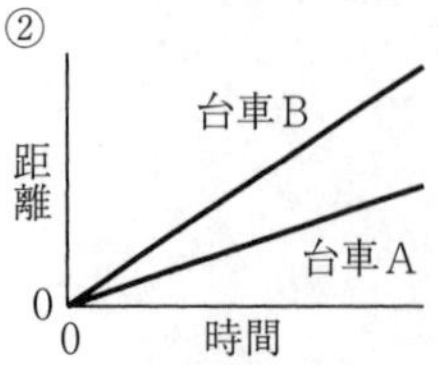

③

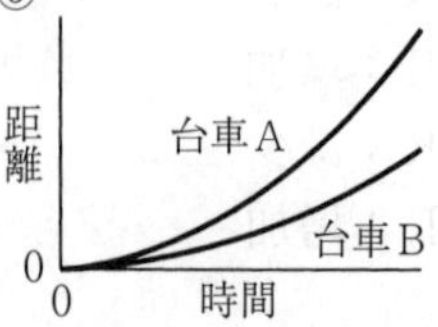

④

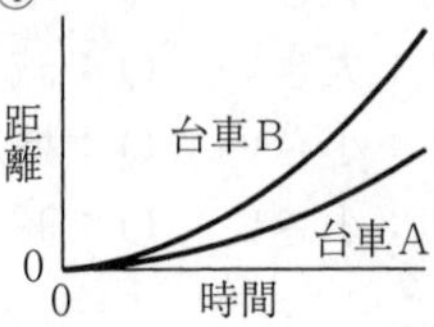

(2) 図2から，台車AとBが運動を始めてからの時間が同じとき，台車Aの速さは台車Bの速さの何倍になっているか。[X]，[Y] にあてはまる数字を一つずつ選びなさい。

[X].[Y] 倍

(3) 実験1における，台車の瞬間の速さについて述べた次の文の [P]，[Q] にそれぞれあてはまるものを，あとの①～⑤のうちから一つずつ選びなさい。ただし，同じ番号を何度選んでもよいものとする。

> 実験1の❸で，台車Aが点 x_2 を通過した瞬間の速さを x m/s とすると，台車Bが点 y_2 を通過した瞬間の速さは，[P] と表すことができる。また，❹で台車Cが点 x_2 を通過した瞬間の速さは，[Q] と表すことができる。

① $\frac{1}{4}x$ m/s　② $\frac{1}{2}x$ m/s　③ x m/s　④ $2x$ m/s　⑤ $4x$ m/s

(4) 実験2の❷で台車AとBから同時に手を離したときの，斜面Xから台車Aにはたらく垂直抗力の大きさについて述べた文をⅠ群の①～③のうちから，台車Bの運動のようすをⅡ群の①～③のうちから，最も適当なものをそれぞれ一つ選びなさい。

Ⅰ群 ① 斜面Yから台車Bにはたらく垂直抗力の大きさよりも大きい。
② 斜面Yから台車Bにはたらく垂直抗力の大きさよりも小さい。
③ 斜面Yから台車Bにはたらく垂直抗力の大きさと等しい。

Ⅱ群 ① 斜面上方へ向かって運動をした。
② 斜面下方へ向かって運動をした。
③ 手を離しても，静止したままであった。

3　私は何とかして断りたい。
4　私は絶対に断りたくはなかった。

問六　傍線部5「見る」の動作主として最適なものを後より一つ選び番号で答えなさい。

1　ある里さぶらひ　2　此浦の虵
3　見物のもの　4　武者

問七　傍線部6「いかさま合点ゆかぬものなり」とあるが、これは具体的にどのようなことか。その説明として最適なものを後より一つ選び番号で答えなさい。

1　水中の洞窟に光っているものが見えたため、何なのだろうと思って近づいて刀で刺してみたが、まったく手ごたえが感じられなかったのでがっかりしたということ。
2　水中の洞窟で蛇が光っているように見えたため、近づいてくる蛇に攻撃されると思って刀で刺そうとしたが、蛇がまったく動かないので拍子抜けしたということ。
3　水中の洞窟で蛇が光っているように見えたので、近づいてみて刀で刺そうと何度か試みたが、思うように自分の体が動かなくなったのでおかしいと感じたということ。
4　水中の洞窟に光っている何かが見えたため、目的の蛇だと思い近づいて刀で刺してみたがまったく動こうとしないので、奇妙なことだと感じたということ。

問八　傍線部7「天晴、虵をころせる勇士かな」とあるが、こう言ったときの見物のものたちの心情の説明として最適なものを後より一つ選び番号で答えなさい。

1　侍が危険をかえりみずに暗い洞窟の中で大きな蛇と戦って切り殺し、さらに貴重な黄金の武具まで引き上げたので、勇気のある行動だと尊敬の思いを抱いている。
2　侍が蛇を退治するという善行を重ねたからこそ、湖岸の洞窟から黄金をあしらった重い武具を着こんだ武者を救い出すことができたのだと称賛する思いを抱いている。
3　侍が大きな蛇を切ってしまえるほど勇敢な人間だからこそ、湖岸の洞窟から貴重な武具を見つけ出し、その武具から黄金を手に入れることができたのだと感嘆している。
4　侍が蛇を探しながら湖岸の暗い洞窟の中を進み、黄金をあしらった貴重な武具を引き上げてそれを身につけた行動や様子が、あまりに勇壮で驚きを感じている。

問九　本文の内容として不適当なものを後より一つ選び番号で答えなさい。

1　侍は、自宅に蛇退治に関する札をずっと貼られ続けたことで、うわさの蛇は実際に存在するのだろうと確信した。
2　侍は札を書いた翌月の縁起の良い日に、浦に出かけて湖底にもぐり、蛇を退治しようとした。
3　侍が湖底のさまざまな場所を探しても、うわさとなっている蛇の姿を見つけられなかった。
4　侍の自宅に蛇退治に関する札を貼った者の正体はわからないため、侍も返答を札に書いて貼り付けることにした。

とほむる声やまず。さてよく見ればよろひ武者の入水《じゅすい》したるとみえて、すぢほねの差別《しゃべつ》もなく凝りたる躰《てい》にして(筋や骨の区別もないくらいに崩れて固まっている状態で)、かぶと、具足、太刀《たち》、さしぞへ(脇差)も金作《こがねつくり》なり。よの物さびくされども、金はまたふして(もとのままで)此侍徳《とく》(利益)を得たり。＊6保元寿永《ほうげんじゅえい》か、あるは＊7建武延元《けんむえんげん》の比《ころ》の、しかるべき大将にやといへり。見物のものも「7天晴《あつぱれ》、虵をころせる勇士かな」とほめてかへりしと。

（『御伽物語』）

＊1　江州…近江《おうみ》国。現在の滋賀県。

＊2　里さぶらひ…郷士。農村に土着している武士。

＊3　かのえとら…庚寅の日。庚寅は干支の一つ。

＊4　わきざし…脇差。短めの刀剣。通常は腰の脇に差した。

＊5　具足…甲冑《かっちゅう》（武具）。

＊6　保元寿永…戦乱のあった時代の年号。保元は一一五六～一一五九年。寿永は一一八二～一一八四年。

＊7　建武延元…戦乱のあった時代の年号。建武は一三三四～一三三六年。延元は一三三六～一三四〇年。

問一　本文中に「　」（かぎかっこ）のついていない会話文が一箇所ある。その会話文の初めと終わりの組み合わせとして最適なものを後より一つ選び番号で答えなさい。

1　扨々虵やある～かへるべし
2　扨々虵やある～又いる
3　しかれどもここなる～かへるべし
4　しかれどもここなる～又いる

問二　傍線部1「ちまた挙て『虵切』とよぶ」とあるが、このことに対する侍の心情として最適なものを後より一つ選び番号で答えなさい。

1　蛇を切ったことは誇らしいが、「虵切」としてさまざまなうわさを立てられていることは面倒である。
2　蛇を切ったことでよい成果があったわけでもないのに、世間の人々から「虵切」と称賛されるのは照れくさい。
3　蛇を切ったことは不本意で何かの役に立ったとも思っていないので、「虵切」などと呼ばれるのは迷惑である。
4　蛇を切ったことで多くの人から悪く言われて不運が続いているので、「虵切」と呼ばれるのはつらいことだ。

問三　傍線部2「筆まめなる事」とあるが、この侍の言葉の説明として最適なものを後より一つ選び番号で答えなさい。

1　蛇を退治するのは当然だと書かれた札が自分の住まいに貼られていることにうんざりして、まったく美しくない筆跡であることだという意味の怒りのこもった発言をしている。
2　蛇を退治するよう指図する内容を書いた札が自分の住まいに貼られていることに腹を立て、こまめにこんなものを書くとはあきれることだという意味の皮肉を言っている。
3　蛇を退治することを頼む内容を書いた札が自分の住まいに貼られていることをうれしく思い、とても丁寧に書かれていて感心することだという意味の発言をしている。
4　蛇を退治しなくてはいけないと命じる札が自分の住まいに貼られていることに驚いて、このような繊細な文字を書くのは一体誰だろうかという疑問をつぶやいている。

問四　傍線部3「ころさではかなはぬ」とあるが、ここでの意味として最適なものを後より一つ選び番号で答えなさい。

1　殺すことはできない
2　殺さないではいられない
3　殺してはならない
4　殺せそうもない

問五　傍線部4「下官いかでか辞せんや」とあるが、ここでの意味として最適なものを後より一つ選び番号で答えなさい。

1　私はどんなときでも断ることしかできない。
2　私はどうしても断ることができない。

に協力的であるという思いもよらない真実を伝えたいという衝動に駆られている。

問十　本文の説明として最適なものを後より一つ選び番号で答えなさい。

1　現在の場面と、現在の南雲が過去の出来事を振り返って語る形で物語が展開し、それぞれの場面で佐伯と栗山について丁寧な人物描写が行われ、三人の複雑な関係性が実感を伴って伝わる内容になっている。

2　現在は第三者からの視点、過去はその時点の南雲の視点で描写されているが、どちらも南雲の心情を中心にした佐伯や栗山との細かなやりとりが展開され、過去と現在の南雲の変化が伝わるような構成や表現となっている。

3　現在の場面は佐伯の視点を通して南雲の人物像を描写し、過去の場面では高校生の頃の南雲の視点を通して栗山とのいくつかのエピソードが淡々と描写され、過去と現在の南雲の心情の変化が感じ取れる内容になっている。

4　現在の場面は第三者の視点から南雲と佐伯の心情を描写し、過去の場面はそのときの南雲の視点によって栗山との関係が繊細に描写され、心情の明確でない栗山に対する関心が高まるような表現がされている。

三

次の文章は『御伽物語《おとぎものがたり》』の一部である。これを読んで後の設問に答えなさい。

*1江州《こうしう》にてある*2里さぶらひ、長《たけ》二間ばかりの虵《じゃ》(蛇)を切り、1ちまた挙《こぞり》て「虵切《じやきり》」とよぶ。この人の住所はびはのうみ(琵琶湖)の東なり。「其浦《そのうら》に虵あり」「つねに湖の底にすむ」などいひふれり。しかるに何もののわざにや、かのさぶらひの門に、「此《この》浦の虵御退治しかるべし」と札にかきてをす。侍《さぶらひ》みて「2筆まめなる事」とてひきまくりて捨てけり。又《また》つぎの夜も「ぜひころし給《たま》へ」とてをす。これもとりて捨つるに、後には捨てもすてても、ふだ六七枚八九枚もをして、あまさへざふごん(そのうえ、悪口雑言を言う)悪口《あつこう》す。軽忽《きやうこつ》(軽率でばかげたこと)なる事いふばかりなし。さぶらひ見て、「いまはあるにし、なきにし、(いても、いなくても)3ころさではかなはぬ」と思ひ、我もぜひなく(しかたなく)ふだをたてたり。「我不幸に虵をころす。人たのまぬに虵切とよぶ。うれしきにもあらず。又手がらと思はねば自讃《じさん》したる事もなし。しかるに此浦に虵あるよしにて、我をさしづし給ふ。頗《すこぶ》る難義《なんぎ》なれども、又一人にえらばるるも、かつは面目なり。これやむ事えがたし。4下官《やつがれ》(拙者)いかでか辞せんや。幸《さいは》ひ来月いくか、*3かのえとらにして吉日《きちじつ》也《なり》。巳《み》(朝の十時)の刻《こく》に退治可申候《さうらふ》(退治いたそう)。その浦へ御よりあるべく候也(お寄りになってください)」とかけり。もろ人見て、「ふだのおもて聞こえたり。無理なる所望《しよまう》にこそ」といひあへり。

かくて其《その》日になるに侍も幕《まく》ひかせ、かしこにゆけば、見物も群《むれ》て来る。時にのぞめば、侍酒あくまで酌《く》みてはだかになり、下帯《したおび》に(ふんどしに)*4わきざし指して、千尋《ちひろ》(深い湖底)の底に入る。あはやと5見るにあがらず。しばししてうかめり。息をとくとつぎて、扠々《さてさて》虵やあると右往《あふさ》左往《きるさ》(あちらこちら)見るに、もとなきか、あれど出《い》でぬか、虵とおもふものもなし。しかれどもここなる岸の下に広さ三間四方ばかりのうつろ(洞窟)あり。この峒《ほら》に水のうごくにうつろふて、光《ひかり》ものみえたり。さてこそとおもひ、やがて側《そば》により、二刀三刀《ふたかたなみかたな》さすに、あへてはたらきもせず。6いかさま合点《がてん》ゆかぬものなり。今一度《いちど》ゆきてとりてかへるべしといひ、ながきなはをとりよせ、其はしを下帯につけ、又いるとみえしが、やがてあがり、「引きあげよ」といふ。人々よりて、これをひくに、*5具足甲《ぐそくかぶと》きたるもの引きあげたり。其時見物一度にどつのできる存在だったから、写真に撮られるのが苦手な栗山が南雲の撮影には素直に応じて笑顔を見せたということ。

問六　傍線部3「彼女に不安な表情を浮かべさせる」とあるが、栗山が不安な表情を浮かべた理由として最適なものを後より一つ選び番号で答えなさい。

1　南雲の言葉はこれからの進路を優先して、自分の写真を撮るのも控えるよう告げるもので、ずっと一緒にいたい自分と冷静な南雲との間ですれちがいが生じたように思えたから。

2　これが最後かもしれないと告げる南雲の言葉によって受験の結果次第で南雲が函館に行く可能性を想像し、父親とその家族の近くには行きたくないという思いがよぎったから。

3　南雲の言葉がこの先の進路によっては故郷や自分から離れて遠くへ行くことを予期させるもので、もうすぐ一緒に過ごすこともできなくなるのではないかと感じたから。

4　今回が最後になると決意して写真を撮ろうとする南雲の言葉によって、南雲が自分に相談なく進路を決めていることに気づき、その進路が自分の期待を裏切るものなのではないかと感じたから。

問七　傍線部4「すでに新品は買えないし、気軽に高校生に預ける類のコンパクトカメラではなかった」に副詞はいくつ用いられているか。最適なものを後より一つ選び番号で答えなさい。

1　一つ　2　二つ　3　三つ　4　四つ

問八　傍線部5「大学の四年間を二人で過ごすということが、彼女の足枷になってしまっているのではないかと不安になる」とあるが、このときの南雲の心情の説明として最適なものを後より一つ選び番号で答えなさい。

1　栗山がすぐれた絵を描く人たちに追いつくために本格的に絵を学びたいと強く望んでいることを察して、南雲とともにいることを優先して進路を決めることで彼女の夢がかなわなくなるのではないかと気まずさと申し訳なさを感じている。

2　栗山が対象をもっと深くとらえて描こうとしているのに対して、南雲はイラストレータはそこまでする必要はないと考えており、大学でも絵を学びたい栗山と南雲が四年間一緒に過ごすことは難しいのではないかと重圧を感じ始めている。

3　栗山が才能のある人たちに負けたくないと真剣に絵に取り組んでいるのに、南雲のことは思い入れが深すぎて描けない様子を見て、南雲と一緒にいることで彼女が絵に対する意欲を失って何も成し遂げられなくなるのではないかと心配になっている。

4　栗山がすぐれた能力をもっているのに自信がないかのようにふるまっている様子を見て、南雲とともに過ごすために進路を妥協していることを気づかれないように彼女が気を遣っているのではないかと疑い、情けなさを感じている。

問九　傍線部6「ぼくは、彼女の父親から、手許のカメラで彼女のウェディングドレス姿を撮るように頼まれたことを話してしまいたくなる」とあるが、このときの南雲の心情の説明として最適なものを後より一つ選び番号で答えなさい。

1　南雲の気持ちを信じることができていない栗山に対して、栗山とは疎遠の父親が、栗山と南雲の将来を認めてくれていることを伝えて、これからも栗山とずっと一緒にいたいという思いを伝えたくなっている。

2　二人の別れを想像する栗山の影響を受け、南雲は二人の関係が壊れることを確信し、その前に栗山の父親の思いに応えて、栗山と父親の関係を取り持たなくてはいけないという使命感が強くなっている。

3　南雲に頼り切っている栗山の姿を見て、南雲が栗山を裏切って栗山の嫌う父親とつながっていることが申し訳なくなり、事実を打ち明けて栗山の父親の優しい思いを伝えなくてはいけないと覚悟を決めている。

4　南雲との別れを思い弱気になっている栗山が心の支えとなるものを持てるように、幸せを願う栗山の父親が、南雲との交際

3　風チョウ　　4　チョウ望

問二　傍線部ア～ウの意味として最適なものを後より選びそれぞれ番号で答えなさい。

ア　不毛そうなので

1　気分が悪くなりそうなので
2　何の成果も得られそうにないので
3　自分が不利になりそうなので
4　力がまったく入りそうにないので

イ　寓話

1　教訓を含んだたとえ話
2　土地に言い伝えられる神話
3　空想上の物語
4　歴史上の人物の考えをまとめた伝記

ウ　矜持

1　当然しなくてはいけない役割
2　目的の達成に対する充足感
3　自分の能力に対する誇り
4　なかなか解決することのない悩み

問三　本文中の[A]～[C]に入る言葉の組み合わせとして最適なものを後より一つ選び番号で答えなさい。

1　A＝探るような視線　B＝後ろめたさ
　C＝ぼんやりした気分
2　A＝探るような視線　B＝わずらわしさ
　C＝もやもやした気分
3　A＝責めるような視線　B＝わずらわしさ
　C＝ぼんやりした気分
4　A＝責めるような視線　B＝後ろめたさ
　C＝もやもやした気分

問四　傍線部1「繰り返し聞かされたユーミンの歌詞が頭から離れない」とあるが、このときの南雲の心情の説明として最適なものを後より一つ選び番号で答えなさい。

1　離れ離れになって長い年月が経過したにもかかわらず、元恋人がかつて自分に寄せてくれた期待に応えることができていないことを思い、みじめさと元恋人への申し訳なさを感じている。
2　離れ離れになってから高い名声を得て充実した人生を生きる元恋人のことを考えると、未熟で平凡なままの自分とは大きな隔たりができてしまったと感じ、せつなく苦しい思いになっている。
3　離れ離れになってから長い年月の間に元恋人が成功を積み上げてきたことを考えると、元恋人は自分のことを少しも気にかけていなかったのだろうと感じられ、やるせなく寂しい思いになっている。
4　離れ離れになってから努力を重ねて夢をかなえることのできた元恋人のことを思い、いつか再び顔を合わせることができるように、自分も早くしっかりとした立場を確立したいと必死な思いになっている。

問五　傍線部2「笑顔の彼女を写真に撮れるのは、その対価であり、ぼくの特権だった」とあるが、これはどういうことか。その説明として最適なものを後より一つ選び番号で答えなさい。

1　南雲が自分の時間を削って、栗山が快適にスケッチできるように付き合い続けていたから、写真に撮られるのが苦手な栗山が南雲の撮影には屈託のない笑顔を見せたということ。
2　南雲が栗山にとって理想の人物であり、南雲自身もその理想どおりにふるまうように努力していたから、写真を撮られるのを嫌う栗山も南雲の撮影は嫌うことなく笑顔を見せたということ。
3　南雲が、栗山の父親との約束を守って、栗山には内緒で記念写真を残せるように気を利かせていたから、写真を撮られるのを嫌う栗山が楽しそうに絵を描く姿を撮影できたということ。
4　南雲が栗山にとって一緒にいて気楽で心を落ち着かせること

「南雲君がわたしを振って遠くに行くって言うなら、最後に南雲君を描かせてほしい。そのときは残酷さだけを物語にするから、南雲君を描けるかもしれない。でも、そんなときが来たら、きっと泣いちゃって絵なんか描くどころじゃないか」

6ぼくは、彼女の父親から、手許《てもと》のカメラで彼女のウェディングドレス姿を撮るように頼まれたことを話してしまいたくなる。ぼくたちの四人の親の中に、ひとりだけ、高校生の結婚の約束を見守ってくれている人がいることを、彼女に伝えたかった。

南雲はぼんやり港の貨物船をcナガめていた。大学の研究室でも同じだが、無言で数時間を過ごしても気に障《さわ》らないのは、佐伯の美点のひとつだ。＊22ウッドストックのマグカップを選んだ一因が、その印象のせいだった。高校生のころ、リセにとっての自分は、いまの佐伯のような存在だったのかもしれない。そう思っていたのに、スピーカーから流れる曲が、突然、あいみょんに変わる。携帯電話の選曲をリモコン代わりにして教員を操縦しようとする佐伯にあきれながら、ソファーのほうを振り向かなければならなかった。

（早瀬　耕『十二月の辞書』）

＊1　冬は早く来る　～着ていますか…歌手・松任谷《まつとうや》由実《ゆみ》の楽曲「青いエアメイル」の一節。
＊2　UC…カリフォルニア大学。
＊3　グラフィックアート…平面上に表現される視覚芸術。
＊4　スターダム…人気のあるスターの立場。
＊5　センター試験…一九九〇年から二〇二〇年まで実施された試験。二〇二一年からは大学入学共通テストが実施されている。
＊6　マウント…相手よりも自分を優位に見せようとすること。
＊7　廉価版…消費者が購入しやすいよう、内容はそのままで低価格化した商品。
＊8　ユーミン…歌手の松任谷由実の愛称。
＊9　あいみょん…歌手。シンガーソングライター。
＊10　安全弁…危険をあらかじめ防ぐ動きをするもの。
＊11　セイフティネット…安全網。安全装置。万が一のリスクに備えておく仕組み。
＊12　設計閾値…設計上の限界値。
＊13　東工大か電通大…「東工大」は「東京工業大学」、「電通大」は「電気通信大学」の略称。いずれも東京都にある。
＊14　仮面浪人…大学などに在籍した状態で、第一志望である別の学校に入学するために受験勉強を行うこと。
＊15　サテライト授業…本来の校舎、教室とは異なる場所で行われる授業。
＊16　最適解…最も適している答え。
＊17　ライカ…カメラのメーカーの名称。
＊18　藝大…東京藝術大学の略称。
＊19　美大…美術大学の略語。
＊20　HTML…Hyper Text Markup Language の略。WEBページを作成するためにつくられた言語のこと。
＊21　CF…コマーシャル・フィルム。映像による広告。
＊22　ウッドストックのマグカップを選んだ…「ウッドストック」はチャールズ・M・シュルツの漫画『ピーナッツ』のキャラクター。南雲は佐伯にコーヒーを出すときに、佐伯の趣味や世代を考慮して、ウッドストックのイラストが描かれたマグカップを選んだ。

問一　二重傍線部a～cのカタカナの部分を漢字に改めたとき、同じ漢字を用いるものはどれか。後より選びそれぞれ番号で答えなさい。

a　オトズれ
1　ホウ煙　2　歴ホウ
3　ホウ囲網　4　ホウ食

b　トけて
1　掲ヨウ　2　ヨウ接　3　ヨウ護　4　動ヨウ

c　ナガめて
1　予チョウ　2　チョウ躍

カメラではなかった。

彼女の父親の言葉を思い出しながら、ファインダーの中でピントを合わせて、あるひとつの色が消えた世界を想像する。言葉で聞いたときには簡単に思えたのに、いざファインダーの中で色を消そうとしても、それができない。

（ぼくの視覚はコンピュータ以下だな）

そう思いながらシャッターボタンを押してフィルムを巻き上げる。デジタルカメラのようにその場で画像を確認できないし、二十四枚か三十六枚分のフィルムしか入っていないから、予備のためにもう一度、シャッターボタンを押すかどうかにさえ気を遣う。ぼくは、彼女がスケッチを終えて、どぎつい色で溢《あふ》れる市街地に戻れば、色が欠けた世界を想像できるかもしれないと思って、二枚目の写真を撮らずに彼女の隣に戻った。

「何か、音楽を聴きたい」

そう言う彼女にｉＰｏｄを渡すと、「もう写真を撮れないように、片方は南雲君」と言われて、イヤホーンを耳に嵌《は》められる。

「栗山さんは、ぼくを描かないよね」

「南雲君をモデルにするなんて無理だよ。わたしは、南雲君の残酷なところも優しいところも、みんなひっくるめて好き。南雲君は物語を抱えすぎていて描き切れない。それに、描いている間に、どんどん物語が追加されるでしょう?」

「いいところだけ描いてくれればいい」

「モデルの一面だけを描いた絵はつまらないって、東京の予備校でさんざん言われた。本質を炙《あぶ》り出せていないとか、陰影がないってね。きっと、それがわたしの限界なんだと思う」

そう自己評価する彼女は寂しそうだった。

「栗山さんの目標はイラストレータなんだから、デッサンや油絵にそこまで取り組む必要がある?」

「南雲君の考え方も正解のひとつだろうね。イラストも音楽も、本当に才能がある人は＊18藝大《げいだい》に行く必要なんかないんでしょう。でも、わたしは、いまのままだったらその人たちに敵《かな》いそうもない」

やっぱり、彼女は、＊19美大を諦め切れないんだなと思う。そして、5大学の四年間を二人で過ごすということが、彼女の足枷《あしかせ》になってしまっているのではないかと不安になる。

「リセのサイトを広める方法があればいいんだけれど……」

彼女は高校でも二、三人の親しい友人にしかイラストを描いていることを伝えていない。そのことをクラスメイトに話すと「学校祭のポスターを描いてくれ」とか「同人誌の挿絵《さしえ》を描いてほしい」と言われるのがわずらわしいのだと言う。

けれども、二年生の夏休み明け、東京の予備校から帰ってきた彼女から、イラストを公開するウェブサイトを作るのを手伝ってほしいと頼まれた。ウェブサイトを作る＊20ＨＴＭＬを二人で調べ、ぼくの部屋でイラストをスキャナで読み取って、彼女のイラストを全世界に公開している。ひとつひとつの被写体の輪郭はシャープだけれども全体としてふんわりとした彼女らしいイラストを、十日に一回くらいの頻度で更新している。

サイト名を考える際、「本名を公開するのは怖いし、わたしのファーストネームだけだと大学みたいだしなぁ」と悩む彼女に、「それならフランスの高校相当のLycée は?」とぼくが適当に返したら、「リセ」になってしまった。だから、彼女が無事に大学に受かったら、別のサイトを作るのかもしれない。そして、大学生になって条件のいいアルバイトをできるようになれば、素人《しろうと》のぼくが貼ったキャンバスよりも、画材店で売られているしっかりとしたキャンバスを選ぶのだろう。

ぼくは、彼女に何も応えずに、片耳につけたイヤホンでユーミンを聞く。彼女によると、ぼくたちが小学校に上がる以前、ＪＲ東海の新幹線の＊21ＣＦで使われた曲だったらしい。

——何も云《い》わなくていい　力を下さい　距離に負けぬよう

「わたしは距離に負けちゃいそう」

「大人になれば変わるのかもしれない」

い」という忠告を与えるのではなく、利用者がそれをできない＊10安全弁か、仮にそれをしてしまっても被害を軽減できる＊11セイフティネットを同時に作るべきだと思う。イカロスの翼を飛行機に喩《たと》えるなら、＊12設計閾値《いきち》以上に上昇しないようにアラームを鳴らす高度計や、エンジンに異常が生じたときのためのパラシュートを同時に提供するのが、技術者としての責任でありウ矜持《きょうじ》だと思う。

　太陽に近づくことが危険だとわかっていたのなら、つまり自分が技術者として二流以下だと気づいたなら、ダイダロスは、せめてイカロスの飛行を満月の夜にすればよかったのだ。

　ぼくは、［　C　］を吹き飛ばしたくてベンチから立つ。

「ん？　どうしたの？」

　彼女が、驚いたような顔で鉛筆を動かす手を止める。

「ちょっと離れたところからも撮っておこうと思って」

「まだ撮るの？」

「明日から植物園に入れなくなるから、ここで栗山さんの写真を撮るのは最後かもしれない」

　文化の日の翌日から翌年の四月下旬まで、植物園は温室を除いて閉園される。何気なく口に出た言葉が、3彼女に不安な表情を浮かべさせる。

「南雲君はセンター試験の成績がよかったら、やっぱり＊13東工大か電通大にする？」

「ううん、それはなさそう。でも、逆に悪かったら函館か室蘭《むろらん》にするかもしれない」

「函館はやめてほしい」

　そこに彼女の父親の家族が住んでいるのは知っているけれども、函館の公立大学には情報工学部がある。北見にも工科大学があるけれど、北上する戦争は勝てない。

「じゃあ、来年は予備校生かな」

「予備校には体育祭も学校祭もないから、南雲君はきっと成績が伸びるよ。そしたら……」

　彼女の言葉が途切れる。センター試験の五教科の総合得点が九割前後の彼女は、市内の国立大学にストレートで難なく受かるはずだ。夏休みまで美大受験の予備校に行っていなければ、東大にも受かるレベルだと思う。

「ぼくが落ちたら、栗山さんは東京の予備校に行くの？」

「＊14仮面浪人で夏期講習だけ予備校に行くかも……。そうすれば、南雲君が予備校で成績が伸びても伸びなくても、再来年には同じ大学に通える」

　予備校の国公立理系コースには＊15サテライト授業があり、ぼくは東京の予備校に通う必要性を感じない。けれども、彼女によると美大受験の予備校は、札幌と東京ではまったく違うのだと言う。実技の課題が成績順に張り出されて講評を受けるときに、札幌の予備校では上位五位から落ちたことがなかったのに、東京で受けた夏期講習では「よくて中の上」だったらしい。

「それが＊16最適解かなぁ」

　学費を出してくれる両親には申し訳ないけれども、私立大学に通うことを考えれば、そのくらいの我儘《わがまま》を言ってもいいと考えてしまう。

「そっちはＢプランだよ。わたしはともかく、南雲君は予備校や大学に行かせてもらえるだけで感謝しなきゃならない」

　ぼくは、うなずいて、彼女から離れて写真を撮った。自分と同じブランドの深緑色のダッフルコートが、冬季閉園前の植物園にとても似合っている。

　彼女は「わたしはともかく」と言うけれども、二週間前に会った彼女の父親は、ぼくの両親と同じように子どもの幸福を心から願っている。彼を思い返すと、いま手にしているコンパクトカメラのような感じの男性だった。インターネットで調べたら、このカメラは、レンズ交換が可能で、レンズに応じてファインダーの距離計が変わるものだ。初期モデルは＊17ライカとの共同開発だったらしい。4すでに新品は買えないし、気軽に高校生に預ける類《たぐい》のコンパクト送っていたけれど、ひさしぶりに受験勉強から解放されたデートだった。

「やっぱり毎日描いていないと駄目だなぁ」

植物園のベンチでスケッチブックをひろげた彼女が、真っ白なページに視線を落として寂しそうに言う。ぼくは、その彼女に借り物のコンパクトカメラを構える。

「また写真撮るの？」

彼女は、一拍、頬を膨らませたけれど、ぼくがカメラを下げないでいると、はにかんだような笑顔を見せてくれる。彼女は写真を撮られるのが嫌いだ。それは徹底されていて、一年前の修学旅行でクラスの集合写真を撮るとき、彼女はそこから離れて、別のクラスだったぼくの隣にいた。このままだと卒業アルバムには、中間テスト明けに撮ったクラスの全体写真と個人写真にしか彼女の姿が残らないことになる。当然だけれど、真面目な彼女は、その写真で笑っていない。彼女の父親は、そんな状況を母親から聞かされていたから、ぼくにカメラを託したのだろう。

「課外活動の写真を撮っているだけ。ぼくたちは帰宅部だから、将来、卒業アルバムを見返しても、栗山さんの写真がなくて寂しくなるかもしれない」

「そのときは、隣にいるわたしを見てくれればいいでしょう。離れ離れになるみたいな未来の話をしないで」

二年前の彼女は、デート中に絵を描く二、三時間の間、「わたしがスケッチをしていても、ほんとに退屈じゃない？」と、ずっと気を遣っていた。けれども、ぼくが、傍《かたわ》らでぼんやりしていたり本を読んだりして過ごせることを知ると、彼女は「わたしの理想の恋人。やっぱり運命の出会いだったんだよ」と安心してくれた。その代わりに、ぼくが絵を描く姿を写真に撮っても、彼女は不快感を露《あら》わにしない。たぶん、2笑顔の彼女を写真に撮れるのは、その対価であり、ぼくの特権だった。

「それ、フィルムカメラ？　母から借りたの？」

「ううん、父に借りた。栗山さんのお母さんもフィルムカメラを持っているの？」

誰の父親かを言わなかったので嘘《うそ》はついていないけれども、［B］が消えない。撮影するたびにフィルムを巻き上げるレバーを回すのが、携帯電話のカメラよりも写真を撮っているという実感を与えてくれる。

「以前は使っていた。いまはもう持っていないんじゃないかな。南雲君がフィルムカメラを使えるなら、センター試験の受験票の写真、南雲君に撮ってもらえばよかった」

「それで栗山さんの点数が悪かったら、ぼくは落ち込むと思う」

ぼくは、スケッチブックに視線を戻した彼女の横顔を見ながら、イカロスのイ寓話《ぐうわ》のことを考える。

ギリシア神話に登場するイカロスは、工匠にして発明家でもあるダイダロスの息子である。神話というからイカロスは神様なのかと思ったけれども、親子とも人間だった。父ダイダロスとともにミノス島の塔に幽閉され、そこから逃れるために父の作った翼を背負う。ダイダロスは、翼の素材に蜜蠟が使われていることから「湿度が高い海の上を飛んではならない」と「太陽に近づき過ぎてはならない」という二つのことを忠告する。けれどもイカロスはその忠告に従わず、太陽に近づき過ぎて墜落して死んでしまう。この寓話は、工業技術の行き過ぎた発展に対する警笛として捉えられているようだ。

そして、イカロスは、この警笛のためだけにギリシア神話の中で名前を与えられる。言い替えると、逃亡が成功すれば、翼を作ったダイダロスの功労のほうが残り、イカロスは無名の存在だったに違いない。実際、イカロスの死後、父ダイダロスは幽閉から解放されており、ぼくはイカロスのことを調べるまでダイダロスの名前を知らなかった。

ぼくが思うに、ダイダロスは工匠や発明家として二流以下である。新しい技術を実用化するなら、その利用者に「何々をしてはならななことなんです」

「札幌に住んでいたって同じだよ。東京の大学に行きたくても、*5センター試験の結果で、親を説得できないこともある」

南雲が高校生のころ、いまの勤務先より偏差値の高い大学を目指す生徒のために「図南塾《となんじゅく》」という受験予備校があった。

「北上と南下は全然違うんです。それに、センター試験の点数で*6マウントを取らないでください。わたしはいまの大学が精一杯だったのに、滑り止め扱いされて不愉快です」

(先にマウントとってきたのは、どっちだ?)

「言い方が悪かった。ごめん」

「ええ、ほんとに失礼だと思います。南雲さんが大学でぼんやりしている時間のお給料は、わたしの学費が原資なんです。東大や京大でも統一価格なのに、それを*7廉価版みたいに言われたんですから、消費者庁に電話をかけたいくらいです。それはともかく、この部屋に入ったときこの曲がかかっていて、南雲さんとダッフルコートを見たとき、リセは、もしかすると南雲さんみたいな人を思い出しながらイラストを描いていたのかなぁって思ったんです」

リセが南雲を描いたのは、香港《ホンコン》から届いた残暑見舞いの自転車の一度だけで、付き合っていたころ、彼女の絵の中に南雲は描かれなかった。自分の欠片《かけら》でも描かれた絵があるなら、それを見てみたいと思う。

「この歌詞だと、ダッフルコートかどうかわからない」

「そうですね。でも、リセがロスにいたころのイラストには、ダッフルコートが多かったんです。南雲さんは知らなかったんですか」

リセが描いたダッフルコートのイラストを思い出そうとするが、そんな絵はなかったように思う。

「なぁ……、いまのってマウント取りじゃないのか」

「違います。個展のカタログが見つかったら立証できますけれど、事実を述べただけです」

(それをマウントって言うんだ)

南雲は、佐伯と話を続けてもア不毛そうなので脚立の上の身体を窓に向ける。*8ユーミンの同じ曲が二度繰り返されても、［　A　］から逃げられない。佐伯を無視するのを諦めて吹き抜けの下に降り、机の上に伏せてあった電子書籍端末を佐伯に差し出す。

「この家にいる間は電書端末を貸すから、別の曲にしてくれ」

「*9あいみょんでいいですか」

電子書籍端末を受け取り胸の上に置いた佐伯が、ソファーに置いてあった携帯電話を操作する。

「全然好きになれないし、ホラー映画も嫌いだ。歌詞がないほうがいい」

佐伯が見返りを要求せずにクラシックのピアノ曲(たぶんドビュッシーだ)に変えてくれる。流れる音楽が変わったのに、1繰り返し聞かされたユーミンの歌詞が頭から離れない。

――5年　いえ8年たってたずねたなら　声もかけれぬほど輝く人でいてほしい

彼女は、そんなふうに考えてくれたことがあっただろうか。離れ離れになってから七年後、輝く人になっていたのは、南雲ではなく彼女だった。新作アニメーション映画のキャラクターデザイナーとして舞台の上にいたリセは、トレーニングに裏付けられたセンスを持って自信に満ちた表情で輝いていた。南雲は、その彼女を動画サイトのスクリーン越しに見ることしかできなかった。

当時、修士号をとったばかりの南雲にとって、リセは声も届かない遠い存在だった。

翼を支える蜜蝋《みつろう》がbトけてしまわないかと心配するほど、彼女は高く羽ばたいていた。

彼女の父親の依頼に応えるために、ぼくは、十一月最初の祝日に、彼女を植物園に誘った。毎日のように放課後の図書館や予備校の自習室で一緒に過ごしていたし、そのあとにＪＲの札幌駅まで彼女を

ようになったため、これまで以上に人生に責任を負う主体性が求められるだろうということ。

2　価値観の多様化で、常識に縛られずに自由に生きていくことが可能になったため、これからはさまざまな可能性からどう生きるかを決定して実際の行動につなげる主体性をもって、社会を生き抜いていってほしいということ。

3　価値観の多様化で、生き方を自分で選ぶことが求められるため、正解として示されている生き方と自分で決める生き方の違いを判断できる主体性がないと、旧来の常識にとらわれ現代社会を生き抜けないということ。

4　価値観の多様化で、見本や指針となる生き方が示されなくなったため、今後は、決められた方法で学ぶことよりも自分なりに学ぶことで、人生をより豊かなものにすることができるだろうということ。

問十二　本文の内容と一致するものを後より一つ選び番号で答えなさい。

1　人間の深い学びにつながる記銘、保持、想起という過程には、他者と対面で協働することが必要であり、オンライン授業によってそれを代替することは不可能である。

2　オンラインを通して他者と協働する技術が開発・実装されているが、学びをいくら経験したとしても深いやりとりができないため、対面授業との使い分けはなかなか難しい。

3　自主性とは自ら目標や課題を設定することで、主体性はこれに加えて自ら目標に向けて行動し、その責任をもつことを指しており、どちらも現代の人間には欠かせない。

4　学ぶということは、知識を記憶して再現できるようになることではなく、そうできるようになることで現実の世界と深く関わって、自ら課題を解決していくことである。

二

次の文章を読んで、後の設問に答えなさい。

〈これまでのあらすじ〉

ＡＩ研究者の南雲《なぐも》薫《かおる》（ぼく）には、故郷の札幌《さっぽろ》で過ごしていた高校生の頃、栗山《くりやま》という恋人がいた。栗山は、南雲と別れた後はリセというペンネームで、全国的に人気のイラストレータになっている。あるとき、南雲は栗山からある依頼を受ける。その依頼は、亡《な》くなった栗山の父親が遺《のこ》したという、栗山を描いたポートレイト（肖像画）の捜索だった。栗山とは別に家庭を持っていた父親は、当時函館《はこだて》に住んでいた。南雲は、職場である大学の学生、佐伯《さえき》とともにその絵を探すことになった。

――*1冬は早く来る　あなたの町の方が　最後に会ったときのコートを着ていますか

リセになる前の彼女が*2ＵＣのバークレイ校で*3グラフィックアートを専攻したことさえ、リセが*4スターダムに上がるまで知らなかった。流れている歌詞のとおり、ロサンゼルスに比べて札幌のほうが冬のａオトズれは早いので、その部分だけが南雲と彼女の関係に合致する。

「わたし、高校生のころ、恋人が札幌の大学に進学するって聞いたとき、この歌みたいに北上した彼からの手紙を待つのかなぁって思っていたんです。彼はダッフルコートを着ていなかったし、私もいまの大学に受かったから、そうはなりませんでしたけれど」

（はぁ……、説教のあとは、恋愛成就《じょうじゅ》の自慢話かよ）

佐伯の恋人が亡くなっていなければ、わざとらしくため息をつくところだった。南雲の場合、リセのほうが北国の街を離れて南下したのだから、歌詞に描かれたカップルとは立場が逆だ。

「南雲さんみたいに札幌で生まれ育った人は実感がないでしょうけれど、函館にもひと通りの大学はそろっているので、高校生が目標を実現するために勉強して札幌の大学に進学するのって、たいへんいため、さまざまな手段を試して意思疎通の度合いを向上させ、自分に必要な対象を見分ける必要がある。

4　簡単に多くの人と関係を築けるが、その情報の多さから自己否定を招いたり、不完全なコミュニケーションが原因で行き違いを引き起こしたりするため、すべてに対応するのではなく、取捨選択することが重要である。

問七　傍線部4「見定める」と活用の種類が同じものを後より一つ選び番号で答えなさい。

1　泣きさけぶ　2　待ちわびる
3　うなだれる　4　疎《うと》んずる

問八　傍線部5「こうした学びは一人で画面と向きあうオンライン授業ではなかなか得られないものです」とあるが、筆者がこのように考える理由として不適当なものを後より一つ選び番号で答えなさい。

1　思春期や青年期の間に奥深い学びを行うには、他者とともに学ぶ一体感を通して、自分の学力の評価への不安や他者に自分が受け入れてもらえない不安を取り除き、精神を安定させる必要があるから。

2　学び方をしっかり身につけるには、決められた時間をうまく使って心を休ませたり、健やかな成長や発達のためにその過程を指導者や同年代の人たちに評価してもらったりすることが必要だから。

3　奥深く幅広い学びに必要な協働を深めるためには、同じ空間で学ぶ人たちから実際に反応を得たり、他者の意見や先生に対して身体を使って自分から反応したりすることが必要だから。

4　学習にしっかり取り組むには、自分の近くで同じように学んでいる人たちがいることや、指導者から指名される可能性があることによって、緊張感や学習への意欲を高めておく必要があるから。

問九　本文中の［6］・［7］に入る言葉の組み合わせとして最適なものを後より一つ選び番号で答えなさい。

1　6＝優柔不断　7＝自己決定の積み重ね
2　6＝用意周到　7＝自己決定による変化
3　6＝経験不足　7＝自己決定の目標化
4　6＝意志薄弱　7＝自己決定による社会参加

問十　傍線部8「主体性が、なぜこんなにも必要だといわれているのでしょうか」とあるが、社会的側面から主体性が必要とされている理由の説明として最適なものを後より一つ選び番号で答えなさい。

1　消費や生産の中心となる人口が減少していることや、人間の仕事がＡＩやロボットに代替されるようになったことで、人間それぞれが多様な経験を積んで人間だけがもつ性質や力を発揮することが重要になっているから。

2　少子高齢化で経済が不安定になることや、技術革新によってＡＩやロボットの活用が進んでいることで、ＡＩやロボットを人間にとってよい方法で用いて困難な状況を解決することを考えなくてはいけないから。

3　生産を担《にな》う人口の増加が今後見込めない中で、ＡＩやロボットが人間の仕事を奪っているため、人間はＡＩやロボットに支配されないよう、単純作業の技術の向上や新たな知識の獲得を進めなくてはいけないから。

4　少子高齢化による社会問題に加えて、ＡＩやロボットの処理によって知識や情報の量が膨大になっているため、その処理に適応するための人間の豊富な経験や人間だけがもつ力の発揮が重要になっているから。

問十一　傍線部9「人々の価値観や人生形成も多様になってきました」とあるが、この部分で筆者が言おうとしていることの説明として最適なものを後より一つ選び番号で答えなさい。

1　価値観の多様化で、これまで正しいとされてきた生き方が否定され、多くの選択肢から自由に生き方を決めることができる

イ　1　たとえば　　2　だから
　3　あるいは　　4　要するに

ウ　1　つまり　　2　むしろ
　3　ただし　　4　したがって

問三　本文中には、次の部分が抜けている。これを入れる位置として最適なものを後より一つ選び番号で答えなさい。

また、何度もくり返し見たり、再生速度を変更したり、時間的にも物理的にも自分のペースで学べるので、むしろオンデマンド型のほうがよいという声も多くあります。

1　【A】　2　【B】　3　【C】　4　【D】

問四　傍線部1「そのときの他人とはだれでもいいのか、という疑問」とあるが、筆者は「そのときの他人」はどういう存在であるとよいと言っているか。最適なものを後より一つ選び番号で答えなさい。

1　自分にとって好感度が低く受け入れがたく感じるため、関わりをもつことはないが、相手に負けないように自分を成長させ視野を広げるきっかけを与えてくれる存在。

2　自分と同じような環境で過ごしているため、互いの考えや趣味についてよく理解し合うことができており、身近にいることで自分の精神を安定させてくれる存在。

3　自分とは違う考え方や趣向をもちあわせているため、一見自分にとって親しみがわきづらくて気にさわる部分があるが、新しいものの見方や異なる世界に気づかせてくれる存在。

4　自分と類似した考え方や価値観をもっていることで互いに信頼し合い、率直に意見を交わしやすいため、バイアスやスティグマを指摘し合い、視野を広げてくれる存在。

問五　傍線部2「『他人に踏み込めない』『他人に興味がもてない』」とあるが、この原因の説明として最適なものを後より一つ選び番号で答えなさい。

1　自分の弱い部分やみにくい部分を知られることへの恐怖感や、明確な夢や目標がないために自分自身を客観的に評価できないという状況のせいで、コミュニケーションの技術を適切に伸ばすことができていないから。

2　自分が相手を傷つけたり相手のよくないところを知って傷つけられたりすることの苦痛や、自分自身が他者と比べて夢中になれるものがないというあせりから、他人と接することへの苦手意識が強くなっているから。

3　自分が内心に抱える問題を知られるつらさや、自分の間違いに気づかされることへの嫌悪《けんお》感と、将来がどうなるかわからないという心細さのせいで、他人とのコミュニケーションに価値を見いだすことができていないから。

4　自分の欠点を知られる怖さや失敗して恥ずかしい思いをしたくないという気持ちがあることや、一生懸命になる対象がなく今後の見通しが立たないという状況によって、他人と深く関わることへの不安を抱いているから。

問六　傍線部3「現代はインターネットやSNSを通じて膨大な情報が流れ込んできます。みなさんの人間関係もその中に組み込まれています」とあるが、インターネットやSNSにおける人間関係についての筆者の考えの説明として最適なものを後より一つ選び番号で答えなさい。

1　ふだん直接出会う機会のない人たちと簡単に出会い、さまざまな経験を知ることができるが、どんな情報や人物でもしっかりと向き合わないと誤解が生まれやすく、また、自分に対する不安が高まるので注意が必要である。

2　直接出会うことのない遠い存在の人たちから学ぶ機会を設けられるが、コミュニケーションは物足りない状態で意思疎通が難しく、現実の人間関係よりも価値や学びは少ないので、あまり力を入れすぎてはいけない。

3　幅広い層の人たちと簡単につながることができるが、情報の多さや未発達なコミュニケーションが原因で悪影響を受けやす

(複雑性)、Ambiguity(曖昧性)の頭文字をとったものです。みなさんは、正解がなく将来の予測が困難な時代を生きていくことになります。こうした社会・時代だからこそ、AIやロボットに代替されない、人間が発揮すべきもっとも重要な力は主体性だという結論にいたります。たとえば、経済産業界が実施した調査で「企業が学生に求める力」の第1位が主体性でした。教育界でも、新学習指導要領では主体的な学びが、OECD(経済協力開発機構)のEducation 2030プロジェクトでは主体性に近い概念であるエージェンシー(Agency)が中核に据えられています。現代は、いい学校に入っていい会社に入るといった学歴社会から、学校生活の中で主体的に学び、多種多様な経験を通じて身につけた力が重視・評価される学習歴社会へと移行しています。

　ここまで、社会の変化の側に焦点をあててきましたが、同時に9人々の価値観や人生形成も多様になってきました。みんな同じがいいという価値観から、みんなと違うことがいいという価値観が少数派ではなくなりました。高校から大学に進学し、卒業後に新卒一括採用で入社し、結婚(・出産)を経て、同じ会社で定年まで働く。これまで大部分を占めていたこのような人生形成モデルは、もはや当たり前ではなくなりました。もちろんそうしたライフコースを描いている人もいるでしょうし、それ自体が悪いわけではありません。人生形成の「正解」や「常識」はなくなり、「選択肢」や「自由度」が大きく増えたのです。みなさんが生きる時代は、親や先生ら大人が過ごした時代とは大きく異なります。その意味では、大人が提示する「正解」や「常識」は、みなさんにとって必ずしもベストなものではないかもしれません。ロール(役割)モデルがなく、選択肢や自由度は高いということは、それだけ「自分」をしっかりもっていないと大海で溺れてしまいかねません。溺れないためには、自分の頭で考えて、選択・判断し、責任をもって行動すること、すなわち主体性が必要になるのです。

　これまで見てきた通り、現代における社会の変化と個人の価値観・生き方の変化のいずれもが、主体性をもつことの必要性へとつながります。主体性を発揮することで、自分の人生の物語を紡《つむ》ぎだせる人(セルフ・オーサーシップ)へと成長を遂げるのです。

(山田剛史『心のなかはどうなっているの?　高校生の「なぜ」に答える心理学』)

＊1　キーパーソン…問題解決のためのかぎを握る重要人物。

＊2　ブロックする・ミュートする…ブロックはSNS等でつながりを拒否できる状態にすること、ミュートはSNS等で特定の人物などの発言を見えなくすること。

＊3　プラットフォーム…ネットワークを構築するための土台。動作環境。

＊4　ノイズ…雑音。不要な情報。

＊5　ICT…Information and Communication Technology(情報通信技術)の略。通信技術を活用したコミュニケーションのこと。

＊6　スパイラル…らせん。連鎖的な動き。

問一　二重傍線部a～cのカタカナの部分を漢字に改めたとき、同じ漢字を用いるものはどれか。後より選びそれぞれ番号で答えなさい。

a　ヒ難
　1　回ヒ　　2　ヒ弊
　3　ヒ劣　　4　ヒ判

b　猛イ
　1　イ政者　　2　経イ
　3　イ跡　　4　イ圧

c　エン算
　1　エン天下　　2　エン説
　3　応エン　　4　エン岸部

問二　本文中の(ア)～(ウ)に入る語として最適なものを下より選びそれぞれ番号で答えなさい。

ア　1　なぜなら　　2　ところで
　　3　それどころか　　4　また

学びをデザインしていってください。

主体性という言葉を頻繁に耳にするようになりました。みなさんもインターネットで見たり、先生や親御さんから聞いたりしたことがあるのではないでしょうか。でも、いったい何を表しているのか、なぜこんなに言われるようになったのか、どうすれば身につけられるのかなど、いろんな疑問もあるでしょう。ここではそんな疑問について一緒に考えていきたいと思います。

まず、主体性という言葉についてみていきましょう。端的にいえば、「自分の頭で考えて、選択・判断し、責任をもって行動する」ということになります。ここには、最終的な目標や課題の設定自体も自らが行うことを含んでいます。近い言葉として自主性というものがあります。これはあらかじめ目標や課題が定められていて、そこに向けて自らが行動することを意味します(たとえば、自主的に宿題をするなど)。主体性には、自分で決めること(=自己決定)と自分の行動に責任をもつことの2つの要素が加わります。

この自己決定は、主観的幸福感(ウェルビーイング)を高めるうえでとても重要な役割を果たすことがいわれています。みなさんは、中学校から高校への進学、高校から大学への進学などに関して、どのくらい自分の意志で決めてきたでしょうか。こうした自分の人生に関わる重要な局面(転機)において、親や先生に頼るのではなく、自分自身で決めることはとても大切です。決めてもらうこと、与えられることに慣れてしまうと、物事に対する主体感が薄くなってしまいます。他人の意見に安易に流されたり、自分のこととして考えられなくなったりします。そうなると、主体性は発動されません。「自分は［　6　］だから」という人も多いですが、日常の小さなことからでも、だれかに判断を委ねるのではなく、自分で決めるということを心がけてみてください。この［　7　］を通じて、主体性が磨かれていきます。主体性は、試験対策のような短期間で身につくようなものではなく、長い時間をかけて磨いていくものなのです。

そんな 8 主体性が、なぜこんなにも必要だといわれているのでしょうか。その最大の理由は、社会環境の変化です。社会環境の変化といってもさまざまですが、とくに、少子高齢化に代表される人口動態の変化と人工知能(AI=Artificial Intelligence)に代表される産業構造の変化が大きく影響しています。

日本の出生数をみてみると、1974年には200万人を超えていたところから徐々に減少し始め、2016年には100万人を切り、2021年は約81万人と、人口減少が止まらない状況です。生産年齢人口(生産活動の中心にいる15歳以上65歳未満の人口)も1990年代をピークに減少し、増加の見込みがない状況です。他方で、医療・福祉の発達にともない、平均寿命・健康寿命が伸びているなど、少子高齢化によってさまざまな社会問題が引き起こされています。たとえば、消費の中心である若年層や生産年齢人口が減少することで、消費が落ち込み、企業経営が厳しくなり、雇用が抑制されるといった負の＊6スパイラルにもつながりかねません。

こうした人口動態の変化に、大きな産業構造の変化(第4次産業革命)が加わります。モノのインターネット(IoT=Internet of Things)やAIなどの技術革新によって、あらゆる分野でAIやロボットの活用が進められています。周りを見渡せば、お店にはセルフレジが入り、店員はいなくなるかごく少数になっています。これまで専門家の手で行われていたさまざまな仕事も、パソコン(ソフト)やスマートフォン(アプリ)で簡単にできるようになっています。いままで当たり前のように存在していた仕事がなくなり、新しい仕事がどんどん生まれています。機械が人間の仕事を奪うといったシミュレーションも行われていますが、単純作業や定型業務は代替されやすいといわれています。AIやロボットは、膨大な知識や情報を保有し、瞬時に検索・c エン算し、最適処理を行うことが可能です。さらに、自ら学習することで処理を強化します。

さらに、現代社会はVUCA(ブーカ)の時代といわれています。これは、Volatility(変動性)、Uncertainty(不確実性)、Complexity

「学ぶとは何か」について考えてみましょう。教科書に載っている知識を覚えて、それを試験で再現すること、と考えた人は多いのではないでしょうか。この記銘、保持、想起という記憶の過程としてとらえられる学びは、正解のない複雑な現代社会を生き抜くうえで十分ではありません。知識を記憶するだけの学びであれば、オンライン授業でもある程度代替可能です。上でも書いた通り、オンラインで学ぶための方法やツールにはさまざまなものがあり、そこには膨大な知識が蓄積され、日々更新されています。【D】

では、なぜわざわざ学校（対面）で学ぶのでしょうか。その意味や意義は何なのでしょうか。それは学ぶという営みは記憶と再生のその先にあるからです。学びとは、自分の視野を広げ、世界との関わり方を身につけることです。学習指導要領では、習得・活用・探究が必要な学習活動として示されています。基礎的な知識や技能を習得して、それらを活用することで思考力・判断力・表現力を身につけます。探究では、自ら課題を設定し、身につけた力を用いて解決することを目指します。そして、こうした学びには他者が不可欠です。他の生徒との協働を通じて学んでいきます。協働することによって、自分一人では思いつかない考え方を学んだり、多様な価値観に触れることで多角的なものの見方を学んだりすることができます。

みなさんが思っている以上に、学びとは奥が深く幅が広いものだということを感じてもらえたでしょうか。5こうした学びは一人で画面と向きあうオンライン授業ではなかなか得られないものです。「なかなか」と書いたのは、技術革新によって、さまざまな方法やツールが開発・実装され、オンラインによる協働も可能になっているからです。リアルタイム型を用いれば、オンライン上で生徒同士が議論し、課題解決を行うといった探究的な学びも可能になり、実際に多くの実践がなされています。しかし、学ぶということに成熟していない生徒にとって、画面越しでの深いやりとりは非常に難しいと感じます。

教室（対面）でのやりとりと比べてみると一目瞭然です。（イ）、「教室があり、そこに同じ学びの空間を共有するクラスメイトがいて、先生がいる。他のグループで話しあう声（雑談や＊4ノイズ）に押されて自らも発言する。なんとなく自信がなさそうな発言にアイコンタクトを送ったり、よい意見だと感じればあいづちや笑顔で反応したりする。わからないことがあれば気軽に尋ねたり、何かあればすぐに教師に一声かけたりすることができる」といったようなことです。協働が深まるためには、こうした一体感や身体性が重要になります。とくに、思春期・青年期を過ごす人たちは、他者と学ぶことに対してさまざまな不安を抱いています。無知・無能だと思われる不安、邪魔をしていると思われる不安、ネガティブだと思われる不安などです。こうした不安を払拭《ふっしょく》し、十分に心理的安全性（チームメンバーに非難される不安を感じることなく、安心して自身の意見を伝えることができる状態）が確保されなければ、深い学びに転じることは難しいでしょう。

先に、オンデマンド型では自分のペースで学べるという利点を述べましたが、集中力が続かない、学習意欲がわかないといった声も多く聞きます。当然だと思います。学習に強く動機づけられていて、ある程度自分なりの学び方が身につけられている人であれば可能かもしれません。ただし、多くの場合そうではありません。周りで学んでいるクラスメイトがいて、先生にいつ当てられるかわからない緊張感があって、そういう中で集中力や動機づけを維持・向上させることができます。他にも、休み時間に友だちとの雑談でリフレッシュして、チャイムで頭の切り替えをして、登下校時に気持ちをつくったり一日をふり返ったりしてといった、授業だけではない学校（対面）のもつ意味があります。

「授業は全部オンラインでいいんじゃない？」に対する私の答えはＮｏです。みなさんの健やかな成長・発達のためにも、学校生活を含む対面での授業は不可欠です。（ウ）、オンラインや＊5ＩＣＴは今後も発展し、大学はもちろん、社会に出てからも活用することは間違いありません。対面とオンラインを使い分けて、自分なりの踏み込みが浅くなってしまいます。他人に興味がないというのは、自分自身が何か没頭・熱中できるものがない、将来の夢や目標がないといった不安定さの現れともいえます。他人とのつきあいが苦手と思っている人は、表面的な技術を磨くだけではなく、失敗してもいいという気持ちで、他人と接し、自分と向きあう中で、少しずつ不安が解消され、苦手意識も少なくなることでしょう。

[3]現代はインターネットやＳＮＳを通じて膨大な情報が流れ込んできます。みなさんの人間関係もその中に組み込まれています。さまざまなツールを介して、自分のクラスメイトをはじめ、委員会や部活動など自分が所属している集団のメンバーとのリアルのつきあいの延長もあれば、直接会ったことのない人たちとのつきあいも可能な時代です。簡便にさまざまな人たちの人生に触れることができる、異質な他者に出会えるというメリットはありますが、玉石混交な情報の中で「自分にとって何が大切なのか」を見失ってしまったり、優れた人たちの情報に触れすぎて「自分には何もできない」と不安が高まったり、自尊心が低下してしまったりといったデメリットもあります。

ＳＮＳでのつきあいは、コミュニケーションに必要な要素の多くを欠いているため、誤解や誤認も生じやすくなります。いかようにでも操作が可能なため、相手との意思疎通を図ることは難しいといえます。自分にとって必要な他者はだれか、自分の中に取り込む必要のない他者はだれかを[4]見定めること、時として逃げる（＊2ブロックする・ミュートする）ことも必要です。すべてに全力投球する必要はありません。正面から向きあうことだけが正解ではないし、つきあう人数が多ければよいという問題でもありません。

社会的存在である人間にとって、他人とつきあっていくことは不可欠です。自分という存在を探究し、成長させるためにも必要です。ただし、さまざまな手段があり、いつでもだれとでもつながれる時代なので、逃げたり一時[a]ヒ難したりしながら、自分なりの他人とのつきあい方を模索していってください。

２０２０年１月に新型コロナウイルス感染症（ＣＯＶＩＤ-19）が発生し、世界中で猛[b]イをふるいました。２０２２年末時点でもまだ終息はみえていません。そんな中、学校では「学びを止めない」をスローガンに、オンライン授業が始まりました。地域や学校によって違いはありますが、生徒のみなさんは何らかの形でオンラインによる学びを経験したのではないでしょうか。

オンライン授業には、あらかじめ録画された授業動画を自分のペースで視聴するオンデマンド型と、オンライン会議ツールを活用して画面越しに授業を受けるリアルタイム型とが代表的なものとして挙げられます。とはいえ、塾や予備校などでも通信教育などの形で以前から導入されていましたし、最近ではアプリなどでも効果的に学習できるようになっています。【Ａ】物理的に離れていても、パソコンやタブレットなどのデバイスが１台あれば、自宅にいながらリアルタイムの個別指導も受けられるようになっています。また、大規模公開オンライン講座（ＭＯＯＣ＝Massive Open Online Course）とよばれる＊3プラットフォームはすでに世界中で利用されています。海外の有名教授の授業を世界中の受講生と学べる無料（一部有料）のオンライン講義です。日本語で学べるＪＭＯＯＣも無料で利用することができます。高校生のうちからでも大学で提供される専門的な学びに触れることが可能です。他にも、動画配信をはじめインターネット上にさまざまな学習コンテンツがアップされていて、知識や情報を得ようと思えばいくらでも可能な時代にみなさんは生きています。【Ｂ】

そうなると、授業はオンラインでいいんじゃない？　と思うかもしれません。そう思ってもおかしくないくらいオンラインによる学びは発展しています。では、高校生のみなさんにとって「学ぶ」とはどういうことでしょうか。また、「何のために」学んでいるのでしょうか。答えは一つではないし、正解があるわけでもありません。こうした問いについて、じっくり考えてみてほしいですし、友だちや保護者、先生らと話しあってみてほしいと思います。【Ｃ】

二〇二四年度 専修大学松戸高等学校（前期17日）

【国 語】（五〇分）〈満点：一〇〇点〉

一 次の文章を読んで、後の設問に答えなさい。

高校生くらいになると、「自分はどんな人間なのか」といった問いをもつようになります。自分はどんな性格で、どんなことが得意・好きで、どんなことが苦手・嫌いなのかなど、いわゆる「自分らしさ」に意識が向けられます。他人と距離をとり、一人になって自分と向きあいたいという衝動にかられるのもこの時期の特徴です。そこで生じる孤独感も青年が大人へと成長するうえで大切な感情だと古くからいわれています。

では、他人とのつきあいは不要なのか、というとそうではありません。自分らしさは、自分一人で考えているだけでは見つからないのです。他人とは自分を映し出す鏡といわれます。他人とのつきあいを通じてこそ、他人とは違う自分が見えてくるのです。自分はやさしいという性格への気づきは、そうではない他人と比べること（相対化）によって生じるのです。

さらに、1そのときの他人とはだれでもいいのか、という疑問がわいてくるかもしれません。自分の周りにいる友だちを思い浮かべてみてください。小中学校が同じだった人やいまのクラスメイト、同じ趣味や価値観をもっている人が多いのではないでしょうか。このような近接性や類似性は、友だちをつくるうえで有効なポイントになります。一緒にいて心地よい、話さなくてもわかってくれるなど、たくさんのメリットがあります。一方で、自分と同じ考え方や価値観をもっている人たちとだけつきあっていると、視野が狭くなったり、思わぬバイアス（ゆがんだ見方）やスティグマ（偏見）をもっていることに気がつかなかったりすることがあります。

そこで大切になってくるのが、異質な他者（異質性）との出会いです。異質な他者とは、自分と異なる考えや価値観をもっている人を指します。通常、こうした人は、自分にとって嫌だと感じる人だったり、苦手な人だったりすることが多いです。第一印象が悪かったり、どうにも気になってしまったりする人はいないでしょうか。実はその人が、自分にはないものをもっていたり（相補性）、自分を成長させるうえでの*1キーパーソンだったりするのです。もしそんな人が周りにいたら、じっくり観察してみてください。そして、少しずつ関わってみてください。いろんな気づきが得られると思います。

自分が成長するためにも、他人とのつきあい、とくに異質な他者との出会いやつきあいは必要ということを伝えました。とはいえ、どうしても他人とのつきあいが苦手という人はたくさんいます。他人とのつきあいなんて必要ないという人の心理には、自分が苦手だからという理由が存在していることが多いです。では、なぜ、苦手だと感じているのでしょうか。その理由として、「うまく話せない」「何を話していいかわからない」など、コミュニケーションの技術（とくに発話面）を挙げる生徒がたくさんいます。コミュニケーションとは、お互いの意思疎通を図る手段の一つで、言葉だけではなく、身ぶりや態度など言葉以外の方法を用いて行うものです。（ア）、発話だけでなく、聴くことも重要なコミュニケーションの要素になります。うまく話そうとするのではなく、相手の話に耳と身体を傾けて、あいづちやうなずきなどを入れるだけでもコミュニケーションは十分成立します。

他人とのつきあいが苦手だと感じる人の他の理由として、2「他人に踏み込めない」「他人に興味がもてない」といったものもよく聞きます。これは自分の中の「不安」や「不安定さ」が背景にあります。他人に踏み込めないというのは、自分が踏み込まれたくない、踏み込まれることで自分の弱さや嫌なところをのぞかれたくないといった不安な心理の現れです。また、間違ってはいけない、正しいことを言わなければいけないといった考えが強すぎると、他人への

2024年度／専修大学松戸高等学校（前期17日）

英語解答

1 放送文未公表

2 問1 ③　問2 ②　問3 ④
問4 ③　問5 ①　問6 ④
問7 ②　問8 (1)…③ (2)…④

3 問1 (1)…③ (2)…② (3)…④ (4)…③
(5)…①
問2 ②, ⑥, ⑦

4 (1) ①　(2) ①　(3) ④　(4) ②
(5) ④

5 (1) 1…⑧ 2…④
(2) 3…⑧ 4…①
(3) 5…② 6…①
(4) 7…④ 8…⑥
(5) 9…③ 10…④
(6) 11…④ 12…③

6 (1) ⑤　(2) ②　(3) ④　(4) ②
(5) ②　(6) ③

（声の教育社　編集部）

1〔放送問題〕放送文未公表

2〔長文読解総合─説明文〕

≪全訳≫❶犬は日本で最も人気のあるペットである。あなたの家族は犬を飼っているだろうか。あなたは犬を飼いたいだろうか。犬についてもっと知れば，親に犬のすばらしさを説明したうえで，飼える可能性が高くなるかもしれない。❷犬は「人間の親友」だとよく言われる。犬は飼い主にとても忠実だ。飼い主を気づかい，飼い主を守ってくれる。しかし，犬はなぜ「人間の親友」と言われるのだろうか。犬は何千年もの間，人間と多くの時間を過ごしてきたからだ。❸見ればわかるかもしれないが，実は犬はオオカミから進化した。科学者たちは，数千年前，オオカミは人間の後をついて回り，彼らの食べ残しやゴミまで食べていたと考えている。オオカミの中には，人間のそばにいることがとても心地よくなり，人間と一緒に暮らすようになったものもいた。これが最初の「ペット犬」だ。❹ゴミを食べるといえば，犬は実際にゴミを食べることがあるし，もっとひどいものを食べることもある。彼らは人間と違って味覚があまり強くないので，状況によっては草や食べ残し，あるいは味の良くない他の物を食べる。多くの人々は，おいしい食べ物を見つけるのが困難なとき，犬はこのおかげで生き延びることができたと考えている。❺／→イ．犬のもう１つの弱点は，色を見る能力である。／→エ．犬は色盲だと思っている人が多いが，実はそうではない。／→ウ．彼らは物が青と黄色だけで見え，赤では見えない。／→ア．つまり，犬にとって世界は私たちとは少し違って見えるのだ。❻犬は人間のようには色が見えないが，ずっとよく，ずっと遠くまで見える。目の位置の関係で周辺視野に優れ，暗いところでもより楽に見ることができる。これだけの大きな違いがあるので，犬が人間よりどのくらいよく見えているかということを言うのは難しい。犬の聴覚や嗅覚が優れていることはよく知られているが，視力がいかに優れているかはあまり知られていない。❼今述べたように，犬の最も有名な能力の１つは聴覚である。彼らには私たちに聞こえない多くの物音が聞こえる。嵐がくるのを察知することもよくあるが，それは彼らにはその音が聞こえるからだ。実際，犬の聴覚は非常に優れているため，ときには大きな嵐の音で耳を痛めることもある。そのため，多くの犬は嵐の最中に動揺してしまう。犬には耳を動かすのに使う18の筋肉があり，耳を動かしてよりよく聞き，音がどこから聞こえてくるのかを理解する。それだけでなく，自分の感情を伝えるために耳を使うので，犬の耳はとても重要なのだ。❽そしてもちろん，犬はすばらしい嗅覚を持っている。おそらくご存じのように，犬は人間や他の多くの動物が嗅ぎ分けられないものを嗅ぎ分けることができる。そのため，警察などでは人や物を捜すのに犬が使われている。犬の嗅覚はとても優れているので，人間が病気かどうかわかることも多い。ある種のがんを発見できる犬もいるのだ。犬のすばらしい鼻のもう１つの重要な用途は帰り道を見つけることである。一度は飼い主のもとを離れた犬が，はるばる旅をして，最後に飼い主のもとに戻ってきたという話はとても多い。❾犬は約200の言葉を覚え，理解することができるため，彼らは非常に賢い。そして，感情的知性も高い。あなたが悲しんだり怖がったりすると，犬は元気づけようとするかもしれない。科学者たちによると，犬は飼い主を「愛する」ことができるという実験結果がある。しかし，犬には他者の気持ちを理解し，共有する強い能力があるために，知らない人でさえ慰めようとすることもある。❿愛犬をベッドで一緒に寝かせている人は多い。しかし，犬も人間と同じように夢を見ていることをご存じだろうか。ときには夢の中で，ほえることさえあるのだ。⓫時がたつにつれて，もちろん犬にはさまざまな違いが出てきた。犬は大きさだけでなく，見た目も違う。犬の種類によって得意なことが違う。例えば，鼻の長い犬は嗅覚が優れている。また，小型犬は少し長生きで，さまざまな音を聞き分けることができる。走るのがとても速い犬もいれば，飼い主に抱っこされる方が好きな犬もいる。⓬犬を飼っている人はより幸せで，より健康で，より長生きすると言われている。犬を飼うのは大変なことだ。犬には愛情と世話，食事と水，医療，毎日の散歩が欠かせない。しかし，多くの人が犬と暮らすことは余分な努力をするだけの価値があると考える理由は簡単だ。④犬は本当に私たち人間の親友なのである。⓭ペットの犬を飼うことができなくても，地元の保護施設にいる犬を訪ねることはできる。ボランティア活動の１つに，犬の散歩をしたり，一緒に過ごしたりすることがある。それは動物たちを助ける良い方法だ。でも気をつけて。恋に落ちるかもしれないから！

問１＜適語句選択＞下線を含む文の this は直前の，犬は味覚があまり強くなく，味の良くないものでも食べてしまう，という内容を指す。このことが生き延びるのに役立つのは，おいしい食べ物が「見つけにくい」ときである。 ‘help＋目的語＋(to＋)動詞の原形’「～が…するのを助ける」

問２＜文整序＞前の段落で犬は味覚が劣っていることが述べられているので，ここは犬のもう１つの弱点について述べるイから始める。次に，犬の視覚について多くの人が思っていることは事実とは違うと述べるエと，実際にどのように見えるのかを述べるウの順に並べ，最後に，ウの事実の結果として，犬と私たちとでは世界が少し違って見えるという結果を述べたアを置く。

問３＜適語選択＞前に but があるので，空所を含む部分は，文前半の「犬の聴覚や嗅覚が優れていることはよく知られている」という内容と‘逆接’の関係になる。また，この段落は，犬の視力の優れている点について述べた段落である。

問４＜適語句選択＞犬の鼻の用途を述べた部分。直後で，一度は飼い主のもとを離れた犬が，最後には飼い主のもとに戻ってくるという話が紹介されている。

問５＜適語句選択＞直前に「感情的知性も高い」とあることから，人間が悲しんだり怖がったりしたときは，その気持ちを理解し，飼い主の気持ちを上向かせようとすると考えられる。

問６＜適所選択＞脱落文の意味は「犬は本当に私たち人間の親友なのである」。これは，④の前文の「しかし，多くの人が犬と暮らすことは余分な努力をするだけの価値があると考える理由は簡単だ」の「理由」になっている。

問７＜内容真偽＞①「筆者は，あなたが犬についてもっと知ってから，犬を飼うことがいかにすばらしいかを両親に説明すると確信している」…×　第１段落第４文参照。「説明すると確信している」というわけではない。　②「犬の多くの感覚は人間より強いが，味覚はそうではない」…○　第４段落第２文，第６段落第２文，第７段落第１，２文，第８段落第１，２文に一致する。　③「寝ている間にほえかかる犬もいるので，犬をベッドに一緒に寝かせてはいけない」…×　このような記述はない。　④「犬を飼っている人の多くは，犬との生活は時間もお金もかかるので大変なことが多いと思っている」…×　第12段落第４文参照。多くの人が犬と暮らすことは余分な努力をするだけの価値があると思っている。

問８＜英問英答＞⑴「犬について間違っているのはどれか」―③「大きな嵐がくると，犬は静かにしていないので彼らの耳が傷つくことがある」　第７段落第４文参照。耳が傷つくのは耳が良すぎるため。　⑵「なぜ犬は私たちの良き友であるのか」―④「とても賢いだけでなく，私たちの気持ちを理解し，共有してくれるから」　第９，12段落参照。‘not only *A* but also *B*’「*A*だけでなく*B*も」

3 〔長文読解総合―エッセー〕

≪全訳≫❶私が７歳のとき，兄のジョーイは14歳だった。彼はいつも私の面倒をみてくれていた。しかし，彼は同年代の男の子と一緒に何かをする自由が欲しかったし，弟が彼を束縛することを望まなかった。ジョーイはこれ以上，私の面倒をみる責任を負いたくはなく，父も彼の気持ちを理解していた。そこで父は，私が夏の間，３か月ほど学校がないので，祖父母の農場で暮らす方がいいと判断した。兄は喜んだ。❷祖母はいつも私の好物をつくってくれた。祖父は一生懸命働いて野菜を育てていた。祖父の口癖は，「お前の父親は，お前くらいのときに科学者になりたかったんだ。それが彼の夢だった。私は彼がいい大学に行って，将来は科学者としていい仕事についてほしかった。科学者になるという夢がかなったとき，私はとてもうれしかった」　祖父は息子をとても愛していた。私のことも愛してくれていた！❸でも，祖父と父は違うタイプの人間だった。祖父は，日曜日以外は毎日手を動かしてよく働く人だった。日曜日に働かないのは宗教に反するという理由からだった。日曜日は教会に行き，翌週に備えて休みを取らなければならなかった。彼はいつも「善人には人を助ける責任がある」と言っていた。私は，彼がいつも助けを必要としている人々を助けていたことを覚えている。祖父は科学よりも人間や自然に興味があった。父は科学技術を使って世界をより良い場所にすることに興味があり，人間にはあまり興味がなかった。❹毎日豚に餌をやるのが私の仕事だったが，ある日，私が納屋の裏で寝ているのを祖父が見つけた。祖父は私を非常に厳しく叱った。「働かなければ，将来，人から尊敬されないぞ」という祖父の言葉を私は覚えている。私は祖父を怒らせたくはなかったが，「お父さんは，人間は手を使ってきつい仕事をする代わりに鉛筆を使って働くべきだと言っていたよ」と言った。すると彼は優しい声で言った。「お前のお父さんは鉛筆を持って寝てはいない。彼は鉛筆で仕事をしているんだ。お前は納屋の裏で寝ていた。手も鉛筆も使っていない。私が畑でどのように手を使って働いているか，お父さんがオフィスでどのように鉛筆を使って働いているか，よく見ておきなさい。両方のやり方を学べば，⑴お前はみんなから尊敬される人間になるだろう」　私は祖父の言葉を理解し，ごめんなさいと言った。私はすぐに豚に餌をやる仕事に戻った。祖父の顔には笑みが浮かんでいた。❺祖父はいつも物事をとても簡単に説明することができた。彼は素朴な人で，いつも誰にでも親切だった。ある日，私が彼の畑仕事を手伝っていると，トラクターが故障した。彼は25年以上も同じトラクターを使い続け，「彼女」を頼りにしていた。彼はそのトラクターを「デイジー」と呼んでいたが，それはそのトラクターが同じ名前の花のようにとても地味だったからだ。デイジーが故障すると，彼はいつも修理した。❻ある日，デイジーが故障した。父がその日たまたまそこにいて，40分以上にわたってトラクターの仕組みと直し方を説明した。祖父は黙って聞いていた。そして父はどこかへ行ってしまった。私は祖父を見て，「父の解決策ではデイジーは直らないと思うけど」と言った。彼は同意した。私は「じゃあ，おじいちゃん，どうする？」と尋ねた。祖父はとても落ち着いた態度で「そうだな，お前と私はデイジーを今まで何度も修理してきたのだから，(2)また２人で直せるさ」と言った。彼は30分足らずでデイジーを直した。見事だった。デイジーは祖父の手が自分の面倒をみてくれていることを知っているようだった。❼祖父は私が知る，最もよく働く人間の１人だった。農場ではいつもやるべきことがたくさんあった。祖父は日の出から日没まで働いた。食事をしたり，水を飲んだり，誰かを手伝ったりするときだけ，彼は手を休めた。私が学生で家にいた頃，父はときどき同じことをした。アイデアを思いついたら，一日中そのアイデアに取り組み，食事と水を飲むときだけ手を止めた。ときには夜通し仕事をすることもあった。でも，私が父を必要とするときは，いつも仕事の手を止めて宿題を手伝ってくれた。私は祖父の一部は父の一部でもあることに気づいた。❽私が中学生になると，祖父母の畑に行かなくなった。鉛筆のスキルを伸ばしたかったので，家にいてサマースクールに通い，成績を伸ばした。父と祖父のどちらが私の人生により影響を与えたかは決められないでいる。父も祖父も，それぞれのやり方で私に勤勉さと人助けの大切さを教えてくれた。

問１＜適文選択・英問英答＞(1)「[(1)]に入れるのに最適なものどれか」―③「お前はみんなから尊敬される人間になるだろう」　前にあるboth waysとは農場で手を使う祖父の働き方と，オフィスで鉛筆を使う父親の働き方のこと。祖父がこの２つの働き方を学ぶよう筆者に言った意図を考える。第４段落第３文で「働かなければ，将来，人から尊敬されなくなるぞ」と厳しく叱っていることがヒントとなっている。　(2)「[(2)]に入れるのに最適なものどれか」―②「また２人で直せる」　直前で祖父は「お前と私はデイジーを今まで何度も修理してきた」と言っている。それに続く部分である。　(3)「ある夏，ジョーイは弟の面倒をみることに対してどんな気持ちでいたか」―④「弟の世話に時間を費やしたくなかった」　第１段落第４文参照。　(4)「筆者の祖父は息子が少年だったとき，息子がどうすることを望んでいたか」―③「大学で学んだ後，科学者になること」第２段落第５文参照。　(5)「筆者の祖父はなぜ助けを必要としている人々を助けたのか」―①「善人はそうすべきだと思ったから」　第３段落第５文参照。

問２＜内容真偽＞①「筆者の祖父も父も，世界をより良くするために，人間よりも科学に興味を持っていた」…×　第３段落最後の２文参照。祖父は科学よりも人間や自然に興味があった。　②「筆者が叱られたのは，豚に餌をやらずに納屋の裏で寝ていたからだ」…○　第４段落第１，２文に一致する。　③「筆者の祖父の言葉は全て強い声で言われたので，筆者は祖父に納屋の近くでごめんなさいと言った」…×　第４段落参照。祖父は最初筆者を厳しく叱ったが，途中から優しい声になった。　④「祖父はその花の名前を気に入っていたので，トラクターに『デイジー』と名づけた」…×　第５段落最後から２文目参照。そのように名づけた理由は，トラクターが同じ名前の花のように地味だったから。　⑤「デイジーが故障したとき，筆者の父は１人で直そうとしたが，ついに筆者の祖父に助けを求めた」…×　第６段落前半参照。「父は１人で直そうとした」，「(父が)祖父に助けを求めた」に関する記述はない。　⑥「筆者の祖父は月曜日から土曜日まで懸命に働き，農場でいろいろな仕事をした」…○　第３段落第２文および第７段落第２，３文に一致する。　⑦「筆者の祖父と父は異なるタイプの人間だったが，ある部分は同じだった」…○　第７段落の内容に一致する。　⑧「筆者は祖父と父から多くを学んだが，影響を受けた人物はいない」…×　第８段落最後の２文参照。父親と祖父のどちらも自分の人生に大きな影響を与えたと思っている。

4〔適語(句)選択〕

⑴ a dream of ～ing で「～という夢」。この of は‘同格’を表し，「～という」の意味。　「私には医者になるという夢がある」

⑵ ２つの物があり，一方を one で表したとき，もう一方は the other で表す。なお，物が３つ以上ある中から１つを取り，「さらにもう１つの」，「別の」というときは another を用いる。（例）I don't like this T-shirt. Show me another.「私はこのＴシャツが気に入りません。別のを見せてください」　「彼らは家を２軒持っている。１軒は千葉にある。もう１軒は長野にある」

⑶「レストランは混んでいた」と「テーブルを見つけることができた」は対立する内容になっている。although「～であるが」　「レストランは混んでいたが，私たちはテーブルを見つけることができた」

⑷ ‘stay with＋人’で「〈人〉の家に泊まる」。　*cf.* ‘stay at＋場所’「～に泊まる」　「春休みにおばの家に１週間滞在する予定だ」

⑸ ‘have/has been dead for＋期間’で「死んでから〈期間〉がたつ」(直訳は「～の間，死亡した状態が続いている」)という意味を表せる(現在完了の‘継続’用法)。　「彼の祖父は亡《な》くなって４年になる」

5〔整序結合〕

⑴「聞いた？」なので Did you hear とし，「いつパーティーが開かれるか」を‘疑問詞＋主語＋動詞...’の間接疑問の語順にする。「パーティーが開かれる」は受け身で the party will be held と表す。不要語は have。　Did you hear when the party will be held?

⑵「～に話しかける」は speak to ～ で表せ，これの受け身は，be spoken to by … となる。このように動詞句(ここでは speak to)の受け身形は，過去分詞の後ろにその動詞句を構成する語(句)をそのままの順で置き，その後に「～によって」の by を置く。不要語は for。　Yesterday I was spoken to by a man on the street.

⑶ forget や remember は目的語に‘未来の内容’がくるときは目的語を to不定詞で表すので，「明かりを消すのを忘れないで」は Don't forget to turn off the light とする。「部屋を出る前に」は‘before＋主語＋動詞’「～する前に」の形にまとまる。不要語は turning。　Don't forget to turn off the light before you leave the room.

⑷「彼を知っているだれも」は，who を主格の関係代名詞とする関係詞節で，Anyone who knows him と表せる。「～に驚く」は be surprised at ～。不要語は all。　Anyone who knows him will be surprised at the news.

(5)「この写真を見ると～を思い出す」は「この写真は～を思い出させる」ということ。「〈人〉に〈物事〉を思い出させる」は‘remind＋人＋of＋物事’で表せる。不要語は remembers。 This picture reminds me of my happy days in Canada.

(6)「彼女は全校生徒の中でいちばん速く泳ぐ」→「彼女は学校のどの生徒よりも速く泳ぐ」と考え，‘比較級＋than any other＋単数名詞’「他のどの～より…」の形にまとめる。この any は「どの」，other は「他の」の意味。不要語は fastest。 She swims faster than any other student in her school.

6〔誤文訂正〕

(1)誤りはない。when I was a child「私が子どもの頃」という，はっきりと過去を表す語(句)があるので，主節の述語動詞は現在完了ではなく過去形を使う。 「私は子どもの頃３年間中国に住んでいたので，中国語が少し話せる」

(2)「〈人〉に〈物〉を買ってあげる」は‘buy＋物＋for＋人’と，前置詞に to ではなく for を使う。他にこの形で for を用いる動詞として，make，find，cook などがある。 「この時計はおじが昨年の私の誕生日に買ってくれたので，私にとってとても大切なものだ」

(3)形容詞 safe(r)ではなく副詞(more) safely が正しい。本問のような「どちらの道を選ぶべきだと思いますか」のような Yes/No で答えられない疑問文は，‘疑問詞＋do you think＋主語＋動詞…?’という語順になる。 「山の頂上により安全に着くには，どちらの道を選ぶべきだと思いますか」

(4)be good at ～ing で「～することが得意だ」という意味。なお，③の it は形式主語で，‘It is ～ to …’「…することは～だ」の構文。 「私の友達の何人かは歌が上手なので，彼らと一緒にカラオケに行くのはとても楽しい」

(5)meet は通常，初めて会う場合に用いられる。初対面ではない相手に会うという場合は see が適切。‘It is〔has been〕＋時間＋since ～’「～から〈時間〉が過ぎた」 「あなたがオーストラリアに行ってから長い時間が過ぎたので，また会えたらうれしい」

(6)‘時’や‘条件’を表す副詞節(if, when, before などから始まる副詞のはたらきをする節)の中は，未来の内容でも現在形で表すので，③は when you see him が正しい。 ‘would like ～ to …’「～に…してほしい」 ‘hand＋物＋to＋人’「〈人〉に〈物〉を(手)渡す」 「放課後テイラー先生に会ったら，このレポートを渡してほしい」

2024年度／専修大学松戸高等学校(前期17日)

数学解答

1 (1) ア…1　イ…0　ウ…3
(2) ア…8　イ…1　ウ…6
(3) ア…9　イ…8　ウ…2　エ…5
(4) 3　(5) 6
(6) ア…5　イ…3　ウ…6

2 (1) ①…3　②…1
(2) ①…1
② イ…1　ウ…6　エ…5
オ…1　カ…1　キ…6

3 (1) 4　(2) イ…2　ウ…1
(3) エ…1　オ…2　カ…3

4 (1) ア…1　イ…2
(2) ウ…1　エ…6　オ…3
(3) カ…8　キ…2　ク…1　ケ…7

5 (1) ア…6　イ…3
(2) ウ…1　エ…8　オ…3
(3) カ…1　キ…0　ク…8

(声の教育社　編集部)

1〔独立小問集合題〕

(1)<数の計算>与式$=(2\sqrt{6}-4)(5\sqrt{6}+10)-(15+2\sqrt{15\times5}+5)=2(\sqrt{6}-2)\times5(\sqrt{6}+2)-(20+2\sqrt{5^2\times3})=10(\sqrt{6}-2)(\sqrt{6}+2)-(20+2\times5\sqrt{3})=10\times(6-4)-(20+10\sqrt{3})=10\times2-20-10\sqrt{3}=20-20-10\sqrt{3}=-10\sqrt{3}$

(2)<二次方程式―解の利用>二次方程式$x^2+ax+b=0$の解を，解の公式を用いて求めると，$x=\frac{-a\pm\sqrt{a^2-4\times1\times b}}{2\times1}=\frac{-a\pm\sqrt{a^2-4b}}{2}$である。解が$x=-4$のみとなるので，$\sqrt{a^2-4b}=0$であり，$a^2-4b=0$となる。このとき，解は，$x=\frac{-a}{2}$となるから，$\frac{-a}{2}=-4$が成り立ち，$a=8$である。これを$a^2-4b=0$に代入して，$8^2-4b=0$より，$64-4b=0$，$-4b=-64$，$b=16$となる。
≪別解≫$x=-4$のみが解となる二次方程式は，$(x+4)^2=0$と表せ，左辺を展開すると，$x^2+8x+16=0$となる。二次方程式$x^2+ax+b=0$も$x=-4$のみを解とするので，この2つの二次方程式は，同じ方程式となる。よって，$a=8$，$b=16$である。

(3)<数の計算>与式$=4\times\left(\frac{7}{10}\right)^2+9\times\left(-\frac{7}{15}\right)^2=4\times\frac{49}{100}+9\times\frac{49}{225}=\frac{49}{25}+\frac{49}{25}=\frac{98}{25}$

(4)<関数―tの値>関数$y=\frac{1}{3}x^2$で，$x=2t$のとき$y=\frac{1}{3}\times(2t)^2=\frac{4}{3}t^2$，$x=4t$のとき$y=\frac{1}{3}\times(4t)^2=\frac{16}{3}t^2$だから，$x$の値が$2t$から$4t$まで増加するときの変化の割合は$\left(\frac{16}{3}t^2-\frac{4}{3}t^2\right)\div(4t-2t)=4t^2\div2t=2t$と表せる。これが6なので，$2t=6$が成り立ち，$t=3$となる。

(5)<数の性質>$\sqrt{\frac{128n}{27}}=\sqrt{\frac{2^7\times n}{3^3}}$だから，$\sqrt{\frac{128n}{27}}$が有理数となる最小の自然数$n$は，$\frac{2^7\times n}{3^3}=\frac{2^8}{3^2}$となる自然数である。よって，$n=2\times3$より，$n=6$である。

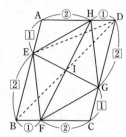

(6)<平面図形―面積比>右図で，点Eと点F，点Fと点G，点Gと点Hを結ぶ。四角形ABCDが平行四辺形より，AB＝CD，BC＝DAであり，AE：EB＝CG：GD＝1：2，DH：HA＝BF：FC＝1：2だから，AE＝CG，HA＝FCである。また，∠HAE＝∠FCGだから，△AEH≡△CGFとなり，HE＝FGである。同様にして，EF＝GHとなる。よって，四角形EFGHは平行四辺形である。これより，△EGH＝△GEFであり，EI＝GIだから，△EHI＝△GHI$=\frac{1}{2}$△EGH$=\frac{1}{2}\times\frac{1}{2}$▱EFGH$=\frac{1}{4}$▱EFGHとなる。次に，▱ABCD＝$S$として，点Eと点D，点Bと点Dを結ぶ。△ABD$=\frac{1}{2}$▱ABCD$=\frac{1}{2}S$となる。AE：

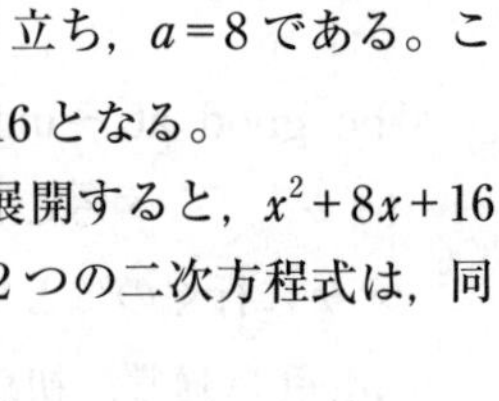

EB=1：2より，△AED：△EBD=1：2だから，△AED=$\frac{1}{1+2}$△ABD=$\frac{1}{3}\times\frac{1}{2}S=\frac{1}{6}S$となる。さらに，DH：HA=1：2より，△HED：△AEH=1：2だから，△AEH=$\frac{2}{1+2}$△AED=$\frac{2}{3}\times\frac{1}{6}S=\frac{1}{9}S$である。同様にして，△BFE=△CGF=△DHG=$\frac{1}{9}S$となる。よって，▱EFGH=▱ABCD−△AEH−△BFE−△CGF−△DHG=$S-\frac{1}{9}S-\frac{1}{9}S-\frac{1}{9}S-\frac{1}{9}S=\frac{5}{9}S$だから，△EHI=$\frac{1}{4}$▱EFGH=$\frac{1}{4}\times\frac{5}{9}S=\frac{5}{36}S$となり，△EHI：▱ABCD=$\frac{5}{36}S：S$=5：36である。

2〔独立小問集合題〕

(1)＜データの活用—四分位範囲，人数＞①四分位範囲は第3四分位数と第1四分位数の差である。箱ひげ図において，第1四分位数は箱の部分の左端の値，第3四分位数は箱の部分の右端の値だから，第1四分位数は1.5回，第3四分位数は4.5回であり，四分位範囲は，4.5−1.5=3(回)である。
② 24人を対象に行ったので，第1四分位数は，小さい方12人の中央値であり，小さい方から6番目と7番目の平均値である。第1四分位数が1.5回だから，1回以下が6人となる。最小値が1回だから，1回は6人である。また，第3四分位数は，大きい方12人の中央値だから，大きい方から6番目と7番目の平均値である。第3四分位数が4.5回だから，5回以上が6人となり，最大値が8回で，8回が1人，7回が0人，6回が3人だから，5回は，6−1−0−3=2(人)となる。2回は7人なので，3回，4回の人は，24−6−7−6=5(人)である。4回の人をx人とすると，3回の人は$5-x$人となり，24人の回数の合計は，$1\times6+2\times7+3\times(5-x)+4\times x+5\times2+6\times3+8\times1=6+14+15-3x+4x+10+18+8=x+71$(回)となる。平均値が3回より，回数の合計は3×24=72(回)だから，$x+71=72$が成り立つ。これより，$x=1$となるので，4回は1人である。

(2)＜数の性質＞① Aをnでわったときの商が18，余りが3より，$A=18n+3$と表せ，Bをnでわったときの商が12，余りが8より，$B=12n+8$と表せる。これより，$A+B=(18n+3)+(12n+8)=30n+11=30n+10+1=10(3n+1)+1$となる。$n$は自然数だから，$3n+1$は自然数であり，$10(3n+1)$は10の倍数となる。よって，$A+B$を10でわった余りは1である。　②①より，$A-B=(18n+3)-(12n+8)=18n+3-12n-8=6n-5$となるので，$A-B=49$より，$6n-5=49$が成り立つ。これより，$6n=54$，$n=9$となる。よって，$A=18n+3=18\times9+3=165$，$B=12n+8=12\times9+8=116$である。

3〔関数—関数 $y=ax^2$ と一次関数のグラフ〕

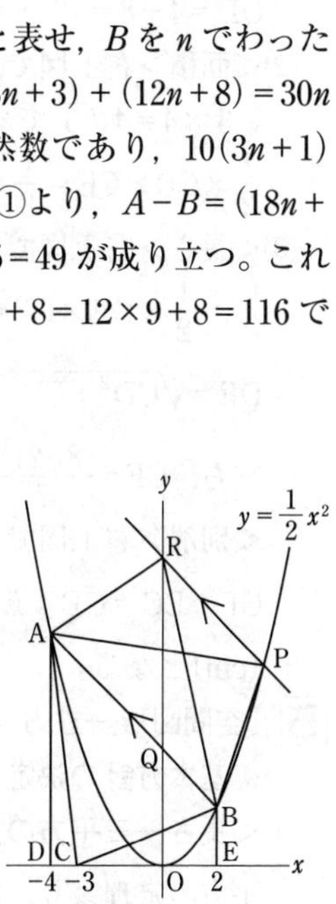

(1)＜y座標＞右図で，2点A，Bは放物線$y=\frac{1}{2}x^2$上の点で，x座標はそれぞれ−4，2だから，$y=\frac{1}{2}\times(-4)^2=8$，$y=\frac{1}{2}\times2^2=2$より，A(−4，8)，B(2，2)である。よって，直線ABの傾きは$\frac{2-8}{2-(-4)}=-1$であり，その式は$y=-x+b$とおける。これが点Bを通るから，$2=-2+b$，$b=4$となり，切片が4だから，直線ABとy軸との交点のy座標は4である。

(2)＜面積＞右図で，2点A，Bからx軸に垂線AD，BEを引くと，△ABC=〔台形ADEB〕−△ACD−△BCEである。A(−4，8)，B(2，2)，C(−3，0)より，AD=8，BE=2，DE=2−(−4)=6，DC=−3−(−4)=1，CE=2−(−3)=5だから，〔台形ADEB〕=$\frac{1}{2}$×(AD+BE)×DE=$\frac{1}{2}\times(8+2)\times6=30$，△ACD=$\frac{1}{2}$×DC×AD=$\frac{1}{2}\times1\times8=4$，△BCE=$\frac{1}{2}$×CE×BE=$\frac{1}{2}\times5\times2=5$となる。よって，△ABC=30−4−5=21となる。

(3)＜x 座標＞前ページの図で，直線ABと y 軸の交点をQとすると，(1)より，Q(0, 4)である。△ABR＝△ABC＝21となる点Rを y 軸上の点Qより上側にとると，△ABP＝△ABCより，△ABR＝△ABPとなる。△ABR，△ABPの底辺をABと見ると，高さが等しくなるので，RP∥ABとなる。直線ABの傾きは－1なので，直線RPの傾きも－1となる。次に，R(0, r)とすると，QR＝$r-4$ となる。QRを底辺と見ると，2点A，Bの x 座標より，△AQRの高さは4，△BQRの高さは2だから，$\triangle ABR=\frac{1}{2}\times(r-4)\times4+\frac{1}{2}\times(r-4)\times2=3r-12$ と表せる。よって，$3r-12=21$ が成り立ち，$r=11$ となる。したがって，直線RPの切片は11だから，直線RQの式は $y=-x+11$ となる。点Pは放物線 $y=\frac{1}{2}x^2$ と直線 $y=-x+11$ の交点となるから，2式から y を消去して，$\frac{1}{2}x^2=-x+11$ より，$x^2+2x-22=0$ となり，$x=\frac{-2\pm\sqrt{2^2-4\times1\times(-22)}}{2\times1}=\frac{-2\pm\sqrt{92}}{2}=\frac{-2\pm2\sqrt{23}}{2}=-1\pm\sqrt{23}$ となる。点Pの x 座標は2より大きいので，$-1+\sqrt{23}$ である。

4 〔平面図形―円〕

《基本方針の決定》(3)　△CDEの面積を利用する。

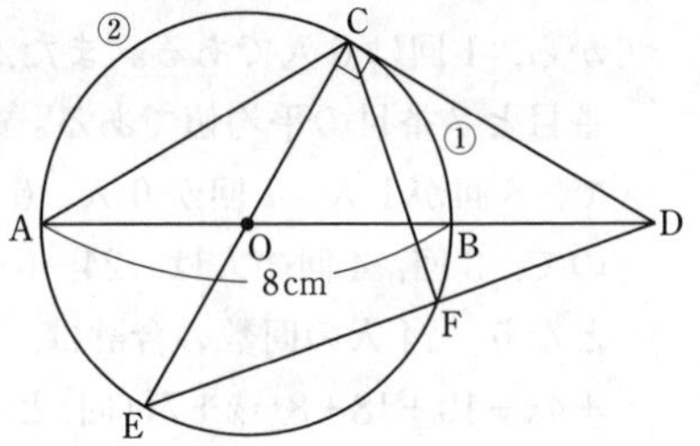

(1)＜長さ―特別な直角三角形＞右図で，AB＝8だから，$OC=OA=\frac{1}{2}AB=\frac{1}{2}\times8=4$ である。$\overset{\frown}{AC}:\overset{\frown}{CB}=2:1$ より，∠AOC：∠COB＝2：1だから，$\angle COB=180^\circ\times\frac{1}{2+1}=60^\circ$ である。また，直線CDは円Oの点Cにおける接線だから，∠OCD＝90°である。よって，△OCDは3辺の比が $1:2:\sqrt{3}$ の直角三角形だから，OD＝2OC＝2×4＝8となり，AD＝OA＋OD＝4＋8＝12(cm)である。

(2)＜面積＞右上図で，(1)より，△OCDは3辺の比が $1:2:\sqrt{3}$ の直角三角形だから，$CD=\sqrt{3}OC=\sqrt{3}\times4=4\sqrt{3}$ である。また，辺CEは円Oの直径だから，CE＝AB＝8である。よって，$\triangle CDE=\frac{1}{2}\times CD\times CE=\frac{1}{2}\times4\sqrt{3}\times8=16\sqrt{3}$ (cm^2) となる。

(3)＜長さ＞右上図で，線分CEは円Oの直径だから，CF⊥DEとなる。(2)より，$\triangle CDE=16\sqrt{3}$ だから，$\frac{1}{2}\times DE\times CF=16\sqrt{3}$ となる。△CDEは∠ECD＝90°の直角三角形だから，三平方の定理より，$DE=\sqrt{CD^2+CE^2}=\sqrt{(4\sqrt{3})^2+8^2}=\sqrt{112}=4\sqrt{7}$ となる。よって，$\frac{1}{2}\times4\sqrt{7}\times CF=16\sqrt{3}$ が成り立ち，$CF=\frac{8\sqrt{21}}{7}$ (cm)となる。

《別解》右上図で，∠CDF＝∠EDC，∠CFD＝∠ECD＝90°より，△FDC∽△CDEである。よって，CF：EC＝CD：EDより，$CF:8=4\sqrt{3}:4\sqrt{7}$ が成り立ち，$CF\times4\sqrt{7}=8\times4\sqrt{3}$，$CF=\frac{8\sqrt{21}}{7}$ (cm)となる。

5 〔空間図形―立方体〕

《基本方針の決定》(3)　NO⊥〔面LMN〕であることに気づきたい。

(1)＜長さ―三平方の定理＞次ページの図で，AE⊥〔面EFGH〕より，∠NEO＝90°だから，△NEOで三平方の定理より，$NO=\sqrt{NE^2+EO^2}$ となる。点Nは辺AEの中点だから，$AN=NE=\frac{1}{2}AE=\frac{1}{2}\times12=6$ である。四角形EFGHは正方形だから，△EFGは直角二等辺三角形であり，$EG=\sqrt{2}EF=\sqrt{2}\times12=12\sqrt{2}$ となる。点Oは正方形EFGHの対角線の交点だから，$EO=\frac{1}{2}EG=\frac{1}{2}\times12\sqrt{2}=6\sqrt{2}$ である。よって，$NO=\sqrt{6^2+(6\sqrt{2})^2}=\sqrt{108}=6\sqrt{3}$ (cm)である。

(2)<面積—特別な直角三角形>右図で，3点L，M，Nはそれぞれ辺AB，辺AD，辺AEの中点だから，AL＝AM＝AN＝6となる。∠LAN＝∠MAN＝∠LAMだから，△ALN，△AMN，△ALMは合同な直角二等辺三角形であり，$LN=MN=LM=\sqrt{2}AL=\sqrt{2}\times6=6\sqrt{2}$ となる。△LMNは正三角形だから，点Nから線分LMに垂線NPを引くと，△LNPは3辺の比が $1:2:\sqrt{3}$ の直角三角形となる。よって，$NP=\frac{\sqrt{3}}{2}LN=\frac{\sqrt{3}}{2}\times6\sqrt{2}=3\sqrt{6}$ となるから，$\triangle LMN=\frac{1}{2}\times LM\times NP=\frac{1}{2}\times6\sqrt{2}\times3\sqrt{6}=18\sqrt{3}$ (cm²)である。

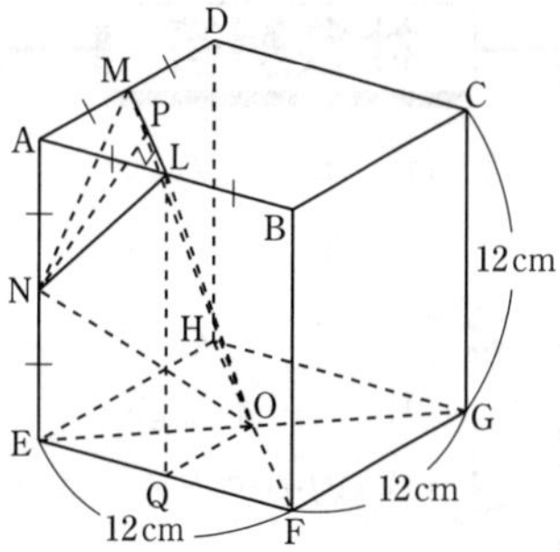

(3)<体積>右上図で，点Lから面EFGHに垂線LQを引くと，点Qは辺EFの中点となり，LQ＝AE＝12，EQ＝AL＝6となる。∠OEQ＝45°，OQ⊥EFより，△OEQは直角二等辺三角形だから，OQ＝EQ＝6である。△LOQで三平方の定理より，$LO^2=LQ^2+OQ^2=12^2+6^2=180$ となる。また，(1)，(2)より，$NO^2+LN^2=(6\sqrt{3})^2+(6\sqrt{2})^2=180$ である。よって，$NO^2+LN^2=LO^2$ が成り立つので，△LONは∠LNO＝90°の直角三角形である。同様に，△MONも∠MNO＝90°の直角三角形である。したがって，NO⊥〔面LMN〕となるから，四面体LMNOは，底面を△LMNと見ると，高さがNOの三角錐であり，〔四面体LMNO〕$=\frac{1}{3}\times\triangle LMN\times NO=\frac{1}{3}\times18\sqrt{3}\times6\sqrt{3}=108$ (cm³)である。

═読者へのメッセージ═

三平方の定理はピタゴラスが発見したとされ，ピタゴラスの定理ともいわれますが，実はピタゴラスの時代よりも1000年以上前の古代バビロニアの遺跡から三平方の定理で求めた数を記した粘土板が発見されています。現在ではピタゴラスはこの定理の発見者ではないという説が有力です。

2024年度／専修大学松戸高等学校（前期17日）

社会解答

1 (1) エ　(2) エ
(3) ①…ウ　②…オ　(4) イ

2 (1) ウ　(2) ウ　(3) ア
(4) ①…イ　②…ク

3 (1) W…ア　Z…エ　(2) イ
(3) ア　(4) ウ

4 (1) イ　(2) エ　(3) ア　(4) キ
(5) ウ

5 (1) エ　(2) カ　(3) ウ　(4) エ
(5) ア

6 (1) イ　(2) エ　(3) ウ　(4) ア
(5) Ⅰ…ウ　Ⅱ…イ

7 (1) カ　(2) イ　(3) オ

8 (1) ウ　(2) ウ　(3) イ

（声の教育社　編集部）

1〔三分野総合―日本の世界遺産を題材とする問題〕

⑴＜SDGs＞「持続可能な開発目標」は，2015年に国際連合の総会で採択された，2030年までに達成することを目指した国際的な目標で，略称をSDGsという（エ…○）。なお，ODAは政府開発援助の略称（ア…×），NGOは非政府組織の略称（イ…×），TPPは環太平洋経済連携協定〔環太平洋パートナーシップ協定〕の略称である（ウ…×）。

⑵＜フランス南部の農業＞資料２のヨーロッパ州周辺の農業分布を見ると，フランス南部にはＸが分布している。Ｘが分布する地中海沿岸地域では，降水量が少ない夏は乾燥に強いオリーブなどの果実を栽培し，降水のある冬は小麦などを栽培する地中海式農業が行われている（エ…○）。なお，Ｙのような作物栽培と家畜の飼育を組み合わせた農業を混合農業といい，Ｗのようにアルプス山脈以北のドイツやポーランドなどに分布している。

⑶＜三重県と和歌山県の特色＞大阪府は都道府県別人口が第３位（2021年）である一方で，都道府県別面積は小さい方から数えて第２位（2021年）であるため，人口÷面積で求めることのできる人口密度は大きくなる。したがって，エは大阪府である。みかんの都道府県別生産量第１位（2021年）は和歌山県であるため，オは和歌山県である（②…オ）。海面漁業漁獲量が出ていないアは，内陸部にある奈良県である。残ったイとウのうち，人口密度の高いイは，京阪神大都市圏に属し，150万人以上の人口（2021年）を持つ都市である神戸市を抱える兵庫県が当てはまる。海面漁業漁獲量が多く，輸送用機械出荷額が高いウは，南部にリアス海岸が分布して天然の良港を抱え，自動車工業の盛んな鈴鹿市もある三重県が当てはまる（①…ウ）。

⑷＜年代整序＞年代の古い順に，Ⅰ（鑑真の来日―奈良時代），Ⅲ（平清盛が大輪田泊を修復―平安時代末期），Ⅱ（西廻り航路の開拓―江戸時代前期）となる。

2〔日本地理―総合〕

⑴＜やませ＞夏に東北地方の太平洋側の地域に吹く冷たく湿った北東の風を，やませという。東北地方の太平洋側には宮城県や岩手県があり，やませの影響で夏に冷害が発生することがある（ウ…○）。なお，からっ風は，冬に関東地方の内陸部に吹く冷たく乾いた北西の風である。

⑵＜日本の水力発電＞図を見ると，●は主に内陸部に分布しているため，山間部のダムを中心に発電が行われている水力発電所であることがわかる。水力発電は，1950年代頃までは日本の発電の中心

であったが，現在の日本では火力発電が中心である。したがって，資料１で，最も発電量が多いアは火力発電である。また，2011年を境に発電量が急落しているイは，福島第一原子力発電所事故の影響により発電量が大幅に減った原子力発電である。残ったウが水力発電である。

⑶＜北九州工業地域，瀬戸内工業地域＞Ｘは北九州工業地域であり，Ｙは瀬戸内工業地域である。資料２で，どちらの工業地域でも最も高い割合を示すあ．は，日本全体でも最も工業製品出荷額の割合が高い機械が当てはまる。また，瀬戸内工業地域で割合の高いえ．は，岡山県倉敷市の水島地区や山口県周南市，愛媛県新居浜市に石油化学コンビナートが立地していることから，化学が当てはまる(ア…○)。なお，い．は食料品，う．は金属，お．はせんいである。

⑷＜地形図の読み取り＞①特にことわりのないかぎり，地形図では上が北を表している。JR札幌駅から，南にある札幌市役所(◎)までは，地図上では３cmほどの長さにある。この地形図の縮尺は２万５千分の１であることから，地形図上で３cmの長さの実際の直線距離は，３cm×25000＝75000cm＝750mとなる。また，縮尺が５万分の１の地形図の場合，実際の直線距離が750mであるときの地形図上の長さは，750m÷50000＝0.015m＝1.5cmとなる(イ…○)。　②JR札幌駅から見て，北大植物園は南西の方向に位置する(ａ…誤)。北大植物園には，果樹園(ό)ではなく広葉樹林(Q)が見られる(ｂ…誤)。すすきの駅の近くには，警察署(⊗)ではなく交番(X)がある(ｃ…誤)。

3〔世界地理—総合〕

⑴＜世界の気候＞Ｘ(南アフリカ共和国のケープタウン)はＷ～Ｚの４都市の中では唯一南半球に位置するため，６～８月に気温が低く，12～２月に気温が高いイが当てはまる。Ｚ(シンガポール)は赤道直下の熱帯地域に位置するため，年間を通して高温で降水量が多いエが当てはまる。Ｙ(サウジアラビアのリヤド)はアラビア半島内陸の乾燥地域に位置するため，年間を通して降水量の少ないウが当てはまる。Ｗ(カナダのバンクーバー)には残ったアが当てはまる。

⑵＜南アメリカ州＞南アメリカ州の西部に連なるアンデス山脈の標高が高い地域では，アルパカやリャマなどが飼育されている(Ⅰ…○)。アマゾン川流域は，内陸にある鉄鉱石の産地と海沿いの輸出港などを結ぶ道路の開発などにより，森林の伐採などの環境破壊が問題になっている(Ⅱ…○)。なお，南アメリカ州の西部にあるのはアンデス山脈で，アルプス山脈はヨーロッパ州にある山脈である(Ⅲ…×)。南アメリカ州の国々が地域統合を目指して組織しているのはMERCOSUR〔南米南部共同市場〕で，AU〔アフリカ連合〕はアフリカ州の国や地域からなる国際機関である(Ⅳ…×)。

⑶＜オーストラリアの民族＞Ａの国はオーストラリアで，オーストラリアの先住民族はアボリジニ〔アボリジニー〕である。また，オーストラリアは，20世紀初めから，ヨーロッパ系以外の移民を制限する白豪主義政策をとってきた。しかし，第二次世界大戦後，経済発展のために移民労働者を増やす必要に迫られ，1970年代には白豪主義を放棄し，ヨーロッパ系以外の移民の積極的な受け入れに転換した。その後はオセアニア州に近いアジア州からの移民が増えている。したがって，資料１のグラフを見ると，1981年から2011年にかけて割合を大きく増やしているい．がアジア州からの移民であり，割合を減らしているう．はヨーロッパ州からの移民である。残ったあ．はオーストラリアが属するオセアニア州である(ア…○)。

⑷＜資料の読み取り＞資料２を見ると，2010年における中国の自動車生産台数は18000千台程度であ

るのに対し，アメリカ合衆国の自動車生産台数は7500千台程度であるので，18000千÷7500千＝2.4より，中国の自動車生産台数はアメリカ合衆国の自動車生産台数の２倍以上である（Ⅰ…正）。2020年のアメリカ合衆国の自動車生産台数は9000千台程度，日本の自動車生産台数は8000千台程度，インドの自動車生産台数は3000千台程度であり，３か国の自動車生産台数の合計は，9000千＋8000千＋3000千＝20000千台程度である。これに対して，中国の自動車生産台数は25000千台程度であるので，中国の自動車生産台数の方が多い（Ⅱ…誤）。中国とインドは，ともに５年前と比較した自動車生産台数の増加数が，2010年に最も多くなっている一方で，アメリカ合衆国と日本の2005年から2010年にかけての自動車生産台数は減少している（Ⅲ…正）。

4〔歴史―古代の日本と世界〕

(1)＜縄文時代の日本＞縄文時代の初め頃，海水面が上昇したことで低地が水没し，日本列島が大陸から切り離されることになった。また，縄文時代に現れたたて穴住居は，地面を掘り下げて床にし，屋根をかけた住居である（イ…○）。

(2)＜メソポタミア文明＞メソポタミア文明は，現在のイラク付近でおこった（Ⅰ…○）。メソポタミア文明は，チグリス川〔ティグリス川〕・ユーフラテス川の流域で発達した（Ⅱ…○）。メソポタミア文明では，月の満ち欠けをもとにした太陰暦が用いられた（Ⅲ…○）。メソポタミアを統一したハンムラビ王は，くさび形文字を用いてハンムラビ法典を整えた（Ⅳ…○）。

(3)＜４～５世紀頃の朝鮮半島＞４～５世紀頃の朝鮮半島では，北部を高句麗が支配していた（ア…○）。なお，西部を百済（イ）が支配し，東部を新羅（ウ）が支配し，南部の伽耶地域〔任那〕（エ）には小国が分立した。

(4)＜墾田永年私財法＞資料３の「天平十五年の法令」は，墾田永年私財法である。「養老七年の法令」は723年に出された三世一身法を指す。資料３の１，２行目を読むと，「養老七年の法令」では「三代という期限が過ぎると，開墾した土地は他の土地と同じく国家に収められる」とあるので，土地を新たに開墾した人だけでなく，三代にわたって私有が認められたことがわかる（Ⅰ…誤）。３，４行目を読むと，「天平十五年の法令」で私有を認められたのは，開墾した土地であることがわかる（Ⅱ…誤）。「天平十五年の法令」すなわち墾田永年私財法が出された背景としては，人口の増加などによる口分田の不足などがある（Ⅲ…正）。

(5)＜年代整序＞年代の古い順に，Ⅱ（最澄と空海の開宗―９世紀初め），Ⅰ（藤原純友の乱―10世紀中頃），Ⅲ（藤原道長が摂政となる―11世紀初め），Ⅳ（後三年合戦―11世紀末）となる。

5〔歴史―中世～近世の日本〕

(1)＜地頭＞資料１を読むと，空欄には，鎌倉時代に荘園の農民に仕事をさせていた者が入ることがわかる。鎌倉時代に荘園や公領を現地で管理・支配したのは，地頭である（エ…○）。なお，大目付は江戸幕府において幕政の監督などを行った役職（ア…×），郡司は律令国家の時期に国司の指揮のもとに地方を統治した役職（イ…×），執権は鎌倉幕府において将軍に代わって幕政を指揮した役職である（ウ…×）。

(2)＜年代整序＞年代の古い順に，Ⅲ（南北朝の統一―1392年），Ⅱ（山城国一揆―1485年），Ⅰ（鉄砲が伝わる―1543年）となる。

(3)＜豊臣秀吉＞豊臣秀吉は，統一されたものさしやますを用いて，土地を測量し，耕作者・面積・収穫高などを調べる太閤検地(Ⅲ…○)や，農民などから武器を取り上げる刀狩(Ⅳ…○)によって，武士と農民の区別を明確にする兵農分離を推進した。また，キリスト教を禁止するため，宣教師を国外に追放するバテレン追放令を出したが，不徹底に終わった(Ⅴ…○)。なお，安土城を築いたのは織田信長(Ⅰ…×)，銀閣や東求堂を建てたのは足利義政である(Ⅱ…×)。

(4)＜松尾芭蕉＞元禄時代に俳諧〔俳句〕を芸術の域に高め，東北地方などを旅した紀行文を『おくのほそ道〔奥の細道〕』にまとめたのは，松尾芭蕉である。また，現在の岩手県の平泉にあり，奥州藤原氏が平安時代に建てた阿弥陀堂は，中尊寺金色堂である(エ…○)。なお，与謝蕪村は，田沼意次が幕政を主導した18世紀後半の俳諧師である。また，平等院鳳凰堂は，現在の京都府の宇治にあり，藤原頼通が平安時代に建てた阿弥陀堂である。

(5)＜幕末の出来事＞江戸幕府が日米修好通商条約などの安政の五か国条約を結び，欧米諸国との貿易が始まると，開港地のうち横浜が最大の貿易港となり，日本からの主要な輸出品は生糸となった(Ⅰ…正)。また，1862年，薩摩藩士がイギリス人を殺傷する生麦事件が起こると，翌63年，イギリスが報復として薩摩藩を攻撃する薩英戦争が起こった(Ⅱ…正)。

6〔歴史―近現代の日本と世界〕

(1)＜資料の読み取り＞韓国併合が行われたのは1910年である。資料1を見ると，1910年の地租による収入額は，0.75億円＝7500万円程度であり，5000万円を上回っている(Ⅰ…正)。また，日清戦争の講和会議で下関条約が締結されたのは1895年である。1895年の租税収入に占める地租の割合は50％程度であり，60％未満である(Ⅱ…誤)。

(2)＜第一次世界大戦中の出来事＞第一次世界大戦中(1914～18年)にあたる1917年に，ロシアでロシア革命が起こり，世界で初めての社会主義の政府が誕生した(エ…○)。なお，ドイツでヒトラーが首相になったのは1933年(ア…×)，ワシントン会議が開催されたのは1921～22年(イ…×)，アメリカで南北戦争が始まったのは1861年である(ウ…×)。

(3)＜原敬内閣＞原敬内閣は，立憲政友会を与党とする日本初の本格的な政党内閣であった。また，普通選挙法が制定されて25歳以上の男性の選挙権条件から納税額による制限が撤廃されたのは1925年であり，原敬内閣が発足した1918年には選挙権条件には納税額による制限が残っていた(ウ…○)。

(4)＜日中戦争・太平洋戦争中の出来事＞日中戦争は1937～45年，太平洋戦争は1941～45年の期間に行われた戦争である。大政翼賛会は1940年に結成された(Ⅲ…○)。なお，治安維持法が制定されたのは大正時代の1925年(Ⅰ…×)，徴兵令が制定されたのは明治時代初期の1873年(Ⅱ…×)，関東大震災が発生したのは大正時代の1923年である(Ⅳ…×)。

(5)＜第二次世界大戦後の出来事＞日本国憲法が施行されたのは1947年，公害対策基本法が制定されたのは1967年，55年体制が終わったのは1993年である。Ⅰは1947～67年にあたり，この間の1950年に，警察予備隊が発足した(Ⅰ…ウ)。また，Ⅱは1967～93年にあたり，この間の1972年に，沖縄が日本に復帰した(Ⅱ…イ)。なお，アの大逆事件が起こったのは1910年，エの東日本大震災が発生したのは2011年，オの全国水平社が発足したのは1922年である。

7〔公民―総合〕

(1)＜ドント式＞比例代表制において，ドント式で各党への議席配分を決める場合は，各党の得票数を正の整数で順に割り，商の大きい順に定数まで各政党に配分する。資料に載っている商を大きい順に並べると，定数である22番目の数字は22.2…であるため，議席は22.2…以上の値に対して割り振られる。したがって，A党は9議席，B党は6議席，C党は4議席，D党は2議席，E党は1議席を獲得することになる(カ…○)。

⑵＜内閣制度＞日本国憲法第68条1項では，国務大臣の過半数は，国会議員から選ばれなければならないと規定されている(Ⅰ…正)。また，日本国憲法第69条では，衆議院で内閣不信任決議が可決された場合，内閣は10日以内に衆議院を解散するか，総辞職しなければならないと規定されている(Ⅱ…誤)。

⑶＜基本的人権＞日本国憲法において，居住・移転・職業選択の自由は第22条1項(Ⅰ…○)，教育を受ける権利は第26条1項(Ⅱ…○)，裁判を受ける権利は第32条(Ⅲ…○)，法の下の平等は第14条1項(Ⅴ…○)，請願権は第16条(Ⅵ…○)で，それぞれ規定されている。なお，Ⅳは情報公開法，Ⅶは環境基本法の条文の一部である。

8〔公民―総合〕

⑴＜消費と消費者問題＞サービスとは形のない商品のことであり，スポーツ観戦などはサービスにあたる(Ⅰ…○)。商品売買の契約は，口頭だけでも成立する(Ⅱ…○)。PL法〔製造物責任法〕では，商品の欠陥により消費者が損害を被った場合には，企業は過失の有無にかかわらず損害を賠償する責任を負うと規定されている(Ⅳ…○)。なお，一定期間内であれば消費者が無条件で契約を解除できるクーリング・オフ制度は，訪問販売や電話勧誘などにより商品を購入した場合に適用される(Ⅲ…×)。消費者行政を主に担当する役所として2009年に設置されたのは，消費者庁である(Ⅴ…×)。

⑵＜情報化＞インターネット上の情報には誤ったものも含まれるため，情報を正しく活用する情報リテラシーを身につけることが求められている(Ⅰ…誤)。また，コンピューターに人間と同様の知能のはたらきを持たせたものをAI〔人工知能〕という(Ⅱ…正)。

⑶＜日本の歳出＞1990年度から2023年度にかけて大きく割合を増やし，現在は歳出の3分の1程度を占めているう.は，少子高齢化によって歳出額が増えている社会保障関係費である。1990年度，2023年度ともに大きな割合を占めているい.は，国の借金の利息や元本を支払う歳出である国債費が当てはまる。残ったあ.は，地方公共団体間の財政格差を是正するために国から地方公共団体に配分される地方交付税交付金などである(イ…○)。

理科解答

1 (1) ⑤　(2) ③　(3) ⑦
(4) X…1　Y…1

2 (1) ⑦　(2) ④
(3) X…4　Y…0　Z…7
(4) ⑥

3 (1) Ⅰ群…②　Ⅱ群…①
(2) ⓐ…3　ⓑ…2　ⓒ…2　ⓓ…3
(3) ④　(4) ②

4 (1) ④　(2) a…0　b…4　c…0
(3) ⑤　(4) d…1　e…5　f…0

5 (1) ②　(2) ④
(3) (a) P…②　Q…③
(b) X…1　Y…9

6 (1) Ⅰ群…③　Ⅱ群…②　(2) ②
(3) (a) X…2　Y…8　(b)…⑦

7 (1) ④　(2) ⑧　(3) ④　(4) ①

8 (1) ③　(2) X…2　Y…0
(3) P…③　Q…③
(4) Ⅰ群…②　Ⅱ群…①

（声の教育社　編集部）

1 〔生命・自然界のつながり〕

(1)＜エンドウの花のつくり＞図1で，Xはおしべで，先端には花粉がつくられるやくがある。また，Yはめしべで，先端には受粉が行われる柱頭がある。

(2)＜染色体の数＞aの精細胞やbの卵細胞は生殖細胞で，染色体の数が半分になる減数分裂によってつくられる。よって，含まれる染色体の数は，体細胞の染色体の数$2x$本の半分で，x本となる。また，精細胞と卵細胞が合体してできた受精卵の染色体の数は体細胞と同じ$2x$本になり，その後，体細胞分裂によってcの胚，dの個体ができ，cとdの染色体の数は体細胞と同じ$2x$本である。

(3)＜遺伝の規則性＞丸形としわ形の両方の遺伝子を持つ個体で，丸形の遺伝子だけが生殖細胞に入ると仮定すると，丸形と丸形や，丸形としわ形を親とした交配で，子の種子にしわ形の形質が現れない。よって，イやエのように，子にしわ形の形質が現れることの説明がつかなくなる。

(4)＜遺伝の規則性＞種子を丸形にする遺伝子をA，しわ形にする遺伝子をaとすると，図2の親の遺伝子の組み合わせは，丸形の純系がAA，しわ形の純系がaaだから，子の丸形の種子の遺伝子の組み合わせはAaとなる。これをしわ形の純系(aa)と交配すると，得られる種子の遺伝子の組み合わせと，その個数の比は，Aa：aa＝1：1になる。よって，Aaは丸形，aaはしわ形になるから，丸形：しわ形＝1：1である。

2 〔気象と天気の変化〕

(1)＜気象観測＞イ…正しい。図1の天気図記号より，12時の風向は北寄りである。　エ…正しい。天気記号より，6時と12時は晴れ，18時はくもりである。　ア…誤り。図1で，晴れの日は夜明け前に気温が最も低くなるので，Cが気温の変化を表すグラフで，Cと反対の変化をするBが湿度の変化を表すグラフ，Aが気圧の変化を表すグラフである。よって，夜明け前に最も低くなっているのは気温である。　ウ…誤り。Cのグラフより，気温は15時頃に最高になり，その後は下がり続けている。

(2)＜積乱雲＞寒冷前線付近では，寒気が暖気を激しく持ち上げるため，上空に垂直方向に積乱雲が発達する。積乱雲は，狭い範囲に激しい雨を短時間降らせる。

(3)＜露点＞露点は，空気中の水蒸気が水滴に変わるときの温度で，空気中に含まれる水蒸気量が少ないほど低くなる。空気中に含まれる水蒸気量が少ないのは，気温が低く，湿度が低いときだから，表１の１～４回目のうち，湿度が等しい１回目と４回目では，気温が低い４回目の方が水蒸気量は少なく，気温が同じ２回目と３回目では，湿度が低い２回目の方が水蒸気量は少ない。よって，２回目と４回目の空気１ m^3 中に含まれる水蒸気量を求めると，表２より，14℃と11℃のときの飽和水蒸気量はそれぞれ12.1 g/m^3 と10.0 g/m^3 だから，２回目は，$12.1\times\frac{76}{100}=9.196$(g)，４回目は，$10.0\times\frac{78}{100}=7.8$(g)となる。これより，空気１ m^3 中の水蒸気量が最も少ないのは４回目だから，露点が最も低いのも４回目である。したがって，表２より，このときの露点は，飽和水蒸気量が7.8 g/m^3 である７℃とわかる。

⑷＜高気圧＞観測の後，観測地点でしばらく晴れの日が続いたのは，図２の３日目の天気図で，日本の西にある高気圧が，偏西風によって移動し，観測地点をおおったためである。この西から東に移動する高気圧を，移動性高気圧という。また，高気圧の中心には，上空から地上に向かう下降気流があり，この下降気流によって空気が圧縮される。空気は圧縮されると気温が上昇するため，雲ができにくく，晴れることになる。

3〔物質のすがた〕

⑴＜実験操作＞Ⅰ群…沸騰石は，液体が急に沸騰するのを防ぐために入れる。　Ⅱ群…ガスバーナーは，下側のガス調節ねじで炎の大きさを調節し，ガス調節ねじを押さえながら上側の空気調節ねじを開き，炎の色を安定した青色にする。

⑵＜エタノールの燃焼＞化学反応式は，矢印の左側に反応前の物質の化学式，右側に反応後の物質の化学式を書き，矢印の左右で原子の種類と数が等しくなるように化学式の前に係数をつける。エタノールの燃焼を表す化学反応式では，エタノール(C_2H_6O)が酸素(O_2)と反応して，二酸化炭素(CO_2)と水(H_2O)ができる。よって，ⓑには２が当てはまる。また，矢印の左側には，Ｃが２個，Ｈが６個あるから，矢印の右側のⓒには２，ⓓには３が当てはまる。このとき，矢印の右側のＯが，$2\times2+3\times1=7$(個)あるから，$1+3\times2$より，ⓐには３が当てはまる。

⑶＜蒸留＞液体どうしの混合物を加熱すると，沸点の低い物質の方が先に気体となって出てくるため，物質どうしを分離することができる。この方法を蒸留という。

⑷＜エタノールの質量の割合＞密度1.0 g/cm^3 の水12 cm^3 の質量は，$12\times1.0=12.0$(g)，密度0.8 g/cm^3 のエタノール８ cm^3 の質量は，$8\times0.8=6.4$(g)である。よって，最初にフラスコに入れた混合物に含まれるエタノールの質量の割合は，$6.4\div(12.0+6.4)\times100=34.78\cdots$より，約34.8％となる。図２より，混合物に含まれるエタノールの質量の割合が34.8％のときの，蒸気に含まれるエタノールの質量の割合は60％だから，試験管Ａにたまった液体に含まれるエタノールの質量の割合は60％である。したがって，これを再び加熱すると，図２より，蒸気に含まれるエタノールの質量の割合は70％なので，試験管Ｄにたまった液体に含まれるエタノールの質量の割合は70％である。

4〔電流とその利用〕

⑴＜豆電球の明るさ＞豆電球の明るさは，豆電球の消費電力が大きいほど明るくなる。実験１の❶で，豆電球Ｘと豆電球Ｙに同じ大きさの電圧を加えると，豆電球Ｘの方が明るく点灯したことから，豆電球Ｘの消費電力の方が大きく，〔電力(W)〕＝〔電圧(V)〕×〔電流(A)〕より，豆電球Ｘにより大きな電流が流れたことがわかる。よって，電流が流れやすいほど抵抗は小さいので，抵抗の大き

さは豆電球Xより豆電球Yの方が大きい。次に，実験1の❷で，図2のように，豆電球Xと豆電球Yを直列につなぐと，それぞれの豆電球に同じ大きさの電流が流れるから，加わる電圧の大きさは，豆電球Xより抵抗が大きい豆電球Yの方が大きくなる。そのため，消費電力の大きさは豆電球Xより豆電球Yの方が大きくなり，豆電球Yの方が明るく点灯したのである。さらに，実験1の❸で，図3のように，豆電球Xと豆電球Yを並列につなぐと，それぞれの豆電球に同じ大きさの電圧が加わるから，実験1の❶と同様に，豆電球Yより抵抗の小さい豆電球Xに大きな電流が流れ，消費電力が大きくなり，豆電球Xの方が明るく点灯したのである。

⑵＜豆電球に流れる電流の大きさ＞実験2の❷では，図5より，豆電球Xに加わる電圧は1.5Vである。よって，図6より，このとき，豆電球Xに流れる電流は0.40Aとなる。

⑶＜流れる電流の大きさ＞実験2の❸～❺では，手回し発電機のハンドルを同じ速さで回しているから，加わる電圧は等しく，❺より1.0Vである。これより，豆電球Xに加わる電圧は，図6より，約0.34Aである。豆電球Yは，抵抗の大きさが豆電球Xより大きいので，流れる電流は豆電球Xより小さい。6V－18Wと表示のある電熱線Zは，6Vの電圧を加えると消費電力が18Wなので，流れる電流は，18÷6＝3(A)である。これより，電熱線Zの抵抗は，〔抵抗〕$=\frac{〔電圧〕}{〔電流〕}$より，$\frac{6}{3}=2$(Ω)だから，1.0Vの電圧を加えたときに流れる電流は，1.0÷2＝0.5(A)となる。以上より，流れる電流が大きい順に並べると，電熱線Z＞豆電球X＞豆電球Yとなる。よって，流れる電流が大きいほど，手回し発電機のハンドルの手ごたえが重く感じるから，ハンドルを回す手ごたえが重かった順に並べると，電熱線Z＞豆電球X＞豆電球Yとなる。

⑷＜電力量＞⑶より，電熱線Zに1.0Vの電圧を加えたときに流れる電流は0.5Aである。よって，30秒間ハンドルを回し続けたときの電力量は，〔電力量(J)〕＝〔電力(W)〕×〔時間(s)〕より，1.0×0.5×30＝15.0(J)となる。

5〔生物の体のつくりとはたらき〕

⑴＜呼吸運動＞肺には，筋肉がないため，自身で運動することができない。息が吸い込まれるときは，筋肉によって肋骨が引き上げられると同時に横隔膜が下がり，肋骨と横隔膜で囲まれた胸腔が広がることで，肺がふくらむ。

⑵＜血液の流れと気体の交換＞図2のaの矢印は，血液中から肺胞内に出される二酸化炭素の移動の向きを表し，bの矢印は，肺胞内から血液に取り込まれる酸素の移動の向きを表している。また，肺胞で酸素と二酸化炭素を交換した矢印Xの向きに流れる血液は酸素を多く含み，肺静脈を通って心臓に戻った後，大動脈を通り，全身へ送られる。

⑶＜血液の循環と心拍数＞⒜心臓から肺へ送り出される血液は，右心室から肺動脈を通って肺に向かう。よって，このときに開く弁は②である。また，肺から心臓へ戻ってくる血液は，肺から肺静脈を通って左心房に入り，左心室へ送られる。したがって，このときに開く弁は③である。⒝表より，安静時の1分間の心拍数の平均は70回で，1回の拍動で送り出される血液の量は約70cm^3だから，1分間に心臓から送り出される血液の量は，70×70＝4900(cm^3)となる。よって，運動後の1分間に心臓から送り出される血液の量は，安静時の5倍なので，4900×5＝24500(cm^3)である。表より，運動後の1分間の心拍数の平均は189回なので，運動後の拍動1回当たりに送り出される血液の量は，24500÷189＝129.62…より，約129.6cm^3となる。したがって，運動後に，1回の拍動で送り出される血液の量は，安静時の，129.6÷70＝1.85…より，1.9倍である。

6 〔大地の変化〕

(1)＜断層＞Ⅰ群…図1のM―Nのような地層が大きくずれている部分を断層という。　Ⅱ群…図1の断層は，M―Nを境にして左側が上へずり上がっている。このように地層がずれているのは，大地に左右から押される力がはたらいたためである。

(2)＜化石＞イカと同じ軟体動物のなかまに分類されるのは，アサリなどの貝のなかまである。また，地層が堆積した年代を推定するのに役立つ化石を示準化石といい，図2のアンモナイトの化石は中生代の代表的な示準化石である。示準化石となるのは，地層が堆積した時代を推定できるよう限られた期間に，離れた地域でも比較できるよう広い範囲で栄えて絶滅した生物の化石である。

(3)＜地層のつながり＞(a)図3，4より，標高40mの地点Aでは，凝灰岩の層の上端は地表から8mの深さにあるから，その標高は，40－8＝32(m)である。同様に，凝灰岩の層の上端の標高は，地点B，地点C，地点Dでも，32mである。よって，凝灰岩の層は水平に広がっていることから，標高60mの地点Eにおける凝灰岩の層の上端は，地表からの深さが，60－32＝28(m)の位置にある。　(b)河口から遠くなるほど，堆積物の粒の大きさは小さくなる。よって，図3に示された範囲では，西にいくほど河口から遠くなっていたので，堆積物の粒の大きさは小さくなり，図4のw～zの層に含まれる粒の大きさは，小さいものから順にw＜x＜y＜zである。したがって，ア～エのうち，正しいのはイとエとなる。

7 〔化学変化とイオン〕

(1)＜金属とイオン＞図1のgでは，マグネシウム原子が電子を2個放出してマグネシウムイオンとなり，水溶液中に溶け出す。一方，水溶液中の亜鉛イオンは，電子を2個受け取って亜鉛原子となり，金属片の表面に付着する。

(2)＜イオン化傾向＞変化が見られるのは，金属片の金属の方が，水溶液中に含まれる金属のイオンよりイオンになりやすい場合で，金属片の金属はイオンになって水溶液中に溶け出し，水溶液中の金属のイオンは原子になって金属片の表面に付着する。よって，イオンになりやすい順にマグネシウム，亜鉛，銅であることから，変化が見られたのは，硫酸銅水溶液にマグネシウムを入れたdと，硫酸銅水溶液に亜鉛を入れたf，硫酸亜鉛水溶液にマグネシウムを入れたgである。

(3)＜電池の極＞2種類の金属を組み合わせた電池では，イオンになりやすい方の金属が－極，イオンになりにくい方の金属が＋極になる。よって，電池Aでは，マグネシウムの方が銅よりイオンになりやすいので，金属板Xの極は－極である。同様に，電池Bでは，マグネシウムの方が亜鉛よりイオンになりやすいので，金属板Xの極は－極であり，電池Cでは，銅は亜鉛よりイオンになりにくいので，金属板Xの極は＋極となる。

(4)＜電池のしくみ＞実験2の❷で，電圧計の示した値が，マグネシウムと銅の金属板を電極に用いた電池Aで最大であったことから，2種類の金属のイオンへのなりやすさの差が大きいほど，大きな電圧が生じると考えられる。また，＋極となった金属では，水溶液中の金属のイオンが電子を受け取り，原子となって金属板に付着するから，質量が増加する。一方，－極となった金属板では，原子が電子を放出してイオンとなり，水溶液中に溶け出すため，質量が減少する。

8 〔運動とエネルギー〕

(1)＜台車の移動距離＞図2より，台車Aと台車Bの速さは，どちらも時間に比例して大きくなる。よって，台車Aと台車Bの移動距離は，それ以上の割合で増加する。また，台車Aは台車Bより速さが増加する割合が大きいので，求めるグラフは③のようになる。なお，斜面を下る台車の移動距離は速さの２乗に比例するため，グラフは放物線になる。

(2)＜台車の速さ＞図２より，運動を始めてからの時間が0.5秒のとき，台車Ａの速さは1.4m/s，台車Ｂの速さは0.7m/sである。よって，運動を始めてからの時間が同じとき，台車Ａの速さは台車Ｂの速さの，1.4÷0.7＝2.0(倍)となる。

(3)＜台車の瞬間の速さ＞台車Ａと台車Ｂは質量が等しいから，図１で，それぞれの台車が点x_1と点y_1で持っていた位置エネルギーの大きさは等しい。台車Ａが点x_2を通過するときと，台車Ｂが点y_2を通過するときは，それぞれの台車が点x_1と点y_1で持っていた位置エネルギーが全て運動エネルギーに移り変わっているから，このときに台車が持つ運動エネルギーも等しい。よって，点x_2と点y_2を通過するそれぞれの台車の速さは等しくなるから，台車Ｂが点y_2を通過した瞬間の速さは，台車Ａが点x_2を通過した瞬間の速さと等しく，$x$cm/sである。また，同じ斜面上を下る運動や自由落下運動では，物体が運動する速さの変化は，物体の質量に関係なく等しい。よって，実験１の❹で，質量が台車Ａの半分の台車Ｃを，斜面Ｘ上の点x_1から運動させるとき，台車Ｃが点x_2を通過した瞬間の速さは，台車Ａが点x_2を通過した瞬間の速さと等しく，$x$cm/sである。

(4)＜斜面上の台車にはたらく力＞Ⅰ群…実験２の❷で，台車にはたらく重力の斜面に垂直な方向の分力は，斜面の傾きが大きい台車Ａの方が小さい。そのため，この分力とつり合っている垂直抗力の大きさも，台車Ａの方が小さい。　Ⅱ群…台車にはたらく重力の斜面に平行な方向の分力は，斜面の傾きが大きい台車Ａの方が大きい。よって，台車Ｂは台車Ａに引かれ，斜面上方へ向かって運動をする。

2024年度／専修大学松戸高等学校(前期17日)

国語解答

一　問一　a…1　b…4　c…2
問二　ア…4　イ…1　ウ…3
問三　4　問四　3　問五　4
問六　4　問七　3　問八　2
問九　1　問十　1　問十一　2
問十二　4

二　問一　a…2　b…2　c…4
問二　ア…2　イ…1　ウ…3
問三　4　問四　2　問五　2
問六　3　問七　1　問八　1
問九　4　問十　2

三　問一　1　問二　3　問三　2
問四　2　問五　2　問六　3
問七　4　問八　3　問九　1

(声の教育社　編集部)

一〔論説文の読解—教育・心理学的分野—心理〕出典：山田剛史「学校って塾と通信教育でもいいよね？——学校生活と社会性の心理学」(若松養亮他編『心のなかはどうなっているの？　高校生の「なぜ」に答える心理学』所収)。

≪本文の概要≫自分らしさは，他人とのつき合いを通じてこそ見えてくるもので，異質な他者との出会いは大切である。他人とのつき合いに対する苦手意識の背景には，自分自身の不安や不安定さがあるが，失敗してもいいという気持ちで，他人と接し，自分と向き合う中で，不安は解消されていく。インターネットやSNSを通じて，膨大な情報が流れ込んでくる現代においては，自分にとって必要な他者と必要のない他者を見定め，時として逃げることも必要である。学びとは，他者との関わりの中で自分の視野を広げ，世界との関わり方を身につけることである。対面の授業は，健やかな成長・発達のためにも不可欠であるので，対面の授業とオンラインの授業とを使い分けてほしい。また，現代では，主体性の必要性が強調される。主体性とは，自分の頭で考えて，選択・判断し，責任を持って行動することである。社会環境の変化の中，予測困難な時代を生きていくために，人間が発揮すべき最も重要な力は，主体性である。価値観や人生形成が多様化して，人生形成の選択肢や自由度が増えた分だけ，主体性が必要となる。

問一＜漢字＞a.「避難」と書く。2は「疲弊」，3は「卑劣」，4は「批判」。　b.「猛威」と書く。1は「為政者」，2は「経緯」，3は「遺跡」。　c.「演算」と書く。1は「炎天下」，3は「応援」，4は「沿岸部」。

問二＜接続語＞ア．コミュニケーションは，「言葉だけではなく，身ぶりや態度など言葉以外の方法を用いて行うもの」であるし，「発話だけでなく，聴くこと」も，その要素になる。　イ．「教室(対面)でのやりとり」の例として，「教室があり～一声かけたりすることができる」ということが挙げられる。　ウ．「学校生活を含む対面での授業は不可欠」ではあるが，とはいえ，「オンラインやICTは今後も発展し，大学はもちろん，社会に出てからも活用すること」は間違いない。

問三＜文脈＞「オンラインで学ぶための方法やツールにはさまざまなものがあり，そこには膨大な知識が蓄積」され，更新されているし，「時間的にも物理的にも自分のペースで学べるので，むしろオンデマンド型のほうがよいという声も多く」ある。それなのに，「なぜわざわざ学校(対面)で学ぶ」のか。

問四＜文章内容＞自分と同じ価値観の人たちとだけつき合っていると，「視野が狭くなったり」，思わぬゆがんだ見方や偏見を持っていることに気がつかなかったりするので，「自分と異なる考えや価値観」を持っている「異質な他者(異質性)との出会い」が大切である。そのような人には苦手意識を持つことが多いが，実はその人が，「自分にはないものをもっていたり(相補性)，自分を成長させるうえでのキーパーソンだったり」する。

問五＜文章内容＞「他人に踏み込めない」というのは，「自分が踏み込まれたくない，踏み込まれることで自分の弱さや嫌なところをのぞかれたくないといった不安な心理の現れ」である。「間違ってはいけない，正しいことを言わなければいけないといった考えが強すぎる」ことによっても，「他人への踏み込みが浅くなって」しまう。「他人に興味がない」というのは，「自分自身が何か没頭・熱中できるものがない，将来の夢や目標がないといった不安定さの現れ」ともいえる。

問六＜文章内容＞現代は，インターネットやSNSを通じて簡単にさまざまな人たちの人生にふれられ，「異質な他者に出会える」一方で，「『自分にとって何が大切なのか』を見失ってしまったり，優れた人たちの情報にふれすぎて『自分には何もできない』と不安が高まったり，自尊心が低下してしまったり」することもある。SNSでのつき合いは，「誤解や誤認」も生じやすい。そこで，「自分にとって必要な他者はだれか，自分の中に取り込む必要のない他者はだれかを見定めること」などが必要であり，「すべてに全力投球する必要」はないのである。

問七＜品詞＞「見定める」と「うなだれる」は，下一段活用動詞。「泣きさけぶ」は五段活用，「待ちわびる」は上一段活用，「疎んずる」はサ行変格活用の動詞である。

問八＜文章内容＞協働的な学びを深めるためには，教室で「他のグループで話しあう声(雑談やノイズ)に押されて自らも発言する～何かあればすぐに教師に一声かけたりすることができる」といった「一体感や身体性」が重要である(３…○)。「無知・無能だと思われる不安，邪魔をしていると思われる不安，ネガティブだと思われる不安」などを払拭し，「十分に心理的安全性」が確保されることで，学びが「深い学び」に転じる(１…○)。また，「周りで学んでいるクラスメイトがいて，先生にいつ当てられるかわからない緊張感があって」という中で，「集中力や動機づけ」は，「維持・向上」させられる(４…○)。

問九＜文章内容＞６．自分は決められない性質だからと言わずに「自分で決めるということ」を心がけることが大切である。物事をなかなか決断できないことを，「優柔不断」という。　７．「日常の小さなことからでも，だれかに判断を委ねるのではなく，自分で決める」ことの積み重ねを通じて，「主体性」が磨かれていく。

問十＜文章内容＞主体性が必要であることの最大の理由は，「社会環境の変化」である。特に，「少子高齢化」によって「消費の中心である若年層や生産年齢人口が減少する」などの問題と，「AIやロボットの活用が進められて」いることである。このような社会・時代には，「AIやロボットに代替されない，人間が発揮すべきもっとも重要な力は主体性」だということになる。

問十一＜文章内容＞人々の価値観や人生形成も多様になってきて，「人生形成の『正解』や『常識』はなくなり，『選択肢』や『自由度』が大きく増えた」というのが今の，そしてこれからの時代である。このような状況で「溺れない」ためには，「自分の頭で考えて，選択・判断し，責任をもって行動すること，すなわち主体性が必要になる」のである。

問十二＜要旨＞「記銘，保持，想起という記憶の過程としてとらえられる学び」は，正解のない現代社会を生き抜くうえで十分ではない。知識を記憶するだけの学びなら「オンライン授業でもある程度代替可能」ではあるが，学ぶという営みは「記憶と再生のその先」にあって，「自分の視野を広げ，世界との関わり方を身につける」という深い学びには，他者との協働が不可欠である(１…×，４…○)。オンライン授業でも「さまざまな方法やツールが開発・実装され，オンラインによる協働も可能になっている」が，「学ぶということに成熟していない生徒にとって，画面越しでの深いやりとりは非常に難しい」ので，「対面とオンラインを使い分けて，自分なりの学びをデザインしていって」ほしい(２…×)。「自主性」は「あらかじめ目標や課題が定められていて，そこに向けて自らが行動すること」を意味し，「主体性」には，「自分で決めること(＝自己決定)と自分の行動に責任をもつこと」の要素が加わる(3…×)。

二〔小説の読解〕出典：早瀬耕『十二月の辞書』。

問一＜漢字＞a．「訪(れ)」と書く。1は「砲煙」，3は「包囲網」，4は「飽食」。　b．「溶(けて)」と書く。1は「掲揚」，3は「擁護」または「養護」，4は「動揺」。　c．「眺(めて)」と書く。1は「予兆」，2は「跳躍」，3は「風潮」。

問二＜語句＞ア．「不毛」は，何一つ成果が得られないこと。　イ．「寓話」は，風刺や教訓を含んだたとえ話のこと。　ウ．「矜持」は，自分の能力を優れたものと信じて抱く誇りのこと。

問三＜文章内容＞A．佐伯は，「北上と南下は全然違う」ことや，センター試験の点数で南雲が「マウント」を取っていることを指摘し，南雲を責めている。　B．南雲は，使っているフィルムカメラのことを「父に借りた」と言ったが，この「父」は，実は栗山の父親のことである。それを栗山には言っていないので，南雲は後ろめたい気持ちになった。　C．南雲は，「イカロスの寓話」の「ダイダロス」について考えを巡らせ，すっきりしない気持ちになっていた。

問四＜心情＞南雲は，ユーミンの曲がかかっていたときから，栗山のことを考えていた。「離れ離れになってから七年後，輝く人になっていたのは，南雲ではなく彼女だった」こと，「新作アニメーション映画のキャラクターデザイナーとして舞台の上にいたリセ」を「声も届かない遠い存在」に感じていたことなどを思い出して，南雲は，せつなくなり，そのことに気をとられたままだった。

問五＜文章内容＞栗山は，自分がスケッチをしている間，南雲が退屈するのではないかと気を遣っていたが，南雲は「傍らでぼんやりしていたり本を読んだりして」過ごせていた。南雲は，そうして自分が栗山の都合に合わせているから，その「対価」として「笑顔の彼女を写真に撮れる」のであり，そうでなければ「写真を撮られるのが嫌い」な栗山の笑顔の写真など撮れないだろうと思った。

問六＜文章内容＞「ここで栗山さんの写真を撮るのは最後かもしれない」という言葉は，南雲が栗山から離れて別のところへ行くことを告げているかに聞こえる。それが，ずっと南雲と一緒にいたいと思っている栗山には，気がかりだった。

問七＜品詞＞「すでに」が副詞である。副詞は，活用のない自立語。

問八＜心情＞東京の予備校で絵を批判された栗山は，「イラストも音楽も，本当に才能がある人は藝大に行く必要なんかないんでしょう。でも，わたしは，いまのままだったらその人たちに敵いそうもない」と言った。南雲はそれを聞いて，「やっぱり，彼女は，美大を諦め切れないんだな」と思った。「大学の四年間を二人で過ごす」となると，栗山は美大へは行けないので，南雲は，彼女の夢を自分が潰しているのではないかと不安になった。

問九＜心情＞栗山は，「距離に負けちゃいそう」と言い，「南雲君がわたしを振って遠くに行く」ことを思って心弱いことを言った。そんな栗山に対して，南雲は，栗山の父親が彼ら二人の「高校生の結婚の約束を見守ってくれている」ということを伝えたくなった。

問十＜表現＞南雲のことは，現在の場面では「南雲」，過去の場面では「ぼく」になっている。そして，現在の場面では南雲と佐伯とのやり取りが，また，過去の場面では南雲と栗山のデートのときのやり取りが詳しくていねいに描かれ，南雲の状況の変化が読み取れるようになっている。

三〔古文の読解―仮名草子〕出典：『御伽物語』巻第三ノ第八。

≪現代語訳≫近江国である郷士が，長さ二間ほどの蛇を切って，世間の人は皆「蛇切り」と呼んだ。この人の住まいは琵琶湖の東である。「その浦に蛇がいる」「いつも湖の底にすむ」など言いふらされていた。ところが何者の仕業か，その侍の門に，「この浦の蛇を退治なさるべきだ」と札に書いて貼る。侍は(札を)見て「筆まめなこと」と言ってめくって捨てた。また次の夜も「ぜひ殺しなさい」と書いて貼る。これも取って捨てたが，後には捨てても捨てても，札を六，七枚，八，九枚も貼って，そのうえ悪口雑言を言う。軽率でばかげたことこのうえない。侍は見て，「こうなったら(蛇が)いても，いなくても，殺さないではいられない」と思い，自分でもしかたなく札を立てた。「私は不本意に蛇を殺した。人は頼みもしないのに蛇切りと呼ぶ。うれしくもない。また手柄だと思わないので自慢したこともない。しかしこの浦に蛇がいるということで，私に指図なさる。とても迷惑だが，また(蛇を殺す)一人に選ばれるのも，一方では名誉である。これはやむをえない。私はどうしても断ることができない。幸い来月何日は，庚寅の日で吉日である。朝の十時に退治いたそう。その浦へお寄りになってください」と書いた。人々は見て，「札の文言はわかった。(が,)無理な望みだろう」と言い合った。／さてその日になると侍も幕を引かせ，そこへ行くと，見物人も大勢ついてくる。時間になると，侍は酒を十分に飲んで裸になり，ふんどしに脇差を差して，深い湖底に入る。あれまあと見るが上がってこない。しばらくして浮かび上がった。息を深くついて，(侍が)「さてさて蛇はいるかとあちらこちら見たが，もともといないのか，いるけれども出てこないのか，蛇と思うものもいない。しかしここの岸の下に広さ三間四方ほどの洞窟がある。この洞窟に水が動くのにつれて，光るものが見えた。さてはと思い，すぐにそばに寄り，二，三度刀を刺したが，全く動こうともしない。いかにも納得がいかない。もう一度行って取ってこよう」と言い，長い縄を取り寄せ，その端をふんどしにつけ，また(水に)入ると見えたが，すぐに上がり，「引き上げよ」と言う。人々が集まって，これを引くと，甲冑・かぶとを着たものを引き上げた。そのとき見物人が一度にどっと褒める声がやまない。さてよく見るとよろい武者の入水したものと見えて，筋や骨の区別のないくらいに崩れて固まっている状態で，かぶと，甲冑，太刀，脇差も黄金づくりである。それ以外の物はさびて腐っているが，黄金はもとのままでこの侍は利益を得た。保元，寿永か，または建武，延元の頃の，立派な大将ではないかという。見物人も「さすがに，蛇を殺した勇士だ」と褒めて帰ったということだ。

問一＜古文の内容理解＞湖から上がった侍は，息をついて，「扨々～とりてかへるべし」と言った。

問二＜古文の内容理解＞侍は，自分は不本意に蛇を殺し，そのために人が頼みもしないのに自分のことを蛇切りと呼ぶことについて，うれしくもないし，蛇を殺したことを手柄とも思っていないので自慢したこともないと立て札に書いた。

問三＜古文の内容理解＞「筆まめ」は，こまめに文章をつくったり手紙を書いたりすること。侍は，張り紙を貼られるのは「頗る難義」だと感じていたが，そのようにはっきり言うのではなく，こんなものを書くのは「筆まめ」だと皮肉を言った。

問四＜現代語訳＞「で」は，「～(し)ないで」という意味になる。「かなはぬ」は，(そういう状態では)いられない，という意味。全体で，殺さないではいられない，となる。

問五＜現代語訳＞反語で，私はどうして断ることができようか，いや，できない，という意味。

問六＜古文の内容理解＞「見物のもの」は，侍が湖に入るのを見ていた。

問七＜古文の内容理解＞侍は，洞窟の中に見えた光るものが蛇だろうと思って刀で刺したが，その光るものは全く動こうとしなかったと告げ，それはどう見ても納得がいかないと言った。

問八＜古文の内容理解＞侍が湖の底から入水した武者を引き上げ，その武者が身につけていたものから黄金を手に入れたことに，見物人は，さすが大蛇を殺すような勇士のすることだと感嘆した。

問九＜古文の内容理解＞侍は，浦の蛇を殺せという張り紙を何度も貼られ，こうなったら蛇がいてもいなくても殺すしかないと思った(１…×)。そして侍は，誰が張り紙を貼ったかわからないので，しかたなく札を書いて立て(４…○)，翌月の吉日に蛇を退治するために湖に入った(２…○)。侍は，湖に潜ってあちこち探しても蛇を見つけることはできなかった(３…○)。

2024年度 専修大学松戸高等学校(前期18日)

【英　語】　(50分)〈満点：100点〉

1　リスニング試験　〈編集部注：放送文は未公表につき掲載してありません。〉

1．それぞれの対話を聞いて，最後の発言に対する最も適切な応答を1つ選び，その番号をマークしなさい。対話はそれぞれ2回放送されます。

(1)　① Well, you should take curry and rice that she made.
　　② Let's see.　How about giving them some apples ?
　　③ Well, I'll make some bags for them tomorrow evening.
　　④ Let's see.　We can invite her for dinner, too.

(2)　① No, there are not any good restaurants in Okinawa.
　　② Yes, I brought lunch from Chiba and had it with my family.
　　③ No, the moment I enjoyed trying traditional dishes was great.
　　④ Yes, visiting the temples in Kyoto was my favorite part.

(3)　① It's now twelve thirty-five, so you will be there by one.
　　② It's now one twenty, so you can get there by one forty-five.
　　③ It's now two fifty-five, so you can get there at around three thirty.
　　④ It's now three fifteen, so you won't get there until five.

2．英文を聞いて，後に続く質問の解答として最も適切なものを1つ選び，その番号をマークしなさい。英文と質問はそれぞれ2回放送されます。

(1)　① He is a teacher who will teach English at some schools in Japan.
　　② He is a man who is from India and has lived in Japan for one year.
　　③ He is a teacher who has studied Japanese for five years in Japan.
　　④ He is a man who learned English in India and will study Japanese in Japan.

(2)　① They don't have to use English in their daily lives in their country.
　　② They learn many languages at school and speak them at home.
　　③ They have to learn English to understand other people.
　　④ They think learning Japanese is useful to make new friends around the world.

2　次の英文を読んで，以下の問題に答えなさい。

"A trip of a thousand miles begins with one step."　Have you ever heard this *saying ?　This is a famous saying from the writings of the Chinese teacher, Lao Tzu, called Roshi in Japanese.　It is more than 2,400 years old, but it is as important to understand today as it was then.

These are nice-sounding words, but what do they really mean ?　It may seem like they are simply saying something which is already known.　Of course, any journey begins with the first step.　Today we can travel 1,000 miles, or 1,609 kilometers, by car in about fifteen to twenty hours.　[　①　]　In an airplane we may make that trip in two hours !　But there were no cars or airplanes more than 2,400 years ago.　A journey of 1,000 miles was so difficult that most people would not even try it.　But it was (　1　).　The idea here is not to *allow yourself to be *overwhelmed by the difficult thing you must do.　It is, of course, to begin with the first step and try hard to complete something step by step.

Instead of thinking about the 1,000 miles you must travel, you can think about traveling four hours until lunchtime. Then enjoy your lunch break and think about another few hours until you take a break for tea, and then again for dinner. After one day like this, you are already closer to your goal. But because we almost never try to walk 1,000 miles, let's think about some examples that are more useful for our daily lives.

How about cleaning a house ? If a house is very dirty, cleaning it is a very big job ! But what are some ways we can *divide up this very big job into smaller jobs ? Or, if I ask you in another way, what will be a good first step to a clean house ? A house has various rooms, so we can start with just one room for the first step. If you really (2), you may want to start with the smallest, easiest room. Or you may want to start with your own room because you can really enjoy cleaning it when you finish. [②] There are different areas in your room, right ? A sleeping area, a *closet area, a desk, a *bookshelf, the floor, and so on. Each of these areas can be a smaller step. Well, when you clean the room, you should remember one good rule. That is to work from top to bottom. So, you should clean your floor after you cleaned the other areas and *put away your clothes, books, and other things.

(3) ア. In this case, you want to *move toward a clean house ! イ. However, you will also feel happy to have a nice, clean room. ウ. When you finish cleaning your room, you will probably feel a little tired. エ. This should give you some energy to help you keep moving in the direction you want to go.

With each room you finish, you will get more energy and you will be much closer to reaching your goal. [③]

Now imagine that you try to clean your house without using a plan. Maybe you put away a few toys in your room, some clothes in the bathroom, some dishes in the dining room, and so on. You spend about the same amount of time you have spent cleaning your room *completely, but after that time you still don't feel like you have made much progress. The task still seems overwhelming. [④] You may not get any energy, and instead of continuing, you may just (4) in your dirty living room and watch TV.

That's enough for the cleaning example. What about studying ? If you have to *memorize one hundred words, memorize ten every day. If you have to learn difficult math *formulas, practice for a few minutes every day until they don't seem so difficult. What about health ? Maybe you want to be able to do thirty *push-ups, but now you can only do ten. If you try to do just one more every day, you may be able to do thirty push-ups in (5) ! Maybe you want to be able to run 20 km without walking, but now you can only run 3 km. Each time you go jogging, you can try to add 500 meters. What about money ? Maybe you want to save 10,000 yen for new shoes. If you keep all your 500-yen coins in a box, you only need twenty of them. You can even get them faster by *making sure that your *change includes a 500-yen coin when you pay for things in stores.

There are many other uses for this principle. The next time you feel like you have something very difficult to do, try to divide it up into steps, and then take the first step. You can do it !

（注） *saying ことわざ　*allow oneself to ～ あえて～する　*overwhelm 圧倒する
*divide up ～ into …[divide ～ up into …] ～を…に分ける　*closet 戸棚　*bookshelf 本棚

＊put away ～　～を片付ける　＊move toward ～　～に向かって進む　＊completely　完全に
＊memorize ～　～を暗記する　＊formula　公式　＊push-up　腕立てふせ
＊make sure that ～　～ということを確かめる　＊change　おつり

問１　空欄(１)に入れるのに最も適切なものを①～④から１つ選び，その番号をマークしなさい。
① necessary　② possible　③ easy　④ close

問２　空欄(２)に入れるのに最も適切なものを①～④から１つ選び，その番号をマークしなさい。
① like cleaning　② need to clean your house
③ hate cleaning　④ want to clean your house

問３　(3) 内のア～エの文を文脈が通るように並べかえたとき，順番として最も適切なものを①～④から１つ選び，その番号をマークしなさい。
① アーウーイーエ　② アーエーウーイ
③ ウーイーエーア　④ ウーエーイーア

問４　空欄(４)に入れるのに最も適切なものを①～④から１つ選び，その番号をマークしなさい。
① give up and sit down
② get tired and go to bed
③ think about traveling 1,000 miles
④ try to find a better way

問５　空欄(５)に入れるのに最も適切なものを①～④から１つ選び，その番号をマークしなさい。
① one week　② two weeks
③ three weeks　④ one month

問６　次の英文を入れるのに最も適切な位置を，本文中の ① ～ ④ から１つ選び，その番号をマークしなさい。
Let's start there.

問７　本文の内容に合うものを①～④から１つ選び，その番号をマークしなさい。
① Today, traveling 1,000 miles is easier than it was more than 2,400 years ago.
② The first step should be the hardest part of something that you should do.
③ If you want to accomplish your goal, you should not spend a lot of time.
④ The rule of cleaning can be used in many ways because it was made by a famous Chinese teacher.

問８　本文の内容について，(1)，(2)の質問に対する答えとして最も適切なものを①～④からそれぞれ１つずつ選び，その番号をマークしなさい。
(1) What is NOT true about "A trip of a thousand miles begins with one step"?
① It was important to understand the saying not only more than 2,400 years ago, but is also important now.
② The idea of the saying shows that we should continue doing hard work step by step.
③ If we follow the idea of the saying, we can make progress without using any plans.
④ We can do many kinds of things by following the idea of the saying.
(2) What should we do when we must do something hard?
① We should teach the rule of cleaning to people around us.
② We should do the hard work together with other people.
③ We should find some good examples to finish the work.
④ We should divide up the work into small parts and do them one by one.

3 次の英文を読んで，以下の問題に答えなさい。

There was once an eleven-year-old boy named Jim. He lived in a small town with his parents and his sister Tina. Tina was four years older than Jim. Jim and Tina *got along most of the time, but sometimes they fought. Their parents both worked during the week. 【 (1) 】 On these nights Jim and Tina were home *by themselves for a few hours. Sometimes they made dinner together. Their *relatives didn't live nearby, so Jim and Tina couldn't go to their houses easily. They usually only saw their aunts, cousins, and grandparents at Christmas and during summer vacation.

Jim and Tina were comfortable with being home alone, though. They liked making their own dinner and watching their favorite TV shows. They both got good grades in school, so their parents weren't *strict with them. They both had a small *allowance, so they had some money they could use if they wanted to buy snacks or other things. Jim was saving most of his allowance because he wanted to buy his own TV. But Tina usually spent her allowance on things like candy, juice, and potato chips at the convenience store. Sometimes she even asked Jim *if she could borrow some money from him. He always said yes, but he told her to *pay him back soon. He really wanted to buy his own TV, so he was very careful with his money. Because of that, he wrote it down when he lent money to his sister.

One day, Jim and Tina were home alone. When they were watching their favorite TV show in the living room, Jim said to Tina, "Can you pay me back soon ? There will be a big sale this week and I almost have enough money to buy a TV. If you pay me back, I can buy it ! But after the sale, the TV will be too expensive, so I really want to get to the store before Sunday. You *owe me almost 50 dollars. Do you think you can pay me back by Friday ?"

Tina was surprised and became a little angry. "What ? Fifty dollars ?! No ! I never borrowed that much money from you !" But Jim showed her the paper he kept in his *wallet and said, "This paper says you borrowed two or three dollars from me nearly twenty times. It *adds up to 49 dollars." She couldn't believe it. She said, "Who *keeps track of money like that ? That's so *stingy ! I'm your sister. I always do things for you, too !" Then she went into her bedroom and closed the door with a big noise. She thought it was *rude for Jim to write down such small things and tell her to pay him back. But she also felt bad because she didn't have any money to pay him back. She thought, "Jim always said, 'Pay me back soon.' He is not wrong ; I am."

After a few minutes, Tina came back into the living room and said, "Jim, I'm sorry I got angry. I was wrong. You are not stingy. 【 (2) 】 You really want your own TV, right ?" Jim said, "Yes, I do. And I *forgive you. I'm not angry, but I'm a little worried because I don't know how you can get the money. The big sale ends on Sunday." They talked some more and decided to talk with their parents about it later.

It was hard for Tina to talk with her parents because she felt *embarrassed about borrowing so much money from her little brother. She didn't really want to tell her parents about that, but she didn't know what else to do. She thought, "I borrowed a lot of money from Jim. I really didn't think about it until he showed me the paper from his wallet." She wanted to help him get his own TV, somehow.

That night, Jim and Tina talked with their parents together. Their parents said they were proud of them for trying to solve the problem without fighting. They told Tina to be more careful about money, and they told Jim that he was good at saving money. They agreed to give Jim the money he needed, and Tina would pay them back with half of her allowance each month.

Jim got his TV, and Tina learned a *lesson. She stopped borrowing money, and she stopped buying so many snacks. Actually, she became healthier because of it! After she finished paying her parents back the 49 dollars, she decided to save 50% of her allowance every month.

Jim and Tina got along most of the time again. Sometimes she bought some snacks for him, and they enjoyed eating them together when they were watching their favorite TV shows.

（注） *get along　仲良くする　*by themselves　自分たちだけで　*relative　親戚　*strict　厳しい
*allowance　こづかい　*if ～　～かどうか　*pay ～ back　～を返済する
*owe ～　～に借金がある　*wallet　財布　*add up to ～　合計～になる
*keep track of ～　～の流れを記録する　*stingy　けちな　*rude　失礼な
*forgive ～　～を許す　*embarrassed　恥ずかしい　*lesson　教訓

問１　本文の内容について，(1)～(5)の質問に対する答えとして最も適切なものを①～④からそれぞれ１つずつ選び，その番号をマークしなさい。

(1) Which sentence is the best to put in 【(1)】?
① Sometimes they asked their friends to stay home with their children.
② Sometimes they wanted to talk with their children after dinner.
③ Sometimes they cooked dinner with their children.
④ Sometimes they didn't come home until after dinner.

(2) Which sentence is the best to put in 【(2)】?
① I will ask the staff at the store to make the TV cheaper.
② I will try to find a way to get you the money.
③ I will go to the store to buy the TV with you.
④ I will pay you back right now.

(3) Why did Tina borrow some money from her brother?
① Because she wanted to get a higher grade.
② Because the allowance that her parents gave her was too small.
③ Because her allowance wasn't enough to buy all the things she wanted.
④ Because she wanted to buy Christmas presents for her relatives.

(4) When Jim talked about the money in the living room, what did Tina think first?
① She thought he was rude to talk about it.
② She thought she wanted him to wait until she made enough money.
③ She thought she should ask her parents to lend her money.
④ She thought she should buy a TV for him.

(5) What did Jim's parents do for him?
① They lent him some money.
② They gave him the money he needed to buy a TV.
③ They went to the store to buy a TV for him.
④ They told Tina to pay him back every month.

問２　本文の内容に合うものを①～⑧から３つ選び，その番号をマークしなさい。
① Jim and Tina sometimes cooked dinner without their parents' help.
② Jim and Tina's relatives lived far away from their house, but they often came and took care of them.

③ Jim and Tina's parents thought their children should study more to be better students.
④ Jim knew the amount of money he lent Tina because he always wrote the amount down.
⑤ Although Tina had some money, she didn't want to pay it back to Jim soon.
⑥ It was easy for Tina to tell her parents about a large amount of money from her brother.
⑦ Jim and Tina's parents said that both of their children should be more careful about money.
⑧ Tina started saving half of her allowance after learning a lesson about money.

4 次の各文の(　)に最も適する語(句)を①～④から１つ選び，その番号をマークしなさい。

(1) A new library (　　　　) near the park next year.
① is building　② is built
② will be built　④ has been built

(2) (　　) of these five students has painted a picture.
① Both　② Each　③ Almost all　④ Some

(3) I remember (　　) that movie last weekend.　It was interesting.
① to watch　② watched　③ watching　④ watch

(4) Do you know the boy (　　) a school uniform over there ?
① at　② of　③ by　④ in

(5) If I had a car, I (　　　　) shopping easily.
① had to go　② may go
③ could go　④ won't go

5 次の各日本文の内容を表すように，(　)内の語(句)を並べかえたとき，空所 [1] ～ [12] に入る語(句)の番号をマークしなさい。ただし，不要な語が１語ずつあります。また，文頭にくる語(句)も小文字にしてあります。

(1) 彼ほど経験のあるランナーは日本にいないよ。
In ______ [1] ______ ______ ______ ______ [2] as he does.
(① other　② has　③ much experience　④ Japan　⑤ no　⑥ as　⑦ than　⑧ runner)

(2) その映画を見た感想を聞かせてください。
I'd like to ______ [3] ______ [4] ______ ______ ______.
(① movie　② hear　③ about　④ you　⑤ think　⑥ feel　⑦ how　⑧ the)

(3) この箱はとても重くて私には運べないわ。
This ______ ______ [5] ______ ______ ______ [6] carry.
(① to　② heavy　③ too　④ box　⑤ for　⑥ so　⑦ me　⑧ is)

(4) 興味がある言語についてスピーチしなさい。
Make ______ ______ ______ [7] ______ [8] ______.
(① interested　② a　③ interesting　④ you're　⑤ in　⑥ about　⑦ the language　⑧ speech)

(5) 実生活でどのようにAIを利用するかを教えていただけますか。
______ ______ [9] ______ ______ [10] ______ AI in real life ?
(① me　② way　③ tell　④ could　⑤ how　⑥ you　⑦ to　⑧ use)

(6) スミス先生が英語教師になって５年がたちますね。

_____ _____ [11] _____ _____ _____ [12] teaching English.

（① have　② Mr. Smith　③ since　④ passed　⑤ has　⑥ years
⑦ started　⑧ five）

6 次の各文について，下線を引いた部分に誤りのある箇所をそれぞれ①～④から１つずつ選び，その番号をマークしなさい。ただし，誤りのある箇所がない場合は，⑤をマークしなさい。

(1) ①The letter says ②that our aunt will visit us, so ③I'm looking forward to ④see her. ⑤誤りなし

(2) ①If it will rain tomorrow, ②we will enjoy a picnic ③and have lunch in the park ④near the lake. ⑤誤りなし

(3) ①I heard ②that Meg was angry with me, ③so I think ④we should talk each other. ⑤誤りなし

(4) ①The teacher who came to our school last month ②let the students to choose ③their own topics ④for the project. ⑤誤りなし

(5) ①The book my father gave me ②for my birthday ③is enough easy ④for me to read. ⑤誤りなし

(6) ①Because one of the staff members ②was against the plan, ③we could not ④reach a decision that day. ⑤誤りなし

【数　学】（50分）〈満点：100点〉

（注意）１．問題文中の$\boxed{\text{アイ}}$，$\boxed{\text{ウ}}$などの$\boxed{}$には，特に指示がないかぎり，数値が入ります。これらを次の方法で解答用紙の指定欄に解答しなさい。

(1) ア，イ，ウ，…の一つ一つは，それぞれ１から０までの数字のいずれか一つに対応します。それらを，ア，イ，ウ，…で示された解答欄にマークしなさい。

(2) 分数形で解答が求められているときは，既約分数で答えなさい。例えば，$\dfrac{\boxed{\text{ウエ}}}{\boxed{\text{オ}}}$ に $\dfrac{25}{3}$ と答えるところを $\dfrac{50}{6}$ と答えてはいけません。

(3) 比の形で解答が求められているときは，最も簡単な自然数の比で答えなさい。例えば，2：3と答えるところを4：6と答えてはいけません。

(4) 根号を含む形で解答が求められているときは，根号の中に現れる自然数が最小となる形で答えなさい。例えば，$\boxed{\text{カ}}\sqrt{\boxed{\text{キ}}}$ に $4\sqrt{2}$ と答えるところを $2\sqrt{8}$ と答えてはいけません。

(5) 小数で解答が求められているとき，例えば，$\boxed{\text{ク}}.\boxed{\text{ケ}}$に2.5と答えたいときは，$\boxed{\text{ク}}$に2，$\boxed{\text{ケ}}$に5をマークしなさい。

２．定規，コンパス，電卓の使用は認めていません。

1 (1) $-\dfrac{\sqrt{21}}{3}\times\sqrt{3}-(14-\sqrt{35})\div(-2\sqrt{7})$ を計算すると，$-\dfrac{\sqrt{\boxed{\text{ア}}}}{\boxed{\text{イ}}}$ である。

(2) x，y についての連立方程式 $\begin{cases} ax-2by=-3 \\ bx-ay=\dfrac{1}{6} \end{cases}$ の解が $x=6$，$y=-2$ になるとき，$a=-\dfrac{\boxed{\text{ア}}}{\boxed{\text{イ}}}$，$b=\dfrac{\boxed{\text{ウ}}}{\boxed{\text{エ}}}$ である。

(3) $6xy+14x-15y-35$ を因数分解すると，$(\boxed{\text{ア}}\,x-\boxed{\text{イ}})(\boxed{\text{ウ}}\,y+\boxed{\text{エ}})$ である。

(4) 関数 $y=\dfrac{a}{x}$ のグラフ上に２点A，Bがあり，x 座標はそれぞれ -4，1である。
直線ABの傾きが6のとき，$a=\boxed{\text{アイ}}$ である。

(5) $5<\sqrt{5n}<9$ となる自然数 n の個数は $\boxed{\text{アイ}}$ 個である。

(6) 下図のように，線分ABを直径とする円Oの周上に $\overset{\frown}{\mathrm{AC}}:\overset{\frown}{\mathrm{CB}}=3:2$ となる点Cをとり，線分CDが円Oの直径となるように点Dをとる。
また，点Aを含まない $\overset{\frown}{\mathrm{BD}}$ 上に $\overset{\frown}{\mathrm{BE}}:\overset{\frown}{\mathrm{ED}}=4:5$ となる点Eをとり，線分CDと線分AEとの交点をFとする。
このとき，$\angle\mathrm{AFC}=\boxed{\text{アイ}}^\circ$ である。

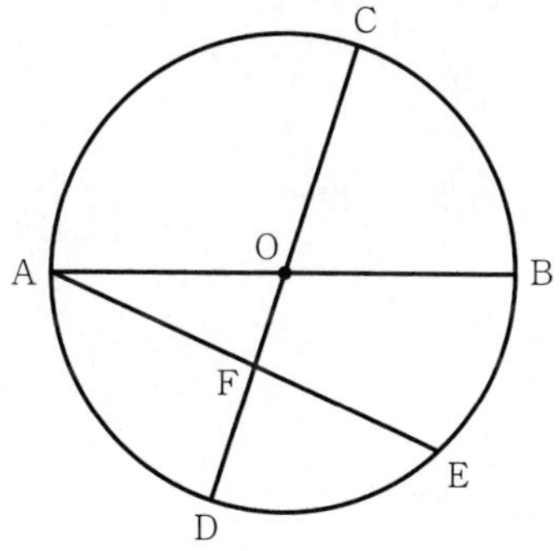

2 ⑴ ある町内会では，参加費を参加者から集めて行事を運営している。昨年は，おとな1人300円，子ども1人200円の参加費を集めたところ，全体の経費より800円多くなった。

今年は，昨年よりおとなの参加者が6人増え，子どもの参加者が1人減ることがわかったので，おとな1人250円，子ども1人150円の参加費を集めることにした。集める参加費と昨年余った800円を合わせると，昨年の全体の経費の10％多い9900円となる。

① 昨年の全体の経費は，$\boxed{\text{アイウエ}}$円である。

② 今年のおとなの参加者は，$\boxed{\text{オカ}}$人，子どもの参加者は，$\boxed{\text{キク}}$人である。

⑵ 袋の中に，同じ大きさの白玉4個，青玉2個，赤玉1個，合わせて7個の玉が入っている。
この袋の中から玉を同時に2個取り出す。

① 取り出した2個の玉が2個とも白玉である確率は，$\dfrac{\boxed{\text{ア}}}{\boxed{\text{イ}}}$ である。

② 取り出した2個の玉の色が異なる確率は，$\dfrac{\boxed{\text{ウ}}}{\boxed{\text{エ}}}$ である。

3 下図のように，放物線 $y=x^2$ のグラフ上に2点A，Bがあり，点Aの x 座標は -1，点Bの x 座標は3である。

また，放物線 $y=x^2$ のグラフの x 座標が負の部分に，AP＝BPとなる点Pをとる。

⑴ 直線ABの式は，$y=\boxed{\text{ア}}x+\boxed{\text{イ}}$ である。

⑵ 点Pを通り，△PABの面積を2等分する直線と直線ABとの交点の座標は，$(\boxed{\text{ウ}},\ \boxed{\text{エ}})$である。

⑶ 点Pの x 座標は，$\dfrac{-\boxed{\text{オ}}-\sqrt{\boxed{\text{カキ}}}}{\boxed{\text{ク}}}$ である。

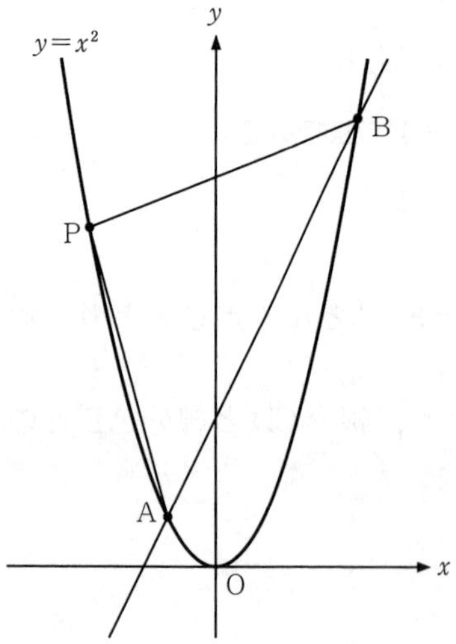

4 右図のように，BC＝18cm，CA＝12cm，∠BCA＝60° の △ABC がある。

辺 BC 上に BD：DC＝1：2 となる点 D をとり，辺 AC の中点を E とする。

また，辺 AB 上に △AFE の面積と △ADE の面積が等しくなる点 F をとり，線分 AD と線分 EF との交点を G とする。

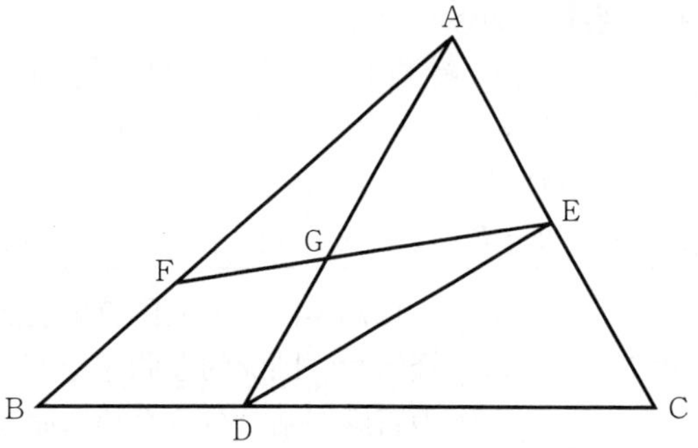

(1) △ABC の面積は，$\boxed{\text{アイ}}\sqrt{\boxed{\text{ウ}}}$ cm^2 である。

(2) AG：GD＝$\boxed{\text{エ}}$：$\boxed{\text{オ}}$ である。

(3) △AFG の面積は，$\dfrac{\boxed{\text{カキ}}\sqrt{\boxed{\text{ク}}}}{\boxed{\text{ケ}}}$ cm^2 である。

5 右図のように，10cm の線分 AB を直径とする円 O を底面とし，12cm の線分 AC，BD を母線とする円柱がある。

線分 AB 上に AE：EB＝1：4 となる点 E をとる。

点 E を通る直径 AB の垂線と円 O との交点を F，G とする。

また，線分 BD の中点を M とする。

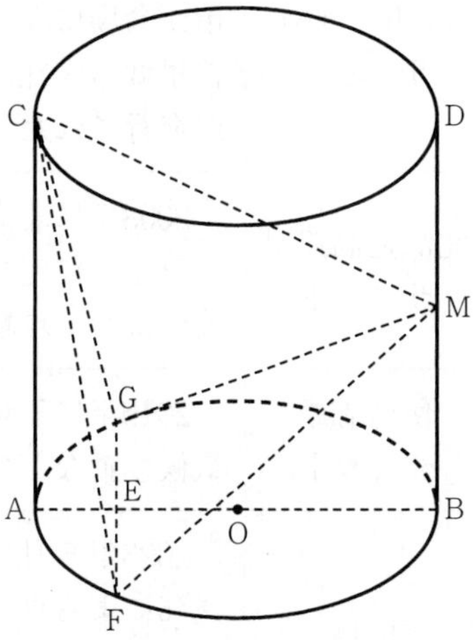

(1) FG＝$\boxed{\text{ア}}$ cm である。

(2) △FGM の面積は，$\boxed{\text{イウ}}$ cm^2 である。

(3) 四面体 CFGM の体積は，$\boxed{\text{エオカ}}$ cm^3 である。

【社　会】（50分）〈満点：100点〉

1　社会科の授業で，りえさんは，「日本で開催されたサミット(主要国首脳会議)」に関するレポートを作成した。次の資料１は，りえさんが作成したレポートの一部である。これに関して，あとの(1)～(4)の問いに答えなさい。

資料１　りえさんが作成した「日本で開催されたサミット(主要国首脳会議)」に関するレポートの一部

サミットとは	1975年に「先進国首脳会議」として，世界経済やa国際的な問題などについて，主要国の首脳が話し合うために始まった。
東京サミット	東京では，1979年，1986年，1993年の３回開催された。
九州・沖縄サミット	2000年に開催され，首脳会議は沖縄県名護市が会場になった。このサミットを記念して，首里城の守礼門などを描いた2000円のb紙幣が発行された。
北海道洞爺湖サミット	2008年に北海道の洞爺湖の湖畔で首脳会議が開催された。アメリカ合衆国のサブプライム住宅ローン問題が世界金融危機に発展する直前の時期に開催され，世界経済のほか，環境・cエネルギーなどの問題が議題となった。
伊勢志摩サミット	2016年に三重県の英虞湾にある賢島で首脳会議が開催された。世界経済のほか，気候変動などの環境問題，難民問題，サイバー攻撃の問題などが議題となった。
広島サミット	2023年５月にd広島県広島市で首脳会議が開催された。国際経済のほか，ロシア連邦によるウクライナ侵攻の問題，持続可能な世界に向けての共通の努力などが議題となった。日程の初日に主要国の首脳が平和記念資料館を訪問したり，原爆死没者慰霊碑に献花したりした。また，主要国の首脳以外にブラジルやオーストラリア，韓国，インドなどの首脳も招待された。

(1)　資料１中の下線部ａに関連して，次のⅠ～Ⅲの文は，現代の国際的な問題に関係するできごとについて述べたものである。Ⅰ～Ⅲの文を年代の**古いものから順**に並べたものとして最も適当なものを，あとのア～カのうちから一つ選び，マークしなさい。

Ⅰ　アメリカ軍のベトナムからの撤退後，ベトナム戦争が終了した。
Ⅱ　ソビエト連邦などが，ワルシャワ条約機構を結成した。
Ⅲ　イラクがクウェートに侵攻した翌年，湾岸戦争が起こった。

ア　Ⅰ→Ⅱ→Ⅲ
イ　Ⅰ→Ⅲ→Ⅱ
ウ　Ⅱ→Ⅰ→Ⅲ
エ　Ⅱ→Ⅲ→Ⅰ
オ　Ⅲ→Ⅰ→Ⅱ
カ　Ⅲ→Ⅱ→Ⅰ

(2)　資料１中の下線部ｂに関連して，次の文章は，りえさんが紙幣などの通貨に関係する為替相場(為替レート)についてまとめたものの一部である。文章中の［Ⅰ］，［Ⅱ］にあてはまるものの組み合わせとして最も適当なものを，あとのア～エのうちから一つ選び，マークしなさい。

> 為替相場(為替レート)は，通貨と通貨を交換する比率である。１ドル＝150円が１ドル＝120円になるようなことを［　Ⅰ　］という。日本国内で75万円の自動車は，１ドル＝120円のときにアメリカ合衆国に輸出すると，為替相場(為替レート)以外の関税や消費税，輸送費などを考慮しない場合，アメリカ合衆国国内で［　Ⅱ　］で販売することになる。

ア　Ⅰ：円高　Ⅱ：5000ドル
イ　Ⅰ：円高　Ⅱ：6250ドル
ウ　Ⅰ：円安　Ⅱ：5000ドル
エ　Ⅰ：円安　Ⅱ：6250ドル

(3)　資料１中の下線部ｃに関連して，右の資料２は，アメリカ合衆国における石油と鉄鉱石の産出地の分布を示したものである。資料２中のX，Yのうち石油を示しているものと，A～Cのうち鉄鋼業が発達したピッツバーグを示しているものの組み合わせとして最も適当なものを，次のア～カのうちから一つ選び，マークしなさい。

ア　石油：X　ピッツバーグ：A
イ　石油：X　ピッツバーグ：B
ウ　石油：X　ピッツバーグ：C
エ　石油：Y　ピッツバーグ：A
オ　石油：Y　ピッツバーグ：B
カ　石油：Y　ピッツバーグ：C

資料２　アメリカ合衆国における石油と鉄鉱石の産出地の分布

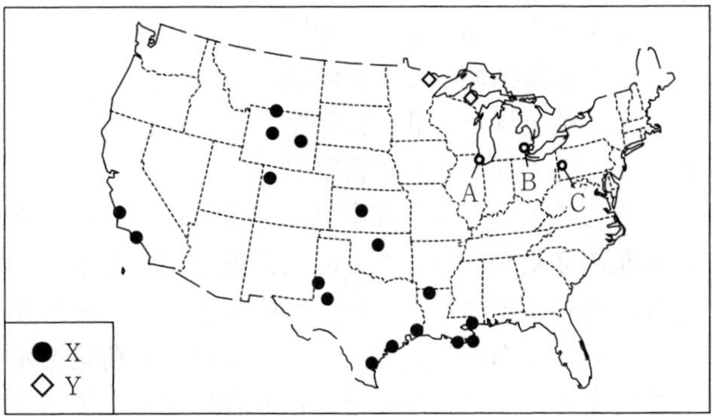

(4)　資料１中の下線部ｄに関連して，次の資料３中のア～オは，広島県を含む資料４中の中国・四国地方のいずれかの県を示している。①広島県と②香川県を示すものとして最も適当なものを，ア～オのうちからそれぞれ一つずつ選び，マークしなさい。

資料３　中国・四国地方の各県の総人口，野菜産出額，化学工業出荷額及び県庁所在地の年降水量

県名	総人口(万人)(2021年)	野菜産出額(億円)(2020年)	化学工業出荷額(億円)(2019年)	県庁所在地の年降水量(mm)
ア	94	242	1,680	1,150
イ	188	223	11,023	1,143
ウ	68	711	108	2,666
エ	278	247	4,348	1,572
オ	55	214	52	1,931
島根県	66	101	333	1,792
山口県	133	160	19,791	1,928
徳島県	71	352	6,298	1,620
愛媛県	132	197	3,440	1,405

(「データでみる県勢 2023」などより作成)

資料４　中国・四国地方の地図

2　右の図を見て，次の(1)～(4)の問いに答えなさい。

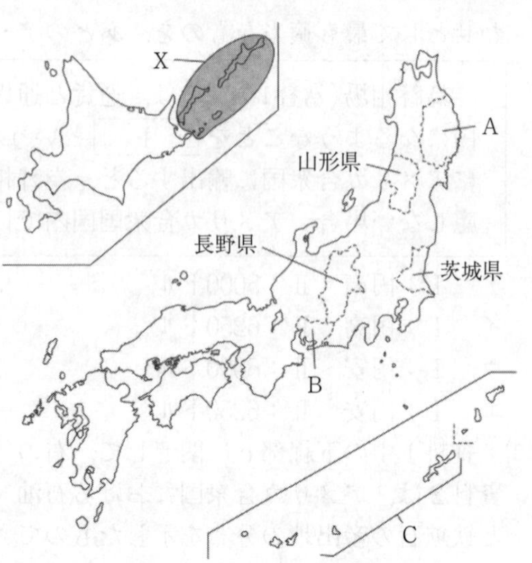

(1)　次の文章は，図中のXの島々について述べたものである。文章中の Ⅰ ， Ⅱ にあてはまる語の組み合わせとして最も適当なものを，あとのア～エのうちから一つ選び，マークしなさい。

> 図中のXの島々はロシア連邦に占拠されている北方領土で，択捉島や Ⅰ などが含まれる。総面積は約5003km²で，東京都と隣り合っている千葉県や， Ⅱ と隣り合っている福岡県とほぼ同じである。

ア　Ⅰ：歯舞群島　Ⅱ：大分県
イ　Ⅰ：歯舞群島　Ⅱ：宮崎県
ウ　Ⅰ：奄美群島　Ⅱ：大分県
エ　Ⅰ：奄美群島　Ⅱ：宮崎県

(2)　右の資料1は，東京都中央卸売市場における，ある野菜の2県からの月ごとの入荷量を示したものであり，資料1中のY，Zは，図中の茨城県，長野県のどちらかにあたる。資料1で月ごとの入荷量を示した野菜と，Yにあたる県の組み合わせとして最も適当なものを，次のア～エのうちから一つ選び，マークしなさい。

ア　野菜：ピーマン　Y：茨城県
イ　野菜：ピーマン　Y：長野県
ウ　野菜：レタス　　Y：茨城県
エ　野菜：レタス　　Y：長野県

資料1　東京都中央卸売市場における，ある野菜の2県からの月ごとの入荷量（2022年）

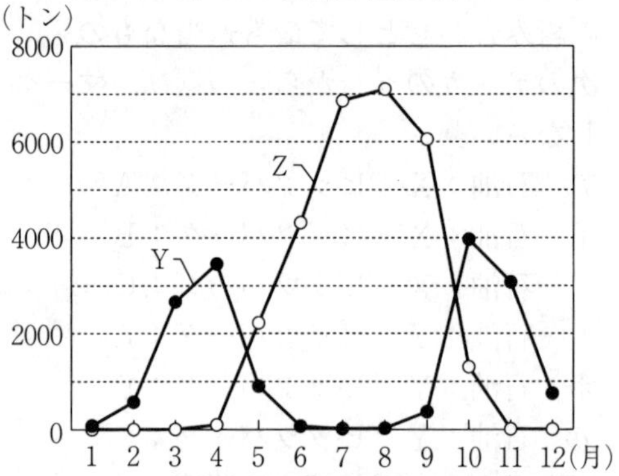

（「東京都中央卸売市場資料」より作成）

(3)　次の資料2は，3県の産業別の就業者数割合を示したものであり，資料2中のア～ウは，図中のA～Cのいずれかの県にあたる。ア～ウのうち，Cの県にあたるものとして最も適当なものを一つ選び，マークしなさい。

資料2　3県の産業別の就業者数割合（2020年）

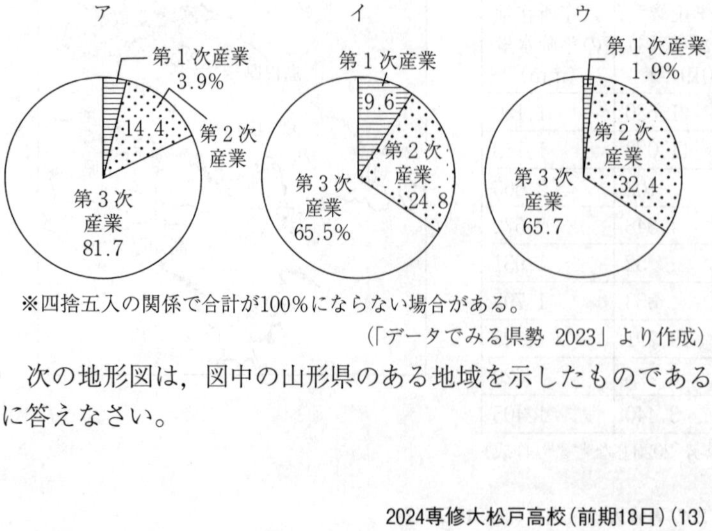

※四捨五入の関係で合計が100%にならない場合がある。

（「データでみる県勢 2023」より作成）

(4)　次の地形図は，図中の山形県のある地域を示したものである。これを見て，あとの①，②の問いに答えなさい。

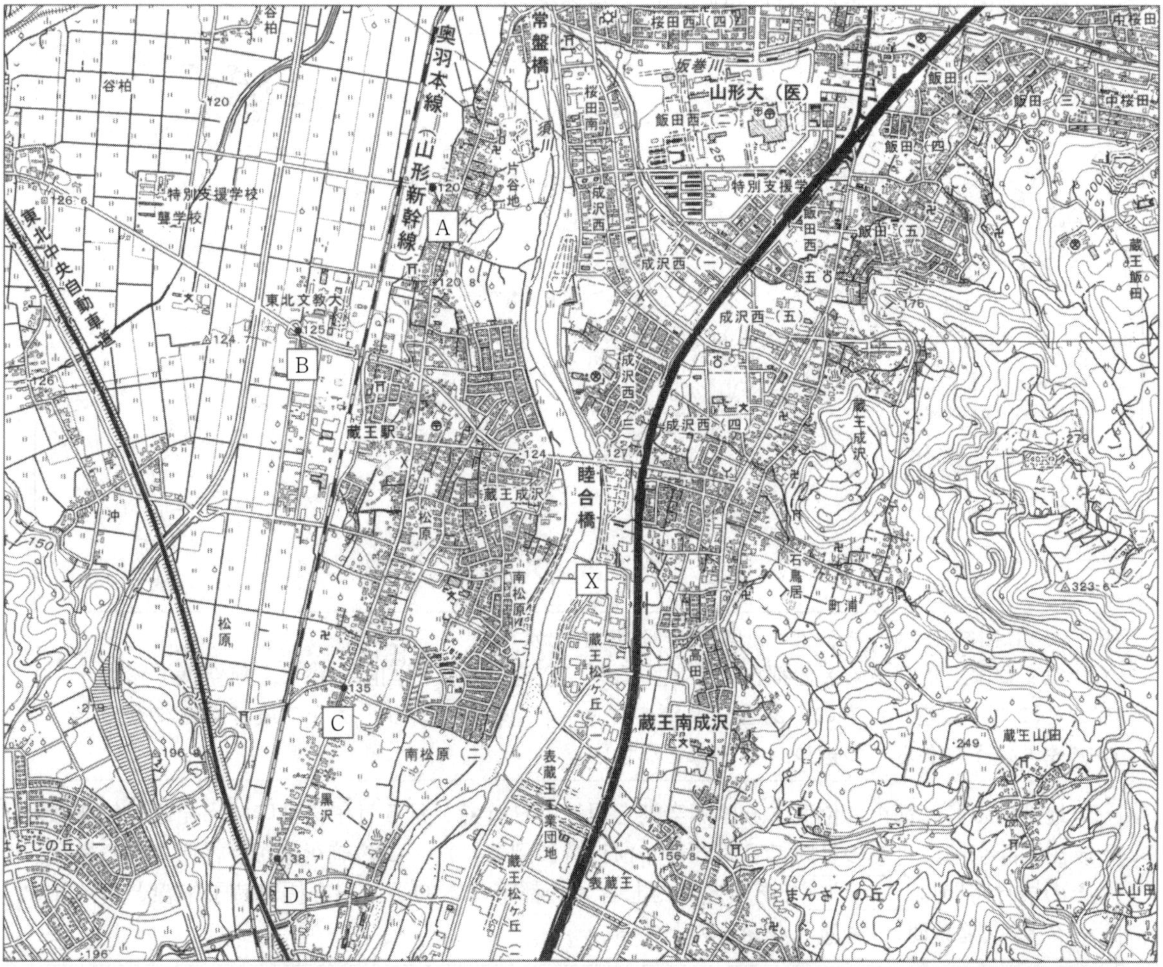

（国土地理院　平成28年発行1：25,000「山形南部」原図より作成）

めもり　0　　5 cm

① 次のⅠ，Ⅱの文は，地形図中に示したＡ～Ｄの四つの地点の標高差を比較したものである。Ⅰ，Ⅱの文の正誤の組み合わせとして最も適当なものを，あとのア～エのうちから一つ選び，マークしなさい。

Ⅰ　Ａ地点とＤ地点では，Ｄ地点のほうが50m以上高い。

Ⅱ　Ａ地点とＢ地点の標高差は，Ｃ地点とＤ地点の標高差より小さい。

ア　Ⅰ：正　Ⅱ：正　　イ　Ⅰ：正　Ⅱ：誤

ウ　Ⅰ：誤　Ⅱ：正　　エ　Ⅰ：誤　Ⅱ：誤

② 次のⅠ～Ⅳのうち，上の地形図から読み取れることについて正しく述べた文はいくつあるか。最も適当なものを，あとのア～エのうちから一つ選び，マークしなさい。

Ⅰ　蔵王駅と山形大(医)との間の実際の直線距離は，1km以上離れている。

Ⅱ　蔵王駅は，蔵王南成沢の中(小)学校から見ておおよそ北西の方向に位置している。

Ⅲ　東北中央自動車道と奥羽本線の間の地域には，主に荒地と茶畑が広がっている。

Ⅳ　Ｘの河川は，常盤橋から睦合橋の方向へ流れている。

ア　一つ　　イ　二つ　　ウ　三つ　　エ　四つ

3　次の地図を見て，あとの(1)～(4)の問いに答えなさい。

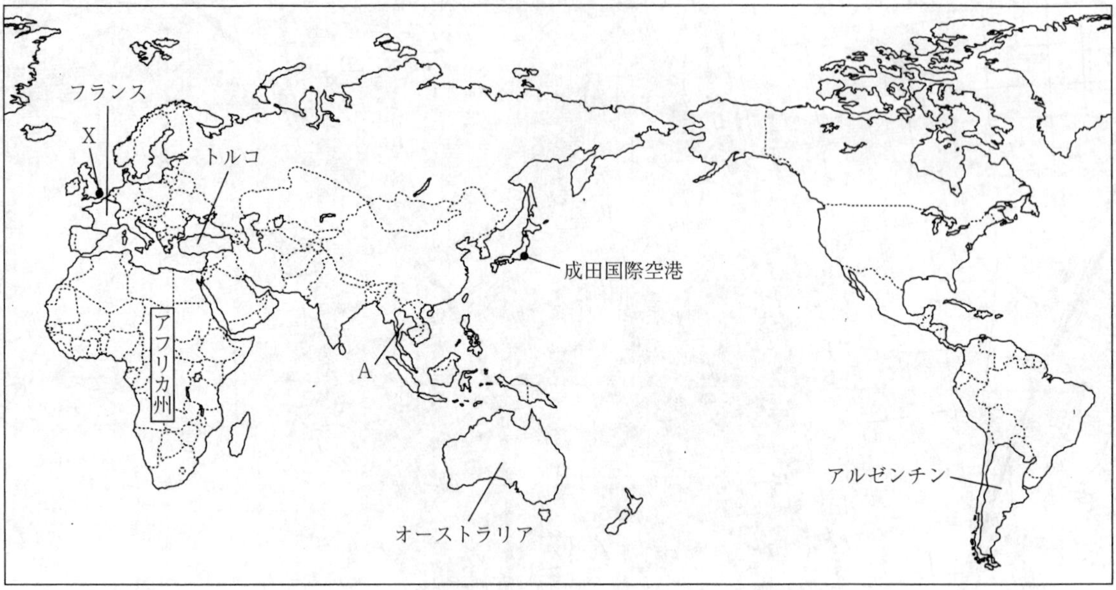

（注）　島等は省略したものもある。また，国境に一部未確定部分がある。

(1)　次の文章は，地図中のXの都市に位置する国際空港から成田国際空港まで航空機で移動したときのことについて述べたものである。文章中の□にあてはまる語として最も適当なものを，あとのア～エのうちから一つ選び，マークしなさい。

> 地図中のXの都市に位置する国際空港を現地の日時で２月５日午後２時に出発した航空機が，成田国際空港に日本の日時で２月６日午前11時に到着した。この航空機が直行便である場合，その飛行時間は□である。ただし，Xの都市は本初子午線を標準時子午線とし，サマータイム（夏時間）は考慮しないものとする。

ア　10時間　　イ　12時間
ウ　14時間　　エ　16時間

(2)　次のⅠ～Ⅲの文は，地図中のアフリカ州について述べたものである。Ⅰ～Ⅲの文の正誤の組み合わせとして最も適当なものを，あとのア～クのうちから一つ選び，マークしなさい。

Ⅰ　この州の北部では，乾燥に強いらくだや羊などの遊牧が行われている。
Ⅱ　この州には，1970年代までヨーロッパ州以外からの移民を制限する白豪主義を実施していた国が含まれる。
Ⅲ　この州には，総人口が世界で最も多い国と世界で２番目に多い国が含まれる。

ア　Ⅰ：正　Ⅱ：正　Ⅲ：正
イ　Ⅰ：正　Ⅱ：正　Ⅲ：誤
ウ　Ⅰ：正　Ⅱ：誤　Ⅲ：正
エ　Ⅰ：正　Ⅱ：誤　Ⅲ：誤
オ　Ⅰ：誤　Ⅱ：正　Ⅲ：正
カ　Ⅰ：誤　Ⅱ：正　Ⅲ：誤
キ　Ⅰ：誤　Ⅱ：誤　Ⅲ：正
ク　Ⅰ：誤　Ⅱ：誤　Ⅲ：誤

(3) 次の文章は，かつきさんが，地図中のＡの国の輸出についてまとめたレポートの一部である。文章中の［Ⅰ］～［Ⅲ］にあてはまる語の組み合わせとして最も適当なものを，あとのア～クのうちから一つ選び，マークしなさい。

地図中のＡの国の輸出は近年，変化している。次の資料１は，Ａの国の1980年と2020年の輸出総額に占める上位の品目の割合を示したもので，資料１中の あ には［Ⅰ］，い には［Ⅱ］があてはまる。また，2020年の輸出品目第８位は魚介類で，Ａの国の沿岸に広がる［Ⅲ］を切り払って建設した養殖場でつくったエビを含んでいる。

資料１　地図中のＡの国の1980年と2020年の輸出総額に占める上位の品目の割合

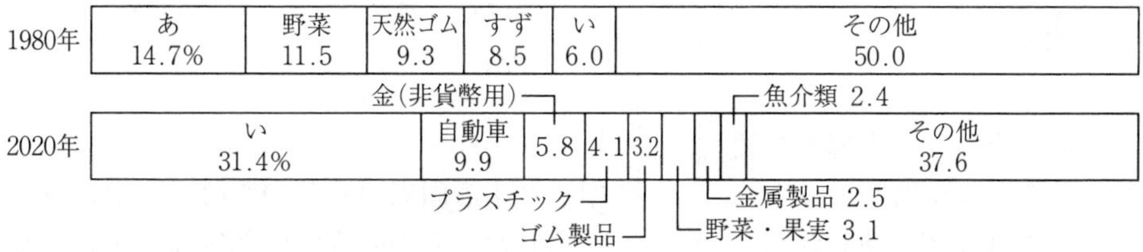

（「世界国勢図会 2022/23」などより作成）

ア　Ⅰ：原油　Ⅱ：衣類　Ⅲ：ステップ
イ　Ⅰ：原油　Ⅱ：機械類　Ⅲ：ステップ
ウ　Ⅰ：原油　Ⅱ：衣類　Ⅲ：マングローブ
エ　Ⅰ：原油　Ⅱ：機械類　Ⅲ：マングローブ
オ　Ⅰ：米　Ⅱ：衣類　Ⅲ：ステップ
カ　Ⅰ：米　Ⅱ：機械類　Ⅲ：ステップ
キ　Ⅰ：米　Ⅱ：衣類　Ⅲ：マングローブ
ク　Ⅰ：米　Ⅱ：機械類　Ⅲ：マングローブ

(4) 次の資料２は，地図中のフランス，トルコ，オーストラリア及びアルゼンチンの４か国の主な家畜の飼養数，肉類生産量，牛乳生産量を示したものである。あとのⅠ～Ⅳのうち，資料２から読み取れることについて正しく述べた文はいくつあるか。最も適当なものを，下のア～エのうちから一つ選び，マークしなさい。

資料２　フランス，トルコ，オーストラリア及びアルゼンチンの４か国の主な家畜の飼養数，肉類生産量，牛乳生産量(2020年)

国名	主な家畜の飼養数				肉類生産量(千トン)	牛乳生産量(千トン)
	牛(千頭)	豚(千頭)	羊(千頭)	鶏(百万羽)		
フランス	17,789	13,737	7,301	242	5,417	25,147
トルコ	17,965	1	42,127	379	3,275	20,000
オーストラリア	23,503	2,258	63,529	101	4,797	8,797
アルゼンチン	54,461	5,377	14,572	119	6,227	11,113

（「世界国勢図会 2022/23」より作成）

Ⅰ　トルコの鶏飼養数は，フランス，オーストラリア，アルゼンチンの鶏飼養数の合計よりも多い。
Ⅱ　豚飼養数が500万頭未満の国は，いずれの国も羊飼養数が2000万頭以上である。
Ⅲ　牛飼養数が2000万頭以上の国は，いずれの国も牛乳生産量が2000万トン以上である。
Ⅳ　資料２中の４か国は，いずれの国も牛乳生産量が肉類生産量の２倍以上である。

ア　一つ　　イ　二つ
ウ　三つ　　エ　四つ

4 次のパネルA～Dは，社会科の授業で，せいらさんたちが，「原始から古代までの資料」をテーマに作成したものの一部である。これらを見て，あとの(1)～(5)の問いに答えなさい。

A：弥生土器

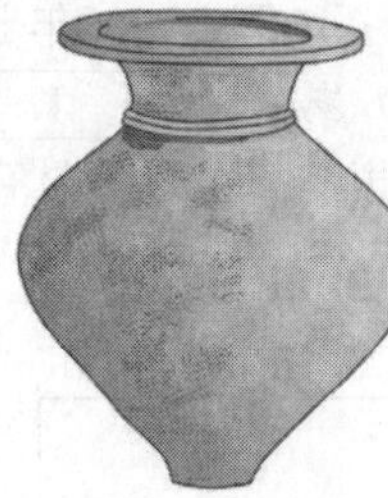

弥生時代には，縄文土器よりも薄くて硬い，上の資料で示した弥生土器がつくられ，a食べ物の煮たきや貯蔵などに使われた。

B：十七条の憲法

・一に曰く，和をもって貴しとなし，さからうことなきを宗とせよ。
・二に曰く，あつく三宝を敬え。三宝とは，仏，法，僧なり。
・三に曰く，詔をうけたまわりては必ずつつしめ。

飛鳥時代前半に聖徳太子らは，b天皇を中心とする国家づくりのために，上の資料で示した十七条の憲法の制定などを行った。

C：東大寺の正倉院

奈良時代にc天平文化が栄えたころ，上の資料で示した東大寺の正倉院が建てられ，聖武天皇の遺品などが収められた。

D：寝殿造の屋敷

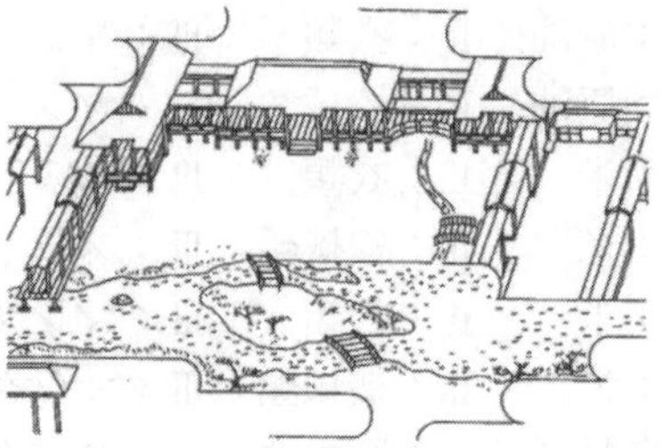

平安時代半ばにd藤原氏の摂関政治が全盛期をむかえていたころ，有力な貴族は上の資料で示した寝殿造の屋敷に住んだ。

(1) パネルA中の下線部aに関連して，次のⅠ，Ⅱの文は，弥生時代の人々の食べ物について述べたものである。Ⅰ，Ⅱの文の正誤の組み合わせとして最も適当なものを，あとのア～エのうちから一つ選び，マークしなさい。

Ⅰ　狩りでは，主にマンモスやナウマンゾウなどの大型動物が対象とされた。
Ⅱ　稲作では，収穫した稲の脱穀を，千歯こきなどの農具を使って行っていた。

ア　Ⅰ：正　Ⅱ：正　　イ　Ⅰ：正　Ⅱ：誤
ウ　Ⅰ：誤　Ⅱ：正　　エ　Ⅰ：誤　Ⅱ：誤

(2) 次の文章は，パネルAとパネルBの間の時代に成立した大和政権(ヤマト王権)について述べたものである。文章中の［Ⅰ］，［Ⅱ］にあてはまる語の組み合わせとして最も適当なものを，あとのア～エのうちから一つ選び，マークしなさい。

大和政権(ヤマト王権)は，朝鮮半島から［Ⅰ］の延べ板を輸入し，これをとかしてさまざまなものをつくった。関東地方の［Ⅱ］からは，「ワカタケル大王」の名が刻まれた［Ⅰ］の剣が発掘されている。

ア　Ⅰ：鉄　　Ⅱ：稲荷山古墳　　イ　Ⅰ：鉄　　Ⅱ：江田船山古墳
ウ　Ⅰ：青銅　Ⅱ：稲荷山古墳　　エ　Ⅰ：青銅　Ⅱ：江田船山古墳

(3)　パネルＢ中の下線部ｂに関連して，次のⅠ～Ⅳのうち，天皇を中心とする国家づくりを進める中で飛鳥時代末に完成した律令国家について正しく述べた文はいくつあるか。最も適当なものを，あとのア～エのうちから一つ選び，マークしなさい。

Ⅰ　律令国家は，刑罰のきまりである律と，政治などのきまりである令に基づき運営された。
Ⅱ　律令国家では，戸籍が30年ごとに作成されることになっていた。
Ⅲ　律令国家では，６歳以上の男女に口分田が与えられることになっていた。
Ⅳ　律令国家では，地方の特産物を庸として都まで運んで納めることになっていた。

ア　一つ　　イ　二つ　　ウ　三つ　　エ　四つ

(4)　パネルＣ中の下線部ｃに関連して，次の文章は，せいらさんが，奈良時代の天平文化が栄えたころに完成した『万葉集』についてまとめたレポートの一部である。文章中の［Ⅰ］，［Ⅱ］にあてはまる語の組み合わせとして最も適当なものを，あとのア～エのうちから一つ選び，マークしなさい。

> 『万葉集』は，奈良時代の天平文化が栄えたころに［　Ⅰ　］が完成させたといわれており，天皇や貴族から農民までの約4500の歌が収められている。これらの歌は，日本語の音を漢字で表す［　Ⅱ　］を使って書かれている。

ア　Ⅰ：大伴家持　Ⅱ：万葉がな　　イ　Ⅰ：大伴家持　Ⅱ：ひらがな
ウ　Ⅰ：紀貫之　　Ⅱ：万葉がな　　エ　Ⅰ：紀貫之　　Ⅱ：ひらがな

(5)　パネルＤ中の下線部ｄに関連して，次のⅠ～Ⅳのうち，藤原道長が摂政となった時期よりもあとに起こったできごとについて述べた文はいくつあるか。最も適当なものを，あとのア～エのうちから一つ選び，マークしなさい。

Ⅰ　菅原道真が，唐の衰退などを理由に遣唐使の停止を朝廷に提言した。
Ⅱ　平将門が，国司と対立していた豪族と結んで反乱を起こした。
Ⅲ　院政の実権などをめぐる朝廷内の争いから保元の乱が起こった。
Ⅳ　藤原定家らが『新古今和歌集』を編集し，西行などの和歌が収められた。

ア　一つ　　イ　二つ　　ウ　三つ　　エ　四つ

5　次の略年表を見て，あとの(1)～(5)の問いに答えなさい。

年代	主なできごと	
1274	一度目の a元寇(蒙古襲来)が起こる	
1333	鎌倉幕府が滅亡する…………	↑
	↕ b	
1560	織田信長が桶狭間の戦いで今川義元を破る	c
1603	徳川家康が征夷大将軍に任命される	
	↕ d	
1858	e日米修好通商条約が結ばれる…………	↓

(1)　略年表中の下線部ａに関連して，次のⅠ～Ⅳのうち，鎌倉時代後半に二度にわたって起こった元寇(蒙古襲来)について正しく述べた文はいくつあるか。最も適当なものを，あとのア～エのうちから一つ選び，マークしなさい。

Ⅰ　元寇(蒙古襲来)は，元の皇帝であるフビライ・ハンの命令により始まった。

Ⅱ　元寇(蒙古襲来)のときの鎌倉幕府の執権は，北条時宗であった。

Ⅲ　元寇(蒙古襲来)を描いた絵巻物を示した右の資料1中の馬に乗った人物は，日本の御家人である。

Ⅳ　元寇(蒙古襲来)のとき，鎌倉幕府は大宰府の周辺に水城などを築かせた。

ア　一つ　　イ　二つ
ウ　三つ　　エ　四つ

資料1　元寇(蒙古襲来)を描いた絵巻物

(2)　次の文章は，つぐみさんが，略年表中のbの時期に行われた日本と明との間の貿易についてまとめたレポートの一部である。文章中の［Ⅰ］，［Ⅱ］にあてはまるものの組み合わせとして最も適当なものを，あとのア～エのうちから一つ選び，マークしなさい。

> 15世紀初めから16世紀半ばごろまでの日本と明との貿易は，日本が明に朝貢するという形式で行われた。この貿易では，正式な貿易船であることを証明するために，右の資料2で示した［Ⅰ］が使われた。また，この貿易には室町幕府や守護大名，堺や博多などの商人が参加し，日本は明から［Ⅱ］などを輸入した。
>
> 資料2
>
> 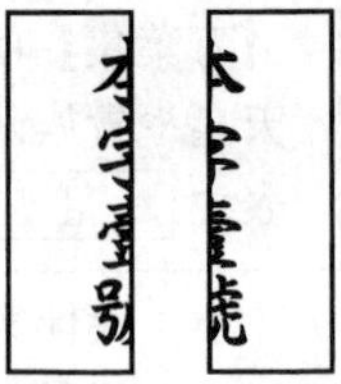

ア　Ⅰ：朱印状　Ⅱ：絹織物や陶磁器　　イ　Ⅰ：朱印状　Ⅱ：刀剣や銅
ウ　Ⅰ：勘合　　Ⅱ：絹織物や陶磁器　　エ　Ⅰ：勘合　　Ⅱ：刀剣や銅

(3)　次の資料3は，略年表中のcの時期に海外で起こったできごとを年代の古いものから順に左から並べたものである。資料3中の［Ⅰ］，［Ⅱ］にあてはまるできごととして最も適当なものを，あとのア～オのうちからそれぞれ一つずつ選び，マークしなさい。

資料3

元が滅亡し，明が成立する ➡ ［Ⅰ］ ➡ ピューリタン革命が起こる ➡ ［Ⅱ］ ➡ アヘン戦争で清が敗れる

ア　最初の十字軍の遠征が行われる　　イ　マゼランの艦隊が世界一周に成功する
ウ　義和団事件が起こる　　エ　新羅が朝鮮半島を統一する
オ　フランス革命が始まる

(4)　次のⅠ～Ⅲの文は，略年表中のdの時期に行われた江戸幕府の政治改革について述べたものである。Ⅰ～Ⅲの文の正誤の組み合わせとして最も適当なものを，あとのア～クのうちから一つ選び，マークしなさい。

Ⅰ　享保の改革，寛政の改革ではともに，商品作物の栽培が制限され，米などの生産がすすめられた。

Ⅱ　享保の改革，天保の改革ではともに，洋書の輸入がすべて禁止され，出版が統制された。

Ⅲ　寛政の改革，天保の改革ではともに，江戸に出てきていた農民が故郷の村に帰された。

ア　Ⅰ：正　Ⅱ：正　Ⅲ：正　　イ　Ⅰ：正　Ⅱ：正　Ⅲ：誤
ウ　Ⅰ：正　Ⅱ：誤　Ⅲ：正　　エ　Ⅰ：正　Ⅱ：誤　Ⅲ：誤
オ　Ⅰ：誤　Ⅱ：正　Ⅲ：正　　カ　Ⅰ：誤　Ⅱ：正　Ⅲ：誤

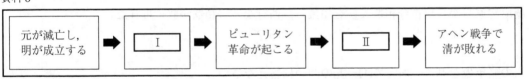

キ　Ⅰ：誤　Ⅱ：誤　Ⅲ：正　　ク　Ⅰ：誤　Ⅱ：誤　Ⅲ：誤

(5)　略年表中の下線部eに関連して，次の文章は，みなこさんが，日米修好通商条約などについてまとめたレポートの一部である。文章中の[Ⅰ]，[Ⅱ]にあてはまる記号の組み合わせとして最も適当なものを，あとのア～カのうちから一つ選び，マークしなさい。

> 右の図中のA～Cのうち[Ⅰ]は，日米和親条約で開かれた後，日米修好通商条約で閉ざされた港の位置を示している。また，日米修好通商条約が結ばれた後，約10年で江戸幕府が滅亡したが，図中のX，Yのうち[Ⅱ]は，江戸幕府滅亡後に，戊辰戦争の最後の戦いが行われた五稜郭の位置を示している。

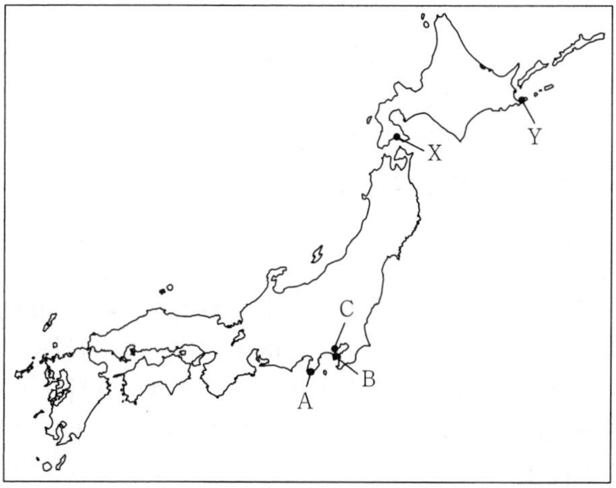

ア　Ⅰ：A　Ⅱ：X
イ　Ⅰ：A　Ⅱ：Y
ウ　Ⅰ：B　Ⅱ：X
エ　Ⅰ：B　Ⅱ：Y
オ　Ⅰ：C　Ⅱ：X
カ　Ⅰ：C　Ⅱ：Y

6　次のカードA～Eは，社会科の授業で，なつさんが，「明治時代から昭和時代までの産業・経済の状況」について調べ，年代の古い順にまとめたものの一部である。これらを読み，あとの(1)～(5)の問いに答えなさい。

A	明治時代前半に a政府は，廃藩置県などを行うとともに，官営模範工場の建設など殖産興業政策も行った。
B	日本の産業革命が進むなか，明治時代後半以降に三井や三菱などが財閥に成長した。また，明治時代末に労働争議が増加したことなどから，b工場法が制定された。
C	第一次世界大戦中に c大正デモクラシーの風潮が広まるなか，日本の輸出が好調になり，重化学工業も発達した。
D	昭和時代前半に日本が d日中戦争と太平洋戦争に突入すると，政府が国家総動員法に基づく命令などにより，経済を統制した。
E	昭和時代前半の e1945年から1952年まで日本は連合国軍最高司令官総司令部（GHQ）に占領され，産業・経済を含むさまざまな改革が行われた。

(1)　カードA中の下線部aに関連して，次のⅠ～Ⅲの文は，明治時代に政府が行ったことについて述べたものである。Ⅰ～Ⅲの文を年代の**古いものから順**に並べたものとして最も適当なものを，あとのア～カのうちから一つ選び，マークしなさい。

Ⅰ　日英通商航海条約が結ばれ，領事裁判権(治外法権)が撤廃された。
Ⅱ　ロシアに対抗するため，日本とイギリスとの間で日英同盟が結ばれた。
Ⅲ　八幡製鉄所が設立され，筑豊炭田の石炭などを利用した鉄鋼生産が始まった。

ア　Ⅰ→Ⅱ→Ⅲ　　イ　Ⅰ→Ⅲ→Ⅱ　　ウ　Ⅱ→Ⅰ→Ⅲ
エ　Ⅱ→Ⅲ→Ⅰ　　オ　Ⅲ→Ⅰ→Ⅱ　　カ　Ⅲ→Ⅱ→Ⅰ

(2)　カードB中の下線部bに関連して，次の資料1は，工場法が制定される前年の1910年に石川啄木がつくった歌である。資料1中の[　　]にあてはまる語として最も適当なものを，あとのア～エのうちから一つ選び，マークしなさい。

資料1　1910年に石川啄木がつくった歌

地図の上　[　　　]国に　黒々と　墨をぬりつつ　秋風を聴く

ア　台湾　　イ　樺太　　ウ　満州　　エ　朝鮮

(3)　カードC中の下線部cに関連して，次の資料2は，大正デモクラシーと関係が深い吉野作造の論文の一部である。あとのⅠ，Ⅱの文は，資料2の論文について述べたものである。Ⅰ，Ⅱの文の正誤の組み合わせとして最も適当なものを，下のア～エのうちから一つ選び，マークしなさい。

資料2　大正デモクラシーと関係が深い吉野作造の論文の一部

> 我々が憲政の根底とするのは，政治上一般民衆を重んじ，その間に貴賤上下の別を立てず，しかも国体が君主制か共和制かを問わないで，普遍的に通用する主義であるので，民本主義という比較的新しい用語が一番適当である。…(省略)…その定義は二つの内容がある。一つは政権運用の目的，つまり「政治の目的」が一般民衆の利益にあるということで，もう一つは政権運用の方針の決定，つまり「政策の決定」が一般民衆の意向によるということである。
>
> (部分要約)

Ⅰ　吉野作造は，民本主義は，君主制や共和制という国の体制に関係なく使うことのできる用語であると主張している。
Ⅱ　吉野作造は，政治の目的や政権運用の方針は，一般民衆の利益や意向にとらわれずに決定するべきであると主張している。

ア　Ⅰ：正　Ⅱ：正　　イ　Ⅰ：正　Ⅱ：誤
ウ　Ⅰ：誤　Ⅱ：正　　エ　Ⅰ：誤　Ⅱ：誤

(4)　カードD中の下線部dに関連して，次の文章は，なつさんたちの班が，昭和時代初めの日中戦争・太平洋戦争中の日本国内の人々の生活などについて話し合っている場面の一部である。文章中の[Ⅰ]，[Ⅱ]にあてはまる語の組み合わせとして最も適当なものを，あとのア～エのうちから一つ選び，マークしなさい。

> なつさん：日中戦争・太平洋戦争中に国民が戦争に協力するしくみがつくられたんだよね。
> ふくさん：[　Ⅰ　]だね。町内会などの下に置かれ，住民どうしが協力するだけでなく，互いに監視させることにもなったよ。
> なつさん：人々の生活も苦しくなっていったんだよね。
> のぶさん：米や衣類，マッチなどが配給制や[　Ⅱ　]制(配給[　Ⅱ　]制)になったよ。

ア　Ⅰ：隣組　　Ⅱ：問屋　　イ　Ⅰ：隣組　　Ⅱ：切符
ウ　Ⅰ：五人組　Ⅱ：問屋　　エ　Ⅰ：五人組　Ⅱ：切符

(5)　カードE中の下線部eに関連して，次のⅠ～Ⅳのうち，昭和時代前半の連合国軍最高司令官総司令部(GHQ)に占領されていた時期の日本に関係するできごとについて述べた文はいくつあるか。最も適当なものを，あとのア～エのうちから一つ選び，マークしなさい。

Ⅰ　この時期に，日本国内の治安を守るために警察予備隊が発足した。
Ⅱ　この時期に，アメリカの水爆実験で第五福竜丸が被ばくした。
Ⅲ　この時期に，極東国際軍事裁判(東京裁判)が始まった。
Ⅳ　この時期に，日本で労働条件の最低基準を定めた労働基準法が制定された。

ア　一つ　　イ　二つ　　ウ　三つ　　エ　四つ

7　次のカードA～Cは，社会科の授業で，ようたさんが，公民の分野で興味をもったことについて調べ，まとめたものの一部である。これらを読み，あとの(1)～(3)の問いに答えなさい。

A	都道府県など各地の地方公共団体では，地方税などの a 歳入を元手に教育，福祉といった行政サービスなどを提供している。
B	日本は，アメリカ合衆国など特定の国とのほか，b 国際連合などを通じて多国間での条約なども結び，外交関係を保っている。
C	日本では明治時代以降，急激に総人口が増加する傾向にあったものの，近年は c 少子高齢化が進んで，総人口が減少しつつある。

(1)　カードA中の下線部aに関連して，次の文章は，ある2県と全国の2020年度の歳入の内訳について述べたものである。文章中の［Ⅰ］，［Ⅱ］にあてはまる語の組み合わせとして最も適当なものを，あとのア～エのうちから一つ選び，マークしなさい。

次の資料1は，ある2県と全国の2020年度の歳入の内訳を示したものであり，資料1中のP，Qには千葉県か富山県のどちらかが，X，Yには地方税か地方交付税のどちらかがあてはまる。このうちPにあてはまるのは［　Ⅰ　］で，Yにあてはまるのは［　Ⅱ　］である。

資料1　ある2県と全国の2020年度の歳入の内訳

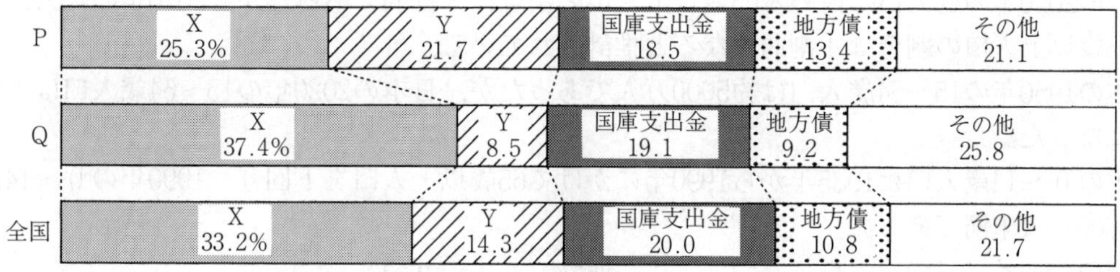

(「データでみる県勢 2023」より作成)

ア　Ⅰ：千葉県　Ⅱ：地方税　　イ　Ⅰ：千葉県　Ⅱ：地方交付税
ウ　Ⅰ：富山県　Ⅱ：地方税　　エ　Ⅰ：富山県　Ⅱ：地方交付税

(2)　カードB中の下線部bに関連して，次のⅠ～Ⅴのうち，国際連合について正しく述べた文はいくつあるか。最も適当なものを，あとのア～オのうちから一つ選び，マークしなさい。

Ⅰ　国際連合の総会は，全ての加盟国により構成されている。
Ⅱ　国際連合の安全保障理事会では，アメリカ合衆国やドイツなどが常任理事国になっている。
Ⅲ　国際連合の安全保障理事会での議題については，常任理事国と非常任理事国の3分の2以上の賛成があれば必ず決定されることになっている。

Ⅳ　国際連合の専門機関には，ASEANやAUなどがある。
Ⅴ　国際連合では，世界人権宣言や国際人権規約などが採択されている。
　ア　一つ　　イ　二つ　　ウ　三つ　　エ　四つ　　オ　五つ

(3)　カードC中の下線部cに関連して，次の資料2は，近年少子高齢化が進む日本の1950年から2070年までの5年ごとの総人口と人口構成の推移及び将来推計を示したものである。あとのⅠ～Ⅴのうち，資料2から読み取れることについて正しく述べた文はいくつあるか。最も適当なものを，下のア～オのうちから一つ選び，マークしなさい。

資料2　日本の1950年から2070年までの5年ごとの総人口と人口構成の推移及び将来推計

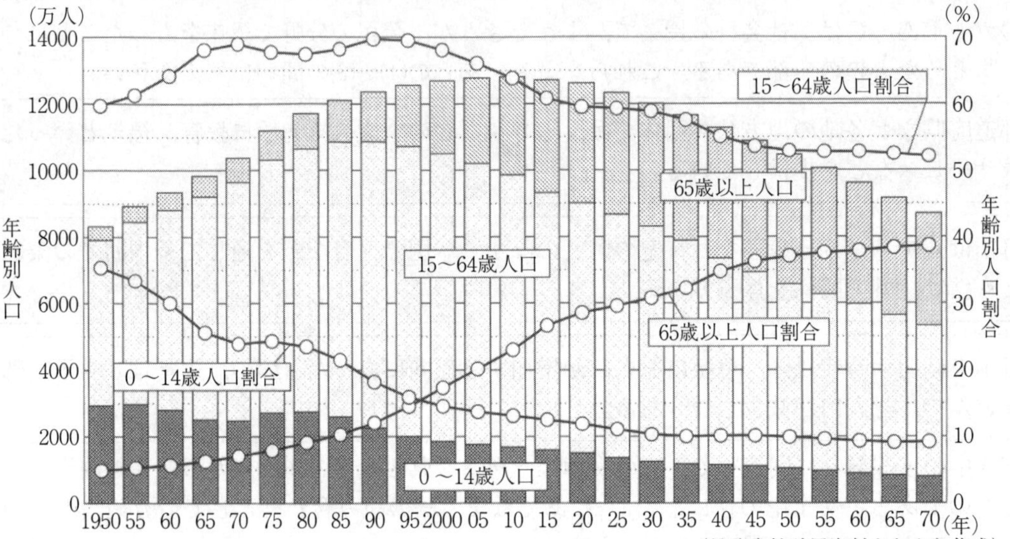

(総務省統計局資料などより作成)

Ⅰ　日本の総人口は1965年から1970年にかけて1億人を上回ったが，2045年から2050年にかけて1億人を下回ると推計されている。
Ⅱ　日本の0～14歳人口は，1950年から2020年まで減少し続けており，2025年から2070年までも減少し続けると推計されている。
Ⅲ　日本の2020年の総人口に占める65歳以上人口の割合は3割弱であったが，2070年の総人口に占める65歳以上人口の割合は4割弱になると推計されている。
Ⅳ　日本の1950年の15～64歳人口は約5000万人であったが，日本の2020年の15～64歳人口は1億人以上になった。
Ⅴ　日本の0～14歳人口は1985年から1990年にかけて65歳以上人口を下回り，1990年の0～14歳人口は2000万人未満である。
　ア　一つ　　イ　二つ　　ウ　三つ　　エ　四つ　　オ　五つ

8　次の文章を読み，あとの(1)～(3)の問いに答えなさい。

日本は資本主義経済を採用しているので，a商品の価格は原則として，市場における供給・需要の関係により決定される。b国の三権のうち行政権をもつ内閣の下には，市場が独占状態・寡占状態にならないように競争を促す公正取引委員会が設置されている。また，資本主義経済では経済格差が生じることから，国などはc社会保障制度の整備などにより格差を是正しようとしている。

(1)　下線部aに関連して，次の文章は，ある農産物の価格と供給・需要の関係について述べたものである。文章中の[Ⅰ]，[Ⅱ]にあてはまるものの組み合わせとして最も適当なものを，あとのア～クのうちから一つ選び，マークしなさい。

右の資料は，ある農産物の価格と供給・需要の関係を示したものである。資料中のX，Yのうち Yにあたるのは［ Ⅰ ］曲線である。Yが何かしらの事情でY′に移動する場合，その要因としては，その農産物が［ Ⅱ ］ことなどが考えられる。

資料　ある農産物の価格と供給・需要の関係

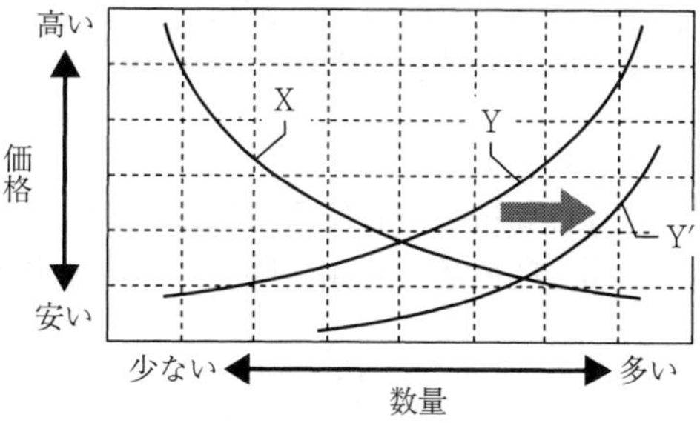

ア　Ⅰ：供給　Ⅱ：不作であった　　イ　Ⅰ：供給　Ⅱ：豊作であった
ウ　Ⅰ：需要　Ⅱ：不作であった　　エ　Ⅰ：需要　Ⅱ：豊作であった
オ　Ⅰ：供給　Ⅱ：ほしい人が増えた　　カ　Ⅰ：供給　Ⅱ：ほしい人が減った
キ　Ⅰ：需要　Ⅱ：ほしい人が増えた　　ク　Ⅰ：需要　Ⅱ：ほしい人が減った

(2)　下線部bに関連して，次のⅠ～Ⅴのうち，日本の国の三権などについて正しく述べた文はいくつあるか。最も適当なものを，あとのア～オのうちから一つ選び，マークしなさい。

Ⅰ　立法権をもつ国会について，議員の総数は参議院のほうが衆議院よりも多い。
Ⅱ　立法権をもつ国会は，弾劾裁判所を設置することができる。
Ⅲ　行政権をもつ内閣は，条例を制定することができる。
Ⅳ　司法権をもつ裁判所について，最高裁判所のみ違憲審査の権限をもつ。
Ⅴ　日本の国の政治では，ルソーが提唱した権力分立(三権分立)が採用されている。

ア　一つ　　イ　二つ　　ウ　三つ　　エ　四つ　　オ　五つ

(3)　下線部cに関連して，次のⅠ，Ⅱの文は，日本の社会保障制度について述べたものである。Ⅰ，Ⅱの文の正誤の組み合わせとして最も適当なものを，あとのア～エのうちから一つ選び，マークしなさい。

Ⅰ　社会福祉は，子どもや高齢者など，社会的弱者を支援するためのものである。
Ⅱ　公的扶助は，保険料を支払っていない場合は利用できない。

ア　Ⅰ：正　Ⅱ：正　　イ　Ⅰ：正　Ⅱ：誤
ウ　Ⅰ：誤　Ⅱ：正　　エ　Ⅰ：誤　Ⅱ：誤

【理　科】（50分）〈満点：100点〉

1　Sさんたちは，脊椎《せきつい》動物について調べたこと１，２をまとめました。これに関して，あとの(1)〜(4)の問いに答えなさい。

調べたこと１

・　脊椎動物を，特徴ごとに，表のようにまとめた。表のA〜Eは，脊椎動物のうちの魚類，両生類，爬虫《はちゅう》類，鳥類，哺乳類のいずれかである。

表

特徴		A	B	C	D	E
呼吸のしかた	えらで呼吸をする時期がある			○	○	
	肺で呼吸をする時期がある	○	○	○		○
子のうまれ方	卵生である	○	○	○	○	
	胎生である					○

・　C〜Eについては，表の「呼吸のしかた」と「子のうまれ方」から，どのなかまであるかを特定することができた。

・　AとBは，表ではまったく同じ結果となり，区別することができなかった。そのため，これらを，「体表のようす」と「卵をうむ場所が陸上か水中か」という２つの特徴でさらに分類できるかどうか調べた。

　その結果，「体表のようす」については，C〜Eの中に体表がBと同じであるなかまがいたことから，AとBを特定する手がかりとなった。また，「卵をうむ場所が陸上か水中か」については，AとBで同じ結果となったため，これらを特定する手がかりとはならなかった。

調べたこと２

・　脊椎動物は，水中生活から陸上生活へ適応できるように進化してきたと考えられている。表のA〜Eの動物が，それぞれ異なる特徴をもつのも，生物がそれぞれの生活環境に適した特徴をもつように進化してきた結果である。

・　図のⅠ〜Ⅴは表のA〜Eのいずれかであり，これらの動物が，地球上にいつ頃現れたかを表している。「水中生活に適した特徴をもつ動物ほど，地球上に出現した時期が早かった」と考えると，図のⅠは表の［　P　］，Ⅱは［　Q　］だといえる。また，ⅢはB，Ⅳは［　R　］，Ⅴは［　S　］である。

図

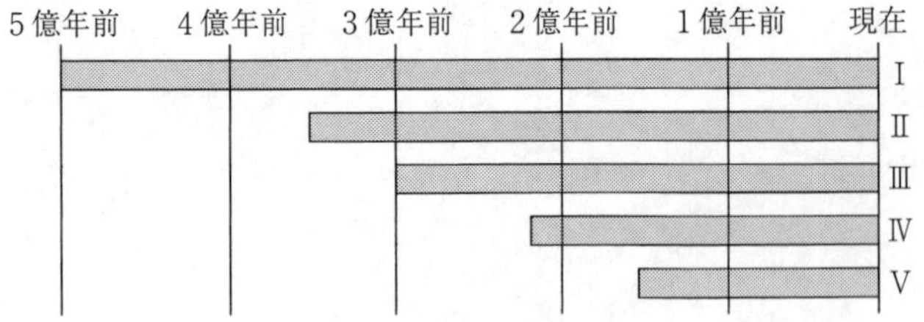

(1)　調べたこと１の下線部について述べた次の文の［　a　］〜［　c　］にあてはまるものの組み合わせとして最も適当なものを，あとの①〜⑥のうちから一つ選びなさい。

　表のCは「えらで呼吸をする時期がある」「肺で呼吸をする時期がある」の両方に○がついている。これは，Cに分類されるカエルや［　a　］などの動物は，「幼生は［　b　］で，成体は［　c　］で呼吸をする」という特徴をもつためである。

① a：トカゲ b：えら c：えらと肺
② a：トカゲ b：えらと皮膚 c：肺と皮膚
③ a：トカゲ b：えらと肺 c：肺
④ a：イモリ b：えら c：えらと肺
⑤ a：イモリ b：えらと皮膚 c：肺と皮膚
⑥ a：イモリ b：えらと肺 c：肺

(2) 表のA～Eの体表のようすについて述べた文として正しいものをすべて選んだ組み合わせを，あとの①～⑧のうちから一つ選びなさい。
ア Aの体表は湿った皮ふである。
イ 体表のつくりがBと同じなのはDである。
ウ Cの体表は湿ったうろこである。
エ Eの体表は毛でおおわれている。
① ア，イ ② ア，イ，ウ ③ ア，ウ，エ ④ ア，エ
⑤ イ，ウ ⑥ イ，ウ，エ ⑦ イ，エ ⑧ ウ，エ

(3) 表で，「卵生である」という特徴をもつA～Dのうち，殻のある卵をうむなかまをすべて選んだ組み合わせをⅠ群の①～③のうちから，水中にたまごをうむなかまをすべて選んだ組み合わせをⅡ群の①～③のうちから，最も適当なものをそれぞれ一つ選びなさい。
Ⅰ群 ① A，B ② A，B，C ③ A，C
Ⅱ群 ① Cのみ ② C，D ③ Dのみ

(4) 調べたこと2の［P］～［S］にあてはまるものの組み合わせとして最も適当なものを，次の①～④のうちから一つ選びなさい。
① P：C Q：D R：A S：E
② P：C Q：D R：E S：A
③ P：D Q：C R：A S：E
④ P：D Q：C R：E S：A

2 Sさんたちは，太陽の1日の動きを調べるために，夏至の日に，千葉県のある地点で，次の観測を行いました。これに関する先生との会話を読んで，あとの(1)～(4)の問いに答えなさい。

観測
❶ 画用紙と透明半球を用意し，画用紙に，透明半球のふちに合わせて円をかいた。また，その円の中心を通って直交する2本の直線を引いた。
❷ 屋外に水平な台を設置し，❶の画用紙を，2本の直線が東西南北に合うようにして置いた。
❸ 透明半球を，画用紙にかいた円に合わせて置き，テープで位置を固定した。
❹ 8時半と，9時から15時までの1時間ごとに，透明半球に太陽の位置を示す●印をペンでつけていき，記録した印をなめらかな曲線で結んだ。また，その曲線をさらに透明半球のふちまで延長した。図1は，このときの透明半球のようすであり，Oは画用紙にかいた円の中心を，a～dはそれぞれ東西南北のいずれかを，AとBは8時半と15時のいずれかの時刻における太陽の位置を表す印を，XとYは曲線と透明半球のふちが接する点

図1
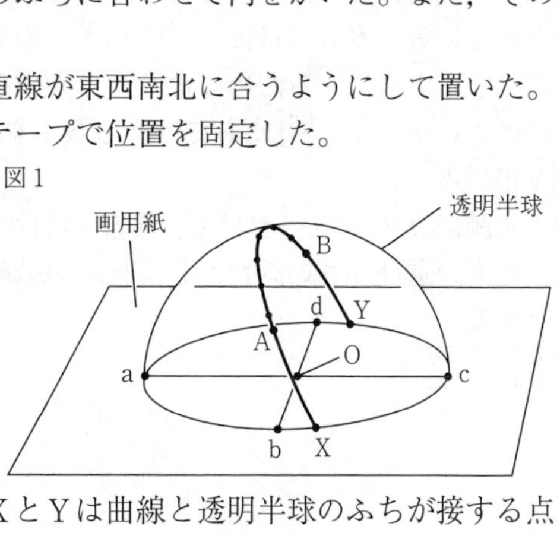

を，それぞれ表している。

❺　透明半球に記録した曲線に紙テープをあて，曲線の長さを測定した。その結果，XY 間の長さは 35.0cm であり，そのうち XA 間は 9.8cm，AB 間は 15.6cm，BY 間は 9.6cm であった。

先　生：太陽の位置を透明半球に記録するときには，何に気をつけましたか。

Sさん：朝から午後まで観測を行うので，1日を通して透明半球に日光がよく当たる場所を選び，ペンの先端の影を図1の[P]に合わせて，透明半球に印をつけました。

先　生：よくできました。透明半球にかいた曲線を見ると，日の出と日の入りの位置が真東・真西からずれていて，南中高度が高くなっていることがわかりますね。

Tさん：地球が地軸を傾けて公転していることで，季節ごとに太陽の南中高度が変化するのでしたね。以前，出かけた先で太陽光発電のためのソーラーパネルを見たことがあるのですが，季節によって太陽の当たる角度が変化するので，より効率的に発電を行えるように，年に何度かパネルの傾きを変えているという話でした。

先　生：ソーラーパネルは，太陽光がパネルに対して垂直に当たるときに，最も発電効率が高くなると言われています。たとえば千葉県でいえば，太陽の南中高度は夏と冬で40度以上も変わりますから，パネルの傾きを変えるのは発電効率を上げるために有効でしょうね。

Sさん：夏と冬で，そんなに変わるのですか。地球の地軸は，どのくらい傾いているのでしょうか。

先　生：現在，地球の地軸は，公転面に垂直な方向に対して23.4度傾いています。

Tさん：「現在」ということは，地軸の傾きは変化する場合もあるということですか。

先　生：いいところに気がつきましたね。じつは，地軸の傾きは，数万年という長い周期で変化すると言われているのですよ。

(1)　会話文中の[P]にあてはまる最も適当なものを，次の①～⑤のうちから一つ選びなさい。

①　a　　②　b

③　c　　④　d

⑤　O

(2)　会話文中の下線部について，観測を行った日における日の出の時刻は何時何分であったか。[a]～[c]にあてはまる数字を一つずつ選びなさい。

[a]時[b][c]分

(3)　図2は，北緯36度の地点に設置されたソーラーパネルを，真横から見て模式的に表したものであり，角Zは調整することができるようになっている。春分の日に，このパネルの傾きを変えて発電効率が最も高くなるようにするためには，角Zが何度になるように傾きを調整すればよいか。[V]，[W]にあてはまる数字を一つずつ選びなさい。

図2

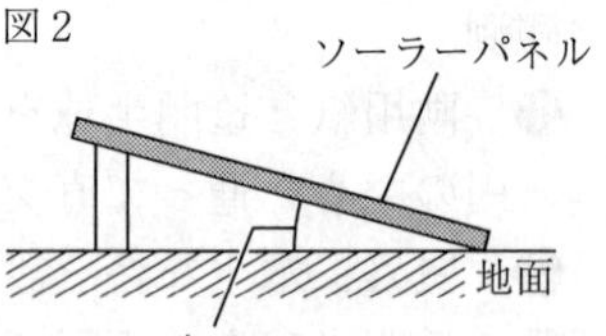

[V][W]度

(4)　北緯36度の地点における，夏至の日の太陽の南中高度は何度か。[X]～[Z]にあてはまる数字を一つずつ選びなさい。ただし，地球の公転面に立てた垂線に対して，地軸は23.4度傾いているものとする。

[X][Y].[Z]度

3　Sさんは，物質どうしの結びつきについて調べるために，次の実験1～3を行いました。これに関して，あとの(1)～(4)の問いに答えなさい。なお，実験1～3に用いた物質A～Eのうち，A～Cは銅，銀，マグネシウムのいずれかであり，DとEは酸化銅，酸化銀のいずれかである。

実験1

❶　物質A～Eを同質量ずつはかり取り，5つのステンレス皿にそれぞれ入れた。

❷　物質A～Eの入ったステンレス皿を，それぞれガスバーナーでじゅうぶん加熱し，加熱後に生じた物質のようすを調べた。表は，その結果をまとめたものである。

表

	加熱後に生じた物質のようす
物質A	完全に反応し，質量は加熱前の1.25倍になった。
物質B	反応は起こらず，質量は加熱前と変わらなかった。
物質C	完全に反応し，質量は加熱前の約1.67倍になった。
物質D	反応は起こらず，質量は加熱前と変わらなかった。
物質E	完全に反応し，質量は加熱前の約0.93倍になった。

実験2

❶　物質Dを2.00gはかり取って，炭素の粉末0.40gと混ぜ合わせて混合物をつくり，かわいた試験管Xに入れた。

❷　図1のように，試験管Xをガスバーナーで加熱し，ガラス管の先から出てきた気体を石灰水に通したところ，石灰水が白くにごった。

❸　気体の発生が止まったら加熱をやめ，試験管Xがじゅうぶん冷めてから，加熱後に残った固体について調べた。その結果，試験管X内に残った固体は物質Aと炭素の混合物であり，その質量の合計は1.85gであることがわかった。

図1

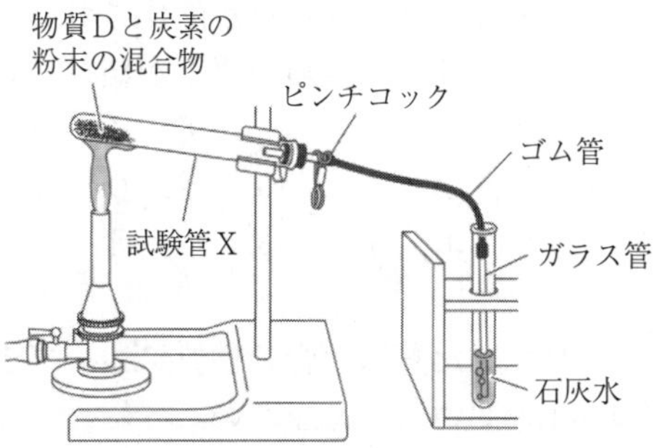

実験3

❶　マグネシウムリボンに空気中で火をつけたところ，光と熱を出して反応した。

❷　集気びんに二酸化炭素を満たし，図2のように，火のついたマグネシウムリボンを入れた。その結果，空気中よりも二酸化炭素中の方が，マグネシウムリボンは激しく光と熱を出して反応した。また，反応が終わったあとの集気びん内には，白色の固体と黒色の固体が残った。

図2

(1)　次のア～ウは，実験2の❸で加熱をやめるときに行った操作を，順序に関係なく並べたものである。ア～ウを，適切な操作の順に並べたものはどれか。最も適当なものを，あとの①～⑥のうちから一つ選びなさい。

ア　ガスバーナーの火を消す　　イ　ピンチコックでゴム管を閉じる

ウ　ガラス管を石灰水から出す

①　ア→イ→ウ　　②　ア→ウ→イ　　③　イ→ア→ウ

④　イ→ウ→ア　　⑤　ウ→ア→イ　　⑥　ウ→イ→ア

(2)　実験２で，加熱後の試験管Ｘに残った固体1.85ｇ中に，炭素は何％含まれているか。[X]，[Y]にあてはまる数字を一つずつ選びなさい。ただし，答えは小数第１位を四捨五入して整数で答えなさい。

[X][Y]％

(3)　次の化学反応式は，実験３で，マグネシウムが二酸化炭素中で反応していたようすを，化学式を用いて表したものである。ⓐ～ⓓにあてはまる数字を，一つずつ選びなさい。なお，数字を入れる必要がない場合は①を選ぶこと。

ⓐMg ＋ ⓑCO_2 → ⓒMgO ＋ ⓓC

(4)　実験１～３から，物質Ａ～Ｅについて述べた文として正しいものをすべて選んだ組み合わせを，あとの①～⑧のうちから一つ選びなさい。

ア　物質Ａと酸素の結びつきよりも，炭素と酸素の結びつきの方が強い。
イ　物質Ａ～Ｃのうちで，最も酸素と結びつきにくいのは物質Ｂである。
ウ　物質Ｃは，マグネシウムである。
エ　実験２では，物質Ｄが酸化されると同時に炭素が還元されている。
オ　物質Ｅは，２種類の原子が結びついて分子となったものである。

①　ア，イ　　②　ア，イ，ウ　　③　ア，ウ，オ
④　イ，ウ，エ　　⑤　イ，ウ，オ　　⑥　イ，エ，オ
⑦　ウ，エ，オ　　⑧　ウ，オ

4

Ｓさんたちは，音の性質について調べました。これに関する先生との会話文を読んで，あとの(1)～(4)の問いに答えなさい。

Ｓさん：Ｔさんと，校舎の壁で反射する音について調べる実験をしました。

Ｔさん：校庭の点Ｘに，朝礼で使うマイクを立て，それをコンピュータに接続しました。マイクの近くの点Ｙに立ち，手をたたいて音を出すと，校舎の壁で反射したａ音が聞こえました。

Ｓさん：このとき私は，マイクの近くでコンピュータを持ち，マイクに入力された音を調べました。その結果，コンピュータの画面には音の波形が２つ表示されました。１回目は大きい音，２回目はそれよりも小さい音の波形で，１回目の音と２回目の音との間隔は0.141秒でした。図１は，１回目の音の波形の一部を，模式的に表したものです。

図１

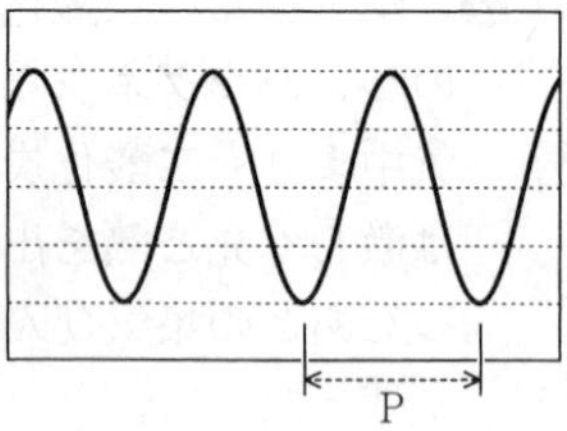

先　生：最初にＴさんが出した音が直接マイクに入力され，そのあと，校舎の壁で反射して戻ってきた音がもう一度マイクに入力されたことがわかりますね。点Ｘと校舎との間の距離は何ｍでしたか。

Ｔさん：測定したところ，24ｍでした。図２は，このときの位置関係を表したものです。

図２

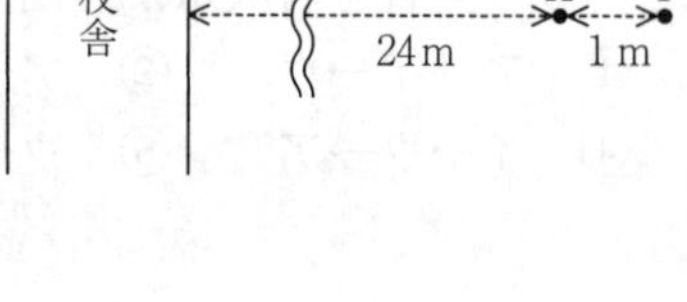

先　生：実験の結果から，ｂ空気中で音の伝わる速さを求めることができますね。ほかに，音の性質を調べるために計画している実験はありますか。

Ｓさん：テレビでアーティスティックスイミングを見ていて，水中での音の伝わり方も調べてみたいと思いましたが，実験の方法はまだ考えていません。

先　生：アーティスティックスイミングでは，選手たちは，水中でも音楽を聞きながら演技をしているようですね。

Ｓさん：選手が水中にもぐっているときも，スピーカーから出る音にぴったり合わせて演技をしているようだったので，陸上の音が水中にも聞こえるのか疑問に思ったのです。

先　生：アーティスティックスイミングが行われているプールでは，プールサイドと水中の両方にスピーカーがあるそうですよ。そのため，選手はどのような体勢になっていても音を聞くことができるのだそうです。

Ｔさん：空気中と水中とで，音の伝わる速さにちがいはないのですか。

先　生：水中を音が伝わる速さは，空気中を音が伝わる速さよりもずっと速いのですが，競技が行われるプールは一辺の長さが20～30m程度ですから，誤差が生じたとしてもわずかなのですよ。c選手のいる位置によっては，プールサイドのスピーカーから出る音と，水中のスピーカーから出る音とが，まったく同時に聞こえるそうです。

⑴　図3は，ヒトの耳のつくりの一部を，模式的に表したものである。会話文中の下線部ａで声が聞こえたとき，空気の振動を受け取った部分をⅠ群の①～④のうちから，ヒトが音の刺激を受けてから「聞こえた」と意識するまでの刺激の信号の伝わる経路をⅡ群の①～④のうちから，最も適当なものをそれぞれ一つ選びなさい。

図3

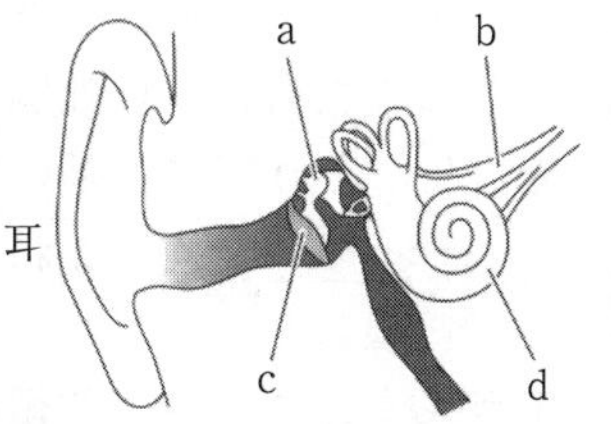

Ⅰ群　①　図3のａ　②　図3のｂ
　　　③　図3のｃ　④　図3のｄ

Ⅱ群　①　耳→感覚神経→せきずい→脳　②　耳→感覚神経→脳
　　　③　耳→運動神経→せきずい→脳　④　耳→運動神経→脳

⑵　図1の波形で，縦軸は振動の振れ幅を，横軸は時間を表しており，1回の振動（Ｐで示された部分）が振動するのにかかった時間は0.004秒であった。この音の振動数として最も適当なものを，次の①～⑥のうちから一つ選びなさい。

①　25Hz　②　40Hz
③　250Hz　④　400Hz
⑤　2500Hz　⑥　4000Hz

⑶　会話文中の下線部ｂについて，実験の結果から求められる，空気中を伝わる音の速さは何m/sか。［P］～［R］にあてはまる数字を一つずつ選びなさい。ただし，答えは小数第1位を四捨五入して整数で答えなさい。

［P］［Q］［R］m/s

⑷　会話文中の下線部ｃで，プールの水中にスピーカーＡが，プールサイドにスピーカーＢが設置されているとき，スピーカーＡからの距離が18.0m，スピーカーＢからの距離が4.1mである位置においては，両方のスピーカーから出る音が同時に聞こえた。水中を伝わる音の速さに最も近いものを，次の①～⑤のうちから一つ選びなさい。

①　900m/s　②　1100m/s
③　1300m/s　④　1500m/s
⑤　1700m/s

5　Sさんたちは，自然界における物質の循環について調べたことをまとめました。これに関する先生との会話文を読んで，あとの(1)～(4)の問いに答えなさい。

調べたこと

　図は，自然界における炭素の循環を模式的に表したものである。地球上において，生命の歴史がこれほど長く続いている理由の一つには，炭素や酸素などの物質が，生物のからだと周囲の環境との間を図のように循環していることも挙げられる。

図

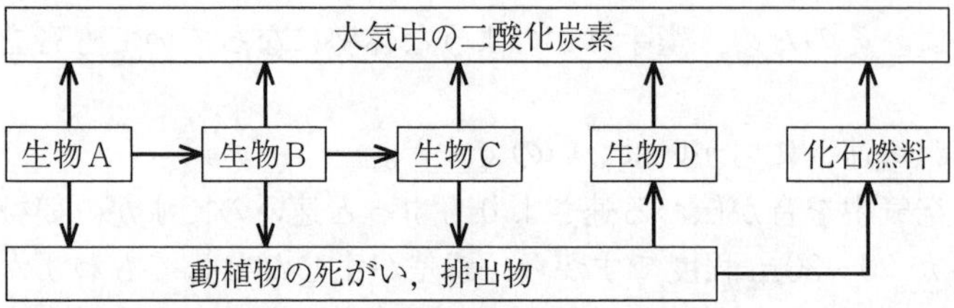

先　生：図は，炭素の流れを矢印で表しているのですね。a 矢印が抜けてしまっている部分があるようですが，気づいていますか。

Sさん：どの部分でしょうか，気づきませんでした。

先　生：では，あとで考えてみてください。その部分以外はとてもよくできていますよ。

Tさん：生物A～Cの個体数を比較すると，Aが最も多いと聞いたのですが。

先　生：そうです。多い順にA，B，Cで，b 通常この数量関係はつり合いが保たれた状態になっています。これは，具体的な生物の例で考えてみないと，想像しにくいかもしれませんね。

Tさん：ここに，7種類の生物の名前を一覧にした表があります。図の生物A～Dに表の生物をあてはめるとどのようになるか，これから考えてみようと思っています。

表

1	カエル	5	バッタ
2	ミジンコ	6	メダカ
3	イネ	7	ミカヅキモ
4	ダンゴムシ		

Sさん：生物Aは，表の生物でいうと［　P　］ですよね。

Tさん：［　P　］以外にもあると思います。生物Cに表の6があてはまる環境であれば，生物Aは［　Q　］だということになると思います。

先　生：そのとおりです。表の生物を図にあてはめる場合には，いくつもの可能性を考えることができますね。また，生物Dにあてはまる［　R　］は，「ほかの生物から有機物を得る」という観点から見れば生物Cであるともいえます。

Tさん：生物どうしの関係は，複雑に入り組んでいるのですね。

先　生：図では，生物だけでなく，化石燃料も関係の中に入っている点がおもしろいですね。

Sさん：ニュースなどから，大気中の二酸化炭素の量には，化石燃料が大きく関わっていると思ったので，図にも入れました。化石燃料である石油や石炭は，数千万年から数億年前の生物の死がいが，地中の熱などの影響で変化してできたものだそうです。

先　生：よく調べてありますね。化石燃料は炭素を含む有機物で，火力発電における燃料となっています。

Sさん：火力発電所では，化石燃料を燃やして水を沸騰させ，発生した水蒸気でタービンを回して発電をしているそうです。

(1)　会話文中の下線部aについて，図にかき足す必要があるのはどのような矢印か。最も適当なものを，次の①～④のうちから一つ選びなさい。

① 「大気中の二酸化炭素」から「生物A」へ向かう矢印
② 「生物B」から「生物A」へ向かう矢印
③ 「大気中の二酸化炭素」から「生物D」へ向かう矢印
④ 「動植物の死がい，排出物」から「生物A」へ向かう矢印

(2) 会話文中の下線部bについて，一時的に生物A～Cの数量的なつり合いがくずれた場合，いずれ再びもとに戻り，つり合いが保たれる。次のア～ウを，何らかの原因で急に生物Bの個体数が減少した場合，その後起こる変化の順に並べたものはどれか。最も適当なものを，あとの①～⑥のうちから一つ選びなさい。

ア 生物Bが増加する。
イ 生物Aが増加し，生物Cが減少する。
ウ 生物Aが減少し，生物Cが増加する。

① ア→イ→ウ　② ア→ウ→イ　③ イ→ア→ウ
④ イ→ウ→ア　⑤ ウ→ア→イ　⑥ ウ→イ→ア

(3) 会話文中の[P]～[R]にあてはまるものの組み合わせとして最も適当なものを，次の①～④のうちから一つ選びなさい。

① P：2　Q：7　R：4　② P：2　Q：7　R：5
③ P：3　Q：7　R：4　④ P：7　Q：3　R：4

(4) 火力発電におけるエネルギーの移り変わりとして最も適当なものを，次の①～④のうちから一つ選びなさい。

① 化学エネルギー→光エネルギー→位置エネルギー→電気エネルギー
② 化学エネルギー→光エネルギー→運動エネルギー→電気エネルギー
③ 化学エネルギー→熱エネルギー→位置エネルギー→電気エネルギー
④ 化学エネルギー→熱エネルギー→運動エネルギー→電気エネルギー

6 Sさんは，気象について調べました。これに関する先生との会話文を読んで，あとの(1)～(4)の問いに答えなさい。

Sさん：この1年間で，天気について何度か調べる機会がありました。メモのⅠ～Ⅲは，1年のうちの3日分の天気について調べた内容で，どれも異なる季節のものです。図1～3は，その3日分の天気図ですが，どの天気図がどの日のものだか，わからなくなっています。

メモ
Ⅰ 気温は高い。山陰地方の沖から東北地方にa前線がのび，日本海側の地域では広くくもりや雨となった。
Ⅱ 本州は高気圧におおわれ，全国的に気温が高くなった。
Ⅲ 全国的に気温が低く，日本海側の地域では大雪となった。

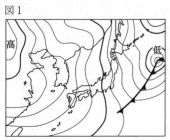

図1
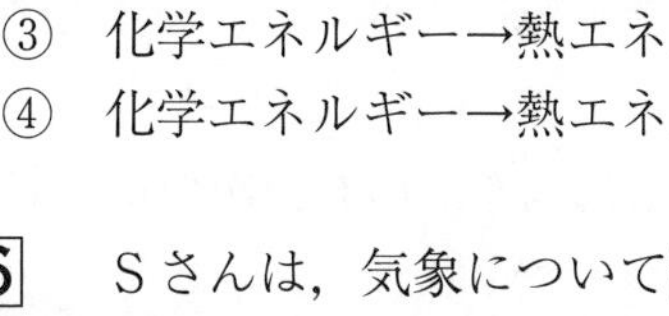

図2
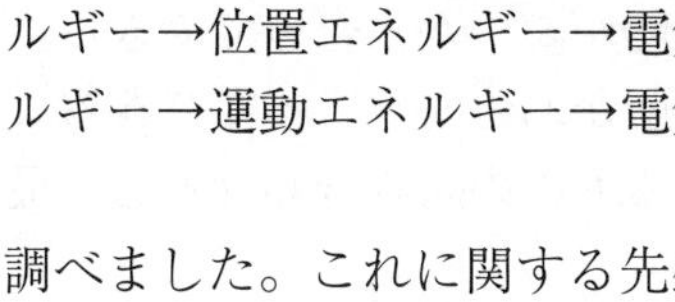

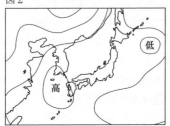

図3
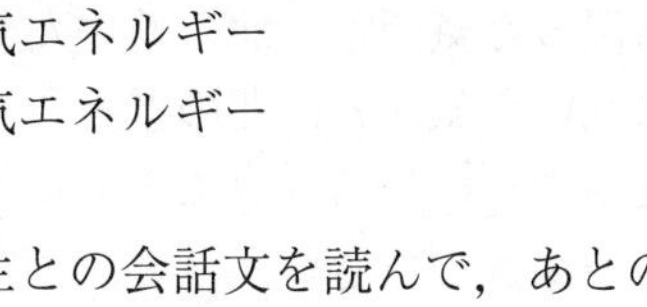

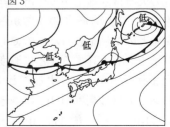

先　生：どの天気図がⅠ～Ⅲのどの日のものかわからなくなったとのことですが，よく見ればわかりますね。図1～3には，季節ごとの天気の特徴がよく現れています。

Sさん：確かに，改めて見ると，Ⅰは［P］の説明，Ⅱは［Q］の説明，Ⅲは［R］の説明だと判断できます。

先　生：千葉県の天気については，何か記録してありましたか。

Sさん：それが，全国の天気についてはメモにあったとおりなのですが，千葉県のことは何も書いていませんでした。おそらく，Ⅰの日は千葉県でもくもりや雨，ⅡとⅢの日はどちらも晴れだったのではないかと思います。

先　生：そのように考えた理由を，メモの内容から説明できますか。

Sさん：はい。Ⅰの日は前線の影響があったと考えました。Ⅱの日は，高気圧におおわれていたという内容から，千葉県でも雲ができにくかったはずです。気温が高かったのであれば，一時的に$_b$積乱雲が発達した可能性はありますが，くもりになるほどではないと思います。

先　生：Ⅲの日についてはどうでしょうか。

Sさん：Ⅲの日は，$_c$季節風が強く吹いていたと考えられるので，太平洋側に位置する千葉県の天気には，その影響があったのではないかと推測しました。

先　生：よく説明できました。

(1)　メモの下線部aで，本州の日本海側にのびている前線のでき方について述べた文として最も適当なものを，次の①～④のうちから一つ選びなさい。

①　南の乾いた気団と，北の乾いた気団がぶつかり合ってできる。
②　南の湿った気団と，北の湿った気団がぶつかり合ってできる。
③　南の湿った気団と，北の乾いた気団がぶつかり合ってできる。
④　南の乾いた気団と，北の湿った気団がぶつかり合ってできる。

(2)　会話文中の［P］～［R］にあてはまるものの組み合わせとして最も適当なものを，次の①～⑥のうちから一つ選びなさい。

①　P：図1　Q：図2　R：図3
②　P：図1　Q：図3　R：図2
③　P：図2　Q：図1　R：図3
④　P：図2　Q：図3　R：図1
⑤　P：図3　Q：図1　R：図2
⑥　P：図3　Q：図2　R：図1

(3)　会話文中の下線部bについて，このような雲ができるのは，水蒸気を多く含む空気が上昇し，露点に達したあともさらに上昇を続けていくためである。地上付近に気温が26.0℃，湿度が75％の空気のかたまりがあり，この空気が上昇して露点に達したあともさらに上昇していった場合，空気のかたまりとその周囲の大気は，地上から何m上昇した位置で温度が等しくなるか。最も適当なものを，次の①～④のうちから一つ選びなさい。なお，表は気温と飽和水蒸気量との関係を表したものである。また，露点に達していない空気のかたまりは100m上昇するごとに温度が1℃下がり，露点に達したあとの空気のかたまりは100m上昇するごとに温度が0.5℃下がり，空気のかたまりの周囲にある大気は高度100mにつき温度が0.6℃下がるものとする。

①　約2000m　②　約2300m　③　約2500m　④　約2800m

表

気温〔℃〕	飽和水蒸気量〔g/m^3〕
15	12.8
16	13.6
17	14.5
18	15.4
19	16.3
20	17.3
21	18.3
22	19.4
23	20.6
24	21.8
25	23.1
26	24.4

(4)　会話文中の下線部ｃについて述べた次の文の X ， Y にあてはまるものの組み合わせとして最も適当なものを，あとの①～④のうちから一つ選びなさい。

> 陸は海よりも［　X　］ため，この季節には大陸上で気圧が高くなる。大気は気圧の［　Y　］へ流れるので，その大気の流れと同じ向きに，下線部ｃの風が吹く。

①　X：あたたまりやすく冷えやすい　Y：高い方から低い方
②　X：あたたまりやすく冷えやすい　Y：低い方から高い方
③　X：あたたまりにくく冷えにくい　Y：高い方から低い方
④　X：あたたまりにくく冷えにくい　Y：低い方から高い方

7　Sさんたちは，物質の状態変化について調べるため，次の実験を行いました。これに関する先生との会話文を読んで，あとの(1)～(4)の問いに答えなさい。なお，水の密度は$1.00\,g/cm^3$である。

実験

❶　図１のように，ビーカーＡに氷50.0ｇと温度計を入れた。

❷　氷の入ったビーカーＡをガスバーナーで加熱したところ，やがて氷はすべてとけて水になり，盛んに沸騰した。図２は，このときの温度変化を記録して模式的に表したものである。

図１

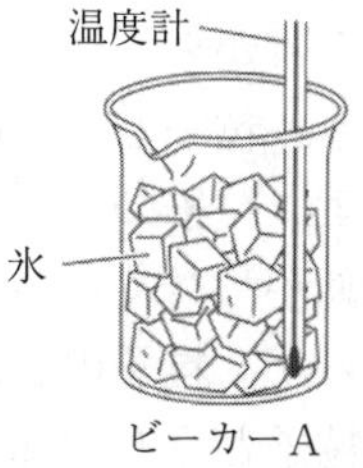

図２

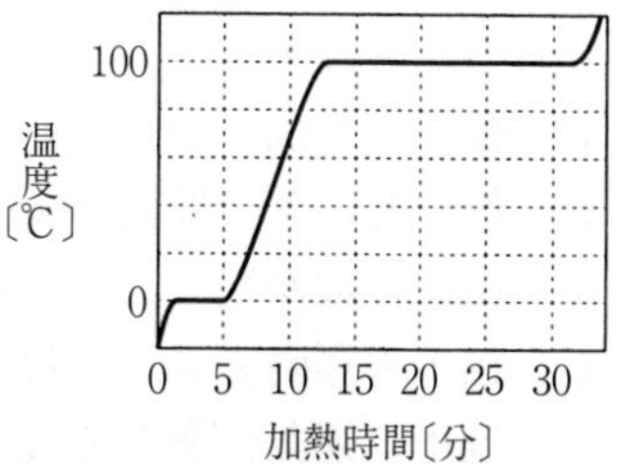

❸　ビーカーＢに水50.0ｇを入れ，図３のように，水面の位置にペンで印をつけた。

図３

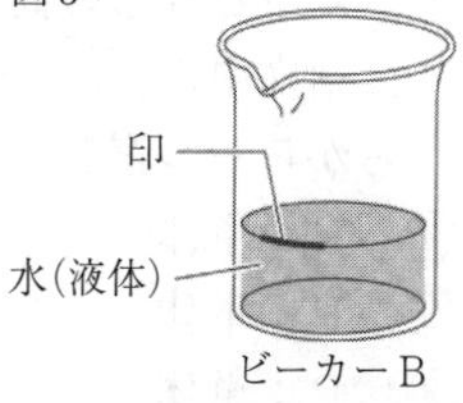

❹　ビーカーＢにラップフィルムをかけて冷凍庫に入れ，一晩置いた。

Sさん：図２のように，温度変化のグラフには水平な部分が現れました。

先　生：そうですね。水は［　P　］ですから，融点と沸点が決まった温度になります。

Sさん：水以外に，５種類の物質Ａ～Ｅについても，融点と沸点を調べてみました。表はその結果をまとめたものです。確かに，融点と沸点はそれぞれの物質で決まった温度になっていますね。

表

物質	融点〔℃〕	沸点〔℃〕
水	0	100
A	−39	357
B	43	217
C	−115	78
D	−95	56
E	−210	−196

Tさん：水の融点は０℃ですが，同じ０℃のとき，物質Ａ～Ｅのうち，［　Q　］は固体，［　R　］は液体，［　S　］は気体ということになりますね。

先　生：そのとおりです。どの物質も，温度が上昇していけば最終的には気体となります。このとき，どの物質も，質量は変わらずに体積が変化します。実験の❹で冷凍庫に入れておいたビーカーＢを取り出してみましょう。

Sさん：液体だった水が，すべてこおって氷になっています。氷の表面が盛り上がって，実験の❸でつけた水面の印よりも上の位置に来ていますね。

先　生：そうですね。つまり，水が液体から固体に状態変化したとき，体積が大きくなったということです。

Tさん：水の体積が変化した割合はどれくらいでしょうか。

先　生：氷の密度は，約0.917 g/cm^{3}です。この値をもとに，実験で水が液体から固体になったとき，体積は何％増加したか考えてみましょう。

(1)　図２から，加熱している間の水の状態について述べた文として正しいものをすべて選んだ組み合わせを，あとの①～⑥のうちから一つ選びなさい。

ア　加熱開始から５分後に，氷がとけて液体になり始めた。

イ　加熱開始から10分後は，固体はなく，液体だけの状態だった。

ウ　加熱開始から20分後は，液体が沸騰している状態だった。

①　アのみ
②　イのみ
③　ウのみ
④　ア，イ
⑤　ア，ウ
⑥　イ，ウ

(2)　実験の❷で，水が沸騰して液体から気体へ変化していたときの，水をつくる粒子の変化として最も適当なものを，次の①～⑥のうちから一つ選びなさい。

①　粒子の１個１個が大きくなり，粒子どうしの間隔が広くなった。
②　粒子どうしの間隔は変わらず，粒子の１個１個が大きくなった。
③　粒子の数が増え，粒子の運動が激しくなった。
④　粒子の運動のようすは変わらず，粒子の数が増えた。
⑤　粒子の運動が激しくなり，粒子どうしの間隔が広くなった。
⑥　粒子どうしの間隔は変わらず，粒子の運動が激しくなった。

(3)　会話文中の[P]～[S]にあてはまるものの組み合わせとして最も適当なものを，次の①～⑧のうちから一つ選びなさい。

①	P：単体	Q：B	R：A，C，D	S：E
②	P：単体	Q：B，D	R：A，C	S：E
③	P：単体	Q：B	R：A，D	S：C，E
④	P：単体	Q：B，D	R：A	S：C，E
⑤	P：純粋な物質	Q：B	R：A，C，D	S：E
⑥	P：純粋な物質	Q：B，D	R：A，C	S：E
⑦	P：純粋な物質	Q：B	R：A，D	S：C，E
⑧	P：純粋な物質	Q：B，D	R：A	S：C，E

(4)　水の状態変化における体積の変化について述べた次の文の[a]～[d]にあてはまる数字を一つずつ選びなさい。ただし，氷の密度を0.917 g/cm^{3}とし，答えは[a]～[c]については小数第２位を四捨五入して小数第１位まで，[d]については小数第１位を四捨五入して整数で答えなさい。また，実験を通して水の質量は変化しなかったものとする。

実験で，水がこおってできた氷の体積は[a][b].[c] cm^{3}であり，液体の水だったときよりも[d]％体積が増加していた。

8 LED(発光ダイオード)を用いて，次の実験１～３を行いました。これに関して，あとの(1)～(4)の問いに答えなさい。

実験１

❶ 豆電球とLEDを用意し，それぞれを，図１のように乾電池とスイッチにつないだ。なお，LEDには短いあしと長いあしがあり，短いあしをａ，長いあしをｂと表している。

❷ それぞれの回路のスイッチを入れたところ，豆電球は点灯したが，LEDは点灯しなかった。

❸ 点灯しなかったLEDのあしａとｂを逆につなぎかえて，再び回路のスイッチを入れたところ，LEDは点灯した。

図１

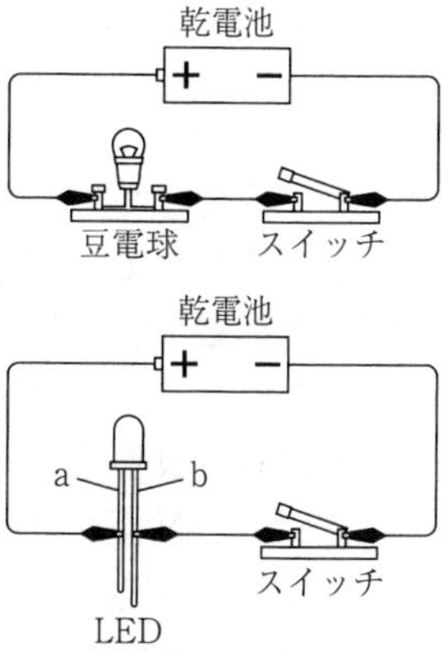

実験２

❶ ２つのコイルＸとＹを用意して，コイルＸは中に鉄しんを入れた。

❷ 図２のように，コイルＸは乾電池とスイッチに，コイルＹはLEDにつないだ。

❸ コイルＸをつないだ回路のスイッチを入れたところ，コイルＹに電流が流れてLEDが点灯した。

図２

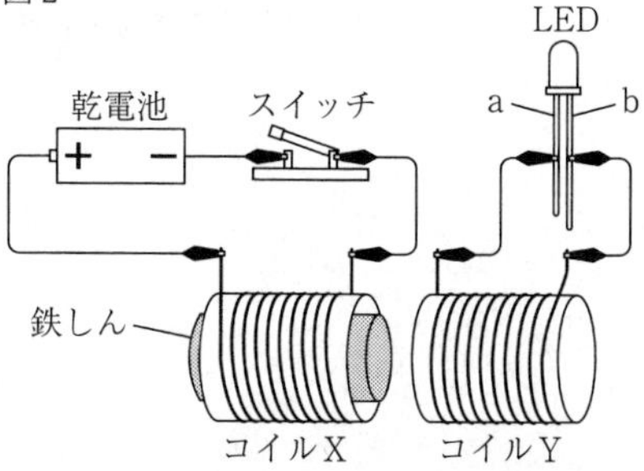

図３

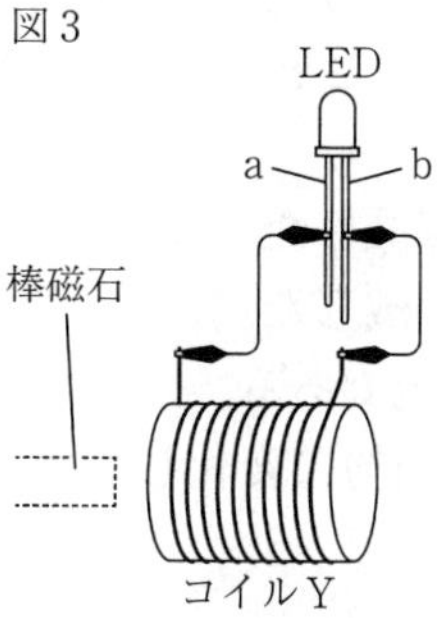

❹ 図２からコイルＸを取り除き，図３のように，コイルＹの近く(点線で示した位置)で棒磁石を動かした。その結果，棒磁石をある動かし方で動かしたときに，コイルＹに電流が流れてLEDが点灯した。

実験３

❶ ２個のLEDを，図４のように電源装置につないだ。

❷ 電源装置のスイッチを入れて，回路に電流を流したところ，２個のLEDが同じ明るさで点滅した。

❸ 図４の回路からLEDを１個だけ取り除いたところ，残ったLEDが❷と同じ明るさで点滅した。

図４

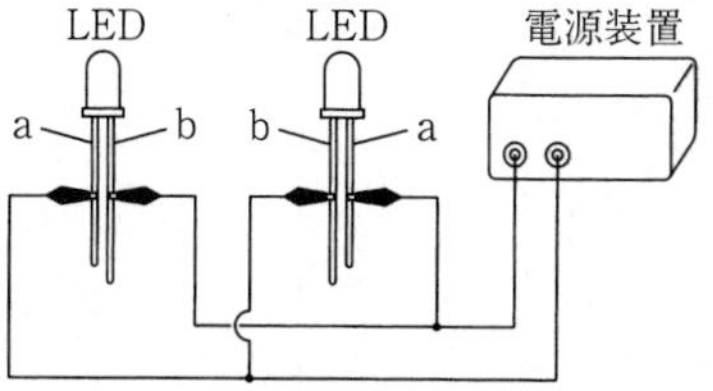

(1) 実験１で用いた豆電球とLEDとを比較すると，LEDの方が消費電力が小さい。これは，家庭用の電球でも同じであり，同じ明るさの白熱電球とLED電球とを比較すると，消費電力はLED電球の方が小さい。消費電力が7.4WであるLED電球を48時間使用した場合の電力量と，消費電力の大きさが60Wである白熱電球を48時間使用したときの電力量との差は，何kWhか。最も近いものを，次の①～④のうちから一つ選びなさい。

① 2.5kWh　② 25.2kWh

③ 2525kWh　④ 151490kWh

(2) 実験２の❸について述べた次の文の［P］，［Q］にあてはまるものの組み合わせとして最も適当なものを，あとの①～④のうちから一つ選びなさい。

> 実験２の❸で，LED は［　P　］。このあと，回路のスイッチを切ると，LED は［　Q　］。

① P：一瞬だけ点灯して消えた　Q：一瞬だけ点灯して消えた
② P：一瞬だけ点灯して消えた　Q：スイッチを切る前の状態から変化しなかった
③ P：連続して点灯し続けた　Q：一瞬だけ点灯して消えた
④ P：連続して点灯し続けた　Q：スイッチを切る前の状態から変化しなかった

(3) 実験２の❹で，LED が点灯したときの棒磁石の動かし方をすべて選んだ組み合わせを，あとの①～⑥のうちから一つ選びなさい。

ア　棒磁石のＮ極をコイルＹに近づけるように動かした。
イ　棒磁石のＮ極をコイルＹから遠ざけるように動かした。
ウ　棒磁石のＳ極をコイルＹに近づけるように動かした。
エ　棒磁石のＳ極をコイルＹから遠ざけるように動かした。

① ア，イ　② ア，ウ　③ ア，エ
④ イ，ウ　⑤ イ，エ　⑥ ウ，エ

(4) 実験３の❷での LED の点滅のようすをⅠ群の①，②のうちから，実験３で用いた電源装置の電流について実験３の結果からわかることをⅡ群の①，②のうちから，最も適当なものをそれぞれ一つ選びなさい。

Ⅰ群　①　２個の LED が同時に点滅した。
　　　②　２個の LED が交互に点滅した。
Ⅱ群　①　この電流は，向きが一定である。
　　　②　この電流は，向きが周期的に変化している。

3　もとの妻は人を待つ様子ではない

4　もとの妻は人を待つのを嫌がっている

問六　傍線部5「わがうへを思ふなりけりと思ふ」とあるが、これはどういうことか。その説明として最適なものを後より一つ選び番号で答えなさい。

1　もとの妻の和歌が、夜中でも山を一人越えて夫に会いたいという内容だったため、夫はもとの妻が自分のことをあきらめられないでいると思ったということ。

2　もとの妻の和歌が、夫が夜中に険しい山を越えていけるはずもないという内容だったため、夫はもとの妻が自分がそばにいることを知っていると思ったということ。

3　もとの妻の和歌が、夜中に危険な山を越えていく夫の身を案じる内容だったため、夫はもとの妻が自分のことを心配し、恋しく感じているのだと思ったということ。

4　もとの妻の和歌が、治安の悪い山を越えても今の妻に会おうとする夫に皮肉を言う内容だったため、夫はもとの妻が自分のことを恨みながらも未練があるのだと思ったということ。

問七　傍線部6「かくいかぬをいかに思ふらむ」の本文中での意味として最適なものを後より一つ選び番号で答えなさい。

1　このように自分が訪れたことを今の妻はどう思っているだろうか

2　このように自分が訪れないことを今の妻はどう思っているだろうか

3　このように自分が訪れたことを今の妻はどうも思わないはずだ

4　このように自分が訪れないことを今の妻はどうも思わないはずだ

問八　傍線部7「いといみじと思ひて」とあるが、これは夫のどのような心情を表現した部分か。その心情の説明として最適なものを後より一つ選び番号で答えなさい。

1　今の妻は、自分の前では見栄《みえ》を張っていたがそうでないときはつつましく暮らしており、もとの妻と同じように貧しさに苦しんでいることを知って、とても気の毒なことであると同情を感じている。

2　今の妻は、自分の前では上品にしているのにそうでないときはみすぼらしい姿で過ごしており、できる限り身なりを整えて夫を思っていたもとの妻との違いを思い知って、大変みっともないことであると思っている。

3　今の妻は、自分にはあまりよい人柄には見えなかったが、自分のいないときには大変美しい姿で親切にふるまっており、やはりもとの妻の方が自分を思いやってくれていると悟って、大変よかったことだと思っている。

4　今の妻は、自分には裕福に見えていたが、自分のいないときには貧しい身なりをして食事の仕度まで自分でする有り様であるのに、髪だけは美しくありたいと気にする様子で、大変愛くるしいと思っている。

問九　本文の内容として不適当なものを後より一つ選び番号で答えなさい。

1　もとの妻は夫のことを思って泣きながら、金のおわんに水を入れて胸のあたりにあてることを繰り返していた。

2　夫はもとの妻が貧しかったため、思い悩みながらも、裕福である今の妻のもとへ通うようになった。

3　夫は久しぶりに今の妻の所にやってきたとき気まずさから気が引けて、家の中に入ることができなかった。

4　夫はもとの妻の苦しそうな様子を見て体調不良ではないかと気にかかり、しばらく一緒に過ごすことにした。

りぬ。この今の妻の家は、龍田山《たつたやま》こえていく道になむありける。かくてなほ見をりければ、この女、うち泣きてふして、かなまり(金のおわん)に水を入れて、胸になむすゑたりける。あやし(変だ)、いかにするにかあらむとて、なほ見る。さればこの水、熱湯《あつゆ》にたぎりぬれば、湯ふてつ(捨てた)。また水を入る。見るにいと悲しくて、走りいでて、いかなる心地したまへば、かくはしたまふぞといひて、かき抱きてなむ寝にける。かくてほかへもさらにいかで、つとゐにけり(じっと離れないでいた)。かくて月日おほく経て思ひやるやう、つれなき顔なれど、女の思ふこと、いといみじきことなりけるを、6かくいかぬをいかに思ふらむと思ひいでて、ありし女のがりいきたりけり(その女の所に行った)。久しくいかざりければ、つつましくて立てりける。さてかいまめば(すきまからそっとのぞき見れば)、われにはよくて見えしかど、いとあやしきさまなる衣《きぬ》を着て、大櫛《おほぐし》を面櫛《つらぐし》にさしかけてをり(大きな櫛を前髪に差して)、手づから飯《いひ》もりをりける。7いといみじと思ひて、来にけるままに、いかずなりにけり。

(『大和物語』)

＊1 大和の国、葛城の郡…現在の奈良県の地名。

＊2 しらなみたつた山…「しらなみ」は「白浪」で、「風吹けば沖つしらなみ」が「たつ」を導く序詞《じょことば》。「たつた山」は「龍田山」で現在の奈良県にある山の名前。「しらなみ」は盗賊の異称であるため、「盗賊のいる龍田山」と解釈する場合もある。

問一 本文中に「 」(かぎかっこ)のついていない会話文が一箇所ある。その会話文の初めと終わりの組み合わせとして最適なものを後より一つ選び番号で答えなさい。

1 見るにいと～したまふぞ
2 見るにいと～かき抱きてなむ
3 いかなる心地～したまふぞ
4 いかなる心地～かき抱きてなむ

問二 傍線部1「ことに思はねど」のここでの意味として最適なものを後より一つ選び番号で答えなさい。

1 前と変わっているように思ったけれど
2 特別大切であるようには思わないけれど
3 どこか間違っているように思ったので
4 とても劣っているように思っていると

問三 傍線部2「心地にはかぎりなくねたく心憂く思ふを、しのぶるになむありける」とあるが、これはどういうことか。最適なものを後より一つ選び番号で答えなさい。

1 夫は、自分がよその女の所へ行くことに耐えるもとの妻を気の毒がる様子だったが、心の中ではうとましくて面倒に思い、こそこそと行動していたということ。
2 夫は、自分がよその女の所へ行くことをもとの妻は気にしていないと思っていたが、だんだんもとの妻が怒っているような感じがして気にかかったということ。
3 もとの妻は、夫がよその女の所へ行くことを悔しく思っていなかったが、夫が自分を恨んでいるような感じがしてきて、以前よりもおとなしく過ごしていたということ。
4 もとの妻は、夫がよその女の所へ行くことを表面的には気にしていない様子だったが、心の中ではにくらしくて苦しく思いながら、何とか我慢していたということ。

問四 傍線部3「見れば」の動作主として最適なものを後より一つ選び番号で答えなさい。

1 夫　　2 もとの妻
3 今の妻　　4 もとの妻の召使い

問五 傍線部4「人待つなめり」の本文中での意味として最適なものを後より一つ選び番号で答えなさい。

1 もとの妻は人を待っているのだろう
2 もとの妻は人を待っていると言った

描かれ方の説明として最適なものを後より一つ選び番号で答えなさい。

1　途中までオカンの死が近づいていることを象徴する悲しいものとして描かれているが、最後の場面では将来「僕」がオカンの願いをかなえて「笑い」で成功したことを暗示する希望に満ちた存在になっている。

2　重苦しい雰囲気の中に華やかな明るさをもたらして、「僕」の幸せを願うオカンの前向きな思いやその色に照らされた美しい表情の裏にある心の闇を際立《きわだ》たせる存在になっており、「僕」の心を強く揺さぶるものとして描かれている。

3　沈みゆく様子がオカンの死と重ねられ切なさを強調する一方で、死んでも「僕」を支え続けたいというオカンの愛情とその美しさを象徴しており、「僕」にとって永遠に特別な存在として描かれている。

4　永遠の別れが迫る悲しさを強調するものである一方で、「僕」にとって外出できないオカンとともに見た貴重な風景で、その美しい姿とともにオカンが抱いていた苦悩と不安を鮮やかに想起させる存在として描かれている。

問十　本文中の「僕」とオカンの関係についての説明として最適なものを後より一つ選び番号で答えなさい。

1　オカンは自分の死後、「僕」が笑いをあきらめることが不安で「笑い」がいかに大切かを「僕」に伝え、「僕」もその思いに応えようと決意している。

2　「僕」とオカンは深刻な雰囲気の中でも冗談を通して明るくやりとりしており、生きる上で「笑い」をとても重要なものとして共有している。

3　「僕」はオカンから「笑い」を教わったことが自分の力を伸ばしたと考えており、オカンの「笑い」への思いの強さや考え方を見習いたいと思っている。

4　「僕」はオカンと死に別れる辛さを「笑い」によって和らげようとしており、マイナスなことを「笑い」に変えるというオカンの助言に強く共感している。

三　次の文章は『大和《やまと》物語』の一部である。これを読んで後の設問に答えなさい。

むかし、＊1大和の国、葛城《かつらぎ》の郡《こほり》にすむ男女ありけり。この女、顔かたちいと清らなり。年ごろ思ひかはしてすむに、この女、いとわろくなりにければ、(貧しくなったので)思ひわづらひて、かぎりなく思ひながら妻《め》をまうけてけり。この今の妻は、富みたる女になむありける。1ことに思はねど、いけばいみじういたはり、身の装束《さうぞく》もいと清らにせさせけり。かくにぎはしき(豊かで活気がある)所にならひて、来たれば、この女、いとわろげにてゐて、かくほかにありけど、さらにねたげにも見えずなどあれば、いとあはれと思ひけり。2心地にはかぎりなくねたく心憂《こころう》く思ふを、しのぶるになむありける。とどまりなむ(泊まろう)と思ふ夜も、なほ「いね」(行きなさい)といひければ、わがかく歩《あり》きするをねたまで(ねたましく思わないで)、ことわざするにやあらむ(ほかの男を通わせているのだろうか)。さるわざせずは、恨むることもありなむなど、心のうちに思ひけり。さて、いでていくと見えて(出て行くと見せかけて)、前栽《せんざい》(庭先の草木)の中にかくれて、男や来ると、3見れば、はしに(縁側に)いでゐて、月のいといみじうおもしろきに、かしらかいけづりなどしてをり(髪をとかすなどしていた)。夜ふくるまで寝ず、いといたううち嘆きてながめければ、「4人待つなめり」と見るに、使ふ人の前なりける(前にいた召使い)にいひける。

風吹けば沖つ＊2しらなみたつた山夜半《よは》にや君がひとりこゆらむ

とよみければ、5わがうへを思ふなりけりと思ふに、いと悲しうな

1　時間がかかりそうに思う。
2　学校の雰囲気になじむ。
3　声高らかに歌う。
4　ただちに帰宅する。

問六　傍線部3「僕の心は大変心細くなった」とあるが、なぜか。その理由の説明として最適なものを後より一つ選び番号で答えなさい。

1　死が迫っているオカンの気持ちを想像して寄り添おうとしたことで、オカンが生きることをあきらめたことを感じ取り、同じ場所でまだ一緒に過ごしているのに、見捨てられたように感じたから。
2　オカンのそばにいてその苦しい気持ちを理解したいのに、生と死の境界にいるオカンと健康な自分との間に取り払うことのできない大きな隔たりを感じ、もうオカンと思いを共有することはできないのだと思ったから。
3　オカンと同じ空間でともに過ごしたことで、今一緒に過ごしているオカンがこれまでのオカンとはまったく変わってしまったように感じて、間もなく迫る死によってオカンが自分のそばからいなくなる現実を突きつけられたから。
4　オカンと確かに一緒に過ごしている中で、健康な自分には知り得ない生と死の間で揺れ動くオカンの危険な状況を実感し、もう自分の力でオカンの命を救うことも勇気づけることもできないのだと悟ったから。

問七　傍線部4「……それやったら。……それやったら、……車椅子に乗せて連れてってたるわ」とあるが、このときの「僕」の様子や心情の説明として最適なものを後より一つ選び番号で答えなさい。

1　オカンが深刻な雰囲気で自らの死について話している様子を見て、自分が動揺していることを知られてオカンをさらに不安にさせてはいけないと思い、落ち着いた態度でこれからのことを明るく話し合おうとしている。
2　自らの死期を察して弱気になっているオカンの様子や言葉に接して、病気が治ることを信じていた「僕」の思いが裏切られたようで悲しい気持ちになり、オカンが再び気力を取り戻すように懸命に元気づけようとしている。
3　自らの死が近いと察しているオカンの言葉や様子を目《ま》の当たりにし、それを肯定することで傷つきやすいオカンが絶望してしまうことを恐れ、必死に前向きな話をして、オカンの気持ちを厳しい現実から遠ざけようとしている。
4　オカンが自らの寿命を覚悟していることを知り、そう話すオカンの辛い思いを想像して恐怖を感じながらも、将来について相談することで気力を持ってもらうために何とかふだんどおりに振る舞おうとしている。

問八　傍線部5「僕は素っ気なく『了解』と伝えた」とあるが、このときの「僕」の様子の説明として最適なものを後より一つ選び番号で答えなさい。

1　オカンの「僕」に対する思いの深さや死に対する覚悟を知り、不満や辛さを感じつつも「僕」自身もその思いを受け止めなくてはいけないと感じ、冗談で誤魔化すのをやめている。
2　オカンが死を覚悟して今後の「僕」に対する思いを真剣に語っているので、自分もその真意をしっかり理解しなくてはいけないと思い直し、はぐらかすのをやめて冷静さを取り戻している。
3　もっと生きてほしいという「僕」の願いを拒否して、「僕」のことを思う遺言を残そうとするオカンの態度が気に入らず抵抗を感じ、わざと冷たく突き放すような態度をとっている。
4　死の恐怖の中でも「僕」を思いやるオカンの言葉を聞き、胸が締めつけられながらもうれしさを感じて照れくさく、何とかその気持ちを落ち着けようとしている。

問九　傍線部6「沈みゆく夕日」とあるが、本文中での「夕日」の模様をまねている天井の模様。

＊16 瓦解…一部の崩れから全体が崩れていくこと。

＊17 サラブレッド…改良、育成によって誕生した馬の品種の一つ。転じて、育ちがよく優秀な人物。完全に育てあげられたもの。

問一 二重傍線部a～cと熟語の構成が同じものを後より選びそれぞれ番号で答えなさい。

a 新築
1 幼稚　2 前進　3 閉会　4 美化

b 呼吸
1 起伏　2 最善　3 帰国　4 人造

c 保湿
1 帰還　2 無償　3 栄枯　4 登頂

問二 傍線部ア～ウの意味として最適なものを後より選びそれぞれ番号で答えなさい。

ア 気兼ね
1 精神的に疲れ切ること
2 やる気に満ちていること
3 相手の心中を思いやって行動すること
4 まわりの人を疑って不安になること

イ 空返事
1 うわべだけのいいかげんな返事
2 相手の機嫌を取るような返事
3 相手を納得させるしっかりした返事
4 すぐに反応する勢いのよい返事

ウ 判然たる
1 不安定で混乱している
2 容赦がなく厳しい
3 平凡でおもしろみがない
4 はっきりとわかりやすい

問三 本文中の A ～ C に入る言葉の組み合わせとして最適なものを後より一つ選び番号で答えなさい。

1 A＝気持ちがたかぶった　B＝にこやかな表情で　C＝弱気を晒《さら》した
2 A＝冷静でいられた　B＝にこやかな表情で　C＝弱気を晒した
3 A＝気持ちがたかぶった　B＝真面目な顔をして　C＝強がりを発した
4 A＝冷静でいられた　B＝真面目な顔をして　C＝強がりを発した

問四 傍線部1「そうだ。僕には何も無いけれど『笑い』がある」とあるが、このときの「僕」の心情の説明として最適なものを後より一つ選び番号で答えなさい。

1 決勝進出できるかどうかの緊張感の中、苦しいときに「笑い」だけが自分の支えであったと改めて感じ、これからも「笑い」によって厳しい現実を乗り越えていきたいという意欲と覚悟を抱いている。
2 決勝進出の残りの1組の発表を控え、自分の無力さを痛感して落ち込んでいたが、自分にとって「笑い」が何よりも大切であることを改めて感じ、必ず決勝にいけるはずだと確信している。
3 決勝進出できるかどうかという周囲の興奮が高まる中、恵まれない環境にいた自分とオカンをつないできた「笑い」の存在の大きさを実感し、これからはもっと腕を上げようと決意を新たにしている。
4 決勝進出の残り1組の発表を待つ深刻な雰囲気の中で、これまで「笑い」だけに力を入れて生きてきた自分を振り返り、ここで負けると自分のすべてが失われる気がして不安や焦りを感じ始めている。

問五 傍線部2「に」と、同じ意味用法の「に」が含まれるものとして最適なものを後より一つ選び番号で答えなさい。

らしてくれるんやもんなぁ」
　僕は黙ってオカンを見た。
「私がこの世からいなくなったらね、あの真っ赤っかなお日さんになるわ。ほんで駿ちゃんのこと、ずっと応援する。ずっと照らし続ける。やから、たまにはでええから、あのお日さん見てオカンの事思い出してくれる？」
　オカンは、寂しい笑い方をした。
「私がこの世界から消えてなくなっても、あのお日さんになって、駿ちゃんのことずっと見守ってるからね」
　5僕は素っ気なく「了解」と伝えた。
　寝巻姿のオカンをふと見た。もう、いつから化粧をしていないかなぁ。随分と老け込んだため、粋な格好をしていた若いあの頃の写真の面影はなく髪も白くなった。目の前に見え隠れする死の影を眺めながら、オカンは遺言らしきものを口に出したから、ポツポツと僕のジーンズにしょっぱい水滴が落ちた。太ももの部分だけ生地が濃いブルーに変わった。漏れ出た自分の溜め息を利用して、僕は太ももを乾かそうとした。ジーンズに落としたしょっぱい水分と、吹き込んだ溜め息が、だんだんと滲《にじ》む。
「あれ？　駿ちゃん？　泣いてんの？」
「……泣いてない！」
「泣いてるやんか？」
「目にゴミが入っただけや」
「うわっ！　昭和の昼ドラの台詞《せりふ》みたいな言い訳するやんか」
　今更、自分の言い訳を冗談に昇華させることもできず、また真面目に処理することもできなくなったので僕は腹の中でただただ赤面した。
「そんな言葉選びじゃ、MANZAI甲子園優勝でけへんよぉ」と揶揄《からか》うオカンに僕は「……うっさい！　優勝するから！」と声を震わせて［　C　］。僕の涙腺は呆気《あっけ》なく＊16瓦解《がかい》し、保湿クリームと僕の涙が混ざり合ってオカンの足はぐちゃぐちゃになった。
「駿ちゃん、ほんま頼むで。オカン、絶対、決勝戦観に行くからな。朝一で並んで、最前列の席とって応援するわ。駿ちゃんなら大丈夫。駿ちゃんはめちゃくちゃオモロいから。私が笑いを教えてきた＊17サラブレッドやからねぇ」
　6沈みゆく夕日がオカンの優しい横顔を照らした。僕はちらりとそれを見て、オカンの象足を、揉《も》んだり、さすったり、たたいたりした。時が経って後から思い返してみたって、僕はこの時ほど夕日を美しいと思うことはなかったということをここに自白する。茜《あかね》が照らした麗《うるわ》しい横顔と慈愛に満ちた息子への情感から導かれる感慨の二つで、有形無形の両方面からきらきらと輝いて見えたから僕にはそう感じられたのだと思う。

（成海隼人『尼崎ストロベリー』）

＊1　俯瞰する…上から広範囲を見渡す。
＊2　キャッチーさ…人目を引きつけるほど印象的であること。
＊3　スパイス…香辛料。ここでは、刺激をもたらす要素。
＊4　ネタを飛ばす…笑いのネタを披露しているときに、台詞が出てこなくなったりネタを忘れたりすること。
＊5　ティーン…ティーンエイジャー。
＊6　咆哮…ほえること。ほえさけぶ声。
＊7　きよぴー…マコトは「僕」のオカンのことを「きよぴー」と呼んでいる。
＊8　跳梁跋扈…悪人などが好き勝手にのさばること。
＊9　パノラマ…見渡すことができる広々とした風景。全景。
＊10　メランコリー…気持ちがふさぐこと。憂うつになること。
＊11　QOL…クオリティオブライフ。生活の質。
＊12　尼崎センタープール前のキムタク…「僕」のことを有名人になぞらえている。
＊13　安臥…楽な姿勢で横たわること。
＊14　たゆたう…ゆらゆら揺れる。心が定まらずに迷う。
＊15　トラバーチン模様…大理石などの縞《しま》模様や虫食いあとのあるような

口元に笑みを帯びて我が子を優しく見つめる姿に、僕は甘い苦しみを感じた。その感情を誤魔化すように、ふくらはぎに保湿クリームをベタベタと塗りながら僕は黙って耳を傾けた。

「ほんまに、私の命は……、もう長くないねん。ここまできたら、もうわかるんよ。自分の体やもん。最近はあんまり食べられへんようになったし、お腹も足もここまで腫れ上がってきてしもて、もう歩かれへんようにもなったし……」

オカンは＊15トラバーチン模様の天井をじっと見つめた。無限の恐怖に包まれた僕は黙ってマッサージを続ける。

「神様が私に与えた寿命なんやろね」

自分の余命を予算した彼女。僕は黙ってマッサージをしながら、その神様とやらを恨んだ。

「あのね、まだ命があるうちに、駿ちゃんに遺言を伝えておこうと思って」

「遺言って……。何言うてんねん」

「遺言って言うとちょっと大袈裟かもしれへんね。要は駿ちゃんにお願いがあるねん。一生のお願いってやつ、ここで使っていい？」

「オカン……」

僕は、たゆたう。

「オカン、欲張りやから、二つあるねんけど聞いてくれるかなぁ？」

「オカンさ、……俺はな、オカンがすぐに死ぬなんて思ってない。……もっともっと長生きできると思ってるねん。もしかしたら、……新しいがんの特効薬ができるかもしれへん。で、がんが治るかもしれへん。生きてさえいたら、何が起こるかわからへんもんやろ？」

僕の言葉は少しの嘘を孕《はら》んだ。ウ判然たる事実が目の前に立ち塞がろうとも、優しくて哀しい嘘をつき通さねばならないことが、僕たちの人生にはある。

「だからオカンさ。そこは絶対に絶対に譲られへんねんけど、それでもよかったらオカンの願い事ってことで、とりあえず聞くだけ聞いておくわ」

「ありがとう。それじゃあね、一つ目伝えるね」

「はいよ」

「駿ちゃんのこれからの長い人生でね、私と過ごした時間をネタにして生きていって欲しいねん。二人で生活してきた色々なことあるやろ？　うち、他の家に比べて貧乏やったやん？　駿ちゃんも辛《つら》かったやろうけど。そんなマイナスなありとあらゆることをな、最後に全て、笑いに変えて欲しいねん」

「笑いに変える？」

「笑いに変えて、駿ちゃんにはこれからの人生を力強く生きていって欲しいねん。それが私の母親としての願いやねん」

「……おん」

「これまで辛かった過去も、これから起こる哀しい未来もね、笑いに変えること。どんな困難だって笑いに変えなさい。全てを笑い飛ばして生きていきなさい」

彼女は瞳を定めて僕を見つめた。僕はその瞳の中に言葉を超えた深い訴えを認めた。

「これ、一つ目ね。続きまして〜」

「ショートコントみたいに言うな！」

「あはは。ほんまやね。じゃ、二つ目」

僕は手を動かし、足のマッサージを続けた。

「私が、この世からいなくなったらね？」オカンは哀しそうな顔と幸せそうな顔を足して二で割って、小数点第二位を切り上げたような表情をした。病室の窓には哀しくて優しい夕焼け空。沈みゆくまっ赤っかの太陽をオカンは指差した。

「見て、駿ちゃん」

おんと相槌《あいづち》をうち、オカンが指差す方を僕は見た。

「綺麗なオレンジのお日さんやねぇ。お日さんはすごいなぁ。こんな貧乏人の私らみたいな親子のところにまで、優しく平等に光を照僕のこれからの人生で女性看護師と出会うことはあるだろう。しかし緩和ケア内科縛りで女性看護師と出会う確率は激低だと思う。ターゲットが狭すぎる。しかし今後、合コンなどで奇跡的に緩和ケア看護師と出会ったらば速攻口説きにかかるぜ、オカン。浮腫んだ足をマッサージしながら僕はそう心に誓った。

「駿ちゃん。マッサージありがとう。そうやって、さすってくれたら足が楽になるねん」

「そりゃ良かった。ほな次は左足やろか」

「お願いします。ところで、MANZAI甲子園の決勝楽しみやな。テレビ映るし」

「せやな」

「*12尼崎《あまがさき》センタープール前のキムタクが、いよいよ、テレビデビューやな」

「おう、デビューやで」と僕は鼻で笑って応じた。

「この前の準決勝は体調悪くて観に行かれへんかったからなぁ。あのネタ、ウケた？」

「なかなか会場沸かしたで。オカンが考えてくれたボケも、むっちゃウケたで」

「そっかぁ。観に行きたかったなぁ。あ、駿ちゃん、決勝は絶対、観に行くからな」

「絶対きてや」

「会場、道頓堀《どうとんぼり》なんば劇場やもん。あの有名な劇場で、駿ちゃんが漫才するんやもんやぁ。もう、プロの漫才師やな」

「あははは。プロちゃうけどな」

オカンは少し黙った。もう笑ってはいない。話題を転じる。

「真面目な話、聞いてくれる？」

「マッサージしながらでもええなら」

オカンはベッドに*13安臥《あんが》したまま天井の蛍光灯を見ながら言った。僕は象のように腫れ上がったふくらはぎをマッサージしながら、耳だけオカンの方へやった。

「オカンはね……、もう長くないかも……」

あまりに直球だったオカンの言葉に僕のノミのような心臓がキュキュキュと縮こまった。縮こまったんだけれども、それをオカンに悟られてはいけないと思って、僕は大袈裟《おおげさ》に笑って誤魔化すように弁じた。

「なんでやねん。オカンにはまだまだ生きてもらわなあかんねんから。頼むで、ほんまに。何を言いだすんや」

オカンと寿命の話をすることを僕は嫌った。元来繊細で心配性な性格のオカンに、死期が近いんだという残酷な現実を叩《たた》きつけることが耐えられなかったし、オカンをネガティブにさせてしまうことに何も意味は無いので、その話になると僕はすぐに話を逸《そ》らそうとするんだ。

「せやせや、思い出したわ。東京スカイツリー。前にオカン、東京スカイツリー行きたい、て言うてたやんか。覚えてる？　そろそろ計画たてなあかんなぁ？」

「スカイツリーね。言うてたなぁ。でもな、もう……、私は行かれへん」

話を逸らそうとした僕をオカンは制した。

「お腹《なか》にも水が溜まってきて、足も腫れ上がって、もう歩かれへん。こんな体で東京なんて行かれへんわ」

僕は、*14たゆたう。

「[4]……それやったら。……それやったら、……車椅子に乗せて連れてったるわ。俺がずっと車椅子を押してあげるから。それやったら大丈夫やろ？　一緒に行こうや！　オカン！　計画立てようや！　いろんな奇麗な景色をオカンに見せてあげたいねん！」

オカンを丸め込むように、たたみかけるように、僕は早口で流《りゅう》暢《ちょう》に喋《しゃべ》った。その取ってつけたようなしゃべくりが僕の心の中の焦《あせ》りを露呈する。オカンは飼い猫を撫《な》でるような優しいトーンと笑みで僕の名を呼んだ。

「駿ちゃん？」

この病院を選んだもう一つの理由。それは病室や談話室の窓から広がる絶景である。山手にそびえる病院で、緩和ケア内科は六階にあったので大阪府と兵庫県を一斉に見渡せる眺望が素晴らしい。夜になると超高層タワーマンションの眺望級の＊9パノラマ夜景が広がる。オカンは高いところから眺める景色が大好きだったから。

緩和ケア病棟に転院して間もなく、オカンの身体はみるみる悪くなってきた。食欲もなくなり身体は痩せ細った。入院から数週間経《た》った頃、足の痺《しび》れと浮腫《むくみ》により歩行困難になった。足の痛みが激しく手すりに寄りかからないと歩けない状態となっていたので、病院内でも車椅子で移動するようになっていた。

オカンは談話室で熱帯魚をじーっと見つめたり、病室の窓からの景色をずーっと眺めたりして限られた日々を消化していた。緩和ケア病棟という生と死の狭間《はざま》のような場所で、彼女は何を想《おも》い、どのような気持ちで熱帯魚や窓から広がる景色を眺めて日々を過ごしていたのだろうか。水中を自由2に泳いでいる熱帯魚を羨ましく思っていただろうか。大空を自由に飛び回る鳥の群れを羨ましく思っていただろうか。オカンの内側に潜んでいる＊10メランコリーのようなものを、できる限り自分のものとして共有できるように僕は想像を膨張させた。

その日。熱帯魚や窓から広がる景色について、二人で問答しているうちに日が暮れた。抗がん剤の副作用で薄くなった彼女の白髪混じりの後頭部を朧《おぼろ》げに見つめていると、談話室から見える空が怪しくなってきた。どんよりとした雲が、空の青にもたれかかってア気兼ねもなく広がってゆくなと感じていたら、いつの間にか崩れ出した。しとしとと冷たい雨が降り出した。オカンは自分の隣に確かに存在していてｂ呼吸をしている。彼女の世界と僕の世界は、確かにこの空間に存在し展開されているのであるのだけれども、その空間同士がどこも接着しておらず独立しており、自分が置き去りにされてしまうような気持ちになった。3僕の心は大変心細くなった。

「結婚するなら、緩和ケア内科の看護師さんにしなさい」

ベッドに寝そべりながら、オカンはキュッとした B 僕に忠告するのが口癖だった。自分の死がいよいよ近づいてきたことを感じ、息子の将来を案じての発言なのであろう。パンパンに浮《む》腫《く》んだオカンの両足に、僕がｃ保湿クリームを塗ってマッサージをしながら、せやなぁ、とイ空返事をする。

オカンの両足はスリッパを履く事ができないくらいに腫れ上がっていた。また、足が大層ダルいとよく訴えた。年をとったといえども、オカンも一人の女性である。象のように腫れ上がっていた両足をかなり気にしていたので、医者に相談してクリームを出してもらったり、リンパマッサージの方法を聞いたりして僕が実践していた。また腹部にもどんどん水が溜《た》まってきており、まるでスイカが入ってるように腹もパンパンに膨れ上がっていた。両足の浮腫と腹部に水が溜まる症状は、どちらも末期がん患者によくみられる症状であるらしい。栄養失調が原因。食欲が無い中で食べる僅かな食事から摂取した栄養素をがん細胞が奪い取ってしまうのだ。体内に吸収される栄養成分がかなり貧困な状態になり蛋白質《たんぱくしつ》が不足し足が浮腫んだり腹に水が溜まるらしい。

オカンが一番気にしていた足の浮腫を取り除いて、少しでも生活から不便さや不快さを軽減してくれようと、リフレクソロジーと呼ばれるマッサージ師を呼んで施術してくれたり、看護師が指圧やクリームを塗ってくれたりと病院側もできるかぎり協力してくれた。緩和ケア内科の看護師は、本当に優しい人格者ばかりだった。「患者の＊11ＱＯＬを最大限に尊重する医療の実践」という医療精神を標榜《ひょうぼう》していたのだが、全くその通り嘘《うそ》偽りなく実践されている病院だと僕は感じていた。この病院を選んで本当に良かった。オカンが退屈そうにしていたら看護師が話しかけてきてくれる、オカンが寝苦しそうに不快感を訴えるとすぐに声をかけて対処してくれる、特定の看護師だけではなく、このフロアにいる看護師全てがそうであった。オカンもそう感じていたからこそ、結婚するなら緩和ケア内科の看護師にしなさいと僕に忠告したのだと思う。

い蝶《ちょう》ネクタイを見つめた。
「準決勝で俺らがやったネタな。今までで一番最高な漫才ができたと思ってるねん」
「俺もそうや」
「＊7 きよぴーさ、準決勝を制するものは大会を制す、って言ってたよな？」
「せやな」
「最近さ、漫才やってたら楽しくて楽しくて。きよぴーの病気のためにって始めたことやけどさ、今は自分が楽しくやってる感じ。きよぴーと駿ちゃんにはほんま感謝やわ。ありがとうな」
「それ今言うヤツか？　俺らのコンビ名呼ばれてから言うヤツちゃうの？」
「いや、ええねん。俺はここまで来れただけで満足してる」
「優勝あきらめるんか？」
「アホか！　優勝狙うわ！　ただストロベリーズがここまで来れたことに感激してるねん。きよぴー、今日観《み》に来て欲しかったな」
「今日は体調がよろしくなかったからな。残念やけど」
「きよぴーがさ、もしも今日の俺らの漫才観てたらどう言うたかな？」
「多分、駄目出し、やろうな」
「そうか」
「そうや」
「やと思った」
幼い頃の記憶を丁寧になぞって、順番に思い浮かべて並べてみたって。僕には何も無かった。カネも教養も、何もかも。あるのは「笑い」だけ。ただ「笑い」だけがそこにはあった。僕は、オカンから「笑い」を教えてもらった。僕は、「笑いのチカラ」を信じている。ナチュラルキラー細胞を信じている。「笑い」があれば、なんだって乗り越えられる。恐怖、哀《かな》しみ、怒り、不安、がん細胞、羞恥心、後悔、醜さ、劣等感、借金、見栄《みえ》、孤独、貧困、人間の生き死に……、僕らの周りに＊8 跳梁跋扈《ちょうりょうばっこ》する負なんかにのみ込まれてたまるか。
全ての負を「笑い」に変えてみせる。
どんな困難だって、最後は「笑い」に変えたい。
全てを笑い飛ばして生きていきたい。
1 そうだ。僕には何も無いけれど「笑い」がある。
オカンに教えてもらった「笑い」があるんだ。
「それでは、最後のファイナリストを発表します！　エントリーナンバー408番、ストロベリーズ！！」

〈中略〉

「じーっと見てられるわぁ」
「オカンさ、さっきからずっと見てるけど全然飽きひんな」
「だって、カワイイもん。ほら、駿ちゃん見てみ？　この青のちっちゃい子、カワイイで」
病棟内の談話室壁面に設置されている装飾された大型水槽の中の熱帯魚を、オカンはじっと見ていた。赤、青、金や桃色などで彩《いろど》られた様々な熱帯魚に夢中。暫《しばら》くの間、オカンはことりとも音を立てなかった。
オカンが入院した緩和ケア病棟は市立病院の中に併設されていた。病院自体は築三十二年の古い建物であったが、緩和ケア病棟だけは一年前にリニューアルしたばかりで a 新築のようにキレイだった。優しいピンク色の壁面、温かみのあるオレンジ色のソファが置いてある談話室、病室は個室が標準で、家族も泊まりやすい広いスペースの部屋である。炊事場やシャワー設備だって完備と痒《かゆ》い所に手が届く申し分のない美化の行き届いた内装設備であった。僕らがこの病院をチョイスした一つの要素がこの病院の美しさ。オカンは綺麗《きれい》好《ず》きだったから、最期《さいご》の死に場所くらい、綺麗な部屋を選んでやろうと思った。

号で答えなさい。

1　聴覚や視覚、触覚でとらえられる分野はオノマトペが豊富だが、身体感覚や感情、味、匂いは身体の反応が伴わないとオノマトペで表しづらくなり、感覚で認識できない抽象概念の分野はオノマトペが見つかっていない。

2　聴覚や動作に関する分野はオノマトペが最も豊富であり、視覚や触覚などの身体感覚、感情、味、匂いと抽象概念など論理的関係の分野は認識することができないため、オノマトペがとても少ない。

3　聴覚、視覚や触覚で認知できる分野にはオノマトペが多く、味覚や嗅覚、身体感覚は似た感覚を示すオノマトペで表現できるが、抽象概念は感覚でとらえられても適当な音がなく、オノマトペで表すことができない。

4　聴覚や動作、視覚、触覚に関係する分野は感覚のまま表すオノマトペが豊富で、身体感覚や感情、味や匂い、論理的関係は、いずれも身体の反応が伴わないものは似た感覚がないため、オノマトペで表現できない。

問十二　本文の内容と一致するものを後より一つ選び番号で答えなさい。

1　言語は語彙の密度が高くなると、言語の音と意味のつながりは薄れていくが、言語学習の過程では語彙の密度は影響しない。

2　人間の分析的思考への志向性により、言語は要素に分割され、デジタル的な記号としての言語へと進化していく。

3　言語は感覚・知覚を模倣する段階から抽象概念へと進化していき、アイコン性がだんだんと高いものとなる。

4　オノマトペは音によって表現するものであるため本来はデジタルな言語だが、使われ方はアナログ的である。

二

次の文章を読んで、後の設問に答えなさい。

〈これまでのあらすじ〉

「僕（駿一《しゅんいち》」）の母（「オカン」）は末期のがんで緩和ケア病棟に入院している。「僕」は「笑い」ががん細胞を攻撃するナチュラルキラー細胞の活性化に役立つと知り、MANZAI甲子園という高校生限定の大会に、友人のマコトと出場することに決めた。「僕」とマコトのコンビ・ストロベリーズは準決勝まで進み、決勝戦に進出するコンビの発表を待っている。

他のコンビ名を読み上げられる度に、マコトは残念そうに頭を垂れた。一方、僕は会場全体を＊1俯瞰《ふかん》するように見つめて微動だにしなかった。自分ができる漫才の全てを出し切ったからであろうか、何故《なぜ》だか［　A　］。幼少時代から、オカンに教授してもらったお笑い技術を駆使して創ったネタを演《や》った。偏りすぎるとウケないので、＊2キャッチーさを残して誰でも笑える普遍的な＊3スパイスをいれたネタにしたが、自分がオモロいと思うことには拘《こだわ》った。漫才中も＊4ネタを飛ばす事もなく、マコトのツッコミも生き生きとしていて納得できる漫才ができたと感じていた。

「エントリーナンバー1085番、たこ燦燦《さんさん》」

司会者がコンビ名を読み上げる度に、名を呼ばれた＊5ティーンが＊6咆哮《ほうこう》。コンビ同士で抱き合う。泣く者もいる。そりゃそうだ。この大会に青春の全てを捧《ささ》げて精進してきた人間ばかりだもの。歓喜と咆哮の中、司会者は次々と決勝進出するコンビ名を読み上げて自分の仕事を淡々と全《まっと》うした。

決勝戦に進出できるファイナリストは、8組のみ。

現在、7組確定。残り枠は、あと1組。

「駿ちゃん？」

前のめりになっているマコトが、僕の方を向かず司会者を見つめたまま口を開いた。僕もマコトの方を向かず、舞台上の司会者の赤から二拍語根型への発展の中で見られるのだ」とあるが、これはどういうことか。この説明として最適なものを後より一つ選び番号で答えなさい。

1　一拍語根型のオノマトペは場面を限らず実際の音を一音節で写し取ったものだが、二拍語根型のオノマトペは異なる音を写し取った音節を組み合わせて、一拍語根型のものよりも意味情報を限定的にしているということ。

2　一拍語根型のオノマトペは音そのものを純粋に言語音で真似ているが、二拍語根型のオノマトペは現実の音を写し取らずに、ある動きとそれに伴う音をそれらと無関係な体系的記号を使って表現しているということ。

3　一拍語根型のオノマトペに含まれる意味情報は実際の音だけだが、二拍語根型のオノマトペにはいくつもの意味情報を含んでいる音象徴が用いられているため、実際の音だけではなくあらゆる事象を表現できるということ。

4　一拍語根型のオノマトペは実際の音をそのまま言語音で表現しているが、二拍語根型のオノマトペは実際の音を写し取るだけではなく、何らかの意味情報を含む一定のまとまりのある音象徴を用いているということ。

問九　傍線部7「アイコン性を薄める方向に働くもう一つの要因は、多義性である」とあるが、この部分で筆者が言おうとしていることの説明として最適なものを後より一つ選び番号で答えなさい。

1　ことばは常に決まりきった使い方をされるのではなく、社会状況の影響を受けて意味が変化していくため、オノマトペもそれが発生したときの意味とは全く異なる使われ方をするようになるということ。

2　表現したい事象に別の単語を作って区別すると膨大な数になってしまうので、一つのオノマトペでいくつもの事象を表そうとすることによって、そのオノマトペが持つ意味は古いものから順次消失していくということ。

3　異なる事象を関連付ける人間の想像力によって、本来用いなかった事象にも特定のオノマトペを使うようになるため、そのオノマトペがもともと表現していた事象とはかけ離れた意味を持つようになるということ。

4　比喩によって事象をわかりやすく表現したいという人間の志向性によって、本来用いる事象と似ている事象を特定のオノマトペで表現するようになるため、オノマトペの使い方には違和感が生まれやすくなるということ。

問十　傍線部8「すべてのことばがオノマトペだったら、情報処理は楽なのか」とあるが、これに対する答えの説明として最適なものを後より一つ選び番号で答えなさい。

1　オノマトペは、音と意味のつながりが薄いため、適切なことばを使おうと同じ概念領域から候補を想起して選択する際、脳内の情報処理の過程に意味の検討も加わるため、負荷が大きくなり、正しい選択ができなくなる。

2　オノマトペは、意味と音を結びつけることによって無限に増えていくことばで、語彙量を増やすものであるため、脳内の情報処理の過程に多くのオノマトペを覚えるという負荷が加わり、単語の想起が難しくなる。

3　オノマトペは、単語を実際に聞き取れる音で表すことばで、似た音のことばがどんどん生まれるため、適切な単語を想起しようとすると単語を区別する脳の情報処理の過程の負荷が大きくなり、ことばの使用を拒否するようになる。

4　オノマトペは、音と意味につながりのあることばなので、似た意味の単語は似た音になるため、想起されたものの中から適切な単語を選ぶ際に、脳内の情報処理の負荷が非常に大きくなり、間違いが増えてしまう。

問十一　傍線部9「オノマトペが苦手な（つまりオノマトペを作りにくい）概念の分野」とあるが、オノマトペが得意とする分野と苦手な分野についての説明として最適なものを後より一つ選び番

問二　本文中の（ア）～（ウ）に入る語として最適なものを下より選びそれぞれ番号で答えなさい。

ア　1　たとえば　2　一方で
　　3　さて　4　したがって

イ　1　だから　2　そのうえ
　　3　要するに　4　しかし

ウ　1　だが　2　ちなみに
　　3　つまり　4　もちろん

問三　本文中には、次の部分が抜けている。これを入れる位置として最適なものを後より一つ選び番号で答えなさい。

　つまりオノマトペは万能ではないのだ。

1　【A】　2　【B】　3　【C】　4　【D】

問四　傍線部1「ニカラグア手話の進化の過程は、言語進化を考える材料としてとても貴重である」とあるが、これはなぜか。その説明として最適なものを後より一つ選び番号で答えなさい。

1　言語がコミュニティの中で発生し変化したという説は、人体のつくりやわずかな記録をもとにした推測に過ぎなかったが、ニカラグア手話が現代のコミュニティの中で進化していることで、事実であると証明されたから。

2　言語がどう発生し変化してきたのかについて、これまでは残されたデータから想像することしかできなかったが、今まさに進化しているニカラグア手話を研究することで、言語進化の実態をつかむことにつながるから。

3　ニカラグア手話は、その他の国の手話のようにその国だけで使用を想定したものではなく、子どもが自発的に生み出して国際的に使用が認められたものなので、異なる言語に共通する言語の進化のあり方を研究できるから。

4　ニカラグア手話は、単なる記録として残っているのではなく現在も使用人口が増えて進化しているものなので、ニカラグア手話を研究すれば、どういった言語が多くの人に使用され進化していくかを把握できるから。

問五　傍線部2「投げるという動作は、さまざまな投げ方で行うことができる」は、いくつの文節に分けることができるか。最適なものを後より一つ選び番号で答えなさい。

1　六文節　2　七文節　3　八文節　4　九文節

問六　本文中の 3 ・ 4 に入る言葉の組み合わせとして最適なものを後より一つ選び番号で答えなさい。

1　3＝抽象的　4＝客観的
2　3＝普遍的　4＝直接的
3　3＝能動的　4＝消極的
4　3＝奇跡的　4＝原始的

問七　傍線部5「もう一つニカラグア手話の世代間の変化で興味深いことは、塊から要素への分割、そして分割によってできた要素同士の再結合である」とあるが、このニカラグア手話の特徴に関する説明として不適当なものを後より一つ選び番号で答えなさい。

1　「転がり落ちる」のような表現の場合、はじめは様子と方向性を同時に表していたが、第二世代は、様子と方向性を分けて順に並べて組み合わせて表現するように変化した。

2　最初の世代は「転がり落ちる」を観察したまま表現していたが、第二世代では「転がる」と「落ちる」というよく似た動作に共通の要素のない単語をあてたことで、アイコン的な部分が消失した。

3　最初の世代の場合、事象をそのまま真似るジェスチャーに近かったが、第二世代は事象をまず要素に分割してそれぞれを手の動きで表すため、実際の事象の様子からは離れた手の動きになった。

4　観察データを連続した物理量で表現していた最初の時代を経て、第二世代では段階的に切り取った観察データを組み合わせるという連結によって表現するように変化した。

問八　傍線部6「アナログからデジタルへのシフトが、一拍語根型なお日本語には、痛みや痒《かゆ》みなどの身体感覚と感情を表すオノマトペ（擬情語）はかなり豊富にある。身体感覚は「ヒリヒリ」「キリキリ」「シクシク」「ムズムズ」「ズキズキ」、感情は「ワクワク」「ウキウキ」「クヨクヨ」「ルンルン」「ウジウジ」など。一方、日本語には純粋な味、匂い、色のオノマトペはない。「こってり」や「つーん」は触覚的であり、「プーン」は漂う様子（動き）を表す。また、「赤々」や「青々」は重複形がオノマトペ的であるものの、名詞「赤」「青」に由来する。

　他の言語では、身体感覚や感情のオノマトペは持たないが、色や匂い、味のオノマトペを持つケースも見られる。たとえば、「タラルタラル taral-taral」はインドのムンダ語で〈真っ白〉を、「ヴィヴィ vivi」はガーナ・トーゴのエウェ語で〈甘い〉を表す。〈中略〉

　興味深いことに、レベル4の論理的関係のオノマトペを持つ言語はこれまでまったく見つかっていない。論理的関係の例としては、否定や分配法則、抽象概念などが挙げられる。「てにをは」や助動詞などの機能語が表す文法的概念などもその例である。抽象概念の例としては〈友情〉〈正義〉などが含まれる。オノマトペで表現できるのは、具体的に知覚できるものなのだろう。感情は目には見えないが、脈や心拍など直接経験できる身体の反応があれば、「ドキドキ」のように音でそれを模写し換喩的に感情を表すことができる。しかし論理的関係のように感覚経験を伴わない概念領域では意味と音の間の「似た」感覚を作りようがないので、オノマトペも生まれないのだろう。

　言語の進化は概念の進化、さらには文明の発展と呼応している。当初は自分が直接観察できる感覚・知覚の模倣から始まった言語も、進化に伴って、しかも非常に早いうちに直接観察できない抽象的な概念を作り出し、名づけがなされる。抽象概念は音による感覚の模倣ができないので、必然的に概念とは直接関係を持たない恣意的な音が当てられることが多い。抽象概念が語彙に占める割合が高くなると、やはり語彙のアイコン性は薄まる方向に進んでいくのである。

（今井むつみ・秋田喜美『言語の本質』）

＊1　汎用的…広く応用が可能である様子。
＊2　聾…耳が聞こえないこと。
＊3　リアルタイム…同時。実時間。
＊4　アナログ…データを連続した物理量で示すこと。
＊5　デジタル…データを段階的に切り取って、一定範囲内の数値や記号で示すこと。
＊6　ビジュアルイメージ…視覚的な印象。
＊7　アイコン…対象の形をとどめる記号や図形。
＊8　第3章…出典の書籍の第3章。本文は第5章にあたる。
＊9　オノマトペ…擬音語、擬声語、擬態語。
＊10　語根…単語を分析したときの、その単語の最小単位。
＊11　コード化…記号で表現できるように体系化すること。
＊12　前項…本文の「先ほど手話の進化の過程で」から「音象徴を用いていると言える」まで。
＊13　換喩…あるものを表現するために、それと関係の深いもので置き換える表現技法。
＊14　恣意…言語学で、音声とそれが指示する意味の結びつきが必然的なものではなく、社会慣習的なきまりごととしてのものであるということ。

問一　二重傍線部a～cのカタカナの部分を漢字に改めたとき、同じ漢字を用いるものはどれか。後より選びそれぞれ番号で答えなさい。

a　ソ害
1　空ソ　2　ソ止　3　ソ置　4　ソ暴

b　ケン著
1　ケン利　2　ケン固
3　派ケン　4　ケン微鏡

c　検サク
1　対サク　2　サク誤　3　サク引　4　サク除

容易に区別できることが大事なポイントとなる。

　音象徴の原則から言うと、似た意味のことばは音が似てしまう。そうした状況で、同じ概念分野に属することばの数が増えていき、意味的に近い単語同士が密集するとどういうことになるだろうか？【A】たとえば、水鳥の名前がみんなオノマトペだったらどうなるだろうか？　コガモ、カルガモ、マガモ、カイツブリ、オオバン、ハクチョウ、アジサシ、シラサギ、アオサギ、タンチョウヅル……これらの水鳥がみなオノマトペ由来で、似たような音（たぶん「ガーガー」とか「クワックワッ」「グワッグワッ」に類似した音）の名前を持っていたらどうだろう、と想像してみてほしい。

　ことばを使うとき、脳は、ピンポイントで想起したい単語を一つだけ想起するわけではない。同じ概念領域に所属する似た単語や似た音を持つことばが一斉に活性化され、活性化された単語たちの間で競争が起こり、生き残ったことばが最終的に意識に上って「想起」される。想起する候補を無意識の情報処理の過程で選択しているとき、似た意味で似た音を持つライバルの単語が多数あったら、情報処理の負荷は非常に重くなってしまう。想起にかかるスピードが遅くなるだけでなく、言い間違い、聞き間違いも多く起こるようになる。単語に音とつながりが感じられるというのはいいことばかりではない。音と意味のつながりがないほうが、情報処理に有利なこともあるのだ。

　子どもの言語習得の状況に置き換えてみよう。ことばの学習が始まったばかりの語彙量が少ないときは、アイコン性が高いオノマトペが学習を促進する。しかし語彙量が増えてくると、アイコン性が高いことばばかりでは、かえって学習効率はaソ害される。【B】

　言語が進化していくと、それぞれの概念をより精密に分類したり区別しようとする力が働く。そうすると語彙が増加する。これはとくに名詞概念においてbケン著になる。新しいモノが発見されたり作られたりすると、どんどん名詞は増えていくわけだ。【C】しかし、概念分野の中の密度が高くなり、似た意味の単語がたくさんできると、それらの単語の音が似ていては、情報処理の負荷が高くなり、単語の検cサクや想起がしにくくなるので、単語の意味と音の間は＊14恣《し》意《い》的なほうがかえって都合がよくなる。

　（ウ）、語彙の密度が高くなると意味と音の関係に恣意性が増すというパターンが生まれるのは、必然的な流れなのである。言語の進化の過程と、現代の子どもたちの言語習得の両方において、このパターンが見られることは、言語の性質を考察する上で非常に重要である。【D】

　別のアングルから、なぜ言語はオノマトペばかりではないかということを考えよう。そのアングルとは、9オノマトペが苦手な（つまりオノマトペを作りにくい）概念の分野があるかという観点である。まず、日本語でオノマトペが豊富な概念分野と、オノマトペが思いつかない概念分野を考えてみてほしい。

　筆者（秋田）が世界の言語のオノマトペを見渡して、どの概念分野にオノマトペが多いかを調査したところ、オノマトペが出現しやすい順に四つの階層ができることがわかった。数字が低いほど基本的、つまりオノマトペにしやすい分野である。

　レベル1は、声や音である。声がもっとも模写しやすいのは音声で、これは当然のことだ。音のオノマトペは、英語のようにオノマトペ語彙が体系化されていない言語にも存在する。

　レベル2は、動き・形・模様や手触り（触覚）である。これも日本語話者の直感に合う。動作を表現するオノマトペは枚挙にいとまがない。「どんどん」「ずんずん」「ずかずか」「のしのし」「のろのろ」「のそのそ」「そろ（り）そろ（り）」「ちょこちょこ」「トコトコ」。触覚に関係するオノマトペは「ツルツル」「サラサラ」「ザラザラ」「ベタベタ」「ヌルヌル」「フカフカ」「ブヨブヨ」など。これもたくさん思いつく。

　レベル3は、身体感覚・感情・味・匂い・色などが含まれる知覚・概念領域である。このレベルになるとかなりオノマトペにしにくくなり、オノマトペが豊富な言語の中でもばらつきが出てくる。

言語を要素に分割し、結合して新しいことばを生成していく過程は、いわば人間の分析能力が作り出すものである。このような分析的思考への志向性がオノマトペのアナログ性を薄め、デジタル化された抽象的な意味に変化させていくことを＊12前項で述べた。意味の抽象化はアイコン性を薄める。しかし、オノマトペがアイコン性を薄める要因はこれだけではない。

7アイコン性を薄める方向に働くもう一つの要因は、多義性である。人間は隠喩（メタファー）や＊13換喩《かんゆ》（メトニミー）によって意味を派生させようとする。

大多数のことばは多義である。第3章では、これをことばの経済性の観点から説明した。表現したいすべての概念の区別を別の単語を立てて区別しようとすると膨大な語彙が必要になる。だから一つの単語に異なる意味を担《にな》わせる、いわば「単語の使いまわし」を行う。

しかし、ことばが多義になる原因はほかにもある。想像によって意味を派生させようとする志向性である。この志向性によって、ヒトは、決まりきった使い方にとどまっていられず、つねに隠喩・換喩によって意味を発展させ、新しい意味を創り出そうとする。

意味の派生によって、オノマトペのもとの意味がわからないほどになってしまう場合もある。最近の例で言えば「ぱおん」。このオノマトペが新しい意味で使われている。「ぱおん」というのは、もともとはゾウの鳴き声の擬音語である。それが換喩によって、ゾウそのものを指すこともある。イヌのことを「ワンワン」と言うのと同じで、幼児語でよく使われる。

（イ）最近では「ぱおん」は非常に大きい失意や悲しみ、場合によっては喜びのことを言うらしい。「ぱおん」は「ぴえん」という新しく作られたオノマトペとの対比で、新しい意味を得たのだという。ゾウの鳴き声や換喩としてゾウそのものを指す「ぱおん」に慣れ親しんでいる世代には、なんとも違和感があり、アイコン性も感じにくい。

「ぴえん」は「２０２０年上半期インスタ流行語大賞」の流行語部門1位となったオノマトペで、かわいらしく泣くさまを表すそうだ。「ぴえん」が流行すると、さらなる気持ちの昂《たかぶ》りを表現するため、対比的に「ぱおん」が用いられるようになった。たとえば、「コロナの影響でダンスのコンテストが中止になった。ぴえんこえてぱおん」（『実用日本語表現辞典』）のように使われる。ここで「ぱおん」とは、そのような声を出して泣きたくなるほど悲しいという意味であり、実際には声を出していなくてもよい。泣き声を写すことによって、その原因である強い感情を表す換喩である。

この表現は、もともと存在していた「ぱおん」というオノマトペに、ゾウの大きいイメージ、さらにその鳴き声が大きいというイメージをかぶせて作られたのだろう。人を動物に見立てるのは、「一《いっ》匹狼《ぴきおおかみ》」や「巣立ち」のような表現にも見られる非常に一般的な隠喩である。また、音象徴的には、「ピエ pie」が「パオ pao」になるわけなので、第2章で見た「「あ」は大きく、「い」は小さい」というパターンに見事に合致している。

ここまで、オノマトペが進化の過程で、人間の持つ分析的に思考する志向性と、想像と遊び心によって概念を拡張しようとする志向性によって、アナログ的な世界の写し取りからデジタルな記号に進化していくのではないかと述べてきた。そして、オノマトペはアナログ的なアイコン性を保ちながらも生産性をあわせもつ、素晴らしいことばだということも述べてきた。では、なぜ語彙のほとんどのことばがオノマトペではないのだろうか？　すべてのことばがオノマトペではいけないのだろうか？　今度はこの疑問について考えてみよう。

まず8すべてのことばがオノマトペだったら、情報処理は楽なのかという観点から考えてみる。言語の情報処理で大事なのは、今話したいことに関連することばがすぐに脳内でアクセスできることである。情報処理の容易さという観点から、ある語をスムーズに想起し、意味処理をするためには、意味が近いことば同士を混同せずに

（落ちる）を同時に手で表した。それが第二世代以降になると、転がる動作と下方向への移動を分けて直列的に表現するようになったのである。

第二世代の手話話者たちは何をしたのか。実際に観察した事象をより小さな意味単位に分け、それを組み合わせることをしたのである。仮に対象をそのまま写し取るとしたら、〈転がり落ちる〉と表現するときには「ネケ」、〈滑り落ちる〉と言いたいときには「ルチ」というように、共通の要素を持たない、まったく別の単語を用意しなければならない。〈大きいリンゴ〉と〈小さいリンゴ〉を区別して言いたいときにも、それぞれ「チモ」「ヘク」のように無関係な単語を用いなければならない。〈一番大きいリンゴ〉〈二番目に大きいリンゴ〉〈一番小さいリンゴ〉にもそれぞれ別々の単語（手の動き）を用意しなければならない。それは無限にたくさんの単語を必要とすることになるし、学習者にとってそれをすべて覚える必要が生じ、まったくの悪夢となる。

表現したい事象を分割可能な最小の概念に分割し、それを組み合わせることで、効率的に（人間の認知処理能力の限界の中で扱える範囲で）表現したいことを何でも表現できるようになる。反面、実際の事象を要素に分割して系列的に提示することは、それだけ実際の事象のありようから離れるということでもある。

一般語で「投げる」や「転がり落ちる」と発話したり文字表記したりする場合、目の前で観察している投げる動作と語音、あるいは文字に直接的なつながりはほとんど感じられない。それに比べたら、手話は手などの動きからそれを指示する動きが想像できるという点でアイコン的である。それでも、まさにこの「経済性」「離散性」において、手話の単語は動作をそのまま真似るジェスチャーとはっきりと異なるのだ。

先ほど手話の進化の過程で述べたように、言語は進化の過程でアナログな表現からデジタルな記号的表現にシフトしていく。第3章では、＊[9]オノマトペの離散性（デジタル性）について考察し、語形や音など複数のレベルでデジタルな特徴があると述べた。おもしろいことに、オノマトペに使われる子音・母音の音象徴には、アナログからデジタルへのシフトが垣間《かいま》見られる。

日本語のオノマトペは＊[10]語根の長さで二種類に分けられる。「バ」から派生した「バンバン」「バッ」「バーン」のような一拍語根型と、「バタ」から派生した「バタバタ」「バタッ」「バタン」「バッタリ」のような二拍語根型がある。実は、一拍語根型はアナログ的な特徴が二拍語根型より強い。言ってみれば[6]アナログからデジタルへのシフトが、一拍語根型から二拍語根型への発展の中で見られるのだ。

一拍語根型の「バン」と二拍語根型の「バタン」を比べてみよう。大きな音を写すのに使えるという点は一致している。どちらのオノマトペのアイコン性が高いだろうか？　答えは「バン」である。「バン ban」はそれをそのまま一音節で写し取っている（音符で表すと「♩」）。一方、「バタン ba.tan」は二音節から構成されている（音符で表すと「♪♩」）。「バ」がある音を指し、「タン」が別の音を指すというわけではない。つまり、「バタン」は音を写し取る以上のことをしている。「バン」は銃声、ドアを閉めた音、車がどこかにぶつかった音など、強い衝撃一般にかなり広く使える。一方、「バタン」は基本的に、おおよそ平面的な物体（本、立て札、ドア、人）が倒れるか閉まる場合にしか使うことができない。さらに、「バタン」と同様に二拍目の子音としてtを持つオノマトペは、「ドタッ」「ゴトッ」「ポトポト」「ゴツン」のようにしばしば打撃・接触を表す。要するに、「バタン」のtは、単に衝撃音の一部を真似ているのではなく、その音が（爆発などではなく）打撃・接触により生じたものだという意味情報を＊[11]コード化していることになる。純粋に衝撃音を言語音で真似る「バン」と比べると、「バタン」は「t＝打撃・接触」というデジタル的で体系的な音象徴を用いていると言える。

二〇二四年度 専修大学松戸高等学校（前期18日）

【国　語】〈五〇分〉〈満点：一〇〇点〉

一　次の文章を読んで、後の設問に答えなさい。

言語習得と言語進化の研究分野で非常に注目されている研究として、中米のニカラグアにおける手話の研究がある。もともとニカラグアには日本手話やアメリカ手話のような、その国で＊1汎用的に使われる手話がなかった。＊2聾《ろう》の子どもをきちんと教育するシステムもなく、耳が聴こえない子どもたちはほとんど学校に行かず、家庭内で家族と「ホームサイン」でコミュニケーションを取るという状況に置かれていた。ホームサインとは、コミュニケーションのために家族内で（おもに聾の子どもが自発的に）作り出したサインであり、家族内でしか通用しない。

しかし、1970年代から聾の子どもたちに学校教育ができる環境づくりが始められ、80年代には国の特別支援教育センターが開設された。耳が聞こえない子どもたちが、学校に集められ、学校で学習するようになったとき、互いにコミュニケーションを取るために自然発生的に「学校手話」が生まれた。学校には毎年新しい子どもたちが入ってくる。最初に自分たちのコミュニケーションのための手話を作り出した子どもたちは新しく入ってきた子どもたちにその手話を使って語りかけ、手話人口はどんどん増えていった。現在は「ニカラグア手話」として、国際的に公式の「手話言語」に認定されている。

1ニカラグア手話の進化の過程は、言語進化を考える材料としてとても貴重である。言語がどのように始まったのかは、原始人類の頭部や顎、喉などの骨の形態など、非常に間接的なデータからの推測でしかわからない。言語は文字ができるずっと前に始まったはずで、当然ながら、何万年前、何千年前にどのようにコミュニティの中で言語が発生し、成長・進化していったのかを私たちに伝えてくれる記録はない。しかしニカラグア手話の場合には、同時代に＊3リアルタイムで言語が発生し進化している。私たちはその過程を目《ま》の当たりにできるのである。

ニカラグア手話の始まりから数世代の変化（進化）を一言でいえば、「＊4アナログから＊5デジタル」への変化であると研究当事者たちは述べている。第一世代は動作をアナログ的に表現していた。（ア）、誰かが〈ボールを投げた〉ことを表現する状況を考えてみよう。2投げるという動作は、さまざまな投げ方で行うことができる。人がモノをポンと軽く投げる動作と、プロの野球選手が上手《うわて》から全力で速球を投げる動作では、ずいぶん実際の＊6ビジュアルイメージが違う。今ここで目にしている動作をそのまま真似《まね》るのはジェスチャーである。単語で表すということは、今ここで見ている動作にとらわれず、時空を超えて［3］に、ある一定の動作として指示するということなのだ。数世代を経ることで、手話はジェスチャーの特徴である［4］な＊7アイコン性、時空間上のアナログ的な連続性から離れてデジタル性を深め、普遍的な「言語」に成長していくのである。（ちなみにこれは＊8第3章で考察した言語の大原則のうち、「超越性」「経済性」「離散性」に関わる。）

5もう一つニカラグア手話の世代間の変化で興味深いことは、塊から要素への分割、そして分割によってできた要素同士の再結合である。たとえばボールが坂を転がり落ちるシーンの表現について考えよう。そう、今「転がり落ちる」と書いた。この表現は〈転がる〉と〈落ちる〉という二つの意味要素の組み合わせからできている。

実際のシーンを心の中で再構成してみよう。〈転がる〉のと〈落ちる〉のは同時に起こっていて、時間に沿って系列的に起こったわけではない。このシーンをニカラグア手話第一世代の話者たちはどのように表しただろうか。「転がりながら坂を落ちている」様子をそのまま写し取って表現した。つまり、転がる様子と移動の方向性

英語解答

1 放送文未公表

2 問1 ②　問2 ③　問3 ③
問4 ①　問5 ③　問6 ②
問7 ①　問8 (1)…③　(2)…④

3 問1 (1)…④　(2)…②　(3)…③　(4)…①
(5)…②
問2 ①, ④, ⑧

4 (1) ③　(2) ②　(3) ③　(4) ④
(5) ③

5 (1) 1…⑤　2…③
(2) 3…⑦　4…⑥
(3) 5…③　6…①
(4) 7…⑦　8…①
(5) 9…③　10…⑦
(6) 11…①　12…⑦

6 (1) ④　(2) ①　(3) ④　(4) ②
(5) ③　(6) ⑤

（声の教育社　編集部）

1〔放送問題〕放送文未公表

2〔長文読解総合―説明文〕

≪全訳≫❶「千里の道も一歩から」　このことわざを聞いたことがあるだろうか。これは中国のLao Tzu（日本語では老子と呼ばれる）の名言である。2400年以上も前の言葉だが，当時と同様，今日理解すべき重要な言葉である。❷これらの言葉の響きは良いが，本当の意味は何だろうか。すでに知られていることをただ言っているように思えるかもしれない。もちろん，どんな旅も最初の一歩から始まる。今日，私たちは車で1000マイル，つまり1609キロを約15時間から20時間で移動することができる。飛行機なら2時間で行けるだろう。しかし，2400年以上前には車も飛行機もなかった。1000マイルの旅はとても困難だったので，ほとんどの人は挑戦しようともしなかっただろう。しかし，それは可能だった。ここでの考え方は，自分がしなければならない困難なことに圧倒されないようにするということである。それはもちろん，最初の一歩から始め，一歩一歩何かを完成させようと努力するということである。❸移動しなければならない1000マイルについて考えるのではなく，昼食時間までの4時間の移動について考えればいい。そして昼休みを楽しみ，お茶休憩を取るまでのもう数時間，そしてさらに夕食休憩を取るまでのもう数時間を考えればいい。こうして1日たてば，あなたはもうゴールにより近づいている。しかし，1000マイルを歩こうとすることはほとんどないので，もっと日常生活に役立つ例を考えてみよう。❹家の掃除はどうか。家がとても汚ければ，それを掃除するのはとても大きな仕事だ。しかし，このとても大きな仕事をより小さな仕事に分割できる方法は何かあるだろうか。あるいは，別のきき方をするならば，きれいな家への良い第一歩は何か。家にはいろいろな部屋があるので，第一歩は一部屋だけから始めればいい。もしあなたが本当に掃除をするのが嫌いなら，一番小さくて簡単な部屋から始めたいと思うかもしれない。あるいは自分の部屋から始めたいと思うかもしれない。なぜなら，終わったときに掃除したことを本当に楽しめるからだ。②そこから始めよう。部屋にはいろいろな場所があるだろう。寝る場所，クローゼット，机，本棚，床，などなど。これらの場所は，それぞれがより小さな段階になりうる。さて，部屋を掃除するときは，1つの良いルールを覚えておくといい。それは，上から下へと掃除することだ。つまり，他の場所を掃除し，服や本などを片づけてから，床を掃除するべきである。❺→ウ．部屋の掃除を終えると，きっと少し疲れを感じることだろう。／→イ．しかし，すてきできれいな部屋があって幸せだとも感じるだろう。／→エ．このことは自分の進みたい方向に進み続けるためのエネルギーをあなたに与えてくれるはずだ。／→ア．この場合では，きれいな家に向かって進みたいということだ。❻一部屋終わるごとにエネルギーが湧いてきて，目標達成にぐっと近づくだろう。❼今度は，計画を立てずに家を掃除することを想像してみてほしい。自分の部屋ではいくつかのおもちャを，バスルームでは洋服を，ダイニングルームでは食器を，といった具合に片づけるかもしれない。自分の部屋を完璧に掃除するのに費やした時間とほぼ同じ時間を使うが，その時間が過ぎてもまだあまり進歩したようには感じない。やるべきことはまだ圧倒的にあるように思える。気力が全く湧いてこず，続ける代わりに諦めて汚いリビングルームで座ってテレビを見るだけかもしれない。❽掃除の例はここまでだ。勉強はどうだろう。単語を100個覚えなければならないなら，毎日10個覚えよう。難しい数学の公式を覚えなければならないなら，難しく思わなくなるまで毎日数分間練習しよう。健康についてはどうか。腕立て伏せを30回できるようになりたいのに，今は10回しかできないかもしれない。毎日あと１回だけがんばれば，３週間後には30回できるようになるかもしれない。歩かずに20キロ走れるようになりたいのに，今は３キロしか走れないかもしれない。ジョギングをするたびに，500メートルずつ増やそうとしていけばよい。お金についてはどうか。新しい靴を買うために１万円貯金したいとしよう。500円玉を全て箱に入れておけば，たったの20枚で済む。お店で支払いをするとき，おつりの中に500円玉が含まれているようにすれば，より早く手に入れることもできる。❾この法則の使い道は他にもたくさんある。今度，何かするのがとても難しいことがあると感じたら，それを何段階かに分けて，最初の一歩を踏み出してみよう。あなたならできる！

問１＜適語選択＞文頭のButは‘逆接’の接続詞なので，前後には相反する内容がくる。1000マイルの旅は困難だと思われていたが，実際それは可能だったのである。簡単だったとは考えられないので③のeasyは不適。

問２＜適語句選択＞この後に続く「一番小さくて簡単な部屋」や「自分の部屋」から掃除を始めたいと思うのは，掃除が好きではない人だと考えられる。

問３＜文整序＞イのHoweverに着目し，イの内容とは対照的に，部屋の掃除を終えると疲れることを述べるウを前に置く。また，エのThisはイの状況を指すと考えられるので，イ→エという順にする。そして，アのmove toward a clean house「きれいな家(という方向)に進む」はエのmoving in the direction you want to go「自分の進みたい方向に進む」を具体的に述べたものと考えられるので，エ→アと並べる。アのthis case「この場合」とは家の掃除の場合のこと。

問４＜適語句選択＞前にあるinstead of ～は「～の代わりに」という意味。気力が湧かずに掃除を続ける代わりに取ると考えられる行動が入る。直後にin your dirty living room and watch TVと続くことから判断できる。

問５＜適語句選択＞腕立て伏せを30回できるようになりたいのに，今は10回しかできないのだから，20回分足りない。毎日１回ずつ増やせば，20日で30回に到達できる。20日は約３週間である。

問６＜適所選択＞脱落文の意味は「そこから始めよう」。②の前で，家全体を掃除するにあたり，まずは一番小さくて簡単な部屋，あるいは自分の部屋から始めることを勧めている。

問７＜内容真偽＞①「今日，1000マイルを旅することは，2400年以上前よりも簡単になっている」…○　第２段落の内容に一致する。　②「最初の一歩は，やるべきことの中で一番難しい部分であるはずだ」…×　そのような記述はない。　③「ある目標を達成したければ，多くの時間を費やすべきではない」…×　そのような記述はない。　④「掃除のルールは中国の有名な先生がつくったものなので，いろいろな使い方ができる」…×　そのような記述はない。

問８＜英問英答＞⑴「『千里の道も一歩から』について，正しくないものはどれか」─③「そのことわざの考え方に従えば，計画を立てなくても前進することができる」　第７段落参照。計画を立てないと失敗に終わる。　⑵「困難なことを成し遂げなければならないときは何をするべきか」─④「その作業を小さく分けて，一つ一つやる」　第９段落第２文参照。

3〔長文読解総合─物語〕

≪全訳≫❶昔，ジムという11歳の少年がいた。彼は両親と姉のティナと小さな町に住んでいた。ティナはジムより４歳年上だった。ジムとティナはたいてい仲が良かったが，ときどきけんかをした。両親は平日は共働きだった。(1)ときどき，彼らは夕食後まで帰ってこなかった。そのような夜，ジムとティナは数時間２人だけで家にいた。夕食を一緒につくることもあった。親戚は近くに住んでいなかったので，ジムとティナは容易に親戚の家に行くことができなかった。彼らがおばやいとこ，祖父母と会うのはたいていクリスマスと夏休みだけだった。❷しかし，ジムとティナは２人だけで家にいるのは居心地が良かった。自分たちで夕食をつくり，好きなテレビ番組を見るのが好きだった。２人とも学校の成績は良かったので，両親は厳しくなかった。２人ともお小遣いを少しもらっていたので，お菓子や他の物を買いたいときに使えるお金を持っていた。ジムは自分のテレビを買いたかったので，お小遣いのほとんどを貯金していた。しかしティナは，コンビニエンスストアでキャンディーやジュース，ポテトチップスのような物にたいていお小遣いを使っていた。彼女はジムにお金を貸してくれないかと頼むことさえあった。彼はいつもイエスと言ったが，すぐに返済するように言った。彼はどうしても自分のテレビを買いたかったので，お金の扱いにはとても慎重だった。そのため，姉にお金を貸すときはメモをつけた。❸ある日，ジムとティナは２人きりで家にいた。リビングでお気に入りのテレビ番組を見ていると，ジムがティナに言った。「お金をすぐに返してくれる？　今週大きなセールがあって，もう少しでテレビを買うのに十分なお金になるんだ。返してくれたら，テレビを買えるんだよ！　でも，セールの後はテレビが高くなっちゃうから，どうしても日曜日までにお店に行きたいんだ。お姉ちゃんは僕に50ドル近く借りているよね。金曜日までに返せる？」❹ティナは驚き，少し腹を立てた。「えっ？　50ドル？　いいえ！　そんな大金，あなたから借りたことないわ！」　しかし，ジムは財布に入れていたメモを見せて言った。「このメモには，お姉ちゃんが僕から20回近く２，３ドルを借りたことが書かれているんだ。合計で49ドルになるよ」　彼女は信じられなかった。彼女は言った。「誰がそんなふうにお金の流れをチェックしているの？　ほんとけちね！　私はあなたの姉よ。それに，いつもあなたのためにいろいろなことをしてあげているじゃない！」　そして寝室に入り，大きな音を立ててドアを閉めた。彼女は，ジムがこんな小さな事柄をメモして「返せ」と言うのは失礼だと思った。しかし，返すお金もないので，申し訳ない気持ちにもなった。彼女は「ジムはいつも『早く返して』と言っていた。彼は間違っていない。間違っているのは私だわ」と思った。❺数分後，ティナはリビングに戻ってきて言った。「ジム，怒ってごめんね。私が悪かったわ。あなたはけちじゃない。(2)あなたのためにお金を手に入れる方法を見つけてみるわ。本当に自分のテレビが欲しいの？」　ジムは言った。「うん，そうだよ。それから，お姉ちゃんのこと許すよ。僕は怒ってはいないけど，お姉ちゃんがどうやってお金を手に入れられるのかわからないからちょっと心配なんだ。大きなセールは日曜日までだから」　２人はもう少し話し合い，後で両親に相談することにした。❻ティナにとっては，弟からそんなにたくさんお金を借りたことが恥ずかしかったので，両親と話すのは難しかった。ティナは両親にそのことを言いたくなかったが，他にどうすればいいのかわからなかった。彼女は「ジムからたくさんお金を借りてしまった。ジムが財布の中のメモを私に見せるまで，それについて考えもしなかったわ」と思った。彼女は何とかしてジムが自分のテレビを手に入れるのを手助けしたいと思った。❼その夜，ジムとティナは一緒に両親と話をした。両親は，けんかをせずに問題を解決しようとする２人を誇りに思うと言った。両親はティナにお金にもっと気をつけるように言い，ジムにはお金をためるのが上手だと言った。２人はジムに必要なお金を渡すことに同意し，ティナは毎月お小遣いの半分を両親に返すことにした。❽ジムはテレビを手に入れ，ティナは教訓を学んだ。彼女はお金を借りるのをやめ，お菓子をたくさん買うのもやめた。実際，彼女はそのおかげで健康になった！　両親に49ドルを返し終えると，ティナは毎月お小遣いの50％を貯金することにした。❾ジムとティナは再びほとんどの時間を仲良く過ごした。ときどき，彼女は彼のためにお菓子を買い，好きなテレビ番組を見ているときに一緒に食べるのを楽しんだ。

問1＜適文選択・英問英答＞⑴「[⑴]に入れるのに最も適した文はどれか」―④「ときどき，彼らは夕食後まで帰ってこなかった」　直後の文の内容より，両親が不在の状況を示す文を入れる。On these nightsとは，両親が夕食後まで帰ってこない夜のこと。　⑵「[⑵]に入れるのに最も適した文はどれか」―②「あなたのためにお金を手に入れる方法を見つけてみるわ」　ティナがジムに，借りたお金を返していないことを謝罪している場面なので，返済する方向性を表す文が入る。前の段落で，「返すお金もない」とあるので，「すぐに返す」という内容の④は不適切。　⑶「なぜティナは弟からお金を借りたのか」―③「欲しい物を全部買うにはお小遣いが足りなかったから」　第2段落第6，7文参照。　⑷「ジムがリビングでお金の話をしたとき，ティナはまずどう思ったか」―①「それについて彼が話すのは失礼だと思った」　第4段落参照。急に大金を返せと言うのは失礼だと腹を立てた。　⑸「ジムの両親は彼のために何をしたか」―②「彼らはテレビを買うために必要なお金を彼に渡した」　第7段落最終文参照。　agree to ～「～することに同意する」

問2＜内容真偽＞①「ジムとティナはときどき両親の助けなしに夕食をつくった」…○　第1段落第8文および第2段落第2文に一致する。　②「ジムとティナの親戚は家から遠いところに住んでいたが，よく来て2人の面倒をみてくれた」…×　第1段落最後の2文参照。親戚に会うのはクリスマスと夏休みだけだった。　③「ジムとティナの両親は，子どもたちがもっと勉強して良い生徒になるべきだと考えていた」…×　第2段落第3文参照。2人とも学校の成績は良く，両親は厳しくなかった。　④「ジムはティナに貸した金額をいつもメモしていたのでその額を知っていた」…○　第2段落最終文および第4段落第6，7文に一致する。　⑤「ティナはいくらかお金を持っていたが，すぐにジムに返したくはなかった」…×　第4段落最後から3文目参照。ティナはジムに返すお金を持っていなかった。　⑥「ティナが両親に弟から借りた大金のことを話すのは簡単だった」…×　第6段落第1文参照。恥ずかしくて話すのは難しかった。　⑦「ジムとティナの両親は，子どもたちが2人とももっとお金に気をつけるべきだと言った」…×　第7段落第3文参照。言われたのはティナだけ。　⑧「ティナはお金についての教訓を学んだ後，お小遣いの半分を貯金するようになった」…○　第8段落最終文に一致する。

4〔適語(句)選択〕

⑴A new libraryが主語なので「建てられる」と受け身形(‘be動詞＋過去分詞’)にする。文末にnext yearと未来を表す語句があるので助動詞willを用い，will be builtとする。　「来年，公園の近くに新しい図書館が建てられる予定だ」

⑵述語動詞がhasなので，主語は3人称単数になる。選択肢の中で単数扱いになるのはEachのみ。「この5人の生徒の一人ひとりが絵を描いた」

⑶rememberやforgetは目的語に‘未来の内容’がくるときは目的語をto不定詞で表し，‘過去の内容’がくるときは目的語を動名詞(～ing)で表す。本問はlast weekendがあるので‘過去の内容’である。　「私は先週末，あの映画を見たのを覚えている。それはおもしろかった」

⑷前置詞inには「～を身につけて」という意味の‘着用’を表す用法がある。　「あそこにいる制服を着た男の子を知っていますか」

⑸If節の中が過去形になっていることに着目する。‘If＋主語＋動詞の過去形～，主語＋助動詞の過去形＋動詞の原形…’の形で「もし～なら，…なのに」という‘現在の事実に反する仮定’を表す仮定法過去の文である。　「もし車があれば，簡単に買い物に行けるのに」

5〔整序結合〕

⑴「彼ほど経験のあるランナーはいない」は「どのランナーも彼ほどたくさんの経験を持っていない」と考え，‘No other＋単数名詞＋動詞＋as〔so〕 ～ as …’の形で表す。不要語は than。 In Japan no other runner has as much experience as he does.

⑵「聞かせてください」は「聞きたいです」ということなので，I'd like to hear とした後，「その映画を見た感想」を「その映画に関してどのように感じるか」と考え，間接疑問(‘疑問詞＋主語＋動詞...’)の形でまとめる。動詞に think を使う場合は，疑問詞が how ではなく what になる。不要語は think。 I'd like to hear how you feel about the movie.

⑶「とても～なので…は―できない」は‘too ～ for … to ―’で表せる。so を使う場合は‘so ～ that … can't ―’という形になる。不要語は so。 This box is too heavy for me to carry.

⑷「～についてスピーチしなさい」は Make a speech about ～ で表せる。「(あなたが)興味がある言語」は「言語」を先行詞とする関係代名詞節で，the language you're interested in と表す。the language と you're の間には目的格の関係代名詞 which〔that〕が省略されている。不要語は interesting。 Make a speech about the language you're interested in.

⑸「～を(私に)教えていただけますか」は Could you tell me ～？で表せる。「どのように AI を利用するか」は「AI の利用の仕方」と考え，how to ～「～の仕方」を用いて表す。不要語は way。 Could you tell me how to use AI in real life？

⑹「～になって５年がたつ」は‘期間＋have/has passed since ～’「～から〈期間〉がたつ」という形で表せる。本問では主語が Five years と複数形なので have passed となることに注意。「スミス先生が英語教師になって」は「スミス先生が英語を教え始めて」と考え，Mr. Smith started teaching English とまとめる。不要語は has。 Five years have passed since Mr. Smith started teaching English.

6 〔誤文訂正〕

⑴「～することを楽しみにする」は look forward to ～ing となる。この to は前置詞なので後ろに動詞が続く場合は動名詞(～ing)になる。 「手紙にはおばさんが私たちを訪ねてくると書いてあるので，私は彼女に会うのを楽しみにしている」

⑵‘時’や‘条件’を表す副詞節(if, when, before などから始まる副詞のはたらきをする節)の中は，未来の内容でも現在形で表す。また，続く内容より，it will rain は it doesn't rain などとするのが正しい。 「もし明日雨が降らなければ，湖の近くの公園でピクニックと昼食を楽しもう」

⑶「話す」の意味の talk は自動詞なので，talk to〔with〕～「～と話す」とする。each other は「お互い」という意味の代名詞。 「メグが私に腹を立てていると聞いたので，私たちはお互いに話し合うべきだと思う」

⑷‘let＋目的語＋動詞の原形’で「～に…させる」という意味を表すので，let the students choose が正しい。 「先月私たちの学校に来た先生は，生徒たちにプロジェクトのテーマを自分で選ばせた」

⑸ enough「十分に〔な〕」は形容詞・副詞を修飾するときはその後ろに置かれるので，easy enough が正しい。‘形容詞〔副詞〕＋enough (for …) to ～’で「(…が)～できるほど〔するほど〕十分～」という意味。 「父が誕生日にくれた本は，私が読めるほど十分易しかった」

⑹誤りはない。reach は「～に達する」という意味の他動詞なので，後ろに前置詞は不要。 be against ～「～に反対する」 「スタッフの１人がこの計画に反対したため，その日は結論が出なかった」

2024年度／専修大学松戸高等学校（前期18日）

数学解答

1 (1) ア…5　イ…2
(2) ア…2　イ…3　ウ…1　エ…4
(3) ア…2　イ…5　ウ…3　エ…7
(4) ア…2　イ…4
(5) ア…1　イ…1
(6) ア…8　イ…4

2 (1) ① ア…9　イ…0　ウ…0
エ…0
② オ…2　カ…2　キ…2
ク…4
(2) ① ア…2　イ…7
② ウ…2　エ…3

3 (1) ア…2　イ…3
(2) ウ…1　エ…5
(3) オ…1　カ…8　キ…9　ク…4

4 (1) ア…5　イ…4　ウ…3
(2) エ…3　オ…2
(3) カ…3　キ…6　ク…3　ケ…5

5 (1) 8　(2) イ…4　ウ…0
(3) エ…1　オ…4　カ…4

（声の教育社　編集部）

1〔独立小問集合題〕

(1)＜数の計算＞与式 $=-\frac{\sqrt{21\times3}}{3}+\frac{14-\sqrt{35}}{2\sqrt{7}}=-\frac{\sqrt{3^2\times7}}{3}+\frac{14}{2\sqrt{7}}-\frac{\sqrt{35}}{2\sqrt{7}}=-\frac{3\sqrt{7}}{3}+\frac{7}{\sqrt{7}}-\frac{\sqrt{5}}{2}$ $=-\sqrt{7}+\frac{7\times\sqrt{7}}{\sqrt{7}\times\sqrt{7}}-\frac{\sqrt{5}}{2}=-\sqrt{7}+\frac{7\sqrt{7}}{7}-\frac{\sqrt{5}}{2}=-\sqrt{7}+\sqrt{7}-\frac{\sqrt{5}}{2}=-\frac{\sqrt{5}}{2}$

(2)＜連立方程式—解の利用＞$ax-2by=-3$……①，$bx-ay=\frac{1}{6}$……②とする。①，②の連立方程式の解が $x=6$，$y=-2$ であるから，解を①に代入して，$a\times6-2b\times(-2)=-3$ より，$6a+4b=-3$……③となり，②に代入して，$b\times6-a\times(-2)=\frac{1}{6}$ より，$2a+6b=\frac{1}{6}$，$12a+36b=1$……④となる。③，④を連立方程式として解くと，③×2－④より，$8b-36b=-6-1$，$-28b=-7$，$b=\frac{1}{4}$ となり，これを③に代入して，$6a+4\times\frac{1}{4}=-3$，$6a+1=-3$，$6a=-4$，$a=-\frac{2}{3}$ となる。

(3)＜式の計算—因数分解＞与式 $=2x(3y+7)-5(3y+7)$ として，$3y+7=A$ とおくと，与式 $=2xA-5A$ $=(2x-5)A$ となる。A をもとに戻して，与式 $=(2x-5)(3y+7)$ である。

(4)＜関数—比例定数＞関数 $y=\frac{a}{x}$ のグラフ上の２点A，Bの x 座標がそれぞれ－4，1だから，$y=\frac{a}{-4}$ $=-\frac{a}{4}$，$y=\frac{a}{1}=a$ より，$\mathrm{A}\left(-4,\ -\frac{a}{4}\right)$，$\mathrm{B}(1,\ a)$ である。よって，直線ABの傾きは $\left\{a-\left(-\frac{a}{4}\right)\right\}\div\{1-(-4)\}=\frac{5}{4}a\div5=\frac{1}{4}a$ と表せる。これが6だから，$\frac{1}{4}a=6$ が成り立ち，$a=24$ となる。

(5)＜数の性質＞$5<\sqrt{5n}<9$ より，$\sqrt{25}<\sqrt{5n}<\sqrt{81}$，$25<5n<81$ となる。$5\times5=25$，$5\times6=30$，$5\times16=80$，$5\times17=85$ より，これを満たす自然数 n は，$n=6$，7，……，16だから，求める自然数 n の個数は，$16-5=11$（個）ある。

(6)＜平面図形—角度＞右図で，２点O，Eを結ぶ。線分ABが円Oの直径で，$\overset{\frown}{\mathrm{AC}}:\overset{\frown}{\mathrm{CB}}=3:2$ だから，$\angle\mathrm{AOC}=\frac{3}{3+2}\times180^\circ=108^\circ$ であり，$\angle\mathrm{BOD}=\angle\mathrm{AOC}=108^\circ$ となる。$\overset{\frown}{\mathrm{BE}}:\overset{\frown}{\mathrm{ED}}=4:5$ より，$\angle\mathrm{BOE}:\angle\mathrm{EOD}=4:5$ だから，$\angle\mathrm{BOE}=\frac{4}{4+5}\angle\mathrm{BOD}=\frac{4}{9}\times108^\circ=48^\circ$ となり，$\overset{\frown}{\mathrm{BE}}$ に対する円周角と中心角の関係より，$\angle\mathrm{OAF}=\frac{1}{2}\angle\mathrm{BOE}=\frac{1}{2}\times48^\circ=24^\circ$ である。よって，

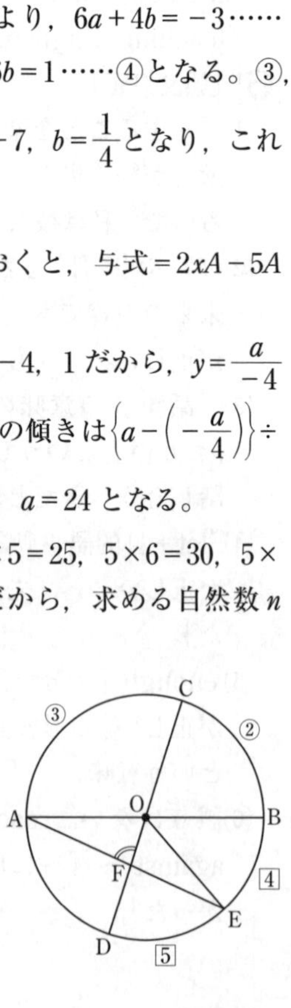

△AOFで内角と外角の関係より，$\angle AFC=\angle BOD-\angle OAF=108^\circ-24^\circ=84^\circ$となる。

2〔独立小問集合題〕

(1)＜方程式の応用＞①昨年の全体の経費をa円とすると，今年の全体の経費は昨年の全体の経費より10％多く，9900円になるから，$a\times\left(1+\frac{10}{100}\right)=9900$が成り立つ。これを解くと，$\frac{11}{10}a=9900$，$a=9000$となるので，昨年の全体の経費は9000円である。　②昨年のおとなの参加者をx人，子どもの参加者をy人とする。昨年は全体の経費より800円多くなったので，参加費の合計は$9000+800=9800$(円)である。おとな1人300円，子ども1人200円の参加費を集めたので，$300x+200y=9800$が成り立ち，$3x+2y=98$……㋐となる。また，今年は，昨年よりおとなの参加者が6人増え，子どもの参加者が1人減ったので，おとなの参加者は$x+6$人，子どもの参加者は$y-1$人となる。おとな1人250円，子ども1人150円の参加費を集め，これに昨年余った800円を合わせると9900円になるので，$250(x+6)+150(y-1)+800=9900$が成り立ち，$250x+1500+150y-150+800=9900$，$250x+150y=7750$，$5x+3y=155$……㋑となる。㋐×3−㋑×2より，$9x-10x=294-310$，$-x=-16$　$\therefore x=16$　これを㋐に代入して，$3\times16+2y=98$，$2y=50$　$\therefore y=25$　よって，今年のおとなの参加者は$x+6=16+6=22$(人)，子どもの参加者は$y-1=25-1=24$(人)である。

(2)＜確率—色玉＞①同じ色の玉を区別し，4個の白玉を白$_1$，白$_2$，白$_3$，白$_4$，2個の青玉を青$_1$，青$_2$とする。7個の玉から2個を取り出すとき，順番に取り出したとすると，取り出し方は1個目が7通り，2個目が6通りより，$7\times6=42$(通り)となるが，同時に取り出すときは，(1個目，2個目)=(白$_1$，白$_2$)，(白$_2$，白$_1$)のように順番が逆のものも同じ取り出し方になるので，42通りの中に同じ取り出し方が2通りずつあることになり，2個の玉を同時に取り出すときの取り出し方は$42\div2=21$(通り)である。このうち，2個とも白玉であるのは，白$_1$と白$_2$，白$_1$と白$_3$，白$_1$と白$_4$，白$_2$と白$_3$，白$_2$と白$_4$，白$_3$と白$_4$の6通りだから，求める確率は$\frac{6}{21}=\frac{2}{7}$である。　②①より，21通りの取り出し方のうち，2個とも白玉となるのは6通りあり，2個とも青玉であるのは，青$_1$と青$_2$の1通りある。2個とも赤玉になることはない。よって，取り出した2個の玉の色が異なるのは$21-6-1=14$(通り)あるので，求める確率は$\frac{14}{21}=\frac{2}{3}$である。

3〔関数—関数$y=ax^2$と一次関数のグラフ〕

≪基本方針の決定≫(3)　辺AP，辺BPを斜辺とし，他の辺が座標軸に平行である直角三角形をつくり，三平方の定理を利用する。

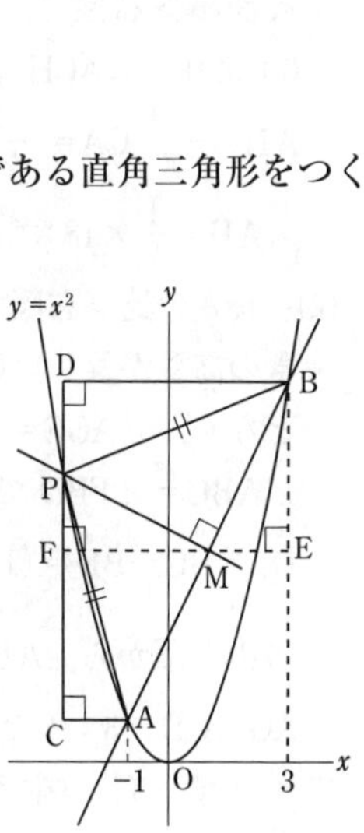

(1)＜直線の式＞右図で，2点A，Bは放物線$y=x^2$上にあり，x座標がそれぞれ−1，3だから，$y=(-1)^2=1$，$y=3^2=9$より，A(−1，1)，B(3，9)である。よって，直線ABの傾きは$\frac{9-1}{3-(-1)}=2$だから，その式は$y=2x+b$とおける。これが点Aを通るので，$1=2\times(-1)+b$，$b=3$となり，直線ABの式は$y=2x+3$である。

(2)＜座標＞右図で，点Pを通り△PABの面積を2等分する直線と直線ABの交点をMとすると，△APM=△BPMとなるから，点Mは辺ABの中点である。(1)より，A(−1，1)，B(3，9)だから，点Mのx座標は$\frac{-1+3}{2}=1$，y座標は$\frac{1+9}{2}=5$となり，M(1，5)である。

(3)＜x座標＞右上図で，AP=BPより，$AP^2=BP^2$である。点A，点Bを通りx軸に平行な直線と，点Pを通りy軸に平行な直線の交点をそれぞれC，Dとし，点Pのx座標をtとする。点Pは放物線y

$=x^2$ 上にあるので，$y=t^2$ となり，$\mathrm{P}(t,\ t^2)$ と表せる。$\mathrm{A}(-1,\ 1)$，$\mathrm{B}(3,\ 9)$ だから，$\mathrm{AC}=-1-t$，$\mathrm{PC}=t^2-1$，$\mathrm{BD}=3-t$，$\mathrm{PD}=9-t^2$ となる。よって，△APC，△BPD で三平方の定理より，$\mathrm{AP}^2=\mathrm{AC}^2+\mathrm{PC}^2=(-1-t)^2+(t^2-1)^2=t^4-t^2+2t+2$，$\mathrm{BP}^2=\mathrm{BD}^2+\mathrm{PD}^2=(3-t)^2+(9-t^2)^2=t^4-17t^2-6t+90$ となるので，$t^4-t^2+2t+2=t^4-17t^2-6t+90$ が成り立つ。これより，$16t^2+8t-88=0$，$2t^2+t-11=0$ となり，$t=\dfrac{-1\pm\sqrt{1^2-4\times2\times(-11)}}{2\times2}=\dfrac{-1\pm\sqrt{89}}{4}$ である。$t<0$ だから，$t=\dfrac{-1-\sqrt{89}}{4}$ であり，点 P の x 座標は $\dfrac{-1-\sqrt{89}}{4}$ である。

≪別解≫前ページの図で，△PAB は AP＝BP の二等辺三角形だから，点 M が辺 AB の中点より，PM⊥AB となる。点 M を通り x 軸に平行な直線と点 B を通り y 軸に平行な直線，直線 CD との交点をそれぞれ E，F とする。△BME で，∠BEM＝90°より，∠MBE＝180°－∠BEM－∠BME＝180°－90°－∠BME＝90°－∠BME であり，∠PMB＝90°より，∠PMF＝180°－∠PMB－∠BME＝180°－90°－∠BME＝90°－∠BME だから，∠MBE＝∠PMF である。また，∠BEM＝∠MFP＝90°だから，△BME∽△MPF となる。よって，BE：ME＝MF：PF である。⑴より，直線 AB の傾きが 2 だから，BE：ME＝2：1 である。これより，MF：PF＝2：1 だから，直線 PM の傾きは $-\dfrac{\mathrm{PF}}{\mathrm{MF}}=-\dfrac{1}{2}$ となる。直線 PM の式を $y=-\dfrac{1}{2}x+c$ とおくと，$\mathrm{M}(1,\ 5)$ を通ることから，$5=-\dfrac{1}{2}\times1+c$，$c=\dfrac{11}{2}$ となり，直線 PM の式は $y=-\dfrac{1}{2}x+\dfrac{11}{2}$ となる。点 P は放物線 $y=x^2$ と直線 $y=-\dfrac{1}{2}x+\dfrac{11}{2}$ の交点となるから，この 2 式より，$x^2=-\dfrac{1}{2}x+\dfrac{11}{2}$，$2x^2+x-11=0$ となり，$x=\dfrac{-1\pm\sqrt{89}}{4}$ である。したがって，点 P の x 座標は $\dfrac{-1-\sqrt{89}}{4}$ である。

4 〔平面図形―三角形〕

≪基本方針の決定≫⑴　特別な直角三角形の辺の比から高さを求める。　⑵　AC∥FD であることに気づきたい。

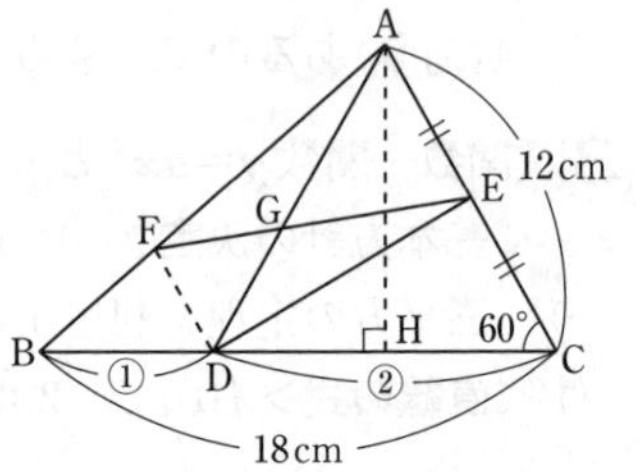

⑴＜面積＞右図で，点 A から辺 BC に垂線 AH を引くと，∠BCA＝60°より，△ACH は 3 辺の比が $1:2:\sqrt{3}$ の直角三角形となるから，$\mathrm{AH}=\dfrac{\sqrt{3}}{2}\mathrm{CA}=\dfrac{\sqrt{3}}{2}\times12=6\sqrt{3}$ となる。よって，$\triangle\mathrm{ABC}=\dfrac{1}{2}\times\mathrm{BC}\times\mathrm{AH}=\dfrac{1}{2}\times18\times6\sqrt{3}=54\sqrt{3}\,(\mathrm{cm}^2)$ である。

⑵＜長さの比＞右図で，△AFE＝△ADE より，辺 AE を底辺としたときの高さが等しいので，AC∥FD である。よって，∠GAE＝∠GDF となり，∠AGE＝∠DGF だから，△AGE∽△DGF である。これより，AG：GD＝AE：DF となる。∠ABC＝∠FBD であり，AC∥FD より，∠BAC＝∠BFD だから，△ABC∽△FBD である。CA：DF＝BC：BD＝(1＋2)：1＝3：1 となるから，$\mathrm{DF}=\dfrac{1}{3}\mathrm{CA}=\dfrac{1}{3}\times12=4$ である。また，点 E は辺 CA の中点だから，$\mathrm{AE}=\dfrac{1}{2}\mathrm{CA}=\dfrac{1}{2}\times12=6$ である。したがって，AE：DF＝6：4＝3：2 となるから，AG：GD＝3：2 である。

⑶＜面積＞右上図で，DC：BC＝2：(1＋2)＝2：3 より，△ADC：△ABC＝2：3 だから，$\triangle\mathrm{ADC}=\dfrac{2}{3}\triangle\mathrm{ABC}=\dfrac{2}{3}\times54\sqrt{3}=36\sqrt{3}$ である。また，AE＝CE より，$\triangle\mathrm{ADE}=\triangle\mathrm{CDE}=\dfrac{1}{2}\triangle\mathrm{ADC}=\dfrac{1}{2}\times36\sqrt{3}=18\sqrt{3}$ となる。よって，$\triangle\mathrm{AFE}=\triangle\mathrm{ADE}=18\sqrt{3}$ である。AC∥FD より，EG：GF＝AG：GD＝3：2 だから，△AGE：△AFG＝3：2 となり，$\triangle\mathrm{AFG}=\dfrac{2}{3+2}\triangle\mathrm{AFE}=\dfrac{2}{5}\times18\sqrt{3}=\dfrac{36\sqrt{3}}{5}$

(cm^2)である。

5〔空間図形—円柱〕

≪基本方針の決定≫(2)　△FGM は二等辺三角形である。　(3)　△FGM を底面にしたときの高さを考える。

(1)<長さ>右図で，2点 O，G を結ぶ。GF⊥AB だから，△OEG で三平方の定理より，$\mathrm{GE}=\sqrt{\mathrm{OG}^2-\mathrm{OE}^2}$ となる。$\mathrm{OG}=\mathrm{OA}=\frac{1}{2}\mathrm{AB}=\frac{1}{2}\times10=5$ である。また，AE：EB＝1：4 だから，$\mathrm{AE}=\frac{1}{1+4}\mathrm{AB}=\frac{1}{5}\times10=2$ となり，$\mathrm{OE}=\mathrm{OA}-\mathrm{AE}=5-2=3$ である。よって，$\mathrm{GE}=\sqrt{5^2-3^2}=\sqrt{16}=4$ である。点 E は線分 FG の中点となるから，$\mathrm{FG}=2\mathrm{GE}=2\times4=8(\mathrm{cm})$ となる。

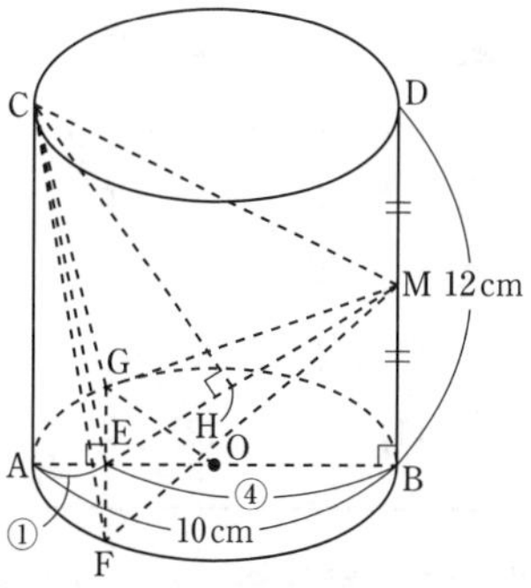

(2)<面積>右図で，図形の対称性より，△FGM は MG＝MF の二等辺三角形だから，2点 M，E を結ぶと，点 E が線分 FG の中点より，ME⊥FG となる。よって，$\triangle\mathrm{FGM}=\frac{1}{2}\times\mathrm{FG}\times\mathrm{ME}$ である。(1)より，$\mathrm{EB}=\mathrm{AB}-\mathrm{AE}=10-2=8$ である。また，点 M が線分 BD の中点より，$\mathrm{BM}=\mathrm{DM}=\frac{1}{2}\mathrm{BD}=\frac{1}{2}\times12=6$ である。△BME で三平方の定理より，$\mathrm{ME}=\sqrt{\mathrm{EB}^2+\mathrm{BM}^2}=\sqrt{8^2+6^2}=\sqrt{100}=10$ となるから，$\triangle\mathrm{FGM}=\frac{1}{2}\times8\times10=40(\mathrm{cm}^2)$ である。

(3)<体積>右上図で，四面体 CFGM を，△FGM を底面とする三角錐と考える。2点 C，E を結び，点 C から平面 FGM に垂線 CH を引くと，図形の対称性より，点 H は線分 ME 上にあるから，$\triangle\mathrm{CEM}=\frac{1}{2}\times\mathrm{ME}\times\mathrm{CH}$ となる。△CEM＝〔台形 ABMC〕－△ACE－△BME である。$〔台形 ABMC〕=\frac{1}{2}\times(\mathrm{BM}+\mathrm{AC})\times\mathrm{AB}=\frac{1}{2}\times(6+12)\times10=90$，$\triangle\mathrm{ACE}=\frac{1}{2}\times\mathrm{AE}\times\mathrm{AC}=\frac{1}{2}\times2\times12=12$，$\triangle\mathrm{BME}=\frac{1}{2}\times\mathrm{EB}\times\mathrm{BM}=\frac{1}{2}\times8\times6=24$ だから，$\triangle\mathrm{CEM}=90-12-24=54$ である。(2)より，ME＝10 だから，$\frac{1}{2}\times10\times\mathrm{CH}=54$ が成り立ち，$\mathrm{CH}=\frac{54}{5}$ となる。よって，$〔四面体 CFGM〕=\frac{1}{3}\times\triangle\mathrm{FGM}\times\mathrm{CH}=\frac{1}{3}\times40\times\frac{54}{5}=144(\mathrm{cm}^3)$ である。

═読者へのメッセージ═

関数 $y=ax^2$ のグラフは放物線です。放物線は，ある1点とある直線から等距離にある点の集まりでもあります。高校で学習します。

社会解答

1 (1) ウ　(2) イ　(3) ウ
(4) ①…エ　②…ア

2 (1) ア　(2) ウ　(3) ア
(4) ①…エ　②…イ

3 (1) イ　(2) エ　(3) ク　(4) ア

4 (1) エ　(2) ア　(3) イ　(4) ア
(5) イ

5 (1) ウ　(2) ウ　(3) Ⅰ…イ　Ⅱ…オ　(4) キ
(5) ア

6 (1) イ　(2) エ　(3) イ　(4) イ
(5) ウ

7 (1) エ　(2) イ　(3) ア

8 (1) イ　(2) ア　(3) イ

（声の教育社　編集部）

1〔三分野総合―サミットを題材とする問題〕

(1)＜年代整序＞年代の古い順に，Ⅱ（ワルシャワ条約機構の結成―1955年），Ⅰ（ベトナム戦争の終結―1975年），Ⅲ（湾岸戦争―1991年）となる。

(2)＜為替相場＞為替相場が，１ドル＝150円から１ドル＝120円のようになることを，ドルに対する円の価値が高まっていることから，円高という。日本国内で75万円の自動車は，１ドル＝120円のときにアメリカ合衆国に輸出すると，アメリカ合衆国国内では750000÷120＝6250ドルで販売することになる（イ…○）。

(3)＜アメリカの鉱産資源と鉄鋼業＞アメリカ合衆国では，石油の産出地は南部のメキシコ湾岸や西部のカリフォルニア州などに分布する（X…○）。また，鉄鋼業が発達したピッツバーグは，アメリカ北東部，アパラチア炭田の北端にある（C…○）。なお，Yは鉄鉱石の産出地の分布，Aは食品工業が発達したシカゴ，Bは自動車工業が発達したデトロイトである。

(4)＜中国・四国地方＞中国・四国地方で総人口が最も多いエは，中国・四国地方で最初の政令指定都市である広島市がある広島県を示している（①…エ）。また，中国・四国地方で最も人口の少ないオは，日本の都道府県別人口でも最も少ない（2021年）鳥取県である。野菜産出額と県庁所在地の年降水量がともに中国・四国地方で最も多いウは，野菜の促成栽培が盛んであり，県庁所在地である高知市が太平洋側の気候に属する高知県である。化学工業出荷額の多いイは，倉敷市水島地区に大規模な石油化学コンビナートを抱える岡山県である。残ったアは香川県で，県庁所在地である高松市が瀬戸内の気候に属することから，県庁所在地の年降水量が岡山県に次いで少なくなっている（②…ア）。

2〔日本地理―総合〕

(1)＜北方領土＞北方領土に含まれるのは，択捉島，歯舞群島，国後島，色丹島である。また，福岡県と隣り合っているのは，大分県，熊本県，佐賀県である（ア…○）。なお，奄美群島は鹿児島県に属する島々である。

(2)＜高原野菜＞長野県の八ケ岳や浅間山の麓の高原では，夏でも涼しい気候を生かしてレタスやキャベツなどの高原野菜の栽培が盛んである。資料１を見ると，Zは５～９月の夏に入荷量が多いことがわかるため，野菜はレタスであり，Zは長野県とわかり，もう一方のYは茨城県であることがわかる(ウ…○)。なお，ピーマンは，冬は温暖な気候を生かした促成栽培を行っている宮崎県からの入荷量が多く，それ以外の期間のほとんどは茨城県からの入荷量が多い(2022年)。

(3)＜産業別の就業者数割合＞Cは沖縄県であり，観光業をはじめとする第3次産業が盛んであるため，第3次産業の割合の高いアが当てはまる。なお，Bは愛知県であり，都道府県別の製造品出荷額等が第1位(2019年)であるため，第2次産業の割合の高いウが当てはまる。Aは岩手県であり，畜産業や漁業が盛んであるため，第1次産業の割合の高いイが当てはまる。

(4)＜地形図の読み取り＞①A地点には標高120mの標示があり，D地点には標高138.7mの標示があるため，A地点とD地点では，D地点の方が138.7－120＝18.7m高く，標高差は50m未満である(Ⅰ…誤)。また，B地点には125mの標示があり，C地点には135mの標示がある。したがって，A地点とB地点の標高差は125－120＝5mであり，C地点とD地点の標高差は138.7－135＝3.7mであるため，A地点とB地点の標高差は，C地点とD地点の標高差よりも大きい(Ⅱ…誤)。　②特にことわりのないかぎり，地形図では上が北を表している。蔵王駅と，駅の北東にある山形大(医)との地形図上での長さは5cm程度である。地形図の縮尺は2万5千分の1であることから，地形図上で5cmの長さの実際の直線距離は，5cm×25000＝125000cm＝1250m＝1.25kmとなり，1km以上離れていることがわかる(Ⅰ…○)。蔵王駅は，蔵王南成沢の中(小)学校(文)から見て，おおよそ北西の方向に位置している(Ⅱ…○)。なお，東北中央自動車道と奥羽本線の間の地域には，荒地(ılı)や茶畑(∴)ではなく，主に田(‖)や畑(∨)，果樹園(○)が広がっている(Ⅲ…×)。A地点の標高が120mで，D地点の標高が138.7mであることから，Xの河川付近では南の方が高く，北の方が低いため，Xの河川は南にある睦合橋から北にある常盤橋の方向へ流れているとわかる(Ⅳ…×)。

3 〔世界地理—総合〕

(1)＜時差の計算＞Xの都市は0度の経線である本初子午線を標準時子午線としており，日本の標準時子午線は東経135度であることから，Xの都市と日本の標準時子午線の経度の差は135度である。経度15度につき1時間の時差が生じることから，Xの都市と日本の時差は，135÷15＝9より，9時間である。日付変更線をまたがずに地球上の位置関係を見た場合，東へ行くほど時刻は早まるため，Xの都市よりも東にある日本の時刻は，Xの都市よりも9時間進んでいる。Xの都市を出発したときの日本の時刻は，現地時間の2月5日午後2時よりも9時間進んだ2月5日午後11時となり，日本に到着するのは2月6日午前11時であるため，飛行時間は12時間となる。

(2)＜アフリカ州＞アフリカ州の北部にはサハラ砂漠が広がっており，乾燥に強いらくだや羊などの遊牧が行われている(Ⅰ…正)。白豪主義政策は，オセアニア州に位置するオーストラリアで行われていた(Ⅱ…誤)。世界で最も人口の多いインドと，世界で2番目に人口の多い中国は，ともにアジア州に位置する(2023年)(Ⅲ…誤)。

(3)＜タイの輸出品の変化＞タイはかつては二期作，三期作によって生産された米が輸出の中心であったが，外国企業の誘致による工業化を進め，現在では機械類が輸出の中心となっている。また，熱帯であるタイの海岸にはマングローブが広がっているが，エビの養殖場を造成するために伐採され，自然環境に影響があるとして問題となっている(ク…○)。

(4)＜資料の読み取り＞資料2を見ると，豚飼養数が500万頭未満の国はトルコとオーストラリアであり，いずれの国も羊飼養数は2000万頭以上である(Ⅱ…○)。なお，トルコの鶏飼養数は379百万羽であり，フランス，オーストラリア，アルゼンチンの鶏飼養数の合計である242百万＋101百万＋119百万＝462百万羽よりも少ない(Ⅰ…×)。牛飼養数が2000万頭以上の国はオーストラリアとアルゼンチンであり，いずれの国も牛乳生産量は2000万トン未満である(Ⅲ…×)。オーストラリアとアルゼンチンは，牛乳生産量が肉類生産量の２倍未満である(Ⅳ…×)。

4 〔歴史—古代の日本〕

(1)＜弥生時代の日本＞マンモスやナウマンゾウなどの大型動物は，日本列島が大陸と地続きであった旧石器時代に狩りの対象となった(Ⅰ…誤)。千歯こきは，江戸時代に使われ始めた農具である(Ⅱ…誤)。

(2)＜大和政権＞大和政権〔ヤマト王権〕は，鉄資源を朝鮮半島から輸入していた。また，「ワカタケル大王」の名が刻まれた鉄剣と鉄刀は，関東地方の埼玉県にある稲荷山古墳と，九州地方の熊本県にある江田船山古墳でそれぞれ見つかっている(ア…○)。

(3)＜律令国家＞律令の律とは刑罰のきまりのことであり，令は政治などのきまりのことである(Ⅰ…○)。口分田は，６歳以上の男女に支給された(Ⅲ…○)。なお，戸籍は6年ごとに作成されることになっていた(Ⅱ…×)。地方の特産物は調として，労役の代わりとなる布は庸として，それぞれ都まで運んで納められた(Ⅳ…×)。

(4)＜万葉集＞『万葉集』の編者は大伴家持であるとされている。また，『万葉集』では，日本語の音を漢字で表す万葉がなが用いられた(ア…○)。なお，紀貫之は平安時代の『古今和歌集』の編者である。ひらがなは平安時代に現れた。

(5)＜11世紀初頭以降の出来事＞藤原道長が摂政となったのは，11世紀初めの1016年のことである。保元の乱が起こったのは1156年(Ⅲ…○)，『新古今和歌集』が編集されたのは鎌倉時代の13世紀初めのことである(Ⅳ…○)。なお，菅原道真が遣唐使の停止を提言したのは894年(Ⅰ…×)，平将門の乱が起こったのは939～40年のことである(Ⅱ…×)。

5 〔歴史—中世～近世の日本と世界〕

(1)＜元寇＞元の皇帝であるフビライ・ハンは，日本に朝貢を要求したが拒否されたため，日本に軍を送った(Ⅰ…○)。フビライ・ハンの要求を拒否したのは，鎌倉幕府の第８代執権であった北条時宗である(Ⅱ…○)。資料１の『蒙古襲来絵詞』には，馬に乗った御家人が集団戦法を取る元軍と戦う様子などが描かれている(Ⅲ…○)。なお，元寇のときに鎌倉幕府が博多湾岸に築かせたのは石の防塁である。水城は，飛鳥時代の白村江の戦いの後に，大宰府防衛のために築かれた(Ⅳ…×)。

(2)＜日明貿易＞日明貿易では，日本から明に渡る船は，資料２のような勘合によって正式な貿易船であることを証明した。また，日本は明からは銅銭や絹織物，陶磁器などを輸入し，明へは刀剣や銅などを輸出した(ウ…○)。

(3)＜室町時代～江戸時代の出来事＞元が滅亡し，明が成立したのは1368年，ピューリタン革命が始まったのは1640年，アヘン戦争で清が敗れたのは1842年である。Ⅰは1368～1640年にあたり，この間の1519～22年に，マゼラン艦隊が世界周航を行った(Ⅰ…イ)。また，Ⅱは1640～1842年にあたり，この間の1789年に，フランス革命が始まった(Ⅱ…オ)。なお，アの最初の十字軍の遠征が行われたのは1096～99年，ウの義和団事件が発生したのは1900年，エの新羅が朝鮮半島を統一したのは676年である。

(4)＜江戸時代の政治改革＞享保の改革では，甘藷《かんしょ》やさとうきび，はぜや朝鮮人参など商品作物の栽培が奨励された(Ⅰ…誤)。享保の改革では，漢訳洋書の輸入制限が緩和された(Ⅱ…誤)。寛政の改革では旧里帰農令で農村に帰ることが奨励され，天保の改革では人返しの法で江戸に出稼ぎにきた百姓を帰郷させた(Ⅲ…正)。

(5)＜幕末の出来事＞日米和親条約で開かれた後，日米修好通商条約で閉ざされた港は，Aの下田である。また，戊辰戦争で戦いが行われた五稜郭はXの函館に位置している(ア…○)。なお，Bは浦賀，Cは横浜，Yは根室である。

6〔歴史―近現代の日本〕

(1)＜年代整序＞年代の古い順に，Ⅰ(日英通商航海条約の締結―1894年)，Ⅲ(八幡製鉄所の操業開始―1901年)，Ⅱ(日英同盟の締結―1902年)となる。

(2)＜韓国併合＞資料1の石川啄木がつくった歌は，1910年に日本が朝鮮を植民地化した韓国併合を表している。

(3)＜民本主義＞資料2の2行目を読むと，民本主義は,「国体が君主制か共和制かを問わないで，普遍的に通用する主義である」と書かれている(Ⅰ…正)。また，4～5行目を読むと,「『政治の目的』が一般民衆の利益にある」「政権運用の方針の決定，つまり『政策の決定』が一般民衆の意向による」と書かれている(Ⅱ…誤)。

(4)＜日中戦争・太平洋戦争中の出来事＞日中戦争・太平洋戦争中には，町内会などの下に約10戸を単位とする隣組が置かれ，住民が相互に監視しあった。また，軍需品の生産が優先され，生活必需品が不足したため，砂糖，マッチ，衣料などが切符制となった(イ…○)。

(5)＜GHQの改革＞日本がGHQの占領を受けたのは，第二次世界大戦に敗北した1945年から，1951年のサンフランシスコ平和条約への調印を経て，条約が発効した1952年までである。警察予備隊の発足は1950年(Ⅰ…○)，極東国際軍事裁判〔東京裁判〕の開始は1946年(Ⅲ…○)，労働基準法の制定は1947年である(Ⅳ…○)。なお，第五福竜丸事件は1954年のことである(Ⅱ…×)。

7〔公民―総合〕

(1)＜地方財政＞資料1を見ると，全国では，地方財政の歳入の約3割をXが占めていることがわかるが，これは地方公共団体の自主財源である地方税である。したがって，Yは依存財源で，地方公共団体間の財政格差を抑えるために国から配分される地方交付税である。地方税の割合が高く，地方交付税の割合の低いQは，東京大都市圏に属していて人口や企業の立地が多いなど，地方税の集まりやすい千葉県である。一方のPは富山県で，千葉県と比べて地方税収入が少なく，歳入の内訳に占める地方交付税の割合が高くなっている。

(2)＜国際連合＞国際連合の総会は全加盟国により構成され，主権平等の原則に基づき，各国がそれぞれ1票を持つ(Ⅰ…○)。また，国際連合では，1948年に人権の国際基準として世界人権宣言が採択され，1966年には宣言の内容を条約化した国際人権規約が結ばれている(Ⅴ…○)。なお，国際連合の安全保障理事会の常任理事国は，アメリカ合衆国，中国，フランス，イギリス，ロシアの5か国であり，ドイツは常任理事国ではない(Ⅱ…×)。安全保障理事会では，常任理事国は拒否権を持っており，重要な議題の議決には，常任理事国5か国全てを含む9か国以上の賛成が必要である(Ⅲ…×)。ASEAN〔東南アジア諸国連合〕とAU〔アフリカ連合〕は地域主義の例であり，国際連合の専門機関ではない(Ⅳ…×)。

(3)＜資料の読み取り＞資料２を見ると，2020年の総人口に占める65歳以上人口の割合は30％をやや下回り，2070年の総人口に占める65歳以上人口の割合は40％をやや下回ると推計されていることが読み取れる(Ⅲ…○)。なお，日本の総人口は，2055年から2060年にかけての５年間で１億人を下回ると推計されている(Ⅰ…×)。０～14歳人口は，1970年から1975年にかけては増加している(Ⅱ…×)。2020年の15～64歳人口は7500万人程度である(Ⅳ…×)。０～14歳人口が65歳以上人口を下回るのは1995年から2000年にかけてであり，1990年の０～14歳人口は2000万人以上である(Ⅴ…×)。

8〔公民―総合〕

(1)＜需要・供給曲線＞Ｙは，価格が高くなると数量が増えるため，供給曲線であることがわかる。ＹからＹ′に移動するとき，価格が同じでも農産物の市場への供給が増えていることがわかる。したがって，その農作物が豊作であったと考えられる(イ…○)。なお，農作物が不作であると供給曲線は左に移動する。また，Ｘは需要曲線であり，農作物がほしい人が増えると右に，減ると左に移動する。

(2)＜国の三権＞国会は，裁判官を辞めさせるかどうかを決定する弾劾裁判所を設置することができる(Ⅱ…○)。なお，参議院の議員の総数(定数)は248人であり，衆議院の議員の総数である465人よりも少ない(Ⅰ…×)。条例は地方議会が制定する地方公共団体独自のきまりで，内閣が制定することができるのは政令などである(Ⅲ…×)。違憲審査権は，最高裁判所だけでなく，全ての下級裁判所も持っている。最高裁判所はその最終的な決定権を持っていることから，「憲法の番人」と呼ばれる(Ⅳ…×)。三権分立は，モンテスキューが提唱した(Ⅴ…×)。

(3)＜社会保障制度＞社会福祉は，社会的弱者の自立支援を目的とする(Ⅰ…正)。公的扶助は，社会保険と違って保険料ではなく税金を財源としており，日本国憲法第25条に規定された「健康で文化的な最低限度の生活を営む権利」を保障するため，必要とする全ての人が生活保護の対象となる(Ⅱ…誤)。

2024年度／専修大学松戸高等学校(前期18日)

理科解答

1 (1) ⑤　(2) ⑦
(3) Ⅰ群…①　Ⅱ群…②　(4) ④

2 (1) ⑤　(2) a…4　b…2　c…5
(3) V…3　W…6
(4) X…7　Y…7　Z…4

3 (1) ⑤　(2) X…1　Y…4
(3) ⓐ…2　ⓑ…1　ⓒ…2　ⓓ…1
(4) ②

4 (1) Ⅰ群…③　Ⅱ群…②　(2) ③
(3) P…3　Q…4　R…0　(4) ④

5 (1) ①　(2) ③　(3) ③　(4) ④

6 (1) ②　(2) ⑥　(3) ③　(4) ①

7 (1) ⑥　(2) ⑤　(3) ⑤
(4) a…5　b…4　c…5　d…9

8 (1) ①　(2) ②　(3) ③
(4) Ⅰ群…②　Ⅱ群…②

(声の教育社　編集部)

1〔生物の世界，生命・自然界のつながり〕

(1)<両生類>表のCは，幼生のときはえらと皮膚，成体のときは肺と皮膚で呼吸をする両生類である。両生類に分類されるのはイモリであり，トカゲは爬《は》虫類に分類される。

(2)<体表の様子>表より，Cは体表が湿った皮膚である両生類，Dは体表がうろこでおおわれている魚類，Eは体表が毛でおおわれている哺乳類であり，AとBは爬虫類か鳥類で，これらを区別することはできない。そこで，体表の様子について，C～Eの中にBと同じなかまがいることから，Bは，Dの魚類と同様にうろこでおおわれている爬虫類と特定することができる。これより，Aは鳥類で，体表は羽毛でおおわれている。よって，ア～エのうち，正しいのはイとエである。

(3)<卵>殻のある卵を陸上に産むのは，Aの鳥類とBの爬虫類であり，殻のない卵を水中に産むのは，Cの両生類とDの魚類である。

(4)<地球上に出現した時期>脊椎《せきつい》動物は，水中生活に適した特徴を持つ動物ほど，地球上に出現した時期が早かったと考えると，図のⅠは魚類(D)，Ⅱは両生類(C)である。また，Ⅲは爬虫類(B)で，Ⅳは哺乳類(E)，Ⅴは鳥類(A)である。

2〔地球と宇宙〕

(1)<観測操作>図1で，ペンの先端の影は，画用紙に描いた円の中心Oに合わせて，透明半球に印をつける。なお，Oは，観測者の位置を示している。

(2)<日の出の時刻>図1で，bが東，dが西であり，Xは日の出の位置，Yは日の入りの位置を示している。図1のAB間の長さ15.6cmは，8時半から15時までの6.5時間に太陽が透明半球上を移動した長さを表しているから，太陽が1時間(60分)で移動する長さは，15.6÷6.5＝2.4(cm)である。これより，太陽がXA間の長さ9.8cmを移動するのにかかった時間は，9.8÷2.4×60＝244.9…より，245分で，4時間5分となる。よって，日の出の時刻は，8時半の4時間5分前で，4時25分となる。

(3)<ソーラーパネルの角度>北緯36°の地点で，春分の日の太陽の南中高度は，〔南中高度〕＝90°－〔緯度〕より，90°－36°＝54°である。また，発電効率が最も高くなるのは，太陽からの光がソーラーパネルの面に対して垂直(90°)に当たるときである。よって，図2の角Zの大きさは，180°－54°－90°＝36°となる。

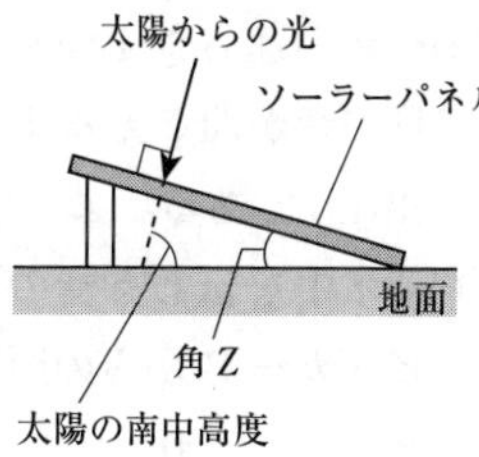

(4)<夏至の日の南中高度>北緯36°の地点で，夏至の日の太陽の南中高度

は，〔南中高度〕＝90°－〔緯度〕＋23.4°より，90°－36°＋23.4°＝77.4°となる。

3〔化学変化と原子・分子〕

⑴＜実験操作＞実験２の❸で，加熱をやめるときは，石灰水が試験管Ｘに逆流しないように，ガラス管を石灰水から出す→ガスバーナーの火を消す→試験管Ｘに空気が入らないように，ピンチコックでゴム管を閉じる。

⑵＜含まれる炭素の割合＞表より，実験１の❷で加熱したとき，物質Ｄは反応が起こらず，物質Ｅは反応が起こったことから，物質Ｅは加熱により分解する酸化銀であり，物質Ｄは酸化銅である。これより，実験２の❸で試験管Ｘ内に残った物質Ａは銅だから，試験管Ｘ内に残った固体が銅と炭素より，酸化銅は全て反応したことがわかる。よって，表より，銅を加熱すると質量が1.25倍の酸化銅ができることから，酸化銅2.00gに含まれる銅の質量は，2.00÷1.25＝1.60(g)となる。また，実験２のように，酸化銅と炭素の混合物を加熱すると，酸化銅は還元されて銅になって，試験管内に残り，炭素は酸化されて二酸化炭素になって，空気中に出ていく。以上より，酸化銅2.00gと炭素0.40gの混合物を加熱して，加熱後に1.85gの固体が残ったとき，そのうちの1.60gが銅だから，含まれる炭素は，1.85－1.60＝0.25(g)である。したがって，残った固体に含まれる炭素の割合は，0.25÷1.85×100＝13.5…より，14％となる。

⑶＜化学反応式＞化学反応式は，矢印の左側に反応前の物質の化学式，右側に反応後の物質の化学式を書き，矢印の左右で原子の種類と数が等しくなるように化学式の前に係数をつける。化学反応式のⓑに１が当てはまるとすると，矢印の左側にＣが１個，Ｏが２個あるから，ⓒには２，ⓓには１が当てはまり，矢印の右側のMgが２個になるから，ⓐには２が当てはまる。

⑷＜物質の性質＞ア…正しい。物質Ａは銅であり，実験２より，酸化銅中の酸素は炭素によって奪われているので，炭素の方が銅より酸素との結びつきが強いといえる。　イ…正しい。表より，実験１の❷で，物質Ａと物質Ｃは加熱によって酸素と結びついているが，物質Ｂは結びついていない。なお，加熱しても酸素と結びつかない物質Ｂは銀である。　ウ…正しい。物質Ａは銅，物質Ｂは銀だから，物質Ｃはマグネシウムである。　エ…誤り。実験２では，物質Ｄ(酸化銅)が還元されると同時に炭素が酸化されている。　オ…誤り。物質Ｅは酸化銀で，２種類の原子が結びついているが，分子をつくらない。

4〔身近な物理現象〕

⑴＜音の聞こえ方＞図３で，空気の振動を受け取る部分は，ｃの鼓膜である。また，耳で受け取った刺激の信号は，感覚神経を通して，直接，脳へ送られる。なお，図３のａは耳小骨で，鼓膜の振動をｄのうずまき管に伝え，うずまき管では感覚細胞が振動の刺激を信号に変えて，ｂの聴神経を通して脳に送る。そして，脳で聞こえるという感覚が生じる。また，目，耳，鼻など脳に近い感覚器官で受け取った刺激の信号は，せきずいを通らず，感覚神経を通して，直接，脳に送られる。

⑵＜振動数＞振動数は１秒間に振動する回数である。よって，図１で，１回の振動が振動するのにかかった時間が0.004秒のとき，この音の振動数は，1÷0.004＝250(Hz)となる。

⑶＜音の速さ＞１回目と２回目の音の間隔は0.141秒で，図２より，１回目の音が聞こえてから２回目の音が聞こえるまでに，音は点Ｘと校舎の間を往復しているので，音が進んだ距離は，24×2＝48(m)である。よって，音の速さは，48÷0.141＝340.4…より，340m/sとなる。

⑷＜水中を伝わる音の速さ＞空気中を伝わる音の速さは，⑶より340m/sだから，音が，空気中のスピーカーＢからの距離が4.1mの位置に伝わるのにかかる時間は，4.1÷340＝0.0120…より，0.012秒となる。これより，音が，水中のスピーカーＡからの距離が18.0mの位置に伝わるのにかかる時間

は0.012秒である。よって，水中を伝わる音の速さは，$18.0\div0.012=1500$(m/s)となる。

5〔生命・自然界のつながり〕

⑴＜二酸化炭素の循環＞図で，矢印の向きより，生物Ａは生産者(植物)，生物Ｂ，Ｃは消費者で，生物Ｂは草食動物，生物Ｃは肉食動物と考えられる。よって，生物Ａは，光合成によって大気中から二酸化炭素を吸収するので，「大気中の二酸化炭素」から「生物Ａ」へ向かう矢印をかき足す必要がある。

⑵＜生物の数量関係＞生物Ｂの個体数が減少すると，生物Ｂのえさである生物Ａは食べられる量が減って増加し，生物Ｂの天敵である生物Ｃは，えさが減って減少する。→生物Ｂは，えさである生物Ａが増え，天敵である生物Ｃが減ったため増加する。→生物Ｂのえさである生物Ａは食べられる量が増えて減少し，生物Ｂの天敵である生物Ｃは，えさが増えて増加する。このようにして，生物Ａ～Ｃの数量的なつり合いはもとに戻り，つり合いは保たれる。

⑶＜生産者と分解者＞生物Ａは生産者だから，Ｐ，Ｑには，表の生物のうち，光合成をする植物のイネか，植物プランクトンのミカヅキモが当てはまる。よって，メダカが生物Ｃに当てはまる環境では，生産者である生物Ａは，水中で生活する植物プランクトンであるミカヅキモになる。よって，Ｐにはイネ，Ｑにはミカヅキモが当てはまる。また，生物Ｄは分解者だから，Ｒには，落ち葉を細かくするダンゴムシが当てはまる。

⑷＜火力発電＞火力発電では，化石燃料が持つ化学エネルギーを，燃焼によって熱エネルギーに変える。そして，熱エネルギーによって水を沸騰させ，発生した水蒸気で発電機のタービンを回す運動エネルギーに変え，電気エネルギーを取り出す。

6〔気象と天気の変化〕

⑴＜停滞前線＞メモのⅠのように，山陰地方の沖から東北地方に前線がのびているのは図３である。図３で，本州の日本海側にのびている前線は停滞前線である。停滞前線は，南の湿った小笠原気団と北の湿ったオホーツク海気団がぶつかり合ってできる。

⑵＜季節の天気図＞⑴より，メモのⅠは図３の説明で，季節は梅雨や秋雨の頃である。Ⅱは本州が高気圧におおわれているから図２の説明で，季節は夏である。Ⅲは日本海側の地域で大雪となっていることから，季節は冬で，天気図は西高東低の気圧配置になっている図１である。

⑶＜高度と温度＞表より，気温が26℃のときの飽和水蒸気量は24.4g/m^3だから，湿度75％の空気１m^3中に含まれる水蒸気量は，$24.4\times\frac{75}{100}=18.3$($g/m^3$)となる。よって，この空気の露点は，表より，飽和水蒸気量が18.3g/m^3となるときの温度だから，21℃であり，このとき雲ができ始める。露点に達していない空気のかたまりは100m上昇するごとに温度が１℃下がるから，高度０mで26℃の空気のかたまりは，温度が$26-21=5$(℃)下がって露点に達したとき，$100\times5=500$(m)上昇したことがわかる。さらに，露点に達した後の空気のかたまりは，100m上昇するごとに温度が0.5℃下がる。また，空気のかたまりの周囲にある大気は高度100mにつき温度が0.6℃下がるから，高度500mでは，$26-0.6\times\frac{500}{100}=23$(℃)になる。つまり，高度500mでの温度は，露点に達した空気のかたまりが21℃，その周囲の大気が23℃で，その差は$23-21=2$(℃)となる。したがって，高度500m以上では，空気のかたまりとその周囲の大気の温度は，100m上昇するごとに温度の差が，$0.6-0.5=0.1$(℃)小さくなるから，これらの温度が等しくなるのは，さらに，$2\div0.1\times100=2000$(m)上昇したときである。以上より，空気のかたまりとその周囲の大気の温度が等しくなるのは，地上から$500+2000=2500$(m)上昇した位置である。

⑷＜季節風の原因＞陸は海よりもあたたまりやすく冷えやすいため，冬は，海よりも陸の気温が低くなり，陸上の空気の密度が大きく重くなり，高気圧ができる。風は大気の動きによって生じ，大気は気圧が高い方から低い方へ流れる。よって，季節風は，大気の流れと同じ向きに吹く。

7 〔物質のすがた〕

⑴＜水の状態と温度＞水は，融点の0℃で，固体から液体に状態変化し，沸点の100℃で，液体から気体に状態変化する。よって，図2より，氷(固体)は，加熱開始から約1分後に液体になり始め，約5分後に全て液体になる。そして，約12分後に沸騰が始まって気体になり始め，約32分後に全て気体になる。したがって，正しいのはイとウである。

⑵＜水をつくる粒子＞物質が液体から気体に変化すると，物質をつくる粒子の運動が激しくなり，粒子どうしの間隔が広くなるため，体積が大きくなる。なお，粒子の大きさや数は変わらない。

⑶＜融点と沸点＞融点と沸点が決まった温度になるのは，純粋な物質である。また，表中の物質のうち，0℃で固体なのは，融点が0℃より高いBであり，0℃で液体なのは，融点が0℃より低く，沸点が0℃より高いAとC，D，0℃で気体なのは，沸点が0℃より低いEである。

⑷＜状態変化と体積＞状態変化しても質量は変化しないから，50.0gの水がこおってできた氷の質量は50.0gである。よって，氷の密度は0.917g/cm^3より，50.0gの氷の体積は，50.0÷0.917＝54.52…より，54.5cm^3となる。また，液体の水のときの体積は50.0cm^3なので，増加した体積の割合は，(54.5－50.0)÷50.0×100＝9(%)である。

8 〔電流とその利用〕

⑴＜電力量＞電力量(Wh)は，〔電力量(Wh)〕＝〔電力(W)〕×〔時間(h)〕で求められ，1kWh＝1000Whである。よって，求める電力量の差は，(60×48)－(7.4×48)＝2524.8(Wh)より，2524.8÷1000＝2.5248(kWh)となる。

⑵＜電磁誘導＞図2で，コイルYの内部の磁界が変化すると，電磁誘導が起こり，誘導電流が流れる。コイルXをつないだ回路のスイッチを入れた瞬間に，コイルYの内部の磁界は変化するが，コイルXに電流を流し続けると，コイルYの内部の磁界は変化しない。よって，LEDは一瞬だけ点灯して消えることになる。次に，スイッチを切ると，コイルYの内部の磁界が変化し，誘導電流が流れるが，スイッチを入れたときと流れる誘導電流の向きが逆になる。LEDは一方の向きに電流が流れたときだけ点灯するから，スイッチを切ったときは点灯しない。

⑶＜誘導電流の向き＞図2で，スイッチを入れて，コイルXに電流を流したとき，コイルの内部に生じる磁界の向きは，コイルに流れる電流の向きに，右手の親指以外の4本の指の先を合わせたとき，突き出した親指の向きになる。よって，コイルXの右端には棒磁石のN極と同じ磁界ができていることがわかる。つまり，スイッチを入れたときに流れる誘導電流の向きは，コイルYに棒磁石のN極を近づけるように動かしたときに流れる誘導電流の向きに等しい。また，このときと同じ向きに誘導電流が流れるのは，棒磁石の逆の極を，反対の向きに動かすときだから，コイルYから棒磁石のS極を遠ざけるように動かすときである。

⑷＜LEDと電流＞図4のように，2個のLEDのaとbは，それぞれ電源の逆の極につながれているから，電流が流れた場合，片方のLEDだけが点灯し，電流が流れる向きが逆になった場合，もう一方のLEDが点灯する。よって，実験3の❷で，2個のLEDが交互に点滅したことから，電流の向きは周期的に変化しているのがわかる。

2024年度／専修大学松戸高等学校（前期18日）

国語解答

一 問一 a…2 b…4 c…3
問二 ア…1 イ…4 ウ…3
問三 2 問四 2 問五 3
問六 2 問七 2 問八 4
問九 3 問十 4 問十一 1
問十二 2

二 問一 a…2 b…1 c…4
問二 ア…3 イ…1 ウ…4
問三 4 問四 1 問五 3
問六 3 問七 3 問八 1
問九 3 問十 2

三 問一 3 問二 2 問三 4
問四 1 問五 1 問六 3
問七 2 問八 2 問九 4

（声の教育社 編集部）

一〔論説文の読解―芸術・文学・言語学的分野―言語〕出典：今井むつみ・秋田喜美『言語の本質』「言語の進化」。

≪本文の概要≫言語は，進化の過程で，アナログな表現からデジタルな記号的表現にシフトしていく。この過程で，表現したい事象が，分割できる最小の概念に分割され再結合される。オノマトペに使われる子音・母音の音象徴にも，アナログからデジタルへのシフトがある。言語を要素に分割し，結合して新しい言葉を生成していく過程にある人間の分析的思考への志向性が，オノマトペのアナログ性を薄め，デジタル化された抽象的な意味に変化させ，アイコン性を薄める。しかし，オノマトペは，多義性によってもアイコン性を薄める。人間は，想像によって意味を派生させようとする。こうした概念の拡張への志向性も，デジタルな記号への進化をもたらす。ただ，アイコン性を保ちつつ生産性も持つオノマトペも，万能ではない。オノマトペばかりでは，脳内での情報処理に負荷がかかりすぎるため，単語の意味と音の間は，恣意的な方がよい。また，オノマトペは，具体的に知覚できるものは表現できるが，感覚経験を伴わない概念領域では，意味と音の間の「似た」感覚をつくれないため，生まれない。言語の進化は，概念の変化，さらには文明の変化と呼応しており，抽象概念が語彙に占める割合が高まれば，語彙のアイコン性は薄まっていくのである。

問一＜漢字＞a.「阻害」と書く。1は「空疎」，3は「措置」，4は「粗暴」。　b.「顕著」と書く。1は「権利」，2は「堅固」，3は「派遣」。　c.「検索」と書く。1は「対策」，2は「錯誤」，4は「削除」。

問二＜接続語＞ア.「ニカラグア手話の始まりから数世代の変化（進化）」が「『アナログからデジタル』への変化」であることがわかる例として，「誰かが〈ボールを投げた〉ことを表現する状況」を取り上げる。　イ.「ぱおん」は，「もともとはゾウの鳴き声の擬音語」で，それが「換喩によって，ゾウそのものを指すこと」もあるけれども，最近では「非常に大きい失意や悲しみ，場合によっては喜びのこと」をいうらしい。　ウ．似た意味と音の単語が増えると不便であり，「単語の意味と音の間は恣意的なほうがかえって都合がよくなる」ということは，要するに，「語彙の密度が高くなると意味と音の関係に恣意性が増すというパターンが生まれるのは，必然的な流れ」だということである。

問三＜文脈＞「ことばの学習が始まったばかりの語彙量が少ないときは，アイコン性が高いオノマトペが学習を促進する」が，「語彙量が増えてくると，アイコン性が高いことばばかりでは，かえって学習効率は阻害される」ようになる。要するに，「オノマトペは万能ではない」のである。

問四＜文章内容＞大昔の言語の発生・成長・進化について，「私たちに伝えてくれる記録はない」のだが，ニカラグア手話では「同時代にリアルタイムで言語が発生し進化して」いて，その過程を私たちは見ることができる。

問五＜ことばの単位＞文節に区切ると，「投げると／いう／動作は，／さまざまな／投げ方で／行う／ことが／できる」となる。

問六＜表現＞3．単語で表すことは，「時空を超え」て広く行きわたるように，「今ここで目にしている動作をそのまま」ではなく「ある一定の動作として指示する」ことである。　4．「ジェスチャー」は，「今ここで目にしている動作をそのまま真似る」ものである。

問七＜文章内容＞第一世代の話者たちは，「『転がりながら坂を落ちている』様子をそのまま」写し取り，「転がる様子と移動の方向性(落ちる)を同時に手で」連続的に表した。この方法は，ジェスチャーに近く，「無限にたくさんの単語を必要とする」ことになる。第二世代は，「転がる動作と下方向への移動を分けて直列的に表現」した。つまり，「実際に観察した事象をより小さな意味単位に分け，それを組み合わせる」ことをした(1・4…○)。こうすることで，「効率的」に表現したいことを表現できるようになるが，その反面，表現した内容は「実際の事象のありようから離れる」ことになる(3…○)。ただし，「手話の単語」は，発話や文字表記に比べれば，「手などの動きからそれを指示する動きが想像できるという点でアイコン的」である(2…×)。

問八＜文章内容＞「純粋に衝撃音を言語音で真似る」一拍語根型の「バン」と比べると，二拍語根型の「バタン」は「『ｔ＝打撃・接触』というデジタル的で体系的な音象徴を用いている」といえる。

問九＜文章内容＞言葉が多義になる原因の一つに，人間の「想像によって意味を派生させようとする志向性」が挙げられる。この志向性によって，人間は「つねに隠喩・換喩によって意味を発展させ，新しい意味を創り出そうとする」のであり，「ぱおん」のように，「意味の派生によって，オノマトペのもとの意味がわからないほどになってしまう」ことも起こる。

問十＜文章内容＞オノマトペは，音と意味につながりが感じられる言葉である。言葉を使うときに，「似た意味で似た音を持つライバルの単語が多数あったら，情報処理の負荷は非常に重く」なり，「言い間違い，聞き間違いも多く起こるようになる」のである。

問十一＜文章内容＞オノマトペは，「声や音」と「動き・形・模様や手触り(触覚)」に関しては豊富にあるが，「身体感覚・感情・味・匂い・色などが含まれる知覚・概念領域」は，オノマトペで表しにくい。また，抽象概念など「論理的関係のオノマトペを持つ言語」は，全く見つかっていない。「オノマトペで表現できる」のは，「具体的に知覚できるもの」で，「感情」は，「脈や心拍など直接経験できる身体の反応があれば」表すことができる。

問十二＜要旨＞「語彙の密度が高くなると意味と音の関係に恣意性が増す」のが「必然的な流れ」で，「ことばの学習が始まったばかりの語彙量が少ないときは，アイコン性が高いオノマトペが学習を促進する」が，「語彙量が増えてくると，アイコン性が高いことばばかりでは，かえって学習効率は阻害」される(1…×)。「言語は進化の過程でアナログな表現からデジタルな記号的表現にシフトしていく」のであり，人間の「分析的思考への志向性がオノマトペのアナログ性を薄め，デジタル化された抽象的な意味に変化」させていく(2…○，4…×)。「意味の抽象化はアイコン性を薄める」のである(3…×)。

二〔小説の読解〕出典：成海隼人『尼崎ストロベリー』。

問一＜熟語の構成＞ａ．「新築」と「前進」は，修飾－被修飾の関係の熟語。「幼稚」は，似た意味の漢字を組み合わせた熟語。「閉会」は，下の漢字が上の漢字の目的語になっている熟語。「美化」は，上の漢字が示す性質にする接尾辞がついている熟語。　ｂ．「呼吸」と「起伏」は，反対の意味の漢字を組み合わせた熟語。「最善」は，修飾－被修飾の関係の熟語。「帰国」は，下の漢字が上の漢字の目的語になっている熟語。「人造」は，主語－述語の関係の熟語。　ｃ．「保湿」と「登頂」は，下の漢字が上の漢字の目的語になっている熟語。「帰還」は，似た意味の漢字を組み合わせた熟語。「無償」は，上の漢字が下の漢字を打ち消す関係の熟語。「栄枯」は，反対の意味の漢字を組み合わせた熟語。

問二＜語句＞ア．「気兼ね」は，他人に気を遣い，遠慮すること。　イ．「空返事」は，相手の話を聞かずにいいかげんにする返事のこと。　ウ．「判然」は，はっきりしていてよくわかるさま。

問三＜文章内容＞A．「僕」は「自分ができる漫才の全てを出し切ったから」か，動揺しなかった。　B．オカンは，「忠告」をするとき，「キュッと」引き締まった顔になる。　C．思わず泣いてしまった「僕」は，「腹の中でただただ赤面」しながら，オカンにからかわれても強そうに振る舞った。

問四＜心情＞決勝に進めるかどうかという緊張感がある中で，「僕」は「幼い頃の記憶」をなぞり，「何も無かった」が，ただ「笑い」だけがあったことを思い起こした。そして，「『笑い』があれば，なんだって乗り越えられる」と思い，「僕」は，「全ての負を『笑い』に変えてみせる。どんな困難だって，最後は『笑い』に変えたい。全てを笑い飛ばして生きていきたい」と思った。

問五＜品詞＞「自由に」と「高らかに」の「に」は，形容動詞「自由だ」「高らかだ」の連用形活用語尾。「時間がかかりそうに」の「に」は，様態の助動詞「そうだ」の連用形活用語尾。「雰囲気に」の「に」は，助詞。「ただちに」の「に」は，副詞「ただちに」の一部。

問六＜文章内容＞「抗がん剤の副作用で薄くなった」オカンの後頭部を見ていると，「僕」は，「彼女の世界と僕の世界」が「どこも接着しておらず独立しており，自分が置き去りにされてしまうような気持ち」になった。「僕」は，オカンが遠からずいなくなることを，はっきり予感したのである。

問七＜心情＞「僕」は，「元来繊細で心配性な性格」のオカンに，死期が近いという残酷な現実を告げることが耐えられなかったし，オカンを弱気にする意味はないと思うので，「寿命の話」になると「すぐに話を逸らそうと」していた。このときも，「僕」は，「寿命の話」を避けてスカイツリーに行く話を持ち出し，オカンがもう行けないと言っても何とか行く話の方へ持っていこうとした。

問八＜心情＞「僕」は「寿命の話」は避けてきたが，このときのオカンは，真剣に「遺言を伝えておこう」とした。オカンが「お日さん」のことを言い出したとき，「僕」は，「黙ってオカンを見た」が，この世からいなくなったら「お日さん」になって「僕」のことをずっと照らし続けると言うのを聞くと，オカンの思いを理解して真剣に受け止めなければならないと思った。「僕」は，つい先ほどはまだ「ショートコントみたいに言うな！」と冗談交じりに言っていたが，もうそのようなことを言う余裕もなく，どう言えばよいのかもわからず，最低限の返事をした。

問九＜表現＞死期の近づいたオカンは，夕日の見える部屋で，死んだら「お日さん」になって「僕」を照らし続けると言った。「僕」が小さい頃から「笑い」を教え，「僕」を導いてきたオカンは，日が沈むようにこの世を去るが，「僕」への愛情は続くことを，「夕日」は表している。

問十＜文章内容＞「僕」は，「全ての負を『笑い』に変えてみせる」と思い，オカンも，「どんな困難だって笑いに変えなさい」と語った。オカンの死期が近づいている状況の中でも，二人とも時折，冗談を交じえ，「笑い」を忘れずにいる。

三〔古文の読解―物語〕出典：『大和物語』第百四十九段。

≪現代語訳≫昔，大和の国，葛城の郡に住む男と女がいた。この女は，容姿がとても美しかった。長年思い合って住んでいたが，この女が，とても貧しくなったので，（男は）思い悩んで，このうえなくいとしいと思いながらも（他に）妻をつくってしまった。この今の妻は，裕福な女だった。特別大切であるようには思わないけれど，（男が）行けばたいそう大事にしてくれ，着ている装束も大変きれいにさせていた。このように豊かで活気がある所に通い慣れて，（もとの妻の所に）来ると，この女は，大変貧しそうな様子でいて，このように他の（女の）所に行っても，全くねたましそうにも見えないなどしたので，

(男は)とてもかわいそうに思った。(女は)心の中ではこのうえなくねたましくつらく思っているのを，我慢しているのだった。(男が女の所に)泊まろうと思う夜も，やはり「行きなさい」と言ったので，(男は，)自分がこのように(他の女のもとへ)行くのをねたましく思わないで，他の男を通わせているのだろうか。そのようなことをしないなら，(自分のことを)恨むこともあるだろうなど，心の中で思っていた。そうして，出ていくと見せかけて，庭先の草木の中に隠れて，(他の)男が来るだろうかと思って，見ていると，(女は)縁側に出て座って，月がとてもすばらしいので(それを眺めながら)，髪をとかすなどしていた。夜がふけるまで寝ず，とてもひどく嘆いて物思いにふけっていたので，(男が)「人を待っているのだろう」と思って見ていると，(女は)前にいた召使いに言った。／風が吹くと沖の白波が立つ龍田山を，夜中にあなたは一人で越えているのでしょうか。／とよんだので，(男は)自分のことを思っているのだったと思うと，とても悲しくなった。この今の妻の家は，龍田山を越えてゆく道にあった。こうしてさらに見ていると，この女は，泣き伏して，金のおわんに水を入れて，胸に当てていた。(男は，)変だ，どうするのだろうと思って，なお見ている。するとこの水は，熱湯になって沸き立ったので，湯を捨てた。また水を入れる。(男は，)見ているととても悲しくなって，走り出て，「どんな気持ちにおなりになって，このようになさるのか」と言って，抱いて寝てしまった。こうして他へも全く行かず，じっと離れないでいた。こうして多くの月日を経て(別の女のことを)思いやったことには，何でもないような顔をしているが，女の思うことは，本当に大変なことだったのだから，このように(自分が)訪れないことを(今の妻は)どう思っているだろうかと思い出して，その女の所へ行った。長い間行かなかったので，(男は)遠慮して(外に)立っていた。そして隙間からそっとのぞき見れば，自分にはすばらしい様子に見えたが，とても粗末な様子の着物を着て，大きな櫛を前髪に差していて，自分で飯を盛っていた。(それを見た男は，)たいそうひどいと思って，帰ってきたまま，(そこへは)行かなくなってしまった。

問一＜古文の内容理解＞もとの妻が金のおわんに水を入れて胸に当て，その水が煮えると捨ててまた新しい水を入れるのを見て悲しくなり，男は，女に走り寄って「いかなる～したまふぞ」と言った。

問二＜現代語訳＞「ことに」は，特に，という意味。「思はねど」の「ね」は，打ち消しの助動詞「ず」の已然形で，「思はねど」は，思わないけれども，という意味。

問三＜古文の内容理解＞もとの妻は，男が他の女の所へ通うのを知っても，ねたましく思っているようには見えなかったが，心の中ではこのうえなくねたましく思い，つらさを我慢していた。

問四＜古文の内容理解＞男は，出ていくと見せかけて，庭先の草木の中に隠れて，妻の所へ他の男が来るのではないかと思って，妻の様子を見ていた。

問五＜現代語訳＞「なめり」は，～であるように見える，という意味。

問六＜古文の内容理解＞もとの妻は，龍田山を夜中にあの人は一人で越えているのだろうか，という内容の歌をよんだ。これを聞いて，男は，もとの妻の歌は自分のことを思いやったものだと思った。

問七＜現代語訳＞「いかぬ」の「ぬ」は，打ち消しの助動詞「ず」の連体形。「らむ」は，現在の推量を表す助動詞で，「いかに思ふらむ」は，どのように思っているだろうか，という意味。

問八＜古文の内容理解＞今の妻は，みすぼらしい身なりで飯も自分で盛っていた。それは，夫がいないときでも髪をとかしながら夫を思いやっていたもとの妻と比べると，とてもひどい姿だった。

問九＜古文の内容理解＞男は，もとの妻が貧しくなったので，思い悩んで，裕福な他の女のもとへ通うようになった(2…○)。男が庭先の草木の中に隠れてもとの妻の様子を見ていると，もとの妻は，夫を思いやる歌をよみ，その後は金のおわんに水を入れて胸の辺りに当てることを繰り返していた(1…○)。それを見た男は，もとの妻への思いでいっぱいになって走り出てもとの妻を抱き，他の女の所へ行くこともせず，もとの妻から離れずにいた(4…×)。男は，その後久しぶりに今の妻の所へ行ったが，しばらく行っていなくて遠慮して，家の外に立っていた(3…○)。

2023年度 専修大学松戸高等学校（前期17日）

【英　語】（50分）〈満点：100点〉

1　リスニング試験〈編集部注：放送文は未公表につき掲載してありません。〉

1．それぞれの対話を聞いて，最後の発言に対する最も適切な応答を１つ選び，その番号をマークしなさい。対話はそれぞれ２回放送されます。

(1)　① Is that so?　You were on the stage.
　　② Really?　When did you start playing it?
　　③ Is that so?　I have never seen your dance.
　　④ Really?　Why don't you join my band?

(2)　① Yes, I do.　Here is a picture taken by my father last week.
　　② Yes, I have some.　But I don't have them with me now.
　　③ No.　But you can take pictures of the puppy if you come to my house.
　　④ Sure.　Look.　This black one is the bear I told you about.

(3)　① I understand.　I think it looks larger to you.
　　② I understand.　You should buy another one for her.
　　③ I see.　I'll look for that in a larger size.
　　④ I see.　You can get the smaller one.

2．英文を聞いて，後に続く質問の解答として最も適切なものを１つ選び，その番号をマークしなさい。英文と質問はそれぞれ２回放送されます。

(1)　① If the sound of *wadaiko* is heard, students who don't know *wadaiko* will get excited and want to play it.
　　② When the sound of *wadaiko* was heard, everyone got excited to listen to the exciting sound.
　　③ When the students from abroad listened to the *wadaiko*, they got excited by its cool sound.
　　④ If the students from abroad listen to the *wadaiko*, the cool sound will make them excited.

(2)　① There will be a party for the students from abroad next Monday.
　　② Mr. Tanaka is good at dancing and plays the *wadaiko* well.
　　③ Only two of the students from abroad understand Japanese.
　　④ The speaker will do some volunteer work with the students from abroad.

2　次の英文を読んで，以下の問題に答えなさい。

Do you have a dream?　Do you know what you would like to do for a job?　If you do, that's great! I hope you will work hard to make your dream come true.　But if you don't have a dream, don't worry! In some ways, you are lucky!　Looking for your dream can be a lot of fun!　[　①　]　It's important to enjoy the process of trying new things to find the things which you like and the things which you don't like, the things which you are good at and the things which you are not good at.　Some people like to say that we should "enjoy the *journey" in finding our dream, and not just *focus on the goal.　Each person should learn about himself or herself, and find the best *path.　What are some good ways to do this?

One is making a list of things you enjoy, and another list of things you are good at.　Sometimes we enjoy things that we are not good at, and they can be good hobbies. I like to play the guitar, but I am not good at it! [②] And sometimes we are good at things that we don't really enjoy. We can do those things well when it is (1), but we don't want to do them every day. I am good at cleaning the bathroom, but I don't want to do it as a job. If you can find some things that you are good at AND enjoy, those are the types of things that would be good to do in your future job. Many people think money is the most important thing about working, and that is *partly true. But if you can't enjoy your job, it will be difficult to be happy, *even if you make a lot of money.

(2)
ア. You can ask them the thing which they like about their work and the thing which they don't like, the thing which is difficult about it, *and so on.
イ. Another way to help you think about your future is talking with people who have jobs that are interesting to you.
ウ. There may be things you can start doing now to prepare.
エ. Most people will be happy to talk with you about their work and give you advice about how to get a similar job in the future.

For example, if you think you want to be a sports trainer, you should do sports training yourself. If you want to be a Japanese teacher, you should study Japanese harder. If you want to work at a bank, you should practice *managing your own money and start learning about how to *invest money for the future.

But what happens if you work hard at something, but then you decide that you don't want to do that for a job in the future? That's (3)! To find things which we want to do, it's also important to find things which we DON'T want to do! And all that hard work will still help you, because you will be in better *physical shape, or really good at Japanese, or good at saving and investing money!

When I was in university, I had a sales job. I had to learn a lot about the products and services offered by my company. I had to learn how to talk to people and how to help them. I worked very hard, talked to many people, and became good at the job. But during the process, I learned that I really didn't enjoy that kind of job. That helped me a lot in (4). I also worked for various restaurants and delivery services. Those jobs were OK, but I decided that I didn't want to do them later in life.

One day I saw an *advertisement in the university newspaper. It was looking for people to help Japanese students practice their English. I decided to try it. I learned that I really liked Japanese people and their culture, and I learned more about the Japanese language. And I learned a lot about my own language, English! I enjoyed helping the students as a *tutor, and they said I was a good teacher. [③] I made new friends in this way.

One day one of those friends told me about teaching English in Japan. I didn't even know that was a job people could do! I never forgot about that, and a few years later I came to Japan to start working as an English teacher! Now I do some other things here too, but I have always enjoyed helping Japanese students (5). I believe that this is the job that I was looking for. I married a Japanese woman and have a family and a home here. [④] I have lived here for almost 20 years!

So, keep trying new things, keep working hard, and keep talking with people! You can find your dream!　Just remember to "enjoy the journey!"

（注）＊journey　旅　＊focus on ～　～に集中する　＊path　道のり　＊partly　部分的に
＊even if ～　たとえ～でも　＊～, and so on　～など　＊manage ～　～を管理する
＊invest ～　～を投資する　＊physical shape　体調　＊advertisement　広告
＊tutor　(大学の)家庭教師

問1　空欄(1)に入れるのに最も適切なものを①～④から1つ選び，その番号をマークしなさい。

①　possible　②　happy　③　necessary　④　free

問2　(2) 内のア～エの文を文脈が通るように並べかえたとき，順番として最も適切なものを①～④から1つ選び，その番号をマークしなさい。

①　イ－ア－エ－ウ　②　イ－エ－ウ－ア
③　エ－ア－ウ－イ　④　エ－イ－ア－ウ

問3　空欄(3)に入れるのに最も適切なものを①～④から1つ選び，その番号をマークしなさい。

①　wrong　②　too bad　③　funny　④　good

問4　空欄(4)に入れるのに最も適切なものを①～④から1つ選び，その番号をマークしなさい。

①　choosing the next job　②　thinking about my future
③　deciding where to live　④　giving up my dream

問5　空欄(5)に入れるのに最も適切なものを①～④から1つ選び，その番号をマークしなさい。

①　find their dreams　②　become good teachers
③　make a lot of friends　④　improve their English

問6　次の英文を入れるのに最も適切な位置を，本文中の ① ～ ④ から1つ選び，その番号をマークしなさい。

That made me feel good.

問7　本文の内容に合うものを①～④から1つ選び，その番号をマークしなさい。

①　You have to start learning how to save and invest money now if you want to be a sports trainer or a Japanese teacher.
②　To make two kinds of lists about yourself always makes you find your good hobbies.
③　If you want to make a lot of money in the future, you should find a job you don't enjoy.
④　The writer wants you to know about yourself when you are young and to find the best job for you in the future.

問8　本文の内容について，(1)，(2)の質問に対する答えとして最も適切なものを①～④からそれぞれ1つずつ選び，その番号をマークしなさい。

(1)　What is NOT true about the writer?
①　He is good at cleaning the bathroom, but he isn't good at playing the guitar.
②　He worked at a company hard and learned how to sell things to people when he was a university student.
③　He learned about Japanese culture and language at a university in Japan.
④　One of his friends told him about one of the jobs that the writer has now.

(2)　According to the writer, what is important for finding your dream?
①　To know only the things which you like to do most.
②　To keep working hard at anything that you do.
③　To keep talking with people to share information and money.
④　To visit various places, see a lot of people, and enjoy the journey.

3 次の英文を読んで，以下の問題に答えなさい。

There was a little girl named April. She was a happy, healthy child, and she enjoyed being the center of attention in her family. Her mother and father loved her so much, of course, and they were always working to give her a good life and a good future. She was their most important person. As April grew, she learned to walk, and soon after that, she started talking. When April experienced new things, her parents enjoyed watching her. For example, each new food was an adventure. Sometimes she loved it, like the first time she tried ice cream ! And other times she was not so happy about the new food, like the first time she tried green peppers.

As time passed, April got more and more books and toys. Her mother and father made space for her to play because they knew it was important. There was not much time for her mother and father to do the things they enjoyed before, but they didn't *mind because they were so happy to have April in their lives. They were a happy little family, and April was a happy only child. Everything was perfect.

Well, almost perfect. April wanted a dog. One of her friends had one, and she loved to touch her and play with her. She often asked her mother and father for a puppy, but their answer was always the same : "Our apartment is too small, and we are not allowed to keep pets. But don't be sad. Maybe someday !" April understood, but she kept asking anyway because she hoped that "someday" might come soon.

Then one day, when April was four years old, her mother said she had some big news to share with her after dinner. April couldn't wait and she kept saying, "Tell me now ! Tell me now !" She wondered what it might be. "Am I finally going to get a puppy ? Please, please let it be a puppy !" she thought. She wanted a girl puppy, and she even decided on her name. She ate her dinner very quickly, even the green peppers, because【 (1) 】

Finally, after a few hours, April's mother and father sat down with her in the living room and asked her, "Do you want to guess what the big news is ?" She was almost afraid to ask because she was too excited, but she said, "Umm . . . is it a puppy ?"

April's parents smiled at her and then they each took one of her hands, then put them on her mother's stomach. "April," her mother said, "You are going to have a sister !"

April was not *expecting this. She didn't know how to express how she felt. In fact, she didn't really understand how she was feeling herself. She was *disappointed that she would not get a puppy. "Will 'someday' never come ?" she thought. And she *was used to being the only child in the house. She liked having her mother and father all to herself. She even slept between them in their big bed at night. She thought a new baby would be *noisy and *take up all her parents' time. She also thought that she would be bored, lonely, and sad. "Aren't you excited ?" her father asked. "Oh, um. . . . What ?" April said. "Did you hear us ? Aren't you excited to be a big sister ?" her father asked again. "Mommy, Daddy, um. . . . Do I have to ?" April began to cry. She ran to the sofa and started crying. "I have an idea. Let's have some ice cream !" her mother said.

April found the strength to stop crying. She was *upset, but【 (2) 】"With *sprinkles ? And chocolate *syrup ?" she looked up, wiped the tears from her eyes with the back of her hand, and asked. "Of course !" her father laughed and said. Then, he held her in his arms and took her into the kitchen.

While they enjoyed their ice cream together, April's parents explained how she would always be special and their love for her would never change after having another baby. And they told her that they would look for a house, because of their growing family. And that meant they could finally get a puppy.

April was not upset anymore. She was very, very happy. "A baby sister! Wow! AND a new house. AND a puppy?" she thought. She was really looking forward to doing things together as a family and having new adventures. She had so many things to think about.

Suddenly, before putting the last *spoonful of ice cream in her little mouth, April asked, "Mommy, can we name her Cinnamon?" "THE BABY?!" her mother was surprised and said. "No! The PUPPY!" April answered.

(注) *mind いやがる　*expect ～ ～を予期する　*disappointed がっかりして
*be used to ～ ～に慣れている　*noisy うるさい　*take up ～ ～を奪う
*upset 動揺して　*sprinkles スプリンクル(トッピング用のカラフルな菓子)
*syrup シロップ　*spoonful スプーン一杯の

問1 本文の内容について，(1)～(5)の質問に対する答えとして最も適切なものを①～④からそれぞれ1つずつ選び，その番号をマークしなさい。

(1) Which is the best to put in【(1)】?
① she liked green peppers very much.
② she wanted even more green peppers.
③ she really wanted to hear the big news.
④ she was excited to get a puppy.

(2) Which is the best to put in【(2)】?
① she was not going to say no to ice cream!
② she was not going to say yes to ice cream!
③ she wanted to make ice cream!
④ she wanted to buy ice cream!

(3) Why did April want a dog?
① Because she wanted to make her family perfect.
② Because she missed a sister.
③ Because she felt lonely to be an only child.
④ Because she liked to play with her friend's dog very much.

(4) How did April spend her days with her family until she heard she was going to have a sister?
① She tried various things in front of her parents to be the center of attention.
② She enjoyed being the only child and having her parents all to herself.
③ She was given many things such as books, toys, or ice cream.
④ She was always noisy and took up all her parents' time.

(5) How did April feel when she learned about having a baby sister?
① She felt that she would cry.
② She felt excited.
③ She felt several feelings.
④ She felt disappointed.

問2 本文の内容に合うものを①～⑧から3つ選び，その番号をマークしなさい。

① April's parents gave her more and more books, toys, and space because she said to them that they were important.

② April wanted to have a baby sister, and she even decided to call her Cinnamon.

③ When April heard about her new sister, her parents were sitting with her in the living room.

④ April's hands were on her mother's stomach when April heard the big news.

⑤ April started crying without saying anything just after she heard the surprising news.

⑥ April stopped crying because she saw ice cream on the table in the kitchen.

⑦ When April was eating ice cream, she learned that she was still special to her parents and that she was loved by them.

⑧ After eating ice cream, April was not upset anymore, but she didn't want a sister.

4 次の各文の(　)に最も適する語(句)を①～④から１つ選び，その番号をマークしなさい。

(1) Tom was told by his teacher (　　) another report.

① write　② wrote　③ writing　④ to write

(2) Is today the happiest day (　　　)?

① of your life　② by us all

③ than yesterday　④ in the world

(3) Do you know (　　　　)?　I was late.

① what time did the party start

② what time the party will start

③ what time will the party start

④ what time the party started

(4) Who is the boy (　　) the tree?

① among　② between　③ behind　④ through

(5) I was surprised to see (　　　　) yesterday.

① the window break　② the window broken

③ the broke window　④ the break window

5 次の各日本文の内容を表すように，(　)内の語(句)を並べかえたとき，空所[1]～[12]に入る語(句)の番号をマークしなさい。ただし，不要な語が１語ずつあります。また，文頭にくる語(句)も小文字にしてあります。

(1) 私の姉は英語だけじゃなくてフランス語も話せるのよ。

______ ______ [1] ______ ______ [2] ______ French.

(① only　② but　③ English　④ can　⑤ my　⑥ speaks not　⑦ also　⑧ sister)

(2) 僕はこの写真をどこで撮ったのか全く思い出せない。

I ______ ______ [3] ______ [4] ______ ______ all.

(① this picture　② taking　③ remember　④ took　⑤ I　⑥ at　⑦ where　⑧ can't)

(3) 彼女にその机をとなりの部屋に移動するように頼んでください。

Please [5] ______ [6] ______ ______ ______ ______ room.

(① to　② move　③ the desk　④ her　⑤ for　⑥ next　⑦ ask　⑧ to the)

(4) 私が上手なダンサーになるには時間がかかりすぎたのよ。

It ______ [7] ______ ______ [8] ______ ______ good dancer.

（① for ② to ③ took ④ long ⑤ me ⑥ a ⑦ too ⑧ be）

(5) 宿題を終わらせるまでゲームをしてはだめだぞ。

You ______ [9] ______ ______ [10] ______ ______ your homework.

（① games ② play ③ if ④ before ⑤ must ⑥ finish ⑦ you ⑧ not）

(6) 私たちの町にはこの湖より大きいものはないわよ。

Nothing ______ [11] ______ ______ [12] ______ ______.

（① larger in ② this ③ is ④ town ⑤ our ⑥ than ⑦ lake ⑧ there）

6

次の各文について，下線を引いた部分に誤りのある箇所をそれぞれ①～④から１つずつ選び，その番号をマークしなさい。ただし，誤りのある箇所がない場合は，⑤をマークしなさい。

(1) ①I was not born in the U.S. like you, ②so I don't think ③I'm as a good English speaker ④as you are. ⑤誤りなし

(2) ①Here was hot ②like a desert yesterday, ③so a lot of cold drinks were sold ④in the stores. ⑤誤りなし

(3) ①My parents hope my dream to come true ②because I practice soccer hard ③every day ④to become a professional soccer player. ⑤誤りなし

(4) ①Though he plays basketball ②very well, ③he isn't good at playing ④online basketball games. ⑤誤りなし

(5) ①Meg has been playing the piano ②since twelve years, ③so she is often asked to play ④in front of her classmates. ⑤誤りなし

(6) ①The new program I shared ②with you yesterday ③has helped many students ④improve their English. ⑤誤りなし

【数　学】　(50分)　〈満点：100点〉

（注意）　1．問題文中の[アイ]，[ウ]などの[ ]には，特に指示がないかぎり，数値が入ります。これらを次の方法で解答用紙の指定欄に解答しなさい。

(1)　ア，イ，ウ，…の一つ一つは，それぞれ0から9までの数字のいずれか一つに対応します。それらを，ア，イ，ウ，…で示された解答欄にマークしなさい。

(2)　分数形で解答が求められているときは，既約分数で答えなさい。例えば，$\dfrac{[ウエ]}{[オ]}$ に $\dfrac{25}{3}$ と答えるところを $\dfrac{50}{6}$ と答えてはいけません。

(3)　比の形で解答が求められているときは，最も簡単な自然数の比で答えなさい。例えば，2：3と答えるところを4：6と答えてはいけません。

(4)　根号を含む形で解答が求められているときは，根号の中に現れる自然数が最小となる形で答えなさい。例えば，[カ]$\sqrt{[キ]}$ に $4\sqrt{2}$ と答えるところを $2\sqrt{8}$ と答えてはいけません。

(5)　小数で解答が求められているとき，例えば，[ク].[ケ]に2.5と答えたいときは，[ク]に2，[ケ]に5をマークしなさい。

2．定規，コンパス，電卓の使用は認めていません。

1　次の問いに答えなさい。

(1)　$(\sqrt{3}-2)(\sqrt{28}+\sqrt{21})-\sqrt{2}\div\sqrt{14}$ を計算すると，$-\dfrac{[ア]\sqrt{[イ]}}{[ウ]}$ である。

(2)　$a>0$ とする。x，y についての連立方程式 $\begin{cases} ax：by=4：15 \\ abx-ay=2 \end{cases}$ の解が $x=2$，$y=5$ になるとき，$a=$[ア]，$b=$[イ]である。

(3)　$a=\dfrac{2}{5}$，$b=-\dfrac{2}{3}$ のとき，$\dfrac{3a-5b}{2}-\dfrac{2a-6b}{3}$ の値は，$\dfrac{[ア]}{[イ]}$ である。

(4)　関数 $y=\dfrac{a}{x}$ について，x が2から4まで増加するときの変化の割合は $-\dfrac{3}{4}$ である。
このとき，$a=$[ア]である。

(5)　m，n はともに2以上の自然数で，$m<n$ である。
$\sqrt{mn}$ の値が1けたの自然数となるような自然数 n の個数は[ア]個である。

(6)　右図のように，△ABCの辺BCと点Bで接し，点Aを通る円の中心をOとする。
∠BAC＝36°，∠BCA＝28°のとき，∠OAB＝[アイ]°である。

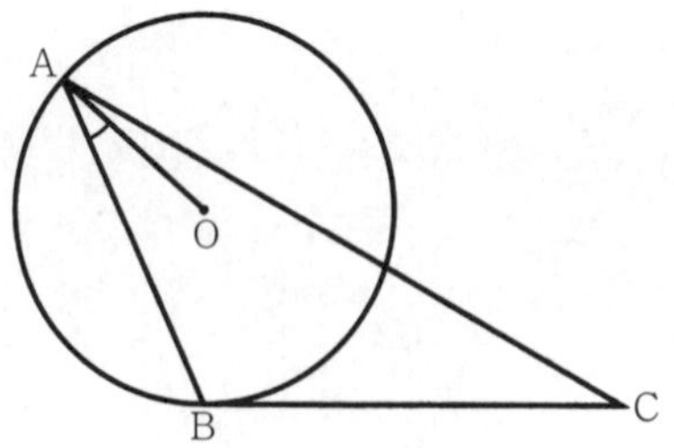

2 次の問いに答えなさい。

(1) 濃度がそれぞれ8％，20％，4％の食塩水がある。この3種類の食塩水を混ぜることを考える。

① 8％の食塩水50gと20％の食塩水xgを混ぜたところ，濃度は12％になった。
このとき，$x=$ $\boxed{\text{アイ}}$ である。

② 20％の食塩水ygと4％の食塩水zgを混ぜたところ，10％の食塩水が80gできた。
このとき，$y=$ $\boxed{\text{ウエ}}$，$z=$ $\boxed{\text{オカ}}$ である。

(2) 袋の中に1から8までの数字が1つずつ書かれた8枚のカードが入っている。
この袋の中から同時に2枚のカードを取り出し，取り出したカードに書かれた数字のうち，小さい方の数をa，大きい方の数をbとする。
aを十の位の数，bを一の位の数とする2けたの整数をつくる。

① この2けたの整数が30以上になる確率は，$\dfrac{\boxed{\text{アイ}}}{\boxed{\text{ウエ}}}$ である。

② この2けたの整数が3の倍数になる確率は，$\dfrac{\boxed{\text{オ}}}{\boxed{\text{カキ}}}$ である。

3 右図のように，放物線$y=\dfrac{1}{4}x^2$のグラフ上に2点A，Bがあり，x座標はそれぞれ-6，4である。

点Aを通る傾きが-1の直線とx軸，y軸との交点をそれぞれC，Dとする。

3点A，B，Cを通る円と直線BDとの交点のうち，点Bとは異なる方をEとする。

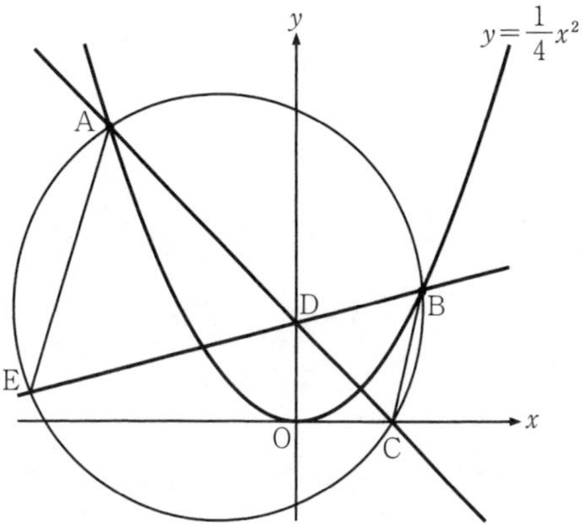

(1) 直線BDの式は，$y=\dfrac{\boxed{\text{ア}}}{\boxed{\text{イ}}}x+\boxed{\text{ウ}}$ である。

(2) 線分BDの長さは，$\sqrt{\boxed{\text{エオ}}}$ である。

(3) △AEDの面積と△BCDの面積の比は，$\boxed{\text{カキ}}$：$\boxed{\text{クケ}}$ である。

4 右図のように，AB＝12cm，BC＝10cm，∠ABC＝45°の平行四辺形ABCDの辺ADの中点をMとし，辺CD上にCE：ED＝1：2となる点Eをとる。

直線AEと直線BM，BCとの交点をそれぞれF，Gとする。

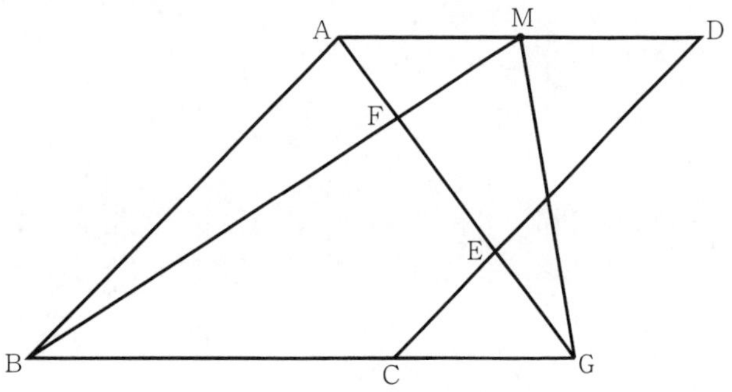

(1) AF：FG＝$\boxed{\text{ア}}$：$\boxed{\text{イ}}$ である。

(2) △AGMの面積は，$\boxed{\text{ウエ}}\sqrt{\boxed{\text{オ}}}$ cm² である。

(3) 四角形BCEFの面積は，$\dfrac{\boxed{\text{カキク}}\sqrt{\boxed{\text{ケ}}}}{\boxed{\text{コ}}}$ cm² である。

5　右図のように，8 cm の線分 AB を直径とする円Oを底面とし，8 cm の線分 AP を母線とする円すいがある。

円Oの周上に点Cを ∠AOC=60° となるようにとる。

線分 AB に対して点Cと対称な点をDとし，線分 BP 上に BE：EP=3：5 となる点Eをとる。

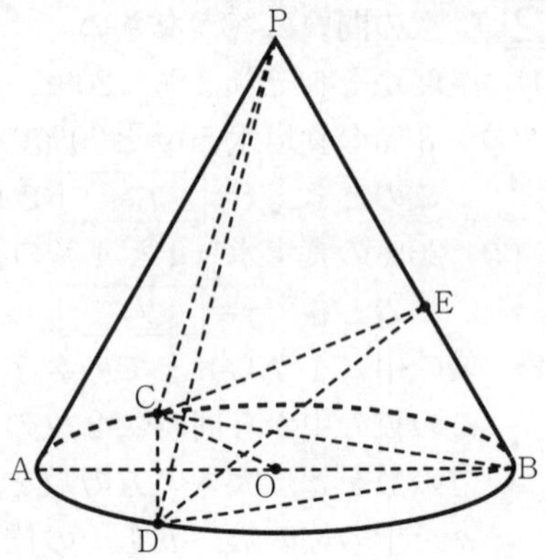

(1)　円周率を π とする。

円すいの体積は，$\dfrac{\boxed{\text{アイ}}\sqrt{\boxed{\text{ウ}}}}{\boxed{\text{エ}}}\pi\,\text{cm}^3$ である。

(2)　△BCD の面積は，$\boxed{\text{オカ}}\sqrt{\boxed{\text{キ}}}\,\text{cm}^2$ である。

(3)　四面体 PCDE の体積は，$\boxed{\text{クケ}}\,\text{cm}^3$ である。

【社　会】（50分）〈満点：100点〉

1　社会科の授業で，中学生のとうまさんは，「世界の国々の衣食住」に関するレポートを作成した。次の資料１は，「衣食住」についての説明であり，資料２は，インド，オランダ，サウジアラビア，カナダ及びインドネシアの「衣食住」などについて調べ，まとめたものの一部である。これに関して，あとの(1)～(4)の問いに答えなさい。

資料１　「衣食住」について

> インターネットで，「衣食住」について調べてみたところ，次のような説明があった。
>
> １．衣服と食物と住居。生活をしていく基礎。
> ２．暮らしを立てていくこと。暮らし向き。生計。　（小学館「デジタル大辞泉」より）
>
> 上記のように，「衣食住」は，人間が生活をしていくうえで重要な基盤となっているもので，世界の人類に共通する概念といえる。そこで，世界各国の「衣食住」を知ることで，それぞれの国の気候や文化，風習，歴史などの理解を深めることができると考え，いくつかの国の「衣食住」やその他の生活に関することがらについて調べてみた。

資料２　インド，オランダ，サウジアラビア，カナダ及びインドネシアの「衣食住」などの説明

インド	この国の気候に適した，汗をよく吸収して速乾性が高いサリーと呼ばれる民族衣装が見られる。また，多くの国民が□を信仰しており，□で聖なる川とされているガンジス川で沐浴する人が多くいる。移動電話契約数が，2000年から2019年にかけて300倍以上に増加している。
オランダ	低湿地が多いため，現在でも木靴が農業や漁業の場では使用され，フォーレンダムの民族衣装が知られている。また，アムステルダムでは運河が広がり，居住用ボートであるハウスボートや水上住宅が多く見られる地域がある。2019年の移動電話契約数がこの５か国の中で最も少ないが，100人あたり契約数は最も多い。
サウジアラビア	イスラム教のきまりにより，女性はアバヤと呼ばれる目のあたりを除いて全身を黒い布で覆う衣服を身に付けている。また，強い日差しや砂ぼこりを避ける日干しレンガの家が多く見られる。2018年の一人一日あたり食料供給量の，穀物，いも類，野菜，肉類，牛乳・乳製品，魚介類の合計が，日本も含めた６か国の中で最も少ない。
カナダ	国土の大部分が冷帯（亜寒帯）のため，長く寒い冬に対応できる断熱に特化した居住環境となっている。また，移民大国であり，様々な人種・民族の食文化が共生している。2018年の一人一日あたり食料供給量を日本と比べると，いも類，野菜，肉類，牛乳・乳製品は日本よりも多いが，穀物，魚介類は日本よりも少ない。
インドネシア	女性は円筒状のゆったりとした腰布を着用し，代表的な民族衣装は，ワンピースとブラウスを組み合わせたケバヤである。ケチャップマニスと呼ばれるとろみのある甘いソースを使ったナシゴレンは，この国を代表する料理である。2018年の一人一日あたり食料供給量の内訳では，穀物が最も多く，肉類の約20倍である。

(1)　資料２のインドの文章中の□にあてはまる宗教について，その信者数にあてはまるものを次のページの資料３のａ，ｂのうちから，その宗教に関することがらを下のｃ，ｄのうちから，それぞれ正しく選んだ組み合わせとして最も適当なものを，あとのア～エのうちから一つ選び，マーク

しなさい。

資料３　世界の宗教人口の割合(2020年)

(「データブック　オブ・ザ・ワールド」2022年版より作成)

c　この宗教では，牛は神聖なものとされているので，信者は牛肉を食べない。
d　この宗教では，豚はけがれたものとされているので，信者は豚肉を食べない。

ア　aとc　　イ　aとd
ウ　bとc　　エ　bとd

(2)　資料２のカナダは，2020年に同じ北アメリカ州に属しているアメリカ合衆国，メキシコとの間で新しい貿易協定を結んだ。この協定の略称として最も適当なものを，次のア～エのうちから一つ選び，マークしなさい。

ア　ASEAN　　イ　USMCA
ウ　MERCOSUR　　エ　NAFTA

(3)　次のⅠ～Ⅳの文は，資料２のインド，オランダ，サウジアラビア，インドネシアに関連したできごとについて述べたものである。Ⅰ～Ⅳを年代の**古いものから順に**並べたものとして最も適当なものを，あとのア～エのうちから一つ選び，マークしなさい。

Ⅰ　インド人兵士のイギリス人上官への反乱がきっかけとなって，インド大反乱が起こった。
Ⅱ　スペインから独立したオランダは，東インド会社を設立して，アジアへの進出を強めた。
Ⅲ　第四次中東戦争に際し，サウジアラビアなどの産油国が石油供給を一時停止した。
Ⅳ　インドネシアのバンドンで，アジア・アフリカ会議が開かれ，平和共存路線が確認された。

ア　Ⅰ→Ⅱ→Ⅲ→Ⅳ　　イ　Ⅰ→Ⅱ→Ⅳ→Ⅲ
ウ　Ⅱ→Ⅰ→Ⅲ→Ⅳ　　エ　Ⅱ→Ⅰ→Ⅳ→Ⅲ

(4)　次の資料４と資料５中のＡ～Ｅは，インド，オランダ，サウジアラビア，カナダ及びインドネシアのいずれかの国を示している。資料２を参考に，ＢとＥにあてはまる国として最も適当なものを，あとのア～オのうちからそれぞれ一つずつ選び，マークしなさい。

資料４　日本とＡ～Ｅの一人一日あたり食料供給量

国名	穀物	いも類	野菜	肉類	牛乳・乳製品	魚介類
日本	383	68	255	143	130	128
A	490	83	242	12	294	19
B	711	189	122	36	13	121
C	521	45	166	128	112	30
D	255	194	159	192	757	60
E	302	215	279	253	451	60

単位：g　　2018年(「世界国勢図会　2021/22」より作成)

資料５　Ａ～Ｅの移動電話契約数

国名	契約数(千件)		100人あたり契約数(件)	
	2000年	2019年	2000年	2019年
A	3,577	1,151,480	0.3	84.3
B	3,669	341,278	1.7	126.1
C	1,376	41,299	6.7	120.5
D	10,755	21,762	67.5	127.3
E	8,727	34,367	28.5	91.9

(「世界国勢図会　2021/22」より作成)

ア　インド　　イ　オランダ
ウ　サウジアラビア　　エ　カナダ
オ　インドネシア

2　日本を八つの地方に区分した右の図を見て，次の(1)〜(4)の問いに答えなさい。

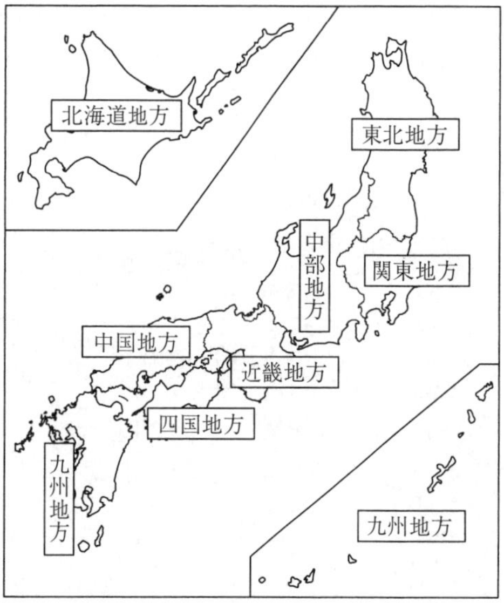

(1)　次の文は，図中の東北地方について述べたものである。文中の［ Ⅰ ］〜［ Ⅲ ］にあてはまる語の組み合わせとして最も適当なものを，あとのア〜エのうちから一つ選び，マークしなさい。

> 東北地方の太平洋側の沖には，暖流の［ Ⅰ ］と寒流の［ Ⅱ ］がぶつかる潮目（潮境）があり，多くの魚が集まる好漁場となっているため，沿岸には，［ Ⅲ ］などの日本有数の漁港がある。

ア　Ⅰ：親潮　Ⅱ：黒潮　Ⅲ：石巻
イ　Ⅰ：親潮　Ⅱ：黒潮　Ⅲ：釧路
ウ　Ⅰ：黒潮　Ⅱ：親潮　Ⅲ：石巻
エ　Ⅰ：黒潮　Ⅱ：親潮　Ⅲ：釧路

(2)　右の資料1は，図中の四国地方に属しているある県の1987年〜2000年における交通機関別の観光入込客数の推移を示したものである。資料1にあてはまる県として最も適当なものを，次のア〜エのうちから一つ選び，マークしなさい。

ア　徳島県
イ　香川県
ウ　愛媛県
エ　高知県

資料1　ある県の観光入込客数の推移

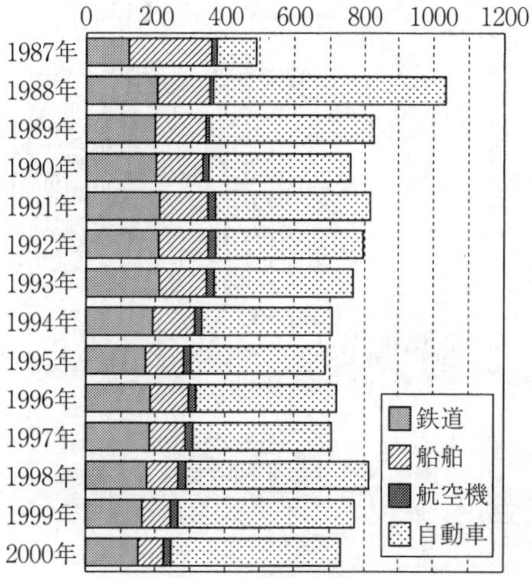

（「観光客動態調査報告」より作成）

(3)　次の資料2は，図中の九州地方に属している8県の米，畜産，野菜のいずれかの産出額を示したものである。資料2のXとYにあてはまるものの組み合わせとして最も適当なものを，あとのア〜エのうちから一つ選び，マークしなさい。

資料2　九州地方の8県の農業産出額（2019年）

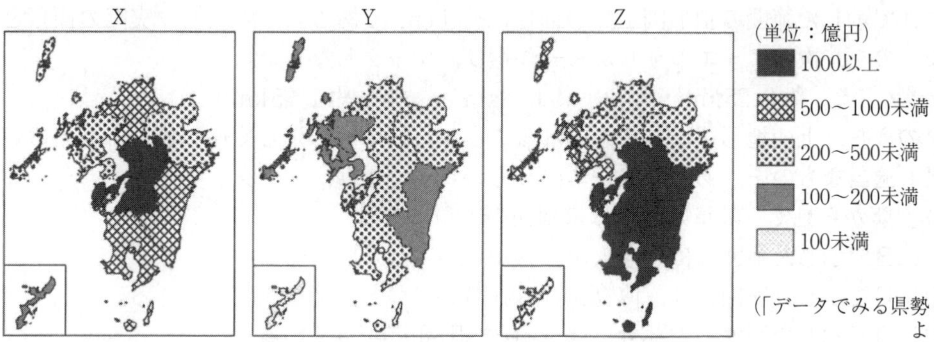

（「データでみる県勢 2022」より作成）

ア　X：米　Y：野菜　　イ　X：米　Y：畜産
ウ　X：野菜　Y：米　　エ　X：畜産　Y：米

(4) 次の地形図は，前のページの図中の中部地方に属している岐阜県のある地域を示したものである。これを見て，あとの①，②の問いに答えなさい。

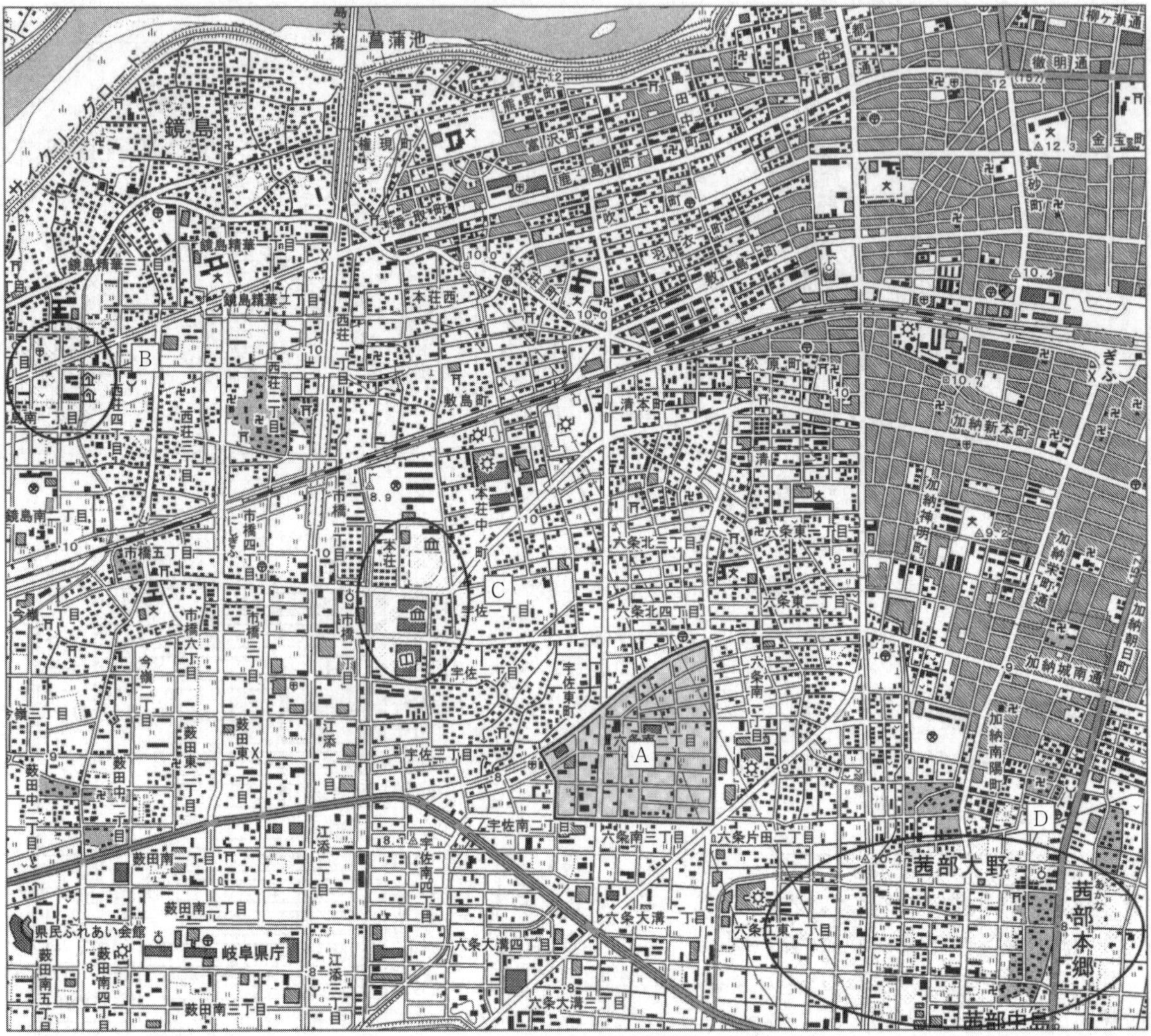

（国土地理院　平成21年発行 1：25,000「岐阜西部」より作成）

めもり 0　5 cm

① 地形図中にAで示した範囲の地形図上での面積は約 $4\,cm^2$ である。この範囲の実際の面積として最も適当なものを，次のア～エのうちから一つ選び，マークしなさい。

ア 約 $0.1km^2$　　イ 約 $0.25km^2$　　ウ 約 $0.5km^2$　　エ 約 $1.25km^2$

② 次のⅠ～Ⅳのうち，上の地形図から読み取れることがらについて正しく述べているものはいくつあるか。最も適当なものを，あとのア～エのうちから一つ選び，マークしなさい。

Ⅰ JR「ぎふ」駅から見て，岐阜県庁はほぼ南西の方角にある。

Ⅱ 地形図中にBで示した範囲には，老人ホームが二つと，病院が一つある。

Ⅲ 地形図中にCで示した範囲には，博物館(美術館)が二つと，図書館が一つある。

Ⅳ 地形図中にDで示した範囲の大部分には，田(水田)が広がっている。

ア 一つ　　イ 二つ　　ウ 三つ　　エ 四つ

3 次の地図1は，中心の東京からの距離と方位が正しく表される図法で描かれたもので，地図2は，中心のロンドンからの距離と方位が正しく表される図法で描かれたものである。これらを見て，あとの(1)～(4)の問いに答えなさい。

地図1

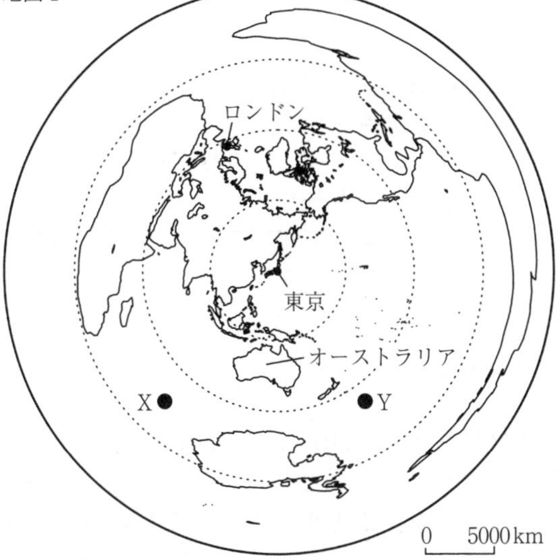

地図2

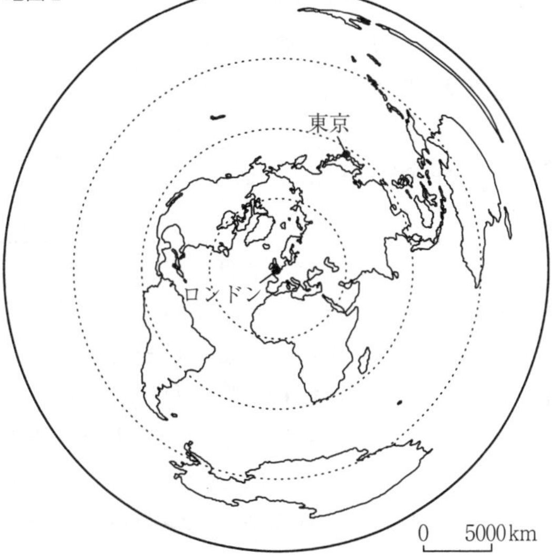

(1) 地図1と地図2から読み取れることがらについて述べた次の文章中の Ⅰ ， Ⅱ にあてはまる語と記号の組み合わせとして最も適当なものを，あとのア～クのうちから一つ選び，マークしなさい。

> 地図2で，ロンドンから見て東京は，おおよそ Ⅰ の方角にあることがわかる。また，地図1中のX，Yのうち，ロンドンから見て地球の正反対に位置している地点を示しているのは， Ⅱ である。

ア Ⅰ：北東 Ⅱ：X　　イ Ⅰ：北西 Ⅱ：X
ウ Ⅰ：南東 Ⅱ：X　　エ Ⅰ：南西 Ⅱ：X
オ Ⅰ：北東 Ⅱ：Y　　カ Ⅰ：北西 Ⅱ：Y
キ Ⅰ：南東 Ⅱ：Y　　ク Ⅰ：南西 Ⅱ：Y

(2) 地図1と地図2を参考にして，次のⅠ，Ⅱの文章の正誤の組み合わせとして最も適当なものを，あとのア～エのうちから一つ選び，マークしなさい。

Ⅰ 東京から真東に進んで地球を一周すると，六大陸のうちの三つの大陸と，三大洋のすべての海洋を通って東京に戻ってくる。また，ロンドンから真南に進んで地球を一周しても，六大陸のうちの三つの大陸と，三大洋のすべての海洋を通ってロンドンに戻ってくる。

Ⅱ 東京から，ロンドンとアメリカ合衆国の首都ワシントンD.C.までの距離を比べると，ワシントンD.C.のほうがやや遠いが，ロンドンから，東京とワシントンD.C.までの距離を比べると，ワシントンD.C.のほうが近い。

ア Ⅰ：正 Ⅱ：正
イ Ⅰ：正 Ⅱ：誤
ウ Ⅰ：誤 Ⅱ：正
エ Ⅰ：誤 Ⅱ：誤

(3) 次の文章と資料1は，みはるさんが，前のページの地図1中のオーストラリアについてまとめたレポートの一部である。文章中の［Ⅰ］～［Ⅲ］にあてはまる語の組み合わせとして最も適当なものを，あとのア～エのうちから一つ選び，マークしなさい。

> オーストラリアはさまざまな鉱産資源に恵まれている国で，右の資料1中にAで示した地域には［Ⅰ］，Bで示した地域には［Ⅱ］の産出地が分布しており，それぞれ近くの港から海外に輸出されている。また，資料1中のC，D，Eの地点を，年降水量の多い順に並べると，［Ⅲ］となる。

資料1

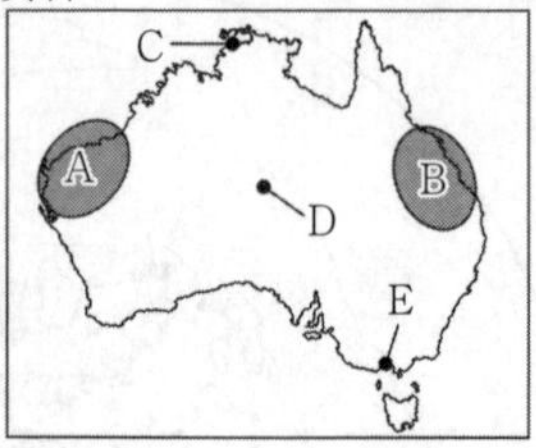

ア　Ⅰ：鉄鉱石　Ⅱ：石炭　Ⅲ：C→E→D
イ　Ⅰ：鉄鉱石　Ⅱ：石炭　Ⅲ：D→E→C
ウ　Ⅰ：石炭　Ⅱ：鉄鉱石　Ⅲ：C→E→D
エ　Ⅰ：石炭　Ⅱ：鉄鉱石　Ⅲ：D→E→C

(4) 次の資料2は，フランス，ドイツ，アルゼンチン及びウクライナの2016年から2019年にかけての小麦の生産量と輸出量を示したものである。あとのⅠ～Ⅳのうち，資料2から読み取れることがらについて正しく述べている文はいくつあるか。最も適当なものを，あとのア～エのうちから一つ選び，マークしなさい。

資料2　フランス，ドイツ，アルゼンチン及びウクライナの小麦の生産量と輸出量

（単位：千トン）

	生産量				輸出量			
	2016年	2017年	2018年	2019年	2016年	2017年	2018年	2019年
フランス	29,504	38,678	35,424	40,605	18,344	15,229	18,940	19,957
ドイツ	24,464	24,482	20,264	23,063	10,170	7,891	5,229	5,551
アルゼンチン	11,315	18,395	18,518	19,460	10,266	13,099	11,725	10,543
ウクライナ	26,099	26,209	24,653	28,370	17,921	17,314	16,373	13,290

（「世界国勢図会 2021/22」ほかより作成）

Ⅰ　4か国とも，生産量，輸出量のどちらも，2016年から2017年にかけては増加しており，2017年から2018年にかけては減少している。

Ⅱ　4か国の中で，2016年と2019年とを比べて生産量，輸出量ともに減少しているのはドイツだけで，生産量，輸出量ともに100万トン以上減少している。

Ⅲ　2019年における4か国の生産量の合計は1億トン以上で，4か国の輸出量の合計は5000万トン以上である。

Ⅳ　2019年における4か国の生産量に占める輸出量の割合を見ると，フランスとドイツは50％未満であるが，アルゼンチンとウクライナは50％以上である。

ア　一つ
イ　二つ
ウ　三つ
エ　四つ

4　次のＡ～Ｄのパネルは，社会科の授業で，なぎささんたちが，「古代の建造物」をテーマに作成したものの一部である。これに関して，あとの(1)～(5)の問いに答えなさい。

Ａ：吉野ヶ里遺跡（弥生時代）

弥生時代になると，物見やぐらや高床倉庫がつくられるようになり，佐賀県の吉野ヶ里遺跡などから出土している。

Ｂ：法隆寺（飛鳥時代）

法隆寺は，７世紀初めごろに聖徳太子により建てられた。現存する世界最古の木造建築として，世界文化遺産に登録されている。

Ｃ：東大寺の大仏（奈良時代）

鎮護国家思想に基づいて，天災や疫病などから国家を守ろうとして建立された。a東大寺はその後，戦乱により何度も焼失した。

Ｄ：金剛峯寺（平安時代）

遣唐使とともに唐に渡った空海は，唐で密教を学び，帰国後，高野山に金剛峯寺を建てて真言宗を開いた。

(1)　パネルＡの時代の遺物として適当なものは，次の①～⑤のうちにいくつあるか。最も適当なものを，あとのア～オのうちから一つ選び，マークしなさい。

①　石包丁	②　銅鐸	③　須恵器	④　木簡	⑤　埴輪
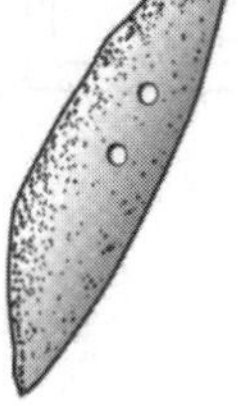				

ア　一つ　　イ　二つ　　ウ　三つ　　エ　四つ　　オ　五つ

(2)　パネルＢの時代に起こった次のページのⅠ～Ⅳのできごとを，年代の**古いものから順に**並べたものとして最も適当なものを，あとのア～クのうちから一つ選び，マークしなさい。

Ⅰ　藤原京に都が移された。

Ⅱ　大海人皇子が即位して天武天皇となった。

Ⅲ　大宝律令が制定された。

Ⅳ　朝鮮半島に兵を送ったが，白村江の戦いに敗れた。

ア　Ⅱ→Ⅳ→Ⅲ→Ⅰ　　イ　Ⅰ→Ⅲ→Ⅳ→Ⅱ

ウ　Ⅲ→Ⅰ→Ⅳ→Ⅱ　　エ　Ⅳ→Ⅱ→Ⅰ→Ⅲ

オ　Ⅱ→Ⅲ→Ⅰ→Ⅳ　　カ　Ⅰ→Ⅱ→Ⅲ→Ⅳ

キ　Ⅲ→Ⅱ→Ⅰ→Ⅳ　　ク　Ⅳ→Ⅰ→Ⅲ→Ⅱ

(3)　パネルＣの下線部ａに関連して，次の文章と資料１は，なぎささんが，鎌倉時代に再建された東大寺についてまとめたものである。文章中の［Ⅰ］，［Ⅱ］にあてはまる語の組み合わせとして最も適当なものを，あとのア～エのうちから一つ選び，マークしなさい。

> 鎌倉時代に東大寺が再建されたとき，右の資料１に示した南大門には，天竺様《てんじくよう》と呼ばれる［Ⅰ］の技術が取り入れられた。南大門の中には，［Ⅱ］らによって制作された金剛力士像が安置されている。
>
> 資料１
>
> 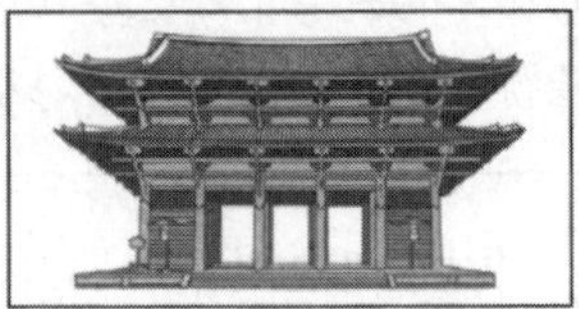

ア　Ⅰ：元　Ⅱ：観阿弥・世阿弥　　イ　Ⅰ：元　Ⅱ：運慶・快慶

ウ　Ⅰ：宋　Ⅱ：観阿弥・世阿弥　　エ　Ⅰ：宋　Ⅱ：運慶・快慶

(4)　パネルＤの時代の文化について述べた次のⅠ，Ⅱの文の正誤の組み合わせとして最も適当なものを，あとのア～エのうちから一つ選び，マークしなさい。

Ⅰ　仮名文字を使った文学がさかんになり，清少納言は「枕草子」，紫式部は「源氏物語」を著した。

Ⅱ　浄土教(浄土の教え)がさかんになり，藤原頼通は宇治に阿弥陀堂である平等院鳳凰堂を建立した。

ア　Ⅰ：正　Ⅱ：正　　イ　Ⅰ：正　Ⅱ：誤

ウ　Ⅰ：誤　Ⅱ：正　　エ　Ⅰ：誤　Ⅱ：誤

(5)　次の資料２は，パネルＡ～パネルＤの時代に起こったできごとを年代の**古いものから順に**左から並べたものである。資料２中の［Ⅰ］，［Ⅱ］にあてはまるできごととして最も適当なものを，あとのア～オのうちから一つずつ選び，マークしなさい。

資料２

卑弥呼が魏に使いを送る	➡	［Ⅰ］	➡	小野妹子が隋に派遣される	➡	［Ⅱ］	➡	遣唐使が廃止される

ア　坂上田村麻呂が征夷大将軍に任じられる

イ　平将門の乱が起こる

ウ　倭の奴国王が漢(後漢)に使いを送る

エ　白河上皇が院政を始める

オ　倭王武が中国の南朝に使いを送る

5　次の略年表は，ただしさんが，12世紀後半から19世紀後半までの主なできごとをまとめたものである。これを見て，あとの(1)～(5)の問いに答えなさい。

年代	主なできごと
1192	A 源頼朝が征夷大将軍に任じられる
1232	武家社会の道理などをもとに，御成敗式目(貞永式目)が定められる
1338	足利尊氏が北朝の天皇から征夷大将軍に任じられる
	↕ B
1573	C 織田信長が足利義昭を追放して室町幕府を滅ぼす
1603	D 徳川家康が征夷大将軍に任じられる
1635	武家諸法度に参勤交代の制度が加えられる
	↕ E
1867	徳川慶喜が政権を朝廷に返上する大政奉還を行う

(1)　略年表中の下線部Aに関連して，次の文章と資料１は，ただしさんが，源頼朝が開いた鎌倉幕府についてまとめたものである。文章中の［Ⅰ］，［Ⅱ］にあてはまる語の組み合わせとして最も適当なものを，あとのア～エのうちから一つ選び，マークしなさい。

> 右の資料１は，鎌倉幕府のしくみを示したものである。中央に設置された三つの役所のうち，［Ⅰ］は裁判を担当していた。また，資料１中の六波羅探題は，［Ⅱ］の後に，朝廷を監視するために京都に設置された。

資料１　鎌倉幕府のしくみ

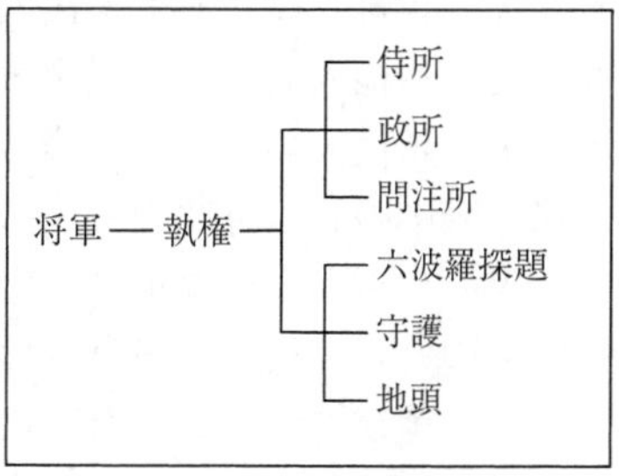

ア　Ⅰ：政所　　Ⅱ：承久の乱
イ　Ⅰ：問注所　Ⅱ：承久の乱
ウ　Ⅰ：政所　　Ⅱ：応仁の乱
エ　Ⅰ：問注所　Ⅱ：応仁の乱

(2)　次のⅠ～Ⅳのうち，略年表中のBの時期に世界で起こったできごとはいくつあるか。最も適当なものを，あとのア～エのうちから一つ選び，マークしなさい。

Ⅰ　聖地エルサレムの奪還を目指して第１回の十字軍が派遣された。
Ⅱ　朝鮮半島で高麗が滅び，朝鮮国(李氏朝鮮)が成立した。
Ⅲ　ルターらが，ローマ教皇が免罪符を販売したことを批判して宗教改革を始めた。
Ⅳ　コロンブスが大西洋を横断して，カリブ海の島に到達した。

ア　一つ　　イ　二つ
ウ　三つ　　エ　四つ

(3)　略年表中の下線部Cに関連して，次のページの文章は，先生と生徒が，資料２を見ながら，織田信長について会話をしている場面の一部である。文章中の［Ⅰ］，［Ⅱ］にあてはまる語の組み合わせとして最も適当なものを，あとのア～エのうちから一つ選び，マークしなさい。

生徒：資料２は，織田信長が鉄砲を有効に活用し，甲斐の武田勝頼を破った［　Ⅰ　］の様子を示しています。
先生：その後，信長は琵琶湖のほとりの安土に城を築きましたね。
生徒：はい。そして信長は城下町に［　Ⅱ　］という政策を行いました。

資料２　ある戦いの様子

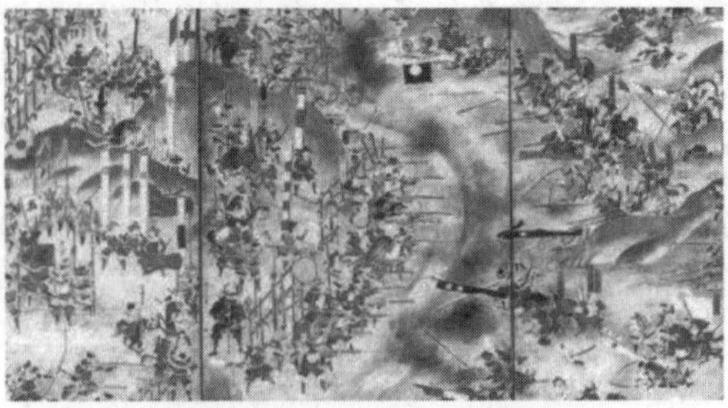

ア　Ⅰ：桶狭間の戦い　Ⅱ：市場の税を免除し，誰でも自由に商売ができるようにする
イ　Ⅰ：桶狭間の戦い　Ⅱ：売買後の年月に関係なく，御家人に土地を返させる
ウ　Ⅰ：長篠の戦い　Ⅱ：市場の税を免除し，誰でも自由に商売ができるようにする
エ　Ⅰ：長篠の戦い　Ⅱ：売買後の年月に関係なく，御家人に土地を返させる

(4)　略年表中の下線部Ｄに関連して，右の資料３は，江戸幕府による大名配置の様子を示したものである。資料３中のＸ～Ｚにあてはまる大名の組み合わせとして最も適当なものを，次のア～エのうちから一つ選び，マークしなさい。

資料３　江戸時代の大名の配置
(17世紀後半，10万石以上の大名)

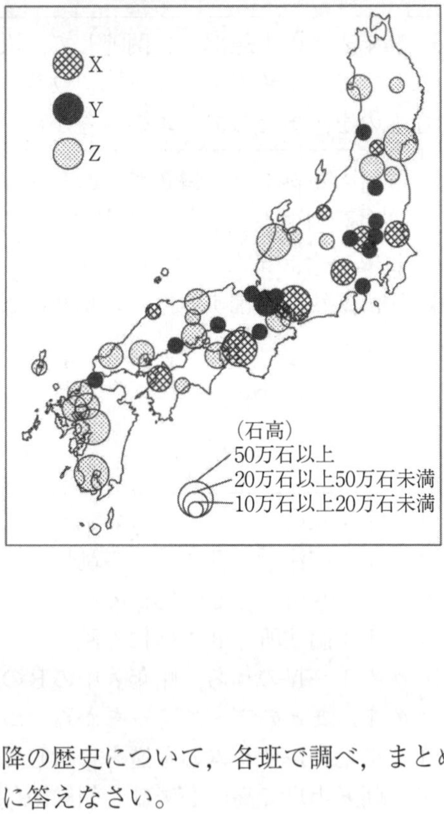

ア　Ｘ：親藩　Ｙ：外様大名　Ｚ：譜代大名
イ　Ｘ：親藩　Ｙ：譜代大名　Ｚ：外様大名
ウ　Ｘ：外様大名　Ｙ：親藩　Ｚ：譜代大名
エ　Ｘ：譜代大名　Ｙ：親藩　Ｚ：外様大名

(5)　略年表中のＥの時期の文化に関するできごとを，次のⅠ～Ⅳのうちから**三つ**選び，年代の**古いものから順に**並べたものとして最も適当なものを，あとのア～カのうちから一つ選び，マークしなさい。

Ⅰ　千利休がわび茶の作法を完成させる。
Ⅱ　杉田玄白と前野良沢が解体新書を出版する。
Ⅲ　菱川師宣が浮世絵を描く。
Ⅳ　滝沢馬琴が南総里見八犬伝を著す。

ア　Ⅰ→Ⅱ→Ⅲ　イ　Ⅰ→Ⅲ→Ⅳ　ウ　Ⅱ→Ⅲ→Ⅳ
エ　Ⅱ→Ⅳ→Ⅲ　オ　Ⅲ→Ⅳ→Ⅰ　カ　Ⅲ→Ⅱ→Ⅳ

6　次のＡ～Ｅのカードは，社会科の授業で，明治時代以降の歴史について，各班で調べ，まとめたものの一部である。これらを見て，あとの(1)～(5)の問いに答えなさい。

Ａ　岩倉使節団
幕末に結んだ不平等条約の改正を目指して，岩倉具視を団長とする使節団がアメリカやヨーロッパに派遣された。

Ｂ　文明開化
明治維新の諸改革が進められるのにあわせて欧米の文化もさかんに取り入れられ，都市を中心に，伝統的な生活が変化していった。

C　第一次世界大戦
「ヨーロッパの火薬庫」と呼ばれていたバルカン半島のサラエボで，オーストリア皇太子夫妻がセルビア人の青年に暗殺された事件がきっかけとなって，第一次世界大戦が始まった。

D　軍部の台頭
1930年代の日本では，世界恐慌の影響を受けて昭和恐慌と呼ばれる深刻な不況(不景気)が発生し，財閥と結びついた政党政治への不信から軍部の力が強まっていった。

E　冷戦(冷たい戦争)
第二次世界大戦後，アメリカを中心とする資本主義陣営とソ連を中心とする共産主義陣営との間で冷戦と呼ばれる対立が起こった。この対立は，1980年代末から1990年代初めにかけて終わった。

(1)　カードAに関連して，岩倉使節団が日本を出発したのと同じ年に起こったできごととして最も適当なものを，次のア～エのうちから一つ選び，マークしなさい。
ア　廃藩置県が行われ，藩を廃止して府や県が置かれた。
イ　鹿児島の不平士族が西郷隆盛をおしたてて蜂起する西南戦争が起こった。
ウ　五箇条の御誓文が出され，新しい政治の方針が示された。
エ　板垣退助が，民撰議院設立の建白書を提出した。

(2)　カードBに関連して，次のⅠ～Ⅴの文のうち，明治時代前半の文明開化の様子について述べているものはいくつあるか。最も適当なものを，あとのア～オのうちから一つ選び，マークしなさい。
Ⅰ　新橋と横浜の間に，日本最初の鉄道が開通した。
Ⅱ　電気冷蔵庫などの「三種の神器」と呼ばれる電化製品が普及した。
Ⅲ　映画が製作されて多くの観客を集め，ラジオ放送が開始された。
Ⅳ　暦が太陰暦から太陽暦に変更され，1日を24時間とした。
Ⅴ　欧米風の外観で，居間や応接間を持った「文化住宅」が流行した。
ア　一つ　　イ　二つ　　ウ　三つ　　エ　四つ　　オ　五つ

(3)　カードCに関連して，次の文章は，第一次世界大戦の終戦に関することがらについて述べたものである。文章中の［Ⅰ］，［Ⅱ］にあてはまる場所を右の図中から正しく選んだ組み合わせとして最も適当なものを，あとのア～エのうちから一つ選び，マークしなさい。

※国境線は現在のもの。

第一次世界大戦は，1918年に連合国の勝利で終わり，翌年，［　Ⅰ　］で講和会議が開かれ，ベルサイユ条約が結ばれた。この条約では，ドイツに多額の賠償金を課すことや，アメリカのウィルソン大統領の提案に基づいて［　Ⅱ　］に本部を置く国際連盟を設立することなどが定められた。

ア　Ⅰ：a　Ⅱ：b　　イ　Ⅰ：a　Ⅱ：c

ウ　Ⅰ：d　Ⅱ：b　　エ　Ⅰ：d　Ⅱ：c

(4)　カードＤに関連して，次のⅠ～Ⅳの文は，それぞれ1930年代の軍部に関係するできごとについて述べたものである。Ⅰ～Ⅳを年代の**古いものから順に**並べたものとして最も適当なものを，あとのア～カのうちから一つ選び，マークしなさい。

Ⅰ　陸軍の青年将校らが軍隊を率いて首相官邸などを占拠する二・二六事件が起こった。

Ⅱ　海軍の青年将校らが犬養毅首相を暗殺する五・一五事件が起こった。

Ⅲ　盧溝橋付近で日本と中国の軍隊が衝突した事件をきっかけとして，日中戦争が始まった。

Ⅳ　柳条湖で南満州鉄道が爆破された事件をきっかけとして，満州事変が起こった。

ア　Ⅰ→Ⅱ→Ⅳ→Ⅲ　　イ　Ⅰ→Ⅲ→Ⅱ→Ⅳ　　ウ　Ⅳ→Ⅰ→Ⅱ→Ⅲ
エ　Ⅰ→Ⅳ→Ⅱ→Ⅲ　　オ　Ⅳ→Ⅱ→Ⅰ→Ⅲ　　カ　Ⅳ→Ⅲ→Ⅰ→Ⅱ

(5)　カードＥに関連して，冷戦(冷たい戦争)が起こっていた時期のできごととして**適当でないもの**を，次のア～エのうちから一つ選び，マークしなさい。

ア　アフリカで17の国が独立を果たし，「アフリカの年」と呼ばれた。

イ　北ベトナムと南ベトナムとの間で，ベトナム戦争が起こった。

ウ　第四次中東戦争がきっかけとなって，石油危機が起こった。

エ　アメリカのニューヨークなどで同時多発テロ事件が起こった。

7　次の文章を読み，あとの(1)～(3)の問いに答えなさい。

現在の日本の政治には，三権分立と呼ばれるしくみが取り入れられている。$_a$日本における三権分立とは，国の権力を立法権，行政権，司法権の三つに分け，それぞれ国会，内閣，裁判所に担わせるしくみである。これは，$_b$18世紀ごろのフランスの思想家モンテスキューが唱えたもので，権力を分散させることでその濫用を防ぎ，国民の$_c$基本的人権を守ろうとする考え方である。

(1)　下線部ａに関連して，次のⅠ～Ⅴの文のうち，内閣が行うことがらについて述べているものはいくつあるか。最も適当なものを，あとのア～オのうちから一つ選び，マークしなさい。

Ⅰ　国政調査権を使って，国の政治について調査する。

Ⅱ　天皇の国事行為に助言と承認を与える。

Ⅲ　最高裁判所の長官を指名し，その他の裁判官を任命する。

Ⅳ　罷免の訴追を受けた裁判官の弾劾裁判を行う。

Ⅴ　憲法改正の発議を行う。

ア　一つ　　イ　二つ　　ウ　三つ　　エ　四つ　　オ　五つ

(2)　下線部ｂに関連して，次のⅠ～Ⅲの文は，人権思想の発達に関係する条文の一部を示したものである。Ⅰ～Ⅲを年代の**古いものから順に**並べたものとして最も適当なものを，あとのア～カのうちから一つ選び，マークしなさい。

Ⅰ
第151条　経済生活の秩序は，全ての人に人間に値する生存を保障することを目指す，正義の諸原則にかなうものでなければならない。(略)

Ⅱ
第１条　すべての人間は，生《うま》れながらにして自由であり，かつ，尊厳と権利とについて平等である。人間は，理性と良心とを授けられており，互いに同胞の精神をもって行動しなければならない。
第２条　①すべて人は，人種，皮膚の色，性，言語，宗教，政治上その他の意見，国民的若しくは社会的出身，財産，門地，その他の地位又はこれに類するいかなる事由による差別をも受けることなく，この宣言に掲げるすべての権利と自由とを享有することができる。

Ⅲ
第１条　人は生まれながらに，自由で平等な権利を持つ。社会的な区別は，ただ公共の利益に関係のある場合にしか設けられてはならない。
第２条　政治的結合(国家)の全ての目的は，自然でおかすことのできない権利を守ることにある。この権利というのは，自由，財産，安全，および圧政への抵抗である。

ア　Ⅰ→Ⅱ→Ⅲ　　イ　Ⅰ→Ⅲ→Ⅱ　　ウ　Ⅱ→Ⅰ→Ⅲ
エ　Ⅱ→Ⅲ→Ⅰ　　オ　Ⅲ→Ⅰ→Ⅱ　　カ　Ⅲ→Ⅱ→Ⅰ

(3)　下線部ｃに関連して，次の資料は，人権に関する意識調査の結果の一部を示したものである。下のⅠ～Ⅳの文のうち，資料から読み取れることについて正しく述べているものはいくつあるか。最も適当なものを，あとのア～エのうちから一つ選び，マークしなさい。

資料 「今の日本は基本的人権が尊重されている社会であると思いますか。」という問いに対するアンケート結果

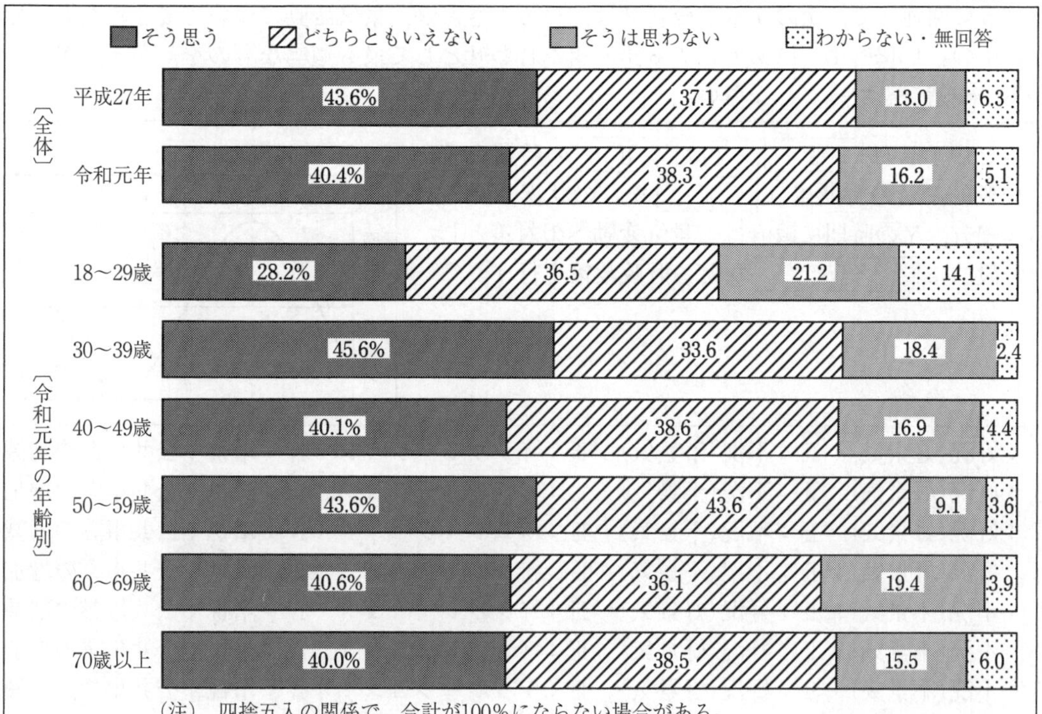

(注)　四捨五入の関係で，合計が100%にならない場合がある。

(「人権意識調査報告書」より作成)

Ⅰ　平成27年と令和元年の全体の結果を見ると，「そう思う」と「わからない・無回答」の割合は令和元年のほうが低く，「どちらともいえない」と「そうは思わない」の割合は令和元年のほうが高くなっている。

Ⅱ　令和元年の年齢別において，「そう思う」と回答した割合が最も高いのは30～39歳で，「そう思う」と回答した割合が最も低いのは18～29歳である。

Ⅲ　「どちらともいえない」と回答した割合と，「そうは思わない」と回答した割合との合計は，平成27年と令和元年の全体においても，また，令和元年の年齢別のすべての年代においても50%以上である。

Ⅳ　令和元年の年齢別において，30歳以上のすべての年代では，「そう思う」と回答した割合が40％以上あり，「そうは思わない」と回答した割合の２倍以上となっている。

ア　一つ　　イ　二つ　　ウ　三つ　　エ　四つ

8　次の文章を読み，あとの(1)～(3)の問いに答えなさい。

政府は$_a$<u>税金</u>などで得た収入をもとに，$_b$<u>景気変動の調整</u>などのさまざまな活動を行っている。税金による収入だけでは足りない場合には，国債を発行し，家計や$_c$<u>企業</u>から借金をして不足を補う。

(1)　下線部ａに関連して，右の資料１は，国税の内訳を示したものである。資料１の税のうち，直接税に含まれる税の金額の合計が国税の合計に占める割合として最も適当なものを，次のア～エのうちから一つ選び，マークしなさい。ただし，「その他」はすべて間接税であるものとする。

ア　約40％　　イ　約45％

ウ　約50％　　エ　約55％

資料１　国税の内訳　（単位：億円）

消費税	217,190	酒税	12,650
所得税	195,290	関税	9,460
法人税	120,650	たばこ税	9,140
相続税	23,410	その他	70,689
揮発油税	22,040	合計	680,519

※2020年度当初予算

（「日本国勢図会 2021/22」より作成）

(2)　下線部ｂに関連して，次の文章と資料２は，ひろみさんが，景気変動についてまとめたものである。文章中の［Ⅰ］～［Ⅳ］にあてはまる語の組み合わせとして最も適当なものを，あとのア～クのうちから一つ選び，マークしなさい。

資料２中のＸは［Ⅰ］，Ｙは［Ⅱ］の時期を表し，一般的にＸの時期には［Ⅲ］などの状況が見られる。一方，Ｙの時期に政府は，景気変動への対策として，一般的に［Ⅳ］などの財政政策を行う。

資料２　景気変動の様子

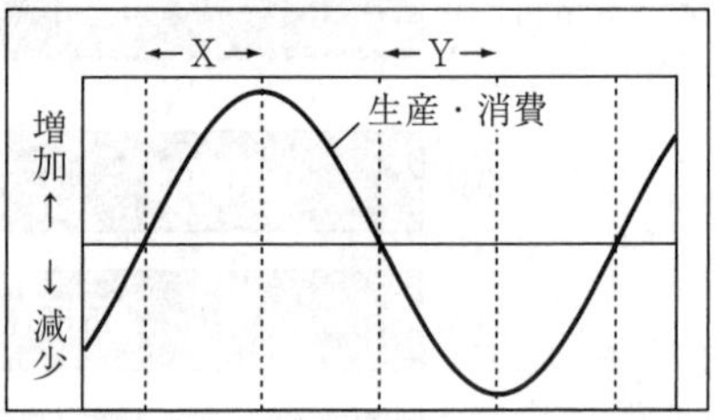

ア　Ⅰ：好況(好景気)　Ⅱ：不況(不景気)　Ⅲ：インフレーション　Ⅳ：増税や公共事業の削減

イ　Ⅰ：好況(好景気)　Ⅱ：不況(不景気)　Ⅲ：インフレーション　Ⅳ：減税や公共事業の増加

ウ　Ⅰ：好況(好景気)　Ⅱ：不況(不景気)　Ⅲ：デフレーション　Ⅳ：増税や公共事業の削減

エ　Ⅰ：好況(好景気)　Ⅱ：不況(不景気)　Ⅲ：デフレーション　Ⅳ：減税や公共事業の増加

オ　Ⅰ：不況(不景気)　Ⅱ：好況(好景気)　Ⅲ：インフレーション　Ⅳ：増税や公共事業の削減

カ　Ⅰ：不況(不意気)　Ⅱ：好況(好景気)　Ⅲ：インフレーション　Ⅳ：減税や公共事業の増加

キ　Ⅰ：不況(不景気)　Ⅱ：好況(好景気)　Ⅲ：デフレーション　Ⅳ：増税や公共事業の削減

ク　Ⅰ：不況(不景気)　Ⅱ：好況(好景気)　Ⅲ：デフレーション　Ⅳ：減税や公共事業の増加

(3)　下線部ｃに関連して，現代の企業は，利潤を追求するだけでなく，消費者の保護や雇用の確保，地域文化や環境への貢献などを果たすことも重要であると考えられている。これを何というか，最も適当なものを，次のア～エのうちから一つ選び，マークしなさい。

ア　CSR　　イ　GDP　　ウ　POS　　エ　NPO

【理　科】（50分）〈満点：100点〉

1　植物のつくりと成長について調べるため，次の観察１～３を行いました。これに関して，あとの(1)～(4)の問いに答えなさい。

観察１

ある植物の花を取り，めしべ，おしべ，花弁，がくをピンセットで取りはずして分解した。図１は，取りはずした花の部分を，台紙の上に並べたものである。

図１

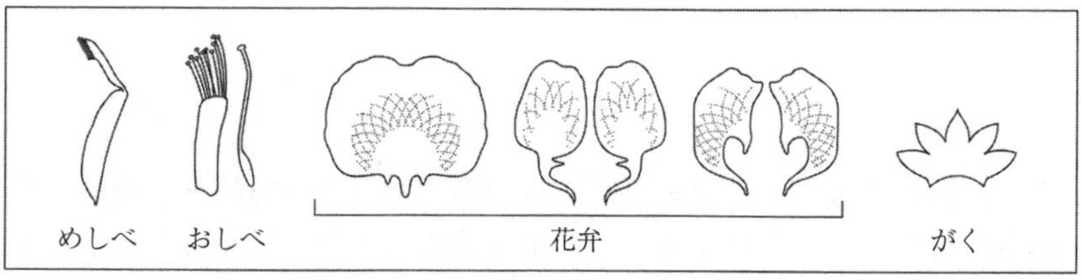

観察２

❶　観察１と同じ植物の種子を，水で湿らせた脱脂綿の上にのせて発芽させた。

❷　根が１cm程度のびたところで，図２のように，根に等間隔の印ａ～ｄをつけた。

❸　さらに根を成長させたところ，根につけた印の間隔が変化した。

図２

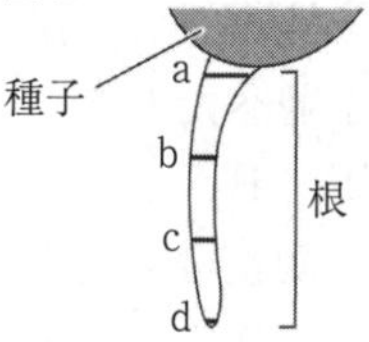

観察３

❶　観察２のあと，図２の根の一部を３mmほどカッターナイフで切り取って，スライドガラスにのせた。

❷　❶の根にある操作を行ったあと，酢酸オルセイン液を１滴落として，さらに５分間置いた。図３のように，ここにカバーガラスをかけ，上からろ紙をかぶせて指で押しつぶしたあと，顕微鏡で観察した。

図３

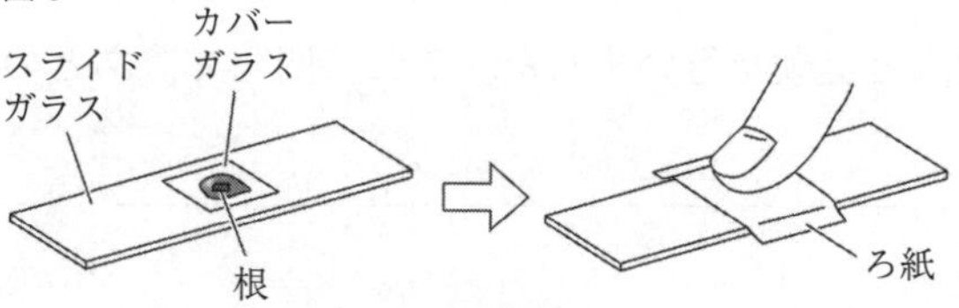

図４は，このとき顕微鏡で観察された細胞のようすである。この部分では細胞が多数集まっており，Ａのように核の見えている細胞や，ＢやＣなどのように，ひも状の染色体や，染色体がかたまりになったものなどの見えている細胞があった。

図４

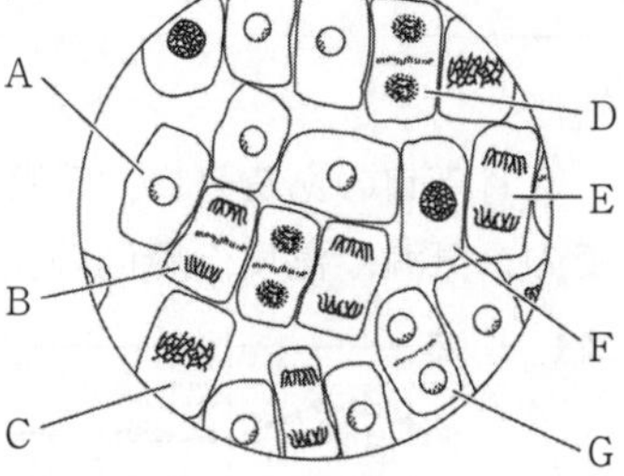

(1)　次のア～カのうち，観察１で用いた植物について正しく述べた文を組み合わせたものを，あとの①～⑥のうちから一つ選びなさい。

ア　アブラナである。

イ　エンドウである。

ウ　子葉の枚数が１枚の植物である。

エ　子葉の枚数が２枚の植物である。

オ　自然な状態では自家受粉をする。

カ　自然な状態では他家受粉をする。

①　ア，ウ，オ　②　ア，エ，オ　③　ア，エ，カ
④　イ，ウ，オ　⑤　イ，エ，オ　⑥　イ，エ，カ

(2)　観察2における，根につけた印の間隔の変化について述べた文をⅠ群の①～④のうちから，観察3の❷における，下線部のある操作をⅡ群の①～④のうちから，最も適当なものをそれぞれ一つ選びなさい。

Ⅰ群　①　a～d間がすべて均等に広くなった。
　　　②　ab間が最も広くなった。
　　　③　bc間が最も広くなった。
　　　④　cd間が最も広くなった。

Ⅱ群　①　細胞分裂が活発に行われるようにするため，根に温めたうすい塩酸を1滴落とした。
　　　②　細胞分裂が活発に行われるようにするため，根に温めたエタノールを1滴落とした。
　　　③　細胞どうしが離れやすくなるようにするため，根に温めたうすい塩酸を1滴落とした。
　　　④　細胞どうしが離れやすくなるようにするため，根に温めたエタノールを1滴落とした。

(3)　観察3で，図4のAを1番目，Gを7番目として，細胞分裂が進んでいく順にしたがってA～Gを並べたとき，4番目にあたるものを，次の①～⑤のうちから一つ選びなさい。

①　B　②　C　③　D　④　E　⑤　F

(4)　観察3で見られたような体細胞分裂や，生物のふえ方について述べた文として**適当ではないもの**を，次の①～⑥のうちから一つ選びなさい。

①　体細胞分裂が行われる前に，染色体は複製されて数が2倍になる。
②　体細胞分裂の前後で染色体の数は変化せず，生物の種類ごとに染色体の数は決まっている。
③　植物の根は，体細胞分裂によって細胞の数がふえ，それらの細胞が成長することでのびていく。
④　ある生物の体細胞に含まれる染色体の数は，生殖細胞に含まれる染色体の数とは異なる。
⑤　体細胞分裂によってふえる無性生殖を行う生物には，植物だけでなく動物もいる。
⑥　生物の体が2つに分裂して新しい個体をつくる無性生殖を，栄養生殖という。

2　日本の気象について調べるため，次の観測と実験を行いました。これに関して，あとの(1)～(4)の問いに答えなさい。

観測

2月下旬のある日に，千葉県の地点Xで気象観測を行った。図1は，この日の11時から23時までの，気温，湿度，風向の変化をグラフにまとめたものである。

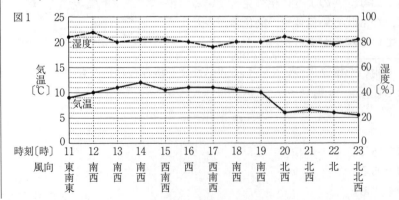

図1

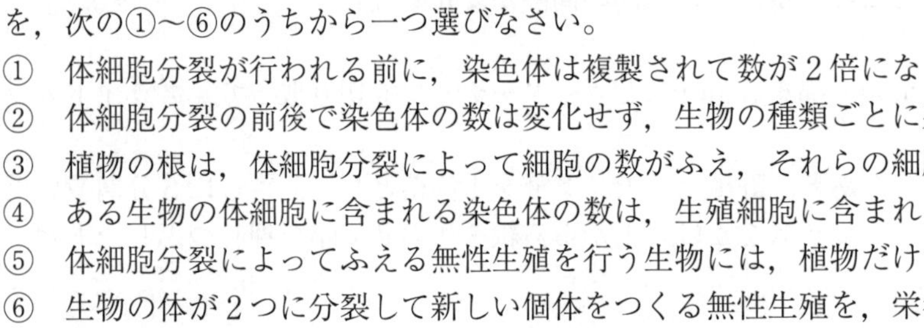

図2は，この日の11時における日本付近の天気図である。この日，観測を行っている間に，図2の前線A，Bをともなった低気圧が地点Xの上空を通過した。また，低気圧が通過したあとは，日本の多くの地域で気温が下がった。

図2
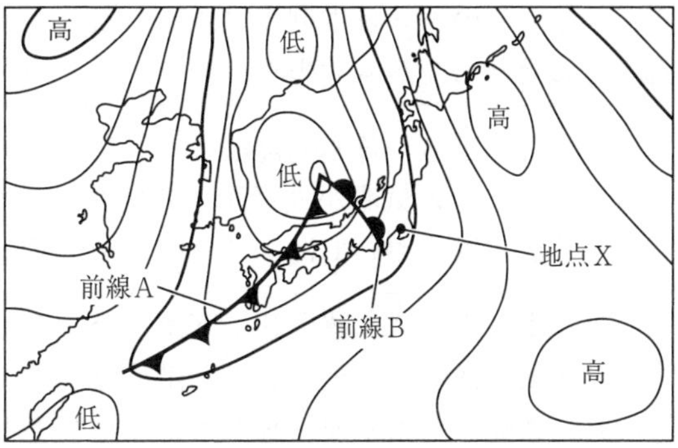

実験

❶ 図3のように，透明な水槽の中央に仕切りとなる木片を入れて，線香を立てた。仕切りの片側にはプラスチックの容器に入れた砂を，反対側には同じ大きさのプラスチックの容器に入れた水を，それぞれ置いた。このとき，砂と水の温度を測定すると，どちらも15℃であった。

図3
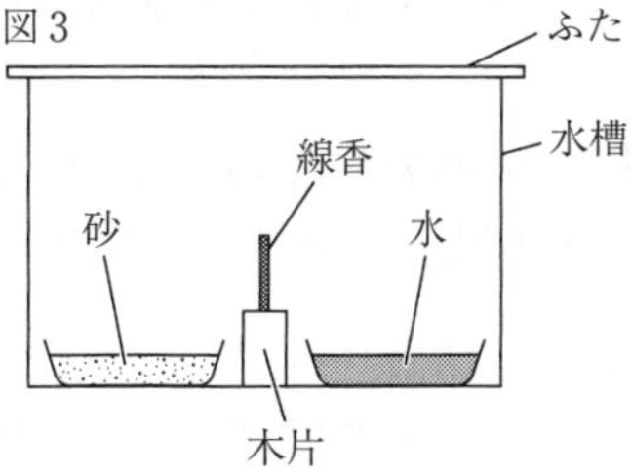

❷ 水槽にふたをして，日光のよく当たる屋外に30分間置いてからふたを開け，線香に火をつけて再びふたをした。その結果，線香の煙が水槽の中で動くようすが見られた。

❸ 線香を取り出し，水槽にふたをして，日光の当たらない部屋の中に30分間置いてからふたを開け，線香を立てて火をつけて再びふたをした。その結果，線香の煙が水槽の中で動くようすが見られた。

(1) 観測を行った日の気温と湿度について述べた次の文の［P］，［Q］にあてはまるものの組み合わせとして最も適当なものを，あとの①～④のうちから一つ選びなさい。

地点Xにおいて，12時の空気と19時の空気を比べると，12時の空気の方が露点が［P］。また，16時の空気と21時の空気を比べると，16時の空気の方が1 m^3 中に含まれる水蒸気の量が［Q］。

① P：低い　Q：少ない　② P：低い　Q：多い
③ P：高い　Q：少ない　④ P：高い　Q：多い

(2) 観測を行った日における地点Xの天気について，図1から考えられることとして最も適当なものを，次の①～④のうちから一つ選びなさい。
① 14時から15時にかけて，前線A付近にできた積乱雲が狭い範囲に雨を降らせた。
② 14時から15時にかけて，前線A付近にできた乱層雲が広い範囲に雨を降らせた。
③ 19時から20時にかけて，前線A付近にできた積乱雲が狭い範囲に雨を降らせた。
④ 19時から20時にかけて，前線A付近にできた乱層雲が広い範囲に雨を降らせた。

(3) 実験の❷で，図3の水槽内で線香の煙が動く向きを矢印で表したものとして最も適当なものを，次の①～④のうちから一つ選びなさい。

①
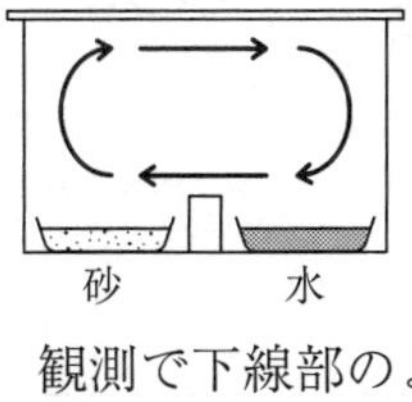

②
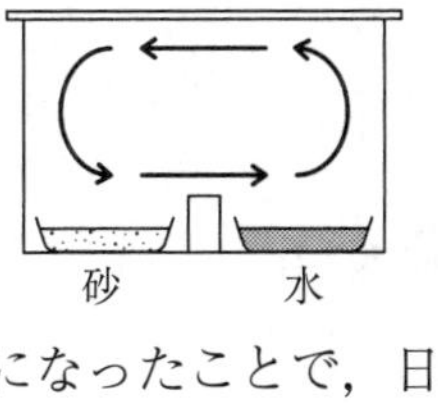

③
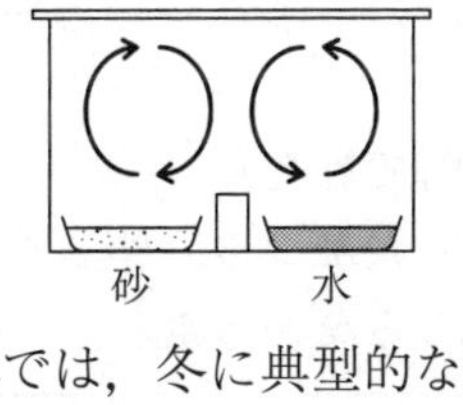

④
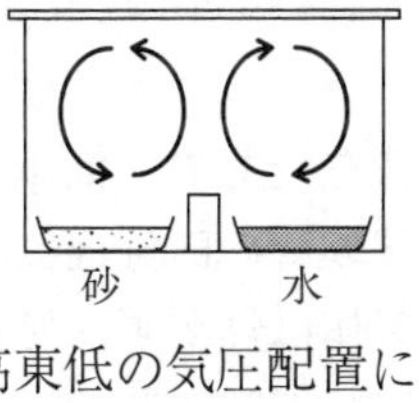

(4) 観測で下線部のようになったことで，日本では，冬に典型的な西高東低の気圧配置になったと考

えられる。このとき日本列島にふいた風について述べた次の文の R ～ U にあてはまるものの組み合わせとして最も適当なものを，あとの①～④のうちから一つ選びなさい。

> 下線部のとき，日本列島には R へ向かって風がふいた。この向きに風がふいたのは，大陸上の気温が太平洋上の気温よりも S ことで，大陸上の気圧が T ためである。実験においては， U での線香の煙の動きが，このときの風を表している。

① R：太平洋から大陸　S：下がった　T：上がった　U：❷
② R：太平洋から大陸　S：上がった　T：下がった　U：❸
③ R：大陸から太平洋　S：下がった　T：上がった　U：❸
④ R：大陸から太平洋　S：上がった　T：下がった　U：❷

3

いろいろな気体について調べたことをまとめ，気体の性質について次の実験を行いました。これに関して，あとの(1)～(4)の問いに答えなさい。

調べたこと

・理科の授業では，化学変化によって気体が発生するいろいろな実験を行ってきた。図1のⅠ～Ⅲは，気体が発生する化学変化を原子のモデルで表したものであり，a～cには，それぞれの化学変化で発生する気体の分子のモデルが一つずつあてはまる。ただし，同じ記号は同一元素を表しており，また，Ⅰ～Ⅲのうち，Ⅲは，炭酸水素ナトリウムと塩酸の反応を表している。

図1

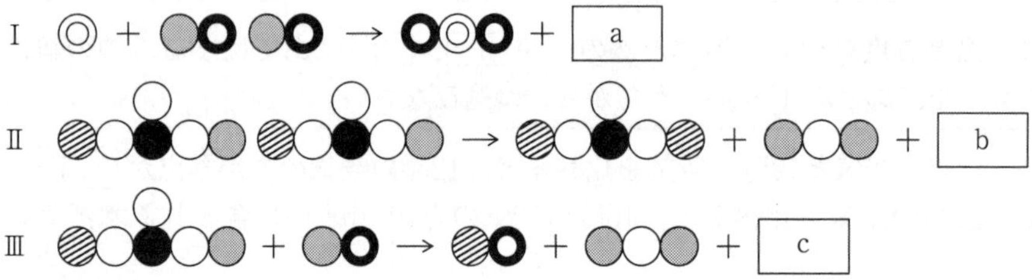

実験

調べたことの図1における，Ⅰの化学変化を使って次の実験を行った。

❶ 容積が80 cm^3 である大型の試験管Aに，うすい塩酸を20 cm^3 入れた。ここに金属片Xを入れ，ガラス管の先から気体が出てきたらすぐに，図2のような装置で，容積が40 cm^3 である小型の試験管Bに集めてゴム栓をした。

❷ 試験管Bに気体が集まったあとは，小型の試験管C，Dの順で同様に気体を集めた。

❸ 試験管B～Dの気体について，図3のように，ゴム栓をはずしてマッチの炎を近づけた。その結果，それぞれの試験管で次の あ～う のいずれかの結果が見られた。

あ　音をたてて，気体が一瞬で燃えた。
い　試験管の口付近に小さく火がつき，ゆっくり燃えた。
う　気体は燃えず，何も起こらなかった。

図2

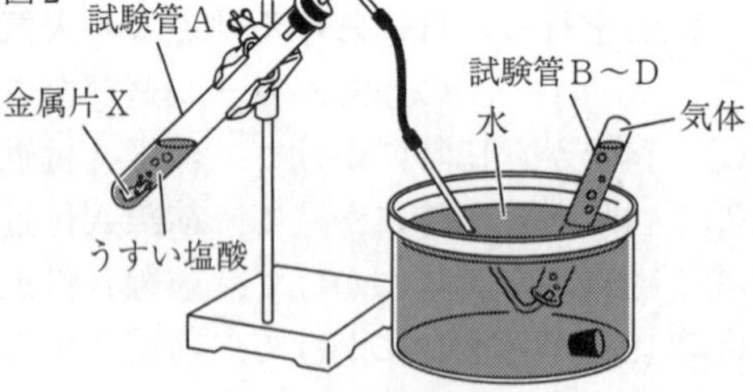

図3

(1) 図1のaとbとして考えられる物質の組み合わせを，次の①～⑥のうちから一つ選びなさい。

① a：二酸化炭素 b：酸素　② a：二酸化炭素 b：水素
③ a：酸素 b：二酸化炭素　④ a：酸素 b：水素
⑤ a：水素 b：二酸化炭素　⑥ a：水素 b：酸素

(2) 図1のcの気体について正しく述べた文をすべて選んだ組み合わせを，あとの①～⑧のうちから一つ選びなさい。

ア 特有のにおいがある。　イ 石灰水に通じると，白くにごる。
ウ 空気よりも密度が大きい。　エ 有機物が燃焼したときに発生する。
オ 水に非常によく溶ける。　カ 水に溶けると酸性を示す。

① ア，ウ，エ　② ア，ウ，エ，カ
③ ア，エ，オ　④ イ，ウ，エ，カ
⑤ イ，エ，オ　⑥ ウ，エ，オ，カ
⑦ ウ，エ，カ　⑧ エ，オ，カ

(3) 実験で，気体が発生し続けたとき，金属片Xはどのようになるか。最も適当なものを，次の①～④のうちから一つ選びなさい。

① 気体の発生にともない，少しずつ白色に近づいていく。
② 塩素から電子を受け取り，硬くなっていく。
③ 次第にとけ，ぼろぼろの状態になっていく。
④ 発生した気体が表面をきれいにして，金属光沢が出るようになっていく。

(4) 実験の❸で，試験管B～Dに集まった気体にマッチの炎を近づけた結果として最も適当なものを，次の①～⑥のうちから一つ選びなさい。

① 試験管Bでは あ，Cでは い，Dでは う のようになった。
② 試験管Bでは あ，Cでは う，Dでは い のようになった。
③ 試験管Bでは い，Cでは あ，Dでは う のようになった。
④ 試験管Bでは い，Cでは う，Dでは あ のようになった。
⑤ 試験管Bでは う，Cでは あ，Dでは い のようになった。
⑥ 試験管Bでは う，Cでは い，Dでは あ のようになった。

4 鏡で反射する光の道すじについて調べるため，次の実験1～3を行いました。これに関して，あとの(1)～(4)の問いに答えなさい。

実験1

❶ 水平な台に方眼用紙を敷き，その上に鏡Aを，鏡面が西を向くようにして垂直に立てた。

❷ その状態から，鏡A上の点Mを中心として，真上から見て時計回りに鏡Aを27度回転させ，図1のように，光源装置の光を点Mに入射させたところ，光は点Mで反射して進んでいった。

図1

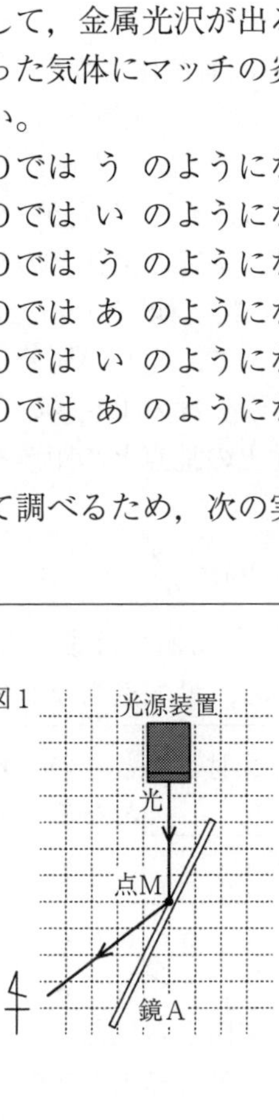

図2

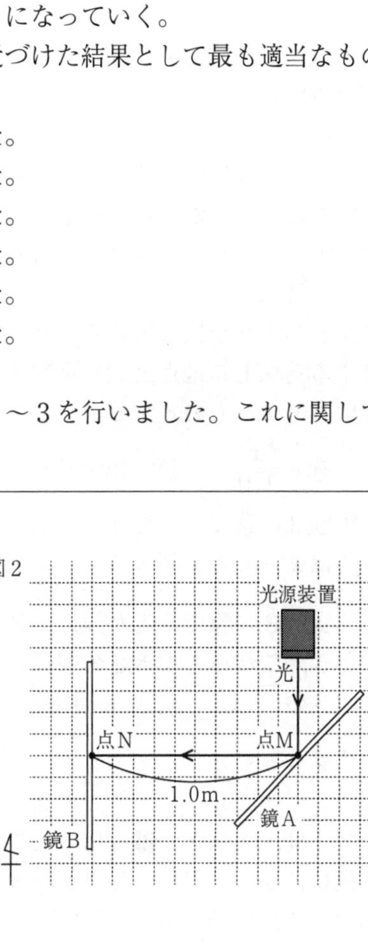

実験２

❶　水平な台に方眼用紙を敷き，その上に鏡Aを垂直に立てた。また，鏡A上の点Mから西へ1.0m 離れた同じ台の上に，図２のように，鏡Aと同じ大きさの鏡Bを垂直に立てた。

❷　光源装置の光を鏡A上の点Mに入射させたところ，点Mで反射した光は鏡Bへと進み，さらに鏡B上の点Nで反射して，鏡A上の点Mに戻るように進んだ。

実験３

図３

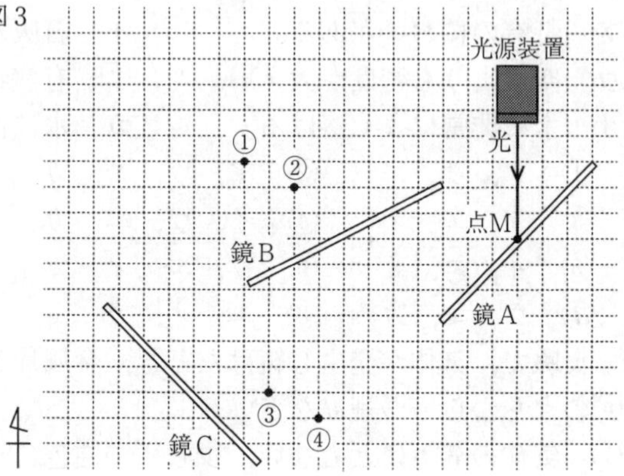

❶　水平な台に方眼用紙を敷き，その上に３枚の鏡A～Cを，それぞれ方眼用紙に垂直に立てた。

❷　光源装置の光を鏡A上の点Mに入射させたところ，点Mで反射した光は鏡Bへと進み，さらに鏡Bで反射して鏡Cへと進んだ。鏡Cで反射した光は，図３の①～④のいずれかの点を通過して進んでいった。

❸　図３から光源装置を取りのぞき，光源装置があった位置にコップを置いた。

❹　図３の①～④のうちの，❷で光が通過した点から鏡Cを見たところ，コップの像が鏡Cにうつって見えた。

(1)　実験１で，図１の点Mに入射する光の入射角は何度か。X，Y にあてはまる数字を一つずつ選びなさい。

XY 度

(2)　光の速さは非常に速いことを利用し，地球から光(電波)を発して天体の表面で反射させ，光が戻ってくるまでにかかる時間を測定すれば，地球と天体とのおおよその距離を知ることができる。実験２で，光が点M－N間を１往復するのに x〔秒〕かかった場合，「地球から発した光Pが月面で反射して地球へ戻ってくる」という例において，光Pが発せられてから戻ってくるまでにかかる時間は，どのような式で求めることができるか。次の①～④のうちから一つ選びなさい。ただし，光を発する地球上の地点と光を反射する月面上の地点との距離を y〔m〕とし，大気による影響は考えず，光は直進するものとする。

①　$2y\times\dfrac{x}{1.0}$　　②　$2y\times\dfrac{1.0}{x}$　　③　$2y\times\dfrac{x}{2.0}$　　④　$2y\times\dfrac{2.0}{x}$

(3)　実験３の❷について述べた次の文の P にあてはまるものをあとの①～⑥のうちから，Q にあてはまるものを図３の①～④のうちから，最も適当なものをそれぞれ一つ選びなさい。

実験３の❷で，光が鏡A，B，Cで反射したときの光の反射角をそれぞれａ，ｂ，ｃとしたとき，これらの大きさの関係は　P　となる。最終的に鏡Cで反射したあとの光は，図３の　Q　の点を通過していった。

①　ａ＜ｂ＜ｃ　　②　ａ＜ｃ＜ｂ　　③　ｂ＜ａ＜ｃ

④　ｂ＜ｃ＜ａ　　⑤　ｃ＜ａ＜ｂ　　⑥　ｃ＜ｂ＜ａ

図４

(4)　図４は，実験３の❸で用いたコップを南側から見たようすである。実験３の❹で鏡Cにうつって見えるコップの像として最も適当なものを，次のページの①～④のうちから一つ選びなさい。

①　②　③　④

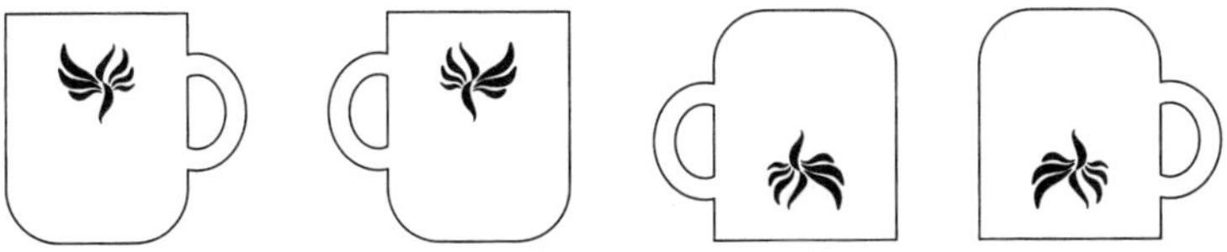

5　血液の循環や，ヒトの体内における血液のはたらきについて，調べたこと１，２をまとめました。これに関して，あとの(1)～(3)の問いに答えなさい。

調べたこと１

図１は，ヒトの体内で血液が循環する道すじを模式的に表したものであり，Ａ～Ｇは血管を，Ｌ～Ｎは肝臓，腎臓，小腸のいずれかの器官を，それぞれ表している。血液が循環する経路のうち，心臓から器官Ｌ～Ｎなど，肺以外の全身をまわって再び心臓へ戻る経路を体循環といい，心臓から肺を通って再び心臓へ戻る経路を肺循環という。

血液を送り出すのは，図１の中央付近に示された心臓の役割である。心臓が拍動することで，血液は全身をめぐっている。図２は，心臓の断面を正面から見たようすを模式的に表したものである。心臓はａ～ｄの部分に分かれており，これらの部分が順に縮んだり広がったりすることで，体内に血液を送り続けている。

図１

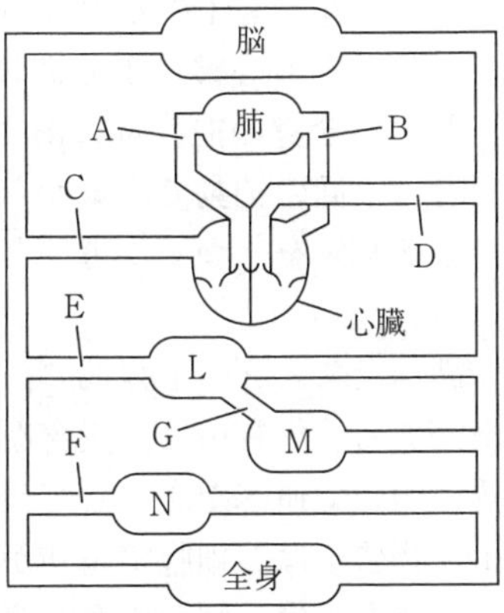

調べたこと２

血液には，いろいろな成分が含まれている。図３は，ヒトの血液を顕微鏡で観察したようすを模式図に表したものであり，ｅ～ｇは血液中の固形成分を表している。これらの成分にはそれぞれ異なるはたらきがあり，細胞に必要な物質や，体内で不要となった物質は，血液の流れによって運搬される。

図２

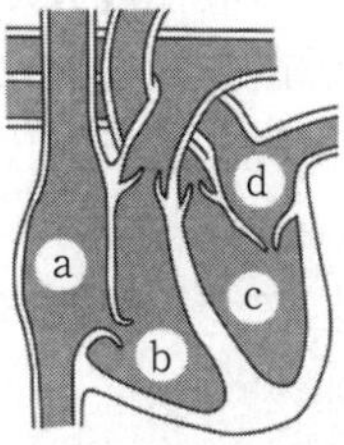

図３

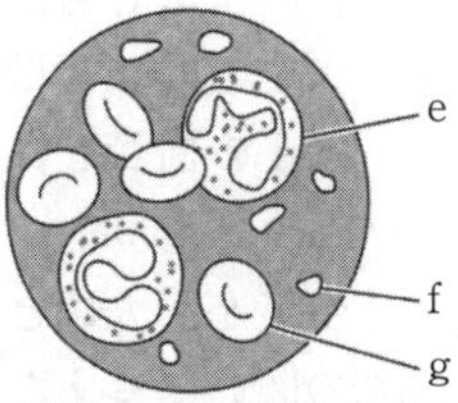

(1)　体循環において，図１の血管Ｇを流れる血液について述べた次の文の［Ｐ］にあてはまるものをＰ群の①～④のうちから，［Ｑ］にあてはまるものをＱ群の①～④のうちから，［Ｒ］にあてはまるものをＲ群の①～④のうちから，最も適当なものをそれぞれ一つ選びなさい。

ヒトが食事をしたあと，図１の血管Ｇには，養分を多く含む血液が流れている。この養分とは［Ｐ］と［Ｑ］であり，このうちの［Ｑ］の一部は，器官Ｌと筋肉で［Ｒ］に変えられて貯蔵される。

Ｐ群：①　ブドウ糖　②　アミノ酸　③　脂肪酸　④　モノグリセリド
Ｑ群：①　ブドウ糖　②　アミノ酸　③　脂肪酸　④　モノグリセリド
Ｒ群：①　脂肪　②　アミラーゼ　③　トリプシン　④　グリコーゲン

(2)　肺循環と心臓のはたらきについて，次の(a)，(b)の問いに答えなさい。

(a)　肺循環において，肺で取り入れた酸素を全身へ運搬する血液中の成分をⅠ群の①～⑥のうちから，肺を通って心臓へ戻る血液について述べた文をⅡ群の①～⑧のうちから，最も適当なものをそれぞれ一つ選びなさい。

Ⅰ群　①　図３のｅの赤血球　　②　図３のｅの白血球
　　　③　図３のｆの赤血球　　④　図３のｆの白血球
　　　⑤　図３のｇの赤血球　　⑥　図３のｇの白血球

Ⅱ群　①　図１のＡの肺動脈を通り，図２のａの右心房に流れ込む。
　　　②　図１のＡの肺動脈を通り，図２のａの右心室に流れ込む。
　　　③　図１のＡの肺静脈を通り，図２のａの右心房に流れ込む。
　　　④　図１のＡの肺静脈を通り，図２のａの右心室に流れ込む。
　　　⑤　図１のＢの肺動脈を通り，図２のｄの左心房に流れ込む。
　　　⑥　図１のＢの肺動脈を通り，図２のｄの左心室に流れ込む。
　　　⑦　図１のＢの肺静脈を通り，図２のｄの左心房に流れ込む。
　　　⑧　図１のＢの肺静脈を通り，図２のｄの左心室に流れ込む。

(b)　Ｓさんの心臓は１分間に75回拍動する。Ｓさんの全身の血液量が4230 cm^3 であり，体循環において全身の血液量にあたる4230 cm^3 がすべて心臓から送り出されるのに48秒かかるとした場合，１回の拍動で心臓から肺以外の全身へ送り出される血液の量は何 cm^3 か。[X]～[Z]にあてはまる数字を一つずつ選びなさい。

[X][Y].[Z] cm^3

(3)　調べたこと２の下線部の，体内で不要となった物質の一つに，細胞で生じる，人体に有害な物質ｍがある。物質ｍは，無害な物質ｎに変えられてから，尿として体外へと排出される。これらの物質について述べた文として最も適当なものを，次の①～⑤のうちから一つ選びなさい。

①　物質ｍは，細胞で脂肪が分解されるときに生じる。
②　物質ｍは，図１の血管Ｅを流れる血液に多く含まれる。
③　物質ｍもｎも，血液中の液体成分である組織液によって運ばれる。
④　図１の器官Ｎは，物質ｍを物質ｎに変えるはたらきをする。
⑤　図１の血管Ｆには，物質ｎをほとんど含まない血液が流れる。

6　生徒が，火山と火成岩について調べるため，次の観察を行いました。これに関して，あとの(1)～(4)の問いに答えなさい。

観察

マグマが冷え固まってできた岩石Ｘと，岩石Ｘが風化して砂になったものとを採取した。

・図１は，岩石の表面をみがき，図２のような双眼実体顕微鏡で観察したようすを表したものである。この岩石に含まれる鉱物は，白色や無色であるものの割合が大きく，全体的に白っぽい色に見えた。

図１

図２

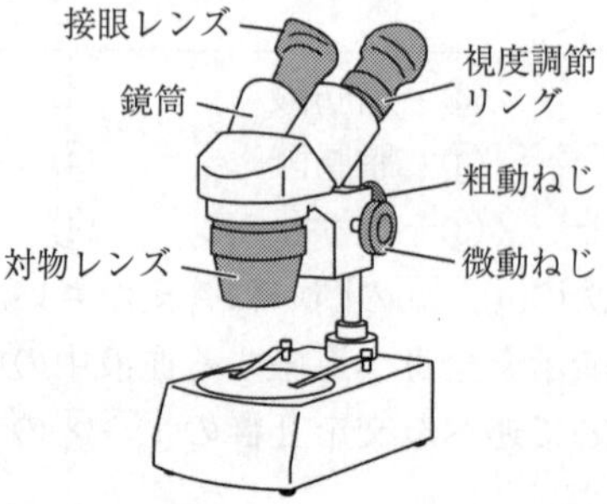

・砂については，火山灰の観察を行うときと同様に，少量の水とともに蒸発皿に入れて，何度か水をかえながら指で押し洗いするという操作を行った。その結果現れた鉱物の結晶について，一部を取り分け，粒の数をもとに含まれる鉱物の割合を調べた結果，おおよそ図３のような割合となることがわかった。

図３

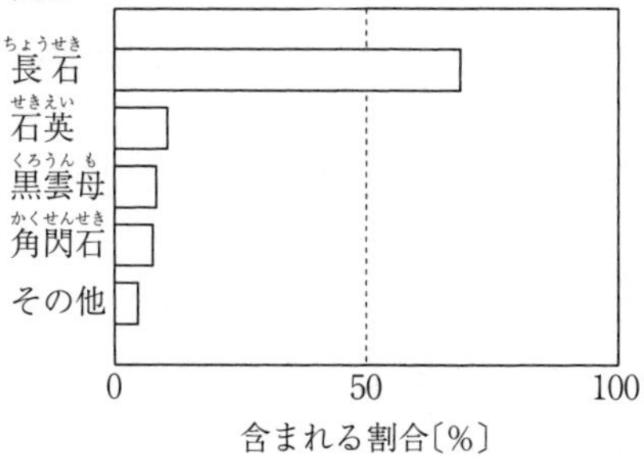

(1) 次のア～エを，双眼実体顕微鏡で観察を行う操作の順に左から並べたものはどれか。最も適当なものを，あとの①～⑧のうちから一つ選びなさい。

ア　左右の視野が重なって見えるよう，鏡筒の間隔を調節する。
イ　粗動ねじをゆるめ，観察物の大きさに合わせて鏡筒を上下させる。
ウ　接眼レンズを左目でのぞきながら，視度調節リングを回してピントを合わせる。
エ　接眼レンズを右目でのぞきながら，微動ねじを回してピントを合わせる。

①　ア→イ→ウ→エ　②　ア→イ→エ→ウ　③　ア→ウ→エ→イ　④　ア→エ→ウ→イ
⑤　イ→ア→ウ→エ　⑥　イ→ア→エ→ウ　⑦　イ→ウ→エ→ア　⑧　イ→エ→ウ→ア

(2) 次のア～エのうち，観察で見られた鉱物について正しく述べた文を組み合わせたものを，あとの①～⑥のうちから一つ選びなさい。

ア　長石は白色やうす桃色の鉱物で，柱状の形をしている。
イ　石英は無色や白色の鉱物で，不規則な割れ方をする。
ウ　黒雲母は黒色や褐色の鉱物で，丸みのある短い柱状である。
エ　角閃石は板状の形の鉱物で，決まった方向にうすくはがれる。

①　ア，イ　②　ア，ウ　③　ア，エ
④　イ，ウ　⑤　イ，エ　⑥　ウ，エ

(3) 図４のAは傾斜のゆるやかな形の火山を，Bは盛り上がった形の火山を，それぞれ模式的に表したものである。図１の岩石Xができた火山について述べた文として最も適当なものを，次の①～④のうちから一つ選びなさい。

図４

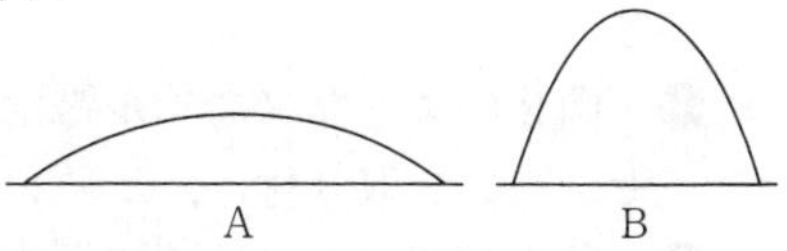

①　キラウエアに代表される，図４のAのような形をした火山であった。
②　キラウエアに代表される，図４のBのような形をした火山であった。
③　昭和《しょうわ》新山《しんざん》に代表される，図４のAのような形をした火山であった。
④　昭和新山に代表される，図４のBのような形をした火山であった。

(4) マグマが冷え固まってできた岩石である火成岩は，火山岩と深成岩に分類することができる。また，火山岩と深成岩は，含まれる鉱物の種類や割合の違いによって，それぞれ３種類に分類できる。表は，火山岩をａ～ｃの３種類に，深成岩をｄ～ｆの３種類に，それぞれ分類したものであり，表の上段にある岩石ほど白っぽい色，下段にある岩石ほど黒っぽい色であるものとする。図１の岩石Xについて述べた文をⅠ群の①～④のうちから，その岩石の名称をⅡ群の①～⑥のうちから，最も適当なものをそれぞれ一つ選びなさい。

表

火山岩	深成岩
a	d
b	e
c	f

Ⅰ群　①　岩石Xは，斑状組織をもつことから，表のａに分類される。
　　　②　岩石Xは，斑状組織をもつことから，表のｄに分類される。

③　岩石Ｘは，等粒状組織をもつことから，表のａに分類される。
④　岩石Ｘは，等粒状組織をもつことから，表のｄに分類される。

Ⅱ群　①　閃緑岩《せんりょくがん》　②　安山岩《あんざんがん》　③　斑《はん》れい岩《がん》
④　流紋岩《りゅうもんがん》　⑤　花崗岩《かこうがん》　⑥　玄武岩《げんぶがん》

7　金属のイオンへのなりやすさや，水溶液と金属板から電気を生み出すしくみについて調べるため，次の実験１，２を行いました。これに関して，あとの(1)〜(3)の問いに答えなさい。

実験１

❶　９本の試験管を用意し，そのうちの３本にはうすい硫酸亜鉛水溶液を，３本にはうすい硫酸マグネシウム水溶液を，３本にはうすい硫酸銅水溶液を，それぞれ入れた。

❷　図１のように，同じ水溶液が入った３本ずつの試験管に，それぞれ亜鉛板，マグネシウム板，銅板を入れた。

❸　それぞれの金属板付近のようすを観察し，表にまとめた。

図１

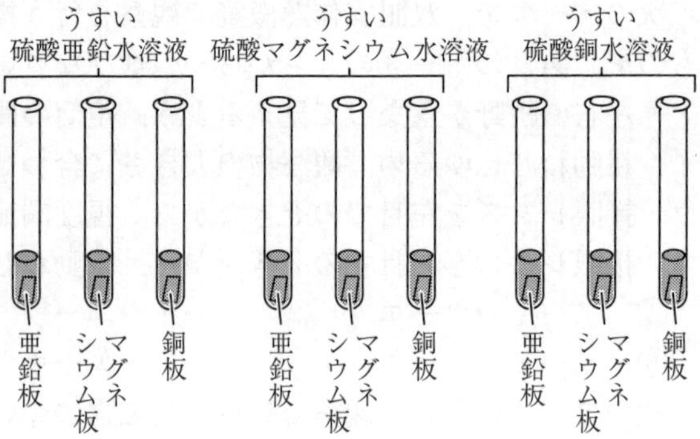

表

	うすい硫酸亜鉛水溶液	うすい硫酸マグネシウム水溶液	うすい硫酸銅水溶液
亜鉛板	変化なし	変化なし	金属板に赤色の物質が付着した。
マグネシウム板	金属板に黒色の物質が付着した。	変化なし	金属板に赤色の物質が付着した。
銅板	変化なし	変化なし	変化なし

実験２

❶　図２のようなダニエル電池用の容器に，２種類の溶液がすぐに混ざるのを防ぐ役割をするセロハンを取り付け，ビーカーに入れた。

❷　❶の容器の中には硫酸銅水溶液を，❶の容器の入っていないビーカーの中には硫酸亜鉛水溶液を入れ，硫酸銅水溶液には銅板を，硫酸亜鉛水溶液には亜鉛板を，それぞれさし込んで固定し，ダニエル電池をつくった。

❸　図３のように，銅板と亜鉛板に，プロペラ付きモーターを導線で接続したところ，電流が流れ，プロペラが回転した。

図２

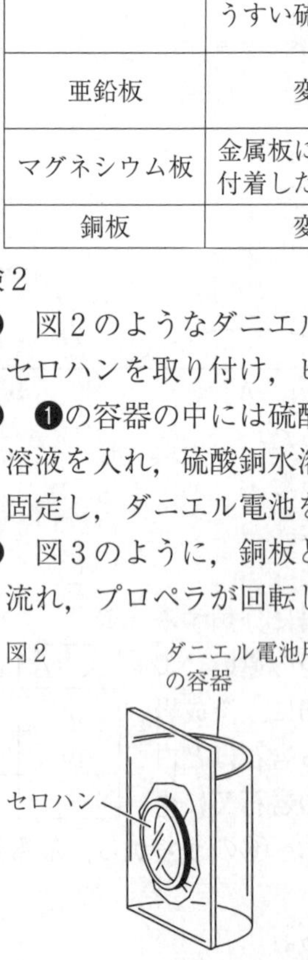

図３

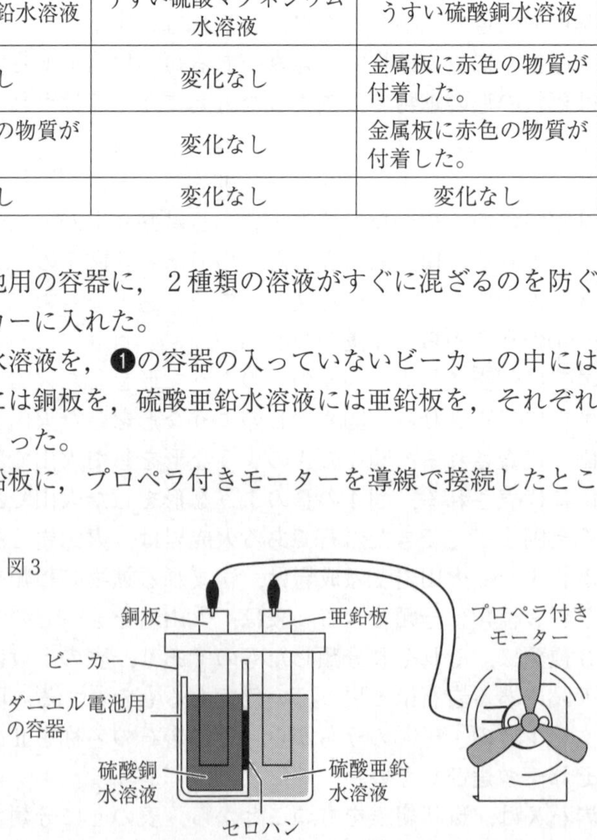

(1) 右の化学反応式は，硫酸亜鉛が水に溶けて電離しているようすを，化学式やイオンを表す化学式を用いて表したものである。ⓐ～ⓓにあてはまる数字についての関係式として最も適当なものを，次の①～④のうちから一つ選びなさい。

$$\mathrm{ZnSO}_{ⓐ} \rightarrow \mathrm{Zn}^{ⓑ+} + \mathrm{SO}_{ⓒ}^{ⓓ-}$$

① a＝b　② b＝d　③ c＝b　④ c＝d

(2) 実験２のダニエル電池について，次の(a)，(b)の問いに答えなさい。

(a) 電極や電子について述べた文として最も適当なものを，次の①～④のうちから一つ選びなさい。

① 銅板が＋極，亜鉛板が－極となり，電子が銅板から導線を通って亜鉛板へ移動した。
② 銅板が＋極，亜鉛板が－極となり，電子が亜鉛板から導線を通って銅板へ移動した。
③ 銅板が－極，亜鉛板が＋極となり，電子が銅板から導線を通って亜鉛板へ移動した。
④ 銅板が－極，亜鉛板が＋極となり，電子が亜鉛板から導線を通って銅板へ移動した。

(b) 硫酸銅水溶液を硫酸マグネシウム水溶液にかえ，銅板ではなくマグネシウム板をさし込んで，プロペラ付きモーターをマグネシウム板と亜鉛板に導線で接続した。このときの結果について，実験１から考えられることを述べた次の文の［P］にあてはまるものをP群の①～⑥のうちから，［Q］にあてはまるものをQ群の①，②のうちから，最も適当なものをそれぞれ一つ選びなさい。

> 実験１で用いた３種類の金属は，イオンになりやすい順に，左から［　P　］である。そのため，硫酸マグネシウム水溶液・マグネシウム板と硫酸亜鉛水溶液・亜鉛板という組み合わせでつくった電池では，図３のダニエル電池と［　Q　］にプロペラが回転する。

P群　① 亜鉛→銅→マグネシウム　② 亜鉛→マグネシウム→銅
　　　③ マグネシウム→銅→亜鉛　④ マグネシウム→亜鉛→銅
　　　⑤ 銅→亜鉛→マグネシウム　⑥ 銅→マグネシウム→亜鉛

Q群　① 同じ向き　② 反対の向き

(3) 実験２で，硫酸亜鉛水溶液の濃度を濃くして飽和状態に近いものを用いた場合，実験２の❸の結果と比べると，プロペラ付きモーターの回転する速さはどのようになるか。それを説明したものとして最も適当なものを，次の①～④のうちから一つ選びなさい。

① 亜鉛が溶けにくくなり，生じる電子が少なくなることから，モーターの回転する速さは遅くなる。
② 亜鉛が溶けやすくなり，生じる電子が多くなることから，モーターの回転する速さは速くなる。
③ 銅が溶けにくくなり，生じる電子が少なくなることから，モーターの回転する速さは遅くなる。
④ 銅が溶けやすくなり，生じる電子が多くなることから，モーターの回転する速さは速くなる。

8　電流と磁界について調べるため，次の実験１～３を行いました。これに関して，あとの(1)～(4)の問いに答えなさい。ただし，地球の磁場による影響はないものとし，電熱線以外の抵抗は考えないものとします。

実験１

❶ 図１のように，コイル，U字形磁石，抵抗の大きさが20Ωの電熱線Xを用いた装置をつくった。スイッチを入れて電流を流したところ，電流計は0.18Aを示し，コイルは矢印（⬅）で示した方向に動いた。

❷ 図１の装置の電熱線Xに，図２のように，抵抗の大きさがわからない電熱線Yを並列につ

ないだ。電源装置の電圧を❶のときの半分の大きさにして電流を流したところ，電流計は0.24Aを示し，コイルは図1のときと同じ向きに動いた。

図1

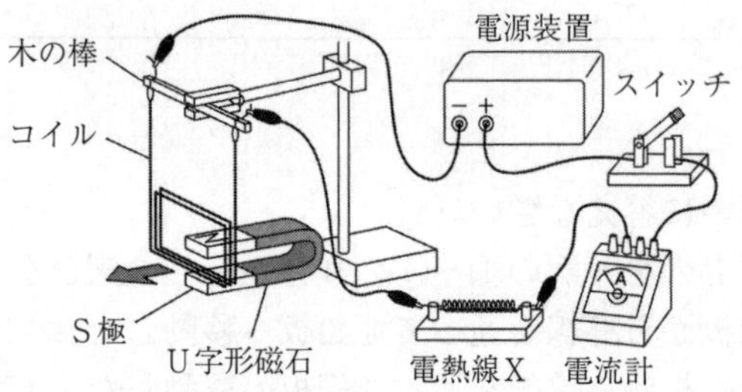

図2

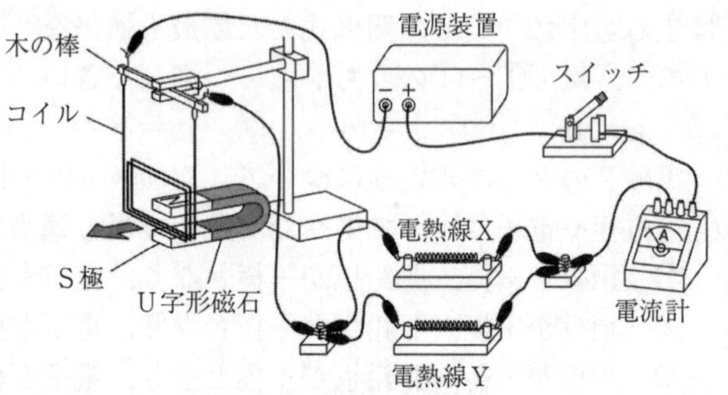

実験2

❶　図3のように，コイルAを電源装置につなぎ，図4のように，真上から見てコイルAの東西南北にあたる周囲の点a～dに，方位磁針をそれぞれ置いた。

❷　電源装置のスイッチを入れてコイルAに電流を流したところ，方位磁針の針はそれぞれ東西南北のいずれかの方位をさした状態で静止した。

図3

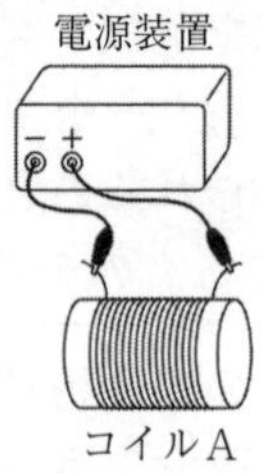

図4

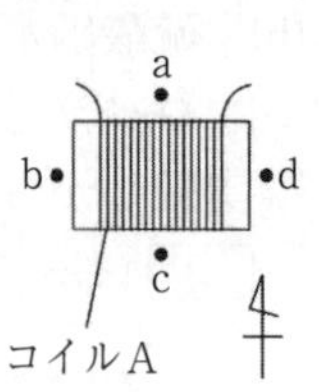

実験3

❶　実験2のコイルAの周囲から方位磁針を取りのぞき，図5のように，コイルAの右側にコイルAと同じ向きに巻いたコイルBを置いて，検流計をつないだ。

❷　電源装置のスイッチを入れてコイルAに電流を流したところ，コイルBにつないだ検流計の針が左側(－側)に振れてから再び0に戻った。

図5

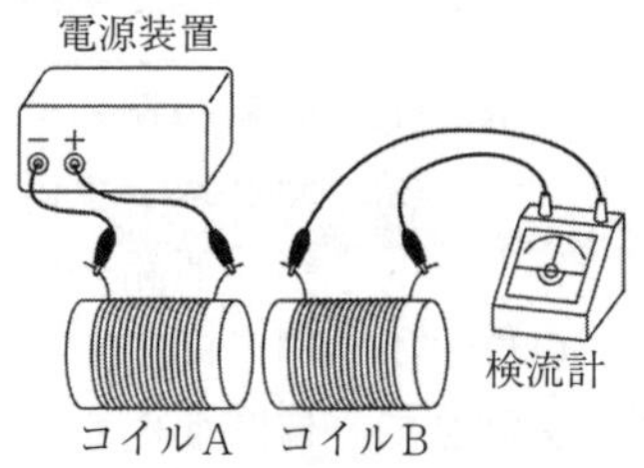

(1)　実験1の❶で，図1の装置に電流を流したときの電源装置の電圧として最も適当なものを，次の①～④のうちから一つ選びなさい。

①　0.9V　　②　3.6V　　③　9.0V　　④　3600.0V

(2)　実験1では，U字形磁石の磁界と，コイルを流れる電流がつくる磁界によって力がはたらき，コイルが動いた。これについて述べた次の文の［P］，［Q］にあてはまる数値を，あとの①～⑥のうちからそれぞれ一つ選びなさい。

> 実験1の❷では，電源装置の電圧の大きさを，❶のときの半分にしたにもかかわらず，❶のときよりも大きな電流がコイルに流れており，回路全体の抵抗が，❶のときよりも小さい［P］Ωになっている。これは，❷では抵抗が20Ωの電熱線Xと，抵抗が［Q］Ωの電熱線Yを並列につないだためである。

①　3.2　　②　7.5　　③　9.3　　④　12.0　　⑤　13.2　　⑥　16.8

(3)　次のア～エのうち，実験2の❷での方位磁針について正しく述べた文をすべて選んだ組み合わせを，あとの①～⑥のうちから一つ選びなさい。

ア　点aとcの方位磁針は，互いに逆の方位をさした。

イ　点bとdの方位磁針は，互いに逆の方位をさした。

ウ　点cとdの方位磁針は，互いに逆の方位をさした。
エ　すべての方位磁針のうち，南をさした方位磁針は一つもなかった。

①　ア，イ　　②　ア，ウ　　③　ア，エ
④　イ，ウ　　⑤　イ，エ　　⑥　ウ，エ

(4)　実験3では，コイルAの中の磁界が変化したことで，電流が発生する現象が起こった。実験1の現象を利用した例と，実験3の現象を利用した例の組み合わせとして最も適当なものを，次の①～④のうちから一つ選びなさい。

	実験1の現象を利用した例	実験3の現象を利用した例
①	モーター	IH調理器
②	モーター	燃料電池
③	非接触型ICカード	IH調理器
④	非接触型ICカード	燃料電池

ているか。その説明として最適なものを後より一つ選び番号で答えなさい。

1　多くの利益を手にすると、別の手段に変えるのが惜しくなり、今ある利益とより多くの利益の両方ともを守る手段を選ぶことができなくなるということ。

2　現在の利益がそれなりにあるとこれを失うのが惜しくて、少しであっても利益を増やせる手段に変えるという正しい判断ができなくなるということ。

3　今よりも一つだけしか利益が増えないのに手間がかかることを面倒がって、ほどほどの現状に満足してしまうと、結局何もかも失う結果になるということ。

4　ある程度利益が増えるとそれが減るのが惜しくて、一つずつ増やすという安全な手段を選び、いっきに増やすという思い切った判断ができなくなるということ。

問五　傍線部4「道」とあるが、ここでの意味として最適なものを後より一つ選び番号で答えなさい。

1　方法　　2　教え　　3　道徳　　4　道理

問六　傍線部5「一時の懈怠」とあるが、ここでは具体的にどのようなことか。最適なものを後より一つ選び番号で答えなさい。

1　西山での用事の方が重要であると気づいたのに、今日は東山に行きたいという自分勝手な欲をとって、西山へ行くのをとりやめたこと。

2　東山にいるときに西山に行く方が大切だと思い、日が暮れてしまうのをいやがって、本来の行き方ではなく、近道をして西山へ行くこと。

3　西山での用事の方が自分に得だと思って、すぐに済ませなければならない東山での用事を取りやめて、日を変えずに西山に向かうこと。

4　今訪れている東山での用事を済ませることを優先し、本当に大切な西山での用事は特に日が定まっていないことだからと先送りすること。

問七　傍線部6「いたむべからず」の本文中での意味として最適なものを後より一つ選び番号で答えなさい。

1　優しくしてはいけない　　2　手を抜いてはいけない
3　傷がついてはいけない　　4　嘆いてはいけない

問八　傍線部7「ゆゆしくありがたう覚ゆれ」とあるが、これはどのようなことについて言っているのか。最適なものを後より一つ選び番号で答えなさい。

1　ふつうの人は不安な面ばかりに気をとられてしまうが、登蓮法師は天候などささいなことを気にせず、自然のものにむやみにおびえるべきではないという心の強さを説いたこと。

2　登蓮法師が、自分の追求していることを確実に手にするために、次にまた機会があるなどと油断することなく、悪天候で人に制止されたにもかかわらず、迅速に行動したこと。

3　登蓮法師が、目的を絶対に果たすためなら自分の命を危険にさらすこともためらわないと決意して、周囲との対立にもじっと耐えて、最後には願いをかなえたこと。

4　課題を解決するために急がなければならないときに、登蓮法師が、厳しい現実をしっかりと受け止めながら人の言葉に惑わされずに成功する方法を見極めたこと。

問九　本文の内容として不適当なものを後より一つ選び番号で答えなさい。

1　何が大事なことに役立つかはわからないので、登蓮法師のように人の集まる場で情報を得ることが大切だ。

2　何かを成し遂げるには、人に見下されることも気にとめず、すべてを犠牲にして行うことが必要である。

3　一度怠けてしまうと同じことをくりかえしてしまうようになることを自覚して、緊張感を持つべきだ。

4　大事なことを達成するのに必要な気持ちは、碁を打つときに一手もむだにしないという心構えと似ている。

三　次の文章は『徒然草《つれづれぐさ》』の一部である。これを読んで後の設問に答えなさい。

一生のうち、むね《(主として)》とあらまほしからん事の中に、いづれかまさるとよく思ひくらべて、第一の事を案じ定めて、その外《ほか》は思ひすてて、一事をはげむべし。一日のうち、一時のうちにも、1あまたの事の来たらんなかに、すこしも益のまさらん事をいとなみて、その外をばうちすてて、大事を急ぐべきなり。いづかたをも捨てじと2心にとり持ちては、一事も成るべからず。

たとへば、碁を打つ人、一手もいたづらにせず、人に先だちて、小を捨て大につくがごとし。それにとりて、三つの石をすてて、十の石につくことはやすし。十をすてて、十一につく事はかたし。一つなりともまさらん方へこそつくべきを、3十までなりぬれば、をしく覚えて、多くまさらぬ石にはかへにくし。これをも捨てず、かれをも取らんと思ふ心に、かれをも得ず、これをも失ふべき4道なり。

京にすむ人、いそぎて東山に用ありて、すでに行きつきたりとも、西山に行きてその益まさるべき事を思ひ得たらば、門より帰りて西山へ行くべきなり。ここまで来つきぬれば、この事をばまづ言ひてん。日をささぬ事なれば、西山の事は、帰りてまたこそ思ひ立ためと思ふに、5一時の懈怠《けだい》《(怠け心)》、すなはち一生の懈怠となる。これを恐るべし。

一事を必ずなさんと思はば、他の事の破るるをも6いたむべからず。人のあざけりをも恥づべからず。万事にかへずしては、一の大事成るべからず。人のあまたありける中にて、ある者、「*1ますほのすすき、まそほのすすきなど言ふ事あり。わたのべの聖《ひじり》、この事を伝へ知りたり」と語りけるを、登蓮《とうれん》法師、その座に侍《はべ》りけるが、聞きて、雨のふりけるに、「*2蓑《みの》・かさやある、貸し給《たま》へ。かのすすきの事習ひに、わたのべの聖のがり尋ねまからん」と言ひけるを、「あまりにものさわがし。雨やみてこそ」と人の言ひければ、「むげの事をも仰《おほ》せらるるものかな。人の命は、雨のはれ間をもまつものかは。われも死に、聖も失《う》せなば、たづね聞きてんや」とて、走り出《い》でて行きつつ、習ひ侍りにけりと申し伝へたるこそ、7ゆゆしくありがたう《(めったにないこと)》覚ゆれ。「敏《と》き時はすなはち功あり」とぞ、論語と言ふ文にも侍るなる。このすすきをいぶかしく思ひけるやうに、*3一大事の因縁をぞ思ふべかりける。

（兼好法師『徒然草』）

*1　ますほのすすき、まそほのすすき…赤みを帯びたすすき。
*2　蓑…わらなどで編んだ雨具。肩からはおり、体をおおう。
*3　一大事の因縁…仏道の悟りを開ける大事な縁。

問一　本文中に「　」（かぎかっこ）のついていない会話文が一箇所ある。その会話文の初めと終わりの組み合わせとして最適なものを後より一つ選び番号で答えなさい。

1　聞きて～貸し給へ　　2　聞きて～まからん
3　蓑・かさ～貸し給へ　　4　蓑・かさ～まからん

問二　傍線部1「あまたの事」とあるが、本文中でこれが指す内容と同じ内容を表している言葉として最適なものを後より一つ選び番号で答えなさい。

1　一生　　2　あらまほしからん事
3　第一の事　　4　その外

問三　傍線部2「心にとり持ちては」の意味として最適なものを後より一つ選び番号で答えなさい。

1　心の中で断念すると
2　心を落ち着かせると
3　心の中で執着していると
4　心を通わせると

問四　傍線部3「十までなりぬれば、をしく覚えて、多くまさらぬ石にはかへにくし」とあるが、ここで筆者はどういうことを言っ

熱意が全面に出て水墨画としての情感や落ち着きが欠けてしまうだろうということ。

2　絵を描いている最中の千瑛は、激しい熱意にとらわれて、注意を促す他人の言葉も耳に入らなくなっているため、いつも同じ失敗を繰り返してしまい、理想の絵を完成させることはできないだろうということ。

3　千瑛は、情熱のあふれる作品に仕上げることが大切だと信じているので、「僕」や他の人が彼女の絵の華やかさが欠点だと伝えても、何が問題なのか理解できず、同じ主題の絵を描き続けるだろうということ。

4　「僕」が千瑛の絵にあふれる彼女の思いに心打たれたことを打ち明けたとしても、自分の絵が完成には程遠いと思っている千瑛は受け入れず、同じ絵を納得できるまで描き直すのだろうということ。

問九　傍線部6「僕は何かを言いたかったが、どんな言葉も二人には受け取ってもらえないような気がした」とあるが、この「僕」の心情の説明として最適なものを後より一つ選び番号で答えなさい。

1　自分に対して攻撃的にふるまう千瑛が、斉藤さんにミスを指摘されたことで弱気になっていることにいらだっているが、互いの絵を見て意思が確認できるほど親しい二人を見て、千瑛は斉藤さん以外の人の言葉を信じないし、彼を否定することも許さないだろうと感じている。

2　千瑛の絵に趣を与えている部分を、斉藤さんがミスだと指摘し、千瑛も自信を失っていることにもどかしさを感じたが、言葉がなくても理解し合っている二人の様子を見ると、知り合ったばかりで水墨初心者の自分の意見は重みもなく、理解されないだろうと感じている。

3　二人のやりとりには具体的な説明がなく、千瑛の絵のよい部分がなぜミスになるのか分からないので、教えてほしいと思っているが、水墨の知識がないためうまく伝えられないので、経験豊富な二人に自分のもやもやした思いは分かってもらえないだろうとあきらめている。

4　斉藤さんの千瑛に対する態度は水墨の相手との繋がりを大切にする精神に反するものなのに、千瑛が素直に受け入れていることに疑問を感じたが、初心者である自分の意見が正しいとも思えず、もし意見したとしてもすでに高みにいる二人は自分を拒むだろうと感じている。

問十　本文の説明として最適なものを後より一つ選び番号で答えなさい。

1　登場人物が水墨を描いている様子や絵に描かれている情景を、視覚だけではなく聴覚で感じたことも取り入れながら詳しく描写し、それぞれの視点から心の内面を詳しく説明することで登場人物の成長と心情の変化を、現実感を持たせながら表現している。

2　前半と後半で登場人物どうしの関係の変化を描き、その合間に水墨の絵や絵を描いている様子を写実的で淡々とした文章で説明したり、場面の風景をとりとめなく描写したりすることで、文章全体で緩急をつけてめまぐるしく変わる展開を印象づけている。

3　水墨をめぐる登場人物どうしの会話によって物語が展開しているが、その中で絵を描く様子や絵そのものについて比喩を用いながら細部まで丁寧に描かれ、情景やその絵に反映されている登場人物の人がらや心情が、強く印象に残るように表現されている。

4　登場人物どうしが互いを探るようなやりとりを、たとえの表現を多用してユーモアも交えて表現する一方で、水墨の絵の描写や絵を描いている人物の描写では抽象的な表現を用いて緊張感を持たせ、これからの展開が重々しいものになることを暗示している。

2　水墨は、墨のさまざまな表現で森羅万象を描くものであり、ただまじめに力を入れることが習慣になってしまうとそれらの表現をする技術が上達せず、水墨を理解することができなくなるから。

3　「僕」の様子を見ると、「僕」は自分に厳しく、過ちを許せない思いから力を入れており、このまま水墨を描いても他者の影響を受けるばかりで、自分らしさを表現できないと思ったから。

4　水墨の世界は、森羅万象を深く理解しなければならない難しさがあるので、「僕」のようにあまりに熱心に力を入れて臨もうとすると、水墨にのめり込みすぎて、孤独に陥ることになるから。

問五　本文中の[A]～[C]に入る言葉の組み合わせとして最適なものを後より一つ選び番号で答えなさい。

1　A＝悲しそうな　B＝値踏みする　C＝鬼気迫る
2　A＝不思議そうな　B＝値踏みする　C＝悠然とした
3　A＝悲しそうな　B＝拒絶する　C＝悠然とした
4　A＝不思議そうな　B＝拒絶する　C＝鬼気迫る

問六　傍線部3「千瑛は少しの間だけ考え込んだ」とあるが、このときの千瑛の心情の説明として最適なものを後より一つ選び番号で答えなさい。

1　「僕」がまだ水墨を描いてもいないことを知ってあきれ、それほど才能がありそうもない相手に嫉妬してしまったことが恥ずかしくなり、気まぐれな祖父の湖山に気に入られた「僕」を気の毒に思い始めている。

2　祖父の湖山が「僕」を高く評価していると考えていたなかで、指導がそれほどまでに進んでいないとは思いもしなかったため、「僕」がどのような人間で、どこに魅力を感じているのか興味を持ち始めている。

3　祖父の湖山が「僕」に初歩的なことしか教えていないことが信じられず、湖山と「僕」が何かをたくらんでいるのかと疑いを感じて、「僕」との勝負には絶対に負けたくないという気持ちが強くなっている。

4　わざわざ内弟子にした「僕」に、祖父の湖山が特別な指導をまったくしていないことを知って安心感が湧くとともに、「僕」に対する敵対心がなくなって、率直にどのような人間なのか知りたいと思っている。

問七　傍線部4「僕は逡巡することもなくうなずいた」とあるが、なぜか。その理由の説明として最適なものを後より一つ選び番号で答えなさい。

1　水墨を少しやってみたことで、今までに経験したことでは味わえなかった、自分にも何かができるかもしれないという希望がわいてきて、水墨の世界をもっと知りたいという気持ちになったから。

2　湖山先生とのやりとりで、他者から期待をかけられる喜びや水墨のもつ穏やかな雰囲気を味わったことで、久しぶりにいやされたような気持ちになり、水墨のもつ魅力をもっと知りたいと思ったから。

3　水墨の難しさや千瑛には決して勝てないという現実を思い知っても、水墨を嫌いになることはなく前向きな気持ちが続いており、これほどの向上心を感じる体験は他にないだろうと感じていたから。

4　ほんのわずかな間であるのに、水墨を通して学んだことは日常では味わえない刺激があって自分を変えるようなものだったため、すでに意欲がわいて、水墨を好きになるだろうと思ったから。

問八　傍線部5「彼女の完成を志す意志そのものが、彼女にまた同じものを描かせてしまうのだ」とあるが、これはどういうことか。その説明として最適なものを後より一つ選び番号で答えなさい。

1　ひたすら自分の技術の完成を追い求める千瑛には、他人の助言や感想は影響を与えないだろうから、彼女の作品はいつでも、最後に筆を洗う『ポチャン』という音が響き、凍るように胸に刺さるウ幽玄な花が斉藤さんの目の前に出来上がっていた。

「ここと、ここと、ここ」

と斉藤さんは自分の絵を指しながら言った。千瑛は自分の絵と見比べて、落ち込んだようにうなずいた。千瑛のミステイクのポイントなのだろう。確かにその場所に墨だまりができていたり、墨のグラデーションが安定していない箇所があったりした。

だが、僕には斉藤さんの指摘の意味が、いまひとつ分からなかった。その微妙な、歪《ゆが》みやミスこそが千瑛の花に柔らかさを与えているように思えたからだ。

千瑛はそれでも斉藤さんに指摘されると、萎縮《いしゅく》して小さくなってしまった。自分のミスを心から恥じているという様子だった。僕にはそれも納得できなかった。6僕は何かを言いたかったが、どんな言葉も二人には受け取ってもらえないような気がした。

ただ単に絵を描いて場所を示すだけで、この二人の会話は完結していた。それだけ強いきずながこの二人にはあるということだ。

（砥上裕將『線は、僕を描く』）

＊1 内弟子…師匠の近くで、家事なども手伝いながら芸事を学ぶ弟子。
＊2 西濱さん…湖山の弟子。斉藤さんも同様。
＊3 トーン…語調。
＊4 雅号…書家や画家などが、本名以外につける風雅な名前。
＊5 逡巡する…ためらう。
＊6 古前君…「僕」の友人。
＊7 鹿威し…竹筒に水を注いだときに重みで筒が傾くのを利用して、音を出す仕掛け。
＊8 グラデーション…絵画などで濃淡が段階的に変化していること。

問一 二重傍線部a〜cのカタカナの部分を漢字に改めたとき、同じ漢字を用いるものはどれか。後より選びそれぞれ番号で答えなさい。

a ヘダてている
1 輪カク　2 遠カク　3 威カク　4 仏カク

b オヨばない
1 困キュウ　2 キュウ助
3 普キュウ　4 復キュウ

c スかし見る
1 トウ過　2 トウ達
3 トウ論会　4 トウ磁器

問二 傍線部ア〜ウの意味として最適なものを後より選びそれぞれ番号で答えなさい。

ア 愕然とした
1 絶望を感じた　2 非常に驚いた
3 納得できた　4 非常にとまどった

イ いやしくも
1 本格的に　2 図々しく
3 仮にも　4 ほんの少しでも

ウ 幽玄な
1 華やかで目立っている
2 緊張感があって恐ろしい
3 はかなくて頼りない
4 味わい深く神秘的である

問三 傍線部1「その決定的な一線は、たった一筆によって引かれたものだった」に、副詞はいくつ用いられているか。最適なものを後より一つ選び番号で答えなさい。

1 一つ　2 二つ　3 三つ　4 四つ

問四 傍線部2「青山君、力を抜きなさい」とあるが、湖山先生がこう言った理由として最適なものを後より一つ選び番号で答えなさい。

1 力を入れている「僕」の状態は、自分のことにとらわれて心を開かず、自然や他者との繋がりを拒むものなので、さまざまな結びつきを表現する水墨画の本質とはかけ離れているから。

れど、それが何なのかを摑《つか》むことができない。僕はガラスの向こう側の景色をｃスかし見るように、絵の中の彼女の気持ちを眺めることができた。

彼女の牡丹は、その壮麗な技術の中で際立《きわだ》って華やかに咲いている。その技の完成を求める心や向上心が熱意になって、花そのものの燃えるような情感を浮き立たせている。だが、一方でその情熱が、彼女の絵の中にある余白や、湖山先生が言っていた『自然』な心の変化や情感を消し去ってしまっている。たった一色にしか見えなくなるのだ。

それでも彼女の熱意の大きさは、見るものを圧倒する。

僕も彼女の絵を見ていると、何かが自分に決定的に欠けていることに気づいてしまう。それが何なのか分からずに、彼女の絵の中にそれを探してしまう。彼女の熱が胸に伝わってくるのだ。

自分の絵を見ている彼女は、とても真剣だった。

何かを伝えたいと思ったけれど、僕には選ぶべき言葉がなかった。伝えようと思いついた言葉は、どれも適当なものではなかった。

たとえばそれは生まれてから一度も音楽を聴いたことのない人に、音楽の説明をするようなものだった。たぶんこうだろう、という答えを言っても、相手はきっと別のことを理解する。誰も彼女には彼女のことを伝えられない気がした。5彼女の完成を志す意志そのものが、彼女にまた同じものを描かせてしまうのだ。

二人で黙って言葉を探しているところに、先ほどお茶菓子を持ってきた斉藤さんがやってきた。

「湖栖《こせい》先生」

と、千瑛は視線を上げて微笑んだ。斉藤さんは無表情のままうなずいた。千瑛のすぐそばに立つと新しい紙を広げさせて、千瑛とまったく同じレイアウトの絵を描いて見せた。

斉藤さんが筆を持ったとき、いちばん最初に驚いたのは、筆洗に筆を浸《つ》けた音だった。

＊7鹿威《ししおど》しのような、

『ポチャン』

という音が鳴った後、斉藤さんの集中力が僕と千瑛に伝わってきた。動きはけっして速くない。おおらかで優雅だが千瑛や湖山先生とは違う、もっと近寄りがたいものだ。

僕はそれを冷たく感じた。

真冬のスケートリンクに、たった一人で立っているようなそんな気分だった。

冷たく、重い。

それほど手が速くも感じられないのに、絵は次々と出来上がっていく。筆遣いを見ているとけっして筆数が少ないわけではなく、細かい画を描いているのに、ゆっくりと見えて、出来上がる絵は速い。よく見てみると、梅皿や硯《すずり》に筆が着地する回数が少ない。紙の上を筆が舞い続ける時間が極端に長いのだ。

「そうか、無駄がないのだ」

ということに気が付いた。一回、筆が墨を啜《すす》ると墨がなくなるまで筆を可能な限り使って絵を描いている。湖山先生や千瑛のように速さで描くのではなく、確実に一手一手を決めていっている。

絵はすぐに出来上がった。

それは千瑛と同じように描いた牡丹の絵だった。二枚の画を並べると、明らかな違いがいくつも見えてきた。

千瑛の描いた絵は、斉藤さんの描いた絵よりも乱れて荒い。

斉藤さんの絵は、驚くほど均一な＊8グラデーションを一枚一枚の花びらや葉っぱが宿していた。その均一さや技術の精度の高さは、確かに千瑛の絵にはない。牡丹はまるで写真かCGのように、ほぼブレもなく写実的に描かれていた。同じ技法を使って、これほど雰囲気が違うものが作れるのだろうか。斉藤さんに感じた遠さは、こんな技術を支えるための集中力だったかも知れない。

千瑛が情熱をたたえる赤一色の絵だとしたなら、斉藤さんの絵は真冬の雪あかりに映る紫一色だった。重く強くぶれない絵だ。

湖山先生に迫るようなとんでもない技量だった。

ど……」
そして千瑛はまた下を向いたまま少しの間、筆を止めた。それから、ゆっくりと筆を置いて、こちらを見た。
「この前、勝負だと言ったけれど……」
「ええ」
「常識的に考えて、あなたは私に勝てないわ」
「そうでしょうね」
それは間違いない。それは始める前から分かっていることだ。いま目《ま》の当たりにした技術を見ても、どうひっくり返っても一年では千瑛のいる場所にはbオヨばない。誰が見ても明らかなことだ。
「私は来年の湖山賞公募展で、大賞の湖山賞を狙ってる。それを獲《と》れば、通例ではお祖父ちゃんが＊4雅号を付けてくれて、プロの作家として認められる。私はその場所を狙っているの。だから、私に勝つということは、あなたが画歴一年足らずで、水墨画家にとっての最大のタイトルの一つである湖山賞を獲るということなの。それはどう考えても無理だと思う。十年練習したって入選すらしない生徒さんもたくさんいるわ」
「まあ、そうでしょうね。僕もまったくあなたに勝てるとは思えないから」
「あなたはそれでも水墨をするの？」
それは、なぜ水墨を始めるのか、という問いそのもののような気がした。
練習の結果も、勝負の行方もすべて分かっている。それでも水墨を始めるのか、という問いだ。
4僕は＊5逡巡《しゅんじゅん》することもなくうなずいた。
「もちろん、やってみようと思いますよ。理由は、うまく言葉にできないけど……僕はたぶん水墨を好きになると思います」
千瑛は不思議そうなものを見る目でこちらをじっと見ていた。
「まだ、何の画題も描いていないのに？」
確かにそうだ。僕が習ったことといえば、落書きをすることと、力を抜いて墨をすることだけだ。だがそれでもこれまでの僕では思いつきもしなかったことを知ることができた。
「ええ、たぶん」
と、うなずいて見せると、千瑛はほんの少しだけ笑った。考えてみれば、いったい僕に何ができるというのだろう？
この世界で僕に期待している人間は、＊6古前君と湖山先生のたった二人しかいない。
古前君のほうはただの勘違いだという気がするけれど、湖山先生が僕をこの世界に引き込んだのだからこちらには理由があるはずだ。だがその理由はまったく分からない。
僕と千瑛はたぶん同じ問いを抱えているのだ。僕自身が何者なのかをお互いが探していた。僕らは見つめ合ったまま沈黙していた。そのまま何度か呼吸した後、その沈黙のこっけいさに気づいて僕は口を開いた。
「凄い絵ですね」
僕はさっき描かれた牡丹《ぼたん》の絵を見た。千瑛はすぐに首を振った。
「いいえ。たいしたことないわ。難しい画題だし、まだまだ細かいミスがたくさんある」
「そうなのですか？ 僕には分からないけれど」
「あなたは何も知らないから分からないだけよ。致命的とは言わないまでも、確かなミスがいくつもあるわ」
どうやら謙遜でもなんでもないようだ。僕がこの絵から感じていたのは、そういう細かなミスというよりも画面があまりにも華やかすぎるということだった。落ち着かないほど豪華で、パッと見た瞬間の驚きの向こう側に入っていけない。だがそんなことを、口にすると、また怒られそうだったので、僕は黙って絵を見つめていた。すると、彼女は、
「何かが足りない」
と言った。
僕は彼女を見た。彼女にも分かっているのだ、分かってはいるけ

の筆は、千瑛の手には余るほど長く大きい。それなりの重さがあるはずだが、千瑛はものともせずに見えないものを斬るように筆を動かしていく。
　立ったまま掛け軸のような長い画面を描いているのだが、筆の速さは湖山先生を思わせた。湖山先生よりも少しだけ遅いが、息遣いや描く雰囲気が確かによく似ている。
　白い画面の中に大輪の花が次々に描かれ、真っ白な空間が美しく飾られていく。絶頂という言葉があるが、千瑛の描く花はまさしくそれだった。花の盛りを迎えた豪華な花が人の手によって次々に描き込まれ、花の洋服のように鋭い葉が余白に着せられていくと画面はほとんど埋め尽くされて、絢爛《けんらん》としか言いようのない花や葉の墨調の変化に眩しささえ覚える。
　最後に茎を描き、全体に点を打ち、数手、手を入れると千瑛はようやく筆を置いた。
　繊細な動きや細かな動作には向かないような大きな筆一本だけで、限りなく細やかに細部に向かって穂先を動かしていく様子は、一流のバイオリニストの弓さばきを思わせた。体幹をあんなふうに小刻みに揺らして身体全体を使って適切な力が伝わるポイントを探していく。
　千瑛の動きや、湖山先生の動きを見ていると、水墨画というのは武術や楽器の演奏のような動きだなと思ってしまう。身体全体が筆と化して、優れた一筆のために整えられている。描き終わって、集中力が薄れ、千瑛がぼんやりと物憂《ものう》げに絵を眺めているときに、ようやくこちらに気が付いた。
　すごい、とほめ称《たた》えようとしたところで、彼女は［ B ］ように、
「こんにちは」
　と、言った。僕はその声の＊3トーンに言葉を搔《か》き消されて、同じように冷静にこんにちは、と言った。
「本当に、来ていたのね」
「ええ。お世話になっています」
　それだけ言うと千瑛は描き上げた紙を横において、新しい紙を下敷きの上に敷いた。そしてまた無造作に何かを描き始めた。見ていると竹のようだった。鋭い直線が剣で空間を斬るように次々に描かれていくが、どこかゆったりと描いている。先ほどの絵のような［ C ］様子はない。
　身構えて次の言葉を待っていると、千瑛は意外にも、
「この前は、感情的になってしまって申し訳なかったわ」
　と言った。ごめんなさい、という言葉を使わないところが彼女らしいな、と思った。彼女の手はただひたすら紙面の上を斬って動き続けている。
　彼女は僕の言葉を待っているのだろうか。
　待っているともいえるし、待っていないともいえる。彼女が筆を止めたタイミングを見計らって僕は、
「いえ、なんでもないことです。僕があなたでも、同じ反応をするかもしれない」
　と言葉を繋いだ。彼女はようやく視線を上げて、
「そう」
　と呟《つぶや》いてまた絵を描き始めた。教室の中ではただ、千瑛が筆を振るう音が響いている。紙と筆が擦れ、画面の上に命が吹き込まれていく音だ。
「今日は何を習ったの？」
　千瑛は描きながら僕に訊ねた。髪が動きに合わせて微《かす》かに揺れて光っている。漆黒の髪は鏡のように夕方の光を反射する。
「墨のすり方と、力を抜くこと、それだけです」
「それだけ？」
「ええ。それだけです」
　3千瑛は少しの間だけ考え込んだ。
「そうなの……意外だったわ。お祖父《じい》ちゃんの考えていることは、やっぱり分からないわね。お祖父ちゃんらしいといえば、らしいけ

かった。それが墨に伝わって粒子が変化したというのだろうか。だが、たしかにその心の変化を墨のすり方だけで見せつけられた身としては、うなずくしかない。

「君はとてもまじめな青年なのだろう。君は気づいていないかもしれないが、真っすぐな人間でもある。困難なことに立ち向かい、それを解決しようと努力を重ねる人間だろう。その分、自分自身の過《あやま》ちにもたくさん傷つくのだろう。私はそんな気がするよ。そしていつの間にか、自分独りで何かを行おうとして心を深く閉ざしている。その強張《こわば》りや硬さが、所作に現れている。そうなるとその真っすぐさは、君らしくなくなる。真っすぐさや強さが、それ以外を受け付けなくなってしまう。でもね、いいかい、青山君。水墨画は孤独な絵画ではない。水墨画は自然に心を重ねていく絵画だ」

僕は視線を上げた。

言葉の意味を理解するには、湖山先生の声があまりにも優しすぎて、何を言ったのか、うまく聞き取れなかった。［A］顔で、僕は湖山先生を見ていたのだろう。湖山先生は言葉を繰り返した。

「いいかい。水墨を描くということは、独りであるということとは無縁の場所にいるということなんだ。水墨を描くということは、自然との繋《つな》がりを見つめ、学び、その中に分かちがたく結びついている自分を感じていくことだ。その繋がりが与えてくれるものを感じることだ。その繋がりといっしょになって絵を描くことだ」

「繋がりといっしょに描く」

僕は言葉を繰り返した。僕にはその繋がりをaヘダてているガラスの部屋の壁が見えていた。その壁の向こう側の景色を、僕は眺めようとしていた。

その向こう側にいま、湖山先生が立っていた。

「そのためには、まず、心を自然にしないと」

そう言って、また湖山先生は微笑《ほほえ》んだ。湖山先生が優しく筆を置く音が、耳に残った。その日の講義は、ただそれだけで終わった。

何か、とても重要なことを惜しみなく与えられているようで、そのすぐ前を簡単に通り過ぎてしまいそうになっている自分を感じていた。

小さな部屋に満たされた墨の香りと、湖山先生の穏やかな印象が、カチコチに固まっていた水墨画のイメージをボロボロと打ち壊していくのが分かった。

父と母が亡くなって以来、誰かとこんなふうに長い時間、穏やかな気持ちで向き合ったことがなかったのだと僕は気づいた。

一礼して部屋を出るときに、湖山先生が描いたお手本をすべて持って帰っていいと言われたので、僕は湖山先生の描いた紙の束を一抱え持って、離れにある湖山先生のアトリエから敷地内の教室のほうへ移動した。玄関は教室の先にあり、教室に＊2西濱《にしはま》さんがいれば車で送ってもらえるからだ。

湖山先生の自宅はそのまま教室とアトリエをすっぽりと抱えていて、おまけに広く整った庭まである。庭には水墨の画題になる植物がたくさん植えられているらしい。

教室には無数の道具と机といすが並べられていて、机は大作を描くことも可能な横長で広い面積もある。この教室で練習できるのは、内弟子とそれに準ずる実力のある湖山門下の数人の門人だけらしい。つまりほとんど、西濱さんや斉藤さん専用の教室で、当然そこには千瑛も含まれることになる。この前、展覧会で会ったときの強気な態度が思い返されて、教室で出くわさなければいいな、と思ったところで、案の定、千瑛に鉢合わせした。

千瑛は、ただひたすら立ったままテーブルの上の白紙に向かい練習していた。

今日は和服ではなく、真っ黒なワンピースだった。僕が教室に入ってもまるで気づかず、一心不乱に筆を振るっている。

細く長く白い腕に、長い指先、その特別な指に摘まれた筆は、まるで白鷺《しらさぎ》の足のように奇妙な優雅さをたたえていた。しかし、そ

二　次の文章を読んで、後の設問に答えなさい。

〈これまでのあらすじ〉
大学生の「僕（青山霜介《そうすけ》）」は、両親を交通事故で亡《な》くし、喪失感から立ち直れずにいた。そんなとき、アルバイト先で水墨画家の篠田《しのだ》湖山に目をかけられ、＊1内弟子となった。湖山の孫で水墨画家の千瑛《ちあき》は「僕」が内弟子になることに反発し、翌年の「湖山賞」をかけて勝負することを宣言する。「僕」は二回目の練習で、湖山から何度も墨をすり直させられた。疑問に思いながらも繰り返していたが、そのうち疲れを感じて適当に墨をすったあと、湖山を呼んだ。

「これでいい。描き始めよう」
僕は湖山先生が何を言っているのか、分からなかった。どうしてまじめにすった墨が悪くて、適当にすった墨がいいんだ？
僕はなんとも腑《ふ》に落ちないという表情をしていたのだろう。湖山先生はにこやかに笑って答えた。
「粒子だよ。墨の粒子が違うんだ。君の心や気分が墨に反映しているんだ。見ていなさい」
湖山先生は、筆をもう一度取り上げて、いちばん最初に描いた風景とまったく同じものを描いた。木立が前面にあり、背後に湖面が広がり、さらにその背後に山が広がっているという絵で、レイアウトはまったく同じだ。
だが湖山先生が筆を置いた瞬間の墨の広がりや、きらめきが何もかも違った。
画素数の低い絵と高い絵の違いと言ったらいいのだろうか。実際に粒子が違うというのなら、そういうことなのだろう。小さなきらめきや広がりが積み重なり、一枚の風景が出来上がったとき、最初に見たときは漠然と美しいとしか感じられなかった絵が、二枚目になると懐《なつ》かしさや静けさやその場所の温度や季節までも感じさせるような気がした。細かい粒子によって出来上がった湖面の反射は、夏の光を思わせた。薄墨で描かれた線のかすれが、ごく繊細な場所まで見て取れるので、眩《まぶ》しさや、色合いまでも思わせ、波打つ様子は静けさまでも感じさせた。1その決定的な一線は、たった一筆によって引かれたものだった。同じ人物が同じ道具で、同じように絵を描いても、墨のすり方一つでこれほどまでに違うものなのかと、僕はア愕然《がくぜん》とした。とたんに僕は恥ずかしくなった。
僕はとんでもない失敗をさっきまで繰り返していたのだ。湖山先生は相変わらず、にこやかに笑っている。
私が何も言わなかったのが悪いが、と前置きした後に湖山先生は言った。
「2青山君、力を抜きなさい」
静かな口調だった。
「力を入れるのは誰にだってできる、それこそ初めて筆を持った初心者にだってできる。それはどういうことかというと、凄《すご》くまじめだということだ。本当は力を抜くことこそ技術なんだ」
力を抜くことが技術？　そんな言葉は聞いたことがなかった。僕は分からなくなって、
「まじめというのは、よくないことですか？」
と訊《たず》ねた。湖山先生はおもしろい冗談を聞いたときのように笑った。
「いや、まじめというのはね、悪くないけれど、少なくとも自然じゃない」
「自然じゃない」
「そう。自然じゃない。我々はイいやしくも水墨をこれから描こうとするものだ。水墨は、墨の濃淡、潤渇、肥痩《ひそう》、階調でもって森羅万象を描き出そうとする試みのことだ。その我々が自然というものを理解しようとしなくて、どうやって絵を描けるだろう？　心はまず指先に表れるんだよ」
僕は自分の指先を見た。心が指先に表れるなんて考えたこともな

問十　傍線部８「ボッティチェリの『春（プリマヴェーラ）』」とあるが、この作品についての筆者の説明として最適なものを後より一つ選び番号で答えなさい。

1　たった一冊の古い本から新しい発見を得て描かれ、時代を代表する作品になったことから考えると、古いものは知識として膨大に蓄積されるより、驚きを与えるためにあるべきものだと示唆している。

2　はるか過去に書かれた本が発見されたことに影響を受けて描かれているため、取り立てて価値のなかった古いものでも、時間の経過によって希少性を帯び、新しい価値を持つことがあると示している。

3　古い本が長い空白期間を経て突然よみがえったことをきっかけに誕生した作品で、古いものは後世に知識として残されるだけでなく、新しさをもたらして時代を切り開くことを示している。

4　失われていた古い本が再発見された出来事に触発されて誕生しており、古い知識から学ぶことだけではなく、古いものの再生が創造につながって、新しい時代をもたらすことを象徴している。

問十一　傍線部９「これからの時代に求められる『頭の良さ』」とはどのようなことか。この説明として最適なものを後より一つ選び番号で答えなさい。

1　アイデアを出し合うことが停滞してしまった場合に、議題を一つのプロジェクトと考えて、周囲の人々と積極的にコミュニケーションをとり、それぞれがすでに身につけている知識や技術を活用しながら、教えられたことや解法を当てはめて正解を出すこと。

2　創造性を発揮することを特別視せずに、日常生活をもっと充実させるために必要なことと考え、根気よくアイデアを出し続けることによって既存の知識や技術を新しい形でつなぎあわせたり、これまで用いられていない状況でも使えるように改良したりすること。

3　現代社会の抱える問題を解決して多くの人に利益がもたらされるように、既存のアイデアに手を加えたり新しい使い方を試したりして社会に広めることと、既存のアイデアに頼らずに目新しいアイデアを恒常的に考え続けることを両立できるようにすること。

4　古典的な知識や既存の技術、アイデアが現在どのように人々に影響を与えているかをよく観察し、古いものの価値を認めて無理に新しいものを生み出そうとすることはやめ、現在の状況を解決するためにふさわしい知識や技術を活用できるようになること。

問十二　本文の内容と一致するものを後より一つ選び番号で答えなさい。

1　マニュアル化されたサービスを利用する場合も独自のサービスを利用する場合も、対価や労力が同じくらいかかることが、クリエイティビティが発揮されない原因となっている。

2　決められたルールを守ることを重視する日本人のやり方は、トータルフットボール感覚はあっても、ブリコラージュ感覚に欠けていて、物事をうまく進めることができない。

3　生産性を向上させることとクリエイティビティを発揮することは相反する行為であるため、生産性を追い求めながらクリエイティビティを高めていくことはできないといえる。

4　トータルフットボール感覚とブリコラージュ感覚は、仕事を進めるときに安心感を与えるのではなく、アイデアを考えながら取り組んでいくライブ感をもたらすものである。

こと。

問五　傍線部2「駆けつける」と活用の種類が同じものを後より一つ選び番号で答えなさい。

1　逃げ散る　　2　追い求める
3　徹する　　4　あせる

問六　本文中の[3]・[4]に入る言葉の組み合わせとして最適なものを後より一つ選び番号で答えなさい。

1　3＝鋭敏さ　4＝鋭敏な思考力をもつ
2　3＝素朴さ　4＝いつでも素朴に生きる
3　3＝柔軟さ　4＝頭を柔軟に使う
4　3＝寛容さ　4＝寛容な精神を大切にする

問七　傍線部5「この二つの時間の使い方は、車の両輪のようなもので、どちらも必要です」とあるが、なぜか。その理由として最適なものを後より一つ選び番号で答えなさい。

1　時間を管理することと時間を忘れるほどの没入は、どちらも自分に刺激を与えるものであり、その刺激がなければ、継続的に物事に取り組んでいても、課題を解決していく実感や達成感が得られなくなるから。
2　没入して時間感覚を忘れつつ重大な課題を探究すると本当に好きなものを見つけ出すことにつながり、時間を管理することで没入したときの疲労感を取り除いて没入の時間にも計画性を持たせることができるから。
3　好きなことに没入することと時間を管理することは、どちらも将来に向けて自分が何をしていくかの計画に関わることであるため、没入の時間や時間の管理がなければ精神的な成長や安定が望めなくなるから。
4　時間を管理しなければ、目の前のことに没入しすぎて将来を見通すことや現実生活に対応することができなくなり、反対に、自分の関心に没入する快感がなければ、心身のバランスをくずしてしまうことになるから。

問八　傍線部6「その余裕」とあるが、これはどのようなことを指しているか。その説明として最適なものを後より一つ選び番号で答えなさい。

1　生産方式と提供サービスが大きく発展したので、新しい「物」の研究開発に莫大《ばくだい》な労力や時間をかける必要がなくなり、利益を確保しながら新しい価値を探すための時間ができたこと。
2　自由に使える時間を増やして時間に対する管理をやめたことで、創造性を発揮しやすくなり、新しい「物」を開発することにおいて、他人や他社より先行することができていること。
3　マニュアル化・合理化であらゆる作業が迅速に行われ、生産性が向上したことで、多大な利益を確保することができ、研究開発にかける時間と予算が大幅に増加したこと。
4　システムの整備によって時間の厳密な管理と作業の効率化が実現され、余計な労力をかける必要がなくなったため、新しい「物」を開発するための時間と精神的ゆとりが生まれたこと。

問九　傍線部7「クリエイティビティを発揮する時間」とあるが、この説明として、不適当なものを後より一つ選び番号で答えなさい。

1　時間を短縮して無駄を省略することよりも、納得できるアイデアを生み出せるまで充分な時間をかけ、リラックスして行うことが大切である。
2　アイデアを思いつくための材料があるかどうかわからなくても、アイデアを得るために外に出て、未知の世界を知ろうとする必要がある。
3　よいアイデアを自然に思いつくことは簡単にできないので、条件を設定して他者と競うなど、遊ぶような気持ちで取り組み、慣れることが大切だ。
4　没入して創造する作業を行うために、事前に自分自身の気持ちを整えて準備したり、没入した後に休憩する時間をとったりする必要がある。

誰かが案を言ったら、とりあえず「それいいかもしれないね」と相《あい》槌《づち》を打つ。すると、皆がアイデアを出すようになり、次第にアイデアを出すことがおもしろくなり、止まらなくなってきます。

9 これからの時代に求められる「頭の良さ」とは、こういうものであると私は考えています。これまでは、教えられたことや解法を当てはめて正解を出すことが良いとされてきましたが、これからはそこから新しいものを生み出す能力が問われるのです。

（齋藤　孝『潜在能力を引き出す「一瞬」をつかむ力』）

＊1　フォワードやディフェンダー…サッカーのポジション。そのポジションを担当する選手。
＊2　フロー…目の前のことに完全に集中している精神状態。
＊3　神保町…東京都の地名。書店・古書店が多い。
＊4　ブックハンター…本を探し求める人。
＊5　パッケージ…関連する要素を一つにまとめたもの。

問一　二重傍線部a～cのカタカナの部分を漢字に改めたとき、同じ漢字を用いるものはどれか。後より選びそれぞれ番号で答えなさい。

a　ユウ通
　1　ユウ予　2　ユウ致　3　ユウ合　4　ユウ猛

b　改カク
　1　沿カク　2　カク心　3　カク充　4　カク僚

c　発ショウ
　1　賠ショウ　2　不ショウ事　3　ショウ格　4　ショウ像画

問二　本文中の（ア）～（ウ）に入る語として最適なものを後より選びそれぞれ番号で答えなさい。

ア　1　したがって　2　たとえば　3　ちなみに　4　いっぽうで
イ　1　さらには　2　つまり　3　しかし　4　そのため
ウ　1　そのかわり　2　けれども　3　あるいは　4　ですから

問三　本文中には、次の部分が抜けている。これを入れる位置として最適なものを後より一つ選び番号で答えなさい。

確かに、現代の発明や新商品も、一人で無から有を生み出すように作られたものは、多くありません。

1　【A】　2　【B】　3　【C】　4　【D】

問四　傍線部1「クリエイティビティを高めるために必要なのが『トータルフットボール感覚』です」とあるが、この部分で筆者が言おうとしていることの説明として最適なものを後より一つ選び番号で答えなさい。

1　ある目的を達成したり問題を解決したりするために、多くの人数で協力して行う場合でも、他人を頼らずに作業に関わり、一人ひとりが自分の役割をしっかりと果たすようにすることで、それぞれがたくさんのアイデアを考える力が身につくということ。

2　自分に関係ないと思われる課題や仕事でも、日頃から他人に任せきりにせずに責任を持って積極的に関わっていくことで、それぞれが異なる状況に適切に対応できる力を身につけることにつながり、効果的なアイデアを生み出せるようになるということ。

3　問題に対してこれまでにない解決策を提案できるようにするには、日常的に周囲の状況に鋭く目を向けて困っている人のためにすぐに行動したり、必要なときに他人の力を借りたりして、困難を乗り越えるような経験を積んでおく必要があるということ。

4　その時々に必要な新規の解決策を示せるようにするために、日頃から一つの物事に執着することなく、視野を広げながらあらゆる物事に気軽に触れる経験をしていくことや、重要な課題に対応するための数多くの知識を蓄えておく必要があるというは諸説ありますが、古代ローマの詩人ルクレティウスの『物の本質について』に影響を受けたと言われています。

ハーバード大学教授のスティーヴン・グリーンブラットは著書『一四一七年、その一冊がすべてを変えた』（ピューリッツァー賞と全米図書賞を受賞）において、ルクレティウスの本は一〇〇〇年以上失われており、それが十五世紀になって一人の＊4ブックハンターによって再発見されたことが、ルネサンスにつながったのではないかと述べています。

一冊の本の再発見がルネサンスの発端になったとすれば、これはまぎれもなく創造性にあふれたクリエイティブな行為です。ですから、古典や歴史の勉強は古来の知恵を学ぶということだけでなく、今を生きる私たちにとって創造的行為となりうるのです。

幕末に吉田松陰《よしだしょういん》は当時の国防の状況を考えるために、孟子《もうし》の教えを門下生たちと議論しました。それが『講孟劄記《こうもうさっき》』としてまとめられていますが、今のゼミのようなものです。孟子は紀元前四〜三世紀の中国の思想家ですから、当時の日本でも大古典です。それを使って国防を考えたということは、松陰がまさに温故知新の視点で、そこからクリエイティブなアイデアを生み出そうとした証《あかし》です。

【A】ドイツの文学者ゲーテも、近代的なロマン主義に批判的でした。いわく、ロマン主義者は、自分一人で何かを生み出すことができると思い込んでいるが、それは病的な考えであり、むしろ古典に学ぶことで新しいものを生み出せるのだ、と。

【B】ほとんどのものは、既存のアイデアを組み合わせたり、異なる文脈に移動したりすることで、新たな需要が生まれているのです。言わば、アレンジです。

【C】このように、アイデアをアレンジと捉えることで、私たちは意図的にクリエイティビティを高めることができます。

【D】エジソンは無線や電話、白熱電球などの発明家と思われがちですが、実は彼が発明したというより、より広めさせた性質のものも多いのです。それがだめだというのではなく、アレンジして世に広めたことにこそ、アイデアの価値があるのです。

日本発ｃショウのカラオケは今や世界中に広まり、まさにすぐれた発明です。これを新規性のみから判断すれば、新しい技術は一つもありません。しかし、歌を抜いた演奏だけの音源とマイクという組み合わせを＊5パッケージにすることで、世の中にはこんなにも歌いたい人がいたのか、と思わせるくらい新たな需要を引き出したわけです。

プリクラも同様です。その場で写真を撮り、それが小さなシールとなって出てくる。言ってしまえば、そこまでの新しさはないように思えます。けれども、当時二十代の女性社員が発案したこの機械は、全国の若い人たちをどれだけ幸せにしたでしょうか。プリクラは単なる写真シールではなく、コミュニケーションを変えたのです。

つまり、クリエイティビティとは、この世界を豊かにするようなアイデアであり、それは何も天才だけがすることではなく、すでにあるものをちょっとアレンジすることでも十分に生み出せるものなのです。

ですから、クリエイティビティに対して恐れず、目を開き、心を開くことが大切です。そして、日々のなかでアイデアを出すことを習慣づけましょう。

ためしに何人かでグループを作り、課題を挙げ、それに対するアイデアを出し合ってみてください。最初は勢いよく出ていたアイデアも、三周くらいで尽きるでしょう。しかし、ここでやめてはいけません。苦しいなかで絞り出していると、さらに一周、二周とするうちに、また調子が出てくるはずです。

会社の会議などでよく見かけるのが、司会者が「この議題について何か案のある方？」と問いかけて、皆がシーンとしている光景です。これは、その部署の空気がアイデアを出す雰囲気になっていないのです。

議題を一つのプロジェクトと捉え、学生が文化祭をおもしろくするためにどうするかと問われた時のように、さまざまな案を出す。

は、質が異なります。生産性を上げるには、一分一秒でも無駄な時間を削る必要がありますが、クリエイティビティを発揮する時間はそうではありません。没入する時間は一部ですが、それ以外の時間も必要になります。

作家や作曲家は締め切りに追われているイメージがありますが、クリエイティブな仕事はなかなか計画通りにはいきません。

たとえば、私が原稿を書かねばならない時、実際に執筆する時間は一時間であっても、その一時間だけあればいいかと言えば、そうではありません。構想を練ったり、終わったあとにしばらく休んだり、そもそも書く気になるまで待ったり、その前後に、「無駄」な時間がどうしても必要なのです。

昔の作家には、原稿を書くのに鉛筆を一本ずつ削る人がいたそうですが、それも集中に入るための準備作業の一つなのでしょう。ただし、単に時間があればよいのではなく、うまく集中して、没入できる状態にしなければなりません。

そのために必要なのが、遊び・ゲーム的要素です。アイデアを求められた時、慣れている人はすぐに一つ二つ出てきますが、慣れていない人は、そこで考え込んでしまいます。しかも、アイデアは時間をかければ出てくるというものでもありません。

実は、アイデアを出すには慣れが必要で、そのためには訓練が有効です。たとえば、アイデアを出すために時間を区切ったり、制約条件をつけたり、競争をしたりするのです。これらの要素は、あくまで楽しく取り入れることが重要です。

たとえるなら、生産性の管理は農耕的な時間世界であり、創造性は狩猟的な時間世界です。（ウ）、アイデアは自分の内にこもって考え込むのではなく、とりあえず外に出てつかまえられるかわからないけれど、獲物を狩りにいくイメージです。

私は大学の授業で、学生をグループに分け、グループごとに街に出て、自分の知らない世界を発見して報告してもらうことをしています。明治大学は＊3神保町《じんぼうちょう》が近いですから、古書店も多いですし、古くからあるカレーショップや喫茶店もあります。

実際、江戸時代の古書やカレーについて報告してくれる人もいます。なかには、映像作品を作って発表してくれる人もいます。

こうして、今まで気づかなかった街の魅力が引き出されます。言わば、街全体が一つの大きなテキストとなって、それを読み解くことで創造的なアイデアが生まれてくる。これは、単に教科書を読んでいるだけでは味わえない、発見のある勉強です。

このように、アイデアは自分の頭で探すだけではなく、外に出てつかまえることができるのです。街を読み解くおもしろさを味わった人は、さらに東京という街をこのようにデザインしたらおもしろいのではないか、といった発想ができるようになるはずです。

〈中略〉

今あるもののなかに新しい意味を見出《みいだ》し、それをもっとおもしろく見せるにはどうすればいいかを考えていく。これこそ、まさにクリエイティビティです。

「温故知新」という言葉があります。「故《ふる》きを温《たず》ねて新しきを知る」と訓読されるように、古いもののなかに新しい発見があるとの意味ですが、古いものを知っているからこそ、新しさとは何かを知ることができるとも言えます。

クリエイティビティを発揮するとは、新奇性を追うようなイメージがありますが、ほとんどの新しいものは、古いもののなかに「ほう！」と驚けるようなものを見つけ出すことから始まっているのです。

十四世紀から十五世紀、西欧において新たな芸術・学問・科学が花開きました。いわゆるルネサンスです。ルネサンスという言葉が「再生」という意味であったり、「文芸復興」などと訳されていたりすることからもわかるように、そもそもは失われた古代ギリシア・ローマの文化を再興しようとしたものです。

ルネサンスを象徴する絵画に、8ボッティチェリの「春（プリマヴェーラ）」があります。ボッティチェリがこの絵を描いた理由に実は、時間の使い方には二つの方法があります。
一つが、今述べたフロー感覚につながるような、没入して時間を忘れることです。ただ、こうした没入はその瞬間はいいのですが、長期的な視点がありません。ずっと没入してばかりいては（天才はいいかもしれませんが）、普通の社会生活に対応できなくなってしまいます。
そうした時に必要なのがもう一つの、時間を管理することです。将来に向けて逆算して、今何をやるべきかを計画的に決めるのです。5この二つの時間の使い方は、車の両輪のようなもので、どちらも必要です。
実は、学校という制度はこの二つの使い方をうまく学べるようにできています。まず勉強は時間割という名の通り、毎週何をするべきかが区切られ、管理されています。これはおおむね、必要な勉強時間数に比例しています。
いっぽう、部活動は没入の時間です。基本的に、部活は自分が好きで選んだものです。もちろん、大会までにこれを身につけなければいけないといった計画的部分がないわけではありませんが、部活で求められるのは、何よりも好きなことに没頭する時間です。
私は、高校時代にテニス部でしたが、三年生になって大学受験のために部活動ができなくなると、とたんに心身の調子が悪くなりました。やはり、管理された時間での生活だけではだめで、没入する時間があることが人生にとって大切なのです。
没入と時間の管理という、相反する要素をうまく組み合わせていくことは、生産性と創造性のバランスを取ることにつながります。
生産性は、もともと日本が得意にしてきたことです。トヨタ自動車は生産方式を改bカクすることで無駄をなくし、世界で有数の自動車会社になりました。
アメリカの経営学者ドラッカーも、時間と生産性の関係に着目しています。そして、仕事において何が時間を奪っているかを知り、時間という希少資源をどのように使うかを決めることが、経営者の重要な資質であると指摘しています。
日本において、時間を緻密に管理するシステムを作り上げた最たる例は、コンビニエンスストアでしょう。全国に一万店舗以上を抱える大手チェーンでは、各店に毎日必要なだけの商品を送り届けます。余りすぎてもだめだし、足りなくてもいけない。売れ行きを予測するなどして、物流システムを整えています。
私たちは、おにぎりが品切れしていたりすると「ちぇっ」と思ったりしますが、よく考えれば、長時間お店が開いているのに、ほとんどの場合に品切れ商品がないのはとてつもなくすごいことです。
（イ）、公共料金からチケットまであらゆるサービスを網羅するレジを、日本語が完璧ではない外国の方でもできるように、徹底してマニュアル化・合理化しています。
こうした生産性の向上は、仕事において非常に大切です。すべての仕事は、他人や他社よりもいかに生産性を上げるかで決まると言っても、過言ではありません。
ただし、いくら生産性を上げたとしても、肝心の「物」を生み出さなければしかたありません。それを担《にな》うのが、本章のテーマでもあるクリエイティビティです。
本来、合理化によって無駄を省けば、働いている人には余剰時間が生まれるはずです。その余剰時間を、クリエイティビティを高める・発揮することに回すことが重要です。かつてのソニーなど日本のメーカーではいい意味での「遊び」が、新商品を生み出す研究開発につながっていました。
しかし、今は多くの企業において、6その余裕をさらなる人員削減に回してしまっています。企業は利益を確保しなければいけませんから、人員削減は一つの手段です。しかし、そればかりでは、新たな価値を生み出す能力そのものが落ちてしまいます。
実際、近年とみに日本企業の開発能力が落ちていると内外から指摘されているのはご存じの通りです。
7クリエイティビティを発揮する時間は、生産性を上げる時間と

二〇二三年度 専修大学松戸高等学校（前期17日）

【国語】（五〇分）〈満点：一〇〇点〉

一　次の文章を読んで、後の設問に答えなさい。

[1]クリエイティビティを高めるために必要なのが「トータルフットボール感覚」です。

トータルフットボールとは、オランダのサッカーチーム、アヤックスの元監督リヌス・ミケルスが考案した戦術で、教え子だったヨハン・クライフが中心となって、一九七四年のW杯オランダ代表チームやスペインのFCバルセロナで体現しました。簡単に言えば、ポジションを固定せず、チームがボールをキープするために、すべての選手がゲームに参加しなければいけないということです。

それまでは＊1フォワードやディフェンダーなど、役割に応じてオフェンス(攻撃)とディフェンス(防御)をしていました。しかし、トータルフットボールではボールがあるところにいる選手が、攻撃も防御も両方やらなければなりません。〝点取り屋〟だからといって、守備をしないことは許されないのです。

アイデアを出すとは、その時々に起きている状況に応じた解決策を、「当事者意識」を持って常に考えることです。

たとえば、スーパーでレジに行列ができていたら、ふだんは品出しをしている人が応援に[2]駆けつける。災害が起こった年には保険会社の担当部門は忙しくなりますから、別の部署の人が応援に行けるようなしくみを作る。そうした臨機応変な対応をできることが、トータルフットボール感覚です。

実は、この感覚を持っている人は、アイデアの出し手であることが多い。今、何が必要とされるかを考えて、そのためにはこうしたらいいと言えるからです。

もう一つ、クリエイティビティを高めるのに大切なのが「ブリコラージュ感覚」です。

ブリコラージュとは、フランスの文化人類学者レヴィ＝ストロースが提唱した概念で、「器用仕事」と訳されます。

これは、未開と思われている部族の人たちが何かをする時、その場にあるものを組み合わせて、間に合わせで解決してしまうことを指します。本来はその目的ではない道具も使う、またはあり合わせのものでなんとかする［3］が「野生の思考」であるとしました。

日本人のまじめさは長所ですが、[a]ユウ通が利《き》かないところもあります。（ア）マッサージ店で六〇分と九〇分のコースがあったとします。時間の都合で七五分でやってくれませんかと言うと、日本では断られることが多いようですが、海外では柔軟に対応してくれます。

このように、ブリコラージュ感覚は［4］ということでもあります。

日常生活において、その最たる例は料理上手な人です。料理上手とは、おいしく豪華なものを作れることだけを意味するのではありません。料理上手な人は、あり合わせのもので一品作ることに長《た》けています。それは、まさにブリコラージュ感覚です。

トータルフットボール感覚やブリコラージュ感覚によって生み出されるのが、仕事のライブ感です。

たとえば、飲食チェーン店の食事はどこに行っても同じものが味わえる安心感がある反面、その時・その場ならではの楽しみは薄くなります。いっぽう、超一流レストランや家庭の食事は、自分に合わせて作ってくれるようなスペシャル感を味わえます。

ジュール・ヴェルヌの小説『十五少年漂流記』は、まさにブリコラージュの世界です。無人島に漂流した少年たちが、今あるもので難関を乗り越えていく様に、読者はワクワクするのです。このようなワクワク感は、＊2フロー体験につながります。今、目の前にある課題に集中することで、時間感覚を忘れられるからです。

2023年度／専修大学松戸高等学校（前期17日）

英語解答

1 放送文未公表

2 問1 ③　問2 ①　問3 ④
問4 ②　問5 ④　問6 ③
問7 ④　問8 (1)…③ (2)…②

3 問1 (1)…③ (2)…① (3)…④ (4)…②
(5)…③
問2 ③，④，⑦

4 (1) ④　(2) ①　(3) ④　(4) ③
(5) ①

5 (1) 1…⑥ 2…②
(2) 3…⑦ 4…④
(3) 5…⑦ 6…①
(4) 7…⑤ 8…②
(5) 9…⑧ 10…④
(6) 11…① 12…⑥

6 (1) ③　(2) ①　(3) ①　(4) ⑤
(5) ②　(6) ⑤

（声の教育社　編集部）

1〔放送問題〕放送文未公表

2〔長文読解総合─エッセー〕

≪全訳≫❶あなたには夢があるだろうか。何を仕事にしたいかわかっているだろうか。もしわかっているのなら，それはすばらしい！　夢をかなえるために，ぜひがんばってほしい。でも，もし夢がなくても心配する必要はない！　ある意味，あなたはラッキーだ！　夢探しはとても楽しいものだから！　新しいことにチャレンジして，好きなこと，好きではないこと，得意なこと，得意ではないことを見つけていく過程を楽しむことが大切だ。単に目標にこだわるのではなく，夢を見つけるための「旅を楽しもう」と言う人もいる。一人ひとりが自分を知り，最適な道を見つける。そうするための良い方法には，どんなものがあるだろうか。❷1つは自分が楽しめることのリストと，自分の得意なことのリストをつくることだ。ときには得意でなくても楽しめることがあり，それらは良い趣味になりうる。私はギターを弾くのが好きだが，上手ではない。また，あまり楽しめないことが得意である場合もある。そうしたことは，必要なときにはうまくできるが，毎日やりたいとは思わない。私はトイレ掃除が得意だが，仕事としてはやりたくない。得意でなおかつ楽しめることがいくつか見つかれば，それらが将来仕事とするのにふさわしい種類のものだ。働くうえでお金が一番大事だと思っている人は多いし，それは一部事実ではある。しかし，仕事を楽しむことができなければ，たとえお金をたくさん稼いだとしても，幸せになることは難しいだろう。❸／→イ．自分の将来を考えるうえで助けになるもう1つの方法は，自分が興味を持っている仕事をしている人と話をすることだ。／→ア．彼らにその仕事の好きなところと嫌いなところ，大変なところなどをきいてみるといい。／→エ．ほとんどの人は，自分の仕事について喜んで話してくれ，将来同じような仕事につくためのアドバイスもしてくれるはずだ。／→ウ．準備するために今から始められることがあるかもしれない。／例えば，スポーツトレーナーになりたいと思ったら，自分でスポーツトレーニングをすればいい。日本語教師になりたいと思ったら，もっと日本語を勉強すればいい。銀行で働きたいなら，自分でお金を管理する練習をしたり，将来のためにお金を運用する方法を学び始めたりすればいい。❹でも，もしあなたが何かに一生懸命取り組んではみたが，将来それを仕事にはしたくないと思ったらどうなるだろうか。それは良いことなのだ！　やりたいことを見つけるためには，やりたくないことを見つけることも大切なのだ！　そして，その努力は，体調が良くなったり，日本語が得意になったり，貯蓄や投資が上手になったりするので，なお自分の力になるのだ！❺私は大学時代，営業の仕事をしていた。自分の会社が提供する商品やサービスについて，たくさんのことを学ばなければならなかった。人とどう話すか，どう助けるかを学ばなければならなかった。私は一生懸命に働き，多くの人と話し，その仕事が得意になった。しかし，その過程で，私はそのような仕事を楽しんでいないことを知った。そのことは私が将来について考えるうえでとても役に立った。いろいろなレストランや宅配便の仕事もした。それらの仕事は問題なかったが，その後の人生ではやりたくないと思った。❻ある日，大学の新聞に載っていた広告を目にした。日本人の生徒の英語の練習を手伝ってくれる人を募集するものだった。私はやってみようと決めた。私は日本人とその文化がとても好きだということがわかり，日本語についても詳しく知ることができた。そして，自分の言語である英語についても多くを学んだのだ！　家庭教師として生徒を助けるのは楽しかったし，生徒も私のことを「いい先生だ」と言ってくれた。③そのことは私の気分を良くした。このようにして，新しい友達もできた。❼ある日，その友人の1人が，日本で英語を教えることについて教えてくれた。私はそんな仕事があるということを知りさえしなかった！　そのことが忘れられず，数年後，私は日本に来て英語の教師として働き始めたのだ！　今はここで他の仕事もしているが，日本人の生徒が英語を上達させるのを助けるのはいつだって楽しい。これこそ，私が探していた仕事だと思う。日本人の女性と結婚し，家族も家もこちらで持っている。20年近くここで暮らしているのだ！❽だから，どんどん新しいことに挑戦し，一生懸命取り組み，人と話し続けてほしい！　あなたは夢を見つけられる！　「旅を楽しむ」ことだけは忘れないでほしい！

問1＜適語選択＞空所を含む文の those things は，前文で述べた「得意ではあるが楽しめないこと」。楽しめないことにわざわざ取り組むのはそれをする「必要がある」ときである。

問2＜文整序＞まず，Another way で始まるイを置き，第2段落冒頭の One is ... に対し，将来の最適な道を見つけるもう1つの方法を提示する。次に，アの them がイの people who have jobs that are interesting to you を指していると判断し，イの内容をより具体的に説明したアを置く。その後，話しかけられた人々の反応について書かれたエを置き，最後に今からでも準備できることがあるという内容のウを置くと，For example で始まる次の文がその具体例に相当し，うまくつながる。

問3＜適語(句)選択＞空所を含む文の主語 That は前の文の内容を指す。何かを一生懸命やった結果それを仕事にしたくないと思うことは本来望ましくない状況であるが，空所直後の文ではその重要性について述べているので，空所にも状況を肯定する語が入ると判断できる。

問4＜適語句選択＞空所を含む文の主語 That は，前文に書かれている，営業の仕事を楽しめないことがわかったという筆者の学びを指す。この経験が，どのような場合に最も役に立つかを考える。大学在学中の話なので，将来のキャリアを考えるうえで役立ったと考えられる。

問5＜適語句選択＞enjoy の目的語である helping 以下が ‘help＋目的語＋動詞の原形’「～が…するのを助ける〔…するのに役立つ〕」の形になっている。日本で英語教師として働いている筆者は，日本人の生徒が「英語を上達させるのを助ける」ことを楽しんでいるのである。

問6＜適所選択＞脱落文の意味は「そのことは私を良い気分にさせてくれた」。‘make＋目的語＋動詞の原形’ は「～に…させる」という意味。③の直前にある，筆者が英語の家庭教師として生徒から高い評価を受けたという内容は，筆者を良い気分にさせるものと考えられる。

問７＜内容真偽＞①「あなたがスポーツトレーナーや日本語教師になりたいなら，今からお金のため方，投資の仕方を勉強しておく必要がある」…×　第３段落最後の３文参照。お金のため方，投資の仕方を勉強しておく必要があるのは銀行で働きたい人。　②「自分について２種類のリストをつくると，必ず自分の良い趣味を見つけることができる」…×　第２段落前半参照。「必ず自分の良い趣味を見つけることができる」に該当する記述はない。　③「将来，大金を稼ぎたいなら，楽しくない仕事を探すべきだ」…×　そのような記述はない。　④「筆者は，あなたが若いうちに自分について知り，将来，自分にとって最高の仕事を見つけることを望んでいる」…○　第１段落および最終段落の内容に一致する。

問８＜英問英答＞(1)「この筆者について，真実でないことは何か」―③「日本の大学で日本の文化や言葉を学んだ」　第６段落に，母国で日本人に英語を教えていたときに日本語を学んだという記述はあるが，日本の大学で学んだことをうかがわせる記述はない。　(2)「筆者によると，夢を見つけるために大切なことは何か」―②「どんなことでも一生懸命取り組み続けること」　本文全体の主旨は，自分がすることに一生懸命取り組むことで，自分の進むべき道が見えてくるということ。④「いろいろな場所に行って，たくさんの人に会って，旅を楽しむこと」は実際の旅についての記述なので不可(「いろいろな場所に行って」に該当する記述もない)。本文では夢を見つけていく過程をjourneyにたとえている。　keep　～ing「～し続ける」

3〔長文読解総合―物語〕

≪全訳≫❶エイプリルという名の少女がいた。彼女は幸せで健康な子どもで，家族の注目の的であることを楽しんでいた。もちろん，父親と母親はエイプリルをとても愛していたし，エイプリルに良い生活と良い未来を与えるためにいつも働いていた。彼女は彼らにとって最も大切な存在だった。エイプリルは成長するにつれ，歩けるようになり，その後すぐに話せるようになった。エイプリルが新しいことを経験すると，両親はその様子を楽しんで見ていた。例えば，新しい食べ物は全て冒険だった。エイプリルは，初めてアイスクリームを食べたときのように，それを気に入ることもあった。また，初めてピーマンを食べたときのように，新しい食べ物があまり好きでないこともあった。❷時がたつにつれて，エイプリルの本やおもちゃはどんどん増えていった。父親と母親は，エイプリルが遊べるスペースをつくった，彼らはそれが大切なことだとわかっていたからだ。母親と父親が以前楽しんでいたことをする時間はあまりなかったが，自分たちの生活にエイプリルがいることでとても幸せだったので，彼らは気にかけなかった。彼らは幸せな小さな家族であり，エイプリルは幸せな一人っ子だった。全てが完璧だった。❸いや，ほとんど完璧だった，と言うべきだろう。エイプリルは犬を飼いたいと思った。友達の１人が犬を飼っていて，エイプリルはその犬に触ったり，一緒に遊んだりするのが大好きだった。彼女はよく母親と父親に子犬をねだったが，彼らの答えはいつも同じで，「うちのマンションは狭いし，ペットを飼うのは許されていないの。でも，悲しまないで。いつかね！」というものだった。エイプリルは，その言葉を理解したが，その「いつか」が早くくることを願い，とにかくねだり続けた。❹そしてエイプリルが４歳になったある日，母親が夕食後に伝えるべき重大な知らせがあると言った。エイプリルは待ちきれずに，「今すぐ教えて！　今すぐ教えて！」と言い続けた。彼女は，それが何かしらと思った。「ついに子犬を飼えるのかな？　お願いだから，子犬のことであって！」と彼女は思った。彼女が欲しいのは雌の子犬であり，名前まで決めていた。(1)彼女は重大な知らせを本当に聞きたかったから，夕食を急いで食べた。ピーマンでさえも。❺数時間後，ようやくエイプリルの母親と父親がリビングルームで彼女と一緒に座り，「重大な知らせは何だと思う？」と尋ねた。彼女は興奮のあまりほとんどきくのが怖かったが，「うーん…子犬のことかな？」と言った。❻エイプリルの両親は彼女にほほ笑みかけ，そして彼女の手を片方ずつ取り，母親のおなかの上にのせた。「エイプリル」と母親が言った。「あなたに妹ができるのよ！」❼エイプリルはこのことを予想していなかった。自分の気持ちをどう表したらよいのかわからなかった。実際，彼女自身，自分の気持ちがよくわかっていなかった。彼女は子犬を飼うことができないことに失望した。「『いつか』は永遠にこないのかな？」と彼女は思った。それに，彼女は家の中で唯一の子どもであることに慣れていた。彼女は父親と母親を独り占めしたかった。夜には大きなベッドで２人の間で寝さえした。彼女は，新しい赤ちゃんはうるさくて，両親の時間を奪ってしまうのではないかと思った。そして，自分は退屈して，寂しくて，悲しい思いをするのだろうとも思った。「わくわくしないのかい？」と父親がきいた。「えっ，うーん…何？」とエイプリルは言った。「話を聞いてたかい？　お姉ちゃんになるのが楽しみじゃない？」と父親が再び尋ねた。「ママ，パパ，あの…私，楽しみにしなくちゃいけないの？」　エイプリルは泣き出した。彼女はソファに駆け寄り，泣き続けた。「いいことを思いついたわ。アイスクリームを食べましょう！」と母親が言った。❽エイプリルは泣きやむきっかけが見つかった。彼女は動揺していたが，(2)アイスクリームにノーと言うつもりはなかった！　「スプリンクルつき？　チョコレートシロップも？」　彼女は顔を上げ，手の甲で目の涙を拭い，尋ねた。「もちろんだよ！」　彼女の父親は笑って言った。そして，彼女を抱きかかえて，キッチンに連れていった。❾みんなで一緒にアイスクリームを食べながら，エイプリルの両親は，彼女がいつもどれだけ特別な存在であるか，そしてもう１人赤ちゃんができても彼女への愛情は決して変わらないことを説明した。そして，家族が増えるので，家を探すことになることを告げた。それは，やっと子犬を飼うことができるということだ，とも。❿エイプリルはもう動揺していなかった。彼女はものすごく幸せだった。「妹ができるのね！　わあ！　それに新しい家。それから子犬も？」と彼女は思った。家族で一緒に何かをし，新しい冒険をすることがとても楽しみだった。彼女には考えなければならないことがたくさんあった。⓫突然，最後のスプーン１杯のアイスクリームを小さな口に入れる前に，エイプリルは尋ねた。「ママ，その子の名前はシナモンでいい？」「赤ちゃんの名前⁉」と母親はびっくりして言った。「違うわ，子犬の名前よ！」とエイプリルは答えた。

問１＜適文選択・英問英答＞⑴「［ ⑴ ］に入れるのに最も適しているのはどれか」―③「彼女は重大な知らせを本当に聞きたかった」　エイプリルが嫌いなピーマンを含む夕食を急いで平らげた理由を選ぶ。同じ段落の第１文で「夕食後に」重大な知らせがあることを両親から聞かされている。　⑵「［ ⑵ ］に入れるのに最も適しているのはどれか」―①「彼女はアイスクリームにノーと言うつもりはなかった！」　直前の but に注目し，文前半の「彼女は動揺していた」という内容と反するものを選ぶ。直前の描写や直後の発言から，大好物のアイスクリームを食べようと言われたエイプリルは提案に応じたことがわかる。　⑶「エイプリルはなぜ犬を欲しかったのか」―④「友達の犬と遊ぶのがとても好きだったから」　第３段落第２，３文参照。　⑷「エイプリルは妹ができると聞くまで，家族とどのように過ごしていたのか」―②「一人っ子で，両親を独り占めできることを楽しんでいた」　第７段落第６，７文参照。　'have … all to ～self'「…を独り占めする」　⑸「エイプリルは，妹ができたことを知ったとき，どんな気持ちだったか」—③「いくつかの感情を抱いた」　第７段落第２，３文参照。表現できないくらい複雑な感情が入りまじっていたことが読み取れる。

問２＜内容真偽＞①「エイプリルの両親は，彼女に本やおもちゃやスペースをどんどん与えたが，それはエイプリルが彼らにそれらが大切だと言ったからだ」…×　第２段落第１，２文参照。両親自身がその重要性を認識して与えた。　②「エイプリルは妹が欲しくて，その子をシナモンと呼ぶことさえ決めていた」…×　第４段落最後から２文目および第11段落参照。エイプリルが欲しかったのは子犬で，シナモンはエイプリルが子犬につけようと決めた名前。　③「エイプリルが新しい妹のことを聞いたとき，両親はリビングルームでエイプリルと一緒に座っていた」…○　第５，６段落に一致する。　④「エイプリルが重大な知らせを聞いたとき，エイプリルの手は母親のおなかの上にあった」…○　第６段落に一致する。　⑤「エイプリルは，びっくりするような知らせを聞いた直後，何も言わずに泣き出した」…×　第７段落参照。エイプリルは最初，予期せぬ出来事に困惑し，困惑した思いを口に出してから泣き出した。　⑥「エイプリルが泣きやんだのは，キッチンのテーブルの上にアイスクリームがあるのが見えたからだ」…×　第７段落最後の３文および第８段落参照。母親がアイスクリームを食べようと言ったからである。　⑦「アイスクリームを食べているとき，エイプリルは自分がまだ両親にとって特別な存在であり，愛されていることを知った」…○　第９段落前半に一致する。　⑧「アイスクリームを食べた後，エイプリルはもう動揺していなかったが，妹は欲しくないと思った」…×　第10段落参照。妹ができることを楽しみにしている。

4〔適語(句)選択〕

⑴‘tell＋人＋to ～’「〈人〉に～するように言う」の受け身形（‘人＋be動詞＋told(＋by …)＋to ～’）。「トムは先生から，レポートをもう１本書くように言われた」

⑵最上級の後なので，of ～ または in ～ という形になっているものを選ぶが，④は意味が不自然である。　「今日はあなたの人生の中で一番幸せな日ですか」　このように life や year などは「～の中で」を in ～ ではなく of ～ で表すことができる。（例）February is the shortest month <u>of</u> the year.「２月は１年の中で一番短い月だ」

⑶間接疑問なので‘疑問詞＋主語＋動詞...’の語順になる。直後の文に合わせて過去形にする。　「パーティーが何時に始まったか知っていますか？　私は遅刻してしまいました」

⑷後ろが the tree と単数なので①と②は不可。④は意味が通らない。　「木の後ろにいる男の子は誰ですか」

⑸‘知覚動詞＋目的語＋動詞の原形’「…が～するのを見る〔聞く，感じる〕」の形。この break は「割れる」の意味の自動詞。　「私は昨日窓ガラスが割れるのを見てびっくりした」　〔編集部注：‘知覚動詞＋目的語＋過去分詞’「…が～されるのを見る〔聞く，感じる〕」の形となる②も誤りではない。この broken は「～を割る」の意味の他動詞 break の過去分詞で，文の意味は「私は昨日窓ガラスが割られるのを見てびっくりした」となる〕

5〔整序結合〕

⑴「英語だけじゃなくてフランス語も」は‘not only *A* but also *B*’「*A* だけでなく *B* も」の形で表

せる。不要語はcan。　My sister speaks not only English but also French.

(2) I can't remember「僕は思い出せない」で始める。目的語に当たる「この写真をどこで撮ったのか」は'疑問詞＋主語＋動詞...'の語順の間接疑問でwhere I took this pictureとまとめる。「全く～ない」はnot ～ at all。不要語はtaking。　I can't remember where I took this picture at all.

(3)「彼女に～するように頼んでください」なので，Pleaseの後に'ask＋人＋to ～'「〈人〉に～するように頼む」の形を続ける。'to ～'に当たる「その机をとなりの部屋に移動する」は'move ～ to …'「～を…に動かす」で表せる。不要語はfor。　Please ask her to move the desk to the next room.

(4)「〈人〉が～するのに〈時間〉がかかる」は'It takes＋人＋時間＋to ～'で表せる。「時間がかかりすぎた」は，'時間'の部分をtoo longにして表す。不要語はfor。　It took me too long to be a good dancer.

(5)「～してはだめだぞ」はYou must not ～。「宿題を終わらせるまで」は「宿題を終わらせる前に」と考え，before you finish your homeworkとする。不要語はif。　You must not play games before you finish your homework.

(6)「この湖より大きいものはない」は'Nothing＋動詞＋比較級＋than ～'「～ほど…なものはない」の形にまとめる。語群にlarger inがあるのでNothing is larger in our townとまとめて，その後にthan this lakeと続ける。不要語はthere。　Nothing is larger in our town than this lake.

6〔誤文訂正〕

(1)③はI'm as good an English speakerが正しい。'a/an＋形容詞＋名詞'がas，so，tooの後ろにくると，'as〔so，too〕＋形容詞＋a/an＋名詞'という語順になる。　「私はあなたのようにアメリカで生まれたわけではないので，あなたのように英語が上手だとは思わない」

(2)①のHereは'天候'を表すItとするのが正しい。　「昨日は砂漠のように暑かったので，店では冷たい飲み物がたくさん売られていた」

(3) hopeは'hope＋目的語＋to ～'という形をとることはできない。この形をとれるwishやwantにする。　「私の両親は，私がプロのサッカー選手になるために毎日一生懸命サッカーの練習をしているので，私の夢をかなえてほしいと願っている」

(4)誤りはない。be good at ～ingで「～するのが得意だ」という意味。　「彼はバスケットボールがとても上手だが，オンラインバスケットボールゲームは得意ではない」

(5) sinceではなくforが正しい。現在完了の'継続'用法において，「～の間」は'for＋期間'，「～以来」は'since＋過去の一時点'で表す。　「メグは12年間ピアノを弾いているので，クラスメートの前で演奏するようによく頼まれる」

(6)誤りはない。'share ～ with …'は「～を…に話す」という意味。'help＋目的語＋動詞の原形'で「～が…するのに役立つ」という意味になる。　「昨日お伝えした新しいプログラムは，多くの生徒の英語力向上に役立っている」

2023年度／専修大学松戸高等学校（前期17日）

数学解答

1 (1) ア…8　イ…7　ウ…7
(2) ア…2　イ…3
(3) ア…2　イ…3　(4) 6
(5) 7　(6) ア…2　イ…6

2 (1) ① ア…2　イ…5
② ウ…3　エ…0　オ…5
カ…0
(2) ① ア…1　イ…5　ウ…2
エ…8
② オ…5　カ…1　キ…4

3 (1) ア…1　イ…4　ウ…3
(2) エ…1　オ…7
(3) カ…7　キ…2　ク…1　ケ…7

4 (1) ア…1　イ…3
(2) ウ…1　エ…5　オ…2
(3) カ…1　キ…1　ク…5　ケ…2
コ…4

5 (1) ア…6　イ…4　ウ…3　エ…3
(2) オ…1　カ…2　キ…3
(3) ク…3　ケ…0

（声の教育社　編集部）

1〔独立小問集合題〕

(1)＜数の計算＞与式 $=(\sqrt{3}-2)\times\sqrt{7}(\sqrt{4}+\sqrt{3})-\dfrac{\sqrt{2}}{\sqrt{14}}=(\sqrt{3}-2)\times\sqrt{7}(2+\sqrt{3})-\dfrac{\sqrt{1}}{\sqrt{7}}=\sqrt{7}\times(\sqrt{3}-2)(\sqrt{3}+2)-\dfrac{1}{\sqrt{7}}=\sqrt{7}\times(3-4)-\dfrac{1\times\sqrt{7}}{\sqrt{7}\times\sqrt{7}}=\sqrt{7}\times(-1)-\dfrac{\sqrt{7}}{7}=-\sqrt{7}-\dfrac{\sqrt{7}}{7}=-\dfrac{7\sqrt{7}}{7}-\dfrac{\sqrt{7}}{7}=-\dfrac{8\sqrt{7}}{7}$ である。

(2)＜連立方程式―解の利用＞$ax:by=4:15$……①，$abx-ay=2$……②とする。①，②の連立方程式の解が $x=2$，$y=5$ だから，解を①に代入して，$a\times2:b\times5=4:15$ より，$2a\times15=5b\times4$，$b=\dfrac{3}{2}a$……③となり，②に代入して，$ab\times2-a\times5=2$，$2ab-5a=2$……④となる。③を④に代入すると，$2a\times\dfrac{3}{2}a-5a=2$，$3a^2-5a-2=0$ となるので，解の公式より，$a=\dfrac{-(-5)\pm\sqrt{(-5)^2-4\times3\times(-2)}}{2\times3}=\dfrac{5\pm\sqrt{49}}{6}=\dfrac{5\pm7}{6}$ となり，$a=\dfrac{5+7}{6}=2$，$a=\dfrac{5-7}{6}=-\dfrac{1}{3}$ である。$a>0$ より，$a=2$ であり，これを③に代入すると，$b=\dfrac{3}{2}\times2$，$b=3$ となる。

(3)＜数の計算＞与式 $=\dfrac{3(3a-5b)-2(2a-6b)}{6}=\dfrac{9a-15b-4a+12b}{6}=\dfrac{5a-3b}{6}=\dfrac{5}{6}a-\dfrac{3}{6}b=\dfrac{5}{6}a-\dfrac{1}{2}b=\dfrac{5}{6}\times\dfrac{2}{5}-\dfrac{1}{2}\times\left(-\dfrac{2}{3}\right)=\dfrac{1}{3}+\dfrac{1}{3}=\dfrac{2}{3}$

(4)＜関数―比例定数＞関数 $y=\dfrac{a}{x}$ において，$x=2$ のとき $y=\dfrac{a}{2}$，$x=4$ のとき $y=\dfrac{a}{4}$ だから，x の値が 2 から 4 まで増加するときの変化の割合は，$\left(\dfrac{a}{4}-\dfrac{a}{2}\right)\div(4-2)=-\dfrac{1}{4}a\div2=-\dfrac{1}{8}a$ と表せる。これが $-\dfrac{3}{4}$ であるから，$-\dfrac{1}{8}a=-\dfrac{3}{4}$ が成り立ち，$a=6$ となる。

(5)＜数の性質＞m，n はともに 2 以上の自然数で，$m<n$ だから，$2\leqq m<n$ であり，mn の値は最小で，$mn=2\times3=6$ となる。$\sqrt{mn}$ が 1 けたの自然数となるとき，$mn=9$，16，25，36，49，64，81 である。$mn=9$ となる m，n の値はない。$mn=16$ となる m，n の値は，$(m,\ n)=(2,\ 8)$ である。$mn=25$ となる m，n の値はない。$mn=36$ となる m，n の値は $(m,\ n)=(2,\ 18)$，$(3,\ 12)$，$(4,\ 9)$ である。以下同様にして，$mn=49$ となるものはなく，$mn=64$ となるのは $(m,\ n)=(2,\ 32)$，$(4,\ 16)$ であり，$mn=81$ となるのは $(m,\ n)=(3,\ 27)$ である。以上より，自然数 n の個数は 7 個である。

(6)＜平面図形—角度＞右図で，円の中心Oと接点Bを結ぶと，$\angle OBC=90^\circ$となる。△ABCで，$\angle ABC=180^\circ-\angle BAC-\angle BCA=180^\circ-36^\circ-28^\circ=116^\circ$となるから，$\angle OBA=\angle ABC-\angle OBC=116^\circ-90^\circ=26^\circ$となる。△OABはOA＝OBの二等辺三角形だから，$\angle OAB=\angle OBA=26^\circ$である。

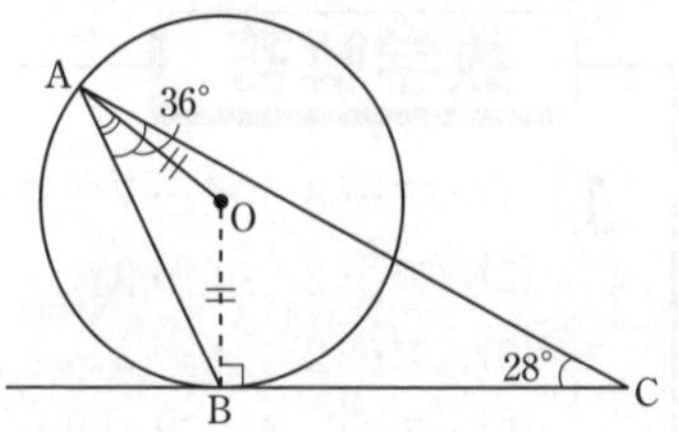

2〔独立小問集合題〕

(1)＜方程式の応用＞① 8%の食塩水50gと20%の食塩水xgを混ぜるので，12%の食塩水は$50+x$gできる。このとき，8%の食塩水50gと20%の食塩水xgに含まれる食塩の量の合計と，12%の食塩水$50+x$gに含まれる食塩の量は等しいから，$50\times\frac{8}{100}+x\times\frac{20}{100}=(50+x)\times\frac{12}{100}$が成り立つ。これを解くと，$400+20x=600+12x$より，$8x=200$，$x=25$(g)となる。　② 20%の食塩水$y$gと4%の食塩水$z$gを混ぜると，10%の食塩水が80gできるので，食塩水の量について，$y+z=80$……㋐が成り立つ。また，①と同様に考えて，含まれる食塩の量について，$y\times\frac{20}{100}+z\times\frac{4}{100}=80\times\frac{10}{100}$が成り立ち，$20y+4z=800$，$5y+z=200$……㋑となる。㋐，㋑の連立方程式を解いて，㋑－㋐より，$5y-y=200-80$，$4y=120$，$y=30$(g)となり，これを㋐に代入して，$30+z=80$，$z=50$(g)となる。

(2)＜確率—カード＞① 8枚のカードの中から2枚のカードを順番に取り出すとすると，1枚目が8通り，2枚目が7通りより，取り出し方は$8\times7=56$(通り)となるが，2枚のカードを同時に取り出すときは，取り出す順番が逆になっているものも同じ取り出し方とするので，56通りの中に同じ取り出し方が2通りずつあり，同時に取り出すときの取り出し方は$56\div2=28$(通り)ある。取り出した2枚のカードの数の小さい方をa，大きい方をbとして，十の位の数がa，一の位の数がbの2けたの整数をつくるので，2けたの整数も28通りできる。このうち，30以上となるのは，$a=3$のとき$b=4$，5，6，7，8の5通り，$a=4$のとき$b=5$，6，7，8の4通り，$a=5$のとき$b=6$，7，8の3通り，$a=6$のとき$b=7$，8の2通り，$a=7$のとき$b=8$の1通りより，$5+4+3+2+1=15$(通り)ある。よって，求める確率は$\frac{15}{28}$である。　② 28通りのa，bの組のうち，2けたの整数が3の倍数になるのは，$a+b$が3の倍数のときだから，$(a,\ b)=(1,\ 2)$，$(1,\ 5)$，$(1,\ 8)$，$(2,\ 4)$，$(2,\ 7)$，$(3,\ 6)$，$(4,\ 5)$，$(4,\ 8)$，$(5,\ 7)$，$(7,\ 8)$の10通りある。よって，求める確率は$\frac{10}{28}=\frac{5}{14}$である。

3〔関数—関数$y=ax^2$と一次関数のグラフ〕

≪基本方針の決定≫(3)　△AED∽△BCDであることに気づきたい。

(1)＜直線の式＞右図で，2点A，Bは放物線$y=\frac{1}{4}x^2$上の点で，x座標がそれぞれ-6，4だから，$y=\frac{1}{4}\times(-6)^2=9$，$y=\frac{1}{4}\times4^2=4$より，A$(-6,\ 9)$，B$(4,\ 4)$である。直線ACは傾きが$-1$だから，その式は$y=-x+b$と表せ，点Aを通るから，$9=-(-6)+b$，$b=3$となる。よって，切片が3なので，D$(0,\ 3)$である。直線BDは，傾きが$\frac{4-3}{4-0}=\frac{1}{4}$，切片が3となるから，直線BDの式は$y=\frac{1}{4}x+3$である。

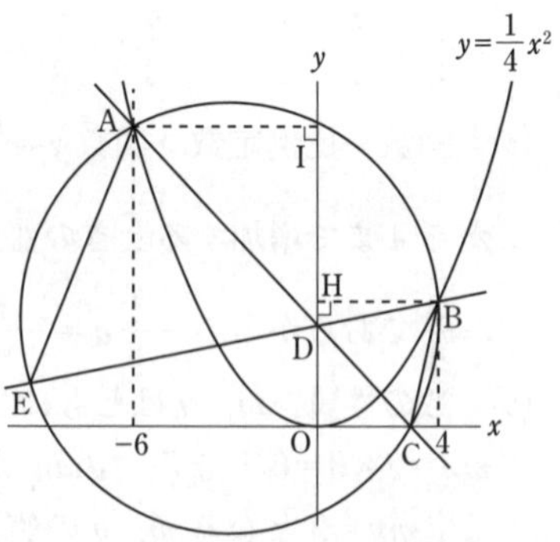

(2)＜長さ—三平方の定理＞右図で，点Bからy軸に垂線BHを引く。B$(4,\ 4)$，D$(0,\ 3)$より，BH＝4，DH＝$4-3=1$である。よって，△BDHで三平方の定理より，$BD=\sqrt{BH^2+DH^2}=\sqrt{4^2+1^2}=\sqrt{17}$となる。

(3)＜面積比＞前ページの図で，$\overset{\frown}{AB}$ に対する円周角より，$\angle AED=\angle BCD$ であり，対頂角より，$\angle ADE=\angle BDC$ だから，$\triangle AED \backsim \triangle BCD$ である。(2)より，$BD=\sqrt{17}$ である。また，点 A から y 軸に垂線 AI を引くと，$A(-6,\ 9)$，$D(0,\ 3)$ より，$AI=0-(-6)=6$，$DI=9-3=6$ となり，$AI=DI$ となるから，$\triangle ADI$ は直角二等辺三角形となる。これより，$AD=\sqrt{2}AI=\sqrt{2}\times 6=6\sqrt{2}$ である。よって，$\triangle AED$ と $\triangle BCD$ の相似比は $AD:BD=6\sqrt{2}:\sqrt{17}$ だから，$\triangle AED:\triangle BCD=(6\sqrt{2})^2:(\sqrt{17})^2=72:17$ である。

4 〔平面図形—平行四辺形〕

《基本方針の決定》(3)　$\triangle GFB-\triangle GEC$ である。

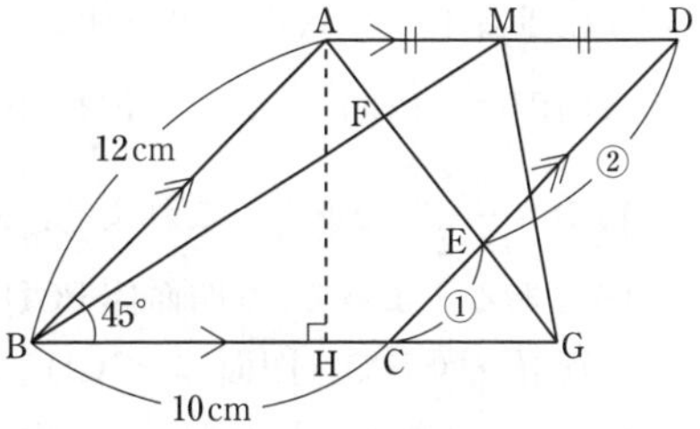

(1)＜長さの比＞右図で，$\angle AFM=\angle GFB$ であり，$AD /\!/ BG$ より $\angle MAF=\angle BGF$ だから，$\triangle AFM \backsim \triangle GFB$ である。よって，$AF:FG=AM:GB$ である。点 M は辺 AD の中点なので，$AM=\dfrac{1}{2}AD=\dfrac{1}{2}\times 10=5$ である。また，$\angle GEC=\angle AED$，$\angle CGE=\angle DAE$ より，$\triangle GEC \backsim \triangle AED$ だから，$GC:AD=CE:ED=1:2$ となる。これより，$GC=\dfrac{1}{2}AD=\dfrac{1}{2}\times 10=5$ であり，$GB=BC+GC=10+5=15$ となる。したがって，$AF:FG=5:15=1:3$ である。

(2)＜面積＞右上図で，点 A から辺 BC に垂線 AH を引くと，$\angle ABH=45^\circ$ より，$\triangle ABH$ は直角二等辺三角形となるから，$AH=\dfrac{1}{\sqrt{2}}AB=\dfrac{1}{\sqrt{2}}\times 12=6\sqrt{2}$ となる。$AD /\!/ BG$ なので，線分 AH は，$\triangle AGM$ の底辺を AM としたときの高さである。(1)より，$AM=5$ だから，$\triangle AGM=\dfrac{1}{2}\times AM\times AH=\dfrac{1}{2}\times 5\times 6\sqrt{2}=15\sqrt{2}\,(\mathrm{cm}^2)$ である。

(3)＜面積＞右上図で，$\triangle GAB=\dfrac{1}{2}\times GB\times AH=\dfrac{1}{2}\times 15\times 6\sqrt{2}=45\sqrt{2}$ となる。(1)より，$AF:FG=1:3$ だから，$\triangle AFB:\triangle GFB=1:3$ となり，$\triangle GFB=\dfrac{3}{1+3}\triangle ABG=\dfrac{3}{4}\times 45\sqrt{2}=\dfrac{135\sqrt{2}}{4}$ である。また，$\angle EGC=\angle AGB$ であり，$AB /\!/ DC$ より，$\angle ECG=\angle ABG$ だから，$\triangle GEC \backsim \triangle GAB$ である。相似比は $GC:GB=5:15=1:3$ だから，$\triangle GEC:\triangle GAB=1^2:3^2=1:9$ となり，$\triangle GEC=\dfrac{1}{9}\triangle GAB=\dfrac{1}{9}\times 45\sqrt{2}=5\sqrt{2}$ である。以上より，〔四角形 BCEF〕$=\triangle GFB-\triangle GEC=\dfrac{135\sqrt{2}}{4}-5\sqrt{2}=\dfrac{115\sqrt{2}}{4}\,(\mathrm{cm}^2)$ となる。

5 〔空間図形—円錐〕

図1

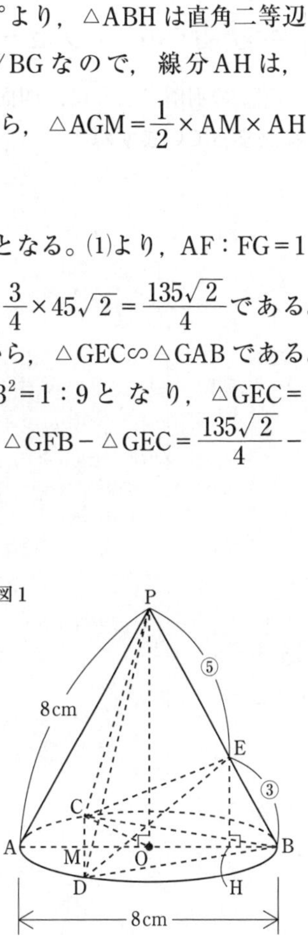

(1)＜体積—三平方の定理＞右図1で，点 P と底面の円の中心 O を結ぶと，線分 PO は底面の円に垂直であるから，$\angle POA=90^\circ$ となる。$AB=8$ より，$OA=OB=\dfrac{1}{2}AB=\dfrac{1}{2}\times 8=4$ だから，$\triangle PAO$ で三平方の定理より，円錐の高さは $PO=\sqrt{AP^2-OA^2}=\sqrt{8^2-4^2}=\sqrt{48}=4\sqrt{3}$ となる。よって，円錐の体積は，$\dfrac{1}{3}\times\pi\times OA^2\times PO=\dfrac{1}{3}\times\pi\times 4^2\times 4\sqrt{3}=\dfrac{64\sqrt{3}}{3}\pi\,(\mathrm{cm}^3)$ である。

(2)＜面積＞次ページの図2で，AB と CD の交点を M とすると，2 点 C，D は線分 AB について対称だから，$CD\perp AB$，$CM=DM$ となる。

$\angle AOC=60^\circ$より，△OCMは3辺の比が1：2：$\sqrt{3}$の直角三角形だから，$OM=\frac{1}{2}OC=\frac{1}{2}OB=\frac{1}{2}\times4=2$，$CM=\sqrt{3}OM=\sqrt{3}\times2=2\sqrt{3}$となり，$CD=2CM=2\times2\sqrt{3}=4\sqrt{3}$，$BM=OB+OM=4+2=6$となる。よって，$\triangle BCD=\frac{1}{2}\times CD\times BM=\frac{1}{2}\times4\sqrt{3}\times6=12\sqrt{3}\,(\mathrm{cm}^2)$である。

図2

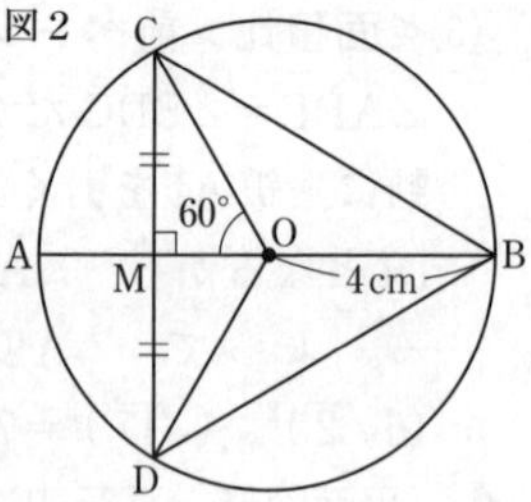

⑶＜体積＞前ページの図1で，四面体PBCDは，底面を△BCDと見ると，高さが$PO=4\sqrt{3}$の三角錐である。⑵より，$\triangle BCD=12\sqrt{3}$なので，四面体PBCDの体積は，$\frac{1}{3}\times\triangle BCD\times PO=\frac{1}{3}\times12\sqrt{3}\times4\sqrt{3}=48$である。次に，点Eから底面の円Oに垂線EHを引く。四面体EBCDは，底面を△BCDと見ると，高さがEHの三角錐となる。$\triangle EBH\backsim\triangle PBO$となり，$EH:PO=BE:BP=3:(3+5)=3:8$となるから，$EH=\frac{3}{8}PO=\frac{3}{8}\times4\sqrt{3}=\frac{3\sqrt{3}}{2}$である。これより，四面体EBCDの体積は，$\frac{1}{3}\times\triangle BCD\times EH=\frac{1}{3}\times12\sqrt{3}\times\frac{3\sqrt{3}}{2}=18$である。よって，〔四面体PCDE〕＝〔四面体PBCD〕－〔四面体EBCD〕＝$48-18=30\,(\mathrm{cm}^3)$である。
≪別解≫図1で，四面体PBCD，四面体PCDEを，それぞれ，底面が△PDB，△PDEの三角錐と見ると，高さが等しいから，〔四面体PBCD〕：〔四面体PCDE〕＝△PDB：△PDEとなる。△PDB：△PDE＝$BP:EP=(3+5):5=8:5$だから，〔四面体PBCD〕：〔四面体PCDE〕＝8：5となり，〔四面体PCDE〕＝$\frac{5}{8}$〔四面体PBCD〕＝$\frac{5}{8}\times48=30\,(\mathrm{cm}^3)$である。

═読者へのメッセージ═

5⑶の別解のように，四面体(三角錐)はどの面も底面と見ることができます。他の角錐は底面が1つに決まっていますね。

2023年度／専修大学松戸高等学校（前期17日）

社会解答

1 (1) ア　(2) イ　(3) エ
(4) B…オ　E…エ

2 (1) ウ　(2) イ　(3) ウ
(4) ①…イ　②…エ

3 (1) オ　(2) ウ　(3) ア　(4) ア

4 (1) イ　(2) エ　(3) エ　(4) ア
(5) Ⅰ…オ　Ⅱ…ア

5 (1) イ　(2) ウ　(3) ウ　(4) イ
(5) カ

6 (1) ア　(2) イ　(3) ア　(4) オ
(5) エ

7 (1) イ　(2) オ　(3) エ

8 (1) ウ　(2) イ　(3) ア

（声の教育社　編集部）

1〔三分野総合―世界の国々の衣食住を題材とした問題〕

⑴＜宗教＞インドの多くの国民が信仰しているのはヒンドゥー教である。2020年のインドの人口は約14億人で，その約８割がヒンドゥー教徒である。したがって，資料３ではａがヒンドゥー教にあたる。また，ヒンドゥー教では牛が神聖なものとされる。なお，ｂは仏教を表している。豚をけがれたものとするのはイスラム教である。

⑵＜USMCA＞カナダ，アメリカ合衆国，メキシコの３か国は，かつてNAFTA〔北米自由貿易協定〕と呼ばれる貿易協定を結んでいたが，2018年に新たな貿易協定USMCA〔米国・メキシコ・カナダ協定〕に調印し，協定は2020年に発効した。なお，ASEANは東南アジア諸国連合の略称である。MERCOSURは南米南部共同市場の略称で，南アメリカ州諸国が加盟している。

⑶＜年代整序＞年代の古い順に，Ⅱ（オランダ東インド会社の設立―1602年），Ⅰ（インド大反乱―1857～59年），Ⅳ（アジア・アフリカ会議―1955年），Ⅲ（第４次中東戦争―1973年）となる。

⑷＜資料の読み取り＞資料２の移動電話契約数の説明と資料５の統計から，Ａの契約数は2000年から2019年にかけて1151480千÷3577千＝321.9…より300倍以上に増加しているので，Ａはインド，2019年の契約数が最も少なく，100人あたりの契約数が最も多いＤはオランダであると判断できる。また，資料２の一人一日あたり食料供給量の説明と資料４の統計から，野菜が日本より唯一多いＥはカナダであると判断できる。穀物が最も多いＡ～Ｃのうち，Ｂ，Ｃで穀物が肉類の約20倍なのは，Ｂの711÷36＝19.7…，Ｃの521÷128＝4.0…より，Ｂである。よって，Ｂはインドネシア，残るＣはサウジアラビアであると判断できる。

2〔日本地理―総合〕

⑴＜東北地方＞東北地方の太平洋側の沖には，南から暖流の黒潮〔日本海流〕，北から寒流の親潮〔千島海流〕が流れていて，２つの海流がぶつかる潮目は好漁場となっている。宮城県の石巻は東北地方太平洋岸の漁港の１つである。なお，釧路は，北海道東部の漁港である。

⑵＜四国地方＞資料１より，1988年に，船舶による観光客が減り，鉄道や自動車による観光客が大きく増えていることが読み取れる。この年は，本州の岡山県と四国の香川県を結ぶ瀬戸大橋（児島・坂出ルート）が開通した年であるから，資料１で示された県は，香川県である。なお，兵庫県と徳島県を結ぶ神戸・鳴門ルートは1998年，広島県と愛媛県を結ぶ尾道・今治ルートは1999年に開通した。

⑶＜九州地方＞Xは，熊本平野や宮崎平野での栽培や近郊農業として福岡県での栽培が盛んな野菜が当てはまる。また，Yは，沖縄県以外の各県が同じくらいの産出額であることから，米が当てはまる。なお，Zは，熊本県，宮崎県，鹿児島県の産出額が多い畜産が当てはまる。

⑷＜地形図の読み取り＞① 4 cm^2を一辺が２cmの正方形の面積と考える。この地形図の縮尺は２万５千分の１であることから，地形図上で２cmの長さの実際の距離は２cm×25000＝50000cm＝0.5kmとなるので，Aで示された範囲の実際の面積は0.5km×0.5km＝0.25km^2となる。　②特にことわりのないかぎり地形図上では上が北になるので，JRぎふ駅から見た岐阜県庁の方位は南西である(Ⅰ…○)。地形図中のBの範囲内には老人ホーム(⌂)が２つ，病院(⊕)が１つある(Ⅱ…○)。地形図中のCの範囲内には博物館(美術館)(⌂)が２つ，図書館(🕮)が１つある(Ⅲ…○)。地形図中のDの範囲内には田〔水田〕(‖)が広がっている(Ⅳ…○)。

3 〔世界地理—総合〕

⑴＜正距方位図法＞地図１と地図２は正距方位図法で描かれている。正距方位図法では，中心地点からの距離と方位が正しく表される。地図２で，東京は中心のロンドンの右上に位置しているので，その方位は北東である。また，地図２で，ロンドンの対せき点(地球上の正反対の地点)は円周上の地点となる。地図１と地図２で，オーストラリア大陸やニュージーランドの位置を比較すると，地図１のY地点が地図２の円周上の地点となる。

⑵＜世界地図の読み取り＞地図２でロンドンから南北方向に直線を引いてみると，大陸ではユーラシア大陸，アフリカ大陸，南極大陸，海洋では大西洋，太平洋を通るが，インド洋は通らない(Ⅰ…誤)。ワシントンD.C.は，北アメリカ大陸東部の大西洋沿岸近くに位置し，東京から見たワシントンD.C.までの距離はロンドンまでの距離より遠く，ロンドンから見たワシントンD.C.までの距離は東京までの距離より近い(Ⅱ…正)。

⑶＜オーストラリア＞オーストラリアの西海岸のAの地域では鉄鉱石が，東海岸のBの地域では石炭が産出する。また，オーストラリアの気候は，赤道に近いCの地点は熱帯のサバナ気候，南東部のEの地点は温帯の西岸海洋性気候，内陸部のDの地点は乾燥帯の砂漠気候である。したがって，Dの地点の降水量が最も少ない。

⑷＜世界各国の小麦の生産と輸出＞2016年から2017年にかけてフランス，ドイツ，ウクライナの輸出量は減少しており，2017年から2018年にかけてアルゼンチンの生産量，フランスの輸出量は増加している(Ⅰ…×)。４か国の生産量の合計は１億１千万トン以上だが，輸出量の合計は約4900万トンで5000万トンに満たない(Ⅲ…×)。2019年のウクライナの生産量に占める輸出量の割合は50％に満たない(Ⅳ…×)。

4 〔歴史—弥生時代～鎌倉時代〕

⑴＜弥生時代＞石包丁，銅鐸は弥生時代の遺物だが，須恵器と埴輪は古墳時代，木簡は飛鳥時代以降のものである。

⑵＜年代整序＞年代の古い順に，Ⅳ(白村江の戦い—663年)，Ⅱ(天武天皇の即位—673年)，Ⅰ(藤原京への遷都—694年)，Ⅲ(大宝律令の制定—701年)となる。

⑶＜東大寺南大門＞平安時代に倒壊した東大寺南大門が鎌倉時代に再建された際，宋の技術を取り入れた天竺《てんじく》様〔大仏様〕と呼ばれる建築様式が採用された。南大門には運慶，快慶らによって制作され

た金剛力士像が安置された。

⑷＜平安時代の文化＞平安時代の文化について述べたⅠ，Ⅱの文はともに正しい。

⑸＜古代の出来事＞年代の古い順に，239年の卑弥呼による魏への遣使，478年の倭王武による中国南朝への遣使，607年の小野妹子の隋への派遣，797年の坂上田村麻呂の征夷大将軍任命，894年の遣唐使廃止となる。なお，奴国王が漢〔後漢〕に使いを送ったのは57年，平将門の乱が起きたのは935年，院政の開始は1086年のことである。

5〔歴史―鎌倉時代～江戸時代〕

⑴＜鎌倉幕府＞鎌倉幕府が鎌倉に置いた３つの役所のうち，裁判を担当したのは問注所である。また，朝廷の監視と西国の統治のために京都に六波羅探題が置かれたのは，1221年の承久の乱の後のことである。なお，政所は一般の政務・財政を担当した。また，応仁の乱は室町時代の1467～77年に起きた。

⑵＜14～16世紀の出来事＞李氏朝鮮の成立は1392年，コロンブスのカリブ海の島への到達は1492年のこと，ルターが宗教改革を始めたのは1517年のことである。なお，第１回の十字軍は1096年に派遣された。

⑶＜織田信長＞1575年に織田信長が武田勝頼を破った戦いは，長篠の戦いである。また，信長は安土の城下町に，市場の税を免除し，自由な商売を認める楽市楽座の令を出した。なお，桶狭間の戦い(1560年)は，織田信長が今川義元を破った戦いである。また，売買後の年月に関係なく，御家人に土地を返させたのは，1297年に鎌倉幕府が出した徳政令である。

⑷＜江戸幕府の大名配置＞親藩は徳川氏の一族の大名で，徳川家康の子に始まる水戸(茨城県)，尾張(愛知県)，紀伊(和歌山県)の御三家が含まれる。譜代大名は古くから徳川氏に仕えている大名，外様大名は関ヶ原の戦いの頃に徳川氏に仕えた大名である。外様大名は，江戸から遠い東北地方や九州地方に配置され，譜代大名より大きな領地を与えられることも多かった。

⑸＜江戸時代の文化＞年代の古い順に，Ⅲ(元禄文化の時期に活躍した菱川師宣―17世紀末)，Ⅱ(杉田玄白らによる『解体新書』の出版―18世紀後半)，Ⅳ(化政文化の時期の滝沢〔曲亭〕馬琴による『南総里見八犬伝』の出版―19世紀前半)となる。なお，千利休が茶道を完成したのは安土桃山時代のことである。

6〔歴史―近現代〕

⑴＜明治維新＞岩倉使節団が日本を出発したのは1871年のことである。同じ年に廃藩置県が実施された。なお，西南戦争が起きたのは1877年，五箇条の御誓文が出されたのは1868年，民撰議院設立建白書が提出されたのは1874年のことである。

⑵＜文明開化＞1872年の鉄道開通，1873年からの太陽暦の施行は明治時代前半の文明開化の様子を表している。なお，ラジオ放送の開始や文化住宅の流行は大正時代のこと，「三種の神器」の普及は第二次世界大戦後の昭和時代のことである。

⑶＜第一次世界大戦＞第一次世界大戦の講和会議はフランスのパリで開かれた。また，第一次世界大戦後に創設された国際連盟の本部は，スイスのジュネーブに置かれた。なお，地図のｃはオーストリアのウィーン，ｄはイタリアのローマである。

⑷＜年代整序＞年代の古い順に，Ⅳ(満州事変―1931年)，Ⅱ(五・一五事件―1932年)，Ⅰ(二・二六

事件―1936年)，Ⅲ(日中戦争の始まり―1937年)となる。

(5)＜冷戦＞第二次世界大戦後の，アメリカを中心とする資本主義諸国と，ソビエト連邦を中心とする社会主義諸国との対立を冷戦〔冷たい戦争〕という。1989年，米ソの首脳が地中海のマルタで会談を行い冷戦の終結を宣言した。アメリカで同時多発テロ事件が起こったのは2001年のことである。なお，アフリカの多くの国が独立し「アフリカの年」と呼ばれたのは1960年，アメリカの本格的な介入でベトナム戦争が激化したのは1965年，第１次石油危機は1973年のことである。

7 〔公民―政治〕

(1)＜内閣の仕事＞天皇の国事行為に助言と承認を与えること，最高裁判所長官の指名とその他の裁判官の任命は内閣の仕事である。なお，国政調査権による国政調査，弾劾裁判の実施，憲法改正の発議は国会の仕事である。

(2)＜年代整序＞年代の古い順に，Ⅲ(フランス人権宣言―1789年)，Ⅰ(ドイツのワイマール憲法―1919年)，Ⅱ(世界人権宣言―1948年)となる。

(3)＜資料の読み取り＞Ⅰ～Ⅳの全ての文において，資料を正しく読み取っている。

8 〔公民―経済〕

(1)＜直接税＞直接税とは，税金を納める人(納税者)と税金を負担する人(担税者)が同じ税をいう。資料１の国税のうち，直接税は所得税，法人税，相続税で，その合計は約34兆円で国税の合計約68兆円の約50％を占めている。

(2)＜景気の変動＞生産や消費が増加しているＸは好況〔好景気〕の時期，生産や消費が減少しているＹは不況〔不景気〕の時期である。好況のときには物価が上昇し続けるインフレーションが起こりやすい。また，不況の時期に政府は，減税をして消費の増大を促したり，公共事業を増加させて企業の生産活動が活発になるように促したりする政策をとる。

(3)＜CSR＞企業は，社会の一員として，利潤の追求だけでなく，消費者の保護や雇用の確保，地域文化や環境への貢献などの役割を積極的に果たすべきであるという考え方をCSR〔企業の社会的責任〕という。なお，GDPは国内総生産の略称，NPOは非営利組織の略称である。また，POSは商品についたバーコードを読み取ることで，販売した商品に関するデータを集めて商品の効率的な販売に役立てようとする販売時点情報管理のしくみを指す。

2023年度／専修大学松戸高等学校（前期17日）

理科解答

1 (1) ⑤　(2) Ⅰ群…④　Ⅱ群…③
(3) ④　(4) ⑥

2 (1) ④　(2) ③　(3) ①　(4) ③

3 (1) ⑤　(2) ④　(3) ③　(4) ⑥

4 (1) X…6　Y…3　(2) ③
(3) P…⑤　Q…③　(4) ②

5 (1) P群…②　Q群…①　R群…④
(2) (a)　Ⅰ群…⑤　Ⅱ群…⑦
(b)　X…7　Y…0　Z…5
(3) ⑤

6 (1) ②　(2) ①　(3) ④
(4) Ⅰ群…④　Ⅱ群…⑤

7 (1) ②
(2) (a)…②　(b)　P群…④　Q群…②
(3) ①

8 (1) ②　(2) P…②　Q…④
(3) ⑥　(4) ①

（声の教育社　編集部）

1〔生命・自然界のつながり〕

(1)＜花のつくり＞図１は，異なった形の花弁が５枚であることやめしべやおしべの形から，エンドウの花を分解したものである。エンドウは，被子植物のうち子葉が２枚の双子葉類である。また，花はめしべとおしべが花弁に包まれているため，自然な状態で自家受粉をする。なお，アブラナの花の花弁は同じ形のものが４枚ある。

(2)＜塩酸処理＞発芽したばかりの根は先端付近が最もよくのびるため，観察２で根につけた図２の印の間隔は，ｃｄ間が最も広くなる。また，観察３の❷の操作は，細胞どうしを離れやすくして，観察しやすくするための操作である。根の細胞を観察するときは，根を温めたうすい塩酸に入れて，細胞どうしをつなげている物質を分解して細胞を離れやすくする。

(3)＜細胞分裂＞図４のＡ～Ｇの細胞を細胞分裂が進んでいく順に並べると，以下のようになる。分裂前の細胞（Ａ）→核の中に染色体が現れる（Ｆ）→染色体が細胞の中央に並ぶ（Ｃ）→染色体が細胞の両端に移動する（Ｅ）→細胞の中央にしきりができはじめる（Ｂ）→２個の核が形成される（Ｄ）→２個の新しい細胞ができる（Ｇ）。

(4)＜生物のふえ方＞適当ではないものは⑥である。栄養生殖とは，いもから芽が出たり，さし木，むかごなど，植物の体の一部から新しい個体ができるふえ方である。生物の体が２つに分裂して新しい個体をつくる無性生殖を分裂という。なお，減数分裂によってつくられる生殖細胞に含まれる染色体の数は，体細胞に含まれる染色体の数の半分になる。

2〔気象と天気の変化〕

(1)＜湿度＞図１より，12時と19時では気温が同じで，湿度は12時の方が高い。よって，12時の空気の方が１m^3中に含まれる水蒸気量が多いため，露点が高い。また，図１より，16時と21時では湿度が同じで，気温は16時の方が高い。したがって，16時の空気の方が，飽和水蒸気量が多いため，１m^3中に含まれる水蒸気の量が多い。

(2)＜前線と天気＞図２の前線Ａは寒冷前線である。寒冷前線付近には積乱雲ができ，狭い範囲に短時間，強い雨を降らせる。そして，寒冷前線が通過した後は気温が下がり，風向は南寄りから北寄りに変化する。よって，図１より，気温が急に下がり，風向が南寄りから北寄りに変わっている19時から20時にかけて前線Ａ（寒冷前線）が通過し，積乱雲によって狭い範囲に強い雨が降ったと考えられる。なお，前線Ｂは温暖前線で，付近には広範囲に乱層雲ができるため，広い範囲に長時間，弱い雨を降らせる。温暖前線が通過した後は気温が上がり，風向は東寄りから南寄りに変化する。そのため，図１で，地点Ｘを温暖前線が通過したのは，11時から12時にかけてである。

(3)＜風の吹き方＞図３の水槽を日光の当たる屋外に置いておくと，砂の方が水よりあたたまりやすいため，砂の温度の方が高くなり，砂の上に上昇気流が生じ，水の上に下降気流が生じる。よって，①のように，プラスチックの容器付近では，線香の煙は水を入れた容器から砂を入れた容器の方に動く。

(4)＜冬の季節風＞冬は，大陸の方が太平洋よりも冷えやすいため，大陸上の気温が太平洋上よりも下がり，大陸上に下降気流が，太平洋上に上昇気流ができ，大陸上の気圧が上がる。このため，気圧が高い大陸から気圧が低い太平洋に向かって，北西の季節風が吹く。このときの風を表しているのは，日光の当たらない部屋に装置を置いて冷やした，実験の❸の線香の煙の動きである。

3 〔化学変化と原子・分子〕

(1)＜気体の発生＞図１のⅢの炭酸水素ナトリウム($NaHCO_3$)と塩酸(HCl)の反応では，塩化ナトリウム($NaCl$)と水(H_2O)，二酸化炭素(CO_2)が生じる。これより，$NaHCO_3$を表すモデルはで，HClを表すモデルは◉⭘であることから，これらのモデルに共通する◉はＨを表し，３つある○は酸素，⭘はClを表す。さらに，◍⭘はNaClを表すから，◍はNaを表し，残った●はＣを表す。よって，化学反応では，反応の前後で，原子の種類と数は変化しないから，Ⅰでできるａは◉◉，Ⅱでできるｂは○●○となる。したがって，ａはH_2より水素，ｂはCO_2より二酸化炭素である。なお，ｃも二酸化炭素である。

(2)＜気体の性質＞図１のⅢの炭酸水素ナトリウムと塩酸の反応で発生するｃの気体は二酸化炭素である。二酸化炭素はにおいのない気体で，空気よりも密度が大きく，水に少しだけ溶け，水溶液は酸性を示す。また，石灰水に通じると石灰水は白くにごり，有機物が燃焼すると水とともに発生する。

(3)＜金属と塩酸の反応＞うすい塩酸に金属片を加えると，水素が発生し，金属はしだいに溶け，ぼろぼろの状態になる。

(4)＜気体の性質＞容積80cm^3の試験管Ａにうすい塩酸を20cm^3入れると，試験管Ａの中に入っている空気は60cm^3である。金属片Ｘを加えて水素が発生すると，最初は試験管Ａの中の空気が出てくるから，容積が40cm^3の試験管Ｂに集まったのはほとんどが空気で，試験管Ｃに集まったのはほぼ半分が空気で残りの半分が水素，試験管Ｄに集まったのはほとんどが水素と考えられる。よって，図３のように，それぞれの試験管にマッチの炎を近づけると，試験管Ｂでは何も起こらず，試験管Ｃでは小さく火がついてゆっくり燃え，試験管Ｄでは音をたてて一瞬で燃えたと考えられる。

4 〔身近な物理現象〕

(1)＜入射角＞入射角は，入射する光と，鏡の面に垂直な線との間の角である。図１で，入射する光と鏡Ａの面との間の角度は27°だから，入射角の大きさは，90°－27°＝63°となる。

(2)＜光の速さ＞実験２で，光が点Ｍ－Ｎ間を１往復，つまり，2.0m 移動するのにx秒かかった場合，光の速さは，$2.0\div x=\frac{2.0}{x}$(m/s)となる。よって，月までの距離ym を往復，つまり，$2y$m 移動するのにかかる時間は，$2y\div\frac{2.0}{x}=2y\times\frac{x}{2.0}$(s)である。

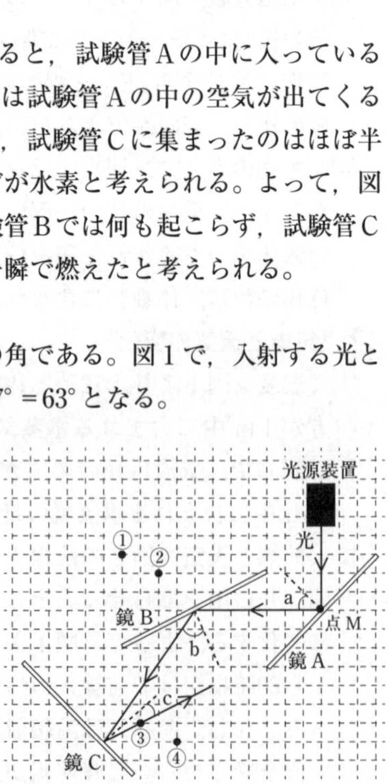

(3)＜光の反射＞鏡に入射した光の入射角と，反射した光の反射角は等しい(反射の法則)。よって，問題の図３に，光源装置から鏡Ａ上の点Ｍに入射させた光が，鏡Ｂ，鏡Ｃで反射する光の道すじを作図すると，右図のようになる。図より，反射角ａ， ｂ，ｃの大きさは，ｃ＜ａ＜ｂとなり，鏡Ｃで反射した後の光は③の点を通る。

(4)＜鏡にうつる像＞鏡にうつって見える像は，実物に対して左右が反対になる。前ページの図３より，光源装置の位置に置いたコップから出た光は鏡で３回反射しているから，鏡Ｃにうつって見える像は実物に対して左右が反対になる。

5 〔生物の体のつくりとはたらき〕

(1)＜養分のゆくえ＞ヒトが食事をした後，消化された養分を吸収するのは小腸で，血液に入る養分はブドウ糖とアミノ酸である。養分を含む血液は肝臓に運ばれるから，図１のＭは小腸，Ｌは肝臓であり，Ｎは腎臓であることがわかる。吸収された養分の一部が肝臓や筋肉で変えられて貯蔵されるのはブドウ糖で，ブドウ糖はグリコーゲンに変えられる。

(2)＜血液の循環＞(a)血液の成分のうち，全身へ酸素を運搬するのは赤血球である。図３で，赤血球を示しているのはｇである。なお，図３のｅは白血球，ｆは血小板を示している。また，肺を通った血液は，図１のＢの肺静脈を通り心臓に戻り，図２のｄの左心房に流れ込む。なお，図１のＡは肺動脈，図２のａは右心房，ｂは右心室，ｃは左心室である。　(b)Ｓさんの心臓が１分間，つまり，60秒間に75回拍動することから，48秒間に拍動する回数は，$75\times\frac{48}{60}=60$(回)である。つまり，4230cm^{3}の血液は，60回の拍動で心臓から肺以外の全身へ送り出されるので，１回の拍動で心臓から送り出される血液の量は，$4230\div60=70.5$(cm^3)となる。

(3)＜不要物の排出＞物質ｍはアンモニア，物質ｎは尿素であり，尿素は腎臓でこしとられて体外に排出される。よって，図１で，腎臓であるＮを通った後の血管Ｆを流れる血液に，尿素はほとんど含まれない。なお，アンモニアは，細胞でタンパク質が分解されるときに生じ，肝臓で尿素に変えられる。そのため，肝臓であるＬを通った後の血管Ｅを流れる血液に，アンモニアはほとんど含まれない。また，アンモニアや尿素は，血液の液体成分である血しょうによって運ばれる。組織液は，毛細血管から血しょうがしみ出したもので，細胞間を満たしている。

6 〔大地の変化〕

(1)＜双眼実体顕微鏡の使い方＞双眼実体顕微鏡で観察を行うときの操作の順は以下のようになる。両目でのぞいて，左右の視野が重なって見えるよう，鏡筒の間隔を調節する(ア)→粗動ねじをゆるめて，観察物の大きさに合うように鏡筒を上下させ，両目でのぞいておよそのピントを合わせる(イ)→接眼レンズを右目だけでのぞき，微動ねじでピントを合わせる(エ)→接眼レンズを左目だけでのぞき，視度調節リングでピントを合わせる(ウ)。

(2)＜鉱物の特徴＞長石と石英は無色(白色)鉱物で，ア，イは正しい。なお，黒雲母は黒色で，決まった方向にうすくはがれ，角閃石は黒色や濃緑色で，柱状の形をしている。

(3)＜火山の形＞岩石Ｘのような白っぽい色の火成岩は，ねばりけの強いマグマからつくられる。ねばりけの強いマグマは，図４のＢのような盛り上がった形の火山をつくる。Ｂのような形をした代表的な火山は，昭和新山や有珠山《うすざん》などである。なお，Ａのような傾斜のゆるやかな形をした代表的な火山はハワイ島のキラウエアで，ねばりけの弱いマグマからつくられる。

(4)＜火成岩の分類＞図１より，岩石Ｘは大きな鉱物が組み合わさったつくりをしている。このようなつくりを等粒状組織といい，等粒状組織を持つ火成岩は，マグマが地下深くで冷え固まった深成岩である。そして，白っぽい色をしていることから，岩石Ｘは表のｄに分類される。深成岩のうち最も白っぽい岩石は花崗《かこう》岩である。

7 〔化学変化とイオン〕

⑴＜硫酸亜鉛の電離＞硫酸亜鉛（$ZnSO_4$）は水に溶けると，亜鉛イオン（Zn^{2+}）と硫酸イオン（SO_4^{2-}）に電離する。これより，ⓐ＝ⓒ＝4，ⓑ＝ⓓ＝2である。

⑵＜ダニエル電池＞(a)ダニエル電池では，亜鉛板で亜鉛原子が電子を放出して亜鉛イオンになって水溶液中に溶け出し，硫酸銅水溶液中の銅イオンが電子を受け取って銅原子になって銅板に付着する。このとき，電子は亜鉛板から導線を通って銅板へ移動する。電流が流れる向きは，電子が移動する向きと反対になるため，電流は銅板から亜鉛板へ流れる。よって，銅板が＋極，亜鉛板が－極となる。　(b)金属板の金属が，水溶液中にイオンとして存在している金属より，イオンになりやすい場合，金属板の金属原子は電子を放出して，イオンとなって水溶液中に溶け出し，水溶液中の金属イオンは電子を受け取って原子になり，金属板に付着する。よって，実験１の表より，マグネシウムと亜鉛ではマグネシウム，亜鉛と銅では亜鉛，マグネシウムと銅ではマグネシウムの方がイオンになりやすいことがわかるから，イオンになりやすい順に，マグネシウム → 亜鉛 → 銅となる。また，電池では，イオンになりにくい方の金属が＋極，イオンになりやすい方の金属が－極になる。したがって，マグネシウム板と亜鉛板では，イオンになりにくい亜鉛板が＋極になるから，亜鉛板が－極である図３のダニエル電池とは電流が流れる向きは逆になり，プロペラは反対の向きに回転する。

⑶＜水溶液の濃度と電池＞硫酸亜鉛水溶液の濃度を濃くして飽和状態に近くすると，水溶液中に亜鉛が溶けにくくなり，放出される電子が少なくなる。そのため，流れる電流は小さくなり，モーターの回転する速さは遅くなる。

8 〔電流とその利用〕

⑴＜オームの法則＞実験１の❶では，20Ωの電熱線Ｘに0.18Aの電流が流れたから，オームの法則〔電圧〕＝〔抵抗〕×〔電流〕より，電源装置の電圧の大きさは20×0.18＝3.6（V）となる。

⑵＜並列回路＞⑴より，実験１の❶では電源装置の電圧の大きさは3.6Vで，❷では電源装置の電圧を❶のときの半分の大きさにしたから，電源装置の電圧は，3.6÷2＝1.8（V）である。このとき，回路に0.24Aの電流が流れたから，回路全体の抵抗は1.8÷0.24＝7.5（Ω）となる。また，電熱線Ｘと電熱線Ｙは並列につながれているので，各電熱線に加わる電圧は電源装置の電圧に等しく1.8Vであり，各電熱線に流れる電流の和が回路全体に流れる電流の大きさに等しい。❷では，電源装置の電圧は❶のときの半分の大きさなので，電熱線Ｘに流れる電流も半分の0.18÷2＝0.09（A）になる。よって，電熱線Ｙに流れる電流は0.24－0.09＝0.15（A）であるから，オームの法則より，電熱線Ｙの抵抗の大きさは1.8÷0.15＝12.0（Ω）となる。

⑶＜電流による磁界＞コイルに電流を流すと，コイルの周りに磁界ができる。コイルＡの巻き方が不明なので，左端と右端のどちらがＮ極になるかはわからないが，どちらがＮ極になっても，点ｂと点ｄの方位磁針は東西いずれかの同じ方位をさし，点ａと点ｃの方位磁針はどちらも，点ｄの方位磁針と逆の方位をさす。なお，点ａ～ｄにおいて南北の向きをさす方位磁針は１つもない。

⑷＜電流による磁界の利用＞実験１では，電流は磁界から力を受け，コイルが動き，実験３では，電磁誘導により，コイルＢに電流が流れる。実験１の現象を利用した例にはモーターなどがあり，実験３の現象を利用した例にはIH調理器や発電機などがある。

国語解答

一 問一 a…3 b…1 c…2
問二 ア…2 イ…1 ウ…4
問三 2 問四 2 問五 2
問六 3 問七 4 問八 4
問九 1 問十 4 問十一 2
問十二 4

二 問一 a…2 b…3 c…1
問二 ア…2 イ…3 ウ…4
問三 1 問四 1 問五 4
問六 2 問七 4 問八 1
問九 2 問十 3

三 問一 4 問二 2 問三 3
問四 2 問五 4 問六 4
問七 4 問八 2 問九 1

（声の教育社　編集部）

一〔論説文の読解―教育・心理学的分野―心理〕出典；齋藤孝『潜在能力を引き出す「一瞬」をつかむ力』「クリエイティビティを身につける」。

≪本文の概要≫クリエイティビティを高めるためには，臨機応変な対応をできる「トータルフットボール感覚」と，頭を柔軟に使う「ブリコラージュ感覚」が必要である。時間の使い方には没入と管理の二つがあり，これをうまく組み合わせていくことが，生産性と創造性のバランスを取ることにつながる。生産性の向上は仕事において非常に大切であるが，「物」を生み出すのを担うのは，クリエイティビティである。クリエイティビティには，無駄な時間が必要である。ただし，単に時間があればよいのではなく，うまく集中して，没入できる状態にしなければならない。アイデアを出すために，時間を区切る，制約条件をつける，競争する，といった遊び・ゲーム的要素を取り入れることが重要である。ほとんどの新しいものは，古いものの中に驚けるようなものを見つけ出すことから始まっている。アイデアをアレンジととらえることで，意図的にクリエイティビティを高めることができるのであるから，日々の中でアイデアを出すことを習慣づけよう。

問一＜漢字＞a．「融通」と書く。1は「猶予」，2は「誘致」，4は「勇猛」。　b．「改革」と書く。2は「核心」または「隔心」，3は「拡充」，4は「閣僚」。　c．「発祥」と書く。1は「賠償」，3は「昇格」，4は「肖像画」。

問二＜接続語＞ア．日本人は「融通が利かないところ」があるということの例として，マッサージ店で六〇分と九〇分のコースがあったときに七五分でやってほしいと言っても断られることが挙げられる。　イ．コンビニエンスストアでは，「長時間お店が開いているのに，ほとんどの場合に品切れ商品がない」うえに，「あらゆるサービスを網羅するレジ」を「徹底してマニュアル化・合理化して」いる。　ウ．創造性は「狩猟的な時間世界」であるから，アイデアは「とりあえず外に出てつかまえられるかわからないけれど，獲物を狩りにいくイメージ」である。

問三＜文脈＞ゲーテは，「自分一人で何かを生み出すことができる」という考えに批判的で，「むしろ古典に学ぶことで新しいものを生み出せる」と考えていた。確かに「現代の発明や新商品も，一人で無から有を生み出すように作られたもの」は多くなく，「ほとんどのものは，既存のアイデアを組み合わせたり，異なる文脈に移動したりすることで，新たな需要が生まれて」いる。

問四＜文章内容＞「トータルフットボール感覚」とは，自分の部署とは違う部署のことでも必要が生じれば応援に行くというように，「臨機応変な対応をできること」である。「アイデアを出す」とは，「その時々に起きている状況に応じた解決策を，『当事者意識』を持って常に考える」ことであるから，この感覚を持っていることが，クリエイティビティを高めるために必要である。

問五＜品詞＞「駆けつける」と「追い求める」は，下一段活用の動詞。「逃げ散る」と「あせる」は，五段活用の動詞。「徹する」は，サ行変格活用の動詞。

問六＜文章内容＞３．「本来はその目的ではない道具も使う，またはあり合わせのものでなんとかする」のは，しなやかさである。　４．六〇分と九〇分のコースしかなくても，七五分でやってほしいという要望があれば，頭を「柔軟」に使って対応するのが，「ブリコラージュ感覚」である。

問七＜文章内容＞「没入」には「長期的な視点」がなく，「没入してばかり」では「普通の社会生活」に対応できなくなる。一方，「管理された時間での生活」ばかりでは，「心身の調子が悪く」なる。

問八＜文章内容＞時間管理のシステムをつくり，合理化によって無駄を省けば，「余剰時間」が生まれ，その時間を「クリエイティビティを高める・発揮することに回す」ことができる。しかし，今は多くの企業において，「余剰時間」は「さらなる人員削減」に回されてしまっている。

問九＜文章内容＞生産性を上げるには，無駄な時間を削る必要がある一方，クリエイティビティを発揮するには，「単に時間があればよい」というわけではないが，没入する時間以外に，「集中に入るための準備作業」の時間や「終わったあとにしばらく休」む時間が必要である（１…×，４…○）。アイデアを出すには慣れが必要で，そのためには，「アイデアを出すために時間を区切ったり，制約条件をつけたり，競争をしたりする」ことを「楽しく取り入れる」という「遊び・ゲーム的要素」が必要である（３…○）。アイデアをつかまえるには，「自分の頭で探すだけ」ではなく，「とりあえず外に」出て「自分の知らない世界を発見」することが必要である（２…○）。

問十＜文章内容＞ボッティチェリは，「ルクレティウスの『物の本質について』に影響」を受けて「春」を描いたといわれている。グリーンブラットは，長い間失われていたルクレティウスの本が「再発見された」ことが「ルネサンスにつながった」のではないかと指摘する。そうだとすれば，これは「まぎれもなく創造性にあふれたクリエイティブな行為」である。「古典や歴史の勉強は古来の知恵を学ぶ」だけでなく，私たちにとって「創造的行為となりうる」のである。

問十一＜文章内容＞クリエイティビティとは「この世界を豊かにするようなアイデア」で，それは「すでにあるものをちょっとアレンジすることでも十分に生み出せるもの」である。アイデアを出せる雰囲気の中で習慣的にアイデアを出し合い，「新しいものを生み出す能力」が，「これからの時代に求められる『頭の良さ』」である。

問十二＜要旨＞日本人は「まじめ」な反面，融通が利かず，臨機応変な対応をする「トータルフットボール感覚」や柔軟な対応をする「ブリコラージュ感覚」がないところもある（２…×）。「トータルフットボール感覚やブリコラージュ感覚によって生み出される」のは，「飲食チェーン店の食事」にあるような「どこに行っても同じものが味わえる安心感」ではなく，「その時・その場ならではの楽しみ」があるという「仕事のライブ感」である（４…○）。生産性を上げ，合理化することによって生まれる「余剰時間」を「クリエイティビティを高める・発揮することに回すことが重要」で，かつての日本のメーカーでは「いい意味での『遊び』が，新商品を生み出す研究開発につながって」いた（３…×）。企業において，人員削減をするばかりでは「新たな価値を生み出す能力そのもの」が落ち，クリエイティビティを発揮できなくなる（１…×）。

二 〔小説の読解〕出典；砥上裕將『線は，僕を描く』。

問一＜漢字＞ａ．「隔てて」と書く。１は「輪郭」，３は「威嚇」，４は「仏閣」。　ｂ．「及ばない」と書く。１は「困窮」，２は「救助」，４は「復旧」。　ｃ．「透かし」と書く。２は「到達」，３は「討論会」，４は「陶磁器」。

問二＜語句＞ア．「愕然」は，非常に驚くこと。　イ．「いやしくも」は，仮にも，という意味。　ウ．「幽玄」は，奥深く微妙で計り知れないこと，また，味わいが深いこと。

問三＜品詞＞「たった」が副詞である。

問四＜文章内容＞「力を入れる」とは「まじめ」ということである。それは「自然」ではなく，「自分独りで何かを行おうとして心を深く閉ざして」しまうことにもなる。しかし，「水墨画は自然に心を重ねていく絵画」で，「水墨を描くということは，自然との繋がりを見つめ，学び，その中に分かちがたく結びついている自分を感じていくこと」であるため，「力」を抜く必要がある。

問五＜表現＞A．先生は「水墨画は自然に心を重ねていく絵画だ」と言ったが，「僕」はよくわからないという表情で先生を見ていた。　B．「僕」は「すごい，とほめ称えようとした」が，その言葉を拒むかのように，千瑛が「こんにちは」と言った。　C．「先ほどの絵」を描いているときの千瑛は，「僕」が教室に入ってもまるで気づかないほど「一心不乱に」筆を振るっていた。

問六＜心情＞「僕」が「墨のすり方と，力を抜くこと」だけしか教わっていないということは，千瑛には「意外」だった。そして，「僕」を内弟子にした祖父の考えていることが「分からない」と思い，千瑛は，そこまで祖父をひきつけた「僕」がどういう人間なのかを知りたくなってきた。

問七＜文章内容＞「僕」が習ったことは本当にわずかであるが，「それでもこれまでの僕では思いつきもしなかったことを知ることができた」ため，「僕」は「水墨を好きになる」と思った。

問八＜文章内容＞千瑛の「技の完成を求める心や向上心」は「熱意」になり，その情熱が「彼女の絵の中にある余白」や，「『自然』な心の変化や情感」を消し去っていた。そう感じた「僕」は，千瑛に「何かを伝えたいと思った」が，「誰も彼女には彼女のことを伝えられない気」がした。

問九＜心情＞「僕」は，斉藤さんが千瑛の絵について指摘した「微妙な，歪みやミスこそが千瑛の花に柔らかさを与えているように思えた」ため，斉藤さんの指摘の意味はよくわからなかった。千瑛が斉藤さんからの指摘で「萎縮して小さくなってしまった」ことも「納得できなかった」が，「ただ単に絵を描いて場所を示すだけで，この二人の会話は完結」してしまうほど「強いきずながこの二人にはある」ということがわかり，初心者の「僕」は，何も言えなかった。

問十＜表現＞物語は，「僕」と先生や，「僕」と千瑛の会話を中心に展開されている。また，比喩を用いて，千瑛が絵を描く筆の様子が「まるで白鷺の足のよう」と表現されたり，千瑛の絵は「情熱をたたえる赤一色の絵」，斉藤さんの絵は「真冬の雪あかりに映る紫一色」だと表現されたりしており，情景や登場人物の人柄などが印象的に描かれている。

三〔古文の読解―随筆〕出典；兼好法師『徒然草』第百八十八段。

≪現代語訳≫一生のうちで，主としてあってほしいと思うようなことの中で，どれが勝るかとよく思い比べて，一番大事なことを思い定めて，それ以外は断念して，一つのことに励むべきである。一日のうち，少しの時間のうちにも，たくさんのことが生じるであろう(が，その)中で，少しでも有益なことをして，それ以外は捨てて，重要なことを急いでするべきである。どれも捨てまいと心の中で執着していると，一つのこともなるはずがない。／例えば，碁を打つ人が，一手も無駄にせず，相手の先を読んで，影響の小さい石を捨てて重要な石を取るようなものである。その場合，三個の石を捨てて，十個の石を取るのは容易である。十個を捨てて，十一個を取ることは難しい。一つでもよい方を取るべきなのに，(捨てる石が)十個にまでなってしまうと，惜しく思われて，あまり利益のない石にはかえにくい。これも捨てず，あれも取ろうと思う心のために，あれも得ず，これも失うのは道理である。／京に住む人が，東山に急用があって(行き)，すでに到着したとしても，西山に行くとより多くの益があるだろうと思いついたならば，門から戻って西山へ行くべきである。ここまでたどり着いたのだから，このことをまず言ってしまおう。日を決めてはいないことなのだから，西山のことは，帰ってまた(改めて)思い立とうと思うために，その一瞬の怠け心が，そのまま一生の怠け心になる。これを恐れるべきである。／一つのことを必ず成し遂げようと思うなら，他のことがだめになるのを嘆いてはいけない。人の嘲りも恥じてはならない。万事を犠牲にしなければ，一つの大事がなるはずがない。人が大勢いる中で，ある人が，「ますほのすすき，まそほのすすきなどということがある。わたのべの聖が，このことを伝え知っている」と語ったのを，登蓮法師が，その場におりまして，聞いて，雨が降っていたので，「蓑とかさはありますか，お貸しください。そのすすきのことを教わりに，わたのべの聖のもとに尋ねに参ります」と言ったのを，「あまりにも慌ただしい。雨がやんでから(にしてはどうか)」と人が言ったところ，「とんでもないことをおっしゃいますね。人の命は，雨の晴れ間を待つものでしょうか。私も死に，聖もなくなってしまえば，尋ねきくことができましょうか」と言って，走りながら出ていき，習いましたと言い伝えているのは，立派でめったにないことに思われる。「すばやくするときはうまくいく」と，『論語』という書物にもあるそうです。(登蓮法師が)すすきを知りたがったように，仏道の悟りを開ける大事な縁を思うべきだったのである。

問一＜古文の内容理解＞ある人が「ますほのすすき，まそほのすすき」ということを「わたのべの聖」が知っていると言ったのを聞いた登蓮法師は，すぐそれを教わりに行こうとし，「蓑・かさやある，貸し給へ。かのすすきの事習ひに，わたのべの聖のがり尋ねまからん」と言った。

問二＜古文の内容理解＞「一生のうち」に，「むねとあらまほしからん事」の中で一番大事なことを思い決め，それ一つに励むべきである。「一日のうち，一時のうち」でも，同様に，「あまたの事」が生じる中で，少しでも利益の多いことをして，それ以外は捨てるべきである。

問三＜古文の内容理解＞少しでも有益なことをしてそれ以外は捨てるべきであり，どれも捨てまいと「心にとり持ちて」は，一つのこともなるはずがないのである。

問四＜古文の内容理解＞碁を打つとき，十一個の石を取るために捨てるべき石が十個もあると，人は，それを捨てるのが惜しいと思い，それほど利益が増えるわけでもない石にかえるということが，なかなかできないのである。

問五＜古文の内容理解＞あれも取ろう，これも失うまいとすれば，結局どちらも失うことになってしまうというのは，当然のなりゆきである。「道」は，物事の道理のこと。

問六＜古文の内容理解＞東山に行った人が，西山により多くの益があることを思いついても，別に日が決まっているわけではないので西山に行くのはまた別の日にしようと思う。少しでも益の多いこと，大事なことはすぐにするべきなのに，そうしないというところに，怠け心がある。

問七＜現代語訳＞「いたむ」は，残念に思う，悲しむ，という意味。「べからず」は，～してはいけない，という意味。

問八＜古文の内容理解＞「ますほのすすき，まそほのすすき」について「わたのべの聖」が知っていると聞いた登蓮法師は，そのことを知りたいと思い，雨が降っているのもかまわずすぐに走っていって教わった。その場にいた人は，あまりに慌ただしい，雨がやんでからにしたらどうかと言ったが，人の命はいつなくなるかわからないからと，登蓮法師は自分の知りたいことを知るためにすぐ行動した。このようなことは，めったにあることではない立派な行いである。

問九＜古文の内容理解＞「すこしも益のまさらん事」をその他のことを捨てて行い，大事なことを急いでするべきであるというのは，例えば碁を打つ人が，一手をも無駄にせずに相手に先んじて「小を捨て大につく」ようなものである(4…○)。東山に行った人が，西山により多くの益があることを思いついても，西山のことはまた別の日にしようと思うのは，一時の怠け心だが，そういう一時の怠け心は一生の怠け心になる(3…○)。一つのことを必ず成し遂げようと思うなら，他のことがだめになるのを嘆いてはいけないし，人が嘲っても恥じてはならない(2…○)。登蓮法師が，人が集まっている場で「ますほのすすき，まそほのすすき」ということを「わたのべの聖」が知っていると聞くと，すぐさまそれを教わりに「わたのべの聖」のもとへ行き，それを教わったように，大事なことをするにはすぐに行動すべきである(1…×)。

2023年度 専修大学松戸高等学校(前期18日)

【英　語】（50分）〈満点：100点〉

1 リスニング試験 〈編集部注：放送文は未公表につき掲載してありません。〉

1．それぞれの対話を聞いて，最後の発言に対する最も適切な応答を1つ選び，その番号をマークしなさい。対話はそれぞれ2回放送されます。

(1) ① Follow her! She has already finished her lunch.
② Really? She went out after eating lunch.
③ Do you? She has eaten lunch with you many times.
④ Oh, I'm sure she is waiting for you at the place you decided.

(2) ① Yes. I bought it at the cake shop near my house.
② No. I don't think the cake I made is delicious.
③ Actually, I made it with my mother this morning.
④ Well, I have never eaten any cake you made.

(3) ① I see. I think you have the wrong number.
② Look. It's on the other side of Bus No.10.
③ Look. It's between Bus No.10 and Bus No.12.
④ I see. You must take Bus No.10.

2．英文を聞いて，後に続く質問の解答として最も適切なものを1つ選び，その番号をマークしなさい。英文と質問はそれぞれ2回放送されます。

(1) ① He's the speaker and he's interested in three clubs in his school.
② He's the speaker and he wants to join the strongest club in his school.
③ He's a third-year student who joins the English club three times a week.
④ He's a third-year student who has a sister playing tennis in a strong club at school.

(2) ① Students who are interested in one of the clubs should go to the computer room on Wednesday.
② The English club makes movies and plays games in English because they want to do something for their school.
③ The tennis club has a lot of students, and they meet in their club room every Tuesday.
④ The rugby club needs some managers to take care of the club members.

2 次の英文を読んで，以下の問題に答えなさい。

We often hear the words, "Reduce, Reuse, and Recycle!" Of course, this is good advice for all of us to help to protect the environment. But have you ever really stopped to think about the differences between each of these words? It is important to understand because one of these things is not as good for the environment as the others.

When we say "reduce," we usually mean that we should try to decrease the amount of things we buy or use. For example, many people have a lot of shoes and clothes that they almost never wear, and they keep buying more. Other people, or in some cases the same people, have many bags which they almost never use. Because people buy so many things, companies that make shoes, clothes, and bags make more of those things. Making those things uses energy and *resources. For example, factories use a lot of electricity and fuel, *as well as many *materials to make the goods. Some of those materials, like plastics, are bad for the environment. So usually, it is better for the earth to use (1) things.

"Minimalism" has become popular recently. This is taking the idea of reducing the number of things we buy or use to an *extreme level. But some people find a sense of happiness and freedom in (2) very few things. They don't need so much space, and they don't need to spend much time taking care of the things they have. Minimalists, people who practice minimalism, often save a lot of money because they use so little. They often say, "Less is more." It just means "It is better to have fewer things." There are many different kinds of minimalism, so it is useful to think about them. [①] For example, we might try *applying minimalism to one thing, such as tools for eating. If everyone always carries their own knife, fork, spoon, and chopsticks, a large amount of energy and resources can be saved. This is one kind of minimalism.

Another way of using the word "reduce" is to (3) for a long time, instead of buying new ones so often. My smartphone is about four years old, but it is still fast and works well. [②] By waiting another year or two after the newest ones are sold, I can help to reduce the number of smartphones.

"Reuse," on the other hand, means that when I finally get a new smartphone, I sell or give the older one to someone else who can use it, or find another use for it myself, instead of *throwing it away. [③] Many of the materials in a smartphone are difficult to *dispose of and are not good for the environment. In my case, I use my old smartphone as a baby monitor only to watch my baby at home. Other people give their older smartphones to their children or use them only to watch movies or listen to music. They might not be so fast for playing some games or using the Internet, but they can still be very useful!

Another way we can reuse things is to (4) their *purpose. Some very creative people have even found ways to make houses by using plastic bottles!

(5)
ア. If you search online, you can find so many interesting ideas for reusing things instead of throwing them away.
イ. Though most of us can't imagine something like that, we can do simpler things.
ウ. PET bottles can be used to put flowers in.
エ. For example, old clothes can be used when we clean our house.

And that brings us to our third word, "recycle." Of course, it is much better to recycle our *trash than to just throw it away. In my city, we *separate trash into four categories: *burnables, plastics, bottles and cans, and non-burnables. But in the city I used to live in, there was no "plastic" category, so most people just put their plastics in with the burnable trash. I was sad. [④] We have to do some extra work for recycling, but we can feel better about the way we are disposing of our trash.

However, recycling also needs a lot of energy. It is better to recycle a plastic bottle than to burn it, of course, but even recycling is actually not so good for the environment. *That is why we should first try to reduce the amount of things we use, and reuse them *as much as we can. After we have done those things, then we should recycle the things which are left.

So, as you can see, the "3 Rs" should be done in this *order :

1．REDUCE

2．REUSE

3．RECYCLE

Let's do our best!

(注) *resource　資源　*as well as ～　～と同様に　*material　原料　*extreme　極端な
*apply ～ to …　～を…に当てはめる　*throw ～ away [throw away ～]　～を捨てる
*dispose of ～　～を捨てる　*purpose　目的　*trash　ごみ
*separate ～　～を分ける　*(non-)burnable　燃える(燃えない)ごみ，燃える
*that is why ～　そういう訳で～　*as ～ as … can　…ができるだけ～　*order　順序

問1　空欄(1)に入れるのに最も適切なものを①～④から1つ選び，その番号をマークしなさい。

①　fewer　②　smaller　③　more　④　larger

問2　空欄(2)に入れるのに最も適切なものを①～④から1つ選び，その番号をマークしなさい。

①　making　②　selling

③　living with　④　putting on

問3　空欄(3)に入れるのに最も適切なものを①～④から1つ選び，その番号をマークしなさい。

①　buy old things　②　continue using things

③　follow the old rules　④　use many things

問4　空欄(4)に入れるのに最も適切なものを①～④から1つ選び，その番号をマークしなさい。

①　share　②　choose　③　change　④　forget

問5　[(5)]内のア～エの文を文脈が通るように並べかえたとき，順番として最も適切なものを①～④から1つ選び，その番号をマークしなさい。

①　アーウーイーエ　②　アーエーウーイ

③　イーアーウーエ　④　イーエーウーア

問6　次の英文を入れるのに最も適切な位置を，本文中の[①]～[④]から1つ選び，その番号をマークしなさい。

I do not need a new one.

問7　本文の内容に合うものを①～④から1つ選び，その番号をマークしなさい。

①　Using a lot of energy and resources to make products is good for the environment.

②　Saving a lot of money and time means saving a large amount of energy and resources.

③　Throwing away smartphones is not bad for the environment if they are disposed of in the right way.

④　Using plastic bottles to make houses is one thing we can do to protect the environment.

問8　本文の内容について，(1)，(2)の質問に対する答えとして最も適切なものを①～④からそれぞれ1つずつ選び，その番号をマークしなさい。

(1)　What is NOT true about "reduce, reuse, and recycle?"

①　"Reduce" means that we try to have something less.

②　"Reduce" is similar to the idea of "minimalism."

③　"Reuse" is to find a new use for something that does not have to be thrown away.

④　"Recycle" has almost the same meaning as "reuse."

(2)　What should we do to make recycling better for the environment?

① We should first reduce the number of our own things, and reuse or recycle half of the things that are left.

② We should first decrease the number of things we use, reuse them, and then recycle when something is left.

③ We should choose our favorite way from the "3 Rs" and keep doing it.

④ We should choose two or three ways among "reduce, reuse, and recycle" and do them.

3 次の英文を読んで，以下の問題に答えなさい。

Today I'd like to talk about my cousin Tony. We grew up together in the *countryside, and he was like a little brother to me. We rode the school bus together and played together almost every day. His mother was like a second mother to me. I didn't have any brothers or sisters, so I was very glad to have my cousin to play with.

We usually did things that many other children did. For example, we played video games or played with toys. When we got older, we rode our bicycles and played sports together, especially baseball and basketball. We both lived on farms. There were no large *grassy areas to play baseball, and no hard, *flat surfaces for basketball. So, we practiced baseball in the *rocky driveway, and we practiced basketball in the *dirt. It was not a perfect situation, but we had fun anyway.

Sometimes we did things that brought us trouble, though. Because I was three years older than my cousin, I often received more of the *blame. And sometimes if he did something bad at home, his parents said to me, "You taught him that bad thing !" That was almost never true, but I just laughed. He was a *naughty little boy, actually. I was usually a good boy ; but when we were together, we sometimes made choices that were not the best.

Living in the countryside was wonderful because there was always fresh air and a lot of space. 【 (1) 】 On days like this, we sometimes did something that might get us in trouble. I remember one Saturday I was going to stay at my cousin's house *overnight. That afternoon we decided to *dig a hole in the ground, just for something to do. We thought maybe if we dug a deep enough hole, we might find something interesting, like a fossil, or something valuable. We dug and dug, and dug some more, but we didn't find anything. It began to get dark, so we went home. We decided to leave the hole to dig even deeper the next day.

We washed our hands and got ready for dinner, then waited for my uncle because we wanted to eat together after he came home. We were excited when he walked in the door because we were very hungry thanks to digging ! Our exciting feelings did not last long, though. When my uncle saw us, he asked, "Did you dig that big hole over there by the side of the road ?" "Yes," we both said. We could see he was angry, but we didn't understand why. "【 (2) 】 We didn't dig a hole in the road. It's on the side of the road," I said. I don't remember the thing which my uncle said after that, but he was not happy because it was dangerous for cars, especially at night. We had to go back outside with *flashlights and *fill the hole back in. We weren't allowed to have dinner first. We still didn't understand why he was so angry, but of course, we didn't say anything to him.

We rode our bicycles back to the hole and began filling it in with the dirt which we dug out earlier. After we finally finished, we were really hungry. We went back to my cousin's house by bicycle, washed our hands again, and finally had our dinner. It tasted better *than usual because we were really hungry after all the hard work.

My uncle was a good man, but he was *strict. I often think about him and miss him. He loved to read books. He was very good at remembering things about people, and he worked very hard. He died about ten years ago.

But this story is about my cousin. He was my best friend when I was a child, even though I didn't realize that at the time. After I went to college, we didn't talk or see each other very often. We chose very different *paths in life. But around the time my uncle died, my cousin and I started talking a lot more, and our friendship grew strong again. I *am very thankful for that. Now we gather once a month and talk a lot. Once a year, we have a party at my house or his house with our families. My wife and his wife are good friends. My daughter and his daughter are like real sisters. My cousin and I always say that we feel like we have one, big family. I'm happy to have a friend like him.

（注） ＊countryside 田舎　＊grassy area 草原　＊flat surface 平面
＊rocky driveway 岩だらけの私道　＊dirt （未舗装の）地面，土　＊blame 非難
＊naughty いたずら好きな　＊overnight 一晩中
＊dig ～ ～を掘る（過去・過去分詞形 dug）　＊flashlight 懐中電灯
＊fill ～ (back) in ～を埋めて平らにする（戻す）　＊than usual いつもより
＊strict 厳しい　＊path 進路　＊be thankful for ～ ～に感謝している

問１　本文の内容について，(1)～(5)の質問に対する答えとして最も適切なものを①～④からそれぞれ１つずつ選び，その番号をマークしなさい。

(1) Which sentence is the best to put in【(1)】?
① So we always felt relaxed.
② So we often had troubles.
③ But some days we felt bored.
④ But sometimes we were surprised.

(2) Which sentence is the best to put in【(2)】?
① What's the problem?
② We're sorry.
③ Thanks a lot.
④ Why are you so sad?

(3) When the writer visited Tony one time, they dug a hole. Why?
① Because they wanted someone to fall into the hole and feel surprised.
② Because they thought they could find something they wanted in the ground.
③ Because they wanted to hide something interesting, like a fossil, or something valuable.
④ Because they hoped that the writer's uncle would be happy to see the hole.

(4) Why was the writer's uncle angry?
① Because he found two boys who were waiting for him to eat dinner.
② Because he saw a deep hole in the road.
③ Because he found something bad happening when he was driving his car.
④ Because he saw something dangerous for people and cars before arriving home.

(5) What made the friendship between the writer and Tony strong again after college?
① The books of the writer's uncle.
② To choose very different paths in life.

③ The death of the writer's uncle.

④ To have a party with their families.

問2　本文の内容に合うものを①～⑧から３つ選び，その番号をマークしなさい。

① The writer was an only child, so Tony was a good teammate to play with in the school team.

② The places the writer and Tony practiced baseball and basketball were in a bad condition for sports, but they enjoyed playing there anyway.

③ Tony was three years younger than the writer, so Tony's parents got angry at the writer like Tony's real older brother.

④ Tony was a naughty boy and sometimes made wrong choices, so he took more blame than the writer.

⑤ The day after the writer visited Tony, they made the hole deeper.

⑥ The writer and Tony didn't understand why the writer's uncle was angry, so they were not allowed to have dinner before him.

⑦ After digging and filling the hole back in, the writer and Tony were very hungry and enjoyed dinner more than usual.

⑧ Tony has been the writer's best friend, and both of them have known that since they were children.

4　次の各文の(　)に最も適する語(句)を①～④から１つ選び，その番号をマークしなさい。

(1) When she (　　) home, could you give her this notebook ?

① got　② will get　③ has got　④ gets

(2) I broke my umbrella, so I'll buy (　　) tomorrow.

① it　② the one　③ one　④ that

(3) I finished (　　) the video at ten last night.

① watching　② to watching　③ watch　④ to watch

(4) I'll go fishing (　　) it is sunny.

① all the time　② while　③ during　④ so

(5) I would keep playing the piano even in the dark if the audience (　　) here.

① staying　② to stay　③ will stay　④ could stay

5　次の各日本文の内容を表すように，(　)内の語(句)を並べかえたとき，空所 1 ～ 12 に入る語(句)の番号をマークしなさい。ただし，不要な語が１語ずつあります。また，文頭にくる語(句)も小文字にしてあります。

(1) この英語の本は辞書がなくても読めるほど簡単だよ。

This English ＿＿ ＿＿ ＿＿ [1] [2] ＿＿ ＿＿ a dictionary.

(① without　② is　③ read　④ to　⑤ easy　⑥ book　⑦ even　⑧ enough)

(2) メニューに料理がたくさんあるので，どれを食べたらいいのか決められないわ。

I can't decide ＿＿ [3] ＿＿ [4] ＿＿ ＿＿ ＿＿ many dishes on the menu.

(① eat　② which　③ there　④ of　⑤ food　⑥ because　⑦ are　⑧ to)

(3) 手紙がどれほど良いのか私たちに教えて。

＿＿＿ ＿＿＿ ＿＿＿ [5] ＿＿＿ [6] ＿＿＿.
（① the letters　② us　③ what　④ good　⑤ are　⑥ let　⑦ how
⑧ know）

(4) トムと話したら，思ったよりずっとおもしろい人だと気づいた。
I [7] ＿＿＿ ＿＿＿ [8] ＿＿＿ ＿＿＿ ＿＿＿ talking with him.
（① after　② much　③ Tom　④ interesting　⑤ in　⑥ realized
⑦ more　⑧ is）

(5) 科学技術の発展とともに，私たちの生活は豊かになっているね。
Our ＿＿＿ ＿＿＿ [9] ＿＿＿ [10] ＿＿＿ ＿＿＿.
（① more　② develops　③ becoming　④ technology　⑤ lives　⑥ as
⑦ richer　⑧ are）

(6) 忙しすぎて，新聞を読む時間がないと言っている人は多いよ。
Many people say they are [11] ＿＿＿ [12] ＿＿＿ ＿＿＿ ＿＿＿ ＿＿＿ to read newspapers.
（① time　② to　③ don't　④ so　⑤ they　⑥ busy　⑦ have
⑧ that）

6 次の各文について，下線を引いた部分に誤りのある箇所をそれぞれ①～④から１つずつ選び，その番号をマークしなさい。ただし，誤りのある箇所がない場合は，⑤をマークしなさい。

(1) ①I'd like to build schools ②for poor children ③in another countries ④in the near future.　⑤誤りなし

(2) ①We are glad to see ②the sky full of stars ③with all of you here tonight ④thanks to Mr. Ogawa.　⑤誤りなし

(3) ①There are a lot of traffic ②on the street, ③so be careful ④when you cross.　⑤誤りなし

(4) ①When we went to Kyoto, ②we were able to visit three famous temples ③and to be seen ④one of my old friends.　⑤誤りなし

(5) ①The teacher said to the student, "②Tell me about ③the places which is ④included in the story."　⑤誤りなし

(6) ①I'll give Mary the birthday present ②I bought for her ③the day before yesterday ④before she goes home.　⑤誤りなし

【数　学】（50分）〈満点：100点〉

（注意）　1．問題文中の$\boxed{アイ}$，$\boxed{ウ}$などの$\boxed{}$には，特に指示がないかぎり，数値が入ります。これらを次の方法で解答用紙の指定欄に解答しなさい。

⑴　ア，イ，ウ，…の一つ一つは，それぞれ0から9までの数字のいずれか一つに対応します。それらを，ア，イ，ウ，…で示された解答欄にマークしなさい。

⑵　分数形で解答が求められているときは，既約分数で答えなさい。例えば，$\frac{\boxed{ウエ}}{\boxed{オ}}$に$\frac{25}{3}$と答えるところを$\frac{50}{6}$と答えてはいけません。

⑶　比の形で解答が求められているときは，最も簡単な自然数の比で答えなさい。例えば，2：3と答えるところを4：6と答えてはいけません。

⑷　根号を含む形で解答が求められているときは，根号の中に現れる自然数が最小となる形で答えなさい。例えば，$\boxed{カ}\sqrt{\boxed{キ}}$に$4\sqrt{2}$と答えるところを$2\sqrt{8}$と答えてはいけません。

⑸　小数で解答が求められているとき，例えば，$\boxed{ク}.\boxed{ケ}$に2.5と答えたいときは，$\boxed{ク}$に2，$\boxed{ケ}$に5をマークしなさい。

2．定規，コンパス，電卓の使用は認めていません。

1　次の問いに答えなさい。

⑴　$\frac{\sqrt{10}}{3}-\sqrt{15}\div\frac{1}{\sqrt{2}}\div\frac{\sqrt{3}}{2}$を計算すると，$-\frac{\boxed{ア}\sqrt{\boxed{イウ}}}{\boxed{エ}}$である。

⑵　2次方程式$x^2+ax=40$の1つの解が$x=a-2$になるとき，$a=-\boxed{ア}$，$\boxed{イ}$である。

⑶　$a>b$とする。$a+b=8$，$ab=3$のとき，$a-b=\boxed{ア}\sqrt{\boxed{イウ}}$である。

⑷　関数$y=ax^2$と関数$y=ax+\frac{16}{3}$のグラフの1つの交点のx座標が-3のとき，$a=\frac{\boxed{ア}}{\boxed{イ}}$である。

⑸　$\sqrt{3n}<13<\sqrt{4n}$を満たす自然数nの個数は$\boxed{アイ}$個である。

⑹　下図のように，AD∥BCの台形ABCDの辺AB，CD上に，AD∥EFとなるように2点E，Fをとり，線分ACと線分EFとの交点をGとする。

AD＝5cm，BC＝7cm，GF＝3cmのとき，EG＝$\frac{\boxed{アイ}}{\boxed{ウ}}$cmである。

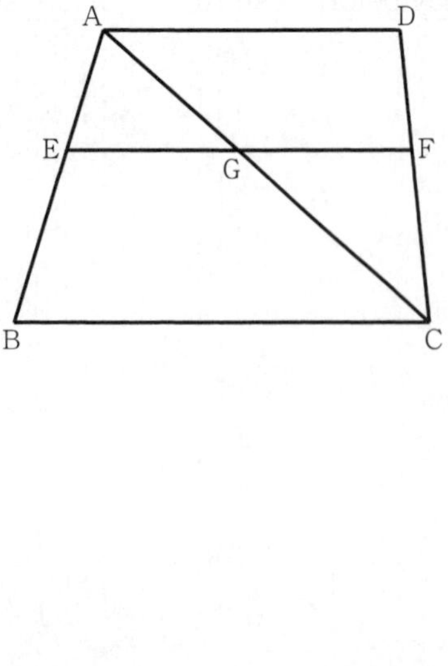

2　次の問いに答えなさい。

(1)　体育の授業で，生徒20人がバスケットボールのフリースローを1人10回ずつ行い，ゴールした回数を右の表にまとめた。

①　四分位範囲は，[ア]回である。

②　平均値は，[イ].[ウ]回である。

回数(回)	人数(人)
0	2
1	4
2	5
3	1
4	3
5	0
6	3
7	1
8	1
9	0
10	0
合計	20

(2)　1辺3cmの正方形の紙がたくさんある。

この紙を，のりしろを1cmずつとってはりあわせ，大きな長方形をつくる。

たとえば，下図は，正方形の紙を縦2枚，横3枚はりあわせたときのものである。

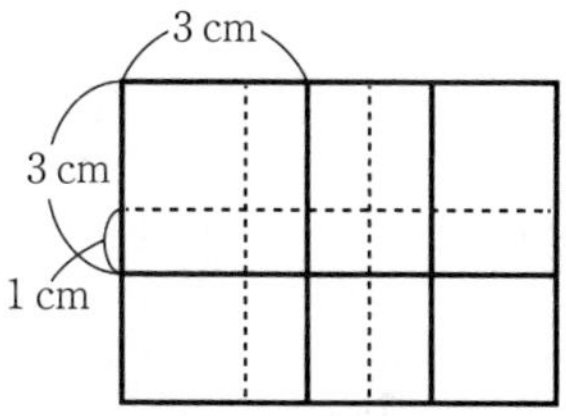

①　正方形の紙を縦，横それぞれn枚ずつはりあわせたとき，できた大きな正方形の面積は，([ア]n^2+[イ]n+[ウ])cm^2である。

②　横1列にはりあわせた正方形の紙の枚数が縦1列にはりあわせた正方形の紙の枚数より2枚多く，できた長方形の面積が77cm^2のとき，用いた正方形の紙の枚数は[エオ]枚である。

3　右図のように，放物線$y=\frac{1}{2}x^2$のグラフ上に2点A，Bがあり，点Aのx座標は-4，点Bのx座標は4である。

線分ABとy軸との交点をCとする。

点Cを通り傾きが2である直線上に，AB=ADとなる点Dをとる。

ただし，点Dのy座標は点Cのy座標よりも大きい。

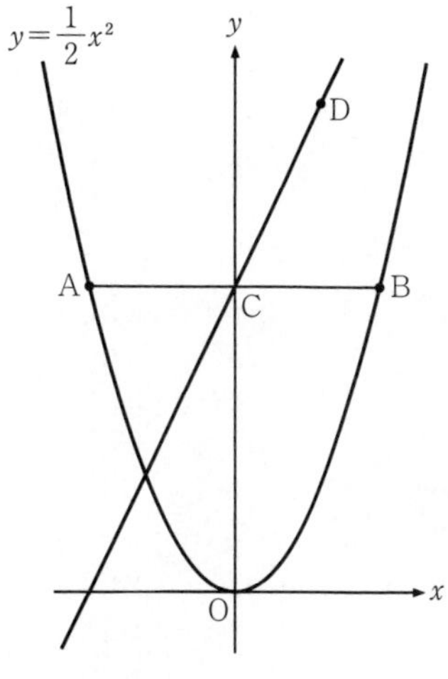

(1)　直線CDの式は，$y=$[ア]$x+$[イ]である。

(2)　直線CDと放物線の2つの交点のx座標は，[ウ]±[エ]$\sqrt{[オ]}$である。

(3)　点Dのx座標は，$\frac{[カキ]}{[ク]}$である。

4　右図のように，AB＝AC＝4cm，BC＝6cmの△ABCの辺BCの中点をMとする。

辺BCと点Mで接し点Aを通る円と，辺AB，ACとの交点をそれぞれD，Eとする。

線分CDと線分EMとの交点をFとする。

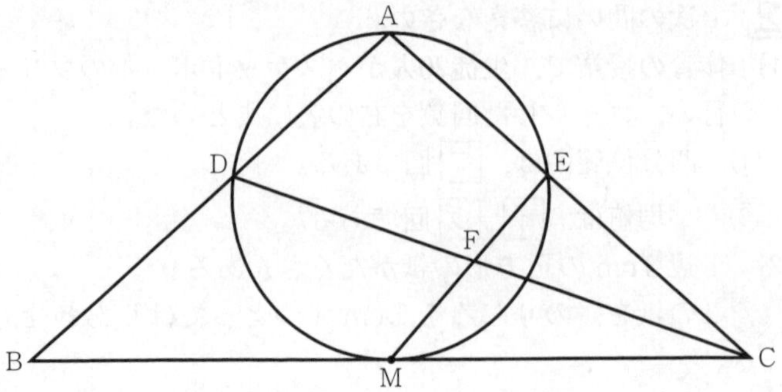

(1)　CE＝$\dfrac{\boxed{ア}}{\boxed{イ}}$cmである。

(2)　CF：FD＝$\boxed{ウ}$：$\boxed{エ}$である。

(3)　EF＝$\dfrac{\boxed{オ}\sqrt{\boxed{カ}}}{\boxed{キク}}$cmである。

5　右図のように，1辺6cmの正四面体ABCDの辺BCの中点をMとし，辺AC上にAE＝2cmとなる点Eをとる。

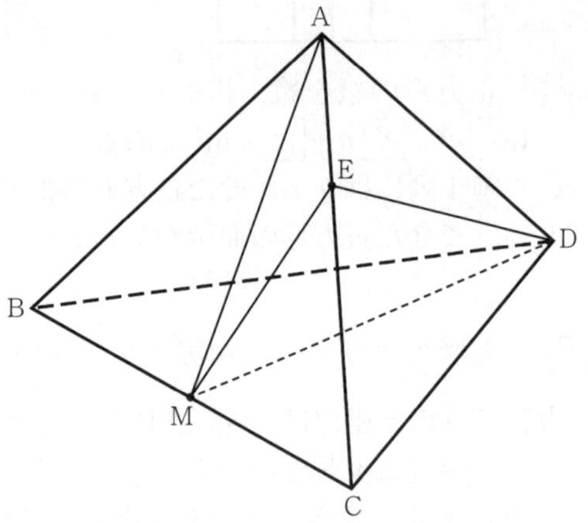

(1)　正四面体ABCDの表面積は，$\boxed{アイ}\sqrt{\boxed{ウ}}$$cm^2$である。

(2)　△MADの面積は，$\boxed{エ}\sqrt{\boxed{オ}}$$cm^2$である。

(3)　四面体EMADの体積は，$\boxed{カ}\sqrt{\boxed{キ}}$$cm^3$である。

【社　会】（50分）〈満点：100点〉

1　次の会話文は，社会科の授業で，先生とゆきのさんたちが，あとの資料1を見ながら，「世界平和」について話し合っている場面の一部である。これに関して，あとの(1)～(4)の問いに答えなさい。

先　生：今日は，「世界平和」について考えたいと思います。まずは，資料1を読み，ロシア連邦，ドイツ，大韓民国，aブラジル及びザンビアの5か国について気づいたことを話してください。

ゆきの：2022年2月，ロシア連邦はウクライナに侵攻しました。ウクライナでは多くの民間人が犠牲となっています。さらに，ロシア連邦が事態打開策として核兵器を使用するのではないかという懸念もあります。

先　生：そうですね。さらに，世界各国がロシア連邦への経済制裁を行っていることなどによって物価が高騰し，エネルギーの供給や食料の流通などに大きな影響が及んでいますね。

あきこ：b歴史は繰り返す，と言いますが，同様にかつて1939年にドイツがポーランドへ侵攻したことがありましたね。

ゆきの：それがきっかけとなって第二次世界大戦が起こりました。

先　生：そうですね。そして，大戦後の1945年，世界の平和と安全の維持を目的としてc国際連合が発足したのですね。

あきこ：国際連合の本部はアメリカ合衆国のニューヨークにあり，全加盟国で構成されている総会，安全保障理事会など六つの主要機関と専門機関から成り立っています。主な活動としては，世界の平和と安全の維持のほかに，紛争予防，軍縮，宇宙空間の平和構築など多岐に渡っています。

ゆきの：資料1の5か国は，位置している州もいろいろですし，国土の様子や人口，気候などに大きな違いが見られますが，いずれの国も国際連合に加盟しています。

先　生：これまで歴史を学んできましたが，現在だけでなく将来の世代につなげていけるような世界平和が求められています。では，このあと，よりよい未来を目指して取り組まなくてはならない「世界平和」についてさらに考えていきましょう。

資料1　5か国についての説明

ロシア連邦	首都はモスクワで，アジア州とヨーロッパ州にまたがる国である。日本の約45倍の国土面積を持ち，その大部分が冷帯(亜寒帯)や寒帯に属している。
ドイツ	首都はベルリンで，ヨーロッパ州に位置する国である。黒・赤・金の三色旗を使用している。西部にライン川，南部にドナウ川という国際河川が流れている。
大韓民国	首都はソウルで，アジア州のうちの東アジアに位置する国である。冬は寒く乾燥する一方，夏は暑く湿度が高い。1991年に国際連合に加盟した。
ブラジル	首都はブラジリアで，南アメリカ州に位置する国である。世界で最も流域面積の大きいアマゾン川が北部を流れ，その流域には熱帯林が広がっている。
ザンビア	首都はルサカで，アフリカ州の南部に位置する国である。1964年に独立を果たし，国際連合にも加盟した。国土の大部分が標高1000～1300mの高原となっている。

(1)　会話文中の下線部aに関連して，2000年代以降に目覚ましい経済発展をとげたブラジルを含む5か国の総称として最も適当なものを，次のア～エのうちから一つ選び，マークしなさい。

ア　APEC　　イ　WTO　　ウ　NIES　　エ　BRICS

(2)　会話文中の下線部bに関連して，次のⅠ～Ⅲの文は，20世紀に世界で起こったできごとについて述べたものである。Ⅰ～Ⅲを年代の**古いものから順に**並べたものとして最も適当なものを，あとのア～カのうちから一つ選び，マークしなさい。

Ⅰ　イタリアで，ファシスト党を率いるムッソリーニが国民の支持を受けて首相となった。

Ⅱ　オーストリアの皇太子夫妻が，セルビア人青年に暗殺されるサラエボ事件が起こった。

Ⅲ　ニューヨークの株式市場の株価の暴落をきっかけに世界恐慌が起こった。

ア　Ⅰ→Ⅱ→Ⅲ　　イ　Ⅰ→Ⅲ→Ⅱ　　ウ　Ⅱ→Ⅰ→Ⅲ

エ　Ⅱ→Ⅲ→Ⅰ　　オ　Ⅲ→Ⅰ→Ⅱ　　カ　Ⅲ→Ⅱ→Ⅰ

(3)　会話文中の下線部ｃに関連して，次の資料２は，国際連合の州別の加盟国数の推移を示したものである。アジア州とアフリカ州にあてはまるものを資料２中のＸ～Ｚのうちから正しく選んだ組み合わせとして最も適当なものを，あとのア～エのうちから一つ選び，マークしなさい。

資料２　国際連合の州別の加盟国数の推移

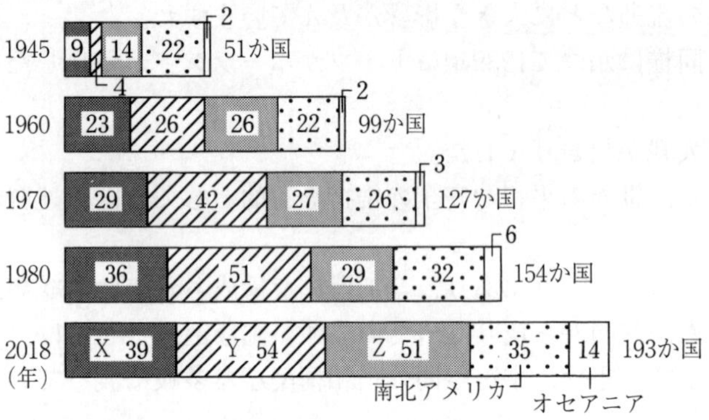

※ヨーロッパ州の加盟国には独立国家共同体（CIS）の構成国を含む。

（国連広報センター資料ほかより作成）

ア　アジア州：Ｘ　アフリカ州：Ｙ

イ　アジア州：Ｙ　アフリカ州：Ｘ

ウ　アジア州：Ｚ　アフリカ州：Ｙ

エ　アジア州：Ｚ　アフリカ州：Ｘ

(4)　次の資料３中のＡ～Ｅは，ロシア連邦，ドイツ，大韓民国，ブラジル及びザンビアのいずれかの国を示している。ＢとＤが示す国として最も適当なものを，あとのア～オのうちからそれぞれ一つずつ選び，マークしなさい。

資料３　Ａ～Ｅの輸出額と輸出額１位の品目及び首都の１月と７月の平均気温，年平均気温，年降水量

国名	輸出額（百万ドル）	輸出額１位の品目	１月の平均気温（℃）	７月の平均気温（℃）	年平均気温（℃）	年降水量（mm）
A	509,347	機械類	−2.4	24.9	12.6	1429.0
B	7,772	銅	21.5	14.9	19.9	882.1
C	1,380,379	機械類	0.9	19.8	10.0	578.3
D	324,477	原油	−6.5	19.2	5.8	706.5
E	209,891	大豆	22.1	19.5	21.6	1479.1

（注）　輸出額，輸出額１位の品目は2020年のものである。

（「データブック オブ・ザ・ワールド 2022」ほかより作成）

ア　ロシア連邦　　イ　ドイツ　　ウ　大韓民国

エ　ブラジル　　オ　ザンビア

2 右の図を見て，次の(1)～(4)の問いに答えなさい。

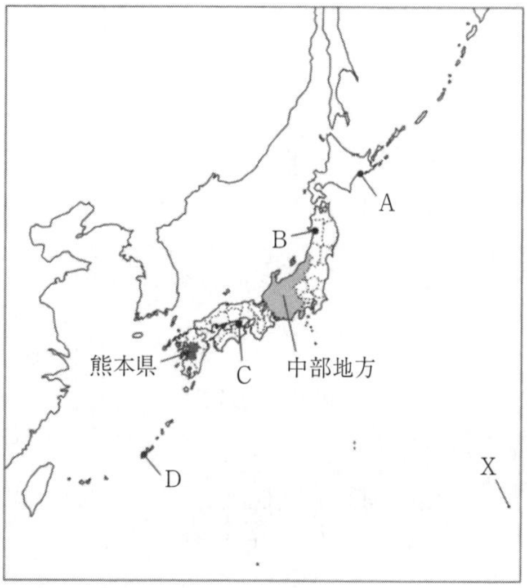

(1) 次の文章は，図中の中部地方に属しているある県についてまとめたものである。文章中の［Ⅰ］，［Ⅱ］にあてはまる語の組み合わせとして最も適当なものを，あとのア～エのうちから一つ選び，マークしなさい。

> この県は，日本の都道府県の中で４番目に面積が大きく，周囲を八つの県に囲まれて海に面していない内陸県で，県名と県庁所在地の都市名が［Ⅰ］。この県と接している八つの県のうち，この県が属している中部地方とは異なる地方に属している県は［Ⅱ］ある。

ア Ⅰ：同じである Ⅱ：二つ
イ Ⅰ：異なる Ⅱ：二つ
ウ Ⅰ：同じである Ⅱ：三つ
エ Ⅰ：異なる Ⅱ：三つ

(2) 次の文章と資料は，あきこさんが，図中のXの島についてまとめたレポートの一部である。文章中の［Ⅰ］，［Ⅱ］にあてはまる語の組み合わせとして最も適当なものを，あとのア～エのうちから一つ選び，マークしなさい。なお，１海里は1.85kmとし，この島はごく小さく，その面積は無視できるものとする。

> Xの島は，日本の最東端に位置する［Ⅰ］で東京都に属している。この島の周囲には他の島がないため，この島を中心とする周囲の［Ⅱ］の水域が日本の領海や排他的経済水域となっており，近年，海底資源のレアアースの存在が確認され，注目を集めている。

資料

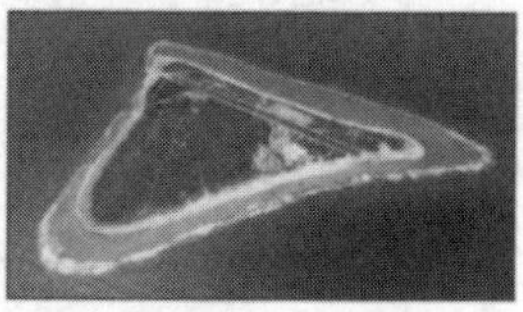

ア Ⅰ：南鳥島 Ⅱ：約43,000km²
イ Ⅰ：沖ノ鳥島 Ⅱ：約43,000km²
ウ Ⅰ：南鳥島 Ⅱ：約430,000km²
エ Ⅰ：沖ノ鳥島 Ⅱ：約430,000km²

(3) 次のグラフは，図中のA～Dのいずれかの地点における月平均気温と月降水量の変化の様子を示したものである。Bの地点のグラフとして最も適当なものを，ア～エのうちから一つ選び，マークしなさい。

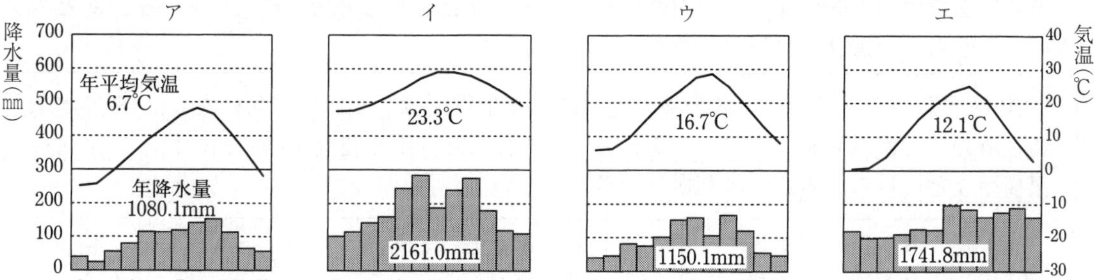

（「理科年表 2022」より作成）

(4)　次の地形図は，前のページの図中の熊本県のある地域を示したものである。これを見て，あとの①，②の問いに答えなさい。

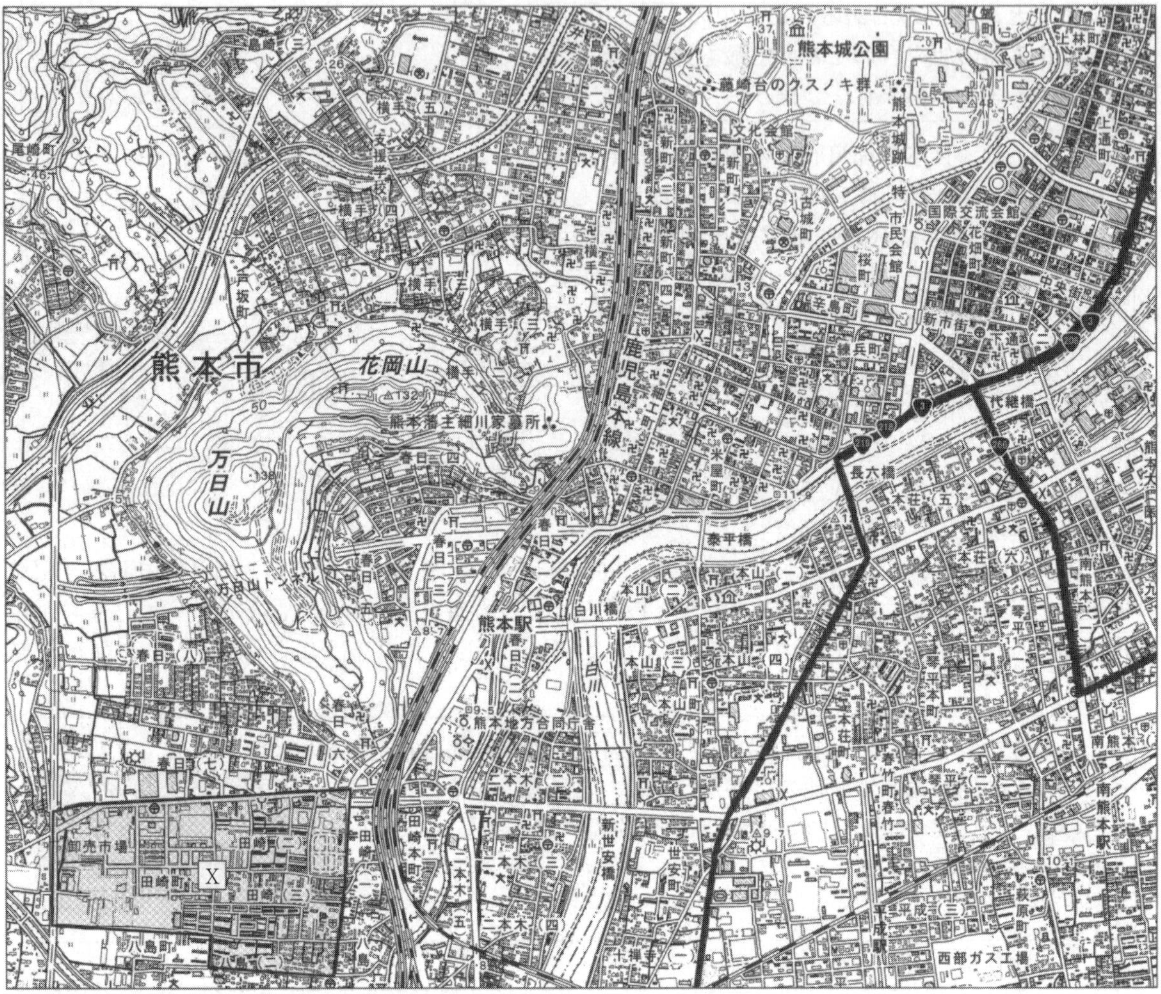

(国土地理院　平成30年発行1：25,000「熊本」より作成)

めもり 0　5 cm

①　地形図中にXで示した範囲の実際の面積は約 $0.5km^2$ である。この範囲の5万分の1の地形図上での面積として最も適当なものを，次のア～エのうちから一つ選び，マークしなさい。

ア　約1 cm^2　　イ　約2 cm^2　　ウ　約4 cm^2　　エ　約8 cm^2

②　次の文章は，この地形図を見て，ゆきのさんが読み取ったことがらをまとめたレポートの一部である。文章中の下線部a～cの内容の正誤の組み合わせとして最も適当なものを，あとのア～クのうちから一つ選び，マークしなさい。

> JR熊本駅から見て，熊本城公園の近くにある市役所は $_a$ 北西の方角にあり，JR熊本駅と市役所の間の直線距離は $_b$ 2km以上ある。また，万日山や花岡山の斜面には $_c$ 広葉樹林や果樹園などは見られるが，針葉樹林は見られない。

ア　a：正　b：正　c：正　　イ　a：正　b：正　c：誤　　ウ　a：正　b：誤　c：正
エ　a：正　b：誤　c：誤　　オ　a：誤　b：正　c：正　　カ　a：誤　b：正　c：誤
キ　a：誤　b：誤　c：正　　ク　a：誤　b：誤　c：誤

3 次の図は，緯線と経線が直角に交わる図法で描かれた世界地図で，緯線と経線は15度ごとに引かれている。この図を見て，あとの(1)～(4)の問いに答えなさい。

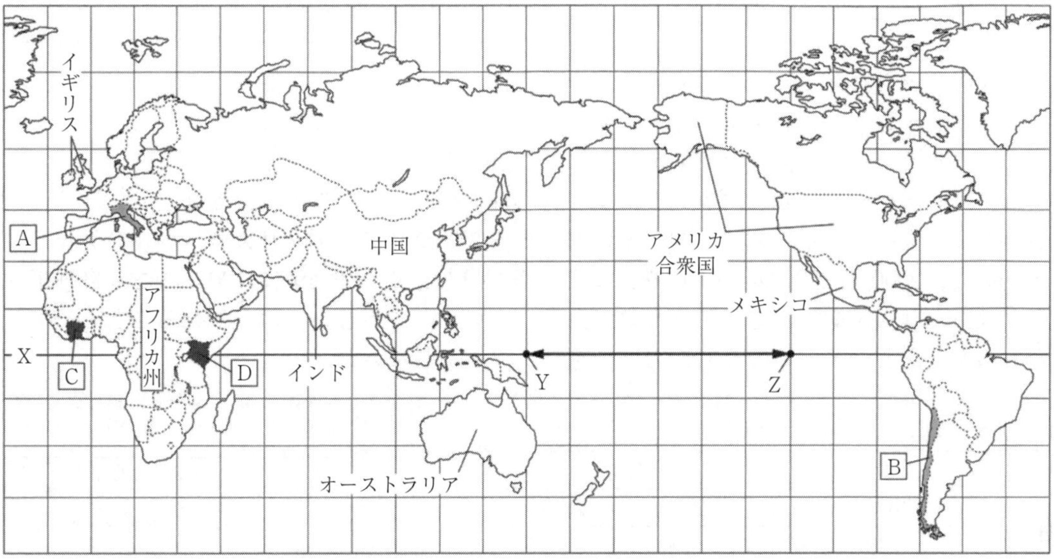

(1) 次の文章は，上の世界地図の特徴について述べたものである。文章中の［Ⅰ］，［Ⅱ］にあてはまる語の組み合わせとして最も適当なものを，あとのア～エのうちから一つ選び，マークしなさい。

> 図中のXの線は0度の緯線である赤道で，赤道上のY点とZ点の間の ←→ で示した部分の実際の距離は［Ⅰ］である。また，Y点を通る経線を標準時子午線とする都市と，Z点を通る経線を標準時子午線とする都市との時差は［Ⅱ］である。

ア　Ⅰ：約5,000km　Ⅱ：6時間　　イ　Ⅰ：約10,000km　Ⅱ：6時間
ウ　Ⅰ：約5,000km　Ⅱ：18時間　　エ　Ⅰ：約10,000km　Ⅱ：18時間

(2) 次のⅠ，Ⅱの文章は，図中のA，Bの国についてそれぞれ述べたものである。Ⅰ，Ⅱの文章の正誤の組み合わせとして最も適当なものを，あとのア～エのうちから一つ選び，マークしなさい。

Ⅰ　Aの国は地中海に面し，夏に降水量が多く，冬に乾燥する地中海性気候に属しているため，この気候に適したオリーブや小麦などの栽培がさかんである。EUの加盟国の一つで，ユーロと呼ばれる共通通貨を使用し，原則として加盟国間では国境を自由に通過できる。

Ⅱ　Bの国の公用語はスペイン語で，キリスト教のうちのカトリックの信者が多い。メスチソ(メスチーソ)と呼ばれる，先住民とヨーロッパから来た人々との間の混血の人々が住む。東部の国境沿いに連なるアンデス山脈には銅鉱山がいくつも見られ，銅鉱の産出量は世界有数である。

ア　Ⅰ：正　Ⅱ：正　　イ　Ⅰ：正　Ⅱ：誤
ウ　Ⅰ：誤　Ⅱ：正　　エ　Ⅰ：誤　Ⅱ：誤

(3) 次の文章は，ゆきのさんが，図中のアフリカ州の国々についてまとめたレポートの一部である。文章中の［Ⅰ］～［Ⅳ］にあてはまる語の組み合わせとして最も適当なものを，あとのア～エのうちから一つ選び，マークしなさい。

> アフリカ州の大部分の地域は，かつてヨーロッパの列強によって植民地支配されていたため，そのころにヨーロッパの人々によって開かれた［Ⅰ］と呼ばれる大農園が今も残っている。

この農園では，主に輸出用の農産物の栽培がさかんで，アフリカ州には，こうした特定の農産物や鉱産資源の輸出によって国の経済が成り立っている Ⅱ 経済の国が多い。例えば，図中のCの国では Ⅲ ，Dの国では Ⅳ が重要な輸出品となっている。

ア　Ⅰ：プランテーション　Ⅱ：モノカルチャー　Ⅲ：カカオ豆　Ⅳ：茶
イ　Ⅰ：プランテーション　Ⅱ：モノカルチャー　Ⅲ：茶　Ⅳ：カカオ豆
ウ　Ⅰ：モノカルチャー　Ⅱ：プランテーション　Ⅲ：カカオ豆　Ⅳ：茶
エ　Ⅰ：モノカルチャー　Ⅱ：プランテーション　Ⅲ：茶　Ⅳ：カカオ豆

(4)　次の資料1は，図中のイギリス，中国，インド，オーストラリア，アメリカ合衆国及びメキシコの面積と1990年，2000年，2019年の人口を，また，資料2は，この6か国の100人あたり自動車保有台数と1人あたり国民総所得を示したものである。資料1，資料2から読み取れることとして最も適当なものを，あとのア～エのうちから一つ選び，マークしなさい。

資料1　イギリス，中国，インド，オーストラリア，アメリカ合衆国及びメキシコの面積と人口

	面積(千km²)	人口(千人)		
		1990年	2000年	2019年
イギリス	242	57,134	58,923	67,530
中国	9,600	1,176,884	1,290,551	1,433,784
インド	3,287	873,278	1,056,576	1,366,418
オーストラリア	7,692	16,961	18,991	25,203
アメリカ合衆国	9,834	252,120	281,711	329,065
メキシコ	1,964	83,943	98,900	127,576

（注）　面積は2019年。

資料2　6か国の100人あたり自動車保有台数と1人あたり国民総所得(2017年)

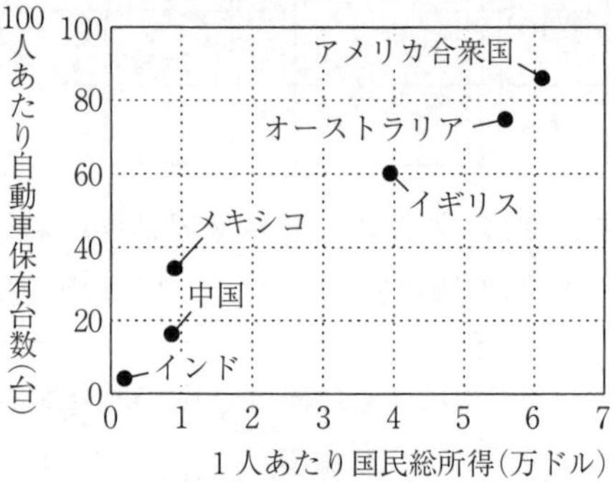

（資料1，資料2は「世界国勢図会 2021/22」より作成）

ア　6か国の中で，2019年における人口が多い順位と，1990年から2019年にかけての人口の増加数が多い順位は同じである。
イ　6か国の中で，2019年における人口が最も少ない国が，2019年における人口密度が最も低く，1 km² あたりの人口密度は10人未満である。
ウ　6か国の中で，面積が500万 km² 以上の国はすべて，100人あたり自動車保有台数が60台以上で，1人あたり国民総所得が5万ドル以上である。
エ　6か国の中で，2019年における人口が1億人未満の国はすべて，100人あたり自動車保有台数が60台未満で，1人あたり国民総所得が5万ドル未満である。

4　次のA～Dのカードは，社会科の授業で，生徒たちが，「平安時代までの歴史」をテーマに作成したものの一部である。これに関して，あとの(1)～(5)の問いに答えなさい。

A　人類のおこり
今から約700万年前に，最古の人類といわれている猿人が現れた。その後，約200万年前に原人が現れ，約20万年前に，現在の人類の直接の祖先にあたる新人が現れて，世界中に広がった。

B　大陸との関係
紀元前後ごろから，日本にも小国ができ始め，中には，中国に使いを送る国も現れた。このころの日本の様子は，中国の歴史書に記されている。

C　平城京
唐の都の長安にならって，律令国家の新しい都として平城京がつくられた。平城京は外京も含めて東西約 6 km，南北約 5 km あり，中央を南北に通る朱雀大路は，道幅が 70m もあった。

D　武士の台頭
10世紀ごろから地方で武士の力が強くなり，朝廷に対して反乱を起こす者も現れるようになった。12世紀には，中央の政治も動かすようになった。

(1)　Aのカードに関連して，次のⅠ，Ⅱの文章は，それぞれ旧石器時代と新石器時代について述べたものである。Ⅰ，Ⅱの文章の正誤の組み合わせとして最も適当なものを，あとのア～エのうちから一つ選び，マークしなさい。

Ⅰ　旧石器時代は，今から１万年前ごろまで続き，そのころの地球は氷河時代で，陸地の広い範囲が氷河におおわれるような時期と比較的暖かい時期とを繰り返していた。人類は，石を打ち欠いてつくる打製石器などを使って，マンモスなどの大型動物を捕らえて食べていた。日本の旧石器時代の遺跡としては，佐賀県の吉野ヶ里遺跡などがある。

Ⅱ　新石器時代は，今から１万年前ごろから始まり，このころから気温が上がり始めたことから，狩猟や採集だけでなく，農耕や牧畜を始めるようになった。人類は，石を磨いてつくる磨製石器を使うようになったほか，粘土を焼いてつくる土器を使って食物の煮炊きをするようになった。日本での新石器時代は縄文時代にあたり，遺跡としては青森県の三内丸山遺跡などがある。

ア　Ⅰ：正　Ⅱ：正　　イ　Ⅰ：正　Ⅱ：誤
ウ　Ⅰ：誤　Ⅱ：正　　エ　Ⅰ：誤　Ⅱ：誤

(2)　Bのカードに関連して，右の資料１は，日本のある国が中国に使いを送ったときの様子を記した中国の歴史書である。資料１中の［　　］にあてはまる中国の国名として最も適当なものを，次のア～エのうちから一つ選び，マークしなさい。

資料１　中国の歴史書

建武中元２年(57年)に倭の奴国が［　　］に朝貢したので，光武帝は印綬を送った。

ア　秦　　イ　後漢(漢)　　ウ　魏　　エ　宋

(3)　Cのカードに関連して，次のⅠ～Ⅳのうち，平城京に都が置かれていた時期に起こったできごとはいくつあるか。最も適当なものを，あとのア～エのうちから一つ選び，マークしなさい。

Ⅰ　大宝律令が制定された。
Ⅱ　鑑真が苦難の末に来日し，日本に正しい戒律を伝えた。
Ⅲ　日本最初の銅銭とされる富本銭がつくられた。
Ⅳ　神話や伝承などを基にした歴史書の「古事記」と「日本書紀」がつくられた。

ア　一つ　　イ　二つ　　ウ　三つ　　エ　四つ

(4)　Dのカードに関連して，次の文章は，12世紀に起こったできごとについて述べたものである。文章中の［Ⅰ］，［Ⅱ］にあてはまる語の組み合わせとして最も適当なものを，あとのア～エのうちから一つ選び，マークしなさい。

1156年に，院政を行っていた［　Ⅰ　］が亡くなると，後白河天皇と崇徳上皇の間で，次の政治の実権をめぐる対立が激しくなって保元の乱が起こり，源氏や平氏の武士が動員されて戦った。その後，1159年に平治の乱が起こり，平清盛が［　Ⅱ　］を破って勢力を広げ，1167年には武士として初めて太政大臣となって政治を行うようになった。

ア　Ⅰ：白河上皇　Ⅱ：源義家　　イ　Ⅰ：鳥羽上皇　Ⅱ：源義家
ウ　Ⅰ：白河上皇　Ⅱ：源義朝　　エ　Ⅰ：鳥羽上皇　Ⅱ：源義朝

(5)　次の資料２は，ＢのカードからＤのカードまでの時期に世界で起こったできごとを年代の**古いものから順に**左から並べたものである。資料２中の［Ⅰ］，［Ⅱ］にあてはまるできごととして最も適当なものを，あとのア～オのうちから一つずつ選び，マークしなさい。

資料２

ローマ帝国が成立する → ［Ⅰ］ → 唐が滅亡する → ［Ⅱ］ → 第１回十字軍が派遣される

ア　ムハンマドがイスラム教を開く　　　イ　シャカが仏教を開く
ウ　北イタリアの都市でルネサンスがおこる　　エ　高麗が朝鮮半島を統一する
オ　ギリシャのアテネなどにポリスが生まれる

5　次のＡ～Ｄのパネルは，社会科の授業で，中世から近世までの各時代の人物について各班で調べ，まとめたものの一部である。これらを見て，あとの(1)～(5)の問いに答えなさい。

Ａ　源頼朝

国ごとに守護，荘園や公領ごとに地頭を置き，征夷大将軍に任じられて，鎌倉幕府を開いた。

Ｂ　足利尊氏

南北朝の対立の中で，北朝の天皇から征夷大将軍に任じられて，京都に幕府を開いた。

Ｃ　豊臣秀吉

本能寺の変で倒れた織田信長の後継者となり，その後，全国統一を成しとげた。

Ｄ　徳川家康

関ヶ原の戦いで石田三成らに勝利し，その後，征夷大将軍に任じられて，江戸幕府を開いた。

(1)　Ａのパネルに関連して，鎌倉時代に起こった次のⅠ～Ⅳのできごとを，年代の**古いものから順に**並べたものとして最も適当なものを，あとのア～エのうちから一つ選び，マークしなさい。
Ⅰ　武家社会の慣習などに基づいて，守護の職務などを定めた御成敗式目(貞永式目)が出された。
Ⅱ　後鳥羽上皇が，幕府を倒そうとして承久の乱を起こしたが，敗れて隠岐に流罪となった。
Ⅲ　中国を支配したフビライ・ハンが，日本も従えようとして２度にわたり大軍を送ってきた。
Ⅳ　分割相続などで生活が苦しくなった御家人を救おうとして，永仁の徳政令が出された。
　ア　Ⅰ→Ⅱ→Ⅲ→Ⅳ　　イ　Ⅰ→Ⅱ→Ⅳ→Ⅲ

ウ　Ⅱ→Ⅰ→Ⅲ→Ⅳ　　エ　Ⅱ→Ⅰ→Ⅳ→Ⅲ

(2)　Bのパネルに関連して，次のⅠ～Ⅵのうち，室町時代の文化について述べた文はいくつあるか。最も適当なものを，あとのア～カのうちから一つ選び，マークしなさい。

Ⅰ　東大寺の南大門が再建され，運慶や快慶らによってつくられた金剛力士像が安置された。

Ⅱ　中国にわたって多くの絵画技法を学んだ雪舟が，帰国後，各地をめぐって水墨画の名作を描いた。

Ⅲ　観阿弥と世阿弥の親子が，猿楽や田楽などの芸能をもとにして，能(能楽)を大成した。

Ⅳ　清少納言の「枕草子」や紫式部の「源氏物語」など，かな文字を使った文学作品が数多く生まれた。

Ⅴ　出雲の阿国と呼ばれる女性がかぶき踊りを始め，人気を集めた。

Ⅵ　畳を敷き，床の間を設けた書院造の様式を用いて，東求堂同仁斎が建てられた。

ア　一つ　　イ　二つ　　ウ　三つ　　エ　四つ　　オ　五つ　　カ　六つ

(3)　Cのパネルに関連して，次の文章は，豊臣秀吉が行った朝鮮出兵について述べたものである。文章中の[Ⅰ]，[Ⅱ]にあてはまる語の組み合わせとして最も適当なものを，あとのア～エのうちから一つ選び，マークしなさい。

> 豊臣秀吉は全国を統一したあと，明の征服をめざして，1592年に，大軍を朝鮮半島に派遣した。これを[Ⅰ]という。初めは順調に兵をすすめていたが，やがて明の援軍を受けた朝鮮の民衆の抵抗に苦戦するようになった。そこで，明との間で講和交渉が始まったが，講和は成立せず，1597年に再び戦いが始まった。これを[Ⅱ]という。この戦いも苦戦が続き，1598年に秀吉が病死したのを機に全軍が引き上げて，朝鮮出兵は失敗に終わった。

ア　Ⅰ：文永の役　Ⅱ：弘安の役　　イ　Ⅰ：文禄の役　Ⅱ：慶長の役

ウ　Ⅰ：弘安の役　Ⅱ：文永の役　　エ　Ⅰ：慶長の役　Ⅱ：文禄の役

(4)　Dのパネルに関連して，江戸幕府の全国支配について述べた文として最も適当なものを，次のア～エのうちから一つ選び，マークしなさい。

ア　武家諸法度という法律を定め，大名が許可なく城を修理したり，大名家どうしが無断で婚姻関係を結んだりすることを禁止した。

イ　徳川氏の一門や，古くからの家来である外様大名を江戸の近くや重要なところに置き，新しく家来となった譜代大名を江戸から遠い地域に置いた。

ウ　江戸幕府の支配する領地は，旗本や御家人の領地を合わせると全国の石高の半分以上を占め，京都・大阪などの重要な都市やおもな鉱山を直接支配した。

エ　禁中並公家諸法度(禁中並公家中諸法度)という法律で天皇や公家の行動を制限し，六波羅探題を置いて朝廷を監視して，政治上の力を持たせないようにした。

(5)　Dのパネルに関連して，右の資料は，江戸時代に採掘がさかんに行われていた鉱山を示したものである。資料中の①～③にあてはまる鉱山の種類の組み合わせとして最も適当なものを，次のア～カのうちから一つ選び，マークしなさい。

資料　江戸時代の鉱山

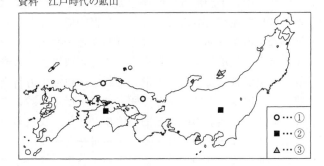

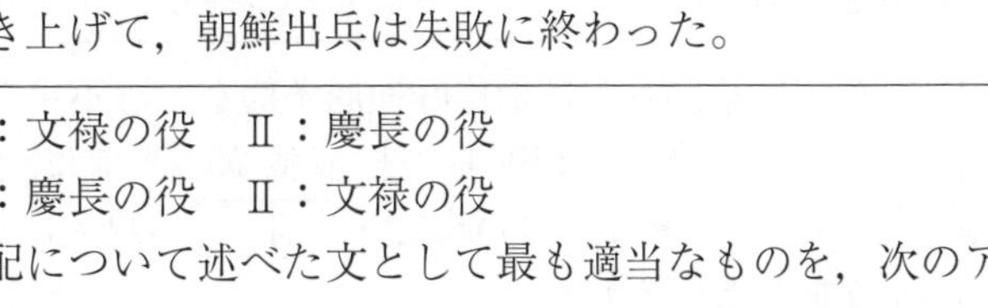

ア　①…金山，②…銀山，③…銅山

イ　①…金山，②…銅山，③…銀山

ウ　①…銀山，②…金山，③…銅山

エ　①…銀山，②…銅山，③…金山
オ　①…銅山，②…金山，③…銀山
カ　①…銅山，②…銀山，③…金山

6　次の略年表は，19世紀後半以降の主なできごとをまとめたものである。これを見て，あとの(1)～(5)の問いに答えなさい。

年代	主なできごと
1858	a 日米修好通商条約が結ばれる
1867	b 江戸幕府が滅亡する
1889	大日本帝国憲法が発布される
1915	c 中国に対して二十一か条の要求を出す
1941	太平洋戦争が始まる
1945	d 太平洋戦争が終わる
1956	日ソ共同宣言が発表される
	↕ e
1978	日中平和友好条約が結ばれる

(1)　略年表中の下線部aに関連して，次の文章は，日米修好通商条約などの条約の不平等な点の改正について述べたものである。文章中の Ⅰ ～ Ⅳ にあてはまる語の組み合わせとして最も適当なものを，あとのア～クのうちから一つ選び，マークしなさい。

> 幕末に結ばれた日米修好通商条約などの不平等条約の改正は，明治政府にとって重要な課題であった。まず，1894年の日清戦争の直前に， Ⅰ 外務大臣によって Ⅱ に成功した。次に，1911年に， Ⅲ 外務大臣によって， Ⅳ に成功して，条約改正が成しとげられた。

ア　Ⅰ：小村寿太郎　Ⅱ：治外法権の回復　Ⅲ：陸奥宗光　Ⅳ：関税自主権の撤廃
イ　Ⅰ：小村寿太郎　Ⅱ：治外法権の撤廃　Ⅲ：陸奥宗光　Ⅳ：関税自主権の回復
ウ　Ⅰ：小村寿太郎　Ⅱ：関税自主権の回復　Ⅲ：陸奥宗光　Ⅳ：治外法権の撤廃
エ　Ⅰ：小村寿太郎　Ⅱ：関税自主権の撤廃　Ⅲ：陸奥宗光　Ⅳ：治外法権の回復
オ　Ⅰ：陸奥宗光　Ⅱ：治外法権の回復　Ⅲ：小村寿太郎　Ⅳ：関税自主権の撤廃
カ　Ⅰ：陸奥宗光　Ⅱ：治外法権の撤廃　Ⅲ：小村寿太郎　Ⅳ：関税自主権の回復
キ　Ⅰ：陸奥宗光　Ⅱ：関税自主権の回復　Ⅲ：小村寿太郎　Ⅳ：治外法権の撤廃
ク　Ⅰ：陸奥宗光　Ⅱ：関税自主権の撤廃　Ⅲ：小村寿太郎　Ⅳ：治外法権の回復

(2)　略年表中の下線部bに関連して，次のⅠ～Ⅳの文は，江戸幕府が滅亡したあとに起こったできごとについて述べたものである。Ⅰ～Ⅳのできごとを年代の**古いものから順に**並べたものとして最も適当なものを，あとのア～カのうちから一つ選び，マークしなさい。

Ⅰ　天皇の政治に戻すことを宣言する王政復古の大号令が出された。
Ⅱ　天皇が神に誓うという形式で新しい政治の方針を示す五箇条の御誓文が出された。
Ⅲ　旧幕府軍と新政府軍との間で鳥羽・伏見の戦いが起こった。
Ⅳ　函館の五稜郭の戦いで旧幕府軍が敗れ，戊辰戦争が終わった。

ア　Ⅰ→Ⅱ→Ⅲ→Ⅳ　イ　Ⅰ→Ⅲ→Ⅱ→Ⅳ　ウ　Ⅰ→Ⅲ→Ⅳ→Ⅱ
エ　Ⅲ→Ⅰ→Ⅱ→Ⅳ　オ　Ⅲ→Ⅰ→Ⅳ→Ⅱ　カ　Ⅲ→Ⅳ→Ⅰ→Ⅱ

⑶　略年表中の下線部ｃに関連して，次の資料１は，中国に対して出した二十一か条の要求の一部を示したものである。資料１中の［Ⅰ］にあてはまる国名と［Ⅱ］にあてはまる場所を右の図中から選んだ組み合わせとして最も適当なものを，あとのア～エのうちから一つ選び，マークしなさい。

資料１　二十一か条の要求（一部）

> 一　中国政府は，［　Ⅰ　］が［　Ⅱ　］に持っている一切の権益を日本にゆずる。
> 一　日本の旅順・大連の租借の期限，南満州鉄道の期限を99か年延長する。

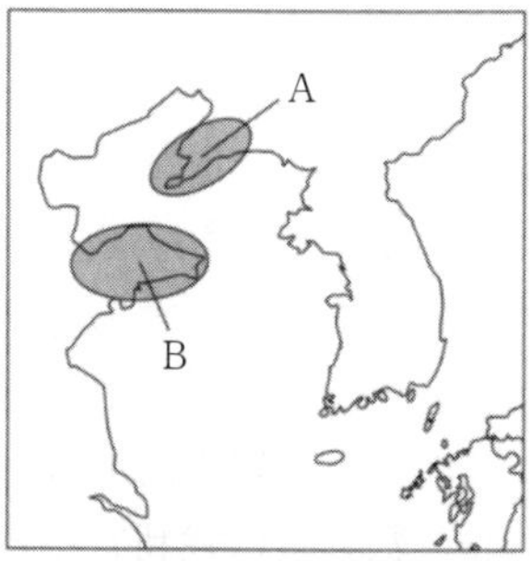

ア　Ⅰ：イギリス　Ⅱ：Ａ　　イ　Ⅰ：イギリス　Ⅱ：Ｂ
ウ　Ⅰ：ドイツ　　Ⅱ：Ａ　　エ　Ⅰ：ドイツ　　Ⅱ：Ｂ

⑷　略年表中の下線部ｄに関連して，太平洋戦争の終戦後に，GHQ の指令により，日本の民主化政策が行われた。右の資料２は，ある民主化政策の前後における農村の変化の様子を示したものである。この民主化政策の名称と，資料２中のＸ，Ｙにあてはまる語の組み合わせとして最も適当なものを，次のア～エのうちから一つ選び，マークしなさい。

資料２　農村の変化の様子

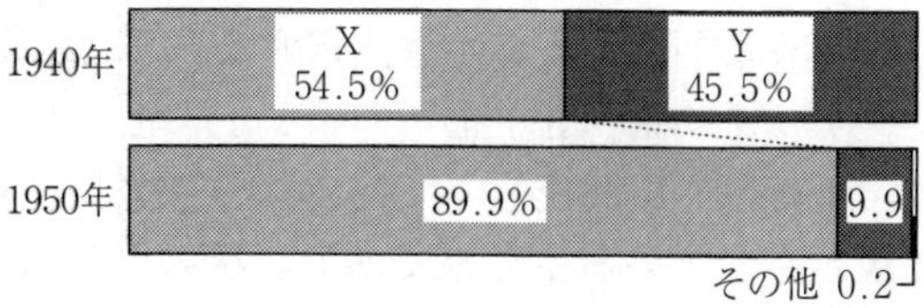

（「完結昭和国勢総覧」などより作成）

ア　名称：地租改正　Ｘ：自作地　Ｙ：小作地　　イ　名称：地租改正　Ｘ：小作地　Ｙ：自作地
ウ　名称：農地改革　Ｘ：自作地　Ｙ：小作地　　エ　名称：農地改革　Ｘ：小作地　Ｙ：自作地

⑸　次のⅠ～Ⅳの文のうち，略年表中のｅの時期に起こったできごとはいくつあるか。最も適当なものを，あとのア～エのうちから一つ選び，マークしなさい。

Ⅰ　第四次中東戦争が始まり，石油危機が起こる。
Ⅱ　朝鮮戦争が始まり，特需景気が起こる。
Ⅲ　バブル景気が崩壊し，不況（不景気）となる。
Ⅳ　東海道新幹線が開通し，アジアで最初の東京オリンピック・パラリンピックが開催される。

ア　一つ　　イ　二つ　　ウ　三つ　　エ　四つ

7　次の文章を読み，あとの⑴～⑶の問いに答えなさい。

日本国憲法は，国民主権，基本的人権の尊重，平和主義を三大原則としている。基本的人権の尊重に関しては多くの条文があてられており，$_a$自由権，平等権，$_b$人権を保障するための権利，$_c$社会権などのさまざまな権利が保障されている。

⑴　下線部ａに関連して，自由権は，身体の自由（生命・身体の自由），精神の自由（精神活動の自由），経済活動の自由の三つに分けられる。次のⅠ～Ⅵの日本国憲法の条文のうち，精神の自由（精神活動の自由）について記されているものはいくつあるか。最も適当なものを，あとのア～カのうちから一つ選び，マークしなさい。

Ⅰ　何人《なんぴと》も，損害の救済，公務員の罷免，法律，命令又は規則の制定，廃止又は改正その他の事項に関し，平穏に請願する権利を有し，何人も，かかる請願をしたためにいかなる差別待遇も受けない。
Ⅱ　何人も，いかなる奴隷的拘束も受けない。又，犯罪に因《よ》る処罰の場合を除いては，その意に反する苦役に服させられない。
Ⅲ　思想及び良心の自由は，これを侵してはならない。

Ⅳ　信教の自由は，何人に対してもこれを保障する。いかなる宗教団体も，国から特権を受け，又は政治上の権力を行使してはならない。

Ⅴ　集会，結社及び言論，出版その他一切の表現の自由は，これを保障する。

Ⅵ　何人も，公共の福祉に反しない限り，居住，移転及び職業選択の自由を有する。

ア　一つ　　イ　二つ　　ウ　三つ　　エ　四つ　　オ　五つ　　カ　六つ

(2)　下線部ｂに関連して，人権を保障するための権利の一つに，裁判を受ける権利がある。次のⅠ，Ⅱの文章は，2009年から導入された裁判員制度について述べたものである。Ⅰ，Ⅱの文章の正誤の組み合わせとして最も適当なものを，あとのア～エのうちから一つ選び，マークしなさい。

Ⅰ　裁判員制度の対象となるのは殺人などの重大な犯罪についての刑事裁判で，裁判員が参加するのは地方裁判所で行われる第一審だけで，第二審以降には参加しない。

Ⅱ　裁判員は裁判官とともに裁判に出席し，被告人や証人の話を聞いたり，証拠を調べたりする。そのうえで，裁判員と裁判官とで話しあい，被告人が有罪か無罪かを決定し，有罪の場合はどのような刑罰にするかも決定する。

ア　Ⅰ：正　Ⅱ：正　　イ　Ⅰ：正　Ⅱ：誤　　ウ　Ⅰ：誤　Ⅱ：正　　エ　Ⅰ：誤　Ⅱ：誤

(3)　下線部ｃに関連して，社会権の基本となる権利が，健康で文化的な最低限度の生活を営む権利と規定されている生存権である。次の資料は，「国民生活に関する世論調査」の結果の一部を示したものである。資料から読み取れることについて正しく述べている文として最も適当なものを，あとのア～エのうちから一つ選び，マークしなさい。

資料　「あなたは全体として現在の生活にどの程度満足していますか。」という問いに対する結果

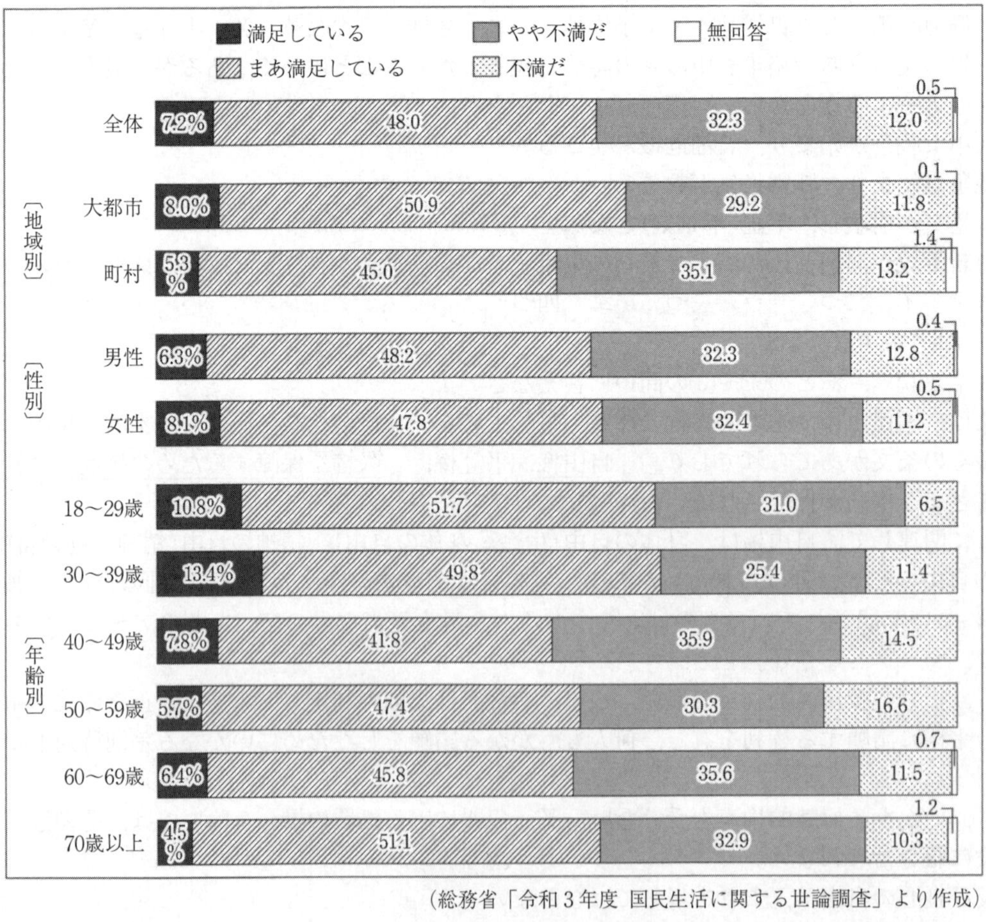

（総務省「令和３年度 国民生活に関する世論調査」より作成）

ア　全体においても，地域別や性別，年齢別のどの区分においても，無回答を除く四つの回答のうちでは，「まあ満足している」の割合が最も高く，「満足している」の割合が最も低い。

イ　地域別で見ると，大都市では「満足している」と「まあ満足している」と回答した割合がそれぞれ全体よりも高く，町村では「不満だ」と「やや不満だ」と回答した割合がそれぞれ全体よりも高い。

ウ　性別で見ると，「やや不満だ」と回答した割合は男性より女性のほうが高く，「やや不満だ」と「不満だ」と回答した割合の合計も男性より女性のほうが高い。

エ　年齢別で見ると，すべての年齢において，「満足している」と「まあ満足している」と回答した割合の合計は，50％を上回っている。

8　次の文章を読み，あとの⑴～⑶の問いに答えなさい。

資本主義経済では，家計，$_a$企業，政府の三つが主体となり，その間をお金が血液のように循環している。例えば，家計は企業に$_b$労働力を提供して賃金を受け取り，企業は家計に財やサービスを提供して代金を受け取り利益(利潤)を得ている。また，企業は，利益(利潤)をあげるだけでなく，教育や文化，$_c$環境保護などの面で積極的に社会に貢献することも求められている。

⑴　下線部ａに関連して，次のⅠ～Ⅴの文のうち，企業のうちの株式会社について正しく述べているものはいくつあるか。最も適当なものを，あとのア～オのうちから一つ選び，マークしなさい。

Ⅰ　株式会社は，少額の株式を多く発行して集めた資金をもとに設立される。

Ⅱ　一定の条件を満たした企業の株式は，証券取引所で売買されている。

Ⅲ　株主は，企業が得た利益の一部を配当として受け取ることができる。

Ⅳ　株主は，取締役会に出席して，企業の経営方針などを決定することができる。

Ⅴ　株主は，株式会社が倒産したときには，投資した金額以上の責任を負う場合がある。

ア　一つ　　イ　二つ　　ウ　三つ　　エ　四つ　　オ　五つ

⑵　下線部ｂに関連して，次のⅠ～Ⅳの文のうち，労働や労働者に関することがらについて正しく述べているものはいくつあるか。最も適当なものを，あとのア～エのうちから一つ選び，マークしなさい。

Ⅰ　日本国憲法では，勤労の権利とともに，労働者の労働基本権として団結権，団体交渉権，団体行動権を保障している。

Ⅱ　労働者の権利を保障するための法律として，労働基準法，労働組合法，男女雇用機会均等法の三つが労働三法と呼ばれている。

Ⅲ　男女共同参画社会の実現のために育児・介護休業法が定められ，育児休業の取得率は，男性と女性とでほぼ同じになっている。

Ⅳ　労働者のうち，パートやアルバイト，派遣労働者，契約労働者などを非正規労働者といい，労働者全体の6割以上を占めている。

ア　一つ　　イ　二つ　　ウ　三つ　　エ　四つ

⑶　下線部ｃに関連して，地球環境問題に関する次のⅠ～Ⅲのできごとを，年代の**古いものから順に**並べたものとして最も適当なものを，あとのア～カのうちから一つ選び，マークしなさい。

Ⅰ　京都で地球温暖化防止会議が開かれ，京都議定書が採択された。

Ⅱ　パリ協定が採択され，温室効果ガスの削減目標が定められた。

Ⅲ　ブラジルのリオデジャネイロで国連環境開発会議(地球サミット)が開かれた。

ア　Ⅰ→Ⅱ→Ⅲ　　イ　Ⅰ→Ⅲ→Ⅱ　　ウ　Ⅱ→Ⅰ→Ⅲ

エ　Ⅱ→Ⅲ→Ⅰ　　オ　Ⅲ→Ⅰ→Ⅱ　　カ　Ⅲ→Ⅱ→Ⅰ

【理　科】（50分）〈満点：100点〉

1　植物の花のつくりについて調べるため，次の観察１～３を行いました。これに関して，あとの(1)～(4)の問いに答えなさい。

観察１

学校の周辺に生えていたマツの木とイチョウの木をそれぞれ観察したところ，マツでは，同じ木の枝に雌花と雄花が別々に咲くのに対し，イチョウには，雌花だけが咲く雌株と雄花だけが咲く雄株があることがわかった。

マツの若い枝の先端についていた花Ａと，花Ａよりも枝のつけ根寄りについていた花Ｂをそれぞれ採取した。また，イチョウの雌株と雄株から，花ＣとＤをそれぞれ採取した。表は，花Ａ～Ｄのスケッチと，それぞれの花について気付いたことをまとめたものである。

表

	マツ	イチョウ
スケッチ	花Ａ　花Ｂ 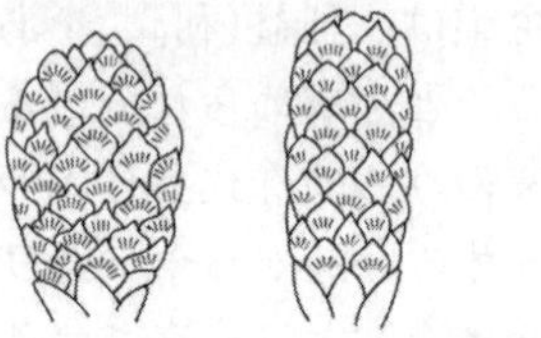	花Ｃ　花Ｄ 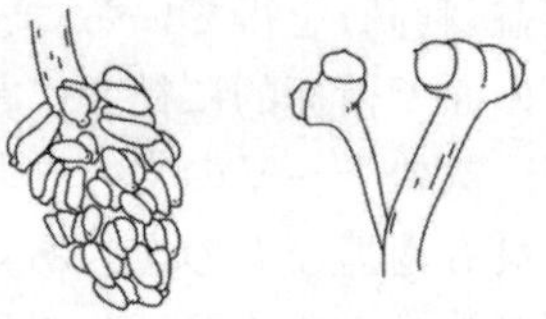
気付いたこと	花ＡもＢも，りん片と呼ばれるうろこ状のつくりが集まってできていた。	花Ｃは遠くから見ると房のように見えたが，くわしく観察すると，小さなつくりが多数集まっていた。

観察２

マツの花ＡとＢからりん片を１枚ずつはがし，ルーペで観察した。図１のりん片ＸとＹは，花ＡとＢのいずれかからはがしたりん片を，それぞれ模式的に表したものである。

また，マツの花粉をスライドガラスに取り，顕微鏡で観察した。図２は，このとき見られた花粉のようすである。

図１

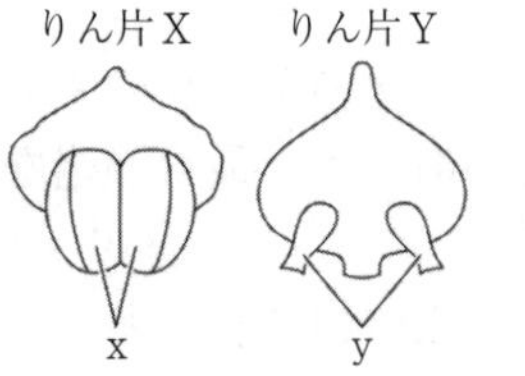

図２

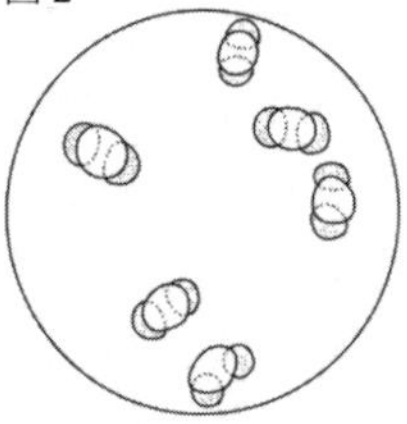

観察３

ツツジの枝から花を取り，ピンセットで分解した。図３は，１つずつ取りはずした花の部分ａ～ｄを，台紙の上に並べたものである。

図３

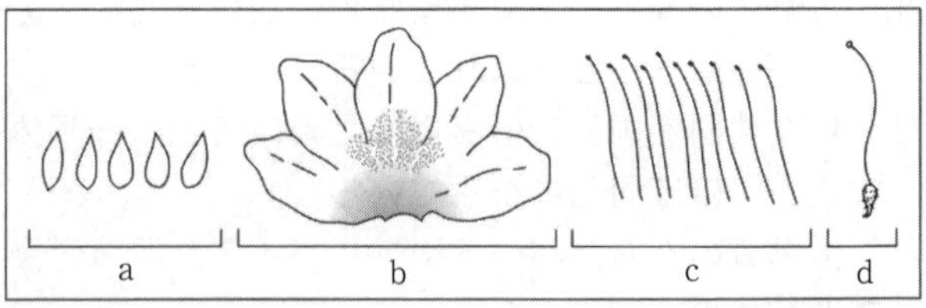

(1)　表のマツの花とイチョウの花について述べた文として最も適当なものを，次の①～④のうちから一つ選びなさい。

①　マツの花ＡとイチョウのＣは雌花，マツの花ＢとイチョウのＤは雄花である。

②　マツの花ＡとイチョウのＤは雌花，マツの花ＢとイチョウのＣは雄花である。

③　マツの花ＢとイチョウのＣは雌花，マツの花ＡとイチョウのＤは雄花である。

④　マツの花ＢとイチョウのＤは雌花，マツの花ＡとイチョウのＣは雄花である。

(2)　観察２で，机に置いたマツのりん片をルーペで観察するときのピントの合わせ方をⅠ群の①～④のうちから，マツの花粉について述べた文をⅡ群の①～④のうちから，最も適当なものをそれぞれ一つ選びなさい。

Ⅰ群　①　ルーペをりん片に近づけ，ルーペを前後に動かしてピントを合わせる。

②　ルーペをりん片に近づけたまま，顔を前後に動かしてピントを合わせる。

③　ルーペを目に近づけ，ルーペを前後に動かしてピントを合わせる。

④　ルーペを目に近づけたまま，顔を前後に動かしてピントを合わせる。

Ⅱ群　①　図１のりん片Ｘのｘの部分に入っており，風に飛ばされやすい形状をしている。

②　図１のりん片Ｘのｘの部分に入っており，虫に運ばれやすい形状をしている。

③　図１のりん片Ｙのｙの部分に入っており，風に飛ばされやすい形状をしている。

④　図１のりん片Ｙのｙの部分に入っており，虫に運ばれやすい形状をしている。

(3)　観察３の，ツツジの花のつくりについて述べた次の文の［Ｐ］，［Ｑ］にあてはまるものの組み合わせとして最も適当なものを，あとの①～④のうちから一つ選びなさい。

> 図３のａ～ｄの部分が花についている順を考えたとき，最も外側についているのは［Ｐ］である。また，ツツジの花で花粉がつくられるのは，［Ｑ］の先端にあるやくである。

①　Ｐ：ａの部分　Ｑ：ｃの部分　　②　Ｐ：ａの部分　Ｑ：ｄの部分

③　Ｐ：ｂの部分　Ｑ：ｃの部分　　④　Ｐ：ｂの部分　Ｑ：ｄの部分

(4)　マツ，イチョウ，ツツジのすべてに共通する特徴として**適当ではないもの**を，次の①～④のうちから一つ選びなさい。

①　必要な水分を根から吸収し，道管を通じて全身へ送る。

②　細胞にある葉緑体で，水と二酸化炭素から養分をつくるはたらきを行う。

③　受精によって子をつくる，有性生殖でなかまをふやす。

④　花に，受粉するとやがて果実になる部分と種子になる部分とがある。

2　生徒が，太陽系の天体について調べたことをまとめました。これに関する先生との会話を読み，あとの(1)～(4)の問いに答えなさい。

調べたこと

太陽系には，地球を含めて８個の惑星がある。表は，太陽と，太陽系の惑星について，それぞれの特徴をまとめたものであり，Ａ～Ｅは，水星，金星，火星，木星，土星のいずれかである。

表

	直径（地球＝１）	太陽からの距離（地球～太陽間＝１）	密度〔g/cm^3〕	公転周期〔年〕
太陽	109.00	－	1.41	－
地球	1.00	1.00	5.51	1.00
Ａ	0.95	0.72	5.24	0.62
Ｂ	9.45	9.55	0.69	29.46
Ｃ	11.2	5.20	1.33	11.86
Ｄ	0.53	1.52	3.93	1.88
Ｅ	0.38	0.39	5.43	0.24
天王星	4.01	19.20	1.27	84.02
海王星	3.88	30.10	1.64	164.77

生徒：表で，地球の直径から，太陽系の惑星の中では，地球は中くらいの大きさだといえそうです。また，太陽からの距離を見ると，地球に最も近い天体はＡの惑星であることがわかります。

先生：地球に最も近い「惑星」ということならＡで正解ですが，最も近い「天体」となると，もっと近いものがありますよ。夜空で最も大きく見えている天体です。

生徒：そうか，月ですね。

先生：地球と太陽との距離を１としたとき，地球と月との距離は0.0025で，Ａの惑星よりもはるかに近い位置にあることがわかります。

生徒：わたしたちから見ると，太陽も月も，同じように東からのぼって南の高い空を通り，西へ沈んでいくように見える天体で，距離や大きさのちがいを意識することは少ないですね。

先生：そうですね。図１は地球を北極側から見たときの，太陽，地球，月の位置関係を表しています。太陽や月が，東からのぼって西へ沈むように見えるのは，地球が自転しているためでしたね。

生徒：太陽と月が日周運動をするときの速さは，どちらも同じなのでしょうか。地球が図１の［　Ｐ　］に自転しているとき，月が［　Ｑ　］に公転していることを考えると，速さが異なりそうですが。

先生：そのとおりです，日周運動をする速さは，月のほうが［　Ｒ　］といえます。

図１

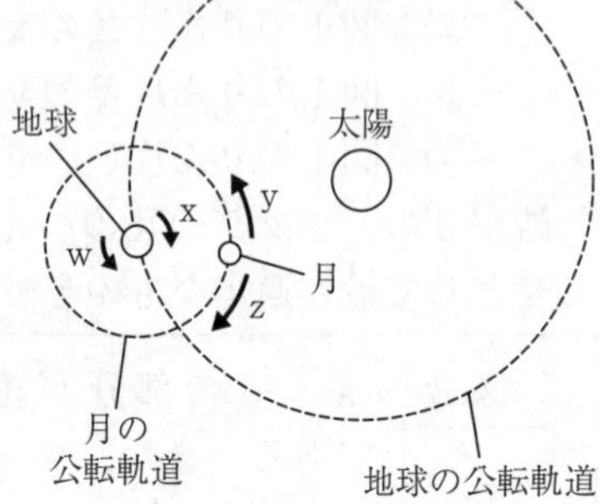

⑴　下線部について，生徒が，２地点における太陽の南中高度から，地球の直径を求めることにした。図２のように，同じ子午線上にあって距離が555km離れている地点ＸとＹで，夏至の日の太陽の南中高度を調べたところ，地点Ｘでの南中高度が73°，地点Ｙでの南中高度が78°であった。このことから，地球の直径は約何kmと考えられるか。次の①～④のうちから，最も適当なものを一つ選びなさい。なお，地球は球体で，円周率は3.14とする。

図２

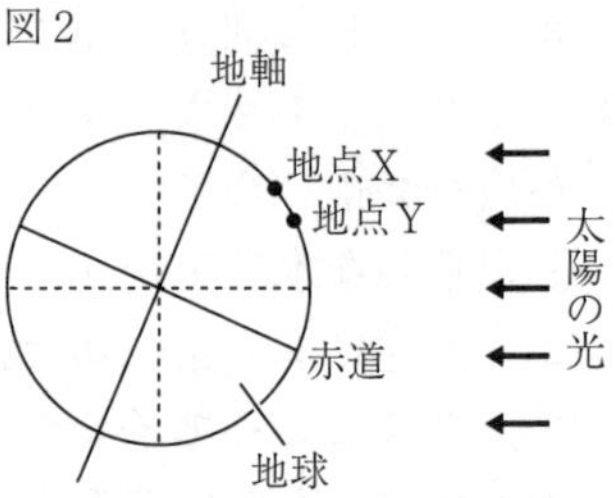

①　約6365km　　②　約12730km　　③　約17427km　　④　約39960km

⑵　表の惑星Ａ～Ｅの名称を組み合わせたものとして最も適当なものを，次の①～⑥のうちから一つ選びなさい。

①　Ａ：水星　Ｂ：木星　Ｃ：土星　Ｄ：金星　Ｅ：火星
②　Ａ：水星　Ｂ：土星　Ｃ：木星　Ｄ：火星　Ｅ：金星
③　Ａ：金星　Ｂ：木星　Ｃ：土星　Ｄ：水星　Ｅ：火星
④　Ａ：金星　Ｂ：土星　Ｃ：木星　Ｄ：火星　Ｅ：水星
⑤　Ａ：火星　Ｂ：木星　Ｃ：土星　Ｄ：金星　Ｅ：水星
⑥　Ａ：火星　Ｂ：土星　Ｃ：木星　Ｄ：水星　Ｅ：金星

⑶　表から，惑星Ｄが１回公転するときの惑星Ａが公転する回数と，その回数に最も近い公転周期の関係をもつ２つの惑星はどれか。それらを組み合わせたものとして最も適当なものを，次の①～⑥のうちから一つ選びなさい。

①　回数：約２回　２つの惑星：惑星Ａと惑星Ｅ
②　回数：約２回　２つの惑星：惑星Ｂと惑星Ｃ
③　回数：約２回　２つの惑星：惑星Ｂと天王星
④　回数：約３回　２つの惑星：惑星Ａと惑星Ｅ
⑤　回数：約３回　２つの惑星：惑星Ｂと惑星Ｃ
⑥　回数：約３回　２つの惑星：惑星Ｂと天王星

⑷　会話文の［Ｐ］～［Ｒ］にあてはまるものの組み合わせとして最も適当なものを，次の①～⑧のう

ちから一つ選びなさい。

① P：wの向き Q：yの向き R：遅い ② P：wの向き Q：yの向き R：速い
③ P：wの向き Q：zの向き R：遅い ④ P：wの向き Q：zの向き R：速い
⑤ P：xの向き Q：yの向き R：遅い ⑥ P：xの向き Q：yの向き R：速い
⑦ P：xの向き Q：zの向き R：遅い ⑧ P：xの向き Q：zの向き R：速い

3 物質の性質について調べるため，次の実験１，２を行いました。これに関して，あとの(1)～(4)の問いに答えなさい。

実験１

❶ 異なる物質でできている固体Ａ～Ｅを用意し，電子てんびんでそれぞれの質量を測定した。

❷ メスシリンダーに水を入れ，固体Ａ～Ｅをそれぞれ水中に沈めて体積を測定した。このとき，水面に浮かんでしまう固体については，細い針金で水中に押し込むようにして沈め，すべての固体について体積を測定した。

表１は，固体Ａ～Ｅの質量と体積との関係をまとめたものである。

表１

固体	A	B	C	D	E
質量〔g〕	16.90	14.25	17.60	17.60	17.10
体積〔cm^3〕	13.0	15.0	16.0	20.0	18.0

実験２

❶ 密度の異なる３種類の液体ａ～ｃを，それぞれ180gずつ用意した。これらの液体は，水，菜種油，食塩の飽和水溶液のいずれかであり，食塩の飽和水溶液は，20℃の水に食塩を溶けるだけ溶かしてつくったものである。表２は，これらの液体の密度をまとめたものである。

表２

液体	密度〔g/cm^3〕
水	1.00
菜種油	0.90
食塩の飽和水溶液	1.20

❷ ビーカーＰに液体ａとｃを，ビーカーＱに液体ｂとｃを，ビーカーＲに液体ａとｂを，それぞれ50cm^3ずつ入れて混ぜ合わせた。

❸ 実験１の固体Ａ～ＥをビーカーＰに入れると，上下２層に分かれた液体の中で，固体の浮き沈みは図１のようになった。なお，固体はすべて同じ大きさで示している。

❹ 同様に，固体Ａ～ＥをビーカーＱに入れると，上下２層に分かれた液体の中で，図１のときとは浮き沈みのようすが変化した固体が一つあった。

図１

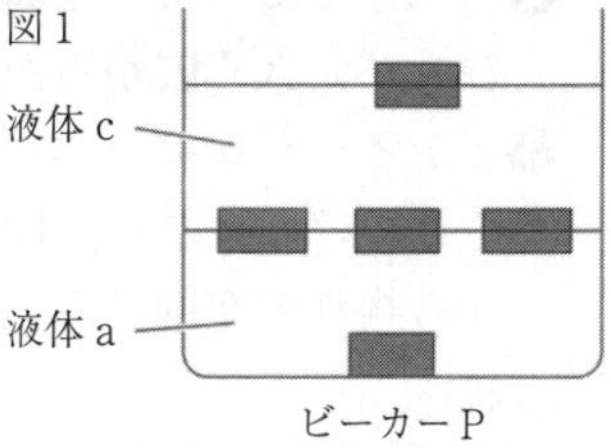

(1) 実験１の❷を行っていたとき，メスシリンダーに入れた固体を取り出さないうちに次の固体を入れてしまった。固体が２つ沈んだ状態では，メスシリンダーの目盛りは図２の値を示し，この値は，水中に何も入れないときの値の1.66倍であった。このとき水中に沈んでいる固体の組み合わせとして最も適当なものを，次の①～⑥のうちから一つ選びなさい。

図２

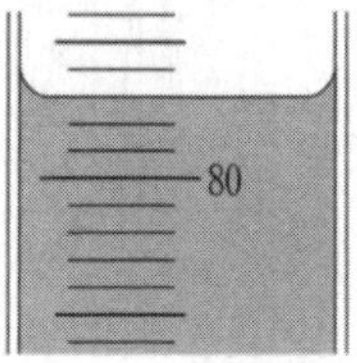

① 固体ＡとＢ ② 固体ＡとＣ ③ 固体ＡとＥ
④ 固体ＢとＤ ⑤ 固体ＢとＥ ⑥ 固体ＣとＥ

(2) 実験１で，固体Ａ～Ｅについて正しく述べた文をすべて選んだものを，あとの①～⑧のうちから一つ選びなさい。

ア　固体AとCは密度が同じである。
イ　固体BとEは密度が同じである。
ウ　最も密度の大きい物質でできているのは固体Aである。
エ　最も密度の小さい物質でできているのは固体Eである。

①　ア　　②　イ　　③　ウ　　④　エ
⑤　ア，ウ　　⑥　ア，エ　　⑦　イ，ウ　　⑧　イ，エ

図3

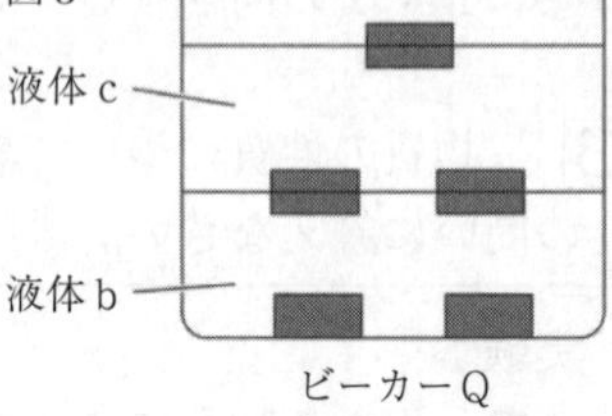

(3)　実験2の❹で，ビーカーQのようすは図3のようになった。ビーカーQの中の液体bと，実験2の❸と比べて浮き沈みのようすが変化した固体は何か。これらを組み合わせたものとして最も適当なものを，次の①～⑥のうちから一つ選びなさい。

①　液体b：水　　浮き沈みのようすが変化した固体：B
②　液体b：水　　浮き沈みのようすが変化した固体：C
③　液体b：水　　浮き沈みのようすが変化した固体：D
④　液体b：食塩の飽和水溶液　　浮き沈みのようすが変化した固体：B
⑤　液体b：食塩の飽和水溶液　　浮き沈みのようすが変化した固体：C
⑥　液体b：食塩の飽和水溶液　　浮き沈みのようすが変化した固体：D

(4)　実験2で用意した食塩の飽和水溶液180g中には，何gの食塩が溶けているか。X～Zにあてはまる数字を一つずつ選びなさい。ただし，20℃での食塩の溶解度を36gとし，答えは小数第2位を四捨五入して答えなさい。

X Y . Z g

4　電子の移動によって起こる現象について調べるため，次の実験1，2を行いました。これに関して，あとの(1)～(4)の問いに答えなさい。

実験1

❶　30cmほどに切ったポリエチレンのひもの中央を，図1のように糸でしばり，細く裂いた。

❷　木の棒につるした❶のひもをティッシュペーパーでよくこすったところ，図2のように，ひもが大きく広がった。

❸　ティッシュペーパーでよくこすった塩化ビニルのパイプを，木の棒につるしたひもに下から近づけたところ，図3のように，糸がたるみ，ひもは大きく広がった状態のまま，パイプから離れて空中で静止した。

図1

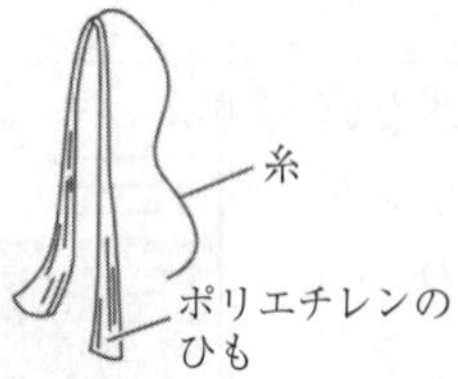

図2

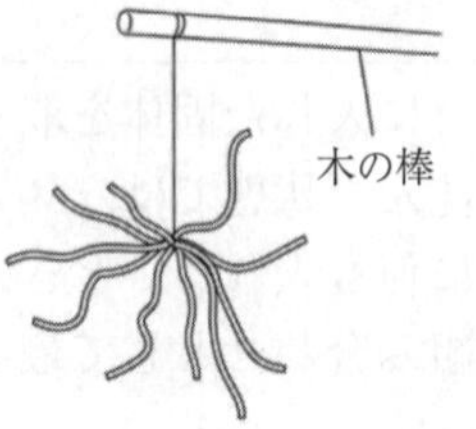

図3

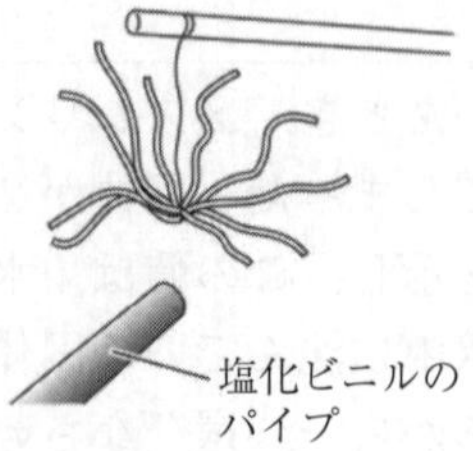

実験2

❶　図4のような誘導コイルと，中に蛍光板の入ったクルックス管(真空放電管)を用意した。誘導コイルは数万Vという大きな電圧を発生させることのできる装置であり，図4の誘導コイルのXは－極，Yは＋極である。

図4

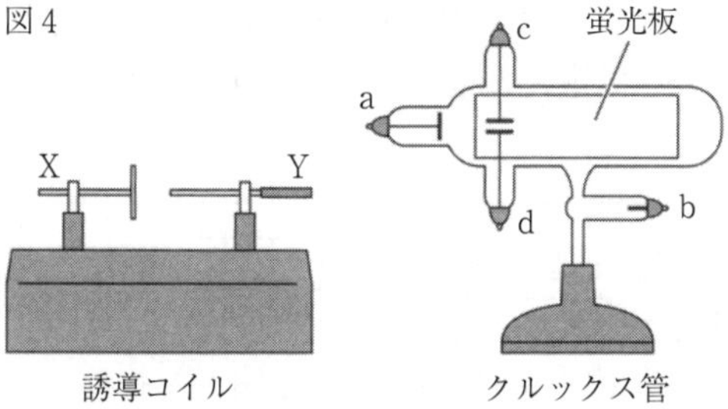

❷　図4のクルックス管の電極aとbを誘導コイルにつなぎ，電圧を加えたところ，蛍光板上に，図5のような光るすじが現れた。

❸　電極aとbに誘導コイルの電圧を加えたまま，電極cとdを電源装置につないで電圧を加えたところ，光るすじが上に曲がった。

❹　電極cとdにつないだ電源装置のスイッチを切り，電極aとbに誘導コイルの電圧を加えたまま，図6のように，S極を手前に向けたU字形磁石を，クルックス管をはさむように上から近づけたところ，光るすじが上に曲がった。

図5

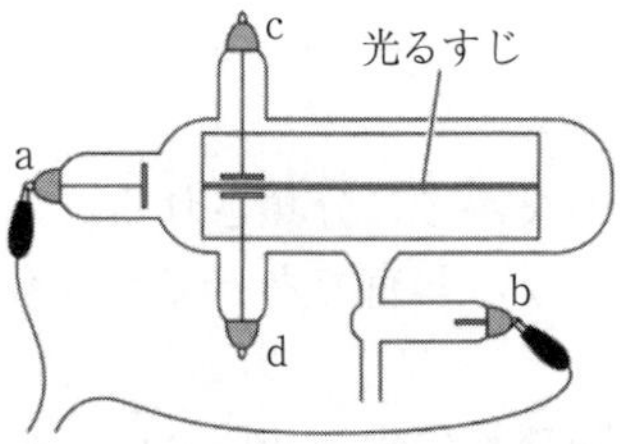

図6

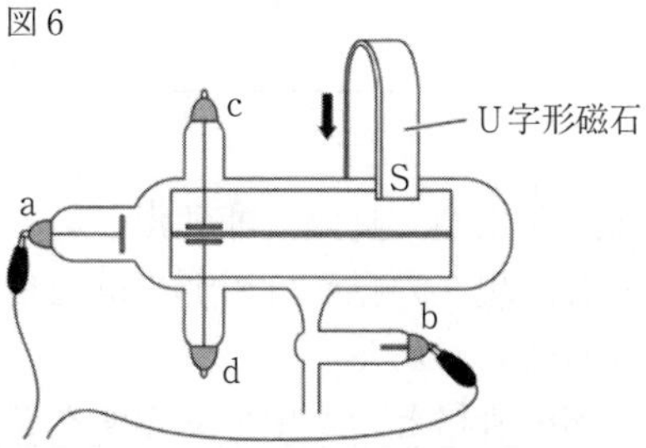

(1)　実験1について述べた次の文の［P］，［Q］にあてはまるものの組み合わせとして最も適当なものを，あとの①～④のうちから一つ選びなさい。

> 実験1で，図2のようにひもが大きく広がったのは，物体どうしの摩擦によって電子が移動し，ひもの1本1本が［　P　］種類の電気を帯びていたためである。また，図3のようにひもがパイプから離れて空中で静止したのは，ひもとパイプが［　Q　］種類の電気を帯びていたためである。

①　P：同じ　　Q：同じ　　②　P：同じ　　Q：異なる
③　P：異なる　Q：同じ　　④　P：異なる　Q：異なる

(2)　実験2の❷で光るすじが見られたのは，電子が移動したことによる現象である。このときの電子の移動として最も適当なものを，次の①～④のうちから一つ選びなさい。

①　図4のXとa，Yとbをつないで高電圧を加えたとき，Xから導線を通ってaへ向かうように電子が移動した。

②　図4のXとa，Yとbをつないで高電圧を加えたとき，Yから導線を通ってbへ向かうように電子が移動した。

③　図4のXとb，Yとaをつないで高電圧を加えたとき，Xから導線を通ってbへ向かうように電子が移動した。

④　図4のXとb，Yとaをつないで高電圧を加えたとき，Yから導線を通ってaへ向かうように電子が移動した。

(3)　実験2の❸のような現象が見られた理由について述べた次の文の ア ～ エ には，それぞれ＋，－のいずれかがあてはまる。＋があてはまるものをすべて選んだ組み合わせを，あとの①～⑥のうちから一つ選びなさい。

> 光るすじは ア の電気を帯びているので，電極cを電源装置の イ 極に，電極dを ウ 極につないで電圧を加えると，光るすじが エ 極に引かれたから。

①　ア，イ　　②　ア，イ，エ　　③　ア，ウ
④　ア，ウ，エ　　⑤　イ，エ　　⑥　ウ，エ

(4)　実験2の❹で光るすじが曲がった現象に関係の深いものはどれか。次の①～④のうちから，最も適当なものを一つ選びなさい。
①　蛍光灯　　②　電磁調理器　　③　非接触型ICカード　　④　モーター

5　生物の進化について，調べたこと1，2をまとめました。これに関して，あとの(1)～(4)の問いに答えなさい。

調べたこと1
　脊椎動物は，魚類，両生類，爬虫《はちゅう》類，鳥類，哺乳類という5つのなかまに分類される。さまざまな脊椎動物の骨格を調べると，現在の見かけの形やはたらきが異なる器官であっても，もとは同じものであったと考えられる器官がある。
　図は，陸上でくらすヒトの腕の骨格と，水中でくらすクジラの胸びれの骨格を，それぞれ模式的に表したものである。これを見ると，腕と胸びれには，形や役割のちがいはあっても，骨格に共通している部分があることがわかる。このような，同じものから変化したと考えられる器官を相同器官といい，生物の進化を示す証拠の一つであると考えられている。
　また，陸上でくらす哺乳類の中でも，草食動物のシマウマと肉食動物のライオンでは体のつくりにちがいがあり，どちらもそれぞれの生活に都合のよい形質をもっている。これは，動物が親から子へ，子から孫へと代を重ねていく中で，環境に適した形質のちがいがつくり出された結果である。

図
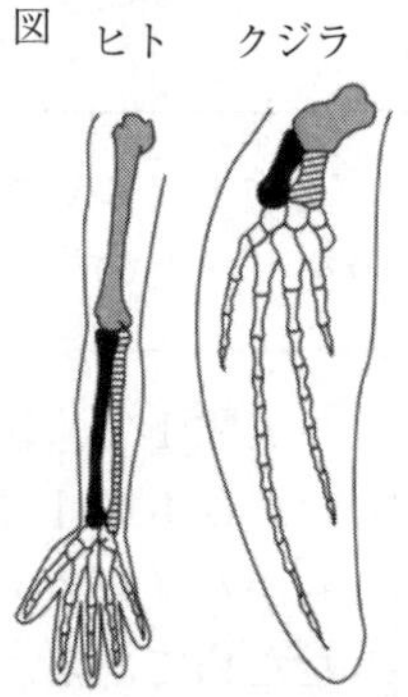

調べたこと2
　脊椎動物において，魚類，両生類，爬虫類，鳥類，哺乳類というなかまが進化の過程で生まれてきたことは，相同器官のほかに，シソチョウの化石などからも推測できる。シソチョウは， X の地層からその化石が発見された生物である。シソチョウには，鳥類の特徴である「体表が羽毛でおおわれている」などの点が見られるが，同時に爬虫類の「 Y をもつ」という特徴ももっている。このことから，シソチョウは，爬虫類が鳥類へ進化する過程で存在していた生物であったと考えられている。

(1)　脊椎動物について正しく述べた文をⅠ群の①～④のうちから，調べたこと1の下線部と同じものから進化してきたと考えられる器官の例をⅡ群の①～④のうちから，最も適当なものをそれぞれ一つ選びなさい。
Ⅰ群　①　体表がうろこでおおわれているなかまは，魚類だけである。
　　　②　魚類と両生類は殻のない卵を，爬虫類と鳥類は殻のある卵をうむ。

③　両生類のなかまには，カメやトカゲなどが分類される。

④　一生を通じて肺で呼吸をするなかまは，鳥類と哺乳類だけである。

Ⅱ群　①　ニワトリのあし

②　コイの背びれ

③　トンボのはね

④　コウモリのつばさ

(2)　シマウマとライオンのちがいについて述べた次の文の［P］～［S］にあてはまるものの組み合わせとして最も適当なものを，あとの①～⑧のうちから一つ選びなさい。

> シマウマとライオンの体のつくりで大きく異なっている部分に，歯の形状や目のつき方がある。シマウマの歯では［P］や臼歯が発達しているのに対し，ライオンの歯では［Q］が発達している。また，ライオンの目は顔の［R］についていて，シマウマよりも［S］。

①　P：犬歯　Q：門歯　R：側面　S：広範囲を見渡すことができる

②　P：犬歯　Q：門歯　R：前面　S：立体的に見える範囲が広い

③　P：犬歯　Q：門歯　R：側面　S：立体的に見える範囲が広い

④　P：犬歯　Q：門歯　R：前面　S：広範囲を見渡すことができる

⑤　P：門歯　Q：犬歯　R：側面　S：広範囲を見渡すことができる

⑥　P：門歯　Q：犬歯　R：前面　S：立体的に見える範囲が広い

⑦　P：門歯　Q：犬歯　R：側面　S：立体的に見える範囲が広い

⑧　P：門歯　Q：犬歯　R：前面　S：広範囲を見渡すことができる

(3)　脊椎動物の進化の過程を表した図として最も適当なものを，次の①～④のうちから一つ選びなさい。

①
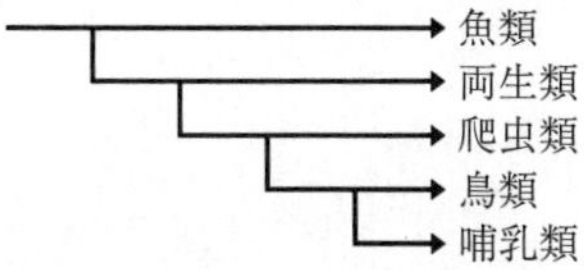

②
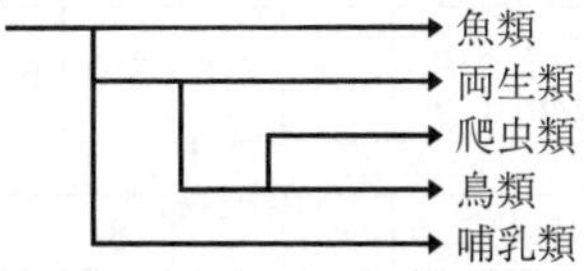

③
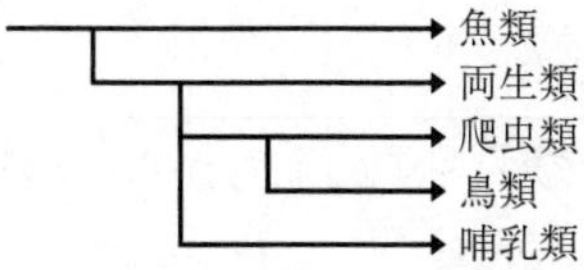

④
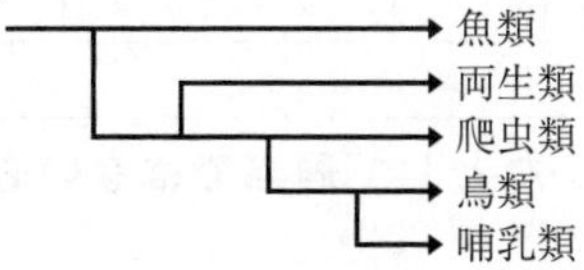

(4)　調べたこと２の［X］，［Y］にあてはまるものの組み合わせとして最も適当なものを，次の①～⑥のうちから一つ選びなさい。

①　X：古生代　Y：爪のはえた後ろあし

②　X：古生代　Y：骨のある長い尾

③　X：中生代　Y：爪のはえた後ろあし

④　X：中生代　Y：骨のある長い尾

⑤　X：新生代　Y：爪のはえた後ろあし

⑥　X：新生代　Y：骨のある長い尾

6 生徒が，天気の変化や空気中の水の変化について調べるため，次の観測と実験を行いました。これに関して，あとの(1)～(4)の問いに答えなさい。

観測

千葉県の地点Xで，3時間ごとの気温と湿度を2日間にわたって観測した。図1は，このときの観測結果をグラフに表したものである。

図1
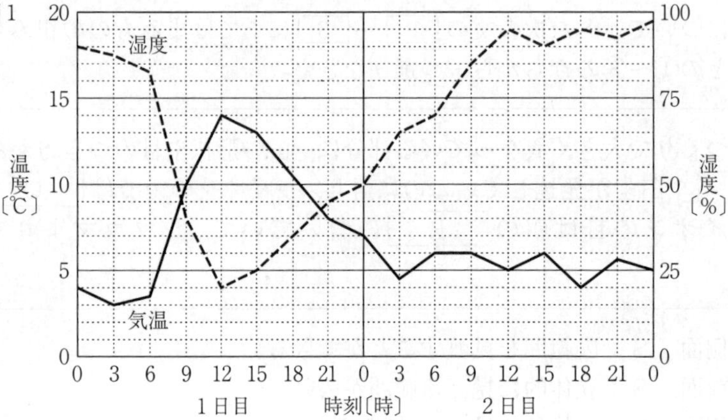

実験

❶ 1日目の日中に，水を入れた金属製のコップを3個用意してA，B，Cとし，冷蔵庫に入れて4℃に冷やしておいた。

❷ 観測の2日目の9時にAを，12時にBを，それぞれ冷蔵庫から取り出してテーブルの上に置き，コップの表面のようすを調べた。表1は，その結果をまとめたものである。また，表2は，気温と飽和水蒸気量との関係を表したものである。

表1

A	変化はなかった。
B	水滴がついた。

表2

気温〔℃〕	1	2	3	4	5
飽和水蒸気量〔g/m^3〕	5.2	5.6	5.9	6.4	6.8

気温〔℃〕	6	7	8	9	10
飽和水蒸気量〔g/m^3〕	7.3	7.8	8.3	8.8	9.4

(1) 観測における，気温の測定のしかたとして**適当ではないもの**を，次の①～④のうちから一つ選びなさい。

① まわりに建物のない，風通しのよい場所で測定する。

② 温度計の感温部に日光が当たらないようにして測定する。

③ 雨が当たらず，同じ位置で測定できる，百葉箱などで測定するのが望ましい。

④ 地上約50cmの高さに温度計の感温部が来るようにして測定する。

(2) 図2は，観測中のある時刻の，地点Xにおける天気，風向，風力を，天気図記号で記録したものである。図2の天気図記号から読み取れる，このときの天気をⅠ群の①～③のうちから，風向をⅡ群の①～③のうちから，風力をⅢ群の①，②のうちから，最も適当なものをそれぞれ一つ選びなさい。

図2

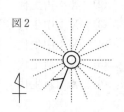

Ⅰ群 ① 快晴 ② 晴れ ③ くもり

Ⅱ群　①　南西　　②　南南西　　③　西南西

Ⅲ群　①　1　　　②　2

(3)　図3は，観測を行った地点Xと，その周辺の地点a～cとの位置関係を地図上に表したものである。観測の1日目の12時に，地点Xの気圧は1010.3hPaであった。これらの地点の標高がすべて0mであり，地点a～cにおける同時刻の気圧が表3のようであったとすると，図3中に，等圧線はどのように表されるか。図3のア～ウから適当と考えられる等圧線をすべて選んだものを，次の①～⑥のうちから一つ選びなさい。なお，省略されている等圧線はないものとする。

図3

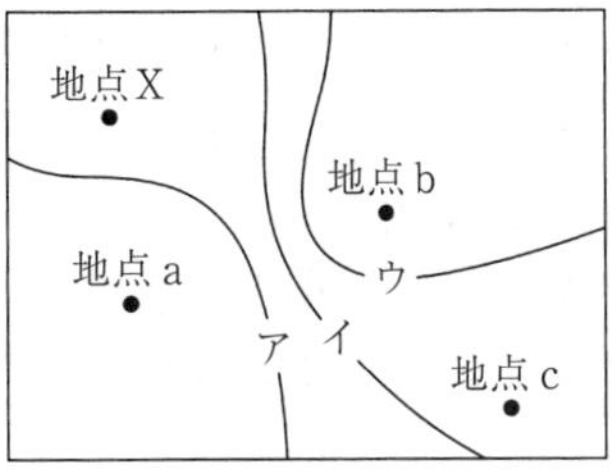

表3

地点	気圧〔hPa〕
a	1009.9
b	1013.5
c	1011.0

①　ア　　　②　イ　　　③　ウ

④　ア，イ　⑤　ア，ウ　⑥　イ，ウ

(4)　観測と実験について述べた次の文の［P］～［R］にあてはまるものの組み合わせとして最も適当なものを，あとの①～⑥のうちから一つ選びなさい。

> 観測で，2日目の9時の空気1m^3中に含まれていた水蒸気量は約［P］g/m^3である。実験で，Aに水滴がつかなかったのは，4℃での飽和水蒸気量がこの値よりも大きく，露点に達しなかったためである。このとき，Aに氷を加えて水の温度を下げていくと，［Q］℃になるまでにAの表面に水滴がつき始めると考えられる。また，2日目の15時にCを冷蔵庫から取り出してテーブルの上に置いた場合，コップの表面に［R］。

①　P：5.8　Q：4　R：変化はない　　②　P：5.8　Q：3　R：水滴がつく

③　P：6.0　Q：4　R：変化はない　　④　P：6.0　Q：3　R：水滴がつく

⑤　P：6.2　Q：4　R：変化はない　　⑥　P：6.2　Q：3　R：水滴がつく

7　化学変化にともなう熱の出入りについて調べるため，次の実験1，2を行いました。これに関して，あとの(1)～(4)の問いに答えなさい。

実験1

❶　ビーカーに，鉄粉8gと活性炭5gを入れて，よく混ぜ合わせた。

❷　図1のように，❶のビーカーに食塩水を数滴たらしてガラス棒で混ぜながら，5分ごとに60分間温度を測定した。図2は，この実験における温度の変化をグラフに表したものである。

図1

図2

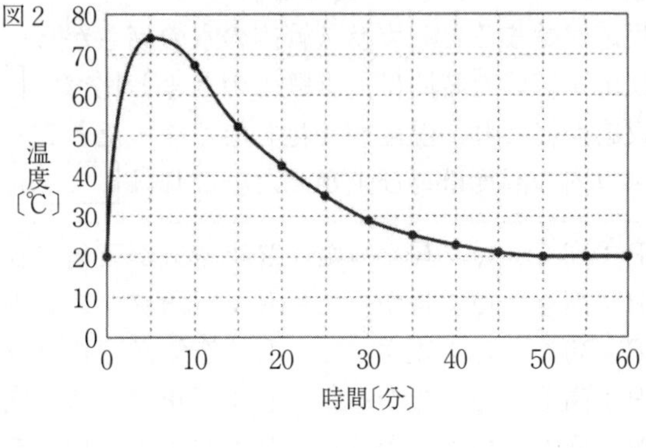

実験2

❶ 実験1と同様に，鉄粉8gと活性炭5gをよく混ぜ合わせて食塩水を加えたものを，三角フラスコに入れた。

❷ ❶の三角フラスコに，図3のように温度計とガラス管を取り付けたゴム栓をして，ガラス管の一端が，ビーカーに入れた水の中に入っている状態にした。このとき，ガラス管内には，水面と同じ高さまで水が入っていた。

❸ 図3の装置を放置し，5分ごとに60分間温度を測定した。図4は，この実験における温度の変化をグラフに表したものである。この実験中，ガラス管内の水の高さに変化が見られた。

図3

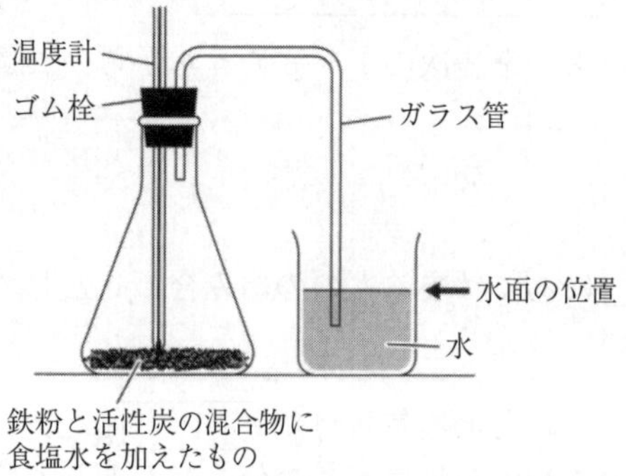

図4

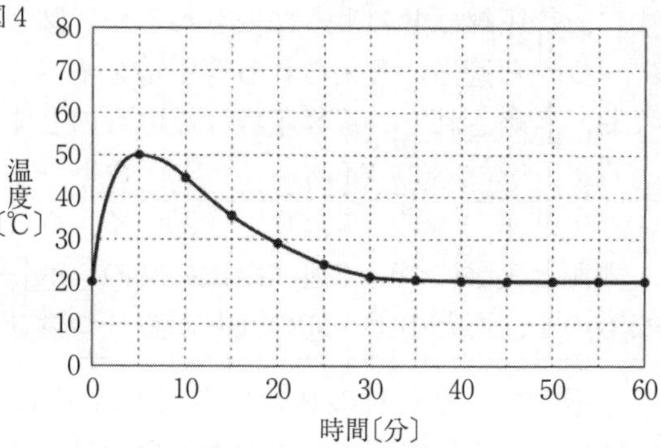

(1) 実験1で，図2のような温度変化に直接関わったものはどれか。それらの組み合わせとして最も適当なものを，次の①～⑥のうちから一つ選びなさい。

① 鉄粉と活性炭　② 鉄粉と食塩水　③ 活性炭と空気中の酸素
④ 鉄粉と空気中の酸素　⑤ 活性炭と食塩水　⑥ 食塩水と空気中の酸素

(2) 実験1では，化学変化にともなって図2のように温度が上昇した。このとき起こったエネルギーの変換をⅠ群の①，②のうちから一つ選びなさい。また，実験1では，実験開始5分後から温度は低下し，60分後では温度の下降はなくなった。この理由をⅡ群の①，②のうちから一つ選びなさい。

Ⅰ群 ① 化学エネルギーが熱エネルギーに変換された。
② 熱エネルギーが化学エネルギーに変換された。

Ⅱ群 ① 化学反応で生成された物質が，化学反応する物質の表面を覆ってしまったから。
② 化学反応する物質のうちのあるものがなくなったから。

(3) 生徒が，実験2について気付いたことを次のようにまとめた。 P ～ R にあてはまるものの組み合わせとして最も適当なものを，あとの①～⑧のうちから一つ選びなさい。

【実験2について気付いたこと】
・反応が始まると，ガラス管内の水の高さがビーカーの水面よりも P なった。
・反応が続いた時間は，実験1のときと比べて Q 。
・反応が終わり，温度が変化しなくなったところで三角フラスコからゴム栓をはずすと，フラスコ内の温度は再び上がった。これは R からであると考えられる。

① P：高く　Q：長かった　R：空気が三角フラスコ内に入った
② P：高く　Q：長かった　R：三角フラスコ内の空気の圧力が上がった
③ P：高く　Q：短かった　R：空気が三角フラスコ内に入った
④ P：高く　Q：短かった　R：三角フラスコ内の空気の圧力が上がった
⑤ P：低く　Q：長かった　R：空気が三角フラスコ内に入った

⑥　P：低く　Q：長かった　R：三角フラスコ内の空気の圧力が上がった

⑦　P：低く　Q：短かった　R：空気が三角フラスコ内に入った

⑧　P：低く　Q：短かった　R：三角フラスコ内の空気の圧力が上がった

(4)　わたしたちの生活の中では，化学変化によって発生する熱がさまざまな場面で利用されている。たとえば，家庭用のガスコンロでは，プロパンやメタンなどの有機物を燃焼させ，その熱が調理に使われている。次の化学反応式は，プロパン(C_3H_8)の燃焼を，化学式を用いて表したものである。ⓐ～ⓒにあてはまる数字を，一つずつ選びなさい。

C_3H_8 ＋ ⓐO_2 → ⓑCO_2 ＋ ⓒH_2O

8　エネルギーと仕事について調べるため，次の実験1，2を行いました。これに関して，あとの(1)～(4)の問いに答えなさい。ただし，質量100gの物体にはたらく重力の大きさを1Nとし，物体間にはたらく摩擦や空気の抵抗は無視できるものとします。また，実験に用いた滑車，糸の質量や，糸の伸び縮みも無視できるものとします。

実験1

❶　図1のように，水平面上にコースⅠ，Ⅱをつくった。この2つのコースは，斜面の傾きがすべて等しく，水平面Xの長さも等しい。

図1

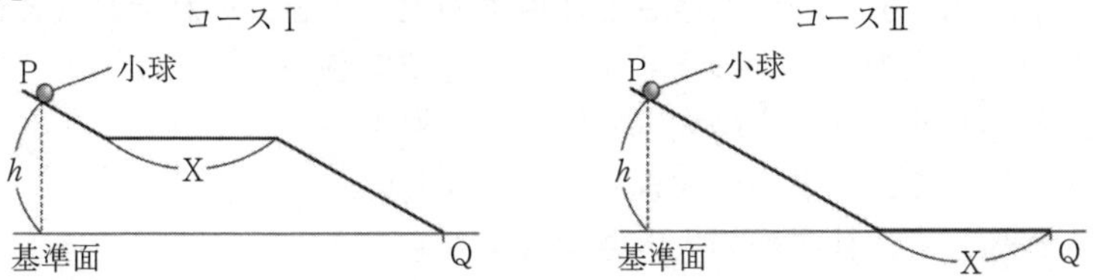

❷　コースⅠ，Ⅱのそれぞれの基準面からの高さが等しいh(cm)の位置にある点Pから，質量が80gの小球をそれぞれ置いて静かに放し，小球が点Qに到達するときの速さと，小球が点Qに到達するまでにかかった時間を測定した。

実験2

❶　図2のA，Bのような，定滑車や動滑車を用いた装置を用意し，質量が800gの物体Yの上面に糸の一端を付け，滑車にかけた糸の他端をモーターに取り付けた。このモーターは，A，Bの装置において同じ速さで糸を巻き取ることができる。

図2

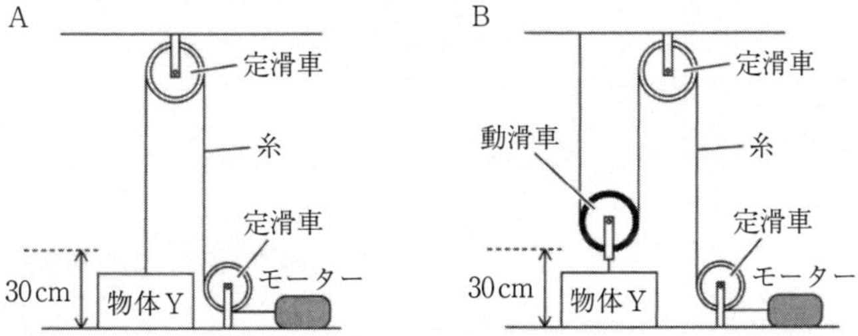

❷　A，Bの装置でモーターのスイッチを入れ，物体Yの底面がそれぞれ床から30cmの高さになるまで引き上げて，引き上げるのにかかった時間を調べた。

(1) 実験1の❷で，測定した結果について述べた次の文の[a]，[b]にあてはまるものの組み合わせとして最も適当なものを，あとの①～⑨のうちから一つ選びなさい。

> コースⅠとⅡで，小球を等しい高さからそれぞれ静かに放すと，小球が点Qに到達するときの速さは[a]，小球が点Qに到達するまでにかかった時間は[b]。

① a：コースⅠのほうが速く　b：コースⅠのほうが長かった
② a：コースⅠのほうが速く　b：コースⅡのほうが長かった
③ a：コースⅠのほうが速く　b：コースⅠとⅡで等しかった
④ a：コースⅡのほうが速く　b：コースⅠのほうが長かった
⑤ a：コースⅡのほうが速く　b：コースⅡのほうが長かった
⑥ a：コースⅡのほうが速く　b：コースⅠとⅡで等しかった
⑦ a：コースⅠとⅡで等しく　b：コースⅠのほうが長かった
⑧ a：コースⅠとⅡで等しく　b：コースⅡのほうが長かった
⑨ a：コースⅠとⅡで等しく　b：コースⅠとⅡで等しかった

(2) 実験2で，図2のAでは，物体Yを30cmの高さまで引き上げるのに5秒かかった。このときの仕事率は何Wであったか。[X]～[Z]にあてはまる数字を一つずつ選びなさい。
[X].[Y][Z]W

(3) 実験2で，図2のBの装置を用いて，物体Yを床から30cmの高さまで持ち上げたとき，モーターで巻き上げた糸の長さは何mであったか。[X]～[Z]にあてはまる数字を一つずつ選びなさい。
[X].[Y][Z]m

(4) 実験2で，図2のBについて，糸を引く力の大きさと仕事率の大きさを，それぞれAと比較した。その結果として最も適当なものを，次の①～⑨のうちから一つ選びなさい。
① 糸を引く力の大きさはAと等しく，仕事率の大きさはAよりも小さい。
② 糸を引く力の大きさはAと等しく，仕事率の大きさはAと等しい。
③ 糸を引く力の大きさはAと等しく，仕事率の大きさはAよりも大きい。
④ 糸を引く力の大きさはAよりも小さく，仕事率の大きさはAよりも小さい。
⑤ 糸を引く力の大きさはAよりも小さく，仕事率の大きさはAと等しい。
⑥ 糸を引く力の大きさはAよりも小さく，仕事率の大きさはAよりも大きい。
⑦ 糸を引く力の大きさはAよりも大きく，仕事率の大きさはAよりも小さい。
⑧ 糸を引く力の大きさはAよりも大きく，仕事率の大きさはAと等しい。
⑨ 糸を引く力の大きさはAよりも大きく，仕事率の大きさはAよりも大きい。

選び番号で答えなさい。

1　女の身の上話を聞いて気の毒に感じ、一緒に食事をとって励まそうとしている。

2　女が自分に疑いを持っているようなので、占いの結果を見せて無実を証明しようとしている。

3　女の話した出来事が気になり、一体何が起きているのか、占いをして判断しようとしている。

4　女が悩んでいる様子が気になり、話を聞いて、解決してやろうとしている。

問六　傍線部5「世の中にあるべきほどの物など」のここでの意味として最適なものを後より一つ選び番号で答えなさい。

1　女の親が現世で話していたのであろう遺言など

2　女が現世を渡っていけるような知恵など

3　この世で集められるあらゆる金など

4　女がこの世で生きていくために必要な物など

問七　傍線部6「引きてゆきて」の動作主として最適なものを後より一つ選び番号で答えなさい。

1　旅人　　2　女

3　旅人の従者ども　　4　女の親

問八　傍線部7「心をみて」は、「わけを知って」という意味であるが、どのようなことを知ったのか。その説明として最適なものを後より一つ選び番号で答えなさい。

1　女の親が、いずれ女が財産を使い果たして貧しくなるだろうと予想し、旅人が大金を持って訪れ助けてくれると女に言い残していたため、実際にひどい状況になっても家を売ることはせずに、親の言う通りに訪れた旅人を信頼し、助けてもらうためにもてなしたこと。

2　女が、親が亡《な》くなってからしばらくの間は困窮にも耐えることができていたが、今年になっていよいよ我慢できなくなったので、親の占いによると親から借金をしている旅人がこの家を訪れると予知されていたという作り話をして、必死に金を手に入れようとしていること。

3　女の親が、女がそのうち生活に苦しむこととその頃のある日に旅人が泊まりに来ることを予知し、金を渡してくれる旅人が十年後のある日に泊まりに来ることを女に告げたうえで金をこっそり隠して、女が金をすぐに使い切ったり、家を売ったりしないようにしていたこと。

4　女が、家を売ってはならないという親の言葉をしっかり守ったうえで、困窮する状況も工夫して乗り切りながら生活して、親から大金を奪った旅人にいつか仕返しをしたいと強く思い続けることができたため、その願いがかなって旅人から金を取り返す機会を得たこと。

問九　本文の内容として不適当なものを後より一つ選び番号で答えなさい。

1　旅人の従者は、女から金にまつわる話を聞かされて、ありえないと嘲笑した。

2　旅人は、女に対して困ったときは、占いを頼るとよいという助言をした。

3　女は、早く旅人が訪れる日が来ないかと、心待ちにしていた。

4　家の柱をたたくと、空洞になっているような音がして、中に金があることがうかがえた。

旅人問ふやうは、「この親は、もし＊2易《えき》の占ひといふことやせられし」と問へば、「いさ、（あなたは）さや侍《はべ》りけん。そのし給ふやうなることはし（あなたのなさったようなことはし）給ひき（ておりました）」と言へば、「さるなり」と言ひて、「さても、何事にて、『千両金負ひたる、そのわきまへせよ』とは言ふぞ」と問へば、「おのれが（私の）親の失《う》せ侍りしをりに、5世の中にあるべきほどの物など得させおきて、申ししやう、『いまなむ十年ありて、その月に、ここに旅人来て宿らんとす。その人は、わが金を千両負ひたる人なり。それに、その金を乞ひて、たへがたからんをりは（それまで、生活に困った時には）、売りて過ぎよ』と申ししかば、今までは、親の得させて侍りし物をすこしづつも売り使ひて、今年となりては、売るべき物も侍らぬままに、いつしか、わが親の言ひし月日の、とく来《こ》かし（早く来てほしい）と待ち侍りつるに、今日にあたりて、おはして宿り給へれば、金負ひ給へる人なりと思ひて、申すなり」と言へば、「金の事はまことなり。さることあるらん」とて、女を片隅に6引きてゆきて、人にも知らせで、柱を叩《たた》かすれば、うつほなる声（中が空洞になっているような音）のする所を、くは、（さあ）これが中に、のたまふ金はあるぞ、あけて、すこしづつ取り出でて使ひ給へと教へて、出でて去《い》にけり。

この女の親の、易の占ひの上手にて、この女の有様を勘《かんが》へけるに、いま十年ありて、貧しくならんとす、その月日、易の占ひする男来て宿らんずると勘へて、かかる金ありと告げては（その前にこんな金があると）、まだしきに（早いうちに）取り出でて、使ひ失ひては、貧しくならんほどに、使ふ物なくて、惑ひなむと思ひて、しか言ひ教へて、死にける後にも、この家をも売り失はずして、今日を待ちつけて、この人をかく責めければ、これも易の占ひする者にて、7心をみて、占ひ出だして教へ、出でて去にけるなり。

（『宇治拾遺物語』）

＊1　皮籠…皮張りの籠。占いの道具が入っていたと思われる。

＊2　易…『易経』という古代中国の書物の説にもとづいて、万物のよしあしを占うこと。

問一　本文中に「　」（かぎかっこ）のついていない会話文が一箇所ある。その会話文の初めと終わりの組み合わせとして最適なものを後より一つ選び番号で答えなさい。

1　うつほなる声～はあるぞ

2　うつほなる声～使ひ給へ

3　くは、これが～はあるぞ

4　くは、これが～使ひ給へ

問二　傍線部1「この家」の様子の説明として最適なものを後より一つ選び番号で答えなさい。

1　とても広く見え、誰でも入りやすそうなのに不穏な雰囲気が漂っていた。

2　ゆったりとした風流な雰囲気で、人がやってこないほど静かだった。

3　大きくりっぱで、多くの人が泊まることのできる宿屋のようになっていた。

4　いかにも広く感じられるが、閑散としていて荒れはてていた。

問三　傍線部2「え出でおはせじ」のここでの意味として最適なものを後より一つ選び番号で答えなさい。

1　外出なさってはいけません

2　おそらくお出かけになったのだろう

3　お出かけになれないことはありません

4　まさか外出なさらないだろう

問四　傍線部3「わきまへ」とあるが、ここでの意味として最適なものを後より一つ選び番号で答えなさい。

1　お礼　2　返済　3　心配　4　判別

問五　傍線部4「この旅人、『しばし』と言ひて、またおりゐて」とあるが、この旅人の行動の説明として最適なものを後より一つうしようもない理由で負けた悲しさや悔しさがよみがえったから。

4　陸上について無知だと思っていた歩が、稔がアンカーとして走ったことやゴールが遅かったことを知っていてあせりを覚えたから。

問九　傍線部6「明日は一時間早く家を出るけ。はよ起こして」とあるが、この歩の言葉はどのようなことを表しているか。最適なものを後より一つ選び番号で答えなさい。

1　歩が、陸上部の練習は苦しそうだが思っていたよりは難しくないと気付いて、何もせずにあきらめようとして周りの人達に心配をかけたことを反省し、明日からは応援してくれる家族や陸上部の人達のためにも心を入れ替えてまじめに練習に挑んでみようと思っていること。

2　歩が、陸上部の部員達と衝突しながらも打ち解けることができ、自分も部員達のように厳しい練習を怖がらずにやってみたいという気持ちになったため、これまで学校で心細く感じていた思いが消え、明日からは友人達と一緒に練習できることに興奮を抑えられなくなっていること。

3　歩が、陸上部の練習があまり大変ではないという話を聞いて、自分でもついていけるかもしれないという希望を持ち、助けてくれる人の存在も実感できたことで、これまで沈んでいた気持ちから立ち直って、朝練にも参加してできることを頑張ってみようと引きしまった思いになっていること。

4　歩が、予想とは違って自分でも陸上部の練習に入っていけそうなことに驚き、今まで抱えていた不安や悲しさからすっかり解放されて、自分の目標を実現するために頑張る姿を見せて目立つことや、力になってくれる部員の期待に応えることを地道にやっていこうと決意を強くしているということ。

問十　本文中の登場人物同士の関係の説明として最適なものを後より一つ選び番号で答えなさい。

1　工藤ちゃんは、様子がおかしい歩のことを気にして応援していたが、畑谷さんの前で感情的になる歩を見て面倒に感じ、距離を置いている。

2　歩は、陸上部に入れないという悩みを母親に打ち明けたものの気持ちがどんどん混乱して憂鬱になり、母親はそんな歩をずっと心配していた。

3　畑谷さんや栞は、後藤田先生の陸上の経歴や指導者としての凄さに尊敬を感じているが、畑谷さんはその強引な人がらに疑問を感じてもいる。

4　苦労して陸上部員を集め、生徒に親身に接する高瀬先生のことを畑谷さんや栞は慕っており、畑谷さんは高瀬先生なら歩を受け入れそうだと思っている。

三　次の文章は『宇治拾遺物語』の一部である。これを読んで後の設問に答えなさい。

旅人の宿求めけるに、大きやかなる家の、あばれたるがありけるに、寄りて、「ここに宿し給《たま》ひてんや」と言へば、女声にて、「よきこと、宿り給へ」と言へば、みなおりゐ(馬から)にけり。屋大きなれども、人ありげもなし。ただ女一人ぞあるけはひしける。

かくて、夜明けにければ、物食ひしたためて、出《い》でてゆくを、1この家にある女、出で来て、「2え出でおはせじ。とどまり給へ」と言ふ。「こはいかに(どうしたことか)」と問へば、「おのれ(あなたは)は金《こがね》千両負ひ給へり。その3わきまへしてこそ出で給はめ」と言へば、この旅人の従者ども笑ひて、「あらじや、讒《ざん》なめり(言いがかりであるようだ)」と言へば、4この旅人、「しばし」と言ひて、またおりゐて、＊1皮籠《かはご》乞ひ寄せて(取り寄せて)、幕引きめぐらして、しばしばかりありて、この女を呼びければ、出で来にけり。

ものを後より一つ選び番号で答えなさい。

1　歩がしっかりと練習もせず、陸上を甘く見ていることがわかって腹が立ったが、悪気のなさそうな歩にどのように注意したらよいのか、困惑している。

2　歩が、無謀に思える状況でも陸上に熱意を持ち続けることに感心しつつも、陸上には向いていないことがわかり、陸上をあきらめなければならない歩に同情している。

3　陸上部に入りたいというわりには、たいした実力がないうえに、練習もほとんどやっていないことを知ってあきれ、歩が本気で陸上をしたいのか疑っている。

4　歩の力になってやりたい気持ちはあるものの、歩の能力や練習状況から考えると、陸上部への参加は難しいだろうと思い、どう対応したらよいのか悩んでいる。

問六　傍線部4「ありがとうございました！　し、失礼しますっ！」とあるが、このように言ったときの歩の心情の説明として最適なものを後より一つ選び番号で答えなさい。

1　陸上部のやり方が、経験はなくても陸上をやりたがる人の気持ちを見下すようなものだとわかって屈辱を感じ、自分の力でそのやり方を変えたいと思うが、現実的に難しいということもだんだん自覚してきて、これ以上落ち込みたくないので早く立ち去ろうと思っている。

2　陸上部の部員たちのレベルの高さと部の厳格な方針に絶望を感じて、それを知らなかった恥ずかしさや実力が劣っている自分自身へのいらだちが強くなり、畑谷さんに八つ当たりをしてしまいそうなので、これ以上情けない思いをしないようにこの場から離れようと思っている。

3　能力や経験だけを重んじて、陸上をやりたいと強く願う生徒であっても排除する陸上部の方針が許せず悔しい気持ちになり、その事実をこれ以上突き付けられると我を失ってしまいそうなので、必死に気持ちを抑えようとしており、早くこの場から逃れたいと思っている。

4　陸上部の大変さを知ってもまだ陸上部に入れないという現実を受け入れられず、自分にもできるはずだという気持ちがますます強くなったが、たかぶった感情をぶつけて畑谷さんに嫌われたくないという気持ちもあって、何とか明るい態度のままこの場から移動したいと思っている。

問七　本文中の[A]～[C]に入る言葉の組み合わせとして最適なものを後より一つ選び番号で答えなさい。

1　A＝膨らんだ期待が萎《しぼ》んでゆく
　B＝語尾がきつくなる
　C＝息を呑《の》む

2　A＝膨らんだ期待が萎んでゆく
　B＝くだけた口調になる
　C＝息を呑む

3　A＝微《かす》かな期待が現実になっていく
　B＝語尾がきつくなる
　C＝ため息が出る

4　A＝微かな期待が現実になっていく
　B＝くだけた口調になる
　C＝ため息が出る

問八　傍線部5「稔の顔が見る間に紅潮する」とあるが、稔がこのような様子になったのはなぜか。その理由として最適なものを後より一つ選び番号で答えなさい。

1　大会当時の苦しい事情も知らない歩から、アンカーとして走った稔のゴールが遅かったことを指摘され、不愉快に感じたから。

2　大会でアンカーの稔が大幅に遅れてゴールした瞬間を、見下していた歩がはっきりと覚えていたことがわかり恐ろしくなったから。

3　アンカーとして出場した大会について歩から指摘されて、ど

＊1　しゃーしい…方言で、「うるさい」という意味。
＊2　カラコン…カラー(色のついた)コンタクトレンズ。
＊3　ナンジョか一高…歩の地元で、駅伝の強い高校。
＊4　ピロティ…上の階を支える柱だけに囲まれた、一階部分の空間。
＊5　インターハイ…全国高等学校総合体育大会。全国規模の競技大会。
＊6　フォロー…助けること。
＊7　一時間早く家を出るけ。はよ起こして…一時間早く家を出るので、早く起こしてほしい。

問一　二重傍線部a～cと熟語の構成が同じものを後より選びそれぞれ番号で答えなさい。

a　遅刻
1　再現　2　変換　3　未知　4　上陸

b　正門
1　平然　2　本質　3　営業　4　安否

c　勧誘
1　相互　2　私設　3　諸国　4　抑揚

問二　傍線部ア～ウの意味として最適なものを後より選びそれぞれ番号で答えなさい。

ア　音を上げる
1　怖くなって身構える
2　不満がたまって抵抗する
3　思いがけない出来事に驚く
4　耐えられなくなって弱気になる

イ　顚末
1　初めから終わりまでのいきさつ
2　最も盛り上がるところ
3　物語の結びの部分
4　何かが起きた結果と原因

ウ　不敵な
1　嬉しさが隠し切れない
2　大胆でおそれがない
3　堂々として目立っている
4　関心がなく冷たく見える

問三　傍線部1「何処からか蝶々が飛んできて、からかうように歩の周りをひらひらと舞った」とあるが、この部分は歩のどのような心情が表現されているか。その説明として最適なものを後より一つ選び番号で答えなさい。

1　歩も自分達と同様に楽しい高校生活を送っていると信じて疑わない同級生達の様子に隔たりを感じると同時に、季節があっという間に変化していくことも実感し、あせりや不安が増していく心情。
2　充実した新生活を送る同級生達の姿を見て、先行きの見えない自分との違いを思い知らされたため、ますます孤独を感じて、自分の気持ちに似つかわしくない春の温かな雰囲気にすらうんざりする心情。
3　楽しそうに新しい出会いについて話す同級生達の態度にひやかされたように感じたが、落ち込む自分を励ましているのだとわかり、明るい春の風景にも感化されて前向きになる心情。
4　同級生達が思い悩む歩の気持ちに気づかずに、新生活の話をして無邪気にはしゃいでいるので、信頼する人達から裏切られた気持ちになり、周りの人達がみんな敵のように見えてくる心情。

問四　傍線部2「ない」と、同じ意味用法の「ない」が含まれるものとして最適なものを後より一つ選び番号で答えなさい。

1　湖のない地域。
2　この問題は複雑でない。
3　挑戦を怖がらない。
4　足もとがおぼつかない。

問五　傍線部3「畑谷さんは『うーん』と言ったきり、暫し黙り込んだ」とあるが、このときの畑谷さんの心情の説明として最適な

「ふうん。聞いた事ないなぁ。だいたい、あたしらを知らないようじゃねぇ」
「知っとるよ。確か全国大会では、優勝した学校のインタビューの後にゴールしとったね」
記憶が確かなら、福岡代表のアンカーは完全にへバっており、開いた口からリスのような前歯が見えていた。顎の黒子も何となく覚えている。
図星だったようだ。
5稔の顔が見る間に紅潮する。
「これだから素人《しろうと》は……。前でブレーキが起こったら、いくらアンカーが追い上げても勝てないだろうがっ！」
「しょうがないよ。あの時は、故障した子がいたし」
隣で栞も加勢する。
しまった。
栞まで敵に回してしまったようだ。せっかく仲良くなれそうだったのに。
「あぁ、ごめんね。そうなん。私、ほんま初心者やから」
＊6フォローしたが遅かった。稔の勢いは止まらない。
「とにかくっ！　あんたと違って、あたし達は選ばれて来たんだからね！　高瀬先生がじきじきに中学まで練習を見に来られてね。その場で是非、二人揃って港ヶ丘高校に来て欲しいって頼まれた。つまり、ここでもレギュラーで走る事を期待されてんだよ！」
しょうがないから「へぇ、凄いんねぇ」と感心する振りをしておく。いや、自分に比べればずっと凄い人達なのだ。謙虚に振る舞う。
「ここの練習、めちゃくちゃきついんやろう？　やっぱり初心者には無理なんかな？」
途端に、稔がウ不敵な笑みを見せた。
「べっつに。高校の練習はもっと凄いのかと思ってたけど。拍子抜け。かったるいのなんの」
稔は「ふふん」と笑った。

「つまりだ。一般生徒は入部させないなんてお高く止まってるけど、まだまだこれからの学校。あんたにだって付け入る隙、あるんじゃね？　ま、レベルの低い子に足を引っ張られたくないけど」
そこまで言って気が済んだのか、稔はくるりと背中を向けた。
「あのう……」
腹筋を始めた稔は、もう返事をしなかった。
両手を耳の位置に保ったまま、何度も体を折り曲げた後はうつ伏せになって、背筋をやり始めた。
――そうか。そうなんや……。言う程のレベルでもないんや……。
畑谷さんは傍で一緒に走って、熱意を見せればいいと教えてくれた。尻込みしてる場合ではなかった。僅《わず》かでも可能性があるなら賭けてみたい。
その夜、母に「6明日は＊7一時間早く家を出るけ。はよ起こして」と頼むと、ほっとしたような顔をされた。
――心配かけてごめん。
食事も風呂《ふろ》もさっさと済ませ、宿題もそこそこに布団に入ったものの、なかなか寝付けなかった。
朝練への参加が不安だったからではない。陸上部員達の中に、自分の味方をしてくれる人がいたのが嬉しかったのだ。
枕元に立てかけた二枚の色紙に目をやる。一枚はソフトボール部の、もう一枚は陸上部の後輩達が卒業する時に贈ってくれた。長い髪をなびかせて走る歩の似顔絵と、「卒業おめでとうございます」の言葉。
そして、傍には襷《たすき》が置かれている。大会の後で一緒に走った陸上部員達が寄せ書きしてプレゼントしてくれた。部員でもない自分が貰《もら》うのは気が引けたが、キャプテンが「是非に」と言ってくれた。
襷には人数分の「ありがとう」と「おつかれさま」が書かれている。
彼女達の顔を一人一人思い浮かべながら、やがて歩はまどろみ始めた。

（蓮見恭子『襷を、君に。』）

「その後が大変で『鬘《かつら》を買って来いっ』て、母ちゃんに向かって怒鳴ったんよ。下に弟がいるから『坊主頭《ぼうずあたま》が家に二人もいたらむさくるしい』って言うんよ」
　これ、これ。
「あなた、面白いね。私の事は栞って呼んでね」
　歩が求めていたもの。同学年の仲間だ。
「こっちこそ、よろしく」
「それじゃ、聞きたい事があれば、どうぞ。何でも聞いて」
「じゃ、じゃあ……。高田さん、いや、栞は何で港ヶ丘に決めたん？」
「これから強くなるのは港ヶ丘高校だって、陸上部の先生から薦められたの。後藤田コーチがいるからって」
「へぇ。あの後藤田コーチって、どういう人なん？」
「何だ、知らないの？」
「うん、何も知らずに来たんよ。教えて」
　この機会に、色々と情報収集する事にした。
「高校時代、＊5インターハイにも出てらしたけど、勉強がよく出来たから推薦じゃなくて自力で大学に入ったの。凄いでしょ？　選手として大会に出場しながら、女子長距離ランナーのトレーニング法や健康管理について勉強をされてて……。でも、コーチが凄いのは、指導者になってから」
　実業団には進まず、母校の大学に残って女子選手の育成に力を注ぎ、後に国際的な大会に出場することになる女子選手を二名、指導していた。
「ご家庭の都合で福岡に戻ってきたおかげで、私達はコーチの指導を受けられるというわけ。普段は保健体育科を教えてる」
「じゃあ、監督の高瀬先生っていうのは？」
　栞の顔がぱっと輝いた。
「面白い先生よ。城南女子が全国大会で優勝するのを見て、以前から女子の中長距離選手を育てたいと考えてたみたい。県内の有力選手に声をかけてたんだけど、最初は全然相手にされなくて苦労したって……」
「ちょっ、何で女子？」
「さあ、女の子が好きなんじゃない」
　何となく良からぬ匂いを感じた。
「冗談、冗談。男子は、いい選手が集まらなかったみたい。それに、女子だって南原さんや畑谷さんのような選手を呼べるようになるまで、十年はかかったと仰っていた」
　話を聞けば聞くほど、何も知らずにいた自分のお気楽さが恥ずかしくなる。
「ふうん。そんな歴史があるん。公立やから誰でも入部できると思い込んでたから……」
　後ろで「ぷっ」と吹き出す声がした。
　離れた場所で黙々とストレッチしていた部員だった。
「煩《うるさ》いなぁ……。さっきから聞いていたら、ほんっとよく喋《しゃべ》る……」
　ゆらりと立ち上がると、斜め上から見下ろすような目つきをした。
　思わず［　C　］。
　――え？　なん？
　彼女の顔を見た後、もう一度栞の顔を見直した。
　リスが二匹。いや、そっくりな顔が二つ。
　全く同じ顔をしている上、髪の質感や背恰好まで同じ。姉妹というにはあまりに似過ぎている。
　双子だった。
　よく見ると、その子は顎に目立つ黒子《ほくろ》があった。
「稔《みのり》はお黙り。畑谷さんから、仲良くしてあげてって頼まれたじゃない。ちょっとは協力しなさい」
　どうやら、双子でも性格は正反対らしい。
　――やだなぁ。こんな人が一緒なんて。
「中学は何処？」
「門司海青中。すぐ近所」

「良かったら、放課後においでよ。今日はコーチが来ない自主練の日だから。こっそり部員に紹介してあげる」

通りかかった先生の「早く、教室に入りなさい」の声で、畑谷さんは勢い良く立ち上がった。

「じゃ、後でね」

現れた時と同じように、畑谷さんは全力疾走で校舎まで走って行った。

教室に入ると、工藤ちゃんが走り寄ってきた。話を聞くなり歩の両腕をがしっと掴み、揺さぶるように動かした。

「歩ちゃんっ！ びびらんと、やり！ 何もせんより、ずっとええよ」

その日の放課後、畑谷さんから教えられた場所に行った。

午後から雨が降り出したせいか、陸上部はいつものエントランスではなく、学内の＊4ピロティに集合していた。集まっているのは三人だけだった。

畑谷さんは長い脚を投げ出すようにして座り、向かい合う形で話している最中だった。少し離れた場所で、寝転がってストレッチしている部員が一人。

畑谷さんが歩に気付く。

「あ、来た、来たー。こっちおいでよ」

畑谷さんは自分の横に座れと地面を叩《たた》く。遠慮して、少し離れた場所に正座した。

「この子、高田栞《しおり》」

近くで見ると、栞はかなりの痩せ型で、ジャージの中で体が泳いでいる。目をぱちくりと見開いたまま、畑谷さんの言う事に小刻みに相槌《あいづち》を打つ姿は、リスがどんぐりを食べているみたいだ。

「じゃ、あとよろしく」と畑谷さんが去って行く。え？ 行ってしまうの？ 急に不安になる。

顔を見合わせると、栞の方から「一年？」と聞いてきた。

「よ、よ、よろしくお願いします」

大汗をかきながら自己紹介すると「くすっ」と笑われた。

「私も一年だよ」

安心すると同時に恥ずかしくなる。同い年の子を年上と間違えた時って、何でこんなに照れくさいんだろう。

「あ、あぁ、そうなん。先輩達と同じ恰好《かっこう》してるから、てっきり上級生かと……」

「他の子達より早めに、春休みから練習に参加してるから」

栞は真新しいジャージの表面を撫《な》でる。

「凄いねぇ。選ばれて来たんやろ？」

安心したせいか、歩も［　B　］。

「私、あなたを知ってるよ」

「え？」

「駅伝の予選に出てたでしょ？」

詳しく聞くと、栞は県予選で優勝した千早中学のメンバーだった。つまり、彼女は福岡代表として全国大会に出場していたのだ。

「わ！ そんな凄い人が……。てか、何でー？ 予選には県内から大勢の選手が集まってたのに、高田さんは何で私の事を覚えてるん？」

「だって、あんなに長い髪をなびかせて走ってたら、嫌でも目立つよ。見学に来てた時も、すぐに分かったよ。あ、あの子だって」

大会の日も長い髪を、頭のてっぺんで結んでいた。

「うち、父ちゃんが髪を切ると怒るんよ。髪の毛が長ければ長いほど女らしい。そう思っとる人やから」

歩が髪を切って帰った後、ちょっとした騒ぎになった。父の趣味を知っていたから、幅広のターバンを頭に巻いて、念の為にヨットパーカーのフードまで被って食卓についたが、それと察した父は機嫌を損ねて、無言で席を蹴って立ってしまった。

見た目と違って優しい父の、数少ない地雷だった。その イ顛末《てんまつ》を話すと、栞はひっくり返りそうになりながら笑った。

「あはは、ウケるぅ。普通、フードは被らないよ」

邪魔だから、どいてろ。そう言われたようなものだった。
納得できない。腹に据えかねる。
激しい怒りが、ずっと腹の底でわだかまっている。このまま一緒にいると、その怒りを畑谷さんにぶつけてしまいそうだ。苦しい。
もう、何も聞きたくない。
「でもね、倉本さん……」
「4ありがとうございました！　し、失礼しますっ！」
話を遮るように立ち上がったら、手首を掴《つか》まれた。
「とりあえず、座って」
話の続きがあるようだったので、歩は素直に従った。にもかかわらず、畑谷さんは困ったような顔をしている。
「あの……、こういう事を薦めていいのかどうか分からないけど……」
ちょうど、顔の前に畑谷さんの目があった。＊2カラコンをしたような茶色い瞳が、しっかりと歩を捉えている。
「あなたにやる気があるんだったらの話……。コーチは、ああ言ったけど、高瀬先生なら……入部させてくれるかもしれない」
「ど、どういう事でしょうか？」
もう一度、きちんと座りなおす。
「今の陸上部の基礎を作ったのは高瀬先生なの。南原さんを呼べたのも高瀬先生のお人柄」
今、例に出されたキャプテン、一番速い選手だ。
「あの南原さんが『自分の手で高瀬先生を全国に連れて行ってあげたい』と仰《おっしゃ》ってたぐらい」
「すみません。南原さんって、そんなに凄《すご》い選手なんですか？」
「え、知らないの？　南原理沙さんよ。三年前、福岡県で一番速い中学生だった」
陸上部員ではなかった歩には、三年前の話を出されてもぴんと来ない。
「南原さんに憧れて、一緒に走りたいからという理由で、ここに来た人も多いよ。私も最初は＊3ナンジョか一高に行くつもりだったけど……」
高瀬先生は何度も中学を訪れて来て、畑谷さんを熱心にc勧誘したのだと言う。
「先生は『ナンジョも一高も県外から選手を集めているけど、うちは福岡県内の子供達だけで強くしたい。福岡県の力を見せてやりたい』と仰った。私だって当時、県大会で三位以内には入っていた。自惚《うぬぼ》れかもしれないけど、県で一番と三番の選手が揃ってたら、ナンジョに勝てるかもしれない……。自分達の手で強くするのって楽しそうじゃない？」
「……その高瀬先生とは、どうすればお話しできるんですか？」
「問題はそこなのよねぇ」
畑谷さんは人差し指を突き出した。
「最近、高瀬先生は部活に顔を出さなくなって……。何時《いつ》お見えになるか分からないの。長距離の指導はコーチの方が専門だから、あまり口出ししないように心がけてるみたい。でも、来てないと思っても、人目につかない場所でこっそり練習を見てる事もあったり……」
あまりに静かなので、誰も気付かないのだと言う。
「ご病気されてるのではなさそうだから、大会が近付けば、頻繁にお見えになると思うんだけど……」
[A]。
「じゃあ、どうすればいいんですか？」
「高瀬先生の目に止まるように、暫く私達の傍で一緒に走るのはどう？　校外ランニングで近くを走るのは自由だし、競技場は利用料を払えば誰でも使える。そうやって、やる気をアピールするの。走っているのを見てもらって、見込みがあると思われたら入部許可が下りるかもしれないし」
高瀬先生がどういう人かも分からず、何とも頼りない話だったが、歩は黙って聞いていた。

「おはよう。元気？」
笑顔を向けられた途端、顔が熱くなり、堪《こら》えていた涙が溢《あふ》れ出た。
ぽたぽたと大粒の雫《しずく》が顎を伝う。
工藤ちゃんが「私、先に行っとくね」と言いながら蟹歩《かにある》きで立ち去ってゆくのが見えた。
「何処かで座って話そ」
畑谷さんに背中を押され、木陰のベンチに連れてゆかれる。近くにいると、ふわんといい匂いがした。
「可哀想《かわいそう》に。知らなかったのね……」
後藤田コーチが説明してくれなかった事を、畑谷さんは教えてくれた。
「三年前、後藤田コーチがきてから、ここの陸上部は大きく変わったのよ」
中長距離に絞って規模が縮小された事。
昨年度卒業生の代から、一般生徒の入部は断っている事。
「監督の高瀬先生は女子駅伝に力を入れていて、もう随分前から県内の中学校を回って、長い距離を走れそうな生徒を集めていたの。そこに、中長距離の選手だった後藤田先生がお見えになって……」
昨年は、あと一歩で全国大会出場を逃した。
港ヶ丘高校陸上部は今、初の「全国高等学校駅伝競技大会」への出場を目指して、厳しい練習を消化しているところだった。畑谷さんが「全中に出場した選手ですらア音を上げるぐらい」と言うほどの。
「だから、短距離やフィールド競技にまで手を広げて大所帯にしたり、レベルがあまりに違い過ぎると指導が難しくなる……の」
「……あの、公立高校だから、てっきり、うちみたいな初心者でも大丈夫なのかと思ってて……」
「うーん、一応、サイトの陸上部紹介の欄には書いてあるんだけどなぁ」
畑谷さんがスマホの小さな画面を見せてくれた。
確かにある。
〈陸上部から新入生へのメッセージ　募集については、施設・環境・スタッフの関係で、部員数を絞らせていただきます〉
「男子がいないのは……」
「多分、女子ばかりだから怖気《おじけ》づいてるんだと思う」
畑谷さんは苦笑する。
「ね、良かったらベストタイムを教えて。八〇〇か一五〇〇の」
「……半年前のタイムですが、一五〇〇が五分〇三秒でした」
顧問からは「県大会の参加標準記録を突破している」と褒めてもらえた。
「この半年間、走ってた？」
「……家の周りをジョギングする程度には」
3畑谷さんは「うーん」と言ったきり、暫し黙り込んだ。
「半年、まともに走ってないとしたら、ちょっと厳しい。……それに、新入生の一番遅い子でもベストタイムは五分を切ってたからなぁ……」
どんなに速い選手でも、一年も走らなければ「タダの人」だと言う。
「あの、ちなみに一番速い人って、どのぐらいのタイムで走ってるんでしょうか？」
「今、陸上部で一番走れてる人の一五〇〇ベストタイムが四分二十五秒。三〇〇〇は九分二十三秒。現キャプテン、三年生の南原さんが、去年の全九州高校新人陸上で出した記録」
目が眩《くら》んだ。
ざっと計算したら、千メートルを三分十秒足らずで走っている。最上級生とはいえ、別世界の話を聞いているように思えてくる。
「今、一年生達は上級生とは設定タイムを分けて走ってるの。それでも、すぐに追いついてくる子がいるでしょうね」
つまり、港ヶ丘高校陸上部は少数精鋭のチームで、初心者にうろうろされるのは迷惑なのだ。

「う……」
咄嗟《とっさ》に返事ができなかった。
「ち、近いし、中学校ん時と変わらんねぇ。そっちこそ、どうなん？　電車通学は大変？」
「ううん、そうでもない。楽しいよ。他の学校のカッコイイ男の子を見つけたり」
早速、目を付けた男子がいるらしく、三人は路上でわいわい言い始めた。話について行けずに黙っていると、中の一人が叫んだ。
「あ！　もう、こんな時間」
「ごめん。電車を乗り過ごすと a遅刻するっちゃ」
「やばいっちゃ」
言うが早いか、三人は駆け出した。
取り残されたような気分のまま暫《しばら》く佇《たたず》んでいると、1何処《どこ》からか蝶々《ちょうちょう》が飛んできて、からかうように歩の周りをひらひらと舞った。気分は最悪なのに、陽気だけはいい。
とぼとぼと民家の間を歩いて県道に出たところで、足が止まった。
校外ランニングから戻ってきた陸上部員達が、道路の向こう側を走っていた。
一際《ひときわ》、背の高い畑谷《はたや》さんは先頭付近を走っており、すぐに見つけられた。そして、固まって走る上級生達から随分と遅れている部員が二人。新入生達だろう。
彼女達の姿が見えなくなるのを待って、道路を横断した。
港ヶ丘高校は山の中腹にある。
県道七十二号線はだらだらとした上り坂で、生徒達は門司港《もじこう》駅から歩いてきた後、途中で左に折れて急な坂を登らなければならない。その通学路の途中、二手に分かれた場所で工藤ちゃんが待っていた。おかっぱ頭のてっぺんが、朝の光を受けてきらきらと光っている。
「良かった。来ないんじゃないかと思った」
二日続けて遅れて登校してきたのを心配して、待っていてくれたらしい。無言のままの歩の横を、彼女も黙ってついてきた。
b正門をくぐると、ちょうど朝練から戻ってきたばかりの陸上部員達が、エントランスでミーティングを開いていた。
輪の傍《そば》で新入部員が二人、直立不動で立っている。まだ先輩達とお揃いのジャージを着ておらず、中学時代に使っていたらしい着古したトレーニングウエア姿だ。
陸上部員達は後藤田コーチから厳しく叱責されており、それすら羨ましかった。自分は叱られる機会すら2ないのだと思うと。
畑谷さんに気付かれないように、そそくさと傍を通り過ぎる自分が情けなかった。
「辛《つら》いね……」
「……」
「ねぇ、中学時代はソフトボールをやっとったんやろ？　港ヶ丘高校にもあるよ。見学だけでも行ってみたら？」
返事をしない歩に、工藤ちゃんも黙り込む。
「……あのね、歩ちゃん……」
暫く並んで歩いた後、工藤ちゃんが遠慮がちに口を開いた。
「もう一回、陸上部にかけあってみない？　だって、せっかく駅伝やりたくて入ったんやもん。駄目元でね。私も応援するけ」
「う……ん」
気持ちは嬉《うれ》しかったが、持って行き場のない怒りと悔しさで、胸が張り裂けそうだった。今も平静さを装《よそお》うのが精一杯で、気のない返事しかできない自分が嫌になる。
「あ、あれ、こないだの人やない？」
工藤ちゃんが、歩の制服を引っ張った。
振り返ると、練習着のままで畑谷さんが走ってくるのが見えた。百七十センチの長身が全力疾走する姿は、登校してきた生徒達の注目を集めていた。皆が立ち止まって畑谷さんを見ている。
こうして正面から見ると、肩幅が広く、男の子が走っているようだった。畑谷さんは、徐々にスピードを落としながら、歩の前で止まった。息ひとつ乱れていない。

二　次の文章を読んで、後の設問に答えなさい。

〈これまでのあらすじ〉
倉本歩《あゆむ》は福岡県の中学生。テレビで見た全国中学駅伝大会の選手の姿に感銘を受け、自分もやってみようと、陸上部の強い高校に進学することに決めた。そして、弟・勝男のすすめで、新しい指導者が入り女子駅伝に力を入れている港ヶ丘《みなとがおか》高校に入学した。

朝、廊下をどすどすと歩く音に続いて、勢いよくドアが開けられた。
「歩、早く起きいよ！」
布団《ふとん》をめくられ、ベッドから追い立てられるようにして起こされた。
「さっきからずっと目覚まし時計が鳴っとるやろ？」
五分おきにアラームが鳴っていたが、頭から布団を被《かぶ》って聞こえない振りをしていた。
「どしたん？ あんなに張り切っとったのに」
仕方なくのろのろと着替え始めたが、母は部屋から出てゆこうとしない。
「別にぃ。ちょっと疲れてるだけちゃ」
「そうね？ 週明けに学校に行ってからおかしいよ。何かあったやろ。その猿みたいな頭を誰かにからかわれたとか」
「だからぁ、何でもないって」
空は晴れ、春らしい爽やかな気候なのに、これから学校に行くのかと思うと、体が重かった。洗面所で歯を磨き、寝癖を直している間に勝男の声が聞こえてくる。
「姉ちゃんだけずるいっちゃ」
歩の席には薄切りにしたリンゴが置かれていた。食欲がない歩の為に母が用意してくれたのだ。一枚だけ口に入れる。
「俺も、俺もー！」
「勝っちゃん！ ＊1しゃーしい！」
「うるさくないもーん」
全く、いい気なもんだ。
誰のせいで、こんな思いをしてるのかと考えたら、朝から頭が煮えくりかえりそうだった。勝男さえ「港ヶ丘高校」の名を出さなければ、友達と同じ高校に進学していたのに――。
憂鬱だった。ここ何日か、ただ学校に行って帰ってくるだけの日々。
「はい、お弁当」
手渡された包みは、いつもより大きい。覗《のぞ》くと、弁当の他におにぎりも入っていた。急いで握ってくれたらしく、ほかほかと温かい。
――母ちゃん、ごめん。
きちんと説明できない自分が情けなかった。
――でも、今は無理。気持ちの整理がつかん。
気持ちの整理。
それが出来た時、自分は一体どうなっているのか想像もできない。虚《むな》しさを抱えたまま、機械的に学校に通い、ただ時間が過ぎるのを待つのだろうか？
「行ってきます」
魚の臭いが染み付いた店舗で、市場から戻った父が開店の準備を始めていた。靴の踵《かかと》を踏んづけたまま、半分開いたシャッターをくぐるようにして外に出る。
「おはよー」
「プラザ祇園《ぎおん》」のアーケードでは、駅に向かう人や、子供を自転車に乗せて保育所に向かう母親達とすれ違う。
中学時代の同級生が三人、手を振りながら前から歩いてきた。揃《そろ》って、同じ高校に進学したソフトボール部員達だ。懐《なつ》かしさから暫《しば》し、立ち話をする。
「どうね？ 港ヶ丘高校は」
「陸上部に入るんやろ？」

間を置かずに知りたいことをいくつも調べるようにして、辞書や事典の中身を確認し続けること。

問九　傍線部6「十三年経った時、突如としてギリシア語の講義が閉講になりました」とあるが、このことに対する筆者の考えとして最適なものを後より一つ選び番号で答えなさい。

1　対費用効果の高さを正義とする現代の流れに乗って、ギリシア語の講義を閉講することは、大学が担ってきた学問の基礎となる古典知識の継承の役割を放棄するやり方で、学生の知的欲求にすら応えない事態になっているため、学問さえをも卑怯《ひきょう》な手段で経済的利益を得る手段にしている恥ずべき動きである。

2　ギリシア語の講座が受講生の少なさを理由に閉講したことは、学問においても実用的なことばかりを重視して、一見役に立たないように思われる古典知識への関心を高める対策を大学自身がとらなかった結果であり、今こそ実用性よりも文化的な営みに目を向けるよう方針を転換すべきだ。

3　受講人数の少なさによるギリシア語の講義の閉講は、費用の問題で引き起こされたものだが、閉講によって古典知識を理解する先生がいなくなり、本来の学問の意義を見失う結果になっており、大学の特色を自ら消したばかりか、かえって経済的損失を引き起こすと予想され憤《いきどお》りを感じる。

4　ギリシア語の講義の閉講は、経済的利益を生み出さないものは価値がないと見なす現代社会の風潮の影響を受けたもので、学問の深い理解に必要不可欠な知識を学ぶ機会を学生から奪い、大学を目に見える形で社会に貢献することだけを提供する場に変えようとする愚かな行為である。

問十　本文中の［7］に入る言葉として最適なものを後より一つ選び番号で答えなさい。

1　他人の将来について優しく示唆してくれる人がいる
2　他者が無知であり続けることを許容できる人がいる
3　自分を犠牲にしても、次世代のために動く人がいる
4　何の見返りも求めず、ただ与えてくれる人がいる

問十一　傍線部8「速読をする人」とあるが、その説明として最適なものを後より一つ選び番号で答えなさい。

1　結論に至るまでに示されている内容を押さえきることができていないため、本の内容を正しく理解できておらず、読み応えも本の面白さも感じない空虚な読書の仕方になっている。

2　本を読み終えることを目的にしていて、結論までの内容どころか結論にすら関心がなく、読書の途中にやめることや休憩することもできないため、読書をした実感がわかない。

3　結論が書かれている部分だけを探し出して、その内容は理解しているが、それ以外の部分は速く読むという快楽を優先しているので、著者の伝えたいことをしっかり受け止めていない。

4　自分の知りたい知識や情報の部分だけに注目して、それ以外の部分は読むことをしないので、結論にたどり着かないことも多く、本の内容をぼんやりとしか理解できていない。

問十二　本文の内容と一致するものを後より一つ選び番号で答えなさい。

1　電子書籍が普及してから、ページ番号がないものもある電子書籍の性質に従って、学術論文に引用するページ番号を書くことが少なくなった。

2　電子辞書はずっと触っていても劣化することはほぼないが、紙の辞書は使うことで傷んでいくのがよくわかるため勉強したという感覚を得やすい。

3　著者が長い時間かけて書き上げたものは、著者が費やした時間と同じかそれ以上の時間をかけて読まないと、著者の考えを理解できるはずがない。

4　著者の体験してきた遅読は、他者の話を聞いてから興味を持って新しく本を読もうとしたり、本を改めてゆっくり読み直したりすることである。

読んでいるので、過去も未来もなく、今ここしかない人生を生きているようです」とあるが、これはどういうことか。その説明として最適なものを後より一つ選び番号で答えなさい。

1　電子書籍を読んでいるときに本に触れることで得られる身体的な感覚がないまま、ただ新しいページへ進まなくてはならないところは、現在の自分の姿や未来の自分がわからないまま、ひたすら人生が進んで、もどることができないところと同じだということ。

2　電子書籍は、全体を見通す一覧性やページ番号が欠落していて、目的とする場所を確認できない不便さがあり、これは、人生にはあらかじめストーリーがあるのに、今この瞬間に留《とど》まらなければならない不自由さを人間が強いられているのと似ているということ。

3　電子書籍において、ページ番号が記されていないためにどのくらい読んで残りがどのくらいなのかを実感することができない点は、人が生まれてからどのくらい生きて残りの人生がどのくらいなのかを今の時点では知ることが不可能であることと同じだということ。

4　電子書籍は、本そのものが存在せず全体を確認できる一覧性もないので、完成していないように感じられ、これは、決まった物語もなく、生きてきた時間経過よりも今この瞬間を大切にして、常に変化し続けなければならない人間の生き方と同じだということ。

問六　傍線部3「辞書についていえば、最近はすべて電子辞書を使い、紙の辞書は一冊も使っていません」とあるが、電子辞書と紙の辞書についての筆者の考え方の説明として、最適なものを後より一つ選び番号で答えなさい。

1　辞書として速さや軽さなどの利便性の面では電子書籍が圧倒的に有利だが、精神的な充足を求めて、検索をすることでより視野を広げたり、時間をかけて楽しんで学んだりするには紙の辞書が役に立つ。

2　紙の辞書の場合、多くの言葉を一度に覚えられるばかりではなく、辞書に慣れ使い込むことで実際に知識がよく身につくようになるが、検索では速く調べることが最も重要なので、電子辞書を使う方がよい。

3　調べるときに検索する言葉以外も知ることができるのは紙の辞書の長所ではあるが、他の言葉に気をとられ時間がかかる結果にもなり、目的の言葉に絞って迅速に作業を進めることができる電子辞書の方がすぐれている。

4　紙の辞書ならばある言葉を検索したときに、別の言葉を知る喜びがあるし、紙の辞書で調べることをくり返すと検索時間はかからなくなるが、検索がより早く、どこでも使える電子辞書の方が使いやすい。

問七　傍線部4「講義に出ないことの口実にしていたわけではありません」は、いくつの文節に分けることができるか。最適なものを後より一つ選び番号で答えなさい。

1　七文節　2　八文節　3　九文節　4　十文節

問八　傍線部5「辞書も事典も『読む』時は本の方がいい」とあるが、ここでの「読む」はどういうことか。その説明として最適なものを後より一つ選び番号で答えなさい。

1　調べるときに、必要な情報だけを見て一瞬で辞書や事典を閉じるのではなく、調べた項目について書かれている情報はすべて確認して記憶に残すこと。

2　調べたいことが載っている部分を探し出して内容を確認するのではなく、辞書や事典の中で自分が決めた部分を見て内容を理解しようとすること。

3　最初から最後までざっと見て要点を確認するのではなく、自分の意志で内容を知りたいと思った部分を選び、集中して見ることで全体の内容を把握すること。

4　調べたいことを一つだけ確認して終わらせるのではなく、時かけて書かれた本を速読してみたところであまり意味がありません。目的地に着くためだけであれば新幹線や飛行機を利用すればいいのですが、途中の景色を楽しもうと思うのであれば、新幹線や飛行機はあまりに速すぎると思います。自転車でも景色を楽しめないといっていいくらいです。歩いてこそ、見えてくるものがあります。

　読書についても同じことがいえます。読書は生きることと同じであって、目的地に着くことが目的ではありません。生きることの目的地が死であるなら、いち早く死ねばいいかというと、もちろんそんなことはありません。どこにも到着しなくていいのです。途中で休むこともできますし、途中でその旅をやめることも可能です。

とにかく、過程を楽しまなければ読書は意味がありません。

（岸見一郎『本をどう読むか　幸せになる読書術』）

＊1　プラトン…古代ギリシアの哲学者。

＊2　ワープロ…ワードプロセッサ。コンピュータで文章を入力、編集、印刷できる文書作成編集機。

＊3　『ソクラテスの弁明』…プラトンの著作。ソクラテスは古代ギリシアの哲学者であり、プラトンの師。

問一　二重傍線部a～cのカタカナの部分を漢字に改めたとき、同じ漢字を用いるものはどれか。後より選びそれぞれ番号で答えなさい。

a　重ホウ
　1　ホウ納　2　ホウ石　3　ホウ年　4　模ホウ

b　語ゲン
　1　削ゲン　2　ゲン界値　3　ゲン想　4　水ゲン地

c　退カン
　1　器カン　2　カン要　3　突カン　4　カン過

問二　本文中の（ア）～（ウ）に入る語として最適なものを下より選びそれぞれ番号で答えなさい。

ア　1　あるいは　2　そのため　3　ただし　4　その上

イ　1　それから　2　要するに　3　それなのに　4　いわば

ウ　1　そこで　2　たとえば　3　それとも　4　このように

問三　本文中には、次の部分が抜けている。これを入れる位置として最適なものを後より一つ選び番号で答えなさい。

ギリシア語で書かれた本を毎日読んでいましたが、辞書が手元にないと読めないのです。

1【A】　2【B】　3【C】　4【D】

問四　傍線部1「紙の本か電子書籍か」とあるが、紙の本と電子書籍を筆者が比較した内容の説明として、不適当なものを後より一つ選び番号で答えなさい。

1　紙の本は、住んでいる地域によって手に入らないことも多く、簡単に手に入る人と比べて獲得できる情報が少なくなる一方、電子書籍は誰でも手に入れやすいものの、ほしい本が紙の本でしかない場合もあり万能ではない。

2　電子書籍は、本そのものの姿が目に入らないので存在を忘れがちだが、紙の本は姿を確認しやすいものの、置く場所によっては結局目に入らなくなるので、存在を忘れる可能性があるのは電子書籍と同じである。

3　紙の本は、重さや大きさが原因でどの本を持ち運ぶのかを選択する手間がかかるが、電子書籍の場合は、機械からどの本がよいかおすすめされ、いつでも開くことができるので選択する手間がかからない。

4　紙の本は他者に何を読んでいるかを見られる可能性があり、それをきっかけに話題を共有することもあるが、電子書籍は、外から見ると何を読んでいるかわからないので他者から見られて話題を提供することは少ない。

問五　傍線部2「電子書籍を読む時、表示されているページだけを読むことにしていました。最初から読むのではないということです。この分だと読み終わるのに何十年もかかることになるだろうと思っていたのですが、6十三年経《た》った時、突如としてギリシア語の講義が閉講になりました。受講生が少ないからというのがその理由でした。

受講生が少ないのは当然で、ギリシア語の講義に何十人もの学生がくるはずもありません。ヨーロッパの思想や文化を学ぶためには古典語の知識は必須ですし、英語を学ぶ時でもギリシア語やラテン語の知識があって初めて語bゲンもわかり、深い理解に到達できるはずです。

奈良女からギリシア語がなくなるのは奈良女の恥であると力説した先生もかつてはおられたのですが、そんな先生方も退cカンしていき、残った若い先生方は古典語が読めず、したがって、古典語を学ぶ意味や必要が理解できなくなっていました。

今の世の中は、何でも経済効果、対費用効果などといって、役に立つものとそうでないものを峻別《しゅんべつ》しようとしますが、このような弊害が学問の世界にまで及んできていたわけです。大学が古典語を学ぶ機会をなくしてどうするのか。沸々と私の中で湧いた怒りはなかなか鎮《しず》まることはありませんでした。

「今あなた方がしようとしてることは、やがて自分の首を絞めることになる」

そういい残して大学を去ったのですが、その後文学部が大学から消えてしまうような時代になってきたのです。大学は実用的なことを学ぶところではありません。役に立たない文化系の学問など必要でないと考える無知な政治家のために学問の自由が脅《おびや》かされています。

この読書会で森先生は参加者から謝礼を取っていませんでした。父に「ギリシア語を教えてもらえることになった」と話したところ、「月謝はいくらだ」と父は私にたずねました。「聞いてないけど、たぶん取っておられないと思う」と答えたら「世の中にそんな甘い話があるはずはない。今すぐ電話をして聞け」と叱られました。

父のみならず、私もまた［　7　］ことは驚きだったので、電話をして先生に謝礼のことについてたずねました。先生の答えは次のようなものでした。

「今後もしも君より後進の人でギリシア語を学びたいという人がいれば、今度はその人に君が教えればいいのだ」

師から受けたものを師に返すことはできません。同じように、子どもは親から受けたものを親に返すことはできません。これまで多くの人から受けてきたものを、親ではなく自分の子どもに、次代を担《にな》う若い人に、あるいは社会に返していくしかないのです。

後に大学でギリシア語を教えるようになった時、個人的にギリシア語やラテン語、また他の言語を教えていた時にこの先生の言葉を思い出しました。

8速読をする人は、著者がどれだけ時間をかけて本を書いたか知らないのでしょう。

また、ただ知識や情報を提供するためだけではない本があるということを知らないのです。そのような本ももちろん必要ですが、それがすべてではありません。

いつか友人の一人が本はいつも速読しているというので、それならと私が書いた本を手渡すと、あっという間に読み終えました。（ウ）、私は彼が本当に本を読んで内容を理解しているのか知りたいと思っていくつか質問をしてみましたが、まったく理解していないことがわかりました。章の最初に結論が書いてあって、その後はそれの例証が書いてあるという構成の本であれば、そこだけ読むことで速読することはできるのでしょうが、すべての本がそんなふうに書いてあるわけではありません。

結論だけを理解してもあまり意味がありません。英語には「長い話を短くすれば」という表現がありますが、長い話は短い話にしなかった必然性があったはずなのです。

本を書くためには膨大な時間がかかります。それほど長い時間を今はあの頃と違って、百科事典も電子書籍で読む人が多いように思います。もちろん、それはそれで便利なのですが、先に紙の辞書について見たように、関係のない項目も目に触れることになりますし、そのことで思いがけずそれまで知らなかった分野に関心を向けるようになることもあります。

とはいえ、紙の百科事典は重く、引くことはしても、百科事典を読もうという気にはなりませんでした。必要な情報を断片的に読みましたが、それでも毎月配本されたので、本を買った時とよく似た感覚はありました。

辞書も事典も「読む」時は本の方がいいように思います。検索の時は電子書籍が便利ですが。学生の頃、先生が「私は一日に一回は必ず広辞苑《こうじえん》を引く」といっていました。そんなことはなかなかできないことだと思ったものですが、「引く」なら一瞬ですから一日に数え切れないほど何度も引いています。一日、一回広辞苑を「読む」というのであれば、今でもなかなかできないことだと思います。

遅読といえば、大学時代、＊1プラトンの『法律』を読書会で八年間もかけて読んだことがあります。これはプラトンの最晩年の未完の大作です。翻訳は岩波文庫で二冊ですからかなり大部なものですが、この読書会ではギリシア語で読みました。毎回三ページずつ読みます。

〈中略〉

読書会に参加するに当たって、ギリシア哲学を学ぶことを先生に勧められました。先にも書いたように、哲学は言葉も概念もギリシアのものなので、ギリシア哲学を学ばないといつまでもあてずっぽうの議論しかできないというようなことをいわれたのです。【C】

先生の家で開かれていた読書会には上のクラスと下のクラスがありました。上のクラスは二階にある先生の書斎で、下のクラスは一階のダイニングで本を読みました。下のクラスは先生が直接指導するわけではありませんでした。

私はといえば、ギリシア哲学を学ぶ決心をしたので、一日も早く上のクラスに入りたいと思いましたが、もちろん、すぐにはギリシア語の力がつかなかったので、もう何年もギリシア語を学んでいる人ばかりの上のクラスに入るほどの力がない私が下のクラスで学ぶことは当然のことだったのです。

やがて力がついても、大学なら上のクラスに入ってもいいが、何年も下のクラスで勉強している人もいるので、すぐに上のクラスには入れないという説明を先生から受け、なかなか難しい問題があるものだと驚きました。そんなことも、あまり個人的に親しくなろうとは思わなかった理由かもしれません。

それでも、一九八九年の十二月に長く続いたプラトン読書会を閉じた記念に、皆で倉敷《くらしき》に一泊旅行に出かけた時のことは今も楽しく思い出されます。倉敷の料理旅館で晩餐会《ばんさんかい》を開き、その夜は倉敷国際ホテルに泊まりました。晩餐会が始まる前に、このホテルに据えてあった＊2ワープロの専用機（パソコンではありません）を使って読書会についての短文を書き、先生に渡しました。作家でもあった先生に思いがけず、「こういうのはなかなかいいね」といってもらえて驚いたことをついこの間のことのように覚えています。

大学院を終えると、奈良女子大学でギリシア語を教えることになりました。四月にα《アルファ》、β《ベータ》、γ《ガンマ》から学び始める学生が秋には＊3『ソクラテスの弁明』を読めるようになりました。

この時も私が参加していた読書会と同様、毎回わずかなページを読み進め、文法の説明はもとより内容についても学生たちと議論することがありました。【D】

私にとって遅読というのは読書会や大学の講義でテキストを長い時間かけて読むことでした。外国語の学び方については後で書きますが、外国語で読むということはゆっくりしか読めないものです。外国語でも速読がいいという人もいますが、ゆっくり読まないと力はつきませんし、著者が時間をかけて書いたものを速く読んでもあまり意味がないように思います。

この『ソクラテスの弁明』は文法の勉強を終えると、毎年続きをもう後少しで読み終わるという快感はありませんし、ページ番号ではなく何パーセントと表示されていても電子書籍では一向に本を読み進んだという感覚を持つことができません。

ついでながら、ページ番号についていえば、今は私は本を引用する時にページ番号を書くことは少なくなりましたが、学術論文であれば何ページから引用したということをはっきりと書かなければなりません。

（イ）、電子書籍の場合はページ番号が書かれている本はほとんどないので、本や論文に引用する時に困ります。そのような時のために、電子書籍で買ったけれども、それとは別に紙の本を持っている人がいます。一冊でいいところを二冊も買わなければならないので経済的ではありません。

このように電子書籍にページ番号がついていなくて、今どのあたりを読んでいるかがわかりにくいというのは、私たちの人生のようだともいえます。

人は生まれてからすぐに自叙伝を書き始めます。この自叙伝は死んだ時に書き終えることになります。大抵、未完に終わります。もともと人生には決められたストーリーなどないので、未完という言葉そのものが本当はおかしいのですが、この自叙伝は電子書籍のようにページ番号が記されておらず、その上、読み進むと新しいページが現れるので今どれくらい読んだともわからないのです。

2電子書籍を読む時、表示されているページだけを読んでいるので、過去も未来もなく、今ここしかない人生を生きているようです。

3辞書についていえば、最近はすべて電子辞書を使い、紙の辞書は一冊も使っていません。検索は圧倒的に速く、大きな辞書は持ち歩くことができませんが、電子辞書であれば何冊も持ち歩くこともできますし、複数の辞書で同じ言葉を調べることもできます。

装幀《そうてい》のことなどを考えて紙の本に愛着があるという人は多いのですが、辞書に関しては速く引けることが一番重要なので、どうしても紙でなければならないと考える人は少ないように思います。

学生の頃使っていたギリシア語の辞書は百科事典のように大きく重かったので外に持ち運ぶことはできませんでした。【A】

そこで、辞書を外に持ち出せないというわけで大学にやってこない仲間はたくさんいました。今は電子辞書があるのでそのようないい訳は許されないのですが、当時も勉強をサボるために辞書が重いことを4講義に出ないことの口実にしていたわけではありません。

【B】

電子辞書のメリットはたくさんありますが、それでも、紙の辞書にもいいところがあります。検索しない言葉にも思いがけず出会い（という感じです）、その意味を知り覚えることができるということです。電子辞書であれば検索した言葉しか出てきませんが、紙の辞書であれば、目指す言葉の近辺にある言葉も目にするからです。人工知能を使って、関連語まで表示するような辞書もできるかもしれませんが、今は紙の辞書であれば引いた言葉以外の言葉も目にすることがありますから、思いがけない言葉との出会いがあります。

紙の本が検索が遅いかというとそうでもなくて、普通の本もそうですが、慣れると一回で目指す単語のページを出すことができるようになります。ただし、紙の辞書を使っていた時はそうすることができたということであり、今同じことができるかはわかりません。

紙の辞書は使い込むと勉強したと思えますが、電子辞書はいつまでも新しくそのような感覚を持つことはできません。

もっとも、勉強したと「思える」とか他の人に勉強しているように「見える」というようなことは勉強にとっては何の意味もありません。本当に勉強して学ぶことが大切です。

辞書のことを書いていたら中学生の頃、百科事典が毎月届き熱心に読んでいたことを思い出しました。事典であれ辞書であれ引くものだと普通は思われていますが、読むとなかなか面白いです。

私は毎月、百科事典が届くたびに最初のページから読みました。読んだといっても眼《め》を通すだけだったのかもしれませんが、最後まで眼を通した頃に新しい巻が届きました。

二〇二三年度 専修大学松戸高等学校（前期18日）

【国 語】（五〇分）〈満点：一〇〇点〉

一 次の文章を読んで、後の設問に答えなさい。

最近は電子書籍を読むことが多くなりました。電子書籍は置き場がいらないのでありがたいのですが、私にとって問題は、買ったことを忘れてしまうということです。目に見えるところに本がないと、買ったことを忘れることがあるのです。

その意味では、紙の本を手近なところ、目に見えるところに置いておくことには意味があります。

もっともそうしたくても本を置く場所がないこともあります。私は本棚の前列だけでなく後列にも、さらにその後ろにまで本を置きます。そうなると、見えない本はたちまちその存在を忘れてしまうことになります。

私は1紙の本か電子書籍かどちらがいいかというようなことを考えることは最近はあまりなくなりました。電子書籍を買ったけれども、後になって紙の本がほしくなることがありますし、その逆のこともあります。

海外で出版された本の場合、私の学生の頃は書店にあればすぐに手に入れることができましたが、洋書を扱う書店は多くなかったので、手に入れるのは簡単ではありませんでした。在庫がなければ注文しなければならず、そうなると手に入るまでには数週間から数ヵ月かかりました。（ア）、本の価格も高かったので、私のように西洋哲学を学んでいると出費はかなりのものになりました。

今はワンクリックで洋書を買うことができますし、すぐに読み始めることができます。もちろん、すべての本が電子書籍になっているわけではありませんが、昔のように手に入れるまでに何ヵ月もかかるというようなことは少なくなりましたから、海外の学者と研究の点で不利なことはなくなってきました。

電子書籍を重aホウするのは外に出かける時です。私は出かける時には何冊も本を鞄《かばん》に入れます。紙の本はかさばり、重くて持ち歩くのは大変です。持ち運ぶ本を少なくすればいいわけですが、どの本を読みたくなるかわかりません。今日はこの本を読もうと思っていても、他の本を読みたくなるかもしれません。そうなると、出かける時にどの本を持って行こうか迷ってしまい、結局、選ぶことができずその日読むかもしれない本をすべて鞄の中に詰め込むことになってしまいます。

電子書籍であればどの本を読もうと悩まなくていいのでありがたいです。それでも、どんな本も電子書籍で読めるわけではありませんから、紙の本も持ち歩くので鞄の重さは以前とそう変わっていないかもしれません。

私が心筋梗塞で入院した頃はまだ電子書籍というものがなかったので、家からたくさんの本を病室に運び込みましたが、今であれば電子書籍の端末があれば本を持ち込まなくてもよかったはずです。入院が数ヵ月も続くようなら話は別でしょうが、一ヵ月の入院と医師に聞いていたので、それくらいの期間であれば紙の本でなくても我慢できたでしょう。

主治医が私の持ち込んだ本を見て、本のことについて話をしたことを先に書きましたが、電子書籍では私が読んでいる、あるいは、持ち込んだ本が何かがわからないので、医師が私に本について話しかけることはなかったでしょう。

電子書籍の欠点は一覧性に欠けるところです。電子書籍でもまったくできないわけではないのですが、本をパラパラとめくって、読みたいページにたどり着くのは容易ではありません。

分厚い本を読むと次第に残りページ数が少なくなってくることが嬉《うれ》しくなります。読み終わるのが残念だと思うこともあります。その時には本を支える右手と左手への重みが違ってきます。電子書籍にはその感覚がありません。

2023年度／専修大学松戸高等学校（前期18日）

英語解答

1 放送文未公表

2 問1　①　　問2　③　　問3　②

問4　③　　問5　④　　問6　②

問7　④　　問8　(1)…④　(2)…②

3 問1　(1)…③　(2)…①　(3)…②　(4)…④

(5)…③

問2　②，③，⑦

4 (1)　④　　(2)　③　　(3)　①　　(4)　②

(5)　④

5 (1)　1…⑧　2…④

(2)　3…⑤　4…①

(3)　5…⑦　6…①

(4)　7…⑥　8…②

(5)　9…③　10…⑥

(6)　11…④　12…⑧

6 (1)　③　　(2)　⑤　　(3)　①　　(4)　③

(5)　③　　(6)　⑤

（声の教育社　編集部）

1〔放送問題〕放送文未公表

2〔長文読解総合―説明文〕

≪全訳≫❶「リデュース，リユース，リサイクル！」という言葉をよく耳にする。もちろん，これは私たち全員が環境保護に貢献するための良いアドバイスである。しかし，それぞれの言葉の違いについて，立ち止まって考えたことがあるだろうか。それを理解するのは重要だ，というのもこれらのうちの１つは他のものほど環境にとって良いものではないからだ。❷「リデュース」というと，普通は買ったり使ったりする物の量を減らすようにするべきだ，ということを意味する。例えば，多くの人が，ほとんど履かない靴や着ない服をたくさん持っているのに，さらに買い続ける。また，別の人たち，それは先ほどと同じ人の場合もあるが，ほとんど使わないバッグをたくさん持っている。人々がたくさんの物を買うから，靴や服やバッグをつくる会社は，それらをもっとたくさんつくる。それらの物をつくるには，エネルギーや資源を使う。例えば，工場では多くの電気や燃料だけでなく，多くの材料を使って商品をつくっている。そうした材料の中には，プラスチックのように，環境に悪い素材もある。だから普通は，使う物はより少ない方が地球のためになる。❸最近，「ミニマリズム」が人気になっている。これは，買う物，使う物の数を極端に減らすという考え方だ。しかし，ほとんど物を持たないで生活することに幸福感や自由を感じる人もいる。彼らにはあまりスペースもいらないし，自分の持ち物の手入れに時間をかける必要もない。ミニマリズムを実践するミニマリストたちは，使う物が少ないので，お金をたくさん節約できることが多い。彼らはよく「少ない方が豊かである」と言う。これは「物は少ない方がいい」という意味だ。ミニマリズムにはいろいろな種類があるので，それについて考えてみることは有益だ。例えば，食事の道具など，１つの物にミニマリズムを当てはめてみるのもいいかもしれない。もし誰もが自分のナイフ，フォーク，スプーン，箸を常に持ち歩けば，大量のエネルギーと資源を節約できる。これは一種のミニマリズムだ。❹また，「リデュース」という言葉の別の使い方は，頻繁に買い換えるのではなく，長く物を使い続けるということだ。私のスマートフォンは４年ほど前のものだが，まだ速く，申し分なく機能する。②私は新しいのを必要としない。最新のものが販売されてからもう１，２年待つことで，スマートフォンの台数を減らすことに貢献できるのだ。❺一方，「リユース」とは，新しいスマートフォンを手に入れたら，古いスマートフォンを捨てるのではなく，それを使える人に売ったりあげたり，自分で別の使い道を見つけたりすることを意味する。スマートフォンの素材は，廃棄が難しく，環境にも良くないものが多い。私の場合，古いスマートフォンをベビーモニターとして，自宅で赤ちゃんの様子を見るためだけに使っている。また，古いスマートフォンを子どもに譲ったり，映画を見たり音楽を聴いたりするためだけに使ったりする人もいる。ゲームやインターネットをするのにはあまり速くないかもしれないが，それでもまだとても便利なのだ！❻物を再利用できるもう１つの方法は，その目的を変えることだ。創造力がとても豊かな人たちの中には，ペットボトルを使って家をつくる方法を見つけた人もいる！／→イ．私たちの多くはそのようなアイデアを想像することはできないが，もっと簡単なことはできる。／→エ．例えば，古着は家の中を掃除するときに使うことができる。／→ウ．ペットボトルは花を生けるのに使える。／→ア．ネットで検索すれば，物を捨てる代わりに再利用するおもしろいアイデアがたくさん見つかる。❼そして，３つ目の言葉が「リサイクル」である。もちろん，ゴミはただ捨てるよりリサイクルした方がずっといい。私の住む街ではゴミを，可燃物，プラスチック，ビン・カン，不燃物の４つに分別している。でも，私が以前住んでいた街では，「プラスチック」というカテゴリーがなかったので，ほとんどの人がプラスチックを可燃ゴミと一緒に入れていた。私は悲しかった。リサイクルをするには余計な手間がかかるが，ゴミの捨て方で，良い気持ちになれるのだ。❽しかし，リサイクルには多くのエネルギーも必要だ。ペットボトルは燃やすよりリサイクルした方がいいのはもちろんだが，リサイクルも実はあまり環境には良くない。そういうわけで，まずは使う物の量を減らして，できるだけ再利用する。それらをしたうえで，残った物をリサイクルするべきだ。❾というわけで，おわかりのとおり，「３R」は次の順序で行うことが大切だ。１．リデュース／２．リユース／３．リサイクル❿ベストを尽くそう！

問１＜適語選択＞物を多く持つことのマイナス面について述べている段落。使う物がより少ない方が資源や燃料，有害な素材の使用も抑えられるので地球のためになる。

問２＜適語(句)選択＞次の文の「スペースもいらないし，自分の持ち物の手入れに時間をかける必要もない」が，少ない物で暮らすことの利点を具体的に説明した内容になっていることを読み取る。living with の with は‘所有’を表す用法。

問３＜適語句選択＞直後に for a long time とあるので，長い間何をすることが物を reduce「減らす」ことになるかを考える。また，文後半の instead of ～「～ではなく，～の代わりに」からも，buying new ones so often と対照的な内容が入るとわかる。　continue ～ing「～し続ける」

問４＜適語選択＞直後のペットボトルを使って家をつくる方法を見つけることが，物を再利用するうえで本来の使用目的を「変える」具体例になっている。

問５＜文整序＞まず，イの like that「そのような」が前文のペットボトルを使って家をつくるというアイデアを指すと考え，最初に置く。続いて，For example「例えば」で始まるエが，イの simpler things の具体例といえるので，イ→エの順に並べ，同じく内容的に simpler things に該当するウを続ける。最後に，インターネットを利用すれば他にもおもしろい再利用のアイデアが見つかることを紹介するアを置く。

問６＜適所選択＞脱文の意味は「私は新しいのを必要としない」。脱文中の a new one の one が何を指しているかを考える。②の前文にある smartphone が該当する。

問７＜内容真偽＞①「エネルギーや資源をたくさん使って製品をつくることは，環境にも良いことだ」…×　第２段落後半参照。逆である。　②「お金や時間をたくさん節約することは，エネルギーや資源を大量に節約することを意味する」…×　そのような記述はない。　③「スマートフォンを捨てるのは，正しい方法で処分すれば環境に悪いことではない」…×　そのような記述はない。　④「ペットボトルを使って家をつくることは，環境を守るために私たちができることの１つだ」…○　第６段落第１，２文参照。再利用の１つの例として紹介されている。

問８＜英問英答＞(1)「リデュース，リユース，リサイクル」に関して，正しくないものはどれか」―④「リサイクルはリユースとほぼ同じ意味だ」　第１段落最終文で述べている，他の２つほど環境に良くないものとは，第８段落よりリサイクルだとわかる。　(2)「環境により優しいリサイクルのために，私たちは何をすればいいか」―②「まず使う物の数を減らし，再利用し，残ったらリサイクルする」　第８段落最後の２文参照。

3 〔長文読解総合―スピーチ〕

≪全訳≫❶今日は，私のいとこのトニーの話をしたいと思います。私たちは田舎で一緒に育ち，彼は私にとって弟のような存在でした。一緒にスクールバスに乗り，ほとんど毎日一緒に遊びました。彼の母親は，私にとって第二の母親のような存在でした。私には兄弟姉妹がいなかったので，一緒に遊べるいとこがいることがとてもうれしかったのです。❷私たちはふだん，他の多くの子どもたちがしているようなことをしていました。例えば，テレビゲームをしたり，おもちゃで遊んだりしました。大きくなってからは，自転車に乗ったり，一緒にスポーツ，特に野球やバスケットボールをしたりしました。私たちは２人とも農場に住んでいました。野球をするための広い芝生や，バスケットボールをするための固くて平らな場所はありませんでした。だから，野球は岩だらけの私道で練習し，バスケットボールは土の上で練習しました。完璧な環境ではありませんでしたが，とにかく楽しかったです。❸でも，ときにはトラブルになるようなこともしました。私はいとこより３歳年上だったため，私の方がよく責められました。また，いとこが家で何か悪いことをすると，彼の両親は私に「あなたがそんな悪いことを教えたのね！」と言うこともありました。そんなことはほとんどなかったのですが，私はただ笑っていました。実際，彼はやんちゃ坊主でした。私はふだんはいい子なのですが，一緒にいると，ときにはベストとはいえない選択をしてしまうこともありました。❹田舎暮らしは，いつも空気が新鮮で，空間が広くすばらしいものでした。(1)しかし，退屈な日もありました。このような日，私たちはときどき，トラブルになりそうなことをしました。私はいとこの家に１泊することになったある土曜日を覚えています。その日の午後，私たちはちょっと何かしようと思って，地面に穴を掘ることにしました。十分に深い穴を掘れば，何かおもしろい物，例えば化石とか何か貴重な物が見つかるかもしれないと思ったのです。私たちは掘りに掘りましたが，何も見つかりませんでした。暗くなり始めたので，私たちは家に帰りました。次の日にもっと深く掘るために穴を残しておくことにしました。❺私たちは手を洗って夕食のために準備を整え，おじの帰りを待っていました，というのは，おじが帰ってきてから一緒に食べようと思っていたからです。地面を掘ったせいでおなかがすいていたので，おじが玄関に入ってきたとき，私たちは大喜びしました！　しかし，その興奮は長くは続きませんでした。おじは私たちを見ると，「道路脇のあの大きな穴はお前たちが掘ったのか？」ときいたのです。私たちは「そうだよ」と答えました。私たちは，おじが怒っているのがわかりましたが，なぜなのかはわかりませんでした。「(2)何が問題なの？　道路に穴を掘ったんじゃないよ。道路の脇に掘ったんだ」と私は言いました。その後，おじが何を言ったかは覚えていませんが，特に夜間は車にとって危ないからと，おじは不満そうでした。私たちは懐中電灯を持って外に出て，穴を埋め戻さなければなりませんでした。夕食を先に食べることは許されませんでした。私たちは，なぜ彼がそんなに怒っているのか，まだ理解できませんでしたが，もちろん，彼に何も言いませんでした。❻私たちは自転車に乗って穴に戻り，さっき掘り出した土で穴を埋め始めました。やっと終えると，すごくおなかがすいてきました。自転車でいとこの家に戻り，また手を洗って，やっと夕食を食べました。大変な作業でおなかがすいていたので，いつもよりおいしく感じました。❼おじはいい人でしたが，厳しい人でもありました。私はよく彼のことを思い出し，懐かしくなります。彼は本を読むのが好きでした。人のことを覚えるのがとても得意で，とてもよく働いていました。彼は10年ほど前になくなりました。❽でも，この話は私のいとこの話です。彼は私が子どもの頃，当時は気がつきませんでしたが，私の親友でした。私が大学に進学してからは，あまり話したり会ったりしなくなりました。私たちは人生の中で全く違う道を選んだのでした。しかし，おじがなくなった頃，私といとこはもっとよく話すようになり，私たちの友情は再び強くなりました。私はそのことにとても感謝しています。今では月に一回会って，たくさん話をしています。年に一度，私の家か彼の家で，家族でパーティーをします。私の妻と彼の妻は仲良しです。私の娘と彼の娘は本当の姉妹のようです。いとこと私はいつも，1つの大きな家族ができたような気がすると言っています。彼のような友人を持つことができて私は幸せです。

問1＜適文選択・英問英答＞⑴「[⑴]に入れるのに最も適した文はどれか」―③「しかし，退屈な日もありました」　直後で空所の内容をOn days like this「このような日」と受け，トラブルになりそうなことをしたと述べている。わざわざそのようなことをすると考えられるのは，退屈なときである。　⑵「[⑵]に入れるのに最適な文はどれか」―①「何が問題なの？」　前後の内容参照。筆者はおじが怒っている理由がわからなかったので，その理由を尋ねたのである。

⑶「筆者があるときトニーを訪ねたとき，彼らは穴を掘った。なぜか」―②「地中に自分たちの欲しい物があると思ったから」　第4段落第5，6文参照。　⑷「筆者のおじはなぜ怒っていたのか」―④「家に着く前に，人々や車にとって危険なものを見たから」　第5段落中盤以降参照。

⑸「大学卒業後，筆者とトニーの友情を再び強くさせたものは何か」―③「筆者のおじの死」　第8段落第5文参照。

問2＜内容真偽＞①「筆者は一人っ子だったので，トニーは学校のチームで一緒にプレーする良いチームメイトだった」…×　第1，2段落参照。学校のチームに関する記述はない。　②「筆者とトニーが野球やバスケットボールの練習をしていた場所は，スポーツをするには不向きな場所だったが，とにかくそこで遊ぶことを楽しんでいた」…○　第2段落最後の2文に一致する。　③「トニーは筆者より3歳年下だったので，トニーの両親は筆者に対してトニーの本当の兄のように怒った」…○　第3段落第2，3文から，トニーの両親は筆者を自分の子どもと同様に扱っていたことが読み取れる。　④「トニーはやんちゃ坊主で，ときどき間違った選択をしたので，筆者よりもトニーの方が責められることが多かった」…×　第3段落第2文参照。年上であることを理由に筆者の方が責められることが多かった。　⑤「筆者がトニーを訪ねた翌日，2人は穴をより深く掘った」…×　第4段落最終文および第5段落後半～第6段落参照。翌日さらに深く掘ろうとしていたが，おじに怒られ，その日の夜のうちに埋めた。　⑥「筆者とトニーは，筆者のおじがなぜ怒っているのかわからなかったので，おじの前で夕食を取ることを許されなかった」…×　第5段落最後の2文および第6段落参照。許されなかったのは穴を埋める前に夕食を取ること。「おじの前で」という記述はない。　⑦「穴を掘って埋め戻した後，筆者とトニーはとてもおなかがすき，いつもより夕食を楽しんだ」…○　第6段落の内容に一致する。　⑧「トニーは筆者の親友であり，2人とも子どもの頃からそのことを知っている」…×　第8段落第2文参照。親友であることに当時は気がつかなかった。

4〔適語(句)選択〕

(1)後半のcould you ～は「～してくださいませんか」と‘ていねいな依頼’を表す。「彼女が帰宅する」のは未来のことだが，whenやifで始まる‘時’や‘条件’を表す副詞節の中では，未来の内容でも現在時制で表す。　「彼女が家に帰ったら，このノートを渡していただけませんか」

(2)(　)には前のumbrellaと同種の「傘というもの」が入る。前に出た‘数えられる名詞’の代わりとなり，不特定のものを指すのはone(itは前に出た名詞そのものを受けるので，壊した傘そのものを買うという意味になる①は×)。　「傘を壊してしまったので，明日傘を買うつもりだ」

(3)finishは「～すること」という意味の目的語にto不定詞ではなく動名詞(～ing)をとる。　「私は昨日の夜10時にビデオを見終わった」

(4)「～の間に」は‘while＋主語＋動詞’または‘during＋名詞’で表せる。本問は前者の形に相当する。all the time「その間ずっと」　「晴れている間に釣りに行こう」

(5)wouldやifがあることから，‘現在の事実に反する仮定’を表す仮定法過去(‘主語＋助動詞の過去形＋動詞の原形～，if＋主語＋(助)動詞の過去形…’「…なら，～なのに」)の文と判断する。本問ではif節が後ろにきている。　「お客さんがここにいられるなら，暗い中でもピアノを弾き続けるのですが」

5〔整序結合〕

(1)「～できるほど(十分)…」は‘形容詞〔副詞〕＋enough to ～’で表せる。「辞書がなくても」はwithout a dictionary。不要語はeven。　This English book is easy enough to read without a dictionary.

(2)「どれを食べたらいいのか」は‘疑問詞＋to不定詞’で表せる。この形は疑問詞に応じて「何を〔いつ，どこで，どのように〕～したらいいか」という意味を表す。「どれを」は「どの食べ物を」と考え，which foodとまとめることに注意。「料理がたくさんあるので」は‘理由’を表すbecauseにthere is/are ～「～がある」の文を続ける。不要語はof。　I can't decide which food to eat because there are many dishes on the menu.

(3)「私たちに教えて」は「私たちに知らせて」と読み換え，‘let＋目的語＋動詞の原形’「～に…させる〔…することを許す〕」の形でLet us knowとする。knowの目的語に当たる「手紙がどれほど良いのか」は‘how＋形容詞〔副詞〕＋主語＋動詞...！’の感嘆文の語順でまとめる。不要語はwhat。Let us know how good the letters are.

(4)I realized「(私は)～と気づいた」で始める。「トムは思ったよりずっとおもしろい人だ」はTom is much more interestingとし，realizedの後に置く(このmuchは「ずっと」の意味で比較級の意味を強めるはたらきをしている)。「トムと話したら」は，「トムと話した後で」と考え，after

〜ing「〜した後で」の形でまとめる。不要語は in。　I realized Tom is much more interesting after talking with him.

(5)「私たちの生活は豊かになっている」は現在進行形で Our lives are becoming richer とする。この lives は life「生活」の複数形。「科学技術の発展とともに」は，「科学技術が発展するにつれて」と考え，as を「〜するにつれて」の意味の接続詞として用いて as technology develops とまとめる。不要語は more。　Our lives are becoming richer as technology develops.

(6)与えられた文の「忙しすぎて時間がない」の部分をつくる。語群から，‘so 〜 that …’「とても〜なので…」の形で so busy that they don’t have time とまとめる。to read newspapers は time を修飾する形容詞的用法の to不定詞。不要語は to。　Many people say they are so busy that they don’t have time to read newspapers.

6〔誤文訂正〕

(1)「別の，他の」という意味を表す another の後は通例，単数名詞がくる。another country または other countries が正しい。　「近い将来，他の国の貧しい子どもたちのために学校をつくりたい」

(2)誤りはない。the sky full of stars は「満天の星」，thanks to 〜 は「〜のおかげで」という意味。「今夜は小川さんのおかげで，ここで皆さんと一緒に満天の星を見ることができ，私たちはうれしく思っています」

(3) traffic は‘数えられない名詞’なので，単数扱いとなる。be動詞は is が正しい。　「この通りは交通量が多いので，横断するときは気をつけてください」

(4)主語 we に対して③を受け身にする必要はない。and（to）see で表す。　「京都に行ったとき，私たちは有名な３つのお寺を訪ねることと，古い友人の１人に会うことができた」

(5)先行詞が places と複数形なので，is は are にする。　「先生は生徒に『物語に登場する場所について話してください』と言った」

(6)誤りはない。‘give＋人＋物’「〈人〉に〈物〉を与える」の形。present I bought for her は目的格の関係代名詞が省略された‘名詞＋主語＋動詞...’の形。④は before で始まる‘時’を表す副詞節なので現在時制になる。　the day before yesterday「おととい」　「おととい買ったメアリーの誕生日プレゼントを，彼女が家に帰る前に渡そう」

2023年度／専修大学松戸高等学校（前期18日）

数学解答

1 ⑴ ア…5　イ…1　ウ…0　エ…3
⑵ ア…3　イ…6
⑶ ア…2　イ…1　ウ…3
⑷ ア…4　イ…9
⑸ ア…1　イ…4
⑹ ア…1　イ…4　ウ…5

2 ⑴ ①　4　②　イ…3　ウ…1
⑵ ①　ア…4　イ…4　ウ…1
②　エ…1　オ…5

3 ⑴ ア…2　イ…8
⑵ ウ…2　エ…2　オ…5
⑶ カ…1　キ…2　ク…5

4 ⑴ ア…9　イ…4
⑵ ウ…8　エ…7
⑶ オ…7　カ…7　キ…2　ク…0

5 ⑴ ア…3　イ…6　ウ…3
⑵ エ…9　オ…2
⑶ カ…3　キ…2

（声の教育社　編集部）

1〔独立小問集合題〕

⑴＜数の計算＞与式 $=\frac{\sqrt{10}}{3}-\sqrt{15}\times\sqrt{2}\times\frac{2}{\sqrt{3}}=\frac{\sqrt{10}}{3}-2\sqrt{\frac{15\times2}{3}}=\frac{\sqrt{10}}{3}-2\sqrt{10}=\frac{\sqrt{10}}{3}-\frac{6\sqrt{10}}{3}=-\frac{5\sqrt{10}}{3}$

⑵＜二次方程式―解の利用＞二次方程式 $x^2+ax=40$ の１つの解が $x=a-2$ だから，解を方程式に代入して，$(a-2)^2+a(a-2)=40$ より，$a^2-4a+4+a^2-2a=40$，$2a^2-6a-36=0$，$a^2-3a-18=0$，$(a+3)(a-6)=0$ となり，$a=-3$，6 である。

⑶＜数の計算＞$a+b=8$……①，$ab=3$……②とする。①より，$b=8-a$……①′として，①′を②に代入すると，$a(8-a)=3$，$8a-a^2=3$，$a^2-8a+3=0$ となるから，$a=\frac{-(-8)\pm\sqrt{(-8)^2-4\times1\times3}}{2\times1}=\frac{8\pm\sqrt{52}}{2}=\frac{8\pm2\sqrt{13}}{2}=4\pm\sqrt{13}$ である。①′より，$a=4+\sqrt{13}$ のとき，$b=8-(4+\sqrt{13})$，$b=4-\sqrt{13}$ となり，$a=4-\sqrt{13}$ のとき，$b=8-(4-\sqrt{13})$，$b=4+\sqrt{13}$ となる。$a>b$ だから，$a=4+\sqrt{13}$，$b=4-\sqrt{13}$ であり，$a-b=(4+\sqrt{13})-(4-\sqrt{13})=4+\sqrt{13}-4+\sqrt{13}=2\sqrt{13}$ である。

≪別解≫$(a-b)^2=a^2-2ab+b^2$ だから，$ab=3$ より，$(a-b)^2=a^2-2\times3+b^2$，$(a-b)^2=a^2+b^2-6$ となる。また，$a+b=8$ より，$(a+b)^2=8^2$，$a^2+2ab+b^2=64$，$a^2+2\times3+b^2=64$，$a^2+b^2=58$ となる。よって，$(a-b)^2=58-6$，$(a-b)^2=52$，$a-b=\pm2\sqrt{13}$ であり，$a>b$ より，$a-b>0$ だから，$a-b=2\sqrt{13}$ である。

⑷＜関数―$\boldsymbol{a}$ の値＞関数 $y=ax^2$ と関数 $y=ax+\frac{16}{3}$ のグラフの１つの交点の x 座標が -3 なので，グラフ上の x 座標が -3 の点の y 座標は等しい。x 座標が -3 の点の y 座標は，それぞれ，$y=a\times(-3)^2=9a$，$y=a\times(-3)+\frac{16}{3}=-3a+\frac{16}{3}$ だから，$9a=-3a+\frac{16}{3}$ が成り立つ。これより，$12a=\frac{16}{3}$，$a=\frac{4}{9}$ となる。

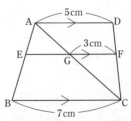

⑸＜数の性質＞$\sqrt{3n}<13<\sqrt{4n}$ より，$\sqrt{3n}<\sqrt{169}<\sqrt{4n}$，$3n<169<4n$ となる。$3\times56=168$，$3\times57=171$ より，$3n<169$ を満たす自然数 n は56以下の自然数である。また，$4\times42=168$，$4\times43=172$ より，$169<4n$ を満たす自然数 n は，43以上の自然数である。よって，n は43以上56以下の自然数だから，$56-42=14$（個）ある。

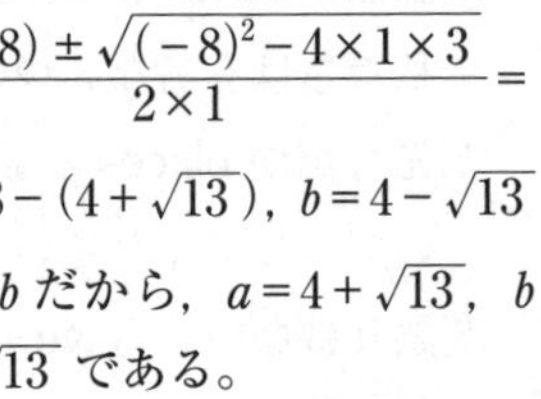

⑹＜平面図形―長さ＞右図で，∠GCF＝∠ACD であり，AD∥EF より

$\angle$GFC＝$\angle$ADC だから，△GCF∽△ACD である。これより，GC：AC＝GF：AD＝3：5 であり，AG：AC＝(5－3)：5＝2：5 となる。また，$\angle$EAG＝$\angle$BAC であり，EF∥BC より $\angle$AEG＝$\angle$ABC だから，△AEG∽△ABC である。よって，EG：BC＝AG：AC＝2：5 となるから，EG＝$\frac{2}{5}$BC＝$\frac{2}{5}$×7＝$\frac{14}{5}$(cm) である。

2〔独立小問集合題〕

(1)＜データの活用―四分位範囲，平均値＞①四分位範囲は，第３四分位数から第１四分位数をひいて求められる。生徒は20人なので，第１四分位数は，回数の小さい方10人の中央値となり，小さい方から５番目と６番目の平均である。０回が２人，１回以下が２＋４＝６(人)だから，小さい方から５番目，６番目はともに１回であり，第１四分位数は１回となる。第３四分位数は，回数が大きい方10人の中央値だから，10＋5＝15より，小さい方から15番目と16番目の平均である。３回以下が６＋５＋１＝12(人)，４回以下が12＋３＝15(人)，５回以下が15人，６回以下が15＋３＝18(人)だから，15番目が４回，16番目が６回であり，第３四分位数は(4＋6)÷2＝5(回)となる。よって，四分位範囲は5－1＝4(回)である。　②平均値は，(0×2＋1×4＋2×5＋3×1＋4×3＋6×3＋7×1＋8×1)÷20＝62÷20＝3.1(回)である。

(2)＜二次方程式の応用＞①１辺が3cmの正方形の紙が縦に１枚増えると，のりしろが1cmだから，縦の長さは3－1＝2(cm)長くなる。よって，縦に n 枚貼り合わせると，１枚のときから $n-1$ 枚増えるので，縦の長さは $2(n-1)$cm 長くなり，$3+2(n-1)=2n+1$(cm)と表せる。したがって，縦，横に n 枚ずつ貼り合わせてできた正方形の１辺の長さは $2n+1$cm だから，その面積は $(2n+1)^2=4n^2+4n+1$(cm^2)である。　②縦に x 枚貼り合わせたとすると，①より，できた長方形の縦の長さは $2x+1$cm となる。また，横に貼り合わせた正方形の紙の枚数が縦に貼り合わせた正方形の紙の枚数より２枚多いので，できた長方形の横の長さは，縦の長さより2×2＝4(cm)長くなり，$2x+1+4=2x+5$ と表せる。面積が77cm^2 なので，$(2x+1)(2x+5)=77$ が成り立つ。これを解くと，$4x^2+10x+2x+5=77$，$4x^2+12x-72=0$，$x^2+3x-18=0$，$(x+6)(x-3)=0$　∴$x=-6$，3　$x>0$ より，$x=3$ だから，貼り合わせた正方形の紙の枚数は，縦に３枚，横に3＋2＝5(枚)であり，3×5＝15(枚)となる。

3〔関数―関数 $y=ax^2$ と一次関数のグラフ〕

≪基本方針の決定≫(1)　AB が x 軸に平行であることに気づきたい。

(1)＜直線の式＞右図で，２点A，Bは放物線 $y=\frac{1}{2}x^2$ 上にあり，x 座標がそれぞれ－4，4だから，２点A，Bは y 軸について対称であり，ABは x 軸に平行である。点Aの y 座標は $y=\frac{1}{2}\times(-4)^2=8$ より，A(－4，8)だから，C(0，8)となる。直線CDは，傾きが2，切片が8だから，直線CDの式は $y=2x+8$ となる。

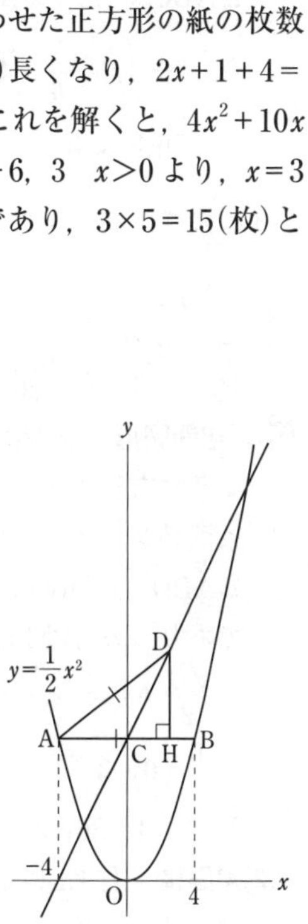

(2)＜x 座標＞右図で，直線CDの式は $y=2x+8$，放物線の式は $y=\frac{1}{2}x^2$ だから，２式から y を消去して，$\frac{1}{2}x^2=2x+8$ より，$x^2-4x-16=0$ となり，解の公式より，$x=\frac{-(-4)\pm\sqrt{(-4)^2-4\times1\times(-16)}}{2\times1}=\frac{4\pm\sqrt{80}}{2}=\frac{4\pm4\sqrt{5}}{2}=2\pm2\sqrt{5}$ となる。よって，求める交点の x 座標は $2\pm2\sqrt{5}$ である。

(3)＜x 座標＞右上図で，点Dから線分ABに垂線DHを引き，点Dの x 座標を d とする。直線CDの傾きが2より，CH：DH＝1：2だから，CH＝d より，DH＝2CH＝$2d$ となる。また，AH＝$d-(-4)$

$=d+4$，$AD=AB=4-(-4)=8$ である。△ADH で三平方の定理より，$AH^2+DH^2=AD^2$ だから，$(d+4)^2+(2d)^2=8^2$ が成り立つ。これを解くと，$d^2+8d+16+4d^2=64$，$5d^2+8d-48=0$ より，$d=\frac{-8\pm\sqrt{8^2-4\times5\times(-48)}}{2\times5}=\frac{-8\pm\sqrt{1024}}{10}=\frac{-8\pm32}{10}$ となり，$d=\frac{-8+32}{10}=\frac{12}{5}$，$d=\frac{-8-32}{10}=-4$ となる。$d>0$ より，$d=\frac{12}{5}$ である。

4 〔平面図形―円，二等辺三角形〕

≪基本方針の決定≫(1)　線分 AM が円の直径となることに気づきたい。　(2)　DE∥BC であることに気づきたい。

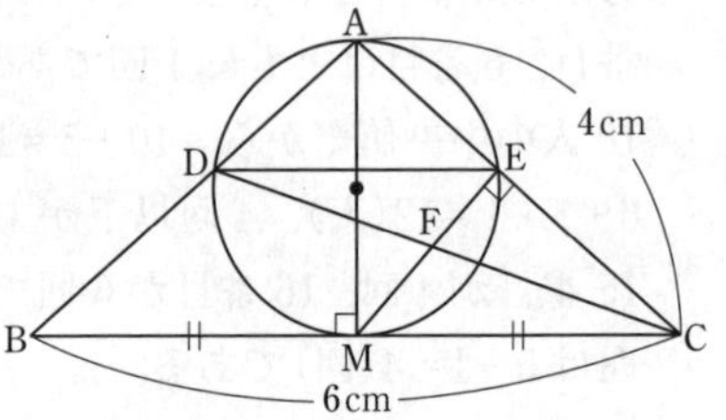

(1)＜長さ―相似＞右図で，点 A と点 M を結ぶ。△ABC は AB＝AC の二等辺三角形であり，点 M は辺 BC の中点だから，AM⊥BC である。円は点 M で辺 BC と接しているので，線分 AM は円の直径となる。よって，∠MEA＝90° だから，∠MEC＝90° となり，∠AMC＝∠MEC となる。また，∠ACM＝∠MCE だから，△AMC∽△MEC である。これより，CM：CE＝AC：MC である。$CM=\frac{1}{2}BC=\frac{1}{2}\times6=3$ だから，3：CE＝4：3 が成り立ち，$CE\times4=3\times3$，$CE=\frac{9}{4}$(cm)となる。

(2)＜長さの比―相似＞右上図で，点 D と点 E を結ぶ。△ABC と円は AM について対称だから，2 点 D，E も AM について対称な点となり，DE∥BC である。よって，∠DAE＝∠BAC，∠ADE＝∠ABC より，△ADE∽△ABC だから，DE：BC＝AE：AC となる。$AE=AC-CE=4-\frac{9}{4}=\frac{7}{4}$ だから，DE：6＝$\frac{7}{4}$：4 が成り立ち，$DE\times4=6\times\frac{7}{4}$，$DE=\frac{21}{8}$ となる。また，∠CFM＝∠DFE，∠CMF＝∠DEF より，△CMF∽△DEF である。したがって，CF：FD＝CM：DE＝3：$\frac{21}{8}$＝8：7 となる。

(3)＜長さ＞右上図で，(2)より，MF：EF＝CM：DE＝8：7 だから，$EF=\frac{7}{8+7}ME=\frac{7}{15}ME$ である。△MEC で三平方の定理より，$ME=\sqrt{CM^2-CE^2}=\sqrt{3^2-\left(\frac{9}{4}\right)^2}=\sqrt{\frac{63}{16}}=\frac{3\sqrt{7}}{4}$ となるから，$EF=\frac{7}{15}\times\frac{3\sqrt{7}}{4}=\frac{7\sqrt{7}}{20}$(cm)である。

5 〔空間図形―正四面体〕

≪基本方針の決定≫(2)　△MAD が二等辺三角形であることに気づきたい。

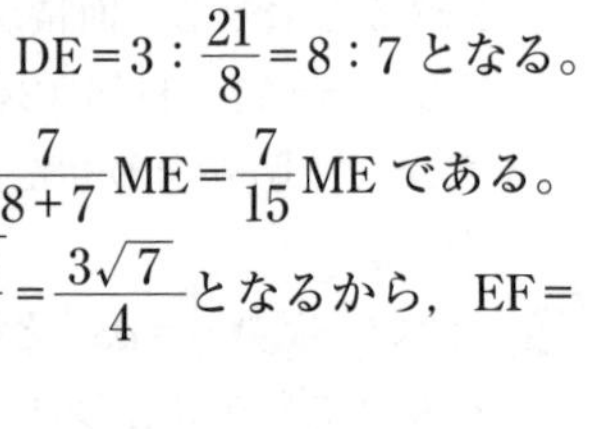

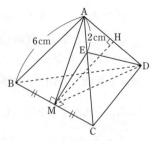

(1)＜面積＞右図で，立体 ABCD は正四面体だから，△ABC，△ACD，△ABD，△DBC は合同な正三角形である。BM＝CM より，AM⊥BC であり，△ABM は 3 辺の比が 1：2：$\sqrt{3}$ の直角三角形だから，$AM=\frac{\sqrt{3}}{2}AB=\frac{\sqrt{3}}{2}\times6=3\sqrt{3}$ である。よって，$△ABC=\frac{1}{2}\times BC\times AM=\frac{1}{2}\times6\times3\sqrt{3}=9\sqrt{3}$ だから，正四面体の表面積は $△ABC\times4=9\sqrt{3}\times4=36\sqrt{3}$ (cm^2)である。

(2)＜面積＞右上図で，△ABC，△DBC が合同な正三角形だから，$DM=AM=3\sqrt{3}$ である。△MAD は二等辺三角形だから，点 M から辺 AD に垂線 MH を引くと，点 H は辺 AD の中点となり，$AH=\frac{1}{2}AD=\frac{1}{2}\times6=3$ となる。よって，△AMH で三平方の定理より，$MH=\sqrt{AM^2-AH^2}=\sqrt{(3\sqrt{3})^2-3^2}$

$=\sqrt{18}=3\sqrt{2}$ となるから，$\triangle \mathrm{MAD}=\frac{1}{2}\times \mathrm{AD}\times \mathrm{MH}=\frac{1}{2}\times 6\times 3\sqrt{2}=9\sqrt{2}$ (cm^2)である。

(3)＜体積＞前ページの図で，AM⊥BCであり，同様にして，DM⊥BCとなるから，BC⊥〔平面MAD〕である。これより，四面体AMCDは，底面を△MADとすると，高さが$\mathrm{CM}=\frac{1}{2}\mathrm{BC}=\frac{1}{2}\times 6=3$の三角錐であり，〔四面体AMCD〕$=\frac{1}{3}\times\triangle \mathrm{MAD}\times \mathrm{CM}=\frac{1}{3}\times 9\sqrt{2}\times 3=9\sqrt{2}$である。また，四面体EMADと四面体AMCDの底面をそれぞれ△AME，△AMCとすると，高さが等しい三角錐だから，体積比は底面積の比と等しくなり，〔四面体EMAD〕：〔四面体AMCD〕＝△AME：△AMC＝AE：AC＝2：6＝1：3である。よって，〔四面体EMAD〕$=\frac{1}{3}$〔四面体AMCD〕$=\frac{1}{3}\times 9\sqrt{2}=3\sqrt{2}$ (cm^3)となる。

═読者へのメッセージ═

4で，∠MEA＝90°であることは，半円の弧に対する円周角が90°であることより導かれます。これはタレスの定理とも呼ばれています。タレスは，この定理を証明した最初の人物とされ，地面に棒を立てて影の長さからピラミッドの高さを測ってエジプト王を驚かせたともいわれています。

社会解答

1 (1) エ　(2) ウ　(3) ア
(4) B…オ　D…ア

2 (1) ア　(2) ウ　(3) エ
(4) ①…イ　②…オ

3 (1) エ　(2) ウ　(3) ア　(4) イ

4 (1) ウ　(2) イ　(3) イ　(4) エ
(5) Ⅰ…ア　Ⅱ…エ

5 (1) ウ　(2) ウ　(3) イ　(4) ア
(5) エ

6 (1) カ　(2) イ　(3) エ　(4) ウ
(5) イ

7 (1) ウ　(2) ア　(3) イ

8 (1) ウ　(2) ア　(3) オ

（声の教育社　編集部）

1〔三分野総合―総合〕

⑴＜BRICS＞2000年代以降に目覚ましく経済発展したブラジル，ロシア，インド，中国，南アフリカ共和国の５か国を，各国の頭文字からBRICSという。なお，APECはアジア太平洋経済協力の略称，WTOは世界貿易機関の略称，NIESは新興工業経済地域の略称である。

⑵＜年代整序＞年代の古い順に，Ⅱ（第一次世界大戦のきっかけとなったサラエボ事件―1914年），Ⅰ（ムッソリーニの首相就任―1922年），Ⅲ（ニューヨークの株式市場の株価大暴落をきっかけとする世界恐慌の始まり―1929年）となる。

⑶＜国際連合の加盟国＞国際連合が発足した第二次世界大戦直後の1945年当時，アジアやアフリカはまだ欧米の植民地で独立国が少なく，国際連合の加盟国も少なかった。アフリカで多くの国が独立し「アフリカの年」と呼ばれた1960年に加盟国数が大きく増えているYがアフリカ州を表している。なお，国際連合発足当初から加盟国が多く，冷戦終結前後にあたる1980年から2018年にかけての間に加盟国数が大きく増えているZはヨーロッパ州を表している。残るXはアジア州を表している。

⑷＜世界の国の特色＞５か国の中で輸出額が最も少なく，銅が輸出品の第１位であり，７月より１月の方が気温が高いことから南半球に位置しているとわかるBはザンビアと判断できる。また，原油が輸出品の第１位で，５か国の中で首都の平均気温が最も低いDはロシア連邦と判断できる。なお，夏と冬の気温差が大きいAは大韓民国，５か国の中で輸出額が最も多いCはドイツ，南半球に位置し，５か国の中で年平均気温が最も高く，年降水量が最も多いEはブラジルと判断できる。

2〔日本地理―総合〕

⑴＜長野県＞中部地方の県のうち内陸県は山梨県と長野県と岐阜県だが，面積が全国第４位なのは長野県である。長野県の県庁所在地は長野市で，長野県が接している新潟県，富山県，岐阜県，愛知県，静岡県，山梨県，埼玉県，群馬県の８県のうち，埼玉県と群馬県の２県は関東地方の県である。

⑵＜南鳥島＞Xの島は，日本の領域の最東端に位置する南鳥島である。なお，沖ノ鳥島は日本の領域の最南端の島である。また，領海は海岸から12海里（約22km）の水域，排他的経済水域は海岸から200海里（約370km）のうち領海を除いた水域なので，周囲に島のない南鳥島の場合，南鳥島を中心とする半径約370kmの水域が領海と排他的経済水域となっている。その面積は370×370×3.14＝429866より，約430000km^{2}となる。

⑶＜気候＞B地点（秋田）は日本海に面していて，冬に北西から吹く季節風の影響を受けて冬の降水量

が多い日本海側の気候に属するので，エが当てはまる。なお，年平均気温が低いアは北海道の気候であるのでＡ地点(釧路)，年平均気温が高いイは南西諸島の気候であるのでＤ地点(那覇)，年間を通して降水量が少なく冬でも温暖なウは瀬戸内の気候であるのでＣ地点(高松)の雨温図である。

(4)＜地形図の読み取り＞①0.5km^2を縦１km，横0.5km の長方形の面積と考える。５万分の１の縮尺の地形図上では，１km＝100000cm の地形図上の長さは100000cm÷50000＝２cm となるので，Ｘで示された範囲の地形図上での面積は２cm×１cm＝２cm^2となる。　②特にことわりのないかぎり地形図上では上が北になるので，JR 熊本駅から見た市役所(◎)の方位は北東である(ａ…誤)。２万５千分の１の地形図では，地形図上の１cm が実際の250m を表す。熊本駅と市役所の地形図上の距離は「めもり」から判断すると９cm ほどあるので，実際の距離は２km 以上ある(ｂ…正)。万日山や花岡山の斜面には広葉樹林(Q)や果樹園(ȯ)などは見られるが，針葉樹林(Λ)は見られない(ｃ…正)。

3 〔世界地理―総合〕

(1)＜世界地図＞赤道１周の距離は約４万 km である。経線の数から判断するとＹ点とＺ点の経度差は90度であり，赤道１周(360度)の４分の１なので，その距離は約１万 km である。また，時差は太平洋のほぼ中央を縦断する日付変更線を基準に考えるので，日付変更線をまたがずに見たときのＹ地点からＺ地点までの経度差は，西回りで赤道１周の４分の３の270度である。経度差15度で１時間の時差が生じるので，２地点間の時差は，270度÷15度＝18より，18時間となる。

(2)＜イタリアとチリ＞Ａの国は地中海に面するイタリアで，その気候は，夏は降水量が少ないために乾燥する地中海性気候である(Ⅰ…誤)。Ｂの国はチリでⅡの文は正しい。

(3)＜アフリカ諸国の特色＞アフリカ州などの熱帯・亜熱帯地域に見られる，ヨーロッパ諸国の植民地だった時代に開かれた大農園を，プランテーションという。また，植民地時代の名残で，特定の鉱産資源や農産物の輸出にその国の経済が依存していることをモノカルチャー経済という。図中のＣの国はコートジボワールで主な輸出品はカカオ豆，Ｄの国はケニアで主な輸出品は茶である。

(4)＜資料の読み取り＞資料１より，６か国中で2019年の人口が最も少ないのはオーストラリアで，その人口密度は25203千人÷7692千km^2＝3.27…より約3.3人/km^2である(イ…○)。なお，資料１より，インドは2019年の人口は中国より少ないが，1990年から2019年にかけての人口増加数が中国より多い(ア…×)。資料１，２より，面積が500万km^2以上の国のうち，中国の100人あたり自動車保有台数は20台にも満たず，１人あたり国民総所得も１万ドルを下回っている(ウ…×)。2019年の人口が１億人未満の国のうち，オーストラリアの100人あたり自動車保有台数は60台を超えていて，１人あたり国民総所得も５万ドル以上である(エ…×)。

4 〔歴史―古代〕

(1)＜新石器時代と旧石器時代＞佐賀県の吉野ヶ里遺跡は弥生時代の遺跡である。日本の旧石器時代の遺跡として，群馬県の岩宿遺跡が知られている(Ⅰ…誤)。Ⅱの文は正しい。

(2)＜奴国の遣使＞北九州の小国の奴国が中国に使いを送った57年，中国の王朝は後漢〔漢〕だった。なお，資料１は「『後漢書』東夷伝」である。

(3)＜奈良時代の出来事＞平城京に都がおかれていたのは奈良時代の710年から784年までである。鑑真の来日は753年，『古事記』の編さんは712年，『日本書紀』の編さんは720年の出来事である。なお，大宝律令の制定は701年のこと，富本銭の鋳造は7世紀後半のことである。

(4)＜保元，平治の乱＞1156年の保元の乱は，鳥羽上皇の死後の後白河天皇と崇徳上皇との間の対立が主な原因である。保元の乱で天皇側について戦って勝利した平清盛と源義朝は，1159年，平治の乱で戦い，平清盛が勝利した。なお，白河上皇は，1086年に院政を始めた人物である。源義家は，11世紀の前九年合戦，後三年合戦で活躍した人物である。

(5)＜11世紀までの世界の出来事＞年代の古い順に，紀元前1世紀のローマ帝国の成立，7世紀のイスラム教の始まり，907年の唐の滅亡，936年の高麗による朝鮮半島の統一，11世紀末の第1回十字軍の派遣となる。なお，アテネでポリスが成立したのは紀元前8世紀頃，シャカが仏教を開いたのは紀元前5世紀頃，ルネサンスの始まりは14世紀のことである。

5〔歴史―鎌倉時代～江戸時代〕

(1)＜年代整序＞年代の古い順に，Ⅱ（承久の乱―1221年），Ⅰ（御成敗式目〔貞永式目〕の制定―1232年），Ⅲ（元寇―1274年，1281年），Ⅳ（永仁の徳政令―1297年）となる。

(2)＜室町時代の文化＞雪舟による水墨画の大成，観阿弥と世阿弥による能の大成，書院造の建築が室町時代の文化である。なお，東大寺南大門の金剛力士像は鎌倉時代の作品，『枕草子』や『源氏物語』は平安時代の作品である。また，出雲の阿国のかぶき踊りは安土桃山時代に人気を集めた。

(3)＜朝鮮出兵＞豊臣秀吉による2度の朝鮮出兵は，1592～93年の出兵が文禄の役，1597～98年の出兵が慶長の役と呼ばれる。なお，文永の役と弘安の役は鎌倉時代の2度の元の襲来を指す。

(4)＜江戸幕府の支配＞江戸幕府は江戸の近くや重要な場所には親藩や譜代大名を，江戸から遠い場所に外様大名を配置した（イ…×）。江戸幕府の直接の支配地（幕領）は全国の石高のおよそ4分の1を占めていた（ウ…×）。朝廷の監視のために六波羅探題を置いたのは鎌倉幕府で，江戸幕府は京都に京都所司代を置いた（エ…×）。

(5)＜江戸時代の鉱山＞江戸時代の代表的な鉱山は，金山が佐渡（新潟県），銀山が生野（兵庫県）や石見（島根県），銅山が足尾（栃木県）や別子（愛媛県）などである。

6〔歴史―近現代〕

(1)＜条約改正＞江戸時代末に欧米と結んだ条約は，日本に不利な不平等条約だった。明治政府はこの不平等条約の改正に努めた。日清戦争開戦直前の1894年，陸奥宗光外務大臣は治外法権の撤廃に成功，明治時代末の1911年には，小村寿太郎外務大臣が関税自主権の回復に成功した。

(2)＜年代整序＞年代の古い順に，Ⅰ（王政復古の大号令―1867年），Ⅲ（鳥羽伏見の戦いで戊辰戦争が始まる―1868年1月），Ⅱ（五箇条の御誓文―1868年3月），Ⅳ（戊辰戦争の終結―1869年）となる。

(3)＜二十一か条の要求＞日英同盟を根拠に連合国側で第一次世界大戦に参戦した日本は，大戦中の1915年，中国に対して二十一か条の要求を出し，ドイツが中国の山東省に持っていた権益を獲得した。なお，Aは遼東半島である。

(4)＜農地改革＞太平洋戦争に敗れた日本は連合国に占領され，GHQ〔連合国軍最高司令官総司令部〕による支配を受けた。GHQは農村の民主化を図る目的で農地改革を実施した。農地改革では地主の農地を買い上げて小作農に安く売り渡した。その結果，小作農が減少して自作農が増加した。なお，地租改正は明治時代初めの1873年に行われた改革である。

(5)＜太平洋戦争後の出来事＞第1次石油危機が起こったのは1973年のこと，アジアで初のオリンピック・パラリンピックが東京で開かれたのは1964年のことである。なお，朝鮮戦争は1950年に始まり，バブル景気は1990年代初めに崩壊した。

7〔公民―政治〕

⑴＜精神の自由＞日本国憲法が保障する基本的人権のうち，自由権の中の精神の自由に分類されるのは，Ⅲの思想・良心の自由(第19条)，Ⅳの信教の自由(第20条)，Ⅴの集会・結社・表現の自由(第21条)，学問の自由(第23条)である。なお，Ⅰは請願権(第16条)，Ⅱは身体の自由(第18条)，Ⅵは経済活動の自由(第22条)である。

⑵＜裁判員制度＞裁判員制度は，重大な刑事事件の第一審で採用されている(Ⅰ…正)。裁判員は裁判官とともに，被告人が有罪か無罪かを決定し，有罪の場合は刑罰も決定する(Ⅱ…正)。

⑶＜資料の読み取り＞年齢別の18～29歳と30～39歳では，「不満だ」の割合が最も低い(ア…×)。性別で見ると，「やや不満だ」と「不満だ」の割合の合計は男性45.1％，女性43.6％で，女性より男性の方が高い(ウ…×)。年齢別の40～49歳では，「満足している」と「まあ満足している」の割合の合計は49.6％で50％に満たない(エ…×)。

8〔公民―総合〕

⑴＜株式会社＞株主は株主総会に出席して議決に参加することで，経営方針を決めたり，会社の経営にあたる取締役を選任したりするが，取締役会に出席して会社の経営を行うわけではない(Ⅳ…×)。株主は，株式会社が倒産した場合，出資した金額以上の責任を負う必要はない(Ⅴ…×)。Ⅰ，Ⅱ，Ⅲは正しい。

⑵＜労働者＞労働三法とは，労働基準法，労働組合法，労働関係調整法をいう(Ⅱ…×)。男性の育児休業の取得率は女性に比べて非常に低い(Ⅲ…×)。非正規労働者の割合は，労働者全体の約４割である(2022年)(Ⅳ…×)。Ⅰは正しい。

⑶＜年代整序＞年代の古い順に，Ⅲ(地球サミットの開催―1992年)，Ⅰ(京都議定書の採択―1997年)，Ⅱ(パリ協定の採択―2015年)となる。

2023年度／専修大学松戸高等学校（前期18日）

理科解答

1 ⑴ ②　⑵ Ⅰ群…④　Ⅱ群…①
⑶ ①　⑷ ④

2 ⑴ ②　⑵ ④　⑶ ⑥　⑷ ①

3 ⑴ ⑤　⑵ ⑦　⑶ ②
⑷ X…4　Y…7　Z…6

4 ⑴ ①　⑵ ①　⑶ ⑤　⑷ ④

5 ⑴ Ⅰ群…②　Ⅱ群…④　⑵ ⑥
⑶ ③　⑷ ④

6 ⑴ ④
⑵ Ⅰ群…③　Ⅱ群…②　Ⅲ群…①
⑶ ③　⑷ ⑥

7 ⑴ ④　⑵ Ⅰ群…①　Ⅱ群…②
⑶ ③　⑷ ⓐ…5　ⓑ…3　ⓒ…4

8 ⑴ ⑦
⑵ X…0　Y…4　Z…8
⑶ X…0　Y…6　Z…0　⑷ ④

（声の教育社　編集部）

1〔生物の世界〕

⑴＜裸子植物の花＞表で，マツは，若い枝の先端についている花Aが雌花，枝のつけ根寄りについている花Bが雄花である。また，イチョウは，花Cが雄花，胚珠がむき出しについている花Dが雌花である。

⑵＜マツのりん片の観察＞机の上に置いたマツのりん片を動かさずにルーペで観察するとき，ルーペを目に近づけたまま，顔を前後に動かしてピントを合わせる。また，マツの花粉が入っているのは雄花のりん片の花粉のうで，図1で，雄花のりん片を表しているのはりん片Xで，xが花粉のうである。マツの花粉には，図2のように，風で飛ばされやすいように，空気袋がついている。

⑶＜花のつくり＞図3で，外側についているものから順に，a（がく）→b（花弁）→c（おしべ）→d（めしべ）である。ツツジの花で花粉がつくられるのは，cのおしべの先端にあるやくで，袋状のつくりをしている。

⑷＜植物の特徴＞花のつくりのうち，受粉するとやがて果実になるのは子房である。マツとイチョウは裸子植物のなかまで，子房がなく胚珠がむき出しになっているため，果実はできない。

2〔地球と宇宙〕

⑴＜地球の直径＞地点Xと地点Yの南中高度の差は5°なので，この2地点の緯度の差は5°となる。つまり，地球の中心と地点X，地点Yをそれぞれ結ぶと，その中心角は5°になる。よって，中心角が5°のおうぎ形の弧の長さが555kmとなるから，地球の直径を$x$kmとすると，$x\times3.14\times\frac{5^\circ}{360^\circ}=555$より，$x=12726.1\cdots$となるから，地球の直径は約12730kmである。

⑵＜惑星＞表の太陽からの距離より，値が小さい（太陽に近い）ものから順に，水星（E），金星（A），地球，火星（D），木星（C），土星（B）となる。

⑶＜公転周期＞表より，惑星Aと惑星Dの公転周期はそれぞれ0.62年，1.88年である。よって，惑星Dが1回公転するときの惑星Aが公転する回数は，1.88÷0.62＝3.03…より，約3回となる。同様に計算すると，惑星Aと惑星Eは0.62÷0.24＝2.58…より約2.6回，惑星Bと惑星Cは29.46÷11.86＝2.48…より約2.5回，惑星Bと天王星は84.02÷29.46＝2.85…より約2.9回となるから，最も近いのは惑星Bと天王星の組み合わせである。

⑷＜日周運動＞図1は地球を北極側から見ているので，地球の自転の向きは反時計回りのw，月の公転の向きも反時計回りのyである。よって，地球と月は同じ向きに動いているため，地球から見

て，一定時間に動く角度が太陽より月の方が小さくなる。そのため，日周運動をする速さは，太陽より月の方が遅く見える。

3〔物質のすがた〕

⑴＜体積＞図２のメスシリンダーの水面の値を読み取ると83.0cm^3だから，水中に何も入れないときの値は，$83.0\div1.66=50.0(\mathrm{cm}^3)$である。よって，水中に沈んだ２つの固体の体積の合計は$83.0-50.0=33.0(\mathrm{cm}^3)$となる。表１より，体積の合計が33.0$\mathrm{cm}^3$となる２つの固体の組み合わせは，固体Ｂと固体Ｅである。

⑵＜密度＞〔密度$(\mathrm{g/cm}^3)$〕＝〔質量(g)〕÷〔体積(cm^3)〕より，それぞれの固体の密度は，固体Ａが$16.90\div13.0=1.30(\mathrm{g/cm}^3)$，固体Ｂが$14.25\div15.0=0.95(\mathrm{g/cm}^3)$，固体Ｃが$17.60\div16.0=1.10(\mathrm{g/cm}^3)$，固体Ｄが$17.60\div20.0=0.88(\mathrm{g/cm}^3)$，固体Ｅが$17.10\div18.0=0.95(\mathrm{g/cm}^3)$である。よって，密度が同じなのは固体Ｂと固体Ｅであり，密度が最も大きいのは固体Ａ，最も小さいのは固体Ｄである。

⑶＜固体の浮き沈み＞密度の異なる液体を混ぜ合わせると，上の層に密度の小さい液体，下の層に密度の大きい液体と２層に分かれる。また，液体に固体を入れると，密度が，液体より大きい固体は沈み，小さい固体は浮く。⑵と表２より，固体Ａ～Ｅ，３種類の液体を密度が小さい順に並べると，固体Ｄ＜菜種油＜固体Ｂ＝固体Ｅ＜水＜固体Ｃ＜食塩の飽和水溶液＜固体Ａとなる。これより，図１の液体ｃは液体の中で最も密度が小さい菜種油で，液体ｃに浮いた固体は密度が菜種油より小さい固体Ｄである。また，液体ａは固体が３つ浮いたことから，固体Ｄ以外に液体ａよりも密度が小さい固体が３つあるから，液体ａは食塩の飽和水溶液である。よって，図３の液体ｂは水で，液体ａには浮いて，液体ｂには沈んだ固体は，密度が食塩の飽和水溶液より小さく，水より大きい固体Ｃである。

⑷＜溶けている食塩の質量＞20℃での食塩の溶解度は36gなので，水100gに食塩36gを溶かすと飽和水溶液が136gできる。したがって，180gの飽和水溶液に溶けている食塩の質量は，$180\times\frac{36}{136}=47.64\cdots$より，約47.6gとなる。

4〔電流とその利用〕

⑴＜静電気＞同じ種類の電気を帯びたものどうしには反発し合う力がはたらき，異なる種類の電気を帯びたものどうしには引き合う力がはたらく。よって，細く裂いたひもが大きく広がったのも，ひもがパイプから離れて空中で静止したのも，ひもとパイプが同じ種類の電気を帯び，反発し合ったためである。

⑵＜電子の移動＞実験２の❷で，図５のように，クルックス管の蛍光板に光るすじが見られるのは，電極ａが－極，電極ｂが＋極につながれたときである。よって，図４の誘電コイルの－極であるＸとａ，＋極であるＹとｂをつなぐ。また，電子は－の電気を持った粒子だから，電流の向きとは逆に，電源の－極から＋極へ向かって移動するから，－極のＸから導線を通ってａへ向かって移動する。なお，クルックス管の蛍光板に現れた光るすじを陰極線という。

⑶＜陰極線＞光るすじ（陰極線）は，－の電気を持った電子の流れであるから，＋極に引かれる性質がある。実験２の❸で，光るすじが上に曲がったことから，電極ｃが＋極で，電極ｄが－極であったと考えられる。

⑷＜電流が磁界から受ける力＞実験２の❹で，Ｕ字形磁石を近づけると光るすじが曲がるのは，磁界の中を流れる電流が磁界から力を受けるためである。①～④のうち，この現象に関係の深いのはモーターである。なお，電磁調理器と非接触型ICカードは，電磁誘導を利用している。

5〔生命・自然界のつながり〕

⑴＜脊椎動物，相同器官＞魚類と両生類は水中に殻のない卵を産み，爬《は》虫《ちゅう》類と鳥類は陸上に殻のある卵を産む。よって，正しいのは②である。なお，体表がうろこでおおわれているなかまは魚類と爬虫類であり，カメやトカゲは爬虫類のなかま，一生肺で呼吸するのは爬虫類と鳥類と哺乳類である。また，ヒトの腕やクジラの胸びれは，脊椎動物の前あしに当たる部分だから，これらと同じものから進化してきたと考えられる器官はコウモリのつばさである。

⑵＜肉食動物と草食動物＞シマウマなどの草食動物は，草をかみ切る門歯や草をすりつぶす臼歯が発達し，目は顔の側面についていて，広い範囲を見渡すことができる。一方，ライオンなどの肉食動物は，獲物をしとめる犬歯が発達し，目は顔の前面についていて，両目の視野が重なる部分が多いため，立体的に見える範囲が広い。

⑶＜脊椎動物の進化＞魚類の一部から両生類が進化し，両生類の一部から爬虫類と哺乳類が進化した。さらに，爬虫類の一部から鳥類が進化したと考えられている。

⑷＜シソチョウの特徴＞シソチョウの化石は，約１億5000万年前の中生代の地層から発見された。また，シソチョウは，骨のある長い尾を持つ，口に歯がある，前あしに爪があるなどの爬虫類の特徴を持っている。

6〔気象と天気の変化〕

⑴＜気温の測定＞気温は，地面の温度の影響を受けないように，地上約1.2～1.5mの高さではかる。よって，誤っているのは④である。

⑵＜天気図記号＞図２で，◎は，くもりを表す天気記号である。また，風向は矢羽根の向きで表されるから南南西，風力は矢羽根の数で表されるから１である。

⑶＜等圧線＞等圧線は，1000hPaを基準にして４hPaごとに引かれるから，1004hPa，1008hPa，1012hPa，1016hPa，…の順に引かれる。それぞれの地点の気圧は，地点Xが1010.3hPa，地点aが1009.9hPa，地点bが1013.5hPa，地点cが1011.0hPaだから，図３では，1012hPaの等圧線がウのように引かれることになる。

⑷＜空気中の水蒸気量＞図１より，２日目の９時の気温は６℃，湿度は85％であり，表２より，６℃のときの飽和水蒸気量は$7.3g/m^3$である。よって，このときの空気１m^3中に含まれていた水蒸気量は$7.3 \times 0.85 = 6.20\cdots$より，約$6.2g/m^3$となる。この空気は，飽和水蒸気量が$6.2g/m^3$よりも小さくなる３℃になるまでに露点に達し，金属製のコップの表面に水滴がつき始める。また，図１より，２日目の15時の気温は６℃，湿度は90％である。したがって，６℃のときの飽和水蒸気量が$7.3g/m^3$より，空気１m^3中の水蒸気量は$7.3 \times 0.9 = 6.57(g/m^3)$となる。これは４℃のときの飽和水蒸気量より大きいので，４℃のコップの表面に水滴がつく。

7〔化学変化と原子・分子〕

⑴＜化学変化と熱＞実験１では，鉄粉が空気中の酸素と結びつく（酸化する）ことによって，熱が発生している。活性炭や食塩水は，鉄が酸化するのを早めたり，助けたりするはたらきをしている。

⑵＜熱とエネルギー＞実験１で，化学変化に伴い温度が上昇したのは，物質が持っていた化学エネルギーが熱エネルギーに変換されたためである。このように熱を発生する化学変化を発熱反応という。また，実験開始５分後から温度が上昇しなくなったのは，ビーカーに入れた鉄粉が全て反応して，化学反応が終わり発熱しなくなったためと考えられる。

⑶＜考察＞実験２で，反応が始まると，三角フラスコ内の酸素が鉄粉に結びついて減少するため，ガ

ラス管内の水が吸い上げられ，ビーカーの水面よりも高くなる。図２と図４で，上昇した温度を比べると，図４は図２に比べて小さいので，実験２で反応が続いた時間は，実験１のときよりも短いと考えられる。また，三角フラスコ内の酸素の量は限られているため，実験２では，三角フラスコ内の酸素は全て反応してしまい，鉄粉の一部は反応せずに残っていたと考えられる。そのため，ゴム栓をはずすと空気が入り，残っていた鉄粉が空気中の酸素と反応して再び発熱したのである。

⑷＜プロパンの燃焼＞化学反応式は，矢印の左側に反応前の物質の化学式，右側に反応後の物質の化学式を書き，矢印の左右で原子の種類と数が等しくなるように化学式の前に係数をつける。プロパン(C_3H_8)の燃焼を表す化学反応式では，矢印の左側にＣが３個，Ｈが８個あることから，ⓑに当てはまる数字は３，ⓒに当てはまる数字は４である。これより，矢印の右側にＯが，3×2＋4×1＝10(個)あるから，ⓐに当てはまる数字は，10÷2＝5となる。

8〔運動とエネルギー〕

⑴＜速さと時間＞図１のコースⅠ，Ⅱの点Ｑでは，最初に小球が持っていた位置エネルギーが全て運動エネルギーに変わっている。コースⅠ，Ⅱで，小球の最初の高さは同じだから，最初に小球が持っていた位置エネルギーは等しい。よって，点Ｑでの運動エネルギーの大きさも等しく，速さも等しい。また，小球は基準面からの高さが低くなるほど速さが速くなる。したがって，小球が水平面Ｘを運動するときの速さは，コースⅠの方がコースⅡより遅いため，小球が点Ｑに到達するまでの時間はコースⅠの方が長くなる。

⑵＜仕事率＞図２のＡで，モーターがした仕事は〔仕事(J)〕＝〔力の大きさ(N)〕×〔力の向きに動いた距離(m)〕で求められる。物体Ｙを持ち上げるのに必要な力の大きさは，物体Ｙにはたらく重力に等しいから，物体Ｙの質量が800gより，800÷100×1＝8(N)である。また，物体Ｙを30cm持ち上げているから，力の向きに動いた距離は30cm，つまり，0.30mである。よって，モーターがした仕事は，8×0.30＝2.4(J)である。この仕事をするのに５秒かかったので，〔仕事率(W)〕＝〔仕事(J)〕÷〔かかった時間(s)〕より，求める仕事率は2.4÷5＝0.48(W)となる。

⑶＜動滑車＞図２のＢのように動滑車を使うと，巻き上げる糸の長さは持ち上げる物体の高さの２倍になる。よって，0.30×2＝0.60(m)となる。

⑷＜仕事と仕事率＞図２のＢのように動滑車を使うと，加える力の大きさは半分になるが，巻き上げる糸の長さは２倍になる。よって，モーターは同じ速さで糸を巻き上げ，巻き上げる糸の長さはＡよりＢの方が長いから，巻き上げる時間はＡよりＢの方が長くなる。つまり，仕事をするのにかかる時間はＡよりＢの方が長い。したがって，仕事の原理より，仕事の大きさはＡとＢで等しいので，Ｂの仕事率の大きさはＡよりも小さくなる。

国語解答

一　問一　a…2　b…4　c…1
問二　ア…4　イ…3　ウ…1
問三　1　問四　3　問五　3
問六　4　問七　2　問八　2
問九　4　問十　4　問十一　1
問十二　2

二　問一　a…4　b…2　c…1
問二　ア…4　イ…1　ウ…2
問三　2　問四　1　問五　4
問六　3　問七　2　問八　1
問九　3　問十　4

三　問一　4　問二　4　問三　4
問四　2　問五　3　問六　4
問七　1　問八　3　問九　2

(声の教育社　編集部)

一〔随筆の読解―芸術・文学・言語学的分野―読書〕出典；岸見一郎『本をどう読むか　幸せになる読書術』「本はどう読めばいいのか」。

≪本文の概要≫電子書籍は，置き場が不要で，入手に時間もかからず，何冊分も持ち歩けるので，便利である。しかし，一覧性に欠け，また，ページ番号がないために今どの辺りを読んでいるかがわかりにくい。電子辞書は，検索は速いし何冊も持ち歩けるので便利であるが，検索した語の近辺にある言葉を見ることはないし，使い込んでも勉強したという感覚は持てない。辞書も事典も「読む」ときは紙の本がよく，検索のときは電子書籍が便利である。大学時代と大学で教えるようになってからは，遅読をした。ギリシア語の授業は，受講生が少ないという理由で突如として閉講になった。役に立つものとそうでないものを峻別する世の中になり，役に立たない文化系の学問など不要だと考える無知な政治家のために，学問の自由が脅かされている。速読をする人は，著者がどれだけ時間をかけて本を書いたか，また，知識や情報を提供するためだけではない本があるということを知らない。長い時間をかけて書かれた本を速読しても，あまり意味がない。読書は，生きることと同じで，目的地に着くことが目的ではなく，過程を楽しまなければ意味がない。

問一＜漢字＞a.「重宝」と書く。1は「奉納」，3は「豊年」，4は「模倣」。　b.「語源」と書く。1は「削減」，2は「限界値」，3は「幻想」。　c.「退官」と書く。2は「肝要」，3は「突貫」，4は「看過」。

問二＜接続語＞ア．洋書は，「手に入るまでには数週間から数ヵ月」かかったうえに，「本の価格」も高かった。　イ．「学術論文であれば何ページから引用したということをはっきりと書かなければ」ならないのに，「電子書籍の場合はページ番号が書かれている本はほとんどない」ので困る。　ウ．私が書いた本を渡すと，速読をしているという友人は「あっという間に読み終え」たので，私は，「彼が本当に本を読んで内容を理解しているのか知りたいと思っていくつか質問をして」みた。

問三＜文脈＞「学生の頃使っていたギリシア語の辞書」は「大きく重かった」ので「外に持ち運ぶこと」はできなかった。「ギリシア語で書かれた本を毎日読んで」いたが，「辞書が手元にないと読めない」ので，「辞書を外に持ち出せないというわけで大学にやってこない仲間」がたくさんいた。

問四＜文章内容＞「紙の本はかさばり，重くて持ち歩くのは大変」なので「出かける時にどの本を持って行こうか迷って」しまうが，「電子書籍であればどの本を読もうと悩まなくて」よいが，「機械からどの本がよいかおすすめされ」ているわけではない(3…×)。

問五＜文章内容＞「電子書籍にページ番号がついていなくて，今どのあたりを読んでいるかがわかりにくい」というのは，「私たちの人生のよう」である。「人生」という「自叙伝」は，電子書籍同様「ページ番号」は記されておらず，「今どれくらい読んだともわからない」のである。

問六＜文章内容＞紙の辞書は，「検索しない言葉にも思いがけず出会い～その意味を知り覚えること」ができる。紙の本も「慣れると一回で目指す単語のページを出すことができるように」なるが，電子辞書は，検索自体が圧倒的に速く，「何冊も持ち歩くこと」ができる。

問七＜ことばの単位＞文節に分けると「講義に／出ない／ことの／口実に／して／いた／わけでは／ありません」となる。

問八＜文章内容＞辞書や事典を「引く」とは，知りたいことが載っている箇所を見て内容を確認することである。それに対して，「読む」は，検索したのとは「関係のない項目」でも，自分が見たいと思えば見て，その内容をとらえることである。

問九＜文章内容＞「突如としてギリシア語の講義が閉講」になったのは，「受講生が少ないから」だった。これは，今の世の中の「何でも経済効果，対費用効果などといって，役に立つものとそうでないものを峻別しようと」する態度の「弊害」が，「学問の世界にまで及んできていた」ということである。大学は「実用的なことを学ぶところ」ではないのに，「役に立たない文化系の学問など必要でないと考える無知な政治家のために学問の自由が脅かされて」いる。

問十＜文章内容＞先生は「謝礼」を取らなかったが，普通に考えれば「世の中にそんな甘い話があるはずはない」のであり，「私」も，謝礼を求めずにただ教えてくれるということには驚いていた。

問十一＜文章内容＞速読をする友人は，「私が書いた本」を「あっという間に」読み終えたが，内容は全く理解していなかった。速読は「目的地に着くため」だけを考えて「新幹線や飛行機を利用」するようなもので，「過程」を楽しむということがない。

問十二＜要旨＞「学術論文であれば何ページから引用したということをはっきりと書かなければ」ならないため，ページ番号のない電子書籍は，「本や論文に引用する時」には困る（1…×）。紙の辞書は「使い込むと勉強した」と思えるが，電子書籍は「いつまでも新しく」て「そのような感覚」を持つことはできない（2…○）。「私」は，大学時代にはギリシア語でプラトンの『法律』を「毎回三ページずつ」読み，奈良女子大学でギリシア語を教えるようになると，「毎回わずかなページ」を読み進めて「文法の説明はもとより内容についても学生たちと議論すること」があった（4…×）。速読をする友人が「私が書いた本」の内容を全く理解していなかったように，「膨大な時間」をかけて書かれた本を，結論だけを理解するように速読してみても，あまり意味がない（3…×）。

二 〔小説の読解〕出典；蓮見恭子『欅を，君に。』。

問一＜熟語の構成＞a.「遅刻」と「上陸」は，下の字が上の字の目的語になる熟語。「再現」は，上の字と下の字が修飾―被修飾の関係になる熟語。「変換」は，同じような意味の字を組み合わせた熟語。「未知」は，上の字が下の字を打ち消している熟語。　b.「正門」と「本質」は，上の字と下の字が修飾―被修飾の関係になる熟語。「平然」は，接尾語がついた熟語。「営業」は，下の字が上の字の目的語になる熟語。「安否」は，反対の意味の字を組み合わせた熟語。　c.「勧誘」と「相互」は，同じような意味の字を組み合わせた熟語。「私設」は，上の字と下の字が主語―述語の関係になる熟語。「諸国」は，上の字と下の字が修飾―被修飾の関係になる熟語。「抑揚」は，反対の意味の字を組み合わせた熟語。

問二．ア＜慣用句＞「音を上げる」は，耐えられず弱音を吐く，という意味。　イ＜語句＞「顛末」は，初めから終わりまでの事情のこと。　ウ＜語句＞「不敵」は，大胆で何も恐れないこと。

問三＜心情＞歩は，かつての同級生たちが充実した学校生活を送っているのに，自分は陸上部に入るという目的も果たせずにいるため，「取り残されたような気分」になった。そして，蝶が舞うのさえ自分をからかっているように感じ，歩は「気分は最悪なのに，陽気だけはいい」と思った。

問四＜品詞＞「機会すらない」と「湖のない地域」の「ない」は，形容詞で，存在しない，という意味。「複雑でない」の「ない」は，補助形容詞で，否定の意味を表す。「怖がらない」の「ない」は，打ち消しの助動詞。「おぼつかない」の「ない」は，形容詞「おぼつかない」の活用語尾。

問五＜心情＞畑谷さんは，陸上部の事情を教えてくれるなど，歩に寄り添おうとしている。しかし，歩の「ベストタイム」や半年間「まともに走ってない」ことを聞くと，陸上部に入ることは難しいと感じ，それでも入部するには，どうしたらよいのかと悩んだ。

問六＜心情＞歩は，少数精鋭だという陸上部の方針に，「邪魔だから，どいてろ」と言われたようなものだと感じた。そして，「激しい怒り」がわだかまり，「このまま一緒にいると，その怒りを畑谷さんにぶつけてしまいそうだ」と感じ，「もう，何も聞きたくない」と思った。

問七＜心情＞A.「高瀬先生なら……入部させてくれるかもしれない」と畑谷さんに言われて，歩は期待したが，先生と話せる機会がなさそうなのがわかって，期待はしぼんでしまった。　B.畑谷さんが会わせてくれた相手が同じ一年生だとわかって，歩は安心し，友達と話すときの口調になった。　C.「煩いなぁ」と言って立ち上がり，「斜め上から見下ろすような目つきをした」部員が栞と「全く同じ顔」をしていたので，歩は驚き，息を止めた。

問八＜文章内容＞稔は，歩に「あたしらを知らないようじゃねぇ」と言ったが，それに対して歩は「知っとるよ。確か全国大会では，優勝した学校のインタビューの後にゴールしとったね」と返した。それは「図星」で，稔は，見下していた歩に痛いところを突かれたため，かっとなった。

問九＜心情＞稔は，「高校の練習」は「拍子抜け。かったるい」と言い，「あんたにだって付け入る隙，あるんじゃね？」とも言った。畑谷さんも，「傍で一緒に走って，熱意を見せればいいと教えて」くれた。これらのことで，歩は「僅かでも可能性があるなら賭けてみたい」と心に決めた。

問十＜文章内容＞畑谷さんは，高瀬先生の「お人柄」を認めており，高瀬先生なら歩を「入部させてくれるかもしれない」と考えた。栞も，高瀬先生を「面白い先生」だと言って慕っている(4…○)。工藤ちゃんは，歩が「二日続けて遅れて登校してきたのを心配して，待っていて」くれたらしく，歩の気持ちを理解して「辛いね」と言ったり，ソフトボール部の見学に行くことや，再度陸上部にかけあうことなど提案したりしていたが，そこへ畑谷さんが来て歩に声をかけると，「私，先に行っとくね」と言って二人が話す場をつくってくれた(1…×)。母は，歩が陸上部に入れないことを知らず，「どしたん？　あんなに張り切っとったのに」と言ったり，弁当のほかにおにぎりを持たせてくれたりしている(2…×)。栞は，後藤田コーチを「凄い」と言い，畑谷さんも「初の『全国高等学校駅伝競技大会』への出場を目指して，厳しい練習」をさせている後藤田コーチの方針には理解を示している(3…×)。

三〔古文の読解―説話〕出典；『宇治拾遺物語』巻第一ノ八。

≪現代語訳≫旅人が宿を探していると，大きな家で，荒れ果てたのがあったので，立ち寄って，「ここに泊めていただけますか」と言うと，女の声で，「よろしいこと，お泊まりください」と言うので，皆(馬から)下りて座った。家は大きいが，人がいる気配もない。ただ女一人がいる様子だった。／こうして，夜が明けたので，食事をして，出ていくと，この家にいる女が，出てきて，「まさか外出なさらないだろう。とどまってください」と言う。「これはどうしたことか」と問うと，「あなたは金千両を借りておいでです。それを返済してから出発なさるのがよいでしょう」と言うので，この旅人の従者たちは笑って，「ああこいつめ，言いがかりであるようだ」と言うと，この旅人は，「しばらく」と言って，また(馬から)下りて座って，皮籠を取り寄せて，幕を引き巡らして，しばらくしてから，この女を呼んだので，(女は)出てきた。／旅人が，「あなたの親御さんは，もしや易の占いということをなさいましたか」と問うと，(女は，)「さあ，そうかもしれません。あなたのなさったようなことはしておりました」と言うと，(旅人は，)「そのはずです」と言って，「それにしても，どういう訳で，『千両の金を借りている，その返済をせよ』と言うのですか」と問うと，（女は，）「私の親がなくなりましたときに，この世で生きていくために必要な物などを与えて，『今から十年たって，その月に，ここに旅人が来て泊まるだろう。その人は，私の金を千両借りている人だ。その人に，その金を求めて，（それまで，）生活に困ったときには，（物を）売って過ごしなさい』と申しましたので，今までは，親が与えてくれた物を少しずつ売って使って，今年になってからは，売るべき物もなくなりまして，いつか，私の親が言っていた月日が，早くきてほしいと待っておりましたところ，今日になって，（あなたが）いらっしゃってお泊まりになったので，金をお借りになった人だと思って，申したのです」と言うと，（旅人は，）「金のことは本当です。そのようなことがあるでしょう」と言って，女を（家の）片隅に連れていって，人にも知らせずに，柱をたたかせると，中が空洞になっているような音のする所（があり，そこ）を，「さあ，これの中に，おっしゃる金はありますよ，開けて，少しずつ取り出してお使いなさい」と教えて，出ていった。／この女の親が，易の占いの名人で，この女の運勢を判断したところ，これから十年たって，貧しくなるだろう，その月日に，易の占いをする男が来て泊まることになるだろうと判断して，その前にこんな金があると告げては，早いうちに取り出して，使ってなくなってしまい，貧しくなったときに，使う物もなくて，困るだろうと思って，そのように教えて，（女は，親が）死んだ後にも，この家をも売って失うことがなくて，今日を待ち受けて，この人をこのように責めたので，この人も易の占いをする者で，訳を知って，占い出して教え，出ていったのだった。

問一＜古文の内容理解＞旅人は，女を家の片隅に連れていき，柱をたたかせて，中が空洞になっているような所を指して，この中に金があるのを少しずつ取り出して使うように，と言った。

問二＜古文の内容理解＞旅人が泊まった「この家」は，「大きやか」ではあったが「あばれたる」家で，人の気配はなく，女が一人で住んでいた。

問三＜現代語訳＞「え」は，下に打ち消しの語を伴い，～できない，という意味。「じ」は，打ち消しの推量。直訳すれば，外出なさることはできないだろう，となる。女は，旅人が千両の金を借りていると思っていたため，それを返さずに出ていけるはずがないだろうと言いたかったのである。

問四＜古語＞「わきまへ」は「弁え」で，弁償，返済のこと。

問五＜古文の内容理解＞旅人は，女から「おのれは金千両負ひ給へり」と言われると，「皮籠」を取り寄せて幕を引き巡らした。旅人は「易の占ひする者」だったので，どういうことなのか占って判断しようとしたのである。

問六＜古文の内容理解＞女の親は，死ぬときに，女がこの世で生きていくために必要な物などを与えておいた。女は，十年間，その「親の得させて侍りし物」を少しずつ売りながら生活していた。

問七＜古文の内容理解＞女の話を聞いた旅人が，女を家の片隅に連れていって，柱をたたかせた。

問八＜古文の内容理解＞女は，親から，十年後に旅人が来て泊まるが，その人は千両の金を借りているので，その金を返済してもらうようにと言われていた。しかし，女の親は，女にはそう言っておいて金を柱の中に隠し，女が金をすぐに使ってしまったり家を売ったりすることがないようにしていたのであり，旅人は，占いにより，そのことを知った。

問九＜古文の内容理解＞旅人が出発しようとすると，女が，借金を返してから出発するようにと言ったので，旅人の従者たちは言いがかりだといって笑ったが（1…○），旅人は，馬から下りて占いをした（2…×）。女は，十年後にここに来る旅人に借金の返済を求めるよう親が言い残していたので，旅人が来る日を心待ちにしていた（3…○）。家の片隅の柱をたたくと，中が空洞になっているような音がし，旅人は，この中に金があると言った（4…○）。

Memo

Memo

Memo

2022年度 専修大学松戸高等学校(前期17日)

【英　語】 (50分) 〈満点：100点〉

1　リスニング試験 〈編集部注：放送文は未公表につき掲載してありません。〉

1．それぞれの対話を聞いて，最後の発言に対する最も適切な応答を1つ選び，その番号をマークしなさい。対話はそれぞれ2回放送されます。

(1) ① Thank you very much.　You should take some.
② Thanks a lot.　Take good care of yourself, too.
③ Thank you very much.　I'll buy you some cold medicine today.
④ Thanks a lot.　I don't think I can go to the hospital.

(2) ① I'm sorry.　I've already read it.
② No problem.　I can lend it to you.
③ Oh, I like movies, too.　I'll read it later.
④ Is it?　I've already seen the movie with my family.

(3) ① Yes.　He lives in Niigata, so we met at the station first.
② Yes.　He's from Nagano, but he cannot drive a car.
③ No.　He lives there.　He visits his aunt every summer.
④ No.　He was staying in Nagano because of his job.

2．英文を聞いて，後に続く質問の解答として最も適切なものを1つ選び，その番号をマークしなさい。英文と質問はそれぞれ2回放送されます。

(1) ① If you are lucky, you'll see photos taken by famous artists.
② There are about ten thousand paintings in the museum.
③ When you visit the third room, you'll see many statues of animals.
④ Anyone who is interested in nature should go to the second room.

(2) ① At about eleven.
② At about eleven thirty.
③ At about noon.
④ At about twelve thirty.

2　次の英文を読んで，以下の問題に答えなさい。

Have you ever wondered why we Japanese people are healthier, *on average, than people in most other countries?　For example, according to one study, only 3-4% of the Japanese population is very *overweight, though about 30% of people in the United States are very overweight.　Also, people in Japan live a lot longer on average.

What is so different?　Is it *genetics, culture, lifestyle, or something else?　I think it is a combination of these things, but *mostly lifestyle.　Our lifestyle includes our *diet and our daily activities.　There are many things we could *compare, but let's think about a few of the most important ones.

Let's first think about some differences in the diets of an average American young adult and an average Japanese young adult.　For breakfast, the American might have cereal with milk, orange juice, and toast. If it's a big breakfast, they might also have eggs and bacon. These days Japanese people eat bread for breakfast more often, but many of them don't drink orange juice. They drink tea or coffee. Miso soup and rice are still very common breakfast foods. [①] Both the American and Japanese breakfasts might be healthy, but the American breakfast often has too much sugar. Fruit juice tastes good and has a lot of *nutrients, but it also has a lot of sugar. Cereal and bread have a lot of sugar, too. Of course, the average American breakfast isn't as (1) as various foods many people eat and drink during the rest of the day.

It is more difficult to compare "average" lunch and dinner menus because there is much more *variety, so instead let's think about drinks. Many people believe one of the keys to Japanese good health is tea, especially green tea. It seems many Japanese people drink green tea several times a day. It has no calories, and it has many things for good health. More and more Americans are starting to drink green tea, also, but there is another kind of drink that is very popular in America and also very bad for their health: soda. Sweet sodas are like candy. [②] These drinks taste good, and it is easy to drink them too often, without thinking about all the sugar and calories they contain. Americans enjoy drinks with too many calories. Many people believe that is one of the biggest reasons for the American health problem of being overweight. If everyone in America drank green tea (2), they would be much healthier!

About food, we can say that Japanese food is healthier on average because it includes more fish and vegetables and less bread, but that may be changing. Japanese people also eat a lot of meat and fried foods, and the traditional, healthy Japanese diet seems to be less popular. [③] However, there is still one major difference: *portion size. Japanese portion sizes are smaller, so people have eaten less at each meal since they were children. They usually also eat more slowly. For that reason, they can *digest their food and feel full, so they don't eat (3). The average daily *intake of calories in Japan is much lower than in America, and this is one big reason.

One more, very important thing for Japanese health is daily exercise.

(4)
ア. But in Japan, many people usually walk, ride bikes, and take buses and trains.
イ. Walking is a very simple thing that we always do without thinking about it.
ウ. Many Americans drive everywhere, *even if they are just going to the nearest store.
エ. Even if they don't do regular exercise like jogging or swimming, many Japanese people do enough exercise just by going to work or school every day.

But actually walking a lot every day is very good for our health.

Finally, it's not good for us to sit down too long. We should try to stand up and move around at least once every hour. These days, many people wear smartwatches. These smartwatches can remind us to stand up and move around when we have been sitting for too long. [④] Also, standing desks have become very popular. They are desks that allow us to stand up while we are working. Even if many people who sit at desks all day feel good and are working hard, it is not good for their health. Using standing desks helps us finish our work and be healthier at the same time.

There are many other things to think about, but we should all try to drink fewer calories, eat smaller portions, and stand up and walk around more! If we do these (5) things, we will be healthier.

(注) *(on) average 平均(して) *overweight 太り過ぎの *genetics 遺伝的な特徴

＊mostly　主に　＊diet　食事　＊compare　比較する　＊nutrient　栄養素　＊variety　種類
＊portion　1人分の量　＊digest ～　～を消化する　＊intake　摂取量
＊even if ～　たとえ～としても

問1　空欄(1)に入れるのに最も適切なものを①～④から1つ選び，その番号をマークしなさい。
① low　② small　③ bad　④ high

問2　空欄(2)に入れるのに最も適切なものを①～④から1つ選び，その番号をマークしなさい。
① with a lot of calories
② instead of sweet soda
③ once a week
④ without lunch and dinner

問3　空欄(3)に入れるのに最も適切なものを①～④から1つ選び，その番号をマークしなさい。
① too many　② less
③ a little　④ too much

問4　(4) 内のア～エの文を文脈が通るように並べかえたとき，順番として最も適切なものを①～④から1つ選び，その番号をマークしなさい。
① ア－ウ－イ－エ　② ア－エ－イ－ウ
③ ウ－ア－エ－イ　④ ウ－エ－ア－イ

問5　空欄(5)に入れるのに最も適切なものを①～④から1つ選び，その番号をマークしなさい。
① simple　② exciting　③ hard　④ boring

問6　次の英文を入れるのに最も適切な位置を，本文中の ① ～ ④ から1つ選び，その番号をマークしなさい。
This is very helpful for some people.

問7　本文の内容に合うものを①～④から1つ選び，その番号をマークしなさい。
① Only 3-4% of the Japanese population live much longer, on average, than people from other countries.
② There is a variety of differences between Japanese and American lifestyles.
③ Japanese food is healthier because all Japanese people drink green tea at meals.
④ It is not good for us to sit at desks and work hard even for only a short time.

問8　本文の内容について，(1)，(2)の質問に対する答えとして最も適切なものを①～④からそれぞれ1つずつ選び，その番号をマークしなさい。
(1) What is NOT true about the diets of average Japanese and American young adults ?
① These days, many Japanese young adults have more bread for breakfast, and they have tea or coffee, too.
② The American breakfast may be healthy, but it often has too much sugar.
③ There are a greater number of foods for lunch and dinner on average.
④ Japanese people have green tea without thinking about all the sugar and calories it contains.
(2) What should we Japanese do if we want to be healthier ?
① We should have not only miso soup and rice, but also meat and fried fish.
② We should try to have drinks with fewer calories like sweet sodas.
③ We should eat smaller portions and the traditional, healthy Japanese diets.
④ We should stand up and walk around at least once a day.

3 次の英文を読んで，以下の問題に答えなさい。

Everyone knows that friends are very important. People often make friends at school or at their jobs, but sometimes we make friends in *unexpected places.

Many years ago, I was planning to go on a camping trip. It was to another island in Japan. I was going to take a ferry and then a train to the camping ground to meet some friends, and some new people from other parts of Japan. I was very excited. My Japanese wasn't very good yet, but I could communicate well enough to *get around.

While I was getting ready to plan my ferry and train schedule, I got a phone call from someone I didn't know. Her name was Patty. She was also planning to join the camping group, but【 (1) 】She wanted to travel with me because she wanted to get to the right place. I was happy to help, and I felt a little proud that I was able to do something useful for someone with my Japanese communication skills. So I agreed to plan the whole trip and allow her to join.

I bought two ferry tickets, and planned to catch the train near the ferry port late at night. I thought that a train would take a long time, but it would take us very close to the camping area. When I called Patty, she said she would meet me at the ferry port. Everything was going well. I packed my bags with clothes, some books, and even some games to play with everyone at the camp. I was looking forward to the ferry, to the train, and to seeing new places in Japan. And I was looking forward to making a new friend on the way. But things did not go as planned.

When I finally met Patty,【 (2) 】It was difficult for me to *get along with her. I even thought her clothes looked strange. She was a good person, but our *personalities were too different. Also, even though we both spoke English, we were from different countries and it was sometimes difficult for me to understand her accent. We did not really *argue, but we did not enjoy traveling together. Of course, we were both very glad to arrive at the ferry port, because we were planning to sleep on the train.

*Unfortunately, the trip from the ferry port to the train station took longer than I thought. When we finally arrived, by taxi, our train was leaving the station. It was the last train of the night. I was angry at myself, and I knew Patty was *upset. I felt really bad and said sorry to her many times.

Patty and I had to wait about five or six hours until the next train. We decided to go to a 24-hour restaurant instead of spending a lot of money for hotel rooms. I was not excited about that six hours, but I knew we had to wait. I thought, "All this happened because I didn't plan more carefully." I felt bad. But I tried to be positive, because I didn't want to upset Patty any more.

When Patty and I walked into the restaurant, things immediately got better. There was a group of young people, and they were very kind to us. They could even speak English! Patty looked really happy. Some of them talked with Patty, and some of them talked with me. After a while, she became so sleepy that she put her head on her arms and slept at the table. We all agreed to let her sleep.

After that, I continued enjoying the time with my new friends. We talked about our jobs, schools, travel experiences, and other things. The time *passed quickly. When it was time to catch the train, we told Patty to wake up, had a cup of coffee, and said goodbye to the group. Patty wasn't angry at me anymore, and I started to understand her a little better. We got to the camping ground without any trouble, though we were a little late, and we had a great weekend.

This all happened one night, twenty years ago. I became good friends with one of those people in the restaurant. Her name is Harumi, and we still *contact each other! I even went to her wedding, a few years after the camping trip. And recently, my husband and I visited Harumi's family in Hawaii. I think, "I met Harumi because I made that big mistake in the travel plans for myself and Patty." So now I can say I am glad I made that mistake! Sometimes our mistakes become *blessings! Try to remember that the next time you make a mistake.

（注） *unexpected 思いがけない　*get around うまく乗り越える
*get along with ～ ～と仲良くする　*personality 性格　*argue 言い争う
*unfortunately 不運にも　*upset 取り乱して，動揺させる　*pass (時が)過ぎる
*contact 連絡を取る　*blessing 神様がくれた幸運

問1　本文の内容について，(1)～(5)の質問に対する答えとして最も適切なものを①～④からそれぞれ1つずつ選び，その番号をマークしなさい。

(1) Which is the best to put in 【(1)】?
① she didn't have any money.
② she couldn't speak any Japanese.
③ she didn't know my phone number.
④ she didn't want to take a ferry or a train.

(2) Which is the best to put in 【(2)】?
① I felt so excited.
② I felt lonely.
③ I was very happy.
④ I was a little surprised.

(3) Why was the writer happy when Patty asked her for help before the camping trip?
① Because she was proud of being able to help Patty through her language skills.
② Because she was looking for someone to go to the camping ground with.
③ Because she thought she should plan the camping schedule with someone.
④ Because she wasn't sure that she could get to the camping area by herself.

(4) How did the writer go to the camping ground?
① She took a ferry and then a train.
② She took a ferry, walked for some time, and took another ferry.
③ She took a ferry, a taxi, and then a train.
④ She took a ferry and a taxi without taking a train.

(5) After the writer felt bad at night, what changed the situation?
① Spending time in an expensive hotel room.
② Spending six hours doing nothing.
③ Talking with Patty at a restaurant.
④ Talking with some young people at a restaurant.

問2　本文の内容に合うものを①～⑧から3つ選び，その番号をマークしなさい。
① There was no problem with the writer's Japanese, so she could communicate very well.
② The writer thought everything went well before meeting Patty, but after that some things didn't go well.
③ Patty met the writer at the ferry port after they got off the ferry.
④ The writer and Patty were looking forward to getting on the train because they were going to

sleep there.

⑤ The writer made a mistake about the train time, so she couldn't catch the train.

⑥ The writer said sorry many times at the ferry port, but Patty was still angry when they arrived at the camping ground.

⑦ The writer and Patty didn't enjoy the camping because they were a little late.

⑧ The writer is glad that she made a mistake because she was able to meet Harumi on the way to the camping area.

4 次の各文の(　)に最も適する語(句)を①～④から１つ選び，その番号をマークしなさい。

(1) We help old people (　　　　) every week.

① cleaned their rooms
② clean their rooms
③ with clean their rooms
④ with their rooms to clean

(2) His house is (　　　　) yours.

① as large twice as　　② larger than twice
③ as twice large as　　④ twice as large as

(3) The boy had no close friends (　　).

① to talk with　　② talked with him
③ to talk　　④ talk

(4) I'll keep studying English (　　) 8:00 p.m.

① by　② for　③ until　④ on

(5) If it (　　) sunny tomorrow, I'll go fishing with my friend.

① will be　② be　③ were　④ is

5 次の各日本文の内容を表すように，(　)内の語(句)を並べかえたとき，空所[1]～[12]に入る語(句)の番号をマークしなさい。ただし，不要な語が１語ずつあります。

(1) あなたは今日，何回宿題をするように言われたか覚えている？

Do you remember ＿＿ ＿＿ ＿＿ [1] ＿＿ [2] ＿＿ do your homework today?

(① to　② did　③ you　④ many　⑤ were　⑥ how　⑦ told　⑧ times)

(2) 残念だけど，私は次に何をしたらよいのかわからないわ。

I'm ＿＿ [3] ＿＿ [4] ＿＿ ＿＿ ＿＿ do next.

(① to　② that　③ what　④ know　⑤ don't　⑥ of　⑦ afraid　⑧ I)

(3) 今朝の地震で妹たちが泣いちゃったんだ。

My sisters ＿＿ ＿＿ ＿＿ [5] ＿＿ [6] ＿＿ morning.

(① happened　② because　③ the earthquake　④ this　⑤ cried　⑥ that　⑦ for　⑧ of)

(4) ２時間後に図書館の前で待ち合わせるのはどう？

Why ＿＿ [7] ＿＿ [8] ＿＿ ＿＿ ＿＿ the library in two hours?

（① of　② don't　③ meet　④ you　⑤ front　⑥ at　⑦ in　⑧ me）

(5) あなたはそのコーチからどのくらい水泳を教わっているの？

How ＿＿ ＿＿ [9] ＿＿ [10] ＿＿ ＿＿ the coach ?

（① swimming　② have　③ learned　④ long　⑤ from　⑥ you　⑦ been　⑧ learning）

(6) あれはぼくが今までに見た中で二番目に高い塔だよ。

That is ＿＿ [11] ＿＿ [12] ＿＿ ＿＿ ＿＿ seen.

（① have　② I　③ tower　④ taller　⑤ the second　⑥ that　⑦ tallest　⑧ ever）

6

次の各文について，下線を引いた部分に誤りのある箇所をそれぞれ①～④から１つずつ選び，その番号をマークしなさい。ただし，誤りのある箇所がない場合は，⑤をマークしなさい。

(1) ①These days, I lost ②a pen given me ③by my grandfather ④on my birthday.　⑤誤りなし

(2) ①If I were you, ②I would go to many countries ③and see many people ④to learn important things.　⑤誤りなし

(3) ①The comics I read last week ②are so popular in Japan ③that they read ④even abroad.　⑤誤りなし

(4) Our teacher ①taught to us ②a lot of difficult math problems, ③so all of us ④are good at math.　⑤誤りなし

(5) ①He almost dropped his cup ②when he learned ③the surprised news ④two days ago.　⑤誤りなし

(6) ①The panda playing with toys ②which is made of wood ③was brought from China ④last year.　⑤誤りなし

【数　学】　(50分)　〈満点：100点〉

(注意)　1．問題文中の[アイ]，[ウ]などの[ ]には，特に指示がないかぎり，数値が入ります。これらを次の方法で解答用紙の指定欄に解答しなさい。

(1)　ア，イ，ウ，…の一つ一つは，それぞれ0から9までの数字のいずれか一つに対応します。それらを，ア，イ，ウ，…で示された解答欄にマークしなさい。

(2)　分数形で解答が求められているときは，既約分数で答えなさい。例えば，$\dfrac{\boxed{ウエ}}{\boxed{オ}}$ に $\dfrac{25}{3}$ と答えるところを $\dfrac{50}{6}$ と答えてはいけません。

(3)　比の形で解答が求められているときは，最も簡単な自然数の比で答えなさい。例えば，2：3と答えるところを4：6と答えてはいけません。

(4)　根号を含む形で解答が求められているときは，根号の中に現れる自然数が最小となる形で答えなさい。例えば，$\boxed{カ}\sqrt{\boxed{キ}}$ に $4\sqrt{2}$ と答えるところを $2\sqrt{8}$ と答えてはいけません。

2．定規，コンパス，電卓の使用は認めていません。

1　次の問いに答えなさい。

(1)　$(\sqrt{24}-\sqrt{80})(\sqrt{5}+\sqrt{3}\div\sqrt{2})$ を計算すると，$-$[アイ]である。

(2)　x，y についての連立方程式 $\begin{cases} ax-by=16 \\ (a+b)x+(a-b)y=44 \end{cases}$ の解が $x=-2$，$y=3$ になるとき，$a=$[ア]，$b=-$[イ]である。

(3)　2次方程式 $2x^2-x-21=0$ の2つの解を m，$n(m>n)$ とするとき，$\dfrac{m}{n}=-\dfrac{\boxed{ア}}{\boxed{イ}}$ である。

(4)　関数 $y=\dfrac{1}{3}x^2$ について，$-a-2\leqq x\leqq a$ のとき，$0\leqq y\leqq 27$ である。
このとき，$a=$[ア]である。

(5)　$\sqrt{2n-1}$ の値が1けたの整数となるような自然数 n の個数は[ア]個である。

(6)　右図のように，△ABCの辺AB，BC上に，2点D，Eを，AD：DB＝2：3，BE：EC＝2：1となるようにそれぞれとる。
点Dを通り辺BCに平行な直線と，点Eを通り辺ABに平行な直線との交点をFとし，線分DFと辺ACとの交点をGとする。
このとき，DG：GF＝[ア]：[イ]である。

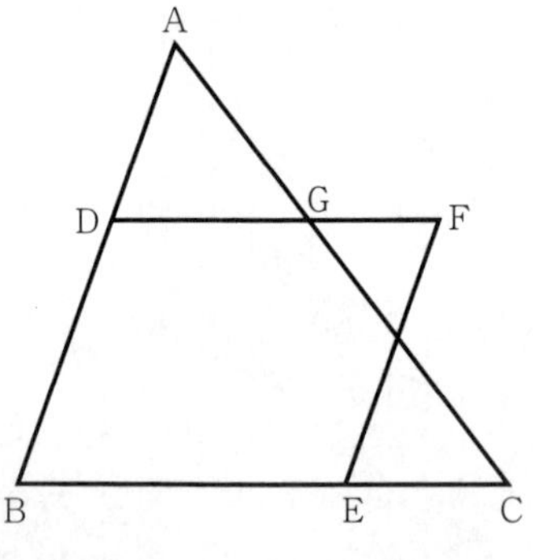

2　次の問いに答えなさい。

(1)　2つの続いた3の倍数の間にある2つの整数を m，$n(m<n)$ とする。
例えば，2つの続いた3の倍数が3，6のとき，$m=4$，$n=5$ である。
m と n の積を P，m と n のそれぞれの2乗の和を Q とする。

①　$Q-P$ の値を9でわって商を整数で求めたときの余りは，[ア]となる。

②　$Q-P$ の値が3けたの整数で最小となるのは，$m=$[イウ]，$n=$[エオ]のときである。

(2)　あるクラスの生徒40人が数学の小テストを行った。
問題はすべて1問2点で全部で5問あり，満点は10点である。
このときの結果について，以下のことがわかっている。

・10点の生徒が4人，2点の生徒が3人いて，0点の生徒はいなかった。
・中央値は6点，第1四分位数は5点，第3四分位数は8点であった。

① 4点の生徒の人数は $\boxed{ア}$ 人である。
② 8点の生徒が6点の生徒より4人多いとき，8点の生徒の人数は $\boxed{イウ}$ 人である。

3 右図のように，放物線 $y=\frac{1}{2}x^2$ のグラフ上に4つの点A，B，C，Dがある。

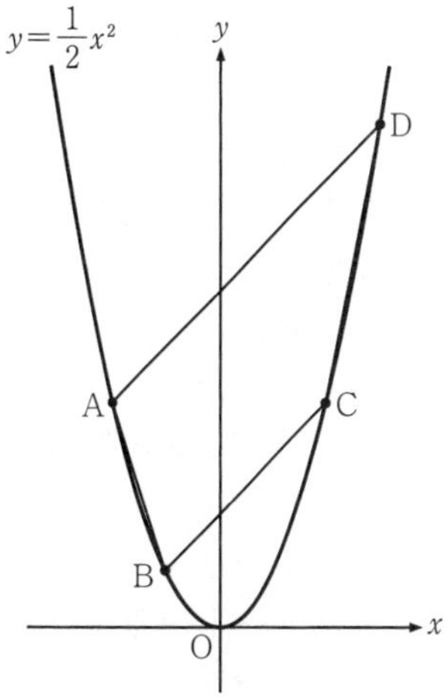

四角形ABCDはAD∥BCの台形である。
点Aの座標は(−4，8)，点Bの座標は(−2，2)である。
また，点Cはy軸について点Aと対称な点である。
(1) 点Dの座標は，($\boxed{ア}$，$\boxed{イウ}$)である。
(2) 台形ABCDの面積は，$\boxed{エオ}$ である。
(3) 直線ADとy軸との交点をEとする。
点Eを通る直線が台形ABCDの面積を2等分するとき，この直線の式は，$y=-\boxed{カ}x+\boxed{キク}$ である。

4 右図のように，AB＝4cmを直径とする円Oの中心をOとする。

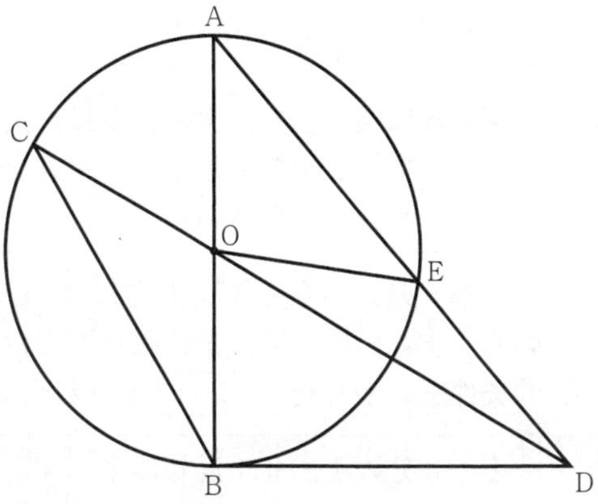

円Oの周上に，∠AOC＝60°となるような点Cをとり，点Bにおける円Oの接線と直線COとの交点をDとする。
また，線分ADと円Oとの交点をEとする。
(1) BC＝$\boxed{ア}\sqrt{\boxed{イ}}$ cmである。
(2) 点Bと直線ADとの距離は，$\frac{\boxed{ウ}\sqrt{\boxed{エオ}}}{\boxed{カ}}$ cmである。
(3) △ODEの面積は，$\frac{\boxed{キ}\sqrt{\boxed{ク}}}{\boxed{ケ}}$ cm² である。

5 右図のように，AB＝8cm，BC＝5cm，AE＝10cmの直方体ABCD-EFGHがある。

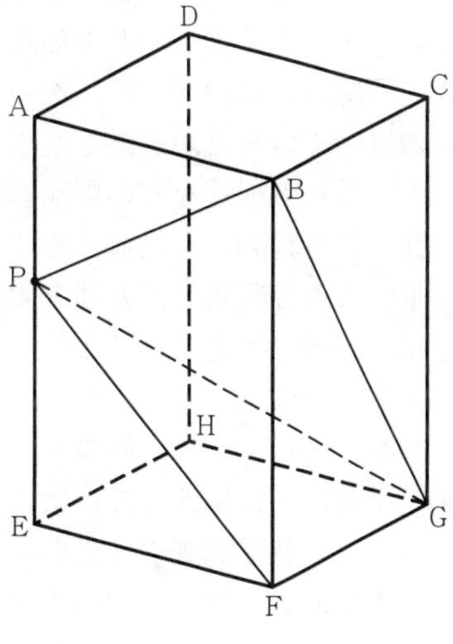

辺AE上に点PをPF＝BFとなるようにとる。
(1) AP＝$\boxed{ア}$ cmである。
(2) △PFGの面積は，$\boxed{イウ}$ cm² である。
(3) 頂点Gと直線PBとの距離は，$\sqrt{\boxed{エオカ}}$ cmである。

【社　会】（50分）〈満点：100点〉

1　次の文章を読み，あとの(1)～(4)の問いに答えなさい。

a千葉県では，今年度，「エコなライフスタイルの実践・行動」キャンペーンを実施しています。このキャンペーンは，省エネや節電による地球温暖化対策への取り組みの重要性を理解して，率先して行動することを促していこうという内容です。このキャンペーンに賛同しているのは，b埼玉県，千葉県，東京都，神奈川県，横浜市，川崎市，千葉市，さいたま市，相模原市です。自らが率先して行動することを示すとともに，c各地方公共団体の住民や事業者に対し，d理解と協力を求めて活動しています。

(1)　下線部aに関連して，次のⅠ～Ⅲの文は，それぞれ千葉県の歴史に関係することがらについて述べたものである。Ⅰ～Ⅲを年代の**古いものから順に**並べたものとして最も適当なものを，あとのア～カのうちから一つ選び，マークしなさい。

Ⅰ　千葉氏の当主であった千葉常胤は，奥州藤原氏の征伐に尽力した。
Ⅱ　新田開発がさかんに行われ，印旛沼や手賀沼の干拓事業が進められた。
Ⅲ　千葉市にある加曽利貝塚などの，貝殻などのごみを捨てた貝塚がつくられた。

ア　Ⅰ→Ⅱ→Ⅲ
イ　Ⅰ→Ⅲ→Ⅱ
ウ　Ⅱ→Ⅰ→Ⅲ
エ　Ⅱ→Ⅲ→Ⅰ
オ　Ⅲ→Ⅰ→Ⅱ
カ　Ⅲ→Ⅱ→Ⅰ

(2)　下線部bに関連して，次の文章は，関東地方の地理についてまとめたものの一部である。文章中の［Ⅰ］，［Ⅱ］にあてはまる語の組み合わせとして最も適当なものを，あとのア～エのうちから一つ選び，マークしなさい。

1都6県からなる関東地方には，日本の総人口のおよそ［Ⅰ］にあたる人口が居住している。また，埼玉県，千葉県などでは，低い運送料で新鮮な作物を大消費地に届けられる地理的条件をいかした［Ⅱ］が行われており，全国でも有数の野菜の生産量を誇っている。

ア　Ⅰ：3分の1　Ⅱ：近郊農業
イ　Ⅰ：4分の1　Ⅱ：近郊農業
ウ　Ⅰ：3分の1　Ⅱ：輸送園芸農業
エ　Ⅰ：4分の1　Ⅱ：輸送園芸農業

(3)　下線部cに関連して，次のⅠ～Ⅳの文のうち，地方公共団体の仕事について正しく述べているものはいくつあるか。最も適当なものを，あとのア～エのうちから一つ選び，マークしなさい。

Ⅰ　手紙の配達などの郵便事業を行うこと。
Ⅱ　地方裁判所を設置すること。
Ⅲ　ごみを収集し，処理をすること。
Ⅳ　条例を制定すること。

ア　一つ　　イ　二つ
ウ　三つ　　エ　四つ

(4)　下線部dに関連して，次のページの資料1は，自然環境保護について，日本と諸外国の18～24歳の人々の意識調査の結果の一部を示したもので，資料2は，資料1から読み取ったことをまとめたものである。資料1中のA～Dには，それぞれ質問1と質問2とで共通して，あとのア～エのいずれかの国があてはまる。Bにあてはまる国として最も適当なものを，ア～エのうちから一つ選び，マークしなさい。

資料１　あなたは，自然環境を守るために，次のようなことを行うつもりがありますか。という質問への結果の一部

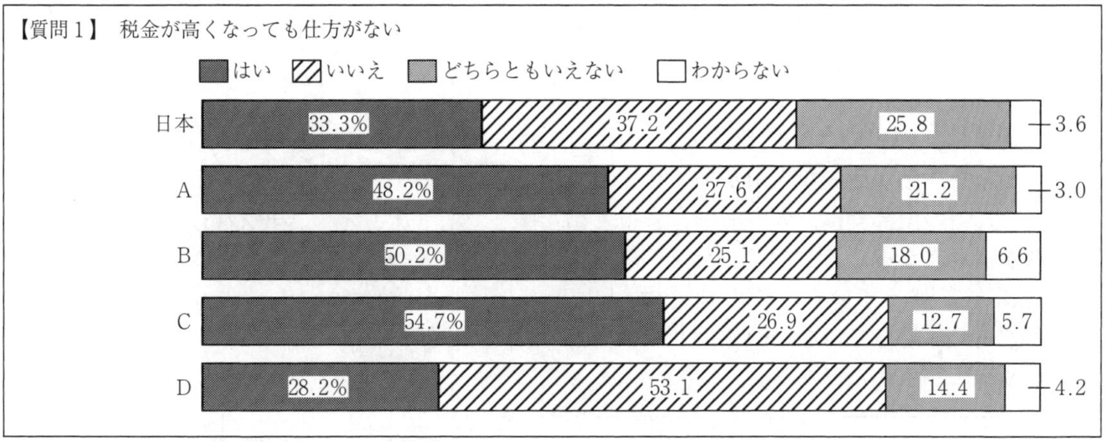

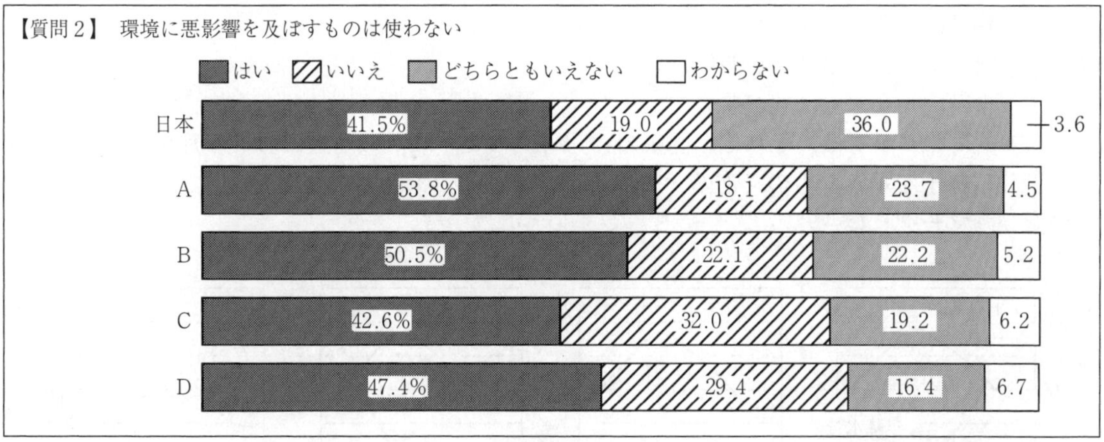

（「第７回　世界青年意識調査」より作成）

資料２　資料１から読み取ったことをまとめたものの一部

- 質問１において，「はい」と回答した者の割合と「どちらともいえない」と回答した者の割合の合計が60％以上である国は，韓国，スウェーデン，アメリカ合衆国である。
- 質問２において，「はい」と回答した者の割合と「どちらともいえない」と回答した者の割合の合計が70％未満である国は，ドイツとスウェーデンである。
- 質問２において，「はい」と回答した者の割合が「いいえ」と回答した者の割合の２倍以上である国は，韓国とアメリカ合衆国である。また，質問２において，「いいえ」と回答した者の割合が日本を上回っている国は，ドイツ，スウェーデン，アメリカ合衆国である。

ア　ドイツ
イ　韓国
ウ　スウェーデン
エ　アメリカ合衆国

2　右の図を見て，次の(1)～(4)の問いに答えなさい。

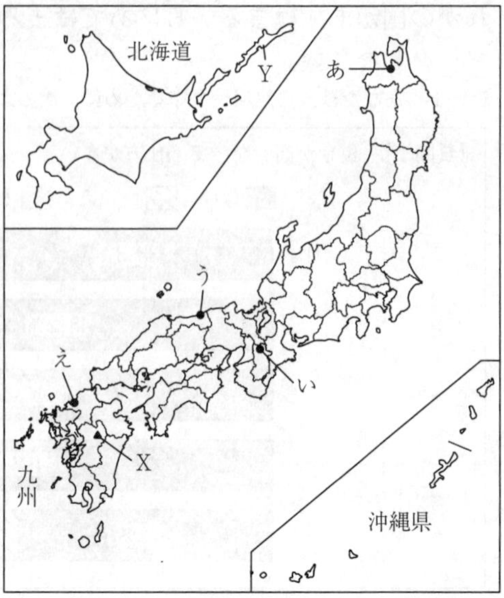

(1)　次の文章は，図中の九州について述べたものである。文章中の　Ⅰ　，　Ⅱ　にあてはまる語の組み合わせとして最も適当なものを，あとのア～エのうちから一つ選び，マークしなさい。

> 九州には，図中のXに位置する　Ⅰ　をはじめとした活動が活発な火山が多く存在している。また，九州の南部では，火山活動によって出た噴出物が積み重なったことでできたシラスとよばれる地層が広がっている。この地層は，　Ⅱ　ため水田には適していないので，九州の南部では畑作や畜産がさかんである。

ア　Ⅰ：阿蘇山　Ⅱ：水はけが良い
イ　Ⅰ：霧島山　Ⅱ：水はけが良い
ウ　Ⅰ：阿蘇山　Ⅱ：水はけが悪い
エ　Ⅰ：霧島山　Ⅱ：水はけが悪い

(2)　次のア～エのグラフは，それぞれ図中の あ～え のいずれかの地点における月平均気温と月降水量の変化の様子を示したものである。これらのうち，う の地点の雨温図として最も適当なものを一つ選び，マークしなさい。

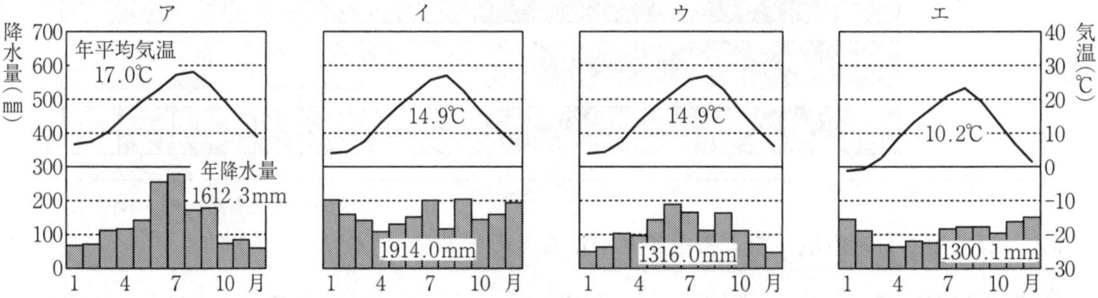

（「理科年表 2020」より作成）

(3)　次の文章は，社会科の授業で，あやさんが，図中の北海道に位置する北方領土についてまとめたレポートの一部である。文章中の　Ⅰ　，　Ⅱ　にあてはまる語の組み合わせとして最も適当なものを，あとのア～エのうちから一つ選び，マークしなさい。

> 北海道の東部に位置する北方領土は，日本最北端となる図中のYの　Ⅰ　を含む四つの島々から成り立っている。また，日本の最南端にある　Ⅱ　では，波の侵食から守るために大規模な護岸工事が行われた。

ア　Ⅰ：国後島　Ⅱ：南鳥島
イ　Ⅰ：択捉島　Ⅱ：南鳥島
ウ　Ⅰ：国後島　Ⅱ：沖ノ鳥島
エ　Ⅰ：択捉島　Ⅱ：沖ノ鳥島

(4) 次の地形図は，前のページの図中の沖縄県のある地域を示したものである。これを見て，あとの①，②の問いに答えなさい。

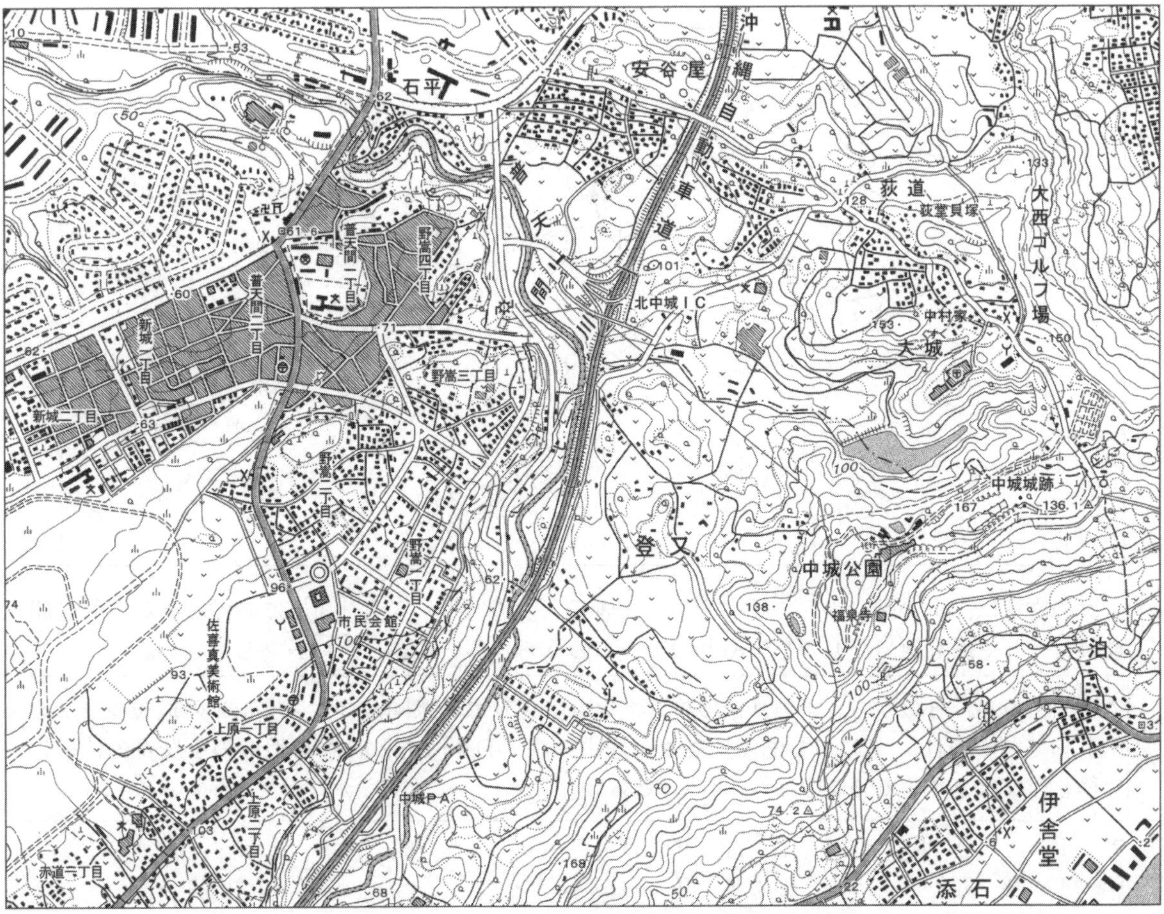

（国土地理院　平成17年発行 1：25,000「沖縄市南部」より作成）

めもり 0　　5 cm

① 上の地形図を正しく読み取ったことがらとして最も適当なものを，次のア～エのうちから一つ選び，マークしなさい。

ア　北中城ICから見て宜野湾市役所は，ほぼ南西の方角にある。

イ　地形図に示した範囲では，宜野湾市役所の付近が最も建物が密集している。

ウ　宜野湾市役所と中城城跡の標高を比べると，中城城跡の方が約100m高い。

エ　普天間川の流域は，主に水田として利用されている。

② 次のⅠ～Ⅵのうち，宜野湾市役所を中心とする半径500m以内の範囲に位置するものはいくつあるか。最も適当なものを，あとのア～カのうちから一つ選び，マークしなさい。

Ⅰ　警察署	Ⅱ　消防署	Ⅲ　郵便局
Ⅳ　発電所	Ⅴ　工場	Ⅵ　小・中学校

ア　一つ　　イ　二つ

ウ　三つ　　エ　四つ

オ　五つ　　カ　六つ

3　次の図は，緯線と経線が直角に交わる図法で描かれたものである。これを見て，あとの(1)～(4)の問いに答えなさい。

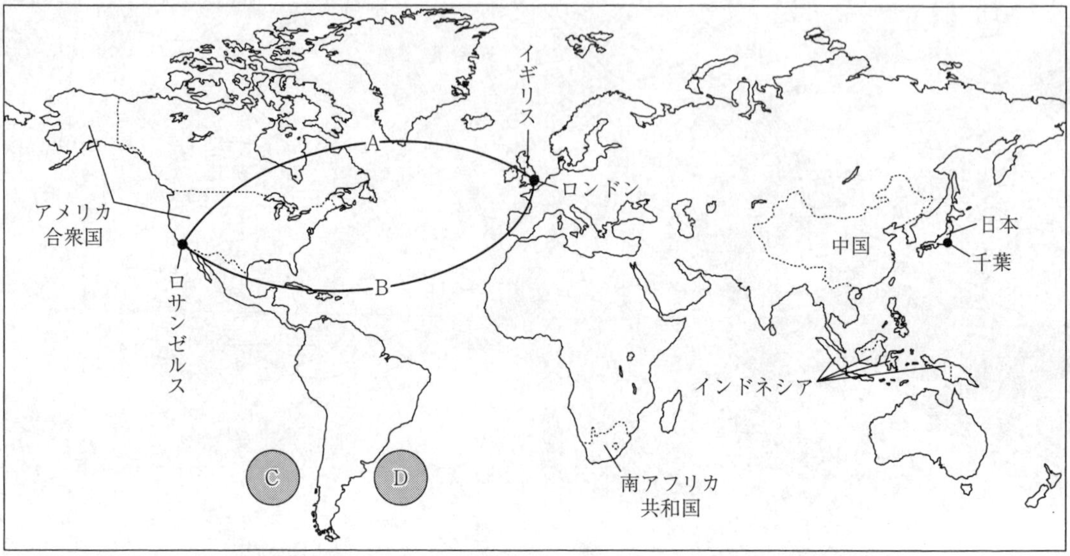

(1)　次の文章は，上の図について述べたものである。文章中の［Ⅰ］，［Ⅱ］にあてはまる記号の組み合わせとして最も適当なものを，あとのア～エのうちから一つ選び，マークしなさい。

> 図中のA，Bのうち，イギリスのロンドンとアメリカ合衆国のロサンゼルスの最短ルートを示しているのは［　Ⅰ　］である。また，図中のC，Dのうち，日本を地球の正反対の位置に移した場所を示しているのは［　Ⅱ　］である。

ア　Ⅰ：A　Ⅱ：C　　イ　Ⅰ：A　Ⅱ：D
ウ　Ⅰ：B　Ⅱ：C　　エ　Ⅰ：B　Ⅱ：D

(2)　次の文章は，千葉県に住むようこさんとアメリカ合衆国のロサンゼルスに住むひとしさんとの国際電話での会話である。会話文中の［　］にあてはまる最も適当な日時を，あとのア～エのうちから一つ選び，マークしなさい。なお，サマータイムは考えないものとする。

> ようこ：もしもし，千葉は今日も快晴で，気持ちの良い朝を迎えているわ。
> ひとし：ロサンゼルスはあいにくの雨だよ。
> ようこ：千葉は今1月30日で，時刻はちょうど午前7時よ。
> ひとし：こちらロサンゼルスは，［　　　　］だよ。
> ようこ：ロサンゼルスは西経120度の経線を標準時子午線にしているから，時差が生じるのね。

ア　1月29日午後2時　　イ　1月30日午前2時
ウ　1月30日午後2時　　エ　1月31日午前2時

(3)　次の文章は，上の図中のインドネシアについて述べたものである。文章中の［Ⅰ］，［Ⅱ］にあてはまる語の組み合わせとして最も適当なものを，あとのア～エのうちから一つ選び，マークしなさい。

> インドネシアは造山帯に位置している国で，多くの島々からなる島国(海洋国)である。インドネシアの人口は約2.7億人で，様々な宗教が信仰されているが，インドネシアの国民の大部

分が信仰している宗教は［ I ］である。インドネシアの首都ジャカルタには，インドネシアやタイ，マレーシア，シンガポールなどの10か国が加盟している［ Ⅱ ］の事務局があり，この地域の政治や経済における結びつきを強めている。

ア　Ⅰ：イスラム教　Ⅱ：OPEC
イ　Ⅰ：キリスト教　Ⅱ：OPEC
ウ　Ⅰ：イスラム教　Ⅱ：ASEAN
エ　Ⅰ：キリスト教　Ⅱ：ASEAN

(4) 次の資料1は，前のページの図中のアメリカ合衆国，中国，イギリス及び南アフリカ共和国の面積，人口，国内総生産を示したものである。資料1中のA～Dには4か国のうちのいずれかがあてはまる。資料2は，資料1から読み取ったことがらをまとめたものの一部である。BとDにあてはまる国の組み合わせとして最も適当なものを，あとのア～エのうちから一つ選び，マークしなさい。

資料1　アメリカ合衆国，中国，イギリス及び南アフリカ共和国の面積，人口，国内総生産

	面積(千 km^2)	人口(千人)	国内総生産(百万ドル)
A	9,600	1,439,324	13,608,152
B	242	67,886	2,855,297
C	1,221	59,309	368,094
D	9,834	331,003	20,580,223

(「世界国勢図会 2020/21」より作成)

資料2　資料1から読み取ったことがらをまとめたものの一部

・資料1中の4か国のうち，人口密度が最も低い国はアメリカ合衆国であり，人口密度が最も高い国はイギリスである。
・アメリカ合衆国の一人あたり国内総生産は，南アフリカ共和国の一人あたり国内総生産の10倍以上である。
・一人あたり国内総生産が3番目に高い国は中国である。

ア　B：イギリス　　　　　D：中国
イ　B：イギリス　　　　　D：アメリカ合衆国
ウ　B：南アフリカ共和国　D：中国
エ　B：南アフリカ共和国　D：アメリカ合衆国

4 社会科の授業で，あやさんは，次のA～Dの資料をもとに，「古代の歴史」について調べました。調べた結果についての，あやさんと先生の会話文を読み，あとの(1)～(4)の問いに答えなさい。

A

B

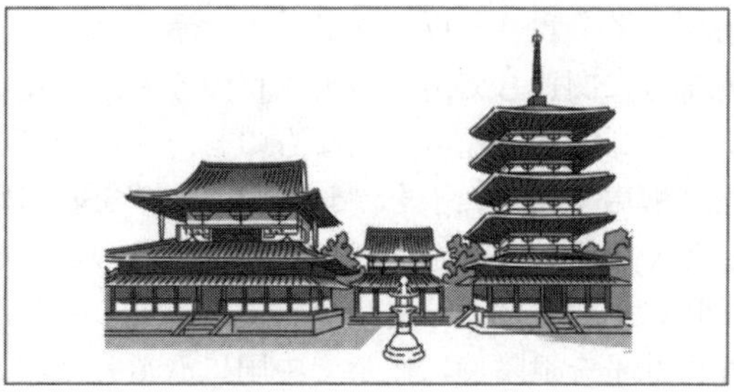

C

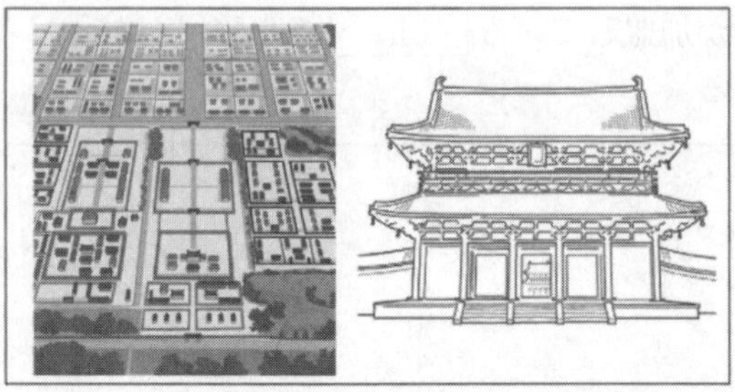

D

先　　生：あやさんは，四つの資料から，「古代の歴史」というテーマで調べたのですね。それでは一つずつ説明してください。

あやさん：はい。Aの資料は，縄文時代につくられた土偶です。縄文時代の生活は，主に，狩りや漁，採集を行っていて，人々は少人数の集団でたて穴住居で暮らしていました。

先　　生：そうですね。やがて弥生時代になると，大陸から伝わった稲作が広まり，高床倉庫に米を保管するという生活に変化していきました。

あやさん：調べていく中で，古代においては，中国から日本に伝わったものが多いことがわかりました。a中国の歴史についてもう少し調べてみたいと思います。

先　　生：わかりました。さて，Bの資料は，b法隆寺ですね。

あやさん：はい。法隆寺は，現存する世界最古の木造建築といわれる寺院です。続いてCの資料は平城京の様子です。この時代には律令政治が行われ，農民にはc口分田が与えられていました。律令政治はやがて乱れ，桓武天皇が平安京に都を移しました。

先　　生：d平安時代の始まりですね。

あやさん：Dの資料は，武士として初めて太政大臣となった平清盛がつくったといわれる厳島神社です。平清盛は，武士の台頭をはっきりと世に知らしめた人物でもあります。

先　　生：平清盛は，中国との貿易のために港を整備しましたね。

あやさん：経済的基盤を整えることで，その地位を確固たるものにしたのです。

先　　生：よく調べましたね。では次は，武士の世の中についても調べてみましょう。

(1)　次の文章は，下線部aに関連して，さらにあやさんが調べてまとめたレポートの一部である。文章中の□にあてはまる最も適当な語を，あとのア～エのうちから一つ選び，マークしなさい。

　紀元前4000年ごろ，黄河や長江の流域で中国文明がおこり，中国で使われていた甲骨文字は，現在の漢字のもとにもなった。紀元前221年には，□の始皇帝が中国を統一し，長さや重さなどの基準を統一したり，万里の長城を築いたりした。

ア　殷　　イ　魏　　ウ　秦　　エ　漢

(2)　下線部bに関連して，次のⅠ～Ⅳのうち，法隆寺を建てた人物が行ったことがらにあてはまるものはいくつあるか。最も適当なものを，あとのア～エのうちから一つ選び，マークしなさい。

Ⅰ　蘇我蝦夷・入鹿父子を倒して政治改革を始めた。

Ⅱ　仏教や儒教の考えを取り入れて十七条の憲法を定めた。

Ⅲ　全国に国分寺と国分尼寺を建てることを命じた。

Ⅳ　小野妹子を遣隋使に任じて中国に派遣した。

ア　一つ　　イ　二つ　　ウ　三つ　　エ　四つ

(3) 下線部ｃに関連して，右の資料１は，ある家族の戸籍に記された性別と年齢を示したものである。資料１の家族のうち，口分田が与えられた人数として最も適当なものを，次のア～エのうちから一つ選び，マークしなさい。

資料１　ある家族の性別と年齢

男	女	男	女	女	男	男	男	女	男
45歳	39歳	23歳	19歳	18歳	16歳	14歳	9歳	4歳	2歳

ア　5人　　イ　7人　　ウ　8人　　エ　10人

(4) 次の資料２は，会話文中の下線部ｄの平安時代に起こったできごとを年代の**古いものから順に**左から並べたものである。資料２中の Ⅰ ， Ⅱ にあてはまるできごとの組み合わせとして最も適当なものを，あとのア～オのうちから一つ選び，マークしなさい。

資料２

平安京に都が移される	➡	Ⅰ	➡	藤原道長が摂政となる	➡	Ⅱ	➡	平清盛が太政大臣となる

ア　Ⅰ：壬申の乱が起こる　　　　Ⅱ：承久の乱が起こる
イ　Ⅰ：墾田永年私財法が出される　Ⅱ：平将門の乱が起こる
ウ　Ⅰ：承久の乱が起こる　　　　Ⅱ：墾田永年私財法が出される
エ　Ⅰ：平将門の乱が起こる　　　Ⅱ：白河上皇が院政を始める
オ　Ⅰ：白河上皇が院政を始める　Ⅱ：壬申の乱が起こる

5　次のＡ～Ｅのパネルは，社会科の授業で，鎌倉時代以降の歴史について，各班で調べ，まとめたものの一部である。これらを見て，あとの(1)～(5)の問いに答えなさい。

Ａ　源頼朝
　平氏を倒した源頼朝は，1192年に征夷大将軍になるなどして鎌倉に幕府を開いた。これにより，本格的な武士政権が誕生した。

Ｂ　南北朝の動乱
　鎌倉幕府の滅亡後に行われた建武の新政はわずか２年ほどでくずれ，京都と吉野に二つの朝廷が並び立つ南北朝時代を迎えた。

Ｃ　勘合貿易
　日明貿易では勘合が用いられたため，勘合貿易ともよばれた。明からは銅銭や生糸などを輸入し，日本からは刀や銅，漆器などを輸出した。

Ｄ　豊臣秀吉
　織田信長は，天下統一を目前にしながらも，本能寺の変で明智光秀に背かれ，自害した。その後，信長の後継者となったのは豊臣秀吉であった。

Ｅ　日米和親条約
　アメリカの使節ペリーが浦賀に来航し，幕府に開国を求めた。翌年，日米和親条約が締結され，下田と函館を開港した。

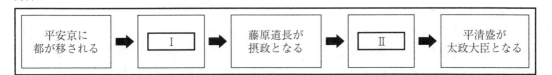

(1) Aのパネルに関連して，次の文章は，鎌倉幕府について述べたものである。文章中の［Ⅰ］，［Ⅱ］にあてはまる語の組み合わせとして最も適当なものを，あとのア～エのうちから一つ選び，マークしなさい。

> 鎌倉幕府において，将軍に対して御家人は，戦いなどが起こった際には戦いに参加するといった［　Ⅰ　］を行うことなどの主従関係が結ばれた。1185年に設置された［　Ⅱ　］は，荘園・公領ごとに置かれ，年貢の取り立てなどを行った。

ア　Ⅰ：御恩　Ⅱ：守護
イ　Ⅰ：御恩　Ⅱ：地頭
ウ　Ⅰ：奉公　Ⅱ：守護
エ　Ⅰ：奉公　Ⅱ：地頭

(2) Bのパネルに関連して，次のⅠ，Ⅱの文は，南北朝時代について述べたものである。Ⅰ，Ⅱの文の正誤の組み合わせとして最も適当なものを，あとのア～エのうちから一つ選び，マークしなさい。
Ⅰ　後鳥羽天皇が建武の新政を行ったが，わずか2年あまりで失敗に終わった。
Ⅱ　足利尊氏は北朝の天皇から征夷大将軍に任じられ，京都に幕府を開いた。
ア　Ⅰ：正　Ⅱ：正
イ　Ⅰ：正　Ⅱ：誤
ウ　Ⅰ：誤　Ⅱ：正
エ　Ⅰ：誤　Ⅱ：誤

(3) Cのパネルに関連して，次の文章は，先生と生徒が，右下の資料1を見ながら，勘合貿易について会話をしている場面の一部である。文章中の［Ⅰ］，［Ⅱ］にあてはまる語の組み合わせとして最も適当なものを，あとのア～エのうちから一つ選び，マークしなさい。

> 先生：資料1は，日明貿易で使われた勘合とよばれる証明書ですね。
> 生徒：はい。［　Ⅰ　］は，明から［　Ⅱ　］の取り締まりを求められると，これに応じるとともに正式な船による貿易を始めました。
> 先生：勘合はどのような目的で使われたのですか。
> 生徒：それは，［　Ⅱ　］と正式な貿易船とを区別するためです。
>
> 資料1
>
> 

ア　Ⅰ：足利義満　Ⅱ：悪党
イ　Ⅰ：足利義政　Ⅱ：悪党
ウ　Ⅰ：足利義満　Ⅱ：倭寇
エ　Ⅰ：足利義政　Ⅱ：倭寇

(4) Dのパネルに関連して，次の資料2は，豊臣秀吉が出したある法令を示したものである。資料2の法令として最も適当なものを，あとのア～エのうちから一つ選び，マークしなさい。
資料2

> ……不必要な武器をたくわえ，年貢その他の税をなかなか納めず，ついには一揆をくわだてたりして，領主に対してよからぬ行為をする者は，もちろん処罰する。

ア　楽市楽座　　イ　刀狩令
ウ　徳政令　　　エ　バテレン追放令

(5)　DとEのパネルの間の期間に起こったできごとを，次のⅠ～Ⅳのうちから**三つ**選び，年代の**古いものから順に**並べたものとして最も適当なものを，あとのア～カのうちから一つ選び，マークしなさい。

Ⅰ　老中松平定信が寛政の改革を始めた。
Ⅱ　ポルトガル人が種子島に漂着し，鉄砲が伝来した。
Ⅲ　オランダ商館を平戸から長崎の出島に移した。
Ⅳ　大塩平八郎が大阪で乱を起こした。

ア　Ⅰ→Ⅱ→Ⅲ
イ　Ⅰ→Ⅲ→Ⅳ
ウ　Ⅱ→Ⅲ→Ⅳ
エ　Ⅱ→Ⅳ→Ⅲ
オ　Ⅲ→Ⅳ→Ⅰ
カ　Ⅲ→Ⅰ→Ⅳ

6　次の略年表は，近現代の主なできごとをまとめたものである。これを見て，あとの(1)～(5)の問いに答えなさい。

年代	近現代の主なできごと
a 1868	年号が明治となった。
1873	b 地租改正を実施した。
1894	c 日清戦争が起こった。
	↕ d
1941	e 太平洋戦争が始まった。

(1)　略年表中の下線部aに関連して，次の資料1は，この年に出されたものの内容の一部を示したものである。資料1について述べた下の文章中の□に共通してあてはまる語として最も適当なものを，あとのア～エのうちから一つ選び，マークしなさい。

資料1

> 一　広ク会議ヲ興シ万機公論ニ決スベシ
> 一　上下心ヲ一ニシテ盛ニ経綸ヲ行ウベシ
> 一　官武一途庶民ニ至ル迄各其志ヲ遂ゲ，人心ヲシテ倦マザラシメン事ヲ要ス
> 一　旧来ノ陋習ヲ破リ，天地ノ公道ニ基クベシ
> 一　智識ヲ世界ニ求メ，大ニ皇基ヲ振起スベシ

> 資料1は，1868年3月に定められた□である。この□を含む，明治新政府の改革とそれにともなう社会の動きを明治維新という。

ア　王政復古の大号令
イ　大政奉還
ウ　五箇条の御誓文
エ　大日本帝国憲法

(2)　略年表中の下線部bに関連して，次の文章は，地租改正について述べたものである。文章中の□にあてはまる内容として最も適当なものを，あとのア～エのうちから一つ選び，マークしな

さい。

> 財政を安定させることが大きな課題であった明治新政府は，1873年に地租改正を実施した。右の資料２のような地券を発行し，国民に土地の所有を認め，税については，［　　　　］とした。

ア　税率を収穫高の３％とし，土地の所有者が米で納めること
イ　税率を地価の３％とし，土地の所有者が現金で納めること
ウ　税率を収穫高の３％とし，土地の所有者が現金で納めること
エ　税率を地価の３％とし，土地の所有者が米で納めること

資料２

地券
越前国坂井郡〇〇村
字〇〇番　同国同郡同村
一　田　七歩
持主　〇〇〇〇
地価　金八十銭
此百分ノ三　金二銭四厘　地租
明治十年ヨリ
此百分ノ二ケ半　金二銭　地租
右検査ノ上授与之
明治十五年七月　福井県　印

(3)　略年表中の下線部ｃに関連して，次の文章は，日清戦争について述べたものである。文章中の［Ⅰ］，［Ⅱ］にあてはまるものの組み合わせとして最も適当なものを，あとのア～エのうちから一つ選び，マークしなさい。

> 朝鮮半島で起こった［Ⅰ］をきっかけに日清戦争が始まった。この戦争は日本の勝利に終わり，下関条約が結ばれたが，下関条約に対して，ロシア，フランス，ドイツから三国干渉を受け，右の図中の［Ⅱ］を清に返還した。

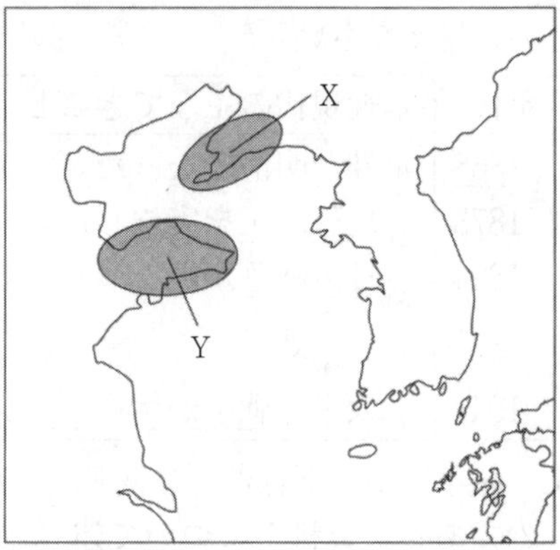

ア　Ⅰ：甲午農民戦争　Ⅱ：X
イ　Ⅰ：甲午農民戦争　Ⅱ：Y
ウ　Ⅰ：義和団事件　Ⅱ：X
エ　Ⅰ：義和団事件　Ⅱ：Y

(4)　次のⅠ～Ⅳの文のうち，略年表中のｄの時期に起こった世界のできごとはいくつあるか。最も適当なものを，あとのア～エのうちから一つ選び，マークしなさい。
Ⅰ　レーニンの指導でロシア革命が起こった。
Ⅱ　中国で辛亥革命が起こった。
Ⅲ　アメリカで南北戦争が起こった。
Ⅳ　ドイツでヒトラーが政権を握った。
ア　一つ　　イ　二つ　　ウ　三つ　　エ　四つ

(5)　略年表中の下線部ｅに関連して，次のⅠ～Ⅳの文は，それぞれ太平洋戦争が始まった後のできごとについて述べたものである。Ⅰ～Ⅳを年代の**古いものから順に**並べたものとして最も適当なものを，あとのア～カのうちから一つ選び，マークしなさい。
Ⅰ　朝鮮戦争が始まり，日本は特需景気となった。
Ⅱ　第四次中東戦争がきっかけとなり，第一次オイルショックが起こった。
Ⅲ　アメリカとソ連の首脳がマルタで会談し，冷戦の終結を宣言した。
Ⅳ　ソ連と日ソ共同宣言を発表して国交を回復し，国際連合に加盟した。
ア　Ⅰ→Ⅱ→Ⅳ→Ⅲ　　イ　Ⅰ→Ⅲ→Ⅱ→Ⅳ
ウ　Ⅳ→Ⅰ→Ⅱ→Ⅲ　　エ　Ⅰ→Ⅳ→Ⅱ→Ⅲ
オ　Ⅳ→Ⅱ→Ⅰ→Ⅲ　　カ　Ⅳ→Ⅲ→Ⅰ→Ⅱ

7　次の文章を読み，あとの(1)，(2)の問いに答えなさい。

日本国憲法の三大原理の一つである国民主権の下，国の政治は，a選挙によって選ばれた国民の代表者で構成されるb国会が中心となって行われる。このように代表者を通して政治を行うことを，議会制民主主義という。

(1)　下線部aに関連して，次の①，②の問いに答えなさい。

①　次の資料1は，選挙に関する意識調査の結果の一部を示したものである。下のⅠ～Ⅳの文のうち，資料1から読み取れることについて正しく述べているものはいくつあるか。最も適当なものを，あとのア～エのうちから一つ選び，マークしなさい。

資料1　「あなたは，これまでの選挙でどの程度投票していますか。」という問いに対するアンケート結果

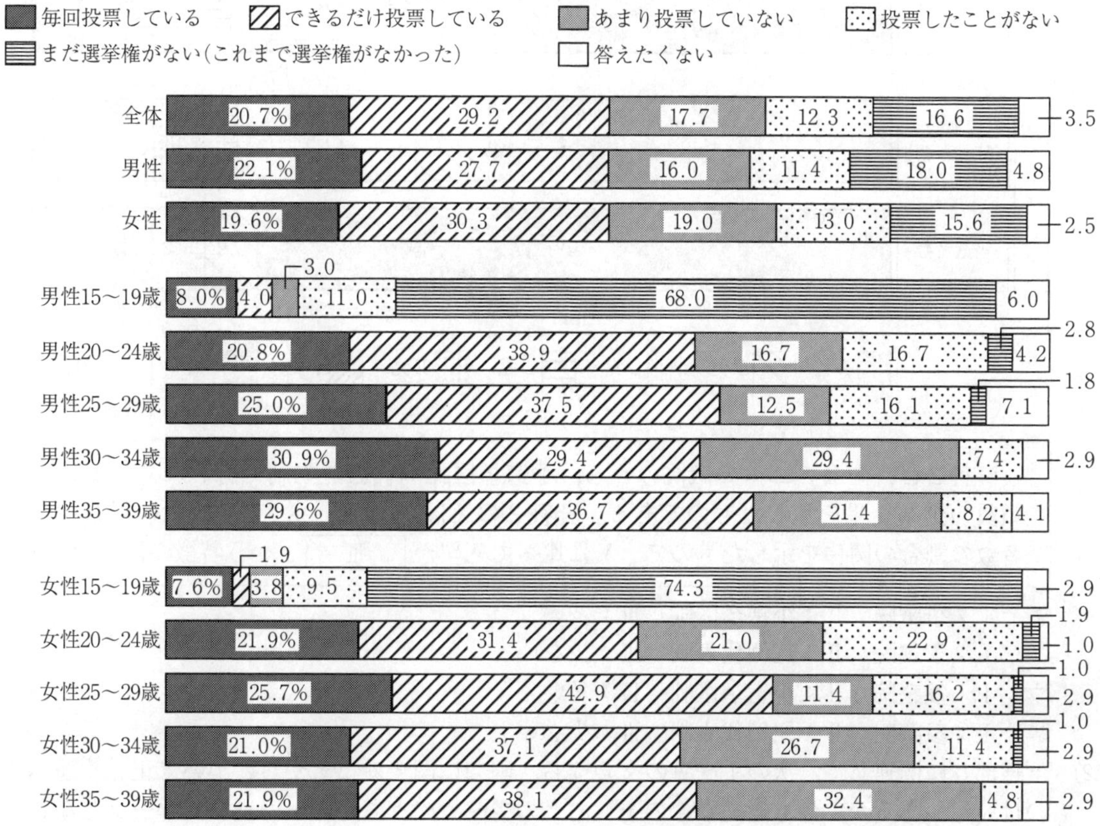

（法務省「令和2年度 若者の政治意識アンケート調査結果」より作成）

Ⅰ　男性と女性とで，「あまり投票していない」と回答した割合と「投票したことがない」と回答した割合の合計を比較すると，男性の方が高い。

Ⅱ　「毎回投票している」と回答した割合は，男性，女性とも年代が高くなるほど高くなっている。

Ⅲ　「あまり投票していない」と回答した割合が最も高いのは，男性，女性とも35～39歳である。

Ⅳ　「毎回投票している」と回答した割合と「できるだけ投票している」と回答した割合の合計が最も高いのは女性25～29歳である。

ア　一つ

イ　二つ

ウ　三つ

エ　四つ

② 次の資料２は，2017年に行われた国会議員の選挙における政党別の得票数と当選者数の割合の関係を示したものである。下の文章は，資料２から読み取れることがらについてまとめたものである。文章中の［Ⅰ］～［Ⅲ］にあてはまる語の組み合わせとして最も適当なものを，あとのア～エのうちから一つ選び，マークしなさい。

資料２　2017年の国会議員の選挙における得票数と当選者数の割合の関係

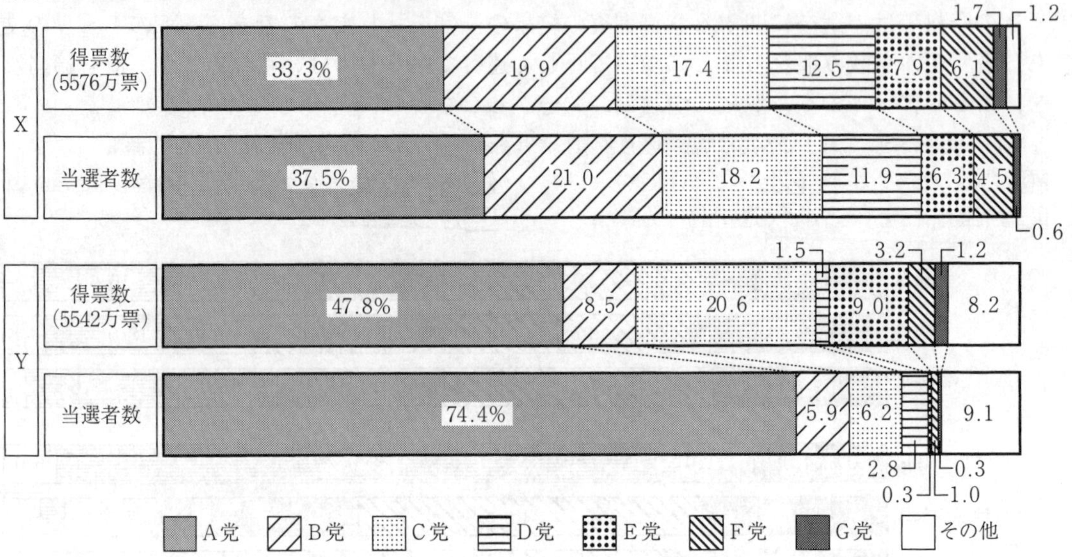

（「総務省資料」より作成）

> 資料２は，国会の二つの議院のうち，小選挙区比例代表並立制で行われている［Ⅰ］議員の選挙結果を示したものである。資料２のXは，［Ⅱ］での各政党の得票数と当選者数の割合の関係を示したもので，Yに比べて死票が［Ⅲ］という特徴が読み取れる。

ア　Ⅰ：衆議院　Ⅱ：小選挙区制　Ⅲ：多い

イ　Ⅰ：衆議院　Ⅱ：比例代表制　Ⅲ：少ない

ウ　Ⅰ：参議院　Ⅱ：小選挙区制　Ⅲ：多い

エ　Ⅰ：参議院　Ⅱ：比例代表制　Ⅲ：少ない

(2) 下線部ｂに関連して，次のⅠ～Ⅵの文のうち，国会に関することがらについて正しく述べているものはいくつあるか。最も適当なものを，あとのア～カのうちから一つ選び，マークしなさい。

Ⅰ　第41条に，「国会は，国権の最高機関であって，国の唯一の立法機関である。」と定められている。

Ⅱ　衆議院議員の任期は４年，被選挙権は満25歳以上で，参議院議員の任期は６年，被選挙権は満30歳以上である。

Ⅲ　内閣の召集か，いずれかの議院の国会議員の４分の１以上の要求で開かれる国会を特別会(特別国会)という。

Ⅳ　国会は，最高裁判所の長官を指名し，その他の裁判官を任命する。

Ⅴ　予算案の審議は必ず衆議院から先に行われるが，法律案の審議はどちらの議院から行ってもよい。

Ⅵ　国会が憲法改正の発議を行うためには，各議院の総議員の過半数の賛成が必要である。

ア　一つ　　イ　二つ　　ウ　三つ

エ　四つ　　オ　五つ　　カ　六つ

8 次の文章を読み，あとの(1)～(3)の問いに答えなさい。

わたしたちは毎日，さまざまな商品を購入しています。a商品の価格の変動について，消費者の立場からb経済活動の動きを考えて学んでいくことも重要です。また，cわたしたち消費者が不利益を被らないように，さまざまな制度が設けられています。

(1) 下線部aに関連して，右下の資料1は，市場におけるある商品の価格の変動と数量の関係を示したものである。資料1について述べた次の文章中の[Ⅰ]～[Ⅳ]にあてはまる語の組み合わせとして最も適当なものを，あとのア～クのうちから一つ選び，マークしなさい。

> 資料1中のXは[Ⅰ]曲線，Yは[Ⅱ]曲線で，それぞれ価格と数量の関係を示している。例えば，この市場において，この商品の原料が値下がりした場合，資料2の[Ⅲ]のように曲線の位置が移動し，この商品の価格は[Ⅳ]。

資料1

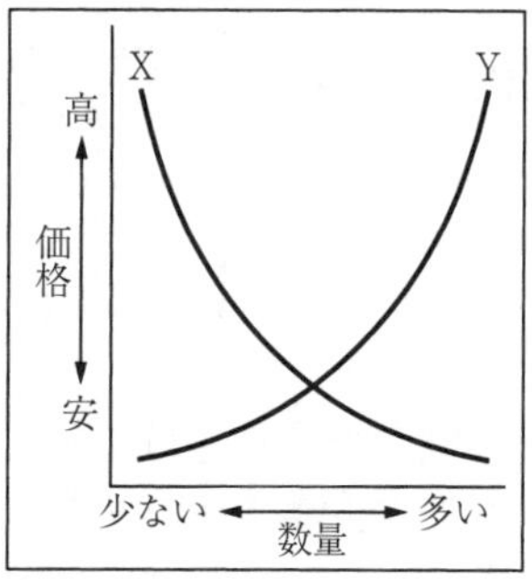

資料2

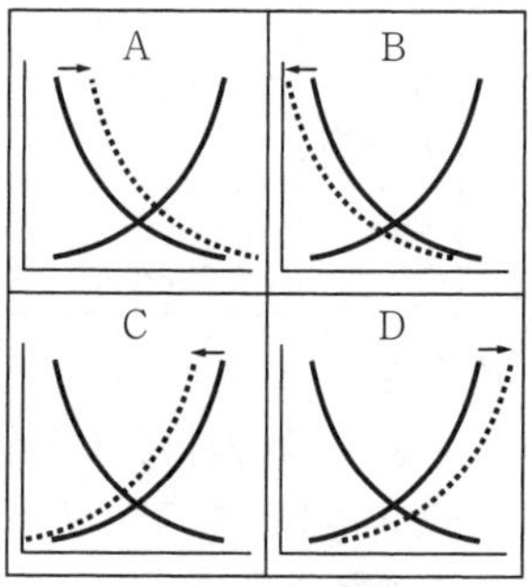

ア Ⅰ：需要 Ⅱ：供給 Ⅲ：A Ⅳ：上がる
イ Ⅰ：需要 Ⅱ：供給 Ⅲ：B Ⅳ：下がる
ウ Ⅰ：需要 Ⅱ：供給 Ⅲ：C Ⅳ：上がる
エ Ⅰ：需要 Ⅱ：供給 Ⅲ：D Ⅳ：下がる
オ Ⅰ：供給 Ⅱ：需要 Ⅲ：A Ⅳ：上がる
カ Ⅰ：供給 Ⅱ：需要 Ⅲ：B Ⅳ：下がる
キ Ⅰ：供給 Ⅱ：需要 Ⅲ：C Ⅳ：上がる
ク Ⅰ：供給 Ⅱ：需要 Ⅲ：D Ⅳ：下がる

(2) 下線部bに関連して，自由権のうちの経済活動の自由にあてはまるものとして最も適当なものを，次のア～エのうちから一つ選び，マークしなさい。

ア 居住・移転・職業選択の自由　　イ 学問の自由
ウ 奴隷的拘束・苦役からの自由　　エ 集会・結社・表現の自由

(3) 下線部cに関連して，次のⅠ～Ⅳの文のうち，消費者の権利に関することがらについて正しく述べているものはいくつあるか。最も適当なものを，あとのア～エのうちから一つ選び，マークしなさい。

Ⅰ 企業が生産，販売，価格などを不当に制限することを防ぎ，公正かつ自由な競争を促し，消費者の利益を守るために，製造物責任法(PL法)が制定された。

Ⅱ アメリカのケネディ大統領が，「知らされる権利」，「選択する権利」，「安全を求める権利」，「意見を反映させる権利」という四つの消費者の権利を唱えた。

Ⅲ 消費者契約法が施行され，商品について事実と異なる説明があるなどした場合，一定期間内なら契約を取り消せるようになった。

Ⅳ 消費者の権利を守るため，消費者の自立支援を基本理念とする消費者基本法が制定され，消費者政策をまとめて行う消費者庁が内閣府に設置された。

ア 一つ　イ 二つ　ウ 三つ　エ 四つ

【理　科】（50分）〈満点：100点〉

1　植物のなかまについて調べるため，次の観察1～3を行いました。これに関して，あとの(1)～(4)の問いに答えなさい。

観察1

身近な植物のいろいろな特徴を，似ている点や違っている点を手がかりにしてまとめて，次のような表を作成した。

表

植物のなかまの名称	コケ植物	シダ植物	A	B		
				単子葉類	双子葉類	
					C	D
植物の名称	スギゴケ ゼニゴケ	イヌワラビ スギナ	イチョウ マツ	ツユクサ ユリ	アサガオ ツツジ	アブラナ サクラ

観察2

ある秋の日にヨモギを観察した。高さは1mくらいのものが多く，密集してはえていた。葉はぎざぎざに裂けたような形で，裏返すと少し白っぽく，葉脈は網目状になっていた。たくさんの小さな花が鈴なりのように咲いていて，花弁のつながった花からは毛のようなものが出ており，花粉が飛散する様子も見られた。

観察3

シダ植物のイヌワラビと，コケ植物のスギゴケを観察してスケッチした。図1はイヌワラビの葉，茎，根のつき方を，図2はイヌワラビの体の一部の断面を，図3はスギゴケの雌株を示している。

図1

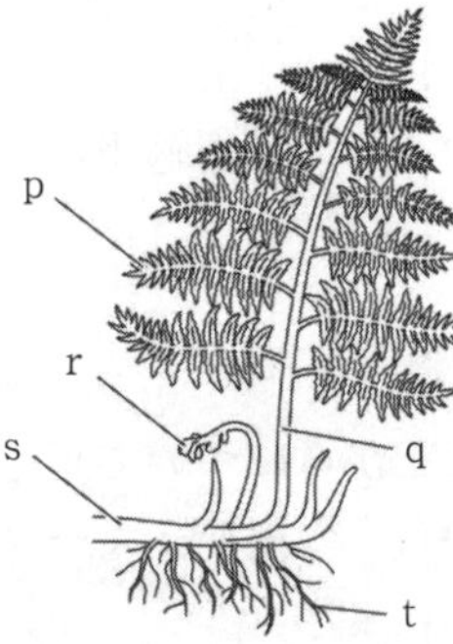

図2

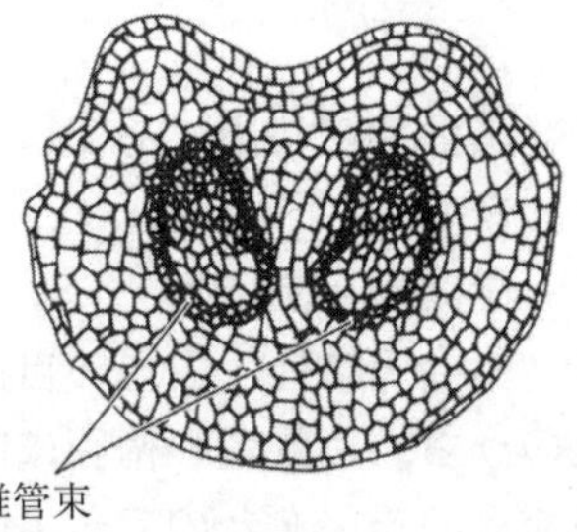

図3

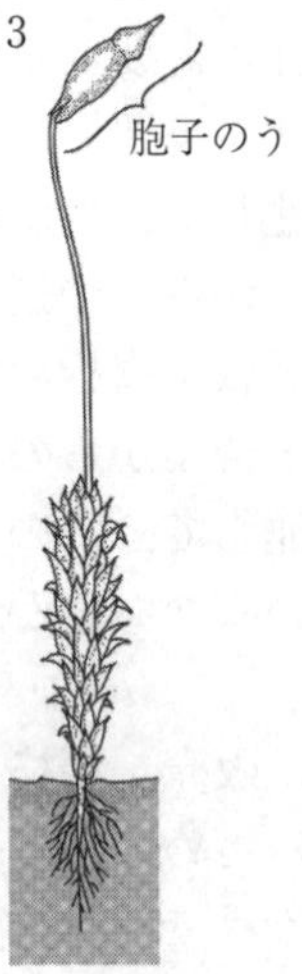

(1)　観察1の表にある，AとBのふえ方と胚珠《はいしゅ》について述べたものとして最も適当なものを，次の①～④のうちから一つ選びなさい。

①　Aは胞子をつくり，胚珠がむきだしである。Bは種子をつくり，胚珠が子房の中にある。

②　Aは胞子をつくり，胚珠が子房の中にある。Bは種子をつくり，胚珠がむきだしである。

③　Aは種子をつくり，胚珠がむきだしである。Bは種子をつくり，胚珠が子房の中にある。

④　Aは種子をつくり，胚珠が子房の中にある。Bは種子をつくり，胚珠がむきだしである。

(2)　観察2から，観察1の表の中でヨモギと同じなかまに属する植物として最も適当なものを，次の

①～⑥のうちから一つ選びなさい。

① ゼニゴケ　② イヌワラビ　③ マツ

④ ツユクサ　⑤ ツツジ　⑥ アブラナ

(3) 観察3の図1で，葉・茎・根の組み合わせとして最も適当なものを，次の①～④のうちから一つ選びなさい。

① 葉：p　茎：q，r　根：s，t

② 葉：p，q　茎：r　根：s，t

③ 葉：p，r　茎：q，s　根：t

④ 葉：p，q，r　茎：s　根：t

(4) 観察3をもとに，シダ植物とコケ植物について述べたものとして最も適当なものを，次の①～⑥のうちから一つ選びなさい。

① 維管束は，シダ植物にはあるがコケ植物にはない。胞子のうは，シダ植物にはないがコケ植物にはある。また，シダ植物は光合成を行うが，コケ植物は光合成を行わない。

② 維管束は，シダ植物にはあるがコケ植物にはない。胞子のうは，シダ植物にもコケ植物にもある。また，シダ植物・コケ植物ともに光合成を行う。

③ 維管束は，シダ植物にはあるがコケ植物にはない。胞子のうは，シダ植物にもコケ植物にもある。また，シダ植物は光合成を行うが，コケ植物は光合成を行わない。

④ 維管束は，シダ植物にもコケ植物にもある。胞子のうは，シダ植物にはないがコケ植物にはある。また，シダ植物・コケ植物ともに光合成を行う。

⑤ 維管束は，シダ植物にもコケ植物にもある。胞子のうは，シダ植物にはないがコケ植物にはある。また，シダ植物は光合成を行うが，コケ植物は光合成を行わない。

⑥ 維管束は，シダ植物にもコケ植物にもある。胞子のうは，シダ植物にもコケ植物にもある。また，シダ植物・コケ植物ともに光合成を行う。

2

地震の揺れの広がり方と地震が起こるしくみについて，次の調査1，2を行いました。これに関して，あとの(1)～(4)の問いに答えなさい。ただし，P波，S波が地中を伝わる速さはそれぞれ一定であり，P波もS波もまっすぐ進むものとします。

調査1

ある地方で発生した地震について，震源からの距離が異なる観測地点A～Cの観測データを，気象庁のホームページで調べた。図1は，各観測地点での地震計の記録をまとめたものである。なお，図1には，各観測地点での小さな揺れが始まった時刻を結んだ直線と，大きな揺れが始まった

図1

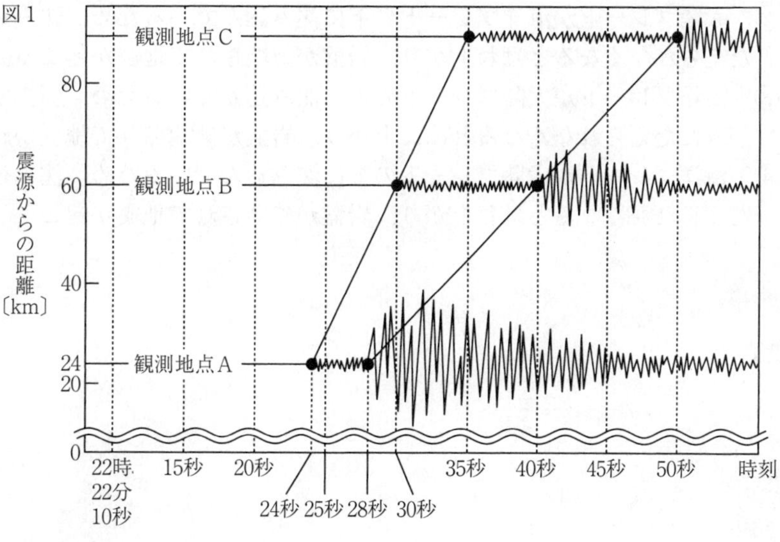

時刻を結んだ直線が，補助線として引いてある。

調査2

図2は，地震が起こるしくみに関係する，日本付近にある4枚のプレートの分布の様子を示している。

図2

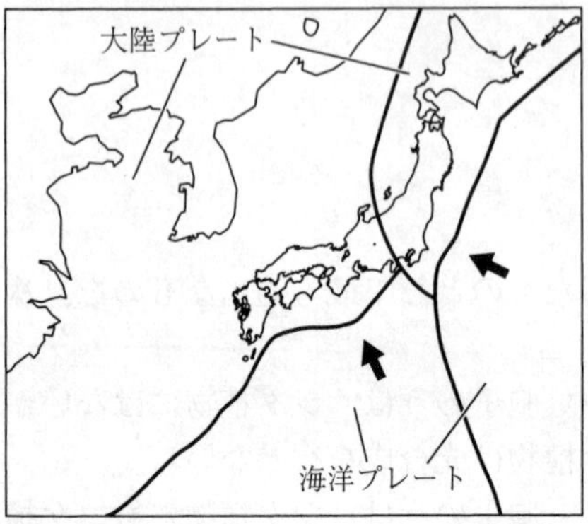

(1) 調査1の図1から，この地震におけるP波の速さは何km/sか。[U]，[V]にあてはまる数字を一つずつ選びなさい。

[U].[V] km/s

(2) 調査1の図1から，この地震の発生時刻は22時22分何秒か。[W]，[X]にあてはまる数字を一つずつ選びなさい。

22時22分[W][X]秒

(3) 調査1の図1から，観測地点Cの震源からの距離は何kmか。[Y]，[Z]にあてはまる数字を一つずつ選びなさい。

[Y][Z] km

(4) 調査2の図2で，プレートの境界で起こる大きな地震について述べたものとして最も適当なものを，次の①～④のうちから一つ選びなさい。

① 大陸プレートが海洋プレートの下に沈み込んでいるため，引きずり込まれた海洋プレートがゆがみにたえられなくなるとはね上がり，岩盤が破壊されて地震が起こる。

② 大陸プレートが海洋プレートの下に沈み込んでいるため，沈み込んだ大陸プレートがゆがみにたえられなくなるとはね上がり，岩盤が破壊されて地震が起こる。

③ 海洋プレートが大陸プレートの下に沈み込んでいるため，引きずり込まれた大陸プレートがゆがみにたえられなくなるとはね上がり，岩盤が破壊されて地震が起こる。

④ 海洋プレートが大陸プレートの下に沈み込んでいるため，沈み込んだ海洋プレートがゆがみにたえられなくなるとはね上がり，岩盤が破壊されて地震が起こる。

3 電池のしくみを調べるため，次の実験を行いました。これに関して，あとの(1)～(4)の問いに答えなさい。

実験

(i) 図のように，うすい塩酸を入れたビーカーに亜鉛板と銅板を入れ，導線で光電池用プロペラ付きモーターにつないだところ，プロペラが回転した。

(ii) 銅板の表面には泡がついており，気体が発生していることがわかった。

(iii) しばらくしてから亜鉛板を取り出すと，うすい塩酸に入っていた部分は表面がざらついていた。

(iv) 亜鉛板のかわりにアルミニウム板をうすい塩酸に入れたところ，プロペラが回転した。さらに，アルミニウム板のかわりに銅板をうすい塩酸に入れたところ，プロペラは回転しなかった。

(v) 砂糖水を入れた別のビーカーを用意して，新しい亜鉛板と銅板を(i)と同様に入れたところ，プロペラは回転しなかった。さらに，食塩水を入れたもう一つのビーカーを用意して，新しい亜鉛板と銅板を(i)と同様に入れたところ，プロペラが回転した。

図

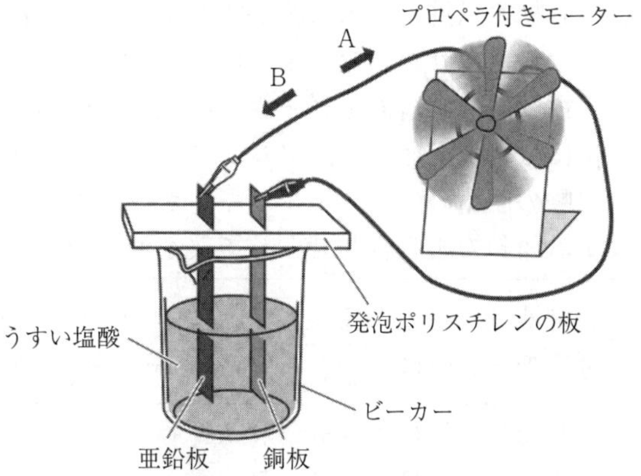

(1) 実験の(ii)で，銅板の表面に発生していた気体と，その気体の性質について述べたものとして最も適当なものを，次の①～⑧のうちから一つ選びなさい。

① 気体は水素であり，水によく溶け，空気よりも密度が大きい。
② 気体は水素であり，水によく溶け，空気よりも密度が小さい。
③ 気体は水素であり，水にほとんど溶けず，空気よりも密度が大きい。
④ 気体は水素であり，水にほとんど溶けず，空気よりも密度が小さい。
⑤ 気体は塩素であり，水によく溶け，空気よりも密度が大きい。
⑥ 気体は塩素であり，水によく溶け，空気よりも密度が小さい。
⑦ 気体は塩素であり，水にほとんど溶けず，空気よりも密度が大きい。
⑧ 気体は塩素であり，水にほとんど溶けず，空気よりも密度が小さい。

(2) 実験の(iii)で，亜鉛板の表面がざらついていた理由と，図で電流の流れる向きを表す矢印の記号との組み合わせとして最も適当なものを，次の①～⑧のうちから一つ選びなさい。

① 理由：水溶液中のイオンが電子を受け取って，亜鉛板に付いたため。 矢印：A
② 理由：水溶液中のイオンが電子を受け取って，亜鉛板に付いたため。 矢印：B
③ 理由：水溶液中のイオンが電子を放出して，亜鉛板に付いたため。 矢印：A
④ 理由：水溶液中のイオンが電子を放出して，亜鉛板に付いたため。 矢印：B
⑤ 理由：亜鉛原子が電子を受け取って，亜鉛板から水溶液中に溶け出したため。 矢印：A
⑥ 理由：亜鉛原子が電子を受け取って，亜鉛板から水溶液中に溶け出したため。 矢印：B
⑦ 理由：亜鉛原子が電子を放出して，亜鉛板から水溶液中に溶け出したため。 矢印：A
⑧ 理由：亜鉛原子が電子を放出して，亜鉛板から水溶液中に溶け出したため。 矢印：B

(3) 実験から，プロペラが回転するための，水溶液や電極について述べたものとして最も適当なものを，次の①～④のうちから一つ選びなさい。

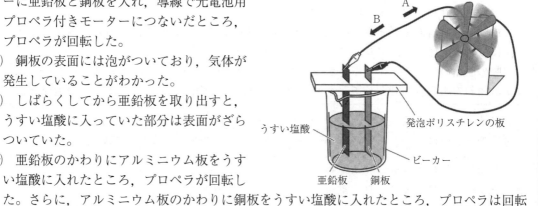

① 電極とする２枚の異なる種類の金属板のうち，一方は溶けてしまうことがあるため，水溶液には必ず酸を用いる。
② 常に新しい２枚の金属板を導線でつなぎ，電流をよく通す物質を水に溶かし，その水溶液を必ず用いる。
③ 砂糖水以外の，水に溶かすと電離する水溶液を用い，電極とする金属板には，電流をよく通す銅でつくられた銅板を用いればよい。
④ 電解質の水溶液をビーカーに入れ，一方の電極にマグネシウム板を用いる場合，もう一方の電極には銅板，亜鉛板，アルミニウム板のいずれを用いてもよい。

(4) 実験の回路の中で，エネルギーが移り変わるようすについて述べた次の文の［P］～［R］にあてはまる語句の組み合わせとして最も適当なものを，あとの①～④のうちから一つ選びなさい。

> 電池は，物質が持つ［　P　］エネルギーを［　Q　］エネルギーに変換し，さらにプロペラ付きモーターは［　Q　］エネルギーを［　R　］エネルギーに変換している。

① P：化学　Q：電気　R：運動
② P：化学　Q：運動　R：電気
③ P：電気　Q：運動　R：化学
④ P：電気　Q：化学　R：運動

4

音の性質を調べるため，次の実験を行いました。これに関して，あとの(1)～(4)の問いに答えなさい。

実験

(i) 図１のように，モノコードに一定の強さで弦をはり，三角柱とＡの間の弦をはじいて出た音をマイクロフォンでコンピューターに取り込んだところ，図２のような波形が表示された。

(ii) 図１で，Ａと三角柱の間隔は変えず，弦をはる強さを(i)と同じにして，(i)より弱い力で弦をはじいて出た音をマイクロフォンでコンピューターに取り込んだところ，図３のような波形が表示された。

(iii) 図１で，三角柱をＡに近い位置に動かし，弦をはる強さは(i)と同じにして，(i)と同じ強さで弦をはじいて出た音をマイクロフォンでコンピューターに取り込んだところ，図４のような波形が表示された。ただし，図２，図３，図４の縦軸は振動の振れ幅を，横軸は時間を表しており，目盛りの取り方はすべて同じであるものとする。

(iv) コンピューターにはチューニングメーターとしての機能があり，図２の音を出したとき，音階がB2(シ)と表示された。また，図４の

図１
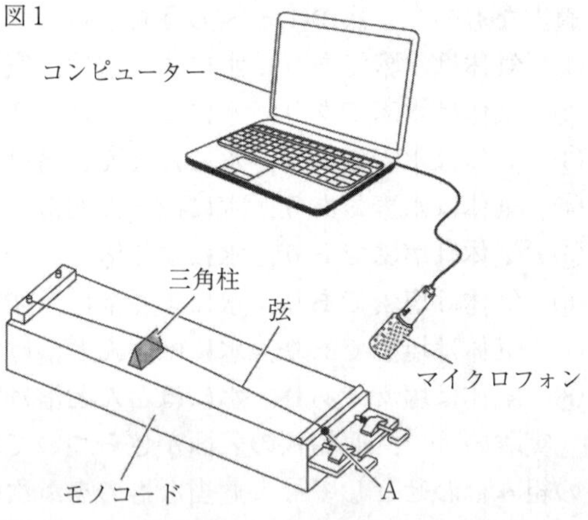

図２
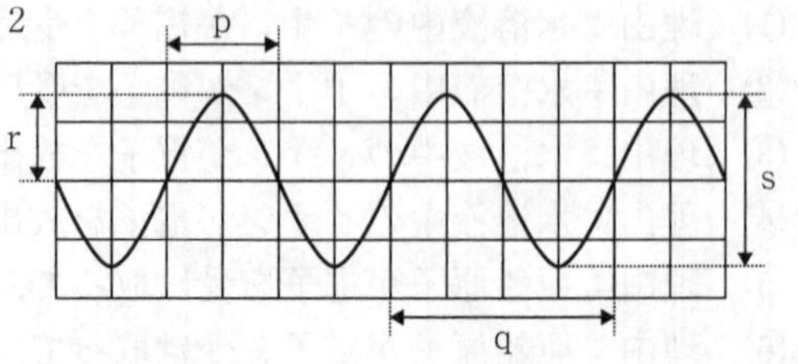

図３
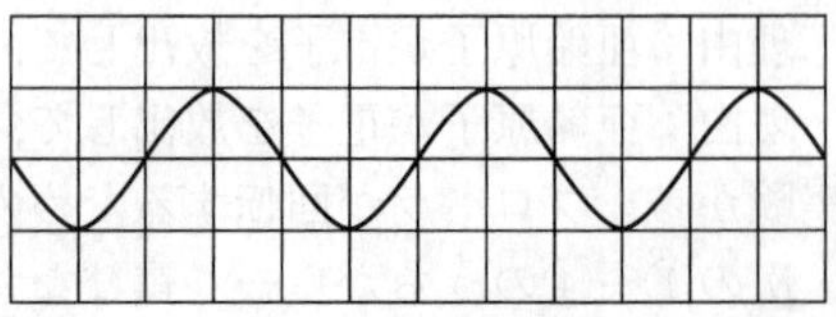

音を出したときは音階がB3(シ)と表示され，図２の音と比べて１オクターブ上がっていることが確認できた。

図４

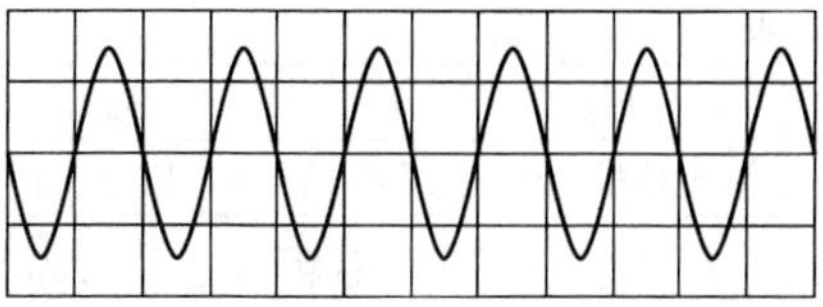

(1)　図２の波形で，１回の振動と振幅を表す矢印の記号の組み合わせとして最も適当なものを，次の①～⑧のうちから一つ選びなさい。

①　１回の振動：p　振幅：r　　②　１回の振動：p　振幅：s
③　１回の振動：q　振幅：r　　④　１回の振動：q　振幅：s
⑤　１回の振動：r　振幅：p　　⑥　１回の振動：r　振幅：q
⑦　１回の振動：s　振幅：p　　⑧　１回の振動：s　振幅：q

(2)　図２の波形で示された音は何Hzの音か。[X]～[Z]にあてはまる数字を一つずつ選びなさい。ただし，図２の横軸の１目盛りを0.002秒とする。

[X][Y][Z]Hz

(3)　実験の(ⅰ)で出た音と比べたときの(ⅱ)で出た音の変化と，実験の(ⅰ)で出た音と比べたときの(ⅲ)で出た音の変化との組み合わせとして最も適当なものを，次の①～④のうちから一つ選びなさい。

	実験の(ⅰ)で出た音と比べたときの(ⅱ)で出た音の変化	実験の(ⅰ)で出た音と比べたときの(ⅲ)で出た音の変化
①	低くなった。	高くなった。
②	低くなった。	大きくなった。
③	小さくなった。	高くなった。
④	小さくなった。	大きくなった。

(4)　実験の(ⅳ)から，コンピューターにG2(ソ)と表示された音が98Hzであるとき，G5(ソ)の音は何Hzか。最も適当なものを，次の①～⑧のうちから一つ選びなさい。

①　196Hz　②　294Hz　③　392Hz　④　490Hz
⑤　588Hz　⑥　686Hz　⑦　784Hz　⑧　882Hz

5　刺激に対する反応について調べるため，次の実験を行い，資料を取り寄せました。これに関して，あとの(1)～(4)の問いに答えなさい。

実験

(ⅰ)　AさんとBさんは２人１組になり，Aさんはものさしの上端をつかみ，Bさんはものさしの０の目盛りのところに指をそえて，いつでもつかめるようにした。

(ⅱ)　Aさんは，予告せずにものさしから手を放し，Bさんは，ものさしが落ち始めるのを見たら，すぐにものさしをつかんだ。このとき，ものさしの０の目盛りからどのくらいの距離でつかめたかを測定し，その距離を記録した。

　次のページの表は，この試行を５回行った結果をまとめたものである。

図１

表

回数	1	2	3	4	5
測定結果〔cm〕	17.5	20.0	18.5	19.8	19.2

(iii) ものさしが落ちる距離と，ものさしが落ちるのに要する時間の関係を調べた。図２は，その関係を表すグラフである。

図２

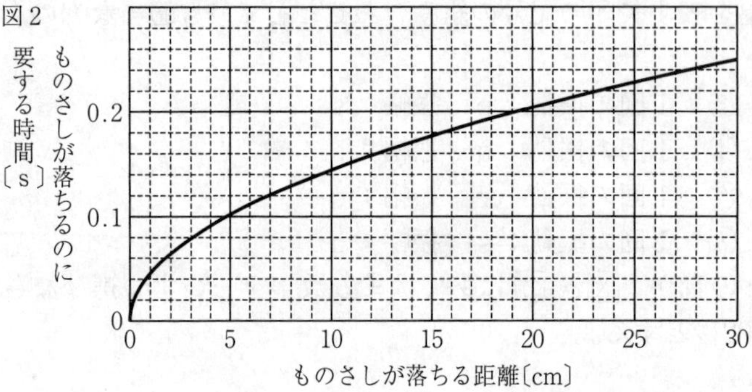

資料

意識してから行動するまでの時間が短い反応についてのテーマ学習で，車の急ブレーキを取り上げ，資料を取り寄せた。そこには，危険を察知してからブレーキを踏むまでの時間には個人差があることなどが書かれていた。

(1) 実験で，Ｂさんにおいて，ものさしが落ち始めるのを見てからものさしをつかむまでの，体の中で信号が伝わる経路として最も適当なものを，次の①～⑥のうちから一つ選びなさい。

① 目→感覚神経→脳→せきずい→運動神経→手の筋肉

② 目→感覚神経→せきずい→脳→せきずい→運動神経→手の筋肉

③ 目→せきずい→感覚神経→脳→せきずい→運動神経→手の筋肉

④ 目→運動神経→脳→せきずい→感覚神経→手の筋肉

⑤ 目→運動神経→せきずい→脳→せきずい→感覚神経→手の筋肉

⑥ 目→せきずい→運動神経→脳→せきずい→感覚神経→手の筋肉

(2) 実験で，Ｂさんが，ものさしが落ち始めるのを見てからものさしをつかむまでに要した時間として最も適当なものを，次の①～⑤のうちから一つ選びなさい。ただし，実験の(ii)における５回の試行の平均値と，(iii)のグラフを用いなさい。

① 0.175秒　② 0.189秒　③ 0.197秒

④ 0.208秒　⑤ 0.220秒

(3) 実験でのＢさんの反応と異なり，刺激に対して意識と関係なく起こる反応として最も適当なものを，次の①～⑥のうちから一つ選びなさい。

① 背後から急に名前を呼ばれ，思わずふりかえった。

② 100ｍ走で，ピストルの音がした瞬間に走りだした。

③ バレーボールで，目の前に速いボールが飛んできたのでレシーブした。

④ 洗面器にためた水の中に手を入れたらとても冷たく，顔を洗うのをためらった。

⑤ 鏡で顔を見ていたら電灯がついて明るくなり，ひとみの大きさが小さくなった。

⑥ 香りのよい花があったので，自発的に鼻を近づけてにおいをかいだ。

(4) 資料から，時速54kmで車を運転中に，危険回避のため急ブレーキを踏む反応において，刺激に対する反応が0.120秒かかる人と0.230秒かかる人の，ブレーキを踏むまでに進む車の距離の差は何mか。[X]～[Z]にあてはまる数字を一つずつ選びなさい。
[X].[Y][Z]m

6 星座の動きを調べるため，日本のある場所で，次の観測1，2を行いました。これに関して，あとの(1)～(4)の問いに答えなさい。

観測1
図1は，日本のある場所で，ある日の夜に北の空を観測したときに見られた北極星と星座Mの位置をそれぞれ示している。ただし，点線は，北極星を中心に北の空を45°間隔に8等分しているものとする。

観測2
図2は，太陽のまわりを公転する地球と，いくつかの星座の位置関係を模式的に表したものである。また，図中のP～Sは，春分，夏至，秋分，冬至のいずれかの日の地球の位置を示している。
観測1と同じ日の夜に観測したとき，南の空高くにおうし座を見ることができた。

図1
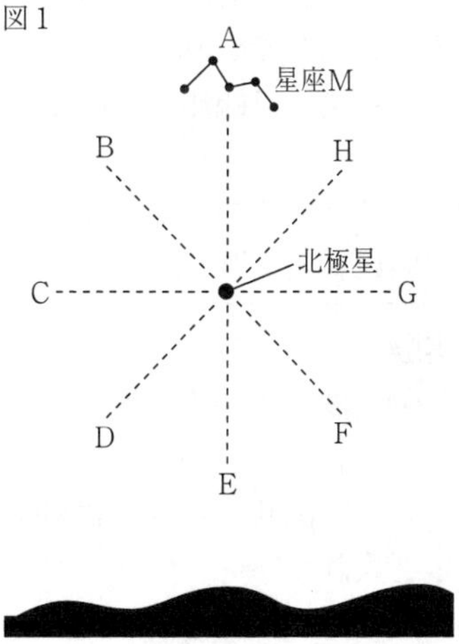

図2
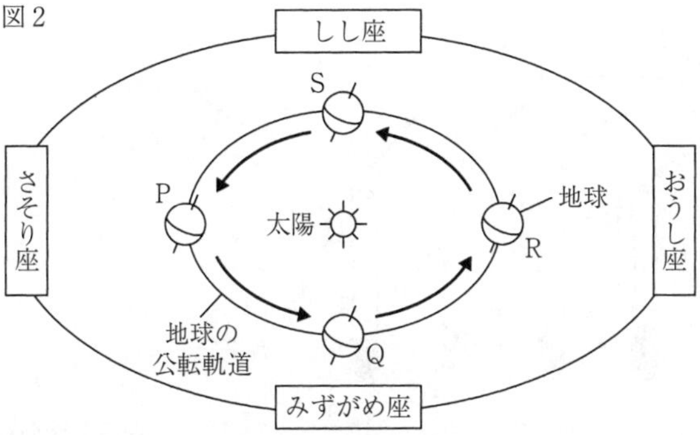

(1) 観測1で星座MがAの位置に見えた時刻から，9時間後の星座Mの位置として最も適当なものを，次の①～⑧のうちから一つ選びなさい。
① A　② B　③ C　④ D　⑤ E　⑥ F　⑦ G　⑧ H

(2) 観測1で星座Mを観測してから，3か月後の同じ時刻に星座Mが見えるようすとして最も適当なものを，次の①～⑧のうちから一つ選びなさい。ただし，①～⑧は，北極星を中心としたときに見えるようすを表したものとする。

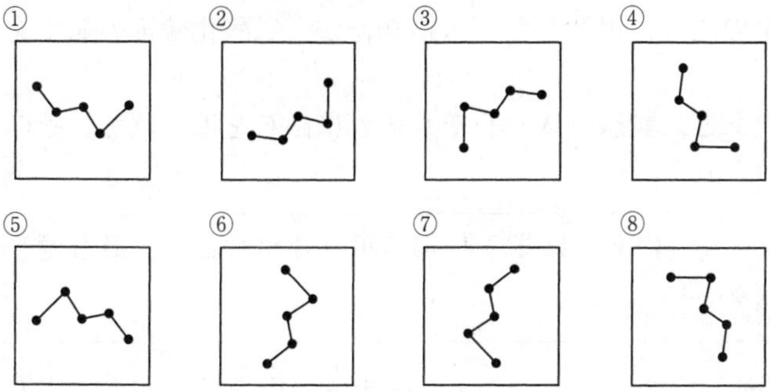

(3)　図２から，日本の冬至の日，真夜中に西の空に沈む星座として最も適当なものを，次の①～④のうちから一つ選びなさい。

①　しし座　　②　さそり座　　③　みずがめ座　　④　おうし座

(4)　観測２を行った日から３か月後，観測２と同じ方位におうし座がある時刻として最も適当なものを，次の①～⑦のうちから一つ選びなさい。

①　観測２で観測した時刻の９時間前の時刻　　②　観測２で観測した時刻の６時間前の時刻
③　観測２で観測した時刻の３時間前の時刻　　④　観測２で観測した時刻と同じ時刻
⑤　観測２で観測した時刻の３時間後の時刻　　⑥　観測２で観測した時刻の６時間後の時刻
⑦　観測２で観測した時刻の９時間後の時刻

7　鉄と硫黄の反応について調べるため，次の実験を行いました。これに関して，あとの(1)～(4)の問いに答えなさい。

実験

(i)　鉄粉４ｇと硫黄の粉末２ｇをよく混ぜ合わせ，図１のように，試験管Ａに入れた。同様に，鉄粉3.5ｇと硫黄の粉末２ｇをよく混ぜ合わせて試験管Ｂに，鉄粉３ｇと硫黄の粉末２ｇをよく混ぜ合わせて試験管Ｃに，鉄粉2.5ｇと硫黄の粉末２ｇをよく混ぜ合わせて試験管Ｄに入れた。

図１

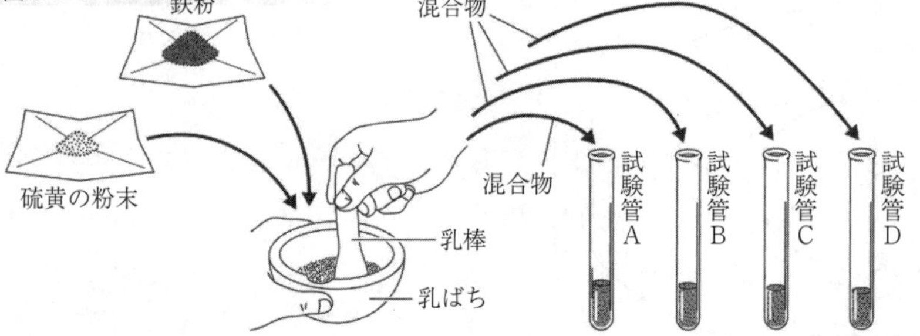

(ii)　図２のように，それぞれの試験管に磁石を近づけたところ，すべての試験管が磁石に引きつけられた。

図２

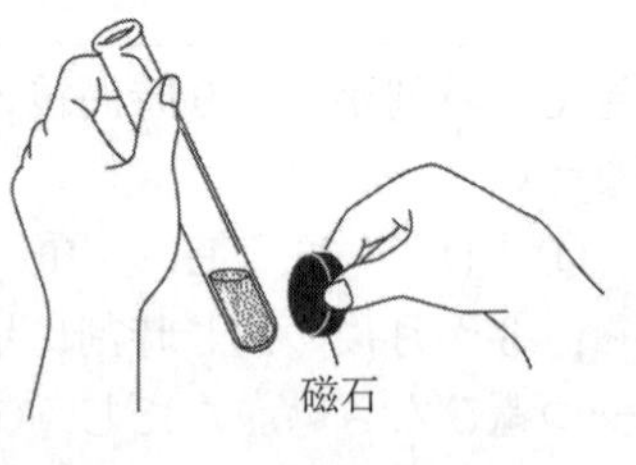

図３

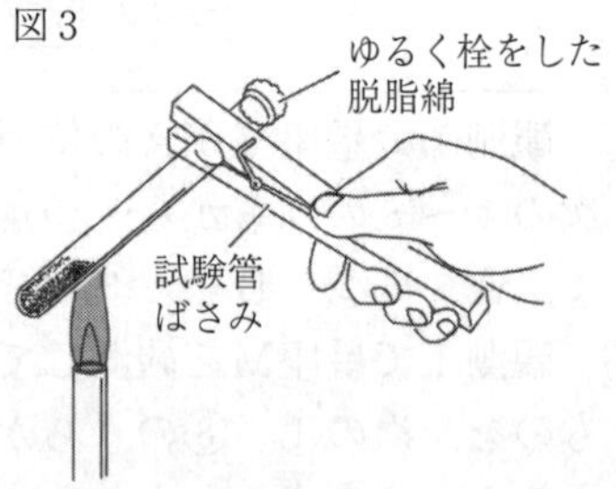

(iii)　試験管Ｄはそのまま放置し，試験管Ａ～Ｃは，それぞれ図３のようにガスバーナーで加熱した。反応が始まったところでガスバーナーの火を消したが，すべての試験管で反応が続いた。このとき，試験管Ｃのみ，安全のために用意したガス検知器が，二酸化硫黄の発生を知らせた。

(iv)　反応が終わり，試験管が十分冷えたあと，試験管Ａ～Ｄそれぞれに磁石を近づけた。その結果，試験管ＡとＤが磁石に引きつけられた。

(1)　実験の(iii)について述べた次の文の［Ｐ］，［Ｑ］にあてはまる語句の組み合わせとして最も適当なものを，あとの①～④のうちから一つ選びなさい。

この化学変化は［　Ｐ　］であり，反応が始まってからガスバーナーの火を消しても，生じた熱によって反応が継続する。また，混合物の下の方を熱すると，[Q]ため，混合物の上の方を熱する。

① P：燃焼　Q：とけた鉄と硫黄が下に落ちてきて硫化鉄と反応してしまう
② P：燃焼　Q：反応していない鉄と硫黄が下に落ちてきて熱がこもってしまう
③ P：化合　Q：とけた鉄と硫黄が下に落ちてきて硫化鉄と反応してしまう
④ P：化合　Q：反応していない鉄と硫黄が下に落ちてきて熱がこもってしまう

(2) 実験から，鉄と硫黄が過不足なく反応するときの質量の比を表したものとして最も適当なものを，次の①～⑥のうちから一つ選びなさい。

① 3：4　② 5：4　③ 7：4　④ 3：2　⑤ 5：2　⑥ 7：2

(3) 実験の(iv)のあと，試験管Aにうすい塩酸を加えたとき，化学変化によって新たに生じる気体をすべて挙げたものとして最も適当なものを，次の①～⑦のうちから一つ選びなさい。

① 水素　② 塩素　③ 硫化水素
④ 水素と塩素　⑤ 水素と硫化水素　⑥ 塩素と硫化水素
⑦ 水素と塩素と硫化水素

(4) 鉄粉と硫黄の粉末が反応するようすを原子のモデルで表したものとして最も適当なものを，次の①～⑤のうちから一つ選びなさい。ただし，●は鉄原子１個を，○は硫黄原子１個を表すものとする。

① ●　＋　○　→　●○
② ●　＋　○　→　◐ ◐
③ ●　＋　○　→　◐
④ ●●　＋　○　→　●○●
⑤ ●　＋　○○　→　○●○

8 小球の運動とエネルギーについて調べるため，次の実験１，２を行いました。これに関して，あとの(1)～(4)の問いに答えなさい。ただし，空気抵抗はなく，小球と斜面との間には摩擦がなく，木片とレールとの間には一定の大きさの摩擦がはたらくものとします。

実験１
(i) 図１のように，水平な台に斜面をおき，小球を斜面のいろいろな高さから静かに放して木片に当て，木片の移動距離を調べた。

図１

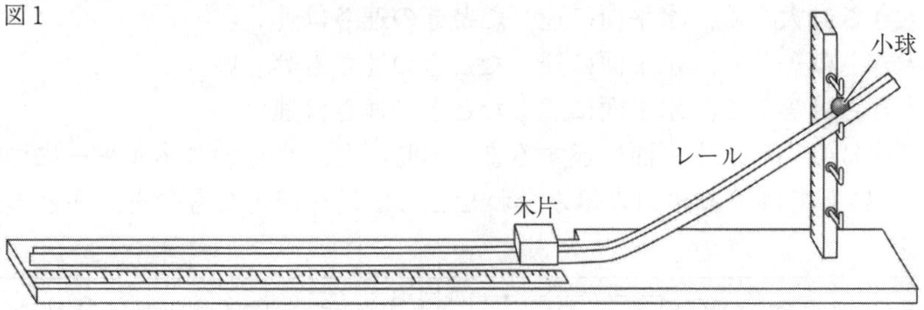

(ii) 質量20g，30g，60gの小球を用いて，それぞれについて高さを4.0cm，8.0cm，12.0cmと変えて測定した。

(iii) (ii)で測定した木片の移動距離をまとめると表のようになり，その関係をグラフに表すと図2のようになった。

表

	20gの小球	30gの小球	60gの小球
高さ4.0cm	1.3cm	2.0cm	4.0cm
高さ8.0cm	2.7cm	4.0cm	8.0cm
高さ12.0cm	4.0cm	6.0cm	12.0cm

図2

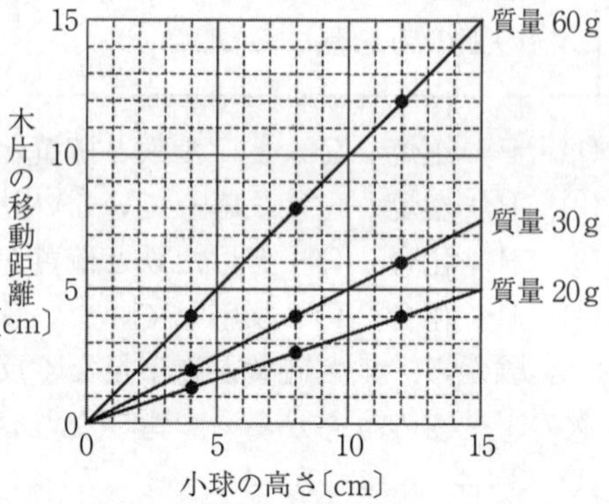

実験2

(i) 図3のように，斜面Aと，傾きが斜面Aより大きい斜面Bをおき，小球の運動を調べた。

(ii) 質量が20gの小球を，どちらの斜面についても12.0cmの高さから静かに放して転がしたところ，木片の移動距離は斜面A，斜面Bともに4.0cmだった。

図3

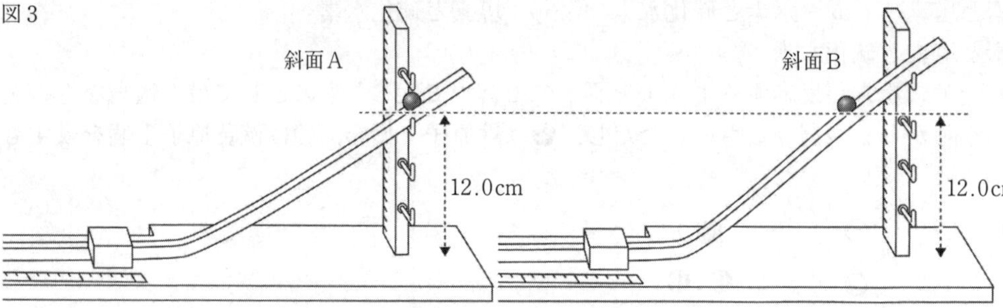

(1) 実験1の結果から，質量30gの小球を11.0cmの高さで放して転がしたとき，木片は何cm移動すると考えられるか。[W]，[X]にあてはまる数字を一つずつ選びなさい。

[W].[X] cm

(2) 実験1の結果から，質量20gの小球を15.0cmの高さで放したときの木片の移動距離と同じにするには，質量60gの小球を何cmの高さで放せばよいか。[Y]，[Z]にあてはまる数字を一つずつ選びなさい。

[Y].[Z] cm

(3) 実験2の斜面Bについて，斜面Aと比較したときの，小球にはたらく斜面に平行な力(重力の分力)の大きさと，水平面に達したときの小球の速さについて述べたものとして最も適当なものを，次の①～④のうちから一つ選びなさい。

① 斜面に平行な力の大きさは大きく，水平面に達したときの速さは等しい。
② 斜面に平行な力の大きさは大きく，水平面に達したときの速さは速い。
③ 斜面に平行な力の大きさは等しく，水平面に達したときの速さも等しい。
④ 斜面に平行な力の大きさは等しく，水平面に達したときの速さは速い。

(4) 実験2で，斜面Aと斜面Bの小球が水平面に達するまでの時間と，小球のエネルギーについて述べた次の文の[P]，[Q]にあてはまる語句の組み合わせとして最も適当なものを，あとの①～⑨のうちから一つ選びなさい。

> 小球が水平面に達するまでの時間は[P]，水平面での小球の運動エネルギーは[Q]。

① Ｐ：斜面ＡとＢで等しく　Ｑ：斜面ＡとＢで等しい
② Ｐ：斜面ＡとＢで等しく　Ｑ：斜面Ａの方が大きい
③ Ｐ：斜面ＡとＢで等しく　Ｑ：斜面Ｂの方が大きい
④ Ｐ：斜面Ａの方が短く　Ｑ：斜面ＡとＢで等しい
⑤ Ｐ：斜面Ａの方が短く　Ｑ：斜面Ａの方が大きい
⑥ Ｐ：斜面Ａの方が短く　Ｑ：斜面Ｂの方が大きい
⑦ Ｐ：斜面Ｂの方が短く　Ｑ：斜面ＡとＢで等しい
⑧ Ｐ：斜面Ｂの方が短く　Ｑ：斜面Ａの方が大きい
⑨ Ｐ：斜面Ｂの方が短く　Ｑ：斜面Ｂの方が大きい

2　紙に書かれた字は、ためらいのない湧蓮法師の筆跡に見えるので、湧蓮法師の心中がわかるようだということ。
3　紙に書かれた歌は疑いなく湧蓮法師の技量が表れているので、湧蓮法師の作った歌だとわかったということ。
4　紙に書かれた字は確実に湧蓮法師の筆跡に見えたので、この家に湧蓮法師がいるようだということ。

問六　傍線部5「かくてもあるべきならねば」の意味として最適なものを後より一つ選び番号で答えなさい。
1　このように待つことをしてはいけないので
2　いつまでもこうして待っていないといけないので
3　ずっとこのまま待ち続けてはいられないので
4　こうやって待ち続けていたいので

問七　傍線部6「住む方は都の西と聞きながら霞隔てて春を経にけり」の和歌の説明として最適なものを後より一つ選び番号で答えなさい。
1　霞がかかると近くの風景さえも不鮮明になってしまう情景の描写によって、居場所を聞いているのに具体的なことがわからなかったという困惑を表現している。
2　霞がかかったので、春が訪れたことを敏感に感じ取ったという描写によって、なかなか会えないためいっそう会いたくなったという心情を表現している。
3　場所がわかっていても霞がかかると見えなくなって遠く感じる様子の描写によって、近くまで来ているのに会えないもどかしさを表現している。
4　近くであっても霞がかかると何が起きているかわからないと思う様子の描写によって、そばにくるとかえって気持ちが離れる寂しさを表現している。

問八　傍線部7「春霞へだてこし身のおこたりを今さら悔し君に訪はれて」から読み取れる湧蓮法師の心情の説明として最適なものを後より一つ選び番号で答えなさい。
1　冷泉大納言と遠く離れたままにしてしまったのは誤りで、会えなかったことが悲しいという思い。
2　冷泉大納言が詠んだ歌は意味不明で誤りだらけなので、かつての歌仲間として情けないという思い。
3　冷泉大納言の行動は礼儀に反する誤ったものだと感じ、もう二度と会いたくないという思い。
4　冷泉大納言が訪ねてきたときに出かけていた自分の行動は誤りで、あのとき出かけたことを悔やむ思い。

問九　本文の内容として不適当なものを後より一つ選び番号で答えなさい。
1　湧蓮法師の暮らしている家はすっかり乱れた状態で、初め冷泉大納言には誰もいないように見えた。
2　冷泉大納言は夕方ごろに湧蓮法師の家に入り、月が見えるようになる頃にもまだそこで過ごしていた。
3　湧蓮法師の詠んだ和歌は、炭を運んでいる男が、冷泉大納言の屋敷まで持ってきた。
4　湧蓮法師は世間をうとましく思う人物で、いつだれが亡《な》くなるかわからないこの世の空虚さを和歌にした。

と書き付けて、机の上に打ち置きてぞ帰らせ給ひける。日数過ぎて冷泉殿の＊11健児所《こんでいどころ》へ炭荷《にな》ひたる男、紙を結びたる物を持て来たり、「これ奉《たてまつ》らせ給へ」とて置きて出《いで》ぬ。取りて見給へば、

7春霞へだてこし身のおこたり(あやまちを)を今さら悔し君に訪《と》はれて

と書きたり。其の後はいかがなりけん。此《こ》の法師、＊12茶毘《だび》の煙を詠《よ》みける。

野べ見ればしらぬ煙のけふも立つあすの薪《たきぎ》や誰《た》が身なるらん

（『落栗物語』）

＊1 湧蓮法師…江戸時代の僧侶、歌人。
＊2 伊勢の国…現在の三重県の旧国名。
＊3 冷泉大納言…冷泉為村。
＊4 嵯峨野…地名。現在の京都市右京区嵯峨付近の台地のこと。
＊5 小倉山…現在の京都市右京区嵯峨西部にある山。
＊6 柴の編戸…柴を編んでできている戸。
＊7 炭櫃…いろり。
＊8 手取り鍋…手で持つことができるようなつるのついた鍋。
＊9 天目…茶の湯で用いるすり鉢の形の茶碗《ちゃわん》。
＊10 畳紙…懐《ふところ》にしまっておき、歌などを書いたり、鼻をかむときに用いたりした紙。
＊11 健児所…使用人などを管理するところ。
＊12 茶毘…火葬。

問一 本文中に「　」（かぎかっこ）のついていない会話文が一箇所ある。その会話文の初めと終わりの組み合わせとして最適なものを後より一つ選び番号で答えなさい。

1 そこの～国より　2 そこの～見給へ
3 それに～国より　4 それに～見給へ

問二 傍線部1「かくては猶事に触れて世の交はり止む時なし」の意味として最適なものを後より一つ選び番号で答えなさい。

1 寺を所有していると、いつか何かあっても現世で人とのかかわりがなくなってしまうことだ
2 世間を遠ざける気持ちが強いと、逆に何かにつけて世間からかかわりを求め続けられることだ
3 世間を嫌う思いが強くなると、さらに何かにつけて世間との付き合いを避けたくなるようだ
4 寺を所有したままだと、やはり何かにつけて世間との付き合いをしなくてはいけないようだ

問三 傍線部2「自らおはして」とはどういうことか。その説明として最適なものを後より一つ選び番号で答えなさい。

1 冷泉大納言が、西嵯峨野にいるという湧蓮法師を、人を使って探させていたが、まったく見つからないので、自分で探しに行ったということ。
2 冷泉大納言が、人から頼まれて、西嵯峨野にいるという湧蓮法師を探していたが、なかなか見つからないので自分の責任を感じたということ。
3 冷泉大納言は、湧蓮法師から西嵯峨野に来るように頼まれる度に代理の者を遣わせていたが、人がいないときには、自分で行くようにしたということ。
4 冷泉大納言は、湧蓮法師に対して西嵯峨野から戻るように促したが、湧蓮法師がその気にならないので、自分から会いに行ったということ。

問四 傍線部3「露打ち払ふて」の動作主として最適なものを後より一つ選び番号で答えなさい。

1 湧蓮法師　2 冷泉大納言
3 草刈童　4 伊勢の国から訪ねてきた人

問五 傍線部4「紛ふべくもなき彼の法師が手なれば、さてはさなんめり」とはどういうことか。最適なものを後より一つ選び番号で答えなさい。

1 紙に書かれた歌は、迷いのない湧蓮法師の技量が表れているので、湧蓮法師が近くにいるようだということ。

更を提案したのに、朔が素直に受け入れたため、思惑がはずれ失望しているが、朔は新の提案の意図や思いを見抜いて、自分を試そうとする新を逆に見返してやろうと、負けん気を覚えている。

4　新は、実現の難しい提案をすることで朔の陸上への思いを確かめようとしていたのに、朔がすぐに返答したため気持ちをはかりかねて動揺し、朔はそんな新の様子をおかしく思いながらも、やっと価値のある練習をできることに、喜びを感じている。

問十　本文の説明として最適なものを後より一つ選び番号で答えなさい。

1　文章全体を通して朔と新の率直なやりとりがわかる会話文で構成されていて、前半の会話文以外の部分は、新の視点から朔に対する反発心を描き、後半の会話文以外の部分は朔の視点から陸上の奥深さを描くことで、新が朔に対して複雑な感情を抱く一方、朔は自由であるという関係性が表現されている。

2　文章全体に渡って朔と新の会話を中心に物語が描かれているが、前半の会話文はテンポよく進めるとともに、比喩を用いた情景描写を多く取り入れて、日常のゆったりとした雰囲気を演出し、後半は陸上の専門的な用語を交えた会話文とともに、風景の写実的な表現を用いて、緊張感のあふれる雰囲気を作り出している。

3　文章全体を通して朔と新の会話文を中心に構成されているが、会話文のほかに、前半では二人の表情や動きを丁寧に描写することによって人柄をわかりやすく伝え、後半では二人の内面の描写を詳しく描くことによって互いがどう思っているかという関係性を明らかにしている。

4　文章全体に渡って朔と新の会話で物語が展開するが、前半は部屋の中で会話する場面を通して重苦しくなっていく二人の関係を表現し、後半は外で練習する場面に移り、陸上の専門用語を多く取り入れながら、二人がより深く陸上に向き合い、陸上を通して互いの理解を深めていくきざしを感じさせている。

三　次の文章は『落栗物語《おちぐり》』の一部である。これを読んで後の設問に答えなさい。

＊1湧蓮《ようれん》法師は＊2伊勢《いせ》の国の人なるが、和歌を好みて＊3冷泉《れいぜい》大納言《だいなごん》の許《もと》へ親しく参り通ひける。始めは寺を持ちて有りしかど、世を厭《いと》ふ志深かりしほどに、1かくては猶《なほ》事に触れて世の交はり止《や》む時なしとて、寺を捨てて何地《いづち》ともなく失《う》せにけり。年経て後、都の西《にし》＊4嵯峨野《さがの》の奥に在りしと聞こえしかば、大納言人して度々求めらるるに、さる者なしとて空《むな》しく帰りしほどに、後には2自《みづか》らおはして、かなたこなた懇《ねんご》ろに尋《たづね》らるれど、定かに知る人もなし。尋ねわびて夕つかた、＊5小倉山《をぐらやま》の辺りにたたずみておはするに、草《くさ》刈童《かりわらは》の過ぎけるを、呼びとどめて問はせ給《たま》ふに、そこの林の中に、＊6柴《しば》の編戸《あみど》したる庵《いほり》あり。それに住《あ》る古法師を、伊勢の国よりとおして、折《をり》ふし《（ときどき）》は人の訪《とぶら》ひ来る事のさむらふなり。行きて見給へとおしゆ。やがて《（すぐに）》尋ねおはしたれば、門を開きてありし程に、さし覗《のぞ》き見給ふに、軒端《のきば》傾《かたぶ》き破れ、庭には春の草生ひ茂りたり。3露打ち払ふて入りたれば、小さき家のただ一間なるに、＊7炭櫃《すびつ》の火かすかに残りて、＊8手取り鍋と云《い》ふ物を其《そ》の上に釣りたり。あたりに古き＊9天目《てんもく》めく物二つあり。窓のもとに足折れて紙縷《かうより》にて結《ゆ》はへし机の上に、墨筆かけたる硯《すずり》、和歌の集の表紙かたかた、落ちたるなど、五六巻も引き散らしたるばかりにて、主は見えず。ほとりの《（近くの）》紙に文字のありしを見給ふに、4紛《まが》ふべくもなき彼《か》の法師が手なれば、さてはさなんめりと思《おぼ》して、やがても帰るべきかとて、久しく待たれしかど音もなし。日も暮れて月の光り隈《くま》なくさし入りたり。5かくてもあるべきならねば、＊10畳紙《たたうがみ》取り出《いだ》して、6住む方は都の西と聞きながら霞《かすみ》隔てて春を経にけり

3　A＝い、いや、大丈夫
　B＝え？
　C＝それどんなのか説明してくれないと
　D＝きつそうだな
4　A＝きつそうだな
　B＝それどんなのか説明してくれないと
　C＝い、いや、大丈夫
　D＝え？

問七　傍線部4「今朝、新が下りてきたときほっとした」とあるが、この部分の朔の心情の説明として最適なものを後より一つ選び番号で答えなさい。

1　先日の新との言い合いは、幼い頃のような感情をぶつけあうものではなく、互いに心の底に何かを抱えて本心を見せ合わないまま気まずくなったものだったため、新にどう接するべきなのか悩んでいたが、新がふだんと変わらない様子だったので、ひとまず心配から解放されて落ち着いた気持ちでいる。
2　先日の新との言い合いは、幼い頃のように反抗してくる新の相手をしてやるものではなく、何かに我慢していた様子の新に対して、一方的に自分の気持ちを押し付けて関係を悪化させてしまったため、情けなさを感じていたが、新の様子は普段通りだったので、許してくれたのだろうと安心した思いでいる。
3　先日の新との言い合いは、幼い頃のように自分が優位に立って物事を進められるものではなく、わかりあおうとして何かを言うたびにすれちがってしまうもので何も解決しなかったが、新が平然と姿を見せたことで、もう一度話し合えばわかりあえるかもしれないと、かすかな期待を感じている。
4　先日の新との言い合いは、幼い頃あったような新が素直に気持ちを見せるものではなく、反抗を見せながらも新自身が何かに落ち込んでいるように感じられたため、新のことを心配しつつも会いたくないと思っていたが、新はすっきりした様子だったので、悩みは解消したのだろうと緊張が解けている。

問八　傍線部5「オレとしては、新がそうやって練習メニューを考えてくれるの、すげーありがたいんだけど」とあるが、このように言ったときの朔の心情の説明として最適なものを後より一つ選び番号で答えなさい。

1　朔の提案を、新がちゃんと聞いてくれて準備をしてくれたことはうれしいが、朔がついていけないくらいに、新の方が力を入れこんでいるので、もう少し冷静になってほしいと思っている。
2　先日まで乗り気ではなかった朔の提案を、新の方からやる気になって助けてくれるのはうれしいが、また気持ちが変わって、反対されるのではないだろうかと疑わしく思っている。
3　朔が提案したときには新が反発していたことを、突然新の方から積極的にやり始め、そのきっかけが何なのかもわからないため、素直に受け取ることができず、困惑している。
4　先日は強く抵抗していた朔の提案に対して、新が急に力を貸すようになったことを不審に感じ、また、新の陸上に関する知識の豊富さに圧倒され、不気味に感じている。

問九　傍線部6「新が口ごもると朔は口角をあげた」とあるが、この部分の説明として最適なものを後より一つ選び番号で答えなさい。

1　新は、フォームの変更を提案してみたものの、朔の様子がやりたくなさそうに見えたので、突然前向きになった朔の態度に驚いており、朔は、そのような自分を見くびっているような新の態度が気に入らないので、新を挑発する態度を見せている。
2　新は、フォームを変えるという簡単ではない提案をしたのに、悩むことなく決断した朔の返答をうまく理解できずにいるが、朔はそんな新の反応をおもしろがりながら、新が難度の高い練習を勧めてきたことにやりがいを感じ、やる気を出している。
3　新は、自信過剰な朔に現実を思い知らせようとフォームの変

1　確実な状態で
2　意欲がわいたように
3　しっかり整った状態で
4　突如として

ウ　奇異の目で

1　物珍しそうに　2　避けるように
3　しらけたように　4　気の毒そうに

問三　傍線部1「ばりばりばりと大木を引き裂くような音に、朔はびくりとして窓のほうに顔を向けた」に、活用のある付属語はいくつ用いられているか。最適なものを後より一つ選び番号で答えなさい。

1　一つ　2　二つ　3　三つ　4　四つ

問四　傍線部2「ぐっと喉を鳴らして、新は鼻の上にしわを寄せた」とあるが、このときの新の心情として最適なものを後より一つ選び番号で答えなさい。

1　陸上の練習を始めてまだ間もない朔が、自分から練習の内容を変えたいと言い出したのは、新のことをおもしろがってからかっているからだと思い、新自身が過去に必死に取り組んでいた陸上を朔が甘く見ていると感じて、怒りがこみあげている。

2　陸上の練習を始めてまだ間もなく、能力が高いともいえないのに、競技として取り組もうと心から思っている朔の、陸上の難しさを知らない非常識さにあきれると同時に、競技に取り組ませたら朔が危ない目にあうのではないかと心配もしている。

3　陸上の練習を始めてまだ間もない朔が、競技として取り組みたいということを真剣な様子で口にするのを見て、陸上の世界の厳しさを知らない気楽さ、何も恐れないような精神的な強さと朔自身の思い上がりが感じられ、苛立ちを覚えている。

4　陸上の練習を始めてまだ間もなく、実力もない朔が、具体的に目標を定めようとする様子から、陸上に対する熱意が伝わり後押ししたくなったが、目が見えない中で競技に取り組む危険性を考えて止めるべきだと感じ、どう話そうか悩んでいる。

問五　傍線部3「どろりとしたものが新の内側にこみ上げる」とあるが、この部分の説明として最適なものを後より一つ選び番号で答えなさい。

1　新にとっては、また陸上をしたいということは考えないようにしてきたことだったのに、朔に率直に指摘されて悔しさを感じつつも、その素直さがうらやましくもあって、嫉妬心と劣等感に苦しめられたということ。

2　新にとっては、新の気持ちをわかったつもりで陸上に誘う朔の行動は、自分を傷つける行為でしかなく、朔を苦しめるのはいやだが、はっきりとそのことを伝えないといけないという切迫感におそわれているということ。

3　新にとっては、陸上の練習は朔のやりたいことに付き合ってやっているだけなので、まるで新のためだとでも言うような朔の言葉に意表を突かれ、激しい怒りに襲われて、不満をぶつけたい衝動に駆られたということ。

4　新にとっては、一緒に陸上の練習をしたいという新の心を見透かしたような朔の言動は恩着せがましいもので、また、自分にはない朔の純粋さがにくらしくもあり、朔に対して攻撃的な気持ちになったということ。

問六　本文中の[A]～[D]に入る言葉の組み合わせとして最適なものを後より一つ選び番号で答えなさい。

1　A＝い、いや、大丈夫
B＝それどんなのか説明してくれないと
C＝え？
D＝きつそうだな

2　A＝きつそうだな
B＝え？
C＝い、いや、大丈夫
D＝それどんなのか説明してくれないと

た。土の匂いがする。
「フォーム、変えてみようか」
「へっ？」
　朔は手を地面につけて、からだを起こした。
「フォームって、走りの？」
　うん、と新は芝の上に腰をおろした。
「朔の走りかたは歩幅が小さいんだ。それが悪いってわけじゃないよ。歩幅を短く刻んで回転数を上げていく走りかたをピッチ走法っていうんだけど、足首への負担が軽くて、ケガなんかも少ない。日本人には合ってるともいわれてる。ただ回転数が多い分、疲れるんだよ」
　真剣な表情で頷く朔を見て、新は話を続けた。
「反対に歩幅を広くとるストライド走法っていうのは、足への負担はあるし、筋力のある人に向いてるっていわれてる」
「なら、やっぱりオレはピッチ走法のほうが向いてるんじゃないの？」
「ストライド走法は、スピードが出やすい」
　新は唇をなめた。
「朔は筋力はあるとはいえないけど股関節が柔らかい。股関節が柔らかいってことは、関節の可動域が広いってことだよ。それをいかしてみるってのもアリなんじゃないかと思う」
「やる」
　へっ？　虚を突かれたような声を新は漏らした。
「なんだよ、気の抜けた声出して」
「いや、だって即答するから」
　6新が口ごもると朔は口角をあげた。
「オレがやらないって言うと思ったわけ？」
「そういうわけじゃないけど……フォーム変えるってけっこう大変だから」
「でも新はやってみる価値があると思ったんだろ？」
「そう、だけど」
「ならやる」
　朔は頬を伝う汗を手の甲で拭《ぬぐ》うと、立ち上がった。
　さわさわと木々の葉が揺れる。柔らかい風が肌を撫《な》でるようにして通り抜けていく。
「帰ろう」
　そう言って朔が伸ばした手を新はつかんで、腰をあげた。

（いとうみく『朔と新』）

＊1　ジョグ…ジョギングの略。
＊2　トラック…競走用の走路。

問一　二重傍線部a～cのカタカナの部分を漢字に改めたとき、同じ漢字を用いるものはどれか。後より選びそれぞれ番号で答えなさい。

a　ノばす
1　支エン　2　エン岸
3　遅エン　4　血エン

b　ヒビく
1　影キョウ　2　キョウ台
3　妥キョウ　4　即キョウ

c　キタえられる
1　濃タン　2　タン錬
3　感タン　4　大タンな

問二　傍線部ア～ウの意味として最適なものを後より選びそれぞれ番号で答えなさい。

ア　抑えた声
1　遠くまで聞こえないようにした声
2　感情を表さないようにした声
3　相手を非難する思いをこめた声
4　その場の雰囲気にちょうどよい声

イ　俄然

げていく。インターバル走は、短距離ペースの速い走りの間にジョグペースのゆっくりした走りを入れていくっていうトレーニング。ウインドスプリントもインターバルも＊2トラックだとやりやすいんだけど、ここでやるならビルドアップがいいと思う。それを今度から週に二回くらい入れようと思うんだけど」

アキレス腱《けん》を伸ばしながら耳を傾けていた朔は、右足に手を当てて顔をあげた。

「……新、なんかあった?」

新の部屋で言い合いになって以来、三日ぶりの練習だ。昨日も一昨日も、朝五時に玄関で待っていたけれど新は起きてこなかったし、夜も九時過ぎに帰ってきて部屋にこもっていた。

子どもの頃から、新とはほとんどケンカをした記憶がない。そんなふうに言うと、大抵、信じてもらえないか、ウ奇異の目で見られるかのどちらかの反応が返ってくる。もちろんまったくなかったわけではない。新がまだ幼稚園の年中だか年長の頃、一度取っ組み合いのケンカをした。でも幼い頃の三歳差は大きい。体格も腕力も新が兄にかなうはずもなく、あっさりと勝負はついた。あのときなんでケンカになったのかは覚えていないけれど、腕力でかなわないことを悟った新は、床の上を転げまわりながら、顔を真っ赤にして泣きわめいていた。そんな弟の姿を呆然《ぼうぜん》と眺めていたことを、朔はいまも覚えている。

だけど、今回のことはあのときのケンカとは違う。新はあのときのように、かんしゃくを起こしてわめき散らしているわけではない。だから困惑した。なにをどうすればいいのか、なにを言えばいいのか、こじれた関係をどう修復していけばいいのか、朔には見当がつかなかった。新に押し付けるようなことを言った自分自身に、戸惑いもしていた。

4今朝、新が下りてきたときほっとした。新は三日前のことにはひと言も触れず、何事もなかったように、いつも通り、いつも以上に丁寧な走りだった。そのうえ……。

広場の奥にあるテニスコートから、カポン、カポンとのどかなボールの音が聞こえた。

「新」

もう一度朔が言うと、新は「べつに」と答えて、右足にゆっくりと体重をかけながら足の裏を伸ばした。

「ぼーっとしてないで、朔もさっさとストレッチを続けろよ」

うん、と頷いて朔は芝生に座って足を伸ばした。

「5オレとしては、新がそうやって練習メニューを考えてくれるの、すげーありがたいんだけど」

どことなく腑《ふ》に落ちないように言う朔を、新はちらと見た。

「朔が言ったんじゃん、メニュー変えたいって」

そうだけど、と口ごもりながら朔が頷くと、新はぼそりと言った。

「朔がやりたいって言うのに、オレが反対する理由はないかって思っただけ」

そうか、と朔は足を前に伸ばしてからだを倒した。

「一万メートルの場合だけど、高校で陸上をやっているやつなら三十分を切るっていうのがひとつの目安になる。市民ランナーだと三十五分くらいが目標かな。どっちも大会で上位に食い込むためにはってことだけど」

「境野《さかの》さんは、練習会の平均は一キロ六分だって言ってたけど」

「市民マラソンなんかの平均は六分台だよ。っていっても入賞を狙うのなら、四十分台前半が目安だと思う。だからこれから少しタイムを意識した練習を」

そう言ったところで新はストレッチを続けている朔を見た。

長座した足先をゆったりとつかんで、ぺたりと前屈している。

「朔って、マジでからだ柔らかいよな」

「そうか?」

「ちょっと、開脚で前屈してみて」

「ああ、うん」

新に言われた通り、足を広げてからだを倒すと鼻先に芝が当たっジジッと頭上でセミが鳴き、うしろからバイクが風を切って走りぬけていく。

「十五メートルくらい前にひとり、その先にもうひとりいる。ふたりとも右側から抜くよ」

小さくロープを動かし、新は朔に腕を当てて右側へ膨らんだ。朔もそれに合わせていく。数秒後、自分たちの足音に、もうひとつ足音が混じる。足音が大きくなり、荒い息づかいが聞こえて、すぐにそれはうしろへ消えていく。

「はい、抜いた。このままもうひとり抜くよ」

たったったっと、心地よい足音が朔のからだの内をはねる。

ふたりを抜いたあと、新は腕時計を見た。

「もう少しペース上げられる?」

うん、朔が頷《うなず》くと、「よし」と、新はわずかにからだを前に倒した。

ぐっとスピードが上がる。それに朔もついていく。

ぼおぼおと風の音が強くなる。

「ラスト一周、このペースで」

リョウカイ。

「ラスト五十」

風音にのって新の声がｂヒビく。

「三、二、一、オッケー」

新の声にすっと力を抜いて、朔は足を止めた。心臓の音が速い。息があがっている。肩を揺らして膝に手をつくと、からだ中の汗が噴き出し、あごを伝った。

「いまのが一キロ五分。きつかった?」

「　A　」

朔は大きく息をしながらからだを起こした。

「じゃあ、今度から少しメニュー変えようか」

「　B　」

思わず朔が聞き返すと、新は朔に腕を貸して広場へ歩き出した。

「決めた距離を走るっていういままでの練習は、持久力とか筋力はつくけどタイムはなかなか上がらないし、上げたタイムをキープするのは難しいんだ」

新からこうした話を始めるのは初めてのことで、朔は戸惑いながら相づちを打った。

「持久力とスピードの両方を支えていくのが心肺機能。これがｃキタえられると持久力もあがるし、イ俄然《がぜん》走れるようになる。いまラスト一周だけペースあげたら息、切れたでしょ」

「そりゃまあ」

「うん。簡単に言うと、いまみたいに息切れする状態を作るトレーニングが必要ってこと」

広場に着くと新はストレッチをしながら話を続けた。

「心肺機能を高めるトレーニングっていうのはいくつかあるんだけど、オレが中学んときやってたのは、ウインドスプリント、ビルドアップ、インターバルとかで」

ちょっと待って、と朔が口を挟む。

「　C　」

「あ、ウインドスプリントっていうのは、＊1ジョグのあとに、百メートルくらいの短距離を全力疾走の七、八十パーセントの力で数本走るトレーニングのこと。筋肉の使いかたもジョグとは違うし、歩幅も腕の振りも自然と大きくなるからフォームもダイナミックになる」

「　D　」

朔がつぶやくと新はにやりとした。

「きついよ。オレそれで吐いたことあるし」

「マジで」

「マジ。で、ビルドアップ走ってのは、スロー気味にスタートして、少しずつペースをあげていく方法。例えば、最初の一周を五分で走ったら、二周目は四分五十五秒、三周目は四分五十秒って具合《ぐあい》にあ

「……どこ目指そうと勝手だよ。だけど、そういうのって」
新はきゅっと唇を噛《か》んで、ことばを断った。
「なんだよ」
ア抑えた声で朔が言うと、「べつに」と新は立ち上がった。
「……言いたいことがあるなら言えよ」
「……そんなに、甘くないよ。走るって」
朔は小さく顔を動かした。
「なめてるわけじゃないよ。でも新となら。新だって、もっと走りたいだろ」
「はっ？」
3どろりとしたものが新の内側にこみ上げる。
「なんでそこにオレが出てくるんだよ。オレは関係ない」
「だけど」
「あのさ、そういう上昇志向みたいなの、すげーと思うよ、朔はすごい。いつだって前向いて、頑張って、マジですげーと思うよ。でも、オレは朔とは違う」
「なにが」
「全部」
全部、そう全部だ。新はこぶしを握った。
雨音が小さくなり、濡《ぬ》れたアスファルトを走る車のタイヤ音が聞こえた。
「なんでもわかったような顔をして、オレが陸上やめたこと知って て、なのにこんなことやらせて。……朔は、偽善者だ」
「…………」
「朔は昔からそうだ。どうせオレがまだ走りたがってるとか、バカみたいに思ってんだろ！　でもオレはもう走りたくなんてないんだよ」
「じゃあなんで伴走、引き受けた？」
「それは」
ぐっと新の喉が鳴った。
「朔が頼むから」
新がそう答えると、朔は黙って立ち上がった。
「いいよ、それで」
「…………」
「偽善者でいい」
そう言って、ドアを開いて振り返った。
「オレが頼んで、おまえは引き受けた。おまえには、オレをちゃんと走れるようにする責任があるんだよ」
ため息をつきながら、新は自転車の鍵をズボンのポケットに入れて、校舎へと足を向けた。
あんなことを言うつもりはなかった。
たしかに朔の甘さが癇《かん》にさわったこともある。練習を始めてまだ二ヵ月も経《た》たない朔に、競技として走ることの意味などわかるはずがない。一秒、たった一秒にこだわる世界は、そんなに美しいものでもなければ、たやすいものでもない。生活のすべてをかけて走り続けても、求めるなにかを手にできる選手はごく一部だ。それでも、走らずにはいられない。反吐《へど》を吐き、涙や血を流してどんなにみじめでも走り続ける。やめようと思ってもどうしても手放せずしがみつく。そんな強固で不器用な人間でなければ踏み込めない世界だ。
握った手のひらの中で、新は爪を立てた。
オレはそれを手放した。手放せたオレも、もうそこへ踏み込む資格なんてない。
朔はなにもわかってない。
……だけど、たぶんそれだけだったらあんなに苛立《いらだ》ったりはしなかった。苛立ったのは、朔がそれを本気で口にしたからだ。常識で考えたらわかるはずの無謀なことに、躊躇《ちゅうちょ》なく手を伸ばしていこうとする傲慢ともいえる強さが、新の内側をひっかいた。

〈中略〉

二

次の文章を読んで、後の設問に答えなさい。

〈これまでのあらすじ〉
朔《さく》は、一昨年の大晦日《おおみそか》、本来の予定を変えてバスで帰省している最中、事故に巻き込まれて視力を失った。予定を変えてバスに乗ったのは、弟の新《あき》が、母と揉《も》めたことが原因だった。盲学校から一年ぶりに家に帰ってきた朔は、ブラインドマラソン（視覚の度合いによってクラスが分けられたマラソン）の練習を始め、新に伴走してもらっている。高校生の新は、中学時代に長距離ランナーとして期待されていたが、バス事故のあと、走るのをやめていた。

六月末、例年より二週間近く遅い梅雨入りをした。
昼から降り出した雨は時間とともに激しくなり、七時頃から空を切り裂くような閃光《せんこう》と合わせて、雷が鳴り出した。さすがにランニングは無理そうだな、と新が窓の外を眺めていると「ちょっといい？」と、朔が部屋のドアを開けた。
「あ、ちょっと待って、ストップ」
「取り込み中？　ならあとででいいよ」
「じゃなくて」
新はドアまで行くと、朔の腕をつかんだ。
「オレの部屋散らかってるから」
そう言って片足で床の上に転がっている雑誌やペットボトルを端に追いやりながら、机のイスを引いた。
「サンキュ」朔はイスに腰かけて苦笑した。
「なんだよ」
「いや、少し部屋片付けたらいいのにと思って」
「……いいだろ。あ、今日の夜ランは中止にしよ」
「そうだな、雷はちょっと」
窓の外が一瞬明るくなる。1ばりばりばりと大木を引き裂くような音に、朔はびくりとして窓のほうに顔を向けた。
「すげーな。けっこう近くに落ちたかも。で、なんか用？」
新が言うと、そうそうと朔は顔を戻した。
「練習メニューのことだけど、そろそろ変えてもいいんじゃないかと思って」
「変える？」
「距離 a ノばすとか、オレ、わりと体力もついてきたと思うし」
「……無理することないと思うけど」
新はベッドの上にばふっと腰をおろした。
「べつに無理してるわけじゃ、いやまあ、無理してないわけじゃないけど、でもこういうのってお気楽にやってるだけじゃ意味ないだろ」
「意味なら、充分あると思うけど」
ん？　と、朔は首をひねった。
「朔は、新しいことを始めたかったんだろ」
「そうだよ。でもやるからにはちゃんとやりたい。大会にも出てみたいし、出るなら完走で満足してるのはいやだし、タイムだってちゃんと目標決めて」
「ちゃんとって」
2ぐっと喉を鳴らして、新は鼻の上にしわを寄せた。
「それ、朔が言ってることって、もしかして競技としてやりたいってこと？」
「そのつもりだけど」
目の前で当然のように答える朔を新はじっと見た。いい加減に言っているわけじゃない。冗談でないこともわかる。朔は大真面目で言っている。
だからこそ、不快だった。
「甘いよ。朔の走力なんて、そのへんの小学生と変わんないし」
「わかってる。だからいますぐどうこうなんて思ってるわけじゃないよ。でも目指すのは自由だろ」

2　祭祀で神への敬意と感謝を示すため、人々の生活と同じ条件で神に供物を捧げるという形式は、どういう場合でも同じであったが、祭祀をおもしろくするための演出は、その目的や時期によって異なっていて、それが祭祀の意味を示していたということ。

3　祭祀で神への敬意と感謝を示すため、人間の生活と同じ要素を取り入れ、依代、御幣、神饌を捧げるのは、どの主催者でも同じだが、他に何を捧げるのかという点は、主催者によって異なっていて、それぞれの独自性を見せ合う要素であったということ。

4　祭祀で神への感謝と敬意を示すため、人々の生活と同じ条件で神に供物を捧げるやり方は、どういう状況でも共通していたが、何を用意して捧げるかという点は、祭祀を行う場所や季節によって異なっていて、それが祭祀の意味を示していたということ。

問十一　傍線部8「やはり祭の中心は食物献供にあり、祈りの成就に対する謝恩となる神饌の供奉こそが、祭祀においてもっとも重要な核をなす」とあるが、なぜか。その理由として最適なものを後より一つ選び番号で答えなさい。

1　祭祀では、神に対して供物として食事を捧げるという行為が、儀式の開始直後から終わりまで続き、その儀式が終わった後は、食物の獲得を祈った人間が集団で供物として捧げたものを食べるという流れになっていることから、演出などはあっても食物献供が祭祀のほとんどの時間を占めていて、これを行わなければ儀式が成立しなくなると考えられるから。

2　祭祀では、儀式で神に供物として捧げたものを主催した全員で食べることで、神と人間がより近い存在になるのと同時に、神に対して祈っている人間どうしの一体感も高めることができ、集団として神の加護を受けやすい状況になるという点で、食物献供こそが集団としての人間の願いをこめて祈るという祭祀の意義を果たす行いになっているから。

3　祭祀では、儀式で神に供物を捧げた後、集団でその食物を食べながら神を大々的に祝うことではじめて、人間が神をもてなし、神からもたらされた恩恵に対して目に見える形で感謝を伝え、神の加護を実感できるようになるという点で、神に対する食物献供こそが、祭祀において一番盛り上がる場面になっているといえるから。

4　祭祀では、儀式で神に供物として捧げた食事と同じものを人間も集団で食べることで、神と人間が同じ場で食事をするという状況が完成し、神と人間の関係がより密接になって、神から恩恵を与えられやすくなると考えられていたという点で、神に対する食物献供こそが人間の願いをかなえるために祈るという祭祀の目的を果たす行為であるといえるから。

問十二　本文の内容と一致するものを後より一つ選び番号で答えなさい。

1　農耕によって食物を安定して獲得できる状況になり、やがて食物の循環について解明が進んだため、儀礼の数はどんどん減少していった。

2　もともと神に捧げる供物は、食物を人間が食べやすいように加工したものが多かったが、明治には政府の主導で供物は食材をそのまま捧げる形に変更された。

3　儀礼の発生は、人間が食物がなくては生きていけない存在であることが関係しており、原初は個人が独立して儀礼を行ったが、生命の維持のために集団で行うように変化した。

4　食料を安定して得られるようにするために、儀礼の定式化や、人々が一致団結して生活の多くの時間を農耕のための労働に費やすことが不可欠だった。

2　除厄儀礼で、祈りを捧げる対象である神の顔が恐ろしいほど、悪鬼や悪霊を退ける力が強いと信じられており、優しい顔をした神に除厄を願うことはなかった。

3　除厄儀礼は、集団での生活の安定を損なうような火災や疫病などが起きないように祈るもので、時期を決めず災いが発生したときに行われるものがあった。

4　儀礼とは、心の中の願いや祈りに実効力をもたせるために、目に見える形に整えた祭祀のことで、それを目的に応じて分類したのが招福儀礼と除厄儀礼である。

問八　傍線部5「人類は、採集や狩猟・漁撈という相手待ちの食料獲得法から進めて、計画的に食料を増やす農耕という手段を編み出した」とあるが、このことによる儀礼の変化の説明として、最適なものを後より一つ選び番号で答えなさい。

1　農耕によって食料を獲得しようとするとき、突発的に訪れて計画的な農作業を阻害する悪天候は、神に祈る以外に退ける方法がないという点で厄難・悪神と同じものであり、被害を最小限に抑えるために、天候が変化する度に集団で祭祀を行うようになった。

2　農耕においては食料の獲得が気象の変化に左右されることが多く、多くの人間が気象に関心を持って研究をすすめたことで気象の周期が判明し、気候の安定した時期に集中して農作業を行って食料を収穫し、気候の不安定な時期に毎年祭祀を行うようになった。

3　農耕を始めると、気象の変化に食料の安定的な獲得をおびやかされるようになったため、一年間の気象の変化とその原因を文明の力によって科学的にとらえたうえで気象そのものを神とみなし、食料の安定的な獲得につながるような祭祀が行われるようになった。

4　農耕による食料の獲得は気象状況に大きく依存するが、人間には操作不可能な気象の変化は、神の業として人々から日常的に関心を向けられるようになり、その結果、一年の気候の周期をふまえたうえで、決まった時期に気象の安定を神に祈るようになった。

問九　傍線部6「それは基本的に、価値が高ければ高いほど効力がある」とあるが、これはどういうことか。その説明として最適なものを後より一つ選び番号で答えなさい。

1　人間が日常で手に入れるのに苦労するような栄養の豊富な動物の肉を捧げれば、人間と同様の身体をもって生活すると考えられていた神々も、供物の価値の高さに喜び、祈りを聞いてくれるようになると考えられていたということ。

2　動物の肉のように人間の身体の維持に有用なもので、当時の人間が手に入れることの難しい貴重なものを捧げれば、神に真剣な願いが伝わり、祈りを聞き入れてくれやすくなるだろうと考えられていたということ。

3　当時の人間の手には入りづらく、価値の高い食べ物を捧げることを儀礼の形とすることで、神に対して祈りを捧げていることをわかりやすく示すことができ、神が人間の願いに気付きやすくなると考えていたということ。

4　当時の人間が食べていたものの中で捕獲するのが特に困難で、人間にとっても価値が高かった動物の肉を捧げれば、神の要求に応えたことになり、引き換えに神が願いをかなえてくれると考えられていたということ。

問十　傍線部7「それこそが祭の特色となる」とあるが、これはどういうことか。その説明として最適なものを後より一つ選び番号で答えなさい。

1　祭祀で神への敬意と感謝を示すため、人間の衣食住に見立てて依代、御幣、神饌を用意する点は、どの主催者でも共通していたが、場を引き立てるための演目は主催者ごとに異なっていて、誰による祭祀なのかを主張する要素となっていたということ。

3 演ソウ　4 ソウ集編

b 飛ヤク的

1 ヤク職　2 面目ヤク如

3 服ヤク　4 翻ヤク

c キ求

1 キ則的　2 常キ

3 キ望　4 キ行文

問二 本文中の(ア)～(ウ)に入る語として最適なものを下より選びそれぞれ番号で答えなさい。

ア 1 また　2 すなわち

3 例えば　4 だが

イ 1 なぜなら　2 むしろ

3 その上　4 つまり

ウ 1 それでは　2 しかし

3 だから　4 あるいは

問三 本文中には、次の部分が抜けている。これを入れる位置として最適なものを後より一つ選び番号で答えなさい。

植物が排出したものを動物が必要とし、動物が排出したものを植物が必要とする。

1 【A】　2 【B】

3 【C】　4 【D】

問四 傍線部1「これを燃焼させ細胞内に微妙な温度差を生じさせることで、細胞を動かしている」は、いくつの文節に分けることができるか。最適なものを後より一つ選び番号で答えなさい。

1 七文節　2 八文節　3 九文節　4 十文節

問五 傍線部2「人間が頭脳という器官をもてたことの意義はきわめて大きい」とあるが、この部分で筆者が言おうとしていることの説明として最適なものを後より一つ選び番号で答えなさい。

1 人間は、知識を蓄積でき、言語や道具の使用を可能にする高度な頭脳をもったことによって、他の動物であれば頭脳を働かせるために多くの食料を要するところを、良質な栄養素を含む少量の肉を摂取するだけで頭脳を駆使することが可能になり、自然界でもっとも繁栄する動物になったということ。

2 人間は、知識を蓄積したり言語や道具を駆使して互いに協力したりするために、カロリーとタンパク質を多く含む肉を摂取することによって頭脳を発達させ、その頭脳をいかして大きな動物を捕獲する狩猟を行うことができるようになり、しだいに他の動物たちを圧倒するようになっていったということ。

3 人間は、自然界で弱い存在で、得られる食料も豊かとはいえない内容だったが、良質な栄養素を含む肉を少しずつ摂取していくなかで頭脳を発達させ、知識を蓄積し、言語や道具を使用した計画的な集団行動を行えるようになり、その結果自然界で優位に立てて、捕獲する食物の量や質も大きく向上したということ。

4 人間は、知識を蓄積し、言語や道具の使用を発達させる頭脳を得たことによって、植物や小動物という、食べても低エネルギーしか得られない食料を採取する食生活から脱却し、よりエネルギーの大きい動物を狩猟によって捕獲する食生活に移行して、頭脳だけではなく身体能力まで発達させたということ。

問六 本文中の［3］に入る言葉として最適なものを後より一つ選び番号で答えなさい。

1 大自然の摂理そのものを神とみなし

2 人間の食事そのものを神とみなし

3 人間の生活そのものを儀式として

4 大自然の脅威そのものを儀式として

問七 傍線部4「招福儀礼と除厄儀礼」とあるが、これらの説明として、不適当なものを後より一つ選び番号で答えなさい。

1 招福儀礼は、生活を豊かにしたいという人間の欲求に従って行われ、その目的の中心は、集団を維持して生きていくための食料の安定を祈ることであった。

ら神饌を受け取っていた。農耕の産物のみならず、山の物・海の物も神々へ捧げており、それどころか本稿で明らかにするように、農耕のために動物を＊7屠《ほふ》って、その肉を供していた場合も決して少なくなかった。

ところが神道《しんとう》を国家の宗教とした明治政府は、神道祭式を統一的に改め、生饌を中心とした神饌の体系を創り上げた。（ウ）狩猟神であった諏訪大社《すわたいしゃ》などの伝統的神社に対しては、これを改めるには至らず、特殊神饌として動物供犠的な部分をも容認しており、明治以前においては、神に肉を捧げる小さな神社はかなりの数にのぼったはずである。

いずれにせよ、神に供えた神饌を、直会で下ろしと称して全員で食べる祝宴が催されなければ、祭は完結したことにはならない。つまり儀式の間に神が食したのと同じものを、その直後に祭祀者一同が食べるところに祭祀の本義があり、ここで神人共食《しんじんきょうしょく》が完成することになる。

すなわち願い事の成就を祈る祭祀の場で、神と人が同じものを食べることによって、神と心を同じくし、神の恩恵が食べた人々にもたらされるという仕掛けである。こうして神と共食することによって、神と人との一体化が図られ、神からの加護を集団として受ける。そのために、祭祀という儀式を執り行ってきたのだということになる。こうした祭礼の場における食事は、単なる日々の糧《かて》とは異なり、最高のものでなければならなかったのである。

この神の食事すなわち供物のうち、もっとも高級なものとは、人間にとっても価値の高いものでなければならず、日常のものとは異なることが重要であった。例えば、その年初めてとれたものが初穂《はつほ》として珍重されたが、これには初めての獲物という意味で、もともとは最初に獲れた動物が捧げられたと考えられる。

動物の肉は、きわめて高い栄養素を含み、美味なタンパク質を豊富にもつところから、人間にとってもふだんとは異なるご馳走《ちそう》であり、かつ貴重な財産でもあった。東南アジア・東アジアの稲作地帯のみならず、世界史的にみても、神に動物を捧げるという事例は、きわめて一般的な事柄に属する。

ここで動物供犠の理論的考察を試みる余裕はないが、『旧約聖書』にみられる＊8燔祭《はんさい》でヒツジを焼き殺して神に捧げるなど、動物の儀礼的殺害に関する事例は決して少なくない。イスラム教でも犠牲祭が行われ、その肉で盛大な共食が催される。もともとヘブライ語で祭壇は「犠牲の場所」を意味したといい、古代アラビアやローマでも祭壇の前に犠牲の肉や血が捧げられたことを想起すべきだろう。また「犠牲」という漢語については、犠は色の純なるものを指し、牲は完全な形のものをいうとされており、ともに牛偏が用いられている点が重要である。つまり中国で最高の供物とされたウシのうちでも、純粋で完全なるものが求められた。儀礼においては供物こそが、必要不可欠な要素だったのであり、その価値は高ければ高いほど効力が期待された。つまり動物の貴重な生命が、多くの人間の生活の安定と安全のために捧げられるにふさわしかったのである。

（原田信男『神と肉　日本の動物供犠』）

＊1　スカベンジャー…ごみやくずを拾い集めて生活する人。
＊2　陥穽…落とし穴。
＊3　漁撈…漁をすること。
＊4　精進潔斎…肉食を断ち、行いを慎んで身を清めること。
＊5　依代…神が降臨するときに、乗り移るもの。
＊6　御幣…神に供える、たたんで細長く切った紙などのこと。
＊7　屠って…獣の体を切り裂いて。
＊8　燔祭…古代ユダヤ教で、供物となった動物をすべて焼いて神に捧げたこと。

問一　二重傍線部a〜cのカタカナの部分を漢字に改めたとき、同じ漢字を用いるものはどれか。後より選びそれぞれ番号で答えなさい。

a　ソウ量
1　断ソウ　　2　物ソウ

くれると信じたからである。こうした除厄・招福の祈りを、儀礼という形に集約し、生活の安定をもたらしてくれる神に、願いと感謝を表すものとして祭礼が営まれるようになったのである。

やがて5人類は、採集や狩猟・漁撈という相手待ちの食料獲得法から進めて、計画的に食料を増やす農耕という手段を編み出した。植物を積極的に管理生産する農耕こそ、もっとも安定的な食料獲得の手段であった。農耕は人間社会の発展に多大な貢献を果たしたが、しかしこれは気象状況に大きく左右されるものである。豊作の年もあれば、日照りや長雨で不作となる場合も少なくない。しかも、稔《みの》りを左右する気候の変化は、人間の与《あずか》り知らぬ神のなせる業としか思われなかった。もちろん狩猟採集段階でも、多く動物の出現や果樹などの豊かな実りを祈ったが、とくに農耕を始めてからは、気象の変化に最大の関心が注がれるようになった。

こうして農耕の開始後は、年間の気候サイクルに大きな関心が払われるようになり、これに関わる祭祀は、必然的に定期的なものとなる。とくに高度に文明を発達させた農耕社会では、これに関わる太陽と月の運行を調べて暦法を発明した。そして農耕の節目節目に、豊作のための祭祀を催し、やがては年中行事として整備されるようになる。

それが儀礼であり、人々は祭祀を通じて神に祈る以外に、集団の生活を安定させる術《すべ》をもたなかったのである。

こうして創り出された祭祀すなわち儀礼においては、祈るべき対象に最大の敬意と感謝を示す必要があった。つまり単なる祈りだけでは、どのような成果が得られるか、不安に駆られることになる。招福や除厄の成果には、人間の眼に見えない部分が多く、わずかな福でもぎりぎりの安全でも、感謝の対象であることに変わりはなかった。集団としての生活を豊かにし護《まも》ってくれる神の恩恵に対して、それを儀式として眼に見える形にするなら、感謝の気持ちを精一杯示すための捧《ささ》げ物つまり供物《くもつ》が必要となる。

6それは基本的に、価値が高ければ高いほど効力があると考えられた。価値の低い供物では、自らの気持ちを十全に伝えることにはならず、もっとも大切な物を捧げることで、神に喜んでもらおうとした。供物は基本的に食べ物で、恩恵をもたらしてくれる神々にとっても、人間と同様に食べることがもっとも重要だと考えてきた。少なくとも日本の場合では、神の来臨を実現させるためには、人々の生活と全く同じ条件が必要だと信じたのである。

それは、まさに衣食住という生活の三要素であった。まず神の仮り住まいとなる＊5依代《よりしろ》を用意する。これは降臨を願う場所に四本の柱を立て、それぞれを注連縄《しめなわ》で結べばよい。この結界の内部こそが神の降り立つところで、この依代に張られる注連縄には、＊6御《ご》幣《へい》を括《くく》って飾るが、実はこれが神の衣装となる。

さらに神の依代の正面には机が据えられるが、そこに神の食べ物つまり神饌《しんせん》が用意される。そして神を招来する儀式を最大に盛り上がらせるために、さまざまな装飾と演出が凝らされ、歌舞音曲《かぶおんぎょく》や演劇などの芸能が供される。

その工夫は、祭《まつり》の主催者たちの創意によるもので、7それこそが祭の特色となるため、彼らは競って壮麗な演出を試みたのである。ちなみに、こうした依代を恒常的なものとし、特定の神のために設けたのが神社で、ここが地上での神の仮りの住居となる。

こうした祭を催すこと自体が神への供物であると解釈することも可能であろうが、8やはり祭の中心は食物献供《けんく》にあり、祈りの成《じょう》就《じゅ》に対する謝恩となる神饌の供奉《ぐぶ》こそが、祭祀においてもっとも重要な核をなす。神饌は、儀式開始直後の献饌《けんせん》から始まり、重要な式次第が済めば撤饌《てっせん》されるところとなる。実はこの間に、神が神饌を食したことになる。

そして儀式の終了後に、これを主催した集団の直会《なおらい》という共同飲食が行われる。そこで提供される飲食は、神に捧げた神饌そのもので、明治以降は食材をそのまま供える生饌《せいせん》が主流となったが、もともとは調理済みの料理を捧げる熟饌《じゅくせん》があった。

かつて神々は、それぞれの地域ごとの生産活動に応じて、人々かそもそも人間は、その初源において、植物や小動物の採取を行いながら、猛獣などが食べ残した腐肉をあさる＊1スカベンジャーのような生活を、実に長い間続けてきた。やがて脳に蓄えられた知識と二本の腕を駆使しうるようになり、さらには言語という緻密な交信手段を産み出した。これらの積極的な利用によって、優れた武器や巧みな＊2陥穽《かんせい》などを創り出し、計画的な集団行動によって狩猟を行い、自らよりもはるかに大きな動物を捕獲するようになった。その集団での生活では、言語による精神の共有が必要とされる。

しかし例えば狩猟や＊3漁撈《ぎょろう》の対象となる獣や魚がみあたらなければ、その出現を皆で大自然に祈るよりほかなかった。厳しい大自然のなかで、人々は生活の安定を必死にcキ求した。天変地異や気象の激しい変化など、自然界にはさまざまな現象が起こるが、それが人間にプラスになることもマイナスに作用することもあった。それゆえ［ 3 ］、それに安全や安定を本能的に祈る形で救いを求めてきたのである。

そうした祈りの目的は、まさに集団の生活の安定と幸福にあり、そのための最大必要条件は、食料の安定的な獲得にあった。食料の安定は、労働時間の短縮に繫《つな》がり、その余った時間を利用すれば、新たな技術の習得や道具の改良に振り向けることができる。そしてそれは、さらに豊富な食料を約束し、社会と文化の発展に大きな寄与をもたらす。いっぽう食料の不足は、人間を死に至らしめるほか、不幸を強いることは確実となる。事故や病気などの厄災による生活条件の悪化もまた、誰しもが遠ざけたいところのものであった。

人々の生活の安定と不幸の排除、この二つが祈りの最大の目的であり、これには相異なる二つの姿勢があった。すなわち積極的努力と消極的努力で、進んで行動を起こすか、慎んで結果を待つかである。前者は、次に述べるような祭祀《さいし》となるが、後者は欲望や快楽を一定期間抑えることで、祈りを実現させようとする。いわゆる斎《いみ》で、物事を忌み慎むことによって、耐え忍んだ分の見返りを期待する方法である。

しかし集団での祈りは、単なる心のなかの願いや、形だけの口上ではなんとも心細い。そこで祈りの定式化が進むことになる。（イ）祈りを形とするための方式が必要となる。祈りに実効力をもたせるために、人々は眼《め》に見える形での祭祀、つまり儀礼というものを創り上げたのである。さらに祭祀の前に斎の期間を設けることで、つまり積極的態度と消極的態度を巧みに組み合わせることで、より効果を高めようとした。実際の祭祀の前に課される＊4精進《しょうじん》潔斎《けっさい》が、まさしくこれにあたる。

こうして編み出された儀礼を目的別に分ければ、4招福儀礼と除厄儀礼の二つとなる。すなわち福がもたらされ、不幸が追い払われれば、人々は安泰な生活が送れる。まず人々の生活に害が及ばないようにするための除厄儀礼からみていこう。

悪神《あくじん》や悪霊《あくりょう》・魔物が人々の生命を脅《おび》やかすことはしばしば起こりうることであったし、火災や疫病などの厄難も極力避けなければならない。これらは集団での生活にマイナスが生じないように予《あらかじ》め祈るもので、除災儀礼もしくは攘災《じょうさい》儀礼などとも呼ばれる。こうした除厄儀礼は、基本的には年頭など、区切りのよい時期に執り行われるが、災いはいつ訪れるかわからないことから、疫病の流行などといった突発的な事態に対しては臨時に催されることも少なくない。

いっぽう招福儀礼は、生活自体のよりよい豊かな安定を願うためのもので、これも至極当然の欲求といえよう。招福のうちでも、もっとも大切なのは食料の安定である。やがて社会的分業が発達すると、さまざまな欲望を実現できる貨幣が重視されるようになるが、まずは、人間が集団として生きていくために不可欠の条件は、食料の獲得であり、その安定にあった。

先の除厄も重要な儀礼の要素で、災害や病気などに見舞われれば、たちまち生活は破綻をきたす。それゆえ除厄を願って、悪鬼や悪霊あるいは魔物を近寄らせまいとしたのである。ちなみに日本の神々が恐ろしい形相をしているのは、強い神こそが悪鬼や悪霊を退けて

二〇二二年度 専修大学松戸高等学校（前期17日）

【国語】（五〇分）〈満点：一〇〇点〉

一 次の文章を読んで、後の設問に答えなさい。

私たちは生きて動いている。地球上には無数の生命体が存在するが、人間は、あくまでもそのうちの一種にすぎない。その私たち人間が生きて動くには、何が必要か？　まず動くためには、熱量つまりカロリーが不可欠とされる。1これを燃焼させ細胞内に微妙な温度差を生じさせることで、細胞を動かしている。それゆえカロリーの補給が止まれば、細胞の集合体である心臓も停止し身体は冷たくなって動かなくなってしまう。

（ア）、私たちの身体の最小単位である細胞は、絶えず入れ替わっている。古い細胞が死滅して、新たな細胞に生まれ替わることで身体が維持される。これはカロリーでは解決されず、細胞の創出にはタンパク質、なかでも必須アミノ酸の補給が必要で、一つ一つの細胞は、個体によってそれぞれ異なるDNAという設計図に基づいて再生されている。そして死んだ細胞は、老廃物として体内から排《はい》泄《せつ》される。その繰り返しが続く限りにおいて、私たちは生きることができるのである。【A】

こうしたカロリーやタンパク質を、毎日毎日摂《と》り続けること、つまり食べ続けることが、生命を維持するための最低必要条件なのである。とくに必須アミノ酸は、その含有量が植物性食品よりも動物性食品の方が高い場合が多く、肉食は栄養学的にみても効率のよい食品となる。もちろん健康を保つためには、カロリーやタンパク質のみならず、さまざまな栄養素をバランスよく摂っていかねばならない。【B】

こうした事情は植物も同じで、彼らは窒素やリン酸・カリウムを摂取して育ち、水と空気中の二酸化炭素から、光合成によって炭水化物を造る。そして動物が生きていくためには、植物が光合成を行う際に排出する酸素を吸収し、彼らが造る炭水化物を摂取する必要がある。やがて動物は窒素化合物を老廃物として体内から排出するが、今度はこれが植物たちの重要な肥料となる。モンゴルを研究する文化人類学者の小長谷有紀《こながやゆき》はよく、ヒツジは自動草刈り機で自動種播《たねま》き機だという。つまり彼らは草原の植物を食べて育つとともに、その糞《ふん》に含まれた種が大地に撒《ま》き散らされ、しかも窒素を含んだ糞に助けられて植物が力強く生長するからである。

【C】その植物を動物が食べ、動物の遺体も植物の肥料となるという循環が繰り返されている。すべからく生命とは、食べ続けなければならない存在なのである。では私たちは何を食べているのか？　私たち人間が日常口にするものは、水と塩を除けば、すべてが有機物すなわち生命体由来のものにほかならない。植物も立派な生命であり、たとえ菜食主義者といえども生命を口にしなければ、私たちは生きていけないのである。

【D】しかも人間は、原初、か弱いきわめて小さな存在であった。哺乳類のなかでも、身体的運動能力はきわめて劣り、腕力や走力でみれば、イヌやウマに及ばない。ただ脳の発達と二足歩行による両腕の利用によって、さまざまな道具を発明し、経験に裏打ちされた知識を駆使して、しだいに他の動物たちを圧倒するようになった。

2人間が頭脳という器官をもてたことの意義はきわめて大きい。そしてその頭脳の発達には良質な栄養素を含む肉の摂取が不可欠であった。頭脳の重さは、人体のたった二パーセントにしかすぎないが、頭脳が活動するために必要なエネルギーは、全体aソウ量の二〇パーセントにも及ぶ。これは脳の細胞密度が高いため多量のタンパク質が必要とされ、その活発な活動には膨大なカロリーが消費されることを意味する。もともと高いカロリーとタンパクを含む肉の摂取の成果が、頭脳の飛bヤク的な発達をもたらしたのである。そして、この頭脳を駆使しえたことで、しだいに人間は自然界において優位な位置を占めるようになった。

2022年度／専修大学松戸高等学校（前期17日）

英語解答

1 放送文未公表

2 問1　③　　問2　②　　問3　④
問4　③　　問5　①　　問6　④
問7　②　　問8　(1)…④　(2)…③

3 問1　(1)…②　(2)…④　(3)…①　(4)…③
(5)…④
問2　②，④，⑧

4 (1)　②　　(2)　④　　(3)　①　　(4)　③
(5)　④

5 (1)　1…③　2…⑦
(2)　3…②　4…⑤
(3)　5…③　6…①
(4)　7…④　8…⑧
(5)　9…⑥　10…⑧
(6)　11…⑦　12…⑥

6 (1)　①　　(2)　⑤　　(3)　③　　(4)　①
(5)　③　　(6)　②

（声の教育社　編集部）

1〔放送問題〕放送文未公表

2〔長文読解総合―説明文〕

≪全訳≫❶私たち日本人が，他の多くの国の人々よりも平均して健康であるのはなぜかと思ったことはないだろうか。例えば，ある調査によると，アメリカでは約30％の人が太りすぎであるが，日本人で太りすぎの人は３，４％しかいない。また，日本の人々は平均してかなり長生きだ。❷何がそんなに違うのだろうか。遺伝なのか，文化なのか，ライフスタイルなのか，それとも他の何かなのか。私は，これらの組み合わせだと思うが，大部分はライフスタイルによるものだという気がする。ライフスタイルには，食生活や日々の活動が含まれる。比較できるものはたくさんあるが，その中でも特に重要なものをいくつか考えてみよう。❸まず，アメリカの平均的な若者と日本の平均的な若者の食生活の違いについて考えてみよう。アメリカ人は朝食に牛乳入りシリアル，オレンジジュース，トーストを食べるかもしれない。朝食の量が多い人ならば，卵やベーコンも食べるかもしれない。最近の日本人は朝食にパンを食べることが多くなったが，オレンジジュースは飲まない人が多い。お茶かコーヒーだ。みそ汁とご飯は，今でもごく普通の朝食である。アメリカの朝食も日本の朝食も健康的かもしれないが，アメリカの朝食はしばしば糖分が多すぎる。フルーツジュースはおいしく，栄養価も高いが，糖分も多く含まれている。シリアルやパンにも糖分がたくさん含まれている。もちろん，アメリカの平均的な朝食は，多くの人が一日の朝食以外の時間に食べたり飲んだりするさまざまな食品ほどひどくはないが。❹昼食や夕食はさらにバラエティに富んでいるため「平均的な」メニューを比較するのは難しいので，代わりに飲み物について考えてみよう。日本人の健康の秘けつの１つはお茶，特に緑茶であると多くの人が信じている。多くの日本人は１日に何度も緑茶を飲んでいるようだ。カロリーはゼロだし，健康に良い点がたくさんある。アメリカでも緑茶を飲む人が増えているが，アメリカではもう１つとても人気の飲み物があり，それがまた健康にとても悪い。ソーダである。甘いソーダはキャンディのようなものだ。この飲み物はおいしいので，含まれている砂糖やカロリーのことを考えず，ついつい飲みすぎてしまう。アメリカ人は，カロリーがあまりにも高い飲み物を楽しむ。多くの人は，それが太りすぎというアメリカ人の健康問題の最大の原因の１つだと考えている。もし，アメリカの人たちがみんな，甘いソーダの代わりに緑茶を飲むことにしたら，もっと健康になるはずだ。❺食べ物については，日本食は魚や野菜が多く，パンが少ないので，平均的により健康的だと言えるが，それも変わってきているかもしれない。日本人は肉や揚げ物もよく食べるし，伝統的で健康的な日本食は以前ほど人気がないようだ。しかしまだ，１つ大きな違いがある。食事の量だ。日本人の食事量は少ないので，子どもの頃から１回の食事量は少ない。またたいてい，ゆっくり食べる。そのため，食べ物を消化し，満腹感を得ることができるので，食べすぎることがない。日本の１日の平均摂取カロリーがアメリカよりずっと低いのは，このことが１つの大きな理由だ。❻もう１つ，日本人の健康にとってとても大切なことは，毎日の運動だ。／→ウ．多くのアメリカ人はどこへでも車で行く，たとえ一番近くの店に行くだけでも。／→ア．しかし，日本では多くの人がふだんから，歩いたり，自転車に乗ったり，バスや電車に乗ったりしている。／→エ．ジョギングや水泳のような定期的な運動はしなくても，多くの日本人は毎日通勤・通学するだけで十分な運動をしているのだ。／→イ．歩くというのは，いつも考えることなく行っているとても単純なことだ。／しかし，実は毎日たくさん歩くことは，私たちの健康にとても良いことなのである。❼最後に，あまりにも長く座っているのも良くない。少なくとも１時間に１回は立ち上がり，動き回るようにした方がいい。最近は，スマートウォッチをつけている人も多い。こうしたスマートウォッチは，長時間座っていたら，立ち上がりや移動を促してくれる。これは一部の人にはとても役立つ。また，スタンディングデスクもとても人気が出てきている。立ちながら仕事ができる机だ。一日中机の前に座っている人は，気持ちよく熱心に仕事をしているつもりでも，健康には良くない。スタンディングデスクを使うことは，仕事をはかどらせると同時に，健康にも良いのだ。❽考えるべきことは他にもいろいろあるが，カロリーの少ないものを飲む，食事の量を減らす，立って歩き回る，ということを心がけるべきだ。これらの単純なことをすれば，私たちはより健康になるだろう。

問１＜適語選択＞‘not as ～ as …’「…ほど～でない」の形。アメリカ人の朝食と朝食以外の食事を比較している文。アメリカ人の朝食は糖分が多すぎるとはいえ，朝食以外の食事に比べれば健康面においてそれほど悪くないという文脈である。

問２＜適語句選択＞この段落では，アメリカ人は，カロリーが多く健康に悪いソーダが好きだと述べられている。ソーダの代わりに健康に良いお茶を飲めば，もっと健康になるはずである。 instead of ～「～の代わりに，～ではなく」

問３＜適語(句)選択＞前にある so に着目。この so は「だから」の意味を表す接続詞で，この so の前後は‘理由’→‘結果’という関係になる。おなかがいっぱいになった結果として考えられる内容を選ぶ。eat を修飾する副詞句なので，many ではなく much を使う。

問４＜文整序＞アの But に着目すると，アの前には日本人の移動手段とは対照的なアメリカでの移動手段について述べたウがくると判断できる。アで述べた日本人の移動手段についての内容を展開させたエを続け，最後に，歩行について述べるイを置くと，直後に続く But 以下の文と‘逆接’の関係になり，自然なつながりになる。

問５＜適語選択＞直前で，例として挙げられている「カロリーの少ない飲み物を飲む，食事の量を減らす，立って歩き回る」ということの共通点を表す語を選ぶ。健康的なライフスタイルはそれほど難しいことではない，という論調をつかむ。

問６＜適所選択＞脱落文の This が何を指すか考える。この文の「一部の人にはとても役立つ」という意味から，この前には便利な物について述べた文があり，④の前にある smartwatch(es)に関する記述が，This が受けている内容だと考えられる。

問７＜内容真偽＞①「日本人の３，４％だけが，他の国の人たちよりも平均してずっと長生きしている」…×　第１段落最後から２文目参照。日本人の３，４％だけというのはかなり太っている人の割合。　②「日本とアメリカのライフスタイルにはさまざまな違いがある」…○　この文章では，食生活(第３～５段落)，日々の運動(第６段落)などにおける違いが述べられている。　③「日本人は皆，食事のときに緑茶を飲むので，日本食はより健康的だ」…×　第４段落参照。緑茶が健康に良いという記述はあるが，全ての日本人が飲むとは書かれていない。　④「短時間であっても机の前に座って一生懸命仕事をするのは良くない」…×　第７段落第１～４文参照。机の前に「長時間」座っていることが良くない。

問８＜英問英答＞⑴「平均的な日本の若者とアメリカの若者の食生活について，正しくないのはどれか」―④「日本人は緑茶に含まれる砂糖やカロリーのことを考えずに飲んでいる」　第４段落参照。このような記述はない。　⑵「私たち日本人がより健康になりたいならどうしたらいいか」―③「食事の量を少なくし，昔ながらの健康的な日本食を食べるべきだ」　第５段落参照。

3〔長文読解総合―エッセー〕

≪全訳≫❶友人がとても大切なことは誰もが知っている。学校や職場で友人をつくることが多いが，ときには思いがけないところで友人ができることもある。❷何年も前だが，私はキャンプに行くプランを立てた。それは日本の別の島への旅行だった。フェリーと電車を乗り継いでキャンプ場へ行き，友人たちや日本の他の地域から来た新しい人たちに会う予定だった。私はとても興奮していた。私の日本語はまだあまりうまくはなかったが，うまく乗り越えるだけのコミュニケーションは十分可能だった。❸フェリーと電車の予定を立てる準備をしていると，知らない人から電話がかかってきた。彼女の名前はパティだった。彼女もキャンプグループに参加することを計画していたが，⑴<u>日本語を全く話せなかった。</u>彼女は正しい場所に行きたいので私と一緒に旅をしたいと言ってきた。私は助けてあげられることを喜び，私の日本語コミュニケーション能力で誰かの役に立つことができると少し誇らしい気持ちになった。そこで，私は旅行の全行程を計画し，彼女を参加させることに同意した。❹フェリーのチケットを２枚買い，夜遅くにフェリーを降りる場所の近くから電車に乗る計画を立てた。電車は時間がかかると思ったが，キャンプ場のすぐ近くまで行ける。パティに電話すると，彼女はフェリー乗り場で落ち合おうと言った。全てが順調だった。私は服や本，そしてキャンプでみんなと遊ぶためのゲームまでバッグに詰め込んだ。フェリーや電車，そして日本の新しい場所を見るのが楽しみだった。そして，途中で新しい友人ができることも楽しみにしていた。しかし，物事は計画どおりには進まなかった。❺やっとパティに会えたが，⑵<u>私は少し驚いた。</u>私には彼女と仲良くするのは難しかった。彼女の服装さえも変だと思った。彼女は良い人ではあるが，私とは性格が違いすぎた。また，２人とも英語を話すとはいえ，出身国が違うので，彼女のアクセントを理解するのが難しいこともあった。言い争いをしたわけではないが，一緒に旅行をして楽しくなかった。もちろん，電車の中で寝ようと思っていたので，フェリーを降りる場所に着いたときは，２人ともとてもうれしかった。❻残念ながら，フェリーを降りた場所から駅までの移動は思ったより時間がかかった。タクシーでようやく到着すると，私たちの乗る電車が駅を出発するところだった。その晩の最終電車だった。私は自分に腹が立ち，パティが怒っているのがわかった。本当に申し訳ない気持ちでいっぱいで，何度もパティに謝った。❼パティと私は，次の電車まで５，６時間待たなければならなかった。お金をかけてホテルに泊まる代わりに，24時間営業のレストランに行くことにした。その６時間のことを考えると落ち込んだが，待つよりほかないと思った。私は，「もっと慎重に計画を立てなかったから，こんなことになったんだ」と思った。気分が沈んだ。でも，これ以上パティを動揺させたくなかったので，前向きに考えようと思った。❽パティとレストランに入ると，事態は一気に好転した。若い人たちのグループがいて，とても親切にしてもらった。彼らは英語を話すことさえできた。パティは本当にうれしそうだった。パティと話す人もいれば，私と話す人もいた。しばらくすると，パティは眠くなったので，腕に頭を乗せてテーブルで寝てしまった。私たちは皆，彼女を眠らせておくことで意見が一致した。❾その後，私は新しい友人たちとの時間を楽しみ続けた。仕事の話，学校の話，旅行の話，いろいろな話をした。時間があっという間に過ぎた。電車に乗る時間になり，パティに起きるように言って，コーヒーを１杯飲み，みんなに別れを告げた。パティはもう私に怒ってはいなかったし，私も彼女のことをもう少しよく理解し始めた。少し遅れたが，無事にキャンプ場に着き，楽しい週末を過ごすことができた。❿これは20年前のある夜の出来事だ。私は，レストランにいた１人と仲良くなった。彼女の名前はハルミで，今でも連絡を取り合っている。キャンプから数年後の彼女の結婚式にも行った。そして最近，夫と一緒にハワイのハルミ一家を訪ねた。私は「自分とパティの旅行プランで，あの大きな失敗をしたからこそ，ハルミに出会えたのだ」と思っている。だから今は，あの失敗をして良かったのだとさえ言える。失敗が幸運になることもあるのだ。今度失敗したときは，そのことを思い出してみてほしい。

問１＜適文選択・英問英答＞(1)「[(1)]に入れるのに最も適したものはどれか」―②「彼女は日本語を全く話せなかった」　２文後に with my Japanese communication skills とある。ここから，日本語を少し話せる筆者が，日本語を全く話せないパティを助けたのだということがわかる。

(2)「[(2)]に入れるのに最も適したものはどれか」―④「私は少し驚いた」　この後に続く内容から判断できる。変わった服装をしていて，性格も言葉のアクセントも違うパティに会って驚いたと考えられる。　(3)「筆者は，キャンプ旅行の前にパティが助けを求めてきたとき，なぜうれしかったのか」―①「自分の言語能力でパティを助けられることを誇りに思ったから」　第３段落第５文参照。　(4)「筆者はどのようにしてキャンプ場まで行ったのか」―③「フェリー，タクシー，電車を乗り継いだ」　第３段落第１文および第６段落参照。　(5)「筆者が夜，気分が沈んだ後，何が状況を変えたか」―④「レストランで若い人たちと話をしたこと」　第８段落参照。

問２＜内容真偽＞①「筆者の日本語には問題がなく，コミュニケーションは非常にうまくいった」…×　第２段落最終文参照。なんとか乗りきるには十分なレベルではあったが，問題がなかったわけではない。　②「筆者はパティに会うまでは何もかもが順調だと思っていたが，その後，うまくいかないことがいくつか起きた」…○　第４段落第４文および同段落最終文～第７段落に一致する。　③「パティはフェリーを降りた後，フェリー乗り場で筆者と会った」…×　第４段落第３文および第５段落参照。パティが筆者と会ったのはフェリーに乗る前。　④「筆者とパティは電車に乗るのを楽しみにしていたが，それは電車の中で寝るつもりだったからだ」…○　第５段落最終文に一致する。　⑤「筆者は電車の時間を間違えたので，電車に乗れなかった」…×　第６段落参照。フェリーを下りてから電車の駅に行くまでの時間を短く見積もっていたために電車に乗り遅れた。　⑥「筆者はフェリー乗り場で何度も謝ったが，キャンプ場に着いてもまだパティは怒っていた」…×　第９段落終わりから２文目参照。レストランで眠りから覚めたとき，パティはもう怒っていなかった。　⑦「筆者とパティは少し遅れてしまったため，キャンプを楽しめなかった」…×　第９段落最終文に反する。　⑧「筆者は，キャンプ場に向かう途中でハルミに会えたので，失敗をしてよかったと思っている」…○　第10段落後半に一致する。

4〔適語(句)選択〕

(1)‘help＋目的語＋動詞の原形’「～が…するのを助ける」の構文。なお，‘help＋人＋with＋物事’「〈人〉の〈物事〉を手伝う」の‘物事’の部分には，宿題や日課などが入るので④は不適。　「私たちは毎週，お年寄りの部屋の掃除を手伝っている」

(2)‘倍数詞＋as ～ as …’「…の―倍～」の形。　「彼の家はあなたの家の２倍の広さがある」

(3) friends to talk with で「話をする友人」となる(形容詞的用法の to不定詞)。最後に with が必要なことに注意。これは「友人と話をする」というとき talk with friends となるためである。(類例) a house to live <u>in</u>「住む家」←live <u>in</u> a house「家に住む」　「その少年には話をする親しい友人がいなかった」

(4) until「～まで(ずっと)」は‘継続的行為の終了点’を表す。　「私は午後８時まで英語の勉強を続ける」　なお，「～までに」と‘期限’を表す by と区別すること。　(例) Finish the work by tomorrow.「明日までにその仕事を終えなさい」

(5)‘時’や‘条件’を表す副詞節(if, when, before などから始まる節)の中は，未来の内容でも現在形で表す。 「もし明日晴れたら，私は友人と釣りに行く」

5〔整序結合〕

(1) Do you remember の後に，‘疑問詞＋主語＋動詞’の語順の間接疑問をつくる。「何回」は how many times。「(あなたが)宿題をするように言われた」は，‘tell＋人＋to ～’「〈人〉に…するように言う」の受け身で，you were told to do your homework とまとめる。不要語は did。 Do you remember how many times you were told to do your homework today?

(2)「残念だけど～」は‘I'm afraid (that)＋主語＋動詞...’で表せる。「何をしたらよいのか」は‘疑問詞＋to不定詞’の形を使って what to do とする。不要語は of。 I'm afraid that I don't know what to do next.

(3)「妹たちが泣いちゃった」は My sisters cried。「今朝の地震で」は「今朝起きた地震のせいで」と考える。「～のせいで」は‘because of＋名詞’。「今朝起きた地震」は，「地震」を先行詞，「今朝起きた」を関係代名詞節で表し，the earthquake that happened this morning とする。不要語は for。 My sisters cried because of the earthquake that happened this morning.

(4)「～するのはどう？」という‘提案・勧誘’は Why don't you ～？で表せる。「待ち合わせる」は「私に会う」と考え，meet me。「～の前で」は in front of ～とする。不要語は at。 Why don't you meet me in front of the library in two hours?

(5)「どのくらい」と‘期間’を問う How long で始める。「あなたは～教わっている」は「あなたは～学んでいる」と考え，現在完了進行形(have/has been ～ing)の疑問文で have you been learning と表す。「水泳を教わる〔学ぶ〕」は learn swimming，「そのコーチから」は from the coach とする。不要語は learned。 How long have you been learning swimming from the coach?

(6)「二番目に高い塔」は‘the second＋最上級’の形を使って the second tallest tower とする。「ぼくが今までに見た(中で)」は関係代名詞節で表し，that I have ever seen とする。不要語は taller。 That is the second tallest tower that I have ever seen.

6〔誤文訂正〕

(1) these days「最近」は，一般に現在形または現在完了形で使われるので，①は These days, I have lost ... とする。 「最近，誕生日に祖父からもらったペンをなくしてしまった」

(2)誤りはない。仮定法の文。If節の I に対する be動詞は were を使うのが一般的。and は go と see を結んでいる。to learn は‘目的’を表す副詞的用法の to不定詞。 「もし私があなたなら，大切なことを学ぶために，たくさんの国に行って，たくさんの人に会うだろう」

(3)③の they は the comics を指すので受け身の they are read とするのが正しい。 「先週私が読んだ漫画は，日本では大人気で，海外でも読まれている」

(4)「〈人〉に〈物事〉を教える」は‘teach＋人＋物事’または‘teach＋物事＋to＋人’と表すので，①にある to は不要。 「先生は私たちに難しい数学の問題をたくさん教えてくれたので，私たちはみんな数学が得意だ」

(5)動詞 surprise は「(人など)を驚かす」という意味なので，ここから現在分詞の surprising は「(人などを)驚かせる(ような)」，過去分詞の surprised は「(驚かされた→)驚いた」という意味になる。news は「驚かせる」ものなので surprising news とする。 「2日前にびっくりするようなニュースを知って，彼はカップを落としそうになった」

(6)先行詞が toys と複数形なので is は are にする。 「木でできたおもちゃで遊んでいるパンダは，去年中国から連れてこられた」

数学解答

1 (1) ア…1　イ…4
(2) ア…4　イ…8
(3) ア…7　イ…6　(4) 7
(5) 5　(6) ア…3　イ…2

2 (1) ① 3
② イ…1　ウ…0　エ…1
オ…1
(2) ① 7　② イ…1　ウ…5

3 (1) ア…6　イ…1　ウ…8
(2) エ…6　オ…4
(3) カ…3　キ…1　ク…2

4 (1) ア…2　イ…3
(2) ウ…4　エ…2　オ…1　カ…7
(3) キ…6　ク…3　ケ…7

5 (1) 4　(2) イ…2　ウ…5
(3) エ…1　オ…0　カ…5

（声の教育社　編集部）

1〔独立小問集合題〕

(1)＜数の計算＞与式$=(\sqrt{2^2\times6}-\sqrt{4^2\times5})\left(\sqrt{5}+\dfrac{\sqrt{3}}{\sqrt{2}}\right)=(2\sqrt{6}-4\sqrt{5})\left(\sqrt{5}+\dfrac{\sqrt{3}\times\sqrt{2}}{\sqrt{2}\times\sqrt{2}}\right)=2(\sqrt{6}-2\sqrt{5})\left(\sqrt{5}+\dfrac{\sqrt{6}}{2}\right)=2(\sqrt{6}-2\sqrt{5})\times\dfrac{2\sqrt{5}+\sqrt{6}}{2}=(\sqrt{6}-2\sqrt{5})(\sqrt{6}+2\sqrt{5})=6-20=-14$

(2)＜連立方程式―解の利用＞$ax-by=16$……①，$(a+b)x+(a-b)y=44$……②とする。①，②の連立方程式の解が$x=-2$，$y=3$だから，解を①に代入して，$a\times(-2)-b\times3=16$より，$-2a-3b=16$……③となり，②に代入して，$(a+b)\times(-2)+(a-b)\times3=44$より，$-2a-2b+3a-3b=44$，$a-5b=44$……④となる。③＋④×2より，$-3b+(-10b)=16+88$，$-13b=104$，$b=-8$となり，これを④に代入して，$a+40=44$，$a=4$となる。

(3)＜二次方程式―解の利用＞解の公式より，$x=\dfrac{-(-1)\pm\sqrt{(-1)^2-4\times2\times(-21)}}{2\times2}=\dfrac{1\pm\sqrt{169}}{4}=\dfrac{1\pm13}{4}$となるので，$x=\dfrac{1+13}{4}=\dfrac{7}{2}$，$x=\dfrac{1-13}{4}=-3$である。よって，$\dfrac{7}{2}>-3$だから，$m=\dfrac{7}{2}$，$n=-3$であり，$\dfrac{m}{n}=m\div n=\dfrac{7}{2}\div(-3)=-\dfrac{7}{6}$となる。

(4)＜関数―$\boldsymbol{a}$の値＞関数$y=\dfrac{1}{3}x^2$において，xの変域が$-a-2\leqq x\leqq a$のときのyの変域が$0\leqq y\leqq27$で，yの最小値が$y=0$だから，xの変域には$x=0$が含まれ，$-a-2\leqq0$，$a\geqq0$である。yが最大値$y=27$になるのは，xの絶対値が最大のときである。$a\geqq0$，$-a\leqq0$であり，aと$-a$の絶対値は等しいから，$-a-2$の方が絶対値は大きい。よって，$x=-a-2$のとき$y=27$だから，$27=\dfrac{1}{3}(-a-2)^2$が成り立ち，$(-a-2)^2=81$，$\{-(a+2)\}^2=81$，$(a+2)^2=81$，$a+2=\pm9$，$a=-2\pm9$となる。$a=-2+9$より$a=7$，$a=-2-9$より$a=-11$となり，$-a-2\leqq0$，$a\geqq0$だから，$a=7$である。

(5)＜数の性質＞nが自然数より，$2n-1$は正の奇数なので，$\sqrt{2n-1}$の値が1けたの整数となるとき，その値も奇数となる。よって，$\sqrt{2n-1}$の値は，1，3，5，7，9が考えられる。このとき，$2n-1=1^2$，3^2，5^2，7^2，9^2である。$2n-1=1^2$より，$2n=2$，$n=1$となる。$2n-1=3^2$より，$2n=10$，$n=5$となる。以下同様にして，$2n-1=5^2$より，$n=13$となり，$2n-1=7^2$より，$n=25$となり，$2n-1=9^2$より，$n=41$となる。以上より，求める自然数nの個数は$n=1$，5，13，25，41の5個である。

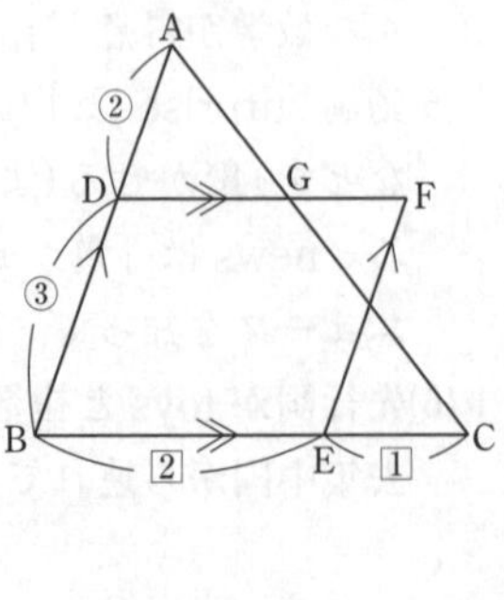

(6)＜平面図形―長さの比＞右図で，BE：EC＝2：1より，BE$=\dfrac{2}{2+1}$BC＝

$\frac{2}{3}$BC である。DF∥BC，AB∥FE より，四角形 DBEF は平行四辺形なので，DF＝BE＝$\frac{2}{3}$BC と表せる。また，∠DAG＝∠BAC，∠ADG＝∠ABC より，△ADG∽△ABC である。これより，DG：BC＝AD：AB＝2：(2＋3)＝2：5 だから，DG＝$\frac{2}{5}$BC である。よって，GF＝DF－DG＝$\frac{2}{3}$BC－$\frac{2}{5}$BC＝$\frac{4}{15}$BC となるから，DG：GF＝$\frac{2}{5}$BC：$\frac{4}{15}$BC＝3：2 である。

2〔独立小問集合題〕

(1)<数の性質>① a を整数とすると，2つの続いた3の倍数は $3a$，$3a+3$ と表せるので，その間にある2つの整数 m，n は，$m=3a+1$，$n=3a+2$ となる。P は m と n の積，Q は m と n のそれぞれの2乗の和だから，$P=mn=(3a+1)(3a+2)=9a^2+9a+2$，$Q=m^2+n^2=(3a+1)^2+(3a+2)^2=9a^2+6a+1+9a^2+12a+4=18a^2+18a+5$ となる。よって，$Q-P=(18a^2+18a+5)-(9a^2+9a+2)=18a^2+18a+5-9a^2-9a-2=9a^2+9a+3=9(a^2+a)+3$ となる。a^2+a は整数だから，$9(a^2+a)$ は9の倍数であり，$Q-P$ を9でわった余りは3となる。　② $9\times10+3=93$，$9\times11+3=102$ だから，$Q-P=9(a^2+a)+3$ が3けたの整数になるとき，$a^2+a\geqq11$ である。$a=2$ のとき $a^2+a=2^2+2=6$，$a=3$ のとき $a^2+a=3^2+3=12$ だから，$a=3$ であり，$m=3\times3+1=10$，$n=3\times3+2=11$ となる。

(2)<データの活用―人数>① $40\div2=20$，$20\div2=10$ より，第1四分位数は点数の小さい方から10番目と11番目の平均となる。第1四分位数が5点で，1問2点より，点数が5点となることはないので，10番目は4点以下，11番目は6点以上となる。よって，4点以下は10人で，0点の生徒はいなくて，2点の生徒が3人だから，4点の生徒の人数は $10-3=7$(人)である。　②生徒の人数が40人で，2点の生徒が3人，4点の生徒が7人，10点の生徒が4人だから，6点と8点の生徒の人数の合計は，$40-(3+7+4)=26$(人)である。6点の生徒の人数を x 人とすると，8点の生徒は6点の生徒より4人多いので $x+4$ 人と表せ，$x+(x+4)=26$ が成り立つ。これより，$x=11$ となるので，8点の生徒の人数は $x+4=11+4=15$(人)である。

3〔関数―関数 $y=ax^2$ と一次関数のグラフ〕

(1)<座標>右図1で，点Cは y 軸について A$(-4,\ 8)$ と対称だから，C$(4,\ 8)$ である。B$(-2,\ 2)$ だから，直線BCの傾きは $\frac{8-2}{4-(-2)}=1$ であり，AD∥BC より，直線ADの傾きも1である。直線ADの式を $y=x+b$ とおくと，点Aを通るので，$8=-4+b$，$b=12$ となり，直線ADの式は $y=x+12$ である。点Dは放物線 $y=\frac{1}{2}x^2$ と直線 $y=x+12$ の交点だから，$\frac{1}{2}x^2=x+12$ より，$x^2-2x-24=0$，$(x+4)(x-6)=0$　$\therefore x=-4,\ 6$　よって，点Dの x 座標は6であり，$y=\frac{1}{2}\times6^2=18$ より，D$(6,\ 18)$ である。

図1

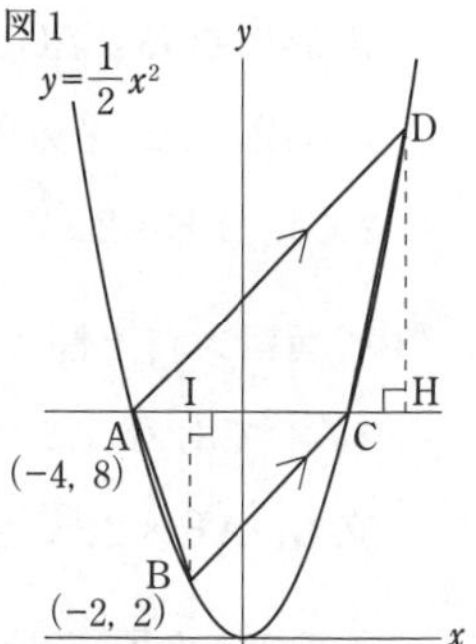

(2)<面積>右図1で，2点A，Cは y 軸について対称だから，ACは x 軸に平行である。台形ABCDを△ACDと△ABCに分け，2点D，Bから直線ACに垂線DH，BIを引く。A$(-4,\ 8)$，C$(4,\ 8)$より，AC$=4-(-4)=8$ である。また，D$(6,\ 18)$，B$(-2,\ 2)$だから，y 座標より，DH$=18-8=10$，BI$=8-2=6$ である。よって，△ACD$=\frac{1}{2}\times$AC$\times$DH$=\frac{1}{2}\times8\times10=40$，△ABC$=\frac{1}{2}\times$AC$\times$BI$=\frac{1}{2}\times8\times6=24$ となり，〔台形ABCD〕＝△ACD＋△ABC$=40+24=64$ である。

(3)<直線の式>次ページの図2で，点B，点Cを通り y 軸に平行な直線とADとの交点をそれぞれF，Gとすると，AD∥BC だから，四角形BCGFは平行四辺形となり，BF＝CG である。また，線分

BFを底辺と見ると，△ABFの高さは$-2-(-4)=2$となり，線分CGを底辺と見ると，△DCGの高さは$6-4=2$となる。よって，△ABF，△DCGは，底辺，高さが等しいので，△ABF＝△DCGである。これより，点Eを通り台形ABCDの面積を2等分する直線は，▱BCGFの面積を2等分する直線となる。▱BCGFの対角線BG，CFの交点をMとすると，▱BCGFの面積を2等分する直線は点Mを通る。点Gは直線$y=x+12$上にあり，x座標は4だから，$y=4+12=16$より，G(4，16)である。B$(-2,\ 2)$であり，点Mは線分BGの中点となるから，x座標は$\frac{-2+4}{2}=1$，y座標は$\frac{2+16}{2}=9$より，M(1，9)である。直線ADの切片より，E(0，12)だから，直線EMは，傾きが$\frac{9-12}{1-0}=-3$，切片が12であり，求める直線の式は$y=-3x+12$となる。

図2

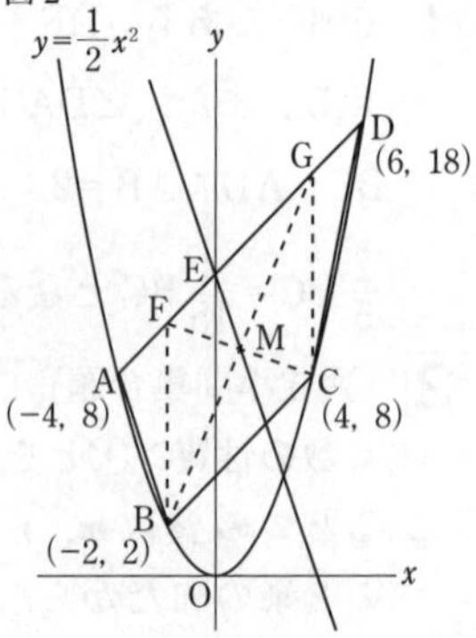

4〔平面図形―円，三角形〕

《基本方針の決定》(1)　△ABCに着目する。

(1)＜長さ＞右図で，点Aと点Cを結ぶ。$\overset{\frown}{AC}$に対する円周角と中心角の関係より，$\angle ABC=\frac{1}{2}\angle AOC=\frac{1}{2}\times 60^\circ=30^\circ$である。また，線分ABが円Oの直径より，$\angle ACB=90^\circ$である。よって，△ABCは3辺の比が$1:2:\sqrt{3}$の直角三角形だから，$BC=\frac{\sqrt{3}}{2}AB=\frac{\sqrt{3}}{2}\times 4=2\sqrt{3}$(cm)となる。

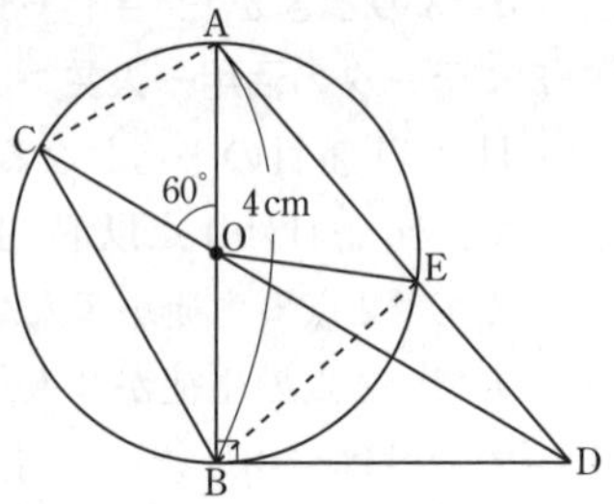

(2)＜長さ＞右図で，2点B，Eを結ぶと，線分ABは円Oの直径だから，$\angle AEB=90^\circ$となり，点Bと直線ADの距離は線分BEの長さである。接線であることより，$\angle ABD=90^\circ$だから，$\angle ABD=\angle AEB=90^\circ$，$\angle BAD=\angle EAB$より，△ABD∽△AEBとなり，DB：BE＝AD：ABとなる。$\angle BOD=\angle AOC=60^\circ$より，△OBDは3辺の比が$1:2:\sqrt{3}$の直角三角形になる。$AO=OB=\frac{1}{2}AB=\frac{1}{2}\times 4=2$なので，$DB=\sqrt{3}OB=\sqrt{3}\times 2=2\sqrt{3}$である。また，△ABDで三平方の定理より，$AD=\sqrt{AB^2+DB^2}=\sqrt{4^2+(2\sqrt{3})^2}=\sqrt{28}=2\sqrt{7}$である。よって，$2\sqrt{3}:BE=2\sqrt{7}:4$が成り立ち，$BE\times 2\sqrt{7}=2\sqrt{3}\times 4$より，$BE=\frac{4\sqrt{21}}{7}$(cm)となる。

(3)＜面積＞右上図で，(2)より，AO＝2，$DB=2\sqrt{3}$だから，$\triangle AOD=\frac{1}{2}\times AO\times DB=\frac{1}{2}\times 2\times 2\sqrt{3}=2\sqrt{3}$である。また，△ABD∽△AEBより，AB：AE＝AD：ABだから，$4:AE=2\sqrt{7}:4$が成り立ち，$AE\times 2\sqrt{7}=4\times 4$，$AE=\frac{8\sqrt{7}}{7}$となる。これより，$DE=AD-AE=2\sqrt{7}-\frac{8\sqrt{7}}{7}=\frac{6\sqrt{7}}{7}$となるので，$AE:DE=\frac{8\sqrt{7}}{7}:\frac{6\sqrt{7}}{7}=4:3$となり，△AOE：△ODE＝4：3である。よって，$\triangle ODE=\frac{3}{4+3}\triangle AOD=\frac{3}{7}\times 2\sqrt{3}=\frac{6\sqrt{3}}{7}$(cm^2)となる。

5〔空間図形―直方体〕

(1)＜長さ＞次ページの図で，PF＝BF＝10である。△PEFは$\angle PEF=90^\circ$の直角三角形だから，三平方の定理より，$PE=\sqrt{PF^2-EF^2}=\sqrt{10^2-8^2}=\sqrt{36}=6$となり，$AP=AE-PE=10-6=4$(cm)である。

(2)＜面積＞次ページの図で，FG⊥〔面AEFB〕より，$\angle PFG=90^\circ$だから，$\triangle PFG=\frac{1}{2}\times PF\times FG=\frac{1}{2}\times 10\times 5=25$(cm^2)である。

(3)＜長さ＞次ページの図で，点GからPBに垂線GIを引くと，点Gと直線PBの距離は線分GIの長さとなる。PF＝BF，FG＝FG，$\angle PFG=\angle BFG=90^\circ$より，△PFG≡△BFGだから，PG＝BGである。△BFGで三平方の定理より，BG＝$\sqrt{BF^2+FG^2}=\sqrt{10^2+5^2}=\sqrt{125}=5\sqrt{5}$である。また，△ABPで三平方の定理より，PB＝$\sqrt{AB^2+AP^2}=\sqrt{8^2+4^2}=\sqrt{80}=4\sqrt{5}$である。△PGBが二等辺三角形より，点Iは線分PBの中点だから，BI＝$\frac{1}{2}$PB＝$\frac{1}{2}\times4\sqrt{5}=2\sqrt{5}$となる。よって，△GBIで三平方の定理より，求める距離は，GI＝$\sqrt{BG^2-BI^2}=\sqrt{(5\sqrt{5})^2-(2\sqrt{5})^2}=\sqrt{105}$(cm)である。

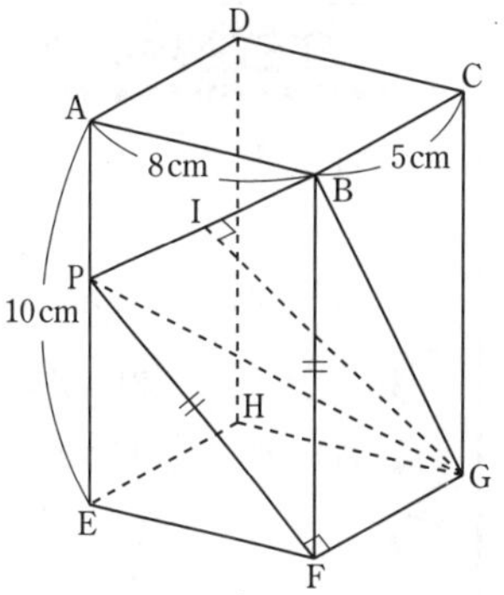

＝読者へのメッセージ＝

④(2)，⑤(3)では，点と直線の距離を求めました。点と直線の距離は，点から直線に引いた垂線の長さです。同様に考えて，点と平面の距離は，点から平面に引いた垂線の長さとなります。確認しておきましょう。

2022年度／専修大学松戸高等学校（前期17日）

社会解答

1 (1) オ　(2) ア　(3) イ　(4) エ　(5) カ

2 (1) ア　(2) イ　(3) エ　(4) ①…ア　②…イ

3 (1) イ　(2) ア　(3) ウ　(4) イ

4 (1) ウ　(2) イ　(3) ウ　(4) エ

5 (1) エ　(2) ウ　(3) ウ　(4) イ

6 (1) ウ　(2) イ　(3) ア　(4) ウ　(5) エ

7 (1) ①…ア　②…イ　(2) ウ

8 (1) エ　(2) ア　(3) ウ

（声の教育社　編集部）

1〔三分野総合―千葉県に関する問題〕

⑴＜千葉県の歴史＞年代の古い順に，Ⅲ（貝塚－縄文時代），Ⅰ（奥州藤原氏の滅亡－鎌倉時代初め），Ⅱ（新田開発や干拓事業－江戸時代）の順となる。

⑵＜関東地方＞関東地方１都６県の人口の合計は約4300万人で，日本の総人口約１億2600万人のおよそ３分の１にあたる（2019年）。また，大都市の近くで野菜などを栽培し，新鮮なまま出荷する農業を，近郊農業と呼ぶ。なお，輸送園芸農業とは，大都市から離れた場所で野菜や果実などを栽培し，トラックなどの交通機関を利用して消費地に出荷する農業を指す。

⑶＜地方公共団体の仕事＞都道府県や市町村などの地方公共団体は，ごみの収集，条例の制定，教育，警察，消防，水道などの仕事を行っている。なお，郵便事業は，かつて国が行っていたが，現在は民営化されている（Ⅰ…×）。また，地方裁判所を含む裁判所の設置は国の仕事である（Ⅱ…×）。

⑷＜資料の読み取り＞質問１への回答で「はい」と「どちらともいえない」の合計が60％以上のＡ，Ｂ，Ｃに韓国，スウェーデン，アメリカ合衆国が当てはまるので，Ｄはドイツである。質問２への回答で「はい」と「どちらともいえない」の合計が70％未満のＣ，Ｄにドイツとスウェーデンが当てはまるので，Ｃはスウェーデンである。質問２への回答で「はい」が「いいえ」の２倍以上であるＡ，Ｂに韓国とアメリカ合衆国が当てはまる。また，質問２への回答で「いいえ」の割合が日本を上回っているＢ，Ｃ，Ｄにドイツ，スウェーデン，アメリカ合衆国が当てはまるので，Ｂはアメリカ合衆国，Ａは韓国である。

2〔日本地理―総合〕

⑴＜九州地方＞熊本県北東部に位置するＸは阿蘇山である。なお，霧島山は，宮崎県と鹿児島県の県境に位置している。また，宮崎県南部から鹿児島県にかけて広がる火山灰が厚く積もってできたシラス台地では，水はけが良く（水持ちが悪く）水田には適さないため，さつまいもや茶などの畑作や畜産が盛んに行われている。

⑵＜気候＞う．の地点（鳥取市）は日本海側に位置しているので，冬の北西季節風の影響を受けて冬の降水量が多い。なお，気温が高く夏の降水量が多いアは太平洋側の気候に属するえ．の地点（福岡市），降水量の少ないウは瀬戸内の気候に属するい．の地点（奈良市），４地点の中で最も気温の低いエは日本海側の気候に属するあ．の地点（青森市）に当てはまる。

⑶＜日本の領土＞北方領土に含まれ，日本最北端に位置するＹは択捉島（北海道），日本の最南端に位置するのは沖ノ鳥島（東京都）である。なお，国後島（北海道）は，北方領土のうち択捉島に次ぐ大

きさの島で，択捉島の南西の北海道側に位置している。また，南鳥島（東京都）は日本の最東端に位置している。

⑷＜地形図の読み取り＞①特にことわりのないかぎり，地形図上では上が北となるので，北中城ICから見た宜野湾市役所（◎）の方角は，南西である。なお，市役所付近より建物が密集している地域が，市役所の北方の普天間一丁目・二丁目，新城一丁目辺りにある（イ…×）。市役所の西側に標高約96mを示す標高点があり，中城城跡付近には167mの標高点があるので，その標高差は約70mである（ウ…×）。普天間川の流域は，住宅地以外は畑（∨）が多く，水田（‖）は見られない（エ…×）。②この地形図の縮尺は25000分の1なので，実際の500mは地形図上では500÷25000＝0.02m＝2cmである。地形図で市役所から2cm以内に見られるのは，消防署（Y）と郵便局（〒）の2つである。なお，市役所の北西に交番（X）は見られるが警察署（⊗）はない。その他の地図記号は発電所が☼，工場が☼，小・中学校が文である。

3〔世界地理―総合〕

⑴＜世界地図＞地球の中心点を通る平面で地球を半分に切ったときの切り口が大円である。地球上の2地点を結ぶ最短ルートは必ず大円の円周上にあり，これを大円（大圏）コースという。北半球上の2地点を通る大圏コースは，問題図のようなメルカトル図法では北よりに張り出した弧を描く。また，地球上の正反対の位置にある地点を対蹠《たいせき》点と呼ぶ。日本の対蹠点は，南アメリカ大陸のアルゼンチンの大西洋上の沖合に位置する。

⑵＜時差＞日本の標準時子午線は東経135度の経線である。したがって，日本時間とロサンゼルス時間との時差を計算するときの経度差は，日本の標準時子午線を基準として，西回りに135＋120＝255度となる。経度差15度で1時間の時差が生じ，基準点から西回りに時差を計算するときには時刻を戻すので，ロサンゼルス時間は日本時間から255度÷15度＝17時間だけ時刻を戻す。1月30日午前7時から17時間戻した時刻は，1月29日午後2時となる。

⑶＜インドネシア＞インドネシアでは国民の9割近くがイスラム教徒である。インドネシアは，タイ，マレーシア，シンガポールなど他の東南アジア諸国とともに，ASEAN〔東南アジア諸国連合〕に加盟している。なお，インドネシアは，サウジアラビア，イラン，アラブ首長国連邦などの西アジアの産油国とともにOPEC〔石油輸出国機構〕にも加盟していたが，2016年に加盟国としての資格を停止されている。

⑷＜世界各国の面積と人口＞人口が14億人を超えて世界で最も多いAは中国，人口が3億人を超えて，中国，インドに次いで世界第3位のDはアメリカ合衆国を表している。イギリスと南アフリカ共和国を比べると，面積は南アフリカ共和国の方が広く，国内総生産はイギリスの方が多い。したがってBはイギリスを表している。なお，人口密度（人口÷面積）と一人あたり国内総生産（国内総生産÷人口）を計算し，資料2を用いて当てはめる方法でも解答を求めることができる。

4〔歴史―古代〕

⑴＜中国の王朝＞紀元前221年に中国を統一したのは，秦の始皇帝である。

⑵＜聖徳太子＞法隆寺は，聖徳太子が建てたと伝えられている。聖徳太子は，十七条の憲法や冠位十二階を制定し，小野妹子らを遣隋使として中国に派遣した（Ⅱ，Ⅳ…○）。なお，645年に蘇我蝦夷，入鹿父子を倒して大化の改新を始めたのは，中大兄皇子，後の天智天皇である（Ⅰ…×）。8世

紀の半ば，全国に国分寺と国分尼寺を建てることを命じたのは，聖武天皇である(Ⅲ…×)。

(3)＜班田収授法＞701年の大宝律令の制定のもと行われた班田収授法により，戸籍に登録された6歳以上の男女には，一定の面積の口分田が与えられた。

(4)＜平安時代の出来事＞年代の古い順に，794年の平安京遷都，939～40年の平将門の乱，1016年の藤原道長の摂政就任，1086年の白河上皇による院政の開始，1167年の平清盛の太政大臣就任となる。なお，壬申の乱が起こったのは672年(飛鳥時代)のこと，墾田永年私財法が出されたのは743年(奈良時代)のこと，承久の乱が起こったのは1221年(鎌倉時代)のことである。

5〔歴史—鎌倉時代～江戸時代〕

(1)＜鎌倉幕府＞鎌倉時代，幕府の将軍と御家人との間は，御恩と奉公の関係で結ばれていた。将軍が御家人の所領を保証したり，新たな所領を与えたりすることを御恩，それに対して，御家人が戦いのとき，命がけで将軍のために戦うことを奉公と呼んだ。また，将軍は，御家人の中から，国ごとに軍事・警察を担当する守護を，荘園や公領には現地を管理・支配する地頭を任命した。

(2)＜南北朝時代＞後鳥羽天皇〔後鳥羽上皇〕は，鎌倉時代前半の1221年に，鎌倉幕府を倒そうとして承久の乱を起こした人物で，建武の新政を行ったのは後醍醐天皇である(Ⅰ…誤)。足利尊氏は，はじめ後醍醐天皇に協力して鎌倉幕府を倒したが，天皇が始めた建武の新政に対する武士の不満を背景に，後醍醐天皇を京都から追い出し，北朝の天皇を立てて，自らは征夷大将軍となり，京都に幕府を開いた(Ⅱ…正)。

(3)＜勘合貿易＞明の皇帝から，大陸沿岸を荒らす倭寇の取り締まりを求められた室町幕府第3代将軍の足利義満は，その要求に応じつつ，1404年に明との間に勘合貿易〔日明貿易〕を開始した。

(4)＜刀狩＞本能寺の変の後，信長の後継者争いに勝利した豊臣秀吉は，1588年に，一揆を防ぐため，農民から武器を取り上げる刀狩令を発した。なお，楽市楽座は織田信長の政策(ア…×)，徳政令は鎌倉幕府などが出した借金などを免除する法令(ウ…×)，バテレン追放令は，豊臣秀吉が1587年に出したキリスト教の宣教師を国外追放する法令である(エ…×)。

(5)＜年代整序＞DとEの間の期間は，1582年(本能寺の変)から1854年(日米和親条約の締結)までにあたる。年代の古い順に，Ⅲ(オランダ商館の移転－1641年)，Ⅰ(寛政の改革の開始－1787年)，Ⅳ(大塩の乱－1837年)となる。なお，鉄砲の伝来は1543年の出来事である。

6〔歴史—近現代〕

(1)＜五箇条の御誓文＞1868年3月，戊辰戦争で旧幕府軍と戦っていた新政府軍は，新政府の基本方針を，明治天皇が神に誓うという形式の五箇条の御誓文として発表した。

(2)＜地租改正＞明治政府は，財政を安定させるために，1873年に地租改正を行った。地租改正では，土地所有者を確定して地券を発行し，地券の発行を受けた土地所有者に，政府が定めた地価の3％にあたる地租を現金で納めさせると定めた。

(3)＜日清戦争＞1894年に起こった日清戦争は，朝鮮半島に対する支配権をめぐる日本と清との争いであった。戦争の直接のきっかけは，1894年に朝鮮で起こった甲午農民戦争であった。日清戦争に勝利した日本は1895年の下関条約で清から遼東《リアオトン》半島を得たが，ロシアなどによる三国干渉を受けて，清に返還した。なお，義和団事件は，日清戦争後の1900年に中国で起こった外国勢力排斥を求めた事件，Yは山東《シャントン》半島である。

⑷＜19世紀末から20世紀半ばの出来事＞略年表中のｄの時期は，1894年から1941年にあたる。Ⅰのロシア革命は1917年，Ⅱの辛亥革命は1911年に起こり，Ⅳのドイツでヒトラーが政権を握ったのは1933年である。なお，Ⅲのアメリカ南北戦争が起こったのは1861年である。

⑸＜太平洋戦争後の出来事＞年代の古い順に，Ⅰ（朝鮮戦争の開始－1950年），Ⅳ（日ソ共同宣言と日本の国連加盟－1956年），Ⅱ（第一次オイルショック－1973年），Ⅲ（米ソ首脳による冷戦終結宣言－1989年）となる。

7 〔公民―政治〕

⑴＜選挙＞①「あまり投票していない」と「投票したことがない」の割合の合計は男性（27.4％）より女性（32.0％）の方が高い（Ⅰ…×）。「毎回投票している」の割合は，男性では30～34歳までは年代が高くなるほど高いが，35～39歳では低くなっている。女性は25～29歳が最も高い（Ⅱ…×）。「あまり投票していない」の割合が最も高いのは，男性は30～34歳，女性は35～39歳である（Ⅲ…×）。Ⅳは正しい。　②小選挙区比例代表並立制が採用されているのは，衆議院議員選挙である。また，政党ごとの得票率と当選者数の割合が近いＸは比例代表制を表している。比例代表制は，政党の得票率に応じて議席が配分されるので，死票が少ない。１つの選挙区から１人ずつ選出する小選挙区制は死票が多くなり，政党ごとの得票率と当選者数の割合の差が大きい。

⑵＜国会＞特別会〔特別国会〕は，衆議院解散後に行われる総選挙の日から30日以内に開かれる国会である。内閣が必要と判断したときか，いずれかの議院で総議員の４分の１以上が要求したときに開かれる国会は，臨時会〔臨時国会〕である（Ⅲ…×）。最高裁判所の長官を指名し，その他の裁判官を任命するのは，内閣である（Ⅳ…×）。国会が憲法改正の発議を行うためには，各議院の総議員の３分の２以上の賛成が必要である（Ⅵ…×）。Ⅰ，Ⅱ，Ⅴは正しい。

8 〔公民―総合〕

⑴＜需要と供給＞価格が安ければ数量が多くなり，価格が高ければ数量が少なくなることを示しているＸは，買い手の動きを表す需要曲線である。商品の原料が値下がりした場合，売り手による供給量が増加する。そうすると，供給曲線を表している資料１のＹの曲線は資料２のＤのように右にスライドして，需要曲線と供給曲線との交点が低くなり，均衡価格が下がる。

⑵＜自由権＞日本国憲法が保障する自由権は，精神の自由，身体の自由，経済活動の自由に分類される。経済活動の自由に含まれるのは，居住・移転・職業選択の自由である。なお，学問の自由と集会・結社・表現の自由は精神の自由に，奴隷的拘束・苦役からの自由は身体の自由に含まれる。

⑶＜消費者の権利＞企業による生産，販売，価格などの独占を禁止して，自由競争を促すために制定されたのは，独占禁止法である（Ⅰ…×）。Ⅱ，Ⅲ，Ⅳは正しい。

2022年度／専修大学松戸高等学校（前期17日）

理科解答

1 (1) ③　(2) ⑤　(3) ④　(4) ②

2 (1) U…6　V…0
(2) W…2　X…0
(3) Y…9　Z…0　(4) ③

3 (1) ④　(2) ⑧　(3) ④　(4) ①

4 (1) ③　(2) X…1　Y…2　Z…5
(3) ③　(4) ⑦

5 (1) ①　(2) ③　(3) ⑤
(4) X…1　Y…6　Z…5

6 (1) ④　(2) ⑦　(3) ③　(4) ②

7 (1) ④　(2) ③　(3) ⑤　(4) ①

8 (1) W…5　X…5
(2) Y…5　Z…0　(3) ①
(4) ⑦

（声の教育社　編集部）

1〔生物の世界〕

(1)＜種子植物＞表の植物の名称から，Aは裸子植物，Bは被子植物で，ともに種子をつくってふえる。また，裸子植物は子房がなく，胚珠がむき出しであり，被子植物は胚珠が子房の中にある。

(2)＜ヨモギ＞観察2より，葉脈が網目状であることから，ヨモギは双子葉類であり，花弁のつながった花であることから，表のCのアサガオやツツジと同じ合弁花類に属していることがわかる。なお，表のDは双子葉類の離弁花類である。

(3)＜イヌワラビ＞イヌワラビの茎は地下茎と呼ばれ，地下にある。よって，図のsが茎であり，tが根，地上に出ているp，q，rは全て葉である。

(4)＜シダ植物とコケ植物＞シダ植物には葉・茎・根の区別があり，維管束があるが，コケ植物には葉・茎・根の区別がなく，維管束はない。また，シダ植物，コケ植物ともに胞子のうで胞子をつくってふえ，光合成を行う。

2〔大地の変化〕

(1)＜P波の速さ＞地震が発生すると，P波とS波は震源で同時に発生し，P波はS波より伝わる速さが速い。また，P波が伝わると小さな揺れ(初期微動)が起こり，S波が伝わると大きな揺れ(主要動)が起こる。よって，図1で，観測地点A，Bを比べると，震源からの距離の差は，60－24＝36(km)，P波が到着した時刻の差は，30－24＝6(秒)である。これより，P波は36kmを6秒で伝わると考えられるから，その速さは，36÷6＝6.0(km/s)となる。

(2)＜地震の発生時刻＞(1)よりP波の速さは6.0km/sであるから，震源からの距離が24kmの観測地点AにP波が伝わるのにかかった時間は，24÷6.0＝4(秒)である。よって，地震が発生した時刻は，観測地点AにP波が伝わった22時22分24秒の4秒前の，22時22分20秒である。

(3)＜震源からの距離＞(2)より地震が発生した時刻は22時22分20秒であり，図1より観測地点CにP波が到着した時刻は22時22分35秒である。よって，観測地点CにP波が伝わるのにかかった時間は，35－20＝15(秒)で，(1)よりP波の速さは6.0km/sだから，観測地点Cの震源からの距離は，6.0×15＝90(km)となる。

(4)＜プレートの動き＞図2で，動いているのは海洋プレートで，海洋プレートが大陸プレートの下に沈み込む。このとき，引きずり込まれた大陸プレートがゆがみ，そのゆがみにたえられなくなると大陸プレートがはね上がり，岩盤が破壊されて大きな地震が発生する。

3 〔化学変化とイオン〕

⑴＜気体の性質＞電流を流すと，銅板の表面にはうすい塩酸中の水素イオンが引かれ，銅板から電子を受けとって水素原子になる。それが２個結びついて水素分子となり，気体の水素として発生する。水素は水に溶けにくく，空気よりも密度が小さい(物質の中で最も密度が小さい)。

⑵＜亜鉛板の変化＞実験の(ⅲ)で，亜鉛板の表面がざらついたのは，亜鉛原子が電子を放出して亜鉛イオンになり，水溶液中に溶け出したためである。また，亜鉛板に放出された電子は，導線を通って銅板へ移動する。電流の流れる向きは電子の移動の向きと逆になるため，図で，電流の流れる向きを表す矢印はＢである。

⑶＜電池＞プロペラが回転するのは，電流が流れたときだけである。水溶液と金属板を用いて電流を発生させることができるのは，電解質の水溶液に２種類の金属を入れたときである。よって，最も適当なのは④である。

⑷＜エネルギーの変換＞電池は，水溶液や金属板などの物質が持っていた化学エネルギーを，化学変化によって電気エネルギーに変換する装置である。また，モーターは電気エネルギーを運動エネルギーに変換する装置である。

4 〔身近な物理現象〕

⑴＜音の波形＞図２で，１回の振動を表す矢印はｑであり，振幅を表す矢印はｒである。

⑵＜振動数＞図２の波形で示された音は，１回振動するのに，４目盛り分，つまり，$0.002\times4=0.008$(秒)かかっている。よって，１秒間に振動する回数を表す振動数は，$1\div0.008=125$(Hz)となる。

⑶＜波形と音＞実験の(ⅱ)のように，(ⅰ)と比べて弦をはじく強さだけを弱くすると，波形は振幅だけが小さくなる。振幅は音の大きさを表し，振幅が小さくなると音は小さくなる。また，実験の(ⅲ)のように，(ⅰ)と比べて弦の長さだけを短くすると，波形は振動数だけが大きくなる。振動数は音の高さを表し，振動数が大きくなると音は高くなる。

⑷＜振動数と音階＞実験の(ⅳ)より，音階がＢ２(シ)からＢ３(シ)と１オクターブ上がると，振動数は図２の125Hzから図３の$1\div(0.002\times2)=250$(Hz)と２倍になる。これより，音階がＧ２(ソ)からＧ５(ソ)と３オクターブ上がるとき，振動数は，$2\times2\times2=8$(倍)になると考えられる。よって，Ｇ５(ソ)の振動数は，$98\times8=784$(Hz)となる。

5 〔生物の体のつくりとはたらき〕

⑴＜信号が伝わる経路＞首から上の感覚器官でとらえた刺激の信号は，感覚神経によって，直接，脳へ伝えられる。脳で判断され，出された命令の信号は，せきずい，運動神経を通り，運動器官へ伝えられる。

⑵＜反応に要した時間＞表より，５回の試行の平均値は，$(17.5+20.0+18.5+19.8+19.2)\div5=19.0$(cm)である。よって，図２より，ものさしが落ちる距離が19.0cmのときの時間は，約0.20秒である。したがって，最も適当なのは，③の0.197秒である。

⑶＜反射の例＞周りの明るさによって，ひとみの大きさが変化するのは，意識とは関係なく起こる反応である。このような反応を反射という。

⑷＜距離＞時速54kmでは，１時間，つまり，$60\times60=3600$(秒)に$54\times1000=54000$(m)進むから，$54000\div3600=15$より，時速54kmは秒速15mである。よって，刺激に対する反応までの時間の差が，$0.230-0.120=0.110$(秒)のとき，ブレーキを踏むまでに進む車の距離の差は，$15\times0.110=1.65$

(m)となる。

6 〔地球と宇宙〕

(1)＜北の空の星の動き＞北の空に見える星座は，北極星を中心として，1時間に360°÷24＝15°，反時計回りに動いて見える。よって，図1で，星座Mは9時間後に，Aの位置から反時計回りに15°×9＝135°動いていてDの位置に見える。

(2)＜星座の動き＞同じ時刻に見える北の空の星座は，北極星を中心として，1か月に360°÷12＝30°，反時計回りに動いて見える。よって，図1でAの位置にあった星座Mは，3か月後の同じ時刻には30°×3＝90°動き，Cの位置に見えるから，北極星を中心として反時計回りに90°回転して⑦のように見える。

(3)＜地球の公転と星座の見え方＞図2で，日本が冬至になるのは，北半球が太陽と反対の方向に傾いているRの位置に地球があるときである。このとき，真夜中には，太陽と反対の方向にあるおうし座が南の空高くに見える。また，地球は北極側から見て反時計回りに自転しているから，真夜中には，西の空にみずがめ座が沈み，東の空からしし座が昇る。

(4)＜星座が見える時刻の変化＞同じ時刻に南の空に見える星座の位置は，1か月に30°，東から西に動いて見える。また，1日では，1時間に15°，東から西へ動いて見える。これより，同じ方位に見える星座の時刻は，1か月に30°÷15°＝2(時間)早くなる。よって，観測2を行った3か月後に，観測2と同じ方位におうし座がある時刻は，観測2で観測した時刻の2×3＝6(時間)前である。

7 〔化学変化と原子・分子〕

(1)＜鉄と硫黄の反応＞鉄と硫黄が結びつく反応のように，2種類以上の物質が結びついて別の新しい物質ができる化学変化を化合という。また，混合物の下の方を加熱すると，熱がこもってしまい，完全に反応しないことや，高温になりすぎて試験管が割れることがある。

(2)＜反応する質量の比＞実験の(ⅲ)で，試験管Cから二酸化硫黄が発生したことから，硫黄が酸素と反応したことがわかる。これより，試験管Cでは，硫黄の一部が反応せずに残っていたと考えられる。また，実験の(ⅳ)より，試験管Aが磁石に引きつけられたことから，試験管Aでは鉄の一部が反応せずに残っていたと考えられる。よって，鉄と硫黄が過不足なく反応したのは試験管Bで，鉄と硫黄が過不足なく反応するときの質量の比は，鉄：硫黄＝3.5：2＝7：4である。

(3)＜発生する気体＞(2)より，反応後の試験管Aには，化学反応によってできた硫化鉄と，反応せずに残った鉄が存在している。よって，うすい塩酸を加えると，硫化鉄とうすい塩酸が反応して硫化水素が発生し，鉄とうすい塩酸が反応して水素が発生する。

(4)＜化学変化のモデル＞硫化鉄は，鉄原子と硫黄原子が1：1の個数の比で結びついている。また，原子は分割できないので，このときの反応をモデルで表したものとして最も適当なのは①である。

8 〔運動とエネルギー〕

(1)＜木片の移動距離＞図2の質量30gの小球を用いたときのグラフは原点を通る直線だから，木片の移動距離は小球の高さに比例する。よって，質量30gの小球を4.0cmの高さで放して転がしたとき，木片は2.0cm移動したので，11.0cmの高さでは，木片は$2.0\times\frac{11.0}{4.0}=5.5$(cm)移動する。

≪別解≫図2の質量30gの小球を用いたときのグラフより，小球を11.0cmの高さで放したときの木片の移動距離は，5.5cmと読み取れる。

(2)＜小球の高さ＞表より，木片の移動距離が同じ4.0cmになるのは，質量20gの小球を12.0cmの高さで放したときと，質量60gの小球を4.0cmの高さで放したときである。これより，質量20gの小球と質量60gの小球を放して，木片の移動距離を同じにするには，質量60gの小球を放す高さを，質量20gの小球を放す高さの$\frac{4.0}{12.0}=\frac{1}{3}$(倍)にすればよい。よって，質量20gの小球を高さ15.0cmから放したときの木片の移動距離と同じにするには，質量60gの小球を$15.0\times\frac{1}{3}=5.0$(cm)の高さで放せばよい。

≪別解≫図２より，質量20gの小球を15.0cmの高さで放したときの木片の移動距離は5.0cmである。よって，質量60gの小球を放して木片の移動距離を5.0cmにするときの小球の高さは，グラフより，5.0cmと読み取れる。

⑶＜斜面上の小球にはたらく力，小球の速さ＞重力の斜面に平行な方向の分力は，斜面の傾きが大きいほど大きくなる。また，実験２の(ⅱ)で，木片の移動距離はどちらの斜面でも同じだったことから，水平面に達したときの小球が持つ運動エネルギーは等しい。よって，小球の速さも等しい。

⑷＜斜面を下る運動とエネルギー＞斜面の傾きが大きいほど，重力の斜面に平行な方向の分力は大きくなるから，小球の速さの変化の割合も大きくなる。その結果，小球が水平面に達するまでの時間(小球の速さが同じになるまでの時間)は，斜面Ｂの方が短くなる。しかし，最初に小球が持っていた位置エネルギーは斜面Ａ，Ｂで同じだから，水平面での小球の運動エネルギーも斜面Ａ，Ｂで等しくなる。

2022年度／専修大学松戸高等学校（前期17日）

国語解答

一 問一　a…4　b…2　c…3
問二　ア…1　イ…4　ウ…2
問三　3　問四　4　問五　3
問六　1　問七　2　問八　4
問九　1　問十　3　問十一　4
問十二　2

二 問一　a…3　b…1　c…2
問二　ア…2　イ…4　ウ…1
問三　2　問四　3　問五　4
問六　3　問七　1　問八　3
問九　2　問十　4

三 問一　2　問二　4　問三　1
問四　2　問五　4　問六　3
問七　3　問八　1　問九　1

（声の教育社　編集部）

一〔説明文の読解—文化人類学的分野—文化〕出典；原田信男『神と肉——日本の動物供犠』「生命と儀礼」。

《本文の概要》カロリーやタンパク質をとり続けることが，生命を維持するための最低必要条件で，人間が日常食べるものは，水と塩を除けば全てが生命体由来のものである。人間は，原初はか弱い小さな存在だったが，肉を摂取したことで頭脳が飛躍的に発達し，自然界で優位に立った。計画的な集団行動によって狩猟を行うようになった人間は，生活の安定と不幸の排除を目的に祈り，祈りに実効力を持たせるため，祭祀，つまり儀礼をつくり上げた。招福と除厄の祈りを儀礼という形に集約し，生活の安定をもたらしてくれる神に願いと感謝を表すものとして，祭礼が営まれるようになった。農耕の開始後は，気候に関わる祭祀が整備された。儀礼においては，祈るべき対象に最大の敬意と感謝を示す必要があり，感謝の気持ちを示すための捧げ物として，価値の高い供物が必要となる。儀礼終了後の神人共食により，神と人との一体化が図られ，神からの加護を集団として受けることができるとされ，そのために，人間にとっても高い価値を持つ動物の肉が供えられた。

問一＜漢字＞a．「総量」と書く。1は「断層」，2は「物騒」，3は「演奏」。　b．「飛躍的」と書く。1は「役職」，3は「服薬」，4は「翻訳」。　c．「希求」と書く。1は「規則的」，2は「常軌」，4は「紀行文」。

問二＜接続語＞ア．私たちは「生きて動いて」おり，それと並んで，「私たちの身体の最小単位である細胞は，絶えず入れ替わって」いる。　イ．「祈りの定式化が進むことになる」とは，要するに「祈りを形とするための方式が必要となる」ということである。　ウ．「神道を国家の宗教とした明治政府は，神道祭式を統一的に改め，生饌を中心とした神饌の体系を創り上げた」けれども，「狩猟神であった諏訪大社などの伝統的神社に対しては，これを改めるには至らず，特殊神饌として動物供犠《くぎ》的な部分をも容認して」いた。

問三＜文脈＞ヒツジは「草原の植物を食べて」育ち，ヒツジから排出される「窒素を含んだ糞」によって植物が生長するように，「植物が排出したものを動物が必要とし，動物が排出したものを植物が必要と」し，その「植物を動物が食べ，動物の遺体も植物の肥料」となる。

問四＜ことばの単位＞「これを／燃焼させ／細胞内に／微妙な／温度差を／生じさせる／ことで，／細胞を／動かして／いる」と十文節に分けられる。

問五＜文章内容＞人間は，「原初，か弱いきわめて小さな存在」で，「植物や小動物の採取」を行って生活していたが，「高いカロリーとタンパクを含む肉の摂取」によって頭脳が発達したことで，「やがて脳に蓄えられた知識と二本の腕を駆使しうるようになり，さらには言語という緻密な交信手段を産み出し」てそれらを積極的に利用することで，狩猟や漁撈でより多くの食物を得るようになった。こうして，人間は，自然界で「優位」に立つことができた。

問六＜文章内容＞天変地異など「自然界にはさまざまな現象が起こる」ため，人間は大自然のあり方そのものを「神」と見なして，その「神」に「安全や安定を本能的に祈る形で救いを求めて」きた。

問七＜文章内容＞「日本の神々が恐ろしい形相をしている」のは，日本人が，「強い神こそが悪鬼や悪霊を退けてくれると信じたから」である(２…×)。

問八＜文章内容＞農耕は，「気象状況に大きく左右されるもの」で，しかも，「稔りを左右する気候の変化は，人間の与り知らぬ神のなせる業」としか思われなかった。そこで，農耕の開始後は，「年間の気候サイクルに大きな関心」が払われ，気候に関わる祭祀は，「必然的に定期的なものと」なった。

問九＜文章内容＞供物は，「感謝の気持ちを精一杯示すための捧げ物」である。人々は，価値の低い供物では感謝を十分に伝えられないと考え，自らにとって「もっとも大切な物を捧げることで，神に喜んでもらおうと」した。「神々にとっても，人間と同様に食べることがもっとも重要だ」と考えられたため，豊富な栄養を含み，人間にとっても「ご馳走であり，かつ貴重な財産でもあった」動物の肉を捧げて，人々は神に「最大の敬意と感謝」を示し，祈りの成果を得ようとしたのである。

問十＜文章内容＞「祭祀すなわち儀礼」においては，「祈るべき対象に最大の敬意と感謝を示す必要」があり，日本では，「神の来臨を実現させるためには，人々の生活と全く同じ条件が必要だ」と信じて，依代・御幣・神饌が用意された。そして，「神を招来する儀式を最大に盛り上がらせるため」に，「祭の主催者たちの創意」で「さまざまな装飾と演出が凝らされ，歌舞音曲や演劇などの芸能が供される」ことになり，主催者たちは「特色」を出そうとして「壮麗な演出」を試みた。

問十一＜文章内容＞「神饌」を全員で食べる「直会」で，祭りは完結する。「願い事の成就を祈る祭祀の場」では，「神と人が同じものを食べることによって，神と心を同じくし，神の恩恵が食べた人々にもたらされる」ことになっていたのであり，「神と共食することによって，神と人との一体化が図られ，神からの加護を集団として受ける」ことができると考えられていた。

問十二＜要旨＞「植物や小動物の採取を行いながら，猛獣などが食べ残した腐肉をあさるスカベンジャーのような生活」をしていた人間は，「計画的な集団行動」によって狩猟を行うようになり，「集団の生活の安定と幸福」，とりわけ「食料の安定的な獲得」を目的に祈りを捧げるようになった(３…×)。食料の安定は「労働時間の短縮」につながり，その余った時間を「新たな技術の習得や道具の改良に振り向ける」ことで，さらに豊富な食料を得ることができた(４…×)。農耕開始後は，気象に関わる祭祀は定期的なものとなり，特に太陽と月の運行を調べて暦法を発明して，「農耕の節目節目に，豊作のための祭祀を催し，それはやがて年中行事として整備されるように」なった(１…×)。祭祀で提供される飲食は，明治政府が神道を国家の宗教として祭式を改めたため，「明治以降は食材をそのまま供える生饌が主流となったが，もともとは調理済みの料理を捧げる熟饌」があった(２…○)。

二〔小説の読解〕出典；いとうみく『朔と新』。

問一＜漢字＞ａ．「延ばす」と書く。１は「支援」，２は「沿岸」，４は「血縁」。　ｂ．「響く」と書く。２は「鏡台」，３は「妥協」，４は「即興」。　ｃ．「鍛えられる」と書く。１は「濃淡」，３は「感嘆」または「感歎」，４は「大胆な」。

問二＜語句＞ア．「抑える」は，勢いを弱める，感情を抑制する，という意味。　イ．「俄然」は，突然である様子。　ウ．「奇異の目」は，珍しいものを見るような目つきのこと。

問三＜品詞＞「活用のある付属語」とは，助動詞である。「ばりばりばりと大木を引き裂くような音に，朔はびくりとして窓のほうに顔を向けた」という文では，「ような」と「た」が助動詞。

問四＜心情＞「やるからにはちゃんとやりたい」という朔に，陸上の経験者である新は，「練習を始めてまだ二ヵ月も経たない朔に，競技として走ることの意味などわかるはずがない」と思い，「朔の甘さが癇にさわった」が，それだけではなく，新がいら立ったのは，「朔がそれを本気で口にしたから」である。「常識で考えたらわかるはずの無謀なことに，躊躇なく手を伸ばしていこうとする傲慢ともいえる強さ」が，新をいら立たせたのである。

問五＜心情＞「新だって，もっと走りたいだろ」と言う朔に，競技として走ることのつらさを知る新は，朔が「なんでもわかったような顔」をしてそういうことを言うのが我慢ならなかった。また，新は，「いつだって前向いて，頑張って」いる朔のことをすごいと思っているが，同時に，朔の「傲慢ともいえる強さ」にいら立ってもいた。

問六＜文脈＞「いまのが一キロ五分。きつかった？」と言われて，朔は「い，いや，大丈夫」と答えた。すると，新が「じゃあ，今度から少しメニュー変えようか」と意外なことを言ったので，朔は「え？」と思わずきき返した。新が「心肺機能を高めるトレーニング」について，いきなり「ウインドスプリント，ビルドアップ，インターバル」と，朔にはわからないことを言い始めたので，朔は「ちょっと待って」と口を挟み，それが「どんなのか」の「説明」を求めた。そこで新が説明をし，それを聞いた朔は「きつそうだな」と言い，新は「きついよ」と続けた。

問七＜心情＞「今回のこと」は，思いをぶつけ合って取っ組み合いになった幼い頃のケンカとは違い，新は，言いたいことがありそうなのにはっきりとは言わず，朔は，「押し付けるようなこと」を言って，二人の関係は気まずくなっていた。「こじれた関係をどう修復していけばいいのか，朔には見当がつかなかった」ので，新が以前のように玄関に下りてきたことで，朔はほっとした。

問八＜心情＞練習のメニューを変えたいと言ったのは，確かに朔だったが，朔がそれを言ったとき，新は，乗り気ではなかった。ところが，今度は新の方から新しい練習メニューを考えて進めようとしているため，朔は，新の考えていることが飲み込めず，「腑に落ちない」気持ちでいた。

問九＜心情＞フォームを変えてみようかと新は提案したが，実はフォームを変えるのは「けっこう大変」なことである。それにもかかわらず，朔が「やる」と「即答」したので，新は驚いた。朔は，新の反応を見て笑いながら，「オレがやらないって言うと思ったわけ？」と言い，「やってみる価値がある」と新が思ったのなら「やる」，と重ねて言って，すっかりやる気になった。

問十＜表現＞朔と新の会話が中心になっていることは，全体を通じて変わらない。しかし，前半は，新の部屋での会話で，二人が気まずい関係になるのに対し，後半は，外での練習のときの会話で，前半の出来事がなかったかのように二人が一緒になって練習に取り組み，陸上についての互いの思いを理解して協力していくことができそうな雰囲気になっていくというように，物語の前半後半で二人の関係は変化している。また，後半では，陸上の専門用語も多用されている。

三〔古文の読解―随筆〕出典；『落栗物語』。

≪現代語訳≫湧蓮法師は伊勢の国の人であるが，和歌を好んで冷泉大納言のもとへ親しく通っていた。はじめは寺を持っていたが，世をいとう気持ちが深かったので，これではやはり何かにつけて世間とのつき合いがなくなるときがないと思って，寺を捨ててどこともなく消えてしまった。何年もたってから，都の西の嵯峨野の奥にいたという話が聞こえてきたので，大納言は人を使って何度もお捜しになったが，(その人は，)そのような者はいないと言ってむなしく帰ってきたので，(大納言は)後には自分で(捜しに)いらっしゃって，あちこちていねいにお尋ねになったが，確かに知る人もいない。尋ね当てることができずに夕方，小倉山の辺りにたたずんでいらっしゃるとき，草刈りの子どもが通ったのを，呼びとめてお尋ねになると，「そこの林の中に，柴の編戸のある庵がある。そこに住んでいる老法師を，伊勢の国から(来た)といって，ときどきは人が訪ねてくることがあるそうです。行ってごらんなさい」と教える。すぐに訪ねていらっしゃると，門を開けてあったので，のぞき見なさると，軒端は傾き壊れ，庭には春の草が生い茂っている。露を払って入ると，小さい家のただ一間である所に，いろりの火がかすかに残って，手取り鍋という物をその上に釣ってある。そばに古い天目茶碗のような物が二つある。窓の下に脚が折れてこよりで結わえた机の上に，筆をかけた硯，和歌集の表紙の一方が，落ちているのなどが，五，六巻も引き散らしてあるだけで，主は見えない。近くの紙に文字が(書かれて)あるのをご覧になると，間違いなくあの法師の筆跡なので，さてはそうであるようだとお思いになって，そのうち帰るだろうかと思って，長くお待ちになったが音もしない。日も暮れて月の光がくまなくさし入っている。こうもしていられないので，畳紙を取り出して，

　住んでいる所は都の西と聞きながらも，霞が隔てて(会えないまま)春が過ぎていく

と書きつけて机の上に置いてお帰りになった。何日もたって冷泉殿の健児所へ炭をかついだ男が，紙を結んだ物を持ってきて，「これを差し上げさせてください」と言って置いて出ていった。取ってご覧になると，

　春霞に隔てられて(あなたと離れたまま過ごして)きた我が身の過ちを，今さらながら口惜しく思う。あなたに訪ねられて

と書いてあった。その後はどうなったのだろうか。この法師は，荼毘の煙をよんだ。

　野辺を見ると誰の弔いともわからない煙が今日も立っている。明日の薪は誰だろうか

問一＜古文の内容理解＞冷泉大納言は，湧蓮法師を捜し出すことができずに小倉山の辺りにたたずんでいたとき，「草刈童」が通りかかったので尋ねてみた。すると，童は，「そこの林の中に，～行きて見給へ」と教えてくれた。

問二＜現代語訳＞「かくては」の「かく」は，このように，という意味で，寺を持っている状態を指す。「止む」は，止まる，という意味。

問三＜古文の内容理解＞冷泉大納言は，行方不明になった湧蓮法師を，はじめは人を使って捜していた。しかし，その後，自分自身で捜しに行った。

問四＜古文の内容理解＞冷泉大納言は，「草刈童」に教えられて林の中の庵に行き，庭の草の露を払いながら中に入ってみた。

問五＜古文の内容理解＞「紛ふべくもなき」は，間違いようもなく，確実に，という意味。「手」は，筆跡のこと。「さなんめり」は，直訳すると，そうであるようだ，となる。冷泉大納言は，この庵に湧蓮法師が住んでいるのではないかと思って中に入り，法師の筆跡による文字の書かれた紙があったので，実際に法師が住んでいるようだと思ったのである。

問六＜現代語訳＞「かくても」の「かく」は，湧蓮法師が帰ってくるのではないかと思って庵で待っていることを指す。「あるべきならねば」は，あることはできないので，という意味。

問七＜和歌の内容理解＞冷泉大納言は，湧蓮法師が都の西にいると聞いて，捜しに出かけ，法師の庵を尋ね当てた。しかし，法師は出かけていて，春霞に隔てられるように，二人は会うことができなかった。せっかく捜し当てたのに会えないもどかしさ，無念さがこの歌にはよまれている。

問八＜和歌の内容理解＞湧蓮法師は，冷泉大納言の歌を受けて，大納言と長く離れたまま過ごしてきたのは誤りだったと，よんでいる。法師は，冷泉大納言と長く離ればなれになっており，せっかく大納言が訪ねてきても会えなかったことを悲しんだのである。

問九＜古文の内容理解＞湧蓮法師の住んでいる庵は荒れ果てていたが，冷泉大納言は，法師がいるのではないかと思って中へ入ってみた(1…×)。

Memo

2022年度 専修大学松戸高等学校（前期18日）

【英　語】（50分）〈満点：100点〉

1　リスニング試験　〈編集部注：放送文は未公表につき掲載してありません。〉

1．それぞれの対話を聞いて，最後の発言に対する最も適切な応答を１つ選び，その番号をマークしなさい。対話はそれぞれ２回放送されます。

(1)　①　Perfect!　But you can't eat it, right?
　　②　Perfect!　We'll have it for dinner tomorrow.
　　③　You're right!　Now, I'm going to add curry powder to the soup.
　　④　That's close!　It's the chicken soup I cooked last night.

(2)　①　Let's see.　There are no trains leaving this station.
　　②　We have seven blue ones.　Which is yours?
　　③　I'm sorry.　Please bring it back again tomorrow.
　　④　Don't worry.　You can take the blue train at 7:15.

(3)　①　I can't find it.　Where are monkeys?
　　②　I cannot see any small ones.　Are they eating bananas?
　　③　Oh, I see.　It's too small to find easily.
　　④　I got it.　It's sleeping beside its mother, right?

2．英文を聞いて，後に続く質問の解答として最も適切なものを１つ選び，その番号をマークしなさい。英文と質問はそれぞれ２回放送されます。

(1)　①　For about two years.　　②　For about four years.
　　③　For about six years.　　④　For about nine years.

(2)　①　Jeff and his family came to the city because his father started to work for an elementary school.
　　②　Jeff's sister lost her dog nine years ago, and many people helped her find it.
　　③　Jeff and his sister often talk with people in the city when they're going to school and they smile at the people when they're coming home.
　　④　Jeff has been learning Japanese and the way to be kind to other people in the city.

2　次の英文を読んで，以下の問題に答えなさい。

Do you drink a lot of water every day?　Water is a very important thing for us.　Most of the human body is water.　In fact, about sixty percent of the human body is water.　Our blood is ninety percent water.　We need water to survive.　In many countries around the world, it can be difficult to get clean and safe drinking water.　But here in Japan, we can drink the water soon after we turn on the *faucet!　We are very lucky to be able to do this, but how many of us really drink enough water?

Japanese people are known for drinking a lot of tea, so of course we use a lot of water.　More and more people in Japan enjoy coffee, too.　Sweet sodas and juices are also popular.　Because we have so many choices, we might not want to drink water.　Maybe we think it is (　1　), or that it lacks taste. Is this true for you?　[　①　]　This is a common way of thinking, but I think that most people will agree that water tastes great after running a few kilometers, playing a hard game of basketball, or taking a hot bath.

(2)
ア．But did you know that drinking only water for a period of time can improve your health ?
イ．If you don't drink enough water in such condition, you will have health problems, of course.
ウ．People have said for a long time that we should drink more water.
エ．Some people say that if we feel thirsty, it means our body already lacks enough water.

If you continue eating *normally, and if you drink only water for three weeks, you will probably notice a lot of positive changes in your health, how you look, and how you feel. [②] Take a few moments and try to think of some good things when you drink only water for three weeks.

Here are some of the reasons to stop drinking soda and juice, though you are still eating normally.

First, drinking water *boosts metabolism. This means that we burn calories faster when we drink a lot of water. Also, if we drink a lot of water, we feel fuller, so we will (3). This means that drinking a lot of water is one of the best and easiest ways to stay slim, or to lose some weight.

Second, just like we take a shower with water to clean the outside of our bodies, drinking a lot of water can help us clean the inside of our bodies. Sweet drinks are bad for our *kidneys, but water is good for them and *flushes out toxins. In fact, the main reason for kidney stones is a lack of water. Kidney stones may increase the risk of long-lasting kidney disease.

Third, water can help you look and feel younger. Drinking a lot of water helps to keep your skin from getting too dry and it also helps to keep your skin from getting old too fast. Water helps to keep your *joints working well, and it helps to keep your *muscles in good shape. [③]

Fourth, water is good for your brain ! Drinking a lot of water improves *concentration. It helps you (4) things better, too. So, you may be able to use many words when you write English if you drink a lot of water. Coffee and sweet sodas can actually lead to a lack of water in the body. This is not good for the brain. Drink a lot of water to *maintain a *balanced brain !

Finally, water is good for your heart. It can help lower *blood pressure and stop blood from *thickening. This means your heart doesn't have to work so hard, and that's a very good thing. Just drinking a glass of water before going to bed (5) a person's risk of a heart *attack !

There are other reasons why water is so good for us, but I hope that you want to drink a lot of water now after learning these five things. It's very easy to drink a lot of water, and it can improve our health now and in the future. Maybe drinking only water for three weeks sounds too difficult. [④] Two great things you can start easily are drinking a glass of water before going to bed, and another glass of water after waking up. Your body and your brain will thank you !

（注） *faucet 蛇口　*normally 普通に　*boost metabolism 代謝を上げる
*kidney (stone) 腎臓(結石)　*flush out toxin 毒素を流し出す　*joint 関節　*muscle 筋肉
*concentration 集中力　*maintain ～ ～を保つ　*balanced バランスのとれた
*blood pressure 血圧　*thicken 濃くなる　*attack 発作

問１　空欄（１）に入れるのに最も適切なものを①～④から１つ選び，その番号をマークしなさい。

① boring　② poor　③ weak　④ clear

問２　[(2)]内のア～エの文を文脈が通るように並べかえたとき，順番として最も適切なものを①～④から１つ選び，その番号をマークしなさい。

①　ウーアーエーイ　②　ウーエーイーア　③　エーアーウーイ　④　エーウーイーア

問3　空欄(3)に入れるのに最も適切なものを①～④から1つ選び，その番号をマークしなさい。

①　sleep better　　②　walk more　　③　drink less　　④　eat less

問4　空欄(4)に入れるのに最も適切なものを①～④から1つ選び，その番号をマークしなさい。

①　enjoy　　②　feel　　③　remember　　④　look at

問5　空欄(5)に入れるのに最も適切なものを①～④から1つ選び，その番号をマークしなさい。

①　can actually create　　②　can actually reduce

③　may actually develop　　④　may actually damage

問6　次の英文を入れるのに最も適切な位置を，本文中の ① ～ ④ から1つ選び，その番号をマークしなさい。

But you can start with something easier!

問7　本文の内容に合うものを①～④から1つ選び，その番号をマークしなさい。

①　Japanese people often drink a lot of tea, but they don't drink much water.

②　There is no one who thinks water is great after exercise.

③　We should take a few moments to think of something we can get from water.

④　A lack of water in the body supports our kidneys and brains.

問8　本文の内容について，(1)，(2)の質問に対する答えとして最も適切なものを①～④からそれぞれ1つずつ選び，その番号をマークしなさい。

(1)　What is NOT true about drinking water?

①　We need to fill our bodies with about ninety percent water to survive.

②　Most of us may not want to drink water because we can choose various other drinks.

③　Drinking only water for three weeks will probably make your body better.

④　Water can help us clean both the inside and the outside of our bodies.

(2)　What can we do to start drinking more water?

①　Drink water only when we get thirsty.

②　Drink water instead of eating three meals a day.

③　Drink sweet sodas, juices, and water.

④　Drink some water every morning and night.

3　次の英文を読んで，以下の問題に答えなさい。

Do you have jobs to do around the house to help your family? When I was growing up on a farm in America, my parents *raised and sold dogs. One of my jobs was to take care of them. Every day I gave them food and water, and cleaned their cages. Actually they were "*kennels," so they had lots of places to run and play.

The oldest dog was named "Rocky." I think his name was from Rocky in the famous boxing movies. He was a big, strong dog, but I knew how to talk to our dogs because my parents taught me well. So I could *make him sit, stay, get in his kennel, and so on. But when I played with a dog outside the kennels, it was always a different dog. I never had a chance to play with Rocky. My parents said that was because Rocky had a *short temper. They said, "【　(1)　】" But he never got angry in front of me, so I wasn't worried about that.

One morning while I was playing outside, Rocky got out of his kennel. He wanted to play. I knew I had to say "Go to your kennel!" in a strong voice. "If I say that, he will probably obey. If he does not, I can ask my mother to come outside and help," I thought. But I didn't want to put Rocky in his kennel.

I wanted to play with him.

I didn't have any brothers and sisters, so I often ran around and *pretended I was playing sports with someone. I was happy to run and play with someone real. That someone was a dog that day! Rocky and I ran around our house again and again. We were running together, but he ran in front of me, so it looked like I was *chasing him. We both ran a lot and got tired, so we stopped to rest for a minute.

At that time, I wanted to be an Olympian. While Rocky was sitting in front of me and *breathing hard from running, I imagined that I was in the Olympics. 【　(2)　】 But I thought it would be too easy for me to run and jump over him, so I decided to try to stand next to him and jump.

"One, two, three . . . JUMP!" As soon as my feet left the ground, I noticed a big mistake. Maybe I jumped high enough, but it was not the important thing. Rocky, the big dog with the short temper, was surprised by my jump and stood up suddenly. And that meant that I didn't jump over him. I jumped ON him.

I landed on top of Rocky, but I didn't stay on top of him for very long. The next thing I remember is that he was on top of me, and that he was angry and *bit my face. I can understand why he was so angry. I don't know why he chose to bite my face, but that was the thing which he did. Of course I tried to protect my face with my hands and arms, so Rocky bit them, too.

My mother was washing the dishes in her pajamas in the kitchen. Soon she noticed that something was wrong. She came outside to check on me. When she saw what was happening, she ran and kicked Rocky, and shouted, "Stop! Go to your kennel!" My face was *bloody. I was covering it with my hands and crying, "Rocky ate my *eyeball."

I continued saying that many times, even when my aunt was driving us to the hospital. When the doctor cleaned me up and we found that both my eyes had no problems, he asked me what happened. I was still excited, and instead of clearly explaining, I said "I *hulked him three times and jumped on him."

I was a big fan of the movie, "The Incredible Hulk." I remembered that Hulk was always chasing someone. Maybe I couldn't remember the word "chase" at that moment, so I said I "hulked" him. My mother and father were angry with me, but they were happy I was not hurt worse. I didn't lose my eye! I was very angry at Rocky, but I knew it was my *fault. My parents were also angry, so I was *punished. From that day on, I was never allowed to watch "The Incredible Hulk" on TV again. I think that made me more *upset than the *scars on my face.

Ten years have passed since that day. I still have the scars now, but I still like dogs very much. Actually, I live in an apartment with a small dog called Rocky now and study about dogs at a university to be a person who raises and sells dogs like my parents.

(注)　*raise ～　～を育てる　*kennel　犬の飼育場　*make ～ …　～を…させる
*short temper　短気　*pretend (that) ～　～というまねをして遊ぶ　*chase ～　～を追いかける
*breathe　呼吸する　*bit　bite(かむ)の過去形　*bloody　血まみれの　*eyeball　目玉
*hulk ～　まんがの超人ハルクのようにドタドタと～を追いかける　*fault　過ち
*punish　罰を与える　*upset　動揺させる　*scar　傷跡

問1　本文の内容について，(1)～(5)の質問に対する答えとして最も適切なものを①～④からそれぞれ1つずつ選び，その番号をマークしなさい。

(1)　Which sentence is the best to put in【(1)】?

① He has a short temper and he always plays outside.
② He has a short temper and he always wants to play with us.
③ He gets angry suddenly, so we have to tell him to play with other dogs.
④ He gets angry suddenly, so we have to be careful.

(2) Which sentence is the best to put in 【(2)】?
① I decided to stand up together. ② I wanted to jump over Rocky.
③ I tried to run to Rocky. ④ I needed to make Rocky do his best.

(3) How did the writer often play ?
① He ran around the house with a dog again and again.
② He ran and played with someone real.
③ He ran around and did something like sports alone.
④ He chased a dog and was chased by the dog.

(4) What did Rocky bite ?
① He bit only the writer's face. ② He bit only the writer's hands and arms.
③ He bit the writer's face, hands, and arms. ④ He bit the writer's eye, hands, and arms.

(5) Why was the writer more upset finally ?
① Because he noticed his own big fault.
② Because he was hurt by the oldest dog named Rocky.
③ Because his parents got angry with him.
④ Because he had to give up his favorite TV program.

問2 本文の内容に合うものを①～⑧から3つ選び，その番号をマークしなさい。
① The writer took care of dogs to sell when he lived on a farm in America.
② The writer's parents taught him how to talk to their dogs, but he didn't understand well.
③ One morning when Rocky got out of his kennel, the writer said, "Go to your kennel!"
④ When Rocky bit the writer, the writer's mother was in her pajamas in the house.
⑤ The writer's mother knew what was happening outside, so she shouted from the kitchen.
⑥ The doctor asked the writer what happened as soon as he arrived at the hospital.
⑦ The writer was hurt but it was not serious, so his parents were happy, though they were angry with him.
⑧ The writer wants you to choose what animals to play with.

4 次の各文の(　)に最も適する語(句)を①～④から1つ選び，その番号をマークしなさい。

(1) People who eat too many sweets are in (　　) of getting sick.
① charge ② case ③ danger ④ front

(2) He (　　) to me that he would leave Japan in the near future.
① said ② spoke ③ told ④ talked

(3) (　　　　) for two days about how to talk to the new student.
① I was thought ② I've been thinking ③ I tried ④ I'd like to try

(4) She didn't get good results on the test because she understood (　　) about how to solve the problems.
① enough ② much ③ little ④ few

(5) It costs more than fifteen dollars (　　) the box.

① sending　② sent　③ send　④ to send

5 次の各日本文の内容を表すように，（　）内の語(句)を並べかえたとき，空所 [1] ～ [12] に入る語(句)の番号をマークしなさい。ただし，不要な語が１語ずつあります。

(1) ぼくはその祭りにまた参加できるのを楽しみにしているんだ。

I ______ ______ ______ [1] [2] ______ ______ .

（① taking　② joining　③ looking　④ the festival　⑤ again　⑥ to　⑦ forward　⑧ am）

(2) 彼があなたの家に来たら教えてくださいね。

Please ______ ______ [3] ______ [4] ______ ______ your house.

（① he　② at　③ when　④ comes　⑤ me　⑥ let　⑦ know　⑧ to）

(3) イタリア製の机を買えたらいいのに。

I ______ ______ [5] ______ [6] ______ ______ Italy.

（① is　② a desk　③ wish　④ in　⑤ could　⑥ made　⑦ I　⑧ buy）

(4) どうして私たちは少なくとも７時間眠る必要があるの？

Why ______ [7] ______ ______ [8] ______ ______ for at least seven hours ?

（① sleep　② it　③ us　④ necessary　⑤ to　⑥ is　⑦ needs　⑧ for）

(5) 姉は今朝父が捕った魚を料理する予定なのよ。

My sister ______ [9] ______ [10] ______ ______ ______ .

（① cook　② the fish　③ caught　④ this　⑤ by　⑥ morning　⑦ will　⑧ my father）

(6) スミスさんはあなたに今夜のパーティーの準備をしてもらいたいと言っているんですよね。

Ms. Smith ______ ______ [11] ______ [12] ______ ______ for tonight's party, right ?

（① prepare　② says　③ wants　④ would　⑤ to　⑥ she　⑦ you　⑧ like）

6 次の各文について，下線を引いた部分に誤りのある箇所をそれぞれ①～④から１つずつ選び，その番号をマークしなさい。ただし，誤りのある箇所がない場合は，⑤をマークしなさい。

(1) ①Hokkaido is about fortieth times ②as large as Tokyo, ③but the population of Hokkaido is less than half ④as large as that of Tokyo.　⑤誤りなし

(2) ①I wonder ②how far it is ③from Osaka Station to the hotel ④that you stayed last night.　⑤誤りなし

(3) ①He doesn't ②remember to visit the amusement park ③with his family ④ten years ago.　⑤誤りなし

(4) ①I have three cats. ②One is gray, ③another is black and white, ④and the other is brown.　⑤誤りなし

(5) ①You must not give them ②too many informations ③about her ④because that will make her sad.　⑤誤りなし

(6) ①One of my parents were born in New York ②and we know the city very well, ③so we want to live there ④in the future.　⑤誤りなし

【数　学】（50分）〈満点：100点〉

（注意）　1．問題文中の $\boxed{\text{アイ}}$，$\boxed{\text{ウ}}$ などの $\boxed{}$ には，特に指示がないかぎり，数値が入ります。これらを次の方法で解答用紙の指定欄に解答しなさい。

(1)　ア，イ，ウ，…の一つ一つは，それぞれ0から9までの数字のいずれか一つに対応します。それらを，ア，イ，ウ，…で示された解答欄にマークしなさい。

(2)　分数形で解答が求められているときは，既約分数で答えなさい。例えば，$\dfrac{\boxed{\text{ウエ}}}{\boxed{\text{オ}}}$ に $\dfrac{25}{3}$ と答えるところを $\dfrac{50}{6}$ と答えてはいけません。

(3)　比の形で解答が求められているときは，最も簡単な自然数の比で答えなさい。例えば，2：3と答えるところを4：6と答えてはいけません。

(4)　根号を含む形で解答が求められているときは，根号の中に現れる自然数が最小となる形で答えなさい。例えば，$\boxed{\text{カ}}\sqrt{\boxed{\text{キ}}}$ に $4\sqrt{2}$ と答えるところを $2\sqrt{8}$ と答えてはいけません。

2．定規，コンパス，電卓の使用は認めていません。

1　次の問いに答えなさい。

(1)　$\dfrac{12}{\sqrt{15}}-\dfrac{\sqrt{20}}{5}\div\sqrt{12}$ を計算すると，$\dfrac{\boxed{\text{アイ}}\sqrt{\boxed{\text{ウエ}}}}{\boxed{\text{オカ}}}$ である。

(2)　2次方程式 $ax^2-2ax-b=0$ の1つの解が $x=1+\sqrt{10}$ になるとき，$a:b=\boxed{\text{ア}}:\boxed{\text{イ}}$ である。

(3)　$a=\dfrac{2}{7}$，$b=-\dfrac{2}{3}$ のとき，$ab-\dfrac{3}{2}a-2b+3$ の値は，$\dfrac{\boxed{\text{アイ}}}{\boxed{\text{ウ}}}$ である。

(4)　関数 $y=\dfrac{a}{x}$ について，x の値が1から4まで増加するときの変化の割合は -3 である。
このとき，$a=\boxed{\text{アイ}}$ である。

(5)　$\sqrt{6(n-4)}$ の値が2けたの整数となるような自然数 n のうち，最小の数は $\boxed{\text{アイ}}$ である。

(6)　右図のように，AB＝5cm，AC＝10cm，∠BAC＝90°の直角三角形ABCの辺AC上にAD＝6cmとなるような点Dをとる。
点Aを通り辺BCに垂直な直線と辺BCとの交点をE，点Dを通り辺ACに垂直な直線と辺BCとの交点をFとする。

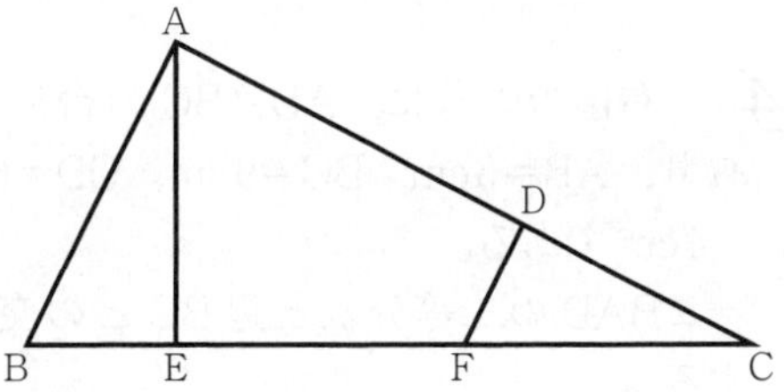

このとき，四角形AEFDの面積は△ABCの面積の $\dfrac{\boxed{\text{アイ}}}{\boxed{\text{ウエ}}}$ 倍である。

2　次の問いに答えなさい。

(1)　地点Aから地点B，Cをこの順に通って地点Dまで行く。BD間の道のりはAB間の道のりの1.5倍である。
地点Aから地点Dまで分速60mで移動したところ，BD間の所要時間はAB間の所要時間より3分多かった。

①　AD間の道のりは，$\boxed{\text{アイウ}}$ mである。

②　AC間を分速120m，CD間を分速70mで移動したところ，所要時間の合計は10分であった。
BC間の道のりは，$\boxed{\text{エオカ}}$ mである。

(2)　右図のように1辺4 cmの正方形ABCDがある。

　大小2つのさいころを同時に1回投げ，大きいさいころの出た目の数をa，小さいさいころの出た目の数をbとする。

　正方形ABCDの辺上を，頂点Aから反時計回りにa cm進んだ点をP，頂点Aから時計回りにb cm進んだ点をQとする。

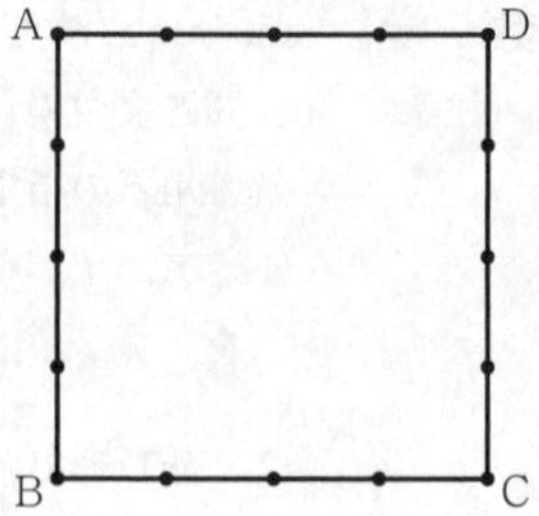

①　△APQで，A以外の角が直角になる確率は，$\dfrac{\boxed{\text{ア}}}{\boxed{\text{イ}}}$である。

②　△APQの面積が4 cm²より大きくなる確率は，$\dfrac{\boxed{\text{ウ}}}{\boxed{\text{エ}}}$である。

3　右図のように，放物線$y=\dfrac{1}{4}x^2$のグラフ上に，2点A，Bがあり，x座標はそれぞれ-6，4である。

　点Cはx軸上の点で，そのx座標は負である。

　直線OAと直線BCとの交点をDとする。

　△ABDの面積と△ACDの面積は等しい。

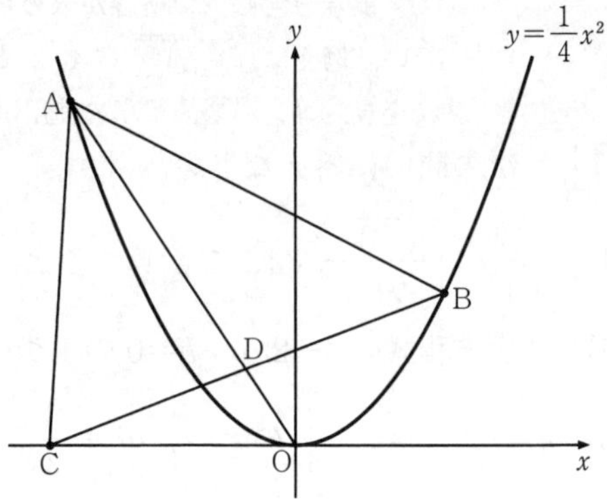

(1)　点Dの座標は，$\left(-\dfrac{\boxed{\text{ア}}}{\boxed{\text{イ}}},\ \boxed{\text{ウ}}\right)$である。

(2)　直線BCの式は，$y=\dfrac{\boxed{\text{エ}}}{\boxed{\text{オ}}}x+\dfrac{\boxed{\text{カ}}}{\boxed{\text{キ}}}$である。

(3)　y軸と直線AB，BCとの交点をそれぞれE，Fとする。

　四角形ADFEの面積は，$\dfrac{\boxed{\text{クケ}}}{\boxed{\text{コ}}}$である。

4　右図のように，AD∥BCの台形ABCDがあり，AB＝5cm，BC＝9cm，CD＝6cm，AD＝4cmである。

　∠BADの二等分線と辺BCとの交点をEとする。

　また，3点A，B，Eを通る円の中心をOとする。

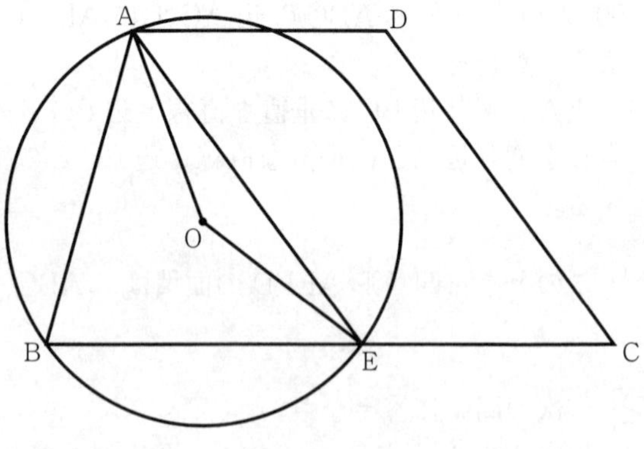

(1)　BE＝$\boxed{\text{ア}}$ cmである。

(2)　円Oの半径は，$\dfrac{\boxed{\text{イウ}}}{\boxed{\text{エ}}}$ cmである。

(3)　△AOEの面積は，$\dfrac{\boxed{\text{オカ}}}{\boxed{\text{キ}}}$ cm²である。

5　右図のように，すべての辺の長さが 4 cm の正四角すい A–BCDE がある。

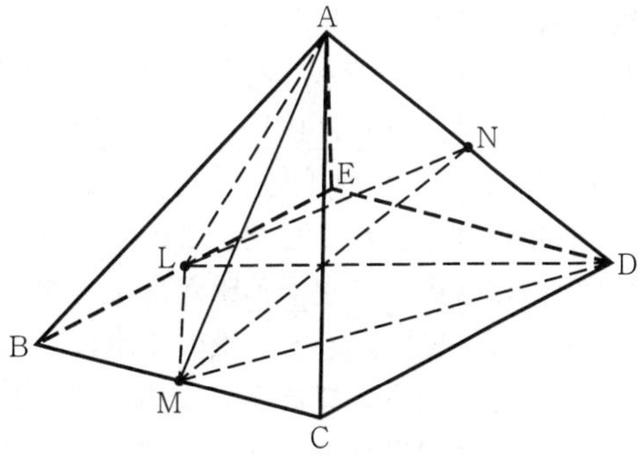

辺 BE，BC，AD のそれぞれの中点を L，M，N とする。

(1)　DM＝$\boxed{ア}\sqrt{\boxed{イ}}$ cm である。

(2)　△DLM の面積は，$\boxed{ウ}$ cm^2 である。

(3)　四面体 ALMN の体積は，$\boxed{エ}\sqrt{\boxed{オ}}$ cm^3 である。

【社　会】（50分）〈満点：100点〉

1　次の文章を読み，あとの(1)～(4)の問いに答えなさい。

千葉県では，a6月15日を「千葉県民の日」と定め，県民の日にちなんださまざまな催しや行事を行っています。この「県民の日」は，千葉県民がより豊かな千葉県を築くことなどを目的とし，b1984年に制定されました。この日を「県民の日」としたのは，1873年6月15日に，当時の木更津県と印旛県が合併してc千葉県が誕生したことに由来しています。

(1)　下線部aに関連して，次の文章は，千葉県と同じ6月15日を「県民の日」と定めている栃木県について述べたものである。文章中の［Ⅰ］，［Ⅱ］にあてはまる語の組み合わせとして最も適当なものを，あとのア～エのうちから一つ選び，マークしなさい。

> 栃木県は，千葉県と同じく関東地方に属している県で，県庁所在地は［Ⅰ］市である。かつて，栃木県にあった足尾銅山から鉱毒が流出して渡良瀬川の水を汚染する公害問題が発生し，栃木県出身の衆議院議員である［Ⅱ］が，その解決に尽力した。

ア　Ⅰ：宇都宮　Ⅱ：田中正造
イ　Ⅰ：前橋　　Ⅱ：田中正造
ウ　Ⅰ：宇都宮　Ⅱ：吉野作造
エ　Ⅰ：前橋　　Ⅱ：吉野作造

(2)　下線部bに関連して，次のⅠ～Ⅲの文は，それぞれ1984年以降に世界で起こったことがらについて述べたものである。Ⅰ～Ⅲを年代の**古いものから順に**並べたものとして最も適当なものを，あとのア～カのうちから一つ選び，マークしなさい。

Ⅰ　アメリカが，同時多発テロを理由に，アフガニスタンを攻撃した。
Ⅱ　冷戦の象徴であったベルリンの壁が取り壊された。
Ⅲ　ECを拡大発展させる形で，EUが発足した。

ア　Ⅰ→Ⅱ→Ⅲ　　イ　Ⅰ→Ⅲ→Ⅱ　　ウ　Ⅱ→Ⅰ→Ⅲ
エ　Ⅱ→Ⅲ→Ⅰ　　オ　Ⅲ→Ⅰ→Ⅱ　　カ　Ⅲ→Ⅱ→Ⅰ

(3)　下線部cに関連して，次の文章は，千葉県などの地方公共団体の財政について述べたものである。文章中の［Ⅰ］，［Ⅱ］にあてはまる語の組み合わせとして最も適当なものを，あとのア～エのうちから一つ選び，マークしなさい。

> 千葉県などの地方公共団体の財政において，地方公共団体が独自に集める財源を［Ⅰ］といい，地方税などがある。［Ⅰ］ではまかなえない分を補い，地方公共団体間の財政格差をおさえるために国から配分されるものが［Ⅱ］である。

ア　Ⅰ：自主財源　Ⅱ：国庫支出金
イ　Ⅰ：依存財源　Ⅱ：国庫支出金
ウ　Ⅰ：自主財源　Ⅱ：地方交付税交付金
エ　Ⅰ：依存財源　Ⅱ：地方交付税交付金

(4)　次の資料1は，地域の愛着度についての日本と諸外国の18～24歳の人々の意識調査の結果の一部を示したもので，資料2は，資料1から読み取ったことをまとめたものである。資料1中のA～Eには，それぞれ質問1と質問2とで共通して，あとのア～オのいずれかの国があてはまる。Cにあてはまる国として最も適当なものを，ア～オのうちから一つ選び，マークしなさい。

資料１　地域の愛着度についての日本と諸外国の18～24歳の人々の意識調査の結果の一部

質問１　あなたは，あなたの今住んでいる地域（市町村）が好きですか。

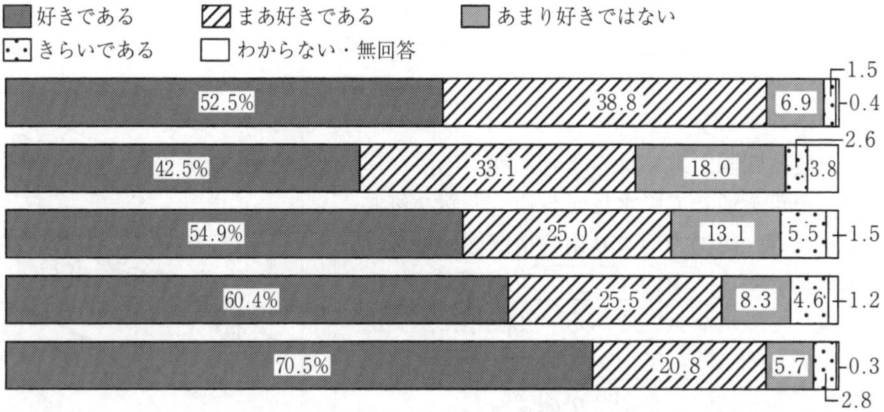

質問２　あなたは，将来もずっと今の地域（市町村）に住んでいたいと思いますか。

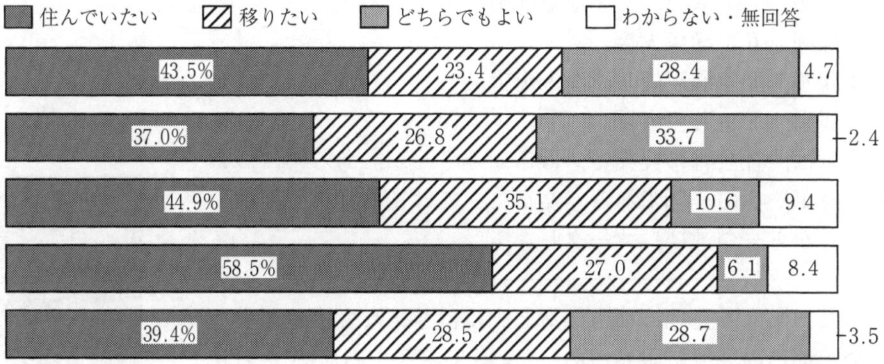

（「第８回　世界青年意識調査」より作成）

資料２　資料１から読み取ったことをまとめたもの

・質問１において，「好きである」と回答した者の割合と「まあ好きである」と回答した者の割合の合計が80％以上である国は，日本，フランス，イギリスである。
・質問２において，「住んでいたい」と回答した者の割合が40％以上である国は，日本，イギリス，アメリカ合衆国である。
・質問１において，「あまり好きではない」と回答した者の割合と「きらいである」と回答した者の割合の合計が10％以上である国は，イギリス，アメリカ合衆国，韓国である。
・質問２において，「住んでいたい」と回答した者の割合と，「移りたい」と回答した者の割合の差が20％以上である国は，日本，イギリスである。

ア　日本　　　イ　フランス　　　ウ　イギリス
エ　アメリカ合衆国　　　オ　韓国

2 右の図を見て，次の(1)～(4)の問いに答えなさい。

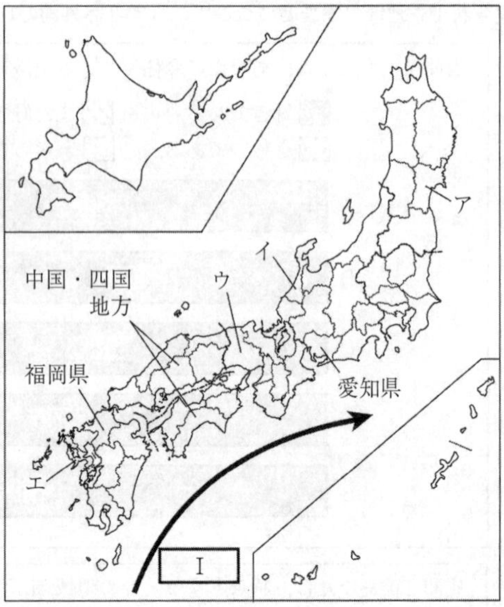

(1) 次の文章は，図中の中国・四国地方について述べたものである。文章中の Ⅰ ， Ⅱ にあてはまる語の組み合わせとして最も適当なものを，あとのア～エのうちから一つ選び，マークしなさい。

> 中国山地と四国山地にはさまれた瀬戸内海沿岸地域は，一年を通して降水量が少なく温暖な気候である。一方，四国山地より南の南四国の地域は，太平洋を北上する図中の Ⅰ の影響を受け，一年を通して温暖な気候である。1988年に，岡山県と香川県の間に Ⅱ が開通し，瀬戸内海をはさんだ人と物のつながりが深まった。

ア Ⅰ：黒潮 Ⅱ：瀬戸内しまなみ海道
イ Ⅰ：黒潮 Ⅱ：瀬戸大橋
ウ Ⅰ：親潮 Ⅱ：瀬戸内しまなみ海道
エ Ⅰ：親潮 Ⅱ：瀬戸大橋

(2) 次の文章は，社会科の授業で，はるふみさんが，ある県についてまとめたレポートの一部である。文章にあてはまる県を，図中のア～エのうちから一つ選び，マークしなさい。

資料

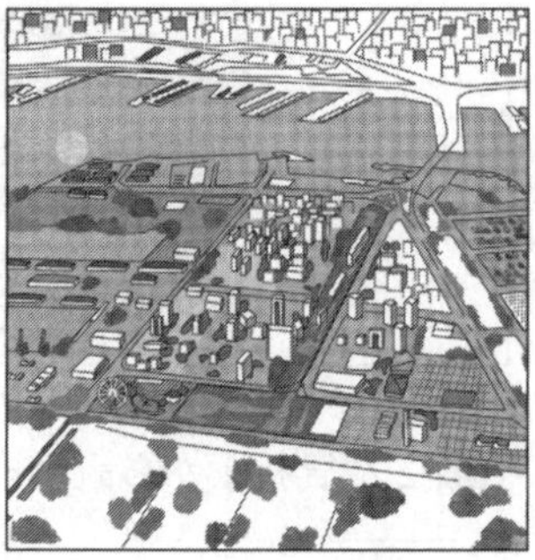

> この県の県庁所在地の都市は海と山にはさまれて平地が少ないため，都市の発展に限界があった。そこで，1960年代から丘陵地を切り開いて開発を進め，丘陵地をけずった土で沿岸部を埋め立てて，右の資料に示したポートアイランドをつくった。ここには医療研究施設が集められ，空港も建設されるなど，大きな発展を続けている。

(3) 図中の愛知県について述べた次の文章中の Ⅰ ， Ⅱ にあてはまる語の組み合わせとして最も適当なものを，あとのア～エのうちから一つ選び，マークしなさい。

> 愛知県の県庁所在地の名古屋市は，三大都市圏の一つの中心である。県南部に位置する Ⅰ では施設園芸農業がさかんで，電灯の光をあてることで開花時期を調節する電照菊の栽培で知られる。工業では，中京工業地帯が形成され， Ⅱ は自動車工場の企業城下町として発展し，輸送用機械工業がさかんである。

ア Ⅰ：渥美半島 Ⅱ：豊田市
イ Ⅰ：渥美半島 Ⅱ：浜松市
ウ Ⅰ：能登半島 Ⅱ：豊田市
エ Ⅰ：能登半島 Ⅱ：浜松市

(4) 次のページの地形図は，上の図中の福岡県のある地域を示したものである。これを見て，あとの

①，②の問いに答えなさい。

（国土地理院　令和元年発行 1：25,000「福岡」より作成）

めもり 0　　5 cm

① 上の地形図を正しく読み取ったことがらとして最も適当なものを，次のア～エのうちから一つ選び，マークしなさい。

ア 福岡市役所から見て博多漁港は，ほぼ南東の方角にある。

イ 福岡市役所を中心とした半径500mの範囲内に郵便局，警察署，図書館，老人ホームがある。

ウ 舞鶴公園や護国神社，西公園の周辺には，共通して広葉樹林が見られる。

エ 地形図の範囲で最も標高が高いところは，須崎公園の付近である。

② 地形図中にXで示した範囲の埋め立て地は，地形図上では約 2 cm×約 3 cm の大きさの長方形である。Xで示した範囲の実際の面積として最も適当なものを，次のア～エのうちから一つ選び，マークしなさい。

ア　75,000 m^2　　イ　225,000 m^2　　ウ　375,000 m^2　　エ　525,000 m^2

3　次の図は，中心(東京)からの距離と方位が正しく表される図法で描かれたものである。この図を見て，あとの(1)〜(4)の問いに答えなさい。

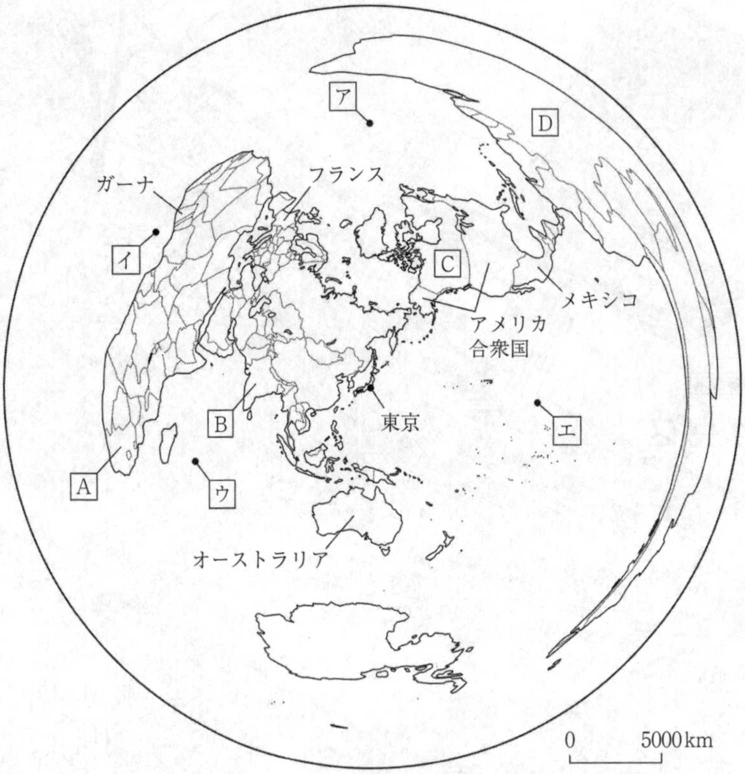

(1)　赤道と本初子午線が交わる地点として最も適当なものを，図中のア〜エのうちから一つ選び，マークしなさい。

(2)　次の①，②の文章は，それぞれ図中に示したA〜Dの国のうち，いずれかの国について述べたものである。①，②の文章で述べている国を図中のA〜Dから選んだ組み合わせとして最も適当なものを，あとのア〜エのうちから一つ選び，マークしなさい。

> ①　この国には多くの言語があるが，準公用語は英語で英語を話す人口がアメリカ合衆国に次いで多い。数学の教育に力を入れていることなどから，近年，情報通信技術産業が急速に発達している。
> ②　この国の公用語はポルトガル語で，国民のおよそ65%がカトリックを信仰している。古くからこの国へ移民する日本人が多くいて，現在，その子孫である日系人の総数はおよそ200万人といわれている。

ア　①：A　②：C　　イ　①：A　②：D
ウ　①：B　②：C　　エ　①：B　②：D

(3)　次の文章は，上の図中のアメリカ合衆国について述べたものである。文章中の［Ⅰ］，［Ⅱ］にあてはまる語の組み合わせとして最も適当なものを，あとのア〜エのうちから一つ選び，マークしなさい。

> アメリカ合衆国の西部には，太平洋を取り囲むように連なる環太平洋造山帯に含まれる［　Ⅰ　］山脈がある。アメリカ合衆国の北緯37度の緯線の南に位置している［　Ⅱ　］とよば

れる工業地帯では，コンピューター産業と共に航空宇宙産業も発達しており，世界をけん引している。

ア　Ⅰ：アパラチア　Ⅱ：サンベルト　　　イ　Ⅰ：ロッキー　Ⅱ：サンベルト
ウ　Ⅰ：アパラチア　Ⅱ：シリコンバレー　エ　Ⅰ：ロッキー　Ⅱ：シリコンバレー

(4)　次の資料１は，前のページの図中のメキシコ，オーストラリア，フランス及びガーナの人口，面積，国内総生産，農林水産業就業人口を示したものである。資料１中のＡ～Ｄには４か国のうちのいずれかがあてはまる。資料２は，資料１から読み取ったことがらをまとめたものの一部である。ＡとＤにあてはまる国の組み合わせとして最も適当なものを，あとのア～エのうちから一つ選び，マークしなさい。

資料１　メキシコ，オーストラリア，フランス及びガーナの1990年と2018年の人口と，2018年の面積，国内総生産，農林水産業就業人口

	人口（1990年）（千人）	人口（2018年）（千人）	面積（2018年）（千 km^2）	国内総生産（2018年）（百万ドル）	農林水産業就業人口（2018年）（千人）
A	56,667	64,991	552	2,778,892	692
B	16,961	24,898	7,692	1,453,871	327
C	83,943	126,191	1,964	1,223,401	6,969
D	14,773	29,767	239	65,535	3,678

（「世界国勢図会 2020/21」などより作成）

資料２　資料１から読み取ったことがらをまとめたものの一部

・資料１中の４か国のうち，1990年から2018年にかけての人口の増加数が最も多い国はメキシコである。
・資料１中の４か国のうち，2018年の人口密度が最も大きい国はガーナである。
・2018年の国内総生産が1000億ドル以上の国はメキシコ，オーストラリア，フランスである。
・ガーナの農林水産業就業人口は，オーストラリアの農林水産業就業人口のおよそ11.2倍である。

ア　Ａ：フランス　　　　Ｄ：ガーナ
イ　Ａ：オーストラリア　Ｄ：ガーナ
ウ　Ａ：フランス　　　　Ｄ：メキシコ
エ　Ａ：オーストラリア　Ｄ：メキシコ

4　次のＡ～Ｄのカードは，よしのりさんが「古代までの歴史」について調べ，その内容をまとめたものである。これらを読み，あとの(1)～(4)の問いに答えなさい。

Ａ　古代文明
世界各地の大河のほとりで，農耕や牧畜が発展し，国が誕生した。やがて支配する者と支配される者との区別ができ，都市の形成や金属器がつくられるようになり，$_a$文明が生まれた。

Ｂ　縄文時代
今からおよそ１万年前に氷期が終わり海水面が上がったため，現在の日本列島の姿がほぼできあがった。このころから紀元前４世紀ごろまでの時代を$_b$縄文時代という。

C　中国との交流

5世紀から6世紀のころ，中国では南朝と北朝に分かれて国々の対立が激化していた。c倭の王は，南朝の皇帝にたびたび使いを送っていた。

D　仏教の伝来について

d6世紀半ばに，渡来人によって日本に仏教が伝えられた。その後，仏教の信仰をめぐって豪族の間で争いが起こったが，仏教の信仰をすすめる蘇我氏が勝利した。

(1)　Aのカード中の下線部aに関連して，次の資料1の①，②は，それぞれある文明で使われた文字の一部を示したものである。下の①，②の文は，それぞれの文明について述べたものである。①，②の文の正誤の組み合わせとして最も適当なものを，あとのア～エのうちから一つ選び，マークしなさい。

資料1

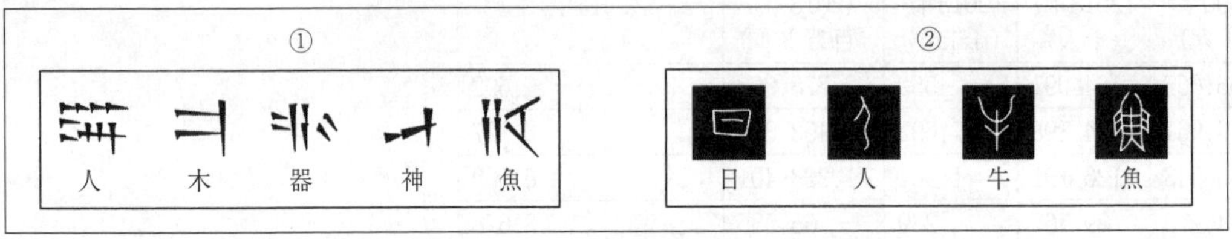

①　この文字は，ナイル川の流域に栄えたエジプト文明で使われていた。この文明では，ピラミッドなどの巨大な建造物がつくられ，ナイル川の氾濫の時期を知るために，太陽暦が使われた。

②　この文字は，黄河や長江の流域に栄えた中国文明で使われ，漢字のもととなった甲骨文字である。中国では，秦の始皇帝が，北方の遊牧民の侵入を防ぐために万里の長城を築くなどした。

ア　①：正　②：正　　イ　①：正　②：誤

ウ　①：誤　②：正　　エ　①：誤　②：誤

(2)　Bのカード中の下線部bに関連して，次のⅠ～Ⅳの文のうち，縄文時代について述べた文はいくつあるか。最も適当なものを，あとのア～エのうちから一つ選び，マークしなさい。

Ⅰ　大陸から鉄器や青銅器などの金属器が伝わり，銅鏡や銅鐸がつくられた。

Ⅱ　縄文時代の代表的な遺跡として青森県の三内丸山遺跡がある。

Ⅲ　人々は竪穴住居に住み，海岸や水辺には食物の残りかすなどを捨てた貝塚がつくられた。

Ⅳ　魔除けや食物の豊穣などを祈って，土の人形である埴輪がつくられた。

ア　一つ　　イ　二つ　　ウ　三つ　　エ　四つ

(3)　Cのカード中の下線部cに関連して，次の資料2は，倭王武が中国の皇帝に送った手紙の一部を示したものである。資料2中の［　　］には，右の図中のXの国があてはまる。［　　］に共通してあてはまる国名として最も適当なものを，あとのア～エのうちから一つ選び，マークしなさい。

資料2　倭王武の手紙

私の祖先は，自らよろいやかぶとを身に着け，山や川をかけめぐり，東は55国，西は66国，さらに海をわたって95国を平定しました。しかし私の使いが陛下の所に貢ぎ物を持っていくのを，［　　］がじゃまをしています。今度こそ［　　］を破ろうと思いますので，私に高い地位をあたえて激励してください。

ア　百済　　イ　新羅　　ウ　高句麗　　エ　伽耶(任那)

(4)　次の資料３は，Ｄのカード中の下線部ｄに関連して，仏教伝来以降に起こったできごとを年代の**古いものから順に**左から並べたものである。資料３中の［Ⅰ］，［Ⅱ］にあてはまるできごとの組み合わせとして最も適当なものを，あとのア～オのうちから一つ選び，マークしなさい。

資料３

仏教が日本に伝えられる → ［Ⅰ］ → 鑑真が来日し戒律を伝える → ［Ⅱ］ → 遣唐使が停止される

ア　Ⅰ：藤原道長が摂政となる
　　Ⅱ：邪馬台国の卑弥呼が各国を支配する
イ　Ⅰ：栄西が禅宗のうちの臨済宗を日本に伝える
　　Ⅱ：中大兄皇子らが大化の改新を始める
ウ　Ⅰ：邪馬台国の卑弥呼が各国を支配する
　　Ⅱ：栄西が禅宗のうちの臨済宗を日本に伝える
エ　Ⅰ：征夷大将軍の坂上田村麻呂が蝦夷を攻撃する
　　Ⅱ：藤原道長が摂政となる
オ　Ⅰ：中大兄皇子らが大化の改新を始める
　　Ⅱ：征夷大将軍の坂上田村麻呂が蝦夷を攻撃する

5　次のＡ～Ｄのパネルは，社会科の授業で中世から近世までの歴史上の人物について，各班で調べ，まとめたものの一部である。これらを見て，あとの(1)～(5)の問いに答えなさい。

Ａ　平清盛

平清盛は，二つの戦乱に勝利して勢力を強め，自分の娘を天皇と結婚させるなどして権力を拡大した。

Ｂ　フビライ・ハン

中国を征服して国号を元としたフビライ・ハンは，日本も従えようと二度にわたって大軍を送ってきた。

Ｃ　足利義政

室町幕府８代将軍の足利義政のあとつぎ問題などが原因となって応仁の乱が起こり，京都の町は荒廃した。

Ｄ　徳川吉宗

江戸幕府８代将軍の徳川吉宗は，財政再建などを目指して享保の改革を行い，その後も幕政改革が進められた。

(1)　Ａのパネルに関連して，次の文章は，平清盛について述べたものである。文章中の［Ⅰ］～［Ⅲ］にあてはまる語の組み合わせとして最も適当なものを，あとのア～エのうちから一つ選び，マークしなさい。

平清盛は，1156年の[Ⅰ]と1159年の[Ⅱ]の二つの戦乱で勝利をおさめた。平清盛は，武士として初めて[Ⅲ]となり，一族で朝廷の高い位を独占して政治を行ったが，次第に平氏に対する反感が高まっていった。

ア　Ⅰ：平治の乱　Ⅱ：保元の乱　Ⅲ：太政大臣
イ　Ⅰ：平治の乱　Ⅱ：保元の乱　Ⅲ：征夷大将軍
ウ　Ⅰ：保元の乱　Ⅱ：平治の乱　Ⅲ：太政大臣
エ　Ⅰ：保元の乱　Ⅱ：平治の乱　Ⅲ：征夷大将軍

(2)　Bのパネルに関連して，二度にわたる元軍の襲来後のできごとについて述べた文として最も適当なものを，次のア～エのうちから一つ選び，マークしなさい。
ア　幕府は，京都に六波羅探題を設置し，朝廷の監視などにあたらせた。
イ　源氏の将軍が絶え，京都から藤原氏の一族が将軍として迎えられた。
ウ　執権の北条泰時が，武家社会の道理などをもとに御成敗式目(貞永式目)を定めた。
エ　困窮した御家人を救うために，借金を帳消しにする徳政令(永仁の徳政令)が出された。

(3)　Cのパネルに関連して，次の文章は，このころの社会の様子について述べたものである。文章中の[　]にあてはまる語として最も適当なものを，あとのア～エのうちから一つ選び，マークしなさい。

農業生産力の向上とともに力をつけてきた農民は，村ごとにまとまって[　]とよばれる自治のしくみをつくるようになった。団結を強めた農民は，幕府や守護大名に対して，年貢の軽減などを求めて土一揆を起こすこともあった。

ア　座　　イ　惣　　ウ　問(問丸)　　エ　馬借

(4)　Dのパネルに関連して，次の文章は，先生と生徒が，江戸時代の幕政改革について会話をしている場面の一部である。文章中の[Ⅰ]，[Ⅱ]にあてはまる言葉の組み合わせとして最も適当なものを，あとのア～エのうちから一つ選び，マークしなさい。

先生：江戸時代の三大改革のうち，徳川吉宗による享保の改革ではどのようなことが行われましたか。
生徒：はい，[Ⅰ]ことなどが行われました。
先生：そうですね。享保の改革によって，財政は一時的に安定しました。その後，田沼意次が長崎貿易を拡大するなどの積極的な政治を行いました。三大改革の二つ目は何ですか。
生徒：はい，老中の[Ⅱ]が行った寛政の改革です。
先生：その通りです。しかし，質素倹約などの内容が厳しすぎたため，[Ⅱ]は老中を解任されてしまいました。

ア　Ⅰ：物価上昇を抑えるため，株仲間の解散を命じる　Ⅱ：松平定信
イ　Ⅰ：物価上昇を抑えるため，株仲間の解散を命じる　Ⅱ：水野忠邦
ウ　Ⅰ：上げ米の制を定めて，大名に米を差し出させる　Ⅱ：松平定信
エ　Ⅰ：上げ米の制を定めて，大名に米を差し出させる　Ⅱ：水野忠邦

(5)　Cのパネルの足利義政とDのパネルの徳川吉宗が政治を行っていた間の時期に世界で起こったできごとを，次のⅠ～Ⅳのうちから**三つ**選び，年代の**古いものから順に**並べたものとして最も適当なものを，あとのア～カのうちから一つ選び，マークしなさい。
Ⅰ　聖地エルサレムの奪還を目指して，第1回の十字軍が派遣された。

Ⅱ　コロンブスが大西洋を横断してカリブ海の島々に到達した。
Ⅲ　イギリスで名誉革命が起こり，権利章典(権利の章典)が定められた。
Ⅳ　ルターらがローマ教皇の免罪符販売を批判して宗教改革を始めた。

ア　Ⅰ→Ⅱ→Ⅲ　　イ　Ⅰ→Ⅲ→Ⅱ　　ウ　Ⅱ→Ⅲ→Ⅳ
エ　Ⅱ→Ⅳ→Ⅲ　　オ　Ⅲ→Ⅳ→Ⅰ　　カ　Ⅳ→Ⅱ→Ⅲ

6　次の略年表は，明治時代以降の主なできごとをまとめたものである。これを見て，あとの(1)～(5)の問いに答えなさい。

年代	明治時代以降の主なできごと
1873	地租改正が行われた。
	↕ X
1889	a 大日本帝国憲法が発布された。
1918	b 第一次世界大戦が終わった。
1924	c 加藤高明内閣が成立した。
1941	d 太平洋戦争が始まった。

(1)　次のⅠ～Ⅳの文のうち，略年表中のXの時期に起こったできごとはいくつあるか。最も適当なものを，あとのア～エのうちから一つ選び，マークしなさい。

Ⅰ　西郷隆盛を中心とした鹿児島の士族らの反乱である，西南戦争が起こった。
Ⅱ　急激な米価の上昇に対し，米の安売りなどを求める米騒動が全国に広まった。
Ⅲ　「忠君愛国」などをかかげた教育勅語が出され，道徳のよりどころとなった。
Ⅳ　中央集権国家体制をつくるために，藩を廃止して県を置く廃藩置県が行われた。

ア　一つ　　イ　二つ　　ウ　三つ　　エ　四つ

(2)　略年表中の下線部aに関連して，次の資料1は，大日本帝国憲法の一部を示したものである。資料1中の［Ⅰ］，［Ⅱ］にあてはまる語の組み合わせとして最も適当なものを，あとのア～エのうちから一つ選び，マークしなさい。

資料1　大日本帝国憲法(一部)

第3条　天皇ハ神聖ニシテ侵スヘカラス
第4条　天皇ハ国ノ［　Ⅰ　］ニシテ統治権ヲ総攬シ此ノ憲法ノ条規ニ依リ之ヲ行フ
第20条　日本［　Ⅱ　］ハ法律ノ定ムル所ニ従ヒ兵役ノ義務ヲ有ス
第29条　日本［　Ⅱ　］ハ法律ノ範囲内ニ於テ言論著作印行集会及結社ノ自由ヲ有ス

ア　Ⅰ：元首　Ⅱ：国民　　イ　Ⅰ：象徴　Ⅱ：国民
ウ　Ⅰ：元首　Ⅱ：臣民　　エ　Ⅰ：象徴　Ⅱ：臣民

(3)　略年表中の下線部bに関連して，次の文章は，第一次世界大戦について述べたものである。文章中の［Ⅰ］，［Ⅱ］にあてはまるものの組み合わせとして最も適当なものを，あとのア～エのうちから一つ選び，マークしなさい。

第一次世界大戦では，日本は右の図中の［　Ⅰ　］との同盟を理由に連合国側に立って参戦した。連合国側の勝利で戦争が終わると，［　Ⅱ　］などの内容が盛り込まれた講和条約が締結

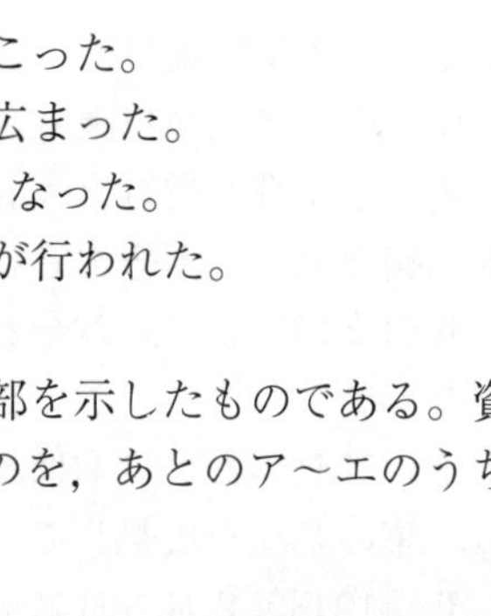

※国境線は現在のものである。

された。

ア　Ⅰ：A　Ⅱ：太平洋地域の現状維持
イ　Ⅰ：A　Ⅱ：民族自決の原則
ウ　Ⅰ：B　Ⅱ：無賠償無併合
エ　Ⅰ：B　Ⅱ：国際連盟の設立

(4)　略年表中の下線部cに関連して，次の文章は，加藤高明内閣が行ったことがらについて述べたものである。文章中の Ⅰ ， Ⅱ にあてはまるものの組み合わせとして最も適当なものを，あとのア～エのうちから一つ選び，マークしなさい。

> 1924年に誕生した加藤高明内閣は，翌年，普通選挙法を成立させ， Ⅰ の男子全員に選挙権を与えた。そのため，有権者数は，右の資料2に見られるように1920年から1928年にかけて Ⅱ に増加した。しかしながら，まだ女性には選挙権が与えられず，また，普通選挙法と同時に治安維持法が制定され，社会主義者などに対する取り締まりが強化された。

資料2　有権者数と全人口に占める有権者の割合の推移

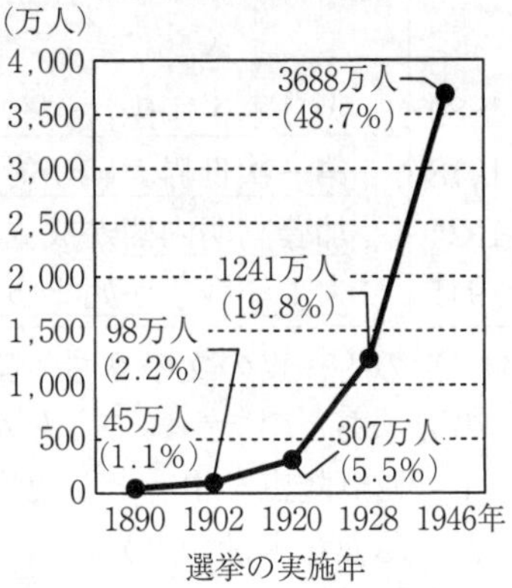

ア　Ⅰ：満20歳以上　Ⅱ：約3倍
イ　Ⅰ：満25歳以上　Ⅱ：約3倍
ウ　Ⅰ：満20歳以上　Ⅱ：約4倍
エ　Ⅰ：満25歳以上　Ⅱ：約4倍

(5)　略年表中の下線部dに関連して，次のⅠ，Ⅱの文は，太平洋戦争について述べたものである。Ⅰ，Ⅱの文の正誤の組み合わせとして最も適当なものを，あとのア～エのうちから一つ選び，マークしなさい。

Ⅰ　1941年に，日本はイギリスの植民地であったマレー半島に上陸し，ハワイにあったアメリカ海軍の基地を攻撃して太平洋戦争が始まった。

Ⅱ　1945年8月6日に広島に，8月9日には長崎に原子爆弾を投下され，8月8日に日ソ中立条約を破棄してソ連が参戦したことなどから，日本はポツダム宣言を受諾して太平洋戦争が終わった。

ア　Ⅰ：正　Ⅱ：正　　イ　Ⅰ：正　Ⅱ：誤
ウ　Ⅰ：誤　Ⅱ：正　　エ　Ⅰ：誤　Ⅱ：誤

7

次の文章を読み，あとの(1)～(3)の問いに答えなさい。

日本の政治には，三権分立のしくみが取り入れられています。立法権を担っているのは国会で，衆議院と参議院の二院制がとられ，いくつかの議案については$_a$衆議院の優越が認められています。行政権を担うのは$_b$内閣で，国会が決めた法律や予算に基づいて，さまざまな$_c$仕事を行っています。

(1)　下線部aに関連して，衆議院の優越のうち，法律の制定については，参議院で否決した法律案を，衆議院で再可決して成立させることができる。この再可決に必要な衆議院議員の最低人数として最も適当なものを，次のア～エのうちから一つ選び，マークしなさい。なお，衆議院議員の総議員数は465人で，この再可決を審議した本会議に出席した議員は382人であるものとする。

ア　192人　　イ　233人　　ウ　255人　　エ　310人

(2)　下線部bに関連して，次のページの図は，内閣の組織を示したものである。次のⅠとⅡの仕事を行っている省庁の組み合わせとして最も適当なものを，次のページの図を参考にして，あとのア～

エのうちから一つ選び，マークしなさい。

Ⅰ　行政組織や公務員制度を管理するとともに，地方公共団体との連携を行う。

Ⅱ　国民の健康，医療，福祉，介護，雇用や年金に関する行政を扱う。

ア　Ⅰ：総務省　Ⅱ：経済産業省

イ　Ⅰ：総務省　Ⅱ：厚生労働省

ウ　Ⅰ：法務省　Ⅱ：経済産業省

エ　Ⅰ：法務省　Ⅱ：厚生労働省

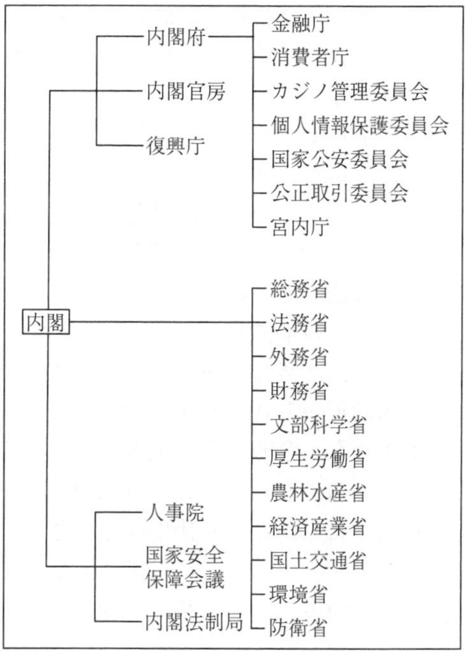

(3)　下線部ｃに関連して，下のⅠ，Ⅱの文は，労働に関することがらについて述べたものである。また，次の資料は，仕事と余暇に関する日本人の意識調査の結果の一部を示したもので，次のページのⅢ～Ⅵの文は，資料から読み取れることについて述べたものである。Ⅰ～Ⅵの文のうち，内容が正しいものはいくつあるか。最も適当なものを，次のページのア～カのうちから一つ選び，マークしなさい。

資料　「仕事と余暇のあり方について，あなたが最も望ましいと思うものはどれですか。」というアンケートの結果

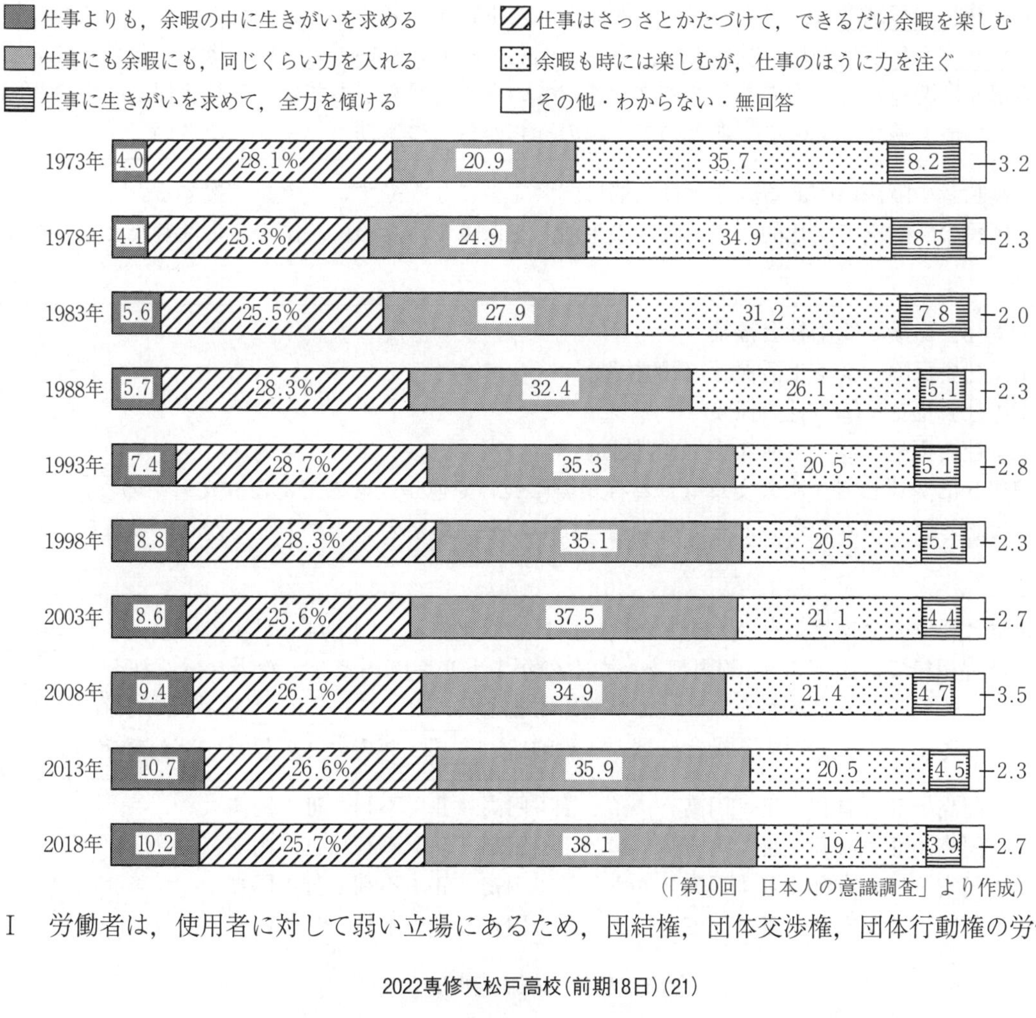

（「第10回　日本人の意識調査」より作成）

Ⅰ　労働者は，使用者に対して弱い立場にあるため，団結権，団体交渉権，団体行動権の労働三権

が保障されており，これらの権利は，基本的人権を四つに分類したうちの平等権に含まれる。

Ⅱ　労働者の権利を保障する法律として，労働基準法，労働組合法，労働関係調整法の労働三法とよばれる法律が制定されており，労働基準法では，労働時間や休日などの労働条件の最低限の水準を定めている。

Ⅲ　1973年から2018年の間で，「仕事よりも，余暇の中に生きがいを求める」と「仕事はさっさとかたづけて，できるだけ余暇を楽しむ」と回答した割合の合計が最も高いのは2013年である。

Ⅳ「仕事にも余暇にも，同じくらい力を入れる」と回答した割合は，1973年から2018年にかけて増加し続けている。

Ⅴ　いずれの年においても，「仕事よりも，余暇の中に生きがいを求める」と回答した割合は，「余暇も時には楽しむが，仕事のほうに力を注ぐ」と回答した割合の半分以下である。

Ⅵ　1973年から1983年までは，「仕事に生きがいを求めて，全力を傾ける」と回答した割合が「仕事よりも，余暇の中に生きがいを求める」と回答した割合を上回っているが，1988年以降は逆転している。また，1973年から1983年までは，「余暇も時には楽しむが，仕事のほうに力を注ぐ」と回答した割合が「仕事はさっさとかたづけて，できるだけ余暇を楽しむ」と回答した割合を上回っているが，1988年以降は逆転している。

ア　一つ　　イ　二つ　　ウ　三つ　　エ　四つ　　オ　五つ　　カ　六つ

8　次の文章を読み，あとの(1)～(3)の問いに答えなさい。

日本の$_a$社会保障制度は，日本国憲法に明記された生存権に基づいて行われています。また，情報化や$_b$グローバル化が進む現代社会では，憲法に明記されていない$_c$新しい人権も主張されています。

(1)　下線部aに関連して，次の①，②の文で述べていることがらがあてはまる社会保障制度の組み合わせとして最も適当なものを，あとのア～エのうちから一つ選び，マークしなさい。

> ①　高齢者や障がいのある人など社会的に弱い立場になりやすい人々を支援する。
> ②　国民の「健康で文化的な最低限度の生活」を保障するために，国から生活費などを支給する。

ア　①：社会保険　②：社会福祉
イ　①：社会保険　②：生活保護(公的扶助)
ウ　①：社会福祉　②：社会保険
エ　①：社会福祉　②：生活保護(公的扶助)

(2)　下線部bに関連して，次の文章は，為替相場について述べたものである。文章中の［Ⅰ］～［Ⅲ］にあてはまる語の組み合わせとして最も適当なものを，あとのア～クのうちから一つ選び，マークしなさい。

> 通貨と通貨の交換比率を為替相場といい，日々変化する。例えば，日本の円とアメリカのドルの為替相場で，1ドル＝100円であったものが1ドル＝80円となった場合，これを［Ⅰ］といい，一般的に，日本からアメリカへ輸出する企業にとって［Ⅱ］な状況となる。また，日本からアメリカに旅行する場合には，一般的に，［Ⅲ］のときのほうが有利である。

ア　Ⅰ：円高　Ⅱ：有利　Ⅲ：円高　　イ　Ⅰ：円高　Ⅱ：不利　Ⅲ：円高
ウ　Ⅰ：円高　Ⅱ：有利　Ⅲ：円安　　エ　Ⅰ：円高　Ⅱ：不利　Ⅲ：円安
オ　Ⅰ：円安　Ⅱ：有利　Ⅲ：円高　　カ　Ⅰ：円安　Ⅱ：不利　Ⅲ：円高
キ　Ⅰ：円安　Ⅱ：有利　Ⅲ：円安　　ク　Ⅰ：円安　Ⅱ：不利　Ⅲ：円安

(3) 下線部cに関連して，次のⅠ，Ⅱの文章は，新しい人権について述べたものである。Ⅰ，Ⅱの文章の正誤の組み合わせとして最も適当なものを，あとのア～エのうちから一つ選び，マークしなさい。

Ⅰ　人間が自分の生き方や生活の仕方について自由に決定する「自己決定権」が主張されるようになった。医療の分野では，患者が治療方法などを自分で決定できるように，患者への病気の告知や治療方針などを十分に説明して同意を得るインフォームド・コンセントが行われるようになっている。

Ⅱ　国民が主権者として正しい判断をするために，国や地方公共団体が持つ情報を手に入れる権利として「知る権利」が認められるようになった。国や地方公共団体には，情報公開法や情報公開条例に基づいて情報公開制度が設けられており，国や地方公共団体が情報公開の請求を受けた場合には，すべての情報を開示しなければならないことになっている。

ア　Ⅰ：正　Ⅱ：正　　イ　Ⅰ：正　Ⅱ：誤
ウ　Ⅰ：誤　Ⅱ：正　　エ　Ⅰ：誤　Ⅱ：誤

【理　科】（50分）〈満点：100点〉

1　植物のはたらきについて調べるため，次の実験1，2を行いました。これに関して，あとの(1)～(4)の問いに答えなさい。

実験1

(i)　オオカナダモを入れたビーカーを一晩暗室に置いたあと，先端近くの葉を1枚とり，熱湯に数分浸したあとスライドガラスの上にのせ，ヨウ素液を1滴落としてカバーガラスをかぶせ，顕微鏡で観察した。その結果，葉の細胞内にヨウ素液による色の変化は見られなかった。

(ii)　(i)で暗室に置いたビーカーに，図1のように日光を数時間当てた。

(iii)　(ii)のあと，先端近くの葉を1枚とり，熱湯に数分浸したあとスライドガラスの上にのせ，ヨウ素液を1滴落としてカバーガラスをかぶせ，顕微鏡で観察した。その結果，図2のように，細胞内の小さな粒が青紫色に染まって見えた。

図1

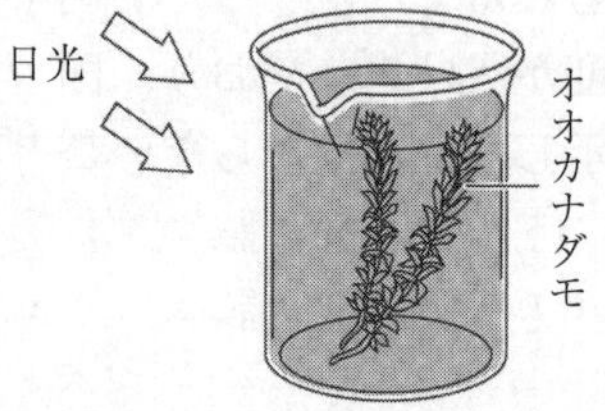

図2

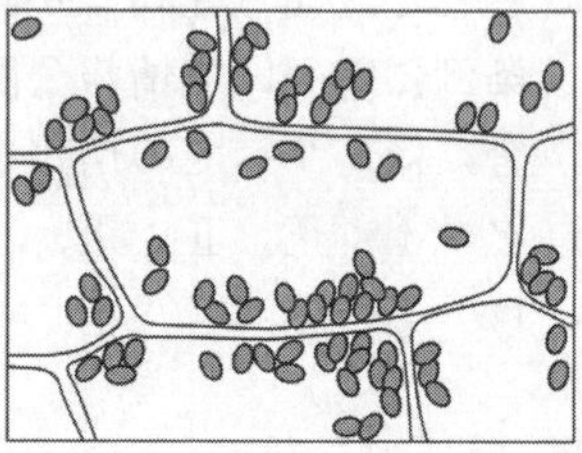

実験2

(i)　青色のBTB溶液をビーカーに入れ，その液にストローで息を吹き込んで緑色にした。

(ii)　(i)の緑色の液を4本の試験管A～Dに入れ，ほぼ同じ大きさのオオカナダモを試験管B～Dに入れてゴム栓をし，図3のように，試験管Aは何も入れずにゴム栓をし，試験管Cはアルミニウムはくでおおい，光が入らないようにした。

図3

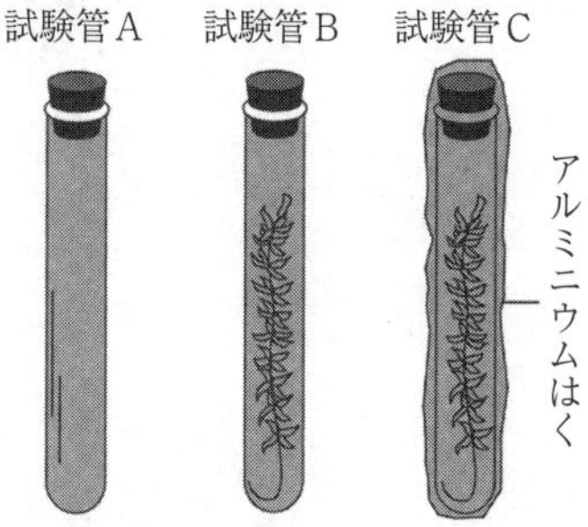

図4

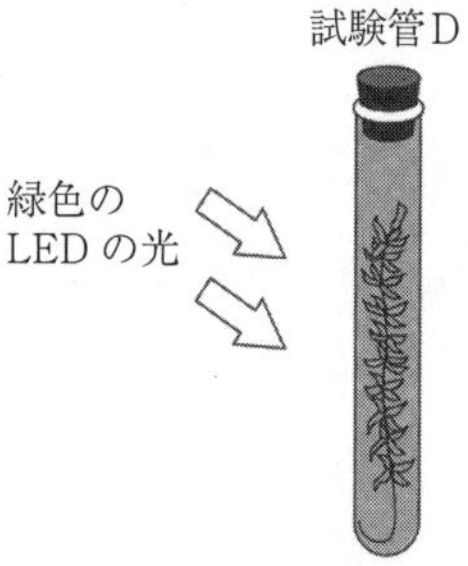

(iii)　試験管A～Cを，十分に日光が当たる場所に数時間置いたのち，試験管中のBTB溶液の色を調べた。

(iv)　緑色のLEDを用意し，図4のように，その光を試験管Dに数時間当てたのち，試験管中のBTB溶液の色を調べた。表は，(iii)，(iv)の結果をまとめたものである。

表

試験管	A	B	C	D
BTB溶液の色	緑色	青色	黄色	緑色

(1)　実験1の結果からわかることとして最も適当なものを，次の①～⑥のうちから一つ選びなさい。

①　細胞内の小さな粒が，デンプンからエネルギーをとり出す。

②　細胞内の小さな粒が，遺伝情報を含み，細胞のはたらきや形を決める。

③　細胞内の小さな粒の中で，デンプンは光によってつくられる。

④　細胞内の小さな粒の中で，デンプンは熱によってつくられる。

⑤　細胞内の小さな粒がエネルギーを得て，分裂して数を増やす。

⑥　細胞内の小さな粒がエネルギーを得て，細胞内を活発に動く。

(2)　実験2で，試験管Aを用意した理由として最も適当なものを，次の①～④のうちから一つ選びなさい。

① BTB 溶液の色の変化は，オオカナダモだけでは起こらず，光を当てないようにする必要があることを確認するため。

② BTB 溶液の色の変化は，光を当てないようにするだけでは起こらず，オオカナダモのはたらきによることを確認するため。

③ BTB 溶液の色の変化は，オオカナダモだけでは起こらず，光を当てる必要があることを確認するため。

④ BTB 溶液の色の変化は，光を当てるだけでは起こらず，オオカナダモのはたらきによることを確認するため。

(3) 実験２で，試験管Ｂのオオカナダモから気泡が発生した。その気泡に多く含まれる気体として最も適当なものを，次の①～⑥のうちから一つ選びなさい。

① 塩素　　　② 水素
③ 二酸化炭素　④ 酸素
⑤ アンモニア　⑥ 窒素

(4) 実験２で，BTB 溶液の色の変化から分かることについて，試験管ＢはⅠ群から，試験管ＣはⅡ群から，試験管ＤはⅢ群から，最も適当なものをそれぞれ次の①～③のうちから一つ選びなさい。

Ⅰ群 ① 呼吸による二酸化炭素の吸収量の方が，光合成による二酸化炭素の放出量よりも多い。
　② 光合成による二酸化炭素の吸収量の方が，呼吸による二酸化炭素の放出量よりも多い。
　③ 呼吸による二酸化炭素の放出量の方が，光合成による二酸化炭素の吸収量よりも多い。

Ⅱ群 ① 呼吸による二酸化炭素の放出のみ起こった。
　② 光合成による二酸化炭素の放出のみ起こった
　③ 呼吸による酸素の放出のみ起こった。

Ⅲ群 ① 光合成は緑色の光のみを当てたとき活発になる。
　② 光合成は緑色の光のみを当てたとき不活発になる。
　③ 光合成は緑色の光のみを当てたときは起こらない。

2 空気中の水の変化について調べるため，次の実験１，２を行いました。これに関して，あとの(1)～(4)の問いに答えなさい。

実験１

(i) 室温が23℃の部屋で，金属製のコップにくみ置きしておいた水を入れ，水温を測定したところ，室温と同じであった。

(ii) 図１のように，氷を入れた大型試験管をコップの中に入れ，水をゆっくりとかき混ぜながら水温を下げ，コップの表面がくもり始めたときの水温を測定すると８℃であった。

(iii) 気温と飽和水蒸気量との関係を調べると，表のとおりであった。

図１

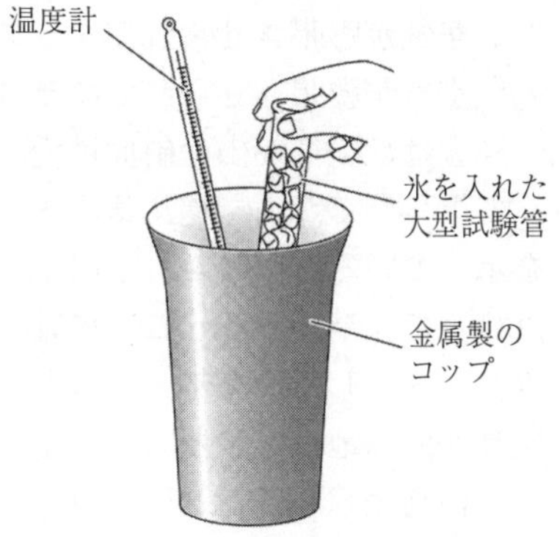

表

気温〔℃〕	2	5	8	11	14	17	20	23	26
飽和水蒸気量〔g/m³〕	5.6	6.8	8.3	10.0	12.1	14.5	17.3	20.6	24.4

実験２

(i)　図２のような装置をつくり，フラスコの内側をぬるま湯でぬらし，線香のけむりを少し入れた。

(ii)　ピストンをすばやく引いたとき，フラスコの中は白くくもった。また，ピストンを戻したとき，フラスコの中のくもりが消えた。

図２

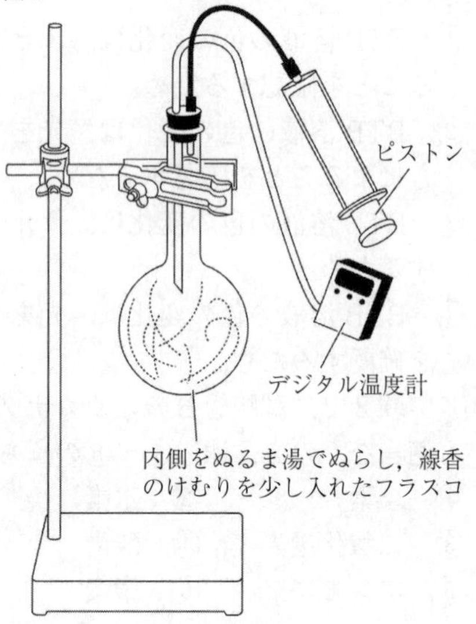

(1)　実験１で，コップの表面がくもり始めたときの温度の名称として最も適当なものを，次の①～⑤のうちから一つ選びなさい。

①　飽和点　　②　凝固点　　③　沸点　　④　融点　　⑤　露点

(2)　実験１を行った部屋の湿度は何％と考えられるか。X，Y にあてはまる数字を一つずつ選びなさい。ただし，答えは小数第１位を四捨五入して答えなさい。

X Y ％

(3)　実験２で，ピストンを引いたときに起きた変化について述べたものとして最も適当なものを，次の①～⑧のうちから一つ選びなさい。

①　空気が圧縮されてフラスコ内の温度が上がり，水が液体から気体に変化した。
②　空気が圧縮されてフラスコ内の温度が上がり，水が気体から液体に変化した。
③　空気が圧縮されてフラスコ内の温度が下がり，水が液体から気体に変化した。
④　空気が圧縮されてフラスコ内の温度が下がり，水が気体から液体に変化した。
⑤　空気が膨張させられてフラスコ内の温度が上がり，水が液体から気体に変化した。
⑥　空気が膨張させられてフラスコ内の温度が上がり，水が気体から液体に変化した。
⑦　空気が膨張させられてフラスコ内の温度が下がり，水が液体から気体に変化した。
⑧　空気が膨張させられてフラスコ内の温度が下がり，水が気体から液体に変化した。

(4)　図３は，空気が山の斜面に沿って上昇して，山を越える様子を示している。山のふもとの地点Ｏとの標高差500ｍごとに地点Ｐ～Ｓとし，山を越えてＳと標高が同じ地点をＴとして，Ｔとの標高差500ｍごとに地点Ｕ～Ｘとする。地点Ｏの気温が20℃で，実験１のときと同じ水蒸気量を空気中に含んでいるとすると，雲が発生し始めると考えられる地点として最も適当なものを，次の①～⑨のうちから一つ選びなさい。ただし，標高が100ｍ上がるごとに気温が0.6℃下がるものとする。

図３

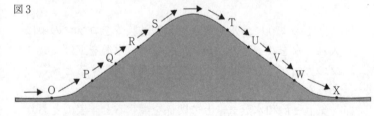

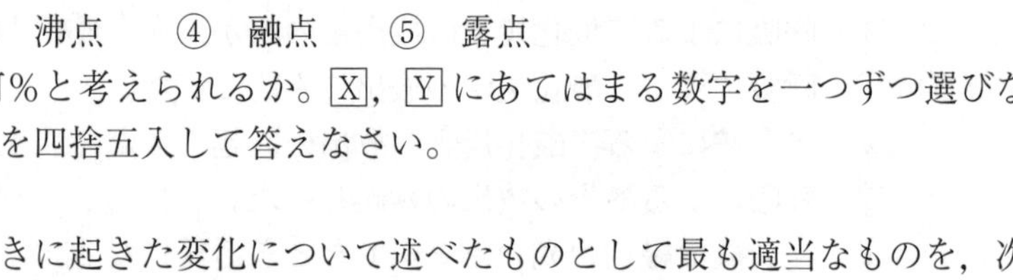

① P　② Q　③ R　④ S　⑤ T
⑥ U　⑦ V　⑧ W　⑨ X

3　状態変化について調べるため，次の実験1，2を行いました。これに関して，あとの(1)～(4)の問いに答えなさい。

実験1
(i)　状態変化についての学習の中で，エタノールを加熱し続けたときの温度変化について調べた。図1は，エタノールにおける，加熱時間と温度との関係をグラフに表したものである。
(ii)　ポリエチレンの袋を二つ用意し，図2のように，それぞれの袋の中に少量のエタノールを入れ，空気を入れずに口をしばった。
(iii)　バット内に置いた一方の袋の上から，60℃の湯をゆっくりと注いだ。
(iv)　バット内に置いたもう一方の袋の上から，90℃の湯をゆっくりと注いだ。

図1
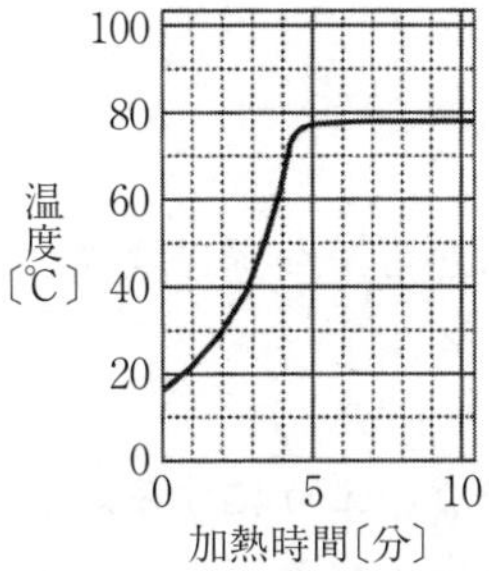

図2
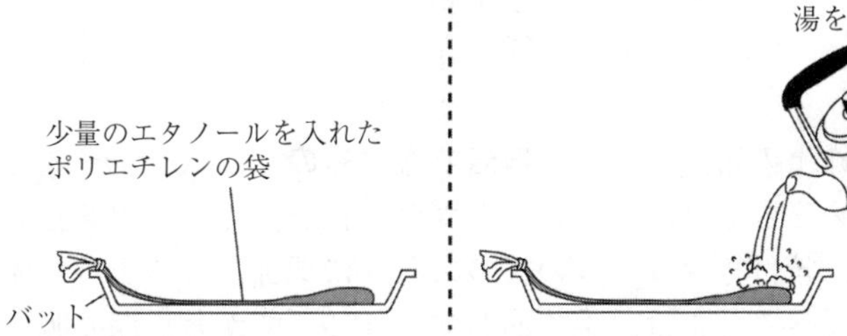

実験2
(i)　水 20 cm^3 とエタノール 5 cm^3 の混合物を枝付きフラスコに入れた。
(ii)　図3のような装置を用いて混合物を加熱し，1分ごとに温度を記録した。図4は，このときの加熱時間と温度との関係をグラフに表したものである。
(iii)　ガラス管から出てきた液体を，3本の試験管A～Cの順に 3 cm^3 ずつ集めた。
(iv)　試験管A～Cに集めた液体のにおいについて，それぞれ調べた。
(v)　試験管A～Cに集めた液体をそれぞれ蒸発皿に移し，マッチの火を近づけ，燃えるかどうかを調べた。

図3
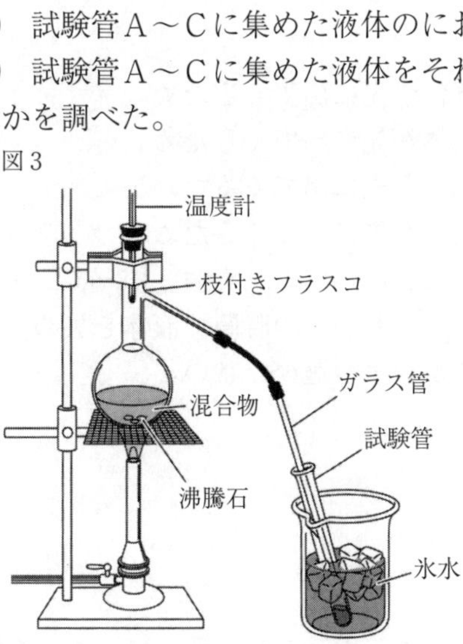

図4
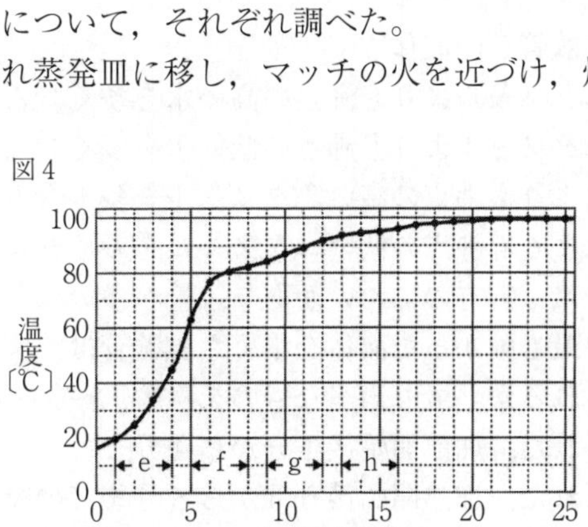

(1)　実験1で，(iii)における袋の中のエタノールの粒子の運動の様子を表した模式図をp～rから一つ選び，(iv)における袋の中のエタノールの密度の変化について述べたものをs～uから一つ選び，組

み合わせたものとして最も適当なものを，あとの①～⑨のうちから一つ選びなさい

p

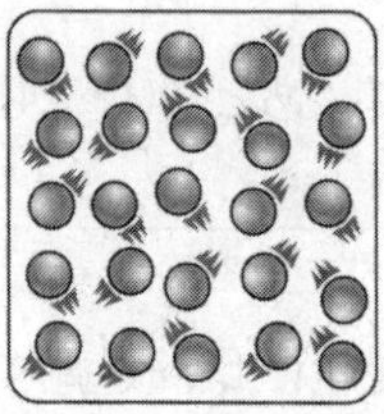

粒子が規則正しく並ばず，自由に動くことができる。

q

粒子が規則正しく並び，ほとんど移動しない。

r

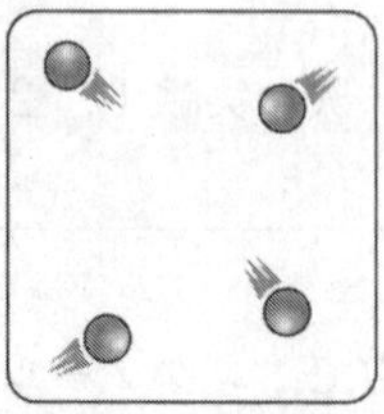

粒子どうしの間隔が広く，自由に飛び回っている。

s　密度は大きくなった。
t　密度は変わらなかった。
u　密度は小さくなった。

①　pとs	②　pとt	③　pとu
④　qとs	⑤　qとt	⑥　qとu
⑦　rとs	⑧　rとt	⑨　rとu

(2)　実験２の操作上の留意点として**適当でないもの**を，次の①～④のうちから一つ選びなさい。

①　実験を終えるときは，試験管からガラス管を抜く前に火を止める。
②　温度計は，枝付きフラスコの枝のあたりに球部がくるようにする。
③　においを調べるときは，手であおぐようにしてかぎ，深く吸い込まないようにする。
④　加熱するときは，急に沸騰するのを防ぐため，フラスコ内に沸騰石を入れる。

(3)　実験２の(v)で，試験管Ａ～Ｃに集めた液体のうち最も長く燃えたと考えられるものを，Ⅰ群の①～③のうちから一つ選びなさい。また，その理由として最も適当なものを，Ⅱ群の①～④のうちから一つ選びなさい。

Ⅰ群　①　試験管Ａの液体
　　　②　試験管Ｂの液体
　　　③　試験管Ｃの液体

Ⅱ群　①　エタノールよりも沸点の高い水を多く含んだ気体が先に出てくるため。
　　　②　エタノールよりも沸点の低い水を多く含んだ気体が先に出てくるため。
　　　③　水よりも沸点の高いエタノールを多く含んだ気体が先に出てくるため。
　　　④　水よりも沸点の低いエタノールを多く含んだ気体が先に出てくるため。

(4)　エタノールには特有のにおいがあり，量が多いほど強いにおいがする。実験２の(iv)で，エタノールのにおいが最も強かった液体を集めた試験管は，図４のｅ～ｈのどの時間で液体を集めたものであると考えられるか。最も適当なものを次の①～④のうちから一つ選びなさい。

①　ｅで表された，加熱開始後１分から４分までの時間
②　ｆで表された，加熱開始後５分から８分までの時間
③　ｇで表された，加熱開始後９分から12分までの時間
④　ｈで表された，加熱開始後13分から16分までの時間

4　電圧と電流の関係を調べるため，次の実験１，２を行いました。これに関して，あとの(1)～(4)の問いに答えなさい。ただし，電流計にかかる電圧や電圧計に流れる電流は，無視できるものとします。

実験１

図１のように，抵抗器Ａを用いて回路をつくり，スイッチを入れて電圧と電流を調べたところ，表１のような結果が得られた。

図１

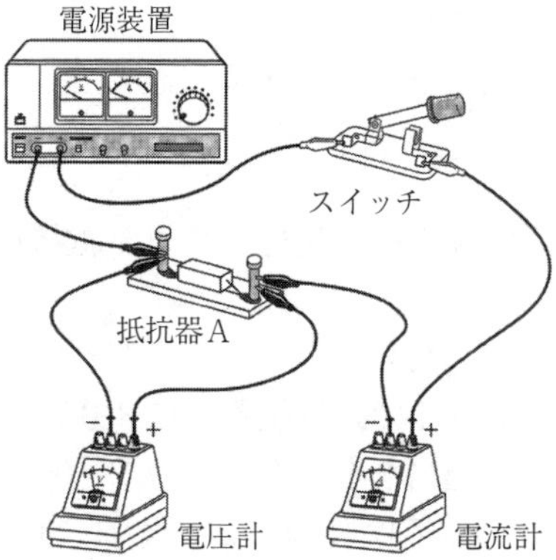

表１

電圧〔V〕	0	1.0	2.0	3.0	4.0
電流〔mA〕	0	50	100	150	200

実験２

図２，図３のように，電気抵抗が10Ωの抵抗器Ｂと電気抵抗が30Ωの抵抗器Ｃを用いた回路をつくり，電源装置で図２，図３の回路に同じ大きさの電圧を加えたところ，表２のような結果が得られた。

図２

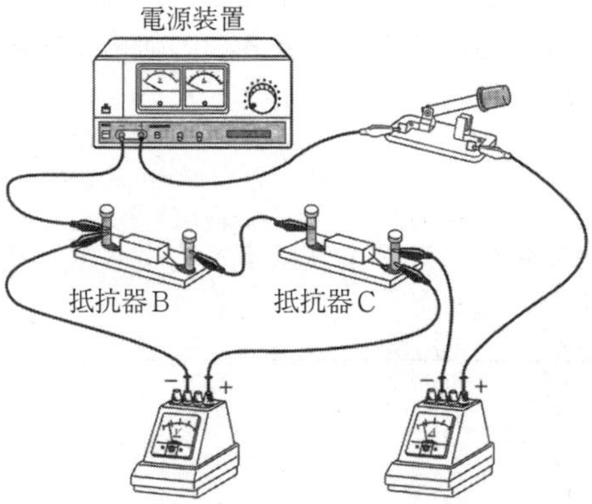

図３

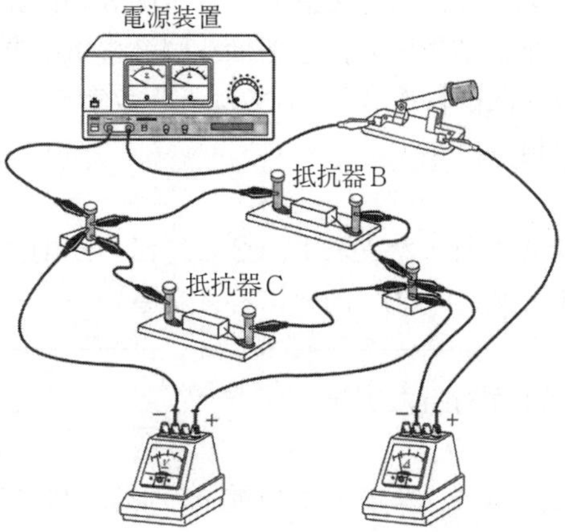

表２

電圧〔V〕	0	1.0	2.0	3.0	4.0
図２における電流〔mA〕	0	25	50	75	100
図３における電流〔mA〕	0	133	267	400	533

(1)　実験１の図１の回路図として最も適当なものを，次の①～⑧のうちから一つ選びなさい。

①

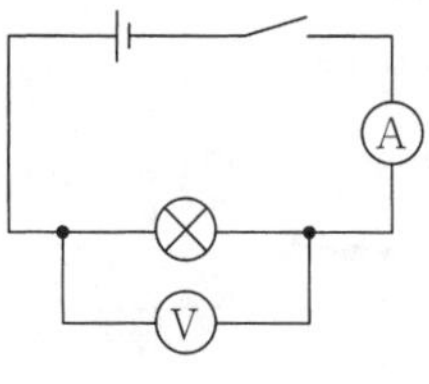

②

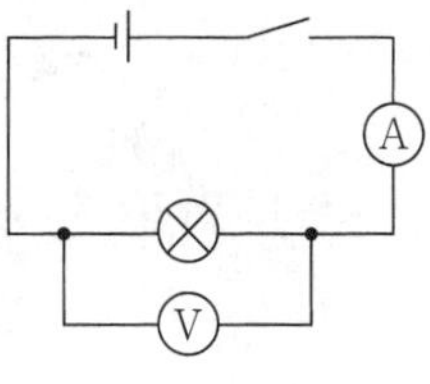

③

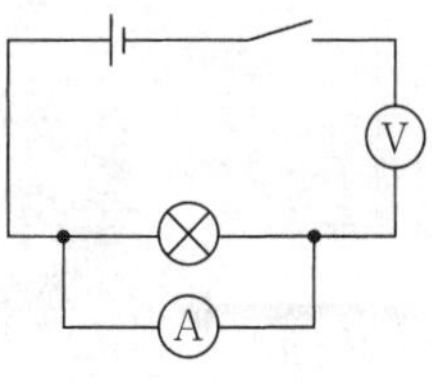

④

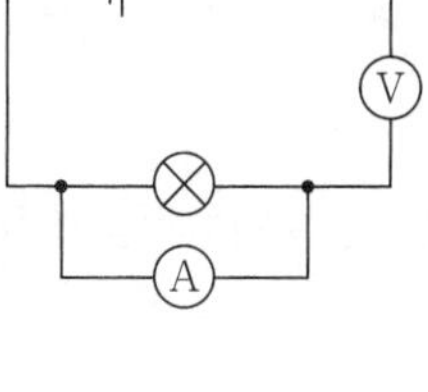

⑤

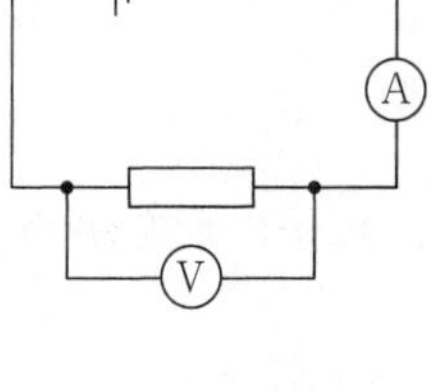

⑥

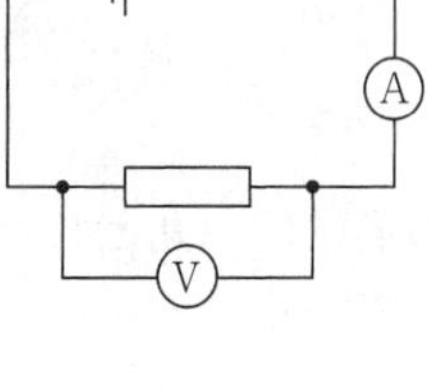

⑦

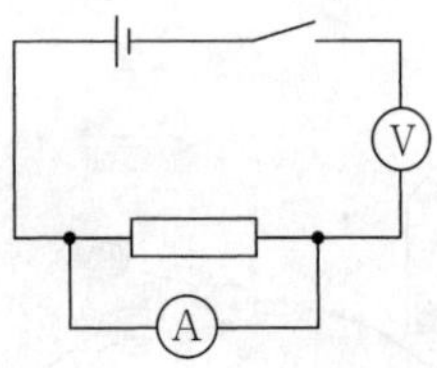

⑧

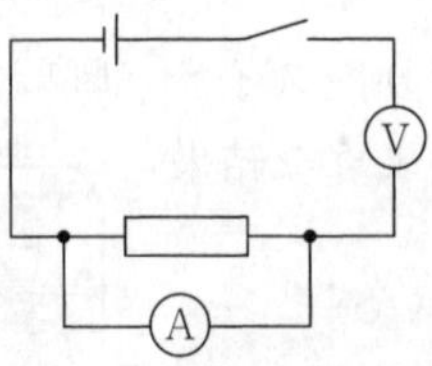

(2)　実験１の抵抗器Ａの電気抵抗の大きさは何Ωか。[V]，[W]にあてはまる数字を一つずつ選びなさい。

[V][W]Ω

(3)　実験１で，抵抗器Ａに3.0Ｖの電圧を加え，５分間電流を流した。このときの電力量は何Ｊか。最も適当なものを，次の①～⑥のうちから一つ選びなさい。

①　0.45Ｊ　②　2.25Ｊ　③　135Ｊ
④　450Ｊ　⑤　2250Ｊ　⑥　13500Ｊ

(4)　実験２において，電源装置で図２，図３の回路に同じ大きさの電圧を加えたとき，図２の抵抗器Ｃの両端に加わる電圧の大きさは，図３の抵抗器Ｃの両端に加わる電圧の大きさの何倍であると考えられるか。[X]，[Y]，[Z]にあてはまる数字を一つずつ選びなさい。

[X].[Y][Z]倍

5　メンデルが行った実験１，２と遺伝の規則性について調べ，次のようにまとめました。これに関して，あとの(1)～(4)の問いに答えなさい。

Ａ　メンデルが行った実験

実験１

図１のように，エンドウの種子の形について，しわのある種子をつくる純系の花の花粉を，丸い種子をつくる純系の花のめしべに他家受粉させると，子の代にあたる種子はすべて丸い種子となった。

実験２

図２のように，実験１で得られた丸い種子の子を育てて自家受粉させると，孫の代にあたる種子では，丸い種子としわのある種子が得られた。

図１

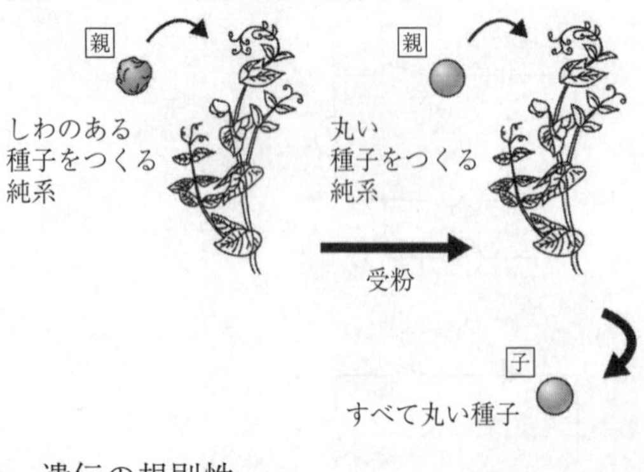

図２

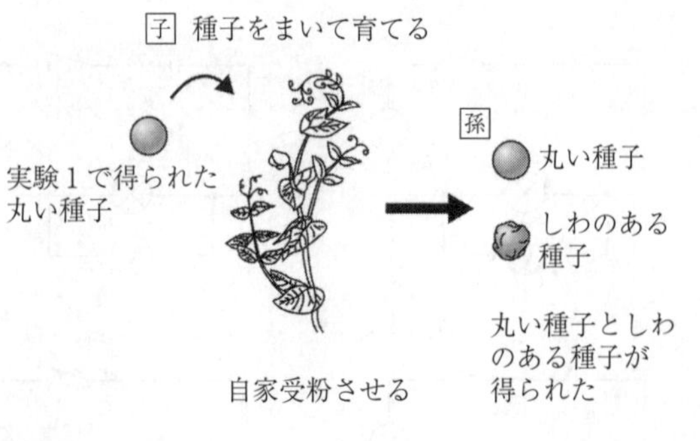

Ｂ　遺伝の規則性

(i)　エンドウの種子の形には，丸としわがあり，種子の形を決める遺伝子は，細胞の核の中でこの２つが対になっている。

(ii) 丸い種子をつくる遺伝子をR，しわのある種子をつくる遺伝子をｒとすると，実験１の親の代の純系のエンドウは，図３のように表すことができる。

図３

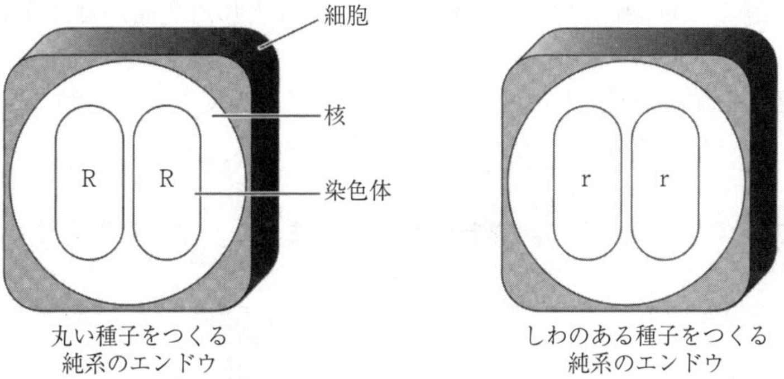

(1) 次の文は，実験２で得られた孫の代にあたる種子の数について述べたものである。文中の(M)，(N)に入る数として最も適当なものを，あとの①～⑧のうちからそれぞれ一つずつ選びなさい。

> 実験２で，孫の代にあたる種子が8000個得られたとする。そのうち丸い種子は(M)得られたと考えられる。また，孫の代にあたる種子のうち，同じ遺伝子を対に持つ種子は，(N)得られたと考えられる。

① 約500個　② 約1000個
③ 約1500個　④ 約2000個
⑤ 約4000個　⑥ 約5000個
⑦ 約6000個　⑧ 約8000個

(2) 実験２で得られた孫の代にあたる種子の中から，丸い種子を一つ選んで育て，しわのある種子をつくる花の花粉を他家受粉させると，丸い種子としわのある種子がほぼ同数ずつ得られた。このとき，選んで育てた，孫の代にあたる種子の遺伝子を表したものとして適当なものを，次の①～⑤のうちから一つ選びなさい。

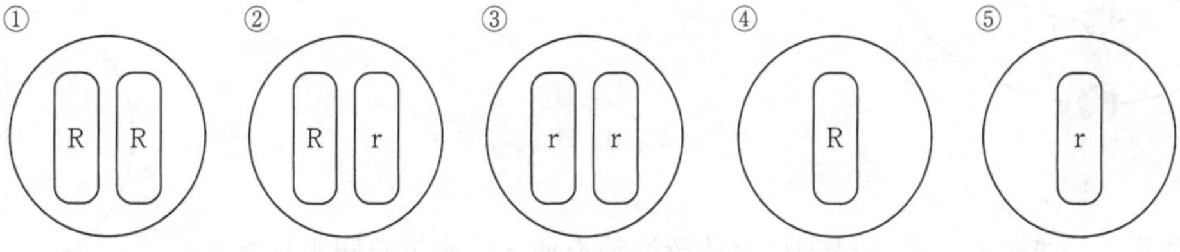

(3) 実験２で得られた孫の代にあたる種子の中で，丸い種子をすべて育て，それぞれ自家受粉させて得られる種子のうち，丸い種子の数としわのある種子の数の比として最も適当なものを，次の①～⑨のうちから一つ選びなさい。

① 1：1　② 2：1　③ 3：1
④ 3：2　⑤ 4：1　⑥ 4：3
⑦ 5：1　⑧ 5：2　⑨ 5：3

(4) 遺伝子に関する科学技術は，ここ数十年で飛躍的に進歩しており，食料・環境・医療など，あらゆる分野で幅広く応用されている。遺伝子に関する研究成果を活用した例として**適当でないもの**を，次の①～⑥のうちから一つ選びなさい。

① 特定の除草剤の影響を受けにくいダイズを生み出し，その除草剤をまくと雑草だけが枯れる。
② 砂漠を緑化するために，乾燥に強い植物が生み出されている。

③　ヒトのもつインスリン（血糖値を下げるためのホルモン）を微生物につくらせ，糖尿病などの治療に役立てている。

④　食物アレルギーを引き起こす可能性のあるソバやコムギが含まれた食品かどうかを，DNA を調べて鑑定する。

⑤　ブドウの栽培では，無性生殖の原理を応用した「さし木」によってクローンがつくられている。

⑥　これまでになかった，青いバラやカーネーションが生み出されている。

6　金星の見え方について調べるため，次の調査と観測を行いました。これに関して，あとの(1)～(4)の問いに答えなさい。

調査

(i)　金星は，地球の公転面とほぼ同じ平面上で太陽のまわりを公転しており，公転周期はおよそ0.62年である。

(ii)　地球から見た金星は，月のように満ち欠けをする。また，地球と金星の距離の変化によって，見かけの大きさが変化する。

(iii)　金星は内惑星であるため，真夜中に観測することはできない。

(iv)　太陽と金星と地球の位置関係は，図１のような模式図に表すことができる。

図１

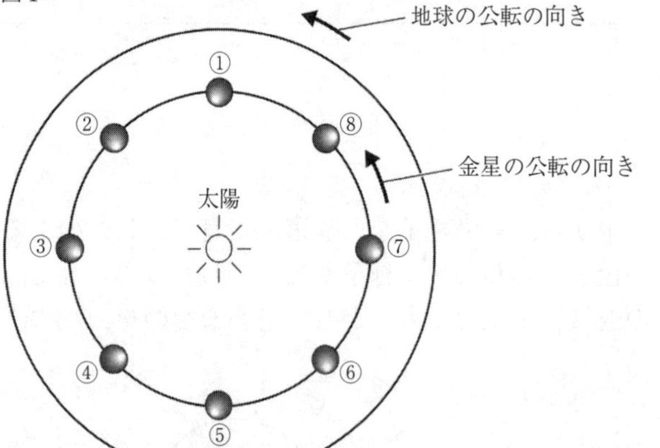

図２

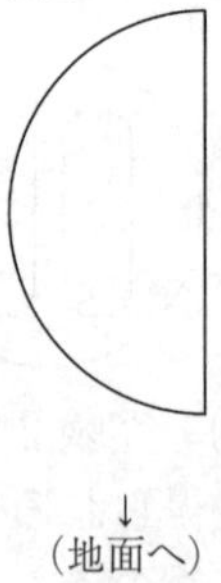

観測

日本のある場所で，ある日，ある時刻に天体望遠鏡を使って金星を観測したところ，金星は図２のような形に見えた。ただし，図２は，肉眼で見たときと同じ向きに直してある。

(1)　観測で，この日に金星を観測した時間帯と方位として最も適当なものを，次の①～⑥のうちから一つ選びなさい。

①　時間帯：明け方　方位：東
②　時間帯：明け方　方位：西
③　時間帯：昼ごろ　方位：東
④　時間帯：昼ごろ　方位：西
⑤　時間帯：夕方　　方位：東
⑥　時間帯：夕方　　方位：西

(2)　観測で，この日の金星の公転軌道上の位置として最も適当なものを，調査の図１の①～⑧のうちから一つ選びなさい。

(3)　観測で金星を観測した日から21週後にふたたび金星を観察したとき，形と見かけの大きさの変化として最も適当なものを，次の①～④のうちから一つ選びなさい。

①　形は欠けた部分が大きくなり，見かけの大きさも大きくなる。
②　形は欠けた部分が大きくなり，見かけの大きさは小さくなる。
③　形は欠けた部分が小さくなり，見かけの大きさは大きくなる。
④　形は欠けた部分が小さくなり，見かけの大きさも小さくなる。

(4)　観測で金星を観測した日から21週後の，地球から見た金星の位置として最も適当なものを，調査の図１の①～⑧のうちから一つ選びなさい。

7

水がどのような成分からできているかを調べるため，次の実験を行いました。これに関して，あとの(1)～(4)の問いに答えなさい。

実験

(i)　水酸化ナトリウムを水に溶かして，質量パーセント濃度が2.5％の水酸化ナトリウム水溶液 110g をつくり，図１のように電気分解装置に入れて電源装置につないだ。

図１

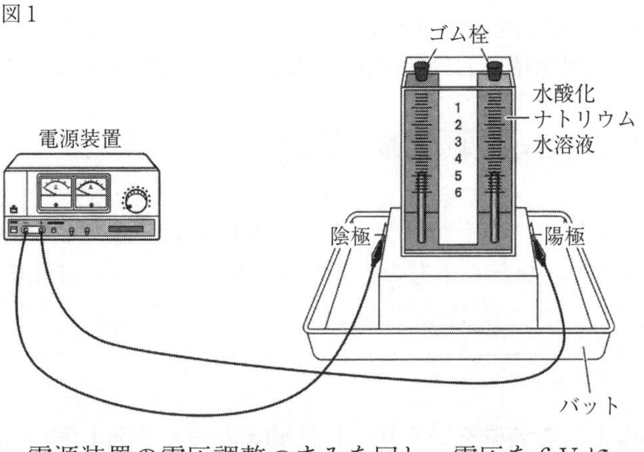

図２

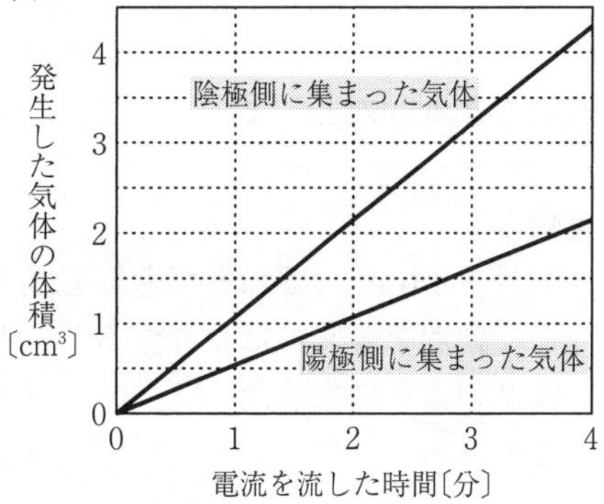

(ii)　電源装置の電圧調整つまみを回し，電圧を６Ｖにして電流を流し，電流を流した時間と発生した気体の体積の関係を図２のようにまとめた。そのあと，気体がじゅうぶん集まってから電源を切った。

(iii)　陰極側，陽極側いずれかの極のゴム栓をとり，集まっている気体にマッチの炎をすばやく近づけたところ，気体が音を立てて燃えた。

(iv)　(iii)で調べた側の極にゴム栓をしてから，もう一方の極のゴム栓をとり，集まっている気体の中に火のついた線香を入れると，線香が炎を上げて燃えた。

(1)　実験の(i)で，質量パーセント濃度が2.5％の水酸化ナトリウム水溶液 110g をつくるには，何 g の水酸化ナトリウムを水に溶かしたか。W，X にあてはまる数字を一つずつ選びなさい。ただし，答えは小数第２位を四捨五入して答えなさい。

W．X g

(2)　実験で，水に水酸化ナトリウムを加えたのはなぜか。その理由として最も適当なものを，次の①～⑥のうちから一つ選びなさい。

① 発生した気体がふたたび水に溶けないようにするため。
② 水に色をつけて観察しやすくするため。
③ 反応が早く進まないようにするため。
④ ゴム栓や電極を保護するため。
⑤ 水に電流が流れるようにするため。
⑥ 気体以外の物質が発生しないようにするため。

(3) 実験の(iii)と(iv)で，陰極側に起きたことをⅠ群から，陽極側に起きたことをⅡ群から，最も適当なものをそれぞれ次の①～④のうちから一つ選びなさい。

Ⅰ群 ① 陰極側に集まった気体は酸素であり，実験の(iii)の操作によって二酸化炭素が発生した。
② 陰極側に集まった気体は酸素であり，実験の(iv)の操作によって二酸化炭素が発生した。
③ 陰極側に集まった気体は水素であり，実験の(iii)の操作によって水が発生した。
④ 陰極側に集まった気体は水素であり，実験の(iv)の操作によって水が発生した。

Ⅱ群 ① 陽極側に集まった気体は酸素であり，実験の(iii)の操作によって二酸化炭素が発生した。
② 陽極側に集まった気体は酸素であり，実験の(iv)の操作によって二酸化炭素が発生した。
③ 陽極側に集まった気体は水素であり，実験の(iii)の操作によって水が発生した。
④ 陽極側に集まった気体は水素であり，実験の(iv)の操作によって水が発生した。

(4) 実験で，陰極側に集まった気体の質量と，陽極側に集まった気体の質量の比はいくらか。最も簡単な整数の比で求め，[Y]，[Z] にあてはまる数字を一つずつ選びなさい。ただし，発生した気体は水酸化ナトリウム水溶液に溶けておらず，同体積における酸素と水素の質量の比は16：1であるものとする。

陰極側に集まった気体の質量：陽極側に集まった気体の質量＝[Y]：[Z]

8 力と圧力について調べるため，次の実験1～3を行いました。これに関して，あとの(1)～(4)の問いに答えなさい。ただし，100gの物体にはたらく重力の大きさを1Nとし，糸の質量や体積は無視できるものとします。

実験1

長さ14cmのばねを用意して図1のような装置をつくり，1個50gのおもりを1個から4個まで個数を変えてばねにつるし，おもりの質量とばねののびとの関係をグラフに表したところ，図2のようになった。

図1

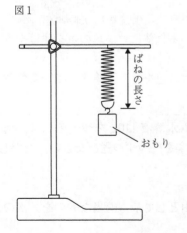

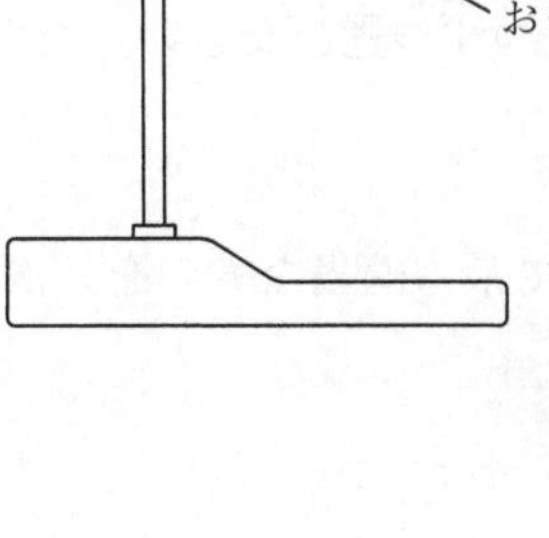

図2

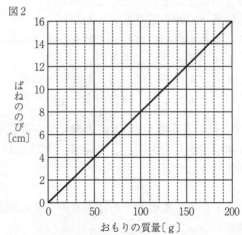

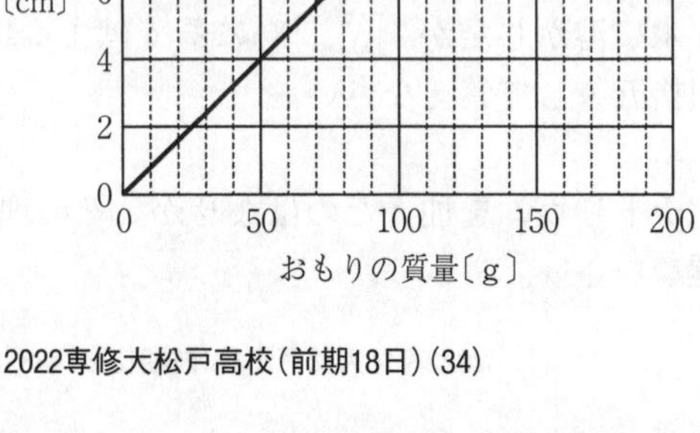

実験２

ビーカーに水を入れ，図３のように，実験１で使用したばねを用いて，質量が100gのおもり１個を，糸でばねにつるして水の中に完全に沈めると，ばねの長さは18cmになった。

実験３

図４のような直方体がある。この直方体のＡ面にばねをとり付け，図５のように，Ａ面がビーカーの水面と一致するようにして，この直方体をつるした。また，この直方体のＢ面にばねをとり付け，図６のように，Ｂ面がビーカーの水面と一致するようにして，この直方体をつるした。

図３

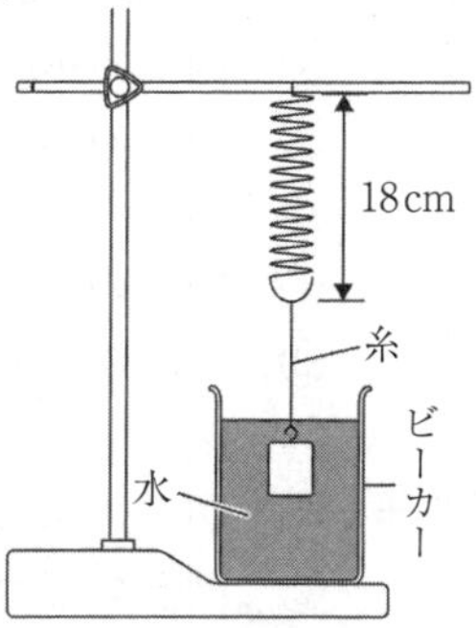

図４

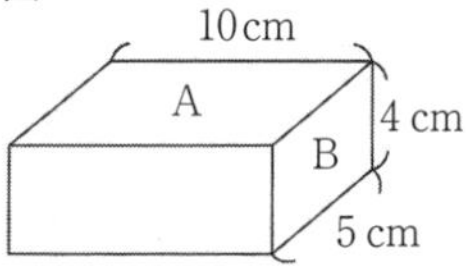

図５

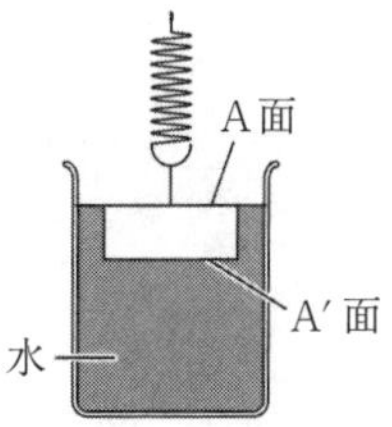

図６

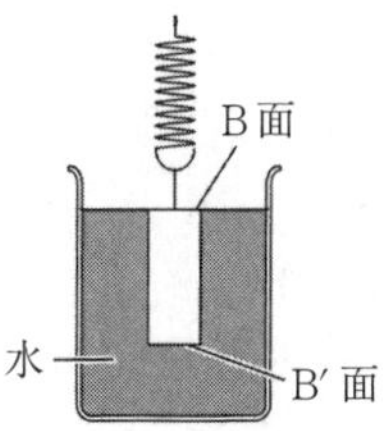

(1)　図１の装置のばねに物体Ｐをつるすと，ばねの長さは26cmになった。物体Ｐの質量として最も適当なものを，次の①～⑥のうちから一つ選びなさい。

①　150g　　②　225g　　③　250g　　④　325g　　⑤　350g　　⑥　425g

(2)　実験２で，図３のようにつるしたおもりにはたらく水圧の向きと大きさの様子を模式的に表したものとして最も適当なものを，次の①～⑥のうちから一つ選びなさい。

①

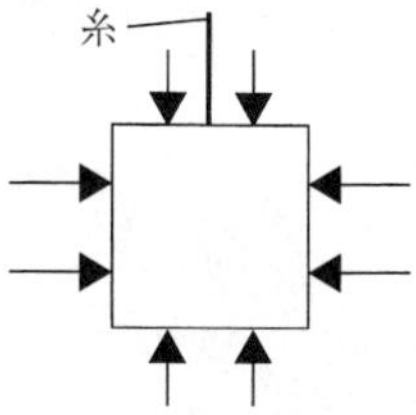

②

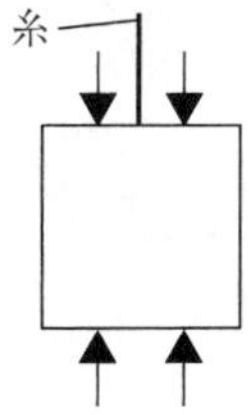

③

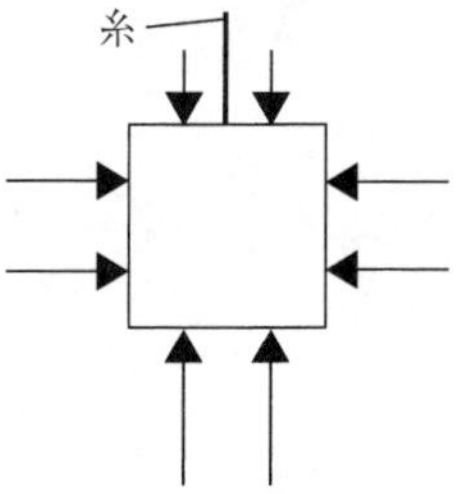

④

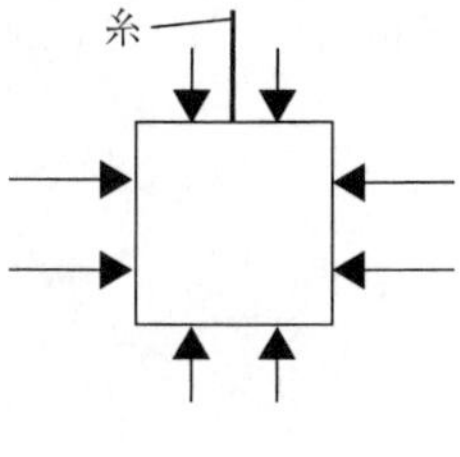

⑤

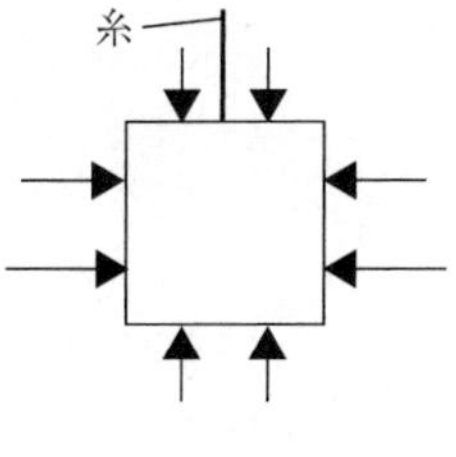

⑥

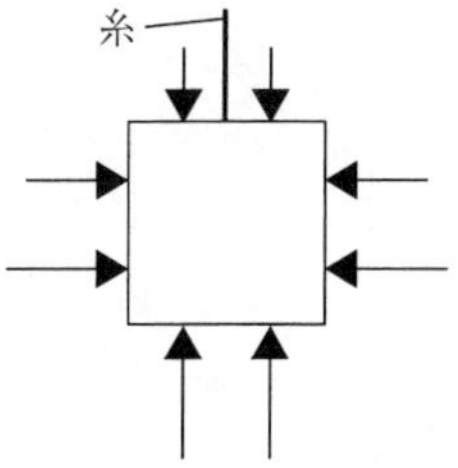

(3)　実験２で，図３のようにつるしたおもりにはたらく浮力の大きさは何Ｎか。X，Y にあてはまる数字を一つずつ選びなさい。

X．Y N

(4)　実験３の図５において，図６と比べたときの，底面の受ける水圧の大きさの関係(A′面が受ける水圧とB′面が受ける水圧との関係)をⅠ群から，直方体が受ける浮力の大きさの関係をⅡ群から，ばねののびの関係をⅢ群から，最も適当なものをそれぞれ次の①～③のうちから一つ選びなさい。

Ⅰ群　①　図５の水圧は図６の水圧より小さい。
　　　②　図５の水圧と図６の水圧は等しい。
　　　③　図５の水圧は図６の水圧より大きい。

Ⅱ群　①　図５の浮力は図６の浮力より小さい。
　　　②　図５の浮力と図６の浮力は等しい。
　　　③　図５の浮力は図６の浮力より大きい。

Ⅲ群　①　図５のばねののびは図６のばねののびより小さい。
　　　②　図５のばねののびと図６のばねののびは等しい。
　　　③　図５のばねののびは図６のばねののびより大きい。

秋も連れていきたいという気持ちはあるが、今回は連れていくことができないということ。

問五　傍線部４「すみやかにこれより帰り給へ」とあるが、義光がこのように言った理由として最適なものを後より一つ選び番号で答えなさい。

１　自分は職をやめて身を隠しながら下向しているので関所も簡単に通れるが、身分を捨てていない時秋が通るのは困難で、自分の邪魔になると思うから。

２　自分は職をやめ命を捨てる覚悟があるので身の危うい関所も恐れずに駆け抜けることができるが、時秋の行動を見ると心持ちは浅く、覚悟がないように思うから。

３　自分は目的のために命を捨てる思いで職をやめているので大変な関所も通らなくてはいけないが、時秋はその目的を知らないので巻き込みたくないから。

４　自分は職もやめていて命を捨てる覚悟もあるので通過の難しい関所も駆け抜けようと思うが、まだ若く職のある時秋までその覚悟をする必要はないから。

問六　傍線部５「義光、時秋が思ふところをさとりて」とはどういうことか。その説明として最適なものを後より一つ選び番号で答えなさい。

１　義光は、時元の弟子であり大食調入調を知る人物である義光を守るために時秋がついてきていることに気付いたということ。

２　義光は、大食調入調の曲の演奏法を義光から伝授してもらいたくて時秋がついてきていることに気付いたということ。

３　義光は、時元の弟子で大食調入調の楽譜をもつ義光をにくんで時秋がついてきていることに気付いたということ。

４　義光は、時元の弟子である義光が大食調入調を知っているのか確かめるために時秋がついてきていることに気付いたということ。

問七　傍線部６「いみじくぞ侍りける」とあるが、この部分の説明として最適なものを後より一つ選び番号で答えなさい。

１　時秋が取り出した笙について、義光がひどい状態だと気の毒に感じている。

２　準備のための少しの演奏でも時秋の笙の腕前がすばらしいとわかり、義光が驚いている。

３　しっかりと笙を持ち歩いている時秋の心がけに、義光が感心している。

４　時秋が笙をしっかりと準備していないことに、義光があきれている。

問八　傍線部７「心ざし」とあるが、ここでの意味として最適なものを後より一つ選び番号で答えなさい。

１　恩義　２　同情　３　抵抗　４　期待

問九　本文の内容として不適当なものを後より一つ選び番号で答えなさい。

１　義光は、近江の国で狩衣姿をしている男が遅れまいとしてついてきたことを不審に思った。

２　時秋は、義光からいつか再会しようという言葉や、時秋の立場を思いやる言葉を受けて、都に帰ることにした。

３　陸奥の守である兄の義家が合戦を起こしたとき、義光はまだ都にいて、その話を伝え聞いた。

４　足柄の山の関所を前に、義光は時秋のことも遠ざけて、馬からおりて時元の楽譜を取り出した。

なし。その時、5義光、時秋が思ふところをさとりて、閑所にうちよりて馬よりおりぬ。人を遠くのけて、柴《しば》を切りはらひて楯《たて》二枚を敷きて一枚には我が身座し、一枚には時秋をすゑけり。うつぼ(腰につけた矢入れから)より一紙の文書をとり出《い》でて、時秋に見せけり。「父時元が自筆に書きたる大食調入調の曲の譜。また笙《しやう》はありや」と、時秋に問ひければ、まづ「候ふ」とて、ふところより取り出したりける用意のほど、まづ6いみじくぞ侍りける。その時、「これまでしたひ(あとをついて)来たれる心ざし、さだめてこの料にてぞ侍らん(理由でございましょう)」とて、則《すなは》ち入調の曲をさづけてけり。「義光はかかる大事によりてくだれば、身の安否知りがたし。万が一安穏ならば都の見参を期すべし。貴殿は豊原数代の楽工、朝家要《てうけえう》須《す》の仁(演奏家で、朝廷が必要とする人物である)なり。我に7心ざしをおぼさば、すみやかに帰洛《きらく》して道をまたうせらるべし(専念されるのがよい)」と、再三いひければ、理に折れてぞのぼりける。

(『古今著聞集』)

*1 源義光…源頼義《よりよし》の三男。笙(雅楽の管楽器)の演奏に長《た》けていた。
*2 豊原時元…笛の名手。
*3 時秋…豊原時元の子。
*4 大食調入調…雅楽の六調子の一つ。
*5 陸奥の守…陸奥は現在の青森・岩手・福島・秋田・宮城県の一部の旧国名。守は長官(役職)のこと。
*6 義家朝臣…義光の兄。
*7 永保年中…ここでは、永保三年(一〇八三年)の出来事を述べている。
*8 武衡・家衡…清原《きよはらの》武衡・清原家衡。奥羽《おうう》(現在の東北地方の大半)で勢力を有していた。
*9 兵衛の尉…朝廷の兵衛府の武官。
*10 陣に弦袋をかけて…陣は兵衛府の詰め所、弦袋は掛け替え用の弓の弦を入れておく袋のこと。武官が使う弓の弦が入った袋を返還することで、辞意を示したとされている。
*11 近江の国…現在の滋賀県辺り。
*12 足柄の山…東海道沿いの神奈川県にある山。

問一 本文中に「　」(かぎかっこ)のついていない会話文が一箇所ある。その会話文の初めと終わりの組み合わせとして最適なものを後より一つ選び番号で答えなさい。

1 あやし〜いかに　2 あやし〜たるぞ
3 あれは〜いかに　4 あれは〜たるぞ

問二 傍線部1「申して」の動作主として最適なものを後より一つ選び番号で答えなさい。

1 義光　2 時元　3 時秋　4 義家

問三 傍線部2「とかくの事はいはず」の意味として最適なものを後より一つ選び番号で答えなさい。

1 それほど文句を言わないで
2 名前や身分を明かさず
3 あいさつやお礼を言うこともなく
4 これといった理由を説明しないで

問四 傍線部3「このたびにおきてはしかるべからず」とあるが、これはどういうことか。その説明として最適なものを後より一つ選び番号で答えなさい。

1 今回下向するのは朝廷の命令で任務にあたるからであり、いつもなら時秋を連れていくだろうが、今回は連れていくのが難しいということ。
2 今回の下向は個人的な事情から行おうとするものであり、いつもなら時秋を連れていくだろうが、今回は連れていくのにふさわしい理由がないということ。
3 今回の下向はすでに大勢を連れていくことになっており、時秋を連れていきたいという気持ちはあるが、連れていける余裕はないということ。
4 今回下向するのは緊迫した事態が起きているからであり、時

見ることで、この絵の新しい一面が見えてくるだろうと絵の中の男に祈るような気持ちで、今再び弱視のパメラとともに絵を見つめている。

3　アーノルドのワークショップで、子供の頃にピカソの〈盲人の食事〉から深い愛情を感じとり、自分も絵の中の男を思いやっていたことを思い出し、そのような過去の自分と今絵の前で喜びを感じているパメラの姿が重なってうれしくなったが、同時に、視力を失って絵から愛情を感じられなくなる寂しさが襲い、複雑な思いで絵を見つめている。

4　アーノルドのワークショップを通して、子供の頃にピカソの〈盲人の食事〉を見て、そこにこめられた視力を失った人への温かな思いを感じとり、絵の中の男の幸せを素直に願っていたことを思い出すことができ、これから視力を失う自分たちにも希望がもたらされたような気持ちで、今再び弱視のパメラと並んで子供の頃のように絵を見ている。

問十　本文中の登場人物どうしの関係の説明として最適なものを後より一つ選び番号で答えなさい。

1　アネットは美青に対して率直に意見を述べたり注意したりする厳しい一面もあるが、美青から病気について告げられて悲しみを感じ、美青の願いを聞き入れることにした。

2　アーノルドは、実力の高いキュレーターで誰からも慕われているが、ワークショップを開催するにあたってはアネットや美青に本心を言えずにいた。

3　パメラの母は、美青に対してつらく当たったことを気にして、不安そうにワークショップを訪れ、美青も気まずく感じたが、パメラのとりなしで美青と親しくなることができた。

4　パメラは、美青と初めて会ったとき一言しか話さなかったが、美青のアートへの思いに共感して美青に興味を抱いており、また会いたいとワークショップにやって来た。

三

次の文章は『古今著聞集』の一部である。これを読んで後の設問に答えなさい。

*1源義光《みなもとのよしみつ》は*2豊原時元《とよはらのときもと》が弟子なり。*3時秋《ときあき》いまだをさなかりける時、時元はうせにければ、*4大食調入調《たいしきてうにふでう》の曲をば時秋にはさづけず、義光にはたしかに教へたりけり。*5陸奥《むつ》の守《かみ》*6義家朝臣《よしいへあそん》、*7永保年中に*8武衡《たけひら》・家衡《いへひら》等を攻めける時、義光は京に候《さうら》ひてかの合戦の事をつたへ聞きけり。いとまを1申してくだらんとしけるを(京から合戦の地へ行こうとしたが)、御ゆるしなかりければ、*9兵衛《ひやうゑ》の尉《じよう》を辞し申して、*10陣に弦袋《つるぶくろ》をかけて(辞めると申し上げて、陣に弦袋を返して)馳《は》せ下りけり。

*11近江《あふみ》の国鏡《かがみ》の宿につく日、花田《はなだ》のひとへ狩衣《かりぎぬ》に襖袴《あをばかま》きて(薄い藍色の公家の略服と略服用の袴を着用して)、引入《ひきいれ》烏帽子《えぼし》したる男(烏帽子を深くかぶった男が)、おくれじと馳せ来たるあり。あやしうおもひてみれば、豊原時秋なりけり。「あれはいかに。なにしに来たりたるぞ」と問ひければ、2とかくの事はいはず、「ただ御供《おとも》仕《つかうまつ》るべし」とばかりぞいひける。義光、「このたびの下向、物さわがしき事侍《はべ》りて馳せ下るなり。ともなひ給《たま》はん事もつとも本意なれども、3このたびにおきてはしかるべからず」と、頻《しき》りにとどむるを聞かず、強《し》ひて従ひ給ひけり。力およばでもろともに(一緒に)くだりて、つひに*12足柄《あしがら》の山まで来にけり。かの山にて義光馬を控《ひか》へていはく、「とどめ申せども、用ゐ給はで(お聞き入れにならず)これまで伴ひ給へる事、その心ざしあさからず。さりながらこの山には、さだめて(きっと)関もきびしくて、たやすく通す事もあらじ。義光は所職《しよしよく》を辞し申して都をいでしより、命をなきものになしてまかりむかへば、いかに関きびしくともはばかるまじ。それには(あなたには)その用なし。4すみやかにこれより帰り給へ」といふを、時秋なほ承引せず(聞き入れない)。またいふことも

る余裕もなくなり、何をしても意味がないと感じて、どんどん生きる気力が失われていく心情。

2　美術館で働くことしかできない自分にとっては、視力を失ってしまうと他にできることがないように思われ、これまでの自分の生き方に対する未練と後悔におそわれ、世界から見捨てられたようなみじめさを感じる心情。

3　今でさえ目が見えなくなる現実を誰にも相談できずにいて心細いのに、やがて何も見えなくなってしまったときのことを想像すると、今以上に世界から取り残され、孤独になってしまうのだろうと恐怖を感じる心情。

4　美術館で働くことを夢見てきたほどアートが好きな自分にとっては、視力を失ってアートを見ることができなくなることは他の何を失うよりもつらいことで、生きていく意味がなくなってしまうと悲嘆にくれる心情。

問七　傍線部4「あんなに熱中して作品に向かい合ったことが私にあったかな。そう思ったんです」とあるが、「あんなに熱中して作品に向かい合ったことが私にあったかな」と思ったときの美青の具体的な心情として最適なものを後より一つ選び番号で答えなさい。

1　今までアートが好きで、優しい両親と距離を置いてでも美術館の仕事で成功するために必死に努力してきたが、視力を失うことになって弱視のパメラのことを思い出すと、彼女のように一つの絵にのめりこんで幸福を感じるという経験が自分にはなかったことに初めて気付き、パメラのことがうらやましくなる思いでいる。

2　自分を思いやってくれる両親のことも顧みずに、ずっと大好きなアートのために生きているつもりでいたが、視力を失うという現実を突き付けられて弱視のパメラのことを思い出すと、彼女のようにまっすぐにすべてをかけて一つ一つの絵と向き合うことがなかった自分自身の思い上がりに気付かされ、悔しく情けない思いでいる。

3　大人の自分が視力を失うという現実にしっかりと向き合うことができないでいるのに、まだ幼いパメラがどんどん視力が失われている中でも悲観することなく、純粋な思いで絵を見つめている様子を思い出すと、自分の弱さを思い知らされるが、自分もパメラのようになれるはずだと勇気づけられ、未来が開けていくような思いでいる。

4　自分は子供の頃からアート以外にはほぼ関心を向けず、アートのために勉強して、仕事に尽力してきたつもりでいたが、弱視のパメラの、絵を見ることへの強い思いと感性の鋭さを目にして、そのように純粋にアートに打ち込むことのできる人間は限られているのだと思い知らされ、パメラのようになれない自分に失望を感じている。

問八　傍線部5「ふと、ギャラリーの入口に親子らしき姿がぼんやりと見えた。遠慮せずに入るよう誘おうと、美青は音を立てないように入口へと近づいていった」の中に副詞はいくつあるか。最適なものを後より一つ選び番号で答えなさい。

1　二つ　　2　三つ　　3　四つ　　4　五つ

問九　傍線部6「少女の美青が、いま、パメラと並んで、まっすぐに絵をみつめている」とあるが、この部分の美青の様子や心情の説明として最適なものを後より一つ選び番号で答えなさい。

1　アーノルドのワークショップの子供たちの様子を見て、自分も幼い頃に見る人を元気づけるようなピカソの絵にひきつけられて、絵の中の男に深い愛着を感じていたことを思い出し、視力を失ったとしてもこの絵の記憶があれば心細くないだろうと信じることができ、今再び弱視のパメラとともに必死に絵を見て目に焼き付けている。

2　アーノルドのワークショップの中で、ピカソの〈盲人の食事〉には、子供の頃に感じていたのとは異なる深い励ましの思いがこめられていることに気付いて、視力が落ちてから改めて

3　いらだちをぶつけた
4　気をしずめて冷静になった

ウ　権威ある
1　その分野で大変有名になっている
2　その分野で大きな利益を生んでいる
3　その分野で高い信頼を得ている
4　その分野で長い間働いている

問三　本文中の［A］〜［C］に入る言葉の組み合わせとして最適なものを後より一つ選び番号で答えなさい。

1　A＝敏感になる　B＝肩の荷が下りた
　C＝胸が高鳴った
2　A＝敏感になる　B＝耳を疑った
　C＝胸が高鳴った
3　A＝苦痛に感じる　B＝肩の荷が下りた
　C＝心がほぐれた
4　A＝苦痛に感じる　B＝耳を疑った
　C＝心がほぐれた

問四　傍線部1「あまりにも熱中して見ている姿が、不思議に美青の胸を打った」とあるが、このような女の子の様子を見たときの美青の様子の説明として最適なものを後より一つ選び番号で答えなさい。

1　弱視の女の子が他のことに関心を少しも向けないで見ることにただひたすら集中している様子が新鮮で、見るという行為の本質やその美しさに気付かされ、感動を覚えている。
2　弱視でありながらアートに強い関心をもち、力をふりしぼって絵を見ている女の子の姿に感激し、見ることができることの喜びと見るという行為のすばらしさを教えられたように感じている。
3　女の子が見ることに全身をかけて夢中になっている様子にひきつけられたが、女の子の視力がだんだん弱くなっている事実を知って苦しくなり、見るという行為の重みをまざまざと感じている。
4　視力が弱っていく中、ただただ見るということに大きな喜びを感じている女の子に尊敬の思いを感じ、見るという行為について自分自身も向き合っていきたいという欲求を覚えている。

問五　傍線部2「母親は、じっと名刺に視線を落として応えない」とあるが、このときの母親の様子の説明として最適なものを後より一つ選び番号で答えなさい。

1　パメラの視力がどんどん弱っていっていることを説明したにも関わらず、いつもより労力を必要とするであろう美術館でのワークショップをパメラに紹介してきたことを不快に感じて、美青に対する拒否感を抱き始めている。
2　いつか目が見えなくなるにも関わらずアートに興味を持ち始めているパメラのことが心配でたまらないのに、会ったばかりの美青がパメラを障害者として扱いながら美術館に勧誘してくることに無神経さを感じてあきれ、許せないと思い始めている。
3　いつかパメラの目が見えなくなることはわかってはいても、なかなか受け入れられないでいるのに、まだ目が見えている段階で、美青が無意識に障害のある子供だと扱っていることに悔しさを感じ、美青に対する怒りがわき始めている。
4　パメラの視力が弱っていくことをどうにかしてやりたいと思っているのに、パメラを障害のある子供として美青が扱っているのを見て、パメラの弱視は逃れようのない現実だと思い知らされて気持ちが重くなり、美青に対する嫌《けん》悪《お》感を抱き始めている。

問六　傍線部3「それは死を意味することなのではないか？」とあるが、これは美青のどのような心情を表しているか。その説明として最適なものを後より一つ選び番号で答えなさい。

1　この先少しずつ視力が失われて何も見えなくなる日がくるという現実があまりにも重く、美術館の仕事や家族のことを考え

「こんにちは、パメラ。来てくれて嬉しいわ」

美青は、思い切り顔を近づけて、パメラに挨拶をした。ふっと小さな手が伸びて、ぐいっと美青の髪をつかみ、思い切り引き寄せた。そうしないと見えないのだろう。急接近して、パメラと美青の分厚い眼鏡がこつんとぶつかった。

「だめよ、パメラ。そんなことしたら……」

母親が止めようとするのを、「いいんですよ」と美青は制した。

「青の時代《ブルーピカソ》、見る？」

小さな頭が、こくん、とうなずいた。美青はパメラを抱き上げて、ギャラリーの中央へ歩んでいった。

子供たちは、思い思いに、床に広げたノートにスケッチを始めている。少女を抱いて、足音を忍ばせながら、美青はピカソの作品に近づいていった。

アーノルドは、美青に何か声をかけようとして、やめたようだった。そして、ふたりにそっと背を向けた。

美青はパメラを抱いたまま、その絵のすぐ前に立った。作品からほんの六十センチ。まるで、絵の中の人物の呼吸が伝わってくるような距離に。

パメラは分厚い眼鏡の奥の小さな目を何度も何度も瞬《またた》かせて、夢を見るようなまなざしを一心に絵に向けている。

美青は、生まれて初めてこの絵を見たように、絵に向かい合った。

6少女の美青が、いま、パメラと並んで、まっすぐに絵をみつめている。そして、願っている。あの水差しに、ワインが入っていますように。ミルクでも、オレンジジュースでもいい。彼のいちばん好きなものが入っていますように。

ふたりの少女は、青のさなかで、同じリズムで呼吸していた。

満ちあふれる命の息吹《いぶ》き、かすかな光。

深く静かな、群青《ぐんじょう》のさなかで。

（原田マハ『群青 The Color of Life』）

＊1 アシスタントプログラマー…アシスタントは助手、プログラマーはプログラムを作る人のこと。

＊2 ワークショップ…研修会。講習会。

＊3 キュレーター…美術館で展覧会や作品の収集などにあたる専門職員。

＊4 アポイント…約束。予約。

＊5 ニューヨークフィル…ニューヨーク・フィルハーモニック。ニューヨークで活動しているオーケストラ。

＊6 キュビズム…二〇世紀初めのフランスにおける美術運動。立体主義。

＊7 シュルレアリスム…一九二四年にフランスで本格的に始まった美術運動。超現実主義。

＊8 ニュースバリュー…ニュースの価値。

＊9 ツアーコンダクター…旅行に同行し、旅行者が安全に楽しめるように様々な案内や手配をする人。

問一 二重傍線部a～cと熟語の構成が同じものを後より選びそれぞれ番号で答えなさい。

a 注力
1 閉会　2 混乱　3 美化　4 明暗

b 巨匠
1 緩急　2 未熟　3 退院　4 好機

c 静寂
1 予測　2 不備　3 永久　4 県営

問二 傍線部ア～ウの意味として最適なものを後より選びそれぞれ番号で答えなさい。

ア 八面六臂
1 先頭にたって、自分が手本になること。
2 多くの経験があって、きたえられていること。
3 相手に対してえらそうな態度になること。
4 様々な場面でめざましい働きをすること。

イ 食い下がった
1 粘り強く立ち向かった
2 ひかえめな態度で機嫌をとった

ほんとうに、その通りだった。
いま、ここでこうして眺める、青の時代《ブルーピカソ》。
急速に視力が落ちてしまった美青の眼《め》には、それは不思議な色彩の広がりに見えた。真っ白なギャラリーの雪景色の中、みずみずしく湧《い》き出ずる泉のような、青。
そこに描かれているのは、目の不自由なひとりの貧しい男の横顔《プロフィール》。粗末なテーブルの上にはナプキンと皿。左手にわずかばかりのパンを握り、右手は水差しを、たったいま、探り当てたところだ。
青く沈む、c静寂の画面。
美青は、子供の頃にこの作品を見たときのことを、急に思い出した。
あの水差しには、何が入っているんだろう。
そう、思った。そして、願ったのだ。
ワインが入っていますように。そうしたら、きっとこの男の人は嬉《うれ》しいはずだ。それか、ミルク。オレンジジュース。コーラってことは、ないよね？
とにかく、彼の大好きな飲み物が、あの中に入っていますように。そして彼が元気を出してくれますように。
そんなふうに、願ったのだ。
「こんにちは。メトロポリタン美術館へようこそ。僕はアーノルド。君たちが絵の世界を旅するための、＊9ツアーコンダクターです」
アーノルドは、そう自己紹介した。そんなことを言うキュレーターを初めて見た。美青は、楽しい気分になった。
「まず初めに、君たちにお願いがある。最初に旅をする絵の世界は、このピカソの絵。君たちには、それぞれ、自分がピカソになったつて想像してほしいんだ。さあ、君は右手にえんぴつ、左手にスケッチブックを持って……」
「僕、左利きです」と、ひとりの男の子が左手を上げた。笑い声が上がって、空気がなごむ。アーノルドは、「よし。じゃあ君は左手にえんぴつだ」と、笑いながら返した。
「そして、君はいま、この男の人と同じテーブルに座っている」
美青もえんぴつとスケッチブックを持ち、男と同じテーブルに座っていると想像する。
「さあ、何が見える？　君は、彼のことをどう思ってる？　彼のどんなところを描いてあげようと思う？」
「彼は、かわいそう。目が見えないから」
前に座っていた女の子が言った。
「そうだね。じゃあ、君は彼に、どうしてほしい？」
「元気になってほしい」
「お腹いっぱい食べてほしい」
「友だちと、楽しくおしゃべりしたり、遊んだらいいと思う」
子供たちは、口々に叫んだ。アーノルドは、「そう、その通りだ」と嬉しそうに言った。
「その気持ちだ。それが画家の、ピカソの気持ちなんだよ」
美青は、知らず知らず、深くうなずいていた。
描く対象に深く寄り添った画家の心が見えるようだった。ピカソは、恵まれない人をそっくりそのままキャンバスに写し取りたかったわけじゃない。励ましたくて、この絵を描いたのだ。
子供の私は、ちゃんとそのメッセージを受け取っていた。だから、この絵の前からいつまでも動けなかったんだ。
5ふと、ギャラリーの入口に親子らしき姿がぼんやりと見えた。遠慮せずに入るよう誘おうと、美青は音を立てないように入口へと近づいていった。すぐ近くまでやってきて、ようやく、このまえ眼科の待合室で会った母娘だと気がついた。
「来てくださったんですね」
美青は声を弾ませた。母親は、少し気まずそうな笑顔を作った。
「この子が、どうしても美術館に行ってみたいと言って」
そして、あなたに会いたいと言って。
母親は、そう打ち明けてくれた。

そう思ったんです。子供の頃からアートが好きで、メトが大好きで。美術館で働くために一生懸命勉強したし、ライバルに負けまいと競争もした。年を取りつつある父と母を、ふたりきり、日本に残したままで」

美青は、父を、母を思った。子供の頃から、娘の好きなように、自由にさせてくれた両親を。

ひと言も、言わなかった。日本に帰って来いとも、会いたいとも。そう言ってしまったら、娘が心苦しく思うことを、わかっているのだ。

そんな父と母に甘えて、勝手気ままに生きてきた。それもこれも、美術館で働くために。大好きなアートの、より近くで生きていくために。

――それなのに。

あの女の子の、「見る」ことへの情熱。切実な、ひたむきな。

自分には、そのかけらもないじゃないか。

「メトにいられて、そのことだけに満足して、ほんとうにアートを見る目を失っていたんですね。もう、視力を失っていたも同然です」

だから、このさきは心でみつめていく努力をする。

そのために退職して、手術をする。そう決心していた。

「そうだったの」

ひと通り聴き終わると、アネットは、独り言のように言った。

「じゃあ、もう気持ちは固まっているのね」

「ええ」と、美青は少し鼻声になって答えた。

「アネット。あなたには色々教えていただきました。感謝しています」

「そんな……感謝だなんて」

アネットは首を振って、そのまま顔をそむけた。天井をにらみつけていたが、目尻を指先で拭うと、

「――キャロラインも、最後に言ったのよね。ありがとう、って。私、彼女にとってもあなたにとっても、いいボスじゃなかったでしょうに」

そして、潤《うる》んだ目を美青に向けて、言った。

「タイトルの変更に関わる調整は、責任を持ってできるわよね？」

美青は流れる涙をそのままに、明るい声で答えた。

「はい、もちろんです」

ギャラリーに、子供たちが集っている。

にぎやかに話をする子、少し緊張して前を向いている子。車椅子の上で笑っている子もいる。母親の膝の上に座りこんでときおり声を張り上げている子も。健常者も障害者も一緒になって、輪になっている。

「そろそろ時間です」

美青は、ギャラリーの袖に立って新聞社の取材を受けていたアーノルドに声をかけた。アーノルドはうなずいて、子供たちの前へと歩み出た。

子供たちは、ギャラリーの真白い壁にかかっている、ピカソの「青の時代」の作品の前に集まっていた。

〈盲人の食事〉、一九〇三年。ピカソ二十二歳、パリで画家修業を始めて三年。世間がこの天才を発見する以前の作品である。

どの作品を解説するかを決めたのはアーノルドだった。教育部門との最終確認で、この作品がリストに挙がっているのを見て、アネットは反対した。障害《ディスアビリティ》のある子供たちも来ているのに、この作品を解説するのは難しすぎる、と。

アーノルドの返答は見事だった。

「あなたのおっしゃっていることはごもっともです」

と前置きした上で、彼はきっぱりと言った。

「けれど、ピカソが描きたかったのは、目の不自由な男の肖像じゃない。どんな障害があろうと、かすかな光を求めて生きようとする、人間の力《アビリティ》、なんです」

ちのためのワークショップ)」と題したワークショップは、土曜日の午後三時から開催される予定になっていた。

ワークショップのタイトルは、直前まで「Let's learn with Picasso : Workshop for disabled kids(ピカソと学ぼう――障害を持つ子供たちのためのワークショップ)」となっていた。アネットがつけたタイトルだったが、美青はこれに反対した。

よくよく考えてみたのだ。なぜ「障害のある子供」とわざわざ言わなければならないのか? つまり、すべての子供に向けたワークショップにすればいいのだ。その中に、障害を持った子供がいたっていい。障害のあるなしで分けずに、一緒に参加すればいいじゃないか。

ワークショップ直前の変更に、当然アネットは賛同しなかった。

「健常者向けのワークショップなら、なんの＊8ニュースバリューもないじゃないの。障害者向けのワークショップをうちの看板キュレーターがやる、っていうところがポイントなのよ。マスコミの取材もせっかく入るんだし、いまさら変更なんてできっこないでしょう」

「お願いします」

美青はィ食い下がった。今回だけは引き下がれない。絶対に引き下がってはいけないのだ。

「これが私の、最後の仕事ですから」

そうして、美青はアネットに打ち明けた。

二週間まえ、ミッドタウンの眼科医を訪ね、そこで紹介を受けてニューヨーク州でもっともゥ権威ある眼科の病院で受診したこと。そこで「glaucoma」という、聞きなれない病名を告げられたこと。

その病気が、ほとんど手がつけられないほど進行してしまっていること。

進行を遅らせるための緊急手術を受け、うまくいけばしばらくはしのげる。けれど、完治することはない。

いずれにしても、近い将来、視力を失うだろう。

それが、医師が美青に告げた結論だった。

「ドクターの話を聞きながら、あわてて電子辞書で意味を調べました。生まれて初めて聞く単語だったので。美術用語以外で辞書使ったの、久しぶりだったな」

そう言って、美青は苦笑いをした。

辞書の画面に、緑内障《りょくないしょう》、と出てきたときにはぴんとこなかった。ドクターの話を聞いたところで、なんの実感も湧かない。視力がなくなるなんて、あり得ない話だ。

けれど、ネットであちこち調べるうちに、絶望は、しだいに重く、深くなっていった。

この病気は、自覚症状がない。

視力が低下し、視界が欠けて、見えづらくなる。見え方がおかしい、と気づいたときには、手遅れになっていることもある。

自分の症状とぴったりと一致していた。

口を、耳を、手を、足を奪われるのではなく、どうして目なの?

絶望の嵐は到底おさまりそうになかった。

職場に迷惑をかけるとわかっていながら、三日間、休んでしまった。母からのメールにも返事を書けなかった。食事ものどを通らない。どこにも出かけず、誰にも会いたくなかった。

だんだんと欠けていく、この世界を恨んだ。

やがて、永遠の闇が訪れる。3それは死を意味することなのではないか?

「そのとき、急に思い出したんです。初めて眼科のドクターの診察に行ったとき、出会った女の子のことを」

弱視の女の子、パメラ。

生まれたときから弱視だったと聞いた。どんどん進行している、とも。それなのに彼女は、あんなにもピカソの絵にのめりこんでいた。

まるで、まだ見えていることを確かめでもするように。

「4あんなに熱中して作品に向かい合ったことが私にあったかな。

で」
　母親の言葉は、すでに娘の運命を暗示していた。いずれまったく視力を失う、ということなのだろう。
　1あまりにも熱中して見ている姿が、不思議に美青の胸を打った。見る、という行為を純粋に人間のかたちにしたようだった。開いたページにはピカソの＊6キュビズム時代の絵が載っている。ページの端から端まで、まるでスキャナで画像を読みこむように、ていねいに、ゆっくりと追いかけているのがわかる。
　この二十世紀最大のb巨匠の絵は、彼女の目にはどんなふうに見えているのだろうか。
　女の子の名前を母親に尋ねてから、「ねえ、パメラ？」と、美青は話しかけてみた。
「あなたは、ピカソが好きなのね。その絵の、どこが好きなの？」
　パメラはなかなか本から顔を上げなかったが、やがてうつむいたまま、
「大きな色」
　そう答えた。なるほど、と美青は感心した。
　確かにピカソの作品は、時代時代で変化していく大らかな色彩が特徴だ。悲しみをたたえた青の時代、恋に燃え上がったバラ色の時代。キュビズムの時代は茶色やグレー、＊7シュルレアリスムの時代は黒と白。生涯を通してユニークなかたちと色を追い続けた人である。彼にしか描き得ない、かたちと色を。
「そうだ。もし、よかったら」
　美青はバッグから名刺を取り出すと、その上にペンで走り書きをした。
「私、メトロポリタン美術館の教育部門で、ワークショッププログラムを担当しているんです。今度、障害を持つ子供たちのために、キュレーターが講師を務めるワークショップをやるので、いらっしゃいませんか」
　そして、ワークショップの日付と時間を書き込んだ名刺を母親に手渡した。2母親は、じっと名刺に視線を落として応えない。美青は励ますような口調で言った。
「お嬢さんはこんなにアートがお好きなんだし、本ばかりじゃなくて、本物を見に美術館へいらっしゃればいいですよ。美術館は、どんな人にも開かれた場所です。お嬢さんにだって、一流のコレクションを見る権利はあるんですよ。ですから……」
　母親は無言のままで、名刺を美青に突き返した。その目に不穏な色をみつけて、美青は一瞬、口ごもった。
「娘は、見えているんです。見えてないわけじゃありません。それを、障害者と呼ぶなんて」
　はっとした。名刺を突き出す母親の指先が、微《かす》かに震えているのが見えた。
「ミズ・ミサオ・オノ。診察室へ入ってください」
　声をかけられて、美青は反射的に立ち上がった。その拍子に、膝の上のバインダーがばさりと床に落ちた。それを拾い上げようとして、美青の手は空をつかんだ。
　……あれ？
「ミズ・オノ？　どうかなさいましたか？」
　看護師が近づいてくる。美青はそのまま、床の上にしゃがみこんでしまった。気味の悪い汗が、体中から噴き出してくる。
「大丈夫……大丈夫です」
　看護師に支えられて立ち上がりながら、美青は懸命に目を見開いた。
　めまいがする。目を閉じて、横になりたかった。
　けれどいま、目を閉じてしまったら。
　そのまま、永遠に暗闇の中に閉ざされてしまうような気がした。
　メトロポリタン美術館、二階、十九～二十世紀初頭ヨーロッパ絵画ギャラリー。
「Let's be Picasso: Workshop for kids（ピカソになろう——子供た

「目が、ちょっと……」
「そうなの。じゃあ、仕方ないわね」
アネットは、それ以上とやかく言わなかった。内心、ほっとした。
美青の前任のアシスタント、キャロラインは病気で亡《な》くなっている。ドクター、と聞けば［　A　］のだろう。

今日の打ち合わせ、とても残念ですが、欠席します。
先日、あなたからアドヴァイスをいただいた通り、ドクターのアポイントを入れてしまったので。ごめんなさい。

オフィスを出るまえにアーノルドにメールを入れた。すぐに返信がきた。

大丈夫だよ。あやまらないで :)

スマイルの絵文字に思わず頬がゆるむ。少し気持ちが上を向いた。
教育プログラムのワークショップにキュレーターが出てくることは、めったにない。キュレーターは、普段、自分の展覧会の企画やアーティストの研究にａ注力しているのだが、それ以上に人的交流で忙しいのだった。
お目当ての作品を借りるための他館との交渉や、コレクターとの交流。寄付を取り付けるために資産家と食事をしたり、理事の面々にパーティーやレクチャーへ駆り出されたりと、まさにア八面六臂《はちめんろっぴ》の活躍をする。花形プレイヤーがワークショップの講師として参加するのは、よっぽど珍しいことだった。
アーノルドが障害者向けのワークショップの講師を務めてもいいと了承してくれた——と聞いたときは［　B　］。アネットは「私が何度もお願いしたの」と自慢気だったが、ジュリアが「ハロルドと理事のミセス・ブラウンが頼んだみたいよ」と、こっそり教えてくれた。ミセス・ブラウンはチャリティー活動に熱心で、このプログラムに特別な寄付を申し出ている。近代美術の有名なコレクターでもあり、アーノルドは彼女のお気に入りのキュレーターだった。
アーノルドと一緒にワークショップを開ける。
そう考えただけで［　C　］。
今日は、仕方がなかった。でも、本番はしっかりやり抜かなくちゃ。
まだ直接は聞いたことのないアーノルドの作品解説に立ち会えると思うと、待ちきれない気分になった。
「予約をしているミサオ・オノです。初めての診察なのですが」
眼科の受付で、身元確認のための美術館のＩＤパスを出した。看護師はそれを受取《うけと》って、
「あら、メトにお勤めなのね。このまえ、四重奏のコンサートに行ったんですよ」
月に一、二度、ホールでコンサートを行っている。＊5ニューヨークフィルが出張して弦楽四重奏をすることもある。
「それはどうも」と美青はにこやかに返した。
「問診表に記入して、少しお待ちくださいね」
バインダーを受取って、待合室《まちあいしつ》の長椅子に座る。
隣で、母親に連れられた女の子が絵本を膝の上に開いている。何気なくその子を見遣《みや》って、ぎょっとした。
女の子は、まるで顔をこすりつけるようにして本を眺めている。開いたページに分厚い眼鏡を密着させるさまは、没頭、という表現がぴったりだ。母親に聞かなくても、彼女が極度の弱視であるとわかった。女の子は子供のための美術絵本を見ているのだった。
「お嬢さんはアートがお好きなんですか？」
美青は母親に話しかけてみた。母親は、「ええ、とても」と微笑して答えた。
「生まれたときから弱視で……どんどん視力が弱まっているんですが。同じくらいの速さで、どんどんアートに興味が増していくよう

のない無能なリーダーに服従したり隷属したりしなければならない状況では高めづらいので、自らが独立した個人として自由に物事を考え、自身の能力を生かしてアイデアを出し合い、他人と対等にわたりあって、より良い答えを探していくことが大切だ。

4　自由という道具を使いこなす能力は、集団の決定にただ従い続けるだけでは高められるものではなく、個人が集まらなければ成立しない集団では本来個人の方が立場が上であるということを理解して、集団が決定したことに対して今回は従ってやるなどと都度考え、自分の意見を持つ習慣をつけることが大切だ。

問十一　傍線部9「生き延びる」と活用の種類が同じものを後から一つ選び番号で答えなさい。

1　言い切る　2　告げる
3　仰ぎ見る　4　決する

問十二　本文の内容と一致するものを後より一つ選び番号で答えなさい。

1　歴史を見直すと、理不尽な支配者を打ち砕くのは、弱い力しか持てない一人一人が協調して新しい制度を作ろうとしたときであり、協調もせずむやみに抵抗するのは無駄になる場合がある。

2　これまでにない非常事態にどう対応するかについて正しい答えを決めることはできず、さまざまな意見を組み合わせながらその時点で最良のものを選択する必要がある。

3　自分でどれだけ自由に決めることができるかという自由の度合いが個人によって差がある状態は、不公平さを生むものであり、差が開くのは理想的ではない。

4　非常事態が発生し、通常よりもさらに先が見通せなくなった状況においては、過去を切り離して未来のことだけを考えるという図太さが必要である。

二　次の文章を読んで、後の設問に答えなさい。

〈これまでのあらすじ〉
美青《みさお》は、ニューヨーク・マンハッタンにあるメトロポリタン美術館（メト）の＊1アシスタントプログラマーとして働いている。障害のある子供向けの＊2ワークショップを企画していたある日、視界が欠けるような感覚を覚えた。美青が立ちくらみによりドアにぶつかりそうになっていると、＊3キュレーターのアーノルドが声をかけて気づかってくれた。美青が目の症状を話すと、アーノルドはドクター（医師）に診察してもらうのがよいとアドバイスをした。

障害を持つ子供たちのためのワークショップが三週間後に迫ったある日、美青は仕事を早退した。

午後四時半にミッドタウンにある眼科の＊4アポイントを入れていた。ワークショップの準備で忙しい時期だったので、アネットには「今日じゃなきゃだめなの？」と小言を言われてしまった。

「四時からアーノルドと打ち合わせのアポイントを入れてたでしょ？　今度のワークショップに力を貸してくれるように、私、ずいぶん苦労して彼を口説いたのよ。現場の担当者のあなたがいてくれないんじゃ困るわよ」

「すみません。ドクターのアポイントがあって……」

アーノルドとの打ち合わせのアポイントは美青が調整した。だから、なんとしても参加したかった。けれど、マンハッタンでも有数の眼科医のアポイントは、これを逃すと一ヶ月先になってしまう。このところ目の疲れがひどく、これ以上視力が落ちると業務に差し障《さわ》りが出てくる。だから、泣く泣く診察のアポイントを優先したのだ。

ドクター、と聞いて、アネットが微妙に表情を変えた。

「どこか悪いの？」

はなく、現時点で自分が知っている事実と知らない事実を整理し、また、自分が対応している問題がどういったものなのかを客観的にとらえて、問題の答えにつながるような正確で適切な情報であるかどうかを判断できるようになること。

4　ある情報について、専門的に感じられる細かな情報に惑わされずに、それらの情報の発信元や想定されている受け手をとらえ、また、根拠として取り上げている事実の偏りの有無、誤解を生む編集がなされていないかなどを確認し、信頼できる情報かどうかを見抜けるようになること。

問八　本文中の［6］に入る言葉として最適なものを後より一つ選び番号で答えなさい。

1　いまの業績向上という観点では「合理的」「正しい態度」とされる部分が、実は「予想外のこと」を切り抜けるための「ツール」や「魔法」だった

2　浅い考えで「無駄だ」と見なされてきた部分が、実は「予想外のこと」が起きたときに対処できる「余白」や「伸びしろ」だった

3　短絡的な考えで「無駄だ」と決めつけられてきた部分が、実は「危機的状況」に陥ったときに人々の精神的な支えとなる「思いやり」や「温かさ」だった

4　一面的な見方で「合理的」「正しい態度」と思われてきた部分が、実は「危機的状況」にあたっては機能しない「余剰」や「切れ端」だった

問九　傍線部7「精神の自由」とは、ここではどのようなことか。その説明として最適なものを後より一つ選び番号で答えなさい。

1　社会のルールや立場が上の人の提示する条件の範囲から逸脱するかしないかは関係なく、個人が自分の能力を最大限活かすことを前提に、他人に委ねたり既存の知識やあり方にとらわれたりせず、自分で物事を考え決定して行動しようとすること。

2　社会的に責任を負う上の立場の人間が決めた条件の範囲ではなく、立場が弱い人たちのために定められた社会のルールの中で、個人が持っている能力を自分の望む場面で好きなように使うことを前提に、自分の関わる物事について考え、決定しようとすること。

3　社会のルールや特定の人間の提示する条件に基づくのではなく、個人が自分の能力を発揮できる範囲内で、物事を自分自身で考えて決定しながらも、自分の能力の及ばないことは他人に決定を委ねたり、放棄したりすることが許されること。

4　リーダーの定める条件や社会のルールに従うか従わないかは関係なく、個人が自分で物事を考えて、その能力を必要なところで思う存分発揮して、自分の行動やあり方を決定しながら、個人に我慢を強いている社会のあり方を積極的に変えようとすること。

問十　傍線部8「自由という道具を使いこなす能力を、自分で高めていくには、どうすればいいのでしょうか」とあるが、これに対する答えの説明として最適なものを後より一つ選び番号で答えなさい。

1　自由という道具を使いこなす能力を高めるには、自由と反対の状態とは、個人が自分の意思で判断できなくなった状態だけではなく、個人が集団にすべてを任せて自分の責任から逃れた状態も含まれることを理解して、集団にとって不利益にならない範囲で、ときには上の者の言動をいさめ、立ち向かっていくことが大切だ。

2　自由という道具を使いこなす能力を高めるには、集団の中で上の立場にある人の決めたことや命じることにただ付いていくのではなく、服従することによって維持される集団の秩序や安定と、それによって踏みにじられるものを理解し、納得できない仕打ちに対しては反抗も辞さないという意識を持ち続けることが大切だ。

3　自由という道具を使いこなす能力は、的確な判断を下す能力

ことを指しているか。その説明として最適なものを後より一つ選び番号で答えなさい。

1　情勢を把握する力のないリーダーが強気な姿勢で国を誤った方向へ導いていたとしても、多くの国民が表立って批判することなく受け入れる姿勢を示していることから、誰もリーダーを止めようとせず、結果として多くの犠牲を払うことになってしまったこと。

2　国を導くリーダーが自信を持って決定したことについては、国民は自分の命や重要な問題を自己決定する権利すらも国に委ねてしまいがちであり、それが多くの国民を戦争という意味のない争いへと駆り立ててたくさんの命を失わせる結果をもたらしたこと。

3　自らの政策の正しさを信じて強硬に物事を推し進めるリーダーを前にして、国民が恐れをなしてリーダーに疑問をぶつけたり反論したりすることもできなくなってリーダーの独裁を許した結果、国民の生存がおびやかされて主権すらも失う結末になったこと。

4　戦時中という非常事態であるにも関わらず、国民の意見を聞いたり専門家の意見や科学を裏付けにしたりすることもないままにリーダーが国の進むべき方向を決めてしまったことで、誤った選択をしていることに気付かず惨事を引き起こしてしまったこと。

問五　傍線部2「感染症の拡大という非常事態において、明らかになったこと」とあるが、これについて本文中で筆者が述べている具体的内容として不適当なものを後より一つ選び番号で答えなさい。

1　答えがわからない問題が発生したときは、「知性ベースの学び」によって、現状や先行きなど全体像をとらえて答えを見つけだすことが重要であること。

2　社会の中で他者と関わって直接顔を合わせたり目の前で何かを観戦したりするといった日常における個人の自由が、突然制限される可能性があること。

3　社会の変化や予期せぬ問題に現状一番ふさわしいと思われる解決策を実現するためには、必要なことを選択し、集中して力を入れ、新たな発案・発明をするのが大切だということ。

4　社会の中で重要な立場にいるリーダーの一部は、メディアを通して感染拡大に対応しているように見せかけているが、本当は対応するのに必要な知識や行動力を持ち合わせていないこと。

問六　本文中の［3］・［5］に共通して入る言葉として最適なものを後より一つ選び番号で答えなさい。

1　あらかじめ用意された「正解」
2　「いちばんましな答え」
3　物事を考える習慣
4　「対処するために必要な能力」

問七　傍線部4「世の中を飛び交う情報の中から、有用な情報を選別する『目』を持つこと」とあるが、これはどうすることか。その説明として最適なものを後より一つ選び番号で答えなさい。

1　ある情報について、一見したときの量の多さで、その情報が細部にまでこだわっていると決めつけず、同じような内容をくり返してバランスが悪くなっていないか、受け手にとって必要な内容がしっかりと含まれているかなどを確認し、本当にディテールにこだわっている情報なのかを把握できるようになること。

2　ある情報について、細部まで具体的で専門性があるように見えることに惑わされず、内容が全体に渡って丁寧に作られているかどうかを確かめた上で、情報の根拠となる事実の検証を行い、情報が特定の結論に至るために都合の良い部分だけに選別されている可能性なども考慮し、その情報の信用性を判断できるようになること。

3　ある情報について、その細部まで一つ一つ検討していくのでそうならないためには何が必要か。上の偉い人に服従するたびに、心の中でそれに「反抗」する気持ちを持っておくことです。偉いとされる上の人に従順に服従するのでなく、心の中で反抗しながら「今回は服従してやる」という意識を持つことです。

こういう考え方を習慣にできると、上の偉い人の横暴な態度が＊エスカレートした時に、「今までは服従してやったけど、これ以上は従えない、もう限界だ」と自分の頭で判断して、心の中でなく実際の言葉と行動で、上の偉い人に反抗できます。

【C】世界の歴史は、こうした反抗の積み重ねで進歩してきました。一人一人は弱い力しか持たなくても、反抗という考え方が心の中にあれば、それをみんなでつなぎ合わせて大きな力に変え、王様などの「支配者」による理不尽な横暴を打ち砕くことができます。かつては地球上のあちこちで制度化されていた「奴隷」が、今では姿を消し、国際社会の常識は、一人一人が持つ人間としてのいろいろな権利＝人権を大切にする方向へと変わってきました。

【D】信頼できるリーダーの条件とは、例えば「他人に責任を押し付けない」とか「うそをつかない」、あるいは「自分だけ良い境遇になろうとしない」などが考えられますが、どんなリーダーなら自分が「服従してやってもいい」と思えるか、皆さんもそれぞれの基準を考えてみてください。

最後に、尾崎行雄《おざきゆきお》という政治家の言葉をご紹介して、私の原稿の締めくくりとします。彼の名前を初めて知る人も多いかもしれませんが、日本が自由のない封ｃケン的な古い社会から近代的な自由と民主主義の国へと進む上で、大きな功績があった人物です。

その尾崎行雄は、こんな言葉を遺《のこ》しています。

「人生の過去は予備であり、本舞台は未来にあり」

これから先、日本と世界がどんな状況になっていくのか、正確なことは誰にも予測できません。けれども、自分の中でいろいろな能力を高め、知識だけでなく知性を高め、自由を使いこなす能力を高めていくことで、何があろうと乗り越えることのできる「図太さ」と「しぶとさ」を身に付けられるのでは、と思います。

皆さんのこれからの人生が、おもしろいものになるよう、祈っています。

（山崎雅弘『図太く、しぶとく、生きてゆけ』）

＊エスカレート…物事が段階的に拡大すること。

問一 二重傍線部ａ～ｃのカタカナの部分を漢字に改めたとき、同じ漢字を用いるものはどれか。後より選びそれぞれ番号で答えなさい。

ａ 一セイ
1 セイ伐　2 セイ火　3 忠セイ　4 セイ唱

ｂ ショウ突
1 水ショウ　2 緩ショウ材　3 ショウ励　4 ショウ進

ｃ 封ケン的
1 ケン約　2 冒ケン　3 大気ケン　4 ケン築

問二 本文中の（ア）～（ウ）に入る語として最適なものを下より選びそれぞれ番号で答えなさい。

ア 1 ただし　2 だから　3 そして　4 では
イ 1 また　2 あるいは　3 なお　4 しかし
ウ 1 つまり　2 けれども　3 ただし　4 例えば

問三 本文中には、次の部分が抜けている。これを入れる位置として最適なものを後より一つ選び番号で答えなさい。

もちろん、中には「この人なら服従してもかまわない」と思える、頼りになるリーダーも存在します。

1 【A】　2 【B】　3 【C】　4 【D】

問四 傍線部1「そんな過去の失敗」とあるが、これはどのようなた結論になりがちです。けれども、3ヵ月後、1年後、5年後、10年後という長い時間軸で考えてみれば、今すぐに役に立たないものでも、いざという時に何かの役に立つかもしれない、という事実に目が向きます。

　会社の経営者などが口にする「選択と集中」という言葉も、短い時間軸で物事を考えるパターンのひとつです。

　いま好成績を上げている分野に、人やお金を集中して注ぎ込む、という考え方は、短期的な業績の向上には結びつくでしょう。けれども、長い時間軸で見れば、集中されずに捨てられた分野の重要度が急に上がったりすると、社会の変化や予期せぬ非常事態に対応できず、結果としてマイナスの効果をもたらす可能性もあります。

　情報の真贋《しんがん》（本当とうそ）や信憑性を自分で判断・選別する「目」を持ち、あらかじめ用意された「正解」の知識に頼りすぎず、長い時間軸で物事を考える習慣が身に付くと、日々の生活においても、少しずつ「7精神の自由」を獲得できるはずです。

　自由というのは、上の偉い人が、いくつかの条件の範囲内で、下の者に与えてくれるものだ、という風に理解している人がいるかもしれませんが、そうではありません。

　人間は本来、自由に考え、自由に行動する権利を持っています。社会のルールは、各人の自由と自由がbショウ突した時に、弱い方の人が痛みを感じたり、我慢を強《し》いられたりしないように作られたものですが、先にあるのは自由であって、ルールではありません。

　ただし、自由の度合いが大きければ大きいほど、すべての人にとって良いかと言えば、それもまた正しくありません。一人一人にとっての最適な「自由の大きさ」は、その人が持っている「自由を使いこなす能力」に対応しています。

　旅慣れた人なら、旅行先で「一日、自由に過ごして下さい」と言われたら、自分で情報を集めて計画を立て、満足できる時間を過ごせるでしょう。けれども、あまり旅慣れていない人なら、自分で内容を自由に決めるという意味での「自由度」が少なくてもいいから、失敗しない計画を誰かに決めてもらえたら、と思うでしょう。

　おそろしいのは、自分の能力以上の自由を与えられた時、人はそのストレスに疲れて、自由を手放してもいいから、上の偉い人に物事を決めてほしい、と投げ出してしまいたくなることです。そうならないために、自由という道具を使いこなす能力を、自分で少しずつみがいていかなくてはなりません。

　では、8自由という道具を使いこなす能力を、自分で高めていくには、どうすればいいのでしょうか。

　その答えを知るには、自由の「反対語」は何だろう、と考えてみることが必要です。

　国語的には「不自由」というのが正解になるのでしょうが、概念、つまり考え方の意味から考えると、例えば「服従」や「隷属」などの言葉が思い浮かびます。

　上の偉い人に服従すれば、自由がない反面、自分で物事を決めたり責任を取ったりしなくて済む、という「楽な面」もあります。そのため、ボクは自由がなくてもいいや、上の偉い人に服従して、強い集団の一員になるよ、という道を選ぶ人もいるでしょう。

　けれども、今回の非常事態が教えているのは、もし集団の全員が従うリーダーが、的確な判断を下す能力のない「無能」なら、集団全体はどうなるのか、ということです。【A】

　それを考えれば、集団が非常事態を9生き延びるために最良の形態は、一人一人が独立した個人として自由に物事を考え、それぞれの持つ能力を活《い》かしてアイデアを出し合い、みんなで対等に「いちばんましな答え」を探し出すことだろうと思います。【B】

　実際の生活では、学校や社会のいろいろな集団の中で、服従という態度をとらざるを得ない場合は多いでしょう。それによって保たれる、秩序や安定も大事です。しかし、子どもの頃からずっと、親や教師などの「上の偉い人」に服従した経験しかなければ、大人になってからも「誰かに服従することしかできない人間」になってしまいます。

しかし、まだ答えがない問題への対処については、先生と生徒の立場は対等です。生徒の方が、先生よりも先に、現時点でいちばん良い答えを見つけられる可能性があります。そのためには、「誰も正解を知らない問題で、どんな風にして答えを探すか」という能力を、自分で高めておかなくてはなりません。

そんな、学校では教えてくれない「能力」を、どうやって高めるか。

ここでは、私の経験に基づいて、いくつかヒントを提示します。

まず、4世の中を飛び交う情報の中から、有用な情報を選別する「目」を持つこと。

ネット上を眺めると、ある問題について、一見すると専門的に見える、ディテール(細部)の情報をすぐに見つけることができます。しかし、ここで注意しなくてはならないのは「細かい情報ほど正しい」というわけではない、という事実です。

細々とした情報がたくさん並んでいれば、それをそのまま鵜呑《うの》みにして信じそうになりますが、そこでいったん立ち止まって「どこからどこに向けて発せられた情報なのか」や「事実の裏付けはバランスよくなされているか(特定の結論に誘導するために都合のいい事実だけを根拠にしていないか)」、「全体の一部分だけを切り取った情報ではないか」などの「信憑性《しんぴょうせい》(どの程度信用できるか)」を、確認する必要があります。

それは、食べ物を口に入れる前に「どこで作られた食品か」や「どんな原料が含まれているか」、「腐ったり有害物質が混じったりしていないか」を確認するのと同じです。

(イ)、日本国内だけに目を向けるのでなく、よその国がその問題にどう対処しているのかという点にも、視線を向けることが有用です。

新型コロナウイルスへの対応では、韓国や台湾、中国などで「安全に素早く行える新しい検査方法」や「マスク不足にならないようにする販売システム」、「無人で消毒や料理の提供を行える機械」などが次々と発案・発明されました。そんな光景を見て、日本人が韓国や台湾、中国の人々から学ぶべきことは、上の偉い人の許可を待ってから何かを作るのでなく、まず自分が「よいアイデアだ」と思うことを具体的な形にする姿勢です。

それが「正解」かどうかは、作って具体的な形にしてから、評価を待つのです。

[5]を、たくさん覚えることが「優秀」だというのは、いわば「知識ベースの勉強」です。しかし非常事態に対処するには、そんな勉強だけでは限界があります。そこで力を発揮するのが、物事をいろいろな角度から観察し、今までに知った事実と組み合わせて、全体の構造を考えるという「知性ベースの学び」です。

非常事態に「いちばんましな答え」を探し出し、それを実現するために、今までなかったものを発案・発明する。そのためには、「知識」だけでなく「知性」を高め、上の偉い人に怒られることを恐れずに、人が本来持つ想像力を羽ばたかせる必要があります。

そしてもう一つ、大切なことは、長い時間軸で物事を考える習慣をつけることです。

最近の日本では「無駄を省く」や「合理化」など、無駄に思える部分を切り捨てるのが「正しい態度」であるかのような思い込みが、いろんな分野で常識になっています。

けれども、一見すると賢いように見える、そんな単純な考え方は、非常事態にはまったく逆効果になってしまう場合があると、今ではあちこちで判明しています。

(ウ)、都道府県と市町村で、同じような仕事をする保健所や医療機関がだぶっているのは「無駄だ」と決めつけて、統合や廃止を進めてきた地域では、感染の拡大という予想外の展開に対処できず、医療体制が危機的な状況に陥っています。

この事例が教えるのは、[6]という事実です。

物事を、昨日、今日、明日、という短い時間軸で考えてしまうと、今すぐに役に立たないものは「無駄だから捨てよう」という早まっ

二〇二二年度　専修大学松戸高等学校（前期18日）

【国　語】（五〇分）〈満点：一〇〇点〉

一　次の文章を読んで、後の設問に答えなさい。

新型コロナウイルスの感染拡大という、誰も予想しなかった出来事は、私たちが住む社会が「当たり前」だと信じていたことが、実はそうではなかったことを教えました。

飲食店で友だちとワイワイ騒いだり、スポーツをしたり試合を観《み》に行ったり、お盆に帰省して久し振りにおじいちゃんやおばあちゃんに会ったり、いつでも好きな時にできると思っていたことが、いきなりできなくなってしまう。

（ア）、社会のリーダーとして、大事な物事を決定してきた総理大臣や一部の都道府県の知事が、感染症の拡大という非常事態にきちんと対応する能力を備えていないことも、その発言と行動によって明らかになりました。新聞やテレビが創り出す「立派なリーダーのイメージ」とは裏腹に、彼ら彼女らは「本当はどうしていいかわからないのに、それを知っているようなフリをする」能力に長《た》けていただけでした。

学校の一aセイ休校という決定（2020年2月27日）も、アベノマスクと呼ばれる小さい布マスクの全戸配付の決定（4月1日）も、専門家の助言や科学的根拠に基づくものではありませんでした。東京都庁やレインボーブリッジを赤くライトアップした「東京アラート」も、うがい薬で「コロナに打ち勝てる」という少し考えれば誰でもおかしいと気づくような説明も、科学的根拠の裏付けがない「メディア向けのアピール」でした。

山登りをしている時、実は地図を読む力がないとみんなに知られているリーダーが「この道が正しい、俺はわかっている」と自信満々に言った時、あなたはどうしますか？

日本人はこういう時、まずみんなの顔色をうかがいます。そして、みんながそのリーダーに従うそぶりを見せれば、自分もまるで最初からそうするつもりだったかのような顔で、リーダーの言うことに従って付いていく。付和雷同、と呼ばれる態度です。

けれども、私たちの国はかつて、このやり方で大失敗したことがあります。

自信満々で「これが国民全員が進むべき、正しい道なのだ」と断言するリーダーたちの言うことに従って、ある方向にみんなで歩いた結果、大勢の人が戦争で死に、生き残った人も心や身体に傷を負い、家が焼かれて、日本は国としての主権（重要な問題を自分たちで決める権利）を7年間も失いました。

私たちは、1そんな過去の失敗を参考にできるという恵まれた境遇にいます。それを「教材」として有効に活用しなければ、何度でも、同じ失敗を繰り返すことになります。

2感染症の拡大という非常事態において、明らかになったことは他にもあります。

それは「誰も正解を知らない問題で、どんな風にして答えを探すか」ということの重要性です。

学校のテストと違い、予期せぬ非常事態には、［　3　］はありません。みんなで意見を交換しながら、いちばんましな答えを探していきます。

学校の先生は、すでに正解がある問題については効率よく教えてくれますが、答えのない問題、まだ誰も答えを知らない問題への「対処の仕方」や「対処するために必要な能力の高め方」を教えてくれる先生は、あまりいないと思います。

それどころか、自分が「答えを知らない」という事実を生徒の前で正直に認める先生に巡り会えれば、かなり幸運だと言えるでしょう。自分が生徒になめられることを恐れて、「本当はどうしていいかわからないのに、それを知っているようなフリをする」という態度をとる先生が多いのが現実です。

英語解答

1 放送文未公表

2 問1　①　　問2　②　　問3　④
問4　③　　問5　②　　問6　④
問7　③　　問8　(1)…①　(2)…④

3 問1　(1)…④　(2)…②　(3)…③　(4)…③
(5)…④
問2　①，④，⑦

4 (1)　③　　(2)　①　　(3)　②　　(4)　③
(5)　④

5 (1)　1…⑥　2…②
(2)　3…⑦　4…①
(3)　5…⑤　6…②
(4)　7…②　8…③
(5)　9…①　10…⑧
(6)　11…④　12…⑦

6 (1)　①　　(2)　④　　(3)　②　　(4)　⑤
(5)　②　　(6)　①

（声の教育社　編集部）

1〔放送問題〕放送文未公表

2〔長文読解総合―説明文〕

≪全訳≫❶皆さんは，毎日たくさんの水を飲んでいるだろうか。水は私たちにとってとても大切なものだ。人間の体のほとんどは水だ。実際，人体の約60パーセントが水なのだ。私たちの血液は90パーセントが水だ。私たちは生きていくために水を必要としている。世界の多くの国では，清潔で安全な飲み水を手に入れることが難しいかもしれない。しかし，ここ日本では，蛇口をひねればすぐに水を飲むことができる。これができるのはとてもラッキーなことだが，はたしてどれだけの人が十分な量の水を飲んでいるのだろうか。❷日本人はたくさんお茶を飲むことで知られているので，もちろん水をたくさん使う。日本ではコーヒーを楽しむ人もますます増えている。甘いソーダやジュースも人気だ。選択肢がこれほど多いせいで，私たちは水を飲みたくないのかもしれない。ひょっとすると，水はつまらないとか，味に乏しいと思っているからなのかもしれない。あなたは，そう思っているだろうか。これは一般的な考え方だが，何キロか走った後，激しいバスケットボールの試合をした後，あるいは熱い風呂に入った後，水がおいしく感じられるのは，多くの人が認めるところだろう。❸／→ウ．長い間「もっと水を飲むべきだ」と人は言ってきた。／→エ．喉が渇いたと感じたら，それはすでに体の中の水分が不足しているのだと言う人もいる。／→イ．そのような状態で水を十分に飲まなければ，当然ながら健康問題が生ずる。／→ア．しかし，一定期間水だけを飲み続けると，健康状態が改善されることをご存じだろうか。❹もし3週間，普通に食事をし，かつ，水だけを飲み続ければ，きっと健康にも，見た目にも，そして気持ちのうえでも，たくさんの良い変化に気づくだろう。少し時間をとって，3週間水だけを飲んだらどんな良いことがあるか考えてみてほしい。❺食事は普通にしていても，炭酸飲料やジュースを飲むのをやめるべき理由をここでいくつか挙げてみよう。❻第一に，水を飲むと代謝が上がる。つまり，水をたくさん飲むと，カロリーの消費が早くなるのだ。また，水をたくさん飲むと，より満腹感が得られるので，あまり食べなくなる。つまり，水をたくさん飲むことは，スリムな体型を維持したり，体重を減らしたりするための，最も簡単で良い方法の1つなのである。❼第二に，私たちが水のシャワーを浴びて体の外側をきれいにするように，水をたくさん飲むことは体の内側をきれいにするのに役立つ。甘い飲み物は腎臓に悪いが，水は腎臓に良く，毒素を洗い流してくれる。実は，腎臓結石の主な原因は水分不足である。腎臓結石は，長く続く腎臓病のリスクを高める可能性がある。❽第三に，水は見た目も気持ちも若々しくしてくれる。水をたくさん飲むと，肌の乾燥を防ぐことができ，また，肌が早く老化するのを防ぐことができる。水は関節の動きをよくし，筋肉を正常に保つのに役立つ。❾第四に，水は脳に良い。水をたくさん飲むと，集中力が高まる。水は物事をよく記憶するのにも役立つ。だから，英語を書くときに水をたくさん飲むと，たくさんの単語を使うことができるかもしれない。コーヒーや甘いソーダは，実は体内の水分不足を招く。これは脳にとって良いことではない。水をたくさん飲んで，バランスの良い脳を維持しよう。10最後に，水は心臓に良い。血圧を下げ，血液が濃くなるのを止めるはたらきがある。このことは，心臓がそんなにはたらかなくてもよいということなので，これはとても良いことだ。寝る前にコップ１杯の水を飲むだけで，心臓発作のリスクを実際に下げることができる。11水がとても体に良い理由は他にもあるが，この５つのことを知ってあなたが，今すぐ水をたくさん飲みたくなればいいのだが。水をたくさん飲むことはとても簡単で，現在と将来の私たちの健康を向上させることができる。もしかしたら，３週間水だけを飲み続けるのは難しすぎると感じるかもしれない。しかし，もっと簡単なことから始めることができる。簡単に始められる２つのすばらしいことは，寝る前にコップ１杯の水を飲むこと，そして起床後にもう１杯の水を飲むことだ。体も脳もあなたに感謝するだろう。

問１＜適語選択＞水を飲みたくないと思う理由になる部分。水のマイナスのイメージを表す語となるのは① boring。② poor，③ weak もネガティブな意味を表すが，water を説明する語としては不適切。

問２＜文整序＞イの such condition「そのような状態」は，エの「喉が渇いている」状態を受けると考えられるので，エ→イの順になる。また，⑵の直後に続く内容は，アで提起した「一定期間水だけを飲み続ければ健康状態が改善される」という話題の具体的な説明になっているので，アが最後にくると考えられる。

問３＜適語句選択＞前にある so に着目。この so は「だから」の意味を表す接続詞で，この so の前後は‘理由’→‘結果’という関係になる。おなかがいっぱいになった結果として考えられる内容を選ぶ。fuller は full「満腹の」の比較級。less は little「少なく」の比較級。

問４＜適語(句)選択＞水の脳に与える好影響について述べている部分。よって，脳への良い効果となるものを選ぶ。　‘help＋目的語＋動詞の原形’「～が…するのに役立つ」

問５＜適語句選択＞この段落では水が心臓に良いことについて述べている。よって，心臓への良い効果となるものを選ぶ。　reduce ～「～を下げる」

問６＜適所選択＞脱落文の「しかし，もっと簡単なことから始めることができる」という意味から，この前には，something easier と対照的な内容があると考えられる。空所④の直前に，Maybe drinking only water for three weeks sounds too difficult. とある。また④の直後の内容は something easier の具体例となっていることからも判断できる。

問７＜内容真偽＞①「日本人はよくお茶を飲むが，水はあまり飲まない」…×　「水はあまり飲まない」という明確な記述はないので×とする。〔編集部注：明確な記述はないが，第１段落最終文以降の記述から，日本人はあまり水を飲んでいないことを前提に書かれた文章であることが読み取れるので○とも判断できる〕　②「運動した後の水がおいしいと思う人はいない」…×　第２段落最終文に反する。　③「水から得られるものについて，少し時間をとって考えるべきだ」…○　第４段落最終文に一致する。　④「体内の水分の不足は腎臓や脳を支えている」…×　第７，９段落参照。水分の不足は腎臓や脳に悪影響を与える。

問８＜英問英答＞⑴「水を飲むことについて，真実でないのはどれか」―①「私たちが生きていくためには，体の約90％を水分で満たす必要がある」　‘fill ～ with …’「～を…で満たす」　第１段落第４，５文参照。人体の約60パーセント，血液の90パーセントが水であると述べているが，「体の約90％を水分で満たす必要がある」とは述べていない。　⑵「もっと水を飲むようにするにはどうしたらよいか」―④「毎日，朝と夜に水を飲む」　第11段落参照。

3〔長文読解総合―エッセー〕

≪全訳≫❶あなたには家族を助けるために，家の中でする仕事があるだろうか。私がアメリカの農場で育ったとき，両親は犬を飼育し，販売していた。その犬の世話をするのが私の仕事の1つだった。毎日，エサと水をやり，檻《おり》を掃除した。実際，檻は「犬の飼育場」だったので，走ったり遊んだりする場所がたくさんあった。❷一番年長の犬の名前は「ロッキー」だった。有名なボクシング映画のロッキーからとった名前だと私は思っている。大きくて強い犬だったが，私は両親からよく教わっていたので，犬との話し方を知っていた。だから，「お座り」や「待て」，「犬小屋に入れ」などをさせることができた。でも，犬の飼育場の外で犬と遊ぶときはいつもロッキーではない犬だった。ロッキーとは一度も遊ぶ機会がなかった。両親は，ロッキーは短気だからだと言った。彼らは「(1)ロッキーは突然怒るから注意しなければならない」と言った。でも，ロッキーが私の前で怒るようなことはなかったので，私はそのことを心配していなかった。❸ある朝，私が外で遊んでいると，ロッキーが犬小屋から出てきた。彼は遊びたがっていた。私は「犬小屋に行け！」と強い声で言わなければならないことがわかっていた。「そう言えば，彼はきっと従うだろう。従わなければ，母に外に出てきて手伝ってくれるように頼めばいい」と思った。でも，私はロッキーを犬小屋に入れたくなかった。一緒に遊びたかったのだ。❹私には兄弟姉妹がいなかったので，よく走り回って，誰かとスポーツをしているようなふりをした。本物の誰かと一緒に走って遊べることがうれしかった。その誰かが，その日は犬だったのだ。ロッキーと私は何度も何度も家の周りを走った。一緒に走っていたが，ロッキーが私の前を走るので，私が追いかけているように見えた。ともにたくさん走って疲れたので，ちょっと止まって休んだ。❺当時，私はオリンピック選手になりたいと思っていた。ロッキーが目の前に座って，走ったことで息を切らせている間，私は自分がオリンピックに出ていることを想像していた。(2)私はロッキーの上を飛び越えたいと思った。しかし，私が走ってきて彼の上を飛び越えるのは簡単すぎると思ったので，彼の横に立ってジャンプしてみることにした。❻「1，2，3…ジャンプ！」　足が地面から離れた瞬間，私は大きな間違いに気づいた。もしかしたら，十分に高く跳べたかもしれないが，それは重要なことではなかった。短気な大型犬のロッキーが，私のジャンプに驚いて，急に立ち上がったのだ。つまり，私はロッキーを飛び越えたのではなかった。ロッキーの体の上にジャンプしたのだ。❼私はロッキーの上に着地したが，長い間，彼の上にいることはできなかった。次に覚えているのは，彼が私の上に乗り，怒って私の顔にかみついたことだ。彼がそれほど怒った理由は理解できる。なぜ彼が私の顔をかむことにしたのかはわからないが，彼がやったのはそういうことだった。もちろん私は自分の手や腕で顔を守ろうとしたから，ロッキーはそれもかんだ。❽母はパジャマ姿のまま台所で皿洗いをしていた。やがて母は異変に気づいた。外に出て私の様子を見に来た。何が起こっているのかを見てとると，母は走ってきてロッキーに蹴りを入れ，「ストップ！　犬小屋に行きなさい」と叫んだ。私の顔は血まみれだった。私は手で顔を覆いながら，「ロッキーが僕の目玉を食べた」と言って泣いた。❾おばの運転する車で病院へ行くときも，何度もそう言い続けた。医師に診てもらい，両目に異常がないことがわかると，医師は，何が起こったのかを私に尋ねた。私はまだ興奮していたので，はっきりと説明する代わりに，「彼を3回追いかけて飛びかかったんです」と言った。❿私は『インクレディブル・ハルク』という映画の大ファンだった。ハルクはいつも誰かを追いかけていたのを覚えている。そのとき，「chase」という単語が思い出せず，「hulked」と言ってしまったのかもしれない。父と母は私に腹を立てたが，それ以上のけががなくて喜んでいた。私の目は無事だった。私はロッキーにとても腹が立ったが，自分のせいであることはわかっていた。両親も怒り，私は罰を受けた。その日から，二度とテレビで『インクレディブル・ハルク』を見ることができなくなったのだ。顔の傷よりも，そのことに私はうろたえた。⓫あの日から10年。傷跡は残ったままだが，私は今でも犬が大好きだ。実は今，私はロッキーという小型犬と一緒にアパートに住んでいて，両親のように犬を飼育・販売する人間になるために大学で犬について勉強している。

問１＜適文選択・英問英答＞(1)「［ (1) ］に入れるのに最も適したものはどれか」―④「ロッキーは突然怒るから注意しなければならない」　前の２文の内容から，両親が息子をロッキーと遊ばせなかった理由となる言葉が入ると判断できる。　(2)「［ (2) ］に入れるのに最も適したものはどれか」―②「私はロッキーの上を飛び越えたいと思った」　直後の文に，... it would be too easy for me to run and jump over him. とあることから判断できる。　(3)「筆者は多くの場合どのようにして遊んでいたか」―③「１人で駆け回り，スポーツのようなことをしていた」　第４段落第１文参照。　(4)「ロッキーは何をかんだのか」―③「筆者の顔と手と腕をかんだ」　第７段落第２，５文参照。なお，目については，筆者は Rocky ate my eyeball. と言っているが(第８段落最終文)，実際には異常はなかった(第９段落第２文)のでかまれていないと考えられる。　(5)「筆者は最後によりうろたえたのはなぜか」―④「好きなテレビ番組を諦めなければならなかったから」　第10段落最後の２文参照。

問２＜内容真偽＞①「筆者はアメリカの農場に住んでいたとき，販売するための犬の世話をしていた」…○　第１段落第２，３文に一致する。　②「筆者の両親は犬に話しかける方法を彼に教えたが，彼はよく理解できなかった」…×　第２段落第３文に反する。　③「ある朝，ロッキーが犬小屋から出ると，筆者は『自分の犬小屋に行け』と言った」…×　第３段落参照。筆者はロッキーと遊びたかったので「自分の犬小屋に行け」と言わなかった。　④「ロッキーが筆者にかみついたとき，筆者の母親は家の中でパジャマ姿だった」…○　第８段落第１文に一致する。　⑤「筆者の母親は外で何が起きているかをわかっていたので，台所から叫んだ」…×　第８段落前半参照。母親は外に出てきて，ロッキーに向かって叫んだ。　⑥「医師は筆者が病院に着くとすぐに，何が起こったか尋ねた」…×　第９段落参照。医師が質問したのは診察を終えた後。　⑦「筆者はけがをしたが，大したことはなかったので，両親は彼に怒ったものの，ほっとした」…○　第10段落中盤に一致する。　⑧「筆者はどんな動物で遊ぶかをあなたに選んでほしいと思っている」…×　そのような記述はない。

4〔適語(句)選択〕

(1) be in danger of ～「～の危険がある」　「甘いものを食べすぎる人は病気になる危険がある」

(2)‘動詞＋to＋人＋that節’という形を取れる動詞は，選択肢の中では① said だけである。told は to が不要。　「彼は私に，近いうちに日本を離れると言った」

(3)後ろの about 以下につながるのは try ではなく think(think about ～「～について考える」)。受け身にする必要はないので①は不可。I've been thinking は，have/has been ～ing の形で「ずっと～している」という意味を表す現在完了進行形。　「私は２日間ずっと，転校生にどう話しかけようか考えている」

(4) because 以下は，テストの結果が良くなかった理由となるので，「その問題の解き方をほとんど理解していなかったので」となればよい。「ほとんど～ない」という副詞の用法があるのは little。　「彼女はその問題の解き方をほとんど理解していなかったので，テストで良い結果を得られなかった」

(5)‘It costs＋費用＋to ～’「～するのに(費用が)…かかる」の構文。　「その箱を送るのに，15ドル以上かかる」

5〔整序結合〕

(1)「～することを楽しみにする」は look forward to ～ing で表せる。この to は前置詞なので，後ろに動詞が続く場合は動名詞になる。「～に参加する」は join ～。不要語は taking。　I am looking forward to joining the festival again.

(2)「～を教えてください」は「～を知らせてください」と読み換えて，‘let＋目的語＋動詞の原形’「～が…するのを許す」の形で let me know とする。「彼があなたの家に来たら〔＝来たときに〕」は when he comes to your house とする。不要語は at。 Please let me know when he comes to your house.

(3)「～ならばいいのに」は‘I wish＋主語＋(助)動詞の過去形…’という形で表せる(仮定法過去)。「イタリア製の机」は「イタリアでつくられた机」ということ。これは‘名詞＋過去分詞＋その他の語句’の形で a desk made in Italy とまとまる(過去分詞の形容詞的用法)。不要語は is。 I wish I could buy a desk made in Italy.

(4)「私たちは～する必要がある」は‘It is ～ for … to ―’「…にとって―することは～だ」の形式主語構文で表せる。ここは疑問文なので疑問文の語順にする。不要語は needs。 Why is it necessary for us to sleep for at least seven hours?

(5)動詞を will cook とした後，「父が捕った魚」は目的格の関係代名詞を省略した‘名詞＋主語＋動詞’の形で the fish my father caught とする。the fish caught by my father でも同様の意味になるが，不要な語が1語あるという指定に合わない。不要語は by。 My sister will cook the fish my father caught this morning.

(6)「～に…してもらいたい」は‘would like ～ to …’または‘want ～ to …’で表せるが，後者を使うと would と like が余ってしまうので，前者の形にする。「～の準備をする」は prepare for ～。不要語は wants。 Ms. Smith says she would like you to prepare for tonight's party, right?

6〔誤文訂正〕

(1)倍数は‘倍数詞＋as ～ as …’「…の―倍～」の形で表せるが，この‘倍数詞’は序数ではなく基数を使うので fortieth は forty にする。 「北海道の面積は東京の約40倍だが，人口は東京の半分以下だ」

(2)「ホテルに泊まる」は stay in〔at〕 the hotel となるので，④は the hotel you stayed in〔at〕 last night が正しい。 「大阪駅からあなたが昨夜泊まったホテルまでどのくらいの距離がありますか」

(3) remember や forget は目的語に‘未来の内容’がくるときは目的語を to不定詞で表し，‘過去の内容’がくるときは目的語を動名詞で表す。本問は後者に該当するので to visit は visiting にする。(類例)Remember to meet him at five.「彼に5時に会うことを覚えていなさい」／I remember meeting him at five.「私は彼に5時に会ったことを覚えている」 「彼は10年前に家族で遊園地に行ったことを覚えていない」

(4)物が3つあるとき，1つ目を one，2つ目を another，3つ目を the other で表すことができる。another(＝an＋other)は‘不特定のもう1つ’，the other は‘特定のもう1つ’を表す。 「私は3匹の猫を飼っている。1匹は灰色，もう1匹は白黒，そしてもう1匹は茶色だ」

(5) information「情報」は‘数えられない名詞’で単数扱いなので，many で修飾することも，複数形にすることもできない。②は too much information とするのが正しい。 「彼女に関するあまりに多くの情報を彼らに与えてはいけない，そうすると彼女が悲しむからだ」

(6) One of my parents は単数なので be動詞は was にする。 「私の両親の1人はニューヨークで生まれ，私たちはニューヨークのことをよく知っているので，将来はそこに住みたいと思っている」

2022年度／専修大学松戸高等学校（前期18日）

数学解答

1 (1) ア…1　イ…1　ウ…1　エ…5
オ…1　カ…5
(2) ア…1　イ…9
(3) ア…2　イ…6　ウ…7
(4) ア…1　イ…2
(5) ア…2　イ…8
(6) ア…1　イ…6　ウ…2　エ…5

2 (1) ①　ア…9　イ…0　ウ…0
②　エ…1　オ…2　カ…0
(2) ①　ア…1　イ…9
②　ウ…4　エ…9

3 (1) ア…4　イ…3　ウ…2
(2) エ…3　オ…8　カ…5　キ…2
(3) ク…4　ケ…9　コ…3

4 (1) 5　(2) イ…2　ウ…5　エ…8
(3) オ…2　カ…1　キ…8

5 (1) ア…2　イ…5　(2) 6
(3) エ…2　オ…2

（声の教育社　編集部）

1〔独立小問集合題〕

(1)＜数の計算＞与式 $=\frac{12\times\sqrt{15}}{\sqrt{15}\times\sqrt{15}}-\frac{\sqrt{20}}{5\times\sqrt{12}}=\frac{12\sqrt{15}}{15}-\frac{\sqrt{5}}{5\sqrt{3}}=\frac{12\sqrt{15}}{15}-\frac{\sqrt{5}\times\sqrt{3}}{5\sqrt{3}\times\sqrt{3}}=\frac{12\sqrt{15}}{15}-\frac{\sqrt{15}}{15}=\frac{11\sqrt{15}}{15}$

(2)＜二次方程式―解の利用＞二次方程式 $ax^2-2ax-b=0$ の1つの解が $x=1+\sqrt{10}$ だから，解を方程式に代入すると，$a(1+\sqrt{10})^2-2a(1+\sqrt{10})-b=0$ より，$a(1+2\sqrt{10}+10)-2a-2\sqrt{10}a-b=0$，$a(11+2\sqrt{10})-2a-2\sqrt{10}a-b=0$，$11a+2\sqrt{10}a-2a-2\sqrt{10}a-b=0$，$b=9a$ となる。よって，$a:b=a:9a=1:9$ である。

(3)＜数の計算＞与式 $=\frac{2}{7}\times\left(-\frac{2}{3}\right)-\frac{3}{2}\times\frac{2}{7}-2\times\left(-\frac{2}{3}\right)+3=-\frac{4}{21}-\frac{3}{7}+\frac{4}{3}+3=-\frac{4}{21}-\frac{9}{21}+\frac{28}{21}+\frac{63}{21}=\frac{78}{21}=\frac{26}{7}$

(4)＜関数―比例定数＞関数 $y=\frac{a}{x}$ において，$x=1$ のとき $y=\frac{a}{1}=a$，$x=4$ のとき $y=\frac{a}{4}$ だから，x の値が1から4まで増加するとき，x の増加量が $4-1=3$，y の増加量が $\frac{a}{4}-a=-\frac{3}{4}a$ であり，変化の割合は $-\frac{3}{4}a\div3=-\frac{1}{4}a$ と表せる。これが -3 であるから，$-\frac{1}{4}a=-3$ が成り立ち，$a=12$ となる。

(5)＜数の性質＞n が自然数より，$n-4$ は整数だから，$\sqrt{6(n-4)}$ の値が整数となる $n-4$ の値は，$n-4=0$，6，6×2^2，6×3^2，……である。$n-4=0$ のとき $\sqrt{6(n-4)}=\sqrt{6\times0}=0$，$n-4=6$ のとき $\sqrt{6(n-4)}=\sqrt{6\times6}=6$，$n-4=6\times2^2$ のとき $\sqrt{6(n-4)}=\sqrt{6\times6\times2^2}=6\times2=12$ だから，$\sqrt{6(n-4)}$ の値が2けたの整数となる最小の自然数 n は，$n-4=6\times2^2$ より，$n-4=24$，$n=28$ である。

(6)＜平面図形―面積比＞右図で，∠BAC＝90°だから，$\triangle ABC=\frac{1}{2}\times AB\times AC=\frac{1}{2}\times5\times10=25$ である。∠BEA＝∠BAC＝90°，∠EBA＝∠ABC より，△EBA∽△ABC である。△ABC で三平方の定理より，$CB=\sqrt{AB^2+AC^2}=\sqrt{5^2+10^2}=\sqrt{125}=5\sqrt{5}$ だから，△EBA と△ABC の相似比は $AB:CB=5:5\sqrt{5}=1:\sqrt{5}$ であり，$\triangle EBA:\triangle ABC=1^2:(\sqrt{5})^2=1:5$ となる。よって，$\triangle EBA=\frac{1}{5}\triangle ABC=\frac{1}{5}\times25=5$ である。また，∠BAC＝∠FDC＝90°，∠ACB＝∠DCF より，△ABC∽△DFC となる。$DC=AC-AD=10-6=4$ より，相似比は $AC:DC=10:4=5:2$

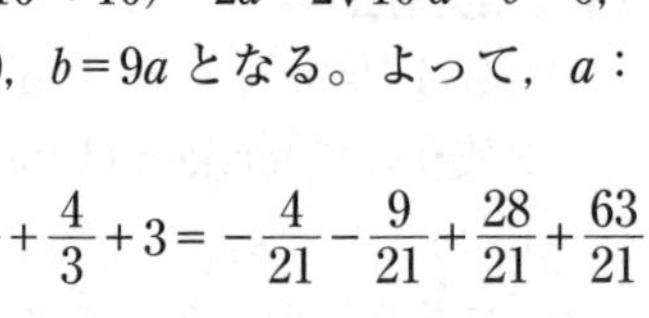

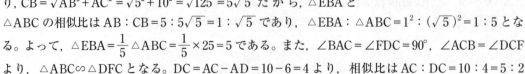

だから，$\triangle ABC:\triangle DFC=5^2:2^2=25:4$ であり，$\triangle DFC=\frac{4}{25}\triangle ABC=\frac{4}{25}\times25=4$ である。したがって，〔四角形 AEFD〕$=\triangle ABC-\triangle EBA-\triangle DFC=25-5-4=16$ となるので，四角形 AEFD の面積は $\triangle ABC$ の面積の $\frac{16}{25}$ 倍である。

2 〔独立小問集合題〕

(1)<一次方程式の応用>①AB 間の道のりを xm とすると，BD 間の道のりは AB 間の道のりの 1.5 倍だから，$x\times1.5=1.5x$(m)となる。地点 A から地点 D まで分速 60m で移動すると，AB 間の所要時間は $\frac{x}{60}$ 分，BD 間の所要時間は $1.5x\div60=\frac{3}{2}x\div60=\frac{1}{40}x$(分)と表せ，BD 間の所要時間は AB 間の所要時間より 3 分多いので，$\frac{1}{40}x=\frac{x}{60}+3$ が成り立つ。両辺に 120 をかけて解くと，$3x=2x+360$，$x=360$ となるので，AD 間の道のりは，$x+1.5x=2.5x=2.5\times360=900$(m)となる。　②AC 間の道のりを ym とすると，①より AD 間の道のりは 900m だから，CD 間の道のりは $900-y$m となる。AC 間を分速 120m，CD 間を分速 70m で移動すると，所要時間の合計が 10 分だから，$\frac{y}{120}+\frac{900-y}{70}=10$ が成り立つ。両辺に 840 をかけて解くと，$7y+12(900-y)=8400$，$7y+10800-12y=8400$，$-5y=-2400$，$y=480$ となるので，AC 間の道のりは 480m である。①より AB 間の道のりは $x=360$(m)だから，BC 間の道のりは $480-360=120$(m)である。

(2)<確率―さいころ>①大小 2 つのさいころを同時に 1 回投げるとき，それぞれ 6 通りの目の出方があるから，目の出方は全部で $6\times6=36$(通り)あり，a，b の組は 36 通りある。このうち，$\triangle APQ$ で A 以外の角が直角になるのは，$\angle APQ=90^\circ$ となるのが $(a,\ b)=(1,\ 5)$，$(2,\ 6)$ の 2 通り，$\angle AQP=90^\circ$ となるのが $(a,\ b)=(5,\ 1)$，$(6,\ 2)$ の 2 通りある。よって，$\triangle APQ$ で A 以外の角が直角になる場合は $2+2=4$(通り)だから，求める確率は $\frac{4}{36}=\frac{1}{9}$ である。　②右図で，$a=1$ のとき，$AP=AP_1=1$ だから，$\triangle APQ$ の面積は最大で $\frac{1}{2}\times1\times4=2$ となり，4cm^2 より大きくなることはない。$a=2$ のとき，$AP=AP_2=2$ だから，$\triangle APQ$ の面積は最大で $\frac{1}{2}\times2\times4=4$ となり，4cm^2 より大きくなることはない。$a=3$ のとき，$AP=AP_3=3$ であり，$\frac{1}{2}\times3\times3=\frac{9}{2}$ だから，辺 AP を底辺と見たときの高さが 3cm 以上になると $\triangle APQ$ の面積は 4cm^2 より大きくなる。このようになる b は $b=3$，4，5，6 の 4 通りある。$a=4$ のとき，$AP=AP_4=4$ だから，$\frac{1}{2}\times4\times2=4$ より，辺 AP を底辺と見たときの高さが 2cm より大きいと $\triangle APQ$ の面積は 4cm^2 より大きくなる。このようになる b は $b=3$，4，5，6 の 4 通りある。次に，$a=5$ のとき，点 Q が辺 AD 上にあると，$\triangle APQ$ は底辺を辺 AQ と見たときの高さが 4cm である。$\frac{1}{2}\times AQ\times4=4$ より，$AQ=2$ となるから，$\triangle APQ$ の面積が 4cm^2 より大きくなるのは，AQ が 2cm より大きいときで，$b=3$，4 である。また，$b=5$ とすると，$\triangle APQ=\triangle AP_5Q_5=$〔正方形 ABCD〕$-\triangle ABP_5-\triangle ADQ_5-\triangle CP_5Q_5=4^2-\frac{1}{2}\times4\times1-\frac{1}{2}\times4\times1-\frac{1}{2}\times3\times3=\frac{15}{2}$ より，4cm^2 より大きくなる。$b=6$ として同様に面積を求めても 4cm^2 より大きくなる。よって，$a=5$ のとき，$b=3$，4，5，6 の 4 通りある。$a=6$ のときも同様に考えると，$b=3$，4，5，6 の 4 通りある。以上より，$\triangle APQ$ の面積が 4cm^2 より大きくなる a，b の組は $4+4+4+4=16$(通り)あるから，求める確率は $\frac{16}{36}=\frac{4}{9}$ である。

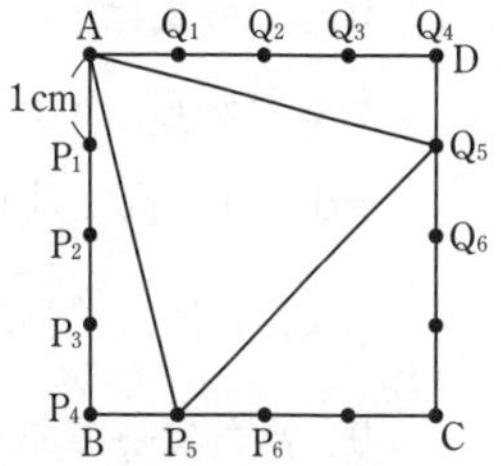

3 〔関数―関数 $y=ax^2$ と一次関数のグラフ〕

《基本方針の決定》(1)　点Dが線分BCの中点であることに気づきたい。　(2)　2点B，Dを通る直線の式を求める。　(3)　△AOE－△DOFである。

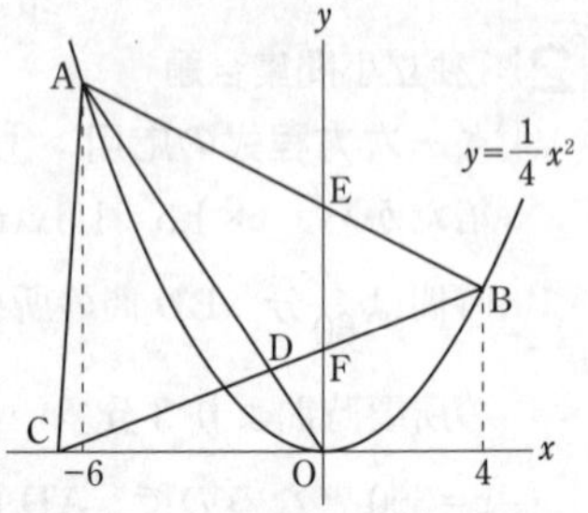

(1)＜座標＞右図で，2点A，Bは放物線 $y=\frac{1}{4}x^2$ 上にあり，x 座標がそれぞれ－6，4だから，y 座標は $y=\frac{1}{4}\times(-6)^2=9$，$y=\frac{1}{4}\times4^2=4$ であり，A(－6，9)，B(4，4)である。点Aの座標より，直線OAの傾きは $\frac{0-9}{0-(-6)}=-\frac{3}{2}$ となるので，直線OAの式は $y=-\frac{3}{2}x$ である。また，△ABD，△ACDの底辺をそれぞれ辺BD，辺CDと見ると，この2つの三角形は高さが等しいので，△ABD＝△ACDより，BD＝CDである。よって，点Dは線分BCの中点である。点Cの y 座標は0なので，点Dの y 座標は $\frac{4+0}{2}=2$ となる。点Dは直線 $y=-\frac{3}{2}x$ 上にあるので，$2=-\frac{3}{2}x$ より，$x=-\frac{4}{3}$ となり，D$\left(-\frac{4}{3},\ 2\right)$である。

(2)＜直線の式＞右上図で，直線BCは，2点B(4，4)，D$\left(-\frac{4}{3},\ 2\right)$を通るので，傾きは $(4-2)\div\left\{4-\left(-\frac{4}{3}\right)\right\}=2\div\frac{16}{3}=\frac{3}{8}$ であり，その式は $y=\frac{3}{8}x+b$ とおける。これが点Bを通るから，$4=\frac{3}{8}\times4+b$，$b=\frac{5}{2}$ となり，直線BCの式は $y=\frac{3}{8}x+\frac{5}{2}$ である。

(3)＜面積＞右上図で，(1)より，A(－6，9)，B(4，4)だから，直線ABの傾きは $\frac{4-9}{4-(-6)}=-\frac{1}{2}$ であり，その式は $y=-\frac{1}{2}x+c$ とおける。これが点Bを通るので，$4=-\frac{1}{2}\times4+c$，$c=6$ となる。切片が6だから，E(0，6)であり，OE＝6である。△AOEの底辺を辺OEと見ると，点Aの x 座標が－6より，高さは6なので，$\triangle AOE=\frac{1}{2}\times6\times6=18$ となる。また，(2)より，直線BCの切片は $\frac{5}{2}$ なので，F$\left(0,\ \frac{5}{2}\right)$であり，$OF=\frac{5}{2}$ となる。△DOFの底辺を辺OFと見ると，点Dの x 座標が $-\frac{4}{3}$ より，高さは $\frac{4}{3}$ であり，$\triangle DOF=\frac{1}{2}\times\frac{5}{2}\times\frac{4}{3}=\frac{5}{3}$ となる。よって，〔四角形ADFE〕＝△AOE－△DOF $=18-\frac{5}{3}=\frac{49}{3}$ となる。

4 〔平面図形―台形と円〕

《基本方針の決定》(1)　△ABEに着目する。

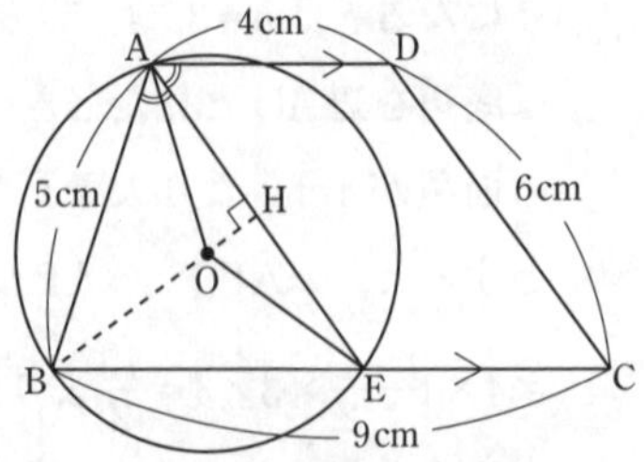

(1)＜長さ＞右図で，線分AEは∠BADを2等分しているので，∠BAE＝∠EADである。また，AD∥BCより錯角が等しいので，∠EAD＝∠BEAである。よって，∠BAE＝∠BEAとなるので，△ABEは二等辺三角形であり，BE＝AB＝5(cm)である。

(2)＜長さ＞右図で，(1)より，BE＝5だから，EC＝BC－BE＝9－5＝4となる。よって，AD＝ECとなり，AD∥ECだから，四角形AECDは平行四辺形である。これより，AE＝CD＝6となる。また，△ABEはAB＝BEの二等辺三角形だから，点Bから線分AEに垂線BHを引くと，点Hは線分AEの中点となり，$AH=EH=\frac{1}{2}AE=\frac{1}{2}\times6=3$ となる。したがって，△ABHで三平方の定理より，$BH=\sqrt{AB^2-AH^2}=\sqrt{5^2-3^2}=\sqrt{16}=4$となる。次に，直線BHは線分AEの垂直二等分線になるから，点Oは線分BH上の点となる。このことから，$OA=OB=x$(cm)とすると，$OH=BH-OB=4-x$と表せる。△AOHで三平方の定理より，$OA^2=OH^2+AH^2$だから，$x^2=(4-x)^2+3^2$が成り立つ。これを解くと，$x^2=16-8x+x^2+9$，$8x=25$，$x=\frac{25}{8}$となるので，円Oの半径は$\frac{25}{8}$cmである。

(3)＜面積＞前ページの図で，(2)より，$OH=4-x=4-\frac{25}{8}=\frac{7}{8}$だから，$\triangle AOE=\frac{1}{2}\times AE\times OH=\frac{1}{2}\times 6\times\frac{7}{8}=\frac{21}{8}$(cm^2)である。

5〔空間図形―正四角錐〕

《基本方針の決定》(3)　四面体ADLMの体積と比較するとよい。

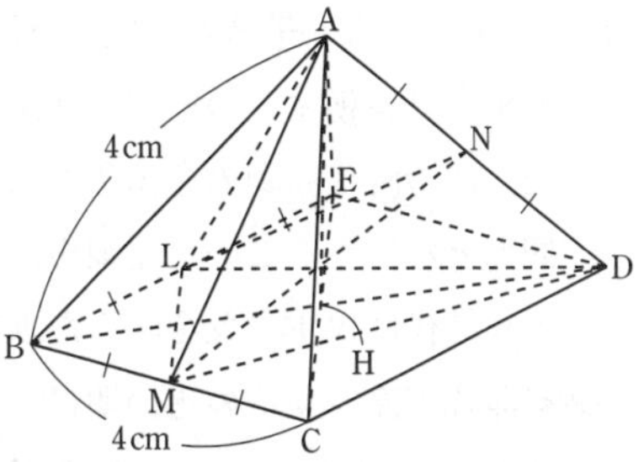

(1)＜長さ＞右図で，点Mは辺BCの中点だから，$BM=CM=\frac{1}{2}BC=\frac{1}{2}\times 4=2$である。△DCMは$\angle DCM=90^\circ$の直角三角形なので，三平方の定理より，$DM=\sqrt{CM^2+CD^2}=\sqrt{2^2+4^2}=\sqrt{20}=2\sqrt{5}$(cm)となる。

(2)＜面積＞右図で，△DLMの面積は，〔正方形BCDE〕－△DEL－△BLM－△DCMで求められる。点Lは辺BEの中点なので，$EL=BL=\frac{1}{2}BE=\frac{1}{2}\times 4=2$であり，(1)より，$BM=CM=2$である。よって，〔正方形BCDE〕$=4^2=16$，$\triangle DEL=\frac{1}{2}\times 4\times 2=4$，$\triangle BLM=\frac{1}{2}\times 2\times 2=2$，$\triangle DCM=\frac{1}{2}\times 2\times 4=4$より，$\triangle DLM=16-4-2-4=6$(cm^2)となる。

(3)＜体積＞右上図で，四面体ALMN，四面体ADLMを，それぞれ，△AMN，△AMDを底面とする三角錐と見ると，高さが等しいので，〔四面体ALMN〕：〔四面体ADLM〕＝△AMN：△AMDとなる。点Nは辺ADの中点だから，△AMN：△AMD＝AN：AD＝1：2となり，〔四面体ALMN〕：〔四面体ADLM〕＝1：2である。点Aから面BCDEに垂線AHを引くと，立体A-BCDEは正四角錐だから，点Hは正方形BCDEの対角線BD，CEの交点と一致する。△BCDが直角二等辺三角形より，$BD=\sqrt{2}BC=\sqrt{2}\times 4=4\sqrt{2}$だから，$BH=DH=\frac{1}{2}BD=\frac{1}{2}\times 4\sqrt{2}=2\sqrt{2}$である。△ABHで三平方の定理より，$AH=\sqrt{AB^2-BH^2}=\sqrt{4^2-(2\sqrt{2})^2}=\sqrt{8}=2\sqrt{2}$である。四面体ADLMは，底面を△DLMとする三角錐と見ることができ，(2)より，△DLM＝6だから，〔四面体ADLM〕$=\frac{1}{3}\times\triangle DLM\times AH=\frac{1}{3}\times 6\times 2\sqrt{2}=4\sqrt{2}$となり，〔四面体ALMN〕$=\frac{1}{2}$〔四面体ADLM〕$=\frac{1}{2}\times 4\sqrt{2}=2\sqrt{2}$(cm^3)である。

―読者へのメッセージ―

平方根の記号($\sqrt{\ }$)は，ドイツの数学者ルドルフによる1525年の著書で使われたのが最初といわれています。ルドルフは，上の横線のない記号(√)を使っていました。後に，フランスの数学者デカルトによって，今のような形になりました。

2022年度／専修大学松戸高等学校(前期18日)

社会解答

1 (1) ア　(2) エ　(3) ウ　(4) エ　(5) エ

2 (1) イ　(2) ウ　(3) ア
(4) ①…ウ　②…ウ

3 (1) イ　(2) エ　(3) イ　(4) ア

4 (1) ウ　(2) イ　(3) ウ　(4) オ

5 (1) ウ　(2) エ　(3) イ　(4) ウ

6 (1) ア　(2) ウ　(3) イ　(4) エ
(5) ア

7 (1) ウ　(2) イ　(3) ウ

8 (1) エ　(2) イ　(3) イ

(声の教育社　編集部)

1 〔三分野総合―千葉県に関する問題〕

(1)＜栃木県＞栃木県の県庁所在地は宇都宮市である。なお，前橋市は群馬県の県庁所在地である。また，明治時代に銅の産出量が大きく増えた足尾銅山は，渡良瀬川の水質汚染などを引き起こし社会問題となった。この足尾銅山鉱毒事件の解決に尽力したのは田中正造である。なお，吉野作造は，大正時代に民本主義を唱えた人物である。

(2)＜年代整序＞年代の古い順に，Ⅱ(ベルリンの壁崩壊－1989年)，Ⅲ(EU〔ヨーロッパ連合〕の発足－1993年)，Ⅰ(アメリカ同時多発テロとアメリカによるアフガニスタン攻撃－2001年)となる。

(3)＜地方公共団体の財政＞地方公共団体の財源のうち，地方税などの独自の財源を，自主財源と呼ぶ。なお，依存財源とは，国から支給される資金などを指す。また，国から支給される資金のうち，財政格差を小さくするために配分される使い道が自由な資金を，地方交付税交付金と呼ぶ。なお，国庫支出金とは，使い道を指定して国から支給される資金を指す。

(4)＜資料の読み取り＞質問１への回答で「好きである」と「まあ好きである」の合計が80％以上のA，D，Eに日本，フランス，イギリスが当てはまる。質問２への回答で「住んでいたい」の割合が40％以上であるA，C，Dに日本，イギリス，アメリカ合衆国が当てはまるので，Cがアメリカ合衆国，Eがフランスである。なお，質問１への回答で「あまり好きではない」と「きらいである」の割合の合計が10％以上のB，C，Dにイギリス，アメリカ合衆国，韓国が当てはまるので，Bが韓国，Dがイギリスである。また，質問２への回答で「住んでいたい」と「移りたい」の割合の差が20％以上のAとDに日本とイギリスが当てはまるので，Aが日本である。

2 〔日本地理―総合〕

(1)＜中国，四国地方＞四国地方の南の太平洋近海を北東に流れているのは，暖流の黒潮〔日本海流〕である。なお，親潮〔千島海流〕は，北海道や東北地方の太平洋の沖合を南下する寒流である。また，本州と四国を結ぶ本州四国連絡橋のうち，1988年に岡山県と香川県を結んだのは，瀬戸大橋である。なお，瀬戸内しまなみ海道は，本州四国連絡橋のうち広島県と愛媛県を結ぶルートで，1999年に開通した。

(2)＜兵庫県＞ポートアイランドは，兵庫県の神戸港につくられた人工島である。なお，図中のアは宮城県，イは石川県，エは長崎県を示している。

(3)＜愛知県＞電照菊の栽培で有名な愛知県南部の半島は，渥美半島である。なお，能登半島は石川県の半島である。また，愛知県にある自動車工場の企業城下町は，豊田市である。なお，浜松市は静岡県の都市である。

(4)＜地形図の読み取り＞①舞鶴公園，護国神社，西公園の周辺には，広葉樹林(Q)が見られる。なお，特にことわりのないかぎり，地形図上では北が上となるので，福岡市役所(◎)から見て博多漁港は北西の方角にある(ア…×)。この地形図の縮尺は25000分の１なので，実際の500mは地形図上では500÷25000＝0.02m＝２cmである。したがって，福岡市役所から半径500mの範囲内には，郵便局(〒)と警察署(⊗)はあるが，図書館(🕮)と老人ホーム(⌂)はない(イ…×)。須崎公園付近を見ると，西に標高２mを示す標高点や東の那珂川対岸に標高3.4mを示す水準点(⊡)があるが，舞鶴公園内には標高６mを示す標高点がある(エ…×)。　②①より，実際の500mは地形図上の２cmなので，地形図上の１cmは実際の250mを表す。したがって，地形図上で２cm×３cmの長方形で示された範囲の実際の面積は，500m×750m＝375000m^{2}となる。

3〔世界地理―総合〕

(1)＜赤道と本初子午線＞赤道はアフリカ大陸のガーナが面するギニア湾，東南アジアのインドネシア，南アメリカ大陸北部を通る。本初子午線は，ヨーロッパでイギリスやフランスを通り，アフリカ大陸西部のガーナなどを通る。したがって，赤道と本初子午線はギニア湾で交わる。

(2)＜各国の特色＞①は多くの言語が使われていて，近年は情報通信技術〔ICT〕産業が発達していることから，Ｂのインドである。②はかつてポルトガルの植民地であったため公用語がポルトガル語であり，また，日系人の数が多いことから，Ｄのブラジルである。なお，図中のＡは南アフリカ共和国，Ｃはカナダである。

(3)＜アメリカ合衆国＞アメリカ合衆国西部に位置し，環太平洋造山帯に含まれるのは，ロッキー山脈である。なお，アパラチア山脈は，アメリカ合衆国東部に位置している。また，アメリカ合衆国南部の北緯37度以南の地域は，サンベルトと呼ばれる工業地帯である。なお，シリコンバレーはアメリカ合衆国西海岸のサンフランシスコ郊外にあるコンピューター産業が盛んな地域で，サンベルトの西端に位置している。

(4)＜世界各国の面積と人口＞４か国のうち，1990年から2018年にかけての人口の増加数が最も多いＣがメキシコである。2018年の人口密度(人口÷面積)が最も大きく，2018年の国内総生産が1000億ドル未満のＤがガーナである。農林水産業就業人口がガーナの約11.2分の１であるＢがオーストラリアである。残ったＡが，４か国のうち国内総生産が最も高いフランスである。

4〔歴史―古代〕

(1)＜世界の古代文明＞①はメソポタミア文明で使用されたくさび形文字である(①…誤)。②は中国文明で使われ，漢字のもととなった甲骨文字である(②…正)。なお，①の文で述べられているエジプト文明で使われていた文字は，ヒエログリフ(神聖文字)などの象形文字である。

(2)＜縄文時代＞青森県の三内丸山遺跡は，縄文時代の大規模集落跡である(Ⅱ…○)。縄文時代の住居は竪穴《たてあな》住居，ごみ捨て場は貝塚として残っている(Ⅲ…○)。なお，金属器が大陸から伝えられたのは，弥生時代のこと(Ⅰ…×)。埴輪は古墳に並べられたもので，縄文時代につくられた土の人形は，土偶と呼ばれる(Ⅳ…×)。

(3)＜古墳時代の朝鮮半島＞５～６世紀の頃，朝鮮半島北部のＸの国は，高句麗である。資料２にあるように倭王武は５世紀後半に中国の宋(南朝)に朝貢していた。当時，百済は朝鮮半島南西部，新羅は朝鮮半島南東部にあった国であり，伽那〔任那〕は朝鮮半島南部の小国群の総称である。

(4)＜古墳時代～平安時代の出来事＞年代の古い順に，６世紀半ば(古墳時代)の仏教伝来，645年(飛鳥時代)の大化の改新，８世紀(奈良時代)の鑑真来日，９世紀初め(平安時代初め)の坂上田村麻呂の活躍，894年(平安時代前半)の遣唐使停止となる。なお，藤原道長が摂政となったのは1016年(平安時代半ば)のこと，邪馬台国の卑弥呼が各国を支配したのは３世紀(弥生時代)のこと，栄西が臨済宗を日本に伝えたのは1191年(鎌倉時代初期)のことである。

5〔歴史―平安時代末～江戸時代〕

(1)＜平清盛＞平清盛は，1156年の保元の乱，1159年の平治の乱を勝ち抜き，1167年に武士として初めて太政大臣となって権力を握った。

(2)＜元寇後の出来事＞1274年と1281年の２度にわたった元寇〔蒙古襲来〕後に，困窮した御家人を救済するため，鎌倉幕府は1297年に徳政令〔永仁の徳政令〕を出した。なお，ア，イ，ウは1221年の承久の乱前後の出来事である。

(3)＜室町時代の農村＞室町時代に形成された農村の自治のしくみを，惣と呼ぶ。なお，座とは荘園体制と結びついた商工業者の組合，問〔問丸〕は港湾などで物資の保管，輸送や取引の仲介に当たった業者，馬借は運送業者である。

(4)＜江戸時代の幕政改革＞江戸幕府第８代将軍徳川吉宗が進めた享保の改革は，上げ米の制，目安箱の設置，公事方御定書の制定などを内容としていた。また，寛政の改革を実施したのは老中の松平定信である。なお，株仲間の解散を命じたのは，天保の改革を行った老中の水野忠邦である。

(5)＜年代整序＞ＣとＤの間の時期は，15世紀後半から18世紀前半までにあたる。年代の古い順に，Ⅱ(コロンブスの航海－1492年)，Ⅳ(ルターによる宗教改革－1517年)，Ⅲ(イギリスの名誉革命－1688～89年)となる。なお，第１回の十字軍派遣は1096年の出来事である。

6〔歴史―近現代〕

(1)＜明治時代前半の出来事＞西南戦争が起こったのは1877年のことである。なお，米騒動が起こったのは，シベリア出兵が決定された1918年のこと(Ⅱ…×)，教育勅語が出されたのは，大日本帝国憲法発布の翌年の1890年のこと(Ⅲ…×)，廃藩置県が行われたのは，明治新政府が中央集権化を進めていた1871年のことである(Ⅳ…×)。

(2)＜大日本帝国憲法＞大日本帝国憲法では，天皇は国の元首として統治すると定められ，国民は天皇の臣民として法律の範囲内で自由の権利が認められた。なお，天皇を国の象徴と定めているのは日本国憲法である。

(3)＜第一次世界大戦＞1914年，ヨーロッパで第一次世界大戦が始まると，日本は1902年に結んだ日英同盟を根拠として連合国側に立って参戦した。なお，図のＢはドイツである。第一次世界大戦の講和条約であるベルサイユ条約では，アメリカ合衆国のウィルソン大統領の主張に基づいて，民族自決，国際連盟の創設などが盛り込まれた。なお，太平洋地域のドイツ領は，日本の委任統治領となり，ドイツには多額の賠償金が課せられた。

(4)＜普通選挙法＞1925年，加藤高明内閣のときに，満25歳以上の全ての男子の選挙権を認める普通選挙法が成立した。資料２から，普通選挙法によって，1920年には307万人であった有権者数が1928年には1241万人と，約４倍となったことが読み取れる。

⑸＜太平洋戦争＞1941年12月８日，日本軍はイギリス領マレー半島に上陸し，同日アメリカ海軍の基地があったハワイの真珠湾を攻撃した。これによって，太平洋戦争が始まった（Ⅰ…正）。1945年８月６日に広島，９日に長崎に原子爆弾が投下され，その間の８日にはソ連が日本に対して宣戦布告をした。この情勢を見て，日本はポツダム宣言の受諾を決めた（Ⅱ…正）。

7 〔公民―総合〕

⑴＜衆議院の優越＞衆議院で可決した法律案を参議院が否決した場合，衆議院で出席議員の３分の２以上の賛成で再可決すれば，その法律案は成立する。したがって，出席議員が382人の場合，その３分の２は254.66…なので，255人の賛成が得られれば，法律案は再可決される。

⑵＜内閣＞総務省は，2001年の省庁再編で，自治省，郵政省，総務庁が統合されて発足した。したがって，地方自治などに関する仕事は総務省が行う。国民の健康や医療などに関する仕事は，厚生労働省が行う。なお，法務省は司法制度などに関する仕事を行う。経済産業省は日本の経済・産業の発展や資源・エネルギーに関する仕事を行う。

⑶＜資料の読み取り＞労働三権は，社会権に含まれる（Ⅰ…×）。「仕事にも余暇にも，同じくらい力を入れる」の割合は，1998年と2008年には減少している（Ⅳ…×）。2013年以降は「仕事よりも，余暇の中に生きがいを求める」の割合は「余暇も時には楽しむが，仕事のほうに力を注ぐ」の割合の半分を超えている（Ⅴ…×）。Ⅱ，Ⅲ，Ⅵは正しい。

8 〔公民―総合〕

⑴＜社会保障制度＞日本の社会保障制度は，社会保険，公的扶助，社会福祉，公衆衛生の４分野からなる。高齢者や障がいのある人を支援するのは社会福祉，国から生活費などを支給する生活保護制度を中心とするのは公的扶助である。なお，社会保険とは，医療保険，介護保険，年金保険などからなる，けがや病気，老齢や失業などによる生活の困窮に対して人々を支援する制度である。

⑵＜外国為替相場＞為替相場が１ドル＝100円から１ドル＝80円に変動した場合，円に対するドルの値打ちは下がっている（ドル安になっている）が，ドルに対する円の値打ちは上がっているので円高と呼ぶ。円高になると，日本の製品をアメリカ合衆国で販売する場合，値段が高くなってしまうので輸出企業にとっては不利となる。しかし，アメリカ合衆国に旅行する場合には，同じ金額の円でも，円高のときの方が交換できるドルの額が増えるので有利となる。

⑶＜新しい人権＞Ⅰは正しい。国や地方公共団体が，情報公開の請求を受けたとき，個人情報に関わることや国の安全に関わることなどの場合には，不開示と判断することがある（Ⅱ…誤）。

2022年度／専修大学松戸高等学校(前期18日)

理科解答

1 (1) ③　(2) ④　(3) ④
(4) Ⅰ…②　Ⅱ…①　Ⅲ…②

2 (1) ⑤　(2) X…4　Y…0
(3) ⑧　(4) ④

3 (1) ③　(2) ①
(3) Ⅰ…①　Ⅱ…④　(4) ②

4 (1) ⑥　(2) V…2　W…0
(3) ③　(4) X…0　Y…7　Z…5

5 (1) M…⑦　N…⑤　(2) ②
(3) ⑦　(4) ⑤

6 (1) ①　(2) ⑥　(3) ④　(4) ⑧

7 (1) W…2　X…8　(2) ⑤
(3) Ⅰ…③　Ⅱ…②
(4) Y…1　Z…8

8 (1) ①　(2) ⑥
(3) X…0　Y…5
(4) Ⅰ…①　Ⅱ…②　Ⅲ…②

(声の教育社　編集部)

1〔生物の体のつくりとはたらき〕

⑴＜葉緑体＞図2の細胞内の小さな粒は葉緑体である。実験1の(ⅰ)で光を当てなかった場合，ヨウ素液による色の変化がなかったことから，デンプンはできていない。一方，(ⅱ)で光を当てた場合，(ⅲ)で葉緑体がヨウ素液で青紫色に染まったことから，デンプンができたといえる。以上より，葉緑体で光を受けてデンプンがつくられたことがわかる。

⑵＜対照実験＞実験2で，オオカナダモを入れない試験管Aは，試験管Bの対照実験である。これは，試験管BのBTB溶液の色の変化が，光を当てるだけでは起こらず，オオカナダモのはたらきによるものであることを確認するためのものである。

⑶＜光合成と気体＞試験管Bのオオカナダモは，光合成を行い，酸素を放出している。よって，オオカナダモから発生した気泡には，空気と比べて酸素が多く含まれている。

⑷＜光合成＞Ⅰ…試験管Bのオオカナダモは，呼吸よりも光合成を盛んに行っている。そのため，光合成による二酸化炭素の吸収量は，呼吸による二酸化炭素の放出量より多い。よって，全体として二酸化炭素を吸収するので，溶液がアルカリ性になり，青色になった。　Ⅱ…光が当たらない試験管Cのオオカナダモは，呼吸だけを行っている。呼吸による二酸化炭素の放出により，溶液が酸性になり，黄色になった。　Ⅲ…溶液の色が緑色のままであることから，試験管Dのオオカナダモは，呼吸と光合成を同程度行っている。つまり，光合成による二酸化炭素の吸収量と，呼吸による二酸化炭素の放出量がほぼ等しいため，溶液は中性のままで，色は緑色のまま変わらない。よって，試験管Bと比べて，光合成のはたらきは不活発になっている。

2〔気象と天気の変化〕

⑴＜露点＞コップの表面がくもるのは，空気中の水蒸気が凝結して水滴に変わったからである。このように，空気中の水蒸気が凝結して水滴に変わるときの温度を露点という。

⑵＜湿度＞実験1の(ⅱ)より，部屋の空気の露点は8℃であるから，表より，部屋の空気1m^3中に含まれる水蒸気量は8.3g/m^3である。よって，気温23℃での飽和水蒸気量は20.6g/m^3だから，〔湿度(%)〕=〔空気1m^3中に含まれる水蒸気の量(g/m^3)〕÷〔その気温での飽和水蒸気量(g/m^3)〕×100より，求める湿度は，8.3÷20.6×100=40.2…となり，約40%である。

⑶＜フラスコ内の変化＞実験2で，ピストンを引くと，フラスコ内の空気の体積が大きくなる。つま

り，空気は膨張させられるため，フラスコ内の温度が下がる。そして，温度が露点に達すると，空気中の水蒸気(気体)が水滴(液体)に変わり，フラスコ内が白くくもる。

⑷＜雲ができる高さ＞実験1と同じ水蒸気量を空気中に含む空気の露点は8℃であり，空気の温度が8℃以下になると水滴ができて，雲が発生する。地点Oの気温が20℃で，標高が100m上がるごとに0.6℃下がるので，気温が8℃になるときの標高は，地点Oの標高より，(20－8)÷0.6×100＝2000(m)高くなる。よって，図3で，雲が発生し始めると考えられる地点は，空気が山の斜面に沿って上昇し，地点Oとの標高の差が2000mになる地点Sである。

3〔物質のすがた〕

⑴＜粒子の運動＞図1より，エタノールの沸点は約78℃である。よって，実験1の(iii)で，60℃の湯を注いだとき，エタノールは液体のままなので，粒子の運動の様子を表した模式図はpとなる。また，実験1の(iv)で，90℃の湯を注いだとき，エタノールは気体に状態変化し，質量は変わらないが，体積が非常に大きくなるため，密度は小さくなる。

⑵＜実験操作＞実験2で，実験を終えるときは，試験管からガラス管を抜いた後に火を止める。ガラス管の先が液体に入っている場合，ガラス管を試験管から抜く前に火を消すと，フラスコ内の気圧が下がり，試験管内の液体が加熱したフラスコに逆流して，フラスコが割れるおそれがある。よって，適当でないのは①である。

⑶＜集めた液体の性質＞図1より，エタノールの沸点は約78℃であり，水の沸点は100℃なので，実験2で，最初に出てきた気体には，沸点が低いエタノールが多く含まれている。よって，最初に集めた試験管Aの液体に，エタノールが最も多く含まれている。エタノールは燃える物質なので，火を近づけたとき最も長く燃えたのは，試験管Aの液体である。

⑷＜エタノール＞エタノールのにおいが最も強かった液体には，エタノールが最も多く含まれている。エタノールを最も多く含む気体が出てくるのは，混合物の温度がエタノールの沸点付近のfの時間である。

4〔電流とその利用〕

⑴＜回路図＞電流計は抵抗器に対して直列に，電圧計は抵抗器に対して並列につなぐ。また，電気用図記号で，電源は線分の長い方が＋極を表し，抵抗器は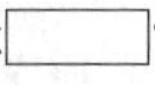で表す。よって，回路図として最も適当なのは⑥である。なお，⊗は豆電球の電気用図記号である。

⑵＜電気抵抗＞表1より，抵抗器Aに1.0Vの電圧を加えると，50mA，つまり，0.05Aの電流が流れる。よって，電気抵抗の大きさは，オームの法則〔抵抗〕＝〔電圧〕÷〔電流〕より，1.0÷0.05＝20(Ω)となる。

⑶＜電力量＞表1より，抵抗器Aに3.0Vの電圧を加えると，150mA，つまり，0.15Aの電流が流れる。よって，5分間，つまり，60×5＝300(秒)間電流を流したときの電力量は，〔電力量(J)〕＝〔電力(W)〕×〔時間(s)〕＝〔電圧(V)〕×〔電流(A)〕×〔時間(s)〕より，3.0×0.15×300＝135(J)となる。

⑷＜電圧＞実験2で，図2，図3の回路に加える電圧を4.0Vとする。図2の直列回路で，30Ωの抵抗器Cに流れる電流は，回路に流れる電流に等しいから，表2より，100mA，つまり，0.1Aである。よって，この抵抗器Cに加わる電圧は，30×0.1＝3.0(V)である。一方，図3の並列回路で，抵抗器Cに加わる電圧の大きさは，回路に加わる電圧に等しく，4.0Vである。したがって，図2の抵抗器Cに加わる電圧は，図3の抵抗器Cに加わる電圧の3.0÷4.0＝0.75(倍)となる。

5 〔生命・自然界のつながり〕

⑴<遺伝の規則性>実験1で，親の代の丸い種子をつくる純系のエンドウの遺伝子をRR，しわの種子をつくる純系のエンドウの遺伝子をrrとすると，子の代のエンドウの遺伝子は全てRrとなり，全て丸い種子が得られる。この丸い種子の子を育てて自家受粉させると，孫の代の種子の遺伝子の組み合わせと数の比は，右表のように，RR：Rr：rr＝1：2：1となる。このうちRRとRrは丸い種子になるから，その個数は，$8000\times\frac{1+2}{1+2+1}=6000$(個)となる。また，同じ遺伝子を対に持つ種子はRRとrrだから，その個数は，$8000\times\frac{1+1}{4}=4000$(個)となる。

	R	r
R	RR	Rr
r	Rr	rr

⑵<遺伝の規則性>孫の代の種子のうち，丸い種子が持つ遺伝子の組み合わせは，RRかRrである。また，しわのある種子をつくるエンドウの遺伝子の組み合わせはrrである。孫の代の丸い種子としわのある種子を育てて他家受粉させて，しわのある種子が得られたとき，このしわの種子は両方の親からrを受け継いでいるので，親はどちらもrを持つことがわかる。よって，この実験で用いた孫の代の丸い種子の遺伝子は，Rrである。

⑶<遺伝の規則性>⑴より，孫の代の種子のうち，丸い種子が持つ遺伝子の組み合わせと数の比は，RR：Rr＝1：2である。RRを自家受粉させると全てRRの種子が得られ，このとき得られた種子の数の比を4とする。Rrの数はRRの数の2倍だから，Rrを自家受粉させて得られる種子の数の比は$4\times2=8$となる。よって，Rrを自家受粉させて得られる種子の遺伝子の組み合わせと数の比は，右上表より，RR：Rr：rr＝1：2：1なので，このとき得られるRR，Rr，rrの種子の数の比はそれぞれ2，4，2となる。以上より，丸い種子となるRRとRrの数の比は$4+2+4=10$，しわの種子となるrrの数の比は2となるから，丸い種子としわのある種子の数の比は，10：2＝5：1である。

⑷<科学技術>さし木は，無性生殖によってふえた新しい個体が，もとの個体とまったく同じ遺伝子の組み合わせを持つことを利用したもので，ここ数十年で進歩した遺伝子に関する科学技術を活用した例ではない。よって，適当でないものは⑤である。

6 〔地球と宇宙〕

⑴，⑵<金星の見え方>図2のように，金星の左側半分が光って見えるとき，地球から見て，太陽は金星の左側にあり，太陽－金星－地球がつくる角度が約90°になっている。よって，このときの金星は図1の⑥の位置にある。また，地球は北極側から見て，反時計回りに自転しているから，⑥の位置にある金星は，太陽が昇る前の明け方，東の空に見える(明けの明星)。

⑶，⑷<金星の見え方>21週間で，金星と地球は太陽を中心に何度動くかを考える。1年(365日)を，$365\div7=52.1\cdots$より，52週と考えると，金星の公転周期0.62年は，$52\times0.62=32.24$より，32週となるから，金星が21週間で動く角度は，$360°\times\frac{21}{32}=236.2\cdots$より，236°である。一方，地球の公転周期は52週だから，地球が21週間で動く角度は，$360°\times\frac{21}{52}=145.3\cdots$より，145°である。よって，21週で，金星－太陽－地球を結んだ中心角は，$236°-145°=91°$より，約90°大きくなる。⑵より，この観測を行ったときの金星は図1の⑥の位置にあるから，中心角が90°大きくなるとき，地球から見た金星の位置は⑧となる。よって，21週前と比べて，地球と金星の距離が大きくなったので，金星の形は欠けた部分が小さくなり，見かけの大きさは小さくなる。

7 〔化学変化と原子・分子〕

(1)＜溶質の質量＞〔溶質の質量(g)〕=〔水溶液の質量(g)〕×$\frac{\text{〔質量パーセント濃度(\%)〕}}{100}$より，質量パーセント濃度が2.5%の水酸化ナトリウム水溶液110gに含まれる水酸化ナトリウムの質量は，$110\times\frac{25}{1000}=2.75$より，約2.8gとなる。

(2)＜実験操作＞この実験は，水を電気分解する実験であるが，純粋な水には電流が流れない。よって，水に電流を流しやすくするため，少量の水酸化ナトリウムを加える。

(3)＜気体の性質＞水を電気分解すると，陰極側に水素が集まり，陽極側に酸素が集まる。水素にマッチの炎を近づけると，音を立てて燃え，水が発生する。一方，酸素に火のついた線香を入れると，線香は炎を上げて燃え，二酸化炭素が発生する。

(4)＜集まった気体の質量比＞図2より，陰極側に集まった気体(水素)と，陽極側に集まった気体(酸素)の体積比は2：1である。同体積における水素と酸素の質量比が1：16であるから，このとき集まった気体の質量比は，陰極側：陽極側＝1×2：16×1＝2：16＝1：8となる。

8〔運動とエネルギー〕

(1)＜ばねののび＞おもりをつるさないときのばねの長さは14cmだから，ばねの長さが26cmになったときのばねののびは，26－14＝12(cm)である。よって，図2で，ばねののびが12cmのときのおもりの質量を読み取ると150gなので，物体Pの質量は150gとなる。

(2)＜水圧＞水圧はあらゆる向きから物体に加わり，水の深さが深くなるほど大きくなる。よって，上面よりも下面にはたらく水圧の方が大きくなり，側面は深い所ほど水圧は大きくなる。

(3)＜浮力の大きさ＞空気中で100gのおもりにはたらく重力の大きさは，100÷100×1＝1.0(N)である。また，図3で，ばねののびは18－14＝4(cm)だから，水中で100gのおもりがばねを引く力の大きさは，図2より，50gのおもりにはたらく重力に等しく，50÷100×1＝0.5(N)である。よって，空気中のおもりにはたらく重力と水中のおもりがばねを引く力の差が浮力になるから，求める浮力の大きさは，1.0－0.5＝0.5(N)となる。

(4)＜水圧と浮力＞水圧は水の深さが深い所ほど大きくなるから，図5のA′面が受ける水圧は図6のB′面が受ける水圧より小さい。また，浮力の大きさは，水中にある物体の体積によって決まる。よって，図5も図6も直方体全体が水中に沈んでいるから，水中にある体積は等しく，浮力の大きさも等しい。さらに，同じ大きさの浮力がはたらいているとき，ばねを引く力の大きさは等しいから，図5と図6のばねののびは等しい。

2022年度／専修大学松戸高等学校（前期18日）

国語解答

一 問一　a…4　b…2　c…4
問二　ア…3　イ…1　ウ…4
問三　4　問四　1　問五　3
問六　1　問七　4　問八　2
問九　1　問十　2　問十一　3
問十二　2

二 問一　a…1　b…4　c…3
問二　ア…4　イ…1　ウ…3
問三　2　問四　1　問五　3
問六　4　問七　1　問八　1
問九　4　問十　1

三 問一　4　問二　1　問三　4
問四　4　問五　4　問六　2
問七　3　問八　1　問九　4

（声の教育社　編集部）

一〔論説文の読解―哲学的分野―人生〕出典；山崎雅弘「図太く，しぶとく，生きてゆけ」（内田樹編『ポストコロナ期を生きるきみたちへ』所収）。

≪本文の概要≫新型コロナウイルスの感染拡大という誰も予想しなかった出来事で，私たちが当たり前だと信じていたことが，実はそうではなかったことがわかった。非常事態にきちんと対応する能力を社会のリーダーたちが持っていないことや，あらかじめ用意された「正解」のない問題で答えを探すことの重要性も，明らかになった。まだ答えがない問題に対処するには，答えを探す能力を自分で高めておかなければならない。そのためには，多くの情報から有用な情報を選別する目を持ち，その問題への他国の対処にも目を向け，知性を高め，長い時間軸で物事を考える習慣をつけることが大切である。これらができると，日々の生活においても，「精神の自由」を獲得できるはずである。人間は本来，自由に考え，自由に行動する権利を持っているが，一人ひとりにとっての最適な自由の大きさは，その人の「自由を使いこなす能力」に対応している。その能力を高めるためには，上の偉い人に反抗する気持ちを持っておく必要がある。これから先，自分の中でいろいろな能力を高め，知性を高め，自由を使いこなす能力を高めていくことによって，何があろうと乗り越えることのできる図太さとしぶとさを身につけられるだろう。

問一＜漢字＞a．「一斉」と書く。1は「征伐」，2は「聖火」，3は「忠誠」。　b．「衝突」と書く。1は「水晶」，3は「奨励」，4は「昇進」または「精進」。　c．「封建的」と書く。1は「倹約」，2は「冒険」，3は「大気圏」。

問二＜接続語＞ア．「新型コロナウイルスの感染拡大という，誰も予想しなかった出来事」は，「私たちが住む社会が『当たり前』だと信じていたことが，実はそうではなかったこと」を教え，また，「社会のリーダー」たちが「感染症の拡大という非常事態にきちんと対応する能力を備えていないこと」も明らかにした。　イ．「誰も正解を知らない問題で，どんな風にして答えを探すか」という能力を高めるためには，「世の中を飛び交う情報の中から，有用な情報を選別する『目』を持つこと」が重要で，それと並んで，「日本国内だけに目を向けるのでなく，よその国がその問題にどう対処しているのかという点にも，視線を向けること」が有用である。　ウ．「無駄に思える部分を切り捨てるのが『正しい態度』である」という「単純な考え方」が，「非常事態にはまったく逆効果になってしまう場合がある」ことの例として，「同じような仕事をする保健所や医療機関がだぶっているのは『無駄だ』と決めつけて，統合や廃止を進めてきた地域」で「感染の拡大という予想外の展開に対処できず，医療体制が危機的な状況に陥って」いることが挙げられる。

問三＜文脈＞「上の偉い人に服従するたびに，心の中でそれに『反抗』する気持ちを持っておく」と，「上の偉い人の横暴な態度がエスカレートした時」に「反抗」できる。もちろん，「中には『この人なら服従してもかまわない』と思える，頼りになるリーダーも存在」する。「信頼できるリーダーの条件」はいろいろ考えられるが，自分が「服従してやってもいい」と思えるリーダーの基準を考えてみてほしい。

問四＜指示語＞日本は，過去に，リーダーたちの言うことに従って「ある方向にみんなで歩いた結果，大勢の人が戦争で死に，生き残った人も心や身体に傷を負い，家が焼かれ」て，「国としての主権」を７年間も失うという失敗をした。

問五＜文章内容＞非常事態において明らかになったことの一つは，無駄を省くことや合理化が，逆効果となる場合があることである。「選択と集中」という言葉が示す「短い時間軸で物事を考える」方法では，社会の変化や予期せぬ非常事態に対応できない可能性もあるのである（３…×）。

問六＜文章内容＞「予期せぬ非常事態」に対して，あらかじめ正しい答えが用意されているわけではない（…[3]）。前もって用意されている「正解」をたくさん覚えることが「優秀」だというのは「知識ベースの勉強」だが，「非常事態に対処する」にはそんな勉強だけでは限界がある（…[5]）。

問七＜文章内容＞「世の中を飛び交う情報の中から，有用な情報を選別する『目』を持つ」ということは，多くの情報を前にしたときに，「いったん立ち止まって『どこからどこに向けて発せられた情報なのか』や『事実の裏付けはバランスよくなされているか（特定の結論に誘導するために都合のいい事実だけを根拠にしていないか）』，『全体の一部分だけを切り取った情報ではないか』などの『信憑性（どの程度信用できるか）』を確認する」ことができる，ということである。

問八＜文章内容＞保健所や医療機関の重複を「無駄だ」と決めつけて，統合や廃止を進めてきた地域で「感染の拡大という予想外の展開に対処できず，医療体制が危機的な状況に陥って」いるという事例からは，長い目で見れば「今すぐに役に立たないものでも，いざという時に何かの役に立つかもしれない」という事実が見えてくる。

問九＜文章内容＞「精神の自由」は，「情報の真贋（本当とうそ）や信憑性を自分で判断・選別する『目』を持ち，あらかじめ用意された『正解』の知識に頼りすぎず，長い時間軸で物事を考える習慣が身に付く」ことで獲得できるものであり，「上の偉い人に物事を決めてほしい，と投げ出して」しまうと失われてしまうものである。

問十＜文章内容＞「自由という道具を使いこなす能力」を高める方法を知るために，自由の反対を考えてみると，「服従」などが思い浮かぶ。実生活では「服従という態度」をとることで「秩序や安定」が保たれる場合もあるが，「誰かに服従することしかできない人間」にならないために，「上の偉い人に服従するたびに，心の中でそれに『反抗』する気持ちを持っておくこと」が必要である。

問十一＜品詞＞「生き延びる」と「仰ぎ見る」は，上一段活用の動詞。「言い切る」は，五段活用の動詞。「告げる」は，下一段活用の動詞。「決する」は，サ行変格活用の動詞。

問十二＜要旨＞「一人一人にとっての最適な『自由の大きさ』は，その人が持っている『自由を使いこなす能力』に対応して」いる（３…×）。誰も予想しなかった非常事態への対処に関する「正解」はなく，「集団が非常事態を生き延びるために最良の形態」は，「一人一人が独立した個人として自由に物事を考え，それぞれの持つ能力を活かしてアイデアを出し合い，みんなで対等に『いちばんましな答え』を探し出すこと」である（２…○）。「世界の歴史」を見ると，「一人一人は弱い力しか」持たなくても，皆で「反抗という考え方」をつなぎ合わせて大きな力に変え，「支配者」による理不尽な横暴を打ち砕くことができたとわかる（１…×）。「人生の過去は予備であり，本舞台は未来にあり」という言葉が示すように，「未来」に向けて「自分の中でいろいろな能力を高め，知識だけでなく知性を高め，自由を使いこなす能力を高めていくことで，何があろうと乗り越えることのできる『図太さ』と『しぶとさ』を身に付けられる」だろう（４…×）。

二〔小説の読解〕出典；原田マハ『群青　The Color of Life』。

問一＜熟語の構成＞ａ．「注力」と「閉会」は，下の字が上の字の目的語である熟語。「混乱」は，似た意味の字を組み合わせた熟語。「美化」は，修飾－被修飾の関係にある熟語。「明暗」は，反対の意味の字を組み合わせた熟語。　ｂ．「巨匠」と「好機」は，修飾－被修飾の関係にある熟語。「緩急」は，反対の意味の字を組み合わせた熟語。「未熟」は，上の字が下の字を打ち消す熟語。「退院」は，下の字が上の字の目的語である熟語。　ｃ．「静寂」と「永久」は，似た意味の字を組み合わせた熟語。「予測」は，修飾－被修飾の関係にある熟語。「不備」は，上の字が下の字を打ち消す熟語。「県営」は，主語－述語の関係である熟語。

問二．ア＜四字熟語＞「八面六臂」は，多くの面で大活躍すること。　イ＜語句＞「食い下がる」は，粘り強く相手と争ったり自分の考えを述べたりする，という意味。　ウ＜語句＞「権威」は，その分野で最高であると人々に認められていること。

問三＜文章内容＞Ａ．前任者が「病気で亡くなっている」ため，アネットは，「ドクター」という言葉には感じやすかった。　Ｂ．「花形プレイヤーがワークショップの講師として参加するのは，よっぽど珍しいことだった」ので，美青は，アーノルドが講師を務めることを了承したと聞いたときは，信じられなかった。　Ｃ．アーノルドと一緒にワークショップを開けると思うと，美青は，希望や期待で胸がどきどきした。

問四＜心情＞ページの端から端までていねいに本を眺めている女の子の姿は，「見る，という行為を純粋に人間のかたちにしたよう」で，美青は強く感動させられた。

問五＜心情＞パメラの母親は，パメラが「いずれまったく視力を失う」ことを予測はしていた。しかし，美青に「障害を持つ子供たちのため」のワークショップに誘われると，「見えてない」わけではないパメラを「障害者」扱いされたと思い，怒りで指先を震わせた。

問六＜心情＞美青は，「近い将来，視力を失う」ことを知ると，「口を，耳を，手を，足を奪われるのではなく，どうして目なの？」と思い，「絶望の嵐」に襲われた。「アートが好き」で，両親を日本に残して美術館の仕事をしている美青にとって，視力を失うことは，絶望的なことだったのである。

問七＜心情＞美青は，「子供の頃からアートが好き」で「メトが大好き」で，「美術館で働くため」に勉強も競争もし，「大好きなアートの，より近くで生きていくため」に両親を日本に残して「勝手気ままに生きて」きた。しかし，自分には，パメラのように「没頭」して「ていねいに，ゆっくりと」絵を味わうというような，「『見る』ことへの情熱」を持って絵に接したことがないと気づき，美青はパメラのようにありたいと思っている。

問八＜品詞＞副詞は，主に用言を修飾する自立語で，「ふと」と「ぼんやりと」が副詞である。

問九＜心情＞美青は，子どもの頃に，ピカソが描いた「盲人」が好きな飲み物を手にして「元気を出してくれますように」と願ったことを思い出した。そして，今，アーノルドの話を聞きながら，ピカソの励ましのメッセージを再認識し，視力を失う自分たちにも希望がもたらされるように感じた。

問十＜文章内容＞アネットは厳しいが，美青の話を聞いて美青の願望を聞き入れ，タイトルの変更を認めた（1…○）。アーノルドは，「どの作品を解説するか」を自分で決め，反対するアネットに対しても自分の意見を述べた（2…×）。パメラの母親は，以前会ったときは美青を責めたので，ワークショップで美青に会うと「少し気まずそうな笑顔を作った」が，美青の方は「来てくださったんですね」と声を弾ませた（3…×）。パメラの母親によれば，パメラは「どうしても美術館に行ってみたい」し，パメラに関心を持った美青にも会いたいと言った（4…×）。

三〔古文の読解―説話〕出典；『古今著聞集』巻第六，二五五。

≪現代語訳≫源義光は豊原時元の弟子である。時秋がまだ幼かったとき，時元は亡くなってしまったので，大食調入調の秘曲は時秋には伝授せず，義光には確かに教えてあった。／陸奥守義家朝臣が，永保年中に武衡・家衡を攻めたとき，義光は京でお仕えしていてその合戦のことを伝え聞いた。いとまを申し出て京から合戦の地へ行こうとしたが，お許しがなかったので，兵衛の尉を辞めると申し上げて，陣に弦袋を返してはせ下った。近江の国の鏡の宿に着いた日，薄い藍色の公家の略服と略服用の袴を着用して，烏帽子を深くかぶった男が，遅れまいとはせ来た。不審に思って見ると，豊原時秋である。「あなたはどうしたのか。何をしに来たのか」と問うと，これといった説明はしないで，「ただお供申し上げようと思いまして」とだけ言った。義光が，「このたびの下向は，緊迫した事態があってはせ下るのだ。お連れしたい気持ちはあるが，今回はそうはできない」と，しきりに制止するのを(時秋は)聞かず，強引につき従った。しかたなく一緒に下って，とうとう足柄の山まで来てしまった。その山で義光は馬を控えて，「お止め申したのに，お聞き入れにならずこれまでついてこられたことは，その志は浅くない。しかしながらこの山では，きっと関所も厳しくて，簡単には通さないだろう。義光は公務を辞退申して都を出たときから，命を捨てる覚悟で下向しているので，どんなに関所が厳しくてもかまわない。駆け抜けよう。あなたにはその必要がない。すぐにここからお帰りください」と言うが，時秋はやはり聞き入れない。また何も言わない。そのとき，義光は，時秋の思いを悟って，静かな所に寄って馬から下りた。人を遠ざけて，柴を切り払って楯二枚を敷いて一枚には自分が座り，もう一枚には時秋を座らせた。腰につけた矢入れから一枚の紙の文書を取り出して，時秋に見せた。「(あなたの)父の時元が自筆で書いた大食調入調の秘曲の譜です。笙はお持ちですか」と，時秋に問うと，「ございます」と言って，ふところから取り出したその用意のほどは，まずはすばらしいことだった。そのとき，「これまであとをついてきた意図は，きっとこの理由でございましょう」と言って，すぐに入調の曲を伝授した。「義光はこのような大事によって下向するので，身の安否はわからない。もし安泰なら都でお目にかかりましょう。あなたは豊原の代を重ねた演奏家で，朝廷が必要とする人物です。私に恩義をお感じなら，すぐに京へ帰って道に専念されるのがよい」と，何度も言ったので，(時秋は)納得して京へ上った。

問一＜古文の内容理解＞義光が鏡の宿に着くと，「花田のひとへ狩衣に襖袴きて，引入烏帽子したる男」が，遅れまいと来たので，義光が，不思議に思って見ると，それは時秋だった。そこで，義光は，時秋に，「あれはいかに。なにしに来たりたるぞ」と尋ねた。

問二＜古文の内容理解＞義光は，合戦のことを伝え聞き，いとまを申し出て，自分もその合戦の地へ行こうとした。

問三＜現代語訳＞「とかく」は，あれやこれや，という意味。何をしに来たのか問われた時秋は，特にこれという理由は言わなかった。

問四＜古文の内容理解＞義光は，時秋を連れていきたい気持ちはあるが，今回の下向は合戦という緊迫した事態があるからで，時秋を連れていくわけにはいかない，と言った。

問五＜古文の内容理解＞義光は，自分は職を辞して都を出たときから命はないものと思って来ているので，関所が厳しくても駆け抜けようと思っているが，時秋にはその必要はないと言った。

問六＜古文の内容理解＞義光は，馬から下りて人を遠ざけ，時秋に大食調入調の秘曲を伝授した。時秋がついてきたのはその曲を伝授してほしいからであることを，義光は察知したのである。

問七＜古文の内容理解＞義光が笙は持っているかと時秋に問うと，時秋は，ふところから笙を取り出した。それを見て，義光は，「豊原数代の楽工」としてすばらしいことだと感心した。

問八＜古文の内容理解＞「心ざし」は，思い，気持ち，意図などの意味を持つ語。ここでは，秘曲を伝授した義光に恩を感じて感謝する気持ちをいう。

問九＜古文の内容理解＞義光は，帰るように言っても聞き入れない時秋の意図を察して，人を遠ざけて，時秋と一緒に座り，秘曲の譜を取り出して，時秋に秘曲を伝授した(4…×)。

Memo

2021年度 専修大学松戸高等学校（前期17日）

【英　語】（50分）〈満点：100点〉

1　リスニング試験〈編集部注：放送文は未公表につき掲載してありません。〉

1．それぞれの対話を聞いて，最後の発言に対する最も適切な応答を1つ選び，その番号をマークしなさい。対話はそれぞれ2回放送されます。

(1)　①　No, they were sleeping well.　No problem.
　②　No, one of the babies was moving a lot and drinking her mother's milk well.
　③　Yes, but the mother cat was a little tired.
　④　Yes.　One is small, but the other is big.

(2)　①　Where is he going to play tennis on the day？
　②　Can I play tennis with you this Sunday？
　③　Is he？　My brother plays tennis better than I.
　④　I'd like to play it with your brother someday.

(3)　①　OK.　Please go straight down the street.
　②　Oh, I should go along this street, right？
　③　Oh, no.　I cannot tell you the way.
　④　Wow.　Can I walk there tomorrow？

2．英文を聞いて，後に続く質問の解答として最も適切なものを1つ選び，その番号をマークしなさい。英文と質問はそれぞれ2回放送されます。

(1)　①　He's going to give the foreign students a school tour after he meets Mr. Jones.
　②　He's going to take the foreign students to the library before visiting the computer room.
　③　He's going to use computers with the foreign students and dance in the gym.
　④　He's going to show the foreign students around three places and then have lunch with them.

(2)　①　Three will.　②　Four will.
　③　Five will.　④　Six will.

2　次のスーパーボウル（Super Bowl）に関する英文を読んで，以下の問題に答えなさい。

Have you ever heard of the Super Bowl？　It is the championship game of the National Football League in America.　In 2020, it was played by teams from San Francisco and Kansas City.　It was a very exciting game！　Some people in Japan are very interested in American football, but it is not as (　1　) as baseball or soccer.　And of course most countries in the world call soccer "football." Though American football is very popular in the United States, there are a lot of people (　　2　　). But many of these same people still watch the Super Bowl every year.　They go to Super Bowl parties with groups of people, or watch it in their own houses.　[　①　]　In 2020, about 102 million people watched the Super Bowl.　But why？　If they don't enjoy the sport, why do they watch the championship game？

The answer is that they aren't really watching the game as much as they are watching something else：the commercials！　Are you surprised？　Commercials are important for us because we cannot watch TV programs for free without them, but usually we don't like them. This is because they stop the TV programs we are watching and we have to wait for a while. They are often boring, or tell us about products or services that we do not want or need. Many people use the *restroom or go to the kitchen during the commercial breaks, but this is (3) to do during the Super Bowl! This is because the commercials during the Super Bowl are special. They are usually very *creative and often make us laugh. Most of them are seen for the first time during the Super Bowl, so they are interesting for that reason, too. Because so many people watch the Super Bowl, commercial time is very expensive. One 30-second commercial cost $5 million in 2020. [②] That's about 600,000,000 yen! Because these commercials are so expensive, companies work hard to make the best commercial. Actually, they are so good that even if *viewers have no interest in the products or services they *advertise, they can still enjoy them. The commercials *provide entertainment!

(4)

ア. Most of the commercials used jokes to keep the viewers' attention, but some of them also used *heartwarming or sad stories.

イ. This is because they are not only interesting, but also because they tell us a lot about American culture in the year 2020.

ウ. Even though the Super Bowl is over, people all around the world continue to watch the commercials.

エ. During the 2020 Super Bowl, there were commercials for things like cars, chocolate, pizza delivery, smartphone service, beer, and so on.

One commercial shows many kinds of *electronic devices talking to each other. It shows us that many American homes are full of new technology. The robot *vacuum cleaner, washing machine, and even toothbrush are all talking to each other. Can you guess what the commercial is for? Maybe a battery? No! It is for a kind of taxi service. Because many people drink *alcohol during the Super Bowl, the taxi service can get them home safely. It is difficult to explain the *connection between the electronic devices and the taxi service, but it *makes sense if you understand the commercial! [③]

Another commercial tells us about a chocolate bar that has peanuts, caramel, and peanut butter. Many people have not heard of this chocolate bar, so the main character in the commercial *teases them by using popular English *idioms. These idioms all have the same meaning: the people are *ignorant—they don't know about this product, but they should. Here are some examples: "Where have you been? Under a rock?" "What, were you born yesterday?" "Were you raised by wolves?" "Are you clueless?" "Is your head in the sand?" "Are you from another planet?" After each idiom, a character is shown and the character *acts it out. It is quite funny.

Did you know all of these idioms already? [④] Maybe you learned something new by reading about this commercial. We often talk about (5) by watching movies or TV shows, or by listening to music, or by reading books or comics, but how about studying English by watching commercials? They are short, so we can understand the meaning without spending a lot of time on them. It feels good to watch something and understand it well! We can learn new words, new ways to use them, and even little things about culture! Why don't you check online for videos of the 2020 Super Bowl commercials? You may not become an American football fan, but you will learn something and have fun, too! Just try not to spend too much money on chocolate bars and pizza!

（注） ＊restroom トイレ ＊creative 創造的な ＊viewer 視聴者 ＊advertise 宣伝する
＊provide ～ ～を提供する ＊heartwarming 心温まる ＊electronic device 電子機器
＊vacuum cleaner 掃除機 ＊alcohol お酒類 ＊connection 関係
＊make sense 理にかなっている ＊tease ～ ～をからかう ＊idiom 熟語
＊ignorant 無知な ＊act ～ out ～を実演する

問１ 空欄（１）に入れるのに最も適切なものを①～④から１つ選び，その番号をマークしなさい。

① interested ② difficult ③ popular ④ easy

問２ 空欄（２）に入れるのに最も適切なものを①～④から１つ選び，その番号をマークしなさい。

① who don't enjoy it ② who like to watch it
③ who don't visit it ④ who play it

問３ 空欄（３）に入れるのに最も適切なものを①～④から１つ選び，その番号をマークしなさい。

① easier ② more important ③ more useful ④ harder

問４ [（4）] 内のア～エの文を文脈が通るように並べかえたとき，順番として最も適切なものを①～④から１つ選び，その番号をマークしなさい。

① イ－ア－エ－ウ ② イ－エ－ウ－ア
③ エ－ア－イ－ウ ④ エ－ア－ウ－イ

問５ 空欄（５）に入れるのに最も適切なものを①～④から１つ選び，その番号をマークしなさい。

① how we can study English ② who can study English
③ why we can study English ④ when we can study English

問６ 次の英文を入れるのに最も適切な位置を，本文中の [①] ～ [④] から１つ選び，その番号をマークしなさい。

It is very creative!

問７ 本文の内容に合うものを①～④から１つ選び，その番号をマークしなさい。

① In 2020, more than two hundred million people watched the Super Bowl.
② Many commercials are usually very interesting, so many people want to watch them.
③ Commercials are important, so we have to pay for watching TV programs.
④ Learning many English idioms in commercials is one good way to study English.

問８ 本文の内容について，(1)，(2)の質問に対する答えとして最も適切なものを①～④からそれぞれ１つずつ選び，その番号をマークしなさい。

(1) What is NOT true about the commercials during the Super Bowl?
① They are usually very creative and funny.
② Most of them are seen for the first time during the Super Bowl.
③ These commercials are so expensive that many companies don't want to make them.
④ Because they are so good, people who aren't interested in the products can also enjoy them.

(2) What is the good point for learning English by watching commercials?
① Because they show us that many American homes are full of new technology, we can learn about what is new in America.
② Because they are short, we don't have to spend a lot of time trying to understand.
③ They use many idioms which have almost the same meaning.
④ We don't have to spend a lot of money on chocolate bars and pizza.

3 次の聡(Satoshi)に関する英文を読んで，以下の問題に答えなさい。

Satoshi moved to the United States with his family when he was fourteen. It was in late summer. His father's new job was working as a doctor in a hospital in *Philadelphia, *Pennsylvania. They lived in a small town west of the city. The town was called Media. It had many small shops and it was a very clean town.

Satoshi's father rode the train to his hospital every weekday. It took about one and a half hours. He was very surprised at first. In Japan, trains always run *on time. In Media, the trains never ran on time. The *conductors on the Media-Philadelphia Line were much older too and were not so polite. But Satoshi's father *became used to the regular trip to his hospital.

【 (1) 】 All the signs were in English. His school was far away, and students under 16 took a school bus to school. The bus was dark yellow, and the name of the school and the bus number were written on the side of the bus in big black letters.

Mr. and Mrs. Anderson were Satoshi's family's neighbors. They had a daughter called Susan. She was also a junior high school student and went to the same school as Satoshi, so Satoshi was happy to know her, and she helped him a lot.

On the first day of Satoshi's school, Susan came to Satoshi's house at 7:10 in the morning and took him to their bus stop. Satoshi and Susan took Bus No. 33. The bus came at 7:15. The driver's name was Ike, and he was very kind and friendly. The trip to school was long. It took thirty minutes from the bus stop to school, but Satoshi was happy to talk with Susan on the bus, and Susan introduced him to some of her friends on the bus. He soon made many friends. Everyone was interested in Japanese *manga* and *anime*, so Satoshi became very popular in his new school.

Satoshi was very interested in the road signs. They all had big numbers. *Federal roads had signs that were red, white, and blue. The American flag colors are red, white, and blue, too. *State roads had smaller signs that were dark blue and orange. The Pennsylvania flag is also dark blue and orange. Satoshi was interested in the *relationship between the signs and flags. He was also interested in one special sign. It was a red, white, and blue sign. It said "*Route 1," and it was the road in front of his own house. One day, Satoshi asked Susan about the road. Then, she explained that it was part of the oldest road in America. She said, "It goes along the *east coast. It is 2,100 km long. It was built before the United States became a country in 1776. The government started to build the road in 1650, and it was finished after eighty-five years. This was during the Edo Period in Japan. The part of this road that goes through Media is called *Baltimore Pike." "You know about the road very well. Do you know something about the road signs, too ?" Satoshi said. Then, Susan said to him, "Yes, I do. The road signs are very important both for people driving and for people walking. US roads with *odd numbers go from north to south, and roads with *even numbers go from east to west. This number system also helps people who are *lost because 【 (2) 】" Satoshi was very surprised when he heard this. After talking with Susan, Satoshi became more interested in the road signs and checked the Internet to learn about them. Then, he had another question about numbers in the United States. He thought, "In Japanese cities two or three houses next to each other often had the same address number. In this town, my address number is '113 East Street,' and Susan's address number is '115,' but they are next to each other on the same side of the street. Why ?" He wanted to know the reason and asked his father about it. He said, "On streets going east to west, address numbers are odd numbers on the south side of the street like our houses, and even numbers on the north side of the street. On streets going north to south, address numbers are odd numbers on the east side of the street, and even numbers on the west side of the street. This system started in Philadelphia many years ago because it helped people to find houses and buildings easily. Many other American cities decided to copy this system for the same reason." Satoshi said, "Did they ? I didn't know Philadelphia is such a great city. I want to learn many more things here in my new town !"

（注） *Philadelphia　フィラデルフィア市　*Pennsylvania　米国ペンシルベニア州
*on time　時間通りに　*conductor　車掌　*become used to ～　～に慣れる
*federal　連邦の　*state　州の　*relationship　関係　*Route 1　連邦道１号
*east coast　東海岸　*Baltimore Pike　ボルティモア街道　*odd　奇数の
*even　偶数の　*lost　道に迷った

問１　本文の内容について，(1)～(5)の質問に対する答えとして最も適切なものを①～④からそれぞれ１つずつ選び，その番号をマークしなさい。

(1) Which sentence is the best to put in 【(1)】?
① Satoshi also became used to his new life.
② Everyone in Satoshi's family had to ride trains.
③ Everything was new to Satoshi.
④ Satoshi missed his life in Japan.

(2) Which is the best to put in 【(2)】?
① the road sign numbers tell people which way to go.
② it helps people to find their buses easily.
③ everybody can read the road numbers.
④ it has been used by many American people.

(3) What time did Satoshi arrive at his school on his first day ?
① He arrived there at 7:30.
② He arrived there at 7:35.
③ He arrived there at 7:40.
④ He arrived there at 7:45.

(4) Why could Satoshi make many friends soon in his new school ?
① Because Susan introduced him to her good friends.
② Because Japanese *manga* and *anime* were very popular in his school.
③ Because he spoke with Susan a lot on the bus.
④ Because the bus driver was very kind and friendly to him.

(5) What is "Route 1" ?
① It is part of the oldest road going from east to west across the US.
② It is part of the longest road built during the Edo Period.
③ It is the oldest federal road and goes along the east coast.
④ It is one of the most famous state roads on the east coast.

問２　本文の内容に合うものを①～⑧から３つ選び，その番号をマークしなさい。
① Satoshi lived in the US because his father started working there.
② Satoshi was very surprised to hear that trains in the US came on time like Japan.
③ Satoshi was really interested in the road signs and numbers in the US.

④ Susan was not kind to Satoshi at first, so he felt sad.

⑤ "Route 1" was started in 1776, and it took eighty-five years to finish building.

⑥ The US roads with odd numbers go from east to west, and even numbers go from north to south.

⑦ On streets going north to south, address numbers on the west side of the street are even numbers.

⑧ The road number system in Philadelphia was not very useful, so many cities in the US didn't want to copy it.

4 次の各文の(　)に最も適する語(句)を①〜④から１つ選び，その番号をマークしなさい。

(1) He runs faster than (　　　　) in his class.

① any other boys　② any other boy

③ no other boys　④ no other boy

(2) I hope that she (　　　　) Australia without much trouble.

① will arrive in　② arrives at

③ arrives to　④ would arrive to

(3) What is the best (　　　　) impress many people ?

① reason at　② result in

③ wish of　④ way to

(4) What milk is this cheese (　　　　)?

① cooked of　② changed into

③ made from　④ brought into

(5) He wanted to have a lot of good experiences (　　) he was young.

① so　② when　③ once　④ if

5 次の各日本文の内容を表すように，(　)内の語(句)を並べかえたとき，空所［1］〜［12］に入る語(句)の番号をマークしなさい。ただし，不要な語が１語ずつあります。

(1) 昨日私が聞いた歌は，私を幸せにしてくれたよ。

The song ＿＿ ＿＿ ［1］ ＿＿ ［2］ ＿＿ ＿＿.

(① listened　② became　③ happy　④ to　⑤ me　⑥ yesterday　⑦ I　⑧ made)

(2) そのサッカーの大会には毎回，100か国以上の国々が参加しているんだ。

More ＿＿ ［3］ ＿＿ ［4］ ＿＿ ＿＿ ＿＿ time.

(① join　② the soccer tournament　③ than　④ in　⑤ 100 countries　⑥ part　⑦ every　⑧ take)

(3) この部屋のパソコンは全く作動しないかもしれない。

The computer ＿＿ ＿＿ ＿＿ ［5］ ＿＿ ［6］ ＿＿ all.

(① this　② out　③ at　④ not　⑤ in　⑥ room　⑦ work　⑧ may)

(4) 僕は有名な野球選手に会えてとても興奮したよ。

I ＿＿ ＿＿ ［7］ ＿＿ ［8］ ＿＿ baseball player.

(① so　② famous　③ see　④ excited　⑤ because　⑥ to　⑦ was　⑧ a)

(5) 彼は若い頃からずっと，困っている人たちを助けてきたんだ。

He ____ [9] ____ ____ [10] ____ ____ was young.

（① helped　② since　③ need　④ people　⑤ has　⑥ who　⑦ he　⑧ in）

(6) あなたの住む町がどれくらい美しいかを他の人々に教えることができますか。

Can you show ____ ____ [11] ____ ____ ____ [12] ?

（① people　② town　③ how　④ much　⑤ is　⑥ beautiful　⑦ other　⑧ your）

6 次の各文について，下線を引いた部分に誤りのある箇所をそれぞれ①～④から１つずつ選び，その番号をマークしなさい。ただし，誤りのある箇所がない場合は，⑤をマークしなさい。

(1) ①I asked my mother ②to make big lunch ③for our party ④on the second Sunday next month. ⑤誤りなし

(2) ①These days my English was ②getting better, ③thanks to a program ④held in April. ⑤誤りなし

(3) ①My mother bought a cute bag ②with many pockets ③to me ④last Saturday. ⑤誤りなし

(4) ①If you know, ②can you tell me ③where Mr. Brown lived ④before come to Japan ? ⑤誤りなし

(5) ①I think it is necessary ②for students ③to learn how to solve ④many different kinds of problems. ⑤誤りなし

(6) ①He has twice ②as many as books I have, ③but I have ④more CDs than he does. ⑤誤りなし

【数　学】　(50分)　〈満点：100点〉

（注意）　1．問題文中の $\boxed{\text{アイ}}$，$\boxed{\text{ウ}}$ などの $\boxed{}$ には，特に指示がないかぎり，数値が入ります。これらを次の方法で解答用紙の指定欄に解答しなさい。

(1)　ア，イ，ウ，…の一つ一つは，それぞれ0から9までの数字のいずれか一つに対応します。それらを，ア，イ，ウ，…で示された解答欄にマークしなさい。

(2)　分数形で解答が求められているときは，既約分数で答えなさい。例えば，$\dfrac{\boxed{\text{ウエ}}}{\boxed{\text{オ}}}$ に $\dfrac{25}{3}$ と答えるところを $\dfrac{50}{6}$ と答えてはいけません。

(3)　比の形で解答が求められているときは，最も簡単な自然数の比で答えなさい。例えば，2：3と答えるところを4：6と答えてはいけません。

(4)　根号を含む形で解答が求められているときは，根号の中に現れる自然数が最小となる形で答えなさい。例えば，$\boxed{\text{カ}}\sqrt{\boxed{\text{キ}}}$ に $4\sqrt{2}$ と答えるところを $2\sqrt{8}$ と答えてはいけません。

2．定規，コンパス，電卓の使用は認めていません。

1　次の問いに答えなさい。

(1)　$\dfrac{5}{\sqrt{60}}-\sqrt{30}\div\dfrac{3}{\sqrt{98}}$ を計算すると，$-\dfrac{\boxed{\text{ア}}\sqrt{\boxed{\text{イウ}}}}{\boxed{\text{エ}}}$ である。

(2)　x，y についての連立方程式 $\begin{cases}ax+by=17\\3x+2y=-6\end{cases}$ と $\begin{cases}bx-ay=19\\5x-2y=-26\end{cases}$ の解が等しくなるとき，$a=-\boxed{\text{ア}}$，$b=-\boxed{\text{イ}}$ である。

(3)　2次方程式 $x^2-8x-3=0$ の2つの解を m，$n(m>n)$ とするとき，$m-n=\boxed{\text{ア}}\sqrt{\boxed{\text{イウ}}}$ である。

(4)　関数 $y=ax-3a$ について，x の増加量が2のときの y の増加量は5である。
この関数で，$x=7$ のとき，$y=\boxed{\text{アイ}}$ である。

(5)　$\sqrt{24}$ の小数部分を a とするとき，$(a+1)^2=\boxed{\text{アイ}}-\boxed{\text{ウエ}}\sqrt{\boxed{\text{オ}}}$ である。

(6)　次の図のように，線分ABを直径とする円Oの周上に点Cがある。
点Cをふくまない $\overset{\frown}{\mathrm{AB}}$ 上に，$\overset{\frown}{\mathrm{AD}}:\overset{\frown}{\mathrm{DB}}=3:2$ となるように点Dをとり，線分ABと線分CDとの交点をEとする。
$\angle\mathrm{BAC}=24^\circ$ のとき，$\angle\mathrm{BEC}=\boxed{\text{アイ}}^\circ$ である。

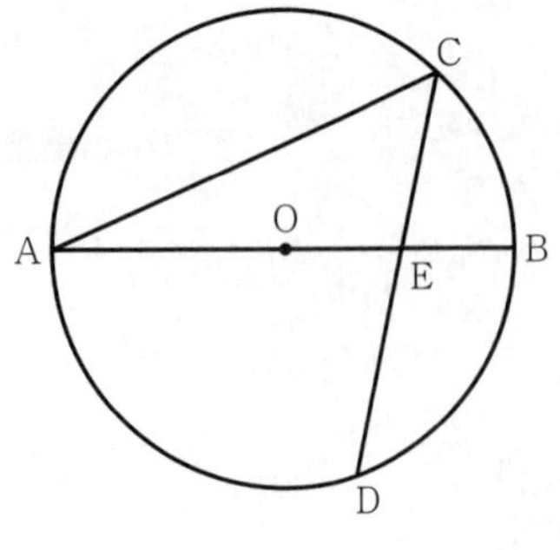

2 次の問いに答えなさい。

(1) 袋の中に，同じ大きさの赤玉2個，白玉3個，青玉1個の合わせて6個の玉が入っている。この袋の中から玉を同時に2個取り出す。

① 赤玉が出ない確率は，$\dfrac{\boxed{ア}}{\boxed{イ}}$ である。

② 6個の玉それぞれについて，赤玉には2点，白玉には1点，青玉には0点の点数をつける。

取り出した2個の玉の点数の合計が2点になる確率は，$\dfrac{\boxed{ウ}}{\boxed{エ}}$ である。

(2) あるクラスの生徒40人を対象に，夏休みに読んだ本の冊数を調査し，右の表にまとめた。

この結果，中央値は4.5冊，平均値は4.9冊であった。

① $x=\boxed{ア}$ である。

② $y=\boxed{イ}$，$z=\boxed{ウ}$ である。

冊数(冊)	人数(人)
1	3
2	6
3	4
4	x
5	y
6	z
7	4
8	5
9	3
合計	40

3 右図のように，放物線 $y=\dfrac{1}{2}x^2$ 上に，2点A，Bがあり，x 座標はそれぞれ -3，2である。

x 軸上にあり，x 座標が4である点をCとし，直線ABと y 軸との交点をDとする。

線分OD上に点Pをとり，点Pの y 座標を t とする。

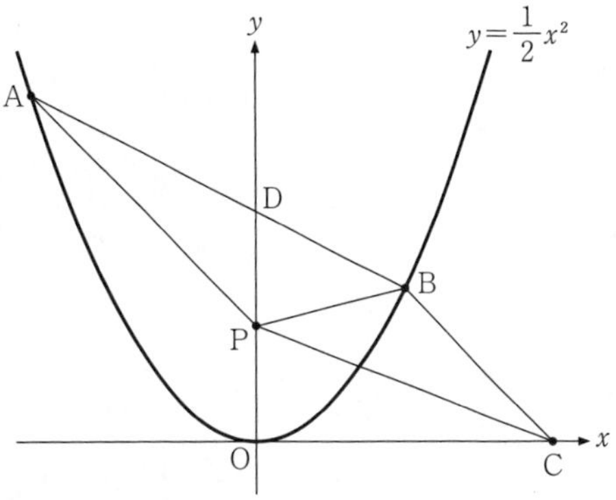

(1) 直線ABの式は，$y=-\dfrac{\boxed{ア}}{\boxed{イ}}x+\boxed{ウ}$ である。

(2) △ABPの面積を t を使って表すと，$\dfrac{\boxed{エ}}{\boxed{オ}}(\boxed{カ}-t)$ となる。

(3) △ABPの面積と△CBPの面積が等しいとき，$t=\dfrac{\boxed{キ}}{\boxed{ク}}$ である。

4 右図のように，AB＝6cm，AD＝4cm，∠ABC＝60°の平行四辺形ABCDの辺BCの中点をMとする。

また，辺CD上に，∠BAM＝∠DAEとなるように点Eをとり，線分AEと線分DMとの交点をFとする。

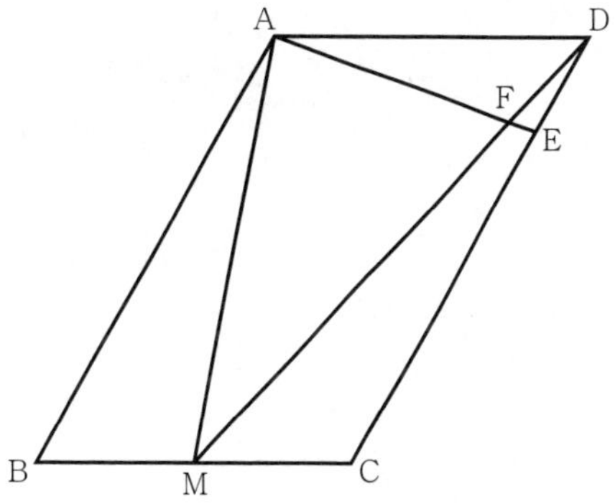

(1) DE＝$\dfrac{\boxed{ア}}{\boxed{イ}}$cm である。

(2) DF：FM＝$\boxed{ウ}:\boxed{エ}$ である。

(3) △AFMの面積は，$\dfrac{\boxed{オカ}\sqrt{\boxed{キ}}}{\boxed{ク}}$cm² である。

5 右図のように，8 cm の線分 AB を直径とする円Oを底面とし，CA＝12cm を母線とする円すいと，その円すいに内接する球Sがある。

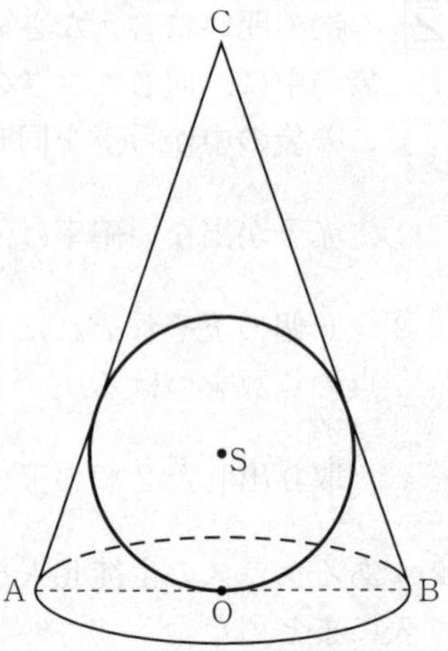

(1) CO＝$\boxed{\text{ア}}\sqrt{\boxed{\text{イ}}}$ cm である。

(2) 球Sの半径は，$\boxed{\text{ウ}}\sqrt{\boxed{\text{エ}}}$ cm である。

(3) 円周率を π とする。この円すいを，底面に平行で球Sと接する平面で2つに分けるとき，円Oをふくむ立体から球Sを取り除いた立体の体積は，$\boxed{\text{オカ}}\sqrt{\boxed{\text{キ}}}\,\pi\text{cm}^3$ である。

【社　会】（50分）〈満点：100点〉

1　次の文章を読み，あとの(1)～(4)の問いに答えなさい。

豊かな自然に囲まれた千葉県では，海の幸・山の幸・里の幸が豊富であり，産地ならではの風土を活かした$_{\text{a}}$郷土料理が多く受け継がれています。中でも，$_{\text{b}}$冠婚葬祭などの集まりの際につくられることが多い「太巻き寿司」は，千葉県を代表する$_{\text{c}}$伝統的な料理の一つであり，古くからその時代に応じて中の具となる農作物や$_{\text{d}}$海産物を変化させており，広く県民に愛されているふるさとの味です。

(1)　下線部ａに関連して，資料１，２は，食文化を継承することに関する意識調査の結果である。あとのⅠ～Ⅳの文のうち，資料１，２から読み取れることについて正しく述べているものはいくつあるか。最も適当なものを，下のア～エのうちから一つ選び，マークしなさい。

資料１　食文化の継承

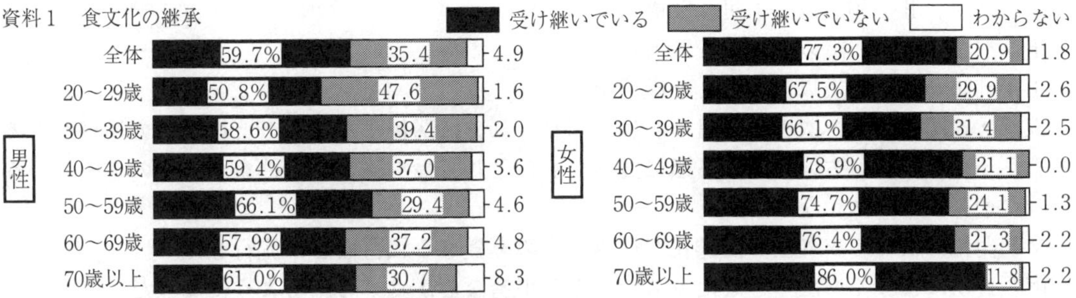

資料２　食文化を継承するために必要なこと（複数回答）

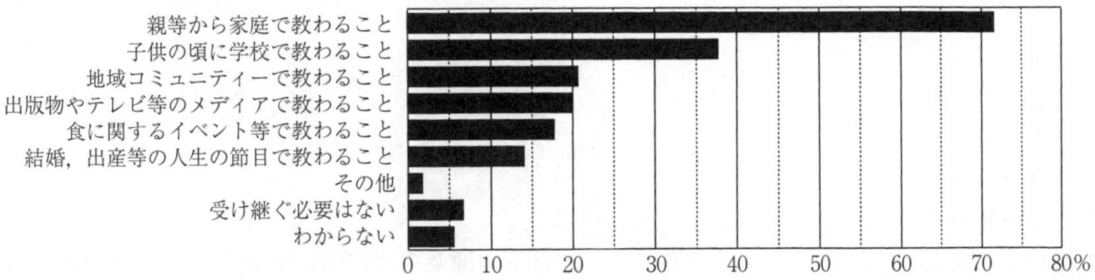

（資料１，２は農林水産省「食育に関する意識調査」より作成）

Ⅰ　食文化を「受け継いでいる」と回答した割合は，すべての年代において，男性よりも女性の方が高くなっており，食文化を継承するために必要なことについて，「子供の頃に学校で教わること」と回答した割合は「出版物やテレビ等のメディアで教わること」と回答した割合の２倍以上である。

Ⅱ　食文化を「受け継いでいない」と回答した割合は男性全体では３分の１以上，女性全体では５分の１以下で，食文化を継承するために必要なことについて，「親等から家庭で教わること」と「地域コミュニティーで教わること」と回答した割合の差は50％以上である。

Ⅲ　食文化を「受け継いでいる」と回答した割合は，男女とも，20～39歳では全体よりも低くなっており，食文化を継承するために必要なことについて，「食に関するイベント等で教わること」と「結婚，出産等の人生の節目で教わること」と回答した割合の合計は30％以上である。

Ⅳ　食文化を「受け継いでいない」と回答した割合は，男女とも，全体では「受け継いでいる」と回答した割合の半分以下で，食文化を継承するために必要なことについて，「受け継ぐ必要はない」と回答した割合は５％以上である。

ア　一つ　　イ　二つ　　ウ　三つ　　エ　四つ

(2)　下線部ｂに関連して，冠婚葬祭の一つには成人式があるが，成年年齢の引き下げなどについてまとめた次の文章中の Ⅰ ～ Ⅲ にあてはまる語の組み合わせとして最も適当なものを，あとのア

～カのうちから一つ選び，マークしなさい。

2018年に［ Ⅰ ］が改正されたことにより，2022年４月１日から成年年齢が20歳から18歳に引き下げられる。一方，選挙権年齢については，2015年の公職選挙法の改正により，2016年から18歳以上の国民に与えられるようになった。被選挙権については変わらず，地方議会議員は［ Ⅱ ］，市(区)町村長は［ Ⅲ ］の住民に与えられている。

ア　Ⅰ：民法　Ⅱ：30歳以上　Ⅲ：30歳以上
イ　Ⅰ：民法　Ⅱ：25歳以上　Ⅲ：30歳以上
ウ　Ⅰ：民法　Ⅱ：25歳以上　Ⅲ：25歳以上
エ　Ⅰ：刑法　Ⅱ：30歳以上　Ⅲ：30歳以上
オ　Ⅰ：刑法　Ⅱ：25歳以上　Ⅲ：30歳以上
カ　Ⅰ：刑法　Ⅱ：25歳以上　Ⅲ：25歳以上

(3)　下線部ｃに関連して，次のⅠ～Ⅲの文は，それぞれ食に関係するできごとについて述べたものである。Ⅰ～Ⅲを年代の**古いものから順に**並べたものとして最も適当なものを，あとのア～カのうちから一つ選び，マークしなさい。

Ⅰ　文明開化によって衣食住の西洋化が進み，牛鍋を食べる風習などが流行した。
Ⅱ　南蛮貿易によってもたらされたカステラや金平糖などが食べられるようになった。
Ⅲ　すしや天ぷらなどが広く食べられるようになり，葛飾北斎が人々の食事の風景を描いた。

ア　Ⅰ→Ⅱ→Ⅲ
イ　Ⅰ→Ⅲ→Ⅱ
ウ　Ⅱ→Ⅰ→Ⅲ
エ　Ⅱ→Ⅲ→Ⅰ
オ　Ⅲ→Ⅰ→Ⅱ
カ　Ⅲ→Ⅱ→Ⅰ

(4)　下線部ｄに関連して，次のⅠ～Ⅳの文のうち，日本の漁業などについて正しく述べているものはいくつあるか。最も適当なものを，あとのア～エのうちから一つ選び，マークしなさい。

Ⅰ　三陸海岸沖には，対馬海流とリマン海流がぶつかる潮目があり，豊かな漁場となっている。
Ⅱ　稚魚や稚貝を湖や海に放流し，自然の中で育った魚や貝をとる漁業を養殖業という。
Ⅲ　日本の領海は，沿岸から12海里以内の範囲で，領海の外側には排他的経済水域がある。
Ⅳ　排他的経済水域の減少を防ぐため，日本の最南端に位置する沖ノ鳥島の護岸工事が行われた。

ア　一つ
イ　二つ
ウ　三つ
エ　四つ

2　右の図を見て，あとの(1)～(4)の問いに答えなさい。

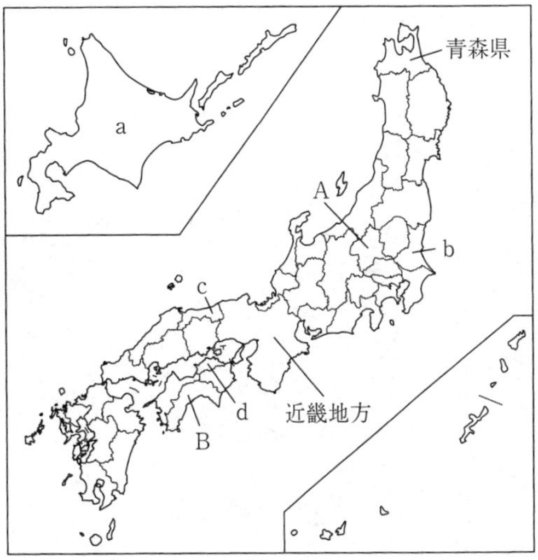

(1)　図中の近畿地方に位置する府県のうち，府県名と府県庁所在地名が異なる府県の数として最も適当なものを，次のア～エのうちから一つ選び，マークしなさい。

ア　一つ
イ　二つ
ウ　三つ
エ　四つ

(2)　次の表中のW～Zは，図中のａ～ｄの道県の人口，人口密度，農業産出額及び製造品出荷額を示したものである。表中のXにあてはまる道県の気候について述べた文として最も適当なものを，あとのア～エのうちから一つ選び，マークしなさい。

ａ～ｄの道県の人口，人口密度，農業産出額及び製造品出荷額

	人口(千人)	人口密度(人/km^2)	農業産出額(億円)	製造品出荷額(億円)
W	560	159.8	765	8,102
X	962	512.6	835	26,106
Y	5,286	67.4	12,762	62,126
Z	2,877	471.9	4,967	123,377

(「データでみる県勢 2020」より作成)

ア　夏は涼しく冬は寒さが厳しい気候で，一年中降水量は少なく，明確な梅雨の現象は見られない。
イ　夏の降水量はあまり多くないが，冬は湿った季節風の影響で降水量が多い。
ウ　夏には季節風の影響で雨が多くて蒸し暑く，冬は乾燥して晴れの日が多い。
エ　季節風がさえぎられる地形のため，一年を通して降水量が少ない。

(3)　次の資料１，２は，東京都中央卸売市場における，なすとキャベツのどちらかの月別入荷量を示したものである。また，資料１，２中のＰ，Ｑは，図中のＡ，Ｂのどちらかの県にあてはまる。Ｐの県と資料１にあてはまる農産物の組み合わせとして最も適当なものを，あとのア～エのうちから一つ選び，マークしなさい。

資料１

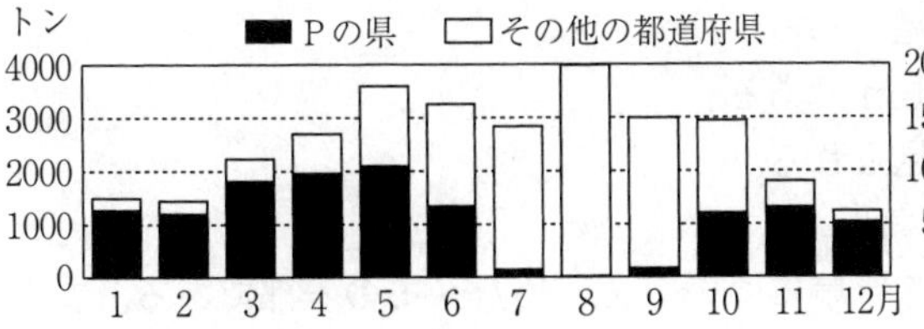

資料２

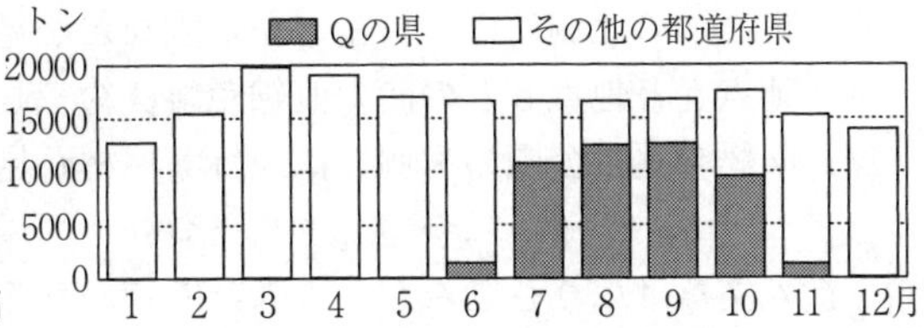

(資料１，２は「東京都中央卸売市場統計」より作成)

ア　Ｐの県：Ａ　資料１の農産物：なす
イ　Ｐの県：Ａ　資料１の農産物：キャベツ
ウ　Ｐの県：Ｂ　資料１の農産物：なす
エ　Ｐの県：Ｂ　資料１の農産物：キャベツ

(4)　次の地形図は，前のページの図中の青森県のある地域を示したものである。これを見て，あとの①，②の問いに答えなさい。

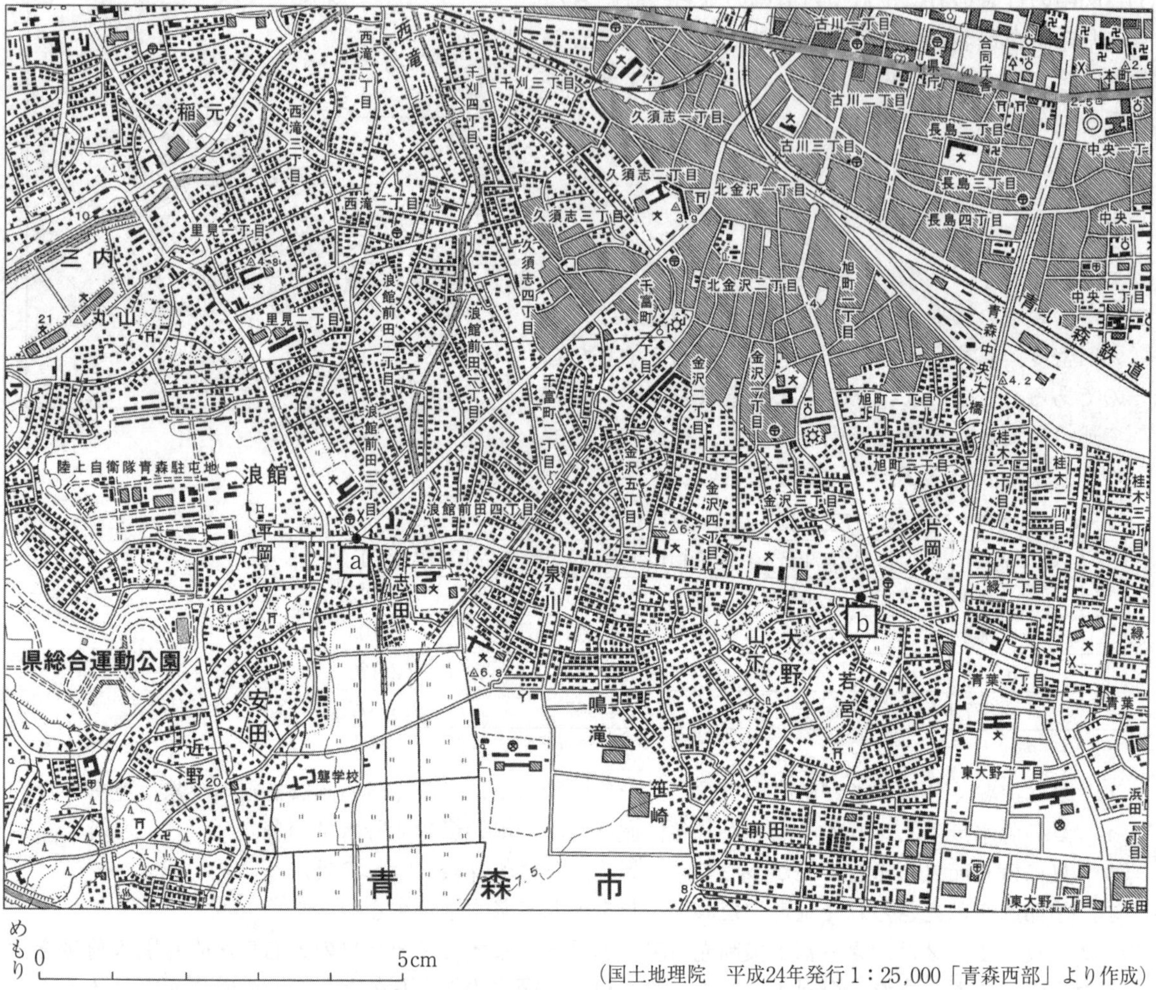

(国土地理院　平成24年発行1：25,000「青森西部」より作成)

① 次のⅠ～Ⅳの文のうち，上の地形図を正しく読み取ったことがらはいくつあるか。最も適当なものを，あとのア～エのうちから一つ選び，マークしなさい。

Ⅰ　市役所から見て県総合運動公園は，ほぼ南東の方向にある。

Ⅱ　市役所の北側には，警察署や寺院などが見られる。

Ⅲ　地点aと地点bとの間の直線距離は約750mである。

Ⅳ　県総合運動公園の南側には，針葉樹林が見られる。

ア　一つ　　イ　二つ　　ウ　三つ　　エ　四つ

② 次の文章は，りささんが，青森県で行われる行事についてまとめたメモの一部である。文章中の［　　］にあてはまる最も適当な語を，あとのア～エのうちから一つ選び，マークしなさい。

> 青森県を含む東北地方では，それぞれの県で，例年8月上旬の同時期に夏祭りが開催されています。青森市では［　　　］が開催されます。

ア　竿燈まつり　　イ　七夕まつり　　ウ　花笠まつり　　エ　ねぶた祭

3　中心（ニューヨーク）からの距離と方位が正しい右の図を見て，あとの(1)～(4)の問いに答えなさい。

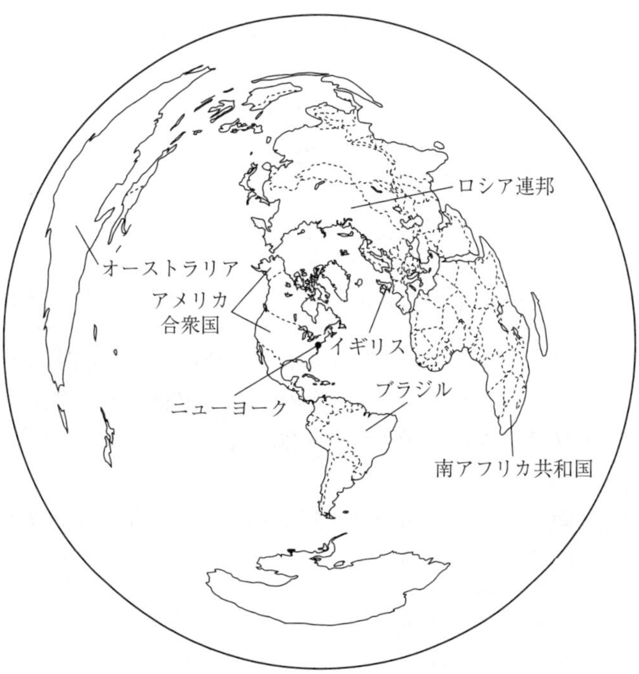

(1)　次の文章は，右の図について述べたものである。あとのⅠ～Ⅳの国のうち，文章中の［　　］にあてはまる国はいくつあるか。下のア～エのうちから一つ選び，マークしなさい。

> ニューヨークから南の方角に進むと，南アメリカ大陸のコロンビアやペルーなどを通過する。そのまま南極点を通ってさらに進むと，［　　　　］などを通過し，ニューヨークに戻ってくる。

Ⅰ　中国　　　Ⅱ　日本
Ⅲ　インド　　Ⅳ　インドネシア

ア　一つ　　イ　二つ　　ウ　三つ　　エ　四つ

(2)　次の文章は，図中のイギリスについて述べたものである。文章中の［Ⅰ］，［Ⅱ］にあてはまる語の組み合わせとして最も適当なものを，あとのア～エのうちから一つ選び，マークしなさい。

> イギリスは，日本の北海道よりも緯度が［　Ⅰ　］が，周辺を流れる海流や偏西風の影響で，北海道に比べて冬の気温が［　Ⅱ　］。

ア　Ⅰ：低い　Ⅱ：低い　　イ　Ⅰ：低い　Ⅱ：高い
ウ　Ⅰ：高い　Ⅱ：低い　　エ　Ⅰ：高い　Ⅱ：高い

(3)　次の文章は，しゅうじさんが，上の図中のアメリカ合衆国についてまとめたレポートの一部である。文章中の［Ⅰ］，［Ⅱ］にあてはまる語の組み合わせとして最も適当なものを，あとのア～エのうちから一つ選び，マークしなさい。

> アメリカ合衆国の豊かな産業を支えている人々の中には，メキシコや西インド諸島の国から移住してきた［　Ⅰ　］とよばれる人々がいます。また，アメリカ合衆国の北緯37度付近から南に位置する［　Ⅱ　］では，コンピューターなどの情報技術産業が発達しています。

ア　Ⅰ：ヒスパニック　Ⅱ：サンベルト　　イ　Ⅰ：メスチソ　Ⅱ：サンベルト
ウ　Ⅰ：ヒスパニック　Ⅱ：デトロイト　　エ　Ⅰ：メスチソ　Ⅱ：デトロイト

(4)　次の資料1は，上の図中のロシア連邦，オーストラリア，ブラジル及び南アフリカ共和国の1990年と2017年の国内総生産を示したものである。資料1中のA～Dには4か国のうちのいずれかが，E，Fには1990年，2017年のいずれかがあてはまる。資料2は資料1から読み取ったことがらをまとめたものの一部である。BとCにあてはまる国の組み合わせとして最も適当なものを，あとのア～エのうちから一つ選び，マークしなさい。

資料１　４か国の1990年と2017年の国内総生産（百万ドル）

	E	F
A	348,872	116,699
B	1,577,524	575,059
C	2,055,512	406,897
D	1,408,676	323,814

（「世界国勢図会 2019/20」より作成）

資料２　資料１から読み取ったことがらをまとめたものの一部

・ロシア連邦の国内総生産は，1990年から2017年にかけて，約１兆ドル増加している。
・オーストラリアの国内総生産は，1990年から2017年にかけて，４倍以上に増加している。
・ブラジルは，1990年から2017年にかけての国内総生産の増加率が，資料１中の４か国で最も高い。
・南アフリカ共和国は，1990年から2017年にかけての国内総生産の増加額が，資料１中の４か国で最も少ない。

ア　Ｂ：ロシア連邦　　　Ｃ：南アフリカ共和国
イ　Ｂ：ロシア連邦　　　Ｃ：ブラジル
ウ　Ｂ：オーストラリア　Ｃ：南アフリカ共和国
エ　Ｂ：オーストラリア　Ｃ：ブラジル

4　次のＡ～Ｄのカードは，あかりさんが「古代までの歴史」について調べ，その内容をまとめたものである。これらを読み，あとの(1)～(4)の問いに答えなさい。

Ａ　古代文明のおこり
アフリカやアジアの大河のほとりでは，農耕，牧畜が発達し，計画的な食料生産が行われるようになり，たくわえられた食料をめぐって人々が争いを起こすようになった。

Ｂ　卑弥呼
邪馬台国にはもともと男性の王がいたが，国内が乱れたので女性の卑弥呼が王となり，卑弥呼は，まじないなどの力を使って，30ほどの国々を従えた。

Ｃ　東大寺の大仏
伝染病の流行や災害などの不安から，仏教の力で国家を守ろうと，都に東大寺が建てられ，金銅の大仏がつくられた。

Ｄ　摂関政治
藤原氏は，娘を天皇の后とし，生まれた子を次の天皇に立てて，自らは天皇が幼いときは摂政，成人したのちは関白となり，政治の実権を握った。

(1)　Aのカードに関連して，次のⅠ～Ⅳの文のうち，右の図中のXの地域で発達した古代文明について述べた文はいくつあるか。最も適当なものを，あとのア～エのうちから一つ選び，マークしなさい。

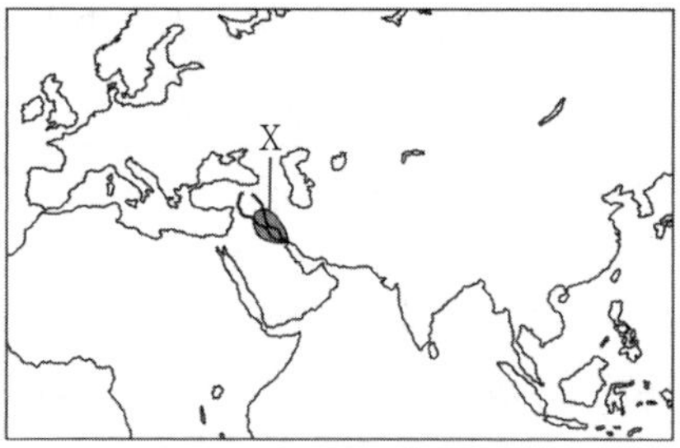

Ⅰ　楔形文字が発明され，粘土板に文字が刻まれた。

Ⅱ　ジッグラトとよばれる聖塔がつくられた。

Ⅲ　太陽を基準として1年を365日とする太陽暦がつくられた。

Ⅳ　チグリス川(ティグリス川)，ユーフラテス川の流域に発達した。

ア　一つ　　イ　二つ　　ウ　三つ　　エ　四つ

(2)　Bのカードに関連して，次のⅠ，Ⅱの文は，卑弥呼について述べた文である。Ⅰ，Ⅱの文の正誤の組み合わせとして最も適当なものを，あとのア～エのうちから一つ選び，マークしなさい。

Ⅰ　卑弥呼は5世紀に中国の皇帝に使いを送り，倭の王としての地位を高め，朝鮮半島の国々に対して優位な地位に立とうとした。

Ⅱ　卑弥呼は中国の皇帝から金印や銅鏡などを与えられたが，志賀島で発見された「漢委奴国王」と刻まれた金印は，卑弥呼が中国の皇帝から与えられたものだと考えられている。

ア　Ⅰ：正　Ⅱ：正　　イ　Ⅰ：正　Ⅱ：誤

ウ　Ⅰ：誤　Ⅱ：正　　エ　Ⅰ：誤　Ⅱ：誤

(3)　Cのカードに関連して，次の資料は，大仏建立の詔の内容の一部を示したものである。この資料についてまとめたあとの文章中の［Ⅰ］，［Ⅱ］にあてはまる語の組み合わせとして最も適当なものを，あとのア～エのうちから一つ選び，マークしなさい。

資料　大仏建立の詔

> 天平15年10月15日をもって，盧舎那仏の金銅像一体をおつくりすることとする。国中の銅を使って像を鋳造し，大きな山を削って仏殿を建てなさい。…天下の富をもつ者は私であり，天下の勢いをもつ者も私である。この富と勢いとをもって仏像をつくることは困難ではないであろうが，それは発願の趣旨にそぐわない。…もし一枝の草やひとにぎりの土でも持って仏像をつくることに協力を願う者があれば，許し受け入れなさい。　（「続日本紀」より，一部要約）

> 資料の下線部の「私」は［　Ⅰ　］のことである。東大寺の建立には，民衆の間で仏教の布教を行っていた［　Ⅱ　］なども協力した。

ア　Ⅰ：聖武天皇　Ⅱ：行基　　イ　Ⅰ：桓武天皇　Ⅱ：行基

ウ　Ⅰ：聖武天皇　Ⅱ：鑑真　　エ　Ⅰ：桓武天皇　Ⅱ：鑑真

(4)　Dのカードに関連して，次のⅠ～Ⅳの文のうち，摂関政治が行われていた時期の文化について述べた文はいくつあるか。最も適当なものを，あとのア～エのうちから一つ選び，マークしなさい。

Ⅰ　雪舟は，中国にわたって多くの絵画技法を学び，帰国後，日本の水墨画を完成させた。

Ⅱ　千利休は，禅宗の影響を色濃く受け，内面の精神性を重視したわび茶を完成させた。

Ⅲ　大伴家持がまとめたといわれる「万葉集」には，様々な身分の人々による歌がおさめられている。

Ⅳ　紫式部の「源氏物語」や清少納言の「枕草子」など，仮名文字を使った女性による文学が生まれた。

ア　一つ　　イ　二つ　　ウ　三つ　　エ　四つ

5　次の略年表を見て，あとの(1)～(5)の問いに答えなさい。

年代	主なできごと
1274	a 文永の役が起こる
	↕ X
1573	b 織田信長が室町幕府をほろぼす
1685	生類憐みの令が出される
	↕ Y
1825	異国船打払令が出される
1842	c 薪水給与令が出される
1858	d 日米修好通商条約が結ばれる

(1)　略年表中の下線部aに関連して，次の文章は，先生と生徒が元寇について会話をしている場面の一部である。文章中の［Ⅰ］～［Ⅲ］にあてはまる語や言葉の組み合わせとして最も適当なものを，あとのア～カのうちから一つ選び，マークしなさい。

> 先生：元の皇帝［　Ⅰ　］は，文永の役，弘安の役と二度にわたって日本に攻めてきました。
> 生徒：そのときの日本の執権は［　Ⅱ　］です。
> 先生：そうですね。元軍と日本軍の戦い方にはどのような違いがありましたか。
> 生徒：［　　Ⅲ　　］。

ア　Ⅰ：フビライ・ハン　Ⅱ：北条時政　Ⅲ：日本軍は馬に乗って戦いました
イ　Ⅰ：フビライ・ハン　Ⅱ：北条時宗　Ⅲ：日本軍は「てつはう」を使いました
ウ　Ⅰ：フビライ・ハン　Ⅱ：北条時宗　Ⅲ：元軍は集団戦法で戦いました
エ　Ⅰ：チンギス・ハン　Ⅱ：北条時宗　Ⅲ：日本軍は馬に乗って戦いました
オ　Ⅰ：チンギス・ハン　Ⅱ：北条時政　Ⅲ：日本軍は「てつはう」を使いました
カ　Ⅰ：チンギス・ハン　Ⅱ：北条時政　Ⅲ：元軍は集団戦法で戦いました

(2)　略年表中のXの時期に起こったことがらを，次のⅠ～Ⅳのうちから**三つ**選び，年代の**古いものから順に**並べたものとして最も適当なものを，あとのア～カのうちから一つ選び，マークしなさい。

Ⅰ　足利義政の後継者争いや守護大名の対立などから，応仁の乱が起こった。
Ⅱ　後鳥羽上皇が承久の乱を起こしたが失敗し，隠岐に流罪となった。
Ⅲ　後醍醐天皇が建武の新政を行ったが，２年余りで失敗に終わった。
Ⅳ　足利義満が将軍の地位を子にゆずり，太政大臣となった。

ア　Ⅰ→Ⅱ→Ⅲ
イ　Ⅰ→Ⅲ→Ⅱ
ウ　Ⅱ→Ⅲ→Ⅳ
エ　Ⅱ→Ⅳ→Ⅲ
オ　Ⅲ→Ⅳ→Ⅰ
カ　Ⅲ→Ⅰ→Ⅳ

(3)　略年表中の下線部bに関連して，次の文章は，織田信長について述べたものである。文章中の［Ⅰ］にあてはまる場所と［Ⅱ］にあてはまる資料の組み合わせとして最も適当なものを，あとのア

～エのうちから一つ選び，マークしなさい。

尾張の戦国大名であった織田信長は，足利義昭を京都から追放して室町幕府をほろぼした後，右の図中の［ Ⅰ ］で行われた戦いで武田氏を破った。また，下の［ Ⅱ ］を出して商業を活発にしようとした。

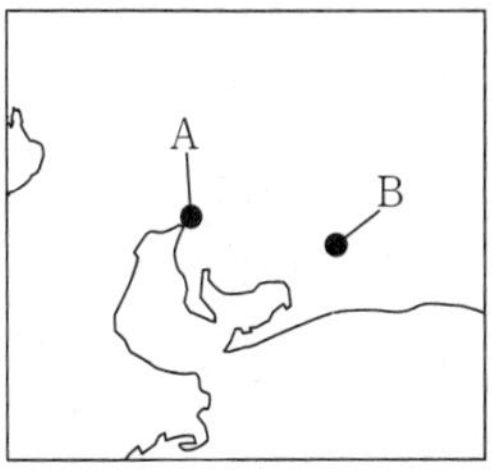

C

一　ポルトガルの貿易船は，商売のために来ているので，バテレン（宣教師）追放とは別である。今後とも長い年月にわたっていろいろと売買するように。

D

一　この安土の町は楽市としたので，いろいろな座は廃止し，さまざまな税や労役は免除する。

ア　Ⅰ：A　Ⅱ：C
イ　Ⅰ：A　Ⅱ：D
ウ　Ⅰ：B　Ⅱ：C
エ　Ⅰ：B　Ⅱ：D

(4)　次のⅠ～Ⅳの文のうち，略年表中のYの時期に行われた政治について述べた文はいくつあるか。最も適当なものを，あとのア～エのうちから一つ選び，マークしなさい。

Ⅰ　江戸や大阪周辺を幕領にしようとしたが，大名や旗本の反対にあった。
Ⅱ　旗本や御家人の生活苦を救済するため，その借金を帳消しにした。
Ⅲ　大名に対し，参勤交代で江戸に滞在する期間を半減する代わりに米を納めさせた。
Ⅳ　株仲間の結成を奨励し，特権を与えるかわりに営業税をとった。

ア　一つ　　イ　二つ　　ウ　三つ　　エ　四つ

(5)　略年表中の下線部c，dに関連して，資料1は薪水給与令の一部を，資料2は日米修好通商条約の一部を示したものである。資料1，2について述べた，あとのⅠ，Ⅱの文の正誤の組み合わせとして最も適当なものを，下のア～エのうちから一つ選び，マークしなさい。

資料1　薪水給与令

外国船が難破して漂流し，薪や水，食料などを求めてきたときは，ようすを見て必要な品を与え，帰るように言い聞かせよ。

資料2　日米修好通商条約

下田・函館のほか，神奈川，長崎，新潟，兵庫を開港すること。…神奈川を開いた6か月後，下田を閉ざすこと。

Ⅰ　薪水給与令では外国船に薪や水などを与えることが認められたが，1854年に結ばれた日米和親条約でも，アメリカ船に薪や水を与えることが認められた。
Ⅱ　日米修好通商条約で，ペリーが最初に来航した港は閉ざされることとなった。

ア　Ⅰ：正　Ⅱ：正
イ　Ⅰ：正　Ⅱ：誤
ウ　Ⅰ：誤　Ⅱ：正
エ　Ⅰ：誤　Ⅱ：誤

6　次のＡ～Ｅのパネルは，社会科の授業で，明治時代以降の歴史について，班で調べ，まとめたものの一部である。これらを見て，あとの(1)～(5)の問いに答えなさい。

Ａ　明治政府による近代化

　中央集権国家を目指すべく，明治新政府は，欧米諸国にならった近代化を推し進めた。明治政府による改革は，日本国民の生活に多大な影響を与えた。

Ｂ　日露戦争

　日本軍がロシアの軍事拠点である旅順を攻撃し，韓国の仁川に上陸して，日露戦争が始まった。日本，ロシアとも戦争の継続が困難になると，アメリカの仲介によって条約が結ばれた。

Ｃ　二度の世界大戦

　第一次世界大戦において，日本は日英同盟を理由に連合国側で参戦した。一方，第二次世界大戦においては，日独伊三国同盟を結び，枢軸国として参戦した。

Ｄ　戦後の民主化

　日本がポツダム宣言を受け入れて降伏すると，アメリカを主力とする連合国軍が日本を占領した。マッカーサー率いるGHQの主導のもと，日本の民主化が進められた。

Ｅ　冷戦の終結

　冷戦の象徴であった「ベルリンの壁」が崩壊し，アメリカのブッシュ大統領とソ連のゴルバチョフ書記長が冷戦の終結を宣言した。その後，東西ドイツが統一され，ソ連は解体した。

(1)　Ａのパネルに関連して，次の文章は，明治政府による改革について述べたものである。文章中の〔Ⅰ〕，〔Ⅱ〕にあてはまる言葉の組み合わせとして最も適当なものを，あとのア～エのうちから一つ選び，マークしなさい。

　明治政府は，学制を公布し，６歳以上の〔　Ⅰ　〕を小学校に通わせることとした。また，徴兵令が出され，満20歳になった男子は兵役を負うこととなったが，免除規定があったため，実際に兵役についたのは，〔　Ⅱ　〕が多かった。

ア　Ⅰ：すべての男女　Ⅱ：長男
イ　Ⅰ：すべての男子　Ⅱ：長男
ウ　Ⅰ：すべての男女　Ⅱ：次男や三男
エ　Ⅰ：すべての男子　Ⅱ：次男や三男

(2)　Ｂのパネルに関連して，次のⅠ，Ⅱの文は，日露戦争について述べたものである。Ⅰ，Ⅱの文の正誤の組み合わせとして最も適当なものを，あとのア～エのうちから一つ選び，マークしなさい。

Ⅰ　日本海での海戦では，東郷平八郎率いる日本艦隊がロシア艦隊を破った。
Ⅱ　ポーツマス条約では，樺太の南半分を日本の領土，千島列島をロシアの領土とすることとなった。

ア　Ⅰ：正　Ⅱ：正
イ　Ⅰ：正　Ⅱ：誤
ウ　Ⅰ：誤　Ⅱ：正
エ　Ⅰ：誤　Ⅱ：誤

(3)　Cのパネルに関連して，第一次世界大戦の終結から第二次世界大戦の開戦までの間に起こったできごとを，次のア～エのうちから一つ選び，マークしなさい。

ア　イギリスと清との間でアヘン戦争が起こった。
イ　世界恐慌が起こり，世界中が不景気となった。
ウ　アジアで最初の共和国である中華民国が建国された。
エ　イギリスの支配に抵抗した人々により，インド大反乱が起こった。

(4)　Dのパネルに関連して，次の文章は，先生と生徒が，右の資料を見ながら，農地改革について会話をしている場面の一部である。文章中の［Ⅰ］，［Ⅱ］にあてはまる言葉の組み合わせとして最も適当なものを，あとのア～エのうちから一つ選び，マークしなさい。

自作地・小作地の割合の変化

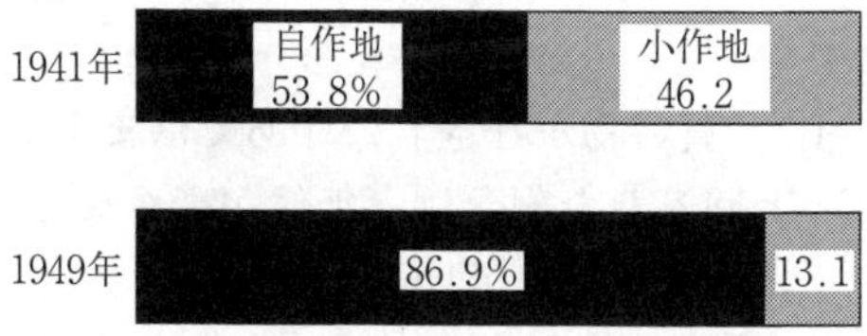

> 生徒：資料から，1941年の割合に比べて1949年は，［　Ⅰ　］ことが分かります。
> 先生：これは，日本の民主化政策の一つとして，農地改革が行われたためですね。
> 生徒：農地改革によって，［　Ⅱ　］のですね。
> 先生：そうですね。農地改革によって，農村の平等化が進みましたね。

ア　Ⅰ：自作地の割合が1.5倍以上に増えた　Ⅱ：自分の土地を耕す人が増えた
イ　Ⅰ：自作地の割合が1.5倍以上に増えた　Ⅱ：自分の土地を人に耕作させる人が増えた
ウ　Ⅰ：小作地の割合が４分の１以下に減った　Ⅱ：自分の土地を耕す人が増えた
エ　Ⅰ：小作地の割合が４分の１以下に減った　Ⅱ：自分の土地を人に耕作させる人が増えた

(5)　DとEのパネルの間の時期に起こったできごとについて述べたものとして最も適当なものを，次のア～エのうちから一つ選び，マークしなさい。

ア　三井，三菱，住友，安田などの大企業が大きな利益を上げ，財閥に成長した。
イ　北九州に官営の八幡製鉄所がつくられ，鉄鋼の生産が始まった。
ウ　国際競争力が高まり，日本の国民総生産(GNP)が資本主義国の中で世界第２位となった。
エ　アメリカの世界貿易センタービルに飛行機が突入する同時多発テロが起こった。

7　次の文章を読み，あとの(1)～(3)の問いに答えなさい。

現代社会において，市場経済と a <u>金融</u>について知ることは大切です。また，b <u>消費者</u>であるわたしたちが安心して c <u>消費生活</u>を送るためには，消費者の権利と保護についても知っておく必要があります。

(1)　下線部aに関連して，金融について述べた次の文章中の［Ⅰ］～［Ⅲ］にあてはまる語の組み合わせとして最も適当なものを，あとのア～エのうちから一つ選び，マークしなさい。

> 金融には直接金融と間接金融があるが，銀行は［　Ⅰ　］をになう代表的な機関である。銀行は，預金者に支払うよりも［　Ⅱ　］利子で貸し付けを行うことで，利益を得ている。また，日本の中央銀行である日本銀行は，［　Ⅲ　］を発行している。

ア　Ⅰ：直接金融　Ⅱ：高い　Ⅲ：紙幣
イ　Ⅰ：直接金融　Ⅱ：低い　Ⅲ：硬貨
ウ　Ⅰ：間接金融　Ⅱ：高い　Ⅲ：紙幣
エ　Ⅰ：間接金融　Ⅱ：低い　Ⅲ：硬貨

(2) 下線部bに関連して，右の資料は，消費生活に関する意識調査の結果の一部を示したものである。次のⅠ～Ⅳの文のうち，資料から読み取れることについて正しく述べているものはいくつあるか。最も適当なものを，あとのア～エのうちから一つ選び，マークしなさい。

資料　あなた自身の消費行動について，「買い物が好き」はどの程度あてはまると思いますか。

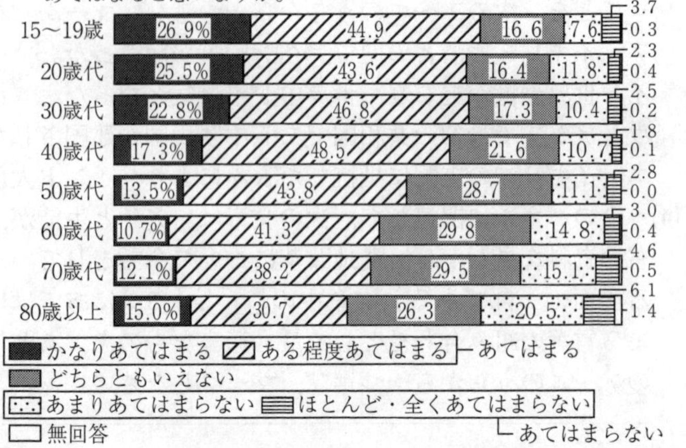

（消費者庁「消費者意識基本調査（2016年度）」より作成）

Ⅰ　「買い物が好き」に「あてはまる」と回答した割合は，年代が高くなるほど低くなっている。

Ⅱ　「買い物が好き」に「かなりあてはまる」と回答した割合が最も高いのは15～19歳で，「ほとんど・全くあてはまらない」と回答した割合が最も高いのも15～19歳である。

Ⅲ　どの年代においても，「買い物が好き」に「あてはまらない」と回答した割合は，「あてはまる」と回答した割合の半分以下である。

Ⅳ　どの年代においても，「買い物が好き」に「ある程度あてはまる」と回答した割合が最も高い。

ア　一つ　　イ　二つ　　ウ　三つ　　エ　四つ

(3) 下線部cに関連して，次のⅠ～Ⅳの文のうち，消費に関することがらについて正しく述べているものはいくつあるか。最も適当なものを，あとのア～エのうちから一つ選び，マークしなさい。

Ⅰ　家計の支出は消費支出と貯蓄に分けることができ，消費支出には，食料費，住居費などが，貯蓄には，銀行預金や生命保険の購入，社会保険料の支払いなどが含まれる。

Ⅱ　PL法では，商品を使用することによって消費者が被害を受けた場合，商品の欠陥による場合でなくても，消費者が生産者に損害賠償を求めることができる，と定められている。

Ⅲ　様々な省庁に分かれていた消費者行政を一元化するために設置された消費者庁は，内閣府の下に置かれている。

Ⅳ　契約は，契約書を交わすことによって初めて成り立つもので，契約書のない契約は無効であるが，一度契約を結ぶと，結んだ当事者には契約を守る義務が生まれる。

ア　一つ　　イ　二つ　　ウ　三つ　　エ　四つ

8　次の文章を読み，あとの(1)～(3)の問いに答えなさい。

日本のa国会は，b衆議院と参議院による二院制がとられていますが，国会におけるいくつかの議決については，衆議院の優越が認められています。また，日本では三権分立が採用されており，国会，内閣，c裁判所は，相互に抑制し，均衡を保っています。

(1) 下線部aに関連して，次のⅠ～Ⅳの文のうち，国会について正しく述べているものはいくつあるか。最も適当なものを，あとのア～エのうちから一つ選び，マークしなさい。

Ⅰ　国会は，国権の最高機関であり，国の唯一の立法機関である。

Ⅱ　臨時会（臨時国会）は，衆議院解散後の総選挙の日から30日以内に召集される。

Ⅲ　国会が行う弾劾裁判の対象となるのは，最高裁判所の裁判官のみである。

Ⅳ　国会は，憲法改正の発議を行い，憲法改正を公布する。

ア　一つ　　イ　二つ　　ウ　三つ　　エ　四つ

(2) 下線部ｂに関連して，次のⅠ～Ⅳの文のうち，衆議院と参議院や衆議院の優越について正しく述べているものはいくつあるか。最も適当なものを，あとのア～エのうちから一つ選び，マークしなさい。

Ⅰ　衆議院議員選挙では小選挙区制と比例代表制，参議院議員選挙では選挙区制と比例代表制で議員が選出されるが，ともに比例代表制で割り当てられる議席数の方が多い。

Ⅱ　衆議院の優越が認められているのは，衆議院は参議院に比べて任期が短く，解散もあるため，国民の意思をより強く反映していると考えられているためである。

Ⅲ　条約の承認と内閣総理大臣の指名についてはともに，参議院が衆議院の可決した議案を受け取った後10日以内に議決しない場合，衆議院の議決が国会の議決となる。

Ⅳ　日本国憲法の改正案について，衆議院の可決後，参議院が否決した場合，衆議院が出席議員の３分の２以上で再可決すれば，国民投票が行われる。

ア　一つ　　イ　二つ　　ウ　三つ　　エ　四つ

(3) 下線部ｃに関連して，裁判所や裁判に関することがらについて述べた文として最も適当なものを，次のア～エのうちから一つ選び，マークしなさい。

ア　地方裁判所では，民事裁判の第一審と刑事裁判の第一審，第二審が行われる。

イ　高等裁判所は，全国で８か所に置かれている。

ウ　最高裁判所長官は，国会の指名に基づき，天皇が任命する。

エ　裁判員裁判では，６名の裁判官とくじで選ばれた３名の裁判員が一緒に審理を行う。

【理　科】（50分）〈満点：100点〉

1　無セキツイ動物について調べるため，次の観察１，２を行いました。これに関して，あとの(1)～(4)の問いに答えなさい。

> 観察１
>
> アサリを海水とともに水そうに入れ，しばらく放置してから，アサリが運動するようすを観察したところ，アサリは２枚の殻を少し開いて，その間からあしを出して運動することがわかった。
>
> 観察２
>
> ①　アサリを約40℃の湯につけ，殻が少し開いてきたところで，殻が閉じないよう，すきまに割りばしをはさんだ。
>
> ②　図１のように，殻のすきまにメスを入れて貝柱を切り，さらに殻を開いて内部のつくりを観察した。
>
> ③　図２はそのようすを模式的に表したもので，内臓がある部分は，やわらかい膜でおおわれていた。
>
> 図１
>
> 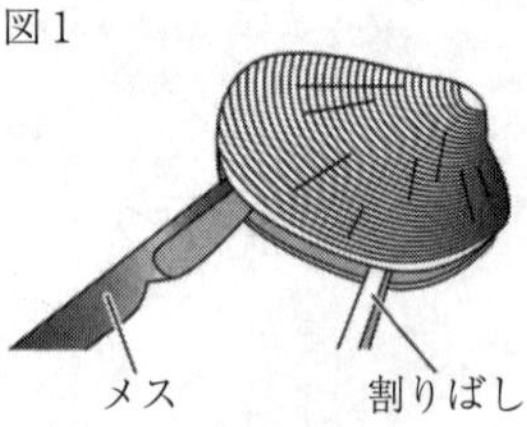
>
>
> 図２
>
> 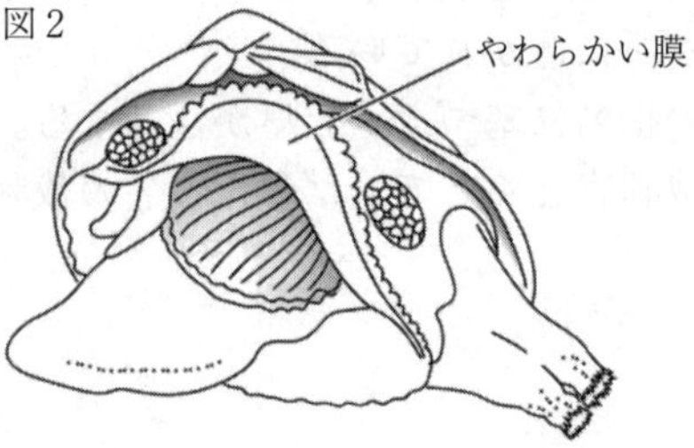
>

(1)　無セキツイ動物を，次の①～⑥のうちから一つ選びなさい。

①　イモリ　　②　ヘビ　　③　エビ　　④　ウナギ　　⑤　クジラ　　⑥　コウモリ

(2)　観察１で，アサリのあしについて述べたものとして最も適当なものを，次の①～⑥のうちから一つ選びなさい。

①　内骨格のはたらきで節のあるあしを動かしている。
②　内骨格のはたらきで節のないあしを動かしている。
③　外骨格のはたらきで節のあるあしを動かしている。
④　外骨格のはたらきで節のないあしを動かしている。
⑤　筋肉のはたらきで節のあるあしを動かしている。
⑥　筋肉のはたらきで節のないあしを動かしている。

(3)　観察２で見られた図２のやわらかい膜について述べたものとして最も適当なものを，次の①～⑥のうちから一つ選びなさい。

①　細胞膜といい，軟体動物の特徴の１つである。
②　細胞膜といい，甲殻類の特徴の１つである。
③　細胞膜といい，魚類の特徴の１つである。
④　外とう膜といい，軟体動物の特徴の１つである。
⑤　外とう膜といい，甲殻類の特徴の１つである。
⑥　外とう膜といい，魚類の特徴の１つである。

(4)　観察２の図２から考えられる，同じ無セキツイ動物であるアサリとマイマイの生活場所について述べたものとして最も適当なものを，次の①～⑧のうちから一つ選びなさい。

① アサリは陸上で生活し，えら呼吸をするマイマイは水中で生活すると考えられる。
② アサリは陸上で生活し，えら呼吸をするマイマイも陸上で生活すると考えられる。
③ アサリは陸上で生活し，肺呼吸をするマイマイは水中で生活すると考えられる。
④ アサリは陸上で生活し，肺呼吸をするマイマイも陸上で生活すると考えられる。
⑤ アサリは水中で生活し，えら呼吸をするマイマイも水中で生活すると考えられる。
⑥ アサリは水中で生活し，えら呼吸をするマイマイは陸上で生活すると考えられる。
⑦ アサリは水中で生活し，肺呼吸をするマイマイも水中で生活すると考えられる。
⑧ アサリは水中で生活し，肺呼吸をするマイマイは陸上で生活すると考えられる。

2 ある連続した2日間の気象について調べるため，次の観測1～3を行いました。これに関して，あとの(1)～(4)の問いに答えなさい。

観測1

ある連続した2日間の気温と気圧を測定し，図1のように，気温と気圧それぞれの変化をグラフにまとめた。

図1

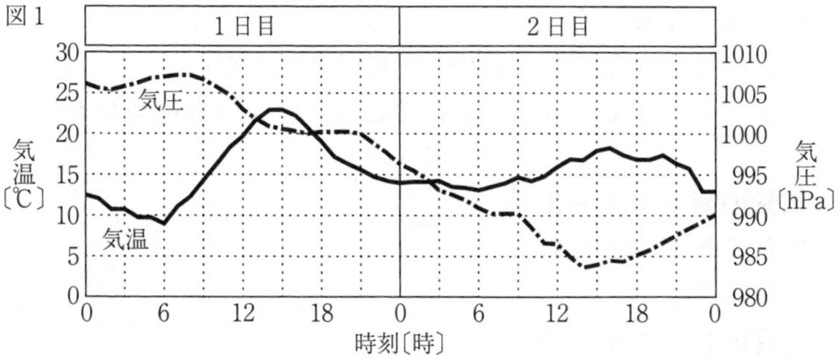

観測2

空気中の水蒸気の量を調べるため，1日目の午前9時に乾湿計を見たところ，図2のようになっていた。表は，乾湿計用湿度表の一部を示したもので，このときの気温に対する飽和水蒸気量は12.1 g/m^3 である。

図2

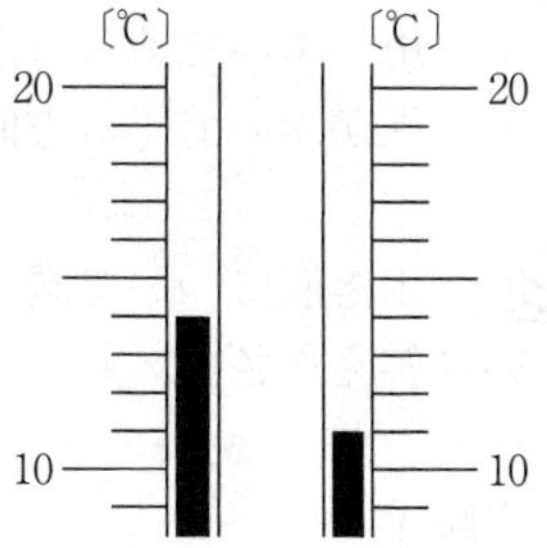

表

乾球の示度〔℃〕	乾球と湿球の示度の差〔℃〕				
	0.0	1.0	2.0	3.0	4.0
17	100	90	80	70	61
16	100	89	79	69	59
15	100	89	78	68	58
14	100	89	78	67	57
13	100	88	77	66	55
12	100	88	76	65	53
11	100	87	75	63	52

観測3

1日目の午前9時の天気，風向，風力を観測した。図3は，その結果をまとめた天気図記号である。

図3

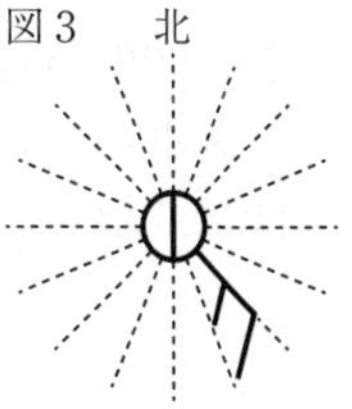

(1) 観測1から考えられる，2日目の天気の変化として最も適当なものを，次の①～⑤のうちから一つ選びなさい。

① 高気圧が接近したため，くもりや雨になったと考えられる。
② 高気圧が接近したため，快晴や晴れになったと考えられる。
③ 低気圧が接近したため，くもりや雨になったと考えられる。
④ 低気圧が接近したため，快晴や晴れになったと考えられる。
⑤ 高気圧または低気圧が接近しなかったため，天気は変化しなかったと考えられる。

(2) 観測2から，1日目の午前9時の空気1 m^3 に含まれる水蒸気の質量は何gか。[X]，[Y]にあてはまる数字を一つずつ選びなさい。ただし，答えは小数第2位を四捨五入して答えなさい。

[X].[Y]g

(3) 空気中の水蒸気の量が変化せず，気温が下がったときの湿度の変化として最も適当なものを，次の①～⑤のうちから一つ選びなさい。

① 気温が下がると飽和水蒸気量が小さくなるため，湿度は下がる。
② 気温が下がると飽和水蒸気量が小さくなるため，湿度は上がる。
③ 気温が下がると飽和水蒸気量が大きくなるため，湿度は下がる。
④ 気温が下がると飽和水蒸気量が大きくなるため，湿度は上がる。
⑤ 気温が下がっても空気中の水蒸気の量が変化しないため，湿度は変化しない。

(4) 観測3から，1日目の午前9時の風がふいてくる方向と雲量の範囲として最も適当なものを，次の①～⑧のうちから一つ選びなさい。

① 風がふいてくる方向：南東　雲量の範囲：2～8
② 風がふいてくる方向：南東　雲量の範囲：3～7
③ 風がふいてくる方向：南東　雲量の範囲：8～10
④ 風がふいてくる方向：南東　雲量の範囲：9～10
⑤ 風がふいてくる方向：北西　雲量の範囲：2～8
⑥ 風がふいてくる方向：北西　雲量の範囲：3～7
⑦ 風がふいてくる方向：北西　雲量の範囲：8～10
⑧ 風がふいてくる方向：北西　雲量の範囲：9～10

3 水溶液について調べるため，次の実験1，2を行いました。これに関して，あとの(1)～(4)の問いに答えなさい。

実験1

① 80℃の水60gと塩化ナトリウム50gをビーカーに入れてよくかき混ぜたところ，溶け残りがあったので，80℃の水をさらに加えていったところ，塩化ナトリウムはすべて溶けた。
② 40℃の水60gとミョウバン25gをビーカーに入れてよくかき混ぜたところ，溶け残りがあったので，水溶液の温度を保ったまま，溶け残ったミョウバンをろ過してとりのぞいた。
③ ②のろ過した水溶液を入れたビーカーにラップフィルムをかけて一晩放置したところ，ミョウバンの結晶が現れていた。

図は，塩化ナトリウムとミョウバンの溶解度を表したグラフである。

図

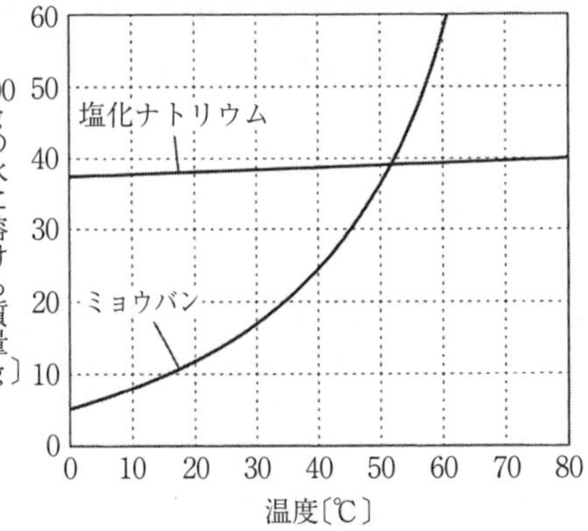

実験2

80℃の水100gに塩化ナトリウム20gとミョウバン20g(合計40g)をビーカーに入れてよくかき混ぜてから，ゆっくり冷やしていった。

(1) 実験1の①で，塩化ナトリウムがすべて溶けたのは，80℃の水をさらに約何g加えたときか。次の①～⑧のうちから最も適当なものを一つ選びなさい。

① 約40g　② 約45g　③ 約50g　④ 約55g

⑤ 約60g　⑥ 約65g　⑦ 約70g　⑧ 約75g

(2) 実験1の③で，ミョウバンの結晶が現れた理由として最も適当なものを，次の①～④のうちから一つ選びなさい。

① 水の温度が下がって溶解度が小さくなったため。

② 水の温度が下がって水の質量が小さくなったため。

③ 水の温度が下がってミョウバンの密度が小さくなったため。

④ 水の温度が下がってミョウバンの密度が大きくなったため。

(3) 実験1の②で40℃に保ってろ過した水溶液と実験1の③の水溶液の濃度を比較したとき，最も適当なものを，次の①～③のうちから一つ選びなさい。

① 実験1の②の水溶液の方が濃い。

② 実験1の③の水溶液の方が濃い。

③ どちらも同じ。

(4) 実験2のビーカー内の変化として最も適当なものを，次の①～⑦のうちから一つ選びなさい。

① 冷やしはじめて間もなく，塩化ナトリウムの結晶が現れた。

② 冷やしはじめて間もなく，ミョウバンの結晶が現れた。

③ 52℃のとき，塩化ナトリウムの結晶だけが現れた。

④ 52℃のとき，ミョウバンの結晶だけが現れた。

⑤ 52℃のとき，塩化ナトリウムとミョウバンの結晶が現れた。

⑥ 35℃のとき，塩化ナトリウムの結晶が現れた。

⑦ 35℃のとき，ミョウバンの結晶が現れた。

4　物体の運動について調べるため，次の実験１，２を行いました。これに関して，あとの(1)～(4)の問いに答えなさい。ただし，物体の間にはたらく摩擦や空気抵抗はないものとします。

実験１

① 水平面上に木片と板を用いて斜面をつくり，斜面上に，１秒間に50回打点する記録タイマーを設置した。

② 台車を水平面から斜面に沿って斜面上のＡ点まで押し上げ，図１のように，紙テープを取りつけてから静かに手をはなし，台車の運動を記録したところ，台車は斜面を下ってＢ点を通過し，水平面を運動した。

図１

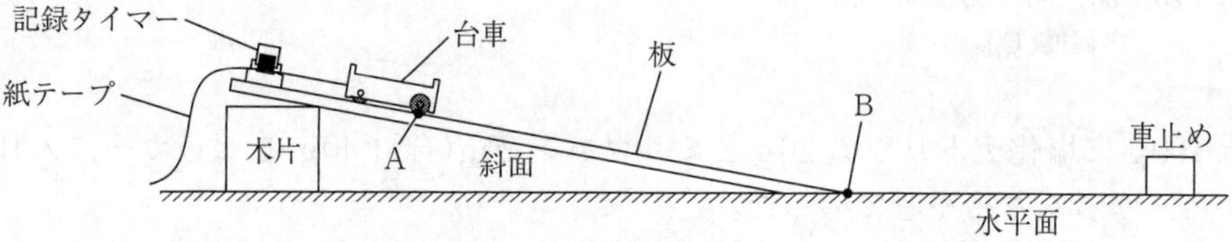

実験２

① 図１の装置の木片を高さの高いものに取りかえて斜面の角度を大きくした。

② 台車を水平面から斜面に沿って斜面上のＡ点まで押し上げ，図２のように，紙テープを取りつけてから静かに手をはなし，実験１と同様に台車の運動を記録した。

図２

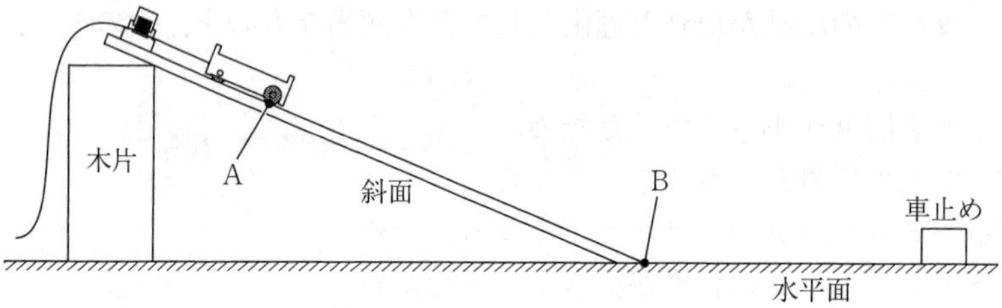

図３は，実験１の運動を記録した紙テープを，図４は，実験２の運動を記録した紙テープを，それぞれ打点のはっきり読み取れる位置から５打点ごとに切り，左から順に並べたものである。

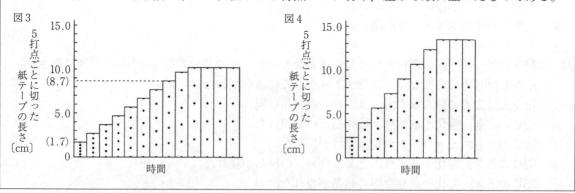

図３

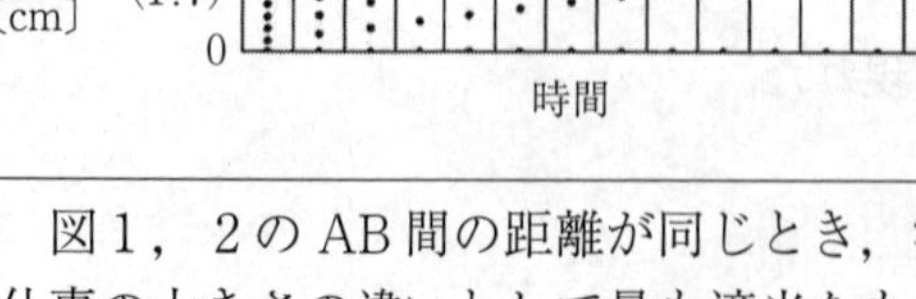

図４

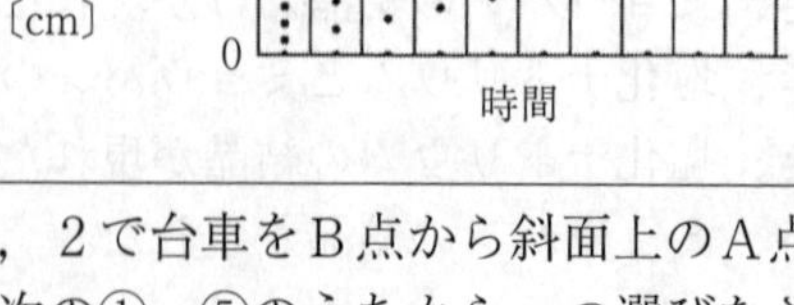

(1) 図１，２のAB間の距離が同じとき，実験１，２で台車をＢ点から斜面上のＡ点まで移動させた仕事の大きさの違いとして最も適当なものを，次の①～⑤のうちから一つ選びなさい。

① AB間の距離が同じなので仕事の大きさも同じ。

② 実験１のほうが，Ｂ点からＡ点までの水平距離が長いので仕事も大きい。

③ 実験１のほうが，Ｂ点からＡ点までの高さが高いので仕事も大きい。

④ 実験２のほうが，Ｂ点からＡ点までの水平距離が長いので仕事も大きい。

⑤　実験2のほうが，B点からA点までの高さが高いので仕事も大きい。

(2)　水平面上を運動する台車にはたらく力として最も適当なものを，次の①～⑦のうちから一つ選びなさい。

①　重力のみ
②　垂直抗力のみ
③　進行方向の力のみ
④　重力と垂直抗力
⑤　重力と進行方向の力
⑥　垂直抗力と進行方向の力
⑦　重力と垂直抗力と進行方向の力

(3)　実験1で，図3の最初の打点が記録されたのち，0.2秒後から0.3秒後までの平均の速さは何cm/sか。[X]，[Y]にあてはまる数字を一つずつ選びなさい。

[X][Y] cm/s

(4)　実験1，2からわかることとして最も適当なものを，次の①～⑥のうちから一つ選びなさい。

①　実験1と2の斜面を下る時間は同じで，水平面からの高さが同じ区間での台車の速さのふえ方は同じである。
②　実験1と2の斜面を下る時間は同じで，台車の速さのふえ方は斜面の傾きが大きいほど大きくなる。
③　実験1のほうが斜面を下る時間は長く，水平面からの高さが同じ区間での台車の速さのふえ方は同じである。
④　実験1のほうが斜面を下る時間は長く，台車の速さのふえ方は斜面の傾きが大きいほど大きくなる。
⑤　実験2のほうが斜面を下る時間は長く，水平面からの高さが同じ区間での台車の速さのふえ方は同じである。
⑥　実験2のほうが斜面を下る時間は長く，台車の速さのふえ方は斜面の傾きが大きいほど大きくなる。

5　タマネギの根の成長について調べるため，次の観察を行いました。これに関して，あとの(1)～(4)の問いに答えなさい。

観察

①　図1のように，水につけて成長させたタマネギの根の一部を5mmほど切り取り，図2のように，うすい塩酸に入れて60℃の湯で3分間あたためた。

図1

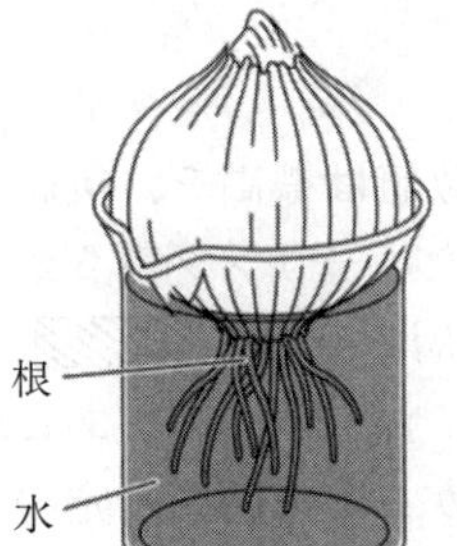

図2

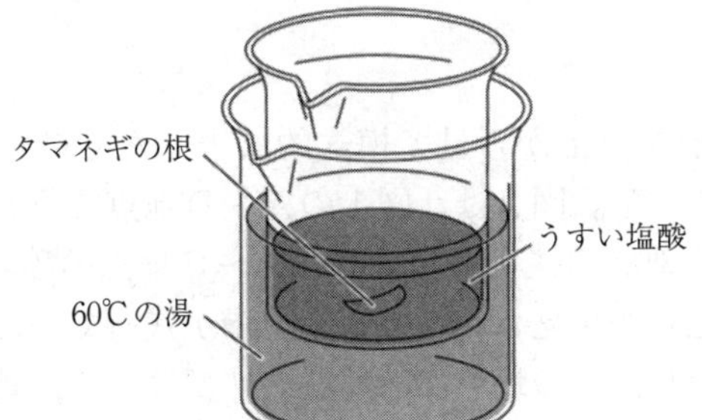

図3

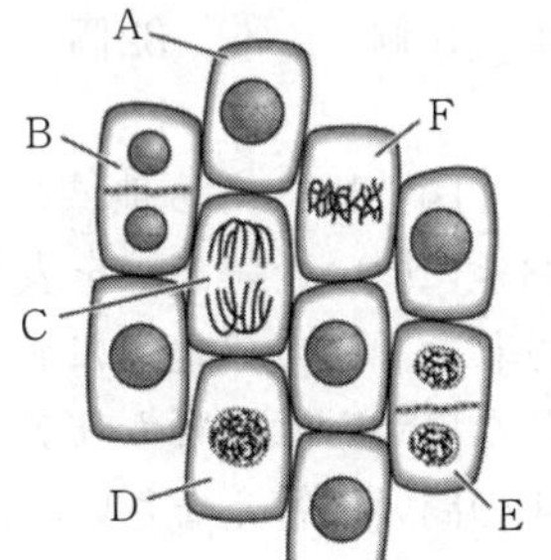

② 根を水洗いしてから，スライドガラスにのせて柄つき針でほぐし，酢酸オルセイン液を1滴たらして，3分間放置した。
③ 根にカバーガラスをかけ，カバーガラスを割らないように指で押しつぶした。
④ 顕微鏡で細胞の様子を観察したところ，図3のような細胞が見られた。

(1) 観察の①で，タマネギの根のつくりから考えられるタマネギの分類として最も適当なものを，次の①～⑧のうちから一つ選びなさい。
① 根が主根と側根からなる被子植物の単子葉類である。
② 根が主根と側根からなる被子植物の双子葉類である。
③ 根が主根と側根からなる裸子植物の単子葉類である。
④ 根が主根と側根からなる裸子植物の双子葉類である。
⑤ 根がひげ根である被子植物の単子葉類である。
⑥ 根がひげ根である被子植物の双子葉類である。
⑦ 根がひげ根である裸子植物の単子葉類である。
⑧ 根がひげ根である裸子植物の双子葉類である。

(2) 観察の①で切り取った根の部分を○で示したものとして最も適当なものを，次の①～④のうちから一つ選びなさい。

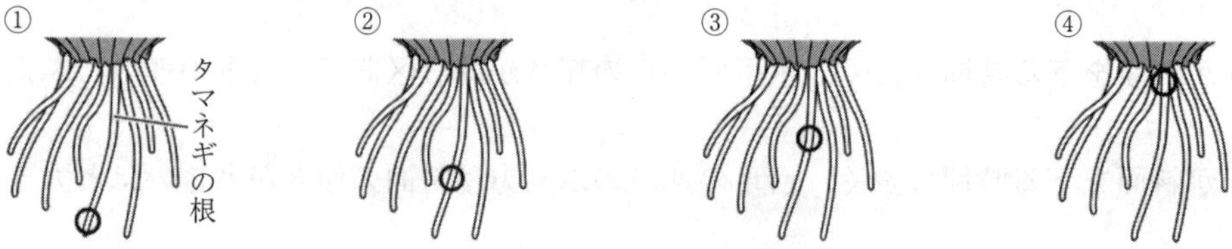

(3) 観察の④で，図3のA～FをAを1番目として細胞分裂の順に並べたものとして最も適当なものを，次の①～⑥のうちから一つ選びなさい。
① A→C→D→F→E→B
② A→C→F→D→E→B
③ A→D→C→F→E→B
④ A→D→F→C→E→B
⑤ A→F→C→D→E→B
⑥ A→F→D→C→E→B

(4) タマネギの根の細胞は，約25時間で1回分裂する。分裂によってできたばかりの細胞1個を100時間後に再び観察すると，何個になっていると考えられるか。最も適当なものを，次の①～⑤のうちから一つ選びなさい。
① 2個　② 4個　③ 8個
④ 16個　⑤ 32個

6 図1は，ある地域の地形を真上から見て模式的に表したもので，数値は標高を，実線は5mおきに引いた等高線を表している。図2は，図1のA～D地点で行われたボーリング調査から作成された，A～C地点における地層の柱状図である。A～C地点の砂岩の層のうち， で示された層からは，ビカリアの化石が発見されたという記録が残っていた。これに関して，あとの(1)～(4)の問いに答えなさい。ただし，この地域では地層の逆転はなく，地層がある方向に一定の角度で傾きながら平行に堆積していることがわかっています。

図1

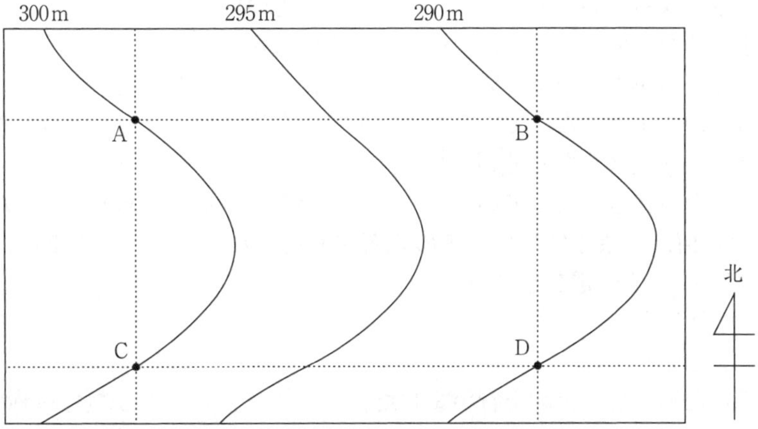

図2

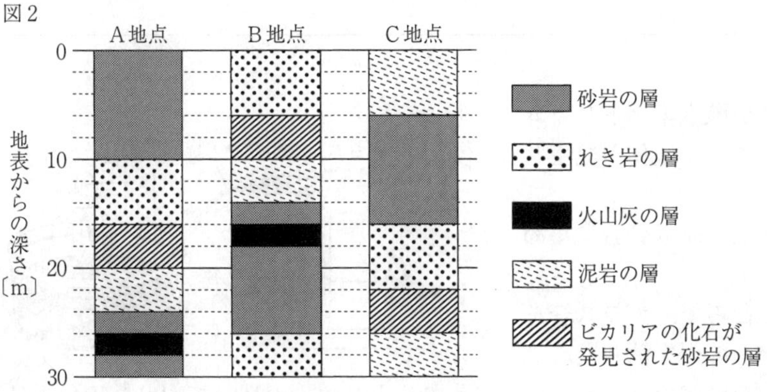

(1) ビカリアの化石は地層が堆積した年代を知る手がかりとなる示準化石である。ビカリアが栄えた地質年代として最も適当なものを，次の①～⑥のうちから一つ選びなさい。

① ナウマンゾウが栄えた古生代

② ナウマンゾウが栄えた中生代

③ ナウマンゾウが栄えた新生代

④ サンヨウチュウが栄えた古生代

⑤ サンヨウチュウが栄えた中生代

⑥ サンヨウチュウが栄えた新生代

(2) 火山灰が堆積してできた岩石の名称として最も適当なものを，次の①～⑤のうちから一つ選びなさい。

① 火山岩

② 石灰岩

③ 凝灰岩

④ 深成岩

⑤ チャート

(3) 図2のC地点の地表から20mまでの層を見ると，れき，砂，泥の順に堆積したことがわかる。これらの層が堆積する間のC地点から海岸までの距離の変化として最も適当なものを，次の①～⑧のうちから一つ選びなさい。

① 粒の大きさがしだいに大きくなっているので，海岸にしだいに近づいた。

② 粒の大きさがしだいに大きくなっているので，海岸からしだいに遠ざかった。
③ 粒の大きさがしだいに小さくなっているので，海岸にしだいに近づいた。
④ 粒の大きさがしだいに小さくなっているので，海岸からしだいに遠ざかった。
⑤ 粒の大きさが大きくなってから小さくなっているので，海岸に近づいてから遠ざかった。
⑥ 粒の大きさが大きくなってから小さくなっているので，海岸から遠ざかったあと近づいた。
⑦ 粒の大きさが小さくなってから大きくなっているので，海岸に近づいてから遠ざかった。
⑧ 粒の大きさが小さくなってから大きくなっているので，海岸から遠ざかったあと近づいた。

(4) 図１のＤ地点では，地表から何mの深さにビカリアの化石が発見された砂岩の層の上面があるか。$\boxed{X}$，$\boxed{Y}$ にあてはまる数字を一つずつ選びなさい。

$\boxed{X}\boxed{Y}$ m

7 物質の分解について調べるため，次の実験を行いました。これに関して，あとの(1)～(4)の問いに答えなさい。

実験

① 図のように，試験管Ａに炭酸水素ナトリウム0.40gを入れて加熱したところ，気体が発生した。

② 発生した気体を水上置換法で試験管Ｂに集めた。

③ 気体の発生が止まったところで，ガラス管を水中から出し，ガスバーナーの火を消した。

図

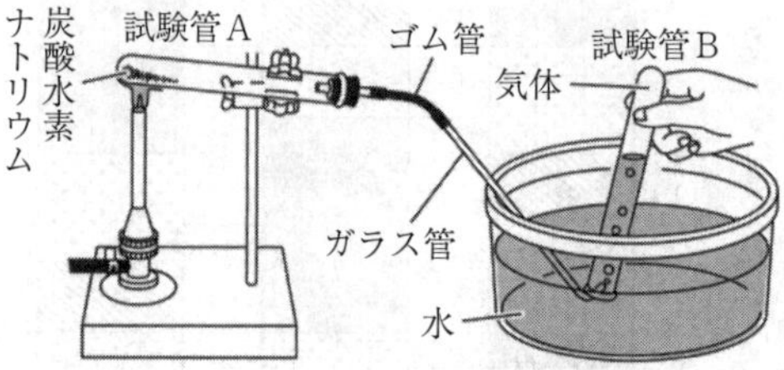

④ 試験管Ａが冷めてから中を調べたところ，底には炭酸ナトリウムが残っており，口付近にたまっていた液体に青色の塩化コバルト紙をつけると，赤色に変化した。

⑤ 試験管Ａから炭酸ナトリウムをとり出して質量を測定した。

⑥ 炭酸水素ナトリウムの質量を0.80g，1.20g，1.60gと変えて同様の操作を行った。

表は，その結果をまとめたものである。

表

炭酸水素ナトリウムの質量〔g〕	0.40	0.80	1.20	1.60
炭酸ナトリウムの質量〔g〕	0.25	0.50	0.75	1.00

(1) ガスバーナーに点火して炎の大きさを調節したあとの操作として最も適当なものを，次の①～④のうちから一つ選びなさい。

① 空気調節ねじをおさえながらガス調節ねじを開いて青い炎にする。
② 空気調節ねじをおさえながらガス調節ねじを開いて赤い炎にする。
③ ガス調節ねじをおさえながら空気調節ねじを開いて青い炎にする。
④ ガス調節ねじをおさえながら空気調節ねじを開いて赤い炎にする。

(2) 次の化学反応式は，炭酸水素ナトリウムを加熱したときの化学変化を表したものである。$\boxed{W}$：$\boxed{X}$：$\boxed{Y}$：$\boxed{Z}$ にあてはまる数字を，最も簡単な整数比となるように一つずつ選びなさい。

$\boxed{W}\,NaHCO_3 \rightarrow \boxed{X}\,Na_2CO_3 + \boxed{Y}\,CO_2 + \boxed{Z}\,H_2O$

(3) 図のように，試験管Ａの口を少し下げる理由として最も適当なものを，次の①～⑤のうちから一つ選びなさい。

① 炭酸ナトリウムが再び炭酸水素ナトリウムにもどらないようにするため。
② ガラス管が割れないようにするため。
③ 水そうの水が試験管Aに逆流しないようにするため。
④ 試験管Bに水がたまらないようにするため。
⑤ 生じた液体が加熱部分に流れないようにするため。

(4) 表から，炭酸水素ナトリウム1.84gを加熱したときに発生する二酸化炭素と水の質量の合計は何gか。X～Zにあてはまる数字を一つずつ選びなさい。
X.YZg

8 電流と電圧の関係について調べるため，次の実験1～3を行いました。これに関して，あとの(1)～(4)の問いに答えなさい。

実験1
① 電熱線Aを用いて図1のような回路をつくり，電熱線Aに加わる電圧の大きさを変えながら，流れる電流の大きさを測定した。
② 電熱線Aを電熱線Bにかえて①と同様の操作を行った。
図2は，①，②の結果をグラフに表したものである。

図1
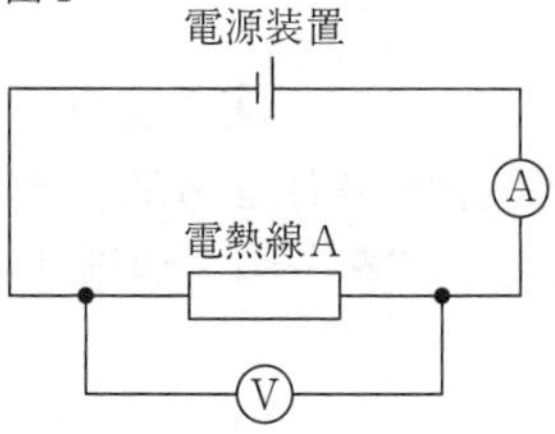

図2
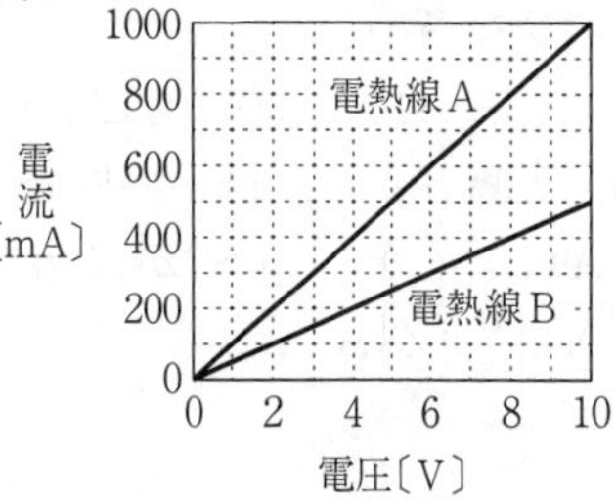

実験2
① 豆電球と電熱線Aを用いて図3のような回路をつくり，電熱線Aに加わる電圧の大きさを3Vにして豆電球を点灯させた。
② 電熱線Aを電熱線Bにかえて①と同様に電熱線Bに加わる電圧の大きさを3Vにして豆電球を点灯させた。

図3
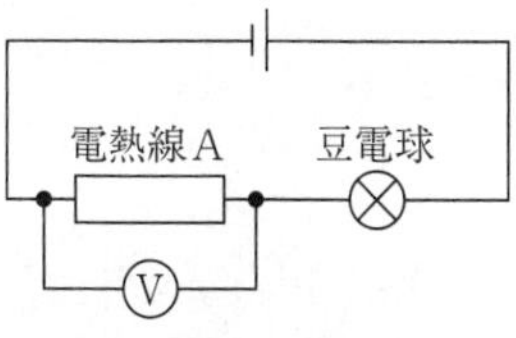

実験3
電熱線Aと電熱線Cを用いて図4のような並列回路をつくり，電源装置の電圧を変えながら，それぞれの電圧におけるP点を流れる電流とQ点を流れる電流の大きさを測定した。
表は，その結果をまとめたものである。

図4
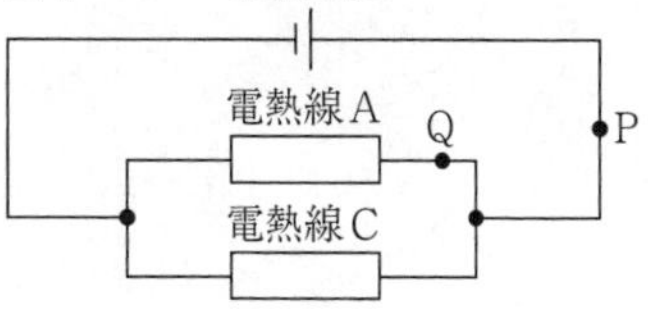

表

電源装置の電圧〔V〕	0	1	2	3	4
P点を流れる電流〔mA〕	0	125	250	375	500
Q点を流れる電流〔mA〕	0	100	200	300	400

(1) 実験1で，電熱線Aを用いたとき，3Vの－端子に導線をつないだ電圧計と，電流計の針はそれぞれ図5のようになった。このとき，導線をつないだ電流計の－端子と，電熱線Aに加わった電圧として最も適当なものを，次の①～⑥のうちから一つ選びなさい。

図5
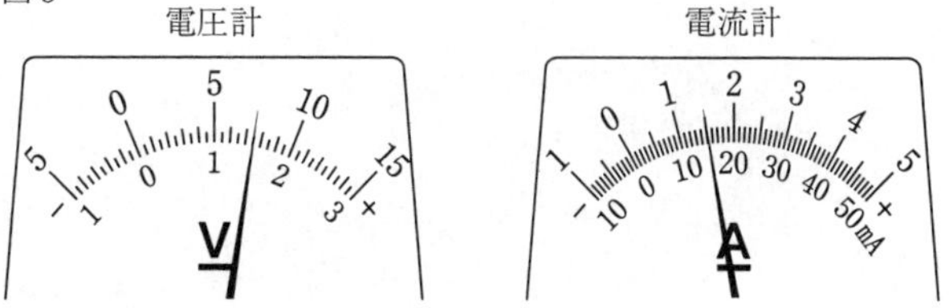

① 導線をつないだ電流計の－端子は50mAであり，電熱線Aには1.5Vの電圧が加わった。
② 導線をつないだ電流計の－端子は50mAであり，電熱線Aには7.5Vの電圧が加わった。
③ 導線をつないだ電流計の－端子は500mAであり，電熱線Aには1.5Vの電圧が加わった。
④ 導線をつないだ電流計の－端子は500mAであり，電熱線Aには7.5Vの電圧が加わった。
⑤ 導線をつないだ電流計の－端子は5Aであり，電熱線Aには1.5Vの電圧が加わった。
⑥ 導線をつないだ電流計の－端子は5Aであり，電熱線Aには7.5Vの電圧が加わった。

(2) 実験2で，豆電球の明るさの比較として最も適当なものを，次の①～④のうちから一つ選びなさい。

① 電熱線Aのほうが電熱線Bよりも抵抗が小さいため，実験2の①のほうが豆電球が明るかった。
② 電熱線Aのほうが電熱線Bよりも抵抗が小さいため，実験2の②のほうが豆電球が明るかった。
③ 電熱線Aのほうが電熱線Bよりも抵抗が大きいため，実験2の①のほうが豆電球が明るかった。
④ 電熱線Aのほうが電熱線Bよりも抵抗が大きいため，実験2の②のほうが豆電球が明るかった。

(3) 実験3で，図4の回路全体の抵抗の大きさとして最も適当なものを，次の①～⑥のうちから一つ選びなさい。

① 0.1Ω　② 0.125Ω　③ 8Ω　④ 10Ω　⑤ 100Ω　⑥ 125Ω

(4) 実験3から，図4の回路で電源装置の電圧を6Vにすると，電熱線Cに流れる電流の大きさは何Aになるか。[X]～[Z]にあてはまる数字を一つずつ選びなさい。

[X].[Y][Z]A

ちだして行動しなさい。
3　今はもう私があれこれ対応することもできない。早く何でも好きなものを持っておいきなさい。
4　今はまだ私がどうにかできることはない。そのまま何でもいいから持ってきてください。

問五　傍線部4「のちの物語にもし給へ」の説明として最適なものを後より一つ選び番号で答えなさい。
1　船の上で用光が海賊のためにしたことを、いつか雑談の話題にしてほしいということ。
2　小調子という篳篥の曲の内容について、架空の物語にして後世に伝えてほしいということ。
3　海賊たちが用光の船を襲ったことを、後で物語として記録してほしいということ。
4　小調子という篳篥の曲の内容について、今ここにいない仲間たちにも語ってほしいということ。

問六　二重傍線部「押さへて」の動作主として最適なものを後より一つ選び番号で答えなさい。
1　用光　2　海賊たち
3　海賊の首領　4　世間の人々

問七　傍線部5「今はかぎりとおぼえければ」の意味として最適なものを後より一つ選び番号で答えなさい。
1　これで海賊たちも盗みをやめるだろうと思われたので
2　ここで篳篥を吹くことはやめようと思ったので
3　これで自分は死んでしまうだろうと思われたので
4　これで海賊たちに二度と会うこともないだろうと思ったので

問八　傍線部6「かたさりぬ」の説明として最適なものを後より一つ選び番号で答えなさい。
1　篳篥を海賊たちに聞かせたいという用光の誠実な言葉に非常に感銘を受けたので、海賊たちは用光を尊重し、用光の船を襲うのをやめたということ。
2　海賊たちは、金持ちを襲おうと船に近づいたが、船には篳篥を演奏する用光しかいないとわかったので、用光の船を襲うのをやめたということ。
3　用光が、涙を浮かべながら必死に篳篥を演奏する様子を見て、海賊たちは用光をあわれんだため、用光の船を襲うのをやめたということ。
4　用光による篳篥の演奏がたいそうすばらしいものであったため、海賊たちはみな大いに感動して、用光の船を襲うのをやめたということ。

問九　本文の内容として不適当なものを後より一つ選び番号で答えなさい。
1　海賊の首領は、海賊たちへの命令のために言葉を発し、用光に対しても演奏の見事さを言葉で伝えている。
2　用光は、長年心をかけてきた篳篥の名曲である「小調子」を海賊たちに聞かせてやろうと考えた。
3　用光は、船の中でひっそりと隠れながら、海賊たちに声をかけたり、篳篥の演奏を聞かせたりしていた。
4　海賊たちは、海の上を響き渡った用光の篳篥の演奏を静まり返って聞き、何も言うことができなくなった。

客観的に振り返って恥じる様子を描いた後、後半でその過去の出来事を回想して、前半のミサの思いの背景を明らかにしている。

三

次の文章は『十訓抄《じっきんしょう》』の一部である。これを読んで後の設問に答えなさい。

＊1和邇部用光《わにべのもちみつ》といふ楽人《がくにん》ありけり。＊2土佐《とさ》の＊3御船《おふな》遊びに下りて(向かい)、上りけるに(戻っていると)、＊4安芸《あき》の国、なにがしの泊《とまり》にて(港で)、1海賊押し寄せたりけり。2弓矢の行方《ゆくへ》知らねば、防ぎ戦ふに力なくて、今はうたがひなく殺されなむずと思ひて、＊5篳篥《ひちりき》を取り出《い》でて、屋形の上に(船の屋根の上に)ゐて、「あの党《たう》や(そこにいる海賊たちよ)。3今は沙汰に及ばず。とくなにものをも取り給《たま》へ。ただし、年ごろ(長年)、思ひしめたる篳篥の、＊6小調子《こてうし》といふ曲、吹きて聞かせ申さむ。さることこそありしかと、4のちの物語にもし給へ」といひければ、＊7宗《むね》との大きなる声にて、主《ぬし》たち、しばし待ち給へ。かくいふことなり。もの聞けといひければ、船を押さへて、おのおのしづまりたるに、用光、5今はかぎりとおぼえければ、涙を流して、めでたき音を吹き出でて、吹きすましたりけり。

をりからにや(時節のためだろうか)、その調べ、波の上にひびきて、かの＊8潯陽江《じんやうかう》のほとりに、琵琶《びは》を聞きし昔語りにことならず。海賊、静まりて、いふことなし。

よくよく聞きて、曲終《おは》りて、先の声にて、「君が船に心をかけて、寄せたりつれども、曲の声に涙落ちて、6かたさりぬ」とて、漕《こ》ぎ去りぬ。

（『十訓抄』）

＊1　和邇部用光…平安時代の音楽家。
＊2　土佐…現在の高知県。
＊3　御船遊び…土佐神社で行われていた祭り。
＊4　安芸…現在の広島県西部。
＊5　篳篥…雅楽で使われる管楽器。
＊6　小調子といふ曲…篳篥の秘曲。
＊7　宗と…中心となる者。ここでは、海賊の首領。
＊8　潯陽江…中国の長江の別名。ここでは、詩人の白居易《はくきょい》が長江で琵琶を聞いた話として取り上げられている。

問一　本文中に「　」(かぎかっこ)のついていない会話文が一箇所ある。その会話文の初めと終わりの組み合わせとして最適なものを後より一つ選び番号で答えなさい。

1　主たち～の聞け　　2　主たち～りたる
3　かくい～の聞け　　4　かくい～りたる

問二　傍線部1「海賊押し寄せたりけり」は、具体的にどういうときの出来事か。最適なものを後より一つ選び番号で答えなさい。

1　用光が「御船遊び」を見に行く途中で港に寄ったとき。
2　用光が「御船遊び」を見終えて都へ帰っていくとき。
3　用光が「御船遊び」を港で見ているとき。
4　用光が「御船遊び」を見ずに都に引き返したとき。

問三　傍線部2「弓矢の行方知らねば」の意味として最適なものを後より一つ選び番号で答えなさい。

1　弓矢が飛んできそうに思えないので
2　弓矢がどこにあるかわかったので
3　弓矢の動きをよく理解しているので
4　弓矢の扱い方がわからないので

問四　傍線部3「今は沙汰に及ばず。とくなにものをも取り給へ」の現代語訳として最適なものを後より一つ選び番号で答えなさい。

1　今すでに私が何か対処する状況ではない。ゆっくりと何でも好きなものをお取りなさい。
2　今ならまだ事件には至っていない。すぐに何でもいいから持

はいやだから、これからは二人とも席をとることをやめるようにしようと、マユミに対して同意を得ようと話しかけている。

2　自分たちが悪いことをしたとはっきり認めることは自尊心が大きく傷つくことになるため、悪いことをしたと理解はしていながらも、口に出して認めることはやめ、自分たちが間違っていたからだという理由ではなく、老人にまた注意されるのが面倒だからということを理由に、マユミにも席をとることをやめようと呼びかけている。

3　自分たちが悪いことをしたと理解し、老人に注意されたのも当然であり、今度からは席をとることをやめにしようとも思っているが、一方的に怒鳴りつけられたことは許すことができず、素直に反省の思いを口にすることは悔しくて、老人の態度に対して文句を言いつつ、マユミに席をとるのをやめようと確認している。

4　自分たちの行動が周囲に迷惑をかけていたという事実を突き付けられ、周囲から自分たちを全否定されたように感じて沈んだ気持ちになっているので、どうにか気を奮い立たせようと、自分たちは決して悪いことはしていないという体《てい》で、老人からまた注意されるのは困るので、席をとるのをやめようとマユミに話しかけている。

問九　傍線部6「そんな顔ができるのはあの老人のおかげだと覚えていることもお互いが知っていた」とあるが、この部分の説明として最適なものを後より一つ選び番号で答えなさい。

1　ミサとマユミは、老人に注意されてからはどちらもが自然と電車内で常識的にふるまうようになったので、苦い記憶を忘れず、はっきり注意してくれた老人への感謝の思いを抱いていることを、お互いに察しているということ。

2　ミサとマユミは、老人に注意されたことで知った乗車の際のマナーをその後もきっちり守っていて、非常識な行為をする人を見ると、口には出さないものの、老人のありがたさを再確認し、感謝の思いを共有しているということ。

3　ミサとマユミは、その後、非常識な行為に対して態度や表情で不快感を示すようになっていたので、二人ともが老人の注意を真摯に受け止め、老人に感謝しているということを、お互いに口に出さずとも理解していたということ。

4　ミサとマユミは、老人が注意してくれたことを電車に乗るたびに思い出してありがたく感じていて、非常識な行為を二度とせず、大人しく電車に乗っていようと自分自身に言い聞かせていることを、お互いに気付いていたということ。

問十　本文の説明として最適なものを後より一つ選び番号で答えなさい。

1　前半で、ミサが非常識なおばさんたちの行動を見て強い憤《いきどお》りを感じている様子や、正義感に駆られている様子を描いた後、後半で、ミサが過去に体験した同様の出来事を描くことによって、前半でミサがおばさんたちに対して、どういう言葉をかけ、どのように対応しようとしていたかを暗示している。

2　前半では、ミサがおばさんたちの非常識さを見て自分自身はどうなのかと考えるところから、おばさんと同じようなことをしていたことを思い出して恥ずかしくなる様子を描いており、後半では思い出した出来事について具体的に描写することによって、現在のミサが過去を反省しているということを明らかにしている。

3　前半では、ミサがおばさんたちの非常識な行動を見て過去の自分の過《あやま》ちを思い出し、おばさんたちと同じようなことをしていた自分はみっともないと感じて落ちこんでいる様子を描いた後、後半で、過去の回想を描くことで、ミサが過去に一度反省していたことを思い出して気持ちを立て直す様子を描いている。

4　前半で、ミサが非常識なおばさんたちの姿を見て過去の自分の姿と重ね、おばさんたちとは違い、過去に常識を学ぶ機会のあったことを幸運だと思っていることや、過去の自分の行為を

1　A＝涼しい　B＝突発的な　C＝心配しながら
2　A＝喧嘩腰な　B＝短絡的な　C＝ぼんやりしながら
3　A＝険しい　B＝反射的な　C＝戸惑いながら
4　A＝不満げな　B＝道徳的な　C＝あきれながら

問五　傍線部2「そう思って周囲を見回してぎくりと身が縮んだ」とあるが、このときのミサの心情として最適なものを後より一つ選び番号で答えなさい。

1　周囲には自分を擁護し助けてくれる人がいるはずだと思っていたが、実際には誰も名乗りを上げてくれないと悟って動揺し、この状況をどう乗り切ればいいのかと追いつめられた気持ちでいる。
2　周囲はミサの状況をあわれみ、老人に白い目を向けていると考えていたが、自分の方こそ非難されていると知って衝撃を受け、老人も周囲も納得させる言い訳を考えようと焦《あせ》った気持ちでいる。
3　周囲に見られながら老人に怒鳴られる状況を恥ずかしく感じていたが、周囲の目に非難の色が混ざっていることに気付いて動揺し、これまでの自分の行動を振り返って、改めて羞恥を覚えている。
4　周囲の非難の眼差しは老人の方に向いていると思い込んでいたが、実際には自分が周りの苛立ちを一身に集めてしまっていることに気付いて驚き、恐れを感じ、絶望に近い気持ちになっている。

問六　傍線部3「逃げるように電車を降りて、ホームのベンチに座る」に、活用のある付属語はいくつ用いられているか。最適なものを後より一つ選び番号で答えなさい。

1　一つ　2　二つ　3　三つ　4　四つ

問七　傍線部4「ミサも同じ理由でふて腐れていた」とあるが、この部分の説明として最適なものを後より一つ選び番号で答えなさい。

1　ミサもマユミも、他人から卑怯《ひきょう》であると注意されたことにおびえ、その様子を周囲にさらされたことにいたたまれない思いでいるとともに、卑怯なことをしている自覚がなかった浅はかさや、学校でも大勢に発表されるかもしれない不名誉を思うと、どうしようもなく弱り切ってしまうので、どうにかこらえようと強がってみせているということ。
2　ミサもマユミも、自分たちなりの名案を他人から激しくののしられたことに対する納得がいかない思いや恥ずかしさに加えて、学校に報告されて全校生徒に発表されるかもしれないという恐怖も感じていて、そうしたさまざまな気持ちと一度に向き合うことができずに混乱し、不機嫌そうな表情になってしまっているということ。
3　ミサもマユミも、公衆の面前で怒られたことで、おじいさんへの恐れや自分たちに対する情けなさを感じ、また、これまで迷惑なことをしていた自分たちの心の醜さを指摘されて落ち込んでいるが、さらに、学校で今回の出来事が広まった場合のやり場のない屈辱を想像して、立ち直れない思いになってしまっているということ。
4　ミサもマユミも、他人から自分たちの迷惑な行いを厳しく注意されたことで、自分たちのしてきたことの愚かさを受け止め、しっかりと反省してはいるが、この後学校へ報告され、大勢に知られてしまう可能性があることを思うと不安でたまらず、そのような不安を紛らそうとあえて強気な態度を取っているということ。

問八　傍線部5「またあんなふうに難癖つけられてもイヤやし」とあるが、このように言ったミサの意図を説明したものとして最適なものを後より一つ選び番号で答えなさい。

1　自分たちの行動によってひどい出来事に遭遇したことは理解しているので、本心では悪いことをしたとは決して認めていないが、また老人や周囲の人たちから理不尽に文句を言われるのだが、心の隅に確かにわだかまる疚《やま》しさがその日から乗る車両を変えるようになった。

ミサもマユミも、もう荷物で乗り物の席を取っておくようなことはしなくなった。

そしていつの間にか、そんなことは非常識でみっともないと最初から知っていましたよというような顔をするようになっていた。あの老人に叱られて初めて知ったことだなんてお互い口にも出さず。

けれど、6そんな顔ができるのはあの老人のおかげだと覚えていることもお互いが知っていた。

（有川　浩『阪急電車』）

＊1　キャリアウーマン…社会の第一線で働いている女性。

＊2　ぎょうさん…たくさん。

＊3　喝破…正論で相手を言い負かすこと。

問一　二重傍線部a～cのカタカナの部分を漢字に改めたとき、同じ漢字を用いるものはどれか。後より選びそれぞれ番号で答えなさい。

a　ホウった

1　模ホウ　　2　ホウ富　　3　ホウ問　　4　釈ホウ

b　カって

1　バイ償　　2　バイ収　　3　商バイ　　4　バイ園

c　ツカれて

1　ヒ害　　2　消ヒ　　3　ヒ弊　　4　回ヒ

問二　傍線部ア～ウの意味として最適なものを後より選びそれぞれ番号で答えなさい。

ア　詰られた

1　問いただされ責められた
2　あやしく思う様子で質問された
3　問いかけられ従わされた
4　悪意のない様子で質問された

イ　敢えなく

1　驚きをおさえることができずに
2　思いがけないような感じで
3　気づかれないような感じで
4　持ちこたえることができずに

ウ　執り成して

1　味方になり相手と争って
2　機嫌の悪い相手をなだめ仲裁して
3　手ごわい相手をやっつけて
4　邪魔な相手をとりのぞいて

問三　傍線部1「素敵なブランドが台無しね」とあるが、このときの「若い女性」の様子の説明として最適なものを後より一つ選び番号で答えなさい。

1　車内でのもめごとをさけるために、素敵なブランドバッグが滑稽に見えると冗談を言うことで、感情的におばさんたちを責めようとしたミサの行動を制止し、その場をうまくおさめようとしている。

2　おばさんたちの非常識な行為にあきれながらも、それを直接的にとがめることはせず、バッグの素敵なブランドに似つかわしくないという皮肉を通じて、ミサの怒りに対する共感を示している。

3　自分が座れたはずの席を取り上げられても余裕のある態度でいるが、おばさんたちの行為がブランドの価値を落としているとつぶやくことで、本心では怒っているということをミサに理解してもらおうとしている。

4　仲間のためとはいえ、バッグを投げて席を確保するおばさんたちは、ブランドに値しない人物であると残念に思っていて、ミサに同意を求めることでその気持ちを分かち合おうとしている。

問四　本文中の A ～ C に入る言葉の組み合わせとして最適なものを後より一つ選び番号で答えなさい。

マユミのほうをじろりと振り向く。
「あんたが友達か」
「えっ、何……」
マユミは　C　ミサのほうに近づいてきた。
「ミサ、このジジイに何かされたん？」
小声で訊《き》いたつもりだったのだろうが、マユミは地声が大きかった。
「何かしとったのはお前らやろが、しょっちゅうしょっちゅう！」
老人が雷のような声を落とした。
「混んでる電車でみんな座りたいのに、鞄座らせてまで連れの分の席取って、どんな教育されとんじゃ！」
え〜、ちょっとぉ。何よこのジジイ。マユミが唇を尖《とが》らせて言い返しかけたとき、
「どこの学校のガキどもやお前らは！　言うてみぃ！」
――学校に言いつけられる！
ミサはとっさに席を立った。
「降りよ」
マユミに鞄を押しつけて、老人に頭を下げる。
「すみませんでした、これから気をつけますっ」
言い捨てるような口調で、だが一応は謝った。この辺でマユミも自分たちに向けられている白い目に気づいたらしい。不満そうな顔のままでミサと一緒に頭を下げる。
3逃げるように電車を降りて、ホームのベンチに座る。程なく発車のベルとともにドアが閉まり、電車が走りはじめる。
ミサが取ってあった席は、電車が走り出しても誰も座っていなかった。
「……絶対ホームから見えへんようになったらあのジジイが座るんやで」
ふて腐れたようにマユミがコンクリの床を蹴った。
「自分が座りたかったから難癖《なんくせ》つけてただけやで、絶対」

そうじゃないのは二人ともたぶん分かっていた。ミサたちに向けられていた白い目。
一方的にミサたちを怒鳴りつけていた老人。
何かしとったのはお前らやろが、しょっちゅうしょっちゅう！
週に二度か三度はこんなことをやっていた。不愉快に思いながらミサたちを覚えていた乗客は、あの中にどれくらいいたのだろう。
へこんだ。
名案を思いついたつもりでいたのに、それはずるいことだとこっぴどく叱られた。他人から、公衆の面前で。
あの老人が腹に据えかねて人前でミサを怒鳴りつけるほど二人は今まで目立っていて、それもひどくみっともなく目立っていたのだ。
「絶対、自分が座りたかっただけやで」
マユミはまだふて腐れている。でもふて腐れている理由が分かる。
4ミサも同じ理由でふて腐れていたからだ。
ふて腐れたポーズを取っていないと泣いてしまう。他人に怒られて恐《こわ》かったのと周囲の白い目が恥ずかしかったのと、他人に叱られるまでその行いを恥ずかしいと思わなかった自分たちのバカさ加減が情けないのと、――制服で学校が分かったら言いつけられるかもしれないという心配も少し。
ミサたちの名前まで分かるわけがないけれど、例えば朝礼なんかで「このような苦情が当校にありました」なんて発表されたら内心の屈辱は想像を絶する。
「でも、今度からやめとこな」
ミサのほうから言った。
「5またあんなふうに難癖つけられてもイヤやし」
そう付け加えると、マユミも無言で頷いた。
それがそのときのミサたちの精一杯の反省だった。別にあたしらが悪いわけちゃうけどジジイがうるさいからもうやめといたるわ。
思春期の繊細さは自分たちの落ち度を髪の毛一筋ほども認めたがらない。

そのとき駅まで歩いて摑《つか》まる普通電車が空《す》いているギリギリで、その次の電車からだと前の駅から高校生がたくさん乗ってくるのでもう座る余地はない。

　最初のうちはどちらかが掃除当番だったら諦めていたが、そのうちどちらだったか気がついた。掃除当番じゃないほうが先に駅に行って席を二人分取っておけばいい。それなら当番のほうが掃除を終わって駅まで走れば二人とも座れる。

　当番のほうは滑り込みになるので、取っておく席は改札を通って一番手前の車両の端。

　それからお互い、相手が掃除当番のときは先に駅まで走った。二人ともがお気に入りの端っこの席を取って待っておくために。

　端の席に鞄を立てて、自分はその隣に背筋を伸ばして座る。ときどきわざと改札のほうを窺いながら鞄の把手《とって》に手をかけて、いかにも人待ち風情《ふぜい》を見せて。

　その様子が周囲の人々にどれほど賢《さか》しく見えていたのか。今でも思い出すと恥ずかしくて身をよじりたくなる。

「何をやってんねん、あんたは」

　目の前に立ったおじいさんにいきなりア詰《なじ》られた。

　あんたは、というのが自分のことと気づかず、しばらくいつものように改札を窺ったりしていた。

「あんたや、あんた。座席に鞄座らせとるあんたや」

　そこまで言われてようやく自分のことだと気づいて振り向いた。

　頭の禿《は》げ上がった小柄なおじいさんが、恐い顔で自分を見下ろしていた。

　え、何。このおじいさん、あたしに言《ゆ》うてんの。何言うてんの。

　その年頃に特有の［　B　］反感は、揺るぎなく自分を見据える怒りの眼差《まなざ》しにイ敢《あ》えなくぺしゃんと潰《つい》えた。

「混んできとんのに何でその鞄を一人前に席に座らせとんねん」

「あ、あの、これは友達の鞄で、友達が後から来るんです」

「そんなことが理由になるか！　その友達より先に乗ってはる人が＊2ぎょうさんおんのに、後から来るあんたの友達があんたが先取りしといた席にしれっと座るんかい！　おかしいやろが！」

　そんな大きい声で怒鳴らんといてや、周りに見られて恥ずかしいやんか！　恥ずかしい――2そう思って周囲を見回してぎくりと身が縮んだ。

　うるさい老人に向けられていると思った非難の眼差しは、全て自分に突き刺さっていた。

　あんなに怒鳴られてかわいそうに――そんなふうに思っている目はひとつもなかった。俯《うつむ》いて肩を落としている自分が同情されるだろうと思っていたのに。あんな子供を大人げなく怒鳴りつけるなんてかわいそうにと老人のほうが白い目で見られると思っていたのに。

　白い目は容赦なく子供であるミサのほうに向けられていた。

　それは周囲の人々が老人と同じ苛立《いらだ》ちをミサに抱いているからだ、と気づかない程には子供ではなかった。

　恥ずかしい。注目を集めてしまったからではなく注目を集めた理由が恥ずかしい。この車両に同じ学校の生徒は乗っているだろうか、クラスメイトは乗っているだろうか。

「と……友達が、掃除当番でcツカれて帰ってくるから」

「やったらあんたが席替わったったらええやろが！　言い訳すな！」

　こんなことで言い訳をするほうが恥ずかしいなんてことはもう分かり切っていたのに、言い訳せずにはいられなかった。案の定＊3喝破《かっぱ》されて終わる。

　誰もウ執り成してくれないことがミサに自分の立場を思い知らせた。

　今までの自分たちの『名案』は、他人からは苦々しく思われる小賢しさだったのだ。

「お待たせ！　席取っといてくれてありがと！」

　異様な空気を読めないままにマユミが電車に乗ってきた。老人があー、この席ちょっとハズレやったかもしれんなー。この人らうるさそう……

ミサがそんなことを考えていたとき、空いていたミサの隣に若い女性が座ろうとした。思わず見とれるような美人で、かっこいい＊1キャリアウーマン風。

彼女が腰を下ろそうと屈《かが》みかけたとき、信じられないことが起こった。

「えいっ！」

イトーさんを呼んだおばさんが、持っていた自分のブランドバッグを女性が腰を下ろす直前の座席にaホウったのである。

一体何が起こったのか分からなかった。腰を下ろしかけていた女性は、呆気《あっけ》に取られて投げられたバッグを見つめ、ミサもやはりそのバッグを見つめる。

――コレハイッタイナンダ？

おばさんの仲間が「ちょっとあなた」「やだ、信じられなーい」とくすくす笑う。その笑いで――信じられないと言いながら、まったく悪いとは思っていないその仲間内の笑いで、やっと事態が飲み込めた。

ミサの隣の席を「イトーさん」に確保するために――先に座りかけていたその女性から取り上げるために、そのブランドバッグは投げられたのだ。

「早く早く！ 席取っといてあげたからー！」

前の車両からやはり同じテイストのファッションのイトーさんがとことこと追い着いてくる。ひらひらのワンピースにブランドバッグ、ただコートだけは他のおばさんと違ってごくおとなしいベージュのウールだ。

「な……！」

なんちゅうことすんねん、あんたら。

思わず声を上げそうになったミサを、席を取られた女性がさりげない手振りで制した。イトーさんが到着する前に笑みすら含んだ声で囁《ささや》く。

「1素敵なブランドが台無しね」

気の利いた相槌《あいづち》が思いつかず、ミサが懸命に頷《うなず》いている間に女性はすっと腰を伸ばし、空席がもうほとんど残っていない車両を次の車両へと歩き去っていった。

他のおばさんに比べてちょっととろそうなイトーさんは「ごめんなさいねえ」とバッグを投げた本人に返しながらミサの隣に座った。

違う。あんたが謝らなあかんのは今歩いていったあのお姉さんや。

ミサは自然と［A］表情になりながら、せめて気持ちを落ち着かそうと鞄《かばん》からテキストを取り出して開いた。

「いいのよぉ、これくらい」

バッグを受け取りながら、投げた本人はこともあろうにこの返事。

ババアお前もや、ととうとうミサは険のある声で低く吐き捨てた。

「信じられへん。おばさんってサイテー」

向かいの席までは届かないが、隣のイトーさんには聞こえたはずだ。

何やねんアンタ、と食ってかかられたら喧嘩《けんか》をbカってやるつもり満々だったが、イトーさんはちらりとミサを窺《うかが》っただけで何も言ってはこなかった。

おばさんの群れは今日食べにいくらしい宝塚《たからづか》のレストランの話をしている。決して安くはない店で、土曜のランチでそんな店へ行けるのならお金には不自由していない層だろう。けどあんたらにはおれへんかったんやろな。――あたしのことこっぴどく叱ってくれた知らんおじいちゃんとか。

ミサは中学の頃から電車通学だった。

行きはぎゅう詰めになる路線なので座るなどあり得なかったが、帰りはタイミング次第では一緒に通学していた友達のマユミと並んで座れた。

どういうタイミングかというと、掃除当番じゃないときだ。

また、権限のない人のやる気を失わせることにもなるので、そのようなことをする権限者にはあきれるという思い。

問十一　傍線部８「権限によらないリーダーシップでの、権限者の新しい役割」とあるが、これはどのような役割のことをいっているか。その説明として最適なものを後より一つ選び番号で答えなさい。

1　グループの中で、権限のない人がやりがいを感じながらリーダーシップを発揮できるように、権限のない人が積極的に提案したり行動したりすることに対して称賛の言葉を与えて、個々が自信を持てる環境をつくり、結果がうまくいった場合もそうでない場合も責任は権限者にあるという意思表示をすることで、権限によらないリーダーシップがさらに奨励されるような組織にする役割。

2　グループの中で、権限のない人が何の不安もなくリーダーシップを発揮できるように、権限のない人に対し自由に行動することや積極的に意見を表明することなどを促して、個々が主体的に働けるような環境をつくり、どのような結果になっても、責任は権限のない人ではなく権限者自身が引き受けることで、権限によらないリーダーシップがきちんと機能するような組織にする役割。

3　グループの中で、権限のない人がどんなときも思い切ってリーダーシップを発揮できるように、権限のない人に対し実行することや意見を提案することにその責任を自覚させつつ、個々の意欲が満ちる環境をつくり、最終的な結果がうまくいかない場合は、権限のない人ではなく権限者がかわりに責任をとるようにすることで、権限によらないリーダーシップがうまく機能するようにする役割。

4　グループの中で、権限のない人が自主的にリーダーシップを発揮できるように、権限者が権限のない人のそれぞれの業務環境を整え、個々のやりたいことが成功しやすいように支援し、困難にぶつかっても励ましの言葉をかけて、結果がどうなっても責任は権限のない人ではなく権限者自身がとるようにすることで、権限によらないリーダーシップを個々に奨励するような組織にする役割。

問十二　本文の内容と一致するものを後より一つ選び番号で答えなさい。

1　そのときどきでその状況にふさわしい者がリーダーとなることもあるが、つねに特定のリーダーが組織を運営していく形の方が、それぞれのメンバーは行動しやすい。

2　従来型のリーダーシップは、特定の人が権限を持つリーダーとして参加者を導いていく形だが、人々の意欲を失わせるとして１９７０年代には否定的な見方をされた。

3　権限を行使するときに必ず伴う責任を誰が負うのかという点が、従来型のリーダーシップと権限によらないリーダーシップとでは、大きく異なっている。

4　権限によらないリーダーシップでは、グループのメンバー一人ひとりが自律的で、互いに影響を与えながら結果を生み出し、社会の動きにも遅れることなく対応できる。

二

次の文章を読んで、後の設問に答えなさい。

〈これまでのあらすじ〉

大学生のミサは、ある土曜日、駅に到着したばかりで混んでいない電車に乗り込み、二両目の端の座席に腰かけた。後からどんどん乗客が来て、その中に四、五人のおばさんの集団がいた。そろって派手なワンピースやアクセサリーで身を飾ってブランド物のバッグを持ち、ミサの向かいの座席を数人で占拠していた。そしておばさんのうちの一人が、隣の車両にいた仲間の「イトーさん」を呼んでいる。

あるが、このようなケースに対する筆者の考えの説明として最適なものを後より一つ選び番号で答えなさい。

1　新しい役割を果たしていない権限者のもとで、権限によらないリーダーシップを発揮しようとする人はプレッシャーに押しつぶされがちで、組織も発展できないので、このようなやり方は理想的ではなく、権限のない人に実質的なリーダーの役割と責任を与えるときは、権限者に役割をきちんと果たさせる必要がある。

2　権限と責任を常にセットにしてリーダーとして業務に関わらせる人にすべての責任を負わせると、プレッシャーから自由な発想が阻害されて成果も望めなくなるので、このようなやり方は理想的ではなく、権限と責任は切り離して考え、リーダーシップを発揮するからといって責任までも負わせるべきではない。

3　自分がリーダーシップを発揮したときに起きたことの責任を負わなければならないとなると、多くのメンバーの気が重くなり、権限によらないリーダーシップを推進しても、現実にはほぼ発揮されないという状況になるので、このようなやり方は望ましくなく、権限者が最終的な責任を負うようにしなければならない。

4　権限のない人に最終的な責任を負わせようとすると、失敗してはいけないというプレッシャーから、自ら考えることを躊躇い、結局は権限のある人に頼るようになってしまいがちなので、このようなやり方は望ましくなく、すでに権限を与えられている人が表向きの責任を負うようにするべきである。

問九　傍線部6「こうした考え方」とあるが、これはどのような考え方を指しているか。最適なものを後より一つ選び番号で答えなさい。

1　組織の中で権限によらないリーダーシップを発揮しようとする者に対して、権限のないメンバーは責任をとれないのだから、リーダーシップを発揮すべきでないとする考え方。

2　権限を行使する場合には責任を伴うが、組織の中で権限のないメンバーも、責任をとることができる場合には、権限によらないリーダーシップを主張してもよいとする考え方。

3　組織の中で権限によらないリーダーシップを発揮したメンバーが責任をとらないのなら、権限によらないリーダーシップの持つポジティブな効果もなくなるという考え方。

4　権限のない者がリーダーシップを発揮しようとすることは、権限者に対して失礼にあたるのだから、権限によらないリーダーシップを主張することは認めないという考え方。

問十　傍線部7「とんでもないタイプも存在します」とあるが、ここからわかる筆者の思いとして最適なものを後より一つ選び番号で答えなさい。

1　権限者が自分の役割を果たすことなく、権限のない人がリーダーシップを発揮してたてた手柄を奪い、失敗の責任をとろうとせずに保身に走ることは、身勝手な行為で、権限のない人の気持ちを萎《な》えさせ、組織の発展をはばむことにもなるので、そのような行為を実際にやられると困るという思い。

2　権限者が権限のない人の相談に乗っていたとしても、権限のない人の手柄を自分のものとして主張したり、失敗の責任を自分と権限のない人で一緒に負おうとしたりする権限者は、役割を果たしているとは言えず、そのようなことをする権限者は自分の役割を今一度考え直すべきであるという思い。

3　権限のない人たちの働きは、権限者が権限のない人の手柄を自分のものにしたり、うまくいかなかったときの責任を権限のない人に押し付けたりすることによって鈍くなるので、権限者の中に、そのようなことをする人がいる組織は、今後の発展が見込めるとは考えられず、残念であるという思い。

4　権限のない人がおさめた成功を権限者が自分の成果としてひとり占めしたり、権限のない人が引き起こした失敗の責任を本人に負わせたりすることは、非常に理不尽で許すことができず、

1　シ会者　　2　趣シ　　3　融シ　　4　月刊雑シ

c　提ショウ

1　ショウ待　　2　独ショウ

3　故ショウ　　4　訴ショウ

問二　本文中の(ア)〜(ウ)に入る語として最適なものを下より選びそれぞれ番号で答えなさい。

ア　1　なぜなら　　2　しかし

3　従って　　4　ところで

イ　1　だから　　2　ただし

3　さらに　　4　たとえば

ウ　1　しかも　　2　さて

3　つまり　　4　けれども

問三　本文中には、次の部分が抜けている。これを入れる位置として最適なものを後より一つ選び番号で答えなさい。

実際、会社などの組織には、社長とか部長とかいった「権限者」が必ずいますので。

1　【A】　　2　【B】　　3　【C】　　4　【D】

問四　傍線部1「そこに参加するメンバーは誰もがリーダーシップを発揮する機会がある」とあるが、これにより起こることの説明として、不適当なものを後より一つ選び番号で答えなさい。

1　メンバー一人ひとりが、グループに積極的に関わろうとする。

2　メンバー一人ひとりが、周囲に行動を促すようになる。

3　メンバー一人ひとりが、自分の頭で考えるようになる。

4　メンバー一人ひとりが、状況に機敏に対応しようとする。

問五　傍線部2「というより、みなさんも日々の生活の中で知らず知らずのうちに経験しているはずです」とあるが、このように述べた筆者の考えの説明として最適なものを後より一つ選び番号で答えなさい。

1　日常生活の中でふいに困難な場面に遭遇したときには、明瞭な指示を出してくれるリーダーがいないことが多く、事態の打開に向けて独力で行動するほかないので、そのようなときに人が権限によらないリーダーシップを発揮していることは疑いようがないということ。

2　日常生活の中でその場にいる人たちと声をかけ合い、互いに協力して、課題の解決や目標達成に向けて行動することはよくあることで、誰もがそのような経験を何度か積み重ねているものなので、権限によらないリーダーシップの力は自然と磨かれているものであるということ。

3　日常生活の中で目標を達成するには、周囲の人たちを巻き込み、権限によらないリーダーシップを発揮して、人々を引っ張っていく主体性が不可欠だが、それは難しいことではなく、目の前に急病人が出たときのように懸命に取り組めば、誰でも実現可能であるということ。

4　日常生活の中では誰がリーダーであると決められているわけではないが、解決しなければならない事態に直面したときには、人は主体的に行動し、困難に立ち向かおうとするものなので、権限によらないリーダーシップが現実に発揮されていることは確かであるということ。

問六　傍線部3「互いに言葉をかけ合いながらその人を救護するために行動します」は、いくつの文節に分けることができるか。最適なものを後より一つ選び番号で答えなさい。

1　七文節　　2　八文節　　3　九文節　　4　十文節

問七　本文中の 4 に入る言葉として最適なものを後より一つ選び番号で答えなさい。

1　決して異質なものではなく、ほぼ同じ性質である

2　絶対的に相《あい》容れないものだが、両立はできる

3　絶対的に反発し合うもので、併存はできない

4　決して対立するものではなく、互いに補完し合う

問八　傍線部5「権限のない人に対してリーダーシップを求めると同時に、責任も負わせるというケースはしばしば起こります」と

答えは、「共存できる」です。

組織等の中にすでに存在している「権限者」と権限によらないリーダーシップは［　4　］ものです。権限によらないリーダーシップの実践を促進するために、権限者には新しい役割があるのです。それは、権限を持たない人がリーダーシップを発揮しやすくするために「支援にまわること」と、さらに、彼らの結果に対して「責任を負う」という役割です。

このとき、とくに見逃されがちなのが、「責任を負う」です。

【C】

「権限」と「責任」はつねにセットです。権限を行使する場合、そこには責任を伴います。

それゆえに、権限によらないリーダーシップを組織内で実践しようとすると、「権限もなく、責任もとれないくせに、リーダーシップを主張するとは何事か！」という発想をする人が必ずいます。逆に、5権限のない人に対してリーダーシップを求めると同時に、責任も負わせるというケースはしばしば起こります。

これらはいずれも、権限によらないリーダーシップが持つポジティブな効果を台無しにするパターンです。

たとえば、前者は権限によらないリーダーシップを完全に否定しています。そのため、6こうした考え方が定着している組織では、従来型の一握りの権限者のリーダーシップに頼らざるを得ません。その結果、先述したように、時代や状況の変化にスピーディーに対応できなくなる可能性があります。【D】

後者の場合は、権限によらないリーダーシップへの期待を掲げているものの、それを実践する人が出ないという状況に遭遇する可能性が高いでしょう。なぜなら、万が一失敗した場合、「責任は自分がすべて負わなければいけないのだ」という状況がプレッシャーとなり、多くの人がリーダーシップを自ら発揮することに躊躇《ためら》ってしまいかねないからです。

（ウ）、権限者の中には、成功すればその手柄を自分のものにし、うまくいかなければその責任を実行者に負わせるという、7とんでもないタイプも存在します。こういう人が自分の上bシだったりすると、権限のない人たちの中で「リーダーシップを発揮しよう」というモチベーションは低くなるばかりです。

権限のない人にリーダーシップを発揮してもらえるように支援し、最終的な責任は自ら引き受ける。これが、権限によらないリーダーシップがきちんと機能する組織において、権限者が担《にな》うべき一つの役割です。というより、権限者がそのように行動してくれないと、権限によらないリーダーシップは機能しづらくなってしまいます。

1970年代に、アメリカのリーダーシップ研究者、ロバート・グリーンリーフ博士が「サーバント・リーダーシップ」という考え方を提cショウしました。これは「部下のために尽くすリーダーシップ」というものです（「サーバント」とは英語で「召使・使用人」という意味）。

私は、このサーバント・リーダーシップという立ち位置は、8権限によらないリーダーシップでの、権限者の新しい役割を表現していると考えます。

つまり、権限がない人のリーダーシップを支援し、さらには、結果がうまくいこうが失敗しようが、その結果に対する責任も負う。「責任は私が負う。だから、君たちは自分たちが『これだ』と思うことをまずは自由に提案してみなさい」と言える権限者。これが、権限によらないリーダーシップを奨励する組織の権限者に求められるあり方なのだと私は考えるのです。

（日向野幹也『高校生からのリーダーシップ入門』）

問一 二重傍線部a～cのカタカナの部分を漢字に改めたとき、同じ漢字を用いるものはどれか。後より選びそれぞれ番号で答えなさい。

a　トウ場

1　冷トウ　　2　トウ壇　　3　トウ突　　4　トウ治

b　上シ

二〇二一年度 専修大学松戸高等学校（前期17日）

【国 語】（五〇分）〈満点：一〇〇点〉

一 次の文章を読んで、後の設問に答えなさい。

時代の流れの中でaトウ場したのが、この本のテーマである「権限によらないリーダーシップ」です。つまり、従来型のように特定の人が権限のあるリーダーとなって、グループを引っ張っていくのではなく、そこに参加する一人ひとりが、権限を持たないままリーダーシップを発揮していくという形です。

（ア）、チームを引っ張っていく人はつねに同じではなく、「このときはAさん、このときはBさん」という具合に交代していきます。つまり、リーダーが流動的に代わっていくのです。

となると、1そこに参加するメンバーは誰もがリーダーシップを発揮する機会があるわけですから、自《おの》ずとそこでの行動は自律的・主体的なものになります。グループが掲げる目標を達成するために、自分には何ができるかを自覚し、実際に行動していく。単に命令に従って行動するのではなく、積極的にそのグループに関わり、目標達成に何が必要かを自律的・主体的に考え、動いていくのです。

このように、参加するメンバー全員が自律的・主体的であれば、自ずと世の中の変化に対してすばやく対応できるグループになっていきます。なぜなら、従来型のように権限やカリスマ性を持つ固定化したリーダーが変化に気づくのを待つのではなく、気づいた人が、たとえその人に権限がなくても、グループが変化に対応できるように促していくことが可能だからです。

気づいた人がまず考えて行動する。そうしたことがしやすく、また起こしやすいグループであれば、変化にも即座に対応していけるのです。

ここでひとつの疑問が、みなさんの頭の中に浮かぶかもしれません。「そんなリーダーシップは本当に可能なのだろうか」と。答えは明白です。可能です。2というより、みなさんも日々の生活の中で知らず知らずのうちに経験しているはずです。

たとえば、道を歩いているときなどに、目の前で人が倒れたり、具合が悪そうな様子でしゃがみこんだ人がいたりするという場面に遭遇したことはありませんか？ 状況はさまざまだと思いますが、これまでの人生において、似たような光景に一度や二度は、出くわしたことがあるのではないでしょうか。【A】

そのようなとき、そこに居合わせた人たちは、誰に命令されるでもなく、3互いに言葉をかけ合いながらその人を救護するために行動します。倒れた人に声をかけたり、救急車を呼ぶように誰かに頼んだり、頼まれた人はすぐに電話で救急車を呼んだりといった行動を取ったりするものです。

これは、この救護に関わる人たち一人ひとりがリーダーシップを発揮している状態です。そこにいた誰かひとりがリーダーとなって命令し、まわりの人の行動を促しているのではありません。そこに居合わせた人一人ひとりが、状況に応じて必要と思われる行動を取り、それがまわりの人たちの行動に影響し合い、「倒れた人を救護する」という結果に結びついていくのです。

これこそが権限によらないリーダーシップの姿であり、自分では意識していなくても、意外に身近なところで実践されています。

（イ）学校行事などで、クラスや有志で本当に一丸となってゴールに向かって取り組んでいるときなども、自然にこうした権限によらないリーダーシップが発揮されているのです。

先に挙げた例を読み、みなさんの頭の中にはもうひとつの疑問が浮かんでくるかもしれません。

それは、会社組織などを中心とした現実の多くのグループにおいては、「すでに権限を与えられている人」が存在しており、そうした権限と、権限によらないリーダーシップは共存し得るのか、という疑問です。【B】

2021年度／専修大学松戸高等学校（前期17日）

英語解答

1 放送文未公表

2 問1 ③　問2 ①　問3 ④
問4 ④　問5 ①　問6 ③
問7 ④　問8 (1)…③ (2)…②

3 問1 (1)…③ (2)…① (3)…④ (4)…②
(5)…③
問2 ①，③，⑦

4 (1) ② (2) ① (3) ④ (4) ③
(5) ②

5 (1) 1…④ 2…⑧
(2) 3…⑤ 4…⑥
(3) 5…⑧ 6…⑦
(4) 7…④ 8…③
(5) 9…① 10…③
(6) 11…③ 12…⑤

6 (1) ② (2) ① (3) ③ (4) ④
(5) ⑤ (6) ②

（声の教育社　編集部）

1〔放送問題〕放送文未公表

2〔長文読解総合―説明文〕

≪全訳≫❶スーパーボウルについて聞いたことがあるだろうか。アメリカのナショナルフットボールリーグ(NFL)の王者決定戦のことだ。2020年には，サンフランシスコとカンザスシティのチームによって戦われた。それはとてもエキサイティングなゲームだった。日本にもアメリカンフットボールにとても興味を持っている人はいるが，アメリカンフットボールは野球やサッカーほど人気はない。そしてもちろん，世界のほとんどの国はサッカーのことを「フットボール」と呼んでいる。アメリカではアメリカンフットボールはとても人気があるが，それを楽しまない人もたくさんいる。しかし，このような楽しまない人々でもスーパーボウルを毎年見る人は多い。彼らはグループでスーパーボウルパーティーに行くか，自分の家で観戦する。2020年には，約1億200万人がスーパーボウルを見た。しかし，なぜだろうか。彼らがこのスポーツを楽しまないのなら，なぜ王者決定戦を見るのだろうか。❷答えは，実際に見ているものがゲームというよりむしろ他の何かであるからだ。それはコマーシャルである。驚いただろうか。コマーシャルがないと無料でテレビ番組を見ることができないので，コマーシャルは私たちにとって重要だが，たいてい，私たちはコマーシャルを好まない。私たちが見ているテレビ番組を中断させ，しばらく待たなければならないからだ。コマーシャルはしばしば退屈であるか，私たちが欲しくもないし，必要ともしない製品やサービスについて知らせる。多くの人がコマーシャルの間にトイレに行ったり，キッチンに行ったりするが，スーパーボウルではそうしにくいのだ。というのも，スーパーボウルのコマーシャルが特別なものだからだ。それらのコマーシャルはたいてい非常に独創的で，多くの場合私たちを笑わせてくれる。それらのほとんどがスーパーボウルで初めて流されるので，興味深いのはそのためでもある。非常に多くの人がスーパーボウルを見るので，コマーシャルの時間枠は非常に高額だ。2020年のコマーシャルは30秒間で500万ドルだった。日本円でなんと約6億円だ。これらのコマーシャルは非常に高額であるため，企業は最高のコマーシャルをつくるために一生懸命努力する。実際，宣伝している製品やサービスに視聴者が全く興味がなくても楽しめるくらい優れているのだ。それらのコマーシャルが娯楽を提供しているのである。／→エ．2020年のスーパーボウルでは，車，チョコレート，ピザの配達，スマートフォン，ビールなどのコマーシャルがあった。／→ア．それらのコマーシャルのほとんどは視聴者の注意を引くためにジョークを入れていたが，中には心温まる話や悲しい話をとり入れているものもあった。／→ウ．スーパーボウルが終わっても，世界中の人々がそうしたコマーシャルを見続けている。／→イ．それは，それらが興味深いからだけでなく，2020年におけるアメリカ文化について多くのことを教えてくれるからだ。❸あるコマーシャルでは，相互に話のできるさまざまな種類の電子機器を紹介している。それは多くのアメリカの家庭が新しい技術に満たされている姿を描いている。ロボット掃除機，洗濯機，そして歯ブラシさえも全てが互いに話し合っているのだ。そのコマーシャルが何を宣伝しているかわかるだろうか。ひょっとすると電池？　違う。ある種のタクシーのコマーシャルなのだ。スーパーボウルでは多くの人がお酒を飲むので，タクシーがあれば無事に帰宅できる。電子機器とタクシーサービスのつながりを説明するのは難しいが，そのコマーシャルを理解できれば理にかなっているのだ。それは非常に独創的なものなのだ。❹別のコマーシャルでは，ピーナッツ，キャラメル，ピーナッツバターが入ったチョコレートバーについて説明している。多くの人がこのチョコレートバーのことを聞いたことがないので，コマーシャルの主人公はよく使われる英語のイディオムを使って人々をからかう。これらのイディオムは全て同じ意味で，人々はわかっていない，つまり，人々はこの製品について知らないが，知るべきだ，という意味である。いくつかの例を紹介しよう。「あなたはどこにいたの？　岩の下？」　「何だって，あなたは昨日生まれたの？」　「あなたはオオカミに育てられたの？」　「あなたは何も知らないの？」　「あなたの頭は砂の中？」　「あなたは別の惑星から来たの？」　各イディオムの後に，キャラクターが表示され，キャラクターがそれを実演する。なかなかおもしろい。❺これらのイディオムを全てすでにご存じだったろうか。ひょっとするとこのコマーシャルのことを読んで知ることで，何か新しいことを学んだかもしれない。私たちは映画やテレビの番組を見ること，音楽を聴くこと，本や漫画を読むことによる英語の学習法をよく話題にするが，コマーシャルを見て英語を勉強するというのはどうだろうか。コマーシャルは短いので，あまり時間をかけなくても意味がわかる。何かを見てそれをよく理解するのは気分の良いことだ。私たちは新しい言葉，それらの新しい使い方，そして文化に関するちょっとしたことさえ学べるのだ。2020年のスーパーボウルのコマーシャルのビデオをオンラインでチェックしてみてはどうだろうか。あなたはアメリカンフットボールのファンにはならないかもしれないが，何かを学ぶことができ，楽しむこともできるのだ。ただし，チョコレートバーやピザにお金をかけすぎないようにご注意を。

問１＜適語選択＞直前の‘逆接’を表すbutに着目。butの前と対立する内容になるものを選ぶ。　be interested in ～「～に興味がある」　‘not as ～ as …’「…ほど～でない」

問２＜適語句選択＞空所を含む文の文頭にあるThoughに着目。これは「～であるが」という‘逆接’を表す接続詞。よって文の前半と対立する内容になるものを選ぶ。

問３＜適語(句)選択＞前にあるthisは，直前の内容である「コマーシャルの間にトイレに行ったり，キッチンに行ったりすること」を指す。この後，スーパーボウルのコマーシャルは特別なものと述べられているので，その時間に席を外すのは「(他の番組のときより)難しい」のである。

問４＜文整序＞この前ではスーパーボウル放映時におけるコマーシャルについて述べているので，まず，その具体例を示すエを置く。次にそれらのコマーシャルの特徴を述べるアを続ける。この後，イのThis is because ～「これは～だからだ」は，世界中の人がそうしたコマーシャルを見続けるというウの内容を受けてその理由を説明していると考えられるので，ウ→イの順に続ける。‘not only ～ but also …’「～だけでなく…も」

問５＜適語句選択＞この後，but how about studying English by watching commercials?「コマ

ーシャルを見て英語を勉強するというのはどうだろうか」と，コマーシャルを英語学習の材料にしてはどうかと提案しているのは，映画や音楽，本などを使った従来の英語の学習法〔＝英語をどのように勉強することができるか〕に対する新たな方法としてコマーシャルをとらえているからだと考えられる。

問６＜適所選択＞脱落文がItで始まっていることから，直前に単数名詞があり，しかもその内容がcreative「独創的」であることが条件となる。空欄③の前にはthe commercialがあり，ここで紹介されているタクシーサービスのコマーシャルは「独創的な」ものと考えられる。

問７＜内容真偽＞①「2020年には２億人以上がスーパーボウルを見た」…×　第１段落終わりから３文目参照。約１億200万人である。　②「多くのコマーシャルはたいてい非常に興味深いので，多くの人々がそれらを見たがる」…×　第２段落第３～５文参照。コマーシャルは退屈で，たいていは好まれない。　③「コマーシャルは重要なので，私たちはテレビ番組を見るためにお金を払わなければならない」…×　第２段落第３文参照。コマーシャルがあるのでテレビ番組を無料で見ることができる。　④「コマーシャルで英語のイディオムをたくさん学ぶことは，英語を勉強する良い方法の１つだ」…○　第５段落第３文以下に一致する。

問８＜英問英答＞(1)「スーパーボウル中のコマーシャルについて正しくないのはどれか」―③「それらのコマーシャルは非常に高額であるため，多くの企業はそれらをつくりたがらない」　第２段落後半参照。「つくりたがらない」のではなく，「最高のコマーシャルをつくるために一生懸命努力する」のである。①「それらはたいてい非常に独創的でおもしろい」，②「それらのほとんどはスーパーボウル放映中に初めて流される」，④「それらはとても優れているので，その製品に興味のない人でも楽しめる」はいずれも正しい。　(2)「コマーシャルを見て英語を学ぶことの利点は何か」―②「それらは短いので，理解するのに多くの時間をかける必要はない」　第５段落第４文参照。①「それらは多くのアメリカの家庭が新しい技術で満たされていることを私たちに示しているので，私たちはアメリカで何が新しいかについて学ぶことができる」は英語を学ぶうえでの利点ではない。

3〔長文読解総合―物語〕

≪全訳≫❶聡は14歳のとき家族と一緒にアメリカに移住した。夏の終わりだった。彼の父親の新しい仕事は，ペンシルベニア州フィラデルフィア市の病院で医者として働くことだった。彼らは市の西にある小さな町に住んでいた。その町はメディアと呼ばれていた。小さな店がたくさんあり，とてもきれいな町だった。❷聡の父は平日，電車に乗って病院に通った。約１時間半かかった。最初，彼はとても驚いた。日本では，列車はいつも時間どおりに運行している。メディアでは，列車が時間どおりに走ることは決してなかった。また，メディア－フィラデルフィア線の車掌は(日本の車掌よりも)はるかに年を取っていて，それほど礼儀正しくなかった。しかし，聡の父は病院への通勤に慣れていった。❸(1)聡にとって何もかもが新しかった。全ての標識は英語だった。彼の学校は家から遠く，16歳未満の生徒はスクールバスで学校に通った。バスは濃い黄色で，バスの側面には学校名とバス番号が大きな黒い文字で書かれていた。❹アンダーソン夫妻は聡の家族の隣人だった。彼らにはスーザンという娘がいた。彼女も中学生で，聡と同じ学校に通っていたので，聡は彼女と知り合いになれて喜び，彼女は彼を大いに助けた。❺聡が学校に行った初日，スーザンは朝７時10分に聡の家に来て，バス停に連れていってくれた。聡とスーザンは33番バスに乗った。バスは７時15分に来た。運転手の名前はアイクで，とても親切で親しみやすい人だった。学校までの道のりは長かった。バス停から学校まで30分かかったが，聡はバスの中でスーザンと楽しく話をし，スーザンは彼をバスに乗っている友達に紹介してくれた。彼にはすぐにたくさんの友達ができた。誰もが日本のマンガやアニメに興味を持っていたので，聡は新しい学校でずいぶん人気者になった。❻聡は道路標識にとても興味を持った。それらには全て大きな数が表示されていた。連邦道には，赤，白，青の標識があった。アメリカの国旗の色も赤，白，青だ。州道には，紺色とオレンジ色の少し小さい標識があった。ペンシルベニア州の旗も紺色とオレンジ色だ。聡は標識と旗の関係に興味を持った。彼はまた，ある特別な標識に関心を抱いた。それは赤，白，青の標識だった。そこには「連邦道１号」と表示されており，それは彼の家の前の道路だった。ある日，聡はスーザンにその道路について尋ねた。すると，彼女はそれがアメリカで最も古い道路の一部だと説明した。彼女は「それは東海岸に沿って走っているわ。長さは2100キロあるのよ。アメリカ合衆国が建国された1776年よりも前に建設されたの。政府は1650年に道路の建設を始めて，85年後に完成したのよ。日本では江戸時代ね。この道路のメディアを通る部分はボルティモア街道と呼ばれているのよ」「君はその道路についてよく知っているね。道路標識についても何か知っている？」と聡は言った。するとスーザンはこう答えた。「ええ，知ってるわ。道路標識は運転者にとっても歩行者にとっても非常に重要なものね。アメリカの奇数の道路は北から南に走り，偶数の道路は東から西に走っているの。この番号システムは道に迷った人の助けにもなるのよ。なぜなら(2)道路標識の番号はどの方向に行くかを人々に伝えるから」　聡はこれを聞いてとても驚いた。聡はスーザンと話をした後，道路標識にさらに興味を持ち，インターネットで道路標識を調べた。それからアメリカ合衆国の番号について別の疑問を持った。彼は，「日本の市では，隣り合った２，３の家が同じ地番を持っていることがよくある。この町では，僕の家の地番は『東通り113』，スーザンの家の地番は『115』だけど，２つの家は通りの同じ側に隣り合って建っている。なぜだろう」と思った。彼はその理由を知りたくて父親に尋ねた。父親はこう言った。「東西に走る道路では，我々の家のように道路の南側の地番は奇数，北側の地番は偶数なんだ。南北に走る通りでは，地番は通りの東側が奇数で，通りの西側が偶数だ。このシステムは，人々が家や建物を簡単に見つけるのに役立ったから，何年も前にフィラデルフィアで始まったんだよ。他の多くのアメリカの都市も同じ理由でこのシステムをまねすることを決めたんだ」　聡は言った。「そうなの？　フィラデルフィアがこんなにすばらしい都市だとは知らなかった。この新しい町でもっとたくさんのことを学びたい！」

問１＜適文選択・英問英答＞(1)「[(1)]に入れるのに最適な文はどれか」―③「聡にとっては何もかもが新しかった」　この後，日本のものと異なる，アメリカにおける標識と通学方法が述べられていることから判断できる。　(2)「[(2)]に入れるのに最適なものはどれか」―①「道路標識の番号はどの方向に行くかを人々に伝える」　この番号システムが道に迷った人の助けになる理由を表す文が入る。　(3)「初日，聡は何時に学校に着いたか」―④「彼は７時45分にそこに着いた」　第５段落第３，６文参照。バスは７時15分に来て，バス停から学校まで30分かかった。

(4)「聡が新しい学校ですぐにたくさんの友達をつくることができたのはなぜか」―②「彼の学校では日本のマンガやアニメがとても人気だったから」　第５段落終わりの２文参照。①「スーザンが彼を親友に紹介してくれた」は，本文には「親友」とは書かれておらず，また，スーザンが紹介してくれたのは「たくさん」ではなく「何人かの」友達なので不可。　(5)「『連邦道１号』とは何か」―③「最古の連邦道路であり，東海岸に沿って走っている」　第６段落前半参照。

問２＜内容真偽＞①「聡は父親がアメリカで働き始めたのでアメリカに住んだ」…○　第１段落第１，３文に一致する。　②「聡はアメリカの列車が日本のように時間どおりに来ると聞いてとても驚いた」…×　第２段落第３～５文参照。メディアでは，列車は時間どおりに走ることはなかった。　③「聡はアメリカの道路の標識や数字に本当に興味を持った」…○　第６段落に一致する。　④「スーザンは最初，聡に親切ではなかったので，彼は悲しくなった」…×　第４段落参照。スーザンは最初から聡に親切だった。　⑤「『連邦道１号』は1776年に開通し，建設が完了するまでに85年かかった」…×　第６段落前半参照。1650年に道路の建設を始めて，85年後に完成した。　⑥「アメリカで奇数の道路は東から西に走り，偶数の道路は北から南に走る」…×　第６段落中盤参照。奇数の道路は北から南に走り，偶数の道路は東から西に走っている。　⑦「北から南に向かう通りでは，通りの西側の地番は偶数だ」…○　第６段落後半の聡の父親の言葉に一致する。　⑧「フィラデルフィアの道路番号システムはあまり役に立たなかったため，アメリカの多くの都市はそれをまねしたくなかった」…×　第６段落後半の聡の父親の言葉参照。このシステムは，人々が家や建物を簡単に見つけるのに役立ったため，多くのアメリカの都市がこのシステムをまねした。

4〔適語（句）選択〕

⑴‘比較級＋than any other＋単数名詞’「他のどの～よりも…」の形。　「彼はクラスの他のどの少年よりも速く走る」

⑵ arriveを用いて「～に着く」という場合，一般にarrive atの後には狭い場所，arrive inの後には広い場所がくる。ここではAustraliaという国なのでarrive inが適切。なお，I hope ～「～であることを願う」の‘～’の部分のthat節内では，未来形と現在形のどちらも使われる。　「彼女が問題なくオーストラリアに到着することを願っている」

⑶直後のimpressは「～に感銘を与える」という意味の動詞。動詞の原形を伴える形は④だけ。「多くの人を感動させる最良の方法は何だろうか」

⑷「ミルク＝原料」，「チーズ＝製品」という関係なので，「〈製品〉は〈原料〉からつくられる」のbe made from ～の形にする。　「このチーズは何のミルクからつくられていますか」

⑸「～するとき」の意味のwhenが適切。so「だから～」，once「いったん～すれば」，if「もし～ならば」はいずれも文意が通らない。　「彼は若いとき，たくさんの良い経験をしたいと思っていた」

5〔整序結合〕

⑴「昨日私が聞いた歌」は目的格の関係代名詞が省略された‘名詞＋主語＋動詞...’の形でThe song I listened to yesterdayとまとめ，「私を幸せにする」は‘make＋目的語＋形容詞’「～を…（の状態）にする」の形にする。不要語はbecame。 The song I listened to yesterday made me happy.

⑵「100か国以上の国々」はmore than 100 countriesとし，これを主語にする。「～に参加する」はtake part in ～。「毎回」はevery time。不要語はjoin。 More than 100 countries take part in the soccer tournament every time.

⑶「この部屋のパソコン」は‘名詞＋前置詞句’の形でthe computer in this roomとする。「～しないかもしれない」は助動詞mayを用い，may not ～。「作動する」は動詞workで表せる。「全く～ない」はnot ～ at all。不要語はout。 The computer in this room may not work at all.

⑷「僕はとても興奮した」はI was so excited。「～に会えて」は‘感情の原因’を表す副詞的用法

の to不定詞で表し，to see ～とする。不要語は because。 I was so excited to see a famous baseball player.

(5)「彼はずっと～を助けてきたんだ」は現在完了形の‘継続’用法で表し，He has helped ～。「困っている人たち」は people in need で表せる。「若い頃から」は since he was young。不要語は who。 He has helped people in need since he was young.

(6)「〈人〉に〈物事〉を教える」は‘show＋人＋物事’の順で表せる。「他の人々」は other people。「あなたの住む町がどれくらい美しいか」は how を用いた感嘆文(‘How＋形容詞〔副詞〕＋主語＋動詞…!’)の形で表し，how beautiful your town is とする。このように，感嘆文は文中に埋め込まれても語順は変わらない。不要語は much。 Can you show other people how beautiful your town is?

6〔誤文訂正〕

(1) big lunch に a をつける。breakfast，lunch，dinner は big や nice など食事の種類や量を示す形容詞がつく場合には冠詞が必要。 「私は母に来月の第２日曜日，私たちのパーティーのために昼食をたっぷりつくるように頼んだ」

(2) was を is にする。these days「最近」は通例現在形の文で使われる。一方，同様の意味を表す recently は通例現在完了か過去形の文で使われる。 「４月に開催されたプログラムのおかげで，最近，英語が上達している」

(3) to を for にする。‘buy＋物＋for＋人’「〈人〉に〈物〉を買う」の形。この形で前置詞に for を用いる動詞は他に make，find，cook などがある。一方，前置詞に to を用いる動詞は give，send，show，lend，tell などがある。 「母は先週の土曜日，たくさんのポケットがついたかわいいバッグを私に買ってくれた」

(4) before は接続詞または前置詞なので，後ろには‘主語＋動詞…’を含む節か名詞または動名詞が続き，動詞の原形はこない。この文では日本に来たのはブラウンさんだと考えられるので，before を接続詞として用いて before he came to Japan とするのが適切。before coming to Japan とすると coming の意味上の主語が文の主語の you になるので，意味が不自然になる。 「ブラウンさんが日本に来る前にどこに住んでいたかご存じであれば教えていただけますか」

(5) 誤りはない。I think 以下は‘It is ～ for … to ―’「…にとって―することは～だ」の形式主語構文。how to ～ は「～の仕方」。 「生徒は多くのいろいろな種類の問題の解き方を学ぶことが必要だと私は思う」

(6) as many books as I have にする。‘twice as ～ as …’は「…の２倍の～」という意味の表現。この表現で‘数’に関して述べる場合は as 以下が‘as many＋複数名詞＋as ～’という形になる。「彼は私の２倍の数の本を持っているが，私は彼よりも多くの CD を持っている」

2021年度／専修大学松戸高等学校（前期17日）

数学解答

1
(1) ア…9　イ…1　ウ…5　エ…2
(2) ア…5　イ…1
(3) ア…2　イ…1　ウ…9
(4) ア…1　イ…0
(5) ア…3　イ…3　ウ…1　エ…2
　オ…6
(6) ア…7　イ…8

2
(1) ①　ア…2　イ…5
　②　ウ…1　エ…3
(2) ①　7　②　イ…2　ウ…6

3
(1) ア…1　イ…2　ウ…3
(2) エ…5　オ…2　カ…3
(3) キ…7　ク…3

4
(1) ア…4　イ…3
(2) ウ…1　エ…4
(3) オ…2　カ…4　キ…3　ク…5

5
(1) ア…8　イ…2
(2) ウ…2　エ…2
(3) オ…1　カ…6　キ…2

（声の教育社　編集部）

1〔独立小問集合題〕

(1)＜平方根の計算＞与式$=\frac{5}{2\sqrt{15}}-\sqrt{30}\div\frac{3}{7\sqrt{2}}=\frac{5\times\sqrt{15}}{2\sqrt{15}\times\sqrt{15}}-\sqrt{30}\times\frac{7\sqrt{2}}{3}=\frac{5\sqrt{15}}{2\times15}-\frac{7\times2\sqrt{15}}{3}=\frac{\sqrt{15}}{6}-\frac{14\sqrt{15}}{3}=\frac{\sqrt{15}}{6}-\frac{28\sqrt{15}}{6}=-\frac{27\sqrt{15}}{6}=-\frac{9\sqrt{15}}{2}$

(2)＜連立方程式の応用＞$ax+by=17$……①，$3x+2y=-6$……②，$bx-ay=19$……③，$5x-2y=-26$……④とする。①，②の連立方程式の解と，③，④の連立方程式の解が等しいことから，その解は，②，④を満たす。②，④を連立方程式として解くと，②＋④より，$3x+5x=-6+(-26)$，$8x=-32$　$\therefore x=-4$　これを②に代入して，$-12+2y=-6$，$2y=6$　$\therefore y=3$　よって，2組の連立方程式の解は$x=-4$，$y=3$だから，この解は①，③を満たす。解を①に代入して，$-4a+3b=17$……⑤となり，③に代入して，$-4b-3a=19$，$-3a-4b=19$……⑥となる。⑤，⑥を連立方程式として解くと，⑤×4＋⑥×3より，$-16a+(-9a)=68+57$，$-25a=125$，$a=-5$となり，これを⑤に代入して，$20+3b=17$，$3b=-3$，$b=-1$となる。

(3)＜式の値―二次方程式の解＞解の公式より，$x=\frac{-(-8)\pm\sqrt{(-8)^2-4\times1\times(-3)}}{2\times1}=\frac{8\pm\sqrt{76}}{2}=\frac{8\pm2\sqrt{19}}{2}=4\pm\sqrt{19}$となるから，$m>n$より，$m=4+\sqrt{19}$，$n=4-\sqrt{19}$である。よって，$m-n=(4+\sqrt{19})-(4-\sqrt{19})=4+\sqrt{19}-4+\sqrt{19}=2\sqrt{19}$となる。

(4)＜関数―yの値＞関数$y=ax-3a$において，変化の割合は常にaである。この関数で，xの増加量が2のときにyの増加量が5であるから，$a=\frac{5}{2}$となる。これより，$3a=3\times\frac{5}{2}=\frac{15}{2}$となるので，関数の式は$y=\frac{5}{2}x-\frac{15}{2}$となる。よって，$x=7$のとき，$y=\frac{5}{2}\times7-\frac{15}{2}=10$である。

(5)＜式の値＞$\sqrt{16}<\sqrt{24}<\sqrt{25}$より，$4<\sqrt{24}<5$となるので，$\sqrt{24}$の整数部分は4であり，小数部分$a$は，$a=\sqrt{24}-4$と表せる。よって，$(a+1)^2=\{(\sqrt{24}-4)+1\}^2=(\sqrt{24}-3)^2=24-6\sqrt{24}+9=24-6\times2\sqrt{6}+9=33-12\sqrt{6}$となる。

(6)＜図形―角度＞右図で，2点O，Dを結ぶと，$\overset{\frown}{AD}:\overset{\frown}{DB}=3:2$より，$\angle AOD:\angle DOB=3:2$となり，$\angle AOD=\frac{3}{3+2}\angle AOB=\frac{3}{5}\times180^\circ=108^\circ$である。よって，$\overset{\frown}{AD}$に対する円周角と中心角の関係より，$\angle ACE=\frac{1}{2}\angle AOD=\frac{1}{2}\times108^\circ=54^\circ$となるから，△ACEで内角と外角の関係より，

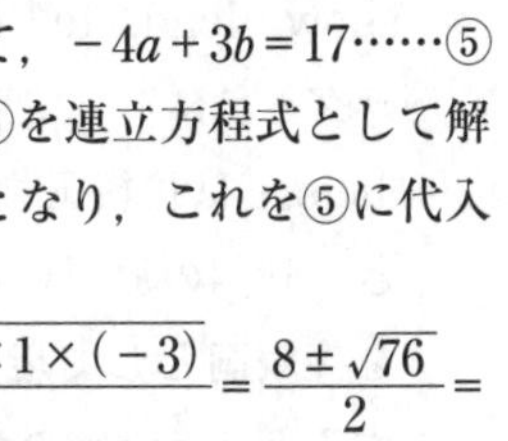

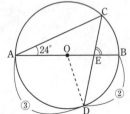

$\angle BEC = \angle EAC + \angle ACE = 24^\circ + 54^\circ = 78^\circ$となる。

2 〔独立小問集合題〕

⑴<確率—色玉>① 2個の赤玉をR_1，R_2，3個の白玉をW_1，W_2，W_3，1個の青玉をBとする。この6個の玉の中から同時に2個の玉を取り出すときの取り出し方は，$(R_1,\ R_2)$，$(R_1,\ W_1)$，$(R_1,\ W_2)$，$(R_1,\ W_3)$，$(R_1,\ B)$，$(R_2,\ W_1)$，$(R_2,\ W_2)$，$(R_2,\ W_3)$，$(R_2,\ B)$，$(W_1,\ W_2)$，$(W_1,\ W_3)$，$(W_1,\ B)$，$(W_2,\ W_3)$，$(W_2,\ B)$，$(W_3,\ B)$の15通りある。このうち，赤玉が出ないのは下線をつけた6通りなので，求める確率は$\frac{6}{15}=\frac{2}{5}$である。　② 15通りの取り出し方のうち，点数の合計が2点となるのは，赤玉と青玉を取り出すときか，白玉を2個取り出すときである。赤玉と青玉を取り出すときの取り出し方は$(R_1,\ B)$，$(R_2,\ B)$の2通り，白玉を2個取り出すときの取り出し方は$(W_1,\ W_2)$，$(W_1,\ W_3)$，$(W_2,\ W_3)$の3通りだから，点数の合計が2点となる取り出し方は$2+3=5$(通り)ある。よって，求める確率は$\frac{5}{15}=\frac{1}{3}$となる。

⑵<資料の活用—人数>① 40人の生徒を対象としているので，中央値は，読んだ本の冊数を小さい順に並べたときの20番目と21番目の平均値となる。中央値が4.5冊なので，20番目は4冊以下，21番目は5冊以上である。よって，4冊以下が20人より，$3+6+4+x=20$が成り立ち，$x=7$(人)である。　②①より5冊以上が20人であり，$y+z+4+5+3=20$が成り立ち，$y+z=8$……(i)である。また，40人の平均値が4.9冊であることから，40人の冊数の合計について，$1\times3+2\times6+3\times4+4\times7+5\times y+6\times z+7\times4+8\times5+9\times3=4.9\times40$が成り立ち，$3+12+12+28+5y+6z+28+40+27=196$，$5y+6z=46$……(ii)となる。(i)，(ii)を連立方程式として解くと，$y=2$(人)，$z=6$(人)となる。

3 〔関数—関数$y=ax^2$と直線〕

≪基本方針の決定≫⑶　△CBPの面積をtを用いて表す。

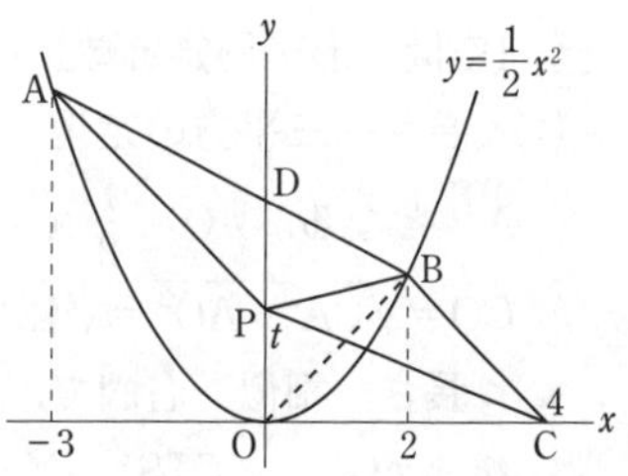

⑴<直線の式>右図で，2点A，Bは放物線$y=\frac{1}{2}x^2$上にあり，x座標はそれぞれ-3，2だから，$y=\frac{1}{2}\times(-3)^2=\frac{9}{2}$，$y=\frac{1}{2}\times2^2=2$より，$A\left(-3,\ \frac{9}{2}\right)$，B(2，2)である。これより，直線ABの傾きは，$\left(2-\frac{9}{2}\right)\div\left\{2-(-3)\right\}=-\frac{5}{2}\div5=-\frac{1}{2}$となるので，その式は$y=-\frac{1}{2}x+b$とおける。点Bを通るから，$2=-\frac{1}{2}\times2+b$，$b=3$となり，直線ABの式は$y=-\frac{1}{2}x+3$である。

⑵<面積>右上図で，⑴より，直線ABの切片は3なので，D(0，3)である。P(0，t)より，$DP=3-t$となる。△ADP，△BDPの底辺を辺DPと見ると，2点A，Bのx座標がそれぞれ-3，2だから，△ADPの高さは3，△BDPの高さは2となる。よって，$\triangle ABP=\triangle ADP+\triangle BDP=\frac{1}{2}\times(3-t)\times3+\frac{1}{2}\times(3-t)\times2=\frac{15}{2}-\frac{5}{2}t=\frac{5}{2}(3-t)$となる。

⑶<tの値>右上図で，△CBP=〔四角形OCBP〕−△OCPである。2点O，Bを結ぶと，△OCB，△OBPは，それぞれ$OC=4$，$OP=t$を底辺と見ると，B(2，2)より，高さはともに2となり，〔四角形OCBP〕$=\triangle OCB+\triangle OBP=\frac{1}{2}\times4\times2+\frac{1}{2}\times t\times2=4+t$となる。また，$\triangle OCP=\frac{1}{2}\times4\times t=2t$である。よって，$\triangle CBP=4+t-2t=4-t$となるので，△ABP=△CBPより，$\frac{5}{2}(3-t)=4-t$が成り立つ。これを解くと，$t=\frac{7}{3}$となる。

4〔平面図形—平行四辺形〕

≪基本方針の決定≫(1)　三角形の相似を利用する。

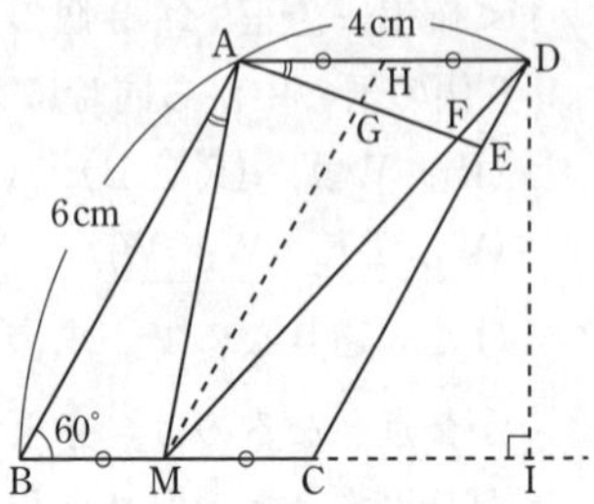

(1)<長さ—相似>右図で，∠BAM＝∠DAEであり，四角形ABCDが平行四辺形より，∠ABM＝∠ADEだから，△ABM∽△ADEとなる。よって，BM：DE＝AB：ADである。$BM=\frac{1}{2}BC=\frac{1}{2}\times4=2$だから，2：DE＝6：4が成り立ち，6DE＝2×4より，$DE=\frac{4}{3}$(cm)となる。

(2)<長さの比—相似>右図で，辺ADの中点をH，線分HMと線分AEの交点をGとする。このとき，AB∥HM∥DCとなるので，△DEF∽△MGFであり，DF：FM＝DE：MGとなる。AG：GE＝AH：HD＝1：1となるから，点Gは線分AEの中点であり，△ADEで中点連結定理より，$HG=\frac{1}{2}DE$となる。(1)より，$DE=\frac{4}{3}$だから，$HG=\frac{1}{2}\times\frac{4}{3}=\frac{2}{3}$となる。また，HM＝AB＝6だから，$MG=HM-HG=6-\frac{2}{3}=\frac{16}{3}$である。よって，$DE:MG=\frac{4}{3}:\frac{16}{3}=1:4$となるから，DF：FM＝1：4となる。

(3)<面積—特別な直角三角形>右上図で，(2)より，DF：FM＝1：4だから，△ADF：△AFM＝1：4となる。よって，$\triangle AFM=\frac{4}{1+4}\triangle AMD=\frac{4}{5}\triangle AMD$である。点Dから辺BCの延長に垂線DIを引く。∠DCI＝∠ABC＝60°より，△DCIは$CI:DC:DI=1:2:\sqrt{3}$の直角三角形となり，$DI=\frac{\sqrt{3}}{2}DC=\frac{\sqrt{3}}{2}\times6=3\sqrt{3}$である。よって，$\triangle AMD=\frac{1}{2}\times AD\times DI=\frac{1}{2}\times4\times3\sqrt{3}=6\sqrt{3}$だから，$\triangle AFM=\frac{4}{5}\times6\sqrt{3}=\frac{24\sqrt{3}}{5}$(cm^2)である。

5〔空間図形—円錐と球〕

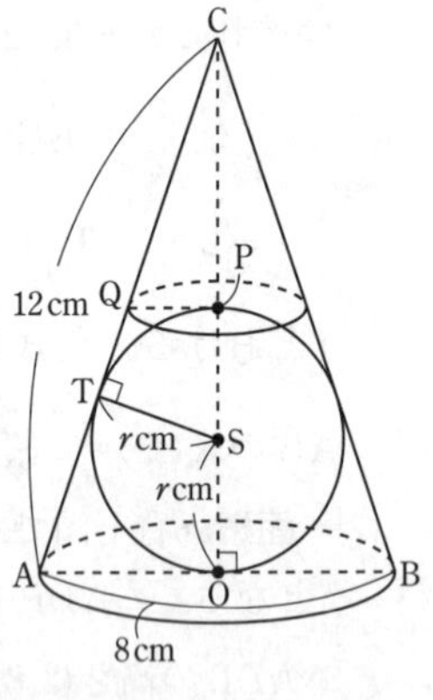

(1)<長さ—三平方の定理>右図で，点Oは円錐の底面の中心だから，CO⊥ABとなる。$AO=\frac{1}{2}AB=\frac{1}{2}\times8=4$だから，△COAで三平方の定理より，$CO=\sqrt{CA^2-AO^2}=\sqrt{12^2-4^2}=\sqrt{128}=8\sqrt{2}$(cm)となる。

(2)<長さ—相似>右図で，球Sと母線CAの接点をTとすると，ST⊥ACとなるから，∠CTS＝∠COA＝90°，∠SCT＝∠ACOより，△CTS∽△COAとなり，ST：AO＝CS：CAである。球Sの半径を$r$cmとすると，ST＝SO＝r，$CS=CO-SO=8\sqrt{2}-r$と表せる。よって，$r:4=(8\sqrt{2}-r):12$が成り立ち，$12r=4(8\sqrt{2}-r)$より，$r=2\sqrt{2}$(cm)となる。

(3)<体積>右図で，切断面と球Sとの接点をP，母線CAとの交点をQとする。このとき，点Pは線分CO上の点となる。円錐を2つに分けたときの円Oを含む方の立体は，底面の半径をAO，高さをCOとする円錐から，底面の半径をQP，高さをCPとする円錐を除いた立体である。$PO=2SO=2\times2\sqrt{2}=4\sqrt{2}$より，$CP=CO-PO=8\sqrt{2}-4\sqrt{2}=4\sqrt{2}$である。また，△CPQ∽△COAとなるから，$QP:AO=CP:CO=4\sqrt{2}:8\sqrt{2}=1:2$となり，$QP=\frac{1}{2}AO=\frac{1}{2}\times4=2$である。よって，円Oを含む方の立体の体積は，$\frac{1}{3}\times\pi\times4^2\times8\sqrt{2}-\frac{1}{3}\times\pi\times2^2\times4\sqrt{2}=\frac{112\sqrt{2}}{3}\pi$となる。球Sの体積は$\frac{4}{3}\pi\times(2\sqrt{2})^3=\frac{64\sqrt{2}}{3}\pi$だから，求める体積は$\frac{112\sqrt{2}}{3}\pi-\frac{64\sqrt{2}}{3}\pi=16\sqrt{2}\pi$(cm^3)となる。

2021年度／専修大学松戸高等学校(前期17日)

社会解答

1 (1) ア　(2) ウ　(3) エ　(4) イ

2 (1) ウ　(2) エ　(3) ウ
(4) ①…ア　②…エ

3 (1) イ　(2) エ　(3) ア　(4) イ

4 (1) ウ　(2) エ　(3) ア　(4) ア

5 (1) ウ　(2) オ　(3) エ　(4) ウ
(5) イ

6 (1) ウ　(2) イ　(3) イ　(4) ア
(5) ウ

7 (1) ウ　(2) ア　(3) ア

8 (1) ア　(2) ア　(3) イ

(声の教育社　編集部)

1〔三分野総合―千葉県の郷土料理を題材とする問題〕

⑴＜資料の読み取り＞Ⅲが正しい内容である。資料２で,「子供の頃に学校で教わること」と回答した割合は約38%,「出版物やテレビ等のメディアで教わること」と回答した割合は約20%であり,前者は後者の２倍に満たない(Ⅰ…×)。資料１で,「受け継いでいない」と回答した割合は,女性全体では20.9%であり,５分の１(20%)を超えている(Ⅱ…×)。資料１で,「受け継いでいない」と回答した割合は,男性全体では35.4%であり,「受け継いでいる」と回答した割合(59.7%)の半分を超えている(Ⅳ…×)。

⑵＜成年年齢,被選挙権＞Ⅰ．民法は,財産や家族関係などについて規定した法律であり,成年年齢についても民法で定められている。2018年に民法が改正され,成年年齢がこれまでの20歳から18歳に引き下げられた。改正民法は2022年４月１日から施行される。　Ⅱ,Ⅲ．地方議会議員と市(区)町村長の被選挙権は,満25歳以上の住民に与えられている。そのほかの被選挙権については,衆議院議員が満25歳以上,参議院議員と都道府県知事が満30歳以上である。

⑶＜年代整序＞年代の古い順に,Ⅱ(南蛮貿易―戦国～安土桃山時代),Ⅲ(葛飾北斎―江戸時代),Ⅰ(文明開化―明治時代)となる。

⑷＜日本の漁業＞ⅢとⅣが正しい内容である。三陸海岸沖の太平洋で潮目を形成しているのは暖流の黒潮〔日本海流〕と寒流の親潮〔千島海流〕であり,対馬海流とリマン海流が流れているのは日本海である(Ⅰ…×)。稚魚や稚貝を湖や海に放流し,自然の中で育ってからとる漁業は栽培漁業であり,養殖業は魚や貝をいけすなどで大きくなるまで育てる漁業である(Ⅱ…×)。

2〔日本地理―日本の諸地域,地形図〕

⑴＜府県名と府県庁所在地名＞近畿地方の７府県(三重県,滋賀県,京都府,大阪府,兵庫県,奈良県,和歌山県)のうち,府県名と府県庁所在地名が異なるのは,三重県(津市),滋賀県(大津市),兵庫県(神戸市)の３つである。

⑵＜道県の統計と気候＞図中のａは北海道,ｂは茨城県,ｃは鳥取県,ｄは香川県である。表のうち,Ｗは人口や製造品出荷額が最も少ないことから鳥取県,Ｘは人口が鳥取県についで少ないことから香川県,Ｙは人口密度が最も低く農業産出額が最も多いことから北海道,Ｚは製造品出荷額が最も多く農業産出額も北海道についで多いことから茨城県である。このうち,Ｘの香川県は中国山地と四国山地にはさまれているため,エのような瀬戸内の気候に属する。なお,アは北海道の気候に属する北海道,イは日本海側の気候に属する鳥取県,ウは太平洋側の気候に属する茨城県に当て

はまる。

⑶＜野菜の生産県と出荷時期＞図中のＡは群馬県で，山間部の冷涼な気候を利用して，夏の時期にキャベツなどの高原野菜を出荷する農業が盛んである。図中のＢは高知県で，冬でも温暖な気候を生かし，ビニールハウスを利用してなすやピーマンなどの野菜の生育を早める促成栽培が盛んである。以上のことをふまえて資料１を見ると，Ｐ県からの入荷量は冬を中心とする時期に多くなっていることから，資料１の農産物はなすであり，Ｐ県は高知県だと考えられる。なお，資料２を見ると，Ｑ県からの入荷量は夏の時期に多くなっていることから，資料２の農産物はキャベツであり，Ｑ県は群馬県だと考えられる。

⑷＜地形図の読み取り，ねぶた祭＞①特にことわりのないかぎり，地形図上では上が北となる。県総合運動公園の南側には，針葉樹林(Λ)がある(Ⅳ…○)。なお，市役所(◎)から見た県総合運動公園の方位はほぼ南西である(Ⅰ…×)。市役所の北側には交番(X)や寺院(卍)などが見られるが，警察署(⊗)は見られない(Ⅱ…×)。この地形図の縮尺は２万5000分の１であり，地点ａと地点ｂの間の地形図上での長さは７cm であることから，実際の距離は，７cm×25000＝175000cm＝1750m となる(Ⅲ…×)。　②青森市では，毎年８月上旬に青森ねぶた祭が行われる。多くのねぶた(中に灯りをともした山車)が町内を運行し，国内外から多くの観光客が訪れている。同様のねぶた(ねぷた)祭は，青森県内の各地で行われている。なお，東北地方の夏祭りとしては，ほかに秋田竿燈まつり，仙台七夕まつり，山形花笠まつりなどがある。

3 〔世界地理―世界の姿と諸地域〕

⑴＜正距方位図法の方位＞図は，中心であるニューヨークからの距離と方位を正しく表しているので，ニューヨークから見て上が北，下が南，右が東，左が西となる。ニューヨークから南に向かって進むと，南アメリカ大陸のコロンビアやペルー→南極大陸→インドネシア→ユーラシア大陸の中国やロシア連邦→北アメリカ大陸のカナダなどを通過し，ニューヨークに戻ってくることになる。

⑵＜イギリスの位置と気候＞Ⅰ．北海道の北端付近を北緯45度の緯線が，イギリスの南端付近を北緯50度の緯線が通っているので，イギリスは北海道よりも高緯度に位置している。　Ⅱ．イギリスを含むヨーロッパ西部は温帯の西岸海洋性気候に属しており，高緯度のわりに冬でも比較的温暖である。これは，ヨーロッパの西側を暖流の北大西洋海流が流れており，その上空を吹く偏西風が暖かい空気を大陸に運ぶためである。

⑶＜アメリカ合衆国の人々と産業＞Ⅰ．ヒスパニックは，メキシコや西インド諸島の国々からアメリカ合衆国に移住してきた，スペイン語を話す移民である。働く機会や高い収入を求めて移り住む人が多く，メキシコに近い南西部の州を中心にヒスパニックの人口は増加している。なお，メスチソは，ラテンアメリカ(メキシコから南の地域)の先住民とヨーロッパ人の混血の人々である。　Ⅱ．サンベルトとは，アメリカ合衆国の北緯37度付近から南の地域を指す。温暖で地価が安く，資源や労働力が豊富であったことなどから，20世紀後半に工業が発達した。現在ではこの地域がアメリカ合衆国の工業の中心となっており，情報技術〔IT〕産業などが特に発達している。なお，デトロイトはアメリカ合衆国の五大湖周辺に位置する都市で，20世紀前半から自動車工業が発展した。

⑷＜資料の読み取り＞最初に，Ｅ，Ｆが1990年，2017年のどちらであるかを考える。資料２の４つの文から，４か国の国内総生産はいずれも1990年から2017年にかけて増加していることがわかるため，

Ｅが2017年，Ｆが1990年となる。次に，資料２の１つ目の文「1990年から2017年にかけて，約１兆ドル増加している」に当てはまるのはＢ(1,002,465百万ドル増加)であることから，Ｂはロシア連邦である。２つ目の文「1990年から2017年にかけて，４倍以上に増加している」に当てはまるのはＣ(約５倍に増加)とＤ(約4.4倍に増加)であることから，ＣとＤのいずれかがオーストラリアとなる。３つ目の文「1990年から2017年にかけての国内総生産の増加率が，資料１中の４か国で最も高い」に当てはまるのはＣであることから，Ｃはブラジルとなり，Ｄがオーストラリアとなる。４つ目の文「1990年から2017年にかけての国内総生産の増加額が，資料１中の４か国で最も少ない」に当てはまるのはＡ(232,173百万ドル増加)であることから，Ａは南アフリカ共和国である。

4 〔歴史―古代の日本と世界〕

(1)＜メソポタミア文明＞Ｘの地域は，チグリス川とユーフラテス川の流域であり，紀元前3000年頃にメソポタミア文明が栄えた。メソポタミア文明では，楔形《くさびがた》文字が粘土板に刻まれ，月の満ち欠けを基準にした太陰暦が使われた。また，ジッグラトと呼ばれる聖塔が都市につくられた。なお，Ⅲの太陽暦が使われたのはエジプト文明である。

(2)＜卑弥呼＞中国の歴史書である「魏志」倭人伝によると，邪馬台国の女王である卑弥呼は，３世紀に魏(中国)の皇帝に使いを送り，「親魏倭王」の称号や金印を授けられた。５世紀に南朝の宋(中国)に使いを送り，倭の王としての地位を高めようとしたのは，大和政権の５人の王(倭の五王)である(Ⅰ…誤)。志賀島(福岡県)で発見された「漢委奴国王」と刻まれた金印は，１世紀に後漢(中国)に使いを送った奴国の王が授けられたものだと考えられている(Ⅱ…誤)。

(3)＜大仏建立＞Ⅰ．東大寺の大仏は，奈良時代の８世紀半ばに聖武天皇によってつくられた。「大仏造立の詔」は，聖武天皇が大仏の造立を命じるために出した文書であり，文中の「私」は聖武天皇となる。なお，桓武天皇は平安京に都を移した天皇である。　Ⅱ．行基は奈良時代の僧で，民衆の間に仏教を布教し，橋や用水路などの建設を行って民衆の支持を集めた。はじめ朝廷から弾圧されたが，東大寺の大仏造立の際には朝廷に協力した。なお，鑑真は奈良時代に唐(中国)から来日して仏教の正しい教えを伝えた僧である。

(4)＜平安時代の文化＞摂関政治が行われていた平安時代には，日本の生活や風土に合った国風文化が栄え，紫式部の『源氏物語』や清少納言の『枕草子』など，仮名文字を用いた文学作品が多く生まれた。なお，Ⅰは室町時代，Ⅱは安土桃山時代，Ⅲは奈良時代の文化について述べたものである。

5 〔歴史―中世～近世の日本〕

(1)＜元寇＞元の皇帝フビライ・ハンは，日本に服属を求めたが，鎌倉幕府の第８代執権であった北条時宗がこれを退けたため，1274年(文永の役)，1281年(弘安の役)の２度にわたって九州北部に大軍を送った(元寇)。元軍は，火薬を利用した「てつはう」と呼ばれる武器を使い，集団戦法で戦ったため，馬に乗って一騎打ちで戦っていた日本軍は苦戦した。なお，チンギス・ハンは13世紀初めにモンゴル帝国の基礎を築いた人物，北条時政は源頼朝の妻であった北条政子の父で初代執権となった人物である。

(2)＜年代整序＞年代の古い順に，Ⅲ(建武の新政―14世紀半ば)，Ⅳ(足利義満の太政大臣就任―14世紀末)，Ⅰ(応仁の乱―15世紀後半)となる。なお，Ⅱの承久の乱は鎌倉時代の13世紀前半の出来事である。

⑶＜織田信長＞Ⅰ．織田信長は，1575年に三河(現在の愛知県東部)で起こった長篠の戦いで，鉄砲を有効に活用して武田氏を破った。　Ⅱ．信長は，商業を活発にするため，安土城下にDの楽市令を出し，市場の税や座(商工業者の同業者団体)の特権などを廃止した。この政策を楽市・楽座という。なお，Cは，豊臣秀吉が宣教師の国外追放を命じたバテレン追放令である。

⑷＜江戸時代の政治改革＞Ⅱは棄捐令で松平定信が18世紀末に行った寛政の改革の内容，Ⅲは上米の制で徳川吉宗が18世紀前半に行った享保の改革の内容，Ⅳは田沼意次が18世紀後半に行った政治の内容である。なお，Ⅰは上知令で水野忠邦が19世紀半ばに行った天保の改革の内容であり，Yの時期には当てはまらない。

⑸＜薪水給与令と日米修好通商条約＞1842年の薪水給与令では外国船に，1854年の日米和親条約ではアメリカ船に薪や水を与えることが認められた(Ⅰ…正)。資料2の日米修好通商条約を見ると，「下田を閉ざす」ことが定められている。ペリーが1853年に最初に来航した港は，下田(静岡県)ではなく浦賀(神奈川県)である(Ⅱ…誤)。

6〔歴史―近代～現代の日本と世界〕

⑴＜学制と徴兵令＞Ⅰ．1872年に学制が公布され，6歳以上の全ての男女に小学校教育を受けさせることが定められた。　Ⅱ．1873年に出された徴兵令により，満20歳以上の男子に兵役の義務が課された。しかし，兵役にはさまざまな免除規定があり，役人や官立学校の学生，一家の主人や後継ぎ，代人料を納めた者などは兵役を免除された。そのため，実際に兵役についたのは平民の次男や三男が多かった。

⑵＜日露戦争＞日本海海戦では，東郷平八郎率いる日本艦隊がロシアのバルチック艦隊を破り，戦局を優位に進めた(Ⅰ…正)。1875年に結ばれた樺太・千島交換条約に基づき，樺太をロシアが領有し，千島列島を日本が領有していた。その後，日露戦争後の1905年にポーツマス条約が結ばれ，樺太の南半分(北緯50度以南)が日本の領土となったが，千島列島はロシアの領土とはなっていない(Ⅱ…誤)。

⑶＜第一次世界大戦終結から第二次世界大戦開戦までの出来事＞第一次世界大戦が終結したのは1918年，第二次世界大戦が開戦したのは1939年である。1929年，ニューヨークでの株価暴落をきっかけとして世界恐慌が始まった。なお，アヘン戦争が起こったのは1840年，辛亥革命によって中華民国が建国されたのは1912年，インド大反乱が起こったのは1857年である。

⑷＜資料の読み取りと農地改革＞Ⅰ．自作地については，1941年と比べて1949年の割合は約1.6倍に増えており，「1.5倍以上に増えた」といえる。なお，小作地については，1941年の割合である46.2%の4分の1は約11.6%であり，1949年の割合(13.1%)はそれよりも多いことから，「4分の1以下に減った」とはいえない。　Ⅱ．第二次世界大戦後，経済の民主化政策の1つとして1946年から農地改革が行われた。この改革では，地主が持つ小作地を政府が強制的に買い上げ，小作人に安く売り渡した。これにより，資料のように自作地が大きく増え，小作人の多くは自分の土地を耕す自作農となった。

⑸＜戦後の民主化から冷戦の終結までの出来事＞Dの戦後の民主化が進められたのは第二次世界大戦が終結した1945年からであり，Eの冷戦の終結は1989年のことである。高度経済成長期の1968年，日本の国民総生産〔GNP〕は資本主義国の中でアメリカについで世界第2位となった。なお，財閥

の形成や八幡製鉄所の建設は明治時代，アメリカ同時多発テロが起こったのは2001年である。

7〔公民―経済〕

⑴＜金融＞Ⅰ．金融とは，資金に余裕のあるところから不足しているところへお金を融通することである。金融のうち，銀行などの金融機関を仲立ちとして資金を融通する方法を間接金融という。一方，企業が株式を発行して出資者から資金を集める場合のように，貸し手が借り手へ直接資金を融通する方法を直接金融という。　　Ⅱ．銀行は，家計の貯蓄などを預金として預かり，それを企業や家計に貸し付けており，預金者に対しては利子を支払い，貸し付け先からは利子を受け取っている。貸し付け先から受け取る利子率は預金者に支払う利子率よりも高く設定されており，その差は銀行の利益となっている。　　Ⅲ．日本の中央銀行である日本銀行は，紙幣（日本銀行券）を発行する「発券銀行」，政府の資金の出し入れを行う「政府の銀行」，一般の銀行に対して資金の貸し付けや預金の受け入れを行う「銀行の銀行」という3つの役割を持っている。なお，硬貨を発行しているのは政府である。

⑵＜資料の読み取り＞Ⅳが正しい内容である。「買い物が好き」に「あてはまる」と回答した割合は，20歳代（69.1％）よりも30歳代（69.6％）の方が高くなっている（Ⅰ…×）。「買い物が好き」に「ほとんど・全くあてはまらない」と回答した割合が最も高いのは80歳以上（6.1％）である（Ⅱ…×）。80歳以上では，「買い物が好き」に「あてはまらない」と回答した割合（26.6％）は「あてはまる」と回答した割合（45.7％）の半分を超えている（Ⅲ…×）。

⑶＜消費＞Ⅲが正しい内容である。家計の支出は，食料費や住居費などの消費支出と，税金や社会保険料の支払いなどの非消費支出に分けることができ，収入から消費支出と非消費支出を差し引いた残りは貯蓄（銀行預金や生命保険の購入など）となる（Ⅰ…×）。PL法〔製造物責任法〕は，商品の欠陥によって消費者が被害を受けた場合に，企業（生産者）に過失があると証明できなくても，消費者が企業に損害賠償を求めることができることを定めた法律である（Ⅱ…×）。契約は，当事者間の合意によって成り立つもので，契約書を交わしたものだけを指すわけではない（Ⅳ…×）。

8〔公民―国会，裁判所〕

⑴＜国会＞Ⅰが正しい内容である。臨時会〔臨時国会〕は，内閣が必要と認めたとき，またはいずれかの議院の総議員の4分の1以上の要求があった場合に召集される国会で，衆議院解散後の総選挙の日から30日以内に召集される国会は特別会〔特別国会〕である（Ⅱ…×）。最高裁判所の裁判官だけではなく，全ての裁判所の裁判官が弾劾裁判の対象となる（Ⅲ…×）。憲法改正の発議を行うのは国会であるが，憲法改正を公布するのは天皇である（Ⅳ…×）。

⑵＜衆議院と参議院＞Ⅱが正しい内容である。衆議院・参議院ともに，小選挙区制（衆議院）・選挙区制（参議院）で割り当てられる議席数よりも，比例代表制で割り当てられる議席数の方が少ない（Ⅰ…×）。条約の承認については，参議院が衆議院の可決した議案を受け取った後30日以内に議決しない場合，衆議院の議決が国会の議決となる（Ⅲ…×）。日本国憲法の改正案については衆議院の優越は認められておらず，衆議院と参議院のどちらかが否決した場合には廃案となる（Ⅳ…×）。

⑶＜裁判所＞地方裁判所では，民事裁判の第一審，第二審と刑事裁判の第一審が行われる（ア…×）。最高裁判所長官は，内閣の指名に基づき，天皇が任命する（ウ…×）。裁判員裁判では，3名の裁判官と6名の裁判員が一緒に審理を行う（エ…×）。

2021年度／専修大学松戸高等学校（前期17日）

理科解答

1 (1) ③　(2) ⑥　(3) ④　(4) ⑧

2 (1) ③　(2) X…8　Y…1

(3) ②　(4) ①

3 (1) ⑥　(2) ①　(3) ①　(4) ⑦

4 (1) ⑤　(2) ④

(3) X…3　Y…7　(4) ④

5 (1) ⑤　(2) ①　(3) ④　(4) ④

6 (1) ③　(2) ③　(3) ④

(4) X…1　Y…2

7 (1) ③

(2) W…2　X…1　Y…1　Z…1

(3) ⑤　(4) X…0　Y…6　Z…9

8 (1) ③　(2) ①　(3) ③

(4) X…0　Y…1　Z…5

（声の教育社　編集部）

1〔動物の生活と生物の変遷〕

⑴＜無セキツイ動物＞①～⑥のうち，無セキツイ動物はエビで，節足動物のなかまである。なお，他はセキツイ動物で，イモリは両生類，ヘビはハチュウ類，ウナギは魚類，クジラとコウモリはホニュウ類である。

⑵＜アサリのあし＞アサリは無セキツイ動物のうちの軟体動物なので，セキツイ動物とは異なり内骨格はない。また，節足動物ではないので，外骨格や節はない。アサリは，筋肉のはたらきであしを動かしている。

⑶＜外とう膜＞アサリのような軟体動物のなかまには，内臓を包んでいる外とう膜というやわらかい膜がある。

⑷＜生活場所＞アサリもマイマイ（カタツムリ）も軟体動物のなかまであるが，えらで呼吸するアサリは水中で生活し，肺で呼吸するマイマイは陸上で生活する。

2〔気象とその変化〕

⑴＜気圧と天気＞図１より，２日目は１日目に比べて気圧が下がっていることから，低気圧が接近したと考えられる。また，２日目は気温の変化が小さいことから，天気はくもりや雨になったと考えられる。なお，低気圧が接近すると，天気はくもりや雨になることが多い。

⑵＜空気中の水蒸気量＞乾球の示度は湿球の示度よりも高いので，図２で，乾球の示度は14.0℃，湿球の示度は11.0℃となる。よって，乾球と湿球の示度の差は3.0℃であるから，湿度表より，このときの湿度は67％である。したがって，このときの気温に対する飽和水蒸気量は12.1g/m^3なので，空気１m^3中に含まれる水蒸気量は，$12.1\times\frac{67}{100}=8.107$より，約8.1gとなる。

⑶＜湿度の変化＞気温が下がると，飽和水蒸気量は小さくなる。そのため，空気中の水蒸気量が変化しないとき，飽和水蒸気量に対する空気中の水蒸気量の割合が高くなり，湿度は上がる。

⑷＜風向と雲量＞風向は風がふいてくる方向を表す。よって，図３より，風向は南東なので，風がふいてくる方向は南東である。また，天気記号⦶は晴れを表しているから，雲量は２～８である。

3〔身の回りの物質〕

⑴＜溶解度＞溶解度は100gの水に溶ける物質の最大の質量で，水に溶ける物質の最大の質量は水の質量に比例する。図より，80℃のとき，100gの水に溶ける塩化ナトリウム（食塩）の質量は約40g

である。よって，塩化ナトリウムが最大で50g溶けるときの80℃の水の質量をxgとすると，100：40＝x：50が成り立つ。これを解くと，40×x＝100×50より，x＝125(g)となる。したがって，加えた水の質量は，125－60＝65(g)である。

(2)＜再結晶＞図より，ミョウバンの溶解度は，水の温度が下がると小さくなる。よって，実験１の③で，ミョウバンの結晶が現れたのは，水の温度が下がり，溶けきれなくなったミョウバンが結晶となったためである。なお，③では，ビーカーにラップフィルムをかけているので，水の量は変わらない。

(3)＜水溶液の濃度＞③では，溶けていたミョウバンの一部が結晶となって出てきたため，溶けているミョウバンの質量は②の水溶液よりも小さい。よって，水の量は変わらないので，②の水溶液の濃度の方が濃い。

(4)＜結晶が現れる温度＞図より，塩化ナトリウムは水の温度を０℃まで下げても，100gの水に約35g溶けるので，結晶は現れない。一方，ミョウバンは，約35℃のときに100gの水に溶ける質量が20gになるため，35℃以下に水の温度を下げると，結晶が現れる。

4〔運動とエネルギー〕

(1)＜仕事の大きさ＞B点からA点までの高さは，斜面の角度を大きくした実験２の方が，実験１より高い。よって，台車の重さは変わらないから，台車を押し上げるのに必要な仕事も大きい。

(2)＜水平面上での台車にはたらく力＞摩擦や空気抵抗はないので，水平面上を運動する台車には，重力と垂直抗力がはたらき，これらがつり合っている。このため，台車は等速直線運動を続ける。

(3)＜平均の速さ＞斜面上を運動する台車には，台車にはたらく重力の斜面に沿った分力がはたらき続ける。このとき，台車の速さは一定の割合で増加するので，５打点ごとに切った紙テープの長さは一定の長さで長くなる。図３で，５打点ごとに切った紙テープの１枚目の長さが1.7cm，８枚目の長さが8.7cmより，(8.7－1.7)÷7＝1.0(cm)となるから，１枚当たり１cm増えると考えられる。よって，0.2秒後から0.3秒後までの0.1秒間での運動を記録した３枚目の紙テープの長さは3.7cmとなるから，求める平均の速さは，3.7÷0.1＝37(cm/s)である。

(4)＜台車の運動＞図３と図４で，台車は，紙テープの長さが増えているときは斜面上を運動し，同じときは水平面上を運動している。そのため，台車が斜面を下る時間は，長さが増える紙テープの本数が多い実験１の方が，実験２より長いことがわかる。また，台車が斜面上を運動するときの台車の速さの増え方は，紙テープの長さの増え方が大きい実験２の方が，実験１より大きいことがわかる。なお，斜面の角度が大きいほど，重力の斜面に沿った分力は大きくなるため，台車の速さの増え方は大きくなり，同じ長さの斜面上を下るのにかかる時間は短くなる。

5〔生命の連続性〕

(1)＜根のつくり＞図１より，タマネギの根は，細い根が集まってできたひげ根である。根のつくりがひげ根なのは，胚珠が子房の中にある被子植物のうち，子葉が１枚の単子葉類のなかまである。

(2)＜観察操作＞タマネギの根で，細胞分裂が盛んに行われているのは，先端に近い部分である。

(3)＜細胞分裂の順序＞図３のA～Fを細胞分裂の順に並べると，A→核の中に染色体が現れる(D)→染色体が細胞の中央に集まる(F)→染色体は２つに分かれ，細胞の両端へ移動する(C)→染色体が集まり，間にしきりができ始める(E)，２つの核ができる(B)。

(4)＜細胞の個数＞細胞は25時間ごとに１回分裂し，その数は２倍になる。よって，１個の細胞は，

100時間で，100÷25＝4より，４回分裂するので，100時間後には2^4＝16(個)になる。

6 〔大地のつくりと変化〕

(1)＜化石と地質年代＞ビカリアが栄えた地質年代は新生代で，同じ新生代に栄えた生物にはナウマンゾウやデスモスチルスなどがいる。なお，サンヨウチュウは古生代に栄えた生物である。

(2)＜凝灰岩＞火山灰が堆積し，地層の中で押し固められてできた堆積岩を，凝灰岩という。

(3)＜粒の大きさと海の深さ＞粒の大きいものほど沈むのが速いため海岸近くに堆積し，粒の小さいものほど沈むのが遅いため海岸から離れた沖合に堆積する。また，粒の大きさは，れき，砂，泥の順に小さくなる。よって，図２のＣ地点の地表から20ｍまでの層が堆積する間に，層をつくる粒の大きさは上の層ほど小さくなっているので，この地点は海岸からしだいに遠ざかり，海の深さが深くなったことがわかる。

(4)＜地層のつながり＞図１，図２より，ビカリアの化石が発見された砂岩の層の上面の標高は，Ａ地点では300－16＝284(ｍ)，Ｂ地点では290－6＝284(ｍ)，Ｃ地点では300－22＝278(ｍ)である。よって，この地域の地層は，Ａ－Ｂの東西方向に傾きはなく，Ａ－Ｃの南北方向では南に向かって下がっていることがわかる。よって，Ｃ地点の東側にあるＤ地点では，ビカリアの化石が発見された砂岩の層の上面の標高は，Ｃ地点と同じ278ｍになるから，地表からの深さは，290－278＝12(ｍ)となる。

7 〔化学変化と原子・分子〕

(1)＜ガスバーナーの使い方＞ガスバーナーに点火して，ガス調整ねじで炎の大きさを調節したとき，炎は赤色になっている。これは空気が不足しているためなので，ガス調整ねじが回らないように押さえながら空気調節ねじを開き，空気の量を多くして青色の安定した炎にする。

(2)＜化学反応式＞化学反応式では，矢印の左右で，原子の種類と数が等しくなるように化学式の前に係数をつける。まず，化学反応式のＸに１を当てはめると，矢印の右側にナトリウム原子(Na)は２個あるので，左側のNaの数を２個にするため，Ｗに２を当てはめる。次に，矢印の左側に炭素原子(C)が2×1＝2(個)あるので，右側のＣの数を２個にするため，Ｙに１を当てはめる。さらに，矢印の左側に水素原子(H)が2×1＝2(個)あるので，右側のＨの数を２個にするため，Ｚに１を当てはめる。最後に，矢印の左右で，酸素原子(O)の数を確認すると，左側では2×3＝6(個)，右側では1×3＋1×2＋1×1＝6(個)と等しくなる。

(3)＜実験操作＞この実験のように，液体(水)が生じる化学変化では，液体が加熱部に流れないように，試験管の口を少し下げる。なお，液体が加熱部に流れると，加熱部が急に冷やされ，試験管が割れるおそれがある。

(4)＜化学変化と物質の質量＞表より，炭酸水素ナトリウム0.40gを加熱したとき，残った炭酸ナトリウムの質量は0.25gだから，発生した二酸化炭素と水の質量の合計は，0.40－0.25＝0.15(g)である。よって，発生する二酸化炭素と水の質量の合計は，炭酸水素ナトリウムの質量に比例するから，炭酸水素ナトリウム1.84gを加熱したときに発生する二酸化炭素と水の質量の合計をxgとすると，0.40：0.15＝1.84：xが成り立つ。これを解くと，0.40×x＝0.15×1.84より，x＝0.69(g)となる。

8 〔電流とその利用〕

(1)＜電流計と電圧計＞図５の電圧計は，３Ｖの－端子に導線をつないでいるから，1.5Ｖを示している。図２から，電熱線Ａに1.5Ｖの電圧を加えたときに流れる電流は150mAである。よって，図５

の電流計は150mAを示しているから，導線をつないだ－端子は500mAである。

(2)＜豆電球の明るさ＞図２で，電熱線Ａと電熱線Ｂに同じ電圧を加えたとき，流れる電流が大きい電熱線Ａの方が電熱線Ｂより電流が流れやすいため，抵抗が小さい。よって，図３では，電熱線Ａをつないだときの方が回路に流れる電流が大きくなり，豆電球が明るくなる。

(3)＜回路全体の抵抗＞表より，電源装置の電圧が１Ｖのとき，Ｐ点を流れる電流，つまり，回路全体を流れる電流が0.125Aである。よって，オームの法則〔抵抗〕＝〔電圧〕÷〔電流〕より，回路全体の抵抗は，$1 \div 0.125 = 8(\Omega)$となる。

(4)＜並列回路＞図４は並列回路で，回路全体に流れる電流の大きさは，電熱線Ａと電熱線Ｃに流れる電流の大きさの和になる。また，それぞれの電熱線に加わる電圧は，電源の電圧の大きさに等しい。よって，電熱線Ｃに流れる電流の大きさは，Ｐ点の回路全体を流れる電流とＱ点の電熱線Ａを流れる電流の大きさの差になるから，表より，電源装置の電圧が１Ｖのとき，電熱線Ｃに流れる電流の大きさは，$0.125 - 0.1 = 0.025$(A)である。したがって，オームの法則より，流れる電流の大きさは電圧の大きさに比例するから，電源装置の電圧を６倍の６Ｖにしたときに流れる電流の大きさは，$0.025 \times 6 = 0.15$(A)となる。

2021年度／専修大学松戸高等学校（前期17日）

国語解答

一 問一 a…2 b…1 c…2
問二 ア…3 イ…4 ウ…1
問三 2 問四 4 問五 4
問六 2 問七 4 問八 3
問九 1 問十 4 問十一 2
問十二 4

二 問一 a…4 b…2 c…3
問二 ア…1 イ…4 ウ…2
問三 2 問四 3 問五 4
問六 1 問七 1 問八 2
問九 1 問十 4

三 問一 1 問二 2 問三 4
問四 3 問五 1 問六 2
問七 3 問八 4 問九 3

（声の教育社　編集部）

一〔論説文の読解―社会学的分野―現代社会〕出典；日向野幹也『高校生からのリーダーシップ入門』。

《本文の概要》権限によらないリーダーシップとは，特定の人が権限のあるリーダーとなって，グループを引っ張っていくのではなく，そこに参加する一人ひとりが，権限を持たないまま，リーダーシップを発揮していくというものである。このようなリーダーシップは，実は，それほど珍しいものではない。人が倒れたり，具合が悪そうにしたりしているのを見たら，周りの人々は，自主的にその人を救護しようとするだろう。これは，その救護に関わる人々がそれぞれに，リーダーシップを発揮している状態である。しかし，現実の多くのグループにおいては，すでに権限を与えられている人が存在している。そうした権限者の権限と，権限によらないリーダーシップは共存できるのだろうか。権限者が，新しい役割を果たせば，共存は可能である。その役割とは，権限を持たない人がリーダーシップを発揮しやすくするために，支援にまわることと，彼らの結果に対して，責任を負うというものである。これからの権限者は，部下のために尽くすリーダーシップを発揮しなければならない。

問一＜漢字＞a．「登場」と書く。1は「冷凍」，3は「唐突」，4は「統治」または「湯治」。　b．「上司」と書く。2は「趣旨」，3は「融資」，4は「月刊雑誌」。　c．「提唱」と書く。1は「招待」，3は「故障」，4は「訴訟」。

問二＜接続語＞ア．「権限によらないリーダーシップ」は，「そこに参加する一人ひとりが，権限を持たないままリーダーシップを発揮していくという形」を取るので，「チームを引っ張っていく人はつねに同じではなく，『このときはAさん，このときはBさん』という具合に交代して」いく。
イ．「意外に身近なところで実践されて」いる「権限によらないリーダーシップ」の例として，「学校行事などで，クラスや有志で本当に一丸となってゴールに向かって取り組んでいるとき」が挙げられる。　ウ．「権限によらないリーダーシップを組織内で実践しようとすると，『権限もなく，責任もとれないくせに，リーダーシップを主張するとは何事か！』という発想をする人が必ず」いて，さらに，「権限者の中には，成功すればその手柄を自分のものにし，うまくいかなければその責任を実行者に負わせるという，とんでもないタイプも存在」する。

問三＜文脈＞「会社組織などを中心とした現実の多くのグループにおいては，『すでに権限を与えられている人』が存在して」いる。「実際，会社などの組織には，社長とか部長とかいった『権限者』が必ず」いるのである。

問四＜文章内容＞「誰もがリーダーシップを発揮」できるようになれば，「自ずとそこでの行動は自律的・主体的なもの」になる。つまり，「単に命令に従って行動するのではなく，積極的にそのグループに関わり，目標達成に何が必要かを自律的・主体的に考え，動いていく」ようになる（1・3…○）。そして，「誰もがリーダーシップを発揮」できるグループでは，世の中の変化に気づいた人が，「グループが変化に対応できるように促していくことが可能」なので（2…○），そのようなグループは，「変化にも即座に対応していける」のである。「状況に機敏に対応」するのは，グループであって，「メンバー一人ひとり」ではない（4…×）。

問五＜文章内容＞日常生活の中で，突然，解決しなければならない問題に直面することは，誰もが経験したことがあるはずである。そんなとき，その場にたまたま居合わせた人は，問題を解決するために，「誰かひとりがリーダーとなって命令」するのではなく，一人ひとりが「状況に応じて必要と思われる行動」を取るものである。このように，「権限によらないリーダーシップ」は，ごく普通に発揮されていると，「私」は考えているのである。

問六＜ことばの単位＞「互いに／言葉を／かけ合いながら／その／人を／救護する／ために／行動します」の八文節から成り立っている。

問七＜文章内容＞「組織等の中にすでに存在している『権限者』と権限によらないリーダーシップ」は，「共存できる」のであり，「権限者」には「権限によらないリーダーシップの実践を促進する」という役割がある。両者は，一見対立するように見えるが，必ずしもそうではなく，互いに補い合うものなのである。

問八＜文章内容＞「権限のない人に対してリーダーシップを求めると同時に，責任も負わせるというケース」では，「万が一失敗した場合，『責任は自分がすべて負わなければいけないのだ』という状況がプレッシャーとなり，多くの人がリーダーシップを自ら発揮することに躊躇ってしまいかねない」のである。そのため，「権限によらないリーダーシップへの期待を掲げているものの，それを実践する人が出ないという状況に遭遇する可能性が高い」だろうと，「私」は考えている。

問九＜指示語＞「権限によらないリーダーシップを組織内で実践しよう」としても，権限もなく責任も取れない者は「リーダーシップを主張する」べきではないとする考え方が定着している組織では，「従来型の一握りの権力者のリーダーシップに」頼らざるをえない。

問十＜文章内容＞「成功すればその手柄を自分のものにし，うまくいかなければその責任を実行者に負わせる」ような「権限者」の行為は，社会的・道徳的にも許されないものである。また，「権限のない人たちの中で『リーダーシップを発揮しよう』というモチベーションは低くなるばかり」なので，組織の利益も損なってしまう。このようなとんでもない「権限者」が存在することに，「私」は，腹を立てると同時に，あきれているのである。

問十一＜文章内容＞「権限者の新しい役割」とは，「権限がない人のリーダーシップを支援し，さらには，結果がうまくいこうが失敗しようが，その結果に対する責任も負う」というものである。「権限によらないリーダーシップを奨励する組織の権限者」は，権限がない人にも自由な提案を求め，それに対する責任は自分が負うという，「部下のために尽くすリーダーシップ」を果たす必要があるのである。

問十二＜要旨＞「権限によらないリーダーシップ」の下では，メンバー一人ひとりの「行動は自律的・主体的なもの」になり，グループを「世の中の変化に対してすばやく対応できる」ように促すことができるのである（4…○）。

二〔小説の読解〕出典；有川浩『阪急電車』。

問一＜漢字＞a．「放った」と書く。1は「模倣」，2は「豊富」，3は「訪問」。　b．「買って」

と書く。1は「賠償」，3は「商売」，4は「梅園」。　　c.「疲れて」と書く。1は「被害」，2は「消費」，4は「回避」。

問二＜語句＞ア.「詰る」は，悪い点・不満な点などを取り上げて，問いただす，という意味。　イ.「敢えなく」は，あっけなく，もろいさま。　ウ.「執り成す」は，なかだちをする，なだめて機嫌をよくさせる，という意味。

問三＜文章内容＞若い女性は，仲間の座席を確保するために他の人が座ろうとしている座席にバッグを投げるという，おばさんの非常識な行為にあきれていた。しかし，おばさんたちを責めるようなことは言わずに，高級なバッグにふさわしくない行為だと皮肉を言って，若い女性は，怒りの声を上げそうになっていたミサをなだめると同時に，ミサの怒りに対する共感を示したのである。

問四＜表現＞A．イトーさんが，「ごめんなさいねえ」と言って，バッグを投げた本人に返したので，ミサは，イトーさんが謝るべきなのは「今歩いていったあのお姉さん」だと思い，不愉快な気持ちを表情に出した。　B．老人に突然なじられたので，ミサは，なぜ怒られているのかもわからないままに，瞬間的に反感を覚えた。　C．マユミは，それまでのいきさつを知らずに電車に乗り込んできたため，老人が自分を見て，「あんたが友達か」と言ったことに対し，どう対応していいかわからず，まごつきながら，「ミサのほうに」近づいた。

問五＜心情＞ミサが周囲を見回すと，「うるさい老人に向けられていると思った非難の眼差しは，全て自分に突き刺さって」いて，自分に同情的な「目はひとつもなかった」のである。「それは周囲の人々が老人と同じ苛立ちをミサに抱いているからだ」ということに気づいて，ミサは，驚き，激しく動揺した。

問六＜品詞＞「ように」は，ある物・事が，他の物・事に似ていることを表す助動詞「ようだ」の連用形。

問七＜心情＞「ふて腐れる」は，不平・不満を感じて，反抗的になったり，やけを起こしたりする，という意味。ミサもマユミも，老人に怒られて怖かったし，周囲から白い目で見られて恥ずかしかった。また，老人に叱られるまで，自分たちの行為を恥ずかしいと思わなかった愚かさが情けなかった。さらに，学校に言いつけられるかもしれないという不安も少し感じており，名前はわからなくとも，朝礼などでこのことを発表されたら，「内心の屈辱は想像を絶する」だろうと思っていた。そのため，二人は，内心の恥ずかしさや恐怖や不安を押し殺すために，あえて強気に振る舞っていたのである。

問八＜心情＞ミサは，心の中では，自分たちが恥ずかしいことをしたということを認めていたが，「思春期の繊細さ」から，「自分たちの落ち度」を口に出して認めることはできなかった。そのため，また誰かにとがめられるかもしれないからという口実をつくって，席を取るのはやめようと言ったのである。

問九＜文章内容＞ミサもマユミも，老人に注意されてからは，電車の中で，「非常識でみっともない」行為をすることはなくなった。そして，そういうふうに振る舞えるのは，あの老人のおかげであると思い，老人に感謝していることを，口には出さなかったが，お互いに知っていたのである。

問十＜表現＞前半では，ミサが，電車の中で非常識な振る舞いをしたおばさんたちに腹を立て，その後，中学生時代の自分も同じようなことをしていたことを思い出し，自分たちを叱ってくれた老人への感謝や「思い出すと恥ずかしくて身をよじりたくなる」と反省する様子が描かれている。後半では，ミサとマユミの過去の振る舞いと老人に叱られた様子が具体的に描かれており，前半のミサの老人に対して感謝する心情が読者にも理解できるようになっている。

三〔古文の読解―説話〕出典；『十訓抄』十ノ二十七。

≪現代語訳≫和邇部用光という楽人がいた。土佐のお船遊びを見に（土佐へ）向かい，（都へ）戻っていると，安芸の国，何とかいう港で，海賊が押し寄せてきた。弓矢の扱い方がわからないので，（海賊を）防ぎ戦うための力がなく，今は間違いなく殺されるだろうと思って，篳篥を取り出して，船の屋根の上に座り，「そこにいる海賊たちよ。今はもう私があれこれ対応することもできない。早く何でも好きなものを持っておいきなさい。ただ，長年，深く心にしみ込ませた篳篥の，小調子という曲を，吹いてお聞かせ申し上げよう。そんなことがあったと，後になって雑談の話題にでもしてください」と言ったので，海賊の首領が大きな声で，「お前たち，しばらく待ちなさい。このように言うことである。曲を聞け」と言ったので，（海賊たちは）船を押さえて，それぞれ静まったので，用光は，これで自分は死んでしまうだろうと思われたので，涙を流して，見事な音を吹き出し，澄んだ清らかな音で吹き鳴らした。／時節のためだろうか，その調べは，波の上に響いて，（白居易が）あの潯陽江のほとりで，琵琶を聞いたという昔話と違わなかった。海賊たちは，静まり返り，（何も）言わなかった。／十分に聞いて，曲が終わると，先程の声で，「あなたの船を狙って，攻め寄せたけれども，曲の音に涙が流れ（るほど感動し）たので，よそへ行こう」と言って，こぎ去った。

問一＜古文の内容理解＞用光の頼みを聞いて，海賊の首領は，部下の海賊たちに，少し待って，用光の願いどおり，曲を聞くように命令した。

問二＜古文の内容理解＞用光は，土佐までお船遊びを見に行き，都へ戻る途中で，海賊に襲われたのである。

問三＜現代語訳＞「行方」は，目的の方向，という意味。用光は，楽人だったので，矢を射てもどこへ飛ぶかわからない，つまり弓矢の扱い方を知らないのである。

問四＜現代語訳＞「沙汰」は，事の善悪などを論じて，しかるべく処理すること。「とく」は，早く，という意味。今となってはもう，私は，この事態に対処することはできないので，早く何でも取りなさい，という意味。

問五＜古文の内容理解＞ここでの「物語」は，世間話，という意味。用光は，海賊たちに，かつて，こんなことがあったということを，後になって，世間話の材料にでもしてほしいと言ったのである。

問六＜古文の内容理解＞「押さふ」は，押しとどめる，動かないようにする，という意味。海賊の首領が，曲を聞くようにと命令したので，海賊たちは，船が動かないようにしたのである。

問七＜現代語訳＞「今はかぎり」は，これが最後，という意味。用光は，もう自分は殺されてしまうだろうと覚悟したのである。

問八＜古文の内容理解＞「かたさる（片去る）」は，脇へ寄る，避ける，という意味。海賊は，用光の船を襲おうとしたのだが，用光の演奏がすばらしかったので，涙を落とすほど心を打たれて，用光の船を襲う気持ちがなくなり，他へ行くことにしたのである。

問九＜古文の内容理解＞用光は，自分は殺されるだろうと覚悟して，船の屋根に上り，正面から海賊に話しかけて，篳篥を演奏したのである（３…×）。

Memo

2021年度 専修大学松戸高等学校（前期18日）

【英　語】（50分）〈満点：100点〉

1 リスニング試験〈編集部注：放送文は未公表につき掲載してありません。〉

1．それぞれの対話を聞いて，最後の発言に対する最も適切な応答を１つ選び，その番号をマークしなさい。対話はそれぞれ２回放送されます。

(1)
① Really？ I went there, too.
② Oh, was it？ I didn't know that.
③ That's news to me. She will be very happy.
④ Oh, no. Your brother is as old as Jane.

(2)
① Yes, I'd like to see good ones on this floor.
② Yes, I'd like to buy men's sports shoes.
③ Thanks, but I'd like to see sports shoes on this floor first.
④ No, thank you. I'd like to go to the third floor with you.

(3)
① Not really. We went to the aquarium and other good places.
② I know. We enjoyed swimming in the sea.
③ It really is. We had a lot of fun even on the rainy days.
④ Yes, it is. Okinawa has many delicious local dishes.

2．英文を聞いて，後に続く質問の解答として最も適切なものを１つ選び，その番号をマークしなさい。英文と質問はそれぞれ２回放送されます。

(1)
① Students have to go to the teachers' room if they have questions about the school festival.
② All classes show things written or drawn by the students at this school to the students from other schools at the school festival every year.
③ There are three classrooms that have their own rules for the school festival.
④ The number of students visiting the school festival last year was larger than the number of students visiting it two years ago.

(2)
① They will be able to play with fireworks if they take care.
② They will be able to draw pictures on the blackboard.
③ They will be able to sell cakes they made.
④ They will be able to buy something in other classrooms.

2 次の英文を読んで，以下の問題に答えなさい。

Have you ever thought that some people are just lucky？ There are people who get so many good things in life, and very few bad things ever happen to them. They have money, good friends, good jobs, and happy lives. Watching people like this can sometimes make us feel our lives are a little *disappointing.

Sometimes people are just in the right place at the right time, or know the right people. It is true. In these cases, good things happen to them. But many of these people know something very important：We can make our own luck！

What does this mean？ Well, by *developing good *habits and always working to grow as a person, we can increase our chances of good things happening to us. We may not see it, but many "lucky" people actually work very hard. They are prepared when they are given a new chance. Being lucky often just means being (1)!

Of course we know that it can be very difficult to develop good habits, but it can become much harder when we get older. ① So it is better to teach ourselves good habits now to live better lives.

Before making a list of good habits we should try to have, let's think about (2) it is so hard to make good habits to begin with. Many people will say that it is difficult for us to change the way we usually do something, or that we have some kinds of *behavior built into our *personalities. ② There may be some truth to these opinions, but please think of one simple thing which stops developing good habits: the desire for instant *gratification—the idea of "I want it now!"

In the 1960s, a team of scientists did some tests on young children.

(3)

ア. They received instant gratification.

イ. Eating the *marshmallow without waiting was the most popular choice, and those children did not receive a second marshmallow.

ウ. But a few of the children decided to wait, and they got another marshmallow.

エ. Each child was given a marshmallow and told that he or she could eat the marshmallow now, or wait a little while and receive a second marshmallow.

They also got the good feeling of knowing that they *succeeded in waiting. They received *delayed gratification.

Later after they became adults, another test was *conducted on the same people. The data showed that the children who waited were more *successful in life in many ways. They had better test scores, fewer problems, better health, better social skills, and so on. They were "(4)" in life.

Did you take such tests and are you spending a happy life? Maybe all of you will answer "No." ③ It is never too late to begin training yourself to choose delayed gratification!

And actually many of the good habits that successful people develop are just that. Here are a few examples: Instead of spending all their money, they save 20% first, every month. Instead of sleeping late and enjoying the warm bed a little longer, they get up early, exercise, and eat a healthy breakfast. Instead of staying up late and playing video games, they study a little longer, play less, and go to bed earlier. This may sound boring, but one important thing to understand is that (5) to enjoy good habits. You will be proud when you finish work, and there will also be the *progress you see in yourself. When you develop good habits, you may look and feel better, do better in school or your job, have more money and have better *relationships. If you know that your good habits are giving you your good life, they don't seem boring anymore. They seem more like good friends.

What are some good habits that you think you should develop? How can you start? It's easier if you start with one little thing, and try more difficult things later. ④ Maybe you will start making a plan for the next day before you go to bed. Or start saving just 10% of your money each month. Or start getting up 15 minutes earlier each day to read about something you want to learn. If you can think of developing good habits as an adventure, you can have more success, and you can make your own luck!

（注）　＊disappointing　がっかりさせる　＊develop ～　～を育む　＊habit　習慣
＊behavior built into ～　～に組み込まれた行動　＊personality　性格
＊gratification　満足感　＊marshmallow　マシュマロ　＊succeed in ～　～に成功する
＊delayed　あとで得られる　＊conduct ～　～を行う　＊successful　成功している
＊progress　進歩　＊relationship　関係

問１　空欄(１)に入れるのに最も適切なものを①～④から１つ選び，その番号をマークしなさい。
①　busy　②　necessary　③　ready　④　happy

問２　空欄(２)に入れるのに最も適切なものを①～④から１つ選び，その番号をマークしなさい。
①　where　②　why　③　what　④　when

問３　[(3)]内のア～エの文を文脈が通るように並べかえたとき，順番として最も適切なものを①～④から１つ選び，その番号をマークしなさい。
①　イーウーアーエ　②　イーエーウーア
③　エーイーアーウ　④　エーアーウーイ

問４　空欄(４)に入れるのに最も適切なものを①～④から１つ選び，その番号をマークしなさい。
①　more tired　②　more simple　③　older　④　luckier

問５　空欄(５)に入れるのに最も適切なものを①～④から１つ選び，その番号をマークしなさい。
①　you can learn
②　you need successful people
③　you can choose lists
④　you have to stay home

問６　次の英文を入れるのに最も適切な位置を，本文中の[①]～[④]から１つ選び，その番号をマークしなさい。

But there is good news.

問７　本文の内容に合うものを①～④から１つ選び，その番号をマークしなさい。
①　If some people are just lucky, other people's lives will be a little disappointing.
②　When we are good friends, we can make our own luck.
③　Successful people actually develop good habits, so they have good friends and they aren't bored.
④　To develop good habits, it is better for you to try difficult things later.

問８　本文の内容について，⑴，⑵の質問に対する答えとして最も適切なものを①～④からそれぞれ１つずつ選び，その番号をマークしなさい。

⑴　What is NOT true about lucky people？
①　Many of them know what is very important to get good things in life.
②　Many of them are born with good habits.
③　Some of them sometimes have good habits of saving money.
④　Some of them make efforts to get up early each day.

⑵　What should you do to have more success in your life？
①　We should teach ourselves good habits when we are older.
②　Each of us should always have an attitude of "I want it now！"
③　We should think developing good habits is like an adventure.
④　Each of us should stay up late and make a plan for the next day.

3 次の太郎(Taro)に関する英文を読んで，以下の問題に答えなさい。

Taro was a young boy in elementary school. He was in Grade 5 and he loved soccer. He played on a local team and he was one of the top players. His team only practiced on Saturdays and Sundays but Taro got up early every morning to practice his kicking skills and to run around the park. Because he exercised every day he was a fast runner and he didn't get tired easily in the games like the other players sometimes did.

When Taro's last year of elementary school came near, he began to notice that many of his friends and classmates started to get smartphones from their parents. Some of Taro's teammates were using smartphones to watch videos about soccer skills on the Internet and also videos of amazing plays by famous players. Some boys were even sharing videos of themselves practicing kicking skills with their friends.

Taro also wanted to have his own smartphone. He could watch soccer videos and also send videos of himself practicing to his friends with it. He asked his parents for a smartphone as a birthday present. Taro's mother said to him, "Smartphones may have good points but they also can have bad points." Taro's father said to him, "Taro, I know smartphones are very useful *in emergencies and also for checking information on the Internet. Of course I can understand your feeling." But he also said, "【 (1) 】 It is better to wait until later to get a smartphone and to stay *focused on soccer for this year."

Taro felt really sad about this because some of his friends were already enjoying smartphones so he said to his father, "Please, Dad, I promise to use the smartphone only for soccer. I will use it carefully." After hearing this, Taro's father agreed and promised to buy him a new smartphone.

The next day, Taro's father came home with a small *shiny box. Taro opened it, and it was a new smartphone. He was so happy that he almost cried with joy. He spent the next few days learning how to use it. He enjoyed making videos of himself practicing different kicking skills and he then sent those to his friends. He also watched many videos of his favorite players on the Internet and tried to copy their famous goals.

Taro liked to send and receive messages with his teammates about games and their daily life every night, too. He enjoyed sending messages to his friends and he was always interested in their answers. He often checked his phone to see *if a message was sent to him. At first he left his phone in the family living room but he started to carry it around with him everywhere he went.

After a few months, Taro started keeping the smartphone in his pocket. He needed to check his phone often because he was getting more and more messages every day. He also wanted regular *updates on all his favorite players so he kept checking social media sites to see comments about them.

After a while, Taro was spending about two hours a day looking at his smartphone. On many mornings, he didn't get up early, so he started to miss his morning exercise and he also had a small breakfast. Because he didn't practice so much, he became weaker, and some players on his team began to play much better than him.

Taro's feelings about soccer began to change. Instead of playing soccer and being a strong player, he began to think about soccer on social media. He became more interested in *chatting on the Internet and less interested in being outside and exercising.

Taro's father was sad. He thought, "Taro has become a different boy. Before he got a smartphone, he was active, he got up early and he exercised every day. After Taro got his smartphone,【 (2) 】and he spent a lot of time looking at his phone."

Taro's father told him that he was using his smartphone too much. He said, "The bad points about smartphones have started to *affect your life and you're losing your *ability to play soccer. I will make a new rule. You can only use your smartphone for 30 minutes a day at four in the afternoon, after coming home from school."

At first, Taro didn't like that rule but after he started following it, his life began to improve again. He started sleeping earlier, getting up earlier, practicing more and even had more time to study. He learned that a smartphone was useful but also dangerous, and that by setting a limit on how much he used it, he could enjoy his life more.

(注) *in emergencies 緊急時に　*focus on ～ ～に集中する　*shiny かがやく
*if ～ ～かどうか　*update 更新　*chat チャットする　*affect ～ ～に影響する
*ability 能力

問1 本文の内容について，(1)～(5)の質問に対する答えとして最も適切なものを①～④からそれぞれ1つずつ選び，その番号をマークしなさい。

(1) Which sentence is the best to put in【(1)】?

① Some children who used them too much began to have problems in their lives.
② Some children already started using two or more smartphones to get information.
③ Your mother and I spend a lot of time and money for our smartphones.
④ There are also many children using smartphones in Japan.

(2) Which sentence is the best to put in【(2)】?

① he became more powerful than before, so he looked happy to use it
② he sent many messages about soccer to his friends
③ he became more interested in playing soccer
④ he became weaker, he slept less, he didn't exercise

(3) What was Taro going to use his smartphone for at first?

① He was going to use it only for sending mail to his teammates.
② He was going to use it only for things about soccer.
③ He was going to use it only for an emergency.
④ He was going to use it only for his family.

(4) Why did Taro have to check his smartphone so often?

① To read many messages and check regular updates on all his favorite players.
② Because he was so happy that he wanted to use it.
③ Because his father told him to carry it and check it.
④ To send messages to all his favorite players and get many comments from them.

(5) What did Taro's father do to make Taro's life better?

① He took Taro's smartphone from Taro.
② He made a rule about how to use Taro's smartphone.
③ He told Taro to use his smartphone only before going to bed.
④ He taught Taro how dangerous smartphones are for children.

問2 本文の内容に合うものを①～⑧から3つ選び，その番号をマークしなさい。

① Most of Taro's teammates used smartphones to share videos about soccer.

② Taro's mother said smartphones had both good and bad points for children.

③ Taro told his father that he would use his smartphone only in his room at home.

④ Taro's father didn't want his son to use a smartphone, so he never bought one for him.

⑤ Taro enjoyed watching many soccer videos on the Internet and practiced hard how to kick a ball well.

⑥ There were no differences between Taro's life without a smartphone and his life with one.

⑦ Thanks to his smartphone, Taro was more and more interested in practicing soccer.

⑧ Taro learned it was important to be more careful and set a time limit when he used a smartphone.

4 次の各文の(　)に最も適する語(句)を①～④から１つ選び，その番号をマークしなさい。

(1) It finally stopped (　　　) when the bus came.

① rained　② to rain　③ to raining　④ raining

(2) I studied (　) the night to finish my English homework.

① for　② by　③ during　④ at

(3) Please tell me what (　　　　) his dog.

① does he have　② he calls

③ he gave food　④ he is keeping

(4) Your bag is light (　　) for me to carry.

① enough　② much　③ too　④ so

(5) I want to be a robot (　　　　) people working at the factories.

① design and help　② career to help

③ engineer and help　④ computer to help

5 次の各日本文の内容を表すように，(　)内の語(句)を並べかえたとき，空所 [1] ～ [12] に入る語(句)の番号をマークしなさい。ただし，不要な語が１語ずつあります。

(1) 授業中に何を言ったらいいのかわからない生徒たちもいるよ。

Some ______ ______ ______ [1] ______ [2] ______ class.

(① say　② to　③ know　④ in　⑤ what　⑥ don't　⑦ tell　⑧ students)

(2) あそこを歩いている猫は，前に飼っていた猫に似ているわね。

The cat ______ [3] ______ [4] ______ ______ ______ before.

(① looks　② had　③ walking　④ like　⑤ keep　⑥ there　⑦ we　⑧ the cat)

(3) 君が彼に怒るのももっともだ。

It ______ ______ ______ [5] ______ ______ [6] at him.

(① you　② make　③ for　④ angry　⑤ to　⑥ is　⑦ get　⑧ right)

(4) 僕は毎日，朝食にバター付きのパンを２切れ食べているよ。

I ______ ______ [7] ______ [8] ______ ______ breakfast every day.

(① pieces　② of　③ for　④ and butter　⑤ bread　⑥ two　⑦ cut　⑧ have)

(5) ニューヨークは世界で最も大きな都市の１つだ。

New York ______ [9] ______ ______ [10] ______ ______ the world.

（① of　② in　③ most　④ biggest　⑤ one　⑥ cities　⑦ is　⑧ the）

(6) 帰宅途中に青いシャツを着た女の子を見た？

Did you see a ______ [11] ______ ______ ______ [12] ______ home？

（① a blue　② girl　③ in　④ your　⑤ way　⑥ on　⑦ wear　⑧ shirt）

6 次の各文について，下線を引いた部分に誤りのある箇所をそれぞれ①～④から１つずつ選び，その番号をマークしなさい。ただし，誤りのある箇所がない場合は，⑤をマークしなさい。

(1) ①The movie I watched yesterday ②was not so excited, ③so I stopped watching it ④and read a comic book. ⑤誤りなし

(2) ①This is the personal computer ②which is made ③by a company in the United States ④in 1974. ⑤誤りなし

(3) ①My grandfather wanted to ②eat some sweet fruits ③from foreign countries such as ④bananas and pineapples. ⑤誤りなし

(4) ①The difficult problem ②is coming to an end. ③How do you think ④about that？ ⑤誤りなし

(5) ①I think the book written by Mr. Smith is ②the most interesting book ③I've never read. ④You should read it, too. ⑤誤りなし

(6) ①He enjoyed ②not only swimming in the sea ③but also climbing mountains ④in Okinawa. ⑤誤りなし

【数　学】（50分）〈満点：100点〉

（注意）１．問題文中の $\boxed{\text{アイ}}$，$\boxed{\text{ウ}}$ などの $\boxed{}$ には，特に指示がないかぎり，数値が入ります。これらを次の方法で解答用紙の指定欄に解答しなさい。

⑴　ア，イ，ウ，…の一つ一つは，それぞれ0から9までの数字のいずれか一つに対応します。それらを，ア，イ，ウ，…で示された解答欄にマークしなさい。

⑵　分数形で解答が求められているときは，既約分数で答えなさい。例えば，$\dfrac{\boxed{\text{ウエ}}}{\boxed{\text{オ}}}$ に $\dfrac{25}{3}$ と答えるところを $\dfrac{50}{6}$ と答えてはいけません。

⑶　比の形で解答が求められているときは，最も簡単な自然数の比で答えなさい。例えば，2：3と答えるところを4：6と答えてはいけません。

⑷　根号を含む形で解答が求められているときは，根号の中に現れる自然数が最小となる形で答えなさい。例えば，$\boxed{\text{カ}}\sqrt{\boxed{\text{キ}}}$ に $4\sqrt{2}$ と答えるところを $2\sqrt{8}$ と答えてはいけません。

２．定規，コンパス，電卓の使用は認めていません。

1　次の問いに答えなさい。

⑴　$\sqrt{14}(\sqrt{28}+4)(\sqrt{14}-\sqrt{8})$ を計算すると，$\boxed{\text{アイ}}\sqrt{\boxed{\text{ウ}}}$ である。

⑵　$a>0$ とする。２次方程式 $x^2-ax+4a=0$ の解が $x=\dfrac{a\pm\sqrt{57}}{2}$ になるとき，$a=\boxed{\text{アイ}}$ である。

⑶　$a=\dfrac{5}{2}$，$b=-\dfrac{1}{9}$ のとき，$ab-\dfrac{2}{3}a-3b+2$ の値は，$\dfrac{\boxed{\text{ア}}}{\boxed{\text{イウ}}}$ である。

⑷　関数 $y=\dfrac{3}{4}x^2$ について，x の値が t から $t+6$ まで増加するときの y の増加量は42である。

このとき，$t=\dfrac{\boxed{\text{ア}}}{\boxed{\text{イ}}}$ である。

⑸　n を自然数とする。$\sqrt{\dfrac{216}{n}}$ と $\sqrt{60-n}$ がどちらも整数となるとき，$n=\boxed{\text{アイ}}$ である。

⑹　右図のように，△ABCの辺AB上に，２点D，Eを，AD＝DE＝EBとなるようにとり，点D，Eを通り，辺BCと平行な直線と辺ACとの交点をそれぞれF，Gとする。

四角形DEGFの面積が36cm²のとき，四角形EBCGの面積は，$\boxed{\text{アイ}}$ cm²である。

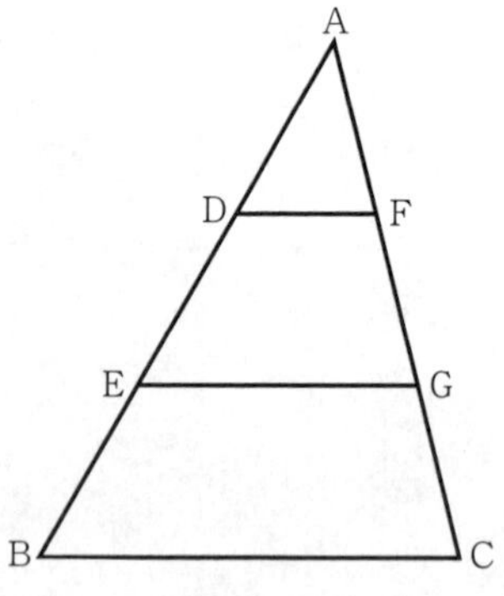

2　次の問いに答えなさい。

⑴　ある水族館の入館料は，大人１人600円，子ども１人400円である。

４月10日の入館者数は，大人は前日より１割増加，子どもは前日より２割減少し，全体では20人減少した。また，４月９日の入館料の合計は40万円であった。

①　４月９日の大人の入館者数を x 人，子どもの入館者数を y 人として，４月10日の入館者数の増減について方程式をつくると，$\dfrac{\boxed{\text{ア}}}{\boxed{\text{イウ}}}x-\dfrac{\boxed{\text{エ}}}{\boxed{\text{オ}}}y=-20$ となる。

②　４月９日の入館者数の合計は，$\boxed{\text{カキク}}$ 人である。

(2) 袋A，Bがある。右図のように，袋Aの中には1から5までの数字が1つずつ書かれた5枚のカードが入っており，袋Bの中には0から6までの数字が1つずつ書かれた7枚のカードが入っている。

袋A，Bの中からカードを1枚ずつ取り出し，袋Aの中から取り出したカードに書かれた数を a，袋Bの中から取り出したカードに書かれた数を b とする。

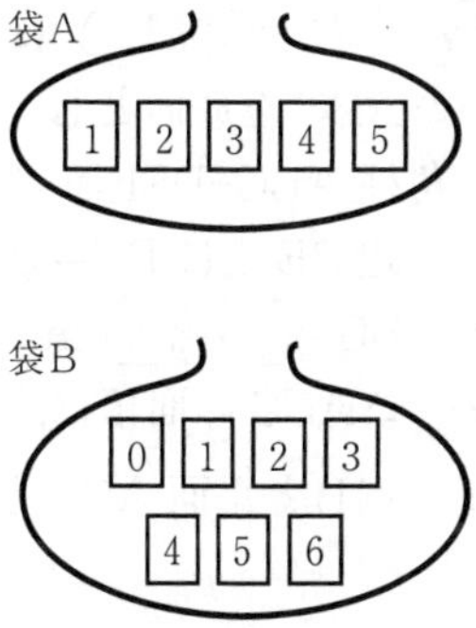

① $b-a$ の値が正の数になる確率は，$\dfrac{\boxed{ア}}{\boxed{イ}}$ である。

② $10a+b$ の値が素数になる確率は，$\dfrac{\boxed{ウ}}{\boxed{エ}}$ である。

3 右図のように，放物線 $y=\dfrac{1}{4}x^2$ と直線 $y=\dfrac{1}{2}x+12$ との交点を x 座標が小さい方からA，Bとする。

x 軸上の x 座標が正の部分に点C，y 軸上に点Dを，四角形ABCDが平行四辺形となるようにとる。

また，直線ABと y 軸との交点をEとする。

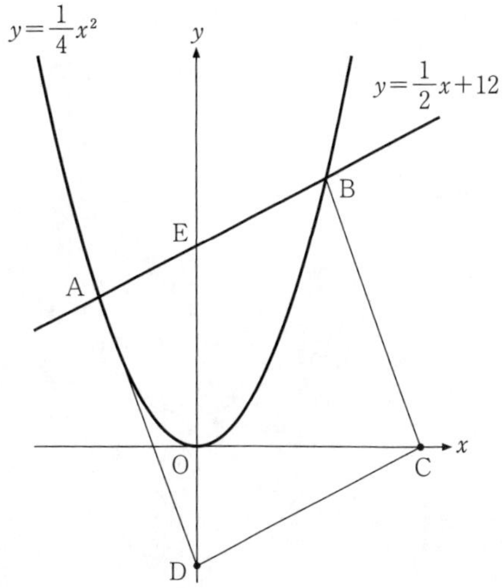

(1) 点Bの座標は，($\boxed{ア}$，$\boxed{イウ}$)である。

(2) 点Cの座標は($\boxed{エオ}$，0)，点Dの座標は(0，$-\boxed{カ}$)である。

(3) 点Eを通る直線が四角形ABCDの面積を2等分するとき，この直線の式は，$y=-\dfrac{\boxed{キク}}{\boxed{ケ}}x+\boxed{コサ}$ である。

4 右図のように，8 cmの線分ABを直径とする円Oの周上に，$\overset{\frown}{AC}=\overset{\frown}{CB}$ となるように点Cをとる。

また，点Cをふくまない $\overset{\frown}{AB}$ 上に，$\overset{\frown}{AD}:\overset{\frown}{DB}=1:2$ となるように点Dをとる。

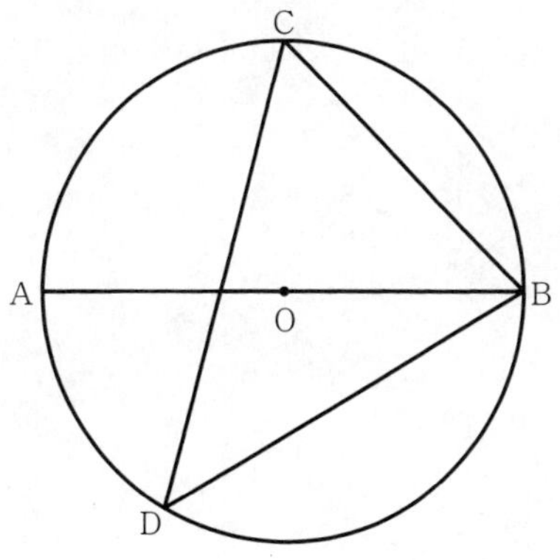

(1) $\angle BDC=\boxed{アイ}°$ である。

(2) $BD=\boxed{ウ}\sqrt{\boxed{エ}}$ cmである。

(3) △BCDの面積は，($\boxed{オカ}+\boxed{キ}\sqrt{\boxed{ク}}$) cm^2 である。

5 右図のように，AB＝12 cm，BC＝6 cm，$\angle ABC=90^\circ$ の $\triangle ABC$ を底面とし，AD＝18 cm で，すべての側面が長方形の三角柱 ABC－DEF がある。

辺 BE 上に DF＝DG となるように点 G をとる。

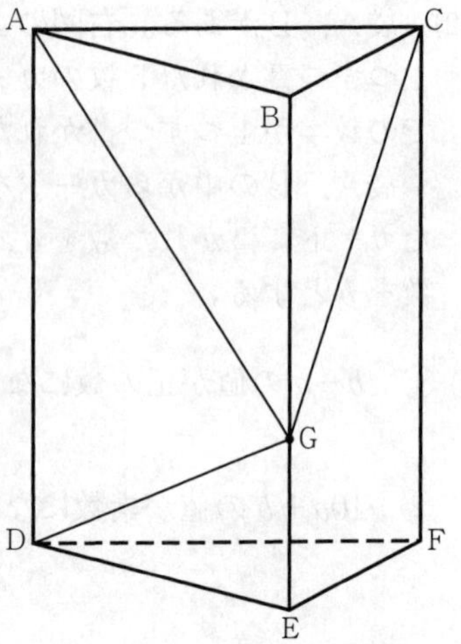

(1) BG＝$\boxed{アイ}$ cm である。

(2) $\triangle ACG$ の面積は，$\boxed{ウエ}\sqrt{\boxed{オ}}$ cm^2 である。

(3) 点 B と平面 ACG との距離は，$\boxed{カ}\sqrt{\boxed{キ}}$ cm である。

【社　会】（50分）〈満点：100点〉

1　次の文章を読み，あとの(1)～(4)の問いに答えなさい。

a千葉県では，「千葉県子どもの読書活動推進計画(第四次)」に基づいて，「読書県『ちば』」を目指しています。「b社会全体における子どもの読書への関心を高める取組の推進」，「読書環境の整備と連携体制の構築」という二つの基本方針を設定し，c子どもたちが，d読書に親しみながら成長していくための活動を進めています。

(1)　下線部aに関連して，次のⅠ～Ⅳの文は，それぞれ千葉県に関係するできごとについて述べたものである。Ⅰ～Ⅳを年代の**古いものから順に**並べたものとして最も適当なものを，あとのア～カのうちから一つ選び，マークしなさい。

Ⅰ　樺太・千島交換条約が結ばれた年に，日本で最初の牧羊場である下総牧羊場が設置された。
Ⅱ　ミッドウェー海戦が行われた年に，千葉県も空襲被害を受けた。
Ⅲ　江戸城が新政府に明けわたされた年に，旧幕府海軍副総裁の榎本武揚が館山湾に進軍した。
Ⅳ　日清戦争が起こった年に，市川駅と佐倉駅の間に千葉県内で最初の鉄道が開通した。

ア　Ⅰ→Ⅱ→Ⅲ→Ⅳ　　イ　Ⅰ→Ⅲ→Ⅱ→Ⅳ
ウ　Ⅱ→Ⅳ→Ⅰ→Ⅲ　　エ　Ⅲ→Ⅳ→Ⅰ→Ⅱ
オ　Ⅲ→Ⅰ→Ⅳ→Ⅱ　　カ　Ⅳ→Ⅲ→Ⅱ→Ⅰ

(2)　下線部bに関連して，次の文章は，ななみさんが，日本社会における行政機関についてまとめたレポートの一部である。文章中の［Ⅰ］～［Ⅲ］にあてはまる語の組み合わせとして最も適当なものを，あとのア～カのうちから一つ選び，マークしなさい。

> 国の行政機関には様々なものがあるが，私たちの生活でも身近な警察庁は，［Ⅰ］の管理の下に置かれている。気象だけでなく，地震や火山などの観測，情報提供を行う気象庁は，［Ⅱ］の管理の下に置かれている。また，原子力規制委員会は，［Ⅲ］の管理の下に置かれている。

ア　Ⅰ：国家公安委員会　Ⅱ：文部科学省　Ⅲ：環境省
イ　Ⅰ：国家公安委員会　Ⅱ：国土交通省　Ⅲ：経済産業省
ウ　Ⅰ：国家公安委員会　Ⅱ：国土交通省　Ⅲ：環境省
エ　Ⅰ：法務省　Ⅱ：文部科学省　Ⅲ：環境省
オ　Ⅰ：法務省　Ⅱ：文部科学省　Ⅲ：経済産業省
カ　Ⅰ：法務省　Ⅱ：国土交通省　Ⅲ：経済産業省

(3)　下線部cに関連して，次の文章は，人口構成の変化についてまとめたものの一部である。文章中の［Ⅰ］，［Ⅱ］にあてはまる年代とことばの組み合わせとして最も適当なものを，あとのア～エのうちから一つ選び，マークしなさい。

> 右のX，Yは，1960年と2015年のいずれかの人口ピラミッドを示したものであり，Xは［Ⅰ］の人口ピラミッドを示している。現代の日本は，少子高齢化にともない，家族の形も変容しており，近年では，［Ⅱ］。

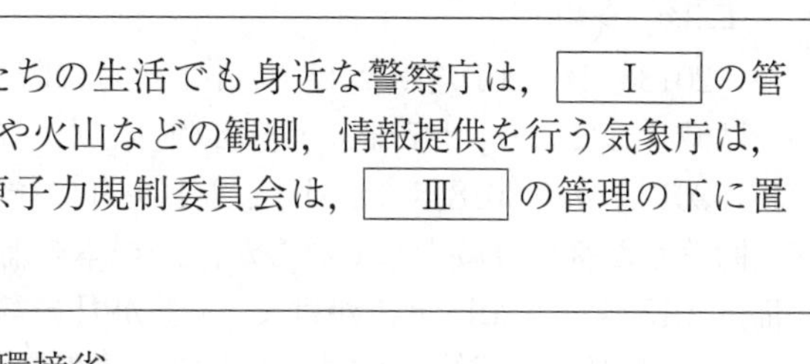

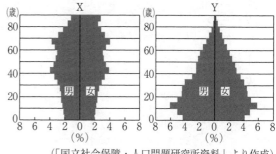

（「国立社会保障・人口問題研究所資料」より作成）

ア　Ⅰ：1960年　Ⅱ：単独世帯(一人世帯)の割合が減少し，三世代世帯の割合が増加している
イ　Ⅰ：1960年　Ⅱ：三世代世帯の割合が減少し，単独世帯(一人世帯)の割合が増加している
ウ　Ⅰ：2015年　Ⅱ：単独世帯(一人世帯)の割合が減少し，三世代世帯の割合が増加している
エ　Ⅰ：2015年　Ⅱ：三世代世帯の割合が減少し，単独世帯(一人世帯)の割合が増加している

(4)　下線部ｄに関連して，資料１，２は，読書についての調査結果である。あとのⅠ～Ⅵの文のうち，資料１，２について正しく述べているものはいくつあるか。最も適当なものを，下のア～カのうちから一つ選び，マークしなさい。

資料１　１か月に読む本の冊数

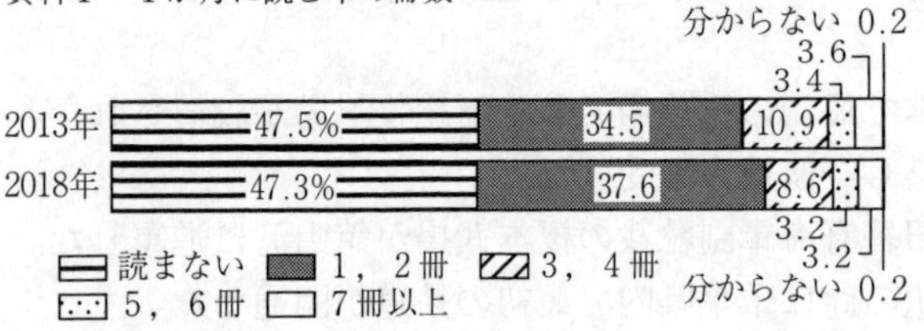

資料２　電子書籍を利用しているか

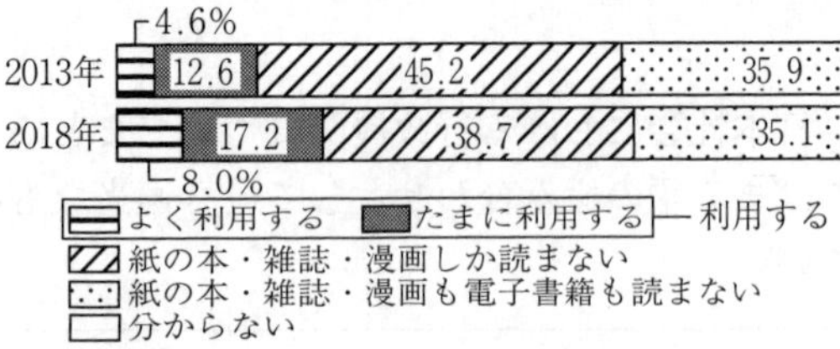

(資料１，２は文化庁
「平成30年度 国語に関する世論調査」より作成)

Ⅰ　2013年から2018年にかけて，「１か月に読む本の冊数」について，「読まない」と回答した割合は減少しており，「７冊以上」と回答した割合は増加している。

Ⅱ　2013年から2018年にかけて，「１か月に読む本の冊数」について，読む本の冊数が３冊以上と回答した割合は減少しているが，読む本の冊数が１冊以上と回答した割合は増加している。

Ⅲ　2013年から2018年にかけて，「１か月に読む本の冊数」について，割合が増加しているのは「１，２冊」と回答した割合のみで，その割合は，３％以上増加している。

Ⅳ　2013年から2018年にかけて，電子書籍を「よく利用する」「たまに利用する」と回答した割合は，それぞれ1.5倍以上に増加している。

Ⅴ　2013年から2018年にかけて，電子書籍を「利用する」と回答した割合は，10％以上増加しており，2018年には全体の４分の１以上を占めている。

Ⅵ　2013年，2018年ともに，「電子書籍を利用しているか」について，最も回答した割合が大きいのは，「紙の本・雑誌・漫画しか読まない」である。

ア　一つ
イ　二つ
ウ　三つ
エ　四つ
オ　五つ
カ　六つ

2　右の図を見て，あとの(1)～(4)の問いに答えなさい。

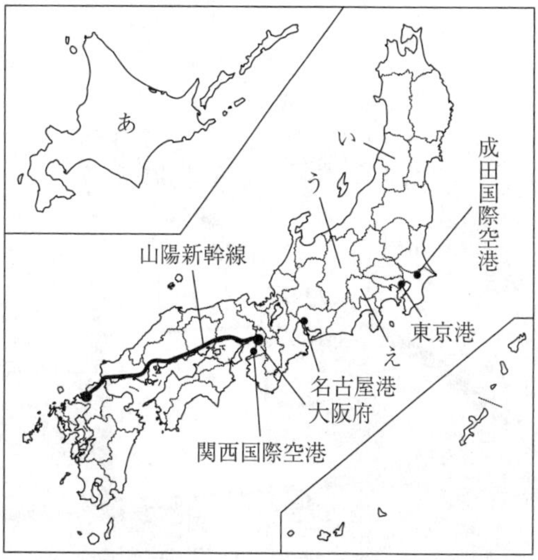

(1)　図中の山陽新幹線が通る府県について述べた文として最も適当なものを，次のア～エのうちから一つ選び，マークしなさい。

ア　山陽新幹線が通っている府県は，すべて東経135度の経線よりも西側に位置している。

イ　山陽新幹線は，日本を七地方に分けたうちの三つの地方だけを通っている。

ウ　山陽新幹線が通っている府県のうち，府県名と府県庁所在地名が異なる府県が二つだけある。

エ　山陽新幹線が通っている府県のうち，東海とよばれる地域に位置する府県が一つだけある。

(2)　次の表のⅠ～Ⅳは，図中の成田国際空港，東京港，名古屋港，関西国際空港のいずれかの港の主要輸出品目と輸出額及び輸出総額を示したものである。表のⅡ，Ⅳにあてはまる港の組み合わせとして最も適当なものを，あとのア～エのうちから一つ選び，マークしなさい。

Ⅰ		Ⅱ		Ⅲ		Ⅳ	
品目	百万円	品目	百万円	品目	百万円	品目	百万円
半導体等製造装置	851,453	集積回路	985,002	半導体等製造装置	389,201	自動車	3,235,289
科学光学機器	654,304	電気回路用品	338,799	自動車部品	379,228	自動車部品	2,052,644
金(非貨幣用)	600,674	科学光学機器	331,909	コンピュータ部品	315,962	内燃機関	528,059
電気回路用品	414,444	個別半導体	320,401	内燃機関	291,701	金属加工機械	474,655
集積回路	382,249	半導体等製造装置	249,660	プラスチック	245,106	電気計測機器	413,421
輸出総額	10,525,596	輸出総額	5,187,196	輸出総額	5,823,726	輸出総額	12,306,759

（「日本国勢図会 2020/21」より作成）

ア　Ⅱ：成田国際空港　Ⅳ：東京港
イ　Ⅱ：成田国際空港　Ⅳ：名古屋港
ウ　Ⅱ：関西国際空港　Ⅳ：東京港
エ　Ⅱ：関西国際空港　Ⅳ：名古屋港

(3)　図中の あ～え は，2018年における，ぶどう，さくらんぼ(おうとう)，たまねぎ，レタスのいずれかの農産物の生産量が全国１位の道県を示している。次のア～エの文は，あ～え のいずれかの道県について述べたものである。2018年におけるさくらんぼ(おうとう)の生産量が全国１位の道県について述べた文として最も適当なものを，次のア～エのうちから一つ選び，マークしなさい。

ア　天童将棋駒などの伝統的工芸品がつくられている。
イ　日本で最も長い河川である信濃川(千曲川)が流れている。
ウ　世界自然遺産に登録されている知床が位置している。
エ　世界文化遺産に登録されている富士山が隣県との県境に位置している。

(4)　次の地形図は，上の図に示した大阪府のある地域を示したものである。これを見て，あとの①，②の問いに答えなさい。

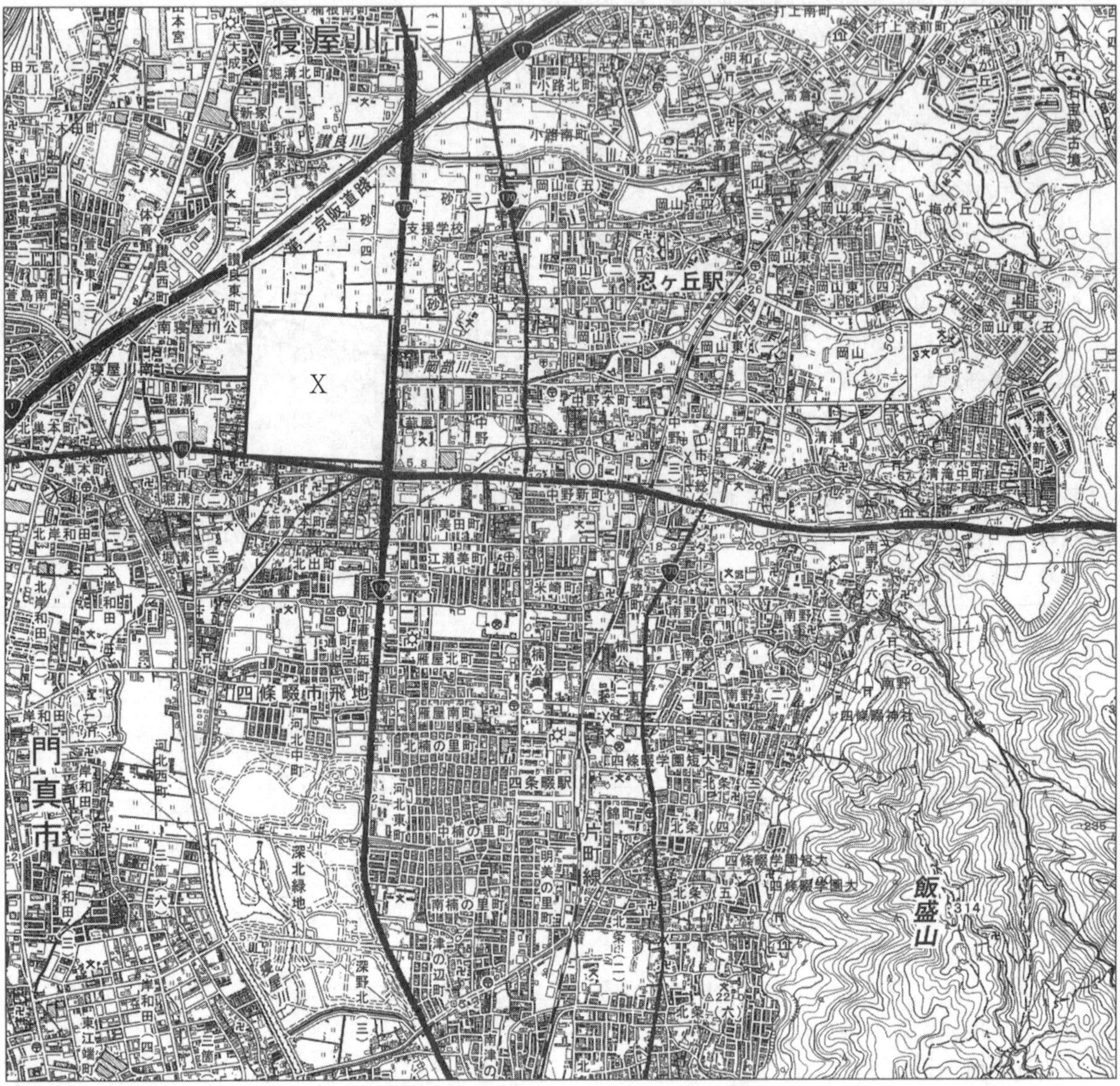

めもり 0　　5 cm

（国土地理院　平成29年発行１：25,000「生駒山」より作成）

① 地形図中にXで示した地域の実際の面積として最も適当なものを，次のア～エのうちから一つ選び，マークしなさい。

ア　0.25km^2　　イ　2.5km^2　　ウ　25km^2　　エ　5km^2

② 次のⅠ～Ⅳの文のうち，上の地形図を正しく読み取ったことがらはいくつあるか。最も適当なものを，あとのア～エのうちから一つ選び，マークしなさい。

Ⅰ　忍ヶ丘駅から見て市役所は，南東の方角に位置している。

Ⅱ　飯盛山の西側の斜面には，針葉樹林と広葉樹林が見られる。

Ⅲ　忍ヶ丘駅を中心とした半径500mの範囲内に警察署と郵便局がある。

Ⅳ　飯盛山の山頂と忍ヶ丘駅との標高差は，200m以上である。

ア　一つ　　イ　二つ

ウ　三つ　　エ　四つ

3 次の図1を見て，あとの(1)～(4)の問いに答えなさい。

図1

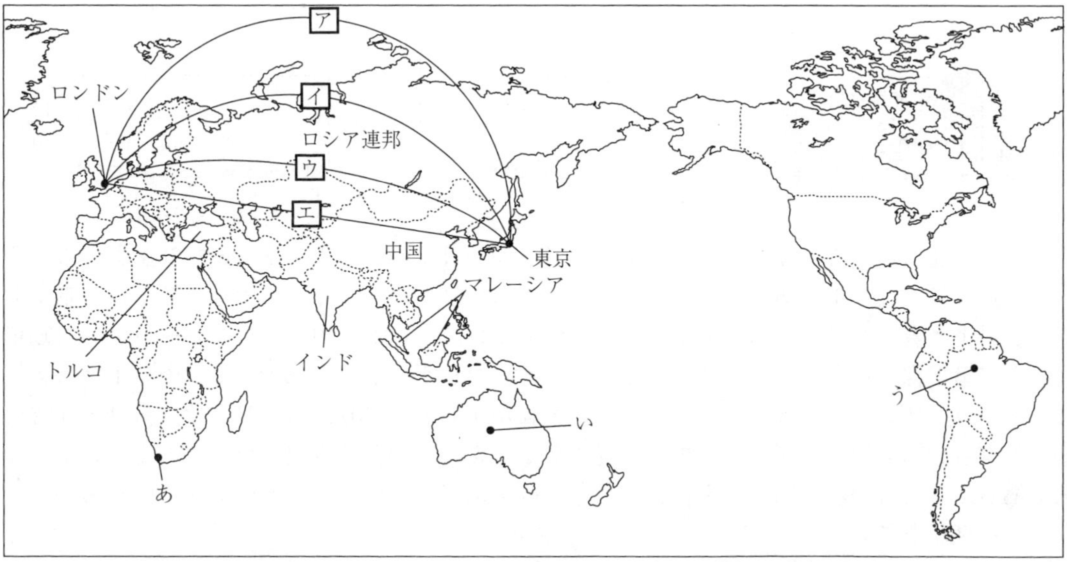

(1) 東京とロンドンとの最短ルートを示したものとして最も適当なものを，中心(東京)からの距離と方位を正しく示した図2を参考に，図1中のア～エのうちから一つ選び，マークしなさい。

図2

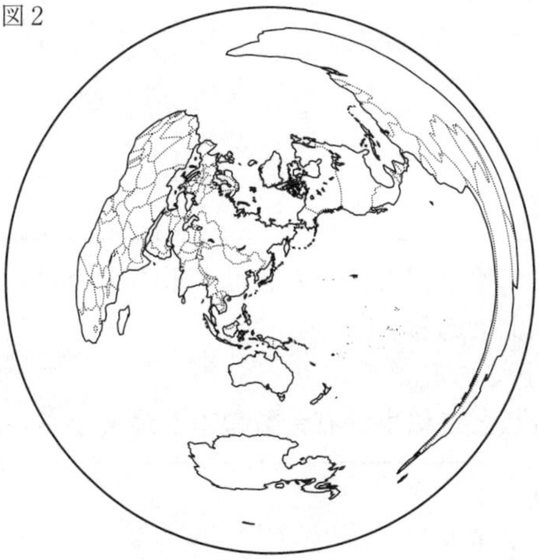

(2) 次の文章は，図1中のロシア連邦について述べたものである。[Ⅰ]，[Ⅱ]にあてはまる語の組み合わせとして最も適当なものを，あとのア～エのうちから一つ選び，マークしなさい。

> ロシア連邦は，[Ⅰ]をはさんで，ヨーロッパ州とアジア州の二つの州にまたがる，世界一面積が大きい国である。ロシア連邦では，原油や天然ガスの産出量が多く，これらの多くは，[Ⅱ]を通して，ヨーロッパの国々に輸出されている。

ア　Ⅰ：ウラル山脈　Ⅱ：パイプライン　　イ　Ⅰ：ピレネー山脈　Ⅱ：パイプライン

ウ　Ⅰ：ウラル山脈　Ⅱ：コンビナート　　エ　Ⅰ：ピレネー山脈　Ⅱ：コンビナート

(3) 次のⅠ～Ⅲのグラフは，図1中の あ～う のいずれかの都市における月平均気温と月降水量の変化の様子を示したものである。Ⅰ～Ⅲのグラフにあてはまる都市の組み合わせとして最も適当なものを，あとのア～カのうちから一つ選び，マークしなさい。

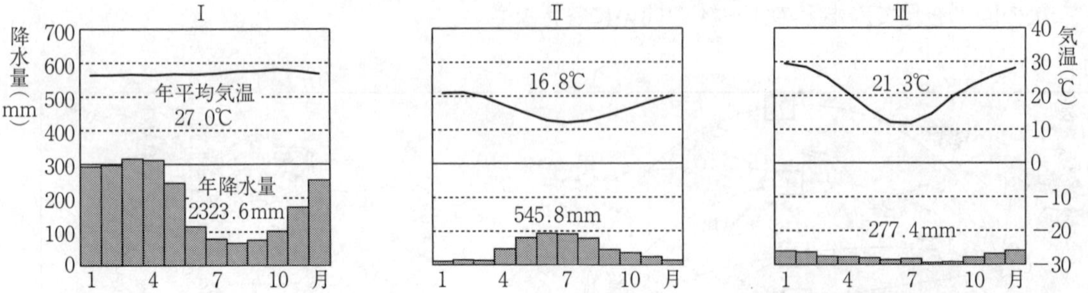

（「理科年表 2020」より作成）

ア　Ⅰ：あ　Ⅱ：い　Ⅲ：う　　イ　Ⅰ：あ　Ⅱ：う　Ⅲ：い　　ウ　Ⅰ：い　Ⅱ：あ　Ⅲ：う
エ　Ⅰ：い　Ⅱ：う　Ⅲ：あ　　オ　Ⅰ：う　Ⅱ：あ　Ⅲ：い　　カ　Ⅰ：う　Ⅱ：い　Ⅲ：あ

(4)　次の資料１と資料２は，えみさんが，図１中のトルコ，インド，中国及びマレーシアの自動車保有台数と二輪車保有台数について調べたことをまとめたレポートの一部である。資料１中のＡ～Ｄには，トルコ，インド，中国，マレーシアのいずれかがあてはまり，Ｅ，Ｆには，自動車保有台数，二輪車保有台数のいずれかがあてはまる。資料２は，資料１から読み取ったことをまとめたものの一部である。ＢとＤが示す国の組み合わせとして最も適当なものを，あとのア～エのうちから一つ選び，マークしなさい。

資料１　４か国の自動車保有台数と二輪車保有台数（2017年，千台）

	E	F
A	115,478	46,520
B	2,723	17,278
C	74,255	209,067
D	11,735	14,375

（「世界国勢図会 2019/20」より作成）

資料２　資料１から読み取ったことをまとめたものの一部

・トルコは資料１中の４か国のうち，自動車保有台数と二輪車保有台数の合計が最も少ない。
・インドの二輪車保有台数は，自動車保有台数の２倍以上である。
・中国の自動車保有台数は，二輪車保有台数の2.5倍以上である。
・マレーシアは資料１中の４か国のうち，自動車保有台数と二輪車保有台数の差が最も小さい。

ア　Ｂ：トルコ　Ｄ：マレーシア　　イ　Ｂ：トルコ　Ｄ：インド
ウ　Ｂ：中国　　Ｄ：マレーシア　　エ　Ｂ：中国　　Ｄ：インド

４　次のＡ～Ｄのカードは，社会科の授業で，こうすけさんが「日本の歴史的文化財」について調べ，その内容をまとめたものである。これらを読み，あとの(1)～(4)の問いに答えなさい。

Ａ　大仙（大山）古墳
a 大仙古墳は，全長が486ｍもある世界最大級の墓で，「百舌鳥・古市古墳群」として世界文化遺産にも登録されている。

Ｂ　玉虫厨子
b 飛鳥時代に作られた玉虫厨子は，推古天皇の愛用品で，仏像を安置するための厨子をタマムシの羽で装飾したことから，その名がついたと言われる。

C　螺鈿紫檀五絃琵琶

東大寺の正倉院には，シルクロードを通ってインドや西アジアから c 唐に伝わり，さらにその後，遣唐使によって持ち帰られて日本に来たものが含まれている。

D　源氏物語絵巻

d 平安時代には，中国の文化をふまえながらも，日本人の生活や好みにあった国風文化が栄え，日本独自の絵画である大和絵が描かれた。

(1)　Aのカード中の下線部aに関連して，次のⅠ，Ⅱの文は，古墳時代に関連することがらについて述べたものである。Ⅰ，Ⅱの文の正誤の組み合わせとして最も適当なものを，あとのア～エのうちから一つ選び，マークしなさい。

Ⅰ　稲荷山古墳から出土した鉄剣と江田船山古墳から出土した鉄刀には，ともに「ワカタケル大王」の名が刻まれている。

Ⅱ　古墳時代に日本列島に移り住んだ渡来人によって，銅鐸や銅鏡などの青銅器や鉄器などが初めて日本に伝えられた。

ア　Ⅰ：正　Ⅱ：正
イ　Ⅰ：正　Ⅱ：誤
ウ　Ⅰ：誤　Ⅱ：正
エ　Ⅰ：誤　Ⅱ：誤

(2)　Bのカード中の下線部bに関連して，飛鳥時代に起こったできごとについて述べた次の文章中の［Ⅰ］～［Ⅲ］にあてはまる語や言葉の組み合わせとして最も適当なものを，あとのア～カのうちから一つ選び，マークしなさい。

中大兄皇子は［　Ⅰ　］の後，大宰府を守るために水城や［　Ⅱ　］を築いた。中大兄皇子は，その後即位して天智天皇となり，日本で初めて［　Ⅲ　］。

ア　Ⅰ：壬申の乱　Ⅱ：大野城　Ⅲ：全国の戸籍をつくった
イ　Ⅰ：壬申の乱　Ⅱ：多賀城　Ⅲ：全国の戸籍をつくった
ウ　Ⅰ：白村江の戦い　Ⅱ：大野城　Ⅲ：全国の戸籍をつくった
エ　Ⅰ：白村江の戦い　Ⅱ：多賀城　Ⅲ：年号を定めた
オ　Ⅰ：壬申の乱　Ⅱ：大野城　Ⅲ：年号を定めた
カ　Ⅰ：壬申の乱　Ⅱ：多賀城　Ⅲ：年号を定めた

(3)　Cのカード中の下線部cに関連して，次のⅠ～Ⅳの文のうち，文中の下線部「中国」が唐を示しているものはいくつあるか。最も適当なものを，あとのア～エのうちから一つ選び，マークしなさい。

Ⅰ　中国から帰国した空海は真言宗を伝え，高野山に金剛峯寺を建てた。
Ⅱ　中国から鑑真が来日し，唐招提寺を建て，戒律を伝えた。
Ⅲ　中国の都の長安にならって，奈良に平城京がつくられた。
Ⅳ　菅原道真は，中国への使節の派遣を停止することを進言した。

ア　一つ　　イ　二つ　　ウ　三つ　　エ　四つ

(4)　Dのカード中の下線部dに関連して，次ページの表は，平安時代の上級官人とそのうちの藤原氏の人数を示したものである。表について述べた次の文章中の［Ⅰ］，［Ⅱ］にあてはまる語と割合の組み合わせとして最も適当なものを，あとのア～エのうちから一つ選び，マークしなさい。

「この世をば　我が世とぞ思う　望月の　かけたることも　無しと思えば」という和歌を詠んだ［　Ⅰ　］が摂政であったころ，上級官人に占める藤原氏の割合は［　Ⅱ　］であった。このころ，摂関政治が最も栄えていたことがうかがえる。

年代	摂政または関白	上級官人の人数	
			うち藤原氏
858	良房	14人	5人
866	良房	15人	6人
887	基経	16人	7人
969	実頼	18人	11人
1016	道長	23人	18人
1065	頼通	25人	18人
1072	教通	25人	17人
1106	忠実	26人	12人

ア　Ⅰ：藤原道長　Ⅱ：約78％
イ　Ⅰ：藤原道長　Ⅱ：約72％
ウ　Ⅰ：藤原頼通　Ⅱ：約78％
エ　Ⅰ：藤原頼通　Ⅱ：約72％

５　次の略年表は，社会科の授業で，「中世の歴史」，「近世の歴史」について，二つの班が調べ，まとめたものの一部である。これらを見て，あとの(1)～(5)の問いに答えなさい。

1班：中世の歴史

年代	主なできごと
1086	白河上皇が院政を始める
1192	源頼朝が征夷大将軍となる
1221	承久の乱が起こる
	↕A
1333	鎌倉幕府がほろびる
1338	足利尊氏が征夷大将軍となる………B

2班：近世の歴史

年代	主なできごと
1603	徳川家康が征夷大将軍となる………C
1742	公事方御定書が制定される
1774	「解体新書」が出版される…………D
1792	ロシアのラクスマンが来航する
1837	大塩平八郎の乱が起こる
1854	日米和親条約が結ばれる

(1)　次の資料は，略年表中のAの時期に出されたものである。この資料について述べたあとの文章中の［Ⅰ］，［Ⅱ］にあてはまる語の組み合わせとして最も適当なものを，下のア～エのうちから一つ選び，マークしなさい。

一　諸国の守護の職務は，京都の御所の警備と謀反や殺人などの犯罪人の取り締まりに限る。
一　20年以上継続してその土地を支配していれば，その者に所有を認める。

上の資料は，［　Ⅰ　］が出した［　Ⅱ　］を示している。［　Ⅱ　］は，御家人の権利や義務などをまとめたものである。

ア　Ⅰ：北条時宗　Ⅱ：御成敗式目　　イ　Ⅰ：北条時宗　Ⅱ：徳政令
ウ　Ⅰ：北条泰時　Ⅱ：御成敗式目　　エ　Ⅰ：北条泰時　Ⅱ：徳政令

(2)　略年表中のBに関連して，足利尊氏は室町幕府を開いたが，次のⅠ，Ⅱの文は，室町時代のアイヌの人々と本州の人々との間のできごとについて述べたものである。Ⅰ，Ⅱの文の正誤の組み合わせとして最も適当なものを，あとのア～エのうちから一つ選び，マークしなさい。

Ⅰ　津軽の十三湊を中心に活動した安藤（安東）氏が，アイヌの人々との交易を行った。
Ⅱ　本州の和人は，蝦夷地の南部に館を築いて進出した。

ア　Ⅰ：正　Ⅱ：正　　イ　Ⅰ：正　Ⅱ：誤　　ウ　Ⅰ：誤　Ⅱ：正　　エ　Ⅰ：誤　Ⅱ：誤

(3)　略年表中のCに関連して，次のⅠ～Ⅳの文のうち，徳川家康が行ったことがらについて述べたものはいくつあるか。最も適当なものを，あとのア～エのうちから一つ選び，マークしなさい。

Ⅰ　日本の商船に，渡航を許可する朱印状を発行した。

Ⅱ　スペイン船やポルトガル船の来航を禁止した。

Ⅲ　日本人の出国と帰国を一切禁止した。

Ⅳ　島原・天草一揆を，大軍を送って鎮圧した。

ア　一つ　　イ　二つ　　ウ　三つ　　エ　四つ

(4)　略年表中のＤに関連して，次のⅠ，Ⅱの文は，蘭学について述べたものである。Ⅰ，Ⅱの文の正誤の組み合わせとして最も適当なものを，あとのア～エのうちから一つ選び，マークしなさい。

Ⅰ　徳川綱吉が洋書の輸入禁止をゆるめたことで，蘭学がさかんになった。

Ⅱ　蘭学は，尊王思想と結びつき，幕末の尊王攘夷運動に影響を与えた。

ア　Ⅰ：正　Ⅱ：正　　イ　Ⅰ：正　Ⅱ：誤

ウ　Ⅰ：誤　Ⅱ：正　　エ　Ⅰ：誤　Ⅱ：誤

(5)　１班の略年表と２班の略年表の間の1338年～1603年に起こったできごとを，次のⅠ～Ⅳのうちから**三つ**選び，年代の**古いものから順に**並べたものとして最も適当なものを，あとのア～カから一つ選び，マークしなさい。

Ⅰ　中山王の尚氏が琉球を統一し，琉球王国が成立した。

Ⅱ　豊臣秀吉が明の征服を計画し，朝鮮に出兵したものの，失敗に終わった。

Ⅲ　ポルトガル人を乗せた中国人の船が種子島に漂着し，鉄砲を伝えた。

Ⅳ　朝廷の監視などのため，京都に六波羅探題が設置された。

ア　Ⅰ→Ⅱ→Ⅲ　　イ　Ⅰ→Ⅲ→Ⅱ　　ウ　Ⅱ→Ⅲ→Ⅳ

エ　Ⅱ→Ⅳ→Ⅲ　　オ　Ⅲ→Ⅳ→Ⅰ　　カ　Ⅲ→Ⅰ→Ⅳ

6　次の略年表は，近現代の日本のできごとをまとめたものである。これを見て，あとの(1)～(5)の問いに答えなさい。

年代	主なできごと
1868	年号が a 明治に改まる
1876	b 日朝修好条規が結ばれる
1889	大日本帝国憲法が発布される
1914	c 第一次世界大戦が始まる
	↕ d
1945	e 日本がポツダム宣言を受け入れて降伏する

(1)　略年表中の下線部ａに関連して，明治時代以降の日本の近代美術について述べた，次の文章中の［Ⅰ］，［Ⅱ］にあてはまる語の組み合わせとして最も適当なものを，あとのア～エのうちから一つ選び，マークしなさい。

> アメリカ人のフェノロサは，［　Ⅰ　］とともに伝統的な日本美術の復興に努めた。一方で，フランスに留学した［　Ⅱ　］は，「湖畔」を描くなど，洋画を発展させた。

ア　Ⅰ：滝廉太郎　Ⅱ：黒田清輝　　イ　Ⅰ：滝廉太郎　Ⅱ：高村光雲

ウ　Ⅰ：岡倉天心　Ⅱ：黒田清輝　　エ　Ⅰ：岡倉天心　Ⅱ：高村光雲

(2)　略年表中の下線部ｂに関連して，次の資料は，日朝修好条規の一部を示したものである。あとのⅠ，Ⅱの文は，日朝修好条規について述べたものである。Ⅰ，Ⅱの文の正誤の組み合わせとして最も適当なものを，下のア～エのうちから一つ選び，マークしなさい。

資料　日朝修好条規の一部

> 第10条　日本国の人民が，朝鮮国の開港地に在留中に罪を犯し，朝鮮国の人民と交渉が必要な事件は，すべて日本国の領事が裁判を行う。

Ⅰ　日朝修好条規は，江華島事件をきっかけに結ばれた。

Ⅱ　日朝修好条規は，日本が一方的に領事裁判権をもつ内容を含んでいたが，日本が清と結んだ日清修好条規にも，日本が一方的に領事裁判権をもつ内容が含まれていた。

ア　Ⅰ：正　Ⅱ：正　　イ　Ⅰ：正　Ⅱ：誤

ウ　Ⅰ：誤　Ⅱ：正　　エ　Ⅰ：誤　Ⅱ：誤

(3)　略年表中の下線部ｃに関連して，次の文章は，第一次世界大戦について述べたものである。文章中の[Ⅰ]～[Ⅲ]にあてはまる符号，語，言葉の組み合わせとして最も適当なものを，あとのア～カのうちから一つ選び，マークしなさい。

> 1914年，右の図中の[Ⅰ]の半島でオーストリアの皇太子夫妻がセルビアの青年に暗殺される事件が起こると，オーストリアがセルビアに宣戦布告し，各国も参戦して，第一次世界大戦が始まった。日本は，イギリスと同盟を結んでいたことから，[Ⅱ]側で参戦した。第一次世界大戦後の日本では，[Ⅲ]。

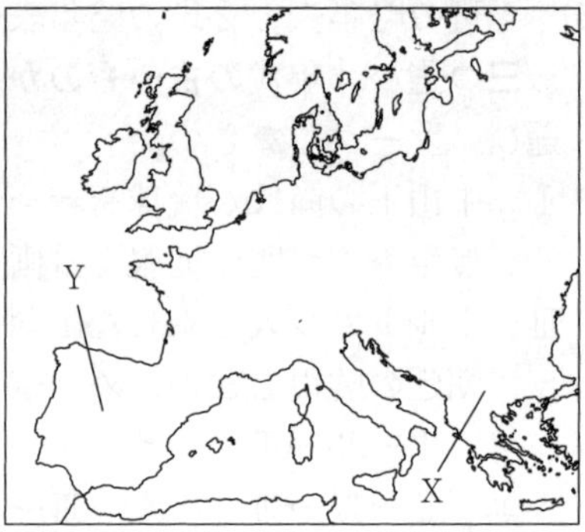

ア　Ⅰ：X　Ⅱ：連合国　Ⅲ：第一次護憲運動が起こった

イ　Ⅰ：Y　Ⅱ：同盟国　Ⅲ：第一次護憲運動が起こった

ウ　Ⅰ：Y　Ⅱ：連合国　Ⅲ：第一次護憲運動が起こった

エ　Ⅰ：Y　Ⅱ：同盟国　Ⅲ：普通選挙法が成立した

オ　Ⅰ：X　Ⅱ：連合国　Ⅲ：普通選挙法が成立した

カ　Ⅰ：X　Ⅱ：同盟国　Ⅲ：普通選挙法が成立した

(4)　次のⅠ～Ⅳの文のうち，略年表中のｄの時期に起こったできごとはいくつあるか。最も適当なものを，あとのア～エのうちから一つ選び，マークしなさい。

Ⅰ　陸軍の青年将校らが首相官邸や国会議事堂周辺を占拠する二・二六事件が起こった。

Ⅱ　東京や横浜を中心に大きな被害を出した，関東大震災が起こった。

Ⅲ　部落差別に苦しめられた人々が，差別からの解放を求めて全国水平社を結成した。

Ⅳ　米の値段が大幅に上がったことから，米の安売りを求める米騒動が起こった。

ア　一つ　　イ　二つ　　ウ　三つ　　エ　四つ

(5)　略年表中の下線部ｅに関連して，次のⅠ～Ⅲの文は，それぞれ日本がポツダム宣言を受諾した後のできごとについて述べたものである。Ⅰ～Ⅲを年代の**古いものから順に**並べたものとして最も適当なものを，あとのア～カのうちから一つ選び，マークしなさい。

Ⅰ　世界最大の石油の産地である中東で，第四次中東戦争が起こった。

Ⅱ　アジア・アフリカの代表がインドネシアのバンドンに集まり，アジア・アフリカ会議が行われた。

Ⅲ　中国共産党が民衆の支持を集め，毛沢東を主席とする中華人民共和国が成立した。

ア　Ⅰ→Ⅱ→Ⅲ　　イ　Ⅰ→Ⅲ→Ⅱ　　ウ　Ⅱ→Ⅰ→Ⅲ

エ　Ⅱ→Ⅲ→Ⅰ　　オ　Ⅲ→Ⅰ→Ⅱ　　カ　Ⅲ→Ⅱ→Ⅰ

7　次の文章を読み，あとの(1)～(3)の問いに答えなさい。

政府の仕事には，公共サービスの提供や社会資本の整備，a<u>社会保障</u>を通じた国内の経済格差の改善などがあります。また，政府は，b<u>景気の変動</u>に応じて，財政政策を行います。財政を支える主な資金は，国民から徴収するc<u>税金</u>などから成り立っています。

(1)　下線部aに関連して，次の文章は，社会保障制度について述べたものである。文章中の Ⅰ ～ Ⅳ にあてはまる語の組み合わせとして最も適当なものを，あとのア～クのうちから一つ選び，マークしなさい。

> 日本の社会保障制度には四つの柱があり，そのうち，上下水道の整備や廃棄物の処理，公害対策などは Ⅰ にあたる。四つの柱のうちの一つである社会保険には介護保険があるが，介護保険の費用は， Ⅱ の人が支払う介護保険料と税金でまかなわれている。また，社会保険に含まれる年金には，自営業者やその家族などを対象とする Ⅲ と，企業などに勤める人たちを対象とする Ⅳ とがある。

ア　Ⅰ：公衆衛生　Ⅱ：20歳以上　Ⅲ：国民年金　Ⅳ：厚生年金
イ　Ⅰ：公衆衛生　Ⅱ：20歳以上　Ⅲ：厚生年金　Ⅳ：国民年金
ウ　Ⅰ：公衆衛生　Ⅱ：40歳以上　Ⅲ：国民年金　Ⅳ：厚生年金
エ　Ⅰ：公衆衛生　Ⅱ：40歳以上　Ⅲ：厚生年金　Ⅳ：国民年金
オ　Ⅰ：公的扶助　Ⅱ：20歳以上　Ⅲ：国民年金　Ⅳ：厚生年金
カ　Ⅰ：公的扶助　Ⅱ：20歳以上　Ⅲ：厚生年金　Ⅳ：国民年金
キ　Ⅰ：公的扶助　Ⅱ：40歳以上　Ⅲ：国民年金　Ⅳ：厚生年金
ク　Ⅰ：公的扶助　Ⅱ：40歳以上　Ⅲ：厚生年金　Ⅳ　国民年金

(2)　下線部bに関連して，右の図は，景気が循環する様子を示したものである。次のⅠ～Ⅳは，景気を安定させるために行う財政政策や金融政策を示したものである。Aの時期に行われる財政政策と金融政策の組み合わせとして最も適当なものを，あとのア～エのうちから一つ選び，マークしなさい。

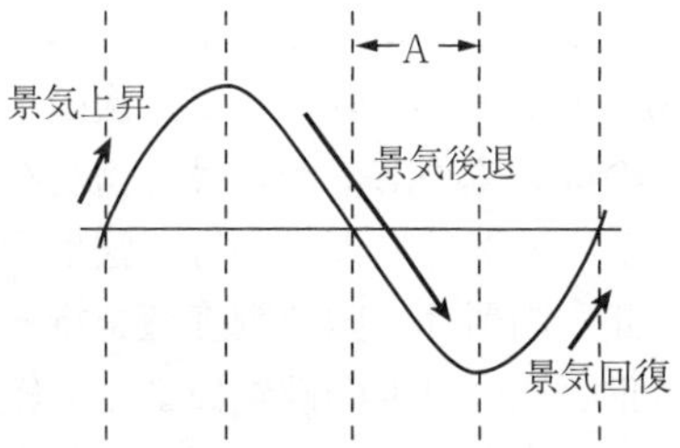

Ⅰ　公共事業を減らし，増税する。
Ⅱ　公共事業を増やし，減税する。
Ⅲ　一般の銀行に国債などを売り，市場の通貨量を減らす。
Ⅳ　一般の銀行から国債などを買い，市場の通貨量を増やす。

ア　財政政策：Ⅰ　金融政策：Ⅲ　　イ　財政政策：Ⅰ　金融政策：Ⅳ
ウ　財政政策：Ⅱ　金融政策：Ⅲ　　エ　財政政策：Ⅱ　金融政策：Ⅳ

(3)　下線部cに関連して，右の資料は，主な国の直接税と間接税の比率を示したものである。次のⅠ，Ⅱの文は，直接税について述べたものである。Ⅰ，Ⅱの文の正誤の組み合わせとして最も適当なものを，あとのア～エのうちから一つ選び，マークしなさい。

資料　主な国の直接税と間接税の比率

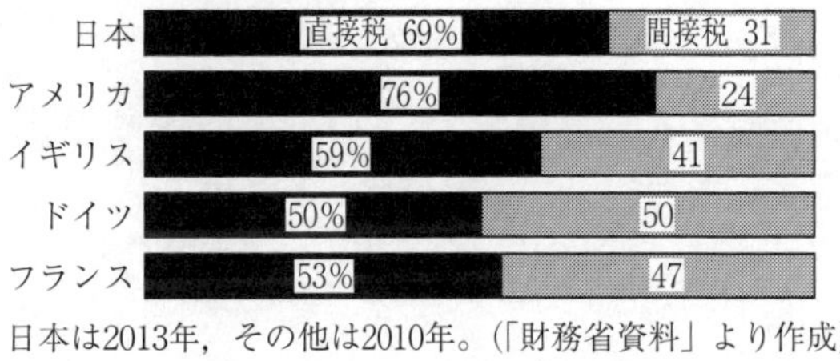

日本は2013年，その他は2010年。（「財務省資料」より作成）

Ⅰ　資料中の5か国のうち，直接税と間接税の割合の差が最も大きい国では，直接税が間接税の3倍以上ある。
Ⅱ　直接税は，税金を納める人と負担する人とが一致する税で，固定資産税や関税などが含まれる。

ア　Ⅰ：正　Ⅱ：正　　イ　Ⅰ：正　Ⅱ：誤　　ウ　Ⅰ：誤　Ⅱ：正　　エ　Ⅰ：誤　Ⅱ：誤

8　次の文章を読み，あとの(1)～(3)の問いに答えなさい。

地方議会はa地方公共団体のb住民の意思を，国会は国民の意思を代表する機関です。地方議会議員と地方公共団体の首長はともに，住民によって直接選挙されます。一方で，国会議員は国民によって直接選挙されますが，c内閣総理大臣は，国民に直接選挙されるわけではありません。

(1)　下線部aに関連して，次の文章は，地方公共団体の財政について述べたものである。文章中の Ⅰ ， Ⅱ にあてはまる語の組み合わせとして最も適当なものを，あとのア～エのうちから一つ選び，マークしなさい。

地方公共団体の財源には，自主財源と依存財源があり，自主財源の主なものには， Ⅰ がある。また，依存財源のうち Ⅱ は，地方公共団体間の財政格差を是正するために配分されるもので，自主財源が少ない地方公共団体ほど，配分が多い。

ア　Ⅰ：地方税　Ⅱ：国庫支出金　　イ　Ⅰ：地方税　Ⅱ：地方交付税交付金
ウ　Ⅰ：地方債　Ⅱ：国庫支出金　　エ　Ⅰ：地方債　Ⅱ：地方交付税交付金

(2)　下線部bに関連して，次のⅠ，Ⅱの文は，有権者数が30万人の，ある地方公共団体における住民の直接請求について述べたものである。Ⅰ，Ⅱの文の正誤の組み合わせとして最も適当なものを，あとのア～エのうちから一つ選び，マークしなさい。

Ⅰ　有権者のうち15万人の署名を集め，首長に議会の解散を請求した。その後，住民投票が行われ，有効投票数24万票のうち16万票が議会の解散に同意したので，議会が解散された。

Ⅱ　有権者のうち８万人の署名を集め，選挙管理委員会に首長の解職を請求した。その後，住民投票が行われ，有効投票数20万票のうち11万票が首長の解職に同意したので，首長が解職された。

ア　Ⅰ：正　Ⅱ：正　　イ　Ⅰ：正　Ⅱ：誤
ウ　Ⅰ：誤　Ⅱ：正　　エ　Ⅰ：誤　Ⅱ：誤

(3)　下線部cに関連して，次のⅠ～Ⅵの文のうち，内閣総理大臣や内閣について正しく述べているものはいくつあるか。最も適当なものを，あとのア～カのうちから一つ選び，マークしなさい。

Ⅰ　内閣は，天皇が行う国事行為に対して助言と承認を与え，その責任は内閣が負う。

Ⅱ　内閣は，国政調査権を持っており，国会運営について調査することができる。

Ⅲ　二つ以上の政党によって組織される内閣を連立政権(連立内閣)という。

Ⅳ　内閣は，内閣総理大臣と内閣総理大臣によって任命された国務大臣からなり，内閣総理大臣とすべての国務大臣は，国会議員の中から選ばれる。

Ⅴ　内閣は，法律案を作成して提出したり，議決された法律を実際に執行したりするが，法律を制定することはできない。

Ⅵ　衆議院で内閣不信任決議が可決された場合，内閣は30日以内に衆議院を解散するか，総辞職しなければならない。

ア　一つ　　イ　二つ　　ウ　三つ　　エ　四つ　　オ　五つ　　カ　六つ

【理　科】 (50分) 〈満点：100点〉

1　蒸散について調べるため，次の実験を行いました。これに関して，あとの(1)〜(4)の問いに答えなさい。

実験

①　葉の枚数や大きさがほぼ同じアジサイの枝を４本用意し，それぞれ次の処理Ａ～Ｄを行った。

処理Ａ：そのまま枝に何もしない

処理Ｂ：すべての葉の表側にワセリンをぬる

処理Ｃ：すべての葉の裏側にワセリンをぬる

処理Ｄ：すべての葉の表側と裏側にワセリンをぬる

②　図１のように，処理Ａ～Ｄを行ったアジサイの枝を同量の水を入れた別の目もりつき試験管にさしたあと，それぞれ少量の油をたらした。

図１

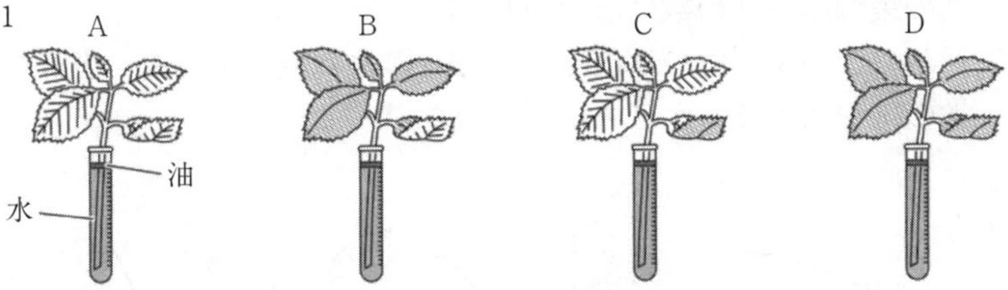

③　午前10時に，アジサイの枝をさした試験管を日の当たる風通しのよい場所に置き，２時間ごとにはじめからの水の減少量を調べた。

④　翌日，アジサイをイネにかえて①の処理Ａ～Ｄを行い，午前10時に，図２のような装置を日の当たる風通しのよい場所に置き，12時における水の減少量を調べた。

図２

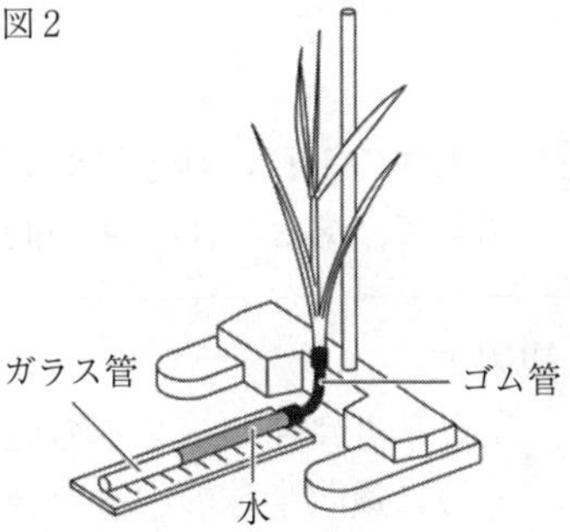

表１は，12時における処理Ａ～Ｄを行ったアジサイの枝とイネの水の減少量をそれぞれまとめたものである。ただし，処理Ｄを行ったアジサイの枝の水の減少量は，調べる前にこぼしてしまったため書かれていない。また，表２は，処理Ａを行ったアジサイの枝における12時，14時，16時のはじめからの水の減少量をまとめたものである。

表１

処理	A	B	C	D
アジサイの枝の水の減少量〔mL〕	4.0	2.8	1.6	
イネの水の減少量〔mL〕	3.4	2.2	2.2	1.0

表２

時刻〔時〕	12	14	16
処理Ａを行ったアジサイの枝の水の減少量〔mL〕	4.0	10.5	14.6

(1)　実験で，水面に油をたらした理由として最も適当なものを，次の①〜④のうちから一つ選びなさい。

① 水が水面から蒸発するのを防ぐため。
② 水中にほこりが入らないようにするため。
③ 水の温度が上昇しすぎないようにするため。
④ 蒸散のはたらきを活発にさせるため。

(2) 表1から，アジサイの葉の表側から出ていった水の量は，アジサイの茎から出ていった水の量の何倍か。[X] にあてはまる数字を一つ選びなさい。

[X] 倍

(3) 表1から，イネにおける葉の気孔の数について考えられることとして最も適当なものを，次の①～⑤のうちから一つ選びなさい。

① 葉の表側の気孔の数は葉の裏側の気孔の数のおよそ2倍。
② 葉の表側の気孔の数は葉の裏側の気孔の数のおよそ5倍。
③ 葉の裏側の気孔の数は葉の表側の気孔の数のおよそ2倍。
④ 葉の裏側の気孔の数は葉の表側の気孔の数のおよそ5倍。
⑤ 葉の表側の気孔の数と葉の裏側の気孔の数はほぼ同じ。

(4) 表2から，日の当たる風通しのよい場所での単位時間あたりの水の減少量の変化を表したグラフとして最も適当なものを，次の①～④のうちから一つ選びなさい。

①
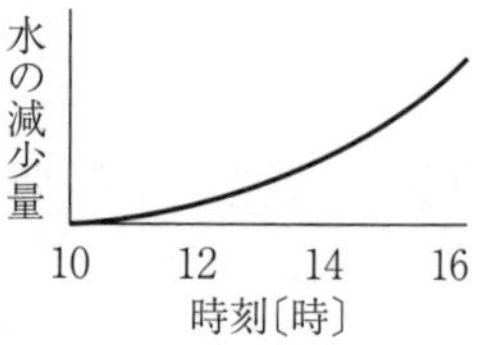

②
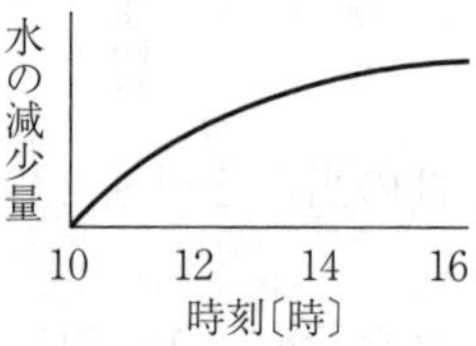

③
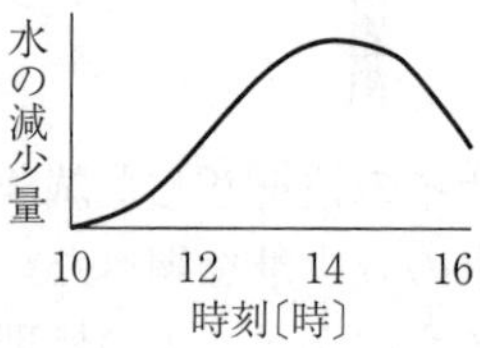

④
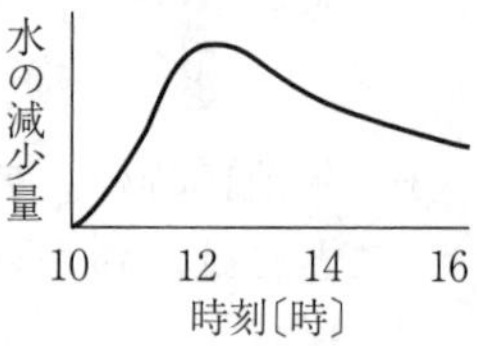

2 天体の1日の動きについて調べるため，日本のある地点で次の観測1，2を行いました。これに関して，あとの(1)～(4)の問いに答えなさい。

観測1

① 垂直に交わる2本の直線を厚紙に引き，一方の線が南北方向に合うようにしてから，交点Oに透明半球の中心を合わせて固定した。
② 太陽光のあたる水平な場所に透明半球を置き，サインペンの先端の影が交点Oと一致するところに，午前9時から1時間ごとに印をつけていった。

図1は，印をなめらかな線でつないだようすである。また，図2は，その線に紙テープを重ねて点だけをうつしとったものであり，紙テープの両端AとBは透明半球のふちと交差した点を示している。

図1
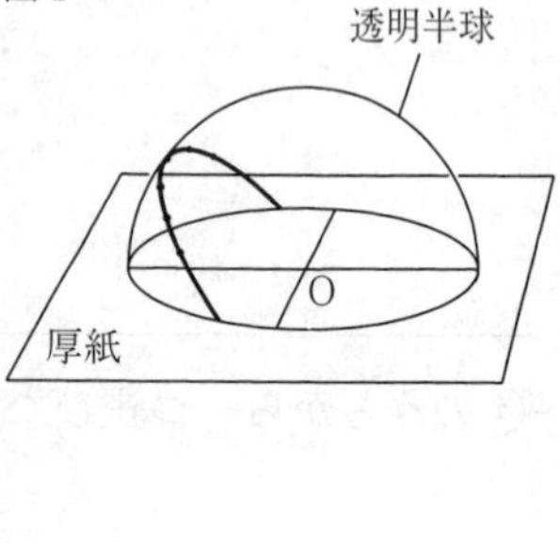

図2
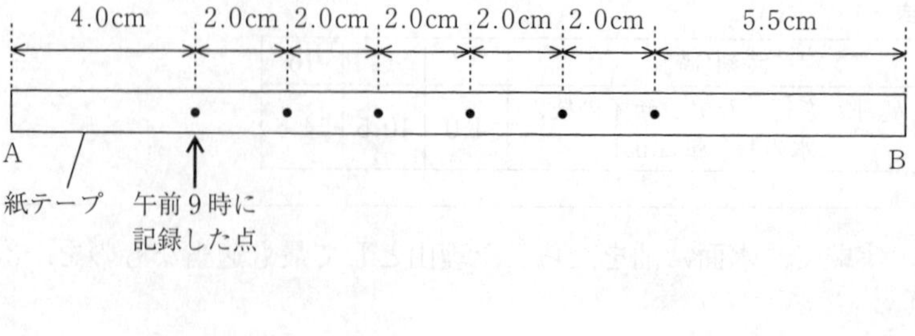

観測2

同じ日の午後6時から，北の夜空に向けてカメラを固定し，午後8時までの間シャッターを開放しておいたところ，図3のように，北極星だけはほとんど動かず，その周囲の星は弧を描くように動いていた。

図3

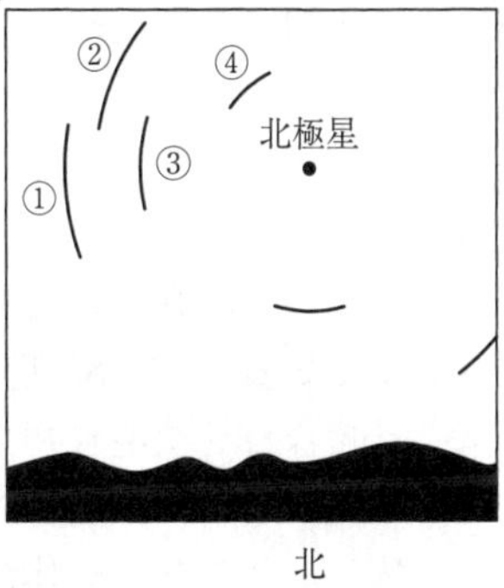

(1) 太陽や星座をつくる星について述べたものとして最も適当なものを，次の①～⑧のうちから一つ選びなさい。

① 自ら光を出している衛星であり，観測1，2で見られた見かけの動きを自転という。
② 自ら光を出している衛星であり，観測1，2で見られた見かけの動きを公転という。
③ 自ら光を出している衛星であり，観測1，2で見られた見かけの動きを日周運動という。
④ 自ら光を出している衛星であり，観測1，2で見られた見かけの動きを年周運動という。
⑤ 自ら光を出している恒星であり，観測1，2で見られた見かけの動きを自転という。
⑥ 自ら光を出している恒星であり，観測1，2で見られた見かけの動きを公転という。
⑦ 自ら光を出している恒星であり，観測1，2で見られた見かけの動きを日周運動という。
⑧ 自ら光を出している恒星であり，観測1，2で見られた見かけの動きを年周運動という。

(2) 春分の日に同じ場所で観測1と同様の観測を行ったときの透明半球上の線として最も適当なものを，次の①～⑤のうちから一つ選びなさい。ただし，破線は観測1を行ったときの透明半球上の線を示している。

①

②

③

④
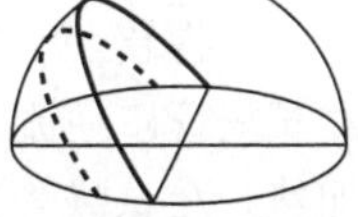
⑤

(3) 観測1から，この日の日没の時刻は午後何時何分か。X～Zにあてはまる数字を一つずつ選びなさい。

午後X時YZ分

(4) 観測2で，午後8時に最も高度が高かった星として適当なものを，図3の①～④のうちから一つ選びなさい。

3　酸化銅の還元について調べるため，次の実験を行いました。これに関して，あとの(1)～(4)の問いに答えなさい。

実験

①　A～Eの5つの班をつくり，班ごとに異なる質量の炭素の粉末と酸化銅6.00 gを混ぜ合わせた混合物を試験管に入れた。

②　図のように，混合物をガスバーナーで加熱したところ，気体が発生して石灰水が白くにごった。

③　気体が発生しなくなったら，石灰水からガラス管を取り出してからガスバーナーの火を消し，ピンチコックでゴム管を閉じた。

図

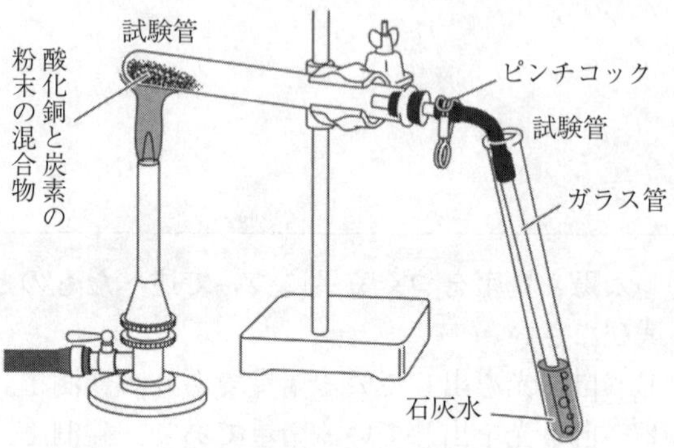

④　加熱した試験管が冷めてから，加熱した試験管に残った物質の質量を測定した。表は，その結果をまとめたものである。

表

班	A	B	C	D	E
酸化銅の質量〔g〕	6.00	6.00	6.00	6.00	6.00
炭素の粉末の質量〔g〕	0.15	0.30	0.45	0.60	0.75
加熱した試験管に残った物質の質量〔g〕	5.60	5.20	4.80	4.95	5.10

(1)　実験の③で，ピンチコックでゴム管を閉じた理由として最も適当なものを，次の①～④のうちから一つ選びなさい。

①　加熱した試験管の中の物質が空気中の窒素と反応しないようにするため。
②　加熱した試験管の中の物質が空気中の酸素と反応しないようにするため。
③　石灰水が加熱した試験管に逆流しないようにするため。
④　発生した気体が加熱した試験管に逆流しないようにするため。

(2)　次の化学反応式は，酸化銅と炭素の粉末の混合物を加熱したときの化学変化を表したものである。[W]：[X]：[Y]：[Z]にあてはまる数字を，最も簡単な整数比となるように一つずつ選びなさい。

[W]CuO＋[X]C→[Y]Cu＋[Z]CO_2

(3)　表から，酸化銅6.00 gに含まれている酸素の質量は何gか。[X]～[Z]にあてはまる数字を一つずつ選びなさい。

[X].[Y][Z]g

(4)　表から，Eの班が混合物を加熱したときに発生した気体の質量は何gか。[X]～[Z]にあてはまる数字を一つずつ選びなさい。

[X].[Y][Z]g

4 光の性質について調べるため，次の実験１，２を行いました。これに関して，あとの(1)～(4)の問いに答えなさい。

実験１

① 図１のように，半円形ガラスの平らな面の中心Oを，円を36等分した目もりつきの記録用紙の中心に合わせて置いた。

② 図２のように，光源装置からの光を点Oに当てたところ，光は空気とガラスの境界面で屈折して進んだ。

③ 図３のように，②の光の道すじ上に点A～Cを決め，それぞれの点にまち針を立てて矢印の向きからまち針を見たところ，点Bと点Cに立てたまち針が重なって見えた。

図１

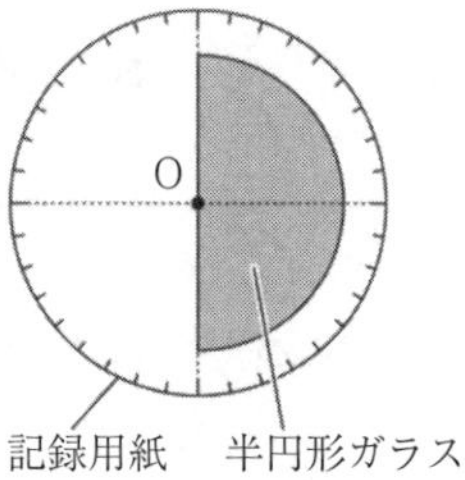

図２

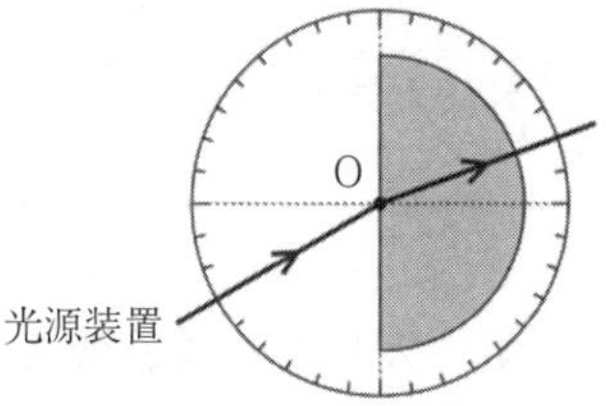

図３

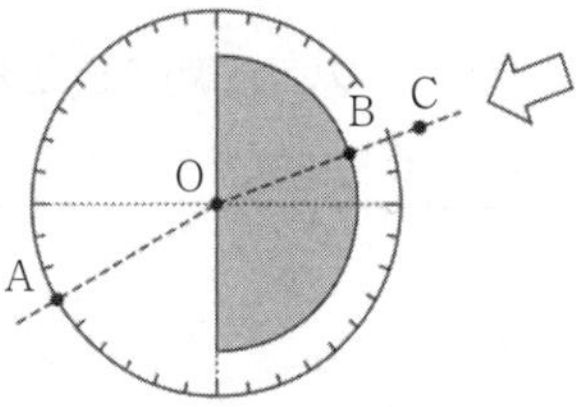

（図１～図３は真上から見た図である）

実験２

① 厚紙でつくった箱と凸レンズを用いて簡易カメラをつくった。

② 図４のように，凸レンズから 20cm の位置にコップを２つならべて置き，内箱を前後に動かすと，スクリーンが凸レンズから 20cm の位置になったとき，はっきりした像がスクリーンにうつった。

③ 凸レンズからコップまでの距離を 20cm より大きくしたあと，はっきりした像がスクリーンにうつるように内箱を動かした。

図４

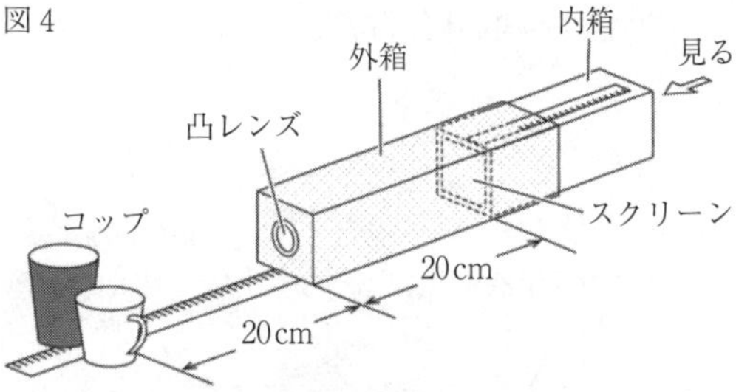

(1) 実験１の②で，図２のように，光源装置からの光を点Oに当てたときの光の入射角は何度か。X，Y にあてはまる数字を一つずつ選びなさい。

X Y 度

(2) 実験１の③で，図３の矢印の向きからまち針を見たときのようすとして最も適当なものを，次の①～⑤のうちから一つ選びなさい。

①

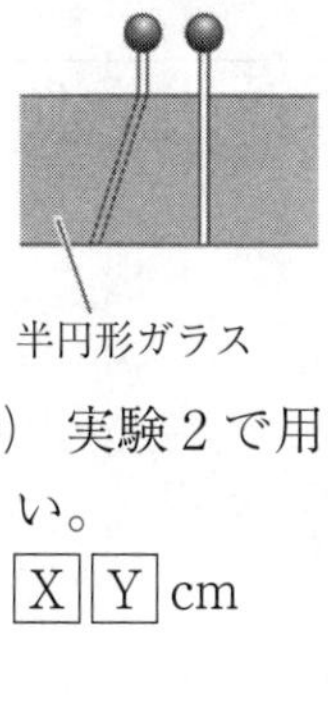

②

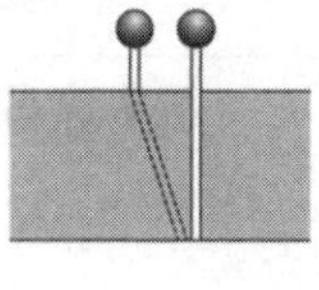

③

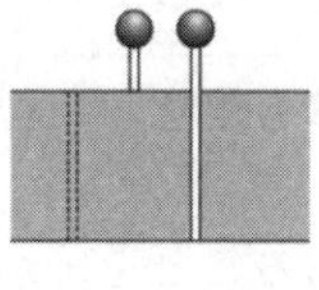

④

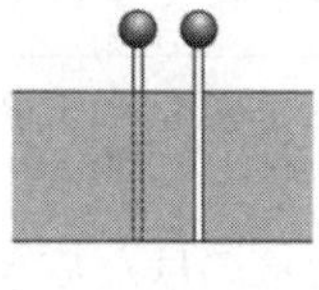

⑤

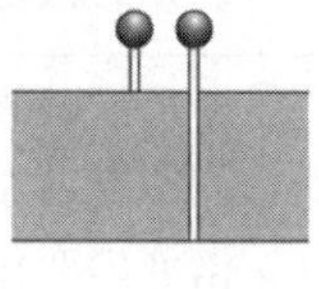

(3) 実験２で用いた凸レンズの焦点距離は何 cm か。X，Y にあてはまる数字を一つずつ選びなさい。

X Y cm

(4) 実験２の③で，スクリーンにうつる像について述べたものとして最も適当なものを，次の①～⑧のうちから一つ選びなさい。

① 凸レンズからスクリーンまでの距離は長くなり，上下左右が同じで実物より大きな像がうつる。
② 凸レンズからスクリーンまでの距離は長くなり，上下左右が同じで実物より小さな像がうつる。
③ 凸レンズからスクリーンまでの距離は長くなり，上下左右が逆で実物より大きな像がうつる。
④ 凸レンズからスクリーンまでの距離は長くなり，上下左右が逆で実物より小さな像がうつる。
⑤ 凸レンズからスクリーンまでの距離は短くなり，上下左右が同じで実物より大きな像がうつる。
⑥ 凸レンズからスクリーンまでの距離は短くなり，上下左右が同じで実物より小さな像がうつる。
⑦ 凸レンズからスクリーンまでの距離は短くなり，上下左右が逆で実物より大きな像がうつる。
⑧ 凸レンズからスクリーンまでの距離は短くなり，上下左右が逆で実物より小さな像がうつる。

5 消化と吸収について調べるため，次の実験１，２を行いました。これに関して，あとの(1)～(4)の問いに答えなさい。

実験１

① 試験管ＡとＢに，デンプン溶液を10mLずつ入れた。試験管Ａにはうすめただ液２mLを，試験管Ｂには水２mLを加えて混ぜ合わせた。
② 図１のように，試験管ＡとＢを40℃の湯につけた。
③ 10分後，図２のように，試験管Ａの液は試験管ＣとＤに，試験管Ｂの液は試験管ＥとＦに，半分ずつ取り分けた。

図１

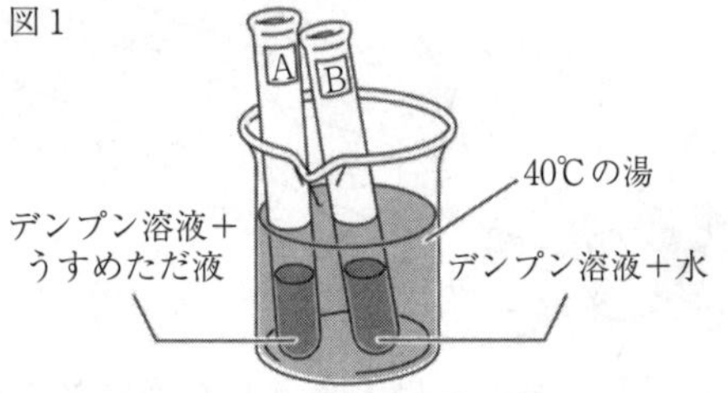

図２

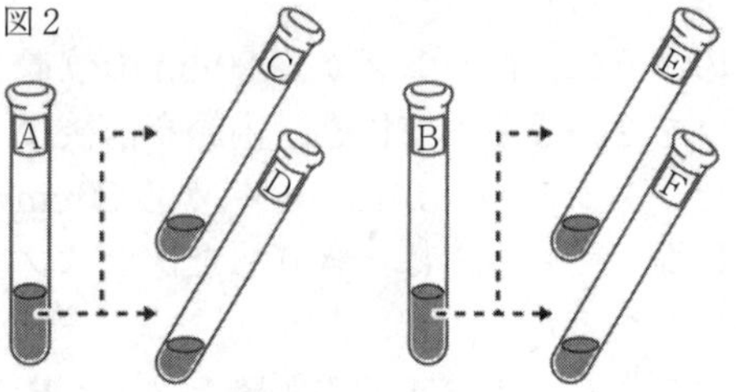

④ 試験管ＣとＥにベネジクト液を加えて加熱した。
⑤ 試験管ＤとＦにヨウ素液を数滴ずつ加えた。

実験２

① ある器官から取り出した消化液Ｐのはたらきを調べるために，試験管Ｇに，水でうすめた消化液Ｐを入れてけずったかつおぶしを少量加えた。
② 図３のように，試験管Ｇを40℃の湯に10分間つけたところ，かつおぶしはぼろぼろにくずれて小さくなっていた。

図３

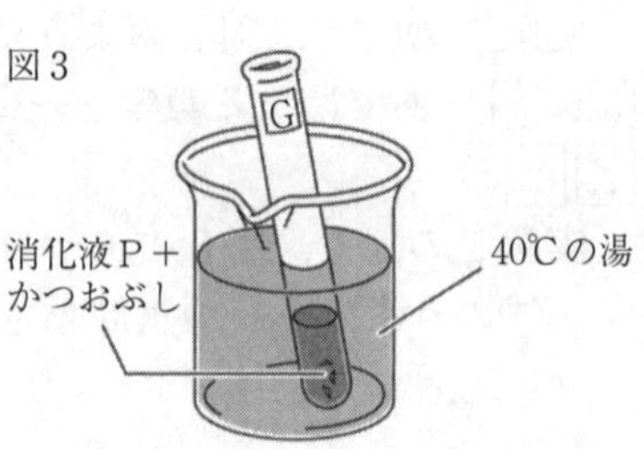

(1) 実験１の①で，試験管Ａだけでなく試験管Ｂも用意した理由として最も適当なものを，次の①～⑤のうちから一つ選びなさい。

① デンプン溶液の変化がだ液のはたらきであることを確かめるため。
② デンプン溶液の変化が水のはたらきであることを確かめるため。
③ デンプン溶液の変化が温度のはたらきであることを確かめるため。
④ デンプン溶液の変化がベネジクト液のはたらきであることを確かめるため。
⑤ デンプン溶液の変化がヨウ素液のはたらきであることを確かめるため。

(2)　実験1で，だ液に含まれる消化酵素の名称として最も適当なものを，次の①～④のうちから一つ選びなさい。

①　リパーゼ　　②　ペプシン　　③　トリプシン　　④　アミラーゼ

(3)　実験1の④，⑤で，試験管C～Fの色の変化の組み合わせとして最も適当なものを，次の①～⑧のうちから一つ選びなさい。

	試験管C	試験管D	試験管E	試験管F
①	青紫色	変化なし	赤褐色	変化なし
②	青紫色	変化なし	変化なし	赤褐色
③	変化なし	青紫色	赤褐色	変化なし
④	変化なし	青紫色	変化なし	赤褐色
⑤	赤褐色	変化なし	青紫色	変化なし
⑥	赤褐色	変化なし	変化なし	青紫色
⑦	変化なし	赤褐色	青紫色	変化なし
⑧	変化なし	赤褐色	変化なし	青紫色

(4)　実験2で，消化液Pに加えたかつおぶしの主成分はタンパク質である。消化液Pをとり出した器官として最も適当なものを，次の①～⑦のうちから一つ選びなさい。

①　だ液腺　　②　食道　　③　胃　　④　胆のう　　⑤　肝臓　　⑥　大腸　　⑦　じん臓

6　図1は，ある日の天気図で，梅雨前線が見られます。図2は，図1からおよそ半年後のある日の天気図です。また，風について調べるため，下記の実験を行いました。これに関して，あとの(1)～(4)の問いに答えなさい。

図1

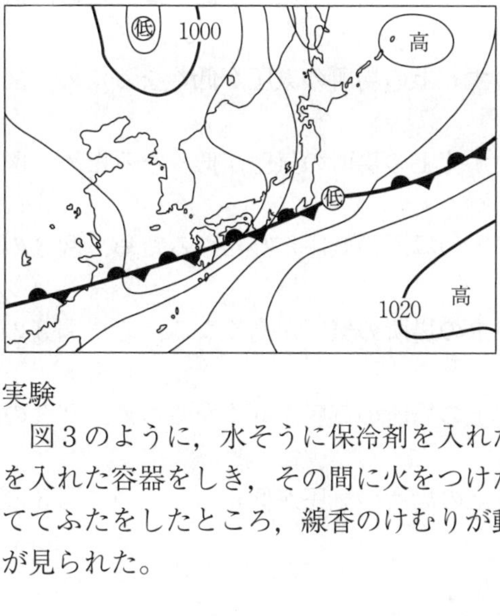

図2

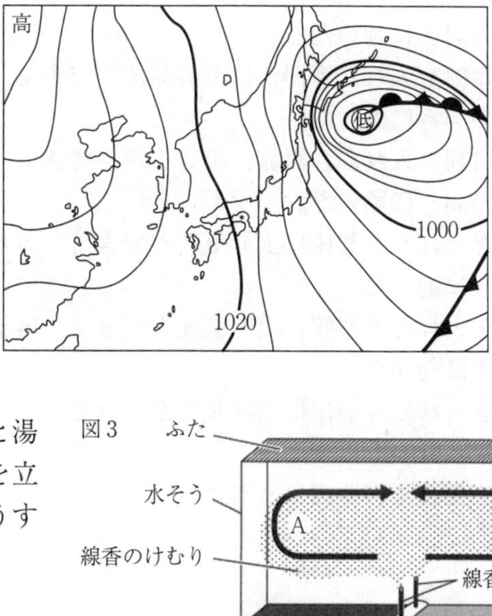

実験

図3のように，水そうに保冷剤を入れた容器と湯を入れた容器をしき，その間に火をつけた線香を立ててふたをしたところ，線香のけむりが動くようすが見られた。

図3

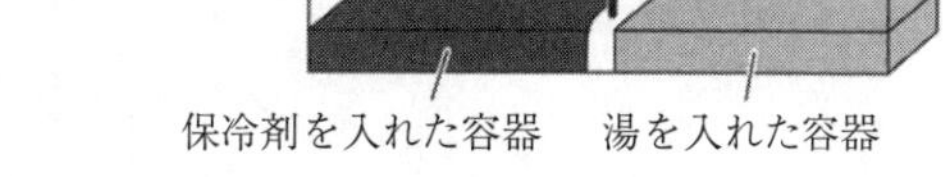

(1) 図1の梅雨前線の特徴として最も適当なものを，次の①～⑦のうちから一つ選びなさい。

① 寒気が暖気を激しくもち上げている。

② 暖気が寒気を激しくもち上げている。

③ 寒気が暖気の上にはい上がっていく。

④ 暖気が寒気の上にはい上がっていく。

⑤ ほぼ同じ勢力の寒気と暖気がぶつかりあっている。

⑥ 寒冷前線が温暖前線に追いついてできる。

⑦ 温暖前線が寒冷前線に追いついてできる。

(2) 図2にある低気圧の中心付近での空気の動きを矢印で表したものとして最も適当なものを，次の①～④のうちから一つ選びなさい。

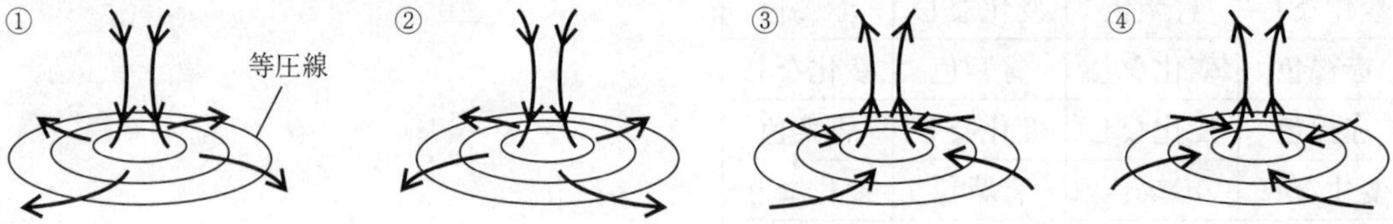

(3) 図2の季節に発達する気団として最も適当なものを，次の①～⑧のうちから一つ選びなさい。

① 冷たく乾燥したシベリア気団　　② 冷たく乾燥した小笠原気団

③ 冷たく湿潤なシベリア気団　　④ 冷たく湿潤な小笠原気団

⑤ あたたかく乾燥したシベリア気団　　⑥ あたたかく乾燥した小笠原気団

⑦ あたたかく湿潤なシベリア気団　　⑧ あたたかく湿潤な小笠原気団

(4) 実験で見られた線香のけむりが動くようすとして最も適当なものを，次の①～⑧のうちから一つ選びなさい。

① 保冷剤を入れた容器側に上昇気流ができて，容器のすぐ上の場所の気圧が高くなるため，図3のAの向きに動いた。

② 保冷剤を入れた容器側に上昇気流ができて，容器のすぐ上の場所の気圧が高くなるため，図3のBの向きに動いた。

③ 保冷剤を入れた容器側に上昇気流ができて，容器のすぐ上の場所の気圧が低くなるため，図3のAの向きに動いた。

④ 保冷剤を入れた容器側に上昇気流ができて，容器のすぐ上の場所の気圧が低くなるため，図3のBの向きに動いた。

⑤ 湯を入れた容器側に上昇気流ができて，容器のすぐ上の場所の気圧が高くなるため，図3のAの向きに動いた。

⑥ 湯を入れた容器側に上昇気流ができて，容器のすぐ上の場所の気圧が高くなるため，図3のBの向きに動いた。

⑦ 湯を入れた容器側に上昇気流ができて，容器のすぐ上の場所の気圧が低くなるため，図3のAの向きに動いた。

⑧ 湯を入れた容器側に上昇気流ができて，容器のすぐ上の場所の気圧が低くなるため，図3のBの向きに動いた。

7　中和について調べるため，次の実験を行いました。これに関して，あとの(1)～(4)の問いに答えなさい。

実験

①　５本の試験管Ａ～Ｅに，質量パーセント濃度が2.5%の硫酸を 2.0mL ずつ入れた。

②　図のように，質量パーセント濃度が同じ水酸化バリウム水溶液を，試験管Ｂ～Ｅにそれぞれべつの体積で加えてよくかき混ぜたところ，すべての試験管で硫酸バリウムの白い沈殿ができた。

図

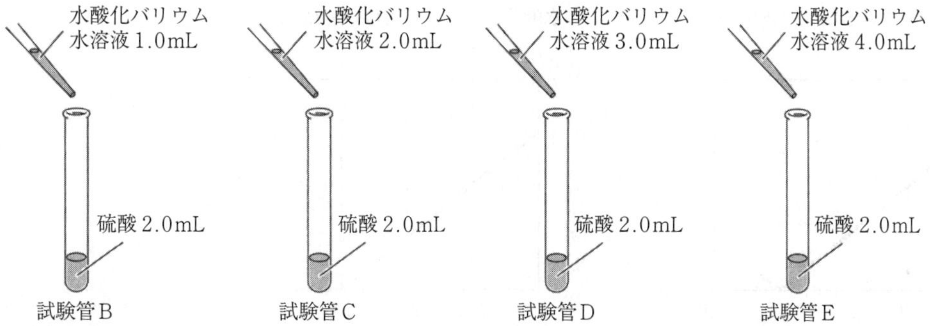

③　緑色にしたBTB液を試験管Ａ～Ｅに数滴ずつ加えて色の変化を観察した。表は，その結果をまとめたものである。

表

試験管	A	B	C	D	E
硫酸の体積〔mL〕	2.0	2.0	2.0	2.0	2.0
水酸化バリウム水溶液の体積〔mL〕	0.0	1.0	2.0	3.0	4.0
BTB 液を加えたあとの色	黄色	黄色	黄色	緑色	青色

(1)　実験の②でできた硫酸バリウムのでき方として最も適当なものを，次の①～④のうちから一つ選びなさい。

①　酸の陽イオンである硫酸イオンとアルカリの陽イオンであるバリウムイオンが結びついてできた。

②　酸の陰イオンである硫酸イオンとアルカリの陰イオンであるバリウムイオンが結びついてできた。

③　酸の陽イオンである硫酸イオンとアルカリの陰イオンであるバリウムイオンが結びついてできた。

④　酸の陰イオンである硫酸イオンとアルカリの陽イオンであるバリウムイオンが結びついてできた。

(2)　実験の③で，水溶液のpHについて述べたものとして最も適当なものを，次の①～⑥のうちから一つ選びなさい。

①　加えた水酸化バリウム水溶液が多いほどpHは大きく，試験管Ｄの液のpHは5である。

②　加えた水酸化バリウム水溶液が多いほどpHは大きく，試験管Ｄの液のpHは7である。

③　加えた水酸化バリウム水溶液が多いほどpHは大きく，試験管Ｄの液のpHは9である。

④　加えた水酸化バリウム水溶液が多いほどpHは小さく，試験管Ｄの液のpHは5である。

⑤　加えた水酸化バリウム水溶液が多いほどpHは小さく，試験管Ｄの液のpHは7である。

⑥　加えた水酸化バリウム水溶液が多いほどpHは小さく，試験管Ｄの液のpHは9である。

(3)　表から，硫酸 2.0mL を入れた試験管Ｅに水酸化バリウム水溶液を 4.0mL 加えるまでの，水酸化バリウム水溶液の体積と，試験管Ｅの液のイオンの総数との関係を表したグラフとして最も適当なものを，次の①～④のうちから一つ選びなさい。

①

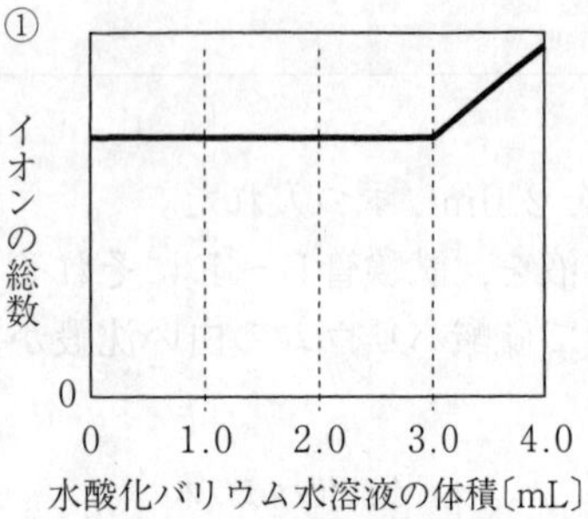

②

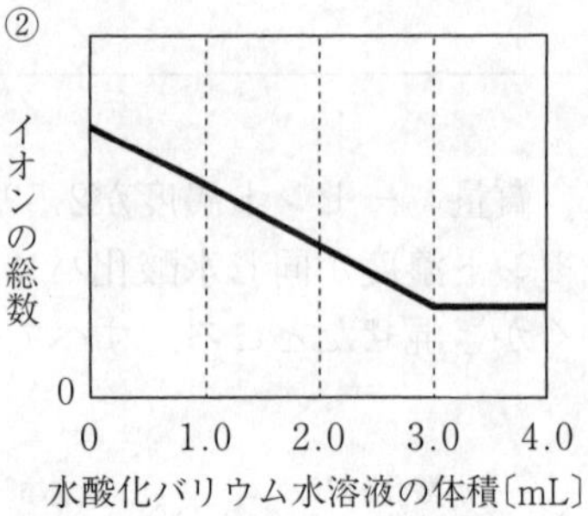

③

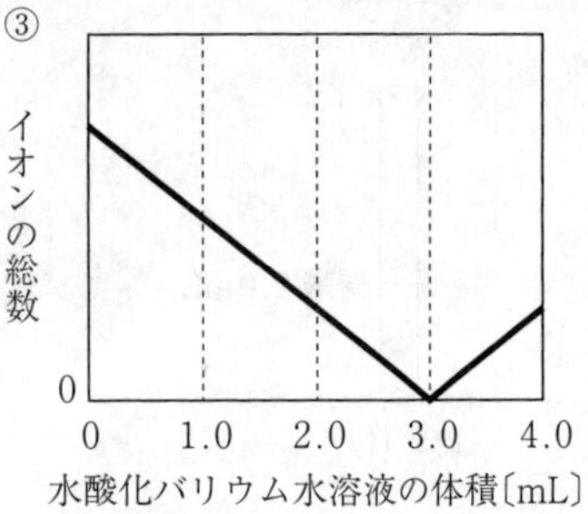

④

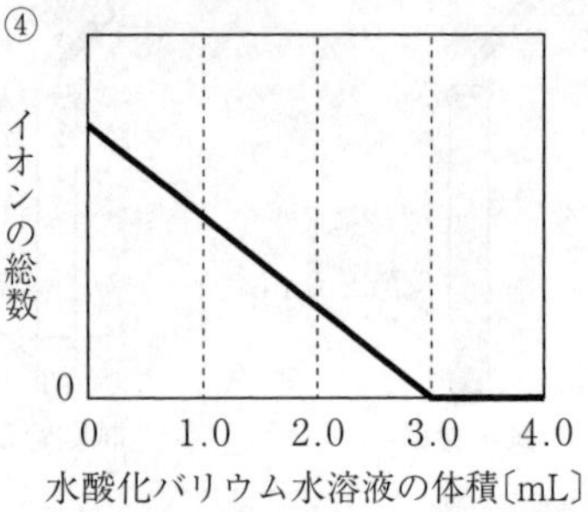

(4) 実験で用いた硫酸2.0mLに実験で用いた水酸化バリウム水溶液を6.0mL加えたときとイオンの総数が等しい試験管として最も適当なものを，次の①～⑤のうちから一つ選びなさい。

① 試験管A　② 試験管B　③ 試験管C　④ 試験管D　⑤ 試験管E

8 浮力について調べるため，次の実験1，2を行いました。これに関して，あとの(1)～(4)の問いに答えなさい。ただし，ばねの質量およびのびの限界，糸の質量および体積は考えないものとし，質量100gの物体にはたらく重力を1Nとします。

実験1

① スタンドにばねを取りつけ，ばねの下端がものさしの0cmの目もりに合うように，ものさしを固定した。

② 図1のように，質量が10gのおもりをばねにつるしてばねののびを測定した。

③ おもりの質量を20g，30g…と変えていき，②と同様の操作を行った。

表1は，その結果をまとめたものである。

図1

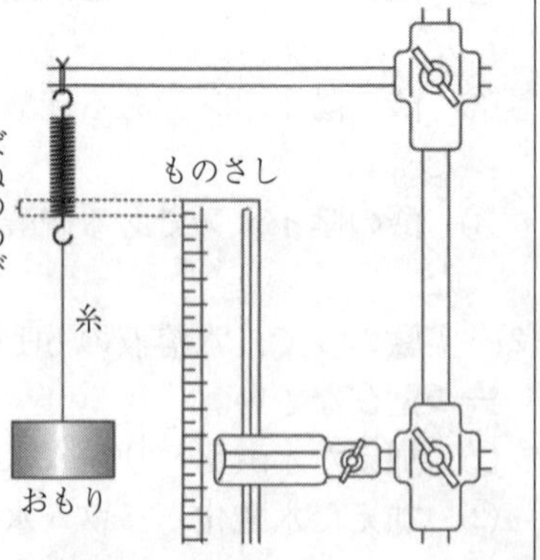

表1

おもりの質量〔g〕	0	10	20	30
ばねののび〔cm〕	0	0.6	1.2	1.8

実験2

① 図2のような，縦4cm，横5cm，高さ5cmの直方体で，質量が150gの物体のA面を上にして水平な台の上に置いた。

② 糸の一方の端を物体のA面に，もう一方の端を実験1で用いたばねにつけてばねを真上に引いたところ，ばねはのびたが，物体の底面は台に接したままであった。

図2

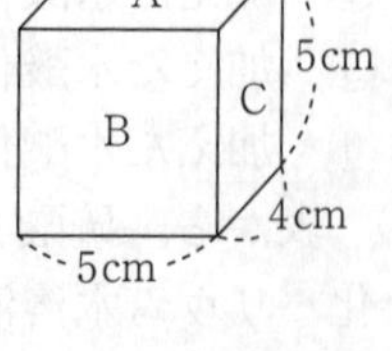

③　物体を完全に持ち上げてスタンドにばねを取りつけ，図3のように，物体の底面が水面と平行なまま，物体を水中に沈めていった。

④　水面から物体の底面までの距離が1.0cmのびるごとにばねののびを測定した。

表2は，その結果をまとめたものである。

図3

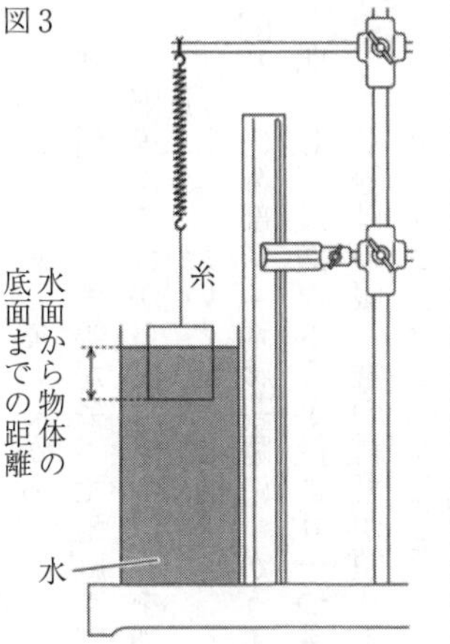

表2

水面から物体の底面までの距離〔cm〕	0.0	1.0	2.0	3.0	4.0	5.0
ばねののび〔cm〕	9.0	7.8	6.6	5.4	4.2	3.0

(1)　実験1で，質量が70gのおもりをばねにつるしたときのばねののびは何cmか。[X]，[Y]にあてはまる数字を一つずつ選びなさい。

[X].[Y] cm

(2)　実験2の②で，ばねののびが2.1cmになったときの台が受ける圧力の大きさは何Paか。[X]〜[Z]にあてはまる数字を一つずつ選びなさい。

[X][Y][Z] Pa

(3)　表2から，水面から物体の底面までの距離が2.0cmのとき，物体にはたらく浮力の大きさは何Nか。[X]，[Y]にあてはまる数字を一つずつ選びなさい。

[X].[Y] N

(4)　実験2で，水面から物体の底面までの距離が5.0cmより大きいとき，物体がすべて水中にある状態となる。水中にある物体に浮力がはたらく理由として最も適当なものを，次の①〜④のうちから一つ選びなさい。

①　物体の上面にだけ水圧がはたらくため。
②　物体の下面にだけ水圧がはたらくため。
③　物体の上面にはたらく水圧が下面にはたらく水圧より大きいため。
④　物体の上面にはたらく水圧が下面にはたらく水圧より小さいため。

2　生きるためには殺生《せっしょう》をためらわず、社会に役立つことを一切しなかったこと。
3　野山の生き物を殺すことを日々の糧《かて》として、良い行いを少しもしなかったこと。
4　野山での狩を趣味とする主君に付き合い、生き物をたくさん殺したこと。

問六　傍線部5「これは誰の人の、かくは仰せらるるぞ」の意味として最適なものを後より一つ選び番号で答えなさい。
1　これは誰かがこのようにおっしゃっているそうですよ
2　これは誰かがこのようにおっしゃってきたのなら大変です
3　これはどなたがこのようにおっしゃっていることなのですか
4　これはどなたもこのようにおっしゃるはずはありません

問七　傍線部6「吾いま汝を助けんとするなり」とあるが、この理由として最適なものを後より一つ選び番号で答えなさい。
1　僧は寺で郎等が会った地蔵菩薩であり、地蔵菩薩としては、郎等は罪が深いとはいえ一度会ったことのある者なので、仏の教えから見捨てることができないから。
2　僧は寺で郎等が会った地蔵菩薩であり、そのときに郎等が地蔵菩薩に対して信心ある態度を見せてくれたので、その行いに報いたいと地蔵菩薩は思ったから。
3　僧は寺で郎等が会った地蔵菩薩であり、そのときに郎等が獲物や笠を供えたので、郎等の行ったことには地蔵菩薩にも責任があると感じているから。
4　僧は寺で郎等が会った地蔵菩薩であり、地蔵菩薩としては、郎等がこれから少しずつ信心を深めることを期待しているので、力になりたいと思ったから。

問八　傍線部7「地蔵菩薩につかうまつりけり」とあるが、この説明として最適なものを後より一つ選び番号で答えなさい。
1　郎等は地蔵菩薩の言葉が頭をよぎり、地蔵菩薩を地獄から救い出そうとしたということ。
2　郎等は地獄から生き返って、地蔵菩薩に支えられながら生きたということ。
3　郎等は地獄からもどってきた後に、地蔵菩薩に身をささげるように生きたということ。
4　郎等は地蔵菩薩への信仰心を思い出して、地獄では地蔵菩薩に仕えることにしたということ。

問九　本文の内容として最適なものを後より一つ選び番号で答えなさい。
1　死後役に立つ可能性を考えて、生きている間は何でもすべきであると主張している。
2　すべての人間の罪深さを、地獄の世界や地蔵の気高さを通して訴えている。
3　寺に地蔵が置かれている理由について、ある出来事を通して説明している。
4　神仏の慈悲深さと信仰の大切さを、殺生を重ねた人間が改心する経緯を通して伝えている。

いささか*3帰依《きえ》の心をいたして馳せ過ぎにけり。

その後いくばくの年を経ずして、2病つきて、日比《ひごろ》よく苦しみ煩《わづら》ひて、命絶えぬ。*4冥途《めいど》に行き向《むか》ひて、*5閻魔《えんま》の庁に召され（閻魔大王の法廷に呼び出された）ぬ。見れば、多くの罪人、罪の軽重に随ひて打ちせため、罪せらるる事3いといみじ。4我が一生の罪業《ざいごふ》を思ひ続くるに、涙落ちてせん方なし。

かかる程に、一人の僧出で来たりて、のたまはく、汝《なんぢ》を助けんと思ふなり。早く*6故郷《ふるさと》に帰りて、罪を懺悔《ざんげ》すべしとのたまふ。僧に問ひ奉りて曰《いは》く、「5これは誰の人の、かくは仰せらるるぞ」と。僧答へ給はく、「我は汝鹿を追うて寺の前を過ぎしに、寺の中にありて汝に見えし地蔵菩薩《ぼさつ》なり。汝罪業深重なりといへども、いささか我に帰依の心の起《おこ》りし功によりて、6吾《われ》いま汝を助けんとするなり」とのたまふと思ひてよみがへりて後は、殺生《せつしやう》を長く断ちて、7地蔵菩薩につかうまつりけり。

（『宇治拾遺物語』）

*1 多田満仲…源満仲。諸国の守を歴任した。鎮守府（軍政を司どる役所）の将軍。
*2 郎等…武士の家来。
*3 帰依の心…信心。
*4 冥途…死者の霊魂が行く世界。
*5 閻魔…人の生前の行いを審判する、地獄の総帥。
*6 故郷…ここでは人間界のこと。

問一 本文中に「　」（かぎかっこ）のついていない会話文が一箇所ある。その会話文の初めと終わりの組み合わせとして最適なものを後より一つ選び番号で答えなさい。

1 一人の～ふなり　2 一人の～すべし
3 汝を助～ふなり　4 汝を助～すべし

問二 傍線部1「きと」の意味として最適なものを後より一つ選び番号で答えなさい。

1 ちらりと　2 ゆっくりと
3 ぼうっと　4 ずっと

問三 傍線部2「病つきて、日比よく苦しみ煩ひて、命絶えぬ」の現代語訳として最適なものを後より一つ選び番号で答えなさい。

1 病気になって、何日もとても苦しみ悩んで、死んでしまった。
2 病気がちになって、ふだんからたびたび苦しみ悩み、死にそうになる。
3 病気にかかって、何日も大変苦しみ悩んで、死にそうになっている。
4 病気がちになって、ふだんからたびたび苦しみ悩み、死んでしまった。

問四 傍線部3「いといみじ」とあるが、この部分ではどういう意味か。その説明として最適なものを後より一つ選び番号で答えなさい。

1 生前に罪を犯していた多くの罪人が目の前で罰を受けていて、郎等に助けを求める様子を、郎等が見て、とても見苦しく感じたということ。
2 程度の違いはあれど、多くの罪人が生前にたくさんのひどい罪をくり返してきたことを、郎等が見て、とても普通ではないと感じたということ。
3 罪の軽重に応じて責められた後は、多くの罪人が罪を償ったとして報われている様子を、郎等が目にして、とてもすばらしいと感じたということ。
4 多くの罪人がその罪の程度によって責められて罰を受けている様子を、郎等が目にして、とても恐ろしいものであると感じたということ。

問五 傍線部4「我が一生の罪業」とはどういうことか。最適なものを後より一つ選び番号で答えなさい。

1 多田満仲の命令に背いてばかりで、主君のために功を立てることがなかったこと。

な「帰国子女」のイメージとはかけ離れた環境にいるので、自ら「帰国子女」だと言うことに照れくささがあり、冗談めかして話している。

問八　傍線部5「ちょっと待ってよマレーシアってどこ？　って、家族でパソコンのグーグルマップをのぞきこんだ日から二か月後には、もうマレーシアの首都クアラルンプールに引っ越していた」の中に副詞はいくつあるか。最適なものを後より一つ選び番号で答えなさい。

1　二つ　2　三つ
3　四つ　4　五つ

問九　傍線部6「わたしはタンカードをぎゅっと握った」とあるが、この部分に表れている「わたし」の心情の説明として最適なものを後より一つ選び番号で答えなさい。

1　強気な佐藤先輩がタンカードという変な名前をつけて恥ずかしがっているのを見て驚くとともに親しみも湧いてきて、自分を孤独から救ってくれた佐藤先輩と共有する宝物としてタンカードを守りたいという思い。
2　渡されたタンカードは佐藤先輩と自分のパートナーシップの証《あかし》であることがうれしく、また、そのさわやかなデザインを見ていると、今後の学校生活が明るいものになっていくような気もして、心が舞い上がる思い。
3　妙な名前ではあるが、タンカードを渡されたことで、改めて佐藤先輩とパートナーになったことを自覚し、これから二人で短歌を詠むことを思うと学校生活に希望を持てそうなので、タンカードを大切にしたいという思い。
4　佐藤先輩にタンカードという変な名前の単語カードを渡され、喜びつつもとまどいを感じており、佐藤先輩に負けないように、よい短歌をこれからたくさん書き留めなくてはいけないという責任を感じて、身が引き締まる思い。

問十　本文中の「わたし」と「督促女王（佐藤先輩）」の人がらや二人の関係の説明として最適なものを後より一つ選び番号で答えなさい。

1　佐藤先輩はマイペースな性格で、「わたし」は無理やり佐藤先輩と行動させられた気分だったが、実は佐藤先輩はそのような「わたし」のとまどいにも気づいていて、さりげなく「わたし」の機嫌をとろうとしている。
2　佐藤先輩は「わたし」がマレーシアからの転校生だと知って驚いたが、「わたし」が口にするマレーシア語に抵抗を示すことなく、むしろ「わたし」にとって意外な反応をしていて、「わたし」はそれを新鮮に感じている。
3　「わたし」は自分に自信がなく、周りがどう思うかを気にして生きているが、佐藤先輩と話すうちに、自分を認めてくれた佐藤先輩を信じ、周囲の視線をあまり気にしないようにしようと思うようになっている。
4　「わたし」は記憶力がよく、昔の街並みや小学生時代のことを思い出しながら、当時と比べて今は寂しげな風景になっていることが悲しく、佐藤先輩の力を借りてこの気持ちを短歌にしたいと思っている。

三

次の文章は『宇治拾遺物語』の一部である。これを読んで後の設問に答えなさい。

これも今は昔、＊1多田満仲《ただのみつなか》のもとに猛《たけ》く悪《あ》しき＊2郎等《らうどう》ありけり。物の命を殺すをもて業《わざ》とす（なりわいとする）。野に出《い》で、山に入りて鹿を狩り鳥を取りて、いささかの善根《ぜんごん》する事なし。ある時出でて狩《かり》する間、馬を馳《は》せて鹿追ふ。矢をはげ（つがえ）、弓を引きて、鹿に随《したが》ひて走らせて行く道に寺ありけり。その前を過ぐる程に、1きと見やりたれば、内に地蔵立ち給《たま》へり。左の手をもちて弓を取り（左の手で弓を持ち）、右の手して笠《かさ》を脱ぎて、

2　目立ったことをすることへのためらいはいまだにあったが、心の奥にある感情を短歌という形で表に出すことができてすっきりした気持ちになり、督促女王にほめられて感じたうれしさもあって、短歌への興味が徐々にわきあがって、もっと詠んでみたいと思ったから。

3　短歌に対してほとんど興味はなかったが、自分なりにいろいろと工夫しながら今の気持ちを詠むことに爽快感を抱くとともに、督促女王に短歌をほめられて達成感を得ることができたので、短歌をもっと詠めば自分が変われるかもしれないという期待が膨らんだから。

4　最初は督促女王と関わりを持ちたくないと思っていたが、督促女王が親身になって短歌を詠む方法を教えてくれたり、自分の才能をお世辞ではなく認めてくれたりしたことで親近感を抱くようになり、督促女王のことをもっと知りたいという気持ちが芽生えてきたから。

問六　傍線部3「魔法、もうかかってると思うよ」とあるが、佐藤先輩の言おうとしていることと、それに対する「わたし」の心情の説明として最適なものを後より一つ選び番号で答えなさい。

1　佐藤先輩は、短歌を詠んだことをきっかけに、「わたし」の緊張が解けて態度や話し方も自然になっている様子を、魔法にかかっていると表現しているが、「わたし」は、今まで自分の様子が不自然だったことすら気づいていなかったので、佐藤先輩の言葉の意味がすぐにはわからず、とまどっている。

2　佐藤先輩は、「わたし」が短歌の魅力に引き込まれて話し方まで変わった様子を、魔法にかかっていると表現しているが、「わたし」は、帰国子女であるために自分の話し方や態度には十分に気をつけていて、変な言葉づかいだったとは思っていなかったので、佐藤先輩の発言に驚いている。

3　佐藤先輩は、短歌を詠んでから「わたし」の声が明るくなり、佐藤先輩に対しても気さくに話せるようになったことを、魔法にかかっていると表現しているが、「わたし」は、自分では気づいていなかった言動のおかしさを指摘されたのだと感じて、次第に恥ずかしさがこみ上げている。

4　佐藤先輩は、「わたし」がこれまでの苦しい状況から解放され、自然な話し方をするようになり、短歌の魅力にすっかりはまっている様子を、魔法にかかっていると表現しているが、「わたし」は、以前の頑なだった自分がほぐれたことに気づいて、のびのびとした気持ちになっている。

問七　傍線部4「〝キコクシジョ〟だから」とあるが、このように言ったときの「わたし」の心情と様子の説明として最適なものを後より一つ選び番号で答えなさい。

1　「わたし」が話し方や態度に気をつけていた理由は、本当は日本での生活にまだ慣れていないので、周囲から孤立することが怖いからだが、そのような情けない本音を佐藤先輩に知られてしまうことに抵抗があり、「帰国子女」で目立つのがいやだからということにして、佐藤先輩に気づかれないように軽快に話している。

2　「わたし」が話し方や態度に気をつけていた理由は、「帰国子女」として奇異の目で見られるのが不安だったからだが、「わたし」の短歌やセンスをほめてくれた佐藤先輩は、「帰国子女」という理由で「わたし」を変に思うことはないとわかり、不安が薄れたので、明るい調子で話すことができている。

3　「わたし」が話し方や態度に気をつけていた理由は、「帰国子女」は優秀な人物であると周囲から見られがちだからだが、「わたし」は特別優秀なわけではなく、今後一緒に短歌を詠んでいくなかで優秀さを期待されても困るので、優秀ではないと打ち明けるために、まずは軽い調子で話し始めている。

4　「わたし」が話し方や態度に気をつけていた理由は、周囲の人から「帰国子女」は自分たちとは住む世界が違う人物だと遠巻きに見られることをおそれていたからだが、実際はそのよう

図。

＊6 コンドミニアム…分譲形式のマンション。

問一 二重傍線部a～cと熟語の構成が同じものを後より選びそれぞれ番号で答えなさい。

a 転校生

1 心技体　2 新発売　3 送別会　4 不安定

b 展開

1 後悔　2 質疑　3 離席　4 贈与

c 偶然

1 急性　2 未満　3 御用　4 難問

問二 傍線部ア～ウの意味として最適なものを後より選びそれぞれ番号で答えなさい。

ア 押しが強くなる

1 しっかりと相手の意志を確かめようとする
2 堂々としていて自信にあふれた様子になる
3 相手に対してえらそうな態度になる
4 自分の思いどおりに物事を進めようとする

イ 後ろ指をさされる

1 陰で悪口を言われる
2 他人から放っておかれる
3 二度と立ち直れなくされる
4 他人にいらいらされる

ウ 清々しい

1 しみじみと感動する
2 心がしっかりこもっている
3 さわやかで気持ちがよい
4 はっきりしていて美しい

問三 本文中の[A]～[C]に入る言葉の組み合わせとして最適なものを後より一つ選び番号で答えなさい。

1 A＝じりじりと　B＝慎重で臆病な　C＝驚いた
2 A＝じりじりと　B＝怠惰で生意気な　C＝驚いた
3 A＝がんがんと　B＝慎重で臆病な　C＝焦った
4 A＝がんがんと　B＝怠惰で生意気な　C＝焦った

問四 傍線部1「わたしはどんどん頬が熱くなっていった」とあるが、このときの「わたし」の心情として最適なものを後より一つ選び番号で答えなさい。

1 続けて下の句を詠むことを迫られて混乱し、とっさにマレーシア語を含めて詠んだが、督促女王がマレーシア語に反応したことで、帰国子女である自分の異質さをさらしてしまったと思い、いたたまれない気持ちになっている。

2 どうしようもない状態のまま初めて短歌を詠むことになり、督促女王の言うまま今の気持ちを言葉にしたものの、そのことによって自分の気持ちが督促女王に知られてしまっているので、気まずさを感じている。

3 督促女王に短歌を詠むように追いつめられて、どうにでもなれという気持ちで詠んだものの、思いつくままに言っただけの言葉が、人前に出せるような短歌に仕上がっているとは思えず、恥ずかしさを感じている。

4 督促女王の強引なすすめで、いやいやながらも今の思いを短歌に詠んではみたものの、首を傾げて微妙な反応を示す督促女王を見ているうちに怒りがこみ上げ、詠まなければよかったと後悔を覚えている。

問五 傍線部2「さっきまでの絶対断らなきゃっていう頑なな気持ちは揺らいでいた」とあるが、「わたし」がこのように感じた理由として最適なものを後より一つ選び番号で答えなさい。

1 督促女王のことをよく知っていて信じているというわけではないが、督促女王が気持ちを表現する方法としての短歌を教えてくれ、自分が詠んだ短歌の良さと才能を認めてくれたため、日本に帰ってきてから初めて、自分ができることを見つけたと思えて、希望を持てたから。

自分が海外で暮らすなんて、ちっとも思っていなかった。

各駅停車しか止まらないこの駅の回転寿司屋で握っていたお父さんが、まさか海を越えてマレーシアでお寿司を握ることになるなんて。きっとどんな占い師だって予測できなかった未来だ。

お父さんの働いている全国*4チェーンの回転寿司屋は、数年前から東南アジアにb展開を始めた。

そんななか、二年半前、進出したのがマレーシアだった。

そこで、現地のマレーシア人スタッフにお寿司の握り方を教えるという役割がうちのお父さんに降ってきた。

5ちょっと待ってよマレーシアってどこ？　って、家族でパソコンの*5グーグルマップをのぞきこんだ日から二か月後には、もうマレーシアの首都クアラルンプールに引っ越していた。

クアラルンプールってどんなプール？　っていうくらい、どんな場所なのか、まったく知らなかったけれど、クアラルンプールはびっくりするほど都会だった。ファッションビルが立ち並び、街で見上げればモノレールが走り、夜も遅くまで屋台が賑《にぎ》わっていた。

街なかにある、お父さんの会社が用意してくれた*6コンドミニアムと呼ばれるマンションで暮らした。

そんな常夏《とこなつ》の都会で二年半過ごしたのち、わたしたち一家は日本に帰ってきた。

c偶然にも、もともと住んでいたマンションの別の部屋が空いていたから、そこに引っ越してきたというわけ。

わたしが生まれるずっとずっと前に建てられた、オートロックではないマンションだ。

（マレーシアのコンドミニアムのほうがずっと新しくてきれいだった。）

帰国子女っていうのは、もっとお金持ちで、家族みんなが優秀で、広い家に住んでいるエリートの家の子がなるものだと思っていた。

「日本に帰ったら、きっとみんな、わたしのことをお嬢さんだと勘違いするだろうなって思ったんです。この中学の学区域だと、同じ小学校の人が五人くらいしかいないんです。友達できなかったりいじめられたりしたら嫌だなって心配でした。」

同じ小学校だった子のなかで、一緒のクラスになったのは一人だけだった。

閉じたシャッターの張り紙が頭にうかぶ。さっき通ったフジエダ時計店の、藤枝港《ふじえだこう》だ。

まさか閉店してしまっているとは思わなかった。

「これ、花岡さんに渡しておくよ。」

佐藤先輩は単語カードをわたしの手のひらにのせた。

「え？　わたしが持っていていいんですか？」

「来週の木曜、また吟行しよう。そのときに持ってきて。」

わたしはまじまじと手のひらの上の単語カードを見つめた。

さわやかな水色の表紙。さっきは気づかなかったけど、右上に小さく何か書かれている。

「タンカード№2って何ですか？」

「短歌を書き留めておく専用のカードだから、タンカードって名づけたの。それは二冊目ってこと。」

佐藤先輩は「文句ある？」と、ちょっと照れたように視線をそらした。

「じゃあ、今日から、わたしたち二人のタンカードですね。」

変なネーミングだけど、でも。6わたしはタンカードをぎゅっと握った。

（こまつあやこ『リマ・トゥジュ・リマ・トゥジュ・トゥジュ』）

*1　督促…返却などをうながすこと。

*2　ベーキングパウダー…ケーキなどの生地をふくらませるための粉末。

*3　フィルター…ある特定の光を透過したり制限したりする特殊ガラスで、写真撮影などに用いるもの。ここでは比喩的に、心を覆っているものというほどの意味。

*4　チェーン…同じ資本による店舗経営の系列。

*5　グーグルマップ…グーグル社が提供しているインターネット上の地

よかったから。
それなら。
「やってみます。」
まだ揺らいでいた気持ちをぐっと振り切った。
変なことやってるってイ後ろ指をさされるかもしれない。
ただでさえ帰国子女だから、あまり目立たないようにしてるのに。
答えたそばから、「いいの? ホントにやるの?」って、［B］わたしが顔を出す。
だけど、日本に帰ってきてから何かをやってみたいと思うのは、これが初めてだった。
「よし、決まりっ。」
バスケのシュートをすとんと決めたようなウ清々《すがすが》しい笑顔につられて、思わずわたしも笑った。
督促女王が鞄《かばん》を肩にかけて帰ろうとするのを見て、わたしはあわてて口を開いた。
大事なことをきいていなかった。
「あの、先輩の名前を教えてください。」
「そういえば言ってなかったね。佐藤。佐藤莉々子《りりこ》だよ。」
「佐藤、佐藤、サトゥ、サトゥ。」
「サトゥ?」
「あ、マレーシア語で数字の一はサトゥっていうんです。そう覚えれば忘れないなって思って。」
「へえ、佐藤って平凡な苗字でつまんないって思ってたんだけど、一って意味があるならなんかいいかも。わたし、一番になるの好きだし。」
その言葉にわたしはちょっと［C］。
一番になるのが好きってハッキリ言える人なんて、何だかめずらしい気がする。
「ねえ、じゃあマレーシア語で五と七ってなんて言うの?」
思いついたように、佐藤先輩がきいた。
「五はリマ。七はトゥジュです。」
「へえ。じゃあ五七五七七は……リマ・トゥジュ・リマ・トゥジュ・トゥジュか。」
「リマ・トゥジュ・リマ・トゥジュ・トゥジュ……。何か、魔法の言葉みたいな響きですね。」
「3魔法、もうかかってると思うよ。」
公園の出口のほうへ歩きだしていた佐藤先輩が、「気づいてないの?」と言わんばかりにわたしを振り返った。
「へ?」
「花岡さん、あの短歌を詠んでから、サムライと召し使いと古文が混ざったような変な言葉づかい直ってるもん。」
「え、あ、言われてみれば、そうかも! ていうか、そんな変な話し方でしたか?」
「自覚なかったの? バカだねえ。今の話し方でいいんだよ。」
佐藤先輩は笑った。
短歌を口にした瞬間、心のどこかが自由になった気がした。
*3フィルターが外れた感覚。
「あの、知ってるかもしれないですけど、わたしの下の名前は沙弥です。サヤはマレーシア語で『私』って意味なんです。」
「へえ、すごいね。マレーシアに行くのが運命だったみたいだね。」
運命? そう言われると照れくさい。初めのうち、マレーシアでは名乗るのが恥ずかしくて仕方なかった。
木に覆われていた公園の外に出ると、だいぶ低くなった太陽が金色の光を放っていた。
「わたし、日本に帰ったら、話し方とか態度とか、すごく気をつけなくちゃって思ったんです。」
「何で?」
「4〝キコクシジョ〟だから。」
わたしはわざと茶化してみせた。わたしに帰国子女なんて響きは似合わない。

そんな人と仲よくしたら？

パートナーなんかになったら？

もともと帰国子女っていうシールがぺったり貼られているのに、変わり者っていうシールがもう一枚増えちゃうよ。

ダメだ、絶対断らなきゃ！

「マレーシア……？　花岡さん、マレーシアにいたの？」

督促女王は呆然《ぼうぜん》とした顔になっていた。きっと、どんな国か、イメージがわかないんだろうな。

「a転校生だってことは知ってたけど、場所までは知らなかった。短歌は難しく考えなくたっていいんだよ。季節の言葉をいれなくていいんだし。今の気持ちを詠めばいい。どんな風景だってどんな気持ちだって短歌になるんだよ。」

督促女王はあきらめない。相手が逃げたがっていると、さらにア押しが強くなるなんて。

［A］迫いつめられて背中が壁にぶつかったような気分だ。

「ためしに短歌を一首詠んでみて。」

「そんな、無茶……。何もうかばないです。」

「じゃあ、わたしが最初の五、七、五を詠む。続きの七、七を花岡さんが考えるっていうのはどう？」

督促女王はしばらく目を閉じて口に人さし指を当ててから、ぱちりとまぶたを開いて単語カードに何か書き込んだ。

はいどうぞ、と督促女王はわたしに単語カードを差し出した。

『無理やりに連れられてきた吟行は』

無理やりって自覚してたのか。

もうやだ、こうなればヤケだ。

督促女王はさっき、今の気持ちを詠めばいいと言っていた。

それなら、

『早く帰ろうジュンパラギ！』

これがわたしの初めての短歌だった。

「ジュンパラギって何？」

単語カードを見た督促女王が首を傾《かし》げた。

「マレーシア語で『バイバイ』です。正確には、『また後で会いましょう』っていう意味ですけど。」

1わたしはどんどん頬が熱くなっていった。

「でたらめな歌ですみません。ほんと、へたくそですよね。やっぱりセンスないと思います。」

「へえ、いいじゃん。」

パチパチパチ。まさかと思ったけど、督促女王は拍手をしていた。

「ジュンパラギって言葉の響きがおもしろい。字足らずで七音にはなってないけど、ぶった切った感じが出てるよ。」

督促女王の言う「ぶった切った感じ」はよく分からなかったけれど、わたしは何だかむずがゆくなった。

ほめられた。悪い気分じゃ、ない。

「花岡さん、才能あるかもよ。もっと詠んでよ、マレーシア語の短歌。」

「ウソだ。才能だなんて、大げさです。お世辞とか言わなくていいですから。」

「お世辞じゃないよ。」

「……でも。」

「パートナー、引き受けてくれる？」

「……えっと。」

2さっきまでの絶対断らなきゃっていう頑《かたく》なな気持ちは揺らいでいた。

どうする……？

短歌なんて興味なかった。

隣にいるこの人のこともよく知らない。

でも。

わたしのなかに＊2ベーキングパウダーを注入されたみたいに、やってみたい気持ちがぷくぷくと膨らんでいく。

だって、胸のなかから言葉を短歌にして押し出したら、気持ちがとあるが、この部分の説明として最適なものを後より一つ選び番号で答えなさい。

1　日本は、それぞれが因習や慣習、所属集団のルールを守り、親密な人間関係を築く社会であるため、同じ集団に属している相手は、同じ価値観を持っていて、気を遣わずに思っていることをそのまま伝えてもよいと考えて、相手に対して批判的な意見も率直にぶつけてしまうということ。

2　日本は、個々の良好な関係性や古くからの集団のルールに従うことが求められる社会であるため、自分と相手は同じような存在で、同様の倫理観や価値観を持ち、同様に行動するものだと考え、集団や自分とは異質な考えや行動をする人を受け入れられず、批判してしまうということ。

3　日本は、個々が主体性を持ち、相手の意見を尊重しながら他者とかかわって人間関係を築き上げる社会であるため、互いが同じような倫理観や価値観をもとに相手を尊重しているに違いないと考え、自分とは異なる考えを持つ人間は、自分を尊重してくれない存在に見えて、攻撃してしまうということ。

4　日本は、人間関係を重視し、それぞれが集団のルールに束縛されて動く社会であるため、自分と相手は対等で同じ立場であるはずと考えていて、ルールを逸脱した行動をする相手に対しては、集団の秩序を乱し、対等な力関係を崩しているとして、制裁を加えようとしてしまうということ。

問十一　本文中の［8］に入る言葉として最適なものを後より一つ選び番号で答えなさい。

1　誰もが相手の感情を読み取ろうと必死な社会

2　誰もが相手の気持ちを自分の気持ちより優先させるのに必死な社会

3　誰もが自分の本音を知られることを恐れている社会

4　誰もが自分が孤立することを恐れている社会

問十二　本文の内容と一致するものを後より一つ選び番号で答えなさい。

1　個人主義社会では、自分の意見をはっきり表明することが評価されるが、集団主義社会では相手のイデオロギーに配慮しながら関係を築くことが評価される。

2　日本の教育では、知識をどれだけ正確に覚えているかや他者の気持ちを文章から読み取れるかを競う傾向が強く、他者に意見をうまく述べることにはほとんど力を入れていない。

3　北米や欧州北部のように、個々の人間が自立して存在できるようにするために、その場の「間」や「空気」を重んじるメンタリティを、日本も見習うべきである。

4　自分と人の違いが明確な個人主義社会においては、人間関係に重きを置かれないため、意識的なコミュニケーションがなくても、滞りなく物事が進む。

二

次の文章を読んで、後の設問に答えなさい。

〈これまでのあらすじ〉

「わたし（花岡《はなおか》沙弥《さや》）」は、二年半暮らしたマレーシアから帰国し、日本の中学に通いはじめた。この中学校の三年生には、延滞本の＊1督促をしてまわるため、「督促女王」と呼ばれている女子（佐《さ》藤《と》先輩）がいる。あるとき、「わたし」は督促女王に呼び出され、学校の近くの商店街での「吟行《ぎんこう》」（短歌を詠《よ》みながら歩くこと）に連れ出された。督促女王は、「わたし」に、短歌が上手になるためのパートナーになってほしいと言うが、「わたし」は短歌を詠んだことがないことやマレーシアにいて日本語のセンスがないことを理由に断ろうとしている。

わたしは今日の昼休みの朋香《ともか》ちゃんを思い出していた。督促女王が教室に入ってきたときのあきれたような顔。きっとほかのみんなも、同じように督促女王は変わり者だと思っている。

4　現代の欧州北部では、社会により個人主義的なあり方が求められるようになった結果として、外国人が増加し、様々な宗教や文化背景を身近に感じるようになっているということ。

問六　傍線部3「欧州北部や北米では、幼少時から学校などで『自分の意見を主張して他人を説得する方法』を熱心に学びます」とあるが、この理由を具体的に述べたものとして最適なものを後より一つ選び番号で答えなさい。

1　欧州北部や北米では個人主義に基づく思考が重視されていて、単に知識を有しているだけでなく、自分の意見を堂々と述べ、他人を説得することができるかどうかでその人の力が判断されるので、相手を説得できない人間は社会を生き抜く力が不足していると評価され、生活していくことすら困難になるから。

2　欧州北部や北米は個人主義社会であり、他人と異なる意見を持っていることに価値が見出されるので、自分の意見を表明して、相手と自分の違いを互いに見せ合わなければ、物事の進展が望めなくなったり、他人から関心を持ってもらえなくなったりして、充実した人生を送ることができなくなってしまうから。

3　欧州北部や北米では個人主義的な思考が前提とされていて、自分の意見をはっきりと述べて相手を説得できることが、知性のあかしとなるのであり、自分の意見を持っていなかったり、他人の考えに影響されて自分の主張を貫くことができなかったりする人間は、力がないと評価されて社会から排除されてしまうから。

4　欧州北部や北米は個人主義的な思考が根づいた社会なので、物事を動かそうとするときには、互いに自分の意見を言い合って意志疎通を行い、相手を説得し歩み寄ることが必要であり、自分の意見を他人に伝えられない人間は、社会において知性や力がないとみなされ、他人とつながることも難しくなるから。

問七　本文中の［4］に入る言葉として最適なものを後より一つ選び番号で答えなさい。

1　その論述の中の知識が正しいか否《いな》かをみるのではなく、大勢の前で意見を述べる態度がよいかどうか

2　大勢の前で意見を述べる態度が正しいか否かをみるのではなく、その論述の論拠となる知識がよいかどうか

3　その論述の答えが正しいか否かをみる以前に、論述の流れや説得方法が妥当かどうか

4　その論述の流れや説得方法が正しいか否かをみる以前に、論拠となる知識が妥当かどうか

問八　傍線部5「気楽な人間関係」とあるが、ここでの「気楽な人間関係」について、本文で述べられている内容として不適当なものを後より一つ選び番号で答えなさい。

1　言葉を発するときに、その場の雰囲気をよく考えたり配慮したりする必要はなく、また、それぞれが自由に考え行動したうえで、仕事でどれだけ成果を得られるかという結果が重視される。

2　個人の違いが確立しているため、相手と自分を比べたときに、自分が劣っているように感じて相手に嫉妬心を抱くこともなく、他人を叩こうという気持ちにもならない。

3　自分の意見や信念が最も重要なものとされるので、古くからの因習や慣習を何よりも尊重したり、集団に合わせて活動したりする必要がない。

4　自分とは元々違っている他人を叩いてはいけないという考えが浸透しているので、論拠を示しながら互いに感情的にならずに気遣い合えるようになっている。

問九　傍線部6「振る舞う」と活用の種類が同じものを後より一つ選び番号で答えなさい。

1　見下ろす　　2　目覚める
3　生じる　　4　接する

問十　傍線部7「日本人が他人を叩いてしまうのは、その背景に『自分と相手は同じに違いない』という考え方があるためです」

1 ソウ縦　2 ソウ奪　3 ソウ索　4 ソウ絶

b オダやか

1 オン師　2 オン厚　3 オン健　4 オン念

c ケイ載

1 ケイ備　2 ケイ示板

3 後ケイ者　4 ケイ古

問二 本文中の(ア)～(ウ)に入る語として最適なものを下より選びそれぞれ番号で答えなさい。

ア 1 ところで　2 例えば

3 あるいは　4 ただし

イ 1 なぜなら　2 すなわち

3 むしろ　4 もちろん

ウ 1 だから　2 けれども

3 つまり　4 ちなみに

問三 本文中には、次の部分が抜けている。これを入れる位置として最適なものを後より一つ選び番号で答えなさい。

だからこそ肩書や年齢、性別、地縁、血縁などの違いに対しては、非常に緩やかでオープンです。

1【A】　2【B】　3【C】　4【D】

問四 傍線部1「人間はこの世に生まれ落ちた時から個別の主体であり、たとえ親子であっても個々の人間は別の存在である――という考え方が社会に根差している」とあるが、この部分の説明として最適なものを後より一つ選び番号で答えなさい。

1 生物学的に自分と他人の関係をとらえることよりも、宗教的な見方で、神がそれぞれの人間を作っているので同じ人間ができるわけがないと考えることが、欧州北部や北米の人々には当たり前になっているので、たとえ親子関係などであっても、違う考え方をしているのも当然であるという考え方が社会の基本になっているということ。

2 生物学的に人間のそれぞれの個体が異なっているのは当然であるとする見方や、神がそれぞれの人間を生み出しているので一つとして同じものがあるはずがないという考え方が、欧州北部や北米で定着しており、どういった関係であっても自分と他人を同一視しないことが社会の前提となっているということ。

3 自分と他人とは考え方や趣味嗜好が違うのが当たり前で、決して同じであるはずがないというとらえ方が、欧州北部や北米の社会の根底にあるため、それぞれを個別の主体であるとする生物学や、個々が異なる存在として神によって生み出されたという宗教観が欧州北部や北米で浸透しているということ。

4 イデオロギーでつながった「個人同士」が社会活動を営み、人間関係を築きあげている欧州北部や北米では、生物学や宗教がそれぞれに異なっている個人個人をつなぐイデオロギーとして存在するので、自分と他人は違っていて当たり前としながらも、コミュニケーションをとっていけるような社会になっているということ。

問五 傍線部2「欧州北部では戦後になって外国人の数が飛躍的に増えています」とあるが、このことを通して筆者の言いたいこととして最適なものを後より一つ選び番号で答えなさい。

1 現代の欧州北部では、外国人が人口全体の約12％を占めているのに対して、日本では外国人の数が全体の2％であるため、個人主義は浸透せず、様々な宗教や文化背景への理解が足りないということ。

2 現代の欧州北部では、個々の人間は別の存在であるという考え方が浸透していたので、移民に寛容だったが、日本では自分と相手は同じであるという考え方が主流だったので、外国人の数が増えないということ。

3 現代の欧州北部では、文化や宗教の異なる多様な人種がともに暮らす社会となったため、以前にも増してそれぞれの人が違う人間であると考える個人主義の傾向が高まっているということ。

を動かすことはできません。説得できない人は知的に劣る上に力がないという評価になってしまいます。

「俺はこうだ」「君はどう思うのか」「それはツマラナイ」などと、自分の意見を主張し、ドンドン発言できる人でなければ、社会生活において「こいつ面白いな」「見どころのある奴《やつ》だ」などと相手に興味を持ってすらもらえないわけです。

だからこそ幼少時から「私の意見はこうです」と表現する技術を徹底的に訓練するのです。

個人主義社会には、日本人が学ぶべき「5気楽な人間関係」があります。

彼らは自分と相手が同じであることや、ある集団の人々が同じように6振る舞うことを期待することはまずありません。それよりも各々の自由な発想や仕事の「結果」が重視されます。

日本のように「間」や「空気」を考えるとか、相手を怒らせないように発言に気を付けるなどといった余計な気遣いは無用な社会なのです。

何より自分の意見が大事ですから、日本のような古くからの因習や慣習への異常なまでの尊敬はみられない。周りに流されず、個人が自分の信念にそって活動することこそが重要とされます。

こうした前提が存在するからこそ「自分とは元々違う」個人である他人を叩いてもどうしようもないと考えられているのですね。彼らにとっては相手を叩くことよりも、論拠を示して「説得」することが重要であるため、日本人のようにネチネチした「他人叩き」には興味がないのです。

個人の違いが確立しているわけですから、相手と自分を比べて嫉妬心を燃やし、「他人叩き」をする必要なんてないのです。

だからこそ、人間関係もおのずとbオダやかで気楽になっているのです。

個別主義社会の考え方とは真逆で、7日本人が他人を叩いてしまうのは、その背景に「自分と相手は同じに違いない」という考え方があるためです。

自分と相手は同じはずだからこそ、相手も自分と同じような社会的倫理を受け入れるはずだし、同じように行動するべきであり、同じような価値観を持つべきだ、だから自分と違うことをするのは許さない！　となってしまうのです。

こうした考え方は日本が集団主義文化圏に属するからこそのものでしょう。ほかに同じ文化圏に所属するのは、東アジアや東南アジアの国々、南アジア、中東、ロシアなどです。アフリカの一部も所属していると感じることがあります。

集団主義の社会では人々の関係性が親密であり、その行動は、因習や慣習、所属集団のルールによって強烈に縛られています。

人間関係が主体であらゆる物事が動くので、相手を怒らせないようにすることが何より大事。（ウ）人間関係はネットリしていてとても粘着質。気を遣いすぎて変な間を取ったり、本当はそう思っているのに「そんなことないよ」などと曖昧な表現で返事をしてしまうというわけです。［ 8 ］なのです。

日本の国語の教科書に「その時の〇〇君の気持ちを答えなさい」といった演習問題が頻繁にcケイ載される理由がわかるというものです。

自分の意見を述べさせる個人主義社会の教育とは真逆ですね。

（谷本真由美『不寛容社会』）

＊1 メンタリティ…心のあり方。

＊2 イデオロギー…歴史的、社会的立場をもとにつくられる基本的なものの考え方。思想の傾向。

＊3 十字軍の遠征…11世紀～13世紀に、ヨーロッパのキリスト教徒が、イスラム教徒から聖地エルサレムを奪還するために行った遠征。

問一 二重傍線部a～cのカタカナの部分を漢字に改めたとき、同じ漢字を用いるものはどれか。後より選びそれぞれ番号で答えなさい。

a 紛ソウ

二〇二一年度
専修大学松戸高等学校（前期18日）

【国　語】（五〇分）〈満点：一〇〇点〉

一　次の文章を読んで、後の設問に答えなさい。

北米やイギリスなど、欧州北部の人々の＊1メンタリティからも日本人は学ぶべきだと思います。

彼らは基本的に「他人叩《たた》き」には興味がありません。【A】

その一番大きな理由は「個人主義社会」であるからでしょう。【B】

人と自分との違いを明確にしており、相手に嫉妬することがないため「他人叩き」をする必要がないのです。【C】

倫理や根本的なモノの考え方である「＊2イデオロギー」などの原理原則で緩やかに繋《つな》がった「個人同士」が社会活動を営んでいる。【D】

しかし「個人」を大切にする社会なので「私はこういう意見です」とはっきりと意思を表明し、相手と能動的にコミュニケーションをとっていかないと、円滑な人間関係は作れません。それはそもそも、1人間はこの世に生まれ落ちた時から個別の主体であり、たとえ親子であっても個々の人間は別の存在である――という考え方が社会に根差しているからでしょう。

自分と他人は違っていて当たり前。日本のように誰もが同じであるという前提がないのですから、個人個人の考え方が違っているのも当たり前。趣味嗜向《しこう》も違うに決まっているというのが、彼らの基本にある考え方なのです。

「各々《おのおの》が個別の主体である」という考え方には、生物学的な意味合いもありますし、宗教的な意味もあります。宗教的な意味とは、神が個々の人間をお作りになったのだから、そもそも同じ人は存在しない――という考え方です。

2欧州北部では戦後になって外国人の数が飛躍的に増えています。今やその数は人口の約12％にも及びます。かたや日本は全体の2％にすら届いていません。ロンドンの場合はなんと人口の3分の1以上が外国生まれです。北米の場合はそもそも最初から移民国ですので、様々な宗教や文化背景を持った人が生まれたときから身近にいます。

多様な人種が共存する社会であるため、最初から「お互いが違う人間である」という彼らの個人主義的な考え方により拍車がかかっているのです。

個人主義的な思考が社会の根本にあるため、3欧州北部や北米では、幼少時から学校などで「自分の意見を主張して他人を説得する方法」を熱心に学びます。

（ア）イギリスの場合。幼稚園の頃から「自分は○○だと思います」と、大勢の前で意見を述べる授業がありますし、試験や宿題は自分の考えを表明する論述式ばかりです。

先生は［　4　］を評価します。論理の進め方、論拠の付け方、バランスの取れた見解かどうかを主に判断するわけです。

歴史の授業では日本のように「史実を丸暗記」するようなことはまずありません。「＊3十字軍の遠征により欧州大陸に生じた文化的変異」といったことを調べ、論文にしたり、他の生徒の前で意見を発表したりします。知識や記憶の正確さを競うのではなく「知識を使って他人を説得するのがうまかったかどうか」を重要視しているのです。

（イ）大学などの入学試験でも論述力がメインです。

私立中学の入試に出てくる問題が「19世紀の中国における宗教紛aソウの政治的な意味を論ぜよ」だったりするのですから驚きです。

なぜこうした論述や説得の訓練を延々とやるのか。他人は自分とは最初から違う意見を持っているのが当たり前なので、相手を説得し、妥協点を見出《みいだ》さなければすべてにおいて進展はない――という社会的思考がその背景にあるのです。相手を説得できなければ物事

2021年度／専修大学松戸高等学校（前期18日）

英語解答

1 放送文未公表

2 問1　③　　問2　②　　問3　③
問4　④　　問5　①　　問6　③
問7　④　　問8　(1)…②　(2)…③

3 問1　(1)…①　(2)…④　(3)…②　(4)…①
(5)…②
問2　②，⑤，⑧

4 (1)　④　　(2)　③　　(3)　②　　(4)　①
(5)　③

5 (1)　1…⑤　2…①
(2)　3…⑥　4…④
(3)　5…①　6…④
(4)　7…①　8…⑤
(5)　9…⑤　10…④
(6)　11…③　12…④

6 (1)　②　　(2)　②　　(3)　⑤　　(4)　③
(5)　③　　(6)　⑤

（声の教育社　編集部）

1〔放送問題〕放送文未公表

2〔長文読解総合―説明文〕

≪全訳≫❶本当に幸運な人がいるものだと思ったことはないだろうか。人生でたくさんの良いことが起こるが，悪いことはほとんど起こらないという人がいる。彼らにはお金，良い友達，良い仕事，そして幸せな生活がある。このような人を見ると，自分の生活は少々がっかりさせるものだと感じることがある。❷ときどき，人々は適切な場所に適切なタイミングでいたり，適切な人々を知っていたりする。これは事実である。こうした場合，彼らに良いことが起こるのだ。しかし，これらの人々の多くは非常に重要なことを知っている。つまり，運は良くすることができる，ということだ。❸これは何を意味するのだろうか。確かに，良い習慣を育み，いつも人として成長するように努力することで，私たちは自分に良いことが起こる可能性を高めることができる。それは目には見えないかもしれないが，多くの「幸運な」人々は実際，とても一生懸命働いているのである。彼らは新しいチャンスが与えられたときに用意ができているのだ。幸運であるということは，多くの場合，準備ができていることを意味するのだ。❹もちろん，良い習慣を身につけるのは非常に難しい場合があることはわかっているが，年を取るとさらに難しくなる可能性がある。だから，より良い生活を送るために，良い習慣を今のうちに自分自身に教える方がよい。❺私たちが持つべき良い習慣のリストをつくる前に，まず良い習慣をつくるのがなぜとても難しいのかを考えてみよう。私たちがふだん何かを行う方法を変えるのは難しい，あるいはある種の行動が私たちの性格に組み込まれていると多くの人は言うだろう。これらの意見にはいくつかの真実があるかもしれないが，良い習慣を身につけるのを妨げる簡単なことを1つ考えていただきたい。それは，即座に満足したいという願望，つまり「今すぐ欲しい」という考えである。❻1960年代，科学者のチームが幼児に対していくつかのテストを行った。／→エ．一人ひとりの子どもにマシュマロが与えられ，今すぐマシュマロを食べてもいいが，少し待てば2個目のマシュマロがもらえると伝えられた。／→イ．待たずにマシュマロを食べるのが最も人気のある選択であり，それらの子どもたちは2個目のマシュマロを受け取れなかった。／→ア．彼らは即座の満足を得たのである。／→ウ．しかし，子どもたちの何人かは待つことにし，マシュマロをもう1つ手に入れた。彼らはまた，待つことができたことをわかって良い気分にもなったのである。彼らは後で得られる満足感というものを得たのだ。❼その後，同じ人たちが大人になってから，彼らに別の調査が行われた。データによれば，待った子どもたちの方が多くの点で人生に成功していた。彼らはテストの点がより良く，問題がより少なく，健康がより良い状態であり，ソーシャルスキルもより優れていた，といった結果が出た。彼らは人生で「より幸運」だったのだ。❽あなたはそのようなテストを受けたことがあるだろうか，そしてあなたは幸せな人生を送っているだろうか。たぶん皆さんは全員「いいえ」と答えるだろう。しかし良い情報がある。後で得られる満足感を選択するように自分自身を訓練し始めるのに遅すぎるということは決してないのだ。❾そして実際，成功した人々が育んできた良い習慣の多くはまさにそれなのだ。いくつかの例を挙げよう。彼らは全てのお金を使わずに，毎月まず20%を貯蓄する。遅くまで眠って暖かいベッドをもう少し楽しもうとはせずに，早起きして運動し，健康的な朝食をとる。夜ふかししてテレビゲームなどせず，少し長く勉強し，遊ぶ時間を減らし，早く寝る。これは退屈に聞こえるかもしれないが，理解しておくべき重要なことの１つは，良い習慣を楽しめるようになれるということだ。仕事を終えると誇りに思うだろうし，自分自身に見られる進歩というものもある。あなたが良い習慣を育むとき，あなたは見た目も気分も良くなり，学校や仕事で成績が向上し，より多くのお金を得て，より良い人間関係を築けるかもしれない。あなたの良い習慣があなたに良い人生を与えていることがわかれば，その習慣はもう退屈には思われない。むしろ良い友達のように思えるだろう。❿あなたが育むべきだと思う良い習慣は何だろうか。どうやったら始められるだろうか。小さなこと１つから始めて，後でもっと難しいことに挑戦してみるとやりやすい。寝る前に翌日の計画を立て始めてもよいかもしれない。あるいは毎月あなたのお金を10%だけ貯蓄するのもよいだろう。または，毎日15分早く起きて，学びたいことについて読むのもよい。良い習慣を育むことを冒険と考えることができれば，より多くの成功を収めることができ，自分の運を開くことができるのだ。

問１＜適語選択＞前の２文には，「幸運な人は一生懸命働いており，チャンスが与えられたときに用意ができている」ということが書かれている。前文にある prepared「用意のできた」とほぼ同じ意味の ready を入れると，空所を含む文が，前の内容を簡潔にまとめた内容になる。

問２＜適語選択＞この後に続く文に書かれている「習慣を変えるのは難しい」「ある種の行動は私たちの性格に組み込まれている」という内容が，良い習慣をつくるのが難しい理由になっていることから判断できる。

問３＜文整序＞直前で述べられている，幼児に対して科学者が行ったテストの内容と結果を表すように並べていく。まず，子どもにマシュマロが与えられたことと，子どもに示した条件を述べるエを置く。次に，多くの子どもがどちらの条件を選んだかを述べるイ，イの結果に対する簡潔な評価を述べるアの順に続ける。最後に，イ以外の条件を選んだ子どもに言及するウを置くと，その子どもたちが得たものを示す次の文にうまくつながる。

問４＜適語(句)選択＞これより前で，マシュマロのテストで待つ方を選んだ子どもの方が，成功した人生を送っていたことが述べられている。第１～３段落の内容から，成功している人は「(より)幸運な」人といえる。ここで言う「幸運」とは，努力を伴うものであり，偶然の運の良さを示す lucky とは異なる意味で使っているので引用符(“ ”)がついている。第３段落第３文でも同じ使われ方をしている。

問５＜適語句選択＞この段落では成功者の習慣が具体的に述べられているが，第８段落最終文からもわかるように，これらの習慣はいつからでも訓練することで身につけられるものである。よって，つまらないようなことでも，楽しめるようになるということを理解しておくことが，良い習慣を身につけるうえで重要だと考えられる。　learn to ～「～する〔できる〕ようになる」

問6＜適所選択＞脱落文の「しかし良い情報がある」という意味から，この前には好ましくない内容が，この後にそれとは反対に好ましい内容が述べられると考えられる。空欄③の前では，幸せな人生を送っていないかもしれないという好ましくない状況が，直後では，後で得られる満足感を選択するように自分自身を訓練し始めるのに遅すぎることは決してないと，好ましい内容が述べられている。

問7＜内容真偽＞①「ある人々が本当に幸運であれば，他人の生活は少しがっかりさせるものになるだろう」…×　第1段落最終文参照。幸運な人を見たときに自分の生活にがっかりすることがあるとは言っているが，誰かが幸運だと，他の人々の生活ががっかりするようなものになるとは言っていない。　②「私たちが仲の良い友達であるとき，私たちは自分の運を開くことができる」…×　「仲の良い友達であるとき」という記述はない。　③「成功者は実際に良い習慣を育んでいるので，彼らには良い友達がいて，退屈しない」…×　第9段落最後の2文参照。　④「良い習慣を育むためには，難しいことは後で挑戦するのがよいだろう」…○　第10段落第3文に一致する。

問8＜英問英答＞(1)「幸運な人々について真実ではないのはどれか」―②「彼らの多くは良い習慣を持ったまま生まれてくる」　第3段落第2文および第8段落最終文参照。良い習慣は生まれ持ったものではなく，訓練して育むものである。　(2)「あなたの人生で，より多くの成功を収めるためにあなたは何をすべきか」―③「良い習慣を育むことは冒険のようなものだと考えるべきだ」　本文最終文参照。

3〔長文読解総合―物語〕

≪全訳≫❶太郎は小学生だった。彼は5年生で，サッカーが大好きだった。地元のチームでプレーし，トッププレーヤーの1人だった。チームが練習するのは土曜日と日曜日だけだったが，太郎は毎朝早く起きてキックを練習し，公園の周りを走った。彼は毎日運動していたので，足が速く，他のプレーヤーは試合中疲れることがあっても彼は簡単に疲れることはなかった。❷太郎は，小学校の最終学年が近づくと，友達やクラスメートの多くが親からスマートフォンを買ってもらい始めたことに気づくようになった。太郎のチームメートの中には，スマートフォンを使ってインターネットでサッカーの技術に関する動画や有名選手のすばらしいプレーの動画を見ているものもいた。何人かの男子はキックの練習をしている自分の動画を友達と共有しさえしていた。❸太郎も自分のスマートフォンが欲しかった。(それがあれば)サッカーの動画を見たり，サッカーの練習をしている自分の動画を友達に送ったりすることができるだろう。彼は両親に誕生日のプレゼントとしてスマートフォンを買ってくれるように頼んだ。太郎の母親は「スマホには良い点もあるかもしれないけど，悪い点も考えられるわね」と言った。太郎の父親は「太郎，スマホは緊急時やインターネットで情報をチェックするときにとても便利だと思う。もちろんお前の気持ちは理解できるよ」と言った。しかし，彼はまた，「(1)スマホを使いすぎる子どもたちの中には，生活に問題を抱え始めた子もいるんだ。スマホを手に入れるのはもう少し後まで待って，今年はサッカーにこれまでどおり集中した方がいいよ」とも言った。❹友達の何人かはすでにスマートフォンを楽しんでいたので，太郎はこのことが本当に悲しくなり，父親に「お父さん，お願い，スマホはサッカーだけに使うと約束するよ。注意して使うから」と言った。これを聞いた太郎の父親は承諾し，新しいスマートフォンを買うことを約束した。❺翌日，太郎の父親は小さなピカピカの箱を持って帰宅した。太郎が開けると，新しいスマートフォンだった。彼はとてもうれしくて喜びで泣き出さんばかりだった。彼はそれから数日かけて使い方を学んだ。彼は自分がさまざまなキックを練習している動画をつくるのを楽しんだ後，それを友達に送った。彼はまた，インターネット上で彼のお気に入りの選手の動画をたくさん見て，彼らの有名なゴールをまねしようとした。❻太郎は，チームメートと毎晩試合や日常生活のことについてメッセージをやりとりするのも好きだった。彼は友達にメッセージを送るのが楽しく，また，いつも彼らの返信に興味を持っていた。彼はよく自分のスマートフォンをチェックし，メッセージが送られてきたかどうかを確認した。最初は家の居間に置いていたが，そのうちどこへ行くにも持ち歩くようになった。❼数か月後，太郎はスマートフォンをポケットに入れるまでになっていた。受け取るメッセージが毎日ますます増え続けたので，スマートフォンを頻繁にチェックする必要があった。彼はまた，お気に入りの全てのプレーヤーの情報を最新のものにしたかったので，彼らについてのコメントを見るためにソーシャルメディアサイトをチェックし続けた。❽しばらくすると，太郎は１日に約２時間スマホを見て過ごしていた。早く起きられない朝が多くなったので，朝の運動をしなくなり，朝食の量も減っていった。彼はあまり練習しなかったので，体力が落ちていき，チームの何人かのプレーヤーは彼よりはるかに上手にプレーするようになった。❾太郎のサッカーに対する気持ちに変化が起き始めた。彼はサッカーをして強い選手になるのではなく，ソーシャルメディアでサッカーについて考えるようになった。彼はインターネットのチャットの方に興味を持つようになり，外に出て運動することにあまり興味を持たなくなった。❿太郎の父親は悲しんだ。「太郎は変わってしまった。スマホを手にする前は，活動的で，早起きで，毎日運動していた。太郎はスマホを手に入れた後，(2)体力が落ち，睡眠時間が少なくなり，運動もしなくなり，スマホを見る時間が多くなった」⓫太郎の父親は彼に，スマートフォンを使いすぎていると言った。彼は「スマホの悪い面がお前の生活に影響し始め，お前はサッカーをする能力を失っている。新しいルールをつくることにする。スマホは１日に30分だけ，学校から帰ってきた後の午後４時からしか使ってはいけない」と言った。⓬最初，太郎はそのルールが気に入らなかったが，それを守り始めてから生活が再びよくなった。早寝早起きし始め，練習量が増え始め，勉強時間さえも増えてきた。スマートフォンは便利だが危険を伴うものであり，使う時間に制限を設けることで，より楽しく生活できることを彼は学んだ。

問１＜適文選択・英問英答＞(1)「[(1)]に入れるのに最適な文はどれか」―①「スマホを使いすぎる子どもたちの中には，生活に問題を抱え始めた子もいる」　直前のBut he also saidに着目する。Butの前ではスマートフォンの利点を述べているので，空所の後ではそれとは反対にスマートフォンのマイナス面が入ると判断できる。　(2)「[(2)]に入れるのに最適な文はどれか」―④「体力が落ち，睡眠時間が少なくなり，運動もしなくなった」　スマートフォンを持つようになった後の，生活態度が悪化した太郎を表す内容が入る。　(3)「太郎は最初，スマートフォンを何に使うつもりだったのか」―②「彼はそれをサッカーに関することだけに使うつもりだった」　第４段落参照。　(4)「なぜ太郎はスマートフォンを頻繁にチェックしなければならなかったのか」―①「多くのメッセージを読み，お気に入りの全てのプレーヤーに関する定期的な更新情報をチェックするため」　第７段落参照。　(5)「太郎の父親は太郎の生活を改善させるために何をしたか」―

②「太郎のスマートフォンの使い方についてルールを決めた」　第11段落後半参照。

問２<内容真偽>①「太郎のチームメートのほとんどは，スマートフォンを使ってサッカーに関する動画を共有していた」…×　第２段落最終文参照。チームメートの「ほとんど」ではなく「何人か」。　②「太郎の母親はスマートフォンには子どもにとって良い点と悪い点の両方があると言った」…○　第３段落第４文に一致する。　③「太郎は，自宅の自室でのみスマートフォンを使うと父親に言った」…×　第４段落参照。太郎はスマートフォンをサッカーだけに注意して使うことを約束したが，自宅の自室でのみ使うとは言っていない。　④「太郎の父親は息子にスマートフォンを使わせたくなかったので彼のために購入することはなかった」…×　第５段落第１，２文参照。　⑤「太郎はインターネットでたくさんのサッカーの動画を見て楽しみ，ボールを上手に蹴る方法を一生懸命練習した」…○　第５段落最終文に一致する。　⑥「太郎のスマートフォンを持たない生活と持つ生活に違いはなかった」…×　第10段落第２文の父親の言葉「太郎は変わってしまった」に象徴されるように，スマートフォンを持つようになってからの太郎の生活は一変した。　⑦「スマートフォンのおかげで，太郎はサッカーの練習にますます興味を持っていった」…×　第９段落最終文参照。太郎はサッカーを自分でプレーする情熱を失っていった。　⑧「太郎は，スマートフォンを使うときは，もっと注意して，時間制限を設けることが重要だということを学んだ」…○　第12段落最終文に一致する。

4〔適語(句)選択〕

(1) stop は「～することをやめる」という意味のときは‘stop＋動名詞(～ing)’で表す。なお，‘stop＋to不定詞’は「～するために立ち止まる」という意味になる(このto不定詞は‘目的’を表す副詞的用法)。　「バスが来たとき，ようやく雨がやんだ」

(2)‘during＋名詞’で「～の間に」という特定の期間について表せる。なお，for the night「夜の間」は，宿泊するときの表現としてよく使われる。　「私は英語の宿題を終えるために夜，勉強した」

(3)間接疑問なので‘疑問詞＋主語＋動詞’の語順になっていない①は不可。③，④は文意が通らない。‘call＋*A*＋*B*’「*A*を*B*と呼ぶ」の‘*B*’の部分が疑問詞 what となって前に出た形。　「彼が自分の犬を何と呼んでいるか教えてください」

(4)‘形容詞〔副詞〕＋enough for＋人＋to ～’「〈人〉が～できるほど〔するほど〕十分…」の形。　「あなたのバッグは私が運べるくらい(十分に)軽い」

(5)‘私’がなりたいものなので‘人’を表す語を選ぶ。　robot engineer「ロボットエンジニア」「私はロボットエンジニアになり，工場で働く人々を助けたいと思っている」

5〔整序結合〕

(1)「～する生徒たちもいる」は‘Some students＋動詞...’という形で表せる。「何を言ったらいいのか」は‘疑問詞＋to不定詞’の形で what to say とする。不要語は tell。　Some students don't know what to say in class.

(2)「あそこを歩いている」が「猫」を修飾している。「～している」という意味の語句が名詞を修飾するとき，‘名詞＋～ing＋語句’で表せるので，the cat walking there とまとめる(現在分詞の形容詞的用法)。「～に似ている」は look like ～。「前に飼っていた猫」は，目的格の関係代名詞が省略された‘名詞＋主語＋動詞...’の形で the cat we had before とする。不要語は keep。

The cat walking there looks like the cat we had before.

(3)「君が～するのももっともだ」は「君にとって～することは正しい」ということ。'It is ～ for … to —'「…にとって—することは～だ」の形式主語構文で表す。「～に怒る」は get angry at ～。不要語は make。 It is right for you to get angry at him.

(4)「(パンなど)～を２切れ」は two pieces of ～。「バター付きのパン」は bread and butter。これは決まった表現で[brédnbʌ́tər]と発音する。「朝食に」は for breakfast。不要語は cut。 I have two pieces of bread and butter for breakfast every day.

(5)「最も～のうちの１つ」は'one of the＋最上級＋複数名詞'で表せる。big「大きい」の最上級は biggest。不要語は most。 New York is one of the biggest cities in the world.

(6)「青いシャツを着た女の子」は「～を身につけて」という'着用'を表す in を用いて，a girl in a blue shirt とする。「帰宅途中に」は，'on ～'s way to …'「(～が)…へ行く途中で」を用いるが，この home「家に」は副詞なので to はつけずに on your way home とする。不要語は wear。
Did you see a girl in a blue shirt on your way home?

6〔誤文訂正〕

(1) excited を exciting にする。動詞 excite は「〈人〉を興奮させる」という意味。ここから現在分詞の exciting は「(物事などが)(人を)興奮させる，わくわくさせる」という意味になる。一方，過去分詞の excited はもとの「興奮させられた」という意味から「(人が)興奮して，わくわくして」という意味になる。 「昨日見た映画はあまりおもしろくなかったので，見るのをやめてマンガを読んだ」

(2) is made を was made にする。1974年の出来事なので過去形にする。 「これは1974年にアメリカの会社によってつくられたパソコンだ」

(3)誤りはない。fruit は種類を表す場合は'数えられる名詞'になる。 「祖父はバナナやパイナップルなど海外の甘い果物を食べたいと思っていた」

(4) How を What にする。「～をどう思うか」は What do you think of〔about〕～? で表す。
come to an end「終わる」 「難しい問題が終わりに近づいている。それについてあなたはどう思いますか」

(5) never を ever にする。'the＋最上級＋名詞(＋that)＋主語＋have/has ever＋過去分詞...'「今まで～した中で最も…な—」の形。 「スミスさんが書いた本は，私が今まで読んだ中で一番おもしろい本だと思う。あなたもそれを読むべきだ」

(6)誤りはない。enjoy は目的語に to不定詞ではなく動名詞(～ing)をとる。 'not only ～ but also …'「～だけでなく…も」 「彼は沖縄で，海で泳ぐだけでなく，登山も楽しんだ」

2021年度／専修大学松戸高等学校（前期18日）

数学解答

1 (1) ア…1　イ…2　ウ…7
(2) ア…1　イ…9
(3) ア…7　イ…1　ウ…8
(4) ア…5　イ…3
(5) ア…2　イ…4
(6) ア…6　イ…0

2 (1) ① ア…1　イ…1　ウ…0
エ…1　オ…5
② カ…7　キ…7　ク…5
(2) ① ア…3　イ…7
② ウ…1　エ…5

3 (1) ア…8　イ…1　ウ…6
(2) エ…1　オ…4　カ…7
(3) キ…1　ク…5　ケ…8　コ…1
サ…2

4 (1) ア…4　イ…5
(2) ウ…4　エ…3
(3) オ…1　カ…2　キ…4　ク…3

5 (1) ア…1　イ…2
(2) ウ…3　エ…6　オ…6
(3) カ…2　キ…6

（声の教育社　編集部）

1〔独立小問集合題〕

(1)＜平方根の計算＞与式$=\sqrt{14}(2\sqrt{7}+4)(\sqrt{14}-2\sqrt{2})=\sqrt{14}\times2(\sqrt{7}+2)\times\sqrt{2}(\sqrt{7}-2)=\sqrt{14}\times2\sqrt{2}\times(\sqrt{7}+2)(\sqrt{7}-2)=2\times2\sqrt{7}\times(7-4)=4\sqrt{7}\times3=12\sqrt{7}$

(2)＜二次方程式の応用＞解の公式を用いて二次方程式を解くと，$x=\dfrac{-(-a)\pm\sqrt{(-a)^2-4\times1\times4a}}{2\times1}=\dfrac{a\pm\sqrt{a^2-16a}}{2}$となる。解が$x=\dfrac{a\pm\sqrt{57}}{2}$となるので，$a^2-16a=57$が成り立つ。これを解くと，$a^2-16a-57=0$，$(a+3)(a-19)=0$　∴$a=-3$，19　$a>0$より，$a=19$である。

(3)＜式の値＞与式$=\dfrac{5}{2}\times\left(-\dfrac{1}{9}\right)-\dfrac{2}{3}\times\dfrac{5}{2}-3\times\left(-\dfrac{1}{9}\right)+2=-\dfrac{5}{18}-\dfrac{5}{3}+\dfrac{1}{3}+2=-\dfrac{5}{18}-\dfrac{30}{18}+\dfrac{6}{18}+\dfrac{36}{18}=\dfrac{7}{18}$

(4)＜関数―xの値＞関数$y=\dfrac{3}{4}x^2$で，$x=t$のとき$y=\dfrac{3}{4}t^2$，$x=t+6$のとき$y=\dfrac{3}{4}(t+6)^2$である。xの値がtから$t+6$まで増加するときのyの増加量が42だから，$\dfrac{3}{4}(t+6)^2-\dfrac{3}{4}t^2=42$が成り立つ。これを解くと，$(t+6)^2-t^2=56$より，$t^2+12t+36-t^2=56$，$12t=20$，$t=\dfrac{5}{3}$となる。

(5)＜数の性質＞$\sqrt{\dfrac{216}{n}}=\sqrt{\dfrac{2^3\times3^3}{n}}$であり，$n$は自然数だから，$\sqrt{\dfrac{216}{n}}$が整数になるとき，$\dfrac{2^3\times3^3}{n}=1$，$2^2$，$3^2$，$2^2\times3^2$である。よって，$n=2^3\times3^3$，$2\times3^3$，$2^3\times3$，$2\times3$だから，$n=216$，$54$，$24$，$6$である。このとき，$60-n$の値は$60-216=-156$，$60-54=6$，$60-24=36$，$60-6=54$だから，$\sqrt{60-n}$が整数となるのは，$60-n=36$より，$n=24$である。

(6)＜図形―面積＞右図で，DF∥EG∥BCより，△ADFと△AEGと△ABCは相似であり，AD＝DE＝EBだから，相似比はAD：AE：AB＝1：2：3である。よって，△ADF：△AEG：△ABC$=1^2:2^2:3^2=1:4:9$となるので，〔台形DEGF〕：〔台形EBCG〕$=(4-1):(9-4)=3:5$である。〔台形DEGF〕$=36$だから，〔台形EBCG〕$=\dfrac{5}{3}$〔台形DEGF〕$=\dfrac{5}{3}\times36=60(\text{cm}^2)$となる。

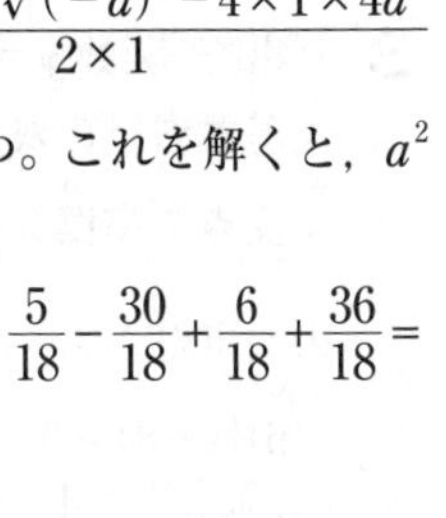

2〔独立小問集合題〕

(1)＜連立方程式の応用＞① 4月9日の大人の入館者数がx人，子どもの入館者数がy人で，4月10日

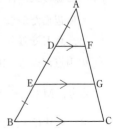

は，大人は前日より1割増加，子どもは前日より2割減少し，全体では20人減少したから，4月10日の入館者数の増減について，$x\times\frac{1}{10}-y\times\frac{2}{10}=-20$ が成り立つ。これより，$\frac{1}{10}x-\frac{1}{5}y=-20$……(i)となる。　②入館料は，大人1人600円，子ども1人400円で，4月9日の入館料の合計は40万円だったから，$600x+400y=400000$ が成り立ち，$3x+2y=2000$……(ii)となる。(i)，(ii)を連立方程式として解くと，(i)×10より，$x-2y=-200$……(i)′　(i)′+(ii)より，$x+3x=-200+2000$，$4x=1800$　$\therefore x=450$　これを(ii)に代入して，$1350+2y=2000$，$2y=650$　$\therefore y=325$　よって，4月9日の入館者数の合計は $x+y=450+325=775$(人)である。

(2)<確率―カード>①袋Aには5枚，袋Bには7枚のカードが入っているので，袋A，Bからカードを1枚ずつ取り出すとき，取り出し方はそれぞれ5通り，7通りであり，全部で $5\times7=35$(通り)ある。よって，a，b の組は35通りある。このうち $b-a$ の値が正の数になるのは，$a=1$ のとき $b=2$，3，4，5，6の5通り，$a=2$ のとき $b=3$，4，5，6の4通り，$a=3$ のとき $b=4$，5，6の3通り，$a=4$ のとき $b=5$，6の2通り，$a=5$ のとき $b=6$ の1通りある。したがって，$b-a$ の値が正の数になる場合は，$5+4+3+2+1=15$(通り)あるから，求める確率は $\frac{15}{35}=\frac{3}{7}$ である。　② $10a+b$ は，十の位の数が a，一の位の数が b の2けたの整数を表す。a，b の組が35通りより，$10a+b$ の値も35通りあり，このうち，素数は11，13，23，31，41，43，53の7通りだから，求める確率は $\frac{7}{35}=\frac{1}{5}$ である。

3〔関数―関数 $y=ax^2$ と直線〕

≪基本方針の決定≫(3)　平行四辺形の面積を2等分する直線は対角線の交点を通る。

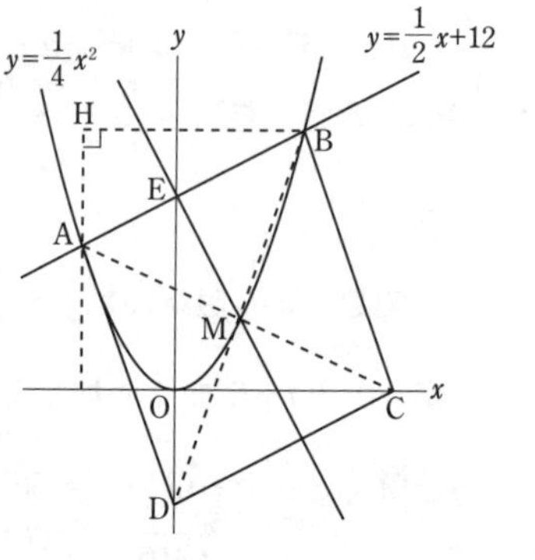

(1)<交点の座標>右図で，点Bは放物線 $y=\frac{1}{4}x^2$ と直線 $y=\frac{1}{2}x+12$ の交点だから，この2式より，$\frac{1}{4}x^2=\frac{1}{2}x+12$，$x^2-2x-48=0$，$(x+6)(x-8)=0$　$\therefore x=-6$，8　よって，点Bの x 座標は8である。y 座標は $y=\frac{1}{4}\times8^2=16$ だから，B(8，16)である。

(2)<座標>右図で，(1)より，B(8，16)であり，点Aの x 座標は -6 だから，$y=\frac{1}{4}\times(-6)^2=9$ より，A(-6，9)となる。四角形ABCDは平行四辺形だから，DC∥AB，DC=ABである。よって，点Aを通り y 軸に平行な直線と点Bを通り x 軸に平行な直線の交点をHとすると，△ODC≡△HABとなる。これより，$\mathrm{OC}=\mathrm{HB}=8-(-6)=14$ となるので，C(14，0)である。また，$\mathrm{OD}=\mathrm{HA}=16-9=7$ となるので，D(0，-7)である。

(3)<直線の式>右上図で，直線 $y=\frac{1}{2}x+12$ の切片より，E(0，12)である。また，四角形ABCDは平行四辺形だから，面積を2等分する直線は，対角線AC，BDの交点を通る。この交点をMとすると，点Eを通り，四角形ABCDの面積を2等分する直線は，直線EMとなる。点Mは対角線BDの中点だから，B(8，16)，D(0，-7)より，点Mの x 座標は $\frac{8+0}{2}=4$，y 座標は $\frac{16+(-7)}{2}=\frac{9}{2}$ となり，M$\left(4,\ \frac{9}{2}\right)$ である。2点E，Mの座標より，直線EMの傾きは $\left(\frac{9}{2}-12\right)\div(4-0)=-\frac{15}{8}$ となり，切片は12だから，求める直線の式は $y=-\frac{15}{8}x+12$ である。

4〔平面図形―円〕

≪基本方針の決定≫(2)　△ADBに着目する。　(3)　点Bから辺CDに垂線を引いて特別な直角三角形の辺の比を利用する。

(1)＜角度＞右図で，2点O，Cを結ぶ。$\overset{\frown}{AC}=\overset{\frown}{CB}$より，$\angle AOC=\angle BOC=\frac{1}{2}\times180^\circ=90^\circ$である。$\overset{\frown}{BC}$に対する円周角と中心角の関係より，$\angle BDC=\frac{1}{2}\angle BOC=\frac{1}{2}\times90^\circ=45^\circ$となる。

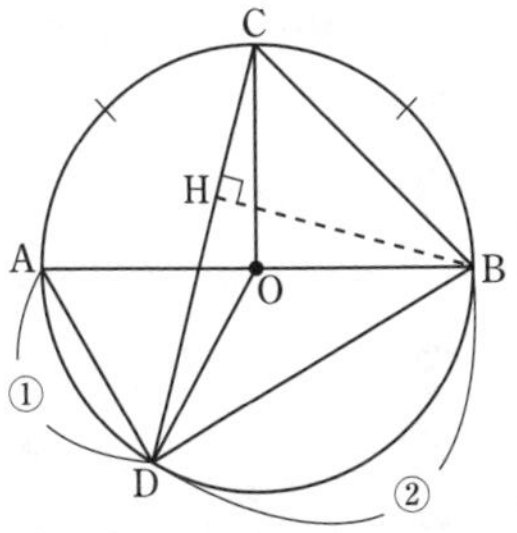

(2)＜長さ―特別な直角三角形＞右図で，点Aと点D，点Oと点Dを結ぶ。$\overset{\frown}{AD}:\overset{\frown}{DB}=1:2$より，$\angle AOD:\angle BOD=1:2$だから，$\angle AOD=\frac{1}{1+2}\times180^\circ=60^\circ$である。OA＝ODだから，△OADは正三角形であり，$\angle BAD=60^\circ$となる。また，線分ABは円Oの直径だから，$\angle ADB=90^\circ$である。よって，△ADBは，$AD:AB:BD=1:2:\sqrt{3}$の直角三角形となり，$BD=\frac{\sqrt{3}}{2}AB=\frac{\sqrt{3}}{2}\times8=4\sqrt{3}$(cm)である。

(3)＜面積―特別な直角三角形＞右上図で，(1)より，$\angle BDC=45^\circ$であり，(2)より，$\angle BAD=60^\circ$だから，$\overset{\frown}{BD}$に対する円周角より，$\angle BCD=\angle BAD=60^\circ$となる。よって，点Bから辺CDに垂線BHを引くと，△DBHは直角二等辺三角形，△BCHは3辺の比が$1:2:\sqrt{3}$の直角三角形となる。$BD=4\sqrt{3}$だから，$DH=BH=\frac{1}{\sqrt{2}}BD=\frac{1}{\sqrt{2}}\times4\sqrt{3}=2\sqrt{6}$となり，$CH=\frac{1}{\sqrt{3}}BH=\frac{1}{\sqrt{3}}\times2\sqrt{6}=2\sqrt{2}$となる。よって，$CD=DH+CH=2\sqrt{6}+2\sqrt{2}$となり，$\triangle BCD=\frac{1}{2}\times CD\times BH=\frac{1}{2}\times(2\sqrt{6}+2\sqrt{2})\times2\sqrt{6}=12+4\sqrt{3}$(cm^2)である。

5〔空間図形―三角柱〕

≪基本方針の決定≫(1)　△DEG≡△DEFである。　(2)　△ACGは二等辺三角形である。

(3)　三角錐ABCGの底面を△ACGとしたときの高さである。

(1)＜長さ―合同＞右図で，$\angle DEG=\angle DEF=90^\circ$，DE＝DE，DG＝DFだから，△DEG≡△DEFである。よって，EG＝EF＝6となるから，BG＝BE－EG＝18－6＝12(cm)である。

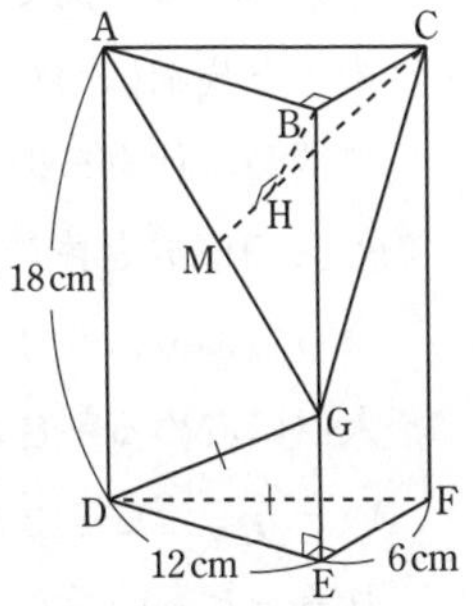

(2)＜面積―三平方の定理＞右図で，(1)より，BG＝12だから，BG＝BA，BC＝BC，$\angle GBC=\angle ABC=90^\circ$となり，△GBC≡△ABCである。よって，CG＝CAとなるから，△ACGは二等辺三角形である。辺AGの中点をMとし，点Cと点Mを結ぶと，CM⊥AGとなる。また，△ABCで三平方の定理より，$CA=\sqrt{BC^2+AB^2}=\sqrt{6^2+12^2}=\sqrt{180}=6\sqrt{5}$である。△ABGは直角二等辺三角形だから，$AG=\sqrt{2}AB=\sqrt{2}\times12=12\sqrt{2}$となり，$AM=\frac{1}{2}AG=\frac{1}{2}\times12\sqrt{2}=6\sqrt{2}$となる。したがって，△CAMで三平方の定理より，$CM=\sqrt{CA^2-AM^2}=\sqrt{(6\sqrt{5})^2-(6\sqrt{2})^2}=\sqrt{108}=6\sqrt{3}$となるので，$\triangle ACG=\frac{1}{2}\times AG\times CM=\frac{1}{2}\times12\sqrt{2}\times6\sqrt{3}=36\sqrt{6}$(cm^2)である。

(3)＜長さ＞右上図で，点Bと平面ACGとの距離は，点Bから平面ACGに引いた垂線の長さである。この垂線をBHとすると，(2)より，〔三角錐ABCG〕$=\frac{1}{3}\times\triangle ACG\times BH=\frac{1}{3}\times36\sqrt{6}\times BH$と表される。また，BG⊥〔面ABC〕だから，〔三角錐ABCG〕$=\frac{1}{3}\times\triangle ABC\times BG=\frac{1}{3}\times\left(\frac{1}{2}\times12\times6\right)\times12=144$である。よって，$\frac{1}{3}\times36\sqrt{6}\times BH=144$が成り立つ。これを解くと，$BH=2\sqrt{6}$(cm)となる。

社会解答

1 (1) オ　(2) ウ　(3) エ　(4) ウ　(5) イ

2 (1) イ　(2) エ　(3) ア

(4) ①…ア　②…イ

3 (1) イ　(2) ア　(3) オ　(4) ア

4 (1) イ　(2) ウ　(3) エ　(4) ア

5 (1) ウ　(2) ア　(3) ア　(4) エ

6 (1) ウ　(2) イ　(3) オ　(4) エ

(5) カ

7 (1) ウ　(2) エ　(3) イ

8 (1) イ　(2) エ　(3) ウ

（声の教育社　編集部）

1〔歴史・公民総合―千葉県の読書への取り組みを題材とする問題〕

(1)＜年代整序＞年代の古い順に，Ⅲ(1868年―江戸城の明け渡し)，Ⅰ(1875年―樺太・千島交換条約)，Ⅳ(1894年―日清戦争開始)，Ⅱ(1942年―ミッドウェー海戦)となる。

(2)＜日本の行政機関＞Ⅰ．国家公安委員会は，警察に関わる行政を監督する機関である。国家公安委員会の管理のもとに警察庁が置かれ，警察に関わる行政を担当している。なお，法務省は検察や戸籍，人権擁護などに関わる仕事を担当する機関である。　Ⅱ．国土交通省は，国土の開発・保全や交通に関わる仕事を担当する機関である。気象庁は国土交通省に所属し，気象や地震，火山などに関する観測や情報提供などを行っている。なお，文部科学省は，教育や文化，科学技術などの振興に関わる仕事を担当する機関である。　Ⅲ．環境省は，環境保全や公害防止などに関わる仕事を担当する機関である。原子力規制委員会は環境省に所属し，原子力の利用や研究・開発についての安全規制に関わる仕事を行っている。なお，経済産業省は，産業や貿易の振興，エネルギーなどに関わる仕事を担当する機関である。

(3)＜人口構成と家族の変化＞Ⅰ．Xは，高齢者の割合が高く，子どもの割合が少ない「つぼ型」となっており，少子高齢化が進んだ2015年の人口ピラミッドである。一方，Yは，年齢が低いほど人口に占める割合が高い「富士山型」に近い形の人口ピラミッドであり，生まれる子どもの数が多い一方で死亡率も高いことを示している。ただし，15歳未満の世代では割合が減少しており，生まれる子どもの数が減りつつあることがわかる。これは，高度経済成長期であった1960年の人口ピラミッドである。　Ⅱ．第二次世界大戦後の日本では，三世代世帯(祖父母と親と子どもで暮らす世帯)の割合が減少し，核家族世帯(親と子ども，または夫婦のみの世帯)の割合が増加した。さらに近年では，少子高齢化の進展などにより，単独世帯(一人世帯)の割合が大きく増加している。

(4)＜資料の読み取り＞Ⅱ，Ⅲ，Ⅵが正しい内容である。資料1で，1か月に読む本の冊数が「7冊以上」と回答した割合は3.6%から3.2%に減少している(Ⅰ…×)。資料2で，電子書籍を「たまに利用する」と回答した割合は，2013年(12.6%)から2018年(17.2%)にかけて約1.4倍に増加しており，「1.5倍以上に増加」はしていない(Ⅳ…×)。資料2で，電子書籍を「利用する」と回答した割合は，2013年(17.2%)から2018年(25.2%)にかけて8%増加しており，「10%以上増加」はしていない(Ⅴ…×)。

2〔日本地理―日本の諸地域，地形図〕

(1)＜日本の都道府県＞山陽新幹線が通る府県は，東から大阪府，兵庫県，岡山県，広島県，山口県，福岡県の6府県である。山陽新幹線は，近畿地方(大阪府，兵庫県)，中国・四国地方(岡山県，広島県，山口県)，九州地方(福岡県)を通る(イ…○)。なお，日本の標準時子午線である東経135度の経線は兵庫県明石市などを通っており，大阪府はこれよりも東側に位置している(ア…×)。府県名と府県庁所在地名が異なるのは，神戸市を県庁所在地とする兵庫県のみである(ウ…×)。東海と呼ばれる地域に含まれるのは，中部地方の太平洋側(静岡県，愛知県，岐阜県南部)と近畿地方の三重県である(エ…×)。

(2)<貿易港と輸出品目>Ⅰ～Ⅳのうち，半導体等製造装置や集積回路など小型・軽量で高価な品目が多いⅠとⅡは，成田国際空港と関西国際空港のいずれかである。このうち，輸出総額がより多いⅠが成田国際空港で，Ⅱが関西国際空港となる。次に，自動車に関連する品目が多いⅣは，豊田市(愛知県)などで自動車工業が盛んな中京工業地帯に隣接する名古屋港である。残るⅢは，京浜工業地帯で生産された工業製品などを輸出する東京港である。

(3)<農産物の生産が盛んな道県の特徴>図中のあ.は北海道，い.は山形県，う.は長野県，え.は山梨県で，北海道はたまねぎ，山形県はさくらんぼ〔おうとう〕，長野県はレタス，山梨県はぶどうの生産量がそれぞれ全国第1位である。山形県天童市を中心とする地域では，伝統的工芸品である天童将棋駒の生産が行われている。なお，イは長野県，ウは北海道，エは山梨県について述べたものである。

(4)<地形図の読み取り>①正方形であるXの1辺の長さは，地形図上で2cmである。この地形図の縮尺は2万5000分の1であることから，1辺の実際の距離は，2cm×25000＝50000cm＝500m＝0.5kmとなる。したがってXの面積は，0.5km×0.5km＝0.25km^{2}となる。　②飯盛山の西側の斜面には，広葉樹林(Q)や針葉樹林(Λ)が見られる(Ⅱ…○)。また，飯盛山の山頂の標高は314mであり，忍ヶ丘駅のそばには26mの標高点があることから，その標高差は200m以上である(Ⅳ…○)。なお，特にことわりのないかぎり，地形図上では上が北となるので，忍ヶ丘駅から見た市役所(◎)の方角は南西である(Ⅰ…×)。実際の距離が500mである場合，この地形図上での長さは2cmとなり(①の解説参照)，忍ヶ丘駅を中心とした半径2cmの範囲内には，郵便局(⊕)は見られるが警察署(⊗)は見られない(Ⅲ…×)。

3 〔世界地理―世界の姿と諸地域〕

(1)<地図上の最短ルート>図2は，中心である東京からの距離と方位を正しく示しているので，東京とロンドンの最短ルートは，図2上で東京とロンドンを結んだ直線となる。この直線が通る場所を図1上に示すと，イのルートとなる。

(2)<ロシア連邦>Ⅰ．ウラル山脈は，ロシア連邦の西部を南北に走る。ウラル山脈を境として，西側がヨーロッパ州，東側がアジア州となる。なお，ピレネー山脈はフランスとスペインの国境に位置する山脈である。　Ⅱ．パイプラインは，石油や天然ガスなどを輸送するための管である。ロシア連邦はこれらの資源を豊富に産出し，陸続きのヨーロッパの国々へパイプラインを通じて輸出している。なお，コンビナートは，効率的な生産のために関連工場を集めてパイプラインなどで結びつけた地域である。

(3)<世界の気候>図1中のあ.は温帯，い.は乾燥帯，う.は熱帯に属する。Ⅰ(ブラジルの都市マナウス)は，一年中高温で降水量が多いことから熱帯の熱帯雨林気候である。Ⅱ(南アフリカ共和国の都市ケープタウン)は，温暖で夏の降水量が少ないことから温帯の地中海性気候である。Ⅲ(オーストラリアの都市アリススプリングス)は，一年を通して降水量が非常に少ないことから乾燥帯の砂漠気候である。

⑷＜資料の読み取り＞資料２の内容に沿って，A～D，E，Fのうち，わかるものから特定していく。資料２の１つ目の文「自動車保有台数と二輪車保有台数の合計が最も少ない」に当てはまるのはB(20001千台)であることから，Bはトルコである。資料２の２つ目の文に「二輪車保有台数は，自動車保有台数の２倍以上」とあり，E，Fのどちらかがもう一方の２倍以上となっているのはA(EがFの約2.48倍)とC(FがEの約2.82倍)であることから，AとCのいずれかがインドである。資料２の３つ目の文に「自動車保有台数は，二輪車保有台数の2.5倍以上」とあり，前述のAとCのうちCがこれに当てはまることから，Cが中国となり，Aがインドとなる。また，Eが二輪車保有台数，Fが自動車保有台数であることもわかる。資料２の４つ目の文「自動車保有台数と二輪車保有台数の差が最も小さい」に当てはまるのはD(2640千台)であることから，Dはマレーシアである。

4〔歴史—古代の日本と世界〕

⑴＜古墳時代の様子＞埼玉県の稲荷山古墳や熊本県の江田船山古墳から出土した鉄剣や鉄刀には，「ワカタケル大王」の名が刻まれている(Ⅰ…正)。青銅器や鉄器が初めて日本に伝えられたのは紀元前４世紀頃で，弥生時代には広く使われていた(Ⅱ…誤)。

⑵＜中大兄皇子の政治＞Ⅰ，Ⅱ．７世紀後半，朝鮮半島では新羅が唐(中国)と結んで百済を滅ぼした。中大兄皇子(後の天智天皇)は，百済の復興を支援するため朝鮮半島に大軍を派遣したが，白村江の戦いで唐と新羅の連合軍に敗れた。その後，唐や新羅の攻撃に備えて大宰府を守るため，九州北部に水城や大野城を築き，西日本の各地にも大野城と同様の山城を築いた。なお，壬申の乱は，天智天皇の後継ぎをめぐって子の大友皇子と弟の大海人皇子(後の天武天皇)が争った戦いである。また多賀城は，奈良時代に東北地方の行政・軍事の拠点として建てられた城である。　Ⅲ．近江大津宮(滋賀県)で668年に即位した天智天皇は，全国にわたる初めての戸籍(庚午年籍)をつくった。なお，初めて定められた年号は「大化」で，中大兄皇子らが大化の改新と呼ばれる一連の政治改革を始めた645年のことである。

⑶＜唐＞唐は，日本の飛鳥時代にあたる７世紀初めに中国を統一し，平安時代にあたる10世紀初めに滅亡した。Ⅰは平安時代初期の９世紀初め，ⅡとⅢは奈良時代の８世紀，Ⅳは９世紀末の出来事であり，下線部の「中国」はいずれも唐を示している。

⑷＜摂関政治＞Ⅰ．「この世をば」で始まる和歌は，藤原氏の栄華を望月(欠けるところのない満月)になぞらえた内容で，藤原道長が詠んだものである。平安時代，藤原氏は娘を天皇のきさきとし，その子を次の天皇に立てることで勢力を伸ばし，天皇が幼いときには摂政，成人後は関白となって実権を握る摂関政治を行った。摂関政治は，４人の娘を天皇のきさきとした道長と，その子の頼通の頃に最も栄えた。　Ⅱ．道長が摂政であった時期の上級官人の人数は23人で，このうち藤原氏の人数は18人であることから，上級官人に占める藤原氏の割合は18÷23×100＝78.2…より，約78％となる。

5〔歴史—中世～近世の日本〕

(1)＜御成敗式目＞御成敗式目〔貞永式目〕は，鎌倉幕府の第３代執権北条泰時によって1232年に制定された。武士の社会の慣習や先例をもとに，御家人の権利や義務などについて定めた法であり，評定(政治の意思決定を行う会議)での判断の基準になるとともに，その後の武士の法の手本となった。なお，北条時宗は元寇(1274年の文永の役と1281年の弘安の役)を退けた第８代執権である。また徳政令は，鎌倉時代後期から室町時代にかけて幕府が借金の帳消しを命じた法令である。

(2)＜室町時代のアイヌの人々＞室町時代の14世紀，津軽(青森県)の十三湊を拠点とする豪族の安藤〔安東〕氏は，アイヌの人々と交易を行った(Ⅰ…正)。また，15世紀には，本州の人々(和人)が蝦夷地の南部に港を整備し，館を築いて進出した(Ⅱ…正)。

(3)＜徳川家康による政治＞江戸幕府を開いた徳川家康は，海外渡航を許可する朱印状を発行して貿易を奨励したため，多くの商船が東南アジアへ渡って朱印船貿易を行った。なお，Ⅱ～Ⅳは，いずれも1620～30年代に第３代将軍の徳川家光が行ったことである。

(4)＜蘭学＞洋書の輸入禁止をゆるめたのは，享保の改革を行った第８代将軍の徳川吉宗で，徳川綱吉は生類憐みの令などを出した第５代将軍である(Ⅰ…誤)。蘭学は，オランダ語を通じてヨーロッパの学術を学ぶ学問で，幕末の尊王攘夷運動に影響を与えたのは，日本古来の精神を重視する国学である(Ⅱ…誤)。

(5)＜年代整序＞年代の古い順に，Ⅰ(琉球王国成立，15世紀前半―室町時代)，Ⅲ(鉄砲伝来，16世紀半ば―戦国時代)，Ⅱ(朝鮮出兵，16世紀末―安土桃山時代)となる。なお，Ⅳの六波羅探題設置は，１班の略年表中の承久の乱の直後の出来事である。

6〔歴史―近代～現代の日本と世界〕

(1)＜明治時代の美術＞Ⅰ．日本の伝統的な美術は，明治維新の頃に一時否定されたが，アメリカ人のフェノロサは岡倉天心とともに日本美術の復興に尽力した。なお，滝廉太郎は，西洋音楽を取り入れて『荒城の月』などを作曲した音楽家である。　Ⅱ．黒田清輝は，フランスに留学して印象派の画風に学び，『湖畔』などの作品を描いて洋画を発展させた。なお，高村光雲は，ヨーロッパの写実的な技法を取り入れて『老猿』などの彫刻作品を制作した彫刻家である。

(2)＜日朝修好条規＞江華島事件(1875年)は，朝鮮沖で無断で測量を行っていた日本の軍艦が砲撃されたことから起こった武力衝突で，これをきっかけに日朝修好条規が結ばれた(Ⅰ…正)。資料中にあるように，日朝修好条規では日本が一方的に領事裁判権を持っていたが，1871年に結ばれた日清修好条規では日清両国が領事裁判権を持つことが定められていた(Ⅱ…誤)。

(3)＜第一次世界大戦＞Ⅰ，Ⅱ．1914年，Ｘのバルカン半島にある都市サラエボで，オーストリアの皇太子夫妻がセルビア人の青年に暗殺された(サラエボ事件)。これをきっかけに，オーストリアがセルビアに宣戦布告すると，ロシアは同じスラブ民族の国であるセルビアを支援し，第一次世界大戦が始まった。第一次世界大戦では，ドイツ，オーストリア，オスマン帝国(トルコ)を中心とする同盟国と，イギリス，フランス，ロシアを中心とする連合国の２つの陣営が戦った。日本は，1902年に結んでいた日英同盟を理由として連合国側で参戦した。　Ⅲ．第一次世界大戦後の1925年，普通選挙法が成立し，満25歳以上の全ての男子に選挙権が与えられた。なお，第一次護憲運動が起こったのは第一次世界大戦前の1912年である。

(4)＜1914～45年の出来事＞二・二六事件が起こったのは1936年，関東大震災が起こったのは1923年，全国水平社が結成されたのは1922年，米騒動が起こったのは1918年である。

⑸＜年代整序＞年代の古い順に，Ⅲ（中華人民共和国成立―1949年），Ⅱ（アジア・アフリカ会議―1955年），Ⅰ（第四次中東戦争―1973年）となる。

7〔公民―総合〕

⑴＜社会保障制度＞Ⅰ．日本の社会保障制度は，社会保険，公的扶助，社会福祉，公衆衛生の４つを柱として整備されている。このうち公衆衛生は，上下水道の整備，廃棄物の処理，公害対策，感染症対策などを行うものである。なお，公的扶助は，生活に困っている世帯に生活費などを支給する生活保護などを行う制度である。　　Ⅱ．介護保険は，40歳以上の国民が加入して介護保険料を支払い，介護が必要になったときに介護サービスを受けられる社会保険である。高齢化の進展に伴い，2000年に導入された。　　Ⅲ，Ⅳ．年金〔年金保険〕は，現役世代の国民が年金保険料を支払い，高齢になると給付金を受け取ることができる社会保険である。日本では，全ての国民が年金保険に加入する国民皆年金の制度がとられている。自営業者やその家族などは，全ての国民が加入する基礎的な年金保険である国民年金に加入しており，企業などに勤める人は，国民年金に上乗せする形の年金保険である厚生年金に加入している。

⑵＜財政政策と金融政策＞財政政策は，政府が景気を安定させるために行う政策で，公共事業や税制改革といった財政の活動を通じて実施される。Ａのように景気が後退して不景気となったとき，政府は公共事業への支出を増やしたり減税を行ったりして，企業の生産活動や企業・家計の消費を増やそうとする。一方，金融政策は，日本銀行が景気や物価を安定させるために行う政策で，国債などを売買する公開市場操作という方法で実施される。不景気のとき，日本銀行は一般の銀行から国債などを買い，市場に出回る通貨量を増やすことで，企業などへの資金の貸し出しを促す。なお，Ⅰは好景気のときに政府が行う財政政策，Ⅲは好景気のときに日本銀行が行う金融政策である。

⑶＜直接税と間接税＞直接税と間接税の割合の差が最も大きい国はアメリカで，直接税の割合は間接税の約3.2倍である（Ⅰ…正）。関税は，税金を納める人と負担する人とが異なる間接税に含まれる（Ⅱ…誤）。

8〔公民―地方自治，内閣〕

⑴＜地方財政＞地方公共団体の財源のうち，地方公共団体が独自に集める財源を自主財源といい，それ以外の財源を依存財源という。自主財源は，主に地方税を指す。依存財源には，国から支払われる地方交付税交付金や国庫支出金，地方公共団体の借金である地方債などがある。依存財源のうち，地方公共団体間の財政格差を是正するために国から配分されるのは地方交付税交付金で，自主財源の多い地方公共団体には少なく，自主財源の少ない地方公共団体には多く配分される。なお，国庫支出金は，義務教育や道路整備など特定の費用の一部を国が負担するものである。

⑵＜直接請求権＞議会の解散請求は，首長ではなく選挙管理委員会に対して行う（Ⅰ…誤）。首長の解職請求を行うには，有権者の３分の１以上（有権者数が40万人以下の場合）の署名が必要となるため，10万人の署名を集めなければならない（Ⅱ…誤）。

⑶＜内閣＞Ⅰ，Ⅲ，Ⅴが正しい内容である。国政調査権は，国会が政治全般について調査する権限である（Ⅱ…×）。内閣総理大臣は国会議員の中から選ばれるが，国務大臣は過半数が国会議員の中から選ばれればよい（Ⅳ…×）。衆議院で内閣不信任決議が可決された場合，内閣は10日以内に衆議院を解散するか，総辞職しなければならない（Ⅵ…×）。

理科解答

1 (1) ①　(2) 3　(3) ⑤　(4) ④

2 (1) ⑦　(2) ④

(3) X…4　Y…4　Z…5　(4) ④

3 (1) ②

(2) W…2　X…1　Y…2　Z…1

(3) X…1　Y…2　Z…0

(4) X…1　Y…6　Z…5

4 (1) X…3　Y…0　(2) ⑤

(3) X…1　Y…0　(4) ⑧

5 (1) ①　(2) ④　(3) ⑥　(4) ③

6 (1) ⑤　(2) ③　(3) ①　(4) ⑧

7 (1) ④　(2) ②　(3) ③　(4) ①

8 (1) X…4　Y…2

(2) X…5　Y…7　Z…5

(3) X…0　Y…4　(4) ④

（声の教育社　編集部）

1〔植物の生活と種類〕

(1)＜実験操作＞この実験は，蒸散による水の減少量を調べるためのものだから，水面から水が蒸発してしまうと，正確な結果が得られない。よって，水面に油をたらしたのは，水の蒸発を防ぐためである。

(2)＜蒸散量＞ワセリンをぬった部分からは蒸散は行われない。処理Ａでは，葉の表側と裏側，茎から蒸散が行われ，処理Ｂでは，葉の裏側と茎から，処理Ｃでは，葉の表側と茎，処理Ｄでは茎から蒸散が行われた。よって，表１のアジサイの枝の水の減少量より，葉の表側からの蒸散量は，処理Ａと処理Ｂの差で，4.0－2.8＝1.2(mL)となり，葉の裏側からの蒸散量は，処理Ａと処理Ｃの差で，4.0－1.6＝2.4(mL)となる。これより，茎からの蒸散量は，4.0－1.2－2.4＝0.4(mL)となるから，葉の表側の蒸散量1.2mLは，茎の蒸散量0.4mLの1.2÷0.4＝3(倍)である。

(3)＜イネの気孔の分布＞(2)と同様に考えると，表１のイネの水の減少量より，イネの葉の表側からの蒸散量は，処理Ａと処理Ｂの差で，3.4－2.2＝1.2(mL)，葉の裏側からの蒸散量は，処理Ａと処理Ｃの差で，葉の表側からの蒸散量1.2mLに等しい。よって，葉の表側と裏側の気孔の数はほぼ同じであると推察される。

(4)＜時刻による蒸散量＞表２より，２時間ごとの蒸散量は，10時から12時までが4.0mL，12時から14時までが，10.5－4.0＝6.5(mL)，14時から16時までが，14.6－10.5＝4.1(mL)となる。また，グラフで，２時間ごとの蒸散量は，横軸とグラフではさまれた部分の面積として表される。よって，12時から14時までの蒸散量が最も大きく，10時から12時までの蒸散量と14時から16時までの蒸散量がほぼ等しいグラフは，④である。

2〔地球と宇宙〕

(1)＜恒星＞太陽や星座をつくる星は，自ら光を出している恒星である。恒星は，地球の自転によって１日に天球上を１周するように動いて見える。このような見かけの動きを日周運動という。

(2)＜太陽の１日の動き＞春分の日に，太陽は真東から昇り，真西に沈む。また，同じ場所で観測しているので，１日の太陽の通り道の水平面に対する傾きは，図１の太陽の通り道と等しくなる。

(3)＜日没の時刻＞図２より，透明半球上を太陽は１時間に2.0cm動き，Ｂに最も近い点は午後２時に記録した点である。よって，この点と日没の位置Ｂとの間の5.5cmを太陽が動くのにかかった時間は，5.5÷2.0×1＝2.75(時間)である。したがって，0.75時間が，0.75×60＝45(分)より，日没の時刻は，午後２時の２時間45分後の午後４時45分となる。

⑷＜星の高度＞北の空の星は，北極星を中心に反時計回りに回転するように動く。よって，図３の①～④の星の午後８時の位置は，弧の下端になるから，最も高度が高いのは④である。

3〔化学変化と原子・分子〕

⑴＜実験操作＞ピンチコックでゴム管を閉じずに放置すると，空気が試験管内に入り，還元されてできた銅が，空気中の酸素と結びついて再び酸化銅になってしまう。

⑵＜化学反応式＞化学反応式では，矢印の左右で，原子の種類と数が等しくなるよう，化学式に係数をつける。この反応では，酸化銅(CuO)が炭素(C)によって還元され，銅(Cu)が生じ，炭素は酸化されて二酸化炭素(CO_2)になる。まず，化学反応式のＺに１を当てはめると，矢印の右側に炭素原子(C)は１個，酸素原子(O)は２個あるので，左側のＣの数を１個にするため，Ｘに１を，Ｏの数を２個にするため，Ｗに２を当てはめる。次に，矢印の左側に銅原子(Cu)が2×1＝2(個)あるので，右側のCuの数を２個にするため，Ｙに２を当てはめる。

⑶＜酸化銅に含まれる酸素の質量＞この実験では，酸化銅と炭素が反応して，銅が生じ，二酸化炭素が発生するので，発生した二酸化炭素の質量は，酸化銅と炭素の質量の和から試験管に残った物質の質量をひくことで求められる。表より，各班で発生した二酸化炭素の質量を求めると，Ａ班は，6.00＋0.15－5.60＝0.55(g)，Ｂ班では，6.00＋0.30－5.20＝1.10(g)，Ｃ班は，6.00＋0.45－4.80＝1.65(g)，Ｄ班は，6.00＋0.60－4.95＝1.65(g)，Ｅ班は，6.00＋0.75－5.10＝1.65(g)となる。これより，Ａ班とＢ班，Ｃ班で，発生した二酸化炭素の量は混ぜた炭素粉末の質量に比例していて，炭素は全て酸化銅と反応したことがわかる。また，Ｄ班，Ｅ班で発生した二酸化炭素の質量はＣ班と同じで，増加していないことから，酸化銅は全て炭素と反応したことがわかる。よって，試験管Ｃでは，酸化銅6.00gが炭素粉末0.45gとちょうど反応して，銅が4.80gできたことになる。したがって，酸化銅6.00gに含まれている酸素の質量は，6.00－4.80＝1.20(g)である。

⑷＜発生した気体の質量＞⑶より，Ｅ班で発生した気体(二酸化炭素)の質量は，1.65gである。

4〔身近な物理現象〕

⑴＜入射角＞入射角は，入射する光と，境界面に対して垂直な線がつくる角である。よって，図２で，光源装置からの光の入射角は，36等分した目盛りの３目盛り分，つまり，360°÷36×3＝30°である。

⑵＜物体の見え方＞図３で，点Ａから出た光は点Ｏで屈折して点Ｂに届くから，矢印の向き(半円形ガラスの曲面側)から点Ａに立てたまち針を見ると，半円形ガラスを通して見える部分は，点Ｂ，点Ｃに立てたまち針と重なるように見える。よって，まち針は，⑤のように見える。

⑶＜凸レンズの焦点距離＞物体を焦点距離の２倍の位置に置いたとき，凸レンズの反対側の焦点距離の２倍の位置に，物体と同じ大きさの実像ができる。実験２の②で，凸レンズからコップまでの距離と，はっきりした像がうつったスクリーンから凸レンズまでの距離は20cmで等しいので，焦点距離の２倍の位置までの距離が20cmである。よって，凸レンズの焦点距離は10cmである。

⑷＜実像＞物体を焦点距離の２倍の位置から遠ざけていくと，反対側の実像ができる位置は凸レンズに近づき，実像の大きさは小さくなる。また，実像は，実物と上下左右が逆になる。

5〔動物の生活と生物の変遷〕

⑴＜対照実験＞試験管Ｂは，だ液を加えなければデンプン溶液に変化が起こらないことを確かめるために用意する。よって，試験管Ｂを用意することで，デンプン溶液の変化がだ液のはたらきに

よるものであることを確かめられる。このように，確かめたい条件だけを変えて行う実験を，対照実験という。

⑵＜消化酵素＞だ液に含まれる消化酵素はアミラーゼである。アミラーゼはデンプンだけにはたらき，デンプンを麦芽糖などに変えるはたらきがある。

⑶＜実験結果＞試験管Aのデンプンはだ液によって麦芽糖やブドウ糖が3つ以上つながった物質に変化している。よって，試験管Cにベネジクト液を入れて加熱すると赤褐色の沈殿ができ，試験管Dはヨウ素液と反応しない。一方，試験管Bのデンプンはそのまま残っているから，試験管Eにベネジクト液を入れて加熱しても変化せず，試験管Fはヨウ素液と反応して青紫色に変化する。

⑷＜消化液のはたらき＞ヒトの消化器官のうち，タンパク質にはたらく消化酵素を出す器官は，胃とすい臓，小腸である。

〔編集部注：胃液に含まれるペプシンは，強酸性(pH1.5～2.0)の環境でよくはたらくため，胃から取り出した消化液を水でうすめた場合，ペプシンははたらかないおそれがある。問題では，はたらくものとして考えた。〕

6〔気象とその変化〕

⑴＜梅雨前線のつくり＞梅雨前線は，6月の上旬から7月の中旬頃にできる停滞前線で，ほぼ同じ勢力の寒気(オホーツク海気団)と暖気(小笠原気団)がぶつかった所にできる。停滞前線は，寒気と暖気の勢力がほぼつり合っていてほとんど動かないため，停滞前線付近では雨が降り続く。

⑵＜低気圧と風＞日本付近(北半球)の低気圧では，地表の風は中心に向かって反時計回りにふきこみ，中心では上昇気流が生じる。

⑶＜気団＞図2は，図1からおよそ半年後の冬の西高東低の天気図である。冬に発達するのは，日本の北西の大陸上にあるシベリア気団で，冷たく乾燥している。

⑷＜空気の動き＞冷たい空気よりあたたかい空気の方が密度は小さい(軽い)ため，湯を入れた容器側に上昇気流ができる。このとき，湯を入れた容器のすぐ上の空気は気圧が低くなるため，冷たい空気が保冷剤を入れた容器側から流れこみ，図3ではBの向きに気流ができる。

7〔化学変化とイオン〕

⑴＜塩＞硫酸バリウム($BaSO_4$)は，硫酸中の陰イオンである硫酸イオン(SO_4^{2-})と水酸化バリウム水溶液中の陽イオンであるバリウムイオン(Ba^{2+})が結びついてできる。

⑵＜pH＞pHは中性で7となり，酸性が強いほど値は小さくなり，アルカリ性が強いほど値は大きくなる。よって，加えた水酸化バリウム水溶液が多いほど，pHの値は大きくなる。また，BTB液は，酸性で黄色，中性で緑色，アルカリ性で青色を示す。したがって，表より，BTB液の色が緑色になった試験管Dの液は中性で，pHは7である。

⑶＜イオンの数の変化＞硫酸(H_2SO_4)に水酸化バリウム($Ba(OH)_2$)水溶液を加えていくと，硫酸中の水素イオン(H^+)と水酸化バリウム水溶液中の水酸化物イオン(OH^-)が結びついて水(H_2O)に，硫酸中の硫酸イオン(SO_4^{2-})と水酸化バリウム水溶液中のバリウムイオン(Ba^{2+})が結びついて硫酸バリウム($BaSO_4$)になって沈殿するため，液中のイオンの総数は減少し，液が中性になったとき，イオンの総数は0になる。その後，加えた水酸化バリウム水溶液中のBa^{2+}とOH^-が増加するため，液中のイオンの総数は増加する。

⑷＜イオンの総数＞試験管Dの液が中性であることから，硫酸2.0mLと水酸化バリウム水溶液3.0mL

がちょうど中和する。そのため，硫酸2.0mL 中のイオンの総数を n とすると，水酸化バリウム水溶液3.0mL 中のイオンの総数も同じ n となる。これより，２倍の水酸化バリウム水溶液6.0mL 中のイオンの総数は２倍の $2n$ となるから，これを硫酸2.0mL に加えると，その半分の n が硫酸2.0mL 中のイオン n 全部と反応して，液中に残るイオンの総数は n となる。これは，硫酸2.0mL 中のイオンの総数と等しいから，イオンの総数が等しい試験管は，試験管 A である。

8〔身近な物理現象〕

⑴＜ばねののび＞ばねののびはばねに加わる力の大きさに比例し，ばねに加わる力の大きさはつるしたおもりの質量に比例するから，ばねののびはつるしたおもりの質量に比例する。表１より，おもりの質量が10g のとき，ばねののびは0.6cm だから，おもりの質量が７倍の70g のとき，ばねののびも７倍の $0.6\times7=4.2$(cm)となる。

⑵＜圧力＞10g の物体にはたらく重力は，$10\div100\times1=0.1$(N)だから，このばねは0.1N の力を加えたとき0.6cm のびる。これより，ばねののびが2.1cm になったときに物体が上向きに引かれる力の大きさを xN とすると，ばねに加わる力とばねののびについて，$0.1:0.6=x:2.1$ が成り立つ。これを解くと，$0.6\times x=0.1\times2.1$ より，$x=0.35$(N)となる。よって，実験２の②で，150g の物体にはたらく重力の大きさは，$150\div100\times1=1.5$(N)だから，このとき物体が台を下向きに押す力の大きさは，$1.5-0.35=1.15$(N)である。また，物体の底面積は，５cm が0.05m，４cm が0.04m より，$0.05\times0.04=0.002$(m^2)である。したがって，求める圧力は，〔圧力(Pa)〕=〔面に垂直にはたらく力の大きさ(N)〕÷〔力がはたらく面積(m^2)〕より，$1.15\div0.002=575$(Pa)となる。

⑶＜浮力の大きさ＞表２より，水面から物体の底面までの距離が2.0cm のとき，ばねののびは6.6cm である。よって，このばねは0.1N の力を加えたときに0.6cm のびるから，ばねののびが6.6cm のとき，ばねに加わる力の大きさは，$0.1\times6.6\div0.6=1.1$(N)となる。物体の空気中での重さは1.5N だから，このときの浮力の大きさは，$1.5-1.1=0.4$(N)である。

⑷＜浮力がはたらく理由＞水圧は，水面からの深さが深い所ほど大きくなる。よって，物体の上面に下向きにはたらく水圧よりも，物体の下面に上向きにはたらく水圧の方が大きい。この水圧の差によって，水中の物体には上向きに浮力がはたらく。

国語解答

一 問一　a…2　b…3　c…2
問二　ア…2　イ…4　ウ…1
問三　4　問四　2　問五　3
問六　4　問七　3　問八　4
問九　1　問十　2　問十一　1
問十二　2

二 問一　a…3　b…4　c…1
問二　ア…4　イ…1　ウ…3
問三　1　問四　3　問五　2
問六　1　問七　4　問八　1
問九　3　問十　2

三 問一　4　問二　1　問三　1
問四　4　問五　3　問六　3
問七　2　問八　3　問九　4

（声の教育社　編集部）

一〔論説文の読解―社会学的分野―コミュニケーション〕出典；谷本真由美『不寛容社会』。

≪本文の概要≫日本人は，北米や欧州北部の人々のメンタリティから学ぶべきだと思う。彼らは，基本的には「他人叩き」に興味はない。その一番大きな理由は，個人主義社会だからだろう。彼らの社会では，「個人」が社会活動を営んでいるが，はっきりと意思を表明し，相手と能動的にコミュニケーションを取らないと，円滑な人間関係はつくれない。そのため，彼らは，幼少時から，「自分の意見を主張して他人を説得する方法」を，熱心に学ぶ。それは，他人は自分とは違う意見を持っているのが当たり前だと考えられているからである。個人主義社会には，日本人が学ぶべき気楽な人間関係がある。そこでは，個人の違いが確立しているので，他人に嫉妬して，「他人叩き」をする必要がない。だからこそ，人間関係も穏やかで，気楽なのである。日本人が他人を叩いてしまうのは，その背景に，自分と相手は同じに違いないという考え方があるからである。集団主義文化圏に属する日本では，自分の意見を言うことよりも，集団の和を乱さないことが重んじられるのである。

問一＜漢字＞a.「紛争」と書く。1は「操縦」，3は「捜索」，4は「壮絶」。　b.「穏やか」と書く。1は「恩師」，2は「温厚」，4は「怨念」。　c.「掲載」と書く。1は「警備」，3は「後継者」，4は「稽古」。

問二＜接続語＞ア.「欧州北部や北米では，幼少時から学校などで『自分の意見を主張して他人を説得する方法』を熱心に」学ぶことの例として，「イギリスの場合。幼稚園の頃から『自分は○○だと思います』と，大勢の前で意見を述べる授業」があり，「試験や宿題は自分の考えを表明する論述式ばかり」であることが挙げられている。　イ.欧州北部や北米では，幼少時から自分の意見を言う教育が重んじられ，歴史の授業では「知識を使って他人を説得するのがうまかったかどうか」が重要視されるが，言うまでもなく，「大学などの入学試験でも論述力がメイン」である。　ウ.「集団主義の社会」では，「人間関係が主体であらゆる物事が動くので，相手を怒らせないようにすることが何より大事」なため，「人間関係はネットリしていてとても粘着質」なのである。

問三＜文脈＞「個人主義社会」では，「倫理や根本的なモノの考え方である『イデオロギー』などの原理原則で緩やかに繋がった『個人同士』が社会活動を営んでいる」ので，「肩書や年齢，性別，地縁，血縁などの違いに対しては，非常に緩やかでオープン」なのである。「しかし『個人』を大切にする社会」なので，「はっきりと意思を表明し，相手と能動的にコミュニケーションをとっていかないと，円滑な人間関係は作れ」ないのである。

問四＜文章内容＞北米や欧州北部では，「自分と他人は違っていて当たり前」であり，「個人個人の考え方」や「趣味嗜好」も違っているのが当然であるという考え方が，社会に根づいている。この

「『各々が個別の主体である』という考え方」には，「生物学的な意味合い」も，「神が個々の人間をお作りになったのだから，そもそも同じ人は存在しない」という「宗教的な意味」もある。

問五＜文章内容＞欧州北部では，「様々な宗教や文化背景を持った人」の数が，「飛躍的に増え」て「多様な人種が共存」している。そのため，「『お互いが違う人間である』という彼らの個人主義的な考え方により拍車がかかっている」のである。

問六＜文章内容＞欧州北部や北米のような個人主義社会の背景には，「他人は自分とは最初から違う意見を持っているのが当たり前なので，相手を説得し，妥協点を見出さなければすべてにおいて進展はない」という社会的思考がある。「相手を説得できなければ物事を動かすこと」はできず，「説得できない人は知的に劣る上に力がないという評価」になり，「相手に興味を持ってすらもらえない」のである。だからこそ，「幼少時から学校などで『自分の意見を主張して他人を説得する方法』を熱心に」学ぶ必要があるのである。

問七＜文章内容＞イギリスの教師は，「知識や記憶の正確さ」ではなく，「『知識を使って他人を説得するのがうまかったかどうか』を重要視している」のである。つまり，「論理の進め方，論拠の付け方，バランスの取れた見解かどうかを主に判断する」のである。

問八＜文章内容＞個人主義社会は，「日本のように『間』や『空気』を考えるとか，相手を怒らせないように発言に気を付けるなどといった余計な気遣いは無用な社会」であり，「各々の自由な発想や仕事の『結果』が重視」される（1…○）。また，「何より自分の意見が大事」なので，「古くからの因習や慣習への異常なまでの尊敬はみられない」のであり，「周りに流されず，個人が自分の信念にそって活動することこそが重要」なのである（3…○）。さらに，「個人の違いが確立している」ので，個人主義社会で生きている人々は，「相手と自分を比べて嫉妬心を燃やし，『他人叩き』をする必要」がないのである（2…○，4…×）。

問九＜品詞＞「振る舞う」と「見下ろす」は，五段活用の動詞。「目覚める」は，下一段活用，「生じる」は，上一段活用，「接する」は，サ行変格活用の動詞。

問十＜文章内容＞日本は，「間」や「空気」を重んじ，「古くからの因習や慣習」を尊重する社会であり，日本人は，「自分と相手が同じであることや，ある集団の人々が同じように振る舞うことを期待する」ために，「相手も自分と同じような社会的倫理を受け入れるはずだし，同じように行動するべきであり，同じような価値観を持つべきだ」と考えがちである。その結果，「自分と違うことをするのは許さない」と感じて，「他人を叩いてしまう」のである。

問十一＜文章内容＞日本では，「人間関係が主体であらゆる物事が動くので，相手を怒らせないようにすることが何より大事」なのである。そのため，日本人は，相手の顔色をうかがい，懸命にその心情を読み取ろうとする。だから，「日本の国語の教科書」には，「『その時の○○君の気持ちを答えなさい』といった演習問題が頻繁に掲載される」のである。

問十二＜要旨＞個人主義社会では，自分の意思をはっきりと表明し，「相手と能動的にコミュニケーションをとっていかないと，円滑な人間関係は作れ」ない（4…×）。「日本のように『間』や『空気』を考える」メンタリティは，北米や欧州北部には見られない（3…×）。集団主義の社会では，イデオロギーではなく，「人間関係が主体であらゆる物事が動く」のである（1…×）。日本の教育では，「個人主義社会の教育とは真逆」で，「知識や記憶の正確さ」や他者の気持ちを読み取る能力が重んじられる一方，自分の意見を表明し，他者を説得する能力を育成する姿勢はほとんど見られない（2…○）。

二 〔小説の読解〕出典；こまつあやこ『リマ・トゥジュ・リマ・トゥジュ・トゥジュ』。

問一＜熟語の構成＞ａ．「転校生」と「送別会」は，上の二字が下の一字を修飾する熟語。「心技体」は，三字が対等の関係である熟語。「新発売」は，上の一字が下の二字を修飾する熟語。「不安定」は，上に打ち消しを表す漢字がくる熟語。　ｂ．「展開」と「贈与」は，似た意味の漢字を組み合わせた熟語。「後悔」は，上の漢字が下の漢字を修飾している熟語。「質疑」と「離席」は，下の漢字が上の漢字の目的語になっている熟語。　ｃ．「偶然」と「急性」は，下に接尾語がくる熟語。「未満」は，上に打ち消しを表す漢字がくる熟語。「御用」は，上に接頭語がくる熟語。「難問」は，上の漢字が下の漢字を修飾している熟語。

問二．ア＜慣用句＞「押しが強い」は，自分の主張や望みを何が何でも通そうとするさま。　イ＜慣用句＞「後ろ指をさされる」は，陰であれこれと非難される，という意味。　ウ＜語句＞「清々しい」は，清らかで，気持ちがよいさま。

問三＜表現＞Ａ．督促女王があきらめなかったので，「わたし」は，ゆっくりと確実に壁際に追い詰められたように感じた。　Ｂ．「わたし」は「やってみます」と答えたけれど，「帰国子女だから，あまり目立たないようにして」いるのに，督促女王の短歌のパートナーになったりしたら，ますます「変わり者」扱いされるだろうと思うと，「わたし」の中の，じっくり考えてから行動する，気が弱い部分が，「いいの？　ホントにやるの？」と確認してきたのである。　Ｃ．督促女王が，「一番になるの好きだ」と言ったので，「わたし」は，「一番になるのが好きってハッキリ言える人なんて，何だかめずらしい気」がして，びっくりした。

問四＜心情＞督促女王に短歌をよむように言われて，「わたし」は，「ヤケ」になって下の句を書いた。「今の気持ちを詠めばいい」と言われたので，そのとおりにしたが，さすがに「でたらめな歌」で，「へたくそ」だと思ったので，「わたし」は，恥ずかしくなり，頰が赤くなったのである。

問五＜心情＞これまで，「わたし」は，帰国子女ということもあって，あまり目立たないようにしてきたので，督促女王の頼みを受け入れることにためらいを感じていた。しかしその一方で，初めてよんだ短歌を褒められてうれしかったし，「胸のなかから言葉を短歌にして押し出したら，気持ちがよかった」こともあって，もっと短歌をよみたいという気持ちも湧いてきた。そのため，「絶対断らなきゃっていう頑なな気持ちは揺らいでいた」のである。

問六＜文章内容＞督促女王こと佐藤先輩は，短歌をよんだことをきっかけにして，「わたし」の「変な言葉づかい」が直っていることを指摘して，それを魔法がかかっていると表現した。それまで，「わたし」は，自分が「変な話し方」をしていることに気づいていなかったので，一瞬，佐藤先輩が何を言っているのかわからなかったのである。

問七＜心情＞「わたし」は，「帰国子女っていうのは，もっとお金持ちで，家族みんなが優秀で，広い家に住んでいるエリートの家の子がなるものだと思って」いた。そのため，「日本に帰ったら，きっとみんな，わたしのことをお嬢さんだと勘違いするだろうな」と思って，「わたし」は，話し方や態度に気をつけていた。「わたし」の父は回転寿司屋で寿司を握っており，「わたし」は，ごく普通の家の子だった。そんな自分には「帰国子女なんて響きは似合わない」と思って，「わたし」は，自分は「キコクシジョ」と冗談のように言ったのである。

問八＜品詞＞副詞は，「ちょっと」と「もう」の二つである。

問九＜心情＞「変なネーミング」だとは思ったが，タンカードを渡されたことで，「わたし」は，佐藤先輩のパートナーになったのだと実感した。これから二人で短歌をよむことで，学校生活が充実したものになるだろうと思って，「わたし」はうれしくなり，「今日から，わたしたち二人のタンカードですね」と言って，大切なタンカードを「ぎゅっと握った」のである。

問十＜文章内容＞佐藤先輩は，「わたし」がマレーシアにいたことを知って驚いたが，「わたし」が教えたマレーシア語に興味を示した。そんな反応は意外だったので，「わたし」は，彼女の個性的な人柄にひかれた。

三〔古文の読解—説話〕出典；『宇治拾遺物語』巻第三ノ十二。

《現代語訳》これも今となっては昔のこと，多田満仲の配下に勇猛で荒々しい郎等がいた。生き物の命を奪うことをなりわいとしていた。野に出て，山に入って鹿を狩り鳥を取って，全く善行を積まなかった。あるとき（外に）出て狩りをするというので，馬を走らせ鹿を追っていた。矢をつがえ，弓を引いて，鹿を追って走らせていく（途中の）道に寺があった。その前を通り過ぎたところ，ちらりと見ると，中に地蔵がお立ちになっていた。左の手で弓を持ち，右の手で笠を脱いで，ちょっと信心の気持ちを起こして走り去っていった。／その後何年もの年がたたないうちに，病気になって，何日もとても苦しみわずらって，死んでしまった。冥土に向かっていって，閻魔大王の法廷に呼び出された。見ると，多くの罪人が，罪の軽重に従って打たれたり責められたりして，罰せられている様子はとても恐ろしいものだった。自分の一生の罪を思い続けていると，涙が落ちてしかたがなかった。／そうこうしているうちに，一人の僧が現れて，「お前を助けようと思う。早く人間界に帰って，罪を懺悔しなさい」とおっしゃった。（郎等は）僧にお尋ね申し上げて，「これはどなたがこのようにおっしゃっていることなのですか」と（言った）。僧がお答えになるには，「私はお前が鹿を追って寺の前を過ぎたときに，寺の中にあってお前が見た地蔵菩薩である。お前の罪は深く大きいけれども，少しとはいえ私に信心の気持ちを起こした功徳によって，私は今お前を助けようとするのである」とおっしゃったかと思うと（郎等は）よみがえって（その）後は，殺生を一切やめて，地蔵菩薩にお仕え申し上げたということである。

問一＜古文の内容理解＞地獄に落ちた郎等の前に，一人の僧が現れて，お前を助けようと思う，早く人間界に帰って，罪を懺悔しなさいと言ったのである。

問二＜古語＞「きと」は，何気なしに，ふと，という意味。

問三＜現代語訳＞「日比」は，何日か，という意味。「命絶えぬ」の「ぬ」は，完了の意味の助動詞。病気にかかって，何日もひどく苦しんで，死んでしまった，という意味である。

問四＜古文の内容理解＞「いみじ」は，程度がはなはだしいこと。ここでは，ひどい，恐ろしい，という意味。閻魔大王の法廷では，多くの罪人たちが，生前の罪の重さ軽さに応じて，打たれ，責められて，罰せられていた。それを見た郎等は，とても恐ろしいと思ったのである。

問五＜古文の内容理解＞郎等は，野山で生き物を殺すことをなりわいとしていたが，その罪を償うための善行は全くしなかったのである。

問六＜現代語訳＞「誰の人」は，どういう人，という意味。郎等は，いったい，どういう人が，このようにおっしゃっているのだろうかと，不思議に思ったのである。

問七＜古文の内容理解＞僧は，郎等が狩りの途中で出会った地蔵菩薩である。地蔵菩薩の前を通り過ぎるときに，郎等が，わずかながらも信心の気持ちを起こしたので，地蔵菩薩は，それに報いたいと思って，郎等を助けようとしたのである。

問八＜古文の内容理解＞「つかうまつる」は，「仕える」の謙譲語で，お仕え申し上げる，という意味。郎等は地蔵菩薩のお陰で生き返った後は，殺生をせずに地蔵菩薩に仕えて過ごしたのである。

問九＜古文の内容理解＞郎等は，罪深い人生を送っていたが，ただ一度，わずかに信心の気持ちを起こしたことによって，地獄で地蔵菩薩に救われた。生き返った郎等は，自分が犯した罪を反省して，それ以後，信心深い生活を送った。ちょっとした信心で救われた郎等の経験を紹介して，神仏の慈悲深さをたたえ，だからこそ信心は大事であるという教訓を述べている。

Memo

Memo

2020年度　専修大学松戸高等学校（前期17日）

【英　語】（50分）〈満点：100点〉

1　リスニング試験〈編集部注：放送文は未公表につき掲載してありません。〉

1．それぞれの対話を聞いて，最後の発言に対する最も適切な応答を1つ選び，その番号をマークしなさい。対話はそれぞれ2回放送されます。

(1)　①　Yes.　Could you take me to the airport on Sunday?
　　②　Yes, it is.　Please visit me in Japan someday.
　　③　Not really.　We still have a week before that.
　　④　No.　It won't take so long to get there.

(2)　①　I'll practice baseball, too.　Let's go to the park at ten.
　　②　I'll play basketball.　Shall we play together?
　　③　I'll be at school.　I'll watch your game in the morning.
　　④　I'll stay home.　Where are you going to play?

(3)　①　OK.　You can sit and read them over there.
　　②　OK.　I'll show you the computer room now.
　　③　Well, sorry, but we don't have any.
　　④　Well, could you tell me what you want?

2．英文を聞いて，後に続く質問の解答として最も適切なものを1つ選び，その番号をマークしなさい。英文と質問はそれぞれ2回放送されます。

(1)　①　She had a four-day trip to Kyoto and visited Nijo-jo Castle in the rain.
　　②　She went to some old temples by train with five other students.
　　③　She visited one of the oldest temples to learn about the history of Kyoto.
　　④　She bought an umbrella at a shop because it was raining.

(2)　①　There were four.　　②　There were five.
　　③　There were six.　　④　There were twenty.

2　次の英文を読んで，以下の問題に答えなさい。

Let's take a little time to think about our *habits.　Habits are things we do often, sometimes without thinking.　There are both good habits and bad habits.　Brushing your teeth after every meal is a good habit.　(　1　) your *dirty socks on the living room floor is a bad habit.　It is easy to make bad habits, but difficult to make good habits!　What are some of your bad habits?　What are some of your good ones?

Maybe someone in your family has a bad habit that you do not like.　Or maybe one of your friends has one.　It is *possible to like a person very much, but it is also possible not to like some of his or her habits.　[　①　]　We all have bad habits that we would like to change, but it is not easy!

Some other examples of bad habits are eating too much *junk food or drinking too much soda, *interrupting people while they are talking, doing your homework or studying for tests all night long before class, or even forgetting to *flush the toilet!　Part of growing up and learning to be better people is working to *get rid of our bad habits and make new, good habits. In fact, one of the best ways to get rid of a bad habit is to make a good one to *replace it. This way we can "kill two birds with one stone".

Bad habits are easy to make because we don't have to try. But to make good habits, we need to make a plan and work hard, especially at first. But after a while, it becomes easier to do the good things we want to make into habits. Finally it feels natural. [②]

What is a good habit to replace eating too much junk food or drinking too much soda? How about always carrying healthy foods and water or tea? Sometimes we need snacks for energy, but we can eat good foods instead of junk food. Dried fruits and nuts, for example, help us not to feel so hungry between meals, and they are good for us. Green tea has many health *benefits and has no calories, and water is very important for our bodies to *function well. Many students cannot work hard in class when they feel hungry. Keeping some healthy snacks in your bag can solve this problem, too! [③] It's a good habit!

What about interrupting people while they are talking? When we have something we really want to say, it is sometimes difficult to wait. We are (2) we might forget it. But we don't feel happy when people interrupt us, so we should not interrupt others. One good habit to make is to wait until someone finishes speaking before saying something. And if we are really worried that we will forget the things which we want to say, we can write them down! This is not always convenient, but we can just write one word, on a piece of paper or even on our hands! Some people might like to write a memo on their smartphone. It is important to listen carefully and not to interrupt, so try to find your own ways to make this good habit!

How can you stop doing your homework or studying for tests all night long before class? One good habit is to have a study schedule. Just like it is important to *budget money to be careful about (3), it is important to budget time in the same way. Do you study better in the morning or at night? Where? [④] Some people like to study in a quiet library, *while others like to study at home. When you find the best *situation for you to study in, you can plan to study in that situation as a habit. For example, some people like to study every morning for one hour before breakfast. When you make this habit, you can decide (4) during that time so you will not *procrastinate. And you will feel less stress! This habit is good for your school life and good for your health!

Another way to make a good habit is by making a *mild punishment for our bad habits.

(5)
ア. We don't want to clean the bathroom three times *a day, so we will start to remember to flush!
イ. How can we use this to stop forgetting to flush the toilet?
ウ. Please remember to flush the toilet!
エ. We can make a habit of cleaning the toilet and the bathroom *whenever we realize we didn't flush the toilet.

And let's all try to flush our bad habits away, too, and make some good new ones! Good luck!

(注) *habit 習慣 *dirty 汚い *possible 可能な *junk food ジャンクフード
*interrupt ～ ～を妨げる *flush ～ ～を洗い流す *get rid of ～ ～をなくす

＊replace ～　～を置き換える　＊benefit　利点　＊function　機能を果たす
＊budget ～　～を割り当てる　＊while ～　～である一方　＊situation　状況
＊procrastinate　先延ばしにする　＊mild punishment　軽い罰　＊a day　一日につき
＊whenever ～　～するときはいつでも

問1　空欄(1)に入れるのに最も適切なものを①～④から1つ選び，その番号をマークしなさい。
① Leaving　② Washing　③ Lying　④ Missing

問2　空欄(2)に入れるのに最も適切なものを①～④から1つ選び，その番号をマークしなさい。
① sorry　② limited　③ ready　④ afraid

問3　空欄(3)に入れるのに最も適切なものを①～④から1つ選び，その番号をマークしなさい。
① where we use it　② when we borrow it
③ how we use it　④ who spends it

問4　空欄(4)に入れるのに最も適切なものを①～④から1つ選び，その番号をマークしなさい。
① what to study　② who helps you
③ how to budget　④ when to eat

問5　(5) 内のア～エの文を文脈が通るように並べかえたとき，順番として最も適切なものを①～④から1つ選び，その番号をマークしなさい。
① イ－ウ－エ－ア　② イ－エ－ア－ウ
③ エ－ア－ウ－イ　④ エ－イ－ア－ウ

問6　次の英文を入れるのに最も適切な位置を，本文中の ① ～ ④ から1つ選び，その番号をマークしなさい。
Practice makes perfect!

問7　本文の内容に合うものを①～④から1つ選び，その番号をマークしなさい。
① It's easy to like a person very much if he or she has some bad habits, and it's possible for the person to change them.
② "Killing two birds with one stone" means that we can get rid of two of our bad habits at one time.
③ Having a study schedule can reduce your stress, so your life will be healthier with the habit.
④ We can't stop a bad habit like forgetting to flush the toilet by making a mild punishment.

問8　本文の内容について，(1)，(2)の質問に対する答えとして最も適切なものを①～④からそれぞれ1つずつ選び，その番号をマークしなさい。
(1) What is NOT true about making good habits?
① You often need to make a plan before making a good habit.
② If you keep doing a good thing, it can be made into a habit after a while.
③ Making good habits can sometimes get rid of bad habits.
④ Most people make good habits without thinking.
(2) Why is it a good habit for students to carry healthy foods and water or tea?
① Because they can work hard in class when they have their favorite foods in bags.
② Because having them will be healthier than having junk food and soda when they feel hungry between classes.
③ Because such foods and drinks have many health benefits for our bodies and have no calories.

④ Because they will no longer think about having junk food and drinking too much soda.

3 次の直子(Naoko)が書いた英文を読んで，以下の問題に答えなさい。

Last September, on the first day after the summer vacation, a new student Aya came to my class. When she was introducing herself, she often smiled and looked really friendly. Our homeroom teacher Mr. Ito decided her seat, and it was in front of mine. So I talked to Aya soon and we became friends.

That day at lunchtime, Aya asked me, "【 (1) 】" I answered, "We have the school festival in November. We're in third year, so before that we have a school trip to Minami Town for three days in October. It's called 'English Camp'. We must speak English during the camp." Aya looked happy and said, "Sounds like fun ! I like English. I'm really looking forward to it. Are you too, Naoko ?" I didn't like English very much, but I said, "Well, yes. I'm excited." Then I added, "We'll have to talk about our future dreams and make speeches in English, so that will be hard." Aya said, "Why ? That will be exciting", and told me some of her dreams. For example, she said she wanted to study abroad and do some volunteer work around the world in the future. I didn't think about my future at that time, so I only listened to her stories. I thought, "I know I should try something for my future, but . . ." I felt a little sad when I saw her happy face.

September came and went, and nothing special happened to me. On the first day of English Camp, Aya talked to me, "Good morning, Naoko. I'm so excited ! I didn't sleep well last night." I said, "We're going to walk in the *woods by the hotel today. You should sleep on the bus before getting to Minami Town." She said, "I'll try," but she didn't sleep. We were in the same group for the camp, so we sat *side by side on the bus. We talked a lot in Japanese on the bus.

After getting to Minami Town, our English teacher Ms. Green said, "From now, you'll speak only English until we finish eating dinner on the last day. OK ?" First, each group was given an English map by Ms. Green. The map showed some points we would have to go to, and when we went to each point, we found a sign with an English quiz. Aya and I solved about seven English quizzes with the other four members. We walked in the woods for about two hours. When we got to the goal, Mr. Ito was waiting for us. He said with a smile, "Good job ! Here are your lunch boxes !" I was a little surprised because he spoke good English. Anyway, I enjoyed the game a lot. After lunch, we went to the hotel and watched an English movie about a famous singer. It was interesting, but we had to write a long movie report after that. I needed to *look up a lot of words in my dictionary to finish writing it. I felt tired because of that.

That night, I talked to Aya in our hotel room. "Are you still studying English, Aya ?" She was writing something in English in her notebook. She said, "No, I'm writing in my diary. I usually write many things in Japanese, but today is special." I asked, "Why do you *keep a diary ?" She said, "To remember a lot of things well and enjoy my life. I started keeping a diary when I was five. My family and I often move because of my father's work. So I always have to change schools before I make good friends." I asked, "How many times have you changed your schools ?" She said, "More than ten times. So I've made a lot of friends,

【　(2)　】" She was smiling but she looked a little sad. I didn't know what to say. Aya continued, "Each day, I write about two or three of my happy memories and plans for tomorrow. Every day is important for me." I said to her, "You're great. I can't keep a diary like you even in Japanese." Aya laughed, "Yes, you can! Well, my mother often says to me, 'Today never comes again.' So I try to find good things in my life every day. You should try it, too." I was really moved by her words.

On the last day, everyone made a speech about their future dreams. I talked about Aya and said, "I want to keep a diary like her. It's my dream." Ms. Green said, "That's interesting. You should try!" After my speech, I said to Aya, "*Thanks to you, I got an idea for my speech. Thank you." Aya said to me, "Thank you, too. I'll write about your speech in my diary today." We smiled at each other. I started to keep a diary from that day.

(注)　*woods　森　　*side by side　隣同士で　　*look up ～ in …　～を…で調べる
　　*keep ～　～をつける　　*thanks to ～　～のおかげで

問１　本文の内容について，(1)～(5)の質問に対する答えとして最も適切なものを①～④からそれぞれ１つずつ選び，その番号をマークしなさい。

(1) Which sentence is the best to put in【(1)】?

① What was your favorite school event here?
② What school events do we have in fall?
③ What is the next event called at this school?
④ What kind of event is the most popular among students at this school?

(2) Which sentence is the best to put in【(2)】?

① and I've forgot about them.
② but I've never written about them before.
③ though most of them may not remember me.
④ though some of them were really good friends.

(3) Why did Naoko feel a little sad on Aya's first day at their school?

① Because Aya wasn't so friendly at first, and Naoko had to talk to her or listen to her a lot.
② Because she wasn't looking forward to English Camp but she had to agree with Aya.
③ Because she learned that Aya was very good at English and had a lot of future dreams.
④ Because she didn't have her own dreams, and listening to Aya's stories was the only thing she could do.

(4) What did Aya do on the bus?

① She was so excited that she talked to Naoko in English.
② She talked with Naoko and some other students in their group.
③ She took a seat next to Naoko and enjoyed talking with Naoko.
④ She tried to sleep on the bus, but Naoko stopped her from doing it.

(5) What made Naoko tired on the first day of English Camp?

① Solving a lot of quizzes.
② Walking in the woods.
③ Watching a long movie.
④ Using her dictionary.

問 2　本文の内容に合うものを①～⑧から 3 つ選び，その番号をマークしなさい。

① Ms. Green gave each group a map with some English quizzes on it.
② There were six members in Naoko's group during English Camp.
③ Naoko was surprised when Mr. Ito was waiting at the goal.
④ Naoko thought that the movie about a famous singer was interesting.
⑤ Aya changed her school over ten times because her father liked traveling around Japan.
⑥ Aya's mother told her to try to find good things in her life.
⑦ Naoko has to move in the future, so she started to keep a diary.
⑧ Thanks to Aya, Naoko decided what to talk about in her speech.

4　次の各文の(　)に最も適する語(句)を①～④から 1 つ選び，その番号をマークしなさい。

(1) I like him as (　　) as you like him.
① many　② more　③ better　④ much

(2) What is she going to do after (　　　　) her high school?
① she left　② leaving at
③ she leaves　④ she will leave

(3) I hope you will have more time to (　　) with your family.
① spend　② feel　③ pay　④ need

(4) Who is the boy (　　) a green T-shirt over there?
① from　② to　③ in　④ at

(5) I think that woman (　　　　) is Ms. Smith.
① calls you Tom　② called me on the phone
③ called a taxi　④ calling my name

5　次の各日本文の内容を表すように，(　)内の語(句)を並べかえたとき，空所 [1] ～ [12] に入る語(句)の番号をマークしなさい。ただし，不要な語が 1 語ずつあります。

(1) フランスでフライドポテトを食べてほしいな。
I want ＿＿ [1] ＿＿ [2] ＿＿ ＿＿ ＿＿.
(① you　② of　③ French　④ France　⑤ fries　⑥ have　⑦ to　⑧ in)

(2) お母さんに温かい飲み物を頼んでくれる？
Can you ＿＿ ＿＿ [3] ＿＿ ＿＿ [4] ＿＿?
(① something　② for　③ drink　④ ask　⑤ hot　⑥ your mother　⑦ some　⑧ to)

(3) ボブは忙しすぎて，イヌの世話ができなかったんだよ。
Bob ＿＿ [5] ＿＿ ＿＿ ＿＿ [6] ＿＿ his dog.
(① too　② of　③ care　④ busy　⑤ should　⑥ take　⑦ was　⑧ to)

(4) あなたはいつパーティーを開くか覚えてる？
Do ＿＿ ＿＿ [7] ＿＿ ＿＿ [8] ＿＿?
(① remember　② you　③ to　④ when　⑤ will　⑥ we　⑦ have　⑧ a party)

(5)　この図書館には，彼が書いた本が何冊かあるのよ。

In this library, ＿＿ ＿＿ ＿＿ ＿＿ [9] ＿＿ [10].

（① are　② he　③ some　④ by　⑤ that　⑥ wrote　⑦ books　⑧ there）

(6)　何色がいちばん好きか私に教えて。

Tell ＿＿ [11] ＿＿ [12] ＿＿ ＿＿ ＿＿.

（① do　② me　③ you　④ the　⑤ what　⑥ best　⑦ like　⑧ color）

6　次の各文について，下線を引いた部分に誤りのある箇所をそれぞれ①～④から１つずつ選び，その番号をマークしなさい。ただし，誤りのある箇所がない場合は，⑤をマークしなさい。

(1)　①Did you enjoy Mary's birthday party ②with your friends and sisters ③in the garden of her house ④two days later? ⑤誤りなし

(2)　①Each student will be given a prize ②for the nice performance ③he or she made at the hall ④in the morning on Friday. ⑤誤りなし

(3)　①The tea ②my sister made ③was too hot ④to drink it. ⑤誤りなし

(4)　①We have enough time today, ②so we don't have to ③give up to go to the restaurant ④that was opened last week. ⑤誤りなし

(5)　①Paul is practicing tennis ②as hard as the older members ③on his team ④to be one of the best players. ⑤誤りなし

(6)　①Talking about traditional Japanese art and music ②with you here ③are always a lot of fun ④for me. ⑤誤りなし

【数　学】（50分）〈満点：100点〉

（注意）　1．問題文中の[アイ]，[ウ]などの□には，特に指示がないかぎり，数値が入ります。これらを次の方法で解答用紙の指定欄に解答しなさい。

⑴　ア，イ，ウ，…の一つ一つは，それぞれ0から9までの数字のいずれか一つに対応します。それらを，ア，イ，ウ，…で示された解答欄にマークしなさい。

⑵　分数形で解答が求められているときは，既約分数で答えなさい。例えば $\dfrac{[\text{ウエ}]}{[\text{オ}]}$ に $\dfrac{25}{3}$ と答えるところを $\dfrac{50}{6}$ と答えてはいけません。

⑶　比の形で解答が求められているときは，最も簡単な自然数の比で答えなさい。例えば2：3と答えるところを4：6と答えてはいけません。

⑷　根号を含む形で解答が求められているときは，根号の中に現れる自然数が最小となる形で答えなさい。例えば $[\text{カ}]\sqrt{[\text{キ}]}$ に $4\sqrt{2}$ と答えるところを $2\sqrt{8}$ と答えてはいけません。

2．定規，コンパス，電卓の使用は認めていません。

1　次の問いに答えなさい。

⑴　$(\sqrt{10}-2\sqrt{5})(\sqrt{10}-\sqrt{5})-(\sqrt{10}-2\sqrt{5})^2$ を計算すると，$-[\text{アイ}]+[\text{ウ}]\sqrt{[\text{エ}]}$ である。

⑵　$a>0$とする。2次方程式 $x^2+ax-8a=0$ の1つの解が $x=a$ のとき，$a=[\text{ア}]$ である。

⑶　$\sqrt{\dfrac{1800}{n}}$ が整数となるような自然数 n は，[ア]個ある。

⑷　右図のように，△ABCの辺AB，AC上に，2点D，Eを，AD：DB＝1：1，AE：EC＝2：1となるようにとる。

このとき，△BDEの面積は，△ABCの面積の $\dfrac{[\text{ア}]}{[\text{イ}]}$ 倍である。

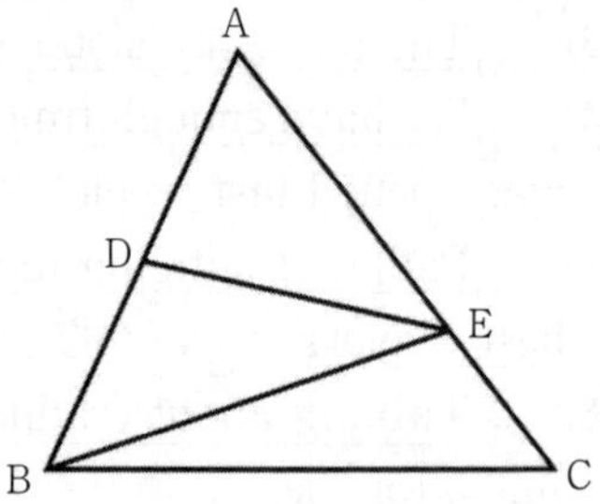

2　次の問いに答えなさい。

⑴　関数 $y=\dfrac{a}{x}$ について，x が1から3まで増加するときの y の増加量は－12である。

このとき，$a=[\text{アイ}]$ である。

⑵　m，n を1けたの自然数とする。

このとき，$(m-4)(n+5)$ の値が素数となる m，n の組は[ア]組ある。

⑶　すべての辺の長さが6cmの正四角すいの体積は，$[\text{アイ}]\sqrt{[\text{ウ}]}$ cm^3 である。

⑷　袋の中に，1から8までの数字が1つずつ書かれた8枚のカードが入っている。

袋の中から同時に2枚のカードを取り出し，2枚のカードに書かれた数字のうち，小さい方の数を十の位，大きい方の数を一の位とする2けたの整数をつくる。

このとき，できる整数が6の倍数になる確率は，$\dfrac{[\text{ア}]}{[\text{イウ}]}$ である。

⑸　12％の食塩水 x gと7％の食塩水 y gを混ぜたところ，9％の食塩水が65gできた。

このとき，$x=[\text{アイ}]$，$y=[\text{ウエ}]$ である。

(6)　下図のように，AB＜BC の平行四辺形ABCDがあり，∠ABCの二等分線と辺ADとの交点をEとし，辺BAの延長上に DE＝AF となる点Fをとる。

△AEF≡△DCE であることを次のように証明した。

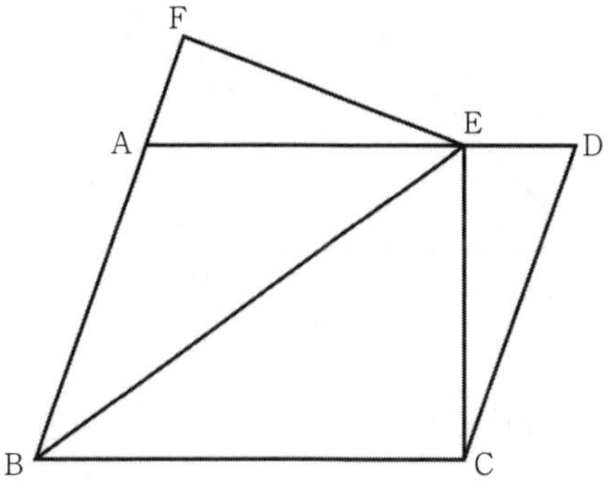

(証明)　△AEFと△DCEにおいて，

仮定から，　∠ABE＝∠CBE　……①

AE∥BC で，錯角は等しいから，　∠CBE＝∠AEB　……②

①，②より，　∠ABE＝∠AEB　……③

よって，　AB＝$\boxed{\text{ア}}$　……④

四角形ABCDは平行四辺形だから，　AB＝DC　……⑤

④，⑤より，　$\boxed{\text{ア}}$＝DC　……⑥

仮定から，　AF＝DE　……⑦

AB∥DC で，錯角は等しいから，　$\boxed{\text{イ}}$　……⑧

⑥，⑦，⑧より，$\boxed{\text{ウ}}$から，　△AEF≡△DCE　(証明終)

ア～ウにあてはまるものとして最も適するものを，次の0～9からそれぞれ1つずつ選び，その番号を答えなさい。

0　AE　　1　EF　　2　CE

3　∠AFE＝∠EDC　　4　∠AEF＝∠DCE

5　∠AFE＝∠DEC　　6　∠FAE＝∠EDC

7　3組の辺がそれぞれ等しい　　8　2組の辺とその間の角がそれぞれ等しい

9　1組の辺とその両端の角がそれぞれ等しい

3　右図のように，放物線 $y=\frac{1}{3}x^2$ と直線 $y=-x+6$ が2点A，Bで交わっている。

ただし，点Aの x 座標は負である。

また，x 軸上の x 座標が負の部分を動く点をPとする。

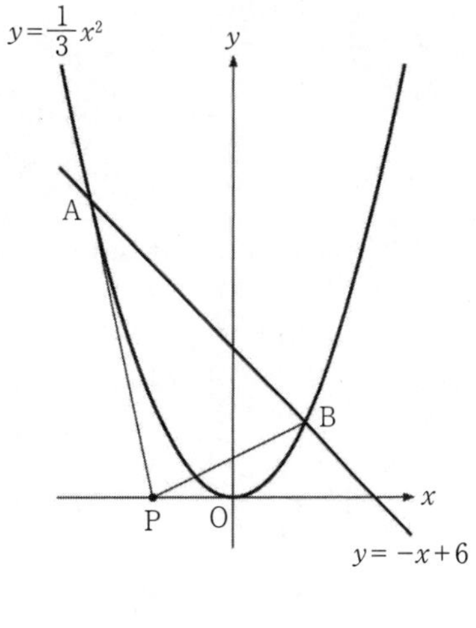

(1)　点Aの座標は，(－$\boxed{\text{ア}}$，$\boxed{\text{イウ}}$)である。

(2)　△ABPの面積が30のとき，点Pの x 座標は，$-\dfrac{\boxed{\text{エ}}}{\boxed{\text{オ}}}$である。

(3)　直線OAと直線BPとの交点をQとする。

4点A，P，O，Bが同一円周上にあるとき，△APQの面積と△BOQの面積の比は，$\boxed{\text{カ}}:\boxed{\text{キ}}$である。

4　右図のように，AB＝14cm，AC＝10 cm の△ABC の辺BC上に点Dを BD：DC＝2：1となるようにとり，辺AC上に点EをDE∥BAとなるようにとる。

　また，辺AB，ACの中点をそれぞれM，Nとし，線分MNと線分ADとの交点をFとする。

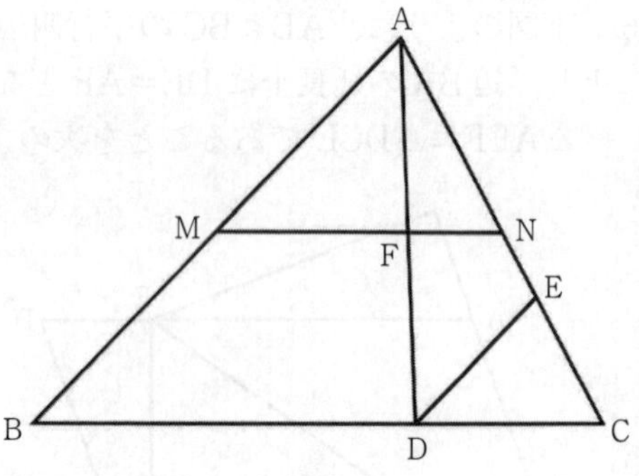

(1)　BC＝12 cm のとき，線分FNの長さは，$\boxed{\text{ア}}$ cmである。

(2)　線分ENの長さは，$\dfrac{\boxed{\text{イ}}}{\boxed{\text{ウ}}}$ cmである。

(3)　BC⊥ADのとき，四角形DENFの面積は，$\dfrac{\boxed{\text{エ}}\sqrt{\boxed{\text{オカ}}}}{\boxed{\text{キ}}}$ cm^2 である。

5　右図のように，AB＝BC＝ 6 cm，∠ABC＝90°の△ABCを底面とする，DA＝DB＝DC＝12 cm の三角すいD-ABCがある。

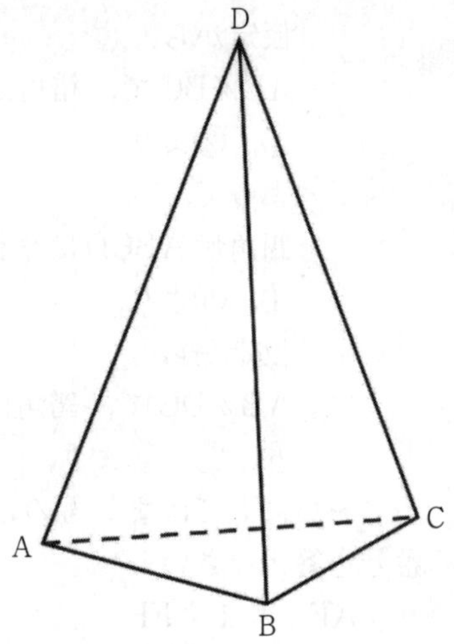

(1)　3点A，B，Cを通る円の中心をOとするとき，線分ODの長さは，$\boxed{\text{ア}}\sqrt{\boxed{\text{イウ}}}$ cmである。

(2)　辺DB上に点Eをとる。

　AE＋ECの長さがもっとも短くなるとき，線分AEの長さは，$\dfrac{\boxed{\text{エ}}\sqrt{\boxed{\text{オカ}}}}{\boxed{\text{キ}}}$ cmである。

Ⅰ　この和歌にこめられた女の気持ちとして最適なものを後より一つ選び番号で答えなさい。

1　男のせいで仕えていた童とも会えなくなったといううらみ。

2　男との関係が完全になくなってしまったことへの深い嘆き。

3　男のことが忘れられず、どんな方法を使っても会いたいという思い。

4　男がこれからも幸せに暮らしていけるようにという祈り。

Ⅱ　この和歌の表現の説明として最適なものを後より一つ選び番号で答えなさい。

1　船にかかわる言葉を複数用いたり、一語に二重の意味を持たせたりして、情景と歌にこめられた心情が重なり合い、味わい深いものとなっている。

2　第四句目で意味が切れていて、和歌全体の調子を整えながら、第四句目までと第五句目の情景の移り変わりであっと驚かせるものとなっている。

3　第五句目を体言で終わらせたり、語句の順序を入れ替えたりすることによって、作者の心情が味わいをもって伝わるものとなっている。

4　世の中を人と人の関係に間接的にたとえることによって、和歌全体が男と女の関係を暗示する雰囲気になり、感情豊かなものとなっている。

問六　二重傍線部「いひければ」の動作主として最適なものを後より一つ選び番号で答えなさい。

1　男　　2　女　　3　今の妻　　4　童

問七　傍線部5「もとのごとく」とあるが、これは具体的にはどういうことか。最適なものを後より一つ選び番号で答えなさい。

1　男がもとの妻の和歌を聞いて気持ちをとり戻し、もとの妻を男自身のもとへ呼んだということ。

2　男がもとの妻の和歌を聞いた後も、新しい妻のところへ帰っていったということ。

3　男がもとの妻と暮らしていたころのように、思いやりのある性格になったということ。

4　男ともとの妻が、長い間暮らしていた家で仲睦《なかむつ》まじく暮らすようになったということ。

問八　本文の内容として不適当なものを後より一つ選び番号で答えなさい。

1　男は、もとの妻と別れた後に、馬の飼葉桶だけもとの妻に残していたが、それすらもとの妻から取り上げようと考えた。

2　童は、男のことだけではなくもとの妻のことも慕っており、男が同伴しなくてももとの妻のところに来るつもりだと言った。

3　もとの妻は、馬の飼葉桶を童に渡したときに、また童が自分のもとを訪れてくれるだろうと思い、そのことを童に頼んだ。

4　もとの妻から男への伝言を預かった童は、もとの妻の頼みを確実にかなえるつもりであると、もとの妻に約束をした。

「4ふねもいぬまかぢも見えじ今日《けふ》よりはうき世の中をいかでわたらむ」と申せ」といひければ、男にいひければ、物かきふるひいにし男(物を何も残さずすっかり持ち去った男が)なむ、しかながら(そっくりそのまま)はこびかへして、5もとのごとくあからめもせで(心変わりもせず)添ひゐにける。

(『大和物語』)

＊1　下野の国…今の栃木県。
＊2　馬ぶね…馬の飼葉桶《かいばおけ》。飼葉とは、馬の餌となる草やわらのこと。
＊3　従者…主人の供をする者。
＊4　まかぢ…従者の名前。
＊5　きむぢ…お前。

問一　本文中に「　」(かぎかっこ)のついていない会話文が一箇所ある。その会話文の初めと終わりの組み合わせとして最適なものを後より一つ選び番号で答えなさい。

1　このふ～ここに　　2　このふ～じかし
3　きむぢ～ここに　　4　きむぢ～じかし

問二　傍線部1「心憂しと思へど、なほまかせて見けり」とあるが、この部分の説明として最適なものを後より一つ選び番号で答えなさい。

1　男ともとの妻の気持ちがすっかり離れてしまったところ、男に新しい妻ができて、もとの妻は住んでいた家を新しい妻に明け渡すことになったので悔しいと思いつつも、どうすることもできなかったということ。

2　男に新しい妻ができてもとの妻のもとを去ったが、新しい妻がもとの妻の家の物をほとんど奪っていることに対して、男は心苦しく思いながらも、新しい妻の好きにさせるしかなかったということ。

3　男の性格がすっかり変わって新しい妻もできたので、もとの妻は男と住んでいた家の物をこれ以上見たり使ったりするのは悲しいと思って、ほとんどの物を新しい妻の家に運び出させるように指示をしたということ。

4　男が気持ちをすっかり変えて新しい妻を持ち、もとの家にあった物のほとんどを新しい妻との家に運び出したことを、もとの妻はつらいと思いつつも、男のすることを見ているしかなかったということ。

問三　傍線部2「などてか、さぶらはざらむ」の意味として最適なものを後より一つ選び番号で答えなさい。

1　どうしてもあなたのもとへ参らないことはないのです、今度も絶対に参ります。
2　どうしてあなたのもとへ参らないことがあるでしょうか、必ずまた参ります。
3　どうして主人のもとへ参らないことがあるでしょうか、絶対に参ります。
4　どうしても主人のもとへ参らないことはありません、必ず参るつもりです。

問四　傍線部3「文はよに見たまはじ。ただことばにて申せよ」の現代語訳として最適なものを後より一つ選び番号で答えなさい。

1　主人への手紙をあなたは決して読まないでください。ひたすら私から手紙が来たことを主人に伝えてください。
2　主人の手紙を読ませていただくことは絶対できません。だからあなたが口で私に伝えるだけにしてください。
3　主人は決して手紙をご覧にならないでしょう。だから、あなたが内容を口で言い伝えるだけにしてください。
4　主人が決して手紙をご覧にならないようにしてください。その内容だけあなたが主人に話してください。

問五　傍線部4「ふねもいぬまかぢも見えじ今日よりはうき世の中をいかでわたらむ」について、次のⅠ・Ⅱの問いに答えなさい。

1　なぎなた部のみんなの実力になかなか追いつけないが、そのような状況の中で問題を解決したり目標に向かって取り組んだりするときに、仲間たちが思わぬやさしさを見せて接してくれること。

2　なぎなた部での人間関係の問題を通して朝子さんのなぎなたに対する強い気持ちを理解できるようになったことと、そのような朝子さんに影響を受けて、不可能に見える目標にみんなが夢中になっていること。

3　今までは運動することが苦手だったのに、仲間からの励ましや指導を受けながら厳しい稽古に取り組んで上達をしていることや、上達をしたことによって、仲間と同じような高い目標を持てるようになったこと。

4　なぎなた部の仲間の間で人間関係や目標について衝突しあいながらも、それらの経験や稽古を通して互いに理解を深めていることや、そのような雰囲気の中でいつの間にか団結して練習に取り組んでいること。

問十　本文の説明として最適なものを後より一つ選び番号で答えなさい。

1　「私」の視点を通してなぎなた部で起きたある騒動の展開や結末を描写しており、その描写の中に会話文や人物の表情や様子を多く取り入れつつ、雰囲気をユーモラスに表現することによって、登場人物たちの個性的な人物像や登場人物どうしの関係を、軽妙な雰囲気を持たせながら浮かび上がらせている。

2　「私」の視点を通してなぎなた部の日常のある一場面を切り取って描写しており、その描写の中に「私」自身の仲間たちに対する気持ちを説明的に何度も書きながら、会話文のくり返しによって「私」以外の登場人物の人がらを繊細に表現すると同時に、日常が少しずつ緊迫したものになる展開を強調している。

3　「私」の視点を通した描写と他の登場人物たちの視点を通した描写によって、なぎなた部で起きたある出来事の結末までを見せており、視点の入れ替えや会話文を次々に続けることで全体的にテンポよく物語が展開し、なぎなた部の混乱や登場人物の心情の変化を読み手に劇的なものとして訴えかけるものになっている。

4　「私」の視点を通してなぎなた部の何気ない日常の場面を描写しており、その描写の中で仲間たちの様子や人がら、仲間どうしのやりとりに対する「私」自身の心情を詳しく表現することで、なぎなた部の鬼気迫った雰囲気を浮かび上がらせたうえで「私」自身の考え方の変化や成長についても伝わるようにしている。

三

次の文章は『大和物語』の一部である。これを読んで後の設問に答えなさい。

＊1下野《しもつけ》の国に男《をとこ》　女《をんな》すみわたりけり。年ごろすみけるほどに、男、妻《め》まうけて心かはりはてて、この家にありける物どもを、今の妻のがり（今の妻のところへ）かきはらひもてはこびいく（何も残さずすっかり持ち運んでいく）。1心憂《こころう》しと思へど、なほまかせて見けり。ちりばかりの物も残さず、みなもていぬ（持ち去る）。ただ残りたる物は＊2馬《うま》ぶねのみなむありける。それを、この男の＊3従《ず》者《さ》、＊4まかぢといひける童《わらは》使ひけるして、このふねをさへとりにおこせたり（取りによこした）。この童に、女のいひける、＊5きむぢも今はここに見えじかしなどいひければ、「2などてか、さぶらはざらむ。ぬし、おはせずともさぶらひなむ」などいひ、立てり。女、「ぬしに消息《せうそこ》聞《きこ》えば申してむや。3文はよに見たまはじ。ただことばにて申せよ」といひければ、「いとよく申してむ」といひければ、かくいひける。

あるというのに、どんどん重苦しい雰囲気になってしまい、寂しさを感じている。

3　今まで一緒に仲よく練習していたかよちゃんが急になぎなた部をやめることになってみんなも悲しいはずなのに、かよちゃんの退部を気にかける素振りを見せることもなく、いつもと変わらない様子で稽古に励むことのできるみんなの気持ちの強さに圧倒されている。

4　かよちゃんがなぎなた部をやめることになっても、かよちゃんのこれまでの苦労や葛藤をだれもいたわることなく平気そうな様子で練習しているのを見て、部員同士の絆が弱いことに気づき、これからの部活動をみんなと乗り越えていくことに対して不安になっている。

問六　本文中のA～Cに入る言葉の組み合わせとして最適なものを後より一つ選び番号で答えなさい。

1　A＝冷静だった　B＝嫌になった　C＝自由に

2　A＝不満そうだった　B＝我に返った　C＝強靭《きょうじん》に

3　A＝攻撃的だった　B＝あきらめた　C＝神経質に

4　A＝反抗的だった　B＝うんざりした　C＝頑丈に

問七　傍線部4「だらだら汗かくから、さっき稽古中にすべって、ちょっと足首ひねっちゃったかな。痛いな」とあるが、このように言ったときの朝子さんの様子と心情の説明として最適なものを後より一つ選び番号で答えなさい。

1　いつもなら人前では見せない弱音をさりげなくなぎなた部のみんなに伝えることで、自分の厳しさを恐れて本音を言おうとしない部員の気持ちをほぐし、自分に対してかよちゃんをやめさせないでほしいということをみんなが言いやすいような状況を作ろうとしている。

2　かよちゃんがなぎなた部をやめることに本心では動揺していて、かよちゃんをやめさせないためにはどうしたらよいかという悩みにとらわれるあまり、不注意で足首を怪我《けが》してしまい、いつもとは違ってみんなに助けを求めることで、自分のかよちゃんへの気持ちをわかってもらおうとしている。

3　足首が痛いということを、わざとらしい言い方でかよちゃんやなぎなた部のみんなに聞こえるように訴えて関心を引きつけることで、部員が困ったときにかよちゃんはみんなの助けになるので、部に残ってほしいということを遠回しに伝えるきっかけを作ろうとしている。

4　足首を痛めてしまったことを不自然なほど大げさになぎなた部のみんなに説明することで、自分にはかよちゃんを含めたなぎなた部のみんなが必要なので、かよちゃんになぎなた部をやめないでほしいということを、間接的にわかってもらえるきっかけを作ろうとしている。

問八　傍線部5「『……朝子さん』とだけ言った」とあるが、このように言ったときのゆきちゃんの様子として最適なものを後より一つ選び番号で答えなさい。

1　かよちゃんをやめさせようとした朝子さんが心変わりしていたことに驚くとともに、怒鳴った自分を巻き込む朝子さんの器の大きさに尊敬の念を抱いている様子。

2　朝子さんがかよちゃんを助けるとは思っていなかったので、朝子さんの提案に衝撃を受けて状況をうまく理解できず、混乱しつつも感激している様子。

3　朝子さんがかよちゃんのようなマネージャーを必要としていたことを意外に思ったものの、かよちゃんがなぎなた部に残れそうなのでほっとしている様子。

4　朝子さんがかよちゃんをなぎなた部に残そうとしていることに喜んだが、直接本人に伝えようとせず、周囲の協力を求めていることにあきれている様子。

問九　傍線部6「『なんか、楽しい』と言った」とあるが、ゆきちゃんはどのようなことを楽しいと言っているか。最適なものを後より一つ選び番号で答えなさい。

1 キン止　2 キン差　3 キン肉　4 キン慎

b カクそう

1 イン料水　2 イン鑑　3 イン居　4 山イン

c ヨ力

1 ヨ想　2 ヨ計　3 ヨ金　4 名ヨ

問二　傍線部ア～ウの意味として最適なものを後より選びそれぞれ番号で答えなさい。

ア 静観

1 おとなしく見守ること
2 周囲の状況を無視すること
3 相手の様子を気にしないこと
4 深く考えながら、見つめること

イ 効率的な

1 物事が支障なくどんどん進む様子で
2 自分の気持ちのまま自由に行動してしまう様子で
3 正しい方法で、きちんと整えている様子で
4 あまり労力を使わずに、大きな成果を得る様子で

ウ 音をあげる

1 激しい緊張から息苦しくなる
2 言いにくいことを思わず言葉にする
3 苦しさに耐えられず声を出す
4 周囲をまとめるために一声かける

問三　傍線部1「岩山君は最初から岩のように押しだまっている」に、活用のない付属語はいくつ用いられているか。最適なものを後より一つ選び番号で答えなさい。

1 二つ　2 三つ　3 四つ　4 五つ

問四　傍線部2「朝子さんは、やっぱりちょっと冷たい」とあるが、「私」がこのように思った理由として最適なものを後より一つ選び番号で答えなさい。

1 なぎなた部の仲間とともになぎなたを続けたいというかよちゃんの気持ちを、朝子さんは頭ごなしに否定して、かよちゃんのような実力や甘い考えでは上達するわけはないと厳しく指摘していたため、朝子さんがかよちゃんのことをすっかり見放していると感じたから。

2 かよちゃんはなぎなた部の仲間に迷惑をかけたくなくて悩んでいることを打ち明けているのに、朝子さんはその気持ちを無視して、仲間のことを考えるよりも自分の実力を考えてこれからも続けるかどうかを考えるように促したので、朝子さんが独りよがりになっているように見えたから。

3 なぎなた部をやめると一人ぼっちにもどってしまうというかよちゃんの不安を、朝子さんはしっかりと理解しているにもかかわらず、かよちゃんの戦う意志のなさを問題にして部から出ていくように強く促していたため、朝子さんがかよちゃんをわざと苦しめようとしているように見えたから。

4 なぎなた部の仲間とは離れたくないので部をやめる決心ができないかよちゃんの気持ちを、朝子さんが少しも考慮せずに、かよちゃんのような考えでなぎなたを続けるのは意味がないという事実を淡々と指摘していたため、朝子さんがかよちゃんを突き放しているように見えたから。

問五　傍線部3「みんな、淡々と稽古をした」とあるが、このときの「私」の様子として最適なものを後より一つ選び番号で答えなさい。

1 六人しかいないなぎなた部の大切な仲間であるかよちゃんがやめてしまうのだから、みんながもう少し動揺して稽古に影響が出ると思っていたのに、道場の雰囲気がいつもより暗くはあるもののほとんどの人が気にしていない様子なので、その薄情さに心を痛めている。

2 かよちゃんがなぎなた部をやめることになったせいで、みんなが一斉に暗い気持ちになり、いつもより覇気がない様子で稽古をしているので、かよちゃんと一緒に稽古できる最後の日で

って」

「いや……」

「武道は礼儀が大事なのに、そういうことを言うひとがいると非常に困るな」

ばっと、ゆきちゃんが立ち上がった。

「どこへ行くんですか？」

「朝子さんのいじわる。校舎周り走ってくるから、許してください」

そう言って彼女は更衣室を飛び出した。私もゆきちゃんに続いて飛び出した。

「なんでさと子も来るの」

私が追いつくと、ゆきちゃんは不機嫌そうに言った。

私たちは色違いのシューズを並ばせて走った。

後ろから音が聞こえたので振り返ると、なぜか井川さんも朝子さんもかよちゃんも、女子更衣室から聞こえるさわぎを聞きつけたのか岩山君も、あと、高野先生まで走っていた。

日はとっくに暮れていた。

私たちは、高野先生がウ音をあげるまで三周も走って、やっと止まった。

「最近、全然運動してないから、もうムリ……」と高野先生がとぎれとぎれに言った。

「朝子さんに許してもらうために走ったのに、みんな走ったら意味ないじゃないですか！」

ゆきちゃんは、まだcヨ力がありそうだった。当初は泣きながら周回遅れで走っていたのに、練習後に三周も走れるようになったなんて、この数か月でずいぶん[C]なったなと私は思った。蹴ったら折れそうなくらい足が細いのは変わっていないけど。

「今回だけは許してあげよう。あと、君はやっぱり国語をもう少し勉強しなさい」

と朝子さんは言った。たぶん冷血漢と言われたことを根に持っているのだ。

「朝子さんて、なんなんだろう」

帰りの車でゆきちゃんが言った。

「なんなんだろうって？」

「だって、最初からマネージャーになれって言えばいいのにさ。へんなひと」

「厳しいけど、やさしいひとなんじゃない？」と私は言った。

厳しいけどやさしい？　それってムジュン。とゆきちゃんは口をとがらせた。かわいい金魚みたいだ。

「ゆきちゃんのくせに、むずかしいコトバ知ってるね」

と言ったら、ゆきちゃんはちょっとすねた。それから、

6「なんか、楽しい」

と言った。

「なにが？」

「全部。朝子さんにむかついたり、稽古きつかったりするときあるけど、なんか、全部、楽しい」

「最初はランニングについてけなくてやめそうになってたのに」

「剣道部倒すとか言われたときはサイアクと思った」

たしかに、私もちょっとサイアクと思った。

「でも、なんか、知らないうちにみんな剣道部倒すこと考えて必死になってるし、そういうのが、なんか、すごく楽しい」

ゆきちゃんてすごく素直だなあと思って、私はうれしくなった。

運転席のミラーに目をやると、ゆきパパが穏やかに笑っているのが見えた。

（小嶋陽太郎『おとめの流儀。』）

問一　二重傍線部a～cのカタカナの部分を漢字に改めたとき、同じ漢字を用いるものはどれか。後より選びそれぞれ番号で答えなさい。

a　スジ

朝子さんに何か言われたときだけ、反応がいつもより［A］けど、彼女以外はいつもどおりだった。私は努めていつもどおりにしようと意識していたけど、朝子さんや井川さんに関しては、かよちゃんの退部を意識しているような雰囲気は感じられなかった。たった六人しかいない仲間のうちのひとりがやめるときも、こんなものなのか、と私は少し悲しくなった。

　稽古が終わると、更衣室でとつぜん朝子さんが大きい声を出した。

「いやー、夜とはいえ、夏の稽古はつらいね！」

　急になんだろう、と私は思った。

「4だらだら汗かくから、さっき稽古中にすべって、ちょっと足首ひねっちゃったかな。痛いな」

　今日の稽古でそんな場面、あったっけと思い返してみたけど、そんなことはなかった。それに朝子さんは痛いとかなんとか、そういうことを一切言わないからへんだ。岩山君が、振り下ろしたなぎなたを床に当たるまで止められないのを直すために防具なしで彼の前に立って、「私の頭の直前で止めなさい。さすがに先輩の脳天は打てないでしょう」という無茶な練習をして見事に一撃をくらい、涙目で「ハエが止まったかと思ったわ」と言ったくらいのひとなのだ。それ以来、その練習はやらなかったけど。

「こういうときに、いつでも素早くテーピングできるようなひとがいればいいのになあ。ね、そう思わない？　ゆきちゃん」

　ゆきちゃんは朝子さんの言葉を思いきり無視した。それでも朝子さんが「だれかいないかなあ」としつこく言っていると、［B］のか、ゆきちゃんが言った。

「……そんなの自分でやればいいじゃないですか。知りませんよ」

「そうしたいけど、足首って自分だと意外とやりにくいんです。巻き方の知識のない素人《しろうと》にぐるぐる巻かれても効果ないし。あー、困ったなあ」朝子さんの口はなかなか止まらなかった。

「……あとは、試合稽古のときにタイマーで時間計ったり、スコアをつけたりしてくれるひとがいたら最高なんだけどなあ。データを取って、管理してくれるひとがいたら、もっとイ効率的な稽古ができると思うんですよ。ね、ゆきちゃん」

「なんなんですか、うるさいな！」

　ゆきちゃんが怒った。というか、彼女は今日はずっと怒っている。

　そして朝子さんは言った。

「マネージャーがいたら、稽古がスムーズにいく気がするんですよね」

「マネージャー？」

　私は朝子さんに聞き返した。

「だれかいないかなあ。少しでもいいからなぎなたの経験があって、私たちのことがきらいじゃなくて、あとは、男にテーピングとかされるのいやだから、できれば女子で、真面目で……」

　だれかいないかなあ。朝子さんの声が響いた。もしや、と思った。あのう、と小さな声が聞こえた。かよちゃんが手をあげていた。

「ん？　どうしたのかよちゃん」

「私、やりたいです……マネージャー」

「なに！」朝子さんがおおげさな声を出した。「なぎなたの経験があって、私たちのことがきらいじゃなくて、女子で、真面目……君はいま私が言った条件を偶然にも満たしているじゃないですか！」

　偶然にも、というところを強調して朝子さんは言った。

「かよちゃんがマネージャーですか、いいですね。ねえゆきちゃん、どう思う？」

　問いかけられたゆきちゃんは目を丸くして、それからどういう感情なのかわからない顔で5「……朝子さん」とだけ言った。

「いいと思う？」

　……思います、とゆきちゃんは言った。

「ですよね」それから朝子さんはゆきちゃんの顔をじっと見つめた。

「……あれ、そういえばゆきちゃん。君は今日、練習のまえに私に向かってバカ朝子とか冷血漢とかなんとか失礼なことを言ってきたような気がするんだけど。先輩であり部長であり女である私に向か

二 次の文章を読んで、後の設問に答えなさい。

〈これまでのあらすじ〉
「私（さと子）」は中学一年生で、部員が六人しかいないなぎなた部に所属している。あるとき部員のかよちゃんが部長の朝子さんに、自分は足手まといになっているのではないかという悩みを打ち明けた。その翌日、道場に部員が集まり、かよちゃんの話を改めて聞いた。仲間ができてうれしいが試合がこわいというかよちゃんの思いを聞いた朝子さんは、たたかう気持ちがないならなぎなたをやらなくていい、勝ちをめざしてたたかうことはかよちゃんには向いていないと言い放った。

かよちゃんは下を向いて、何も答えなかった。

これじゃ、やめろと言っているようなものだ、と思った。

朝子さんの言っていることは、少し厳しすぎる。かよちゃんは、たぶんなぎなた部をやめる覚悟で今回の話を持ち出したのだとは思うし、その覚悟も汲《く》んで朝子さんはいまの発言をしたのだと思うけど、もう少し優しい言い方はなかったのか。

ゆきちゃんは完全に停止しているし、1岩山君は最初から岩のように押しだまっている。井川さんも終始助け船を出したりすることもなく、ただただア静観している。クールな彼女らしいけど、小学校からの友達なら何かしら言ってあげればいいのに。

そう思いつつも、私も何も言うことができなかった。朝子さんの言っていることがすべて正しいとは思わないけど、aスジはとおっている気がしたから。たしかに、私たちに迷惑をかけたくないというだけの理由でなぎなたを続けても、意味はないと私も思う。

でも、かよちゃんはなぎなた部に入ったことで、はじめて井川さん以外の仲間ができて、それがうれしかったから「向いていない」というだけでなぎなた部をかんたんにやめようとは思えないのだ。

そういう事情をもう少し考えてあげたっていいのに、と私は思った。

2朝子さんは、やっぱりちょっと冷たい。

かよちゃんが何も答えないのを見て、朝子さんは言った。

「何も答えないってことは、やめるってことでいいですか？」

五秒くらいたって、かよちゃんが、三ミリくらいうなずいたように見えた。

「わかりました」

かよちゃんがやめることが決まっても、ゆきちゃんがすごく悲しそうな顔をしただけで、井川さんは何も言わなかった。

「じゃあ稽古はじめましょう。かよちゃん、せっかく来たんだから今日はやっていきましょう」

朝子さんの言葉に、かよちゃんは一瞬迷った素振りを見せてまた小さくうなずいた。私たちはぞろぞろと更衣室へ向かった。

更衣室はお通夜《つや》みたいな雰囲気だった。

朝子さんが素早く着替えて道場に行ってしまうと、ゆきちゃんが、

「バカ朝子さんの言うことなんか気にしなくていいんだよ。なぎなた部やめても、私、かよちゃんの友達だからね」

と、かよちゃんに声をかけていた。

かよちゃんは力なく笑って袴《はかま》の前ひもをしめて、最後の稽古に向かった。

稽古がはじまって三十分くらいしてから「すみません遅くなりました」と言いながら高野先生が来た。

みんないつもどおり高野先生の指示に従って稽古をしたけど、道場内の雰囲気はどうにも暗かった。それを察したのか、休憩時間に高野先生がかよちゃんの件はどうなったのかと私にさりげなく聞いてきた。今日が最後の稽古で、かよちゃんはやめることになりましたと私は報告した。高野先生は「そうですか」と言った。

3みんな、淡々と稽古をした。

ゆきちゃんだけはぷりぷりと怒っているのをbカクそうとせずに、

しまい、近くにいる人の迷惑になっていることに気づかずにスマホを使い続けたり、周囲の状況変化に気づかずに自分自身が危険に巻き込まれたりしてしまうことが増えている。

3　スマホは電車の中でも周囲の邪魔にならない大きさなので、操作することで他者に迷惑がかからないように気を遣う必要もなく、今いる場所とは違う世界に意識を集中させて楽しむことができるため、人々はその場に一緒にいる他者に対して関心を向ける気持ちを失い、他者とつながるときにどのような距離で接するのが適切かという繊細な気配りを行うことができなくなっている。

4　スマホは物理的に距離の離れた人たちと交信したり、一人で自分の好きなことをしたりできる道具であり、近くにいる他者と触れあわなくてもスマホがあれば人は楽しく生活することができるため、周囲にいる人たちに気を配って互いに安全な距離を保つために受け継がれてきた儀礼的な行動がすたれて、他者との本当のつながりさえも失われてきている。

問十　傍線部7「なまあたたかい空気にただ浸っているのを、いったんやめる必要があるでしょう」は、いくつの文節に分けることができるか。最適なものを後より一つ選び番号で答えなさい。

1　七文節　2　八文節　3　九文節　4　十文節

問十一　傍線部8「そうした気づきや営み」とあるが、これはどのようなことを指しているか。最適なものを後より一つ選び番号で答えなさい。

1　私たちが普段何気なく見ていて影響を受けている日常的光景を理解するために使っている常識や知識について、それらが本当に他者と生きていくうえで必要なのかを問い直し、変えていけるならどのように自分自身の暮らしを変えていけばいいかを考えること。

2　私たちが普段何気なく生きている日常になんらかの意味を与えている多様なものについて、社会学的にどのような意味があるかを捉え直すため、その日常の中で生きることを受け入れて必要な常識や知識を正しく気持ちよく使えるように身に付けようとすること。

3　私たちが普段何気なく見ている日常の光景について、無意識のうちに自分だけの常識によって捉えることで、さまざまな不満をもっていることを自覚し、社会的な常識によって捉え直すことで、自分の生きている現実を明確に理解して、認めようとすること。

4　私たちが普段何気なく生きている日常の光景や場面の中で、他者とつながるには何が重要なのかをふりかえって理解するうえでは、自分が日常の光景を見つめるときに用いているような常識は全く役に立たないことを自覚して、新しい常識を考えようとすること。

問十二　本文の内容と一致するものを後より一つ選び番号で答えなさい。

1　日常生活世界を社会学として研究し、日常や現実について驚きをもって捉えるためには、実際に自分の住む場所から出て異邦人としての経験を得なければいけない。

2　電車の中の人たちがスマホを一斉に使う光景は筆者にとって異質な日常であり、電車という他者とかかわる空間においてスマホの存在はふさわしくないと考えている。

3　自分の日常生活世界を変えていけると思い、どのように変えていくべきかを実際に考えることは、他者を疑い、他者とのつながりを遮断することにもつながる。

4　日常の場面や光景の中には、社会学的に自分自身の暮らしや人生をふりかえってどのように変えていくかを考えるためのきっかけがたくさん存在している。

人々の感性の変化に驚いているということ。

2　狭い電車の中で、だれもが周囲と行動をあわせて自分の立ち位置を決めたうえでスマホを眺め始めるにもかかわらず、すぐに指を忙しそうに滑らせてスマホを操作するようになり、同じ電車にいる周囲の人たちに対して特別な配慮をしようという気持ちがうせてしまう様子に驚いているということ。

3　狭い電車の中で、同じ電車の中の周囲の人たちの気持ちを不快にしてはならないと、自分のいる場所を決めるやいなや、だれもが同じようにスマホの操作を始めて、そのまま周囲の他者への無関心を装うことに集中して気持ちを緊張させたままでいる人の多さに驚いているということ。

4　狭い電車の中で、自分の居場所を決めた途端にだれもが一斉にスマホの画面を眺めるという一様な行動や、スマホの操作に集中することによって、同じ電車の中にいる周囲の人への気配りを失い、関心を向けられることも拒絶している人々の様子に対して、いつも驚いているということ。

問七　傍線部4「新聞や雑誌は、自分の周囲に〝バリアー〟を張る道具ではなく、周囲の他者とつながるための道具なのです」とあるが、この部分の説明として最適なものを後より一つ選び番号で答えなさい。

1　電車の中で新聞や雑誌を読むことは、一見すると周囲とのつながりを断ち切る行動であるようにも思えるが、実際は電車の中の人たちが互いに周囲の気配を察しながら距離をとることで、相手に対して特別な気持ちがないことを伝える手段なので、他者とつながる状態を作り出す行動であるといえるということ。

2　電車の中で新聞や雑誌を読もうとすると、多くの場合、周囲の人々と身体が触れあうような距離まで近づくことになるので、新聞や雑誌を読むことは、他者に対して興味がないということを示す手段ではなく、他者の存在やつながりを強く感じるための手段だといえるということ。

3　電車の中で新聞や雑誌を読むことは、一見すると身体の触れあうような距離にいる人たちと儀礼的な方法で距離をとろうとする行為であるようにも思えるが、実際は他者がどのようなものを読んでいるかを感じとることができる距離を保っているので、他者とつながる状態を作り出す行動であるといえるということ。

4　電車の中で新聞や雑誌を読もうとしても、周囲の音が聞こえてしまい近くにいる人たちの姿勢や動きに目を配る必要が生じるので、新聞や雑誌を読むことは、電車の中の周囲の人たちと距離をとろうとする手段ではなく、他者に近づきつながりをもつための手段だといえるということ。

問八　本文中の[5]に入る言葉として最適なものを後より一つ選び番号で答えなさい。

1　異質なリアリティを完全に遮断する
2　多様なリアリティを自在に移動できる
3　画一的なリアリティを一瞬で破壊する
4　想定されるリアリティを簡単に知覚できる

問九　傍線部6「他者とつながるうえで、ふりかえって考えるべき興味深い問題」とあるが、これはどのような問題のことをいっているか。その説明として最適なものを後より一つ選び番号で答えなさい。

1　スマホは電車の中にいながら電車の中にはいない他者と交信することができる道具であり、スマホを操作することで近くにいる人たちには無関心であることを示すことができるので、今電車の中に一緒にいる人たちに対してどのような態度で接するべきかを考えずに迷惑な行為をしてしまっても気づかなくなるため、他者とのつながりがどんどん薄れている。

2　スマホは片手で持って運べる大きさであり、いつでもどんなところへも気軽に持っていくことが可能なので、場面や状況を選ばずスマホを通して自分だけの世界に没入することができて

す。

（好井裕明『「今、ここ」から考える社会学』）

＊スコール…熱帯地方で、突然激しく降る雨。

問一　二重傍線部a～cのカタカナの部分を漢字に改めたとき、同じ漢字を用いるものはどれか。後より選びそれぞれ番号で答えなさい。

a　蓄セキ
　1　功セキ　2　セキ雪　3　セキ務　4　セキ別

b　イ持
　1　繊イ　2　経イ　3　イ頼　4　イ跡

c　強セイ
　1　セイ掃　2　帰セイ　3　宣セイ　4　セイ限

問二　本文中の（ア）～（ウ）に入る語として最適なものを下より選びそれぞれ番号で答えなさい。

ア　1　しかし　2　たとえば　3　要するに　4　ところで

イ　1　そこで　2　なお　3　その上　4　他方

ウ　1　または　2　したがって　3　ただし　4　なぜなら

問三　本文中には、次の部分が抜けている。これを入れる位置として最適なものを後より一つ選び番号で答えなさい。

　同じように見える混んだ車内の光景ですが、私はこの二つはかなり意味が異なっていると考えます。

1　【A】　2　【B】　3　【C】　4　【D】

問四　傍線部1「A・シュッツ」という人物に対する筆者の考えとして最適なものを後より一つ選び番号で答えなさい。

1　シュッツは、銀行で働くというキャリアを通して、大学にこもって研究と教育に従事するよりも現実に身を置いて日常から学ぶほうが重要であると気づき、人々にも研究よりも日常が面白いと伝えていた。

2　シュッツは、オーストリアで生まれてアメリカに亡命したことや銀行で働きながら大学で研究したことなど、多様な現実に身を置いたことで、新鮮な目で日常を見つめられ、また、そうすることの重要性を発見することができた。

3　シュッツは、大学で研究しているときはもちろん、銀行で働いているときも異国で生まれたことを意識して、何があっても驚くことなく新しい状況を受け入れたため、日常の中の面白さを的確に捉えることができた。

4　シュッツは、オーストリアからアメリカに亡命したため、銀行で働きつつ大学で研究するという生活を送る中でも周りの環境になかなかなじめず、疎外感を解消するために人々の多様な日常性に目を向けるようになった。

問五　傍線部2「『驚き』に満ちた数日間でした」とあるが、この部分の説明として不適当なものを後より一つ選び番号で答えなさい。

1　マレーシアのように多種多様な違いがある人々と生きる場所では、自身の価値観が変わるだろうと感じた。

2　さまざまな差異のある人々が共存して国家としての日常が成り立つことを受け入れる難しさを感じた。

3　マレーシアの日常では多民族・多文化の存在することが当然となっていることに対して驚きを感じた。

4　多種多様な違いのある人たちが今同じ場所で生きているからこそ一つであるという主張の重要性を感じた。

問六　傍線部3「私は、毎日大学に向かう電車の中で、常に『驚いて』います」とあるが、この部分の説明として最適なものを後より一つ選び番号で答えなさい。

1　狭い電車の中で、かつては新聞や雑誌を読むことがあたりまえのこととして定着していたが、現在は電車で自分の位置を決めた途端に多くの人がスマホ操作に夢中になり、電車に快適に乗るためにはスマホが必要不可欠になっているという、時代や新聞や雑誌は、確かに私たちはそれを読みたいから読むのですが、見方を変えれば、これらは、身体が触れあうぐらい混んだ狭い車内で、お互いが儀礼的に距離をとり、特別な興味や関心がないことを示し、相手に対して距離を保っていることを示す重要な道具と言えます。新聞や雑誌を読んでいても、周囲の音や隣の人の姿勢や動きなど細かい状況はわかるでしょう。その意味でこうした道具は、それに目を落としているとしても、常に周囲の他者の気配は感じ取れるし、私たちは常に周囲に気を配っているとも言えるのです。つまり、4新聞や雑誌は、自分の周囲に〝バリアー〟を張る道具ではなく、周囲の他者とつながるための道具なのです。

（イ）、私たちはスマホを通して、混んだ車内でもそこにいない他者と交信したりゲームを楽しんでいます。いわばスマホは、「今、ここ」で全く異質なリアリティへ瞬時に跳躍できる驚きのメディアなのです。さらにスマホは、新聞や雑誌に比べ、小型軽量であり、周囲に迷惑もかけずに私たちは「混んだ車内」で操作ができます。イヤホンやヘッドホンをし、周囲からの音をさえぎり、視線をスマホの画面に集中させるとき、私たちの心や関心は「今、ここ」にはないのです。端的に言えば、スマホは、それを使って［　5　］としても、新聞や雑誌のように「今、ここ」で儀礼的に周囲に無関心を示したり、距離をとるための道具ではないのです。【C】

混んだ車内の二つの光景。一つは、新聞や雑誌を読みながらも、常に周囲の他者に対して儀礼的に無関心を示し、身体が密着しているとしても、そこに安心な距離があることを示しあう秩序が「今、ここ」で作られbイ持されている空間です。そして今一つは、それぞれがスマホに没入することで「今、ここ」に居ながらも、個別のリアリティの跳躍を楽しんでいる空間です。（ウ）、そこは、儀礼的に無関心を装《よそお》い常に他者との安心な距離への気配りに満ちているのではなく、まさに周囲の他者への関心を喪失し、安心な距離を保つための儀礼を微細に実践することさえ怠っている人々の身体が満ちている空間なのです。【D】

通勤通学での混んだ車内という、思いっきり「あたりまえ」で日常的光景を詳細に読み解いてみました。そこには、6他者とつながるうえで、ふりかえって考えるべき興味深い問題を私たちが生きていることがわかります。

私たちが何気なく見ている日常的光景。繰り返して流されるテレビコマーシャル。思わず感動して涙を流してしまう映画やドラマ。ワンパターンのフレーズや身ぶりをこれでもかと繰り返し、なかば強cセイ的に笑いを取っていこうとするお笑いタレントたちのトークショー。さまざまな事件を伝え、私たちの日常への危機感をあおるワイドショーや雑誌報道等々。数え上げたらきりがないのですが、日常生活世界になんらかの意味を与えている多様な「あたりまえ」の場面のなかにこそ、私たちが日常生活世界を詳細にふりかえって捉え直すきっかけに溢《あふ》れているのです。

そしてきっかけに気づくためには、ただ「あたりまえ」を漫然と認め、「あたりまえ」がもつ心地よい、7なまあたたかい空気にただ浸っているのを、いったんやめる必要があるでしょう。言い方を変えれば、目の前の場面や光景を理解するためにほぼ無意識のうちに使っている「処方箋」としての知識、いわば常識的知識をいったんカッコに入れ、この知識をどのように自分が使っているのか、またこの知識を使って場面や光景を理解していく営み自体、はたして〝適切で〟〝気持ちよい〟ものだろうか、などを立ち止まって考えてみる必要があるのです。8そうした気づきや営みこそ、日常生活世界を生きて在る私たちの姿を社会学的に読み解くためのはじめの一歩なのです。

大事なので繰り返しておきたいと思います。「あたりまえ」に驚き、そこに何が息づいているのかを「見つめ」、その何かが本当に私たちが他者とともに気持ちよく生きていくうえで必要なのかを「疑い」、さらにそれを「変えていける」とすれば、どのように自分の日常を変えていけばいいのかを考える営みこそ、まさに自分自身の暮らしや人生を社会学的にふりかえって考える基本といえるので

二〇二〇年度　専修大学松戸高等学校（前期17日）

【国　語】（五〇分）〈満点：一〇〇点〉

一　次の文章を読んで、後の設問に答えなさい。

日常生活世界を社会学の主題にと主張した[1]A・シュッツは、第1章でも紹介したようにオーストリア生まれで第二次大戦時、ナチスの迫害を逃れアメリカに亡命した知識人の一人でした。なぜ彼は日常性に注目したのでしょうか。彼は大学という象牙の塔にこもって研究したのではなく、昼間は銀行員として働き、夜に大学で研究し教育したというユニークなキャリアを持っています。彼の学問的営みや人生を詳細に調べ論じた学史の蓄[a]セキは豊かですので、詳しく知りたければ、それらを読んで欲しいと思います。

私は、シュッツの人生を知り、彼の中に鋭くかつ優しい「異邦人のまなざし」があったからこそ、日常性という宝箱を発見し、その中身の面白さを私たちに示すことができたのではと思っています。

その異邦人のまなざしとは何でしょうか。それは、普段私たちが他者とともにさまざまに作り上げ、生きている、多様な日常という現実を「驚きの眼《め》」でもって、今一度眺めなおす力とでも言えるかもしれません。

（ア）私たちは、海外へ旅行すれば、期間限定であれ「異邦人」になることができます。最近、私はマレーシアの首都クアラルンプールとマラッカを旅してきました。日中の気温三五度、湿度七〇～八〇%以上。夕方＊スコールが降っても一〇〇%の湿度になるだけで、爽快感などない気候に身体はしっかりとやられてしまいましたが、楽しい[2]「驚き」に満ちた数日間でした。

首都の中心をモノレールが走っています。その狭い車両の中に、マレー系、中国系、インド系、そして私のような外国人観光客が乗ってきます。服装や外見も異なり、複数の言語が飛び交う車内。週末にぎわうショッピングモールでも多様な差異をもつ人々が行き交っています。まさに多民族・多文化の日常がそこにありました。通りの片側に中国の寺院があり、隣にイスラム教のモスクがあり、反対側にはヒンズー教の極彩色の寺院があり、信仰する人々がそれぞれの寺院を訪れているのです。

こうした日常の雰囲気、空気に触れて、私は普段からこうした世界で生きていると、確実に世の中への考え方や見方が変わってくるだろうと実感しました。テレビでは毎日マレーシアは一つだという国のコマーシャルが放送されていました。民族、文化、言語など多種多様な違いがある人々が「今、ここ」でともに生きているからこそ、逆に、マレーシアは一つの国家であるという主張が重要になってくるのです。

（中略）

もちろん、外国に行かなくても、私たちは「異邦人のまなざし」でもって、普段の暮らしや現実のさまざまな部分に「驚く」ことができます。

たとえば[3]私は、毎日大学に向かう電車の中で、常に「驚いて」います。通勤通学ラッシュの中、大半の人が黙々とスマホ画面を眺め、指を忙しそうに滑らせています。私は、この光景を異様に感じ、見事な「画一さ」にいつも驚いています。もちろんスマホがだめだなどと言っているのではありません。これもまた、私たちが普段「あたりまえ」に電車に乗るための重要な実践知と言えるのです。ただ狭い車内で、自分の立ち位置を決めた瞬間、周囲の人への関心を一斉に遮断して〝スマホバリアー〟で守られた世界へ人々が没入していく姿は私にとって、いつも驚きなのです。【A】

かつては、新聞を四つ折り、八つ折りにして顔を近づけ無心に読む姿や週刊漫画雑誌を丸めて読む姿が中心でした。新聞や雑誌を読む姿とスマホに没入する姿は同じなのでしょうか。それともまったく異質な日常を生きる私たちの姿ができあがっているのでしょうか。

【B】

2020年度／専修大学松戸高等学校（前期17日）

英語解答

1 放送文未公表

2 問1 ①　問2 ④　問3 ③
問4 ①　問5 ②　問6 ②
問7 ③　問8 (1)…④　(2)…②

3 問1 (1)…②　(2)…③　(3)…④　(4)…③
(5)…④
問2 ②，④，⑧

4 (1) ④　(2) ③　(3) ①　(4) ③
(5) ④

5 (1) 1…⑦　2…③
(2) 3…②　4…⑧
(3) 5…①　6…③
(4) 7…④　8…⑦
(5) 9…⑤　10…⑥
(6) 11…⑤　12…③

6 (1) ④　(2) ⑤　(3) ④　(4) ③
(5) ⑤　(6) ③

（声の教育社　編集部）

1〔放送問題〕放送文未公表

2〔長文読解総合―説明文〕

≪全訳≫❶私たちの習慣について少し考えてみよう。習慣とは私たちが頻繁に行うことであり，ときには考えずに行うこともある。良い習慣と悪い習慣の両方がある。毎食後に歯を磨くのは良い習慣だ。汚れた靴下を居間の床に脱ぎっぱなしにするのは悪い習慣だ。悪い習慣を身につけるのは簡単だが，良い習慣を身につけるのは難しい。あなたの悪い習慣は何だろうか。良い習慣は何だろうか。❷もしかすると，あなたの家族の中に，あなたが気に入らない悪い習慣を持っている人がいるかもしれない。あるいは，あなたの友人の１人が悪い習慣を持っているかもしれない。人をとても好きになることはありうる話だが，彼または彼女の習慣のいくつかが好きではないということもありうる話だ。私たちには皆，変えたいと思う悪い習慣があるが，それを変えることは簡単ではない。❸悪い習慣のその他の例としては，ジャンクフードを食べすぎたり，ソーダを飲みすぎたり，人の話を妨げたり，授業(がある日)の前に徹夜で宿題や試験勉強をしたり，ひどい場合にはトイレの水を流し忘れたりすることもある。成長し，より良い人間になるということは，１つには自分の悪い習慣を断ち，新たな良い習慣を身につけるために努力することだ。実際，悪い習慣を断つ最良の方法の１つは，それに代わる良い習慣を身につけることだ。こうすれば，「一石二鳥」となる。❹悪い習慣は，努力する必要がないため，容易に身につく。しかし，良い習慣を身につけるには，特に最初は計画を立てて一生懸命努力する必要がある。しかし，しばらくすると，私たちが習慣にしたいと思う良いことをするのがより簡単になる。最後には，そうすることが当たり前に感じられるようになる。習うより慣れよ！である。❺ジャンクフードを食べすぎたり，ソーダを飲みすぎたりすることに代わる良い習慣とは何だろうか。いつも健康的な食べ物と水またはお茶を持ち歩くというのはどうだろうか。エネルギーを補給するために軽食が必要になることもあるが，ジャンクフードの代わりに健康に良い物を食べることができる。例えば，ドライフルーツとナッツは，食間に空腹をあまり感じないようにするのに役立ち，健康に良い。緑茶には健康上多くの長所があり，カロリーもない。また，水は私たちの体がうまく機能するために非常に重要だ。学生の中には，おなかがすいていれば，授業中に一生懸命勉強できない者がたくさんいる。健康的な軽食をバッグに入れておけば，この問題も解決できるのだ。それは良い習慣だ。❻人が話しているときに(話を)妨げるのはどうだろう。本当に言いたいことがあるときは待つのが難しい場合もある。言いたいことを忘れてしまうのではないかと不安になるのだ。しかし，人々が私たち(の話)を妨げるとき，私たちはいい気がしないので，私たちも他人(の話)を妨げるべきではない。身につけるべき良い習慣の１つは，誰かが話を終えるまで待ってから発言することだ。そして，私たちが言いたいことを忘れてしまうのが本当に心配なら，それをメモに書きとめればいいのだ。これはいつも便利というわけではないが，１枚の紙切れまたは手にでも言葉を１つ書くことができる。スマートフォンにメモを書きたい人もいるかもしれない。注意深く耳を傾け，人の話を妨げないようにすることは大切なので，この良い習慣を身につけるためのあなた自身の方法を見つけてみよう。❼授業の前日に徹夜で宿題や試験勉強をすることをやめるにはどうすればよいだろうか。１つの良い習慣は学習スケジュールを立てることだ。お金をどのように使うかということに注意するためには予算を立てることが重要であるように，時間配分の割り当てを計画することが重要になる。勉強がよくできるのは朝か，それとも夜か。どこでするのがいいか。静かな図書館で勉強したい人もいれば，自宅で勉強したい人もいる。あなたが勉強するのに最適な状況を見つけたら，その状況で勉強することを習慣として計画することができる。例えば，毎朝，朝食前に１時間勉強したい人がいる。あなたがこの習慣を身につければ，先延ばししないようにその時間に何を勉強するかを決めることができる。そうすればストレスが少なくなる。この習慣はあなたの学校生活にも健康にも良いものだ。❽良い習慣を身につけるまた別の方法は，私たちの悪い習慣に対し，ちょっとした罰を与えることだ。／→イ．トイレの水を流し忘れないようにするため，この罰をどのようにして使うことができるのだろうか。／→エ．私たちはトイレの水を流さなかったことに気づいたときはいつでも，トイレとバスルームを掃除する習慣を身につければよいのだ。／→ア．私たちはバスルームを１日に３回も掃除したくないので，忘れずに水を流すようになる。／→ウ．トイレの水を流すのを忘れないように。そして，私たちの悪い習慣も洗い流し，新たな良い習慣をつくってみよう。がんばって。

問１＜適語選択＞悪い習慣について述べている部分なので，「汚れた靴下を居間の床に残す(＝脱ぎっぱなしにする)こと」とする。

問２＜適語選択＞第６段落で述べられている interrupt「妨げる」とは，他人が話をしているときにその話をさえぎることを意味している。空欄(2)の前に「言いたいことがあるときは待つことが難しい」とあり，それは「言いたいことを忘れてしまうのではないかと不安になる」からだと考えられる。　be afraid that ～「～ではないかと不安に思う，心配する」

問３＜適語句選択＞直前の to be careful は‘目的’を表す to不定詞の副詞的用法。budget money「お金を割り当てる，予算を立てる」目的として適切なのは，「お金をどのように使うか」ということに注意するため。　how to ～「～の仕方」

問４＜適語句選択＞直後の during that time は「朝食前の１時間の勉強時間中」ということ。これに最もよく適合するのは，①「何を勉強するか」。

問５＜文整序＞直前に，悪い習慣に対して自らにちょっとした罰を与える，とあるので，まずトイレの流し忘れという悪い習慣の具体例を挙げているイを置く(イの this は，第８段落第１文の making a mild punishment を受けている)。次にその答えとして「トイレとバスルームを掃除する」という罰の内容を示すエを置く。この後，その罰によって忘れずにトイレを流すようになると述べるアを続け，最後に結論となる命令文のウを置く。

問６＜適所選択＞脱落文は「習うより慣れよ」という意味のことわざ。第４段落に，良い習慣を身につけるには自分で計画を立てて努力する必要があるが，そのうちにそうすることが当たり前に感じられるようになるという，このことわざが意味する内容が述べられている。

問７＜内容真偽＞①「悪い習慣を持っている人を好きになるのはとても簡単であり，その人はそれらを変えることができる」…×　第２段落参照。　②「『一石二鳥』とは，一度に２つの悪い習慣を断つことができることを意味する」…×　第３段落参照。ここでは，悪い習慣を断ち，それに代わる良い習慣を身につけることを意味する。　③「勉強のスケジュールを立てることはストレスを軽減できるので，その習慣を持つことで，あなたの生活はより健康的になるだろう」…○　第7段落後半に一致する。　④「私たちは，ちょっとした罰を加えることによっては，トイレの流し忘れのような悪い習慣をやめることはできない」…×　第8段落参照。

問8＜英問英答＞(1)「良い習慣を身につけることについて当てはまらないものはどれか」―④「ほとんどの人は考えずに良い習慣を身につける」　第4段落第2文参照。良い習慣を身につけるには，努力する必要がある。　(2)「生徒が健康的な食べ物と水やお茶を持ち歩くのが良い習慣であるのはなぜか」―②「授業の間におなかがすいたとき，それらを持っていればジャンクフードやソーダを食べたり飲んだりするよりも健康的だから」　第5段落後半参照。

3〔長文読解総合―エッセー〕

≪全訳≫❶この前の9月，夏休み明けの初日，新しい生徒のアヤが私のクラスに来た。彼女は自己紹介をしている最中，しばしばほほ笑み，とても親しみやすそうに見えた。担任のイトウ先生が席を決めると，それは私の前だった。だから私はすぐにアヤと話をし，私たちは友達になった。❷その日の昼食時，アヤが私に「(1)秋にはどんな学校行事があるの？」ときいてきた。私は「11月に学園祭があるわ。私たちは3年生だから，その前の10月に3日間，ミナミ町への修学旅行があるの。それは『イングリッシュキャンプ』と呼ばれているのよ。キャンプ中は英語を話さなければいけないの」と答えた。アヤはうれしそうに，「楽しそう！　私，英語が好きなの。本当に楽しみだわ。あなたもそうでしょ，直子？」と言った。私は英語があまり好きではなかったが，「ええ，そうね。わくわくしてるわ」と言った。それから，「将来の夢について話し，英語でスピーチをしなければならないので大変だけどね」とつけ加えた。アヤは「どうして？　わくわくするでしょ」と言って，彼女の夢をいくつか話してくれた。例えば，将来留学し，世界中でボランティア活動をしたいと言った。そのとき，私は自分の将来について考えていなかったので，彼女の話を聞くだけだった。私は「自分の将来のために何かやってみなければということはわかっているんだけど…」と思った。私は，彼女の幸せそうな顔を見たとき，少し悲しくなった。❸9月も過ぎ去り，私には特別なことは何も起こらなかった。イングリッシュキャンプの初日，アヤは私に「おはよう，直子。私はとてもわくわくしているの！　昨夜はよく眠れなかったわ」と言った。私は「今日はホテルの近くの森の中を歩くのよ。ミナミ町に着く前にバスの中で寝た方がいいわ」と言った。彼女は「そうするわ」と言ったが，眠らなかった。私たちはキャンプの同じグループだったので，バスでは隣どうしに座った。バスの中では日本語でたくさん話した。❹ミナミ町に着いた後，私たちの英語の先生のグリーン先生が「これからは，最終日に夕食を食べ終わるまで英語しか話せないのよ。いいわね？」と言った。まず，グリーン先生から各グループに英語で書かれた地図が渡された。地図には，私たちが行かなければならない地点がいくつか示されており，それぞれの地点に行くと，英語のクイズが書かれた標識が見つかった。アヤと私は，他の4人のメンバーと一緒に英語のクイズを7問解いた。私たちは約2時間，森の中を歩いた。ゴールに到達したとき，イトウ先生が待っていた。彼は笑顔で「お疲れさま！　君たちのお弁当があるよ！」と言った。彼は英語が上手だったので私は少し驚いた。とにかく，私はゲームをたくさん楽しんだ。昼食後，ホテルに行き，有名な歌手についての英語の映画を見た。おもしろかったが，その後，映画についての長いレポートを書かなければならなかった。書き終えるのに私は辞書でたくさんの単語を調べる必要があった。そのために疲れた。❺その夜，ホテルの部屋でアヤと話した。「まだ英語を勉強しているの，アヤ？」　彼女はノートに英語で何かを書いていた。彼女は，「いいえ，日記を書いているの。ふだんは多くのことを日本語で書いているけど，今日は特別よ」と言った。私は「なぜ日記をつけているの？」と尋ねた。彼女は，「たくさんのことをよく覚えて，生活を楽しむためよ。5歳のときに日記をつけ始めたの。父の仕事のために家族と私はよく引っ越すの。だから，いつも良い友達ができないうちに転校しなければならないの」　私は「何回転校したの？」と尋ねた。彼女は「10回じゃきかないの。だから私は友達がたくさんできたわ，(2)もっとも，彼女たちのほとんどは私のことを覚えていてくれていないかもしれないけど」と言った。彼女はほほ笑んでいたが，少し悲しそうに見えた。私は何と言えばよいのかわからなかった。アヤは「毎日，幸せな思い出とか明日の予定とかを，2つ3つ書いているの。毎日が私にとって重要だから」と続けた。私は彼女に「すばらしいわ。私はあなたのような日記を日本語でも書けないわ」と言った。アヤは笑って「いいえ，できるわよ！　あのね，私の母はよく『今日という日は二度とやってこない』と言うの。だから私は毎日，生活の中ですてきなものを見つけようとしているの。あなたもそれを試してみるといいわ」と言った。私は彼女の言葉に本当に感動した。❻(イングリッシュキャンプの)最終日，皆が将来の夢についてスピーチをした。私はアヤのことを話し，「彼女のように日記をつけたい。それが私の夢です」と言った。グリーン先生は「それはおもしろい。試してみてね！」と言った。私はスピーチが終わった後，アヤに「あなたのおかげで，スピーチのアイデアが浮かんだの。ありがとう」と言った。アヤは「私の方こそありがとう。今日，私は日記にあなたのスピーチのことを書くわ」と言った。私たちはお互いにほほ笑んだ。私はその日から日記をつけ始めた。

問1＜適文選択・英問英答＞(1)「[(1)]に入れるのに最適な文はどれか」―②「秋にはどんな学校行事があるの？」　この後，直子は秋の学校行事の内容を答えている。　(2)「[(2)]に入れるのに最適な文はどれか」―③「もっとも，彼女たちのほとんどは私のことを覚えていてくれていないかもしれないけど」　直後に「彼女はほほ笑んでいたが，少し悲しそうに見えた」とあることから，アヤを悲しませるような内容が入る。　(3)「アヤの転校してきた初日，直子が少し悲しくなったのはなぜか」―④「彼女は自分の夢を持っておらず，アヤの話を聞くことしかできなかったから」　第2段落最後の3文参照。　(4)「アヤはバスの中で何をしたか」―③「彼女は直子の隣に座り，直子との会話を楽しんだ」　第3段落最後の2文参照。　(5)「イングリッシュキャンプの初日，直子を疲れさせた事柄は何か」―④「辞書を使うこと」　第4段落最後の2文参照。

問2＜内容真偽＞①「グリーン先生は各グループに英語のクイズを載せた地図を渡した」…×　第4段落第4文参照。英語のクイズは，指示されたいくつかの地点に置かれていた標識に書かれていた。　②「イングリッシュキャンプ中，直子のグループにはメンバーが6人いた」…○　第4段落第5文参照。「アヤと私は，他の4人のメンバーと一緒に英語のクイズを7問解いた」とある。　③「イトウ先生がゴールで待っていたとき，直子は驚いた」…×　第4段落最後から6文目参照。直子が驚いたのは，イトウ先生の英語が上手だったこと。　④「直子は，有名な歌手についての映画はおもしろいと思った」…○　第4段落終わりから4，3文目に一致する。　⑤「アヤは，父親が日本各地の旅行が好きだったので，10回以上転校した」…×　第5段落第9，10文参照。アヤの転校が多かったのは父親の仕事のため。　⑥「アヤの母親は，生活の中で良いものを見つけるように努めるべきだと彼女に言った」…×　第5段落終わりから4文目参照。アヤの母親がよく言ったのは「今日という日は二度とやってこない」ということ。　⑦「直子は将来引っ越さなければならないので，日記をつけ始めた」…×　最終段落第2文および最終文参照。直子が日記をつけ始めた理由は，アヤに触発されたから。　⑧「アヤのおかげで，直子はスピーチで何を話すべきかを決めた」…○　最終段落に一致する。

4〔適語(句)選択〕

(1)asとasの間には，形容詞・副詞の原級が入る。likeを修飾する副詞muchが適切。　「私はあなたが彼を好きなのと同じくらい彼のことが好きだ」

(2)‘時’や‘条件’を表す副詞節(if, when, before, afterなどで始まる副詞のはたらきをする節)では，未来の内容でも現在形で表す。「彼女は高校を卒業した後，何をするつもりですか」

(3)more timeの後のto不定詞は形容詞的用法で，to不定詞の意味上の目的語はmore time。timeを目的語にとる動詞として適切なのはspend。「私はあなたに家族と過ごす時間を増やしてほしい」

(4)前置詞inには「～を身につけて，着て」という意味がある。「向こうにいる緑色のTシャツを着た少年は誰ですか」

(5)‘I think (that)＋主語＋動詞...’の形(接続詞のthatは省略されている)。that節の主語that womanを受ける述語動詞はisと考えられるので，空欄にはthat womanを修飾する語句となる④が適切(現在分詞の形容詞的用法)。「私の名前を呼んでいる女性はスミスさんだと思う」

5 〔整序結合〕

(1)「フライドポテトを(あなたに)食べてほしい」は‘want＋人＋to …’「〈人〉に…してほしい」の形にする。「フランスで」はin France。不要語はof。 I want you to have French fries in France.

(2)「〈人〉に～を頼む」は‘ask＋人＋for＋物’で表せる。「何か温かい飲み物」は‘-thing＋形容詞＋to不定詞’の語順でsomething hot to drinkとまとめる。不要語はsome。 Can you ask your mother for something hot to drink?

(3)「～すぎて…できない」は‘too ～ to …’で表せる。「～の世話をする」はtake care of ～。不要語はshould。 Bob was too busy to take care of his dog.

(4)「あなたは覚えてる？」をDo you rememberとした後，「いつパーティーを開くか」は間接疑問なので‘疑問詞＋主語＋動詞...’の語順でwhen we will have a partyとする。不要語はto。 Do you remember when we will have a party?

(5)「～がある」はThere is/are ～の構文で表せる。「彼が書いた本が何冊か」は，語群にthatがあるので「本が何冊か」を先行詞，「彼が書いた」を関係代名詞節で表し，some books that he wroteとまとめる。不要語はby。 In this library, there are some books that he wrote.

(6)「～を私に教えて」はTell me ～の順。「何色がいちばん好きか」は，間接疑問なので‘疑問詞＋主語＋動詞...’の語順でwhat color you like the bestとする。what color「何色」でひとまとまりなので，これを1つの疑問詞と考える。不要語はdo。 Tell me what color you like the best.

6 〔正誤問題〕

(1)laterは「後で」という意味。laterをagoにする。 「2日前，メアリーの家の庭で友人や姉妹と彼女の誕生日パーティーを楽しみましたか」

(2)誤りはない。 「金曜日の朝，ホールで行われたすばらしいパフォーマンスに対して，各生徒に賞が与えられる」

(3)‘too ～ to …’「あまりにも～なので…できない」の形において，to不定詞の目的語が文の主語と一致するときは，to不定詞の目的語は省かれる。 「姉〔妹〕がいれたお茶は熱すぎて飲めなかった」

(4)give upは目的語にto不定詞ではなく動名詞をとる。 give up ～ing「～を諦める」 「今日は十分な時間があるので，先週オープンしたレストランに行くのを諦める必要はない」

(5)誤りはない。to beは‘目的’を表すto不定詞の副詞的用法。 「ポールは最高の選手の1人になるために，チームの年長のメンバーと同じくらい一生懸命テニスを練習している」

(6)主語は動名詞Talkingなので，述語動詞は単数に一致させる。 「あなたとここで日本の伝統的な芸術や音楽について話すことは，私にとって常にとても楽しいことだ」

2020年度／専修大学松戸高等学校（前期17日）

数学解答

1 (1) ア…1　イ…0　ウ…5　エ…2
(2) 4　(3) 8
(4) ア…1　イ…3

2 (1) ア…1　イ…8　(2) 3
(3) ア…3　イ…6　ウ…2
(4) ア…3　イ…1　ウ…4
(5) ア…2　イ…6　ウ…3　エ…9
(6) ア…0　イ…6　ウ…8

3 (1) ア…6　イ…1　ウ…2
(2) エ…2　オ…3
(3) カ…8　キ…1

4 (1) 2　(2) イ…5　ウ…3
(3) エ…5　オ…3　カ…4　キ…3

5 (1) ア…3　イ…1　ウ…4
(2) エ…3　オ…1　カ…5　キ…2

（声の教育社　編集部）

1〔独立小問集合題〕

(1)＜平方根の計算＞与式 $=(\sqrt{10})^2-\sqrt{10}\times\sqrt{5}-2\sqrt{5}\times\sqrt{10}+2\sqrt{5}\times\sqrt{5}-\{(\sqrt{10})^2-2\times\sqrt{10}\times 2\sqrt{5}+(2\sqrt{5})^2\}=10-\sqrt{50}-2\sqrt{50}+2\times5-(10-4\sqrt{50}+4\times5)=10-5\sqrt{2}-2\times5\sqrt{2}+10-10+4\times5\sqrt{2}-20=10-5\sqrt{2}-10\sqrt{2}+10-10+20\sqrt{2}-20=-10+5\sqrt{2}$

≪別解≫ $\sqrt{10}-2\sqrt{5}=A$ とおくと，与式 $=A(\sqrt{10}-\sqrt{5})-A^2=A(\sqrt{10}-\sqrt{5}-A)=(\sqrt{10}-2\sqrt{5})\times\{\sqrt{10}-\sqrt{5}-(\sqrt{10}-2\sqrt{5})\}=(\sqrt{10}-2\sqrt{5})(\sqrt{10}-\sqrt{5}-\sqrt{10}+2\sqrt{5})=(\sqrt{10}-2\sqrt{5})\times\sqrt{5}=5\sqrt{2}-10=-10+5\sqrt{2}$ となる。

(2)＜二次方程式＞$x^2+ax-8a=0$ に解の $x=a$ を代入すると，$a^2+a\times a-8a=0$，$a^2+a^2-8a=0$，$2a^2-8a=0$，$a^2-4a=0$，$a(a-4)=0$，$a=0$，4 となり，$a>0$ より，$a=4$ である。

(3)＜数の性質＞$1800=2^3\times3^2\times5^2$ となるので，$\sqrt{\dfrac{1800}{n}}=\sqrt{\dfrac{2^3\times3^2\times5^2}{n}}$ が整数になるのは，$n=2^3\times3^2\times5^2$ のとき $\sqrt{\dfrac{2^3\times3^2\times5^2}{2^3\times3^2\times5^2}}=\sqrt{1}=1$，$n=2\times3^2\times5^2$ のとき $\sqrt{\dfrac{2^3\times3^2\times5^2}{2\times3^2\times5^2}}=\sqrt{2^2}=2$，$n=2^3\times5^2$ のとき $\sqrt{\dfrac{2^3\times3^2\times5^2}{2^3\times5^2}}=\sqrt{3^2}=3$，$n=2^3\times3^2$ のとき $\sqrt{\dfrac{2^3\times3^2\times5^2}{2^3\times3^2}}=\sqrt{5^2}=5$，$n=2\times5^2$ のとき $\sqrt{\dfrac{2^3\times3^2\times5^2}{2\times5^2}}=\sqrt{2^2\times3^2}=2\times3=6$，$n=2\times3^2$ のとき $\sqrt{\dfrac{2^3\times3^2\times5^2}{2\times3^2}}=\sqrt{2^2\times5^2}=2\times5=10$，$n=2^3$ のとき $\sqrt{\dfrac{2^3\times3^2\times5^2}{2^3}}=\sqrt{3^2\times5^2}=3\times5=15$，$n=2$ のとき $\sqrt{\dfrac{2^3\times3^2\times5^2}{2}}=\sqrt{2^2\times3^2\times5^2}=2\times3\times5=30$ となる。以上より，n の値は8個ある。

(4)＜図形―面積比＞高さが等しい三角形の面積の比は，底辺の比に等しい。よって，右図で，△ABC $=S$ とすると，AE：EC＝2：1より，△ABE：△EBC＝2：1なので，△ABE $=\dfrac{2}{2+1}$△ABC $=\dfrac{2}{3}S$ となる。また，AD：DB＝1：1より，△ADE：△BDE＝1：1なので，△BDE $=\dfrac{1}{1+1}$△ABE $=\dfrac{1}{2}\times\dfrac{2}{3}S=\dfrac{1}{3}S$ となる。したがって，△BDE の面積は，△ABC の面積の $\dfrac{1}{3}$ 倍である。

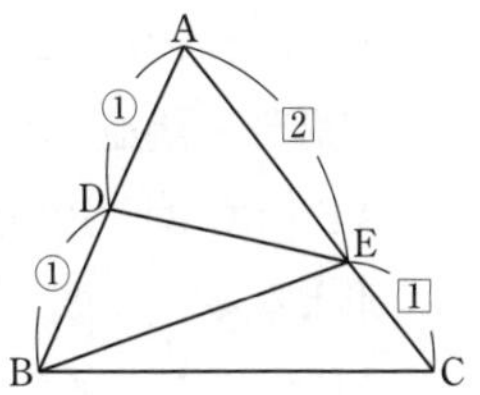

2〔独立小問集合題〕

(1)＜関数―比例定数―変化の割合＞関数 $y=\dfrac{a}{x}$ で，$x=1$ のとき $y=\dfrac{a}{1}=a$，$x=3$ のとき $y=\dfrac{a}{3}$ より，x が

1から3まで増加するときのyの増加量は$\frac{a}{3}-a=-\frac{2}{3}a$となる。これが$-12$であることから，$-\frac{2}{3}a=-12$が成り立ち，これを解くと，$a=-12\times\left(-\frac{3}{2}\right)$より，$a=18$となる。

⑵＜数の性質—素数＞素数は，1とその数自身しか約数を持たない数なので，素数を2つの整数の積で表すと，その一方は必ず1となる。$(m-4)(n+5)$において，m，nは自然数なので，$n+5$は6以上の自然数となり，1にはならない。よって，$m-4=1$より，$m=5$となる。このとき，$(m-4)(n+5)=n+5$となり，$n+5$は，$1\leqq n\leqq 9$より，$6\leqq n+5\leqq 14$となる。したがって，$n+5$が素数のとき，$n+5=7$，11，13となる。$n+5=7$のとき$n=2$，$n+5=11$のとき$n=6$，$n+5=13$のとき$n=8$となるので，求めるm，nの組は，$(m,\ n)=(5,\ 2)$，$(5,\ 6)$，$(5,\ 8)$の3組ある。

⑶＜図形—体積＞右図1のように，全ての辺の長さが6cmの正四角錐をO-ABCDとすると，底面の四角形ABCDは正方形で，△ABCはAB＝BC＝6の直角二等辺三角形となるので，$AC=\sqrt{2}AB=\sqrt{2}\times 6=6\sqrt{2}$である。底面の対角線の交点をHとすると，点Hは対角線ACの中点なので，$AH=\frac{1}{2}AC=\frac{1}{2}\times 6\sqrt{2}=3\sqrt{2}$となる。また，線分OHは正四角錐の高さとなるので，∠OHA＝90°である。よって，△OAHで三平方の定理より，$OH=\sqrt{OA^2-AH^2}=\sqrt{6^2-(3\sqrt{2})^2}=\sqrt{18}=3\sqrt{2}$となる。したがって，〔正四角錐O-ABCD〕$=\frac{1}{3}\times$〔正方形ABCD〕$\times OH=\frac{1}{3}\times 6^2\times 3\sqrt{2}=36\sqrt{2}$ (cm^3)である。

図1

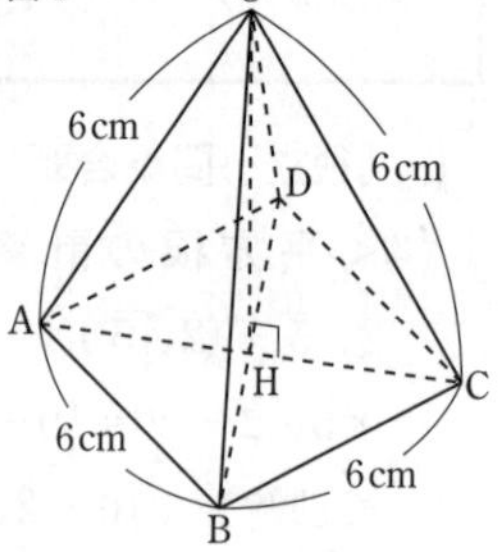

⑷＜確率—カード＞1から8までの数字が書かれた8枚のカードから2枚のカードを取り出して，小さい方の数を十の位，大きい方の数を一の位としてできる数は，12，13，14，15，16，17，18，23，24，25，26，27，28，34，35，36，37，38，45，46，47，48，56，57，58，67，68，78の28通りある。このうち，6の倍数になるのは，12，18，24，36，48，78の6通りある。よって，求める確率は$\frac{6}{28}=\frac{3}{14}$である。

⑸＜連立方程式の応用—濃度＞12%の食塩水xgに含まれる食塩の量は，$x\times\frac{12}{100}=\frac{3}{25}x$(g)，7%の食塩水$y$gに含まれる食塩の量は，$y\times\frac{7}{100}=\frac{7}{100}y$(g)となる。これらの食塩水を混ぜると，9%の食塩水が65gできたことから，食塩水の量について，$x+y=65$……①，含まれる食塩の量について，$\frac{3}{25}x+\frac{7}{100}y=65\times\frac{9}{100}$より，$\frac{3}{25}x+\frac{7}{100}y=\frac{585}{100}$，$12x+7y=585$……②が成り立つ。①，②を連立方程式として解くと，①×7より，$7x+7y=455$……①′，②－①′より，$12x-7x=585-455$，$5x=130$，$x=26$となり，これを①に代入すると，$26+y=65$より，$y=39$となる。

⑹＜図形—論証＞右図2で，線分BEが∠ABCの二等分線であることと，AE∥BCより錯角が等しいことから，△ABEはAB＝AEの二等辺三角形となる。また，平行四辺形の対辺が等しいことから，AB＝DCとなり，AE＝DCである。さらに，仮定よりAF＝DE，AB∥DCより錯角が等しいので∠FAE＝∠EDCとなり，2組の辺とその間の角がそれぞれ等しいから，△AEF≡△DCEがいえる。

図2

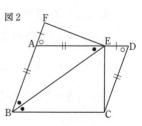

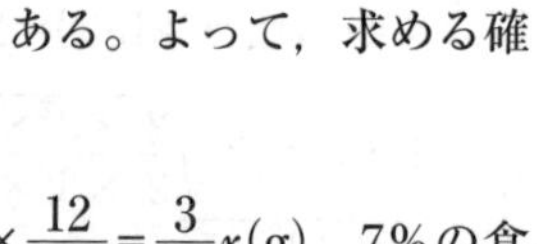

3 〔関数—関数$y=ax^2$のグラフと図形〕

≪基本方針の決定≫⑵　点Pの座標を文字で表す。　⑶　∠OBA＝90°になることに気づきたい。

(1)＜点の座標—交点＞右図1で，点Aは放物線$y=\frac{1}{3}x^2$と直線$y=-x+6$の交点のうち，x座標が負の点である。2式からyを消去して，$\frac{1}{3}x^2=-x+6$，$x^2=-3x+18$，$x^2+3x-18=0$，$(x+6)(x-3)=0$，$x=-6$，3より，点Aのx座標は-6となり，$y=\frac{1}{3}\times(-6)^2=12$より，A$(-6,\ 12)$である。

図1

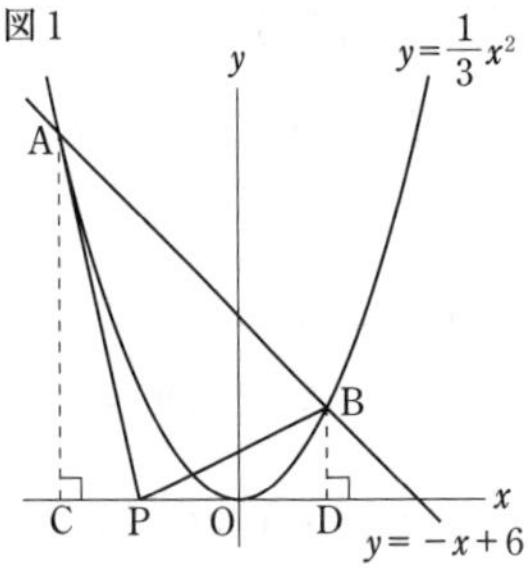

(2)＜点の座標—面積＞(1)より点Bのx座標は3なので，$y=\frac{1}{3}\times3^2=3$となり，B(3, 3)である。右上図1のように，2点A，Bからx軸に垂線AC，BDを引くと，C$(-6,\ 0)$，D$(3,\ 0)$となり，△ABP＝〔台形ACDB〕－△ACP－△BDPである。よって，AC＝12，BD＝3，CD＝$3-(-6)=9$より，〔台形ACDB〕＝$\frac{1}{2}\times$(AC＋BD)×CD＝$\frac{1}{2}\times(12+3)\times9=\frac{135}{2}$となり，点Pの座標を$(p,\ 0)$とすると，PC＝$p-(-6)=p+6$，PD＝$3-p$となるから，△ACP＝$\frac{1}{2}\times$PC×AC＝$\frac{1}{2}\times(p+6)\times12=6p+36$，△BDP＝$\frac{1}{2}\times$PD×BD＝$\frac{1}{2}\times(3-p)\times3=\frac{9-3p}{2}$と表せる。したがって，△ABP＝$\frac{135}{2}-(6p+36)-\frac{9-3p}{2}=\frac{135-(12p+72)-(9-3p)}{2}=\frac{54-9p}{2}$となるから，△ABP＝30より，$\frac{54-9p}{2}=30$が成り立つ。これを解くと，$54-9p=60$より，$-9p=6$，$p=-\frac{2}{3}$となるので，点Pの$x$座標は$-\frac{2}{3}$である。

(3)＜面積比—相似＞右図2のように，点Bを通りx軸に平行な直線とy軸の交点をRとすると，点Bの座標よりOR＝RB＝3となるから，△ROBは直角二等辺三角形となり，∠RBO＝45°である。また，直線$y=-x+6$とy軸の交点をEとすると，E(0, 6)より，OE＝6だから，RE＝OE－OR＝6－3＝3となり，RE＝RB＝3より，△ERBも直角二等辺三角形となり，∠EBR＝45°である。よって，∠ABO＝∠ABR＋∠RBO＝45°＋45°＝90°より，△AOBは直角三角形であり，辺AOは4点A，P，O，Bが通る円の直径となる。これより，∠APO＝90°となり，AP⊥〔x軸〕である。また，$\overset{\frown}{\mathrm{PO}}$に対する円周角より∠PAQ＝∠OBQ，対頂角より∠AQP＝∠BQOであるから，△APQ∽△BOQとなる。したがって，AP⊥〔x軸〕よりAP＝12，△ROBが直角二等辺三角形よりOB＝$\sqrt{2}$OR＝$\sqrt{2}\times3=3\sqrt{2}$だから，相似比はAP：BO＝12：$3\sqrt{2}$＝4：$\sqrt{2}$となる。以上より，△APQと△BOQの面積比は相似比の2乗に等しいので，△APQ：△BOQ＝$4^2:(\sqrt{2})^2$＝16：2＝8：1となる。

図2

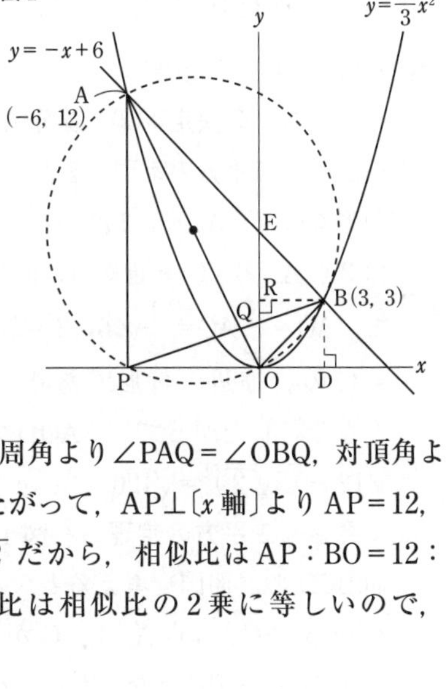

4 〔平面図形—三角形—相似〕

≪基本方針の決定≫(1)　中点連結定理を用いる。　(2)　平行線と線分の比の性質を用いる。　(3)　四角形の面積を2つの三角形の面積の差と考える。

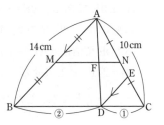

(1)＜長さ—中点連結定理＞右図で，BC＝12のとき，BD：DC＝2：1より，DC＝$\frac{1}{2+1}$BC＝$\frac{1}{3}\times12=4$となる。また，2点M，Nはそれ

ぞれ辺AB，辺ACの中点なので，△ABCで中点連結定理より，MN∥BCとなり，AF：FD＝AN：NC＝1：1となる。よって，点Fも辺ADの中点となるので，△ADCで中点連結定理より，FN＝$\frac{1}{2}$DC＝$\frac{1}{2}\times 4=2$(cm)となる。

(2)＜長さ―平行線と線分の比＞前ページの図で，DE∥BAより，平行線と線分の比の性質から，AE：EC＝BD：DC＝2：1となるので，AE＝$\frac{2}{2+1}$AC＝$\frac{2}{3}\times 10=\frac{20}{3}$となる。また，AN＝CN＝$\frac{1}{2}$AC＝$\frac{1}{2}\times 10=5$なので，EN＝AE－AN＝$\frac{20}{3}-5=\frac{5}{3}$(cm)となる。

(3)＜面積＞前ページの図で，CD＝kとすると，BD＝2CD＝$2k$と表せる。また，BC⊥ADより，△ABDで三平方の定理$AD^2=AB^2-BD^2$より$AD^2=14^2-(2k)^2=196-4k^2$，△ACDで三平方の定理$AD^2=AC^2-CD^2$より$AD^2=10^2-k^2=100-k^2$と表せるから，$196-4k^2=100-k^2$が成り立つ。これを解くと，$-3k^2=-96$，$k^2=32$，$k=\pm 4\sqrt{2}$，$k>0$より，$k=4\sqrt{2}$となる。よって，$AD=\sqrt{AC^2-CD^2}=\sqrt{100-32}=\sqrt{68}=2\sqrt{17}$となるので，△ACD＝$\frac{1}{2}\times$CD$\times$AD＝$\frac{1}{2}\times 4\sqrt{2}\times 2\sqrt{17}=4\sqrt{34}$である。ここで，〔四角形DENF〕＝△ADE－△ANFとする。(2)よりAE：AC＝$\frac{20}{3}$：10＝2：3なので，△ADE：△ACD＝2：3となり，△ADE＝$\frac{2}{3}$△ACD＝$\frac{2}{3}\times 4\sqrt{34}=\frac{8\sqrt{34}}{3}$である。また，FN∥DC，AN：NC＝1：1より，△ANF∽△ACDで，相似比はAN：AC＝1：(1＋1)＝1：2となる。これより，△ANF：△ACD＝$1^2:2^2=1:4$だから，△ANF＝$\frac{1}{4}$△ACD＝$\frac{1}{4}\times 4\sqrt{34}=\sqrt{34}$である。したがって，〔四角形DENF〕＝$\frac{8\sqrt{34}}{3}-\sqrt{34}=\frac{5\sqrt{34}}{3}$(cm^2)となる。

5〔空間図形―三角錐〕

≪基本方針の決定≫(2)　線分AEと線分ECの通る面の展開図を使って考える。

(1)＜長さ―三平方の定理＞右図1で，△ABCはAB＝BC＝6の直角二等辺三角形なので，AC＝$\sqrt{2}$AB＝$6\sqrt{2}$となる。また，∠ABC＝90°より，辺ACは3点A，B，Cを通る円の直径であり，その中点が円の中心Oとなるので，AO＝$\frac{1}{2}$AC＝$\frac{1}{2}\times 6\sqrt{2}=3\sqrt{2}$となる。よって，△DACはDA＝DC＝12の二等辺三角形であり，点Oは底辺ACの中点だから，DO⊥ACとなる。したがって，△AODで三平方の定理より，$OD=\sqrt{DA^2-AO^2}=\sqrt{12^2-(3\sqrt{2})^2}=\sqrt{126}=3\sqrt{14}$(cm)となる。

図1

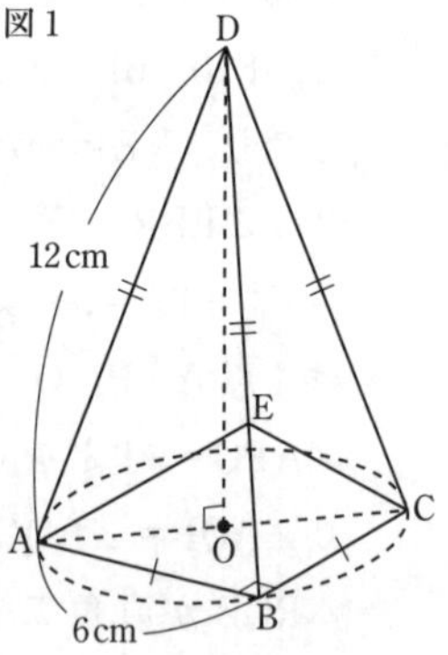

(2)＜長さ―三平方の定理＞右図1で，線分AEと線分ECが通る面ABDと面BCDの展開図を考えると，右下図2のようになり，AE＋ECが最も短くなるのは，3点A，E，Cが一直線上にあるときである。ここで，△DAB≡△DBCとなるから，2点A，Cは辺DBについて対称な点となり，AC⊥BEである。BE＝x(cm)とすると，DE＝BD－BE＝$12-x$となり，△ABEで三平方の定理$AE^2=AB^2-BE^2$より，$AE^2=6^2-x^2=36-x^2$，△ADEで$AE^2=AD^2-DE^2$より，$AE^2=12^2-(12-x)^2=144-(144-24x+x^2)=24x-x^2$と表せる。よって，$36-x^2=24x-x^2$が成り立ち，これを解くと，$x=\frac{3}{2}$となる。したがって，$AE=\sqrt{AB^2-BE^2}=\sqrt{6^2-\left(\frac{3}{2}\right)^2}=\sqrt{\frac{135}{4}}=\frac{3\sqrt{15}}{2}$(cm)である。

図2

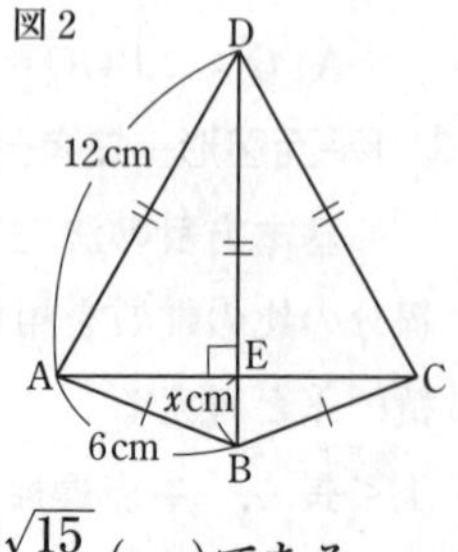

2020年度／専修大学松戸高等学校（前期17日）

国語解答

一　問一　a…2　b…1　c…4
　問二　ア…2　イ…4　ウ…3
　問三　2　問四　2　問五　2
　問六　4　問七　1　問八　2
　問九　3　問十　3　問十一　1
　問十二　4

二　問一　a…3　b…3　c…2
　問二　ア…1　イ…4　ウ…3
　問三　3　問四　4　問五　1
　問六　4　問七　3　問八　2
　問九　4　問十　1

三　問一　4　問二　4　問三　2
　問四　3　問五　Ⅰ…2　Ⅱ…1
　問六　4　問七　4　問八　3

（声の教育社　編集部）

一〔論説文の読解—社会学的分野—社会科学〕出典；好井裕明『「今，ここ」から考える社会学』「日常性という宝箱」。

≪本文の概要≫日常性を見直し，そのおもしろさを発見するためには，「異邦人のまなざし」を持つ必要がある。海外へ旅行すれば，我々も，「異邦人」になることができるが，外国に行かなくても，「異邦人のまなざし」でもって，ふだんの暮らしや現実のさまざまな部分に驚くことができる。例えば，「私」は，満員電車の中で，大半の人が黙々とスマホの画面を眺める光景を異様に感じ，その「画一さ」に驚いている。スマホを見ているとき，我々の心や関心は，「今，ここ」にはない。現在の満員電車は，周囲の他者への関心を喪失した人々の身体が満ちた空間なのである。何気ない日常生活世界の多様な「あたりまえ」の場面の中にこそ，我々が日常生活世界を振り返ってとらえ直すきっかけがあふれている。そのきっかけに気づくためには，常識的知識をいったんカッコに入れ，その常識的知識についてよく考えてみる必要がある。どのように自分の日常を変えていけばいいのかを考える営みこそ，自分自身の暮らしや人生を，社会学的に振り返って考える基本といえる。

問一＜漢字＞a.「蓄積」と書く。1は「功績」，3は「責務」，4は「惜別」。　b.「維持」と書く。2は「経緯」，3は「依頼」，4は「遺跡」。　c.「強制」と書く。1は「清掃」，2は「帰省」，3は「宣誓」。

問二＜接続語＞ア.「異邦人のまなざし」を持つことの例として，海外へ旅行して「異邦人」になってみることが挙げられている。　イ．新聞や雑誌は，「周囲の他者とつながるための道具」であるのに対して，スマホは，「全く異質なリアリティへ瞬時に跳躍できる驚きのメディア」であり，「周囲の他者への関心を喪失」させるのである。　ウ．満員電車の中で，大半の乗客がスマホの画面に見入っている空間は，「『今，ここ』に居ながらも，個別のリアリティの跳躍を楽しんでいる空間」であり，つけ加えていうと，そこは，「周囲の他者への関心を喪失し，安心な距離を保つための儀礼を微細に実践することさえ怠っている人々の身体が満ちている空間」である。

問三＜文脈＞今の満員電車では，大半の乗客がスマホの画面に見入っているが，かつては，新聞を折って読む姿や週刊漫画雑誌を丸めて読む姿が中心だった。「新聞や雑誌を読む姿とスマホに没入する姿は同じ」なのだろうか，それとも異質なものなのだろうか。「同じように見える混んだ車内の光景」だが，「私はこの二つはかなり意味が異なっていると考え」ているのである。

問四＜文章内容＞A・シュッツは，オーストリア生まれでアメリカに亡命した知識人の一人であり，昼間は銀行で働き，夜は大学で研究していたという「ユニークなキャリア」を持っている。そのような経歴の人物だったからこそ，彼は，「異邦人のまなざし」でもって，「日常性という宝箱を発見し，その中身の面白さを私たちに示すことができた」と「私」は考えている。

問五＜文章内容＞マレーシアには，「多民族・多文化の日常」が存在することを発見して，「私」は驚いたが，それを受け入れるのを難しいとは感じていない(2…×，3…◯)。そして，「私」は，マレーシアのような「多民族・多文化」の「世界で生きていると，確実に世の中への考え方や見方が変わってくるだろうと実感」した(1…◯)。マレーシアでは，「民族，文化，言語など多種多様な違いがある人々が『今，ここ』でともに生きているからこそ，逆に，マレーシアは一つの国家であるという主張が重要になってくる」のである(4…◯)。

問六＜文章内容＞「通勤通学ラッシュの中，大半の人が黙々とスマホ画面を眺め」ているが，「私は，この光景を異様に感じ，見事な『画一さ』にいつも驚いて」いる。「狭い車内で，自分の立ち位置を決めた瞬間，周囲の人への関心を一斉に遮断して“スマホバリアー”で守られた世界へ人々が没入していく姿は私にとって，いつも驚き」なのである。

問七＜文章内容＞満員電車の中で読まれた新聞や雑誌は，「お互いが儀礼的に距離をとり，特別な興味や関心がないことを示し，相手に対して距離を保っていることを示す重要な道具」だったのである。「儀礼的に無関心を装い常に他者との安心な距離への気配り」をしていることを示すという意味で，新聞や雑誌は，「周囲の他者とつながるための道具」なのである。

問八＜文章内容＞スマホは，「『今，ここ』で全く異質なリアリティへ瞬時に跳躍できる驚きのメディア」であり，イヤホンなどで「周囲からの音をさえぎり，視線をスマホの画面に集中させるとき，私たちの心や関心は『今，ここ』にはない」のである。したがってスマホは，新聞や雑誌のように，目の前の他者に対して儀礼的に「無関心を示したり，距離をとるための道具ではない」のである。

問九＜文章内容＞スマホの画面に集中することによって，「全く異質なリアリティへ瞬時に跳躍できる」ために，我々が，満員電車の中でも，「周囲の他者への関心を喪失し，安心な距離を保つための儀礼を微細に実践することさえ怠っている」ことは，興味深い問題なのである。スマホを使えば，「そこにいない他者」とつながることはできるが，かえって，「今，ここ」にいる他者とのつながりは，絶たれてしまうのである。

問十＜ことばの単位＞「なまあたたかい(形容詞・連体形)／空気(名詞)＋に(助詞)／ただ(副詞)／浸っ(動詞・連用形)＋て(助詞)／いる(動詞・連体形)＋の(助詞)＋を(助詞)／いったん(副詞)／やめる(動詞・連体形)／必要(名詞)＋が(助詞)／ある(動詞・終止形)＋でしょ(助動詞・未然形)＋う(助動詞・終止形)」の九文節からなる。

問十一＜指示語＞「目の前の場面や光景を理解するためにほぼ無意識のうちに使って」いる「常識的知識をいったんカッコに入れ」，この知識の使用法や，この知識を使って場面や光景を理解することが，適切で気持ちよいものかどうかなどを，立ち止まって考えてみること，さらにその知識を使っている日常を変えるとするなら，「どのように自分の日常を変えていけばいいのかを考える営み」こそ，日常生活世界を生きる我々の姿を，「社会学的に読み解くためのはじめの一歩」なのである。

問十二＜要旨＞「日常生活世界になんらかの意味を与えている多様な『あたりまえ』の場面のなかにこそ，私たちが日常生活世界を詳細にふりかえって捉え直すきっかけに溢れている」のである(4…◯)。

二〔小説の読解〕出典；小嶋陽太郎『おとめの流儀。』。

問一＜漢字＞a．「筋」と書く。1は「禁止」，2は「僅差」，4は「謹慎」。　b．「隠そう」と書く。1は「飲料水」，2は「印鑑」，4は「山陰」。　c．「余力」と書く。1は「予想」，3は「預金」，4は「名誉」。

問二．ア＜語句＞「静観」は，積極的な行動はせずに，静かに見守ること。　イ＜語句＞「効率的」は，能率よく，物事が行われるさま。　ウ＜慣用句＞「音をあげる」は，苦しさから悲鳴を上げる，という意味。

問三＜品詞＞付属語は，助詞と助動詞を指し，単独では文節を構成できず，自立語と結びついて文節の一部として用いられる語のこと。「岩山君(名詞)／は(助詞)／最初(名詞)／から(助詞)／岩(名詞)／の(助詞)／ように(助動詞・連用形)／押しだまっ(動詞・連用形)／て(助詞)／いる(動詞・終止形)」の十単語からなる。「ように」は，付属語だが，活用がある。活用のない付属語は，「は」「から」「の」「て」の四つ。接尾語「君」は，「岩山」とともに一つの名詞を形成している。

問四＜文章内容＞かよちゃんは，なぎなた部に入ったことで，初めて井川さん以外の仲間ができて「うれしかった」から，「向いていない」というだけで部を簡単に辞めようとは思えなかったのだろう。朝子さんは，そういう事情を考えずに，部員に「迷惑をかけたくないというだけの理由でなぎなたを続けても，意味はない」という事実をただ指摘した。これでは，かよちゃんの心情を少しも思いやらずに，「やめろと言っているようなもの」だったので，「私」は，朝子さんは「ちょっと冷たい」と感じたのである。

問五＜心情＞かよちゃんが部を辞めることになったために，「道場内の雰囲気はどうにも暗かった」が，それでも，ゆきちゃん以外の部員たちは，「淡々と稽古をした」のである。「たった六人しかいない仲間のうちのひとりがやめるときも，こんなものなのか」と思って，「私」は，「少し悲しくなった」のである。

問六＜文章内容＞A．ゆきちゃんは，朝子さんのかよちゃんへの対応に腹を立てており，「朝子さんに何かを言われたとき」には，おとなしく従わず，逆らうような態度を取った。　B．稽古の後，朝子さんが，「いつでも素早くテーピングできるようなひとがいればいいのに」と言い出し，ゆきちゃんに同意を求めた。ゆきちゃんが無視しても，朝子さんが「だれかいないかなあ」としつこく言っていたので，ゆきちゃんは，飽き飽きした様子で，そんなことは自分でやればいいと応じた。　C．ゆきちゃんは，なぎなた部に入った当初は「泣きながら周回遅れで走っていたのに，練習後に三周も走れるように」なって，ずいぶん丈夫で，力強くなったと「私は思った」のである。

問七＜心情＞ふだんの朝子さんは，「痛いとかなんとか，そういうことを一切言わない」人である。そんな朝子さんが，あえて大きい声で「痛いな」と言ったのは，かよちゃんをはじめとする部員たちの関心を引くためである。部員の世話をしたり，時間を計ったり，スコアをつけたりしてくれる人がいればいいのに，と言うことで，朝子さんは，かよちゃんに，マネージャーとして部に残ってほしい，と思っていることを遠回しに伝えようとしているのである。

問八＜心情＞ゆきちゃんは，朝子さんが，平然とかよちゃんを部から追い出そうとしていると思い込み，腹を立てていた。そんな朝子さんが，かよちゃんをマネージャーとして部に残すつもりであることを知り，ゆきちゃんは，驚きながらも，朝子さんの真意を知って感動しているのである。

問九＜文章内容＞ゆきちゃんは，「朝子さんにむかついたり，稽古きつかったりするとき」もあるし，「剣道部倒すとか言われたときはサイアクと」思った。それでも，「知らないうちにみんな剣道部倒すこと考えて必死になって」いて，いつの間にか，部員たちは，団結して目標を達成しようとしていた。それらのことが，つらいことや苦しいことも含めて，「全部，楽しい」と，ゆきちゃんは思っているのである。

問十＜表現＞かよちゃんがなぎなた部を辞めそうになったが，朝子さんの計らいでマネージャーとして部にとどまることが決まるまでのいきさつを，「私」の視点から描いた文章である。会話文を多く用いて，素直に反応するゆきちゃんや，厳しい面もあるが思いやりのある朝子さんなど登場人物の性格を描き，その場の雰囲気や人間関係などを，ユーモアを交えて表現している。

三 〔古文の読解―物語〕出典；『大和物語』百五十七段。

≪現代語訳≫下野の国に男と女が長く住んでいた。長年同居していたが，男が，女をつくって完全に心変わりしてしまい，この家にある物を，今の妻の所へ何も残さずすっかり持ち運んでいった。(もとの妻は)つらいと思ったが，それでも(相手の思うがままに)任せて見ていた。ごみ程度の物も残さず，全部持ち去った。ただ残った物は馬の飼葉桶だけだった。それを，この男の従者で，まかじという(名前の)童を使いにして，この桶までも取りに寄こした。この童に，女が，「お前もこれからはここに来なくなるのでしょうね」と言うと，(童は)「どうして，(あなたのもとへ)参らないことがあるでしょうか(，必ずまた参ります)。主人が，いらっしゃらなくても参ります」と言って，立ち上がった。女は，「お前に便りを頼めば(主人に)申し上げてくれるでしょうか。(主人は)決して手紙をご覧にならないでしょう。(だから，あなたが内容を)口で言い伝えるだけにしてください」と言うと，(童は)「必ずきちんと申し上げましょう」と言ったので，(女は)こう言った。／「馬ぶねもなくなり，まかじとも会えなくなってしまい，今日からはつらい世の中をどのようにして渡っていけばいいのでしょう，いいえ，きっと渡っていけないでしょう／と申し上げなさい」と言ったので，(童が)男に伝えたところ，物を何も残さずすっかり持ち去った男が，そっくりそのまま運び返して，もとのように心変わりもせず(もとの妻と)連れ添ったということである。

問一＜古文の内容理解＞女は，使いにやってきた童に，お前もこれからはここに来なくなるのでしょうね，と言ったのである。

問二＜古文の内容理解＞「心憂し」は，情けない，つらい，という意味。「まかす(任す)」は，相手の思うがままにさせる，という意味。男は，新しい妻をめとり，今の家にある物を，新しい妻と暮らす家にすっかり持ち運んでしまった。女は，情けないと思いながらも，夫が思いどおりに行動するのをただ見ていることしかできなかったのである。

問三＜現代語訳＞「などてか」は，どうしてか，「さぶらふ」は，参上する，という意味。「ざる」は，打ち消しを，「む」は，意志を表す助動詞。どうして参上しないなどということがあるでしょうか，きっと参上いたします，という意味である。

問四＜現代語訳＞「よに(世に)」は，打ち消しの語を伴って，絶対に，という意味を表す。手紙を書いても，主人は絶対に見ないでしょう，言葉だけで伝えてください，という意味。

問五．Ⅰ＜和歌の内容理解＞この和歌は，家にあった物は，飼葉桶に至るまで全てなくなり，主人の従者であるまかじとも会えなくなるでしょう，今日から，このつらい世の中をどのように渡っていけばいいのでしょう，いいえ，渡っていけないでしょう，という意味。女は，男と別れたことに対する不安と悲しみを歌ったのである。　Ⅱ＜和歌の技法＞「馬ぶね」を「ふね(船)」と表現し，船の縁語を用いている。従者の童の名前「まかぢ」は，左右そろった櫓《ろ》のことで，櫓は，船をこぐための道具。「わたる(渡る)」も，船に関わる言葉である。また，「うき世(憂き世)」の「うき」は，船が浮くの「浮き」にも通じている。女は，飼葉桶もなくなり，従者のまかじにも会えなくなった自分を，船がなくなり，櫓もなくなった状態にたとえ，男と別れた心細い心情を，船も櫓も失った状況で海を渡っていかなければならない情景に重ね合わせて歌っている。

問六＜古文の内容理解＞女が，童に，自分がよんだ和歌を主人に伝えてくれと頼んだので，童は，主人に，その和歌を口頭で伝えたのである。

問七＜古文の内容理解＞男は，女の和歌を聞いて後悔し，家具などを運び返して，以前と同じように，女と仲良く暮らしたのである。

問八＜古文の内容理解＞童が，主人の命令で飼葉桶を取りに来たとき，女は，これからはお前もここへは来ないのでしょうね，と言っている(3…×)。

Memo

Memo

当社発行物の無断使用は固くお断りいたします。御使用の前はまずご相談ください。

当社発行物には500点余の首都圏中・高過去問をはじめ、6点の学校案内、そのほかいくつかの情報誌などがございます。その多くが年度版で、限られたスタッフが来るべき受験シーズン前に余裕を持って受験生へ届けられるよう、日夜作業にあたり出版を重ねております。

最近、通塾生ご父母や塾内部からの告発によって、いくつかの塾が許諾なしに当社過去問を複写（コピー）し生徒に配布、授業等にも使用していることが発覚し、その一部が紛争、係争に至っております。過去問には原著作者や管理団体、代行出版等のほか、当社に著作権がございます。当社としましては、著作権侵害の発覚に対しては著作権を有するこれらの著作権関係者にその事実を開示して、マスコミにリリースする場合や法的な措置を取る場合がございます。その事例としましては、毎年当社過去問の発行を待って自由にシステム化使用していたＡ塾、個別教室でコピーを生徒に解かせ指導していたＢ塾、冊子化していたＣ社、生徒の希望によって書籍の過去問代わりにコピーを配布していたＤ塾などがあります。

当社発行物の全部もしくは一部を無断使用することは固くお断りいたします。

当社コンテンツの中にはリーズナブルな設定で紙面の利用を許諾している塾もたくさんございますので、ご希望の方は、お気軽にご相談くださいますようお願いします。同時に、当社発行物を無断で使用している会社などにつきましての情報もお寄せいただければ幸いです。

株式会社 声の教育社

2025年度用

高校スーパー過去問

■編集人　声の教育社・編集部
■発行所　株式会社　声の教育社
〒162-0814 東京都新宿区新小川町8-15
☎03-5261-5061㈹ FAX03-5261-5062
https://www.koenokyoikusha.co.jp

公立高校過去問シリーズ

定価1100円(税込)

- 東京都立高校
- 神奈川県公立高校
- 千葉県公立高校
- 埼玉県公立高校
- 茨城県公立高校
- 栃木県公立高校
- 群馬県公立高校

掲載全問に
わかりやすい解説つき
各教科の
出題傾向と対策

都立独自高校 公立高校過去問シリーズ

定価2090円(税込)

251 都立日比谷高校
252 都立西高校
253 都立八王子東高校
254 都立国立高校
255 都立戸山高校
256 都立国分寺高校
257 都立立川高校
258 都立新宿高校
259 都立青山高校

高校ベスト10シリーズ

出題形式別、入試によく出る順!!

ベスト10Neo **国語** 読解問題

ベスト10Neo **数学** 図形問題

英語 文法問題ベスト10

定価990〜1100円(税込)

高校受験面接ブック

別冊がウリ!! 首都圏の各高校の面接内容

定価1320円(税込)

本体 質問回答例ベスト150
面接ワークシート
自己PR書の書き方とワークシート

別冊 首都圏の私国立高校などの面接方法、時間、質問具体例
推薦・一般入試の面接内容
主要校の面接会場のようす
(各校図示)

小冊子 試験場に持って行けるチェックBOOK
など面接対策がつまった１冊

図解でわかる!! 作文・小論文

定価1100円(税込)

本体 (88P) **合格作文の書き方**
①7日間で仕上げる基礎編
②4日間で仕上げる応用編

別冊 (52P) 首都圏の各高校の作文課題、制限時間、文字数の具体例調査
①首都圏の作文課題2000例を代表的な15パターンに分類(書き易くするため)
②着眼点、キーワード、ポイントを各パターンごとにコメント
③推薦と一般入試の作文出題校と課題例を一挙公開!!
④首都圏公立高校4年間課題調査

公立の漢字

公立高校の試験によく出る漢字

定価748円(税込)

1. 漢字は全都道府県で出題!!
2. 公立の漢字の配点は高い!!
3. 10年間の頻度をデータ化!!
4. 最頻出漢字を5段階評価!!

声の教育社 〒162-0814 東京都新宿区新小川町8-15
TEL.03(5261)5061 FAX.03(5261)5062

カコを追いかけ
ミライをつかめ

専修大学松戸高等学校

別冊解答用紙

丁寧に抜きとって、別冊としてご使用ください。

★教科別合格者平均点＆合格者最低点

前期 17 日

年度	類型	英語	数学	国語	社会	理科	合格者最低点
2024	E 類型	75.2	77.9	69.2	78.9	75.6	211／350
	A 類型	72.9	73.0	67.8	77.8	72.6	209／344
2023	E 類型	66.4	79.6	69.7	73.8	75.0	197／341
	A 類型	61.1	74.4	65.7	69.1	68.6	195／323
2022	E 類型	73.9	75.0	67.8	86.7	81.9	210／371
	A 類型	66.0	66.6	65.5	85.4	76.0	197／350
2021	E 類型	69.6	79.3	77.5	75.4	88.7	213／369
	A 類型	64.5	74.6	73.8	74.1	84.5	208／358
2020	特待生	75.1	76.1	84.7			230
	E 類型	68.8	69.7	76.0			203
	A 類型	60.3	62.6	72.7			185

前期 18 日（2021 年度～）

年度		英語	数学	国語	社会	理科	合格者最低点
2024	E 類型	78.7	77.2	69.5	74.4	70.2	213／339
	A 類型	75.6	72.6	67.9	72.2	66.4	211／332
2023	E 類型	72.8	72.5	70.6	70.8	69.6	207／330
	A 類型	65.7	65.6	67.2	66.0	66.7	196／317
2022	E 類型	76.8	65.5	75.2	85.3	80.8	210／364
	A 類型	68.8	56.3	72.6	82.0	76.4	194／341
2021	E 類型	75.8	78.7	80.6	75.0	83.8	223／368
	A 類型	71.5	70.2	78.6	72.6	80.6	214／351

※E 類型：難関国公立大学進学類型・A 類型：専修大学・上位国公立大学・私立大学進学類型
※2021 年度より 5 教科入試を導入。2021～2024 年度の合格者最低点は、3 教科／5 教科。
※2021 年度より特待生は E 類型の上位合格者を特待生合格。

注意

○ 解答用紙は、収録の都合により縮小したものや、小社独自に作成したものもあります。
○ 学校配点は学校発表のもの、推定配点は小社で作成したものです。
○ 無断転載を禁じます。
○ 解答用紙を拡大コピーする場合、表示した拡大率に対応する用紙サイズは以下のとおりです。
101%～102%＝B5　103%～118%＝A4　119%～144%＝B4　145%～167%＝A3
（タイトルと配点表は含みません）

2024年度　専修大学松戸高等学校　前期17日

英語解答用紙

フリガナ	
氏　名	

【記入方法】
1.記入は必ずHBの黒鉛筆で、⬯の中を正確にぬりつぶしてください。
2.訂正する場合は、消しゴムできれいに消してください。
3.解答用紙を汚したり、折り曲げたりしないでください。

良い例	●
悪い例	∅ ⊙ ◐

受験番号				
	⓪	⓪	⓪	⓪
Ⓔ	①	①	①	①
	②	②	②	②
Ⓐ	③	③	③	③
	④	④	④	④
Ⓢ	⑤	⑤	⑤	⑤
	⑥	⑥	⑥	⑥
	⑦	⑦	⑦	⑦
	⑧	⑧	⑧	⑧
	⑨	⑨	⑨	⑨

解答番号			解答記入欄
1	1	(1)	①②③④
		(2)	①②③④
		(3)	①②③④
	2	(1)	①②③④
		(2)	①②③④

解答番号			解答記入欄
2	問1		①②③④
	問2		①②③④
	問3		①②③④
	問4		①②③④
	問5		①②③④
	問6		①②③④
	問7		①②③④
	問8	(1)	①②③④
		(2)	①②③④

解答番号			解答記入欄
3	問1	(1)	①②③④
		(2)	①②③④
		(3)	①②③④
		(4)	①②③④
		(5)	①②③④
	問2		①②③④⑤⑥⑦⑧

解答番号		解答記入欄
4	(1)	①②③④
	(2)	①②③④
	(3)	①②③④
	(4)	①②③④
	(5)	①②③④

解答番号			解答記入欄
5	(1)	1	①②③④⑤⑥⑦⑧
		2	①②③④⑤⑥⑦⑧
	(2)	3	①②③④⑤⑥⑦⑧
		4	①②③④⑤⑥⑦⑧
	(3)	5	①②③④⑤⑥⑦⑧
		6	①②③④⑤⑥⑦⑧
	(4)	7	①②③④⑤⑥⑦⑧
		8	①②③④⑤⑥⑦⑧
	(5)	9	①②③④⑤⑥⑦⑧
		10	①②③④⑤⑥⑦⑧
	(6)	11	①②③④⑤⑥⑦⑧
		12	①②③④⑤⑥⑦⑧

解答番号		解答記入欄
6	(1)	①②③④⑤
	(2)	①②③④⑤
	(3)	①②③④⑤
	(4)	①②③④⑤
	(5)	①②③④⑤
	(6)	①②③④⑤

評点
/100

（注）この解答用紙は実物を縮小してあります。A３用紙に145%拡大コピーすると、ほぼ実物大で使用できます。（タイトルと配点表は含みません）

推定配点	
1 各2点×5 2 各3点×9 3 問1 各4点×5 問2 各3点×3 4～6 各2点×17	
100点	計

２０２４年度　専修大学松戸高等学校　前期17日

数学解答用紙

評点
/100

【記入方法】
1.記入は必ずHBの黒鉛筆で、⓪の中を正確にぬりつぶしてください。
2.訂正する場合は、消しゴムできれいに消してください。
3.解答用紙を汚したり、折り曲げたりしないでください。

良い例	●
悪い例	⊘ ⊙ ◐

解答番号			解答記入欄
5	(1)	ア	① ② ③ ④ ⑤ ⑥ ⑦ ⑧ ⑨ ⓪
		イ	① ② ③ ④ ⑤ ⑥ ⑦ ⑧ ⑨ ⓪
	(2)	ウ	① ② ③ ④ ⑤ ⑥ ⑦ ⑧ ⑨ ⓪
		エ	① ② ③ ④ ⑤ ⑥ ⑦ ⑧ ⑨ ⓪
		オ	① ② ③ ④ ⑤ ⑥ ⑦ ⑧ ⑨ ⓪
	(3)	カ	① ② ③ ④ ⑤ ⑥ ⑦ ⑧ ⑨ ⓪
		キ	① ② ③ ④ ⑤ ⑥ ⑦ ⑧ ⑨ ⓪
		ク	① ② ③ ④ ⑤ ⑥ ⑦ ⑧ ⑨ ⓪

解答番号			解答記入欄
3	(1)	ア	① ② ③ ④ ⑤ ⑥ ⑦ ⑧ ⑨ ⓪
	(2)	イ	① ② ③ ④ ⑤ ⑥ ⑦ ⑧ ⑨ ⓪
		ウ	① ② ③ ④ ⑤ ⑥ ⑦ ⑧ ⑨ ⓪
	(3)	エ	① ② ③ ④ ⑤ ⑥ ⑦ ⑧ ⑨ ⓪
		オ	① ② ③ ④ ⑤ ⑥ ⑦ ⑧ ⑨ ⓪
		カ	① ② ③ ④ ⑤ ⑥ ⑦ ⑧ ⑨ ⓪

解答番号			解答記入欄
4	(1)	ア	① ② ③ ④ ⑤ ⑥ ⑦ ⑧ ⑨ ⓪
		イ	① ② ③ ④ ⑤ ⑥ ⑦ ⑧ ⑨ ⓪
	(2)	ウ	① ② ③ ④ ⑤ ⑥ ⑦ ⑧ ⑨ ⓪
		エ	① ② ③ ④ ⑤ ⑥ ⑦ ⑧ ⑨ ⓪
		オ	① ② ③ ④ ⑤ ⑥ ⑦ ⑧ ⑨ ⓪
	(3)	カ	① ② ③ ④ ⑤ ⑥ ⑦ ⑧ ⑨ ⓪
		キ	① ② ③ ④ ⑤ ⑥ ⑦ ⑧ ⑨ ⓪
		ク	① ② ③ ④ ⑤ ⑥ ⑦ ⑧ ⑨ ⓪
		ケ	① ② ③ ④ ⑤ ⑥ ⑦ ⑧ ⑨ ⓪

解答番号				解答記入欄
2	(1)	①	ア	① ② ③ ④ ⑤ ⑥ ⑦ ⑧ ⑨ ⓪
		②	イ	① ② ③ ④ ⑤ ⑥ ⑦ ⑧ ⑨ ⓪
	(2)	①	ア	① ② ③ ④ ⑤ ⑥ ⑦ ⑧ ⑨ ⓪
		②	イ	① ② ③ ④ ⑤ ⑥ ⑦ ⑧ ⑨ ⓪
			ウ	① ② ③ ④ ⑤ ⑥ ⑦ ⑧ ⑨ ⓪
			エ	① ② ③ ④ ⑤ ⑥ ⑦ ⑧ ⑨ ⓪
			オ	① ② ③ ④ ⑤ ⑥ ⑦ ⑧ ⑨ ⓪
			カ	① ② ③ ④ ⑤ ⑥ ⑦ ⑧ ⑨ ⓪
			キ	① ② ③ ④ ⑤ ⑥ ⑦ ⑧ ⑨ ⓪

解答番号			解答記入欄
1	(1)	ア	① ② ③ ④ ⑤ ⑥ ⑦ ⑧ ⑨ ⓪
		イ	① ② ③ ④ ⑤ ⑥ ⑦ ⑧ ⑨ ⓪
		ウ	① ② ③ ④ ⑤ ⑥ ⑦ ⑧ ⑨ ⓪
	(2)	ア	① ② ③ ④ ⑤ ⑥ ⑦ ⑧ ⑨ ⓪
		イ	① ② ③ ④ ⑤ ⑥ ⑦ ⑧ ⑨ ⓪
		ウ	① ② ③ ④ ⑤ ⑥ ⑦ ⑧ ⑨ ⓪
	(3)	ア	① ② ③ ④ ⑤ ⑥ ⑦ ⑧ ⑨ ⓪
		イ	① ② ③ ④ ⑤ ⑥ ⑦ ⑧ ⑨ ⓪
		ウ	① ② ③ ④ ⑤ ⑥ ⑦ ⑧ ⑨ ⓪
		エ	① ② ③ ④ ⑤ ⑥ ⑦ ⑧ ⑨ ⓪
	(4)	ア	① ② ③ ④ ⑤ ⑥ ⑦ ⑧ ⑨ ⓪
	(5)	ア	① ② ③ ④ ⑤ ⑥ ⑦ ⑧ ⑨ ⓪
	(6)	ア	① ② ③ ④ ⑤ ⑥ ⑦ ⑧ ⑨ ⓪
		イ	① ② ③ ④ ⑤ ⑥ ⑦ ⑧ ⑨ ⓪
		ウ	① ② ③ ④ ⑤ ⑥ ⑦ ⑧ ⑨ ⓪

受験番号				
	⓪	⓪	⓪	⓪
Ⓔ	①	①	①	①
	②	②	②	②
Ⓐ	③	③	③	③
	④	④	④	④
Ⓢ	⑤	⑤	⑤	⑤
	⑥	⑥	⑥	⑥
	⑦	⑦	⑦	⑦
	⑧	⑧	⑧	⑧
	⑨	⑨	⑨	⑨

フリガナ	
氏　名	

（注）この解答用紙は実物を縮小してあります。Ａ３用紙に147％拡大コピーすると、ほぼ実物大で使用できます。（タイトルと配点表は含みません）

推定配点	
1～3　各5点×13 4　(1) 5点　(2)、(3) 各6点×2 5　各6点×3	
100点	計

2024年度 専修大学松戸高等学校 前期17日

社会解答用紙

評点
/100

【記入方法】
1.記入は必ずHBの黒鉛筆で、()の中を正確にぬりつぶしてください。
2.訂正する場合は、消しゴムできれいに消してください。
3.解答用紙を汚したり、折り曲げたりしないでください。

良い例	●
悪い例	∅ ⊙ ◐

フリガナ	
氏 名	

受験番号				
	⓪	⓪	⓪	⓪
Ⓔ	①	①	①	①
	②	②	②	②
Ⓐ	③	③	③	③
	④	④	④	④
Ⓢ	⑤	⑤	⑤	⑤
	⑥	⑥	⑥	⑥
	⑦	⑦	⑦	⑦
	⑧	⑧	⑧	⑧
	⑨	⑨	⑨	⑨

	解答番号		解答記入欄
1	(1)		㋐ ㋑ ㋒ ㋓
	(2)		㋐ ㋑ ㋒ ㋓
	(3)	①	㋐ ㋑ ㋒ ㋓ ㋔
		②	㋐ ㋑ ㋒ ㋓ ㋔
	(4)		㋐ ㋑ ㋒ ㋓ ㋔ ㋕
2	(1)		㋐ ㋑ ㋒ ㋓
	(2)		㋐ ㋑ ㋒
	(3)		㋐ ㋑ ㋒ ㋓ ㋔ ㋕
	(4)	①	㋐ ㋑ ㋒ ㋓
		②	㋐ ㋑ ㋒ ㋓ ㋔ ㋕ ㋖ ㋗
3	(1)	W	㋐ ㋑ ㋒ ㋓
		Z	㋐ ㋑ ㋒ ㋓
	(2)		㋐ ㋑ ㋒ ㋓
	(3)		㋐ ㋑ ㋒ ㋓
	(4)		㋐ ㋑ ㋒ ㋓ ㋔ ㋕ ㋖ ㋗

	解答番号	解答記入欄
4	(1)	㋐ ㋑ ㋒ ㋓
	(2)	㋐ ㋑ ㋒ ㋓
	(3)	㋐ ㋑ ㋒ ㋓
	(4)	㋐ ㋑ ㋒ ㋓ ㋔ ㋕ ㋖ ㋗
	(5)	㋐ ㋑ ㋒ ㋓
5	(1)	㋐ ㋑ ㋒ ㋓
	(2)	㋐ ㋑ ㋒ ㋓ ㋔ ㋕
	(3)	㋐ ㋑ ㋒ ㋓ ㋔
	(4)	㋐ ㋑ ㋒ ㋓
	(5)	㋐ ㋑ ㋒ ㋓

	解答番号		解答記入欄
6	(1)		㋐ ㋑ ㋒ ㋓
	(2)		㋐ ㋑ ㋒ ㋓
	(3)		㋐ ㋑ ㋒ ㋓
	(4)		㋐ ㋑ ㋒ ㋓
	(5)	I	㋐ ㋑ ㋒ ㋓ ㋔
		II	㋐ ㋑ ㋒ ㋓ ㋔
7	(1)		㋐ ㋑ ㋒ ㋓ ㋔ ㋕ ㋖ ㋗
	(2)		㋐ ㋑ ㋒ ㋓
	(3)		㋐ ㋑ ㋒ ㋓ ㋔ ㋕ ㋖

	解答番号	解答記入欄
8	(1)	㋐ ㋑ ㋒ ㋓ ㋔
	(2)	㋐ ㋑ ㋒ ㋓
	(3)	㋐ ㋑ ㋒ ㋓ ㋔ ㋕

（注）この解答用紙は実物を縮小してあります。A３用紙に145％拡大コピーすると、ほぼ実物大で使用できます。（タイトルと配点表は含みません）

推定配点

1、2 各2点×10
3 (1) 各3点×2　(2) 2点　(3)、(4) 各3点×2
4～8 各3点×22

100点	計

２０２４年度　専修大学松戸高等学校　前期17日

理科解答用紙

評点
/100

【記入方法】
1. 記入は必ずHBの黒鉛筆で、⓪の中を正確にぬりつぶしてください。
2. 訂正する場合は、消しゴムできれいに消してください。
3. 解答用紙を汚したり、折り曲げたりしないでください。

良い例	悪い例
●	⊘ ⊙ ◐

解答番号		解答記入欄
8 (1)		①②③④
8 (2)	X	①②③④⑤⑥⑦⑧⑨⓪
8 (2)	Y	①②③④⑤⑥⑦⑧⑨⓪
8 (3)	P	①②③④⑤
8 (3)	Q	①②③④⑤
8 (4)	Ⅰ群	①②③
8 (4)	Ⅱ群	①②③

解答番号		解答記入欄
6 (1)	Ⅰ群	①②③④
6 (1)	Ⅱ群	①②③④
6 (2)		①②③④⑤⑥
6 (3) (a)	X	①②③④⑤⑥⑦⑧⑨⓪
6 (3) (a)	Y	①②③④⑤⑥⑦⑧⑨⓪
6 (3) (b)		①②③④⑤⑥⑦⑧
7 (1)		①②③④
7 (2)		①②③④⑤⑥⑦⑧
7 (3)		①②③④
7 (4)		①②③④

解答番号		解答記入欄
4 (1)		①②③④
4 (2)	a	①②③④⑤⑥⑦⑧⑨⓪
4 (2)	b	①②③④⑤⑥⑦⑧⑨⓪
4 (2)	c	①②③④⑤⑥⑦⑧⑨⓪
4 (3)		①②③④⑤⑥
4 (4)	d	①②③④⑤⑥⑦⑧⑨⓪
4 (4)	e	①②③④⑤⑥⑦⑧⑨⓪
4 (4)	f	①②③④⑤⑥⑦⑧⑨⓪
5 (1)		①②③④
5 (2)		①②③④
5 (3) (a)	P	①②③④
5 (3) (a)	Q	①②③④
5 (3) (b)	X	①②③④⑤⑥⑦⑧⑨⓪
5 (3) (b)	Y	①②③④⑤⑥⑦⑧⑨⓪

解答番号		解答記入欄
1 (1)		①②③④⑤⑥⑦⑧
1 (2)		①②③④⑤⑥
1 (3)		①②③④⑤⑥⑦⑧
1 (4)	X	①②③④⑤⑥⑦⑧⑨⓪
1 (4)	Y	①②③④⑤⑥⑦⑧⑨⓪
2 (1)		①②③④⑤⑥⑦⑧
2 (2)		①②③④
2 (3)	X	①②③④
2 (3)	Y	①②③④⑤⑥⑦⑧⑨⓪
2 (3)	Z	①②③④⑤⑥⑦⑧⑨⓪
2 (4)		①②③④⑤⑥
3 (1)	Ⅰ群	①②③
3 (1)	Ⅱ群	①②③④
3 (2)	ⓐ	①②③④⑤⑥⑦⑧⑨
3 (2)	ⓑ	①②③④⑤⑥⑦⑧⑨
3 (2)	ⓒ	①②③④⑤⑥⑦⑧⑨
3 (2)	ⓓ	①②③④⑤⑥⑦⑧⑨
3 (3)		①②③④
3 (4)		①②③④⑤

フリガナ	
氏　名	

受験番号				
Ⓔ	⓪	⓪	⓪	⓪
Ⓐ	①	①	①	①
Ⓢ	②	②	②	②
	③	③	③	③
	④	④	④	④
	⑤	⑤	⑤	⑤
	⑥	⑥	⑥	⑥
	⑦	⑦	⑦	⑦
	⑧	⑧	⑧	⑧
	⑨	⑨	⑨	⑨

（注）この解答用紙は実物を縮小してあります。Ａ３用紙に149％拡大コピーすると、ほぼ実物大で使用できます。（タイトルと配点表は含みません）

推定配点

1、2　各３点×８
4、5　各３点×８
7　各３点×４
8　(1)、(2)　各３点×２　(3)、(4)　各２点×４
6　(1)　各２点×２　(2)、(3)　各３点×３
3　(1)　各２点×２　(2)～(4)　各３点×３

計　100点

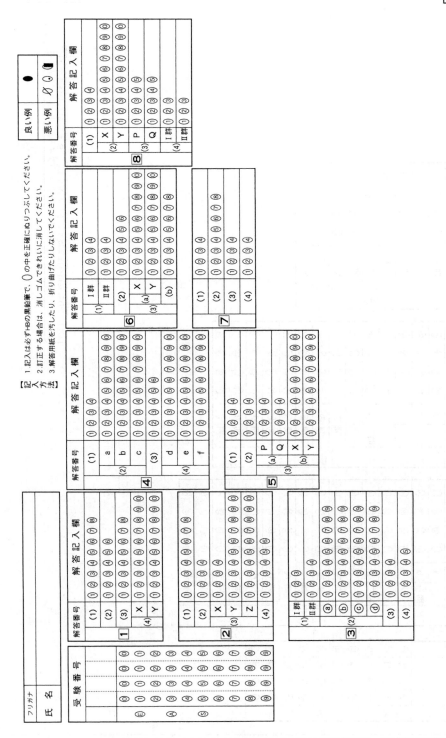

二〇二四年度　専修大学松戸高等学校　前期17日

国語解答用紙

評点
/100

良い例	●
悪い例	∅ ⊙ ◐

【記入方法】
1.記入は必ずHBの黒鉛筆で、⓪の中を正確にぬりつぶしてください。
2.訂正する場合は、消しゴムできれいに消してください。
3.解答用紙を汚したり、折り曲げたりしないでください。

解答番号		解答記入欄
三	問一	① ② ③ ④
	問二	① ② ③ ④
	問三	① ② ③ ④
	問四	① ② ③ ④
	問五	① ② ③ ④
	問六	① ② ③ ④
	問七	① ② ③ ④
	問八	① ② ③ ④
	問九	① ② ③ ④

解答番号			解答記入欄
二	問一	a	① ② ③ ④
		b	① ② ③ ④
		c	① ② ③ ④
	問二	ア	① ② ③ ④
		イ	① ② ③ ④
		ウ	① ② ③ ④
	問三		① ② ③ ④
	問四		① ② ③ ④
	問五		① ② ③ ④
	問六		① ② ③ ④
	問七		① ② ③ ④
	問八		① ② ③ ④
	問九		① ② ③ ④
	問十		① ② ③ ④

解答番号			解答記入欄
一	問一	a	① ② ③ ④
		b	① ② ③ ④
		c	① ② ③ ④
	問二	ア	① ② ③ ④
		イ	① ② ③ ④
		ウ	① ② ③ ④
	問三		① ② ③ ④
	問四		① ② ③ ④
	問五		① ② ③ ④
	問六		① ② ③ ④
	問七		① ② ③ ④
	問八		① ② ③ ④
	問九		① ② ③ ④
	問十		① ② ③ ④
	問十一		① ② ③ ④
	問十二		① ② ③ ④

フリガナ	
氏　名	

受験番号				
	⓪	⓪	⓪	⓪
Ⓔ	①	①	①	①
	②	②	②	②
Ⓐ	③	③	③	③
	④	④	④	④
Ⓢ	⑤	⑤	⑤	⑤
	⑥	⑥	⑥	⑥
	⑦	⑦	⑦	⑦
	⑧	⑧	⑧	⑧
	⑨	⑨	⑨	⑨

(注) この解答用紙は実物を縮小してあります。Ｂ４用紙に141%拡大コピーすると、ほぼ実物大で使用できます。(タイトルと配点表は含みません)

推定配点

一 問一、問二　各2点×6　問三～問六　各3点×4　問七　2点
問八～問十二　各3点×5
二 問一、問二　各2点×6　問三～問六　各3点×4　問七　2点
問八～問十　各3点×3
三 問一　2点　問二、問三　各3点×2　問四　2点　問五　3点
問六　2点　問七～問九　各3点×3

100点	計

２０２４年度　専修大学松戸高等学校　前期18日

英語解答用紙

評点
/100

（注）この解答用紙は実物を縮小してあります。Ａ３用紙に145%拡大コピーすると、ほぼ実物大で使用できます。（タイトルと配点表は含みません）

【記入方法】
1.記入は必ずHBの黒鉛筆で、◯の中を正確にぬりつぶしてください。
2.訂正する場合は、消しゴムできれいに消してください。
3.解答用紙を汚したり、折り曲げたりしないでください。

良い例	●
悪い例	⌀ ⊙ ◐

フリガナ	
氏　名	

受験番号				
Ⓔ	⓪	⓪	⓪	⓪
Ⓐ	①	①	①	①
Ⓢ	②	②	②	②
	③	③	③	③
	④	④	④	④
	⑤	⑤	⑤	⑤
	⑥	⑥	⑥	⑥
	⑦	⑦	⑦	⑦
	⑧	⑧	⑧	⑧
	⑨	⑨	⑨	⑨

解答番号			解答記入欄
1	1	(1)	① ② ③ ④
		(2)	① ② ③ ④
		(3)	① ② ③ ④
	2	(1)	① ② ③ ④
		(2)	① ② ③ ④

解答番号			解答記入欄
2	問1		① ② ③ ④
	問2		① ② ③ ④
	問3		① ② ③ ④
	問4		① ② ③ ④
	問5		① ② ③ ④
	問6		① ② ③ ④
	問7		① ② ③ ④
	問8	(1)	① ② ③ ④
		(2)	① ② ③ ④

解答番号			解答記入欄
3	問1	(1)	① ② ③ ④
		(2)	① ② ③ ④
		(3)	① ② ③ ④
		(4)	① ② ③ ④
		(5)	① ② ③ ④
	問2		① ② ③ ④ ⑤ ⑥ ⑦ ⑧

解答番号		解答記入欄
4	(1)	① ② ③ ④
	(2)	① ② ③ ④
	(3)	① ② ③ ④
	(4)	① ② ③ ④
	(5)	① ② ③ ④

解答番号			解答記入欄
5	(1)	1	① ② ③ ④ ⑤ ⑥ ⑦ ⑧
		2	① ② ③ ④ ⑤ ⑥ ⑦ ⑧
	(2)	3	① ② ③ ④ ⑤ ⑥ ⑦ ⑧
		4	① ② ③ ④ ⑤ ⑥ ⑦ ⑧
	(3)	5	① ② ③ ④ ⑤ ⑥ ⑦ ⑧
		6	① ② ③ ④ ⑤ ⑥ ⑦ ⑧
	(4)	7	① ② ③ ④ ⑤ ⑥ ⑦ ⑧
		8	① ② ③ ④ ⑤ ⑥ ⑦ ⑧
	(5)	9	① ② ③ ④ ⑤ ⑥ ⑦ ⑧
		10	① ② ③ ④ ⑤ ⑥ ⑦ ⑧
	(6)	11	① ② ③ ④ ⑤ ⑥ ⑦ ⑧
		12	① ② ③ ④ ⑤ ⑥ ⑦ ⑧

解答番号		解答記入欄
6	(1)	① ② ③ ④ ⑤
	(2)	① ② ③ ④ ⑤
	(3)	① ② ③ ④ ⑤
	(4)	① ② ③ ④ ⑤
	(5)	① ② ③ ④ ⑤
	(6)	① ② ③ ④ ⑤

推定配点

1 各２点×５
2 各３点×９
3 問１ 各４点×５　問２ 各３点×３
4～6 各２点×17

100点	計

2024年度　専修大学松戸高等学校　前期18日

数学解答用紙

評点
/100

【記入方法】
1.記入は必ずHBの黒鉛筆で、⬯の中を正確にぬりつぶしてください。
2.訂正する場合は、消しゴムできれいに消してください。
3.解答用紙を汚したり、折り曲げたりしないでください。

良い例	●
悪い例	⦸ ⊙ ◨

フリガナ	
氏　名	

受験番号				
	⓪	⓪	⓪	⓪
Ⓔ	①	①	①	①
	②	②	②	②
Ⓐ	③	③	③	③
	④	④	④	④
Ⓢ	⑤	⑤	⑤	⑤
	⑥	⑥	⑥	⑥
	⑦	⑦	⑦	⑦
	⑧	⑧	⑧	⑧
	⑨	⑨	⑨	⑨

解答番号			解答記入欄
1	(1)	ア	① ② ③ ④ ⑤ ⑥ ⑦ ⑧ ⑨ ⓪
		イ	① ② ③ ④ ⑤ ⑥ ⑦ ⑧ ⑨ ⓪
	(2)	ア	① ② ③ ④ ⑤ ⑥ ⑦ ⑧ ⑨ ⓪
		イ	① ② ③ ④ ⑤ ⑥ ⑦ ⑧ ⑨ ⓪
		ウ	① ② ③ ④ ⑤ ⑥ ⑦ ⑧ ⑨ ⓪
		エ	① ② ③ ④ ⑤ ⑥ ⑦ ⑧ ⑨ ⓪
	(3)	ア	① ② ③ ④ ⑤ ⑥ ⑦ ⑧ ⑨ ⓪
		イ	① ② ③ ④ ⑤ ⑥ ⑦ ⑧ ⑨ ⓪
		ウ	① ② ③ ④ ⑤ ⑥ ⑦ ⑧ ⑨ ⓪
		エ	① ② ③ ④ ⑤ ⑥ ⑦ ⑧ ⑨ ⓪
	(4)	ア	① ② ③ ④ ⑤ ⑥ ⑦ ⑧ ⑨ ⓪
		イ	① ② ③ ④ ⑤ ⑥ ⑦ ⑧ ⑨ ⓪
	(5)	ア	① ② ③ ④ ⑤ ⑥ ⑦ ⑧ ⑨ ⓪
		イ	① ② ③ ④ ⑤ ⑥ ⑦ ⑧ ⑨ ⓪
	(6)	ア	① ② ③ ④ ⑤ ⑥ ⑦ ⑧ ⑨ ⓪
		イ	① ② ③ ④ ⑤ ⑥ ⑦ ⑧ ⑨ ⓪

解答番号				解答記入欄
2	(1)	①	ア	① ② ③ ④ ⑤ ⑥ ⑦ ⑧ ⑨ ⓪
			イ	① ② ③ ④ ⑤ ⑥ ⑦ ⑧ ⑨ ⓪
			ウ	① ② ③ ④ ⑤ ⑥ ⑦ ⑧ ⑨ ⓪
			エ	① ② ③ ④ ⑤ ⑥ ⑦ ⑧ ⑨ ⓪
		②	オ	① ② ③ ④ ⑤ ⑥ ⑦ ⑧ ⑨ ⓪
			カ	① ② ③ ④ ⑤ ⑥ ⑦ ⑧ ⑨ ⓪
			キ	① ② ③ ④ ⑤ ⑥ ⑦ ⑧ ⑨ ⓪
			ク	① ② ③ ④ ⑤ ⑥ ⑦ ⑧ ⑨ ⓪
	(2)	①	ア	① ② ③ ④ ⑤ ⑥ ⑦ ⑧ ⑨ ⓪
			イ	① ② ③ ④ ⑤ ⑥ ⑦ ⑧ ⑨ ⓪
		②	ウ	① ② ③ ④ ⑤ ⑥ ⑦ ⑧ ⑨ ⓪
			エ	① ② ③ ④ ⑤ ⑥ ⑦ ⑧ ⑨ ⓪

解答番号			解答記入欄
3	(1)	ア	① ② ③ ④ ⑤ ⑥ ⑦ ⑧ ⑨ ⓪
		イ	① ② ③ ④ ⑤ ⑥ ⑦ ⑧ ⑨ ⓪
	(2)	ウ	① ② ③ ④ ⑤ ⑥ ⑦ ⑧ ⑨ ⓪
		エ	① ② ③ ④ ⑤ ⑥ ⑦ ⑧ ⑨ ⓪
	(3)	オ	① ② ③ ④ ⑤ ⑥ ⑦ ⑧ ⑨ ⓪
		カ	① ② ③ ④ ⑤ ⑥ ⑦ ⑧ ⑨ ⓪
		キ	① ② ③ ④ ⑤ ⑥ ⑦ ⑧ ⑨ ⓪
		ク	① ② ③ ④ ⑤ ⑥ ⑦ ⑧ ⑨ ⓪

解答番号			解答記入欄
4	(1)	ア	① ② ③ ④ ⑤ ⑥ ⑦ ⑧ ⑨ ⓪
		イ	① ② ③ ④ ⑤ ⑥ ⑦ ⑧ ⑨ ⓪
		ウ	① ② ③ ④ ⑤ ⑥ ⑦ ⑧ ⑨ ⓪
	(2)	エ	① ② ③ ④ ⑤ ⑥ ⑦ ⑧ ⑨ ⓪
		オ	① ② ③ ④ ⑤ ⑥ ⑦ ⑧ ⑨ ⓪
	(3)	カ	① ② ③ ④ ⑤ ⑥ ⑦ ⑧ ⑨ ⓪
		キ	① ② ③ ④ ⑤ ⑥ ⑦ ⑧ ⑨ ⓪
		ク	① ② ③ ④ ⑤ ⑥ ⑦ ⑧ ⑨ ⓪
		ケ	① ② ③ ④ ⑤ ⑥ ⑦ ⑧ ⑨ ⓪

解答番号			解答記入欄
5	(1)	ア	① ② ③ ④ ⑤ ⑥ ⑦ ⑧ ⑨ ⓪
	(2)	イ	① ② ③ ④ ⑤ ⑥ ⑦ ⑧ ⑨ ⓪
		ウ	① ② ③ ④ ⑤ ⑥ ⑦ ⑧ ⑨ ⓪
		エ	① ② ③ ④ ⑤ ⑥ ⑦ ⑧ ⑨ ⓪
	(3)	オ	① ② ③ ④ ⑤ ⑥ ⑦ ⑧ ⑨ ⓪
		カ	① ② ③ ④ ⑤ ⑥ ⑦ ⑧ ⑨ ⓪

(注) この解答用紙は実物を縮小してあります。Ａ３用紙に147%拡大コピーすると、ほぼ実物大で使用できます。(タイトルと配点表は含みません)

推定配点

1～3 各5点×13
4 (1) 5点 (2)、(3) 各6点×2
5 各6点×3

100点	計

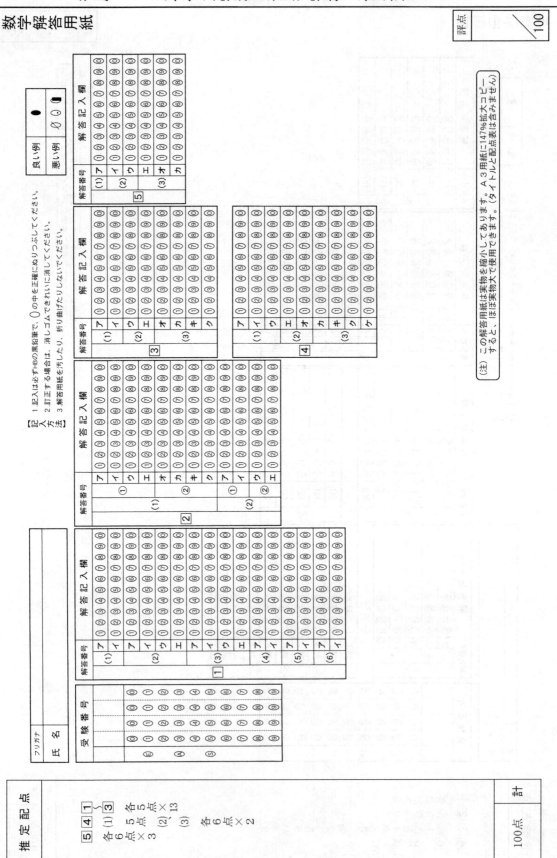

2024年度 専修大学松戸高等学校 前期18日

社会解答用紙

評点
/100

フリガナ	
氏　名	

【記入方法】
1.記入は必ずHBの黒鉛筆で、()の中を正確にぬりつぶしてください。
2.訂正する場合は、消しゴムできれいに消してください。
3.解答用紙を汚したり、折り曲げたりしないでください。

良い例	●
悪い例	⊘ ⊙ ◐

受験番号				
Ⓔ Ⓐ Ⓢ	⓪①②③④⑤⑥⑦⑧⑨	⓪①②③④⑤⑥⑦⑧⑨	⓪①②③④⑤⑥⑦⑧⑨	⓪①②③④⑤⑥⑦⑧⑨

解答番号		解答記入欄
1	(1)	㋐ ㋑ ㋒ ㋓ ㋔ ㋕
	(2)	㋐ ㋑ ㋒ ㋓
	(3)	㋐ ㋑ ㋒ ㋓ ㋔ ㋕
	(4) ①	㋐ ㋑ ㋒ ㋓ ㋔
	(4) ②	㋐ ㋑ ㋒ ㋓ ㋔
2	(1)	㋐ ㋑ ㋒ ㋓
	(2)	㋐ ㋑ ㋒ ㋓
	(3)	㋐ ㋑ ㋒
	(4) ①	㋐ ㋑ ㋒ ㋓
	(4) ②	㋐ ㋑ ㋒ ㋓
3	(1)	㋐ ㋑ ㋒ ㋓
	(2)	㋐ ㋑ ㋒ ㋓ ㋔ ㋕ ㋖ ㋗
	(3)	㋐ ㋑ ㋒ ㋓ ㋔ ㋕ ㋖ ㋗
	(4)	㋐ ㋑ ㋒ ㋓

解答番号		解答記入欄
4	(1)	㋐ ㋑ ㋒ ㋓
	(2)	㋐ ㋑ ㋒ ㋓
	(3)	㋐ ㋑ ㋒ ㋓
	(4)	㋐ ㋑ ㋒ ㋓
	(5)	㋐ ㋑ ㋒ ㋓
5	(1)	㋐ ㋑ ㋒ ㋓
	(2)	㋐ ㋑ ㋒ ㋓
	(3) Ⅰ	㋐ ㋑ ㋒ ㋓ ㋔
	(3) Ⅱ	㋐ ㋑ ㋒ ㋓ ㋔
	(4)	㋐ ㋑ ㋒ ㋓ ㋔ ㋕ ㋖ ㋗
	(5)	㋐ ㋑ ㋒ ㋓ ㋔ ㋕

解答番号		解答記入欄
6	(1)	㋐ ㋑ ㋒ ㋓ ㋔ ㋕
	(2)	㋐ ㋑ ㋒ ㋓
	(3)	㋐ ㋑ ㋒ ㋓
	(4)	㋐ ㋑ ㋒ ㋓
	(5)	㋐ ㋑ ㋒ ㋓
7	(1)	㋐ ㋑ ㋒ ㋓
	(2)	㋐ ㋑ ㋒ ㋓ ㋔
	(3)	㋐ ㋑ ㋒ ㋓ ㋔

解答番号		解答記入欄
8	(1)	㋐ ㋑ ㋒ ㋓ ㋔ ㋕ ㋖ ㋗
	(2)	㋐ ㋑ ㋒ ㋓ ㋔
	(3)	㋐ ㋑ ㋒ ㋓

（注）この解答用紙は実物を縮小してあります。Ａ３用紙に145％拡大コピーすると、ほぼ実物大で使用できます。（タイトルと配点表は含みません）

推定配点

1 各2点×5
2 (1)～(3) 各2点×3　(4) 各3点×2
3～8 各3点×26

100点	計

2024年度　専修大学松戸高等学校　前期18日

理科解答用紙

評点
/100

【記入方法】
1.記入は必ずHBの黒鉛筆で、○の中を正確にぬりつぶしてください。
2.訂正する場合は、消しゴムできれいに消してください。
3.解答用紙を汚したり、折り曲げたりしないでください。

良い例	●
悪い例	⊘ ⊙ ◐

フリガナ	
氏　名	

受験番号				
Ⓔ	⓪ ① ② ③ ④ ⑤ ⑥ ⑦ ⑧ ⑨	⓪ ① ② ③ ④ ⑤ ⑥ ⑦ ⑧ ⑨	⓪ ① ② ③ ④ ⑤ ⑥ ⑦ ⑧ ⑨	⓪ ① ② ③ ④ ⑤ ⑥ ⑦ ⑧ ⑨
Ⓐ				
Ⓢ				

解答番号		解答記入欄
1	(1)	① ② ③ ④ ⑤ ⑥
	(2)	① ② ③ ④ ⑤ ⑥ ⑦ ⑧
	(3) Ⅰ群	① ② ③
	(3) Ⅱ群	① ② ③
	(4)	① ② ③ ④

解答番号		解答記入欄
2	(1)	① ② ③ ④ ⑤
	(2) a	① ② ③ ④ ⑤ ⑥ ⑦ ⑧ ⑨ ⓪
	(2) b	① ② ③ ④ ⑤ ⑥ ⑦ ⑧ ⑨ ⓪
	(2) c	① ② ③ ④ ⑤ ⑥ ⑦ ⑧ ⑨ ⓪
	(3) V	① ② ③ ④ ⑤ ⑥ ⑦ ⑧ ⑨ ⓪
	(3) W	① ② ③ ④ ⑤ ⑥ ⑦ ⑧ ⑨ ⓪
	(4) X	① ② ③ ④ ⑤ ⑥ ⑦ ⑧ ⑨ ⓪
	(4) Y	① ② ③ ④ ⑤ ⑥ ⑦ ⑧ ⑨ ⓪
	(4) Z	① ② ③ ④ ⑤ ⑥ ⑦ ⑧ ⑨ ⓪

解答番号		解答記入欄
3	(1)	① ② ③ ④ ⑤ ⑥
	(2) X	① ② ③ ④ ⑤ ⑥ ⑦ ⑧ ⑨ ⓪
	(2) Y	① ② ③ ④ ⑤ ⑥ ⑦ ⑧ ⑨ ⓪
	(3) ⓐ	① ② ③ ④ ⑤ ⑥ ⑦ ⑧ ⑨
	(3) ⓑ	① ② ③ ④ ⑤ ⑥ ⑦ ⑧ ⑨
	(3) ⓒ	① ② ③ ④ ⑤ ⑥ ⑦ ⑧ ⑨
	(3) ⓓ	① ② ③ ④ ⑤ ⑥ ⑦ ⑧ ⑨
	(4)	① ② ③ ④ ⑤ ⑥ ⑦ ⑧

解答番号		解答記入欄
4	(1) Ⅰ群	① ② ③ ④
	(1) Ⅱ群	① ② ③ ④
	(2)	① ② ③ ④ ⑤ ⑥
	(3) P	① ② ③ ④ ⑤ ⑥ ⑦ ⑧ ⑨ ⓪
	(3) Q	① ② ③ ④ ⑤ ⑥ ⑦ ⑧ ⑨ ⓪
	(3) R	① ② ③ ④ ⑤ ⑥ ⑦ ⑧ ⑨ ⓪
	(4)	① ② ③ ④ ⑤

解答番号		解答記入欄
5	(1)	① ② ③ ④
	(2)	① ② ③ ④ ⑤ ⑥
	(3)	① ② ③ ④
	(4)	① ② ③ ④

6	(1)	① ② ③ ④
	(2)	① ② ③ ④ ⑤ ⑥
	(3)	① ② ③ ④
	(4)	① ② ③ ④

7	(1)	① ② ③ ④ ⑤ ⑥
	(2)	① ② ③ ④ ⑤ ⑥
	(3)	① ② ③ ④ ⑤ ⑥ ⑦ ⑧
	(4) a	① ② ③ ④ ⑤ ⑥ ⑦ ⑧ ⑨ ⓪
	(4) b	① ② ③ ④ ⑤ ⑥ ⑦ ⑧ ⑨ ⓪
	(4) c	① ② ③ ④ ⑤ ⑥ ⑦ ⑧ ⑨ ⓪
	(4) d	① ② ③ ④ ⑤ ⑥ ⑦ ⑧ ⑨ ⓪

解答番号		解答記入欄
8	(1)	① ② ③ ④
	(2)	① ② ③ ④
	(3)	① ② ③ ④ ⑤ ⑥
	(4) Ⅰ群	① ②
	(4) Ⅱ群	① ②

（注）この解答用紙は実物を縮小してあります。Ａ３用紙に149%拡大コピーすると、ほぼ実物大で使用できます。（タイトルと配点表は含みません）

推定配点

1 (1)、(2) 各3点×2　(3) 各2点×2　(4) 3点
2、3 各3点×8
4 (1) 各2点×2　(2)～(4) 各3点×3
5、6 各3点×8
7 (1)～(3) 各3点×3　(4) 各2点×2
8 (1)～(3) 各3点×3　(4) 各2点×2

100点	計

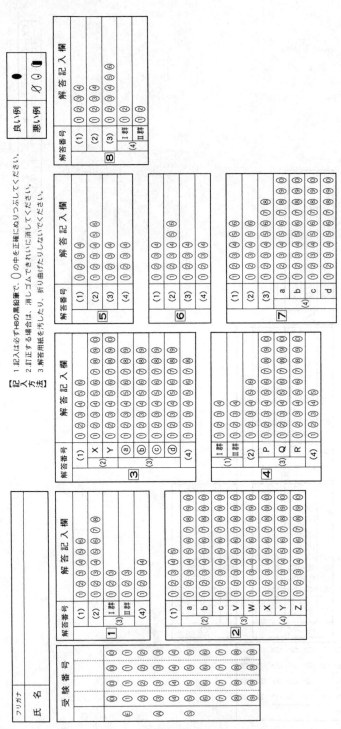

二〇二四年度 専修大学松戸高等学校 前期18日

国語解答用紙

評点
/100

良い例	●
悪い例	⦰ ⊙ ◐

【記入方法】
1.記入は必ずHBの黒鉛筆で、⬯の中を正確にぬりつぶしてください。
2.訂正する場合は、消しゴムできれいに消してください。
3.解答用紙を汚したり、折り曲げたりしないでください。

フリガナ	
氏 名	

受験番号				
	⓪	⓪	⓪	⓪
Ⓔ	①	①	①	①
	②	②	②	②
Ⓐ	③	③	③	③
	④	④	④	④
Ⓢ	⑤	⑤	⑤	⑤
	⑥	⑥	⑥	⑥
	⑦	⑦	⑦	⑦
	⑧	⑧	⑧	⑧
	⑨	⑨	⑨	⑨

解答番号			解答記入欄
一	問一	a	① ② ③ ④
		b	① ② ③ ④
		c	① ② ③ ④
	問二	ア	① ② ③ ④
		イ	① ② ③ ④
		ウ	① ② ③ ④
	問三		① ② ③ ④
	問四		① ② ③ ④
	問五		① ② ③ ④
	問六		① ② ③ ④
	問七		① ② ③ ④
	問八		① ② ③ ④
	問九		① ② ③ ④
	問十		① ② ③ ④
	問十一		① ② ③ ④
	問十二		① ② ③ ④

解答番号			解答記入欄
二	問一	a	① ② ③ ④
		b	① ② ③ ④
		c	① ② ③ ④
	問二	ア	① ② ③ ④
		イ	① ② ③ ④
		ウ	① ② ③ ④
	問三		① ② ③ ④
	問四		① ② ③ ④
	問五		① ② ③ ④
	問六		① ② ③ ④
	問七		① ② ③ ④
	問八		① ② ③ ④
	問九		① ② ③ ④
	問十		① ② ③ ④

解答番号		解答記入欄
三	問一	① ② ③ ④
	問二	① ② ③ ④
	問三	① ② ③ ④
	問四	① ② ③ ④
	問五	① ② ③ ④
	問六	① ② ③ ④
	問七	① ② ③ ④
	問八	① ② ③ ④
	問九	① ② ③ ④

（注）この解答用紙は実物を縮小してあります。Ｂ４用紙に141％拡大コピーすると、ほぼ実物大で使用できます。（タイトルと配点表は含みません）

推定配点

一 問一、問二 各2点×6 問三、問四 各3点×2 問五、問六 各2点×2
問七～問十二 各3点×6
二 問一、問二 各2点×6 問三、問四 各3点×2 問五 2点
問六～問十 各3点×5
三 問一 2点 問二、問三 各3点×2 問四 2点 問五～問九 各3点×5

計	100点

2023年度 専修大学松戸高等学校 前期17日

英語解答用紙

評点	/100

【記入方法】
1.記入は必ずHBの黒鉛筆で、()の中を正確にぬりつぶしてください。
2.訂正する場合は、消しゴムできれいに消してください。
3.解答用紙を汚したり、折り曲げたりしないでください。

良い例	●
悪い例	⊘ ⊙ ◐

フリガナ	
氏　名	

受験番号				
	⓪	⓪	⓪	⓪
Ⓔ	①	①	①	①
	②	②	②	②
Ⓐ	③	③	③	③
	④	④	④	④
Ⓢ	⑤	⑤	⑤	⑤
	⑥	⑥	⑥	⑥
	⑦	⑦	⑦	⑦
	⑧	⑧	⑧	⑧
	⑨	⑨	⑨	⑨

解答番号			解答記入欄
1	1	(1)	① ② ③ ④
		(2)	① ② ③ ④
		(3)	① ② ③ ④
	2	(1)	① ② ③ ④
		(2)	① ② ③ ④

解答番号			解答記入欄
2	問1		① ② ③ ④
	問2		① ② ③ ④
	問3		① ② ③ ④
	問4		① ② ③ ④
	問5		① ② ③ ④
	問6		① ② ③ ④
	問7		① ② ③ ④
	問8	(1)	① ② ③ ④
		(2)	① ② ③ ④

解答番号			解答記入欄
3	問1	(1)	① ② ③ ④
		(2)	① ② ③ ④
		(3)	① ② ③ ④
		(4)	① ② ③ ④
		(5)	① ② ③ ④
	問2		① ② ③ ④ ⑤ ⑥ ⑦ ⑧

解答番号		解答記入欄
4	(1)	① ② ③ ④
	(2)	① ② ③ ④
	(3)	① ② ③ ④
	(4)	① ② ③ ④
	(5)	① ② ③ ④

解答番号			解答記入欄
5	(1)	1	① ② ③ ④ ⑤ ⑥ ⑦ ⑧
		2	① ② ③ ④ ⑤ ⑥ ⑦ ⑧
	(2)	3	① ② ③ ④ ⑤ ⑥ ⑦ ⑧
		4	① ② ③ ④ ⑤ ⑥ ⑦ ⑧
	(3)	5	① ② ③ ④ ⑤ ⑥ ⑦ ⑧
		6	① ② ③ ④ ⑤ ⑥ ⑦ ⑧
	(4)	7	① ② ③ ④ ⑤ ⑥ ⑦ ⑧
		8	① ② ③ ④ ⑤ ⑥ ⑦ ⑧
	(5)	9	① ② ③ ④ ⑤ ⑥ ⑦ ⑧
		10	① ② ③ ④ ⑤ ⑥ ⑦ ⑧
	(6)	11	① ② ③ ④ ⑤ ⑥ ⑦ ⑧
		12	① ② ③ ④ ⑤ ⑥ ⑦ ⑧

解答番号		解答記入欄
6	(1)	① ② ③ ④ ⑤
	(2)	① ② ③ ④ ⑤
	(3)	① ② ③ ④ ⑤
	(4)	① ② ③ ④ ⑤
	(5)	① ② ③ ④ ⑤
	(6)	① ② ③ ④ ⑤

(注) この解答用紙は実物を縮小してあります。Ａ３用紙に145%拡大コピーすると、ほぼ実物大で使用できます。(タイトルと配点表は含みません)

推定配点

1 各2点×5
2 各3点×9
3 問1 各4点×5　問2 各3点×3
4～6 各2点×17

計
100点

2023年度　専修大学松戸高等学校　前期17日

数学解答用紙

評点
/100

【記入方法】
1.記入は必ずHBの黒鉛筆で、◯の中を正確にぬりつぶしてください。
2.訂正する場合は、消しゴムできれいに消してください。
3.解答用紙を汚したり、折り曲げたりしないでください。

良い例	●
悪い例	⦸ ⊙ ◐

フリガナ	
氏　名	

受験番号				
Ⓔ	0	0	0	0
	1	1	1	1
	2	2	2	2
Ⓐ	3	3	3	3
	4	4	4	4
Ⓢ	5	5	5	5
	6	6	6	6
	7	7	7	7
	8	8	8	8
	9	9	9	9

解答番号			解答記入欄
1	(1)	ア	0 1 2 3 4 5 6 7 8 9
		イ	0 1 2 3 4 5 6 7 8 9
		ウ	0 1 2 3 4 5 6 7 8 9
	(2)	ア	0 1 2 3 4 5 6 7 8 9
		イ	0 1 2 3 4 5 6 7 8 9
	(3)	ア	0 1 2 3 4 5 6 7 8 9
		イ	0 1 2 3 4 5 6 7 8 9
	(4)	ア	0 1 2 3 4 5 6 7 8 9
	(5)	ア	0 1 2 3 4 5 6 7 8 9
	(6)	ア	0 1 2 3 4 5 6 7 8 9
		イ	0 1 2 3 4 5 6 7 8 9

解答番号				解答記入欄
2	(1)	①	ア	0 1 2 3 4 5 6 7 8 9
			イ	0 1 2 3 4 5 6 7 8 9
		②	ウ	0 1 2 3 4 5 6 7 8 9
			エ	0 1 2 3 4 5 6 7 8 9
			オ	0 1 2 3 4 5 6 7 8 9
			カ	0 1 2 3 4 5 6 7 8 9
	(2)	①	ア	0 1 2 3 4 5 6 7 8 9
			イ	0 1 2 3 4 5 6 7 8 9
			ウ	0 1 2 3 4 5 6 7 8 9
			エ	0 1 2 3 4 5 6 7 8 9
		②	オ	0 1 2 3 4 5 6 7 8 9
			カ	0 1 2 3 4 5 6 7 8 9
			キ	0 1 2 3 4 5 6 7 8 9

解答番号			解答記入欄
3	(1)	ア	0 1 2 3 4 5 6 7 8 9
		イ	0 1 2 3 4 5 6 7 8 9
		ウ	0 1 2 3 4 5 6 7 8 9
	(2)	エ	0 1 2 3 4 5 6 7 8 9
		オ	0 1 2 3 4 5 6 7 8 9
	(3)	カ	0 1 2 3 4 5 6 7 8 9
		キ	0 1 2 3 4 5 6 7 8 9
		ク	0 1 2 3 4 5 6 7 8 9
		ケ	0 1 2 3 4 5 6 7 8 9

解答番号			解答記入欄
4	(1)	ア	0 1 2 3 4 5 6 7 8 9
		イ	0 1 2 3 4 5 6 7 8 9
	(2)	ウ	0 1 2 3 4 5 6 7 8 9
		エ	0 1 2 3 4 5 6 7 8 9
		オ	0 1 2 3 4 5 6 7 8 9
	(3)	カ	0 1 2 3 4 5 6 7 8 9
		キ	0 1 2 3 4 5 6 7 8 9
		ク	0 1 2 3 4 5 6 7 8 9
		ケ	0 1 2 3 4 5 6 7 8 9
		コ	0 1 2 3 4 5 6 7 8 9

解答番号			解答記入欄
5	(1)	ア	0 1 2 3 4 5 6 7 8 9
		イ	0 1 2 3 4 5 6 7 8 9
		ウ	0 1 2 3 4 5 6 7 8 9
		エ	0 1 2 3 4 5 6 7 8 9
	(2)	オ	0 1 2 3 4 5 6 7 8 9
		カ	0 1 2 3 4 5 6 7 8 9
		キ	0 1 2 3 4 5 6 7 8 9
	(3)	ク	0 1 2 3 4 5 6 7 8 9
		ケ	0 1 2 3 4 5 6 7 8 9

(注) この解答用紙は実物を縮小してあります。Ａ３用紙に147%拡大コピーすると、ほぼ実物大で使用できます。(タイトルと配点表は含みません)

推定配点	
1～3 各5点×13　4 (1) 5点 (2)、(3) 各6点×2　5 各6点×3	
100点	計

2023年度　専修大学松戸高等学校　前期17日

社会解答用紙

評点
/100

【記入方法】
1.記入は必ずHBの黒鉛筆で、⬭の中を正確にぬりつぶしてください。
2.訂正する場合は、消しゴムできれいに消してください。
3.解答用紙を汚したり、折り曲げたりしないでください。

良い例	●
悪い例	⊘ ⊙ ◐

フリガナ	
氏　名	

受験番号			
	⓪	⓪	⓪	⓪
Ⓔ	①	①	①	①
	②	②	②	②
Ⓐ	③	③	③	③
	④	④	④	④
Ⓢ	⑤	⑤	⑤	⑤
	⑥	⑥	⑥	⑥
	⑦	⑦	⑦	⑦
	⑧	⑧	⑧	⑧
	⑨	⑨	⑨	⑨

解答番号			解答記入欄
1	(1)		㋐ ㋑ ㋒ ㋓
	(2)		㋐ ㋑ ㋒ ㋓
	(3)		㋐ ㋑ ㋒ ㋓
	(4)	B	㋐ ㋑ ㋒ ㋓ ㋔
		E	㋐ ㋑ ㋒ ㋓ ㋔
2	(1)		㋐ ㋑ ㋒ ㋓
	(2)		㋐ ㋑ ㋒ ㋓
	(3)		㋐ ㋑ ㋒ ㋓
	(4)	①	㋐ ㋑ ㋒ ㋓
		②	㋐ ㋑ ㋒ ㋓
3	(1)		㋐ ㋑ ㋒ ㋓ ㋔ ㋕ ㋖ ㋗
	(2)		㋐ ㋑ ㋒ ㋓
	(3)		㋐ ㋑ ㋒ ㋓
	(4)		㋐ ㋑ ㋒ ㋓

解答番号			解答記入欄
4	(1)		㋐ ㋑ ㋒ ㋓ ㋔
	(2)		㋐ ㋑ ㋒ ㋓ ㋔ ㋕ ㋖ ㋗
	(3)		㋐ ㋑ ㋒ ㋓
	(4)		㋐ ㋑ ㋒ ㋓
	(5)	I	㋐ ㋑ ㋒ ㋓ ㋔
		II	㋐ ㋑ ㋒ ㋓ ㋔
5	(1)		㋐ ㋑ ㋒ ㋓
	(2)		㋐ ㋑ ㋒ ㋓
	(3)		㋐ ㋑ ㋒ ㋓
	(4)		㋐ ㋑ ㋒ ㋓
	(5)		㋐ ㋑ ㋒ ㋓ ㋔ ㋕

解答番号		解答記入欄
6	(1)	㋐ ㋑ ㋒ ㋓
	(2)	㋐ ㋑ ㋒ ㋓ ㋔
	(3)	㋐ ㋑ ㋒ ㋓
	(4)	㋐ ㋑ ㋒ ㋓ ㋔ ㋕
	(5)	㋐ ㋑ ㋒ ㋓
7	(1)	㋐ ㋑ ㋒ ㋓ ㋔
	(2)	㋐ ㋑ ㋒ ㋓ ㋔ ㋕
	(3)	㋐ ㋑ ㋒ ㋓

解答番号		解答記入欄
8	(1)	㋐ ㋑ ㋒ ㋓
	(2)	㋐ ㋑ ㋒ ㋓ ㋔ ㋕ ㋖ ㋗
	(3)	㋐ ㋑ ㋒ ㋓

(注)　この解答用紙は実物を縮小してあります。Ａ３用紙に145%拡大コピーすると、ほぼ実物大で使用できます。(タイトルと配点表は含みません)

推定配点

1　各３点×４
2　(1)～(3)　各３点×３　(4)　各２点×２
3～8　各３点×25〔4(5)は完答〕

計	100点

2023年度　専修大学松戸高等学校　前期17日

理科解答用紙

評点
/100

【記入方法】
1.記入は必ずHBの黒鉛筆で、⬯の中を正確にぬりつぶしてください。
2.訂正する場合は、消しゴムできれいに消してください。
3.解答用紙を汚したり、折り曲げたりしないでください。

良い例	●
悪い例	⦸ ⊙ ◖

フリガナ	
氏　名	

受験番号				
Ⓔ	0	0	0	0
Ⓐ	1	1	1	1
Ⓢ	2	2	2	2
	3	3	3	3
	4	4	4	4
	5	5	5	5
	6	6	6	6
	7	7	7	7
	8	8	8	8
	9	9	9	9

解答番号			解答記入欄
1	(1)		① ② ③ ④ ⑤ ⑥
	(2)	Ⅰ群	① ② ③ ④
		Ⅱ群	① ② ③ ④
	(3)		① ② ③ ④ ⑤
	(4)		① ② ③ ④ ⑤ ⑥

解答番号		解答記入欄
2	(1)	① ② ③ ④
	(2)	① ② ③ ④
	(3)	① ② ③ ④
	(4)	① ② ③ ④

解答番号		解答記入欄
3	(1)	① ② ③ ④ ⑤ ⑥
	(2)	① ② ③ ④ ⑤ ⑥ ⑦ ⑧
	(3)	① ② ③ ④
	(4)	① ② ③ ④ ⑤ ⑥

解答番号			解答記入欄
4	(1)	X	⓪ ① ② ③ ④ ⑤ ⑥ ⑦ ⑧ ⑨
		Y	⓪ ① ② ③ ④ ⑤ ⑥ ⑦ ⑧ ⑨
	(2)		① ② ③ ④
	(3)	P	① ② ③ ④ ⑤ ⑥
		Q	① ② ③ ④
	(4)		① ② ③ ④

解答番号				解答記入欄
5	(1)		P群	① ② ③ ④
			Q群	① ② ③ ④
			R群	① ② ③ ④
	(2)	(a)	Ⅰ群	① ② ③ ④ ⑤ ⑥
			Ⅱ群	① ② ③ ④ ⑤ ⑥ ⑦ ⑧
		(b)	X	⓪ ① ② ③ ④ ⑤ ⑥ ⑦ ⑧ ⑨
			Y	⓪ ① ② ③ ④ ⑤ ⑥ ⑦ ⑧ ⑨
			Z	⓪ ① ② ③ ④ ⑤ ⑥ ⑦ ⑧ ⑨
	(3)			① ② ③ ④ ⑤

解答番号			解答記入欄
6	(1)		① ② ③ ④ ⑤ ⑥ ⑦ ⑧
	(2)		① ② ③ ④ ⑤ ⑥
	(3)		① ② ③ ④
	(4)	Ⅰ群	① ② ③ ④
		Ⅱ群	① ② ③ ④ ⑤ ⑥

解答番号				解答記入欄
7	(1)			① ② ③ ④
	(2)	(a)		① ② ③ ④
		(b)	P群	① ② ③ ④ ⑤ ⑥
			Q群	① ②
	(3)			① ② ③ ④

解答番号			解答記入欄
8	(1)		① ② ③ ④
	(2)	P	① ② ③ ④ ⑤ ⑥
		Q	① ② ③ ④ ⑤ ⑥
	(3)		① ② ③ ④ ⑤ ⑥
	(4)		① ② ③ ④

（注）この解答用紙は実物を縮小してあります。Ａ３用紙に149％拡大コピーすると、ほぼ実物大で使用できます。（タイトルと配点表は含みません）

推定配点	
1 (1) 3点 (2) 各2点×2 (3)、(4) 各3点×2 2 (1)〜(3) 各2点×3 (4) 3点 3 (1)、(2) 各2点×2 (3)、(4) 各3点×2 4 (1) 2点 (2) 3点 (3) 各2点×2 (4) 3点 5 (1) 各2点×3 (2)、(3) 各3点×4 6 (1) 2点 (2)、(3) 各3点×2 (4) 各2点×2 7 (1) 2点 (2)、(3) 各3点×4 8 (1)、(2) 各2点×3 (3)、(4) 各3点×2	
計	100点

二〇二三年度　専修大学松戸高等学校　前期17日

国語解答用紙

評点
/100

良い例	●
悪い例	⊘ ⊙ ◐

【記入方法】
1.記入は必ずHBの黒鉛筆で、◯の中を正確にぬりつぶしてください。
2.訂正する場合は、消しゴムできれいに消してください。
3.解答用紙を汚したり、折り曲げたりしないでください。

解答番号		解答記入欄			
三	問一	①	②	③	④
	問二	①	②	③	④
	問三	①	②	③	④
	問四	①	②	③	④
	問五	①	②	③	④
	問六	①	②	③	④
	問七	①	②	③	④
	問八	①	②	③	④
	問九	①	②	③	④

解答番号			解答記入欄			
二	問一	a	①	②	③	④
		b	①	②	③	④
		c	①	②	③	④
	問二	ア	①	②	③	④
		イ	①	②	③	④
		ウ	①	②	③	④
	問三		①	②	③	④
	問四		①	②	③	④
	問五		①	②	③	④
	問六		①	②	③	④
	問七		①	②	③	④
	問八		①	②	③	④
	問九		①	②	③	④
	問十		①	②	③	④

解答番号			解答記入欄			
一	問一	a	①	②	③	④
		b	①	②	③	④
		c	①	②	③	④
	問二	ア	①	②	③	④
		イ	①	②	③	④
		ウ	①	②	③	④
	問三		①	②	③	④
	問四		①	②	③	④
	問五		①	②	③	④
	問六		①	②	③	④
	問七		①	②	③	④
	問八		①	②	③	④
	問九		①	②	③	④
	問十		①	②	③	④
	問十一		①	②	③	④
	問十二		①	②	③	④

受験番号				
	⓪	⓪	⓪	⓪
Ⓔ	①	①	①	①
	②	②	②	②
Ⓐ	③	③	③	③
	④	④	④	④
Ⓢ	⑤	⑤	⑤	⑤
	⑥	⑥	⑥	⑥
	⑦	⑦	⑦	⑦
	⑧	⑧	⑧	⑧
	⑨	⑨	⑨	⑨

フリガナ	
氏　名	

（注）この解答用紙は実物を縮小してあります。Ｂ４用紙に141%拡大コピーすると、ほぼ実物大で使用できます。（タイトルと配点表は含みません）

推定配点	
一　問一、問二　各2点×6　問三、問四　各3点×2　問五　2点 問六～問十二　各3点×7 二　問一～問三　各2点×7　問四～問十　各3点×7 三　問一、問二　各2点×2　問三、問四　各3点×2　問五　2点 問六～問九　各3点×4	
計	100点

2023年度　専修大学松戸高等学校　前期18日

英語解答用紙

【記入方法】
1.記入は必ずHBの黒鉛筆で、( )の中を正確にぬりつぶしてください。
2.訂正する場合は、消しゴムできれいに消してください。
3.解答用紙を汚したり、折り曲げたりしないでください。

良い例	●
悪い例	Ø ⊙ ◐

フリガナ	
氏　名	

受験番号				
	⓪	⓪	⓪	⓪
Ⓔ	①	①	①	①
	②	②	②	②
Ⓐ	③	③	③	③
	④	④	④	④
Ⓢ	⑤	⑤	⑤	⑤
	⑥	⑥	⑥	⑥
	⑦	⑦	⑦	⑦
	⑧	⑧	⑧	⑧
	⑨	⑨	⑨	⑨

解答番号			解答記入欄
1	1	(1)	① ② ③ ④
		(2)	① ② ③ ④
		(3)	① ② ③ ④
	2	(1)	① ② ③ ④
		(2)	① ② ③ ④

解答番号			解答記入欄
2	問1		① ② ③ ④
	問2		① ② ③ ④
	問3		① ② ③ ④
	問4		① ② ③ ④
	問5		① ② ③ ④
	問6		① ② ③ ④
	問7		① ② ③ ④
	問8	(1)	① ② ③ ④
		(2)	① ② ③ ④

解答番号			解答記入欄
3	問1	(1)	① ② ③ ④
		(2)	① ② ③ ④
		(3)	① ② ③ ④
		(4)	① ② ③ ④
		(5)	① ② ③ ④
	問2		① ② ③ ④ ⑤ ⑥ ⑦ ⑧

解答番号		解答記入欄
4	(1)	① ② ③ ④
	(2)	① ② ③ ④
	(3)	① ② ③ ④
	(4)	① ② ③ ④
	(5)	① ② ③ ④

解答番号			解答記入欄
5	(1)	1	① ② ③ ④ ⑤ ⑥ ⑦ ⑧
		2	① ② ③ ④ ⑤ ⑥ ⑦ ⑧
	(2)	3	① ② ③ ④ ⑤ ⑥ ⑦ ⑧
		4	① ② ③ ④ ⑤ ⑥ ⑦ ⑧
	(3)	5	① ② ③ ④ ⑤ ⑥ ⑦ ⑧
		6	① ② ③ ④ ⑤ ⑥ ⑦ ⑧
	(4)	7	① ② ③ ④ ⑤ ⑥ ⑦ ⑧
		8	① ② ③ ④ ⑤ ⑥ ⑦ ⑧
	(5)	9	① ② ③ ④ ⑤ ⑥ ⑦ ⑧
		10	① ② ③ ④ ⑤ ⑥ ⑦ ⑧
	(6)	11	① ② ③ ④ ⑤ ⑥ ⑦ ⑧
		12	① ② ③ ④ ⑤ ⑥ ⑦ ⑧

解答番号		解答記入欄
6	(1)	① ② ③ ④ ⑤
	(2)	① ② ③ ④ ⑤
	(3)	① ② ③ ④ ⑤
	(4)	① ② ③ ④ ⑤
	(5)	① ② ③ ④ ⑤
	(6)	① ② ③ ④ ⑤

評点
/100

（注）この解答用紙は実物を縮小してあります。Ａ３用紙に145%拡大コピーすると、ほぼ実物大で使用できます。（タイトルと配点表は含みません）

推定配点	
1 各2点×5 2 各3点×9 3 問1 各4点×5　問2 各3点×3 4～6 各2点×17	
100点	計

2023年度 専修大学松戸高等学校 前期18日

数学解答用紙

評点
/100

フリガナ	
氏　名	

【記入方法】
1.記入は必ずHBの黒鉛筆で、◯の中を正確にぬりつぶしてください。
2.訂正する場合は、消しゴムできれいに消してください。
3.解答用紙を汚したり、折り曲げたりしないでください。

良い例	●
悪い例	∅ ⊙ ◐

受験番号				
Ⓔ Ⓐ Ⓢ	0 1 2 3 4 5 6 7 8 9	0 1 2 3 4 5 6 7 8 9	0 1 2 3 4 5 6 7 8 9	0 1 2 3 4 5 6 7 8 9

解答番号			解答記入欄
1	(1)	ア	0 1 2 3 4 5 6 7 8 9
		イ	0 1 2 3 4 5 6 7 8 9
		ウ	0 1 2 3 4 5 6 7 8 9
		エ	0 1 2 3 4 5 6 7 8 9
	(2)	ア	0 1 2 3 4 5 6 7 8 9
		イ	0 1 2 3 4 5 6 7 8 9
	(3)	ア	0 1 2 3 4 5 6 7 8 9
		イ	0 1 2 3 4 5 6 7 8 9
		ウ	0 1 2 3 4 5 6 7 8 9
	(4)	ア	0 1 2 3 4 5 6 7 8 9
		イ	0 1 2 3 4 5 6 7 8 9
	(5)	ア	0 1 2 3 4 5 6 7 8 9
		イ	0 1 2 3 4 5 6 7 8 9
	(6)	ア	0 1 2 3 4 5 6 7 8 9
		イ	0 1 2 3 4 5 6 7 8 9
		ウ	0 1 2 3 4 5 6 7 8 9

解答番号				解答記入欄
2	(1)	①	ア	0 1 2 3 4 5 6 7 8 9
		②	イ	0 1 2 3 4 5 6 7 8 9
			ウ	0 1 2 3 4 5 6 7 8 9
	(2)	①	ア	0 1 2 3 4 5 6 7 8 9
			イ	0 1 2 3 4 5 6 7 8 9
			ウ	0 1 2 3 4 5 6 7 8 9
		②	エ	0 1 2 3 4 5 6 7 8 9
			オ	0 1 2 3 4 5 6 7 8 9

解答番号			解答記入欄
3	(1)	ア	0 1 2 3 4 5 6 7 8 9
		イ	0 1 2 3 4 5 6 7 8 9
	(2)	ウ	0 1 2 3 4 5 6 7 8 9
		エ	0 1 2 3 4 5 6 7 8 9
		オ	0 1 2 3 4 5 6 7 8 9
	(3)	カ	0 1 2 3 4 5 6 7 8 9
		キ	0 1 2 3 4 5 6 7 8 9
		ク	0 1 2 3 4 5 6 7 8 9

解答番号			解答記入欄
5	(1)	ア	0 1 2 3 4 5 6 7 8 9
		イ	0 1 2 3 4 5 6 7 8 9
		ウ	0 1 2 3 4 5 6 7 8 9
	(2)	エ	0 1 2 3 4 5 6 7 8 9
		オ	0 1 2 3 4 5 6 7 8 9
	(3)	カ	0 1 2 3 4 5 6 7 8 9
		キ	0 1 2 3 4 5 6 7 8 9

解答番号			解答記入欄
4	(1)	ア	0 1 2 3 4 5 6 7 8 9
		イ	0 1 2 3 4 5 6 7 8 9
	(2)	ウ	0 1 2 3 4 5 6 7 8 9
		エ	0 1 2 3 4 5 6 7 8 9
		オ	0 1 2 3 4 5 6 7 8 9
	(3)	カ	0 1 2 3 4 5 6 7 8 9
		キ	0 1 2 3 4 5 6 7 8 9
		ク	0 1 2 3 4 5 6 7 8 9

（注）この解答用紙は実物を縮小してあります。Ａ３用紙に147%拡大コピーすると、ほぼ実物大で使用できます。（タイトルと配点表は含みません）

推定配点

1～3 各5点×13
4 (1) 5点　(2)、(3) 各6点×2
5 各6点×3

計
100点

2023年度 専修大学松戸高等学校 前期18日

社会解答用紙

評点	/100

【記入方法】
1.記入は必ずHBの黒鉛筆で、⬭の中を正確にぬりつぶしてください。
2.訂正する場合は、消しゴムできれいに消してください。
3.解答用紙を汚したり、折り曲げたりしないでください。

良い例	●
悪い例	⊘ ⊙ ◐

フリガナ	
氏　名	

受験番号				
Ⓔ	⓪①②③④⑤⑥⑦⑧⑨	⓪①②③④⑤⑥⑦⑧⑨	⓪①②③④⑤⑥⑦⑧⑨	⓪①②③④⑤⑥⑦⑧⑨
Ⓐ				
Ⓢ				

解答番号			解答記入欄
1	(1)		㋐㋑㋒㋓
	(2)		㋐㋑㋒㋓㋔㋕
	(3)		㋐㋑㋒㋓
	(4)	B	㋐㋑㋒㋓㋔
		D	㋐㋑㋒㋓㋔
2	(1)		㋐㋑㋒㋓
	(2)		㋐㋑㋒㋓
	(3)		㋐㋑㋒㋓
	(4)	①	㋐㋑㋒㋓
		②	㋐㋑㋒㋓㋔㋕㋖㋗
3	(1)		㋐㋑㋒㋓
	(2)		㋐㋑㋒㋓
	(3)		㋐㋑㋒㋓
	(4)		㋐㋑㋒㋓

解答番号			解答記入欄
4	(1)		㋐㋑㋒㋓
	(2)		㋐㋑㋒㋓
	(3)		㋐㋑㋒㋓
	(4)		㋐㋑㋒㋓
	(5)	Ⅰ	㋐㋑㋒㋓㋔
		Ⅱ	㋐㋑㋒㋓㋔
5	(1)		㋐㋑㋒㋓
	(2)		㋐㋑㋒㋓㋔㋕
	(3)		㋐㋑㋒㋓
	(4)		㋐㋑㋒㋓
	(5)		㋐㋑㋒㋓㋔㋕

解答番号		解答記入欄
6	(1)	㋐㋑㋒㋓㋔㋕㋖㋗
	(2)	㋐㋑㋒㋓㋔㋕
	(3)	㋐㋑㋒㋓
	(4)	㋐㋑㋒㋓
	(5)	㋐㋑㋒㋓
7	(1)	㋐㋑㋒㋓㋔㋕
	(2)	㋐㋑㋒㋓
	(3)	㋐㋑㋒㋓

解答番号		解答記入欄
8	(1)	㋐㋑㋒㋓㋔
	(2)	㋐㋑㋒㋓
	(3)	㋐㋑㋒㋓㋔㋕

（注）この解答用紙は実物を縮小してあります。Ａ３用紙に145％拡大コピーすると、ほぼ実物大で使用できます。（タイトルと配点表は含みません）

推定配点	
1 各3点×4 2 (1)〜(3) 各3点×3　(4) 各2点×2 3〜8 各3点×25〔4(5)は完答〕	
100点	計

2023年度　専修大学松戸高等学校　前期18日

理科解答用紙

評点
/100

【記入方法】
1.記入は必ずHBの黒鉛筆で、()の中を正確にぬりつぶしてください。
2.訂正する場合は、消しゴムできれいに消してください。
3.解答用紙を汚したり、折り曲げたりしないでください。

良い例	●
悪い例	⦰ ⊙ ◖

フリガナ	
氏　名	

受験番号				
	⓪	⓪	⓪	⓪
Ⓔ	①	①	①	①
	②	②	②	②
Ⓐ	③	③	③	③
	④	④	④	④
Ⓢ	⑤	⑤	⑤	⑤
	⑥	⑥	⑥	⑥
	⑦	⑦	⑦	⑦
	⑧	⑧	⑧	⑧
	⑨	⑨	⑨	⑨

解答番号			解答記入欄
1	(1)		① ② ③ ④
	(2)	Ⅰ群	① ② ③ ④
		Ⅱ群	① ② ③ ④
	(3)		① ② ③ ④
	(4)		① ② ③ ④
2	(1)		① ② ③ ④
	(2)		① ② ③ ④ ⑤ ⑥
	(3)		① ② ③ ④ ⑤ ⑥
	(4)		① ② ③ ④ ⑤ ⑥ ⑦ ⑧
3	(1)		① ② ③ ④ ⑤ ⑥
	(2)		① ② ③ ④ ⑤ ⑥ ⑦ ⑧
	(3)		① ② ③ ④ ⑤ ⑥
	(4)	X	⓪ ① ② ③ ④ ⑤ ⑥ ⑦ ⑧ ⑨
		Y	⓪ ① ② ③ ④ ⑤ ⑥ ⑦ ⑧ ⑨
		Z	⓪ ① ② ③ ④ ⑤ ⑥ ⑦ ⑧ ⑨

解答番号			解答記入欄
4	(1)		① ② ③ ④
	(2)		① ② ③ ④
	(3)		① ② ③ ④ ⑤ ⑥
	(4)		① ② ③ ④
5	(1)	Ⅰ群	① ② ③ ④
		Ⅱ群	① ② ③ ④
	(2)		① ② ③ ④ ⑤ ⑥ ⑦ ⑧
	(3)		① ② ③ ④
	(4)		① ② ③ ④ ⑤ ⑥

解答番号			解答記入欄
6	(1)		① ② ③ ④
	(2)	Ⅰ群	① ② ③
		Ⅱ群	① ② ③
		Ⅲ群	① ②
	(3)		① ② ③ ④ ⑤ ⑥
	(4)		① ② ③ ④ ⑤ ⑥
7	(1)		① ② ③ ④ ⑤ ⑥
	(2)	Ⅰ群	① ②
		Ⅱ群	① ②
	(3)		① ② ③ ④ ⑤ ⑥ ⑦ ⑧
	(4)	a	⓪ ① ② ③ ④ ⑤ ⑥ ⑦ ⑧ ⑨
		b	⓪ ① ② ③ ④ ⑤ ⑥ ⑦ ⑧ ⑨
		c	⓪ ① ② ③ ④ ⑤ ⑥ ⑦ ⑧ ⑨

解答番号			解答記入欄
8	(1)		① ② ③ ④ ⑤ ⑥ ⑦ ⑧ ⑨
	(2)	X	⓪ ① ② ③ ④ ⑤ ⑥ ⑦ ⑧ ⑨
		Y	⓪ ① ② ③ ④ ⑤ ⑥ ⑦ ⑧ ⑨
		Z	⓪ ① ② ③ ④ ⑤ ⑥ ⑦ ⑧ ⑨
	(3)	X	⓪ ① ② ③ ④ ⑤ ⑥ ⑦ ⑧ ⑨
		Y	⓪ ① ② ③ ④ ⑤ ⑥ ⑦ ⑧ ⑨
		Z	⓪ ① ② ③ ④ ⑤ ⑥ ⑦ ⑧ ⑨
	(4)		① ② ③ ④ ⑤ ⑥ ⑦ ⑧ ⑨

(注) この解答用紙は実物を縮小してあります。Ａ３用紙に149%拡大コピーすると、ほぼ実物大で使用できます。(タイトルと配点表は含みません)

推定配点

1 (1)、(2) 各2点×3　(3)、(4) 各3点×2
2 (1) 3点　(2) 2点　(3)、(4) 各3点×2
3 各3点×4
4 (1) 2点　(2)、(3) 各3点×2　(4) 2点
5 各3点×5
6 (1) 3点　(2) 各2点×3　(3)、(4) 各3点×2
7 (1) 3点　(2) 各2点×2　(3)、(4) 各3点×2
8 各3点×4

100点	計

二〇二三年度　専修大学松戸高等学校　前期18日

国語解答用紙

評点
/100

良い例	●
悪い例	⊘ ⊙ ▮

【記入方法】
1.記入は必ずHBの黒鉛筆で、⬯の中を正確にぬりつぶしてください。
2.訂正する場合は、消しゴムできれいに消してください。
3.解答用紙を汚したり、折り曲げたりしないでください。

三

解答番号	解答記入欄			
問一	①	②	③	④
問二	①	②	③	④
問三	①	②	③	④
問四	①	②	③	④
問五	①	②	③	④
問六	①	②	③	④
問七	①	②	③	④
問八	①	②	③	④
問九	①	②	③	④

二

解答番号		解答記入欄			
問一	a	①	②	③	④
	b	①	②	③	④
	c	①	②	③	④
問二	ア	①	②	③	④
	イ	①	②	③	④
	ウ	①	②	③	④
問三		①	②	③	④
問四		①	②	③	④
問五		①	②	③	④
問六		①	②	③	④
問七		①	②	③	④
問八		①	②	③	④
問九		①	②	③	④
問十		①	②	③	④

一

解答番号		解答記入欄			
問一	a	①	②	③	④
	b	①	②	③	④
	c	①	②	③	④
問二	ア	①	②	③	④
	イ	①	②	③	④
	ウ	①	②	③	④
問三		①	②	③	④
問四		①	②	③	④
問五		①	②	③	④
問六		①	②	③	④
問七		①	②	③	④
問八		①	②	③	④
問九		①	②	③	④
問十		①	②	③	④
問十一		①	②	③	④
問十二		①	②	③	④

受験番号				
	⓪	⓪	⓪	⓪
Ⓔ	①	①	①	①
	②	②	②	②
Ⓐ	③	③	③	③
	④	④	④	④
Ⓢ	⑤	⑤	⑤	⑤
	⑥	⑥	⑥	⑥
	⑦	⑦	⑦	⑦
	⑧	⑧	⑧	⑧
	⑨	⑨	⑨	⑨

フリガナ	
氏　名	

(注) この解答用紙は実物を縮小してあります。B４用紙に141%拡大コピーすると、ほぼ実物大で使用できます。(タイトルと配点表は含みません)

推定配点
一 問一～問三 各2点×7　問四～問六 各3点×3　問七 2点　問八～問十二 各3点×5 二 問一、問二 各2点×6　問三 3点　問四 2点　問五～問十 各3点×6 三 問一 2点　問二、問三 各3点×2　問四 2点　問五～問九 各3点×5
100点　計

２０２２年度　専修大学松戸高等学校　前期17日

英語解答用紙

評点
/100

科目	英語
氏名	

受験番号				
	0	0	0	0
E	1	1	1	1
	2	2	2	2
A	3	3	3	3
	4	4	4	4
	5	5	5	5
	6	6	6	6
	7	7	7	7
	8	8	8	8
S	9	9	9	9

解答欄

1				
1			2	
(1)	(2)	(3)	(1)	(2)
1	1	1	1	1
2	2	2	2	2
3	3	3	3	3
4	4	4	4	4

2								
問1	問2	問3	問4	問5	問6	問7	問8 (1)	問8 (2)
1	1	1	1	1	1	1	1	1
2	2	2	2	2	2	2	2	2
3	3	3	3	3	3	3	3	3
4	4	4	4	4	4	4	4	4

3					
問1					問2
(1)	(2)	(3)	(4)	(5)	
1	1	1	1	1	1
2	2	2	2	2	2
3	3	3	3	3	3
4	4	4	4	4	4
					5
					6
					7
					8

4				
(1)	(2)	(3)	(4)	(5)
1	1	1	1	1
2	2	2	2	2
3	3	3	3	3
4	4	4	4	4

5											
(1)		(2)		(3)		(4)		(5)		(6)	
1	2	3	4	5	6	7	8	9	10	11	12
1	1	1	1	1	1	1	1	1	1	1	1
2	2	2	2	2	2	2	2	2	2	2	2
3	3	3	3	3	3	3	3	3	3	3	3
4	4	4	4	4	4	4	4	4	4	4	4
5	5	5	5	5	5	5	5	5	5	5	5
6	6	6	6	6	6	6	6	6	6	6	6
7	7	7	7	7	7	7	7	7	7	7	7
8	8	8	8	8	8	8	8	8	8	8	8

6					
(1)	(2)	(3)	(4)	(5)	(6)
1	1	1	1	1	1
2	2	2	2	2	2
3	3	3	3	3	3
4	4	4	4	4	4
5	5	5	5	5	5

（注）この解答用紙は実物を縮小してあります。Ａ４用紙に118%拡大コピーすると、ほぼ実物大で使用できます。（タイトルと配点表は含みません）

推定配点	
1 各２点×５ 2 各３点×９ 3 問１ 各４点×５　問２ 各３点×３ 4〜6 各２点×17	
100点	計

２０２２年度　専修大学松戸高等学校　前期17日

数学解答用紙

評点 ／100

科目	数学
氏名	

受験番号（各桁 0〜9）

解答欄（各欄 0〜9 をマーク）

1

(1)		(2)		(3)		(4)	(5)	(6)	
ア	イ	ア	イ	ア	イ	ア	ア	ア	イ

2

(1)					(2)		
①	②				①	②	
ア	イ	ウ	エ	オ	ア	イ	ウ

3

(1)			(2)		(3)		
ア	イ	ウ	エ	オ	カ	キ	ク

4

(1)		(2)				(3)		
ア	イ	ウ	エ	オ	カ	キ	ク	ケ

5

(1)	(2)		(3)		
ア	イ	ウ	エ	オ	カ

（注）この解答用紙は実物を縮小してあります。Ａ４用紙に112％拡大コピーすると、ほぼ実物大で使用できます。（タイトルと配点表は含みません）

推定配点		計
	1〜3 各5点×13 4 (1) 5点　(2)、(3) 各6点×2 5 各6点×3	100点

2022年度　専修大学松戸高等学校　前期17日

社会解答用紙

評点
/100

科目	社会
氏名	

受験番号

	0	0	0	0
E	1	1	1	1
	2	2	2	2
A	3	3	3	3
	4	4	4	4
	5	5	5	5
	6	6	6	6
	7	7	7	7
	8	8	8	8
	9	9	9	9

解答欄

問題	小問	選択肢
1	(1)	ア イ ウ エ オ カ
1	(2)	ア イ ウ エ
1	(3)	ア イ ウ エ
1	(4)	ア イ ウ エ
2	(1)	ア イ ウ エ
2	(2)	ア イ ウ エ
2	(3)	ア イ ウ エ
2	(4)①	ア イ ウ エ
2	(4)②	ア イ ウ エ オ カ
3	(1)	ア イ ウ エ
3	(2)	ア イ ウ エ
3	(3)	ア イ ウ エ
3	(4)	ア イ ウ エ
4	(1)	ア イ ウ エ
4	(2)	ア イ ウ エ
4	(3)	ア イ ウ エ
4	(4)	ア イ ウ エ オ
5	(1)	ア イ ウ エ
5	(2)	ア イ ウ エ
5	(3)	ア イ ウ エ
5	(4)	ア イ ウ エ
5	(5)	ア イ ウ エ オ カ
6	(1)	ア イ ウ エ
6	(2)	ア イ ウ エ
6	(3)	ア イ ウ エ
6	(4)	ア イ ウ エ
6	(5)	ア イ ウ エ オ カ
7	(1)①	ア イ ウ エ
7	(1)②	ア イ ウ エ
7	(2)	ア イ ウ エ オ カ
8	(1)	ア イ ウ エ オ カ キ ク
8	(2)	ア イ ウ エ
8	(3)	ア イ ウ エ

（注）この解答用紙は実物を縮小してあります。Ａ４用紙に103%拡大コピーすると、ほぼ実物大で使用できます。（タイトルと配点表は含みません）

推定配点	
1 (1) 4点　(2)～(4) 各3点×3 2～8 各3点×29	
100点	計

２０２２年度　専修大学松戸高等学校　前期17日

理科解答用紙

評点
/100

科目	理科
氏名	

受験番号

Ⓔ Ⓐ	⓪①②③④⑤⑥⑦⑧⑨	⓪①②③④⑤⑥⑦⑧⑨	⓪①②③④⑤⑥⑦⑧⑨	⓪①②③④⑤⑥⑦⑧⑨

解答欄

1

(1)	(2)	(3)	(4)
①②③④	①②③④⑤⑥	①②③④	①②③④⑤⑥

2

(1)		(2)		(3)		(4)
U	V	W	X	Y	Z	
⓪①②③④⑤⑥⑦⑧⑨	⓪①②③④⑤⑥⑦⑧⑨	⓪①②③④⑤⑥⑦⑧⑨	⓪①②③④⑤⑥⑦⑧⑨	⓪①②③④⑤⑥⑦⑧⑨	⓪①②③④⑤⑥⑦⑧⑨	①②③④

3

(1)	(2)	(3)	(4)
①②③④⑤⑥⑦⑧	①②③④⑤⑥⑦⑧	①②③④	①②③④

4

(1)	(2)			(3)	(4)
	X	Y	Z		
①②③④⑤⑥⑦⑧	⓪①②③④⑤⑥⑦⑧⑨	⓪①②③④⑤⑥⑦⑧⑨	⓪①②③④⑤⑥⑦⑧⑨	①②③④	①②③④⑤⑥⑦⑧

5

(1)	(2)	(3)	(4)		
			X	Y	Z
①②③④⑤⑥	①②③④⑤	①②③④⑤⑥	⓪①②③④⑤⑥⑦⑧⑨	⓪①②③④⑤⑥⑦⑧⑨	⓪①②③④⑤⑥⑦⑧⑨

6

(1)	(2)	(3)	(4)
①②③④⑤⑥⑦⑧	①②③④⑤⑥⑦⑧	①②③④	①②③④⑤⑥⑦

7

(1)	(2)	(3)	(4)
①②③④	①②③④⑤⑥	①②③④⑤⑥⑦	①②③④⑤

8

(1)		(2)		(3)	(4)
W	X	Y	Z		
⓪①②③④⑤⑥⑦⑧⑨	⓪①②③④⑤⑥⑦⑧⑨	⓪①②③④⑤⑥⑦⑧⑨	⓪①②③④⑤⑥⑦⑧⑨	①②③④	①②③④⑤⑥⑦⑧⑨

（注）この解答用紙は実物を縮小してあります。Ａ４用紙に118%拡大コピーすると、ほぼ実物大で使用できます。（タイトルと配点表は含みません）

推定配点	
1	(1) 4点　(2)～(4) 各3点×3
2	(1) 4点　(2)～(4) 各3点×3
3	(1) 4点　(2)～(4) 各3点×3
4	(1) 4点　(2)～(4) 各3点×3
5～8	各3点×16
計	100点

二〇二二年度　専修大学松戸高等学校　前期17日

国語解答用紙

評点　/100

（注）この解答用紙は実物を縮小してあります。Ａ４用紙に110％拡大コピーすると、ほぼ実物大で使用できます。（タイトルと配点表は含みません）

科目	国語
氏名	

受験番号				
Ⓔ	⓪	⓪	⓪	⓪
	①	①	①	①
	②	②	②	②
Ⓐ	③	③	③	③
	④	④	④	④
	⑤	⑤	⑤	⑤
	⑥	⑥	⑥	⑥
	⑦	⑦	⑦	⑦
	⑧	⑧	⑧	⑧
	⑨	⑨	⑨	⑨

解答欄

一

問一 a	問一 b	問一 c	問二 ア	問二 イ	問二 ウ	問三	問四	問五	問六	問七	問八	問九	問十	問十一	問十二
①	①	①	①	①	①	①	①	①	①	①	①	①	①	①	①
②	②	②	②	②	②	②	②	②	②	②	②	②	②	②	②
③	③	③	③	③	③	③	③	③	③	③	③	③	③	③	③
④	④	④	④	④	④	④	④	④	④	④	④	④	④	④	④

二

問一 a	問一 b	問一 c	問二 ア	問二 イ	問二 ウ	問三	問四	問五	問六	問七	問八	問九	問十
①	①	①	①	①	①	①	①	①	①	①	①	①	①
②	②	②	②	②	②	②	②	②	②	②	②	②	②
③	③	③	③	③	③	③	③	③	③	③	③	③	③
④	④	④	④	④	④	④	④	④	④	④	④	④	④

三

問一	問二	問三	問四	問五	問六	問七	問八	問九
①	①	①	①	①	①	①	①	①
②	②	②	②	②	②	②	②	②
③	③	③	③	③	③	③	③	③
④	④	④	④	④	④	④	④	④

推定配点

一　問一、問二　各２点×６　問三　３点　問四　２点
問五～問十二　各３点×８
二　問一～問三　各２点×７　問四～問十　各３点×７
三　問一　３点　問二　２点　問三　３点　問四　２点
問五　３点　問六　２点　問七～問九　各３点×３

計	100点

2022年度　専修大学松戸高等学校　前期18日

英語解答用紙

評点 /100

（注）この解答用紙は実物を縮小してあります。Ａ４用紙に118%拡大コピーすると、ほぼ実物大で使用できます。（タイトルと配点表は含みません）

6	
(1)	①②③④⑤
(2)	①②③④⑤
(3)	①②③④⑤
(4)	①②③④⑤
(5)	①②③④⑤
(6)	①②③④⑤

5		
(1)	1	①②③④⑤⑥⑦⑧
	2	①②③④⑤⑥⑦⑧
(2)	3	①②③④⑤⑥⑦⑧
	4	①②③④⑤⑥⑦⑧
(3)	5	①②③④⑤⑥⑦⑧
	6	①②③④⑤⑥⑦⑧
(4)	7	①②③④⑤⑥⑦⑧
	8	①②③④⑤⑥⑦⑧
(5)	9	①②③④⑤⑥⑦⑧
	10	①②③④⑤⑥⑦⑧
(6)	11	①②③④⑤⑥⑦⑧
	12	①②③④⑤⑥⑦⑧

4	
(1)	①②③④
(2)	①②③④
(3)	①②③④
(4)	①②③④
(5)	①②③④

3		
問1	(1)	①②③④
	(2)	①②③④
	(3)	①②③④
	(4)	①②③④
	(5)	①②③④
問2		①②③④⑤⑥⑦⑧

2		
問1		①②③④
問2		①②③④
問3		①②③④
問4		①②③④
問5		①②③④
問6		①②③④
問7		①②③④
問8	(1)	①②③④
	(2)	①②③④

1		
1	(1)	①②③④
	(2)	①②③④
	(3)	①②③④
2	(1)	①②③④
	(2)	①②③④

受験番号

Ⓔ Ⓐ Ⓢ	⓪①②③④⑤⑥⑦⑧⑨	⓪①②③④⑤⑥⑦⑧⑨	⓪①②③④⑤⑥⑦⑧⑨	⓪①②③④⑤⑥⑦⑧⑨

解答欄

科目	英語
氏名	

推定配点	
1 各２点×５　2 各３点×９　3 問１　各４点×５　問２　各３点×３　4〜6 各２点×17	
計	100点

2022年度 専修大学松戸高等学校 前期18日

数学解答用紙

評点 /100

科目 数学

氏名

受験番号				
	0	0	0	0
E	1	1	1	1
	2	2	2	2
A	3	3	3	3
	4	4	4	4
S	5	5	5	5
	6	6	6	6
	7	7	7	7
	8	8	8	8
	9	9	9	9

解答欄

1																	
(1)						(2)		(3)			(4)		(5)		(6)		
ア	イ	ウ	エ	オ	カ	ア	イ	ア	イ	ウ	ア	イ	ア	イ	ア	イ	ウ	エ
0	0	0	0	0	0	0	0	0	0	0	0	0	0	0	0	0	0	0
1	1	1	1	1	1	1	1	1	1	1	1	1	1	1	1	1	1	1
2	2	2	2	2	2	2	2	2	2	2	2	2	2	2	2	2	2	2
3	3	3	3	3	3	3	3	3	3	3	3	3	3	3	3	3	3	3
4	4	4	4	4	4	4	4	4	4	4	4	4	4	4	4	4	4	4
5	5	5	5	5	5	5	5	5	5	5	5	5	5	5	5	5	5	5
6	6	6	6	6	6	6	6	6	6	6	6	6	6	6	6	6	6	6
7	7	7	7	7	7	7	7	7	7	7	7	7	7	7	7	7	7	7
8	8	8	8	8	8	8	8	8	8	8	8	8	8	8	8	8	8	8
9	9	9	9	9	9	9	9	9	9	9	9	9	9	9	9	9	9	9

2									
(1)						(2)			
①		②				①		②	
ア	イ	ウ	エ	オ	カ	ア	イ	ウ	エ
0	0	0	0	0	0	0	0	0	0
1	1	1	1	1	1	1	1	1	1
2	2	2	2	2	2	2	2	2	2
3	3	3	3	3	3	3	3	3	3
4	4	4	4	4	4	4	4	4	4
5	5	5	5	5	5	5	5	5	5
6	6	6	6	6	6	6	6	6	6
7	7	7	7	7	7	7	7	7	7
8	8	8	8	8	8	8	8	8	8
9	9	9	9	9	9	9	9	9	9

3									
(1)			(2)				(3)		
ア	イ	ウ	エ	オ	カ	キ	ク	ケ	コ
0	0	0	0	0	0	0	0	0	0
1	1	1	1	1	1	1	1	1	1
2	2	2	2	2	2	2	2	2	2
3	3	3	3	3	3	3	3	3	3
4	4	4	4	4	4	4	4	4	4
5	5	5	5	5	5	5	5	5	5
6	6	6	6	6	6	6	6	6	6
7	7	7	7	7	7	7	7	7	7
8	8	8	8	8	8	8	8	8	8
9	9	9	9	9	9	9	9	9	9

4						
(1)	(2)			(3)		
ア	イ	ウ	エ	オ	カ	キ
0	0	0	0	0	0	0
1	1	1	1	1	1	1
2	2	2	2	2	2	2
3	3	3	3	3	3	3
4	4	4	4	4	4	4
5	5	5	5	5	5	5
6	6	6	6	6	6	6
7	7	7	7	7	7	7
8	8	8	8	8	8	8
9	9	9	9	9	9	9

5				
(1)		(2)	(3)	
ア	イ	ウ	エ	オ
0	0	0	0	0
1	1	1	1	1
2	2	2	2	2
3	3	3	3	3
4	4	4	4	4
5	5	5	5	5
6	6	6	6	6
7	7	7	7	7
8	8	8	8	8
9	9	9	9	9

(注) この解答用紙は実物を縮小してあります。Ｂ４用紙に133%拡大コピーすると、ほぼ実物大で使用できます。(タイトルと配点表は含みません)

推定配点

1、2 各5点×10

3 (1) 5点 (2)、(3) 各6点×2

4 (1)、(2) 各5点×2 (3) 6点

5 (1) 5点 (2)、(3) 各6点×2

100点 計

2022年度　専修大学松戸高等学校　前期18日

社会解答用紙

評点
/100

科目	社会
氏名	

受験番号				
Ⓔ	⓪	⓪	⓪	⓪
Ⓐ	①	①	①	①
Ⓢ	②	②	②	②
	③	③	③	③
	④	④	④	④
	⑤	⑤	⑤	⑤
	⑥	⑥	⑥	⑥
	⑦	⑦	⑦	⑦
	⑧	⑧	⑧	⑧
	⑨	⑨	⑨	⑨

解答欄

1	
(1)	㋐㋑㋒㋓
(2)	㋐㋑㋒㋓㋔㋕
(3)	㋐㋑㋒㋓
(4)	㋐㋑㋒㋓㋔

2	
(1)	㋐㋑㋒㋓
(2)	㋐㋑㋒㋓
(3)	㋐㋑㋒㋓
(4)①	㋐㋑㋒㋓
(4)②	㋐㋑㋒㋓

3	
(1)	㋐㋑㋒㋓
(2)	㋐㋑㋒㋓
(3)	㋐㋑㋒㋓
(4)	㋐㋑㋒㋓

4	
(1)	㋐㋑㋒㋓
(2)	㋐㋑㋒㋓
(3)	㋐㋑㋒㋓
(4)	㋐㋑㋒㋓㋔

5	
(1)	㋐㋑㋒㋓
(2)	㋐㋑㋒㋓
(3)	㋐㋑㋒㋓
(4)	㋐㋑㋒㋓
(5)	㋐㋑㋒㋓㋔㋕

6	
(1)	㋐㋑㋒㋓
(2)	㋐㋑㋒㋓
(3)	㋐㋑㋒㋓
(4)	㋐㋑㋒㋓
(5)	㋐㋑㋒㋓

7	
(1)	㋐㋑㋒㋓
(2)	㋐㋑㋒㋓
(3)	㋐㋑㋒㋓㋔㋕

8	
(1)	㋐㋑㋒㋓
(2)	㋐㋑㋒㋓㋔㋕㋖㋗
(3)	㋐㋑㋒㋓

（注）この解答用紙は実物を縮小してあります。Ａ４用紙に103%拡大コピーすると、ほぼ実物大で使用できます。（タイトルと配点表は含みません）

推定配点	計
1 (1) 4点　(2)～(4) 各3点×3 2～8 各3点×29	100点

２０２２年度 専修大学松戸高等学校 前期18日

理科解答用紙

評点 /100

科目	理科
氏名	

受験番号

	⓪	⓪	⓪	⓪
Ⓔ	①	①	①	①
	②	②	②	②
Ⓐ	③	③	③	③
	④	④	④	④
Ⓢ	⑤	⑤	⑤	⑤
	⑥	⑥	⑥	⑥
	⑦	⑦	⑦	⑦
	⑧	⑧	⑧	⑧
	⑨	⑨	⑨	⑨

解答欄

1	
(1)	①②③④⑤⑥
(2)	①②③④
(3)	①②③④⑤⑥
(4) Ⅰ	①②③
(4) Ⅱ	①②③
(4) Ⅲ	①②③

2	
(1)	①②③④⑤
(2) X	⓪①②③④⑤⑥⑦⑧⑨
(2) Y	⓪①②③④⑤⑥⑦⑧⑨
(3)	①②③④⑤⑥⑦⑧
(4)	①②③④⑤⑥⑦⑧⑨

3	
(1)	①②③④⑤⑥⑦⑧⑨
(2)	①②③④
(3) Ⅰ	①②③
(3) Ⅱ	①②③④
(4)	①②③④

4	
(1)	①②③④⑤⑥⑦⑧
(2) V	⓪①②③④⑤⑥⑦⑧⑨
(2) W	⓪①②③④⑤⑥⑦⑧⑨
(3)	①②③④⑤⑥
(4) X	⓪①②③④⑤⑥⑦⑧⑨
(4) Y	⓪①②③④⑤⑥⑦⑧⑨
(4) Z	⓪①②③④⑤⑥⑦⑧⑨

5	
(1) M	①②③④⑤⑥⑦⑧
(1) N	①②③④⑤⑥⑦⑧
(2)	①②③④⑤
(3)	①②③④⑤⑥⑦⑧⑨
(4)	①②③④⑤⑥

6	
(1)	①②③④⑤⑥
(2)	①②③④⑤⑥⑦⑧
(3)	①②③④
(4)	①②③④⑤⑥⑦⑧

7	
(1) W	⓪①②③④⑤⑥⑦⑧⑨
(1) X	⓪①②③④⑤⑥⑦⑧⑨
(2)	①②③④⑤⑥
(3) Ⅰ	①②③④
(3) Ⅱ	①②③④
(4) Y	⓪①②③④⑤⑥⑦⑧⑨
(4) Z	⓪①②③④⑤⑥⑦⑧⑨

8	
(1)	①②③④⑤⑥
(2)	①②③④⑤⑥
(3) X	⓪①②③④⑤⑥⑦⑧⑨
(3) Y	⓪①②③④⑤⑥⑦⑧⑨
(4) Ⅰ	①②③
(4) Ⅱ	①②③
(4) Ⅲ	①②③

（注） この解答用紙は実物を縮小してあります。Ｂ４用紙に130％拡大コピーすると、ほぼ実物大で使用できます。（タイトルと配点表は含みません）

推定配点

1～3 各3点×12
4 (1) 2点 (2)～(4) 各3点×3
5、6 各3点×8
7 (1) 2点 (2)～(4) 各3点×3
8 各3点×6〔(4)は各3点×3〕

計 100点

二〇二二年度　専修大学松戸高等学校　前期18日

国語解答用紙

評点
/100

科目	国語
氏名	

受験番号				
	⓪	⓪	⓪	⓪
Ⓔ	①	①	①	①
	②	②	②	②
Ⓐ	③	③	③	③
	④	④	④	④
Ⓢ	⑤	⑤	⑤	⑤
	⑥	⑥	⑥	⑥
	⑦	⑦	⑦	⑦
	⑧	⑧	⑧	⑧
	⑨	⑨	⑨	⑨

解答欄

一

問一 a	問一 b	問一 c	問二 ア	問二 イ	問二 ウ	問三	問四	問五	問六	問七	問八	問九	問十	問十一	問十二
① ② ③ ④	① ② ③ ④	① ② ③ ④	① ② ③ ④	① ② ③ ④	① ② ③ ④	① ② ③ ④	① ② ③ ④	① ② ③ ④	① ② ③ ④	① ② ③ ④	① ② ③ ④	① ② ③ ④	① ② ③ ④	① ② ③ ④	① ② ③ ④

二

問一 a	問一 b	問一 c	問二 ア	問二 イ	問二 ウ	問三	問四	問五	問六	問七	問八	問九	問十
① ② ③ ④	① ② ③ ④	① ② ③ ④	① ② ③ ④	① ② ③ ④	① ② ③ ④	① ② ③ ④	① ② ③ ④	① ② ③ ④	① ② ③ ④	① ② ③ ④	① ② ③ ④	① ② ③ ④	① ② ③ ④

三

問一	問二	問三	問四	問五	問六	問七	問八	問九
① ② ③ ④	① ② ③ ④	① ② ③ ④	① ② ③ ④	① ② ③ ④	① ② ③ ④	① ② ③ ④	① ② ③ ④	① ② ③ ④

（注）この解答用紙は実物を縮小してあります。Ａ４用紙に110％拡大コピーすると、ほぼ実物大で使用できます。（タイトルと配点表は含みません）

推定配点

一　問一、問二　各2点×6　問三～問十　各3点×8　問十一　2点　問十二　3点

二　問一～問三　各2点×7　問四～問七　各3点×4　問八　2点　問九、問十　各3点×2

三　問一　3点　問二　2点　問三～問七　各3点×5　問八　2点　問九　3点

計　100点

２０２１年度　専修大学松戸高等学校　前期17日

英語解答用紙

評点
/100

（注）この解答用紙は実物を縮小してあります。Ａ４用紙に118%拡大コピーすると、ほぼ実物大で使用できます。（タイトルと配点表は含みません）

科目	英語
氏名	

受験番号				
	0	0	0	0
E	1	1	1	1
	2	2	2	2
A	3	3	3	3
	4	4	4	4
	5	5	5	5
	6	6	6	6
	7	7	7	7
	8	8	8	8
S	9	9	9	9

解答欄

1				
1			2	
(1)	(2)	(3)	(1)	(2)
1	1	1	1	1
2	2	2	2	2
3	3	3	3	3
4	4	4	4	4

2								
問1	問2	問3	問4	問5	問6	問7	問8	
							(1)	(2)
1	1	1	1	1	1	1	1	1
2	2	2	2	2	2	2	2	2
3	3	3	3	3	3	3	3	3
4	4	4	4	4	4	4	4	4

3					
問1					問2
(1)	(2)	(3)	(4)	(5)	
1	1	1	1	1	1
2	2	2	2	2	2
3	3	3	3	3	3
4	4	4	4	4	4
					5
					6
					7
					8

4				
(1)	(2)	(3)	(4)	(5)
1	1	1	1	1
2	2	2	2	2
3	3	3	3	3
4	4	4	4	4

5											
(1)		(2)		(3)		(4)		(5)		(6)	
1	2	3	4	5	6	7	8	9	10	11	12
1	1	1	1	1	1	1	1	1	1	1	1
2	2	2	2	2	2	2	2	2	2	2	2
3	3	3	3	3	3	3	3	3	3	3	3
4	4	4	4	4	4	4	4	4	4	4	4
5	5	5	5	5	5	5	5	5	5	5	5
6	6	6	6	6	6	6	6	6	6	6	6
7	7	7	7	7	7	7	7	7	7	7	7
8	8	8	8	8	8	8	8	8	8	8	8

6					
(1)	(2)	(3)	(4)	(5)	(6)
1	1	1	1	1	1
2	2	2	2	2	2
3	3	3	3	3	3
4	4	4	4	4	4
5	5	5	5	5	5

推定配点	
1	各2点×5
2	各3点×9
3	問1　各4点×5　問2　各3点×3
4〜6	各2点×17
計	100点

2021年度　専修大学松戸高等学校　前期17日

数学解答用紙

評点
/100

（注）この解答用紙は実物を縮小してあります。Ｂ４用紙に128%拡大コピーすると、ほぼ実物大で使用できます。（タイトルと配点表は含みません）

科目
数学
氏名

受験番号				
	0	0	0	0
E	1	1	1	1
	2	2	2	2
A	3	3	3	3
	4	4	4	4
	5	5	5	5
	6	6	6	6
	7	7	7	7
	8	8	8	8
S	9	9	9	9

解答欄

1																
(1)				(2)		(3)			(4)		(5)					(6)
ア	イ	ウ	エ	ア	イ	ア	イ	ウ	ア	イ	ア	イ	ウ	エ	オ	ア	イ
0	0	0	0	0	0	0	0	0	0	0	0	0	0	0	0	0
1	1	1	1	1	1	1	1	1	1	1	1	1	1	1	1	1
2	2	2	2	2	2	2	2	2	2	2	2	2	2	2	2	2
3	3	3	3	3	3	3	3	3	3	3	3	3	3	3	3	3
4	4	4	4	4	4	4	4	4	4	4	4	4	4	4	4	4
5	5	5	5	5	5	5	5	5	5	5	5	5	5	5	5	5
6	6	6	6	6	6	6	6	6	6	6	6	6	6	6	6	6
7	7	7	7	7	7	7	7	7	7	7	7	7	7	7	7	7
8	8	8	8	8	8	8	8	8	8	8	8	8	8	8	8	8
9	9	9	9	9	9	9	9	9	9	9	9	9	9	9	9	9

2						
(1)				(2)		
①		②		①	②	
ア	イ	ウ	エ	ア	イ	ウ
0	0	0	0	0	0	0
1	1	1	1	1	1	1
2	2	2	2	2	2	2
3	3	3	3	3	3	3
4	4	4	4	4	4	4
5	5	5	5	5	5	5
6	6	6	6	6	6	6
7	7	7	7	7	7	7
8	8	8	8	8	8	8
9	9	9	9	9	9	9

3							
(1)		(2)				(3)	
ア	イ	ウ	エ	オ	カ	キ	ク
0	0	0	0	0	0	0	0
1	1	1	1	1	1	1	1
2	2	2	2	2	2	2	2
3	3	3	3	3	3	3	3
4	4	4	4	4	4	4	4
5	5	5	5	5	5	5	5
6	6	6	6	6	6	6	6
7	7	7	7	7	7	7	7
8	8	8	8	8	8	8	8
9	9	9	9	9	9	9	9

4							
(1)	(2)		(3)				
ア	イ	ウ	エ	オ	カ	キ	ク
0	0	0	0	0	0	0	0
1	1	1	1	1	1	1	1
2	2	2	2	2	2	2	2
3	3	3	3	3	3	3	3
4	4	4	4	4	4	4	4
5	5	5	5	5	5	5	5
6	6	6	6	6	6	6	6
7	7	7	7	7	7	7	7
8	8	8	8	8	8	8	8
9	9	9	9	9	9	9	9

5						
(1)	(2)		(3)			
ア	イ	ウ	エ	オ	カ	キ
0	0	0	0	0	0	0
1	1	1	1	1	1	1
2	2	2	2	2	2	2
3	3	3	3	3	3	3
4	4	4	4	4	4	4
5	5	5	5	5	5	5
6	6	6	6	6	6	6
7	7	7	7	7	7	7
8	8	8	8	8	8	8
9	9	9	9	9	9	9

推定配点	
1～3 各5点×13〔2(2)は完答〕 4 (1) 5点 (2)、(3) 各6点×2 5 各6点×3	
100点	計

2021年度　専修大学松戸高等学校　前期17日

社会解答用紙

評点
/100

科目	社会
氏名	

受験番号

E A S	0 1 2 3 4 5 6 7 8 9	0 1 2 3 4 5 6 7 8 9	0 1 2 3 4 5 6 7 8 9	0 1 2 3 4 5 6 7 8 9

解答欄

問題	設問	選択肢
1	(1)	ア イ ウ エ
	(2)	ア イ ウ エ オ カ
	(3)	ア イ ウ エ オ カ
	(4)	ア イ ウ エ
2	(1)	ア イ ウ エ
	(2)	ア イ ウ エ
	(3)	ア イ ウ エ
	(4)①	ア イ ウ エ
	(4)②	ア イ ウ エ
3	(1)	ア イ ウ エ
	(2)	ア イ ウ エ
	(3)	ア イ ウ エ
	(4)	ア イ ウ エ
4	(1)	ア イ ウ エ
	(2)	ア イ ウ エ
	(3)	ア イ ウ エ
	(4)	ア イ ウ エ
5	(1)	ア イ ウ エ オ カ
	(2)	ア イ ウ エ オ カ
	(3)	ア イ ウ エ
	(4)	ア イ ウ エ
	(5)	ア イ ウ エ
6	(1)	ア イ ウ エ
	(2)	ア イ ウ エ
	(3)	ア イ ウ エ
	(4)	ア イ ウ エ
	(5)	ア イ ウ エ
7	(1)	ア イ ウ エ
	(2)	ア イ ウ エ
	(3)	ア イ ウ エ
8	(1)	ア イ ウ エ
	(2)	ア イ ウ エ
	(3)	ア イ ウ エ

（注）この解答用紙は実物を縮小してあります。Ａ４用紙に103%拡大コピーすると、ほぼ実物大で使用できます。（タイトルと配点表は含みません）

推定配点	
1 (1) 4点　(2)～(4) 各3点×3 2～8 各3点×29	
100点	計

2021年度 専修大学松戸高等学校 前期17日

理科解答用紙

評点
/100

科目	理科
氏名	

受験番号

	⓪	⓪	⓪	⓪
Ⓔ	①	①	①	①
	②	②	②	②
Ⓐ	③	③	③	③
	④	④	④	④
	⑤	⑤	⑤	⑤
	⑥	⑥	⑥	⑥
	⑦	⑦	⑦	⑦
	⑧	⑧	⑧	⑧
Ⓢ	⑨	⑨	⑨	⑨

解答欄

大問	設問	選択肢
1	(1)	①〜⑥
1	(2)	①〜⑥
1	(3)	①〜⑥
1	(4)	①〜⑧
2	(1)	①〜⑤
2	(2) X	⓪〜⑨
2	(2) Y	⓪〜⑨
2	(3)	①〜⑤
2	(4)	①〜⑧
3	(1)	①〜⑧
3	(2)	①〜④
3	(3)	①〜③
3	(4)	①〜⑦
4	(1)	①〜⑤
4	(2)	①〜⑦
4	(3) X	⓪〜⑨
4	(3) Y	⓪〜⑨
4	(4)	①〜⑥
5	(1)	①〜⑧
5	(2)	①〜④
5	(3)	①〜⑥
5	(4)	①〜⑤
6	(1)	①〜⑥
6	(2)	①〜⑤
6	(3)	①〜⑧
6	(4) X	⓪〜⑨
6	(4) Y	⓪〜⑨
7	(1)	①〜④
7	(2) W	①〜⑨
7	(2) X	①〜⑨
7	(2) Y	①〜⑨
7	(2) Z	①〜⑨
7	(3)	①〜⑤
7	(4) X	⓪〜⑨
7	(4) Y	⓪〜⑨
7	(4) Z	⓪〜⑨
8	(1)	①〜⑥
8	(2)	①〜④
8	(3)	①〜⑥
8	(4) X	⓪〜⑨
8	(4) Y	⓪〜⑨
8	(4) Z	⓪〜⑨

（注）この解答用紙は実物を縮小してあります。Ｂ４用紙に122％拡大コピーすると、ほぼ実物大で使用できます。（タイトルと配点表は含みません）

推定配点

1 (1) 4点 (2)〜(4) 各3点×3
2 (1) 4点 (2)〜(4) 各3点×3
3 (1) 4点 (2)〜(4) 各3点×3
4 (1) 4点 (2)〜(4) 各3点×3
5〜8 各3点×16

100点	計

二〇二二年度　専修大学松戸高等学校　前期17日

国語解答用紙

評点 /100

科目	国語
氏名	

受験番号

	⓪	⓪	⓪	⓪
Ⓔ	①	①	①	①
	②	②	②	②
Ⓐ	③	③	③	③
	④	④	④	④
	⑤	⑤	⑤	⑤
	⑥	⑥	⑥	⑥
	⑦	⑦	⑦	⑦
	⑧	⑧	⑧	⑧
Ⓢ	⑨	⑨	⑨	⑨

解答欄

一

問一 a	問一 b	問一 c	問二 ア	問二 イ	問二 ウ	問三	問四	問五	問六	問七	問八	問九	問十	問十一	問十二
①	①	①	①	①	①	①	①	①	①	①	①	①	①	①	①
②	②	②	②	②	②	②	②	②	②	②	②	②	②	②	②
③	③	③	③	③	③	③	③	③	③	③	③	③	③	③	③
④	④	④	④	④	④	④	④	④	④	④	④	④	④	④	④

二

問一 a	問一 b	問一 c	問二 ア	問二 イ	問二 ウ	問三	問四	問五	問六	問七	問八	問九	問十
①	①	①	①	①	①	①	①	①	①	①	①	①	①
②	②	②	②	②	②	②	②	②	②	②	②	②	②
③	③	③	③	③	③	③	③	③	③	③	③	③	③
④	④	④	④	④	④	④	④	④	④	④	④	④	④

三

問一	問二	問三	問四	問五	問六	問七	問八	問九
①	①	①	①	①	①	①	①	①
②	②	②	②	②	②	②	②	②
③	③	③	③	③	③	③	③	③
④	④	④	④	④	④	④	④	④

（注）この解答用紙は実物を縮小してあります。Ａ４用紙に110%拡大コピーすると、ほぼ実物大で使用できます。（タイトルと配点表は含みません）

推定配点

一 問一、問二　各2点×6　問三～問五　各3点×3　問六　2点
問七～問十二　各3点×6
二 問一、問二　各2点×6　問三～問五　各3点×3　問六　2点
問七～問十　各3点×4
三 問一、問二　各2点×2　問三～問五　各3点×3　問六　2点
問七～問九　各3点×3

計　100点

２０２１年度　専修大学松戸高等学校　前期18日

英語解答用紙

評点
/100

科目	英語
氏名	

受験番号				
	0	0	0	0
E	1	1	1	1
	2	2	2	2
A	3	3	3	3
	4	4	4	4
	5	5	5	5
	6	6	6	6
	7	7	7	7
	8	8	8	8
S	9	9	9	9

解答欄

1				
1			2	
(1)	(2)	(3)	(1)	(2)
1 2 3 4	1 2 3 4	1 2 3 4	1 2 3 4	1 2 3 4

2								
問1	問2	問3	問4	問5	問6	問7	問8 (1)	問8 (2)
1 2 3 4	1 2 3 4	1 2 3 4	1 2 3 4	1 2 3 4	1 2 3 4	1 2 3 4	1 2 3 4	1 2 3 4

3					
問1					問2
(1)	(2)	(3)	(4)	(5)	
1 2 3 4	1 2 3 4	1 2 3 4	1 2 3 4	1 2 3 4	1 2 3 4 5 6 7 8

4				
(1)	(2)	(3)	(4)	(5)
1 2 3 4	1 2 3 4	1 2 3 4	1 2 3 4	1 2 3 4

5											
(1)		(2)		(3)		(4)		(5)		(6)	
1	2	3	4	5	6	7	8	9	10	11	12
1 2 3 4 5 6 7 8	1 2 3 4 5 6 7 8	1 2 3 4 5 6 7 8	1 2 3 4 5 6 7 8	1 2 3 4 5 6 7 8	1 2 3 4 5 6 7 8	1 2 3 4 5 6 7 8	1 2 3 4 5 6 7 8	1 2 3 4 5 6 7 8	1 2 3 4 5 6 7 8	1 2 3 4 5 6 7 8	1 2 3 4 5 6 7 8

6					
(1)	(2)	(3)	(4)	(5)	(6)
1 2 3 4 5	1 2 3 4 5	1 2 3 4 5	1 2 3 4 5	1 2 3 4 5	1 2 3 4 5

（注）この解答用紙は実物を縮小してあります。Ａ４用紙に118%拡大コピーすると、ほぼ実物大で使用できます。（タイトルと配点表は含みません）

推定配点	
1 各２点×５ 2 各３点×９ 3 問１ 各４点×５　問２ 各３点×３ 4～6 各２点×17	
計	100点

２０２１年度　専修大学松戸高等学校　前期18日

数学解答用紙

評点
/100

科目	数学
氏名	

受験番号

	0	0	0	0
E	1	1	1	1
	2	2	2	2
A	3	3	3	3
	4	4	4	4
	5	5	5	5
	6	6	6	6
	7	7	7	7
	8	8	8	8
S	9	9	9	9

解答欄

1												
(1)			(2)		(3)			(4)		(5)		(6)
ア	イ	ウ	ア	イ	ア	イ	ウ	ア	イ	ア	イ	ア	イ
0	0	0	0	0	0	0	0	0	0	0	0	0	0
1	1	1	1	1	1	1	1	1	1	1	1	1	1
2	2	2	2	2	2	2	2	2	2	2	2	2	2
3	3	3	3	3	3	3	3	3	3	3	3	3	3
4	4	4	4	4	4	4	4	4	4	4	4	4	4
5	5	5	5	5	5	5	5	5	5	5	5	5	5
6	6	6	6	6	6	6	6	6	6	6	6	6	6
7	7	7	7	7	7	7	7	7	7	7	7	7	7
8	8	8	8	8	8	8	8	8	8	8	8	8	8
9	9	9	9	9	9	9	9	9	9	9	9	9	9

2											
(1)								(2)			
①					②			①		②	
ア	イ	ウ	エ	オ	カ	キ	ク	ア	イ	ウ	エ
0	0	0	0	0	0	0	0	0	0	0	0
1	1	1	1	1	1	1	1	1	1	1	1
2	2	2	2	2	2	2	2	2	2	2	2
3	3	3	3	3	3	3	3	3	3	3	3
4	4	4	4	4	4	4	4	4	4	4	4
5	5	5	5	5	5	5	5	5	5	5	5
6	6	6	6	6	6	6	6	6	6	6	6
7	7	7	7	7	7	7	7	7	7	7	7
8	8	8	8	8	8	8	8	8	8	8	8
9	9	9	9	9	9	9	9	9	9	9	9

3										
(1)			(2)			(3)				
ア	イ	ウ	エ	オ	カ	キ	ク	ケ	コ	サ
0	0	0	0	0	0	0	0	0	0	0
1	1	1	1	1	1	1	1	1	1	1
2	2	2	2	2	2	2	2	2	2	2
3	3	3	3	3	3	3	3	3	3	3
4	4	4	4	4	4	4	4	4	4	4
5	5	5	5	5	5	5	5	5	5	5
6	6	6	6	6	6	6	6	6	6	6
7	7	7	7	7	7	7	7	7	7	7
8	8	8	8	8	8	8	8	8	8	8
9	9	9	9	9	9	9	9	9	9	9

4							
(1)		(2)		(3)			
ア	イ	ウ	エ	オ	カ	キ	ク
0	0	0	0	0	0	0	0
1	1	1	1	1	1	1	1
2	2	2	2	2	2	2	2
3	3	3	3	3	3	3	3
4	4	4	4	4	4	4	4
5	5	5	5	5	5	5	5
6	6	6	6	6	6	6	6
7	7	7	7	7	7	7	7
8	8	8	8	8	8	8	8
9	9	9	9	9	9	9	9

5						
(1)		(2)			(3)	
ア	イ	ウ	エ	オ	カ	キ
0	0	0	0	0	0	0
1	1	1	1	1	1	1
2	2	2	2	2	2	2
3	3	3	3	3	3	3
4	4	4	4	4	4	4
5	5	5	5	5	5	5
6	6	6	6	6	6	6
7	7	7	7	7	7	7
8	8	8	8	8	8	8
9	9	9	9	9	9	9

(注)　この解答用紙は実物を縮小してあります。Ｂ４用紙に137%拡大コピーすると、ほぼ実物大で使用できます。(タイトルと配点表は含みません)

推定配点	
1～5　各5点×20〔3(2)は各5点×2〕	
100点	計

2021年度　専修大学松戸高等学校　前期18日

社会解答用紙

評点
/100

（注）この解答用紙は実物を縮小してあります。Ａ４用紙に103%拡大コピーすると、ほぼ実物大で使用できます。（タイトルと配点表は含みません）

科目	社会
氏名	

受験番号

Ⓔ	0 1 2 3 4 5 6 7 8 9	0 1 2 3 4 5 6 7 8 9	0 1 2 3 4 5 6 7 8 9	0 1 2 3 4 5 6 7 8 9
Ⓐ				
Ⓢ				

解答欄

大問	小問	選択肢
1	(1)	㋐ ㋑ ㋒ ㋓ ㋔ ㋕
1	(2)	㋐ ㋑ ㋒ ㋓ ㋔ ㋕
1	(3)	㋐ ㋑ ㋒ ㋓
1	(4)	㋐ ㋑ ㋒ ㋓ ㋔ ㋕
2	(1)	㋐ ㋑ ㋒ ㋓
2	(2)	㋐ ㋑ ㋒ ㋓
2	(3)	㋐ ㋑ ㋒ ㋓
2	(4) ①	㋐ ㋑ ㋒ ㋓
2	(4) ②	㋐ ㋑ ㋒ ㋓
3	(1)	㋐ ㋑ ㋒ ㋓
3	(2)	㋐ ㋑ ㋒ ㋓
3	(3)	㋐ ㋑ ㋒ ㋓ ㋔ ㋕
3	(4)	㋐ ㋑ ㋒ ㋓
4	(1)	㋐ ㋑ ㋒ ㋓
4	(2)	㋐ ㋑ ㋒ ㋓ ㋔ ㋕
4	(3)	㋐ ㋑ ㋒ ㋓
4	(4)	㋐ ㋑ ㋒ ㋓
5	(1)	㋐ ㋑ ㋒ ㋓
5	(2)	㋐ ㋑ ㋒ ㋓
5	(3)	㋐ ㋑ ㋒ ㋓
5	(4)	㋐ ㋑ ㋒ ㋓
5	(5)	㋐ ㋑ ㋒ ㋓ ㋔ ㋕
6	(1)	㋐ ㋑ ㋒ ㋓
6	(2)	㋐ ㋑ ㋒ ㋓
6	(3)	㋐ ㋑ ㋒ ㋓ ㋔ ㋕
6	(4)	㋐ ㋑ ㋒ ㋓
6	(5)	㋐ ㋑ ㋒ ㋓ ㋔ ㋕
7	(1)	㋐ ㋑ ㋒ ㋓ ㋔ ㋕ ㋖ ㋗
7	(2)	㋐ ㋑ ㋒ ㋓
7	(3)	㋐ ㋑ ㋒ ㋓
8	(1)	㋐ ㋑ ㋒ ㋓
8	(2)	㋐ ㋑ ㋒ ㋓
8	(3)	㋐ ㋑ ㋒ ㋓ ㋔ ㋕

推定配点	計
1 (1) 4点　(2)～(4) 各3点×3 2 (1) 5点　(2)～(4) 各2点×4 3 (1) 4点　(2)～(4) 各3点×3 4 (1) 4点　(2)～(4) 各3点×3 5～8 各3点×16	100点

２０２１年度　専修大学松戸高等学校　前期18日

理科解答用紙

評点　／100

科目	理科
氏名	

受験番号	
1桁目	Ⓔ Ⓐ Ⓢ
2～5桁目	各 ⓪～⑨

解答欄

大問	小問	選択肢
1	(1)	①～④
1	(2) X	⓪～⑨
1	(3)	①～⑤
1	(4)	①～④
2	(1)	①～⑧
2	(2)	①～⑤
2	(3) X	⓪～⑨
2	(3) Y	⓪～⑨
2	(3) Z	⓪～⑨
2	(4)	①～④
3	(1)	①～④
3	(2) W	①～⑨
3	(2) X	①～⑨
3	(2) Y	①～⑨
3	(2) Z	①～⑨
3	(3) X	⓪～⑨
3	(3) Y	⓪～⑨
3	(3) Z	⓪～⑨
3	(4) X	⓪～⑨
3	(4) Y	⓪～⑨
3	(4) Z	⓪～⑨
4	(1) X	⓪～⑨
4	(1) Y	⓪～⑨
4	(2)	①～⑤
4	(3) X	⓪～⑨
4	(3) Y	⓪～⑨
4	(4)	①～⑧
5	(1)	①～⑤
5	(2)	①～④
5	(3)	①～⑧
5	(4)	①～⑦
6	(1)	①～⑦
6	(2)	①～④
6	(3)	①～⑧
6	(4)	①～⑧
7	(1)	①～④
7	(2)	①～⑥
7	(3)	①～④
7	(4)	①～⑤
8	(1) X	⓪～⑨
8	(1) Y	⓪～⑨
8	(2) X	⓪～⑨
8	(2) Y	⓪～⑨
8	(2) Z	⓪～⑨
8	(3) X	⓪～⑨
8	(3) Y	⓪～⑨
8	(4)	①～④

（注）この解答用紙は実物を縮小してあります。Ｂ４用紙に132%拡大コピーすると、ほぼ実物大で使用できます。（タイトルと配点表は含みません）

推定配点	
1	(1) 4点　(2)～(4) 各3点×3
2	(1) 4点　(2)～(4) 各3点×3
3	(1) 4点　(2)～(4) 各3点×3
4	(1) 4点　(2)～(4) 各3点×3
5～8	各3点×16
計	100点

二〇二二年度　専修大学松戸高等学校　前期18日

国語解答用紙

評点	/100

(注) この解答用紙は実物を縮小してあります。Ａ４用紙に110%拡大コピーすると、ほぼ実物大で使用できます。(タイトルと配点表は含みません)

科目	国語
氏名	

受験番号

Ⓔ ⓪①②③④⑤⑥⑦⑧⑨	⓪①②③④⑤⑥⑦⑧⑨	⓪①②③④⑤⑥⑦⑧⑨	⓪①②③④⑤⑥⑦⑧⑨
Ⓐ			
Ⓢ			

解答欄

[一]

問題		解答
問一	a	①②③④
	b	①②③④
	c	①②③④
問二	ア	①②③④
	イ	①②③④
	ウ	①②③④
問三		①②③④
問四		①②③④
問五		①②③④
問六		①②③④
問七		①②③④
問八		①②③④
問九		①②③④
問十		①②③④
問十一		①②③④
問十二		①②③④

[二]

問題		解答
問一	a	①②③④
	b	①②③④
	c	①②③④
問二	ア	①②③④
	イ	①②③④
	ウ	①②③④
問三		①②③④
問四		①②③④
問五		①②③④
問六		①②③④
問七		①②③④
問八		①②③④
問九		①②③④
問十		①②③④

[三]

問題	解答
問一	①②③④
問二	①②③④
問三	①②③④
問四	①②③④
問五	①②③④
問六	①②③④
問七	①②③④
問八	①②③④
問九	①②③④

推定配点

[一] 問一、問二　各2点×6　問三～問八　各3点×6　問九　2点
問十～問十二　各3点×3

[二] 問一、問二　各2点×6　問三～問七　各3点×5　問八　2点
問九、問十　各3点×2

[三] 問一～問三　各2点×3　問四～問九　各3点×6

計	100点

２０２０年度　専修大学松戸高等学校・前期17日

英語解答用紙

評点　／100

科目	英語
氏名	

受験番号

Ⓔ ⓪	⓪	⓪	⓪
①	①	①	①
Ⓐ ②	②	②	②
③	③	③	③
Ⓕ ④	④	④	④
⑤	⑤	⑤	⑤
Ⓗ ⑥	⑥	⑥	⑥
⑦	⑦	⑦	⑦
Ⓢ ⑧	⑧	⑧	⑧
⑨	⑨	⑨	⑨

解答欄

1

1			2	
(1)	(2)	(3)	(1)	(2)
①②③④	①②③④	①②③④	①②③④	①②③④

2

問1	問2	問3	問4	問5	問6	問7	問8 (1)	問8 (2)
①②③④	①②③④	①②③④	①②③④	①②③④	①②③④	①②③④	①②③④	①②③④

3

問1 (1)	問1 (2)	問1 (3)	問1 (4)	問1 (5)	問2
①②③④	①②③④	①②③④	①②③④	①②③④	①②③④⑤⑥⑦⑧

4

(1)	(2)	(3)	(4)	(5)
①②③④	①②③④	①②③④	①②③④	①②③④

5

(1)		(2)		(3)		(4)		(5)		(6)	
1	2	3	4	5	6	7	8	9	10	11	12
①②③④⑤⑥⑦⑧	①②③④⑤⑥⑦⑧	①②③④⑤⑥⑦⑧	①②③④⑤⑥⑦⑧	①②③④⑤⑥⑦⑧	①②③④⑤⑥⑦⑧	①②③④⑤⑥⑦⑧	①②③④⑤⑥⑦⑧	①②③④⑤⑥⑦⑧	①②③④⑤⑥⑦⑧	①②③④⑤⑥⑦⑧	①②③④⑤⑥⑦⑧

6

(1)	(2)	(3)	(4)	(5)	(6)
①②③④⑤	①②③④⑤	①②③④⑤	①②③④⑤	①②③④⑤	①②③④⑤

（注）この解答用紙は実物を縮小してあります。Ａ４用紙に118％拡大コピーすると、ほぼ実物大で使用できます。（タイトルと配点表は含みません）

推定配点	計
1 各２点×５　2 各３点×９　3 問１　各４点×５　問２　各３点×３　4〜6 各２点×17	100点

２０２０年度　専修大学松戸高等学校・前期17日

数学解答用紙

評点	/100

科目	数学
氏名	

受験番号				
E	0	0	0	0
	1	1	1	1
A	2	2	2	2
	3	3	3	3
F	4	4	4	4
	5	5	5	5
H	6	6	6	6
	7	7	7	7
	8	8	8	8
S	9	9	9	9

解答欄

1 (1) ア	(1) イ	(1) ウ	(1) エ	(2) ア	(3) ア	(4) ア	(4) イ
0	0	0	0	0	0	0	0
1	1	1	1	1	1	1	1
2	2	2	2	2	2	2	2
3	3	3	3	3	3	3	3
4	4	4	4	4	4	4	4
5	5	5	5	5	5	5	5
6	6	6	6	6	6	6	6
7	7	7	7	7	7	7	7
8	8	8	8	8	8	8	8
9	9	9	9	9	9	9	9

2 (1) ア	(1) イ	(2) ア	(3) ア	(3) イ	(3) ウ	(4) ア	(4) イ	(4) ウ	(5) ア	(5) イ	(5) ウ	(5) エ	(6) ア	(6) イ	(6) ウ
0	0	0	0	0	0	0	0	0	0	0	0	0	0	0	0
1	1	1	1	1	1	1	1	1	1	1	1	1	1	1	1
2	2	2	2	2	2	2	2	2	2	2	2	2	2	2	2
3	3	3	3	3	3	3	3	3	3	3	3	3	3	3	3
4	4	4	4	4	4	4	4	4	4	4	4	4	4	4	4
5	5	5	5	5	5	5	5	5	5	5	5	5	5	5	5
6	6	6	6	6	6	6	6	6	6	6	6	6	6	6	6
7	7	7	7	7	7	7	7	7	7	7	7	7	7	7	7
8	8	8	8	8	8	8	8	8	8	8	8	8	8	8	8
9	9	9	9	9	9	9	9	9	9	9	9	9	9	9	9

3 (1) ア	(1) イ	(1) ウ	(2) エ	(2) オ	(3) カ	(3) キ
0	0	0	0	0	0	0
1	1	1	1	1	1	1
2	2	2	2	2	2	2
3	3	3	3	3	3	3
4	4	4	4	4	4	4
5	5	5	5	5	5	5
6	6	6	6	6	6	6
7	7	7	7	7	7	7
8	8	8	8	8	8	8
9	9	9	9	9	9	9

4 (1) ア	(2) イ	(2) ウ	(3) エ	(3) オ	(3) カ	(3) キ
0	0	0	0	0	0	0
1	1	1	1	1	1	1
2	2	2	2	2	2	2
3	3	3	3	3	3	3
4	4	4	4	4	4	4
5	5	5	5	5	5	5
6	6	6	6	6	6	6
7	7	7	7	7	7	7
8	8	8	8	8	8	8
9	9	9	9	9	9	9

5 (1) ア	(1) イ	(1) ウ	(2) エ	(2) オ	(2) カ	(2) キ
0	0	0	0	0	0	0
1	1	1	1	1	1	1
2	2	2	2	2	2	2
3	3	3	3	3	3	3
4	4	4	4	4	4	4
5	5	5	5	5	5	5
6	6	6	6	6	6	6
7	7	7	7	7	7	7
8	8	8	8	8	8	8
9	9	9	9	9	9	9

（注）この解答用紙は実物を縮小してあります。Ｂ４用紙に120%拡大コピーすると、ほぼ実物大で使用できます。（タイトルと配点表は含みません）

推定配点	計
1 各５点×４ 2 (1)～(5) 各５点×５　(6) 各３点×３ 3、4 各６点×６ 5 各５点×２	100点

二〇二〇年度　専修大学松戸高等学校・前期17日

国語解答用紙

評点　/100

科目	国語
氏名	

受験番号				
	⓪	⓪	⓪	⓪
Ⓔ	①	①	①	①
	②	②	②	②
Ⓐ	③	③	③	③
	④	④	④	④
Ⓕ	⑤	⑤	⑤	⑤
	⑥	⑥	⑥	⑥
Ⓗ	⑦	⑦	⑦	⑦
	⑧	⑧	⑧	⑧
Ⓢ	⑨	⑨	⑨	⑨

解答欄

一

問一			問二			問三	問四	問五	問六	問七	問八	問九	問十	問十一	問十二
a	b	c	ア	イ	ウ										
①	①	①	①	①	①	①	①	①	①	①	①	①	①	①	①
②	②	②	②	②	②	②	②	②	②	②	②	②	②	②	②
③	③	③	③	③	③	③	③	③	③	③	③	③	③	③	③
④	④	④	④	④	④	④	④	④	④	④	④	④	④	④	④

二

問一			問二			問三	問四	問五	問六	問七	問八	問九	問十
a	b	c	ア	イ	ウ								
①	①	①	①	①	①	①	①	①	①	①	①	①	①
②	②	②	②	②	②	②	②	②	②	②	②	②	②
③	③	③	③	③	③	③	③	③	③	③	③	③	③
④	④	④	④	④	④	④	④	④	④	④	④	④	④

三

問一	問二	問三	問四	問五		問六	問七	問八
				Ⅰ	Ⅱ			
①	①	①	①	①	①	①	①	①
②	②	②	②	②	②	②	②	②
③	③	③	③	③	③	③	③	③
④	④	④	④	④	④	④	④	④

（注）この解答用紙は実物を縮小してあります。Ａ４用紙に110％拡大コピーすると、ほぼ実物大で使用できます。（タイトルと配点表は含みません）

推定配点

一 問一、問二　各２点×６　問三〜問九　各３点×７　問十　２点
問十一、十二　各３点×２
二 問一〜問三　各２点×７　問四〜問十　各３点×７
三 問一〜問四　各３点×４　問五、問六　各２点×３
問七、問八　各３点×２

計　100点